Wirtschaft   60,00 €

'07

Handbuch Medienmanagement

Christian Scholz
(Herausgeber)

Handbuch Medienmanagement

Mit 78 Abbildungen und 46 Tabellen

Univ.-Professor Dr. Christian Scholz
Universität des Saarlandes
Lehrstuhl für Betriebswirtschaftslehre,
insb. Organisation, Personal- und Informationsmanagement
Im Stadtwald, Gebäude A5 4
66123 Saarbrücken
scholz@orga.uni-sb.de

ISBN-10 3-540-23540-X Springer Berlin Heidelberg New York
ISBN-13 978-3-540-23540-8 Springer Berlin Heidelberg New York

Bibliografische Information Der Deutschen Bibliothek
Die Deutsche Bibliothek verzeichnet diese Publikation in der Deutschen Nationalbibliografie; detaillierte bibliografische Daten sind im Internet über <http://dnb.ddb.de> abrufbar.

Dieses Werk ist urheberrechtlich geschützt. Die dadurch begründeten Rechte, insbesondere die der Übersetzung, des Nachdrucks, des Vortrags, der Entnahme von Abbildungen und Tabellen, der Funksendung, der Mikroverfilmung oder der Vervielfältigung auf anderen Wegen und der Speicherung in Datenverarbeitungsanlagen, bleiben, auch bei nur auszugsweiser Verwertung, vorbehalten. Eine Vervielfältigung dieses Werkes oder von Teilen dieses Werkes ist auch im Einzelfall nur in den Grenzen der gesetzlichen Bestimmungen des Urheberrechtsgesetzes der Bundesrepublik Deutschland vom 9. September 1965 in der jeweils geltenden Fassung zulässig. Sie ist grundsätzlich vergütungspflichtig. Zuwiderhandlungen unterliegen den Strafbestimmungen des Urheberrechtsgesetzes.

Springer ist ein Unternehmen von Springer Science+Business Media

springer.de

© Springer-Verlag Berlin Heidelberg 2006
Printed in Germany

Die Wiedergabe von Gebrauchsnamen, Handelsnamen, Warenbezeichnungen usw. in diesem Werk berechtigt auch ohne besondere Kennzeichnung nicht zu der Annahme, dass solche Namen im Sinne der Warenzeichen- und Markenschutz-Gesetzgebung als frei zu betrachten wären und daher von jedermann benutzt werden dürften.

Einbandgestaltung: Design & Production, Heidelberg

SPIN 11336273   42/3153-5 4 3 2 1 0 – Gedruckt auf säurefreiem Papier

Vorwort des Herausgebers

Dass wir in einer Mediengesellschaft leben, braucht man im Sommer 2005 kaum noch zu betonen: Wir erleben einen Bundestagswahlkampf, der in den Medien eröffnet und in den Medien entschieden wird; Bild-Zeitung und ProSiebenSat.1 möchten unter ein gemeinsames Dach rücken – und die Skeptiker sehen schon das Grundrecht auf Meinungsvielfalt verletzt; fünf Jahre nachdem Firmen scheinbar fern jeglicher betriebswirtschaftlicher Vernunft Milliarden für UMTS-Lizenzen ausgegeben haben, ist die Technologie für Kunden endlich nutzbar – die Technologie gerät aber sofort von der WLAN-Technologie unter Druck; manche Manager fürchten die Medien mehr als den Aufsichtsrat – und manche Journalisten die „anstehende Reorganisation" mehr als einen schlechten Artikel; Print-Medien gelten als „out" – doch es gibt immer mehr Zeitungen und Zeitschriften, die gutes Geld verdienen und die „Neuen Medien" in den Schatten stellen.

Bei diesen Entwicklungen werden wir Zeugen eines Widerspruchs:

Auf der einen Seite werden Medien immer wichtiger und sind allen Ortes im Vormarsch – egal ob Klassiker wie Print, Hörfunk, Fernsehen und Internet, oder ob neue Entwicklungen wie elektronische Märkte (zum Beispiel für Musik), komplexe Mobilfunkanwendungen oder Podcasting. Medien werden immer mehr selbst die Botschaft. Nicht das gesprochene Wort zählt, es zählt das gehörte Wort. Nicht die Realität ist entscheidend, entscheidend ist die (sozial) konstruierte Realität.

Auf der anderen Seite stehen teilweise extrem unprofessionelle Entscheidungsprozesse innerhalb vieler Medienunternehmen im Bezug auf ihre eigenen Produkte, ihre Produktionsprozesse und ihre Kunden. Das ist auch nicht verwunderlich: So gibt es zwar eine Betriebswirtschaftslehre für Banken und für Handelsunternehmen, aber noch immer keine etablierte „Medien-BWL" – wenngleich hier in den letzten Jahren rasante Fortschritte zu verzeichnen sind. Unprofessionalität gibt es aber auch bei Nicht-Medienunternehmen im Umgang mit internen und externen Medien: Dieses Defizit reicht vom generellen Verständnis der Medien und ihrer Wirkungen bis hin zur Frage, wie sich mit oder über Medien Wertschöpfung realisieren lässt.

In diesem Spannungsfeld ist das vorliegende Handbuch Medienmanagement angesiedelt.

Worum geht es in diesem Buch? Im Mittelpunkt stehen zwei verbundene Fragestellungen, nämlich zum einen das Management von Medienunternehmen („institutionale Sicht"), zum anderen das Management von Medien („funktionale Sicht"). Für dieses Medienmanagement will das vorliegende Buch Hilfestellung leisten. Es liefert deshalb nicht nur einen Überblick über die wichtigsten Aspekte des Medienmanagements, sondern ermöglicht durch Grundlagenartikel aus interdisziplinärer Perspektive ein umfassendes Verständnis der Medienbranche, ihrer Wirkungen und ihrer Handlungsimplikationen.

An wen richtet sich das Buch? Angesprochen sind alle, die sich mit Medienunternehmen und Medienprodukten befassen. Dabei geht es allerdings nicht darum, Medienprodukte (künstlerisch oder journalistisch) zu gestalten: Man lernt also nicht, wie man einen guten Artikel schreibt. Es geht um Management, also um den betriebswirtschaftlichen Gestaltungs- und Verwertungsprozess. Zielgruppen sind daher zum einen Betriebswirte, die sich mit Medien beschäftigen, zum anderen aber Medienschaffende, die sich mit dem wirtschaftlichen, juristischen, organisatorischen, kalkulatorischen und anderen Teilaspekten eines erfolgversprechenden Managements beschäftigen wollen oder beschäftigen müssen.

Was ist die Gliederungslogik? Da mit diesem Buch eine heterogene Zielgruppe angesprochen wird, legt das erste Kapitel zunächst eine gemeinsame Basis im Hinblick auf Medienprodukte, Medientechnologien und Medienunternehmen; gleichzeitig findet sich hier ein konzeptioneller Rahmen für ein interdisziplinäres Medienmanagement, der auch zur Entwicklung dieses Handbuches diente. Im zweiten Kapitel kommen die verschiedenen Mediendisziplinen (von Mediensoziologie bis Medienethik) zu Wort. Das dritte Kapitel fokussiert auf den strategischen Aspekt des Medienmanagements, behandelt also die diversen Aspekte der Zielsetzung und der anzustrebenden Wertschöpfung. Das vierte Kapitel ist der Gestaltung (also zum Beispiel der Organisation und Planung) gewidmet, das fünfte Kapitel dem Vertrieb und damit dem Kunden. Das sechste Kapitel („Rechnungswesen") stellt schließlich ganz explizit den monetären Aspekt des Handelns in den Mittelpunkt der Betrachtung.

Wer sind die Autoren? Als Autoren konnten anerkannte Experten aus den jeweiligen Gebieten gewonnen werden. Das Buch ist somit ein kleines „Who-is-who im Medienmanagement" geworden, in dem führende Vertreter aus dem weiten Feld der Medien einen umfassenden Einblick in den State-of-the-Art ihres Gebietes geben. Hinzukommen zwei renommierte Praktiker, die den „Einstieg" und den „Ausblick" realisieren. Alle diese Autoren kommen aus dem deutschsprachigen Bereich. Obwohl diese Beiträge aufgrund ihrer Qualität keinen „internationalen Ausgleich" brauchen, wird jedes Kapitel eingeleitet durch einen Vertreter des Steering-Kommitees der International Media Management Association (IMMAA).

Wie entstand dieses Buch? Von der ersten Idee bis zum fertigen Buch dauerte es fast drei Jahre. Dieser Zeitraum kam nicht etwa durch säumige Autoren zustande, sondern durch teilweise mehrfache Rückkopplungsschleifen. Denn es ist nicht damit getan, 38 Artikel hintereinanderzuhängen. Vielmehr mussten die Artikel aufeinander abgestimmt werden, Redundanzen reduziert werden und vor allem die spezifischen Kernaussagen hervorgehoben werden. Alles dies erforderte Zeit und sehr viel Geduld bei den Autoren, die sich teilweise mehrfach mit inhaltlichen Fragen, Kürzungsbeziehungsweise Erweiterungswünschen und Änderungsvorschlägen auseinandersetzen mussten. Zudem wurden die Beiträge formal abgeglichen, was weit über die Anwendung von Zitationsrichtlinen hinausgeht. Es musste ein Kompromiss zwischen „authentischem Stil" des Autors und einer konsistenten „Usability" gesucht werden. Denn: Am Ende sollte kein „Reader" stehen, sondern ein sinnvoll nutzbares „integriertes Handbuch".

Wie soll beziehungsweise kann man dieses Buch lesen? Wer etwas Zeit hat, kann (und sollte) das ganze Buch lesen. Alle Beiträge sind die zu investierende Zeit wert! Als zusätzliche Orientierungshilfe und zum „schnellen Überblick" ist allen Beiträgen eine Vorschau vorangestellt. Ansonsten ist ein Einstieg über Inhaltsverzeichnis und (zur Not) über Stichwortverzeichnis möglich. In diesem sind definitorische Ausführungen und zentrale Themen durch Fettdruck hervorgehoben.

Bei diesem Handbuch haben viele mitgewirkt, denen ich (auch) an dieser Stelle danken möchte. Zunächst einmal gilt mein Dank den Autoren sowie den Interviewpartnern, also meinen Kollegen aus dem Steuerungskreis der IMMAA und natürlich Herrn Dr. Gunter Thielen und Herrn Fritz Pleitgen für das „Einrahmen" der Gesamtthematik. Ebenfalls zu danken ist Tanja Bollendorf (Unterstützung bei den Interviews), Elke Hartmann (Abbildungen), Anke Nehrenberg (Recherche), Oliver Schilke (Stichwortverzeichnis), Dr. Volker Stein (Strategiediskussion). Ganz besonders hervorzuheben ist aber die Leistung von zwei Personen: Zum einen Steffen Lay, der Dokumentenverwaltung und Layout dieses umfangreichen Werkes realisierte. Zum anderen Uwe Eisenbeis, der mich (und alle anderen im Team) beim gesamten Konzeptions- sowie Produktionsprozess umfassend unterstützte und gleichzeitig als „treibende Kraft" fungierte. Ohne ihn und ohne Herrn Dr. Werner Müller vom Springer-Verlag – der sich konstruktiv auf dieses neuartige Werk einließ – wäre dieses Buch nie entstanden!

Saarbrücken, August 2005   Christian Scholz

Inhaltsverzeichnis

Vorwort des Herausgebers V

Einstieg

Interview mit Gunter Thielen 3

Erstes Kapitel: Die Basis

Interview mit Eli Noam 9

Christian Scholz
Medienmanagement – Herausforderungen, Notwendigkeit und ein
Bezugsrahmen 11

Jürgen Heinrich
Medienprodukte – Medienangebote und Mediennutzung 73

Thomas Hess/Markus Anding/Alexander Benlian
Medientechnologien – Digitale Konzepte und ihre integrierte
Nutzung 97

Bernd Weber/Günther Rager
Medienunternehmen – Die Player auf den Medienmärkten 117

Zweites Kapitel: Die Facetten

Interview mit Li-Chuan Evelyn Mai 147

Andreas Ziemann
Mediensoziologie – Wirklichkeitskonstruktionen, gesellschaftliche
Ordnung und Rezipientenhandeln 151

Dagmar C. Unz/Frank Schwab
Medienpsychologie – Kommunikation, Information, Unterhaltung 173

Ulrich Sarcinelli
Medienpolitik – Meinungsvielfalt, Demokratie und Markt 195

Hanno Beck
Medienökonomie – Märkte, Besonderheiten und Wettbewerb 221

Frank Fechner
Medienrecht – Rechtsgrundlagen für Medienmanager 239

Bernd W. Wirtz/Richard Pelz
Medienwirtschaft – Zielsysteme, Wertschöpfungsketten und
-strukturen 261

Matthias Karmasin
Medienethik – Normen, Werte und Verantwortung 279

Drittes Kapitel: Die Strategie

Interview mit John Lavine 301

Torsten J. Gerpott
Wettbewerbsstrategien – Überblick, Systematik und Perspektiven 305

Claudia Loebbecke
Digitalisierung – Technologien und Unternehmensstrategien 357

Berthold H. Hass
Content Management – Inhalte für Neue Medien strategisch nutzen 375

Frank Keuper/René Hans
Geschäftsmodelle – Erlösformen in der Medienbranche 393

Arnold Picot/Rahild Neuburger
Strategische Allianzen – Eine Chance für Medienunternehmen 417

Harald Hungenberg
Beteiligungen – Realisierung von Synergieeffekten 433

Ulrike Spree
Mediendokumentation – Strategische Herausforderung für
Medienunternehmen 445

Viertes Kapitel: Die Gestaltung

Interview mit Yu-Li Liu 487

Cinzia Dal Zotto
Personalmanagement – Besonderheiten und Aufgaben in
Medienunternehmen 491

Joachim Eigler
Aufbauorganisation – Modelle für Medienunternehmen 519

Friedrich A. Stein
Führungsmanagement – Aufgaben von Führungskräften in
Medienunternehmen 539

Klaus-Dieter Altmeppen
Ablauforganisation – Formen der journalistischen
Aussageproduktion 553

Martin Gläser
Projektleitung – Leitung und Koordination von Medienprojekten 579

Paul Klimsa
Produktionssteuerung – Grundlagen der Medienproduktion 601

Gerrit Brösel
Programmplanung – Steuerung und Gestaltung des Programms von
Fernsehanbietern 619

Mike Friedrichsen
Koordination – Digitaler Workflow in Print-Unternehmen 639

Siegfried Weischenberg
Qualitätssicherung – Qualitätsstandards für Medienprodukte 663

Fünftes Kapitel: Der Vertrieb

Interview mit Steven S. Wildman 689

Gabriele Siegert
Absatzmanagement – Preis-, Produkt- und Programmpolitik 693

Robert F. Pelzel
Vertriebsmanagement – Konzepte für Medienprodukte und
die Distributionswege der Medien 715

Fritz Unger
Mediaplanung – Voraussetzungen, Auswahlkriterien und
Entscheidungslogik 735

Michael Schenk/Thomas Döbler
Marktforschung – Reichweite, Zielgruppe und Image 761

Bernhard Swoboda/Judith Giersch/Thomas Foscht
Markenmanagement – Markenbildung in der Medienbranche 789

Helmut Scherer
Individualisierung und Eventisierung – Probleme und Strategien
bei der Vermarktung von Medienangeboten 815

Sechstes Kapitel: Das Rechnungswesen

Interview mit Robert G. Picard 835

Guido Leidig
Kalkulation – Kalkulationsmethodik und Modelle für
Medienprojekte 841

Norbert Seidel/Uwe Schwertzel
Finanzierung – Formen, Modelle und Perspektiven 859

Stefan A. Wilms/Horst Zündorf
Kosten- und Leistungsrechnung – Modelle und Vorgehensweisen in
Medienunternehmen 879

Wolfgang Becker/Rainer Geisler
Controlling – Funktionen, Besonderheiten und Entwicklungen in
Medienunternehmen 899

Karlheinz Küting/Christian Zwirner
Bewertung – Spezifische Probleme der Werttreiber von Film- und
Medienunternehmen 919

Ausblick

Interview mit Fritz Pleitgen 943

Autorenverzeichnis 951

Stichwortverzeichnis 965

Einstieg

Interview mit Gunter Thielen

Dr. Gunter Thielen, Vorsitzender des Vorstands der Bertelsmann AG, Gütersloh (Deutschland)

„Ticken" Medienunternehmen anders als Unternehmen anderer Branchen und müssen Medienunternehmen anders geführt werden als beispielsweise Energieunternehmen?

Für mich ist die Medienindustrie die spannendste Branche überhaupt: Wir leben von kreativen Inhalten und müssen sie ständig neu erfinden. Unternehmer, Autoren und Künstler brauchen viel Freiraum, um ihre Kreativität entfalten zu können. Medienunternehmen müssen dafür die nötigen Strukturen und Prozesse anbieten. Darin unterscheiden sie sich von anderen Unternehmen, nicht aber, was die betriebswirtschaftliche Steuerung angeht. Die Medien sind zwar ein buntes Geschäft – aber auch bei uns müssen schwarze Zahlen geschrieben werden.

Bertelsmann wurde von der Medienkrise nicht so hart getroffen. Bertelsmann geht es besser als anderen Medienunternehmen. Was machen Sie anders?

Bertelsmann ist stolz auf seine „Unternehmer im Unternehmen". Wir verfolgen die Strategie eines dezentral aufgestellten Unternehmens mit weitgehend autonom agierenden Profit Centern. Unsere Mitarbeiter sind hervorragend. Wir trauen ihnen eine Menge zu, binden sie in Entscheidungen ein und beteiligen sie am unternehmerischen Erfolg. Diese partnerschaftliche Unternehmenskultur setzt große Kräfte frei. Das zeigt unter anderem unsere Innovations- und Wachstumsinitiative, die wir früher als andere gestartet haben. Weltweit werden rund einhundert neue Projekte bearbeitet – mit einem eindrucksvollen Umsatzpotential.

Kein Medienunternehmen ist internationaler ausgerichtet und hat ein so breites Portfolio wie wir. Dadurch können wir schwache Phasen in einzelnen Regionen oder Segmenten leichter ausgleichen. Wir sind weniger abhängig von Werbeeinnahmen als andere Unternehmen, weil wir werbeunabhängige Erlösquellen rechtzeitig ausgebaut haben. Weniger als ein Viertel unseres Umsatzes kommt aus der Werbung.

Bertelsmann agiert als globales Unternehmen auf internationalen Märkten. Inwieweit aber ist das Medien-Business wirklich ein „globales" Geschäft? Ist nicht eher der lokale Fokus von zentraler Bedeutung?

Das stimmt. Medien sind kulturelle Produkte, die auf einen bestimmten Sprach- und Kulturraum ausgerichtet sind. Deshalb ist das Mediengeschäft vom Ansatz her nicht global, sondern regional oder sogar lokal. Wir bei Bertelsmann verfolgen das Prinzip der „Localization": Lokale Unternehmer vor Ort schaffen Medienprodukte, die auf ein lokales Publikum zugeschnitten sind. Das ist die Basis unseres Geschäfts.

Auf der anderen Seite gibt es auch Medieninhalte, die international erfolgreich sind. Musik ist eine Sprache, die auf der ganzen Welt verstanden wird. Das erklärt die globalen Hits von Künstlern. Wir sind außerdem erfolgreich damit, herausragende Zeitschriften- und Fernsehformate für andere Länder zu adaptieren. Beispiele dafür sind das Fernsehformat „Pop Idol", das hierzulande unter „Deutschland sucht den Superstar" bekannt wurde oder die Zeitschrift „GEO".

Wie würden Sie den Professionalitätsgrad in der Medienbranche insgesamt definieren und wie würden Sie ihn in einem konkreten Unternehmen messen?

Diese Frage impliziert, dass sich die Medienbranche in ihrem Qualifikationsniveau von anderen Branchen unterscheidet. Dies ist nicht so. Ein Medienunternehmen muss genauso professionell arbeiten wie andere gute Unternehmen. Das spiegelt sich in Ausbildungsgrad, Weiterbildungsquoten, Mitarbeiterbefragungen und anderen Indikatoren, mit denen sich Professionalität messen lässt – und zwar nicht nur von Top-Führungskräften, sondern von allen Mitarbeitern.

Was die Ausbildung angeht, setzt sich zunehmend eine spezielle „Medienbetriebslehre" durch. Auch die vielen neuen Medienlehrstühle dokumentieren den Professionalisierungsgrad der Ausbildung für unsere Branche. Gerade für die kreativen Berufe bilden Medienunternehmen sehr gerne auch intern aus. Bertelsmann fördert den journalistischen Nachwuchs zum Beispiel in der Henri-Nannen-Schule oder in der RTL-Journalistenschule. Unsere Top-Führungskräfte bilden wir in unserer eigenen Bertelsmann University weiter.

In unserer kreativen Branche ist es besonders wichtig, Talente zu entdecken und zu halten. Das interne und externe Image als Arbeitgeber, die Fähigkeit zur Management- beziehungsweise Talententwicklung und die Qualität der Personalarbeit ganz allgemein sind deshalb ein weiteres Indiz für die Qualität und Professionalität eines Medienunternehmens.

Musiksender wie MTV oder VIVA ersetzen zur besten Sendezeit mit dem Argument der Gewinnmaximierung Musikclips und Nischenformate durch Doku-Soaps und Trash-Formate. Entfällt den Plattenfirmen dadurch ein wesentlicher Zweig des Vermarktungsnetzwerks, das sie selbst durch Produktion und Bereitstellung von Videoclips mit aufgebaut haben?

Die Entwicklung, die Sie beschreiben, ist eine der Herausforderungen, denen sich die Musikindustrie heute stellen muss. Das Musikgeschäft ist keine Kuschelbranche. Aber Konkurrenz belebt das Geschäft, und solche Entwicklungen treiben auch Innovationen voran. Musikfirmen entwickeln verstärkt alternative Plattformen wie Mobile Entertainment oder Video Streaming im Internet, um ihre Künstler zu promoten. Je schneller die technische Entwicklung beispielsweise bei UMTS-Musikkanälen oder im Breitband-Internet fortschreitet, desto besser lassen sich Musikvideos künftig dort positionieren. Wir werden immer innovative Wege finden, um unsere Künstler zum Erfolg zu führen.

Das kreative Potential der Künstler ist der Rohstoff der Musikbranche. Inwiefern lässt sich das „Nachwachsen" dieses Rohstoffes durch das Management steuern, beispielsweise durch Castingshows?

Die Musikindustrie muss neue Trends und Talente möglichst früh entdecken. Dabei ist es gleich, ob dies über Castingshows, Festivals, Konzerte oder Mund-zu-Mund-Propaganda geschieht. Um langfristig kreativ erfolgreich zu sein, ist es entscheidend, dass wir Künstler optimal betreuen und fördern. Das fängt bei der Empfehlung der passenden Produzenten und Texter an und geht weiter über kompetente künstlerische Beratung, effiziente Promotionpläne und kreative Marketingkonzepte. Sony BMG verfügt über ein erstklassiges Künstlerrepertoire und viele aufstrebende Talente, die wir auf ihrem Weg zur Spitze begleiten werden. Dabei geht es nicht in erster Linie um den schnellen Single-Charteinstieg, sondern darum, einen Künstler über Albumkonzepte langfristig zu positionieren und Karrieren erfolgreich fortzuführen.

Versuch einer Prognose: Sehen Sie eine Entwicklung hin zu standardisierten Massenmedien oder hin zu personalisierten Nischenprodukten?

Beides ist Realität – von Prognose kann da keine Rede sein. Die Digitalisierung hat zur Individualisierung von Information und Unterhaltung geführt. Jeder kann heute auf verschiedensten Endgeräten Medienangebote nutzen, die auf seine Interessen und Vorlieben zugeschnitten sind. Das wird sich so weit fortsetzen, wie unsere Kunden es wünschen. Trotzdem gibt es unverändert große Samstagabendshows mit Millionen von Zuschauern, auflagenstarke Publikumszeitschriften oder CDs, die sich weltweit verkaufen. Diese „Massenmedien" wird es neben den personalisierten Nischenprodukten immer auch geben: Sie schaffen Gemeinsamkeit, sorgen für Gesprächsstoff, definieren die Themen, über die wir uns austauschen und vieles mehr.

Was sollten Studierende des betriebswirtschaftlichen Faches Medienmanagement lernen?

Sie sollten lernen, Kreativität und unternehmerisches Denken zu verbinden – und gleichzeitig ein Verständnis dafür entwickeln, wie neue Technologien die Medienlandschaft von morgen bestimmen.

Erstes Kapitel: Die Basis

Interview mit Eli Noam

Prof. Eli Noam, Columbia Business School, New York/NY (USA)

What is from your individual point of view the most important question media management in day-to-day practice has to deal with?

Reducing the risk of operating in a high-risk business.

What is the most important answer media management in theory has given in the last year?

Showed that media conglomerates have grown to inefficient organizations.

What is new about our "information society" – has social progress not always been based on information?

What is new is that a majority of the workface is engaged introducing or processing information, rather than producing goods or food.

Which role should the media play to enable society to cope with the increasing speed and quantity of information? Are there indicators of how well a society or a group of persons is able to manage information?

To screen information in order to reduce social information overload, the main value added is the information subtracted.

How do you see the professionalism in the media industrie and how would you measure the professionalism of a media company?

Professionalism in high and specialized media functions – journalism, directing, printing, tech skills – but not well-developed in "general management" where personalities often predominate and analytical tools are underdeveloped. Measuring professionalism: (1) Economic performance. (2) Are media managers of a company recruited by other industries?

Are new media contributing to a fragmentization of organizational forms or to the opposite? And applying this development to society: Do new media force integration or disintegration of society?

New media integrate subgroups globally but desintegrate traditional fragemented communities. They enable virtual organizations.

The ultimate financial resource for the media is their target's time or attention. Currently media production is re-financed by advertisers who pay for shares of this time. But as you stated the consumer's time is a "free good for anyone who wants to access our mailbox or telephone receiver".

Will future business models include paying for this access? What happens to those users not being considered worth paying for?

In increasing competition for attention audiences are increasingly compensated by more attractive content, and will be courted by "frequent viewers" points, discount coupons, lotteries, and even cash. Telemarketers will have to pay for unblocking access selectively. Consumers who are not valuable prospects will gain less.

Please tell us which theory is most relevant in your research of media management. Which is the most applicable theory for managers?

Industrial organization economics, finance theory, economics of strategy, demand estimation.

What (else) should a student in the field of media management learn?

Psychology of creativity of entertainment and of teas.

Medienmanagement – Herausforderung, Notwendigkeit und ein Bezugsrahmen

Christian Scholz

1 Einführung: Vier Probleme und ein Lösungsansatz 13
2 Umfeld: Mediengesellschaft 15
3 Hintergrund: Medien-Disziplinen 22
   3.1 Medienwissenschaft 24
   3.2 Mediengeschichte 25
   3.3 Medienrecht 26
   3.4 Medienpolitik 27
   3.5 Medientechnik 28
   3.6 Medienpsychologie 29
   3.7 Medientheorie 31
   3.8 Medienethik 32
   3.9 Medienökonomie 33
4 Forderung: Medienmanagement als interdisziplinär ausgerichtete BWL .. 37
5 Funktion: Das Modell der drei Medienwirkungen 39
   5.1 Medien(unternehmen) schaffen Wirklichkeit 40
      5.1.1 Wirklichkeit als intentionale Produktion 41
      5.1.2 Umsetzungsbeispiel: Das „Prinzip Don Alphonso" .. 43
      5.1.3 Wirklichkeit als selektive Abbildung 44
      5.1.4 Umsetzungsbeispiel: Das „Prinzip Doris Day" 45
      5.1.5 Umsetzungsbeispiel: Das „Prinzip Home-Shopping" .. 46
      5.1.6 Bewertung der Funktion „Wirklichkeit" 48
   5.2 Medien(unternehmen) schaffen Märkte 49
      5.2.1 Wettbewerb zwischen Medien(unternehmen) 50
      5.2.2 Märkte zwischen Unternehmen/Privatpersonen 52
      5.2.3 Bewertung der Funktion „Markt" 53
   5.3 Medien(unternehmen) schaffen Werte 54
      5.3.1 Werte im kulturellen Sinne 55
      5.3.2 Werte im ökonomischen Sinne 57
      5.3.3 Bewertung der Funktion „Werte-Schaffen" 59
6 Ergebnis 60
Literaturverzeichnis 63

Vorschau

Mediengesellschaft

Es wird deutlich, dass neben der Wirtschaft auch die Gesellschaft – sowohl im kulturellen als auch im politischen Bereich – in zunehmendem Maße von den Medien abhängen beziehungsweise gesteuert werden. Außerdem werden Chancen und Risiken einer Mediengesellschaft im Hinblick auf Wirtschaft und Gesellschaft diskutiert.

Interdisziplinäres Medienmanagement

Die Anforderungen an ein zeitgemäßes Medienmanagement lassen sich nur durch eine konsequent interdisziplinäre Herangehensweise bewältigen, die folgende neue Disziplinen berücksichtigt: Medienwissenschaft, Mediengeschichte, Medienrecht, Medienpolitik, Medientechnik, Medienpsychologie, Medientheorie, Medienethik und Medienökonomie.

Das Modell der drei Medienwirkungen

Der Beitrag stellt eine neue Systematisierung der Medienfunktionen vor: Dieses „Modell der drei Medienwirkungen" besteht aus drei Medienfunktionen (1) Medien schaffen Wirklichkeit, (2) Medien schaffen Märkte, (3) Medien schaffen Wert(e). Sie zeigen Gestaltungsoptionen für die Praxis auf, aber auch Untersuchungsfelder für die Forschung.

Medien schaffen Wirklichkeit

Diese Sichtweise befasst sich mit der (sozial-)konstruktivistischen Idee, wonach Medien zur Wirklichkeitskonstruktion beitragen. Der Beitrag unterscheidet dabei zwischen Wirklichkeit als intentionale Produktion sowie Wirklichkeit als selektive Abbildung und liefert entsprechende Beispiele.

Medien schaffen Märkte

Medien dienen dazu, Marktfunktionen in Gang zu setzen. Diese Marktfunktionen beziehen sich dabei nicht nur auf die Medienmärkte an sich, sondern berücksichtigen auch, dass durch Medien Beschaffungs- und Absatzmärkte geschaffen und Marktfunktionen intensiviert werden.

Medien schaffen Wert(e)

Werte sind zum einen kognitive Schemata im Sinne von Normen und Werten, zum anderen betriebswirtschaftliche und letztlich monetäre Größen.

1 Einführung: Vier Probleme und ein Lösungsansatz

Medienmanagement bedeutet zum einen das Management von Medien als deren bewusste Gestaltung und zum anderen das Management von Medienunternehmen. Beides wird in der betrieblichen Praxis immer wichtiger, aber auch immer schwieriger. Hier kommen vor allem vier Probleme zum Tragen:

Objektproblematik! Medien sind gleichzeitig Wirtschaftsgüter und Kulturgüter, Medienunternehmen damit gleichzeitig betriebswirtschaftliche Einheiten und kulturelle Akteure. Die resultierenden Spannungsfelder sind Kunst versus Kommerz, Grundversorgung versus Elite, Information versus Unterhaltung. Zwangsläufig verändert und problematisiert sich daher im Zuge der gegenwärtigen Kommerzialisierung und Ökonomisierung die Sichtweise von Medien(wirtschaft) „als gesellschaftliche Institution, die meritorische Leistungen für andere Institutionen erbringt beziehungsweise erbringen sollte" (Meier/Jarren 2001, S. 145). Dies impliziert eine „Zunahme monetärer und egoistischer Elemente in der Nutzenfunktion und eine zunehmend striktere Anwendung des Nutzenmaximierungspostulats" (Heinrich 2001a, S. 159). Die Unterscheidung von Medien als einerseits wirtschaftlichem Unternehmen und andererseits gesellschaftlicher Institution verliert an Trennschärfe, was sich an Ausdrücken wie „Corporate Newspaper" und „Market-Driven-Journalism" festmachen lässt (Shaver 2000, S. 55).

Spezifizierungsproblematik! Der unbestreitbaren Bedeutung der Medienunternehmen steht eine allenfalls rudimentäre Auseinandersetzung mit dieser speziellen Unternehmensform gegenüber. Manch einer glaubt, dass Medienunternehmen nicht anders zu führen seien als eine Fabrik für Kochtöpfe oder ein landwirtschaftliches Kollektiv. Angesichts des offenkundigen Versagens vieler Entscheidungsträger in spezifisch medienwirtschaftlichen Fragen scheint eine Ausdifferenzierung angebracht, wie sie in analoger Form bei der Bankbetriebslehre, Handelsbetriebslehre oder Industriebetriebslehre seit längerem forciert wird. Voraussetzung für eine solche Medienbetriebslehre ist aber eine tiefere Auseinandersetzung mit den phänotypischen Gegebenheiten der Medienunternehmen.

Theorieproblematik! Zwangsläufig ist vor der Gestaltung von Medien und Medienunternehmen bewusst und systematisch die Phase des Verstehens zu durchlaufen. Dies wiederum verlangt nach aussagefähigen und empirisch fundierten Theorien, die Einsatz und Wirkung von Medien beziehungsweise von Medienunternehmen erklären. In allen wissenschaftlichen Disziplinen gibt es ein breites Spektrum an Überlegungen dazu, was eine „gute" beziehungsweise eine „richtige" Theorie ausmacht. Im Zusammenhang mit dem Medienmanagement verhält sich dies ähnlich (vgl. Lacy/Niebauer 1995). Allerdings sind hier drei Besonderheiten hervorzuheben: Dieses (1) noch relativ neue Feld basiert (2) auf einer ganzen Palette von unterschiedlichsten theoretischen Grundlagen, die (3) nur zu einem kleinen Teil aus dem Erklärungsbereich „Management" stammen. Dies erklärt zum einen die Schwierigkeit, die viele Autoren in der theoretischen Fundierung sehen, zum anderen aber auch die Faszination, die gerade im spezifischen Zugang einer managementorientierten Medienwissenschaft liegt. Das Medienmanagement führt immer mehr Forscher aus unterschiedlichsten Richtungen zusammen, mit dem gemeinsamen Wunsch, Medien und Medienunternehmen einer gestalterischen Aktivität zu unterziehen.

Normativitätsproblematik! Es besteht ein fundamentaler Konflikt zwischen individueller Nutzenmaximierung und kollektiver Wohlfahrtsmaximierung. Sicherlich stellt sich diese Frage in ähnlicher Form auch in anderen betriebswirtschaftlichen Forschungsfeldern und sie wird sich zunehmend mit zunehmender Intensität stellen: Ob Milchpulver für Kleinkinder in Entwicklungsländern oder ob erhöhte Vorstandsprämien für Massenentlassungen – die (ethischen) Konfliktfelder existieren auch in Nicht-Medienunternehmen. Und sicherlich lässt sich vieles in der Betriebswirtschaftslehre wertneutral abhandeln, so der Aufbau eines Warenwirtschaftssystems, einer Logistikkette oder einer Produktionssteuerung. Bei Medien und Medienunternehmen ist die Normativitätsproblematik jedoch besonders ausgeprägt, da Medieninhalte nach dem Prinzip „die Gedanken sind frei" zwangsläufig in die Nähe von „freien Gütern" rücken und aufgrund ihrer Funktionalität weitestreichende Wirkungen haben können: Zurecht spricht die Financial Times Deutschland (vgl. Zepelin/Baulig/Notz 2004, S. 29) im Zusammenhang mit Medienprodukten daher bereits von „Massenbelichtungswaffen". Muss also ein Medienmanagement Wege zur Manipulation und zum Aufbau von Medienmonopolen aufzeigen, gleichzeitig aber auch die normativen Fragen nach Ethik und nach gesellschaftspolitischer „Richtigkeit" beantworten? Die Antwort könnte eigentlich nur „ja" lauten.

Um sich dieser Herausforderung zu stellen, wird nachfolgend als erstes das Umfeld des Medienmanagements näher betrachtet und dann auf die unterschiedlichen Disziplinen hingewiesen, die für ein Medienmanagement hilfreich erscheinen. Nach dem klaren Postulat für ein explizit betriebswirtschaftliches Medienmanagement folgt ein konkreter Bezugsrahmen, der Funktionen und Optionen des Medienmanagements absteckt.

2 Umfeld: Mediengesellschaft

Als Mediengesellschaften können „moderne Gesellschaften bezeichnet werden, in denen Medienkommunikation, also über technische Hilfsmittel realisierte Bedeutungsvermittlung, eine allgegenwärtige und alle Sphären des gesellschaftlichen Sein durchwirkende Prägekraft entfaltet" (Saxer 1998a, S. 53).

Dass wir uns in Richtung auf eine solche Mediengesellschaft bewegen, ist unbestreitbar, weil durch eine Vielzahl von Studien belegbar (vgl. Gleich 2000, S. 326; van Eimeren/Ridder 2001; Oehmichen/Schröter 2001, S. 410; Darschin/Gerhard 2004): So stieg die Stundenzahl, die man in Deutschland im Durchschnitt vor dem Fernseher verbringt, von 121 Minuten pro Tag in der Entstehungsphase des Privatfernsehens 1984/85 über 185 Minuten im Jahr 2000 auf 217 Minuten pro Tag im Jahr 2003. Fügt man noch Radio, Internet, Zeitung und Zeitschriften hinzu, so erhöht sich nach der ARD/ZDF-Langzeitstudie Massenkommunikation diese Zeit sogar auf 502 Minuten, also auf rund acht Stunden. Anders als ursprünglich erwartet, verdrängt jedoch gegenwärtig weder das Fernsehen den Print-Bereich, noch das Internet das Fernsehen: So ist die Mediennutzung von Print-Produkten insgesamt weitgehend stabil, die von Fernsehen, Radio und Internet steigend.

Nicht nur die steigende Mediennutzung zeigt den Weg in die Mediengesellschaft, sondern auch die klare Aussage betriebswirtschaftlicher Zahlen (vgl. Statistisches Bundesamt 2002; Bundesverband Informationswirtschaft, Telekommunikation und Neue Medien e.V. BITKOM 2004). Die Investitionen deutscher Unternehmen in Medien beziehungsweise Informations- und Kommunikationstechnologie lagen im Jahre 2002 bei 127,9 Milliarden Euro. Bei den privaten Haushalten sind immer höhere Umsatzzahlen für digitale Unterhaltungselektronik und neue elektronische Medien Kennzeichen für einen wachsenden Medienmarkt. So stieg der Umsatz mit digitalen Geräten in 2003 um 29 Prozent auf 5,5 Milliarden Euro; Anbieter von Internet- und Onlinediensten, Multimedia und Unterhaltungssoftware konnten Umsatzsteigerungen von 15 Prozent auf 2,6 Milliarden Euro für sich verbuchen. Insgesamt wuchs der Markt für Unterhaltungselektronik in 2003 um 4,2 Prozent. Betrachtet man die Gesamtsituation im Sektor der Informations- und Kommunikationstechnologie, so stieg hier die Bruttowertschöpfung von 121,5 Milliarden Euro in 1995 um 58,4 Prozent auf 192,5 Milliarden Euro; die Bruttowertschöpfung aller Wirtschaftsbereiche zusammen wuchs im gleichen Zeitraum nur um 11,5 Prozent.

Trotz eines Einbruchs auf dem Werbemarkt (Schenk/Wolf 2004) und einer daraus resultierenden „Globalen Krise der Medienwirtschaft" (Friedrichsen/Schenk 2004) sind und bleiben die Medien eine Maschine zum Drucken von Geldscheinen: Ein Michael Schuhmacher oder ein Oliver Kahn verdient sein hohes Gehalt nicht nur deshalb, weil er gut Autofahren beziehungsweise Fußballspielen kann. Es ist vor allem die multimediale Präsenz die diese Personen zum idealen Werbeträger macht. In dem sich aufschaukelnden Wechselspiel aus personenbezogener Nachricht, Personenkult, Person als Marke und letztlich Person als universelle Litfasssäule verdienen alle Medienakteure und hat letztlich auch das Publikum sein Vergnügen.

Ein weiteres Zeichen unserer Mediengesellschaft ist die gegenseitige Instrumentalisierung von Politik und Medien. Der „Medienkanzler" Gerhard Schröder hat es schon früh verstanden, sich selbst zur eigenen Werbeplattform zu machen: „Der Medienerfolg wurde nun endgültig zum alleinigen Maßstab für den Erhalt politischer Macht" (Meng 2002, S. 8). Folgerichtig zeichnete ihn Media Control für seine medienwirksamen Aktivitäten mit dem Deutschen Medienpreis 2000 aus – eine für einen Politiker nicht alltägliche Hervorhebung. Auch in der Liste der weltweit bedeutendsten Persönlichkeiten von www.silicon.com für die Medien- und IT-Szene im Jahr 2002 ist Gerhard Schröder auf Platz 31 gelistet, noch vor Branchengrößen wie Scott McNealy (Sun Microsystems), Rob Glaser (Real Networks), Larry Ellison (Oracle) und Hasso Plattner (SAP). Sicherlich kann man den Auftritt von Gerhard Schröder 1993 in Dieter Wedels „Der große Belheim" – hier spielt Gerhard Schröder den niedersächsischen Ministerpräsidenten Schröder – in die Rubrik der kleinen Anekdote abtun, doch wird rasch erkennbar, dass es sich hierbei um eines von sehr vielen Beispielen handelt, aus denen das „System Medienkanzler" (König 2002) deutlich hervortritt. Meng (2002) begründet die Bezeichnung Medienkanzler damit, dass Schröder der erste Kanzler sei, der sein Amt den Medien verdankt. Dass allerdings auch Schröder als Medienmachiavelli (Brinkemper 2002) in Schwierigkeiten geraten kann, haben die Schlagzeilen „Medienkanzler mimt Mimose" (tageszeitung 2004, S. 1) und „Tritt Schröder als Medien-Kanzler ab" (Bild.de 2004a) im Frühjahr 2004 ebenso bewiesen wie sein Streit mit den noch kurz zuvor hochgeschätzten und perfekt instrumentalisierten Redakteuren der Bildzeitung (vgl. Bild.de 2004b): Diese hatten sich in Folge der negativen Schlagzeilen nach dem Rücktritt Schröders vom Parteivorsitz den Unmut des Kanzlers zugezogen (vgl. ARD Tagesschau 2004). Schröder belegte daraufhin Journalisten des Springer-Verlags mit einem Presseboykott. Der Stern wertete dies als „glatten Verstoß gegen die Mediengesetze" und erklärte Schröder zum „Medienkrieger" (Jörges 2004).

Die Steigerung des Prinzips Medienkanzler findet man in Italien, wo Berlusconi als Ministerpräsident und Medienmogul deutlich macht, dass die Kontrolle der Medien zum politischen Aufstieg und der politische Aufstieg zur Kontrolle über die Medien führen kann. Die Kontrolle über die Medien geht in diesem Fall so weit, dass Berlusconi inzwischen nicht nur die privaten Sender in seiner Hand hat, sondern auch das staatliche Fernsehen RAI zunehmend kontrolliert (Baur 2004): So brachte beispielsweise im Februar 2004 das staatliche Fernsehen 335 Minuten über Berlusconi, aber nur 70 Minuten für den Oppositionsführer und nur 90 Minuten für seinen wahrscheinlichen Herausforderer Romano Prodi – immerhin zu dieser Zeit EU-Kommissionspräsident. Insgesamt kontrolliert das Fernsehduopol RAI/Mediaset unter Berlusconis Einfluss 80 Prozent der Sendeanlagen, wird von 90 Prozent der Zuschauer verfolgt und strahlt 97 Prozent der Werbung aus (Rusconi 2004, S. 36).

Bei Unternehmen finden Medien direkten Eingang in die Produkte und Dienstleistungen, wodurch letztlich neue Angebote und Angebotskombinationen geschaffen werden. Gleichzeitig nutzen die Unternehmen Medien zur internen und externen Unternehmenskommunikation: So stiegen die Bruttowerbeaufwendungen in den klassischen Werbemedien auf inzwischen über 17 Milliarden Euro in 2003 (Heffler 2004, S. 243).

Auch Sprache zeigt die zunehmende Wichtigkeit der Mediengesellschaft. Betrachtet man die von der Gesellschaft für deutsche Sprache (2004) ermittelten Wörter des Jahres 2003, so finden sich untern den elf Nennungen unter anderem „googeln" als Verwendung der Suchmaschine Google, „Deutschland sucht den Superstar" als Beispiel für ein medial äußerst präsentes Medienformat und „eingebettete Journalisten" als neue Form einer Sicherstellung politisch-korrekter Berichterstattung. Aber auch Wörter wie „Das alte Europa", „Agenda 2010", „Maut-Desaster" und „Reformstreit" spiegeln insofern unsere Mediengesellschaft wider, als sie in dieser Form und Intensität ohne den in den Massenmedien geführten Diskurs nie ihre Relevanz erlangt hätten.

Zeichen für die Mediengesellschaft sind auch Diskussionen um die Medienkompetenz als Schlüsselqualifikation (vgl. Winterhoff-Spurk 1997) und die explosionsartige Zunahme von Medienberufen: So listet der Österreichische Arbeitsmarktservice (2004) allein für das Feld der neuen Medien 27 Berufe auf, darunter New Media Consultant, Usability Engineer, Gamedesigner, Trailer-Producer, Video-Journalist und Storyliner. Ähnliches findet man in Deutschland, wo in Form von Sonderbeilagen und Specials (zum Beispiel Die Zeit 2001; unimagazin 2003, S. 22–31) sowie Informationsseiten im Internet (zum Beispiel www.medienberufe.de) zur Thematik publiziert werden. Hinzu kommen diverse Bücher (zum Beispiel Naumann 1999), die über Medienberufe informieren und auf eine Laufbahn im Medienbereich vorbereiten.

Der letztlich endgültige Schritt in die Mediengesellschaft ist getätigt, wenn die Selbstbezüglichkeit als Berichterstattung über Medien in den Medien überwiegt (Jarren 2001, S. 16; Karmasin/Winter 2000, S. 15–16), die Medien also über Medien schreiben, Medienmanager zu Medienstars mutieren und Medien weitgehend nur mehr sich selbst inszenieren. Eine solche Selbstinszenierung gelang Bertelsmann mit der Vermarktung der Casting-Show „Deutschland sucht den Superstar": Der zum Konzern gehörende Sender RTL zeigte die Hauptshow, der ebenfalls zur RTL-Gruppe gehörende Sender VOX zeigte ein Backstage-Magazin und in nahezu allen Sendungen der Sendergruppe (zum Beispiel Sportsendungen wie das Neujahrsspringen) wurden die Teilnehmer der Show als Gäste rundgereicht. Neben der erzielten Einschaltquote und damit entsprechend hohen Werbeeinnahmen wurden auch über Internet, WAP-, SMS- und MMS-Angebote Einnahmen generiert. Zeitschriftenprodukte wie Fan-Magazine brachten Bertelsmann weitere Erlösquellen. Hinzu kommen die Einnahmen aus Plattenverkäufen über die Bertelsmanntochter BMG.

„Googelt" man (24. Mai 2005) nach dem Ausdruck „Chancen der Mediengesellschaft", so liefert der Computer zehn Treffer, unter anderem von kirchlichen Organisationen (zum Beispiel Evangelische Kirche in Deutschland 1997), die hier eine Möglichkeit zur Weiterverbreitung ihres Gedankengutes sehen. Außerdem Beiträge von Parteien und Landesregierungen, die sich hinsichtlich ihrer Positionierung und bei Standortfragen die positive Konnotation des Begriffes Mediengesellschaft zu Nutze machen. Ansonsten gibt es eine lange Tradition von Arbeiten, die zumindest im Internet eine Chance zur Demokratisierung sehen: Donath (2001) sieht Möglichkeiten einer stärkeren Bürgerbeteiligung an politischen und gesellschaftlichen Entscheidungsprozessen was letztlich zu einer Stärkung der Zivilgesellschaft führt. Leggewie (1998, S. 51) sieht ein großes Potential, „um einen eventuellen Beteiligungsschub von unten zu fördern".

„Googelt" man (24. Mai 2005) dagegen nach dem Ausdruck „Risiken der Mediengesellschaft", so liefert der Computer 271 Treffer. Die Risiken der Mediengesellschaft scheinen also zu überwiegen. Häufig genannt in dieser Diskussion sind die durch die Mediengesellschaft ausgelösten Risiken für die politische Kommunikation. Hier kommt das bereits oben angesprochene Verhältnis zwischen Politik und Medien zum tragen, wo Massenmedien selbst vor allem die öffentliche Meinungsbildung und damit die politische Agenda beeinflussen und sich die politischen Akteure mehr um „gute Presse" und kurzfristige Ergebnisse bemühen statt Herausforderungen nachhaltig zu lösen. Dazu der ehemalige Bundesminister Rudolf Seiters in einem Interview mit der Tagespost (Graf von Hoensbroech 2002): „[...] die Gefahr, mit Schlagworten und oberflächlich-populären Thesen Punkte zu sammeln, ist in der Mediengesellschaft von heute leider immer stärker geworden". Dass sich das Verhältnis von Politik und Medien gewandelt hat, sieht auch Friedrich Nowotny: „Früher haben die Journalisten Politiker beobachtet, jetzt beobachten die Politiker die Journalisten" (Gehrmann 2004). In diesem Zusammenhang wird es verständlich, dass die „Grenzen zwischen Informations- und Unterhaltungsprogrammen [...] durch Formate wie ‚Christiansen' verwischt" werden (Jarren 2001, S. 16) und für manche Politiker der Auftritt in der Talkshow wichtiger scheint als der Besuch im Bundestag: So wird diese Sendung inzwischen schon als „Ersatzparlament" oder „Mini-Bundestag" bezeichnet (Gehrmann 2004).

Gerade mit der zunehmenden Verbreitung des Internets werden Fragen relevant, die das Thema Medienkompetenz im Zusammenhang mit Kinder- sowie Jugendschutz diskutieren und die eine Querbeziehung zum Thema Medienethik herstellen: Wo verlaufen die Grenzen zwischen tatsächlich jugendgefährdenden Inhalten und falschem Sicherheitsaktionismus, zwischen Sensationsjournalismus und Pressefreiheit und dem Schutz der Privatsphäre und der persönlichen Ehre des Einzelnen? Als Konsequenz aus diesem Spannungsfeld wird auch die Grundthese der Meritorik angezweifelt (vgl. Evangelische Kirche in Deutschland 1997), wonach der Konsum von Medien wünschenswert ist, weil der damit verbundene Wissenserwerb zum Gemeinwohl der Gesellschaft und letztlich zum Funktionieren der Demokratie beiträgt. Bei den Risiken geben auch die Allianz-Bildungen zwischen Medien sowie Politik zu denken und lassen Forderungen nach einer stärkeren Regulierung in diesem Bereich laut werden (Jarren 2001). Auch wenn an dieser Stelle offen gelassen werden soll, ob „stärkere" Regulierung wirklich das probate Mittel ist oder ob nicht durch die Regulierung die gefühlte Verbindung zwischen öffentlich-rechtlichen (Landes-)Anstalten und Politik noch an Festigkeit gewinnt: Dieses Risiko wird zwangsläufig größer, weil Medien über diese Allianz kaum berichten und auch Kontrollinstanzen wie ein Rundfunkrat ohne jegliche reale Eingriffsmöglichkeit bleibt.

Ebenso gefährlich wie die Allianz zwischen Medien und Politik sind einseitige Machtübergewichte. Gerade an den aktuellen Entwicklungen in den USA erkennt man, was es bedeutet, wenn die Medien sich voll in die Politik einbetten lassen und die früher einmal unabhängigen Medien in den USA allenfalls bessere Pressesprecher für die Regierung Bush abgeben. Aber auch der umgekehrte Fall ist problematisch, wenn in einer monopolartigen Presselandschaft einzelnen Unternehmen eine Rolle zukommt, die ihnen eigentlich nicht zusteht, die sie aber trotzdem – zumindest zur Monopolabsicherung – wahrnehmen.

Nicht immer sind Chancen und Risiken unserer Mediengesellschaft eindeutig erkennbar. Vielmehr gibt es ambivalente Bereiche, wo die Beurteilung primär vom Standpunkt abhängt. Dies gilt vor allem für die neuen Medien, wo Chance und Risiko eher tendenziell einzustufen sind:

Eher auf der positiven Seite zu sehen sind Open-Source-Systeme, wie sie im großen Feld der Betriebssysteme (LINUX) und auch mit immer mehr Professionalität im Anwendungsbereich (zum Beispiel eLearningSysteme) zu sehen sind. Allerdings ist die Akzeptanz derartiger kostengünstiger und qualitativ ausgereifter Produkte zwar bei den Kunden zunehmend vorhanden, nicht aber innerhalb der kommerziellen Wettbewerber: Sie fürchten um ihre beeindruckenden Gewinnspannen und agierten gerade deshalb gegen die vor allem in der Gesamtkalkulation wesentlich günstigere Open-Source-Alternativen. Deshalb ist die Open-Source-Bewegung unmittelbar an die Existenz freier Massenmedien gekoppelt, da nur so ein Gegengewicht zu den hohen Budgets für Werbung und (politischen) Lobbyismus zu schaffen ist. Bedenkt man, dass Software (wie jeder andere Medieninhalt) nahezu ohne Zusatzkosten vervielfältigbar ist, so wird die Bedeutung dieser Bewegung offenkundig, die immer mehr als sicher geglaubte Bastionen erfasst. Jüngstes Beispiel ist die Diskussion um kostenlose (aber professionell einsetzbare) eLearning-Plattformen wie StudIP und ILIAS, die bei Anbietern kommerzieller Großlösungen zum Teil heftige Reaktionen hervorrufen, was letztlich aber vor allem die Bedeutung der offenen Systeme eindrucksvoll belegt.

Auf der eher negativen Seite kommt man an, wenn man sich der „Napsterisierung" zuwendet, wo das Internet dazu genutzt wird, Dateien (vor allem Musikstücke und Filmtitel) kostenlos auszutauschen – was teilweise auch gesellschaftskritisch interpretiert wird: „Die Musikindustrie hat ohnehin genügend Geld. Ich zahle keine Wucherpreise für CDs, um geldgierigen Plattenbossen ihre Champagnerpartys zu finanzieren", so ein „Musikpirat" im Stern-Interview (Schönert 2003). Sicherlich ist aber trotzdem dieser Dateitausch teilweise (oder sogar überwiegend) rechtswidrig. Verfechter der Piraterie weisen allerdings darauf hin, dass nur durch derartige Modelle Bewegung in das Preissystem, die Erlösmodelle und die Form der Absatzkanäle der Musikindustrie kam: So führt Bertelsmann als entsprechende Innovation ein Drei-Klassen-System bei CD-Angeboten ein, wo neben der bekannten „klassischen" Musik-CD mit Cover auch eine „Billig-CD" ohne Cover und eine Luxusvariante mit zusätzlichen DVD-Zugaben angeboten werden

(Ohler 2004). Auf der Seite der Absatzkanäle entstehen zudem immer mehr legale und erfolgreiche Onlineangebote und Downloadmodelle wie zum Beispiel der iTunes Music Store von Apple.

Das Gegenstück zur Open-Source-Bewegung und zur Napsterisierung ist das Prinzip der „Venterisierung" (Kuhlen 2002), benannt nach Craig Venter auf Grund dessen umstrittener Vorgehensweise bei der Patentierung des menschlichen Erbguts: Hier geht es nicht mehr um interessenfreies und kostenloses Wissen, sondern darum, monopolisiertes Wissen zu möglichst monopolartigen Preisen zu vermarkten. Hier werden dann Prinzipien wie das des „Fair Use" außer Kraft gesetzt und ein extremes Digital Rights Management (DRM) eingeführt, bei dem Kontrolle über das Medium unmittelbar zur Kontrolle über die Inhalte führt – und umgekehrt. DRM, digitale Rechteverwaltung, soll die Urheberrechte an geistigem Eigentum, vor allem an Film- und Tonaufnahmen, aber auch an Software wahren, Abrechnungsmöglichkeiten für Lizenzen sowie Rechte schaffen und Raubkopien verhindern. Das Ergebnis dieser Entwicklung führt inzwischen dazu, DRM als Digital Restriction Management zu bezeichnen: Denn Wissen wird privatisiertes Informationsprodukt und als solches monopolartig gehandelt. Digital Rights Management ist daher einer Gratwanderung, da zu restriktives Vorgehen eine Behinderung der Marktentfaltung bewirken könnte (vgl. Picot/Fiedler 2004). Trotzdem gibt es gerade hier auch „ermutigende" Beispiele: So konnte ein Musikliebhaber, der Musikdateien im iTunes Music Store gekauft hatte, diese nach seinem Umzug von den USA nach Kanada dort nicht mehr abspielen; er machte seinem Ärger in einer Technik-Mailing-Liste Luft und 72 Stunden später war er Thema in allen großen Zeitungen und Online Magazinen, was schließlich als Marketing-GAU für Apple/iTunes endete (vgl. Spielkamp 2004, S. 72).

An der Venterisierung zeigt sich ein medienwirtschaftliches Grundproblem, wonach es von der normativen Grundposition des Betrachtenden abhängt, ob eine Venterisierung positiv oder negativ einzustufen ist: Aus der Sicht eines „freien Unternehmertums" und einer wertfreien Betriebswirtschaftslehre ist Venterisierung Ausdruck einer geglückten Unternehmensstrategie, bei der in geschickter Form Marktpositionen besetzt und eigene Marktbarrieren abgebaut sowie die Marktbarrieren für Konkurrenten aufgebaut wurden; auch die Bildung von „strategischen Netzwerken", die Eliminierung von Konkurrenten (zum Beispiel durch geschickte Medienkampagnen) und das geschickte Neutralisieren von Monopolkommissionen sind hier zu nennen. Aus gesamtwirtschaftlicher Sicht stellt sich jedoch rasch die Frage nach der Wohlfahrtsoptimierung. Erreicht eine Tageszeitung ein entsprechend auszunutzendes Monopol in einem regionalen Markt, oder können sich nur noch wirklich Reiche Musik leisten, oder wird eine „lebenswichtige" Software für kleinere Unternehmen unerschwinglich oder führen Marktbarrieren zu extremen Gewinnen bei den einen, gleichzeitig aber auch zum über die Gesellschaft zu bewältigen Konkurs bei den anderen, dann ist dieser Vorgang im Hinblick auf die Wohlfahrtsoptimierung anders zu bewerten.

Abbildung 1 fasst die bisherigen Überlegungen zusammen und zeigt, dass – unabhängig von welcher Basis her man es betrachtet – Medien eine immer wichtigere Rolle spielen und auf diese Weise Anforderungen an ein Medienmanagement schaffen, die für dieses tatsächlich eine erhebliche Herausforderung darstellen.

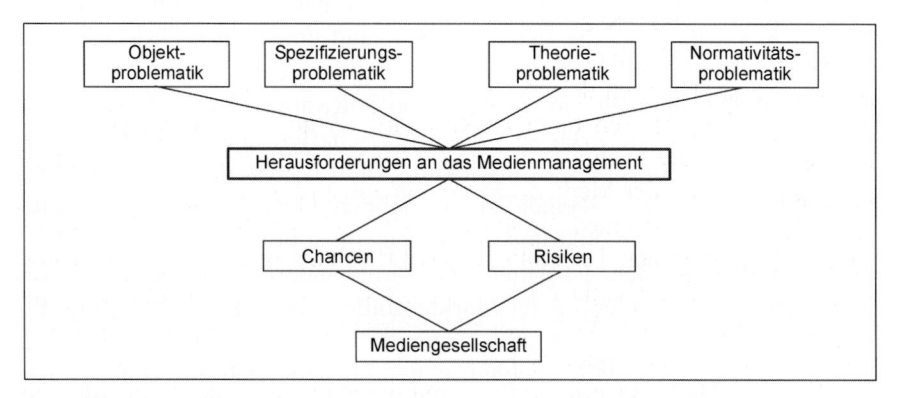

Abbildung 1: Herausforderung Medienmanagement

3 Hintergrund: Medien-Disziplinen

Beginnt man im Vorfeld der Theoriebildung (vgl. Ahmad 2000; van de Ven 1989) mit den behandelten Themen, so kann exemplarisch und stellvertretend für viele Autoren auf die Aufzählung von Altmeppen und Karmasin (2003a, S. 24) zurückgegriffen werden, die sieben Aktivitätsfelder auflisten: (1) Überblicke über Theorien, Normen und Verfahren der Kommunikations- und Medienwissenschaft, (2) Überblicke über theoretische und empirische Aspekte der Medienproduktion und des Mediensystems, (3) Marktbeschreibungen für einzelne Medien, (4) Studien zu Marktstruktur, Marktverhalten und Marktergebnis, (5) Volkswirtschaftlich orientierte Studien zu Wettbewerb, Konzentration, Marktzutritt und -vielfalt, (6) Studien zu betriebswirtschaftlichen Teilbereichen des Mediensystems und (7) Studien zu medienbezogenen Aspekten der Werbung.

Für eine weiterführende Bewegung in Richtung fundierter Gestaltungsempfehlungen – und letztlich kann nur dies das ultimative Ziel eines Medienmanagements sein – ist es hilfreich, sich auf die breite theoretische Basis zu besinnen, die unterschiedlichste wissenschaftliche Richtungen in reicher Form zur Verfügung stellen. Viele dieser „Theorien" sind dabei insofern „auch-medientheoretische" Basistheorien, als sie einen allgemeinen Erklärungshorizont haben, der über die reine Medienwissenschaft hinausgeht.

Für diese Basistheorien gibt es diverse Vorschläge. Exemplarisch soll hier auf Weber (2003, S. 26–45) zurückgegriffen werden, der aufbauend auf Bonfadelli und Rathgeb (1997), Saxer (1998b) sowie Margreiter (1999), folgende „(Basis-)Theorien der Medien(wissenschaft)" kennt: (a) Postmoderne Medientheorien die sich unter anderem mit Wandlungsphänomenen von der Moderne in die Postmoderne befassen; (b) Techniktheorien gehen von der Eigendynamik der Medientechnologie aus und befassen sich meist mit konkreten Medien; (c) medienphilosophische Ansätze, die sich mit dem Zusammenhang zwischen Technologie und Erkenntnis befassen; (d) ökonomische Medientheorien schlagen die Brücke zu den ökonomischen Theorien und erklären daraus das Verhalten; (e) kritische Medientheorien reflektieren unter anderem die postmodernen und die ökonomischen Medientheorien; (f) feministische Medientheorien reflektieren die Rolle der Frau in den Medien und bei der Mediengestaltung; (g) psychoanalytische Medientheorien zielen auf das Unbewusste und seine Rolle vor allem bei der Medienrezeption; (h) Zeichentheorien (Semiotik) gelten als Grundlage der Kommunikationswissenschaft. (i) Cultural Studies gehen von einem relativ breiten Kulturbegriff aus und befassen sich mit den Medien in der Kulturwissenschaft; (k) konstruktivistische Medientheorien diskutieren und erläutern die Prozesse des Erkennens beziehungsweise des Schaffens von Realität; (l) die (medienwissenschaftliche) Systemtheorie liefert anknüpfend an die allgemeine Systemtheorie und die kybernetische Modelltheorie eine breite Basis für diverse medienwissenschaftliche Überlegungen; (m) „andere" Theorien sind unter anderem Handlungs- und Entscheidungstheorien sowie die Mathematik.

Sicherlich ist diese Aufzählung noch erweiterungs- und kürzungsfähig, gibt aber dennoch einen ersten Überblick über die Breite der theoretischen Basis für die verschiedenen Mediendisziplinen. Von besonderer Bedeutung für das Medienmanagement erscheinen dabei Systemtheorie und Konstruktivismus als (vereinfacht:) objektzentrierte Theorien und die Ökonomie sowie die Psychologie als (vereinfacht:) subjektzentrierte Theorien. Auf ihnen lassen sich je nach Untersuchungsauftrag die anderen Theorien aufsetzen, unabhängig davon, ob es sich (wie bei den „feministischen Theorien") tatsächlich um Theorien handelt oder eher um „Pseudo-Medientheorien".

Die konkrete Vorgehensweise hängt von der individuellen Perspektive im Sinne des jeweiligen Forschungsansatzes ab, wodurch sich jeweils der Fokus und die Randgebiete ergeben: Für den Kulturwissenschaftler ist die Medientechnik relativ irrelevant; den Medienwissenschaftler wird die Frage nach den Geschäftsmodell womöglich wenig interessieren. Der Medienrechtler findet seine Faszination in der Auseinandersetzung mit vorgegebenen und gelebten (juristischen) Normen – alles andere ist für ihn lediglich Beiwerk; ein Medienökonom analysiert Medienmärkte, ohne dass ihn die Herstellung eines Zeitungsartikels interessiert. Alles dies ist legitim, solange wissenschaftliche Basis und forschungspragmatischer Ausgangspunkt offen gelegt werden. Genauso legitim und angesichts der zu behandelnden Komplexität verständlich ist es, dass dann jeweils andere Disziplinen als Ergänzung herangezogen – um nicht zu sagen „instrumentalisiert" – werden.

Sucht man nach den Bausteinen, die einen Zugang zum Erklärungs- und Gestaltungsobjekt „Medien" liefern, wird man unter anderem in folgenden neun zentralen Disziplinen fündig (zum Beispiel Faulstich 1998a, S. 21–105), die nachfolgend näher zu betrachten sind.

3.1 Medienwissenschaft

Diese Disziplin (vgl. Rusch 2002a) geht von der Literaturwissenschaft aus und thematisiert die Auseinandersetzung mit „Medien". Sie beantwortet dementsprechend Fragen der Medienproduktion, Medienrezeption, und Medienwirkung. Unter dem Dach der Medienwissenschaft versammeln sich unterschiedlichste Richtungen (zum Beispiel Kommunikationswissenschaft, Publizistik, Film- und Fernsehwissenschaft sowie Nachrichtentechnik), weshalb teilweise auch im Plural von den Medienwissenschaften gesprochen wird (vgl. Zeitschrift für Literaturwissenschaft und Linguistik 2003). Rusch (2002a, S. 73) sieht Medienwissenschaft im Schnittfeld unterschiedlicher Disziplinen und Forschungsgebiete. Sie umfasst danach ein Spektrum, das sich über geisteswissenschaftliche/philologische Bereiche wie Literaturwissenschaft, Buch-, Theater-, Film- und Fernsehwissenschaft über kommunikationswissenschaftliche Disziplinen wie Journalistik, Publizistik und Kommunikationspsychologie bis hin zu technisch orientierten Aufgabenfeldern wie Informatik oder Nachrichtentechnik erstreckt. Dazwischen stehen relativ neue und wiederum eigene aus Schnittfeldern entstandene Bereiche wie Bestsellerforschung oder Interface-Design. Schmidt (2002) schlägt vor, die Medienwissenschaft zusammen mit ihren Nachbardisziplinen, etwa der Medientheorie in einem Bereich „Medien-Forschung" zusammenzufassen. Darunter fallen „alle wissenschaftlichen Vorhaben, die sich auf Aspekte des Gesamtzusammenhangs zwischen Kommunikationsinstrumenten, Medientechnologien, sozialsystemischen Institutionalisierungen sowie Medienangeboten konzentrieren" (Schmidt 2002, S. 59).

Die Bezeichnung „Medienwissenschaft" dient also als Sammelbegriff für eine ganze Reihe von Forschungsrichtungen, deren Gegenstand Faulstich (2004) in die drei Bereiche (1) Medien und Mediengruppen, (2) Mediale Kommunikation und (3) Medienpublizistik gliedert. Dabei geht es im Einzelnen um (1) die Klärung des Begriffs „Medium" und Medientheorien, (2) die Kommunikation durch (Massen-)Medien, deren Aufgabengebiet sich durch die Laswell-Formel „Who says what in which channel to whom with what effect?" zusammenfassen lässt, und (3) um Konzepte von Öffentlichkeit.

Zur Medienwissenschaft – beziehungsweise etwas überlappend auch zur Medienpsychologie – gehört auch das betriebswirtschaftlich angestoßene Untersuchungsfeld der Mediaplanung (vgl. Unger et al. 2004) mit den Fragen (1) Mediaplanung als Bestandteil der Marktkommunikation, (2) Bandbreite der Mediaplanung, (3) Mediaforschung als Basis für die Mediaplanung, (4) Mediagattungen und (5) Intermediavergleich – die im Lehrbuch von Unger et al. (2004) entsprechend beantwortet werden.

3.2 Mediengeschichte

Manchmal als Teil der Medienwissenschaft eingestuft, liefert die Mediengeschichte wichtiges Wissen über Strukturen der Medienlandschaft. Dies geschieht zum einen als Einzelmediengeschichte (vgl. Faulstich 1998a, S. 29) auf die historische Entwicklung einzelner Medien: So liefert Ludes (1999) beispielsweise einen Überblicksartikel zur Programmgeschichte des Fernsehens, das Sammelwerk von Faßler und Halbach (1998) geht auf Medien wie Schrift, Bild, Literatur, Bildende Künste allgemein und Telefon ein. Zum anderen – und zwar abgedeckt über die Medienkulturgeschichte – verdeutlicht sie die generellen Entwicklungslinien der Medien in ihrer Wechselbeziehung zur Kultur. Faulstich (1996; 1997; 1998b) geht in seinen drei Bänden zur Geschichte der Medien über die frühe Neuzeit, Mittelalter und Spätantike bis zu den Anfängen der Menschheit zurück. Hierzu gehört auch das Phasen-Schema (Faulstich 1998a, S. 33–41), das den Übergang von (1) Mensch-Medien, die sich unter anderem in religiösen Ritualen manifestieren, zu (2) Druck-Medien, zu (3) elektronischen Medien und schließlich zu (4) den digitalen Medien verdeutlicht. Die Relevanz dieser Disziplin ist nicht zuletzt an der Tatsache zu erkennen, dass gerade die in Deutschland vorhandene Medienlandschaft (vgl. Wilke 1999) und deren Strukturen insbesondere auf die politischen und historischen Entscheidungen nach dem Zweiten Weltkrieg zurückzuführen sind.

3.3 Medienrecht

Fragestellungen dieser Disziplin werden für ein Handeln in der Medienbranche zunehmend erfolgsrelevant: Fusionen und Zusammenschlüsse erfordern Kompetenzen im Bereich des Kartell- und Wettbewerbsrechts. Spätestens seit dem Aufkommen der MP3-Technologie und seit dem „Copy and Paste" von Texten aus dem Internet ist klar, dass Urheberrechte wichtig sind.

Die Basis für das deutsche Medienrecht ergibt sich aus dem Artikel 5 des Grundgesetzes: (1) Jeder hat das Recht, seine Meinung in Wort, Schrift und Bild frei zu äußern und zu verbreiten und sich aus allgemein zugänglichen Quellen ungehindert zu unterrichten. Die Pressefreiheit und die Freiheit der Berichterstattung durch Rundfunk und Film werden gewährleistet. Eine Zensur findet nicht statt. (2) Diese Rechte finden ihre Schranken in den Vorschriften der allgemeinen Gesetze, den gesetzlichen Bestimmungen zum Schutze der Jugend und in dem Recht der persönlichen Ehre. (3) Kunst und Wissenschaft, Forschung und Lehre sind frei. Die Freiheit der Lehre entbindet nicht von der Treue zur Verfassung. Somit thematisiert das Grundgesetz den Schutz der Medien, macht aber durchaus auch einschränkende Aussagen.

Weitere relevante Regelungen und Gesetzte sind: Verlagsrecht (VerlG), Telekommunikationsgesetz (TKG), Informations- und Kommunikationsdienste-Gesetz (IuKDG), Mediendienste-Staatsvertrag (MDStV), Rundfunk-Staatsvertrag (RStV), Gesetz über die digitale Signatur (SigG), Urheberpersönlichkeitsrecht (Veröffentlichungsrecht, Recht auf Anerkennung der Urheberschaft, Nennrecht des Autors), Recht zur wirtschaftlichen Verwertung (Vervielfältigungs-, Verbreitungs-, Ausstellungsrecht). Zur Sicherung des Wettbewerbs sind unter anderem das Kartellrecht, das Gesetz gegen Wettbewerbsbeschränkungen (GWB), das Telekommunkationsgesetz (TKG), der Rundfunkstaatsvertrag (RStV), der Mediendienste-Staatsvertrag (MDStV) und das Teledienstegesetz (TDG) relevant.

Zukünftig interessant werden vor allem gerade Spezialanalysen sein, die sich dezidiert mit Fragen aus dem Medienrecht im speziellen Medienkontext auseinandersetzen. Ein Beispiel für eine derartige Arbeit ist die Untersuchung von Zapf (2002) zur Diskussion und zum internationalen Vergleich der kollektiven Wahrnehmung von Urheberrechten im Online-Bereich. Zudem beschäftigen immer neue Kommunikationsdienste unter dem Aspekt Multimedia die Rechtssprechung (vgl. Holznagel/Kibele 2002). Ein weiterer sich in der internationalen beziehungsweise europäischen Medienrechtsdiskussion befindlicher Punkt sind die zunehmenden Konvergenztendenzen, das heißt das durch die Digitalisierung der Medien ermöglichte Zusammenwachsen der verschiedenen Kommunikationsplattformen, -dienste und Endgeräte.

3.4 Medienpolitik

Eng mit der Frage der Wirkung von Medien ist auch die Frage der Veränderungen von Gesellschaft und Politik verknüpft. Kein Akteur auf der politischen Bühne kann ohne die Medien agieren. Neben der Abhängigkeit der politischen Akteure stehen Medien und Politik aber auch in einem anderen Zusammenhang zueinander: Zum einen dienen die Medien seit jeher als Kontrollinstanz, die gesellschaftliche und insbesondere politische Veränderungen, Strömungen und Aktivitäten offen legt und kritisch hinterfragt und letztlich so den öffentlichen Diskurs aufrechterhält und zur Meinungsbildung beiträgt. Zum anderen sind die Medien auch zum Transporteur oder Vermittler von politischen Botschaften und Zielen geworden. Die Medien bestimmen maßgeblich, wie die Gesellschaft zu politischen Themen steht. In diesen Agenda-Setting-Prozessen (vgl. Eichhorn 1995) geschieht eine Themenstrukturierung in dem Dreieck Politik-Medien-Bevölkerung/Öffentlichkeit, wobei die Verhältnisse der gegen- und wechselseitigen Beeinflussung nicht vollständig geklärt sind. Was von dem (zunehmenden) Einfluss der Medien auf die Politik zu halten ist, wird unterschiedlich aufgefasst: Hier gibt es auf der einen Seite diejenigen, die diese Entwicklung verteufeln, andere sehen dadurch gar eine Chance, und wieder andere betrachten das Phänomen nüchtern als Tatsache, der man sich nur entsprechend gegenüber verhalten muss.

Medienpolitik manifestiert sich auf fünf Ebenen (vgl. Faulstich 1998a, S. 55–56), die allerdings untereinander verbunden sind: (1) Die Medienpolitik des Staates als Umgang mit Medien, Medienvielfalt und Meinungsfreiheit, (2) die Medienpolitik der politischen Parteien als zielgerichteter Umgang mit den Medien, (3) die Medienpolitik der Medien selber als Nutzung und Erweiterung der Gestaltungsspielräume, (4) die Medienpolitik der Unternehmen als wirtschaftliche Nutzung der Medien und (5) die Medienpolitik der diversen gesellschaftlichen Gruppen als Zusammenfassung der verschiedenen Formen der Öffentlichkeitsarbeit.

Von Aleman (2000) versucht das Verhältnis Politik beziehungsweise Parteien und Medien anhand der drei Modelle Top-down, Mediokratie sowie Bottom-up abzubilden, zu ordnen und dabei immer die Frage nach demjenigen zu beantworten, der letztlich die politische Agenda bestimmt. Seine Antwort: Beim Top-down-Modell sind es die Parteien, beim Mediokratie-Modell sind es die Medien und beim Bottom-up-Modell ist es das Publikum selbst, das die Medienpolitik determiniert. Auf diese Weise hängt es letztlich von der Macht der Akteure und von ihrem bewussten Gestaltungsdrang ab, wer sich in diesem „Spiel" durchsetzt und wer der Nutznießer der Medienpolitik ist: Entweder die sich selbst „bedienende" Politik, oder aber die Medien, oder diejenigen, für die eine Medienpolitik eigentlich gut sein sollte, nämlich das breite Publikum. Genau dieses ist aber unwahrscheinlich, da das „breite Publikum" am wenigsten in der Lage ist, sich zu artikulieren.

Viel wahrscheinlicher ist dagegen, dass sich Politiker im symbiotischen Wechselspiel mit den Medien, diese zur Durchsetzung ihrer Interessen instrumentalisieren. Dies zeigte in beeindruckender Weise der bereits oben angesprochene „Medienkanzler" Gerhard Schröder, der am 22. Mai 2005 durch eine einzige Nachricht (Neuwahlen zum Deutschen Bundestag) die gesamte medial-öffentliche Diskussion von „SPD erfährt in NRW eine historische Wahlniederlage" auf „Der Kanzler geht in die Offensive" verschob (vgl. Süddeutsche Zeitung 2005; Hamburger Abendblatt 2005).

3.5 Medientechnik

Technologische Entwicklungen bestimmen nachhaltig die Art und Weise, wie wir kommunizieren, wie wir unsere Freizeit gestalten, wie Unternehmen arbeiten und wie viele andere Bereiche unserer Gesellschaft funktionieren. Dabei ermöglichen neue Technologien (Enabler) nicht nur neue Formen, zum Beispiel in der Kommunikation, der Unterhaltung oder der Arbeit, sondern wirken auch als treibende Kraft (Driving Force) um in diesen Bereichen Neues zu entwickeln und Veränderungen zu suchen.

Hier zeigt UMTS den starken Einfluss von Technologien auf wirtschaftliche Entscheidungsstrukturen sowie auf das Markt- und Kommunikationsverhalten. Allein die Tatsche, dass wegen einer neuen Mobilfunk-Technologie mit allenfalls potentiell existierenden Funktionalitäten von sechs Unternehmen in Deutschland rund 100 Milliarden Euro investiert wurden – und das nur für die Erlaubnis, in diesem Spiel mitzuspielen, ohne die Berücksichtigung von Investitionen wie für Netzaufbau – verdeutlicht die vermutete Bedeutung der Medientechnik. Erst im zweiten Schritt wurden konkrete Anwendungen entwickelt, die (neue) Formen der Kommunikation und Unterhaltung – wahrscheinlich auch der Arbeit – verändern und ermöglichen werden beziehungsweise ermöglichen könnten. Auch die Entwicklungen von weiteren „Zubringertechnologien" und neuen Mobilfunkgeräten wird seither forciert.

Umgekehrt werden Technologien von der Wirtschaft verschlafen, so zum Beispiel die WLAN-Technologie (Wireless Local Area Network), der inzwischen eine erhebliche wirtschaftliche Bedeutung zugesprochen wird. Ähnliches könnte für das digitale Radio DAB (Digital Audio Broadcasting) gelten (vgl. Dörr/Hümmrich 1994; Gebhard 1995). Denkbar sind beispielsweise „Secondary Services" auf DAB, das heißt, während im Hauptprogramm eine Musiksendung läuft, kann man sich auf dem Unterprogramm zum Beispiel Regionalnachrichten anhören (vgl. Gongolsky 2003). Um Medienmärkte zu verstehen, ist daher auch ein Mindestmaß an Wissen über Technologien notwendig, die als „Schlüsseltechnologien" die Gesellschaft und die TIME-Branche nachhaltig beeinflusst haben und immer noch beeinflussen.

Die treibenden Entwicklungen und Trends (vgl. Picot/Reichwald/Wigand 2001, S. 145–189) – sowohl bei Technologien und Geräten zur Medienproduktion als auch den zum Medienkonsum notwendigen Endgeräten – sind insbesondere Miniaturisierung, Standardisierung, „Entkabelung" oder Mobilität sowie Steigerung der Leistungsfähigkeit und Kapazitäten, bei sinkenden Kosten. Hinzu kommt die Digitalisierung, die unter anderem Erstellungs- und Vervielfältigungsprozesse und die Übertragung von Medieninhalten vereinfacht.

3.6 Medienpsychologie

Zwangsläufig bedeutet Umgang mit Medien nicht nur Umgang mit Technik und den produzierten Medien an sich, sondern vor allem auch den Umgang mit Menschen als letztlich relevante Zielgruppe. Dies führt zu folgenden Fragen: Wie werden durch Medien vermittelte Informationen vom Menschen rezipiert und verarbeitet? Wie wirken sich mediale Botschaften auf seine Einstellungen und sein Verhalten aus? Nimmt man derartige Fragen als Ausgangsbasis, so lässt sich die Aufgabe der Medienpsychologie „in der Beschreibung und Erklärung desjenigen Verhaltens an Individuen sehen, das durch die Medien beeinflusst wird" (Winterhoff-Spurk 1999, S. 20).

Im Vordergrund stehen kognitive und emotionale Prozesse, die zu verhaltensmäßigen Effekten führen: All diese gilt es zu verstehen und zu gestalten. Aus Sicht der Mediengestalter hat die Medienpsychologie somit einen instrumentellen Charakter und soll helfen, die Medien so zu gestalten, dass sie den gewünschten Effekt hervorrufen: Egal, ob es sich um Zufriedenheit beim Kinobesuch oder um Beeinflussung einer Kaufentscheidung handelt.

Diese Querbeziehung zwischen Psychologie und Verhaltensbeeinflussung ist seit langem bekannt: So wurde 1927 bei Sigmund Freud angefragt, ob er für 100.000 Dollar beratend bei Samuel Goldwyn tätig werden wolle – ein Angebot, dass ihm aber nicht interessant genug war (vgl. Eppensteiner/Fallend/Reichmayr 1986, S. 130–132).

Verfolgt man die Geschichte der Medienpsychologie weiter, so lässt sie sich in drei Phasen zusammenfassen (vgl. Trepte 2004): In der ersten Phase zu Beginn des 20. Jahrhunderts wurden medienbezogene Überlegungen publiziert, aber noch nicht unter dem Begriff Medienpsychologie. Im Zuge einer zunehmenden Bedeutung der Medien im Alltag ging es in diesen Veröffentlichungen meist darum, Medieninhalte und Medienwirkungen zu verstehen (zum Beispiel Radioforschung). Erst in der zweiten Phase entwickelte sich ein regelrechter Forschungsboom, der in den 80er Jahren zu einer Etablierung der Medienpsychologie führte. Thematisiert wurden in dieser Zeit insbesondere Fragen des Rezeptionserlebens und die Wirkung von Fernsehinhalten. Seit Ende der 90er Jahre wurden auch Fragestellungen zu den Medien Computer und Internet behandelt. Als dritte Phase in der Entwicklung der Medienpsychologie wird die aktuelle Situation der Medienpsychologie zu Beginn des 21. Jahrhunderts angesehen. Hier werden Fragen zu computergestützten Themen weiter an Bedeutung gewinnen und auch Medienpsychologen bei der strategischen Planung von Medieninhalten zunehmend einbezogen.

Aus Sicht der Medienpsychologie steht aber (zusätzlich) die anwendungsneutrale Grundlagenforschung im Vordergrund. Exemplarisch ist hierbei die These der „Cultivation of Beliefs" (vgl. Winterhoff-Spurk/Unz/Schwab 2001, S. 21), wonach die Wirkung des Fernsehens „weniger in der Vermittlung spezifischer Einstellungen als vielmehr in der Kultivierung grundlegender Einstellungen über soziale Realität" besteht.

Soweit erkennbar, beschäftigt sich die Medienpsychologie vergleichsweise wenig mit dem Gestalten von Medien, lässt also ihre Kognitionen, ihre Emotionen und ihre Verhaltensmuster weitgehend außer Betracht.

3.7 Medientheorie

Den Stellenwert der theoretischen Auseinandersetzung mit Medien innerhalb kulturhistorischer und kulturtheoretischer Debatten hebt Schanze (2002, S. V) hervor, wenn er der Medientheorie die Funktion „einer Leittheorie" zuschreibt. Rusch (2002b, S. 252) betrachtet sie als Teilgebiet der Medienwissenschaft und „Sammelbegriff für alle Bemühungen, die Identität, die Funktionen, den Status etc. von Medien in der Gesellschaft zu reflektieren und zu erhellen." Schmidt (2002, S. 54) formuliert forschungsleitend Medientheorie als die Idee vom „Apriori des ‚technisch-medialen Dispositivs', also die Ansicht, dass technische Vermittlungsverhältnisse epistomologischen, gesellschaftlichen und kulturellen Strukturen vorausgesetzt sind und sie entscheidend prägen".

Die Medientheorie als Teil der Medienwissenschaft arbeitet nicht nur (ausgehend von der Literaturwissenschaft) mit Print-Medien. Sie sieht auch Film und Fernsehen als ihre Analyseobjekte und damit die Film- sowie Fernsehwissenschaft als eines ihrer Teilgebiete an. Dies führt dann zu den Einzelmedientheorien, so die „Radiotheorie" von Brecht (1967) und Arnheim (2001), die Fernseh-Theorie von Fiske (1987), oder die Filmtheorie von Kracauer (1996).

In der jüngsten Zeit ist eine spezielle Medientheorie in den Vordergrund gerückt, nämlich die Auseinandersetzung mit Massenmedien und der Massenkommunikation. Sie ist vor allem in den USA ein wichtiges Forschungsfeld, wie man an der Arbeit von Campbel, Martin und Fabos (2002) sieht: Hier wird über den Einfluss der Medien auf die Präsidentschaftswahl 2000 in den USA gesprochen (wo die Medien eine unrühmliche Rolle gespielt haben), aber auch Fragen der Kartelle und der sozialen Kontrolle werden angesprochen. Trotz der Breite der Diskussion drängt sich zumindest für die US-amerikanische Auseinandersetzung der Eindruck auf, dass hier die kritische Distanz deutlich zu kurz kommt. Lediglich einige Intellektuelle kritisieren die teilweise unkritische und eingeschränkte Berichterstattung der US-Medien. Chomsky (2002, S. xi) vertritt in seinem „Propaganda Model" die Sicht, dass die Medien letztlich diejenigen durch gezielte Propaganda unterstützen, die sie finanzieren. Auf populäre Art und Weise hat sich in jüngster Zeit Michael Moore in seinem Film „Fahrenheit 9/11" mit der aus seiner Sicht instrumentalisierenden Berichterstattung um die Ereignisse nach dem 11. September 2001 auseinandergesetzt.

3.8 Medienethik

„Ethische Erwägungen finden in medienökonomischen Debatten nur selten Platz. Dies mag an der generell konstatierbaren Enthaltsamkeit der Kommunikations- und Medienwissenschaft gegenüber ethischen Fragen liegen, hat gewiss aber auch mit Mess- und Zurechnungsproblemen ethischer Aspekte zu tun. Nach Max Weber kennt der Markt bekanntlich keine Moral [...]" (Altmeppen/Karmasin 2003b, S. 10). Hier stellt sich die nicht ganz einfach zu beantwortende Frage, ob es über reine journalistische Eigenwerbung hinausgehend überhaupt so etwas wie eine „ethische Basis" des Medieneinsatzes gibt. Bei diesen Themen geht es um Grenzen zwischen Sensationsjournalismus und Schutz der Privatsphäre ebenso wie um die Grauzone zwischen objektiver Information und Manipulation. Zur Medienethik gehört zudem die viel zitierte (in ihrer empirisch beobachtbaren Realisierung aber nicht stringent nachgewiesene) Ethik der Journalisten.

Vor allem die amerikanische Presse muss sich immer wieder mit diesem Thema beschäftigen: Wenn beispielsweise der Sender CBS den Bericht über die Folteraktionen der amerikanischen Soldaten im Irak auf Wunsch des Pentagons mehrere Wochen zurückhält, wird der Berichtstermin letztlich weniger von einem journalistischen Ethos bestimmt, als vielmehr von den beiden Zielsetzungen „guten Kontakt zum Verteidigungsministerium behalten" und „Schlagzeilen" machen.

Funiok, Schmälzle und Werth (1999) betonen vier Teilbereiche der Medienethik: (1) eine Medienethik, die sich mit Struktur und Funktion des Mediensystems mit seinen Gesetzmäßigkeiten und Wertpräferenzen als ein Teilsystem der Gesellschaft beschäftigt, (2) eine Ethik der Produkte, die Inhalte und Formen im Mediensystem betrachtet und Kriterien zu deren Beurteilung entwickelt, (3) eine Ethik der Produzenten, die ethische Grundlagen journalistischen Handelns Einzelner als auch ethisch relevante Rahmenbedingungen von Institutionen des Mediensystems schafft, (4) eine Ethik der Rezipienten, die Möglichkeiten und Grundlagen einer verantwortlichen Nutzung medialer Angebote und die ethische Relevanz der Vermittlung von Medienkompetenz propagiert. Diese Teilbereiche werden durch vier relevante Teilfragen zur Medienethik ergänzt: (a) Wer trägt Verantwortung (Handlungsträger)? (b) Wofür trägt er Verantwortung (Handlung)? (c) Wem gegenüber trägt er Verantwortung (Betroffene)? (d) Wovor muss er sich verantworten (Instanz)?

Ethik spielt auch bei der Frage nach der Qualität von Medienprodukten eine Rolle. Qualität könnte demnach bedeuten, bei der Herstellung von Medienprodukten eine Kongruenz mit den Normen und Werten medialer Ethik zu erreichen, also etwas herzustellen, das mit dem Gewissen in Einklang stehen kann. Beispiel hierfür ist der Pressekodex des Deutschen Presserats, an dessen oberster Stelle die „Achtung vor der Wahrheit, die Wahrung der Menschenwürde und die wahrhaftige Unterrichtung der Öffentlichkeit" als „oberste Gebote der Presse" stehen (vgl. Deutscher Presserat 2001).

Mit zunehmenden Konkurrenzdruck und steigendem Zeitdruck schwinden auch die Grenzen für das, was man als „journalistisch korrektes Arbeiten" bezeichnet. So schildert Rosen (2004) dramatisch, wie Journalisten teilweise wörtlich aus dem Internet Passagen für ihre Arbeiten verwenden – nicht daran denkend, dass auch das Internet selber die Quelle für dieses Lokalisieren von Urheberrechtsverletzungen darstellt.

Trotz allem Pathos scheint zusammenfassend zwar die Medienethik ein zentrales Thema für die Forschung darzustellen, nicht aber unbedingt eine Handlungsmaxime für die Medienpraxis.

3.9 Medienökonomie

Vor mehr als 20 Jahren wurde die Situation der Medienökonomie wie folgt beschrieben: „Innerhalb der Volkswirtschafts- und in der Betriebswirtschaftslehre blieb das Interesse gering an vergleichsweise mediokren Leistungsgrößen [...] mit [...] kaum zu vergleichenden Markt- und Produktionsprozessen und [...] einem Kriterienhorizont, der im Bereich der Normen und damit einhergehender Konflikte fundamental mit ‚garstig politischer' Werteorientierung gekoppelt bleibt. [...] Die Beiträge der Volks- und Betriebswirtschaftslehre zu ‚medienökonomischen' Fragestellungen blieben also eher zufällig und insgesamt vereinzelt" (Kopper 1982, S. 103). Inzwischen hat sich zumindest ansatzweise etwas bewegt, wie Schusser (1998) und vor allem der daran ansetzende Diskurs in der DBW deutlich zeigten.

Im Rahmen der Medienökonomie lassen sich gegenwärtig zwei Grundströmungen feststellen: Zum einen die eher volkswirtschaftlich orientierte Media Economics (teilweise auch als „Medienökonomie" und Medienwirtschaft" bezeichnet), zum anderen das eher betriebswirtschaftlich orientierte Media Management („Medienmanagement").

Zu Media Economics und zur Medienökonomie im engeren Sinne: Historisch gesehen hat als erstes die Volkswirtschaftslehre medienbezogene Aktivitäten entwickelt. Die VWL beschäftigt sich mit gesamtwirtschaftlichen Fragestellungen. Medienökonomie „untersucht, wie die Güter Information, Unterhaltung und Verbreitung von Werbebotschaften in aktuell berichtenden Massenmedien produziert, verteilt und konsumiert werden" (Heinrich 2001b, S. 20). Ein zentrales Erklärungsfeld hier ist (vgl. Siegert 2003, S. 12) der Zusammenhang zwischen (1) der sich aus den besonderen Eigenschaften medialer Produkte ergebende Marktstruktur, (2) dem Marktverhalten, (3) dem Marktergebnis und (4) der Mediennutzung, wobei alles dies eingebettet ist in die politischen, ökonomischen, technologischen und sozialen Rahmenbedingungen. Dieser Marktansatz wird noch komplexer, wenn man Werbemärkte, Märkte für Redaktionsgüter und die zu beeinflussenden Konsumgütermärkte berücksichtigt (vgl. Pethig 2003).

Diese „Medienökonomie im engeren Sinne" wird von Kiefer (2001) als eine Teildisziplin der Publikations- und Kommunikationswissenschaft gesehen, woraus sich aber eine bedeutsame Verengung von Objektbereich und Methodenrepertoire ergibt. Dementsprechend kritisiert Pethig (2003, S. 140–144) dass auf diese Weise der gesamte Aspekt der Wohlfahrtsökonomie ausgeklammert und zum Beispiel Sachverhalte wie das Dreiecksverhältnis von Fernsehanbieter, Rezipient sowie Werbewirtschaft nicht erklärbar wird.

Im englischsprachigen Raum hat sich besonders Picard (1989) mit seiner Auffassung von „Media Economics" durchgesetzt. Bei ihm steht der Markt (kapitalismus) im Vordergrund, in dem Medien(unternehmen) mit ihren Produkten und Dienstleistungen unter den Bedingungen von Knappheit, Angebot und Nachfrage – wenn auch unter den spezifischen Bedingungen von Mediengütern (vgl. Doyle 2002) – agieren. So definiert Picard (1989, S. 7): „Media economics is concerned with how media operators meet the informational and entertainment wants and needs of audiences, advertisers, and society with available resources. It deals with the factors influencing production of media goods and services and the allocation of those products for consumption." Ergänzend fügt er hinzu: „Media cannot be considered separately from the economic forces of the system direct and constrain the choices of those who manage the media, just as they do the choices of managers of any other industry." (Picard 1989, S. 14).

Zum Media Management: Seit langem wird gefordert, die Medienökonomie solle mehr sein als nur eine „Ökonomie der Medien". So kritisierte bereits Anfang der 80er Jahre Kopper (1982) dieses Defizit, was aus seiner Sicht unter anderem damit zu begründen sei, dass es gerade in Presseunternehmen im Vergleich zu anderen Industriesektoren erst sehr zögerlich zu einer Übernahme betriebswirtschaftlich komplexer Kontroll- und Führungssysteme kommt. Er liefert eine vierstufige Begründung (Kopper 1982, S. 103–105), die in dieser Form weitgehend auch noch heute Gültigkeit haben: (1) Mangelndes Interesse der allgemeinen Ökonomie! Hier konstatiert er ein extrem geringes Forschungsinteresse der etablierten Volks- und Betriebswirtschaftslehre, verbunden mit allenfalls selektiven und sporadischen Analysen. (2) Unzureichende Datenlage! Gerade in diesem Bereich fehlen – sieht man einmal von der Verteilung von Werbemitteln ab – umfangreiche empirische Daten, die weitergehende Forschungen ermöglichen. (3) Fehlendes theoretisches Fundament! Über die reine Datenanalyse hinausgehend fehlen handlungsleitende theoretische Überlegungen ebenso wie eine elementare Theorie zur Stellung der Medienindustrie. (4) Allenfalls verkürzende Theorieansätze! Hier gibt es zwar medienpolitische Ansätze, allerdings fehlen gesicherte Fundamente, die dann ihrerseits zu handlungsleitenden Impulsen führen könnten.

In diesem Zusammenhang interessant ist noch einmal der bereits erwähnte und 1998/99 geführte Dialog in der DBW: Hierzu stellte einführend Schusser (1998) fest, dass die reine volkswirtschaftlich-isolierte Sichtweise einzelner Medienmärkte und Medienprodukte wenig Zukunftsperspektiven haben dürfte, auf der anderen Seite die zunehmende Zahl entsprechender Publikationen aber darauf hinweist, „dass sich die Medienökonomie in der deutschen BWL etablieren könnte" (Schusser 1998, S. 601). Es folgt eine umfangreiche Diskussion, die mit folgender Aussage schließt: „Insofern ist der Wandel von einer publizitätswissenschaftlichen Medienökonomie zu einer Betriebswirtschaftslehre der Medienunternehmen dringend empfohlen" (Becker/Geisler 1999, S. 849). Die weitergehende Entwicklung ist dann die Verlagerung des Schwergewichtes von der reinen volkswirtschaftlichen zu einer dominierend betriebswirtschaftlichen Betrachtung (vgl. Wirtz 2003, S. 21).

Für diese Verlagerung und das daraus resultierende betriebswirtschaftliche Medienmanagement (vgl. Scholz/Eisenbeis 2003) zeichnen sich wiederum zwei Teilbereiche ab, die an der „klassischen" Differenzierung zwischen allgemeiner und spezieller BWL ansetzen (vgl. Schierenbeck 2000; Wöhe/Döring 2002): Danach beantwortet die allgemeine Betriebswirtschaftslehre Fragestellungen, die branchenunabhängig für alle Betriebe Gültigkeit haben, und die speziellen Betriebswirtschaftslehren befassen sich mit Besonderheiten einzelner Branchen oder Wirtschaftszweigen. Daraus folgen dann zwei Varianten des Medienmanagements in Forschung und Lehre (Abbildung 2), nämlich (1) Management von Medien in Unternehmen als allgemeine Betriebswirtschaftslehre und (2) Medienmanagement als Management von Medienunternehmen als spezielle Betriebswirtschaftslehre.

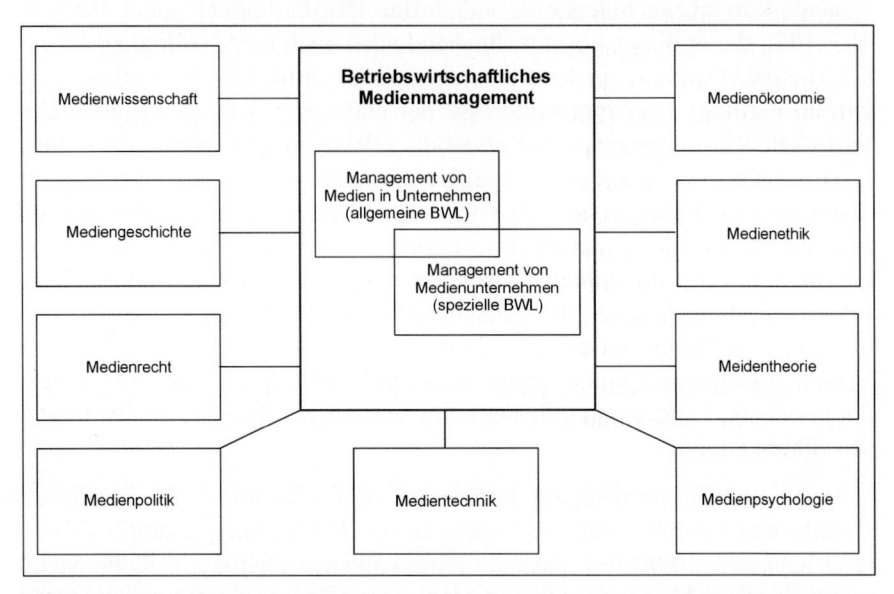

```
┌─────────────────┐   ┌─────────────────────────┐   ┌─────────────────┐
│ Medienwissen-   │───│ Betriebswirtschaftliches│───│  Medienökonomie │
│ schaft          │   │   Medienmanagement      │   │                 │
└─────────────────┘   │                         │   └─────────────────┘
                      │  ┌───────────────────┐  │
┌─────────────────┐   │  │ Management von    │  │   ┌─────────────────┐
│ Mediengeschichte│───│  │ Medien in         │  │───│   Medienethik   │
│                 │   │  │ Unternehmen       │  │   │                 │
└─────────────────┘   │  │ (allgemeine BWL)  │  │   └─────────────────┘
                      │  ├───────────────────┤  │
┌─────────────────┐   │  │ Management von    │  │   ┌─────────────────┐
│   Medienrecht   │───│  │ Medienunternehmen │  │───│  Meidentheorie  │
│                 │   │  │ (spezielle BWL)   │  │   │                 │
└─────────────────┘   │  └───────────────────┘  │   └─────────────────┘
                      └─────────────────────────┘
┌─────────────────┐   ┌─────────────────────────┐   ┌─────────────────┐
│  Medienpolitik  │   │      Medientechnik      │   │ Medienpsychologie│
└─────────────────┘   └─────────────────────────┘   └─────────────────┘
```

Abbildung 2: Betriebswirtschaftliches Medienmanagement und seine interdisziplinären Schnittstellen

Die zuletzt genannte spezielle Betriebswirtschaftslehre entspricht damit der Handelsbetriebslehre oder der Bankbetriebslehre und ist deshalb eine „Betriebswirtschaftslehre der Medienunternehmen" oder eine „Medienbetriebslehre". Dieser Auffassung folgen unter anderem Schumann und Hess (2000, S. 12), wenn sie von einer Medienbetriebslehre als eine der speziellen Betriebswirtschaftslehren sprechen, die aber anders als zum Beispiel die Industrie- und Bankbetriebswirtschaftslehre nicht ein Zentrum der betriebswirtschaftlichen Lehre und Forschung darstellt. Abzugrenzen – obwohl teilweise mit inhaltlichen Gemeinsamkeiten und daher oft auch als synonym angenommen – sind in diesem Zusammenhang die Disziplinen beziehungsweise Begriffe Internet-Ökonomie, Medienmanagement und Multimediamanagement. So ist Teil dieses Medienmanagements auch die Behandlung der Internet-Ökonomie (vgl. Zerdick et al. 2001) sowie des Multimediamanagements, das „alle Aktivitäten der Planung, Organisation und Kontrolle in Medien- und Multimediaunternehmen mit dem Ziel, einen unternehmerischen Erfolgsbeitrag zu leisten" umfasst (Wirtz 2003, S. 23). Medienmanagement als spezielle Betriebswirtschaftslehre wird gegenwärtig unter anderem an den Universitäten Köln, Flensburg, Mainz und Saarbrücken sowie an der Hochschule für Druck und Medien in Stuttgart angeboten.

Weniger verbreitet ist das Medienmanagement als Teil der allgemeinen Betriebswirtschaftslehre. Dies wird gegenwärtig unter anderem in München, Siegen und Saarbrücken im Rahmen der universitären Lehre angeboten. Dass „Medienmanagement" offenbar (noch) nicht ins Blickfeld der allgemeinen BWL aufgerückt ist, sieht man an den Lehrbüchern von Albach (2001), Bea und Haas (2001), Jung (1994), Olfert und Rahn (2003) sowie Wöhe und Döring (2002): Hier sucht man das Stichwort „Medienmanagement" vergeblich. Trotzdem erscheint hier angesichts der oben aufgezeigten Bedeutung der Mediengesellschaft Bewegung angebracht: Zunehmend liefern der Medieneinsatz und die sinnvolle Ausstattung mit Informations- und Kommunikationstechnologien entscheidende Wettbewerbsvorteile. Und auch, da inzwischen klar sein sollte, dass durch die bloße Einführung und Anwendung von Medien beziehungsweise Informations- und Kommunikationstechnologie sich eben nicht quasi von selbst ein Mehrwert einstellt, ist ein verantwortungsvolles und zielführendes Medienmanagement in Unternehmen erforderlich.

4 Forderung: Medienmanagement als interdisziplinär ausgerichtete Betriebswirtschaftslehre

Wenn es ausschließlich eine einzige Disziplin gäbe, die sich mit Medien und Medienunternehmen befassen würde, könnte man den gegenwärtigen Zugang zu Medien und zum Medienmanagement als monodisziplinär beschreiben. Das ist offenkundig nicht der Fall.

Etwas zutreffender ist das Attribut multidisziplinär. Danach arbeiten – wie bereits oben ausgeführt – diverse Forschungsrichtungen quasi nebeneinander in diesem Feld, beispielsweise die Publizistik, die Kommunikationswissenschaft, die Medienökonomie, die Journalistik oder die Wirtschaftsinformatik. In den meisten Fällen erfolgt eine weitgehend stringente Argumentation aus der Perspektive der jeweiligen Richtung, wobei die Querbezüge zu den anderen Perspektiven zwangsläufig rudimentär ausfallen. Positiv ausgedrückt bedeutet dies Spezialisierung, negativ formuliert Scheuklappendenken.

Weitergehend und eindeutig zielführender erscheint eine interdisziplinäre Vorgehensweise. Hier kommen die unterschiedlichen Disziplinen nicht mehr parallel zum Einsatz, sondern sie werden ineinander verschränkt und auf diese Weise zum Ausgangspunkt für neue Erklärungs- sowie Gestaltungsmodelle, beziehungsweise letztlich zu entsprechenden Theorien. Dieser interdisziplinäre Zugang ist allerdings gegenwärtig eher die Ausnahme: In der Forschung produziert dies beachtliche Transaktionskosten, in der Lehre sind entsprechend aufeinander abgestimmte fächerübergreifende Veranstaltungen oft von bürokratischen Regeln behindert und unter anderem deswegen eher selten. Dies ändert aber nichts an Reiz und Relevanz einer interdisziplinären Vorgehensweise.

Eine vierte Möglichkeit ist der transdisziplinäre Zugang für die Auseinandersetzung mit Medien und Medienunternehmen (vgl. Rusch 2002a). Danach gibt es nicht die völlige Unabhängigkeit der Multidisziplinarität und auch nicht den in Ansätzen etwas reduktionistischen Versuch der Interdisziplinarität, alles auf kleinste gemeinsame Nenner zu reduzieren. Vielmehr werden zwei spezifische Forschungsrichtungen miteinander verschränkt und aus dem Verschränkungspunkt neue Theoriegebilde errichtet. Ein Beispiel für eine derartige Transdisziplinarität liefern Altmeppen und Karmasin (2003a, S. 19–51) wenn sie versuchen, „Medienökonomie und Kulturwissenschaft der Medien, [...] als Emanzipationstheorie arbeitsteilig hergestellter medialer Produkte integrativ zu bewerten" (Altmeppen/Karmasin 2003a, S. 36). Allerdings stellt sich hier das von Altmeppen und Karmasin (2003a, S. 27) angesprochene „Dilemma des Geltungsanspruchs", bei dem die je nach Standpunkt jeweils andere Wissenschaft lediglich als Ergänzungswissenschaft gesehen wird, der Fokus also auf dem eigenen Gebiet bleibt, Altmeppen/Karmasin (2003a) sehen es unter dem Gesichtspunkt Massenmedien, während er bei Rusch (2002a) im kommunikationswissenschaftlichen Kontext steht. Diese vorgeschlagene Transdisziplinarität kann insofern als Anreicherung zur interdisziplinären Vorgehensweise dienen, als sie eine Disziplin als Fokussierung verlangt – wobei es von nur untergeordneter Bedeutung ist, ob man in diesem Fall nicht vielleicht doch von einer Transdisziplinarität sprechen kann beziehungsweise sprechen soll.

Vor diesem Hintergrund will dieses Handbuch interdisziplinär mit dem Ausrichtungspunkt „Betriebswirtschaftslehre" an das Thema Medienmanagement herangehen.

5 Funktion: Das Modell der drei Medienwirkungen

Was ist das Spezifische an Medien beziehungsweise an Medienunternehmen, woran ein Medienmanagement ansetzen kann? Es ist sicherlich nicht das Trägermedium an sich, beispielsweise das Papier oder der Fernsehbildschirm. Es ist auch nicht das Medienunternehmen an sich, das im Prinzip über eine ähnliche Gliederungslogik wie andere Unternehmen verfügt, wo es auch funktionale und divisionale Organisationsschemata gibt, die in diversen Mischungsverhältnissen zum Zuge kommen. Das Spezifische und hier in den Mittelpunkt der Diskussion zu rückende ist vielmehr die Funktionalität, zu verstehen als die Zusammenführung aller Konsequenzen, die Medien bewusst und unbewusst im positiven sowie im negativen Sinne nach sich ziehen.

Eine Möglichkeit für eine Systematisierung der Medienfunktionen ist das nachfolgend vorgeschlagene Modell der drei Medienwirkungen. Es wird an der Universität des Saarlandes im betriebswirtschaftlichen Vertiefungsfach Medienmanagement sowie in der allgemeinen Betriebswirtschaftslehre zu Grunde gelegt und differenziert nach drei Funktionen (Abbildung 3): Medien und Medienunternehmen schaffen danach (1) Wirklichkeit, (2) Märkte und (3) Wert(e). Wie noch zu zeigen sein wird, scheinen es gerade diese drei Funktionen zu sein, die allein und in Kombination das Spezifische an Medien und an Medienunternehmen ausmachen, letztlich also das Medienmanagement determinieren.

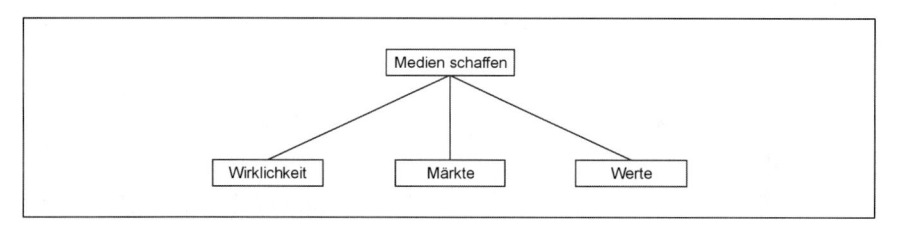

Abbildung 3: Modell der drei Medienwirkungen

Auch wenn nachfolgend nicht im Detail ausgeführt, liegt hinter dieser Gliederung eine Strukturierung nach unterschiedlichen Basiswissenschaften, die über dieses Dreifunktionenmodell integriert werden. So steckt hinter „Medien schaffen Wirklichkeit" im Wesentlichen die sozial-psychologische und soziologische Idee des Konstruktivismus, hinter „Medien schaffen Werte" vorrangig der volkswirtschaftliche Ansatz sowie der kulturelle Ansatz und hinter „Medien schaffen Märkte" primär die originäre betriebswirtschaftliche Zielsetzung.

5.1 Medien(unternehmen) schaffen Wirklichkeit

Medien schaffen Wirklichkeit! Diese Wirkung basiert auf der konstruktivistischen Vorgehensweise, nach der eine wichtige Funktion von Medien darin besteht, zumindest in begrenztem Umfange Wirklichkeit zu konstruieren.

Diese Sichtweise findet sich unter anderem in der Kommunikationswissenschaft, der Psychologie und der Soziologie. Vor allem in der eher nichtbetriebswirtschaftlichen Medienliteratur gilt der Satz „Medien konstruieren Wirklichkeit" als eine der zentralen Aussagen (vgl. Schmidt 1994). Gerade der Konstruktivismus ist eine wichtige Basis für den Umgang mit Medien. Sicherlich gilt: „Der Konstruktivismus ist kein einheitliches Theoriegebäude, das von einer homogenen Gruppe von Forschern entwickelt wurde und bereits in lehrbuchhafter Form vorliegt. Vielmehr handelt es sich eher um einen Diskurs, in dem viele Stimmen aus ganz unterschiedlichen Richtungen zu hören sind" (Schmidt 1994, S. 4). Trotzdem existiert mit Autoren wie von Glasersfeld (zum Beispiel 1987 und 1996) und Luhmann (zum Beispiel 2004) eine gemeinsame Basis, wonach nicht primär das real existierende Ziel beziehungsweise das real Existierende die Wahrnehmung von Wirklichkeit prägt, sondern die im Gehirn beziehungsweise die in der sozialen Interaktion entwickelte Perzeption.

Nachfolgend soll nicht davon ausgegangen werden, dass grundsätzlich ausschließlich sozial Konstruiertes existiert. Dazu gibt es inzwischen viel zu viele kritische Stimmen, die sich mit dem Konstruktivismus und seinen verschiedenen Facetten auseinandersetzen und einen differenzierten Umgang mit diesen Überlegungen verlangen (vgl. Rusch 1999). Orientiert man sich exemplarisch an der von Weber (2002) vorgeschlagenen Typologie, so lässt sich die Wirklichkeitskonstruktion auf zwei unterschiedliche Formen realisieren: (1) In der poetischen Denkweise wird dem konstruktivistischen Weg gefolgt, wonach der Vorgang der Wirklichkeitskonstruktion ein bildnerischer, konstruierender und generierender Vorgang ist. Es wird also in diesem Fall etwas Neues, vorher nicht Existierendes geschaffen, verkörpert, beziehungsweise aufgebaut. (2) Die mimetische Denkweise folgt dem realistischen Begriffsfeld und orientiert sich an der Idee der Abbildung. Entscheidend hierbei ist allerdings, dass es grundsätzlich nie eine 1-zu-1-Abbildung gibt, sondern zumindest insofern eine gewisse konstruktivistische Funktion wahrgenommen wird, als lediglich bestimmte Teilaspekte der Realität gesehen und zu dem Medienrezipienten hin projiziert werden.

Diese beiden unterschiedlichen Sichtweisen sollen nachfolgend beide als wirklichkeitsschaffende Vorgehensweisen eingestuft werden, da es in beiden Fällen darum geht, eine Realität zu schaffen, die allerdings mehr oder weniger dem realen Objekt entspricht. Allerdings gilt auch hier „dass die Medien zwar [eine] Realität, aber eine nicht konsenspflichtige Realität erzeugen." (Luhmann 2004, S. 164).

Aus diesem Grund gibt es weniger die Extremformen „Realismus" und „Konstruktivismus". Vielmehr ist von einer „mehr oder weniger" bewussten Konstruktion und einer „mehr oder weniger" unbewussten Selektion auszugehen. Abbildung 4 zeigt diese nachfolgend zugrundegelegte Differenzierung. Hinzu kommt aber noch die utilitaristische Finalität: Danach kann der mehr oder weniger stark ausgeprägte Konstruktivismus (also die poietische beziehungsweise die mimetische Vorgehensweise) zum einen als Selbstzweck, zum anderen aber der Verfolgung handfester, betriebswirtschaftlicher Ziele eines Unternehmens oder einer einzelnen Person dienen.

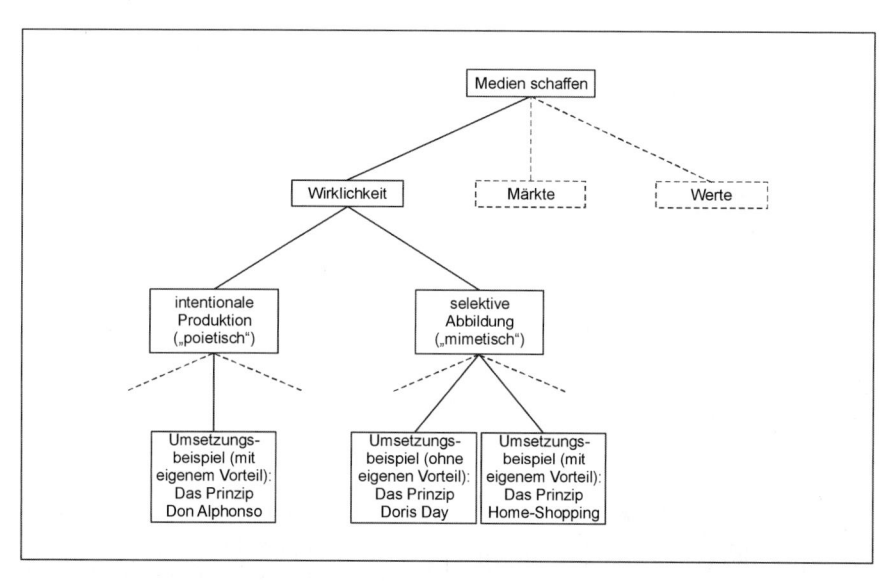

Abbildung 4: Medien schaffen Wirklichkeit

5.1.1 Wirklichkeit als intentionale Produktion

Hinter dem Etikett „poietischen" steckt eine Vorgehensweise, bei der die Medien vollständig und absichtlich Realität schaffen. „Nicht das, was existiert, existiert, sondern das was in den Medien steht, existiert", ist noch eine harmlose Beschreibung für dieses Phänomen. Noch radikaler sind Aussagen wie die Aussage von Luhmann (2004, S. 9) „Was wir über unsere Gesellschaft, ja über die Welt, in der wir leben, wissen, wissen wir durch die

Massenmedien" oder die These von Bolz „Es gibt kein Jenseits der Medienwirklichkeit" (Fuchs 2004, S. 89).

Ein schönes Beispiel für diese Form des Konstruktivismus ist der Spielfilm „Wag the Dog". In diesem Film inszeniert das Beraterteam des amerikanischen Präsidenten einen Krieg, der allerdings ausschließlich auf dem Bildschirm stattfindet, um kurz vor den Wahlen eine Affäre des Präsidenten zu vertuschen und so die mediale Aufmerksamkeit zu steuern. (Es würde den Rahmen diese Buches sprengen, Parallelen zu den Jahren 2002 bis 2004 in den USA zu diskutieren, wo von FOX bis CNN dem Wunsch des amerikanischen Präsidenten folgend, ein „War on Terror" zelebriert wurde, der mehr als die Zunahme der Arbeitslosigkeit und der Staatsverschuldung den Ausgang und vor allem die prozeduale Ausgestaltung die Präsidentenwahl prägte).

Vieles von dem, was wir alle in der New Economy gesehen haben, ist im Wesentlichen „Wirklichkeit als intentionale Produktion". Im eleganten Doppelpass zwischen Medien und Unternehmen wurden und werden Geschichten kreiert, machen „Stories für Börsengänge" scheinbare „Realitäten" und werden Personen kreiert, die hinter diesen Stories stehen. Egal ob Peter Kabel bei Kabel New Media oder Thomas Haffa mit EM.TV: In all diesen Fällen war es vor allen Dingen das in den Medien geschaffene Bild, das letztlich das Verhalten prägte und Aktionäre in ihr Unglück trieb. Hier wurde mit und durch die Medien bewusst eine Wirklichkeit geschaffen, die in den wenigsten Fällen auch nur ansatzweise etwas mit der Realität zu tun hatte. Die Logik war aber im Wesentlichen immer genau die gleiche: Wahr war, was in den Medien stand – unabhängig davon, ob es überhaupt in dieser Form existierte. Makabere Beispiele für derartige Wirklichkeiten waren Aufträge, die nie existierten, Lagerhallen, die nie gebaut wurden oder Gebäude, die allenfalls auf der Visitenkarte aufgezeichnet waren. Inzwischen gilt es als erwiesen, dass der Hype um EM.TV überwiegend von den Medien inszeniert wurde (vgl. Gürtler 2001), Medien also eine Wirklichkeit schufen – allerdings (zumindest was die Kleinaktionäre betrifft) eine Wirklichkeit mit sehr begrenzter Lebensdauer.

Im Prinzip ist die intentionale Produktion ohne moderne Informationstechnik machbar: So wurden in der Vergangenheit Fabelwelten durch Erzählungen geschaffen, als „echt" angesehen und konnten deshalb Verhalten von Menschen steuern. Trotzdem bedient sich die Logik der intentionalen Produktion gegenwärtig im weitesten Sinne immer der Idee der virtuellen Realität (vgl. Scholz 2000a, S. 320–332), und setzt umfassenden und technologisch weit entwickelten Medieneinsatz voraus. So gibt es virtuelle Räume, die als „echt" angesehen werden, virtuelle Personen, die als Avatar „echt" wirken und letztlich virtuelle Kulturen.

5.1.2 Umsetzungsbeispiel: Das „Prinzip Don Alphonso"

Intentionale Produktion von Realität wird im Regelfall zum eigenen Vorteil praktiziert. Ein perfektes Beispiel dafür lieferte ein Münchener Journalist unter dem Pseudonym „Don Alphonso". Auf der überwiegend von ihm geprägten Website dotcomtod.de ging es vordergründig darum, Fehlentwicklungen auf dem Neuen Markt aufzuzeigen und zu brandmarken. Auf der Oberflächenstruktur verfolgt Don Alphonso mit dieser Webseite einen dekonstruktivistischen Ansatz, der die Machenschaften verschiedenster Unternehmen sowie Unternehmer wie Peter Kabel und Thomas Haffa analysiert und „aufdeckt" – vor allem aus der New Economy und ihrer Nachfolger; andere Ziele waren die Bundesagentur für Arbeit und die Beratungsfirma Roland Berger.

Allerdings nutzt Don Alphonso gerade diese scheinbar demokratische Plattform im Internet dazu, genau wie die von ihm Kritisierten beziehungsweise die Luftblasen-Firmen der New Economy (s)eine eigene Wirklichkeit zu kreieren, um so vollkommen undemokratisch seine eigenen wirtschaftlichen Ziele durchzusetzen. So produzierte er auf dieser Webseite einen intensiven Dialog, wo er – zumindest wird dies häufig unterstellt – in unterschiedlichsten virtuellen Rollen (Avataren) auftrat, mit sich selbst Gespräche führte und zu seiner eigenen Pressesprecherin („Bauchrednerpuppe") wurde. Auf diese Weise schaffte er sich eine ausgeprägte Fangemeinde, die er mit Feindbildern und verbalen Vernichtungsschlachten jenseits jeglicher Netiquette versorgt. Im Gegenzug pushte diese Fan-Gemeinde sein Buch über die New Economy in die Bestseller-Listen. Zu diesem Zweck wurden verabredete Leserrezensionen bei amazon.de untergejubelt, gab es bei Areion.de einen vorher bereits ausgemachten Sieg zum „Buch des Monats" und wurde im Internet dazu aufgerufen, bei einer Abstimmung zum Kopf des Monats „dem dicken Don" zum Sieg zu verhelfen.

Um dieses „Prinzip Don Alphonso" (vgl. Scholz 2003b) zum Erfolg zu führen, ist es erforderlich:

- die Kontrolle über das Medium zu bekommen. Dies erreicht Don Alphonso dadurch, dass er Beiträge auf seiner Internetplattform freischalten kann und zusätzliche Forumseinträge von unliebsamen Besuchern („Trolls") löschen beziehungsweise auf unsichtbar schalten kann.
- eine Fangemeinde aufzubauen. Dies sind bei Don Alphonso unter anderem befreundete Journalisten und die Besucher seiner Webseite sowie seiner

Autorenlesungen, die ihrem Idol treu ergeben sind und die für eine entsprechende Basisstimmung sorgen.
- ein monetäres Geschäftsmodell zu entwickeln. Bei Don Alphonso sind dieses unter anderem Verkauf seiner diversen Publikationen sowie publizistischen Auftragsarbeiten.

Als sein letztlich vom Inhalt her eher unspektakuläres Buch in Verbindung mit der Webseite dotcomtod.de nicht mehr für ausreichend Aufmerksamkeit sorgte, setzte Don Alphonso „sein" Prinzip konsequent ein zweites Mal ein. Zunächst verschwand die Webseite dotcomtod.de aus dem Internet, fast auf den Tag genau erschien Don Alphonso auf der Frankfurter Buchmesse, präsentierte den Kameras sein neues Buch und wies werbewirksam auf sein Weblog als Nachfolger von dotcomtod.de hin. Hier zeigt sich, wie wichtig gerade physikalische Kontrolle über das Medium und emotionale Kontrolle der Fangemeinde sind. So wurde alle Kritik an der Auflösung der Kultseite auf ein kleines Diskussionsforum einer (imaginären?) „Lanu" gelenkt. Als dann einmal harmlos nach der Rolle Don Alphonsos gefragt wurde, verschwand auch dieses Forum – was niemanden ernsthaft störte.

Im „Prinzip Don Alphonso" ist Don Alphonso sowohl der Erfinder der Realität als auch die Erfindung selber. Genial dabei: Gegen die Machenschaften vom Typ „New Economy" zu polemisieren, gleichzeitig sich aber dieser Logik zum eigenen Nutzen zu bedienen.

5.1.3 Wirklichkeit als selektive Abbildung

Bei dieser mimetischen Wirklichkeitskonstruktion geht es anders als bei der intentionalen Produktion darum, einen selektiven Ausschnitt aus der Realität abzubilden. Im Gegensatz zur Schaffung einer neuen Wirklichkeit, werden hier Ausschnitte aus der Realität selektiert und wie mit einem Sehschlitz in den Medien präsentiert. Den Medienempfängern wird dabei eine Wirklichkeit vorgesetzt, die zwar nicht falsch ist, aber lediglich einen hoch selektiven und dadurch teilweise sogar in die Irre führenden Ausschnitt präsentiert.

Die mimetische Vorgehensweise sieht man gut an Sportübertragungen. So kann man ein 90-minütiges Fußballspiel je nach Schnittmuster zu einer dynamischen Euphorie und das Stadion zu einem wahren Hexenkessel machen oder aber eine vollkommen langweilige Partie präsentieren, bei der mehr oder weniger durch Zufall zwei Tore gefallen sind. Im Nachrichtenbereich kommt Journalisten hier eine „Gatekeeperfunktion" zu, das heißt, sie wählen Themen, Gegenstände und Ereignisse aus und stellen diese selektiv in einen Medienrahmen (vgl. Schenk 2002, S. 409). Ausgehend von allgemeinen Nachrichtenagenturen und Meinungsführermedien multipliziert sich dann in der Folge diese Selektion.

Die einzelfallspezifische Einordnung einer solchen Wirklichkeitskonstruktion hängt von zwei Faktoren ab: Zum einen von der Intentionalität, also von der Beantwortung der Frage, ob der Medienschaffende bewusst das Bild kreiert; zum anderen von der Finalität, zu verstehen als Hinweis darauf, ob der Medienschaffende einen persönlichen Vorteil aus der geschaffenen Realität erzielt.

5.1.4 Umsetzungsbeispiel: Das „Prinzip Doris Day"

Für diese Form der Wirklichkeitskonstruktion soll hier ein „Prinzip Doris Day" definiert werden, benannt nach der gleichnamigen Schauspielerin aus den 50er Jahren. Sie agierte in Filmen wie „Ein Pyjama für zwei", „Bettgeflüster" oder „Ein Hauch von Nerz". Das „Prinzip Doris Day" will aber nicht die Schauspielerin Doris Day als medienschaffendes Subjekt diskutieren. Im Mittelpunkt dieses Prinzips steht vielmehr das durch sie typisierend repräsentierte Verhalten, weshalb Doris Day sich als (unfreiwillige) Namenspatin für dieses Prinzip anbietet: Doris Day, meist als naives Blondchen dargestellt – egal ob im Film oder im „Prinzip Doris Day" –, geht meistens nach der Devise vor: nur ruhig, nur keine Aufregung, das Gute wird siegen, die Welt ist rosarot und schön.

Anders als beim zuvor diskutierten „Prinzip Don Alphonso", der die Medien zu seinem eigenen Vorteil nutzt, verfolgt Doris Day mit ihrem Schaffen von Teil-Wirklichkeit keine unmittelbaren monetären Ziele. Wenn eine Redakteurin einer Manager-Zeitschrift nach dem „Prinzip Doris Day" vorgeht und ihre „Doris Day-Welt" schafft, so schadet sie allenfalls durch Falschinformation den Managern, die diese Zeitschrift lesen. Sie hat aber selber keinen unmittelbaren finanziellen Gewinn. Sie will lediglich dafür sorgen, dass in den Medien ihr ganz persönlicher Blick auf die Welt zur allgemeinen Sicht wird. Doris Day präsentiert mit Alleinvertretungsanspruch das, was in ihre Blümchentapete passt. Mit Don Alphonso gemein hat sie, dass journalistische Fairness irrelevant ist: Der Zweck heiligt hier also auch aus Sicht von Doris Day die Mittel.

In der New Economy gab es eine Vielzahl von Journalisten, die alle strikt nach dem „Prinzip Doris Day" vorgingen. Wenn sie über Unternehmen berichteten, spielten die Auftragbücher keine Rolle. Es ging um Capuccinomaschinen, um Früchtekörbe und um schön gestylte Billardtische. Exemplarisch zu nennen ist der in den Medien (vgl. Wirtschaftswoche 1999) beschriebene „Agenturhund": Hier hatte eine Berliner Medienagentur die geniale Idee, einen Hund anzuschaffen, der mit den gestressten Leistungsträgern des Unternehmens spazieren gehen durfte. Das Beispiel gefiel, denn es war simpel und schön – und rückblickend steht es für vieles andere, was man damals in den „Doris Day-Zeitschriften" fand und was nichts mit der darwiportunistischen Realität (vgl. Scholz 2003a, S. 116–121) zu tun hatte. Ernsthafte Diskussionen über Personalarbeit hatten in der New Economy wenig Erfolg auf Wiedergabe in den Medien mit ihren „Doris Day-Journalisten".

Die Frage, ob wirklich eine substantielle Personalentwicklung gemacht wurde, ob die Strategie wirklich auf Kernkompetenzen und Wertschöpfung aufbaut, alles dies war für sie vollkommen irrelevant, weil es nicht in das Weltbild der Doris Day passte. Viel einfacher war es, mit „Wir sind alle eine Familie", „Nur keine Hektik" und „Jetzt geht es vorwärts" die Leser und den Chefredakteur für sich zu gewinnen. Auch wenn es relativ schwierig ist, die Breite der Realität tatsächlich adäquat abzubilden – Doris Day will es gar nicht und bleibt bei dem Ausschnitt aus der Realität, der ihrem eigenen normativen Weltbild entspricht. Dazu nutzt sie gnadenlos ihre journalistische Macht, um ihre „Mission" der Weltveränderung durch Wirklichkeits(re)konstruktion erfolgreich abzuschließen und Andersdenkende auszuschließen. Da Doris Day nicht primär monetäre Ziele verfolgt, ist sie im Gegensatz zu Don Alphonso auch nicht in eigener Sache lernfähig, wie man schon an der Fortsetzung der Geschichte des Agenturhundes sieht: Nachdem die Seifenblase New Economy geplatzt war, besann sich eine Berichterstattung nach dem „Prinzip Doris Day" nicht etwa auf betriebswirtschaftliche Basisprozesse und marktradikale Zusammenhänge. Vielmehr brandmarken die „Doris Day-Journalisten" die Brutalität der Entlassungen.

Anders als im konstruktivistischen „Prinzip Don Alphonso" der durch seine Aktivitäten erst Realität schafft, in der reale Prozesse ablaufen und genutzt werden können, wird im selektiv-realistischen „Prinzip Doris Day" keine „wirkliche" Realität geschaffen: Durch die Berichterstattung über die motivationsfördernde und strategierelevante Bedeutung eines Früchtekorbs gibt es relativ wenig neue Aufträge. Und sozialromantische Träume produzieren relativ wenig wirtschaftlichen Aufschwung – und zwar egal, ob das „Prinzip Doris Day" von einem Journalisten, einem Medium oder einem Medienunternehmen umgesetzt wird.

5.1.5 Umsetzungsbeispiel: Das „Prinzip Home-Shopping"

„Medien mögen zwar zunehmend unabhängiger von politischen Akteuren agieren und sich insoweit von gesellschaftlichen Akteuren abkoppeln, aber zugleich nimmt die Abhängigkeit vom ökonomischen System zu" (Jarren 2001, S. 13).

Diese Abhängigkeit wird evident, wenn die selektive Abbildung der Realität (auch) zum eigenen monetären Vorteil erfolgt. Dieses „Prinzip Home-Shopping" funktioniert wie die Shopping-Kanäle im Fernsehen: Dort werden in einer „echt" wirkenden Berichterstattung Produkte vorgestellt und beworben, wobei nichts Falsches gesagt, wohl aber sehr „selektiv" argumentiert wird. Während dies letztlich bei solchen Dauerwerbesendungen noch mehr oder weniger offenkundig ist, erkennt der Konsument dies bei anderen Medienprodukten nicht so rasch, vor allem wenn diese Selektivität möglicherweise eher unbewusster Natur ist. So dürfte es einem Wirtschaftsmagazin relativ schwer fallen, kritisch über ein Versicherungsunternehmen zu schreiben, wenn dieses doppelseitige Anzeigen schaltet. Ebenso wird ein Magazin kaum ein Automobilunternehmen kritisch unter die Lupe nehmen, das über breite Kampagnen gerade in diesem Magazin sein neues Modell präsentiert. Tatsache ist, dass Zeitungen und Zeitschriften sich im Regelfall zum überwiegenden Teil aus Werbung finanzieren: Selbst ein als „seriös" eingestuftes Magazin wie Der Spiegel finanziert sich zu mehr als 50 Prozent aus Werbung (vgl. Ludwig 2000, S. 188) – wobei Der Spiegel aber hiermit natürlich nicht zum Protagonisten für das „Prinzip Home-Shopping" gemacht werden soll. Doch gilt die Sorge der Publizisten zurecht einer mehr redaktionellen Unabhängigkeit (vgl. Beck 2002, S. 124): Publizistische Einflussnahme, Gefälligkeitsartikel, positive Produktbesprechungen und das Auslassen „unangenehmer Themen" sind Schlagwörter, die dieses Problem umschreiben, auch wenn ein zu offensichtliches Parteiergreifen für ein Produkt die Glaubwürdigkeit des Mediums beim Leser durchaus negativ beeinflusst.

Deshalb ist es umgekehrt durchaus plausibel, wenn beispielsweise die Zeitschrift Computerbild explizit den Vorwurf durch Zahlen zu entkräften sucht, wonach ein Zusammenhang zwischen Testergebnissen und Anzeigen existiert. Andere Medien suchen den Rechtsweg. So gibt es in der Medienliteratur den breit zitierten Fall von Wirtschaftswoche und Telekom. Hier stellte zunächst eine wissenschaftliche Studie einen brisanten Zusammenhang von Anzeigenhäufigkeit und Umfang positiver Berichterstattung zum Börsengang der Telekom fest. Eine Klage der Wirtschaftswoche gegen diese Behauptung ging vor das Kölner Landgericht, wurde jedoch abgewiesen (vgl. Medien Tenor 2000, S. 18–22).

Andere Medien dagegen bauen ganz zwangsläufig auf dem „Prinzip Home-Shopping" auf. So müssen Jugendzeitschriften eine gute Beziehung zu ihren Anzeigenkunden pflegen und ihren Lesern eine Welt schildern, mit

Stars zum Anfassen, mit bewältigbaren Problemen und mit Fragestellungen, die allenfalls die Positionierung des Aufkleb-Tattoos betreffen. Analoges gilt für die schönen bunten Karrieremagazine: Auch sie leben von Anzeigen. Egal ob Nobel-Auto, prominente Business School oder Finanzdienstleister – sie alle sind gute Anzeigenkunden, die man sicherlich nicht mit einem kritischen Artikel verprellen möchte. Perfektes Home-Shopping wird es vor allem dann, wenn die geschilderte „Realität" einer perspektivenreichen Karriere den Erwartungen und Hoffnungen der Leser entspricht. Dementsprechend positiv fallen die Firmenportraits aus, für die anscheinend kein Klischee zu platt ist, was aber Anzeigenkunden ebenso wie Lesern gefällt. Das „Prinzip Home-Shopping" diktiert die Themen und die Richtung der Berichterstattung: Man liest das Karrieremagazin, fühlt sich wohl, fühlt sich bestätigt und hat doch nur einen ganz kleinen, durch Selektivität die Realität verfälschenden Ausschnitt der Welt erhalten.

An dieser Stelle muss betont werden, dass nicht alle Medien konsequent und ausschließlich nach dem „Prinzip Home-Shopping" handeln: So brachte die Süddeutsche Zeitung kritische Berichte über die Lufthansa und Aldi Süd, was möglicherweise zur zeitweisen Abbestellung von mehr als der Hälfte der SZ-Bordexemplare beziehungsweise zur Reduktion der geschalteten Aldi-Anzeigen geführt haben dürfte – beides zwar in der Presse als „Möglichkeit" erwähnt, nicht aber final belegt (König 2004).

Die ethischen Probleme für Journalisten und Medienunternehmen beim Agieren nach dem „Prinzip Home-Shopping" wachsen exponentiell, je mehr Medienunternehmen sich in diversen Formen der „Zusammenarbeit" engagieren. Das Ergebnis ist das, was Davis und Craft (2000) den „Institutional Conflict of Interest" bezeichnen und bei dem vor lauter Abhängigkeitsbeziehungen eine journalistisch korrekte Berichterstattung nicht viel mehr als ein frommes Märchen bleibt.

5.1.6 Bewertung der Funktion „Wirklichkeit"

Medien schaffen Wirklichkeit – nur welche Wirklichkeit? Spätestens nach dieser Funktion von Medien und Medienunternehmen wird offenkundig, wo die Chancen, aber auch die Risiken liegen. „Die Welt ist, was die Medien über sie berichten" schreibt Rötzer (2003) und berichtet aus den USA von den „Schwarzen Löchern der Wirklichkeit". Medien und Medienunternehmen können durch die Schaffung beziehungsweise die selektive Präsentation viel bewegen. Hier liegen ihre Stärken und ihre strategischen Potentiale, vermutlich aber auch ihre gesellschaftliche Verantwortung. Leicht spricht man hier von „journalistischen Grundprinzipien" – vor allem um sich selbst pauschal zu exkulpieren. Natürlich sind poietische und mimetische Wirklichkeitskonstruktionen nicht von vornherein negativ, und – noch einmal mit Luhmann (2004) gesprochen – zumindest nicht konsenspflichtig: Vielleicht hat auch eine Scheinwelt, die Menschen glücklich macht, ihre Berechtigung.

Es entsteht das für das Medienmanagement typische Spannungsfeld: Auf der einen Seite geht es instrumentell darum, die drei wirklichkeitsschaffenden Prinzipien betriebswirtschaftlich möglichst erfolgreich umzusetzen. Auf der anderen Seite bleibt die in einem kritischen Medienmanagement anzusprechende Frage nach Verbreitung und (ethischer) Legitimation der Prinzipien „Don Alphonso", „Doris Day" und „Home-Shopping".

5.2 Medien(unternehmen) schaffen Märkte

Medien schaffen Märkte! Hinter dieser Funktion liegt das aus der Internetökonomie bekannt gewordene und aus nationalökonomischer Sicht (vgl. Kiefer 2001) erklärte Wirkpotential, wonach gerade Medien in der Lage sind, Marktmechanismen in Kraft zu setzen und Marktfunktionen zu gestalten (vgl. Altmeppen 2001, S. 195–205). Ein Markt ist dabei ein Ort, wo sich Angebot und Nachfrage treffen, sich letztlich also ein Abgleich von Menge und Preis realisieren lässt. Diese Marktfunktionen beziehen sich dabei nicht nur auf die Medienmärkte an sich (wie Buch- oder Zeitschriftenmarkt). Sie bezieht sich vielmehr – und das ist ein neuer, immer wichtiger werdender Aspekt – auch darauf, dass durch Medien Beschaffungs- sowie Absatzmärkte geschaffen und Marktfunktionen intensiviert werden. Damit Märkte funktionieren, bedarf es grundlegender Spielregeln, an die sich alle Beteiligten halten müssen. Deshalb greift im Idealfall der Gesetzgeber regulierend und steuernd ein, um unter anderem über Medien- und Wettbewerbsrecht verlässliche Rahmenbedingungen für wirtschaftliches Handeln zu gewährleisten.

Über die umgangssprachliche und sich rein intuitiv rasch erschließende Funktion „Medien schaffen Märkte" hinausgehend sind es zwei konkrete Felder (Abbildung 5), wo derartige Märkte entstehen: (1) Märkte entstehen dadurch, dass Medienunternehmen in einen Wettbewerb untereinander treten. (2) Medien setzen Marktfunktionen in Gang, wobei auf diesen Märkten vor allem Nicht-Medienunternehmen miteinander konkurrieren.

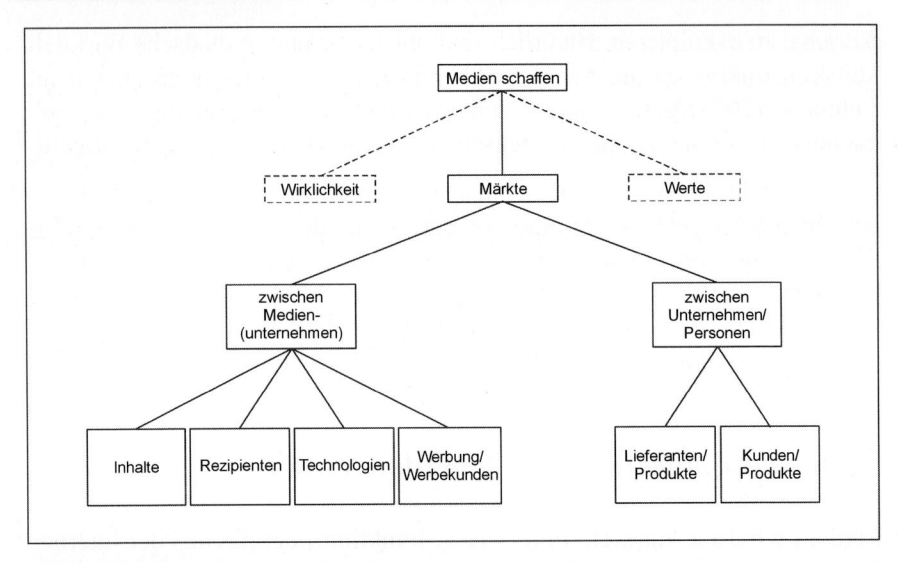

Abbildung 5: Medien schaffen Märkte

5.2.1 Wettbewerb zwischen Medien(unternehmen)

Medien schaffen Märkte bereits durch die Existenz von Medienobjekten wie Musik, Texten und Filmen. Sie stehen in unmittelbarem Wettstreit untereinander und kämpfen um Platzierungen auf Hitlisten, um Rankings, letztlich aber um gute Kritiken und um hohe Umsatzzahlen. Die Relevanz des Marktes wird deutlich an den Abwehrstrategien der Musikindustrie gegen unerlaubte Vervielfältigung (vgl. Jesdanun 2003): So versteckt beispielsweise die Firma Overpeer pro Monat rund 300 Millionen „falsche" Musikdateien im Internet, die in Wirklichkeit entweder nicht funktionieren oder aber einen Hinweis auf „Raubkopie" enthalten; die Firma MediaDefender erhöht durch bewusst langsame Zugriffe die Zugriffszeiten.

Führt man die diversen Formen der Konkurrenz zwischen Medienunternehmen auf ihre Grundvarianten zurück, so sind vier Märkte zu identifizieren, auf denen Wettbewerb zwischen Medienunternehmen stattfindet:

Erstens gibt es einen Wettbewerb um Content: Auf diesem Markt wird alles gehandelt, was in irgendeiner Form an den Rezipienten weitergegeben werden kann: Nachrichten, Bilder, Künstler, Moderatoren, Drehbücher, Regisseure, Schauspieler, Filmrechte, Fußballübertragungslizenzen – um nur einige Beispiele zu nennen. Dieser Markt ist insofern kritisch, als bei Zunahme der Kanäle zum Rezipienten auch das Angebot an Content und Contentvarianten zunehmen muss.

Zweitens gibt es einen Wettbewerb um Rezipienten. Hier konkurrieren Medienunternehmen um Aufmerksamkeit der Zuschauer, Zuhörer und Leser. Indikatoren für diesen Wettbewerb sind der Kampf um Reichweiten, verkaufte (und gelesene) Auflagen und Quoten – also letztlich Marktstellungs- und Marktanteilsziele.

Drittens gibt es einen Wettbewerb um Werbekunden. Zwar bewirkt die Zunahme an Medien und an Medienunternehmen ein Zunehmen an verfügbarem Werberaum, allerdings steigen Werbebudgets nicht (automatisch) mit. Dass dieser Kampf um Werbekunden teilweise groteske Formen annimmt und letztlich unter anderem die journalistische Substanz tangiert, ist ein Tatbestand, auf den bereits im Zusammenhang mit dem „Prinzip Home-Shopping" hingewiesen wurde.

Viertens gibt es einen Wettbewerb um Technologien. Dass es sich hier auch wirklich um einen Markt mit nachfragegenerierten Preisen handelt, wurde bei der Versteigerung der UMTS-Lizenzen deutlich. Der Wettbewerb um neue Technologien bedeutet aber nicht immer den Wettbewerb um die besten Technologien sondern insbesondere um gute Technologien zum wirtschaftlich vertretbaren Preis. Zum Wettbewerb um Technologien im weitesten Sinne gehören auch Sendefrequenzen, alle Formen von Produktionssystemen aber auch Organisationsprinzipien und Controllingprozeduren.

Betrachtet man diese vier Grundvarianten im Verbund, so resultiert daraus zum einen eine Vielzahl von Wechselbeziehungen zwischen den Grundvarianten (vgl. Schumann/Hess 2000, S. 20; Wirtz 2001, S. 22). Hinzu kommt, dass neue Technologien zu neuen Wegen führen, über die der Rezipient erreicht werden kann, was wiederum neuen Content verlangt und neue Werbeformen ermöglicht. Zum anderen resultiert dies in diversen Kombinationsformen, wenn herkömmliche Medieninhalte auf einem völlig neuen Weg in den Markt kommen, beispielsweise im mobilen Internet als gesamte Palette von PC oder PDA (mit DSL, UMTS oder WLAN) bis hin zum Handy im i-mode-Standard. Hier entstehen für Medienunternehmen ganz neue Märkte, mit neuen Spielregeln, aber mit nicht völlig neuen Strategien: So zeigt Feldmann (2002) die hier infrage kommenden drei Grundstrategien, nämlich (1) Syndication von Content als Weiterverwertung, (2) Portale als effiziente und kostenpflichtige Einstiegsknoten und (3) MVNO (Mobile Virtual Network Operator) als Strategie von Netzbetreibern zum endverbraucherorientierten Handel mit Medieninhalten. Am Anfang wurde selbst die Idee, Musik übers Internet gegen Bezahlung herunterzuladen, mitleidig belächelt. Wenn Madonna für 1,49 Dollar die MP3-Datei ihrer Single „American Life" zum mobilen Download per UMTS oder für WLAN-fähige Handhelds anbot, erschien dies zunächst wenig zielführend. Doch spätestens seit iTunes von Apple sind auch die letzten Skeptiker überzeugt: Denn hier hat Apple eine Lösung geschaffen, die nicht nur unkompliziert zu handhaben ist und von den Kunden stark angenommen wird. Durch die Verknüpfung des iTunes Music-Store mit der Software iTunes und dem MP3-Player iPod ist nicht nur der (eigene) Markt für Online-Musikhandel erfolgreich eingeführt und salonfähig geworden. Auch die Hard- und Softwareverkäufe von Apple sind enorm angewachsen. Um den iPod hat sich eine eigene Ökonomie entwickelt (vgl. Hansel 2005).

Die Zunahme der Intensität des Wettbewerbs zwischen Medienunternehmen auf den vier genannten Märkten schlägt sich allerdings noch nicht in einer Zunahme der Professionalisierung von Analysen und Aktionen nieder: Abgesehen von Erhebungen zu Rezipientengewohnheiten, -wünschen, -zahlen und dem Aufrechnen von Werbeerlösen hat sich bei vielen Medienunternehmen noch nicht herumgesprochen, dass eine professionelle Marktforschung auf allen vier Feldern erforderlich (und möglich) ist.

5.2.2 Märkte zwischen Unternehmen beziehungsweise Privatpersonen

Medien führen im Idealfall dazu, dass Marktteilnehmer besser informiert werden. Egal ob es sich um den Arbeitsmarkt oder einen Markt um Kugelschreiber handelt, im Ergebnis kommt es zu einer informierteren Nachfrage. Umgekehrt können sich auch Anbieter der Medien bedienen, um über ihre Aktivitäten zu informieren. Eine wichtige Funktion von Medien im allgemeinen und dem Internet im speziellen ist nach Porter (2001, S. 66) die Fähigkeit, eine Branche zu „rekonfigurieren", also die Wertschöpfungskette auseinander zu nehmen und wieder neu (anders) zusammenzusetzen: Zum einen werden durch die neuartigen Verbindungen (alte oder neue) Produkte und Dienstleistungen in einer neuartigen Form dem Wettbewerb präsentiert; zum anderen aber steigt die Wettbewerbsintensität. Die Marktbarrieren schrumpfen, wodurch viele Märkte geographisch größer und damit generell umkämpfter werden. Die Intensivierung der Marktbeziehungen führt allerdings nicht unbedingt zu einer gesamtheitlich größeren Zahl an Kunden – was wiederum Marktaktivitäten intensiver macht.

Im hier diskutierten Fall sind es aber nicht Medieninhalte, die Marktobjekte sind. Vielmehr werden auf (neuen) Medien „alte" Objekte gehandelt. Als Beispiel für elektronische Marktplätze beschreiben Gerpott und Massengeil (2001) elektronische Marktplätze für Transportkapazitäten von Telekommunikationsnetzbetreibern und kommen zu dem Schluss, dass auch hier die bisherigen Erkenntnisse der ökonomischen Markttheorie nicht obsolet werden: Denn auch dieser Marktplatz wird nur solange existieren, wie er den Kunden eine vernünftige Kosten-Nutzen-Relation bietet.

Märkte gibt es zum einen auf Nachfragerseite. Hier konkurrieren Unternehmen um Rohstoffe, Mitarbeiter, Produktionsmittel und/oder Lieferanten. Zum anderen gibt es Märkte auf der Anbieterseite. Hier konkurrieren Unternehmen miteinander um den (End-)Kunden. Medien(unternehmen) können jedoch auch generell Wettbewerb und damit Märkte zwischen Anbietern und Nachfragern schaffen. Ein Beispiel hiefür ist die Auktionsplattform ebay, wo auch für Privatpersonen über ein (neues) Medium ein Markt geschaffen beziehungsweise intensiviert wurde.

5.2.3 Bewertung der Funktion „Markt"

Auch wenn diese Aufzählung noch nicht erschöpfend ist, belegt sie doch das beachtliche Potential, das hinter dieser Funktion steckt. Denn Medien können genau genommen in verschiedenen Funktionen zum Markt beziehungsweise Marktobjekt werden. Noch einmal zusammengefasst sind hierbei drei Aspekte von „Medien" zu unterscheiden: Medieninhalte, Medienplätze und Medienunternehmen als Objekte.

Fügt man die verschiedenen Akteure zusammen, so entsteht ein Bild, das zwangsläufig die Komplexität der zuvor beschriebenen Marktaspekte noch übersteigt. Ein gelungenes Beispiel für eine solche Vorgehensweise ist die Strukturanalyse von Ramstad (1997), der gerade auch die Verbindungen und die Querbeziehungen im Sinne von wechselseitigen Abhängigkeiten berücksichtigt. Ludwig (2000) ist dagegen skeptisch und spricht sogar von einem Marktversagen, weil angesichts der diversen Spielarten von Cross-Financing und Cross-Subsidizing sich überhaupt keine reellen Märkte entwickeln können und letztlich nicht der gewinnt, der besser die Wünsche der Kunden befriedigt, sondern derjenige, der besser mit Werbekunden und mit „Synergien" operieren kann. Erfolgskriterium in diesem Markt ist damit nicht der Journalismus, sondern die Betriebswirtschaftslehre.

Trotzdem zeigt das Entstehen und zumindest das teilweise Etablieren derartiger Märkte, dass „Medien schaffen Märkte" zwar nicht unbedingt neue zu handelnde Güter schafft, wohl aber neue Marktformen (mit weitgehend alten Gesetzen).

Je neuer und innovativer diese Medienplätze sind, desto begehrter sind sie als zu erschließender Werbemarkt, was dann zum Wettbewerb zwischen Medienunternehmen und letztlich zwischen Werbekunden führt. Deutlich wurde dies bei dem, was man auch als „Zweite Digitale Revolution" (Barnatt

2001) bezeichnet, also die neuen Personal Digital Assistents, die Digital Kameras und die dazu gehörenden Mobiltelefone. Sie markieren eine Technologie, in der vom Klingelton bis zum kompletten Film alles möglich ist. Ob Bilder versenden oder ob eine persönliche SMS direkt über den Fernsehsender VIVA auf den Bildschirm der Freundin schicken – der Phantasie sind keine Grenzen gesetzt. Die „3G-Geräte" sind daher besonders als Markt für Werbung interessant. Wenn man beispielsweise auf seinem Handy ein SEGA-Computerspiel genießt, wo dann der Name der nächsten Pizzeria eingeblendet ist und automatisch das Foto der geographisch „nächstgelegenen Freundin" aufgerufen wird, deren Konsumentenprofil dann gleich an die danebenliegende Modeboutique geschickt wird, dann werden die Möglichkeit von „Medien schaffen Märkte" offenkundig.

5.3 Medien(unternehmen) schaffen Werte

Medien schaffen Werte! Mit „Werten" sind zum einen kognitive Schemata im Sinne von „Normen und Werten" (Abbildung 6), zum anderen wirtschaftliche und letztlich monetäre Größen gemeint. Hinter dieser Funktion liegt damit auch die betriebswirtschaftliche Zielsetzung, wonach letztlich Unternehmen wertschöpfende Einheiten sein müssen und Medien(unternehmen) dazu beitragen.

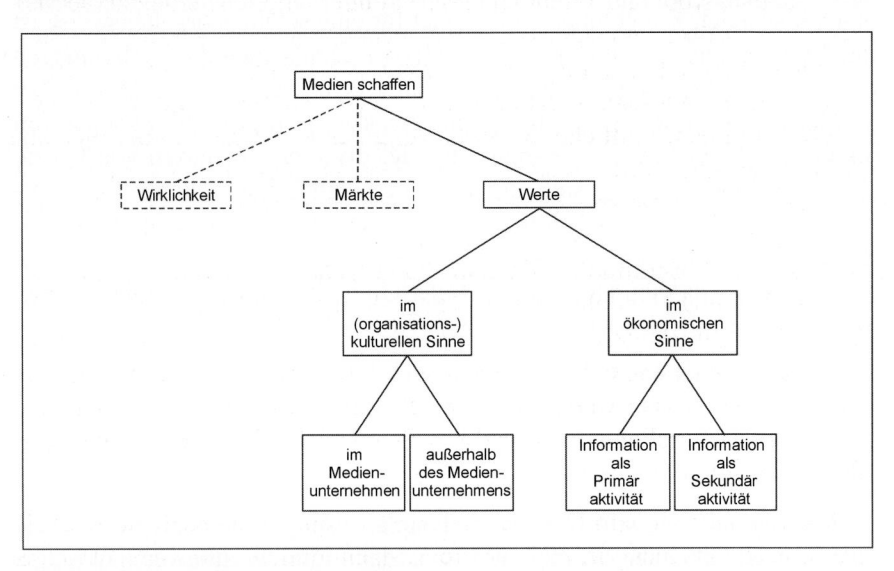

Abbildung 6: Medien schaffen Werte

5.3.1 Werte im kulturellen Sinne

„Medien(unternehmen) schaffen Werte im (kulturellen) Sinne" bezieht sich auf die Wertebasis, die jede Gruppe von Menschen aufweist. Diese Organisationskultur (vgl. Scholz/Hofbauer 1990) hält als „Social Glue" die Gruppe zusammen, motiviert und gibt Hinweise auf erwünschtes sowie unerwünschtes Verhalten. Organisationskultur bezieht sich unter anderem als Landeskultur auf ganze Regionen (vgl. Hofstede 1980) oder als Unternehmenskultur auf wirtschaftliche Einheiten (vgl. Deal/Kennedy 1984). Genauso gibt es aber auch Untersuchungen zur Kultur einzelner Medien, so zum Beispiel zur Kultur von Zeitungsverlagen beziehungsweise der Zeitungsbranche als Ganzes (vgl. Readership Institute 2000).

Die Werte aus der Organisationskultur müssen nicht unbedingt „positiv und kulturell hochstehend" sein. Auch Gebrauchtwagenhändler, Mafia-Bosse sowie Versicherungs- und Grundstücksmakler haben jeweils ihre spezifische Kulturbasis. Zudem gibt es krankhafte Ausprägungen von Kultur (vgl. Kets de Vries 1984; Scholz 2000b S. 800–806): Bei diesen pathologischen Kulturen dominieren Verhaltensmuster, die nicht mehr situativ hinterfragt werden, sondern beispielsweise als Großartigkeitswahn, Verfolgungswahn oder Kontrollwahn das gesamte Verhalten der Organisation steuern.

Im Regelfall aber geht man von positiven Kulturwerten aus: So orientieren sich Pümpin, Kobi und Wüthrich (1985) in ihrer Differenzierung an betrieblichen Kerngrößen und unterscheiden Kulturwerte hinsichtlich Kunden-, Mitarbeiter-, Resultats-, Innovations-, Kosten-, Kommunikations-, Unternehmens- und Technologieorientierung. Im Einzelnen bedeutet dies zum Beispiel überdurchschnittliche Wertschätzung des Kunden, eine beispielhafte Arbeitsmentalität oder ein starker Gemeinschaftsgeist. Auch wenn es Verschiebungen gibt, beispielsweise weg von den puritanischen Arbeitstugenden oder hin zu einer eher darwiportunistischen Wertelogik (Scholz 2003a), wo kollektive Marktradikalität und individuelles Ergreifen von Chancen das Denken und Handeln prägen. Derlei Wertewandel lassen sich von der Gesellschaft auf Unternehmenskulturen transportieren. So stellen Noelle-Neumann und Strümpel (1985) einen Trend weg vom Leistungsprinzip fest, Inglehart (1979) sieht einen Wertewandel in der Verschiebung von materiellen zu postmateriellen werten und von Rosenstiel (1987) zeigt einen „Verfall" konventioneller Normen und Maßstäbe auf.

Sucht man in diesem Umfeld nach dem Einfluss von Medien(unternehmen), so ist ein Rückgriff auf das Drei-Ebenen-Modell von Schein (1992, S. 16–27) hilfreich. Danach manifestiert sich Organisationskultur auf drei Ebenen: (1) Als unterstes steht die Ebene der kulturellen Grundannahmen;

diese „Basic Beliefs" gelten als nicht mehr hinterfragbar und charakterisieren unter anderem die Beziehung der Organisationsmitglieder zur Umwelt, zur Zeit und generell zu Menschen. (2) Darüber gibt es die Ebene der angenommenen und internalisierten Werte, die sie sich in gelebten Führungsgrundsätzen niederschlagen. (3) Als oberste und als einzige voll sichtbare Ebene befinden sich die Artefakte, wozu markante Verhaltensweisen, Gebäude, Uniformen, Sprache, Rituale und auch Medieninhalte sowie Medienformen gehören.

„Medien schaffen kulturelle Werte" setzt vorrangig an dieser dritten Ebene an. Es geht also zunächst nur darum, auf der sichtbaren Ebene durch medial umgesetzte Botschaften aktiv zu werden, was dann sukzessive zu Veränderungen im Normen- und Wertesystem sowie letztlich zu den „Basic Beliefs" führt. Sieht man also im Fernsehen permanent Menschen, die ihrer Gesundheit zuliebe den ganzen Tag Orangensaft trinken, Knäckebrot essen und durch den Wald joggen, so entsteht daraus ein Impuls in Richtung auf Verhaltens- und Werteänderung. Allerdings gibt es hier keine deterministische Funktionalität, denn umgekehrt wirken Normen und Werte ihrerseits auf das Verhalten („Dualitätsprinzip"; vgl. Scholz 2000b, S. 799). Entspricht also gesundheitsbewusste Lebensführung in keiner Weise den Grundwerten der Fernsehzuschauer, werden sie derartige Sendungen nicht sehen und sich auch nicht in ihrem Verhalten beeinflussen lassen. Dazu würde es bereits genügen, diese Sequenzen kognitiv auszublenden.

Besonders wichtig ist in diesem Zusammenhang das Schaffen von gesellschaftspolitischen Werten, wo die Medien eine wichtige Rolle spielen. Eindrucksvoll haben das vor allem die US-amerikanischen Medien im Irakkrieg seit 2003 vorgeführt: So wurden Bilder zerstörter Städte und getöteter Zivilisten mit dem Wort „Demokratisierung" verknüpft, bis die Zuschauer einen als positiv bewerteten Zusammenhang akzeptierten und verinnerlichten. Und während im Vietnamkrieg noch das Bild des exekutierten Vietnamesen auf der Hauptstraße als Antikriegsbild Furore machte, wurde der von den Amerikanern gezielt erschossene Verletzte im Irak als Antiterrorbild zur Normalität gemacht.

Auch wenn zwangsläufig eine potentielle Nähe zur Funktion „Medien schaffen Wirklichkeit" besteht, ist diese Funktion doch weitgehend eigenständig: Denn in diesem Fall stehen die Werte des Unternehmens noch vor der durch dessen mediale Wirkung geschaffenen Wirklichkeit. So lässt sich beispielsweise sagen, dass sich das Spektrum redaktioneller Leitlinien von Tageszeitungen an politischen Ausrichtungen von konservativ bis liberal orientiert. In der Folge wird auch die jeweils medial vermittelte Realität tendenziell von diesen Normen und Werten geprägt sein. Auf der anderen Seite sind kulturelle Werte auch ein Ergebnis konstruierter Wirklichkeit, bestimmen aber wiederum die Wahrnehmung der selben – insofern verliert hier die Unterscheidung zwischen der wert- beziehungsweise wirklichkeitsschaffenden Funktion von Medien(unternehmen) an Trennschärfe.

Die Funktion „Medien(unternehmen) schaffen Werte" bezieht sich zum einen auf gesellschaftliche und unternehmerische Werte, zum anderen aber im Speziellen auch auf die Werte in Medienunternehmen. Stellvertretend für diverse Arbeiten aus diesem Feld soll auf die Studie von Mai (2004) hingewiesen werden, die sich in Taiwan mit „Medienkulturen" im Sinne von Organisationskulturen von Radio- und Fernsehsendern sowie Zeitungen und Zeitschriften befasst. In dieser Studie sieht man sehr gut Gemeinsamkeiten, die auch als Dachkultur über allen Medienformen liegt (zum Beispiel Wettbewerbskultur), erkennt aber auch klare Unterschiede zwischen den Medien: So gab es in den elektronischen Medien mehr das Gefühl, mit „unbegrenzter Arbeit" umgehen zu müssen, was sich zwangsläufig auf den Führungsstil auswirkte. Trotzdem scheint aber zumindest in Taiwan die Dachkultur eher ausgeprägt, die medienspezifische Varianz eher gering zu sein.

5.3.2 Werte im ökonomischen Sinne

Beim Versuch, den Wert von Medien oder einer Medienleistung zu messen, stellt man schnell fest, dass dies nicht so einfach ist wie bei anderen Produkten oder Leistungen: Wann ist ein Medienprodukt viel wert, wann weniger? Ist das gut recherchierte und brillant aufbereitete Insidermagazin mehr wert als ein auf Sensationsjournalismus ausgelegtes Massenblatt? Um diese Frage zu beantworten und um die generierten Werte zu managen (im Idealfall zu steigern), bedarf es eines Media Value Managements. Media Value Management meint dabei sowohl die Bewertung des Wertes des Produktes beziehungsweise der Leistung als auch den optimalen (effektiven und effizienten) Umgang damit.

Um die Frage zu beantworten, wie und wo Medien (ökonomische) Werte – zunächst einmal funktional, also losgelöst vom Unternehmenstyp „Medienunternehmen" – schaffen, kann auf die traditionelle Wertschöpfungskette von Porter (1985) und auf seine Erweiterung zur Internet-Wertschöpfungskette (Porter 2001) zurückgegriffen werden. Wertschöpfung ist dort der um die Vorleistungen reduzierte Wert, den ein Unternehmen für seine Kunden schafft. Letztlich lebt das Unternehmen von diesem Added Value, also von der Differenz aus seiner eigenen Leistung und der von anderen erbrachten Vorleistung. Die Wertschöpfungskette impliziert eine Differenzierung zwischen Primäraktivität und Sekundäraktivität (auch Unterstützungsaktivität): Erstere ruft eine direkt zuordbare physische Veränderung des Produktes hervor, letztere läuft peripher ab, ist aber dennoch essentiell für die Leistungserstellung.

Im Rahmen der Primäraktivitäten schaffen Medien Wert, indem Medien (produkte) hergestellt beziehungsweise produziert und schließlich verkauft werden oder Medien(technologien) direkt in das hergestellte und letztlich verkaufte Produkt einfließen. Somit bezieht sich diese Funktion eher auf Medienunternehmen und deren Produkte. Der Wert wird durch die Erstellung und den Verkauf von Produkten und Dienstleistungen geschaffen. Hier geht es um Medien beziehungsweise um Medienprodukte. Es geht also in diesem Fall beispielsweise darum, ein Stück von Mozart in einer besonders hohen Qualität und originellen Form einzuspielen, zu bearbeiten und letztlich zu vertreiben, eine Zeitung herzustellen oder ein TV-Programm zu produzieren.

Hier setzen auch Fragestellungen an, die sich auf die institutionelle Herangehensweise beziehen, zum Beispiel wie Medienunternehmen strategisch aufgestellt und geleitet werden. Medienunternehmen bearbeiten nicht grundsätzlich die komplette Wertschöpfungskette im Sinne einer horizontalen Integration der Aktivitäten (Inhalterstellung, Aufbereitung, Packaging, physische Herstellung und Vertrieb beispielsweise einer CD-Rom), also den gesamten Prozess bis zum Konsumenten. Vielmehr gibt es zunehmend Unternehmen, die sich (1) mit ihren Produkten und Dienstleistungen auf ein Medium konzentrieren (zum Beispiel Produzenten von Radiowerbung), oder die sich (2) auf eine ganz bestimmte Aktivität der Wertschöpfungskette konzentrieren (Fokussierung auf die physische Herstellung, das Pressen der CD-Rom) oder (3) eine vertikale Integration von Aktivitäten vornehmen (Inhalteerstellung nicht nur für CD-Roms, sondern beispielsweise auch für Zeitschriften oder Internetportale). Jede der drei Strategien stellt eine Fokussierung auf Kernkompetenzen dar, und zwar (1) bezogen auf die Beschäftigung mit einem bestimmten Medium (Konzentration auf alle Aktivitäten eines ganz bestimmten konkreten Medienproduktes), (2) bezogen auf eine bestimmte Aktivität innerhalb der Wertschöpfungskette eines bestimmten Mediums und (3) bezogen auf eine bestimmte Aktivität über die Wertschöpfungsketten mehrerer unterschiedlicher Medien.

Im Extremfall kann es – aber dies bedarf noch näherer Analysen – zu einer völligen Veränderung von Branchen kommen, wenn die Medienunternehmen hier strategisch-verändernd aktiv werden. So propagieren Schuster und Weiß (2001) aufgrund der Konvergenztendenzen auf den Medienmärkten eine multimediale Wertschöpfungskette, die Aktivitäten der verschiedenen

TIME-Sektoren in einer Wertschöpfungskette zusammenfasst und die klassischen Wertschöpfungsstrukturen in Frage stellt.

Im Rahmen der Sekundäraktivitäten schaffen Medien Wert, indem sie – und dies ist unabhängig davon, ob es sich bei dem betrachteten Unternehmen um ein Medienunternehmen, einen Konsumgüterhersteller oder eine Bank handelt – Prozesse und Aktivitäten unterstützen, verbessern oder effizienter gestalten und die Primäraktivitäten flankieren (zum Beispiel durch den Einsatz von webbasierten Tools oder Videokonferenzlösungen in der Unternehmenskommunikation). Es handelt sich dabei um eine funktionale Herangehensweise an das Medienmanagement, also die Frage nach dem Einsatz von Medien in Unternehmen. An dieser Stelle ist der gesamte Bereich des Supply Chain Managements (vgl. Busch/Dangelmaier 2004) zu nennen aber auch beispielsweise ein Motivationsvideo mit Auftritten des Firmenchefs, das dann die Verkaufslust der Verkäufer und damit den Umsatz von Nichtmedienprodukten (wie Versicherungen oder Autos) erhöhen soll.

Webservices sind ein Beispiel dafür, wie teilweise unabhängige Unternehmen einen gemeinsamen Wertschöpfungsverbund realisieren können. Durch die Anwendung solcher neuen Technologien können sich Wettbewerbsstrukturen verschieben, sie bringen also potentielle Marktveränderungen mit sich. Am Beispiel der Webservices bedeutet dies (1) Wertschöpfung durch die Chance zu einer neuen Organisationsform, (2) Veränderung von strategischen Marktbarrieren, (3) Intensivierung des Wettbewerbs innerhalb der Wertschöpfungskette, (4) Kernkompetenzfokus durch explizite Schaffung von Marktplätzen und (5) Integrationspotentiale durch Verstärkung von „Rich Media" (vgl. Scholz 2002). Üblicherweise (zum Beispiel Porter 2001, S. 75) wird hier unter anderem die IT-Infrastruktur eingeordnet, letztlich also auch das Medienmanagement im weiteren Sinne. Gesucht sind hier Antworten auf die Frage nach Möglichkeiten, gezielt über Medien eine Wertschöpfung zu induzieren. So kann beispielsweise im Rahmen einer webbasierten Personalarbeit Wertschöpfung dadurch entstehen, dass durch den Einsatz von Webtools eine bessere Zielfokussierung und strategisches Human Capital Management erreicht werden, beziehungsweise durch so ermöglichte Marktmechanismen Innovation und Flexibilität forciert werden (vgl. Scholz/Gutmann 2003).

5.3.3 Bewertung der Funktion „Werte-Schaffen"

In der Wirtschaftswissenschaft und in angrenzenden Disziplinen kommt der Ausdruck „Wert" also in zweifacher Weise vor. Auf der einen Seite sind „Wert" und „Wertschöpfung" betriebswirtschaftliche Elementarfunktionen, die darauf abzielen, den Wert eines Unternehmens oder eines Produktes oder einer Beteiligung zu erhöhen. Auf der anderen Seite sind „Werte" die ethischen und kulturellen Grundannahmen, auf denen Unternehmen wie auch Gesellschaften aufgebaut sind. Auch wenn es auf den ersten Blick vielleicht nicht so wirkt: Beide Aspekte gehören durchaus zusammen, wie man in analoger Form beim Human Capital sieht (vgl. Deutsche Gesellschaft für Personalführung 2004; Scholz/Stein/Bechtel 2004). Dort gilt die Existenz einer ausgeprägten Wertebasis als eine wichtige Voraussetzung, um auch ökonomische Werte zu schaffen.

6 Ergebnis

Gerade die Medienbranche hat sich in den letzten Jahren eher als naiv im Umgang mit Markt- und Unternehmensanalysen erwiesen: Egal ob Marktprognosen oder Kostenschätzungen, lagen die Medienunternehmen in ihren Einschätzungen weit weg von der später eingetretenen Realität. Für Internetfirmen hat bereits Porter (2001, S. 64–65) darauf hingewiesen, dass nicht einmal die analytischen Grundlagen stimmen und man auch nicht einmal ansatzweise in der Lage war, Marktsignale entsprechend zu verstehen: Da wird eine kurzfristige Kaufentscheidung („Out Of curiosity") zum langfristigen Trend deklariert und Aktienbesitz zur Cash-Position gerechnet. Die zwingende Konsequenz laut Porter: Zurück zu den fundamentalen Grundlagen der BWL. Diese betrifft aber nicht nur die Internetfirmen, sondern natürlich alle Medienunternehmen und in analoger Weise auch Wirtschaftsprüfungen, die Medien- und Internetfirmen (kurzfristig!) erfolgreich an die Börse brachten, Banken, die Kredite vergaben, und Unternehmensberater, die viel Geld für Gewinn signalisierende Power-Point-Folien bekamen.

Dass gerade bei den Medienunternehmen aber die BWL zu kurz kommt und somit ein Medienmanagement im Sinne einer angewandten, speziellen BWL zu kurz kommt, zeigte eine an anderer Stelle veröffentlichte Studie (vgl. Scholz/Eisenbeis 2004): Dort wird unter dem Blickwinkel des Darwiportunismus untersucht, wie Medienunternehmen strategische Entscheidungen treffen. Dabei wird festgestellt, dass in der Medienbranche nicht nur ein Theorie-, sondern auch ein Methodendefizit herrscht. Nur wer sich seiner darwinistischen Situation bewusst ist und entsprechend wettbewerbsorientiert unter systematischem Einsatz von Planungstools agiert und auch seine

Unternehmensumwelt bewusst wahrnimmt, kann in Zukunft erfolgreich sein.

Ebenfalls erforderlich ist eine Intensivierung der empirischen Forschung in diesem Bereich – und zwar über die reine (und bereits umfassend vorliegende) Auseinandersetzung mit Medienprodukten. Gesucht ist also ein solideres Verständnis von Medienunternehmen. Hierzu gibt es durchaus eine Reihe von interessanten Ansatzpunkten: So stellten beispielsweise Wirtz, Olderog und Schwarz (2003) in ihrer Untersuchung der strategischen Erfolgsfaktoren in der Internetökonomie fest, dass vor allem die Organisationsintensität erfolgskritisch ist. Hier wäre es sicherlich fruchtbar, diese Hypothese (und weitere organisationstheoretisch basierte Überlegungen) in breiterem Umfang für Medienunternehmen – gegebenenfalls differenziert nach verschiedenen Unternehmenstypen – zu testen. Das gleiche gilt für die weitgehend vernachlässigten Fragen des Personalmanagements: So wies bereits Lutz Goertz vom Deutschen Multimedia-Verband auf das Fehlen vor allem der Personalentwicklung in diesem Bereich hin (vgl. Englert 2001). Schließlich dürfte es besonders aufschlussreich sein, in Medienunternehmen den Medieneinsatz „in eigener Sache" zu untersuchen und zu optimieren.

Löst man sich von der streng-rationalen Sichtweise des homo oeconomicus oder lässt zumindest hochgradig opportunistischen Machtmissbrauch und eine darwinistische Marktradikalität zu – wie teilweise im Darwiportunismus diskutiert (vgl. Scholz 2003a) – so kommt man zur Frage, wie sie in Medienpolitik und Medienethik angesprochen wird. Im Medienmanagement geht es dabei nicht um generelle Medienpolitik und generelle Ethik, sondern eher um Mikropolitik (vgl. Neuberger 2002) und Unternehmensethik (vgl. Steinmann/Löhr 1994). Besonders relevant dürfte hier die Diskussion sein, ob und inwieweit Medien in Unternehmen (unternehmensintern) Demokratie fördern oder eher durch (Informations-)Machtmonopole verhindern. Hier kann man Analogien aus den allgemein medienbezogenen Arbeiten wie „Demokratie auf der Datenautobahn" (vgl. Leggewie 1998) und „das vergebliche Bemühen um Gleichheit in virtuellen Gemeinschaften" (Stegbauer 1998) ziehen und sie forschungsmethodisch auf das Medienmanagement anwenden – wobei die beiden voran skizzierten Arbeiten eher eine skeptische Grundstimmung vermitteln.

Eine weitere betriebswirtschaftliche Frage, die trotz weitreichender Aussagen immer noch nicht abschließend geklärt ist, bezieht sich auf die Bewertung von Film- und Übertragungsrechten. Ist hier schon die „normale" Bewertung problematisch, wird sie noch schwieriger, wenn sie (wie Brösel 2003) klären soll, wie diese Rechte aus Sicht öffentlich-rechtlicher Fernsehveranstaltung zu bewerten sind, die unter anderem versuchen müssen, vernünftig mit dem Gebührenaufkommen auszukommen. Hier genügen die üblichen Ansätze (zum Beispiel aus der Bilanzierung) nicht: Vielmehr müssen zum einen branchenspezifische Besonderheiten berücksichtigt, zum anderen mehrere betriebswirtschaftliche Funktionaldisziplinen integriert werden.

Für ein Medienmanagement, das sich in diesem Artikel (und teilweise im vorliegenden Handbuch) abzeichnet, bietet sich insgesamt folgende Fokussierung an:

- Im Mittelpunkt steht eindeutig die Betriebswirtschaftslehre. Wenn von Medienunternehmen gesprochen wird, geht es um Unternehmen und damit um Betriebswirtschaft.
- Betriebswirtschaftslehre ist dabei wesentlich mehr als nur „simple Ökonomie" im Sinne eines Vergleiches mehrere unmittelbar mit Geld bewertetet Gestaltungsalternativen. Vielmehr subsumieren sich zusätzlich darunter die gesamte Palette von Marketingaktivitäten, von Organisations- und Personalfragen, vor allem aber die mehr oder weniger explizite Ausrichtung auf Managementfragen.
- Die verschiedenen anderen und in oben genannten Disziplinen gilt es über eine harmonisierte Sprachgebung dort anzudocken, wo sie durch ihre jeweils spezifischen Beiträge die höchste Erklärungs- und Gestaltungskraft entfalten können.
- Gerade weil es bei einem solchen Medienmanagement um Menschen geht, wird trotz der betriebswirtschaftlichen Perspektive nicht der homo oeconomicus unterstellt. Vielmehr gibt es auch Opportunismus bis hin zu pathologischen Verhaltensmustern.
- Medien verbinden Kultur mit Kommerz, eine Verbindung, die es auch in einem zeitgemäßen Medienmanagement zu berücksichtigen gilt.
- Der Umgang mit Medien soll kritisch bleiben. Dies gilt auch für ein Medienmanagement und damit wird der Horizont etwas weiter gezogen, als es vielleicht eine reine Medienökonomie ohne Wohlfahrtsaspekte machen würde. Erforderlich – allerdings kann dieser Punkt durchaus anders gesehen werden – ist deshalb ein kritisches Medienmanagement, bei dem gesamtwirtschaftliche Wohlfahrtsaspekte ebenso zur Geltung kommen wie ethische Fragen.
- Vor allem aber soll der Umgang mit Medien Spaß machen. Dies gilt auch für das Medienmanagement, mit einer wissenschaftlichen Durchdringung ebenso wie mit seiner praxeologischen Umsetzung.

Gerade die interdisziplinäre Vorgehensweise erstreckt sich nicht notwendigerweise auf die komplette Fülle der Medienobjekte. Vielmehr dreht es sich auch bei ganz speziellen (Einzel-)Medien immer mehr um einen interdisziplinären Zugang – und zwar nicht erst seit neuestem. Lavine und Wackman (1988) gingen in ihrem Ansatz bereits 1988 von wesentlichen crossmedialen Tendenzen aus und beziehen verschiedene Disziplinen (von der Betriebswirtschaftslehre über Technologie bis zu rechtlichen und gesellschaftsrelevanten Aspekten) in ihre Media-Management-Perspektive mit ein. Bogart (1973) forderte in seinem viel zitierten Artikel „The Management of Mass Media: An Agenda for Research" die Beantwortung folgender Fragen: (1) Wie kann man angesichts der Wettbewerbsintensität mehr Kosten auf den Kunden verlagern? (2) Auf welchem Weg lässt sich eine finanzielle Unterstützung der Regierung erzielen, ohne dafür Abhängigkeit aufzugeben? (3) Welche Selbstbeschränkungen sollte man sich auferlegen, um externe Zensur zu minimieren? (4) Wie ist mit Monopolregelungen und mit Geschäftsbeschränkungen (Besitz von Fernsehsendern durch Zeitschriften) umzugehen? (5) Wie kann der Stellenwert lokaler Medien erhöht werden? (6) Welche Konsequenzen ergeben sich aus technischen Veränderungen (Ausbau der Kabelnetze)? Dazu schlug er unter anderem vor, sich auch mit den Erwerbsbiographien erfolgreicher Spieler in diesem Markt auseinanderzusetzen. Es wird unmittelbar deutlich, dass sich viele dieser Fragen nur aus einer abgestimmten Kombination mehrerer Disziplinen heraus beantworten lassen. Gleichzeitig kann man aus der noch immer schleppenden Beantwortung dieser Fragen schließen, dass sich eine solche (allerdings von Bogart nur implizit geforderte) Interdisziplinarität bisher nur begrenzt durchgesetzt hat.

Literaturverzeichnis

Ahmad, A. (2000) Research With a Purpose, in: Journal of Management Research 1 (1/2000), S. 1–11.
Albach, H. (2001) Allgemeine Betriebswirtschaftslehre, Wiesbaden 2001.
Altmeppen, K.-D. (2001) Ökonomisierung aus organisationssoziologischer Perspektive: Der Beitrag der Medienunternehmen zur Ökonomisierung, in: Medien- und Kommunikationswissenschaft 49 (2/2001), S. 195–205.
Altmeppen, K.-D./Karmasin, M. (2003a) Medienökonomie als transdisziplinäres Lehr- und Forschungsprogramm, in: Altmeppen, K.-D./Karmasin, M. (Hrsg.) Medien und Ökonomie, Band 1/1, Grundlagen der Medienökonomie, Wiesbaden 2003, S. 19–51.
Altmeppen, K.-D./Karmasin, M. (2003b) Medien und Ökonomie – vielfältige Perspektiven, perspektivische Vielfalt, in: Altmeppen, K.-D./Karmasin, M. (Hrsg.) Medien und Ökonomie, Band 1/2, Grundlagen der Medienökonomie, Wiesbaden 2003, S. 7–13.

ARD Tagesschau (2004) Schröder redet nicht mehr mit der „BILD", im Internet: http://www.tagesschau.de/aktuell/meldungen/0,1185,OID3038190_REF1,00.html, 03.03.2004.
Arnheim, R. (2001) Rundfunk als Hörkunst und weitere Aufsätze zum Hörfunk, Frankfurt 2001.
Barnatt, C. (2001) The Second Digital Revolution, in: Journal of General Management 27 (2/2001), S. 1–16.
Baur, D. (2004) Die Äbtissin lässt Berlusconi nackt dastehen, im Internet: http://www.spiegel.de/kultur/gesellschaft/0,1518,298842,00.html, 07.05.2004
Bea, F.X./Haas, J. (2001) Strategisches Management, Stuttgart 2001.
Beck, H. (2002) Medienökonomie. Print, Fernsehen und Multimedia, Berlin 2002.
Becker, W./Geisler, R. (1999) Von der Medienökonomie zur Betriebswirtschaftslehre von Medienunternehmen (Stellungnahme zu Oliver Schusser: „Medienökonomie: Wissenschaft oder Mode?"), in: Die Betriebswirtschaft 59 (1999), S. 846–849.
Bild.de (2004a) Tritt Schröder als Medienkanzler ab? Im Internet: http://www.bild.t-online.de/BTO/news/2004/03/12/vertraulich/vertraulich.html, 11.03.2004.
Bild.de (2004b) Warum mich der Kanzler auslädt, im Internet: http://www.bild.t-online.de/BTO/news/2004/02/13/vertraulich/vertraulich.html, 12.02.2004.
Bogart, L. (1973) The Management of Mass Media: An Agenda for Research, in: Public Opinion Quarterly 37 (4/Winter 1973–Winter 1974), S. 580–589.
Bonfadelli, H./Rathgeb, J. (Hrsg.) (1997) Publizistikwissenschaftliche Basistheorien und ihre Praxistauglichkeit. Band 33 Zürcher Kolloquium zur Publizistikwissenschaft, Zürich (1997).
Brecht, B. (1967) 1920–1932. Aus Notizbüchern/Über alte und neue Kunst/Radiotheorie/Der Dreigroschenprozeß, Band 1 Schriften zur Literatur und Kunst, Frankfurt/Main 1967.
Brinkemper, P.V. (2002) Der Kanzler – ein Medienmachiavelli, im Internet: http://www.heise.de/tp/deutsch/special/auf/13053/1.html, 08.08.2002.
Brösel, G. (2003) Zur Bewertung von Film- und Übertragungsrechten aus der Sicht öffentlich-rechtlicher Fernsehveranstalter, in: Zeitschrift für öffentliche und gemeinwirtschaftliche Unternehmen 26 (1/2003), S. 1–18.
Bundesverband Informationswirtschaft, Telekommunikation und Neue Medien e.V. BITKOM (2004) Abschied von der analogen Welt, im Internet: http://www.bitkom.org/de/presse/2883_24028.aspx, 02.03.2004.
Busch, A./Dangelmaier, W. (Hrsg.) (2004) Integriertes Supply Chain Management, Wiesbaden 2004.
Campbell, R./Martin, C.R./Fabos, B. (2002) Media & Culture. An Introduction to Mass Communication, Boston 2002.
Chomsky, N. (2002) Manufacturing Consent. The Political Economy of the Mass Media, New York 2002.
Chomsky, N. (2003) Media Control, Hamburg 2003.
Darschin, W./Gerhard, H. (2004) Tendenzen im Zuschauerverhalten, in: Media Perspektiven (4/2004), S. 142–150.

Davis, C./Craft, S. (2000) New Media Synergy: Emergence of Institutional Conflicts of Interests, in: Journal of Mass Media Ethics 15 (4/2000), S. 219–231.
Deal, T.E./Kennedy, A.A. (1984) Corporate Cultures. The Rites and Rituals of Corporate Life, Reading/MASS.
derStandard.at (2004) Der Tod der Enzyklopädien, im Internet: http://derstandard.at/?url=/?id=1674811, 02.06.2004.
Deutsche Gesellschaft für Personalführung e.V. (Hrsg.) (2004), Werteorientiertes Personalmanagement – Ein Beitrag zum Unternehmenserfolg. Konzeption – Durchführung – Unternehmensbeispiele Bertelsmann, Bielefeld 2004.
Deutscher Presserat (2001): Pressekodex, im Internet: http://www.presserat.de/site/pressekod/kodex/index.shtml, 11.11.2004.
Die Zeit (2001) Chancen: Schwerpunkt Medienberufe, im Internet: http://www.zeit.de/schwerpunkte/hochschule/medienberuf/index, 24.08.2004.
Donath, M. (2001) Demokratie und Internet. Neue Modelle der Bürgerbeteiligung an der Kommunalpolitik – Beispiele aus den USA, Frankfurt/Main 2001.
Dörr, D./Hümmrich, K. (Hrsg.) (2004) Digital Audio Broadcasting (DAB). Wettbewerbsneutrale Einführung des digitalen Hörfunks im dualen Rundfunksystem. Band 10 Schriftenreihe des Instituts für Europäisches Medienrecht, München 2004.
Doyle, G. (2002) Understanding Media Economics, London 2002.
Eichhorn, W. (1995) Agenda-Setting-Prozesse. Eine theoretische Analyse individueller und gesellschaftlicher Themenstrukturierung, München 1995.
Englert, S. (2001) Massenbewerbung per E-Mail, im Internet: http://www.sueddeutsche.de/jobkarriere/erfolggeld/artikel/62/2060/print.html, 10.02.2001.
Eppensteiner, B./Fallend, K./Reichmayr (1986) Die Psychoanalyse im Film 1925/26 (Berlin/Wien), in: Psyche 41 (2/1987), S. 129–139.
Evangelische Kirche in Deutschland (1997) Chancen und Risiken der Mediengesellschaft, im Internet: http://www.ekd.de/EKD-Texte/mediendenkschrift/welcome.html, 24.08.2004.
Evans, P.B./Wurster, T.S. (1997) Strategy and the New Economics of Information, in: Harvard Business Review 75 (5/1997), S. 70–82.
Faßler, M./Halbach, W.R. (Hrsg.) (1998) Geschichte der Medien, München 1998.
Faulstich, W. (1996) Die Geschichte der Medien. Bd. 2: Medien und Öffentlichkeit im Mittelalter (800–1400), Göttingen 1996.
Faulstich, W. (1997) Die Geschichte der Medien. Bd. 1: Das Medium als Kult. Von den Anfängen bis zur Spätantike (8. Jahrhundert), Göttingen 1997.
Faulstich, W. (1998a) Medium, in: Faulstich, W. (Hrsg.) Grundwissen Medien, München 1998, S. 19–105.
Faulstich, W. (1998b) Die Geschichte der Medien. Bd. 3: Medien zwischen Herrschaft und Revolte. Die Medienkultur der frühen Neuzeit (1400–1700), Göttingen 1998.
Faulstich, W. (2004) Medienwissenschaft, Paderborn 2004.
Feldmann, V. (2002) Competitive Strategy for Media Companies in the Mobile Internet, in: Schmalenbach Business Review 54 (4/2002), S. 351–371.
Fiske, J. (1987) Television Culture, London – New York 1987.

Friedrichsen, M./Schenk, M. (Hrsg.) (2004) Globale Krise der Medienwirtschaft? Dimensionen, Ursachen und Folgen, Baden-Baden 2004.

Fuchs, R. (2004) „Es gibt kein Jenseits der Medienwirklichkeit." Der Philosoph und Medientheoretiker Norbert Bolz über die Grenzen der Mediengesellschaft (Interview). in: Cover 4, (Herbst/Winter 2004), S. 86–89.

Funiok, R./Schmälzle, U.F./Werth, C.H. (Hrsg.) (1999) Medienethik – die Frage der Verantwortung, Bonn 1999.

Gebhard, M. (1995) Einführung und Betrieb des terrestrisch digitalen Hörfunks (DAB) in der Bundesrepublik Deutschland – Einzelwirtschaftliche Chancen und Risiken und gesamtwirtschaftliche Auswirkungen, Dissertation Universität München, München 1995.

Gehrmann, A. (2004) „Durch viele Talkrunden kennen wir den Haaransatz von Friedrich Merz besser als den von unserem Patenonkel" im Internet: http://www.das-parlament.de/2004/11/panorama/002.html, 08.03.2004.

Gerpott, T.J./Massengeil, S.W. (2001) Elektronische Marktplätze für Transportkapazitäten von Telekommunikationsbetreibern, in: Zeitschrift für Betriebswirtschaft 71 (2001), S. 749–770.

Gesellschaft für deutsche Sprache (2004) Wörter des Jahres/Unwörter 2003, im Internet: http://www.gfds.de/woerter.html, 22.08.2004.

Gleich, U. (2000) Entwicklung und Nutzung neuer Medien, in: Media Perspektiven (7/2000), S. 326–333.

Gongolsky, M. (2003) Zukunft hören, in: reinHören 1 (1/2003), S. 4–7.

Graf von Hoensbroech, C. (2002) Rudolf Seiters verlässt Bundestag. Der frühere Bundesinnenminister blickt mit Dankbarkeit zurück – ein Gespräch, im Internet: http://www.die-tagespost.de/Archiv/titel_anzeige.asp?ID=744, 09.07.2002.

Gürtler, D. (2001) Der Minus-Milliardär. Wie Thomas Haffa EM.TV erst zur heißesten Aktie und dann zur heißesten Luft am Neuen Markt machte, Berlin 2001.

Hamburger Abendblatt (2005) Neuwahlen im Herbst: Beifall von allen Seiten, im Internet: http://www.abendblatt.de/daten/2005/05/23/436753.html?prx=1, 23.05.2005.

Hansel, S. (2005): Coole Kleinteile, in: Wirtschaftswoche 10.05.2005, Nr. 11, S. 74-76.

Heffler, M. (2004) Der Werbemarkt 2003, in: Media Perspektiven (6/2004), S. 242–250

Heinrich, J. (2001a) Ökonomisierung aus wirtschaftswissenschaftlicher Perspektive, in: Medien- und Kommunikationswissenschaft 49 (2/2001), S. 159–165.

Heinrich, J. (2001b) Medienökonomie. Band 1: Mediensystem, Zeitung, Zeitschrift, Anzeigenblatt, Wiesbaden 2001.

Hofstede, G. (1980) Culture's Conequences. International Differences in Work-Related Values, Beverly Hills 1980.

Holznagel, B./Kibele, B. (2002) Medienrecht, in: Rusch, G. (Hrsg.) Einführung in die Medienwissenschaft. Konzeptionen, Theorien, Methoden, Anwendungen, Wiesbaden 2002, S. 227–241.

Inglehart, R. (1979) Wertewandel in den westlichen Gesellschaften. Politische Konsequenzen von materialistischen und postmaterialistischen Prioritäten, in: Klages, H./Kmieciak, P. (Hrsg.) Wertewandel und gesellschaftlicher Wandel, Frankfurt/Main 1979, S. 279–316.

Jarren, O. (2001) „Mediengesellschaft" – Risiken für die politische Kommunikation, in: Aus Politik und Zeitgeschichte (41-42/2001), S. 10–19.

Jesdanun, A. (2003) Die Spaßverderber, im Internet: http://www.stern.de/computertechnik/technik/?eid=513240&id=513231&nv=ex_L3_ct, 19.09.2003.

Jörges, H.-U. (2004) Der Medienkrieger, im Internet: http://www.stern.de/politik/deutschland/zwischenruf/?id=520365, 17.02.2004.

Jung, H. (1994) Allgemeine Betriebswirtschaftslehre, München 1994.

Karmasin, M./Winter, C. (2000): Kontexte und Arbeitsfelder von Medienmanagement, in: Karmasin, M./Winter, C. (Hrsg.): Grundlagen des Medienmanagements, München 2000, S. 15–37.

Kets de Vries, M.F.R. (1984) The Neurotic Organization. Diagnosing and Changing Counterproductive Styles of Management, San Francisco 1984.

Kiefer, M.L. (2001) Medienökonomik. Einführung in eine ökonomische Theorie der Medien, München 2001.

König, J. (2002) Das System Medienkanzler, in: tageszeitung 06.09.2002, S. 18.

König, K. (2004) Hauptsache billig, in: Berliner Zeitung, 22.06.2004, S. 30.

Kopper, G.G. (1982) Medienökonomie – Mehr als „Ökonomie der Medien". Kritische Hinweise zu Vorarbeiten, Ansätzen, Grundlagen, in: Media Perspektiven (2/1982), S. 102–115.

Kracauer, S. (1996) Theorie des Films. Die Errettung der äußeren Wirklichkeit, Frankfurt/Main 1996.

Kuhlen, R. (2002) Napsterisierung und Venterisierung – Bausteine zu einer politischen Ökonomie des Wissens, in: PROKLA – Zeitschrift für kritische Sozialwissenschaft 32 (4/2002), S. 57–88.

Lacy, S./Niebauer, W.E. (1995) Developing and Using Theory for Media Economics, in: The Journal of Media Economics 8 (2/1995), S. 3–13.

Lavine, J.M./Wackman, D.B. (1988) Managing Media Organizations. Effective Leadership of the Media, New York 1988.

Leggewie, C. (1998) Demokratie auf der Datenautobahn oder: Wie weit geht die Zivilisierung des Cyberspace? in: Leggewie, C./Maar, C. (Hrsg.) Internet und Politik. Von der Zuschauer- zur Beteiligungsdemokratie, Köln 1998, S. 15–54.

Ludes, P. (1999) Programmgeschichte des Fernsehens, in: Wilke, J. (Hrsg.) Mediengeschichte in der Bundesrepublik Deutschland, Bonn 1999, S. 255-276.

Ludwig, J. (2000) The Essential Economic Problem of the Media: Working Between Market Failure and Cross-Financing, in: The Journal of Media Economics, 13 (3/2000), S. 187–200.

Luhmann, N. (2004) Die Realität der Massenmedien, Wiesbaden 2004.

Mai, L.-C.E. (2004) An Analysis of Media Cultures: Radio and TV Stations, Newspaper and Magazine Companies, im Internet: www.cem.ulaval.ca/6thwmec/mai.pdf, 25.11.2004.

Margreiter, R. (1999) Realität und Medialität. Zur Philisophie des „Medial Turn", in: Medien Journal 23 (1/1999), S. 9–18.

Medien Tenor (2000) Prozesserfolg für die Medienforschung, in: Medien Tenor 15.12.2000, S. 18–22.

Meier, W.A./Jarren, O. (2001) Ökonomisierung und Kommerzialisierung von Medien und Mediensystem. Einleitende Bemerkungen zu einer (notwendigen) Debatte, in: Medien- und Kommunikationswissenschaft 49 (2/2001), S. 145–158.

Meng, R. (2002) Der Medienkanzler. Was bleibt vom System Schröder? Frankfurt/Main 2002.

Naumann, C. (1999) Sprung in die Zukunft. Mit Medien- und Kommunikationsberufen zum Erfolg, Stuttgart 1999.

Neuberger, O. (2002) Führen und führen lassen: Ansätze, Ergebnisse und Kritik der Führungsforschung, Stuttgart 2002.

Noelle-Neumann, E./Strümpel, B. (1985) Macht Arbeit krank? Macht Arbeit glücklich? München 1985.

Wirtschaftswoche (1999) Gassi gehen als Goody, im Internet: http:www.wiwo.de/wwo5.exe/fn=wiwo-service&sfn=recherche&page=artikel&textid=46294, 05.11.1999.

Oehmichen, E./Schröter, C. (2001) Information: Stellenwert des Internets im Kontext klassischer Medien, in: Media Perspektiven (8/2001), S. 410–421.

Ohler, A. (2004) Musikindustrie sucht neue Wege aus Talsohle, im Internet: http://www.ftd.de/tm/me/1088837547803.html?nv=se, 06.07.2004.

Olfert, K./Rahn, H.-J. (2003) Einführung in die Betriebswirtschaftslehre, Kiehl – Ludwigshafen.

Österreichischer Arbeitsmarktservice (2004) Neue Berufe: Medien, im Internet: http://www.ams.or.at/neu/1247.htm?parent=1165|1247#Neue, 22.08.2004.

Pethig, R. (2003) Massenmedien, Werbung und Märkte. Eine wirtschaftstheoretische Analyse, in: Altmeppen, K.-D./Karmasin, M. (Hrsg.) Medien und Ökonomie, Band 1/1, Wiesbaden 2003, S. 139–186.

Picard, R. (1989) Media Economics. Concepts and Issues, Newbury Park 1989.

Picot, A./Fiedler, M. (2004) Digital-Rights-Management, in: MedienWirtschaft 1 (3/2004), S. 125–129.

Picot, A./Richwald, R./Wigand, T. (2001) Die grenzenlose Unternehmung. Information, Organisation und Management, Wiesbaden 2001.

Porter, M.E. (1985) Competitive Advantage. Creating and Sustaining Superior Performance, New York 1985.

Porter, M.E. (2001) Strategy and the Internet, in: Harvard Business Review 79 (3/2001), S. 63–78.

Pümpin, C./Kobi, J.-M./Wüthrich, H.A. (1985) Unternehmenskultur. Basis strategischer Profilierung erfolgreicher Unternehmen, Bern 1985.

Ramstad, G.O. (1997) A Model for Structural Analysis of the Media Market. In: The Journal Of Media Economics 10 (3/1997), S. 45–50.

Readership Institute (2000) Culture Report on the Newspaper Industry, im Internet: http://readership.org/culture_management/culture/inside_culture.htm, 05.10.2004.

Rosen, J. (2004) „We Mean Business", im Internet: http://www.ajr.org/Article. asp?id=3668, 11.11.2004.

Rötzer, F. (2003) Die Welt ist, was die Medien über sie berichten, im Internet: http://www.heise.de/tp/deutsch/special/auf/13899/1.html, 07.01.2003.

Rusch, G. (1999) kommunikation der wirklichkeit der medien der wirklichkeit der kommunikation. Ein Vorwort in: Rusch, G./Schmidt, S.J. (Hrsg.) Konstruktivismus in der Medien- und Kommunikationswissenschaft, Frankfurt/Main 1999, S. 7–12.

Rusch, G. (2002a) Medienwissenschaft als transdisziplinäres Forschungs-, Lehr- und Lernprogramm, in: Rusch, G. (Hrsg.) Einführung in die Medienwissenschaft. Konzeptionen, Theorien, Methoden, Anwendungen, Wiesbaden 2002, S. 69–82.

Rusch, G. (2002b) Medientheorie, in: Schanze, H. (Hrsg.) Metzler-Lexikon Medientheorie-Medienwissenschaft, Stuttgart 2002, S. 252–255.

Rusconi, G.E. (2004) Die Mediendemokratie und ihre Grenzen – am Beispiel von Berlusconis Italien, in: Aus Politik und Zeitgeschichte, (35-36/2004), S. 32–38.

Saxer, U. (1998a) Mediengesellschaft: Verständnisse und Missverständnisse, in: Sarcinelli, U. (1998) (Hrsg.) Politikvermittlung und Demokratie in der Mediengesellschaft, Bonn 1998, S. 52–73.

Saxer, U. (1998b) Zur Theorie von Medien-Kulturkommunikation, in: Saxer, U. (Hrsg.) Medien-Kulturkommunikation, Publizistik Sonderheft (2/1998), S. 9–43.

Schanze, H. (2002) Metzler-Lexikon Medientheorie-Medienwissenschaft, Stuttgart 2002.

Schein, E. (1992) Organizational Culture and Leadership, San Francisco 1992.

Schenk, M. (2002) Medienwirkungsforschung, Tübingen 2002.

Schenk, M./Wolf, M. (2004) Ist die Medienkrise zu Ende? Status Quo im Werbemarkt, in: Friedrichsen, M./Schenk, M. (Hrsg.) Globale Krise der Medienwirtschaft? Dimensionen, Ursachen und Folgen, Baden-Baden, S. 35–43.

Schierenbeck, H. (2000) Grundzüge der Betriebswirtschaftslehre, München 1992.

Schmidt, S.J. (1994) Die Wirklichkeit des Beobachters, in: Merten, K./Schmidt, S.J./Weischenberg, S. (Hrsg.) Die Wirklichkeit der Medien. Eine Einführung in die Kommunikationswissenschaft, Opladen 1994, S. 3–19.

Schmidt, S.J. (2002) Medienwissenschaft und Nachbardisziplinen, in: Rusch, G. (Hrsg.) Einführung in die Medienwissenschaft. Konzeptionen, Theorien, Methoden, Anwendungen, Wiesbaden 2002, S. 51–68.

Scholz, C. (2000a) Strategische Organisation. Multiperspektivität und Virtualität, 2. Aufl., Landsberg/Lech 2000.

Scholz, C. (2000b) Personalmanagement: Informationsorientierte und verhaltenstheoretische Grundlagen, 5. Aufl., München 2000.

Scholz, C. (2002) Möglichkeiten und Grenzen webbasiert-verteilter Wertschöpfung, in: Picot, A./Breidler, J. (Hrsg.) Web Services – Bausteine für das e-Business, Heidelberg 2002.

Scholz, C. (2003a) Spieler ohne Stammplatzgarantie. Darwiportunismus in der neuen Arbeitswelt, Weinheim 2003.

Scholz, C. (2003b) Das Prinzip Don Alphonso, im Internet: http://www.managermagazin.de/ebusiness/artikel/ 0,2828,260117,00.html, 21.08.2003.
Scholz, C./Eisenbeis, U. (2003) Medienmanagement, in: Die Betriebswirtschaft 63 (2003), S. 532–547.
Scholz, C./Eisenbeis, U. (2004) Darwiportunismus in der Medienbranche: Strategisches Management ohne strategisches Denken? in: Friedrichsen, M./Schenk, M. (Hrsg.) Globale Krise der Medienwirtschaft? Dimensionen, Ursachen, Folgen, Baden-Baden, S. 305–321.
Scholz, C./Gutmann, J. (Hrsg.) (2003) Webbasierte Personalwertschöpfung. Theorie – Konzeption – Praxis, Stuttgart 2003.
Scholz, C./Hofbauer, W. (1990) Organisationskultur. Die vier Erfolgsprinzipien, Wiesbaden 1990.
Scholz, C./Stein, V./Bechtel, R. (2004) Human Capital Management. Wege aus der Unverbindlichkeit, München 2004.
Schönert, U. (2003) Kampf den Piraten, im Internet: http://www.stern.de/computertechnik/technik/index.html?id=514655&eid=513240, 21.10.2003.
Schumann, M./Hess, T. (2000) Grundfragen der Medienwirtschaft, Berlin 2000.
Schusser, O. (1998) Medienökonomie: Wissenschaft oder Mode? in: Die Betriebswirtschaft 58 (1998), S. 591–602.
Schuster, M./Weiß, M. (2001) Ecosystems – Ein neues Paradigma in der Medienindustrie, in: Vizjak, A./Ringlstetter, M. (Hrsg.) Medienmanagement: Content gewinnbringend nutzen, Wiesbaden 2001.
Shaver, M.A. (2000) Special Issue on Trends in Media Management for the 21th Century, in: The Journal of Media Economics 13 (2/2000), S. 55–56.
Siegert, G. (2003) Medien, Marken, Management, München 2003.
Spielkamp, M. (2004) Das Radikale Maximum, in: brand eins (9/2004) S. 71–77.
Statistisches Bundesamt (2002) Im Blickpunkt: Informationsgesellschaft, Stuttgart 2002.
Stegbauer, C. (1998) Online-Communities. Oder: Das vergebliche Bemühen um Gleichheit in virtuellen Gemeinschaften. Vortrag zum Kongreß „Machtfragen der Informationsgesellschaft" am 12./13. Juni 1998 in Frankfurt, im Internet: http://www.uni-frankfurt.de/~chris/Online-communities.html, 04.10.2004.
Steinmann, H./Löhr, A. (1994) Grundlagen der Unternehmensethik, Stuttgart 1994.
Süddeutsche Zeitung (2005) Der Coup des Verlierers, im Internet: http://www.sueddeutsche.de/deutschland/artikel/562/53509/print.html, 22.05.2005.
tageszeitung (2004) Medienkanzler mimt Mimose, in: tageszeitung (taz) vom 11.03.2004, S. 1.
Trepte, S. (2004) Zur Geschichte der Medienpsychologie, in: Mangold, R./Vorderer, P./Bente, G. (Hrsg.) Lehrbuch der Medienpsychologie, Göttingen 2004, S. 3–25.
Unger, F. et. al. (2004) Mediaplanung. Methodische Grundlagen und praktische Anwendungen, Heidelberg 2004.
unimagazin (2003) Arbeitsfeld Medientechnik, unimagazin 27 (3/2003), S. 22–31.

van de Ven, A.H. (1989) Nothing Is Quite So Practical as a Good Theory, in: Academy of Management Review 14 (4/1989), S. 486–489.
van Eimeren, B./Ridder, C.-M. (2001) Trends in der Benutzung und Bewertung von Medien 1970–2000, in: Media Perspektiven (11/2001), S. 538–553.
von Aleman, U. (2000) Das Parteiensystem der Bundesrepublik Deutschland, Opladen 2000.
von Glasersfeld, E. (1987) Wissen, Sprache und Wirklichkeit. Arbeiten zum radikalen Konstruktivismus, Braunschweig 1987.
von Glasersfeld, E. (1996) Radikaler Konstruktivismus. Ideen, Ergebnisse, Probleme, Frankfurt/Main 1996.
von Rosenstiel, L. (1987) Wandel in der Karrieremotivation. Verfall oder Neuorientierung? in: von Rosenstiel, L./Einsiedler, H.E./Streich, R.K. (Hrsg.) Wertewandel als Herausforderung für die Unternehmenspolitik, Stuttgart 1987.
Weber, S. (2002) Was heißt „Medien konstruieren Wirklichkeit"? Von einem ontologischen zu einem empirischen Verständnis von Konstruktion, in: Medienimpulse (40/2002), S. 11–16.
Weber, S. (2003) Einführung: (Basis-)Theorien für die Medienwissenschaft, in: Weber, S. (Hrsg.) Theorien der Medien. Von der Kulturkritik bis zum Konstruktivismus, Konstanz 2003, S. 11–48.
Wilke, J. (Hrsg.) (1999) Mediengeschichte der Bundesrepublik Deutschland, Bonn 1999.
Winterhoff-Spurk, P. (1997) Medienkompetenz: Schlüsselqualifikation der Informationsgesellschaft?, in: Medienpsychologie 9 (3/1997), S. 182–190.
Winterhoff-Spurk, P. (1999) Medienpsychologie. Eine Einführung, Stuttgart 1999.
Winterhoff-Spurk, P./Unz, D./Schwab, F. (2001) „In the mood" – Zur Kultivierung von Emotionen durch Fernsehen, in: magazin forschung (2/2001), S. 20–31.
Wirtz, B.W. (2001) Medien- und Internetmanagement, 2. Aufl., Wiesbaden 2001.
Wirtz, B.W. (2003) Grundlagen des Medien- und Multimediamediamanagements, in Wirtz, B.W. (Hrsg.) Handbuch Medien- und Multimediamanagement, Wiesbaden 2003, S. 15–29.
Wirtz, B.W./Olderog, T./Schwarz, J. (2003) Strategische Erfolgsfaktoren in der Internetökonomie, in: Zeitschrift für betriebswirtschaftliche Forschung 55 (2/2003), S. 60–77.
Wöhe, G./Döring, U. (2002) Einführung in die Allgemeine Betriebswirtschaftslehre, 21. Aufl., München 2002.
Zapf, A. (2002) Kollektive Wahrnehmung von Urheberrechten im Online-Bereich. Rechtliche Rahmenbedingungen für ein Tarifmodell zur Nutzung von Musik Band 12 Schriften zum Informations-, Telekommunikations- und Medienrecht, Münster 2002.
Zeitschrift für Literaturwissenschaft und Linguistik (2003) Konzeptionen der Medienwissenschaften I 33, Heft 132, Dezember 2003.
Zepelin, J./Baulig, C./Notz, A. (2004) Massenbelichtungswaffen, in: Financial Times Deutschland 15.05.2004, S. 29.
Zerdick, A. et al. (2001) Die Internet-Ökonomie. Strategien für die digitale Wirtschaft, Berlin 2001.

Medienprodukte – Medienangebote und Mediennutzung

Jürgen Heinrich

1 Einführung 75

2 Produktion und Distribution der Information per se 75

3 Die Zeitung 82

4 Die Zeitschrift 85

5 Das Radio 88

6 Das Fernsehen 90

7 Das Internet 93

8 Fazit 95

Literaturverzeichnis 95

Vorschau

Massenmediale Informationsproduktion und Distribution

In dem Beitrag lernen Sie, dass bei der Produktion von Information erhebliche Unsicherheiten bestehen und die Input-Output-Relation unbestimmt ist: Die Art des notwendigen Inputs ist nicht genau bekannt, die Menge des Inputs ist in keine eindeutige Beziehung zur Menge des Outputs zu bringen und der Wert des Outputs ist kaum feststellbar und in eindeutiger Relation zur Menge und Qualität des Inputs nicht darstellbar. Auch die Distribution der Information ist von Unsicherheiten behaftet: Information per se ist ein weitgehend öffentliches Gut, gekennzeichnet durch Nichtrivalität im Konsum und durch erhebliche Schwierigkeiten, das Marktausschlussprinzip durchzusetzen.

Basisdaten der Massenmedien

In dem Beitrag werden Basisdaten der Massenmedien, wie zum Beispiel Mediennutzungsdauer, Reichweite der Medien und Werbeeinnahmen der Medien in ihrer Entwicklung im Zeitverlauf dargestellt und gegenübergestellt.

Transaktionskosten im Informationshandel

Die Transaktionskosten sind beim Informationshandel hoch. Solche Transaktionskosten sind vor allem Suchkosten (Kosten bei der Informationsfindung), Entscheidungskosten (Kosten der Entscheidung, welche von den gefundenen Informationen rezipiert werden sollen) und Kontrollkosten (Kosten der Kontrolle von Richtigkeit und Relevanz der Informationen). Massenmedien können als Institutionen interpretiert werden, die geeignet sind, Transaktionskosten des Kaufs und der Rezeption von Informationen zu reduzieren.

Reputationseffekte

Weil Rezipienten nicht alle Informationen prüfen können und wollen, legen sie Wert auf Zuverlässigkeit und Glaubwürdigkeit. Massenmedien bemühen sich daher um ein Image von Glaubwürdigkeit und Verlässlichkeit, damit der Rezipient die gebotenen Informationen einordnen kann. „Reputationseffekte" langlebiger Institutionen spielen für Medienunternehmen daher eine zentrale Rolle.

Die Massenmedien als Informations- und Werbeträger

In dem Beitrag erfahren Sie, welche Rolle die Medien Zeitung, Zeitschrift, Radio, Fernsehen und Internet als Informations- und Werbeträger spielen. Dabei wird auf spezielle Charakteristika dieser Medien, ihre Eignung für bestimmte Informationsaufgaben sowie auf verschiedene Werbeformen eingegangen.

1 Einführung

In diesem Beitrag werden die Charakteristika der Produktion und Nutzung massenmedial erstellter und verbreiteter Information analysiert. Dabei ist es sinnvoll, den Prozess der Erstellung und Verbreitung von Information nach drei Ebenen zu differenzieren:

- die Ebene der stofflichen Träger der Information,
- die Ebene der eigentlichen Information, also des Informationsgehaltes als Input in den Massenkonsumprozess und
- die Ebene des Outputs des Medienkonsumprozesses, also der Medienwirkungen.

Medienwirkungen werden hier nicht thematisiert, diese entziehen sich weitgehend dem Analyseinstrumentarium der Ökonomik und sind auch in anderen Disziplinen kaum zu erfassen; der vorliegende Beitrag beschränkt sich auf die erste und die zweite Ebene.

Zunächst werden die Besonderheiten der Informationsproduktion per se analysiert und anschließend werden die stofflichen Träger der Information, die Zeitung, die Zeitschrift, das Radio, das Fernsehen und das Internet in ihren Funktionsbedingungen vorgestellt.

2 Produktion und Distribution der Information per se

Die Produktion von Information ist durch erhebliche Unsicherheiten gekennzeichnet, die Input-Output-Relation ist unbestimmt. Diese Unbestimmtheit besteht in folgenden Ebenen:

- die Art des notwendigen Inputs ist nicht genau bekannt,
- die Menge des Inputs ist in keine eindeutige Beziehung zur Menge des Outputs zu bringen und
- der Wert des Outputs ist kaum feststellbar und in eindeutiger Relation zur Menge und Qualität des Inputs nicht darstellbar.

Die Aufgabe der Informationsproduktion in Massenmedien kann unter Anwendung der von der Betriebswirtschaftslehre entwickelten organisationsrelevanten Merkmale von Unternehmensaufgaben (vgl. Picot 1999, S. 125–127) folgendermaßen beschrieben werden:

- Die massenmediale Informationsproduktion ist häufigen und nicht leicht vorhersehbaren Änderungen bei Terminen, Produktionsmengen und qualitativen Produktionsanforderungen unterworfen und zwar je ausgeprägter, desto aktueller und genereller die Medienproduktion ist. Die Aufgabe ist also durch einen hohen Grad an Unsicherheit und Veränderlichkeit gekennzeichnet.
- Die massenmediale Informationsproduktion ist in der Regel – abgesehen von sehr speziellem Journalismus, wie zum Beispiel der Börsenberichterstattung – durch Aufgabenvielfalt gekennzeichnet. Die Produktionsverfahren, nämlich die Art der Recherche, die Darstellungsformen und die Darstellungstechniken sowie der Produktionsgegenstand, nämlich das Thema der Informationsproduktion, sind im Rahmen der notwendigen Sortimentsbreite massenmedialer Information von großer Vielfalt beziehungsweise von einer geringen Ähnlichkeit.
- Schließlich ist die Strukturiertheit der massenmedialen Informationsproduktion relativ gering, weil Qualität, Inputs und Ursache-Wirkungs-Beziehungen der massenmedialen Informationsproduktion eher unbekannt sind. Dementsprechend kann die journalistische Produktion auch nur in geringem Maße in exakte, einander eindeutig zuzuordnende Lösungsschritte zerlegt werden. Eine Fließbandfertigung ist auch nicht ansatzweise denkbar (vgl. Weischenberg 1992, S. 203).

Insgesamt ist die journalistische Produktion also durch eine geringe Strukturiertheit, eine geringe Ähnlichkeit und eine hohe Veränderlichkeit gekennzeichnet. Dies begründet erhebliche Schwierigkeiten für Organisation und Management dieser Art von Produktion (vgl. Heinrich 2001, S. 169–179).

Auch die Distribution der Information ist von erheblichen Unsicherheiten und Unbestimmtheiten gekennzeichnet: Information per se ist ein weitgehend öffentliches Gut, gekennzeichnet durch Nichtrivalität im Konsum und durch erhebliche Schwierigkeiten, das Marktausschlussprinzip durchzusetzen. Die Grenzkosten des Konsums einer einmal bereitgestellten Information durch jeweils zusätzliche Rezipienten sind gleich Null. Und an Informationen unabhängig von ihrem Inhalt, können Eigentumsrechte nur unvollkommen durchgesetzt werden. Ökonomisch formuliert sind die Transaktionskosten, also die Kosten der Information, der Vereinbarung und der Kontrolle der Definition und der Durchsetzung von Eigentumsrechten an Informationen sehr viel höher als bei materiellen Gütern oder personenungebundenen Dienstleistungen. Dies liegt zum einen an den formalen Charakteristika der Information: Sie ist kein physisches Produkt, ein Verbrauch ist nicht notwendig an den physischen Besitz gebunden, und ein unbefugter Verbrauch ist wegen der Nichtrivalität im Konsum nicht direkt erkennbar. Zum anderen liegt die Schwierigkeit, Eigentumsrechte an Informationen zu begründen und durchzusetzen daran, dass der Wert von Informationen vor dem Kauf eigentlich gar nicht und nach dem Kauf nur mit viel Aufwand ermittelt werden kann.

Die Nichtrivalität im Konsum und die Schwierigkeiten, das Marktausschlussprinzip durchzusetzen, begründen die Notwendigkeit und die Sinnhaftigkeit besonderer Formen der Erlösgenerierung. Die Nichtrivalität begründet die Sinnhaftigkeit transaktionsunabhängiger Erlöse; und die Schwierigkeit, das Marktausschlussprinzip durchzusetzen, schließt eine direkte Erlösgenerierung eher aus, begründet vielmehr die Notwendigkeit indirekter Erlöse. Hier sind zwei Strategien zu beobachten:

– das Angebot des öffentlichen Gutes Information im Verbund mit dem Verkauf einer Verbreitungswahrscheinlichkeit von Werbebotschaften und/oder
– das gebündelte Angebot von öffentlichen und privat nutzbaren Informationsgütern, um Aggregationsvorteile zu erzielen.

Weitere Strategien im Umgang mit Unsicherheiten und Unbestimmtheiten der Distribution von Informationen sind:

– die Aktualität einer Information als Wertkriterium zu verstärken, um auf diese Weise die Weiterverbreitung von Informationen, die ja immer Zeit kostet, weniger attraktiv zu machen oder
– die Wertschöpfung von der Stufe der Informationsproduktion auf die Stufe der Markierung zu verlagern.

Auch diese spezifischen Probleme der Distribution begründen erhebliche Probleme für Organisation und Management.

Schließlich ist die Qualitätsunkenntnis bei massenmedialer Information sehr hoch. Vor dem Kauf und vor dem Konsum kann die Qualität von Medienprodukten nicht beurteilt werden. Und eine Rückgabe von Informationen, deren Qualität sich als schlecht herausstellt, ist nicht möglich. Man spricht bisweilen sehr plastisch von Medienprodukten als einem Trojanischen Pferd, weil ihre Inhalte beim Erwerb nicht erkennbar sind (vgl. Hunziker 1981, S. 13). Und auch nach dem Kauf und nach dem Konsum kann die Qualität von Medienprodukten nur sehr schwer beurteilt werden. Dies liegt an folgenden Besonderheiten der massenmedialen Information:

- das Produkt ist sehr komplex,
- das Produkt wird permanent in neuer Qualität erstellt und
- der Konsum von Informationen ist sehr zeitaufwändig.

Massenmediale Informationen sind also in der Regel Vertrauensgüter und dies begründet die Notwendigkeit eines umfangreichen Markenmanagements (vgl. Siegert 2001).

Die Nutzung von Informationen ist ein zeitverbrauchender Prozess, der im Grunde nicht rationalisiert werden kann. Zwar kann die Zeit für die Produktion und die Distribution von Gütern rationalisiert werden, aber nicht (oder kaum) die Konsumzeit. In diesem Sinne ist die Entwicklung zur Informationsgesellschaft (vgl. Heinrich 2002) auch von einem erheblichen und deutlich zunehmenden Zeitverbrauch gekennzeichnet. Dies gilt insbesondere für den Konsum massenmedial erstellter Informationen.

Tabelle 1 stellt die Entwicklung der Nutzungsdauer der Massenmedien zusammen. Deutlich wird eine erhebliche Zunahme der Mediennutzung von 346 (1980) auf mittlerweile 502 Minuten pro Tag, also auf knapp 8,5 Stunden durchschnittlicher täglicher Medienkonsumzeit. Damit rangiert der Medienkonsum nach Zeitverbrauch vor Arbeit und Schlafen.

	1980	1985	1990	1995	2000
Hörfunk	135	154	170	162	206
Fernsehen	125	121	135	158	185
CD/MC/LP	15	14	14	13	36
Tageszeitung	38	33	28	29	30
Bücher	22	17	18	15	18
Internet	–	–	–	–	13
Zeitschriften	11	10	11	11	10
Video	–	2	4	3	4
Gesamt	346	351	380	391	502

Tabelle 1: Entwicklung der Nutzungsdauer der Medien in Minuten pro Tag für Personen ab 14 Jahren (seit 1995 für Gesamtdeutschland); ein geringer Anteil Parallel-Nutzung ist enthalten (vgl. Berg/Ridder 2002, S. 47)

Die eigentlichen Massenmedien, nämlich Zeitung, Zeitschrift, Hörfunk, Fernsehen und Internet beanspruchen mit 444 Minuten den weitaus größten Teil der Nutzungszeit, nämlich 88 Prozent.

Die Entwicklung von Nutzungsdauer und Reichweite der vier zentralen Medien Fernsehen, Radio, Zeitung und Internet zeigen Tabelle 2 und 3. Im

Vergleich wird die zunehmende Bedeutung der elektronischen Medien deutlich; auch die Internetnutzung ist nicht mehr gering, zudem dürfte sie in den letzten drei Jahren sprunghaft zugenommen haben.

	1970	1974	1980	1985	1990	1995	2000
Fernsehen	72	78	77	72	81	83	85
Hörfunk	67	70	69	76	79	75	85
Tageszeitung	70	73	76	73	71	65	54
Internet	–	–	–	–	–	–	10

Tabelle 2: Durchschnittliche Reichweite von Fernsehen, Radio, Zeitung und Internet in Prozent (seit 1995 für Gesamtdeutschland) (vgl. Berg/Ridder 2002, S. 34)

	1970	1974	1980	1985	1990	1995	2000
Fernsehen	113	125	125	121	135	158	185
Hörfunk	73	113	135	154	170	162	206
Tageszeitung	35	38	38	33	28	30	30
Internet	–	–	–	–	–	–	13

Tabelle 3: Durchschnittliche Nutzungsdauer von Fernsehen, Radio, Zeitung und Internet in Minuten pro Tag (seit 1995 für Gesamtdeutschland) (vgl. Berg/Ridder 2002, S. 38)

Die (subjektiven) Wertschätzungen der vier zentralen Medien werden im Rahmen der Langzeitstudie „Massenkommunikation" vor allem durch die Fragen zu Medienbindung („Es würden X Nutzer vermissen" beziehungsweise „es würden sich X Nutzer entscheiden für") ermittelt. Tabelle 4 und 5 zeigen die Bindung an die Medien. Dabei zeigt sich, dass die Bindung an das Fernsehen einerseits deutlich abgenommen hat und mittlerweile das Radio und die Tageszeitung eher vermisst würden, dass aber in einer simulierten Grenzsituation sich die relative Mehrheit der Bundesbürger immer noch für das Fernsehen entscheiden würde.

	1970	1974	1980	1985	1990	1995	2000
Fernsehen	60	53	47	42	51	54	44
Hörfunk	42	47	52	54	57	55	58
Tageszeitung	47	53	60	57	63	58	52
Internet	–	–	–	–	–	–	8

Tabelle 4: Bindung an die Medien (seit 1995 für Gesamtdeutschland); „Es würden stark/sehr stark vermissen" in Prozent (vgl. Berg/Ridder 2002, S. 25)

	1970	1974	1980	1985	1990	1995	2000
Fernsehen	62	57	51	47	52	55	45
Hörfunk	21	25	29	31	26	27	32
Tageszeitung	15	17	18	20	20	17	16
Internet	–	–	–	–	–	–	6

Tabelle 5: Bindung an die Medien (seit 1995 für Gesamtdeutschland); „Es würden sich entscheiden" in Prozent (vgl. Berg/Ridder 2002, S. 25)

Massenmedien sind nicht nur Träger redaktionell erstellter und verantworteter Information, sondern in der Regel auch Träger von Werbebotschaften. Dieser Verbund von Massenmedien und Werbung hat beträchtliche Dimensionen. Massenmedien sind in erheblichem Umfang Werbeträger und Werbeträger sind vor allem die klassischen Massenmedien, daneben spielt nur die Direktwerbung per Post, die Adressbuchwerbung und die Außenwerbung eine gewisse Rolle. Tabelle 6 stellt die Werbeeinnahmen der Massenmedien zusammen. Mit knapp 15 Milliarden Euro trägt die Werbung einen großen Teil des Umsatzes der Massenmedien und umgekehrt wäre ohne Massenmedien der heutige Umfang der Werbung nicht denkbar.

	1998	1999	2000	2001	2002	Anteile 2002
Fernsehen	4.042	4.318	4.705	4.469	3.956	27,6%
Hörfunk	605	691	733	678	595	4,1%
Tageszeitung[1]	5.961	6.140	6.624	5.715	5.005	34,9%
Internet	26	77	153	185	227	1,6%
Zeitschrift[2]	3.031	3.196	3.514	3.149	2.901	20,2%
Anzeigenblatt	1.762	1.742	1.792	1.742	1.656	11,5%
Gesamt	15.427	16.164	17.521	15.938	14.340	100,0%

Tabelle 6: Nettowerbeeinnahmen der Massenmedien in Millionen Euro ([1]einschließlich Zeitungssupplements; [2]Publikums- und Fachzeitschriften) (vgl. Zentralverband der deutschen Werbewirtschaft 2004)

Massenmedien können als Institutionen interpretiert werden, als Einrichtungen, die geeignet sind, Transaktionskosten des Kaufs und der Rezeption von Informationen zu reduzieren. Solche Transaktionskosten sind vor allem Suchkosten, nämlich die Kosten, Informationen zu finden Entscheidungskosten, nämlich Kosten der Entscheidung, welche von den gefundenen Informationen rezipiert werden sollen und Kontrollkosten, nämlich Kosten der Kontrolle von Richtigkeit und Relevanz der Informationen.

Diese Transaktionskosten sind im Informationshandel besonders groß, weil Informationen in unübersehbarer Fülle vorhanden sind, Informationen für die Menschen von überragender Bedeutung sind und der Wert, die Richtigkeit, die Wichtigkeit und die Relevanz von Informationen ex ante und ex post kaum beurteilt werden können.

Daher sind Institutionen, die solche Transaktionskosten reduzieren, im Bereich des Informationshandels der Massenmedien besonders wichtig. Entsprechend sind die Massenmedien prinzipiell strukturiert: Massenmedien bieten, bei großen Unterschieden zwischen den Gattungen und den Titeln beziehungsweise Programmen, folgende Ersparnisse an Transaktionskosten:

- Massenmedien bieten ein Informationssortiment an, das heißt eine ausgewählte und überschaubare Menge an Informationen.
- Massenmedien bieten eine relativ einfache und klare Strukturierung des Informationsangebotes.
- Massenmedien sortieren nach Aktualität, Relevanz und Richtigkeit.
- Massenmedien bemühen sich um ein Image von Glaubwürdigkeit und Verlässlichkeit, damit der Rezipient die gebotenen Informationen einordnen kann.

In Bezug auf die Glaubwürdigkeit spielen für die Massenmedien die „Reputationseffekte" langlebiger Institutionen eine zentrale Rolle. Weil Rezipienten nicht alle Informationen prüfen können und wollen, ist es für sie wichtig, zuverlässige und glaubwürdige Informationen zu erhalten, wenigstens eine zuverlässige Konstanz impliziter oder auch expliziter Wertungen.

Im Folgenden werden die aktuellen Massenmedien vorgestellt. Die Beschränkung auf Zeitung, Zeitschrift, Hörfunk, Fernsehen, Internet und den mit diesen untrennbar verbundenen Werbemarkt ist darin begründet, dass Produktion, Distribution und Konsum dieser aktuellen Massenmedien deutliche Unterschiede zu den anderen Massenmedien aufweisen:

- Die Produktion erfolgt in hohem Grade arbeitsteilig in großbetrieblicher Verbundproduktion.
- Die Distribution erfolgt in einem permanenten, spezifischen und umfassenden Vertriebsnetz.
- Der Konsum ist geprägt durch einen sehr hohen Zeitverbrauch und prägt seinerseits die Zeitstrukturen der allgemeinen Freizeit.
- Das Produkt ist mit den Komponenten Information, Bildung, Unterhaltung und Werbung sehr komplex.
- Systemtheoretisch gedacht ist die Norm der Aktualität von spezifischer prägender Kraft.
- Die aktuellen Massenmedien als Verbindungs- und Kontrollorgan zwischen dem Volk und seinen gewählten Vertretern spielen eine besondere Rolle (vgl. Branahl 2000, S. 20).

3 Die Zeitung

Die Zeitung wird durch die Kriterien der Aktualität, Publizität, Universalität und Periodizität definiert. Zeitungen erscheinen in der Regel täglich, sind grundsätzlich für die Öffentlichkeit zugänglich, beschränken sich in ihren Inhalten nicht auf bestimmte Bereiche und erscheinen regelmäßig. Der Vertrieb ist bislang papiergebunden.

Die Zeitung als Informationsträger ist durch folgende Eigenschaften gekennzeichnet:

- Räumliche Mobilität: Die Zeitung kann ohne große Transportkosten vom Leser an den jeweils gewünschten Konsumort gebracht werden. Damit kann die Zeitung mehrfach genutzt werden und wird typischerweise auch an mehreren Orten – zu Hause, auf dem Weg zur Arbeit, bei der Arbeit – gelesen.
- Sachliche Mobilität (Wahlfreiheit): Der Leser kann entscheiden, welche Teile der Zeitung er nutzt. Diese Auswahl wird dadurch erleichtert, dass die Zeitung klare Gliederungsmerkmale hat – Seiten, Ressorts, Rubriken, Überschriften – die es dem Leser erleichtern, die Informationen nach seinen Präferenzen zu ordnen.
- Zeitliche Mobilität: Der Leser kann entscheiden, wann und in welchem zeitlichen Umfang er die Zeitung nutzt, weil die Informationen zeitlich einfach gespeichert werden können.
- Zeitliche Intensität: Lesen erlaubt eine schnellere Informationsaufnahme als Hören oder Sehen, daher bietet die Zeitung pro Rezeptionszeit mehr Informationen als elektronische Medien.
- Regionalisierbarkeit: Die Zeitung kann relativ kostengünstig auf regional definierte Zielgruppen (Kreis, Stadt, Stadtteil) zugeschnitten werden.
- Variierbarkeit: Die Zeitung kann in ihrem Umfang von Tag zu Tag verändert werden.

Die Universalität der Zeitung ist letztlich ökonomisch begründet: Der Markt finanziert nach Zielgruppen segmentierte Informationen nicht in täglicher Zustellung, allenfalls denkbar bisher in Form von Sportzeitungen und Wirtschaftszeitungen; in der Regel muss sich eine Zeitung aber an eine breite, sachlich nicht differenzierte Zielgruppe richten. Dies begründet erhebliche Marketingprobleme, weil damit die Zielgruppen der Produkt- und Kommunikationspolitik diffus sind. Nur in räumlicher Dimension ist eine Segmentierung gut erreichbar: Die papiergebundene, aber nicht adressierte Zustellung der Zeitung und die räumliche Bindung der Nachfrage nach Informationen erlauben eine räumliche Segmentierung der Information durch die Zeitung besser als jedes andere Medium (vgl. Heinrich 2000). Allerdings stellt das sehr enge Zeitfenster der papiergebundenen Zustellung ein komplexes logistisches Problem dar.

Die Zeitung als Werbeträger ist durch folgende Eigenschaften gekennzeichnet:

- Ein räumlicher Zielgruppenbezug (Stadtteilausgaben) ist sehr gut erreichbar.
- Die Möglichkeit eines demographischen Zielgruppenbezugs besteht bei regionalen und lokalen Abonnementzeitungen nicht.

- Die Nutzungsfunktion, nämlich aktive Informationssuche bezogen auf tagesaktuelle Ereignisse und Güterangebote unterstützt die Rezeption der Werbung.
- Die Nutzungsmodalitäten, nämlich einmalige Nutzung ohne Nebenbeschäftigung stützen die Rezeption ebenfalls.
- Die zeitliche Flexibilität ist sehr hoch, Anzeigen können sehr zeitnah platziert werden.
- Die Produktionskosten der Werbebotschaften sind gering.
- Die Tausendkontaktpreise sind hoch.
- Die Gestaltungsmöglichkeiten sind begrenzt.
- Das werbliche Image wird widersprüchlich beurteilt; die Werbung stört aber nicht, sondern ist zum Teil gesuchter Lesestoff.

Die Zeitung ist Basismedium für den lokalen und regionalen Einzelhandel sowie für Familien-, Immobilien- und Stellenanzeigen, ihre Werbung ist eher argumentativ und rational, für Markenartikelwerbung ist die Zeitung allenfalls Ersatzmedium. Der besondere Vorzug der Zeitung als Werbeträger ist ihre Regionalisierbarkeit und ihre Glaubwürdigkeit. Die Zeitung ist immer noch der bedeutsamste Werbeträger in Deutschland (Tabelle 6).

Die Nutzung der Zeitung ist zurückgegangen. Sowohl die Nutzungszeit als auch die Reichweite der Tageszeitung haben von 1980 bis 2000 deutlich abgenommen (Tabelle 1; Tabelle 2). Dies wird auch am Rückgang der Auflage von Zeitungen deutlich. Tabelle 7 zeigt einen schleichenden Rückgang der Auflage, allerdings auch eine Zunahme des Umsatzes von Zeitungen. Diese schleichende Stagnation im Zeitungssektor begründet erhebliche Managementprobleme.

	1992	1994	1996	1998	2000	2002	2003
Auflage in Tsd. Stück	32.936	32.631	31.950	31.053	30.266	29.561	28.763
Umsatz in Mio. Euro	8.477	8.886	9.203	9.970	10.788	9.420	8.960

Tabelle 7: Auflage und Umsätze im Zeitungssektor für Tages-, Sonntags- und Wochenzeitungen in Deutschland (vgl. Bundesverband Deutscher Zeitungsverleger e.V.)

4 Die Zeitschrift

Zeitschriften sind nach der umfassenden Negativdefinition der Pressestatistik alle periodischen Druckwerke mit kontinuierlicher Stoffdarbietung, die mit der Absicht eines zeitlich unbegrenzten Erscheinens mindestens vier mal jährlich herausgegeben werden, soweit sie keine Zeitungen sind (Pressestatistik). Die entscheidenden Merkmale sind demnach die Periodizität, die Publizität, die Kontinuität und der Verzicht auf die Tagesaktualität.

Anders als die Zeitung, die trotz der existierenden rund 135 publizistischen Einheiten als relativ homogener Typ existiert, ist die Zeitschrift durch eine ungeheure Vielfalt von Typen gekennzeichnet und der Markt ist mit geschätzten 20.000 Titeln nicht überschaubar.

In ökonomischer Sicht lassen sich Zeitschriften nach ihrer primären ökonomischen Funktion in vier Bereiche gliedern:

- Zeitschriften, die allgemeine, überwiegend politische und universelle Informationen für das breite Publikum bieten und den Rezipienten in seiner Rolle als Staatsbürger ansprechen, sollten „Politische Zeitschriften" genannt werden. Hierzu zählen zum Beispiel Die Zeit, Der Spiegel, Focus und Stern.
- Zeitschriften, die spezielle Informationen für den Rezipienten in seiner Rolle als Konsument im weitesten Sinne liefern, sollten „Konsumentenzeitschrift" genannt werden. In Deutschland wird hierfür häufig der relativ wenig aussagekräftige Begriff der „Publikumszeitschrift" gewählt, in den USA hingegen wird dieser Typ „Consumer Magazine" genannt.
- Zeitschriften, die spezielle Informationen für den Rezipienten in seiner Berufsrolle bieten, sollten als „Fachzeitschrift" bezeichnet werden, so wie es üblicherweise in Deutschland auch gehandhabt wird. In den USA wird dieser Typ von Zeitschrift auch „Trade Magazine" genannte.
- Zeitschriften, die primär dem Interesse der Herausgeber dienen und Öffentlichkeitsarbeit sowie Werbung für bestimmte Institutionen machen, können „PR-Zeitschriften" genannt werden. Hierzu gehören zum Beispiel Kundenzeitschriften, Mitarbeiterzeitschriften oder etwa Aktionärsbriefe. In den USA wird dieser Typ von Zeitschrift auch „Public Relations Magazine" genannt.

Die Zeitschrift als Informationsträger weist, bei aller Unterschiedlichkeit der Arten und der Titel, ähnliche Eigenschaften auf wie die Zeitung; sie ist durch folgende Charakteristika geprägt:

- Räumliche Mobilität: Die Zeitschrift kann ohne große Transportkosten vom Leser an den jeweils gewünschten Konsumort gebracht werden. Sie kann mithin an mehreren Orten, überwiegend zu Hause, aber auch im Beruf und in der Freizeit, gelesen werden.
- Sachliche Mobilität: Der Leser kann leicht durch Überblick entscheiden, welche Teile der Zeitschrift er nutzen will. In der Regel gut strukturierte Gliederungsmerkmale und Inhaltsverzeichnisse erleichtern die Auswahl.
- Zeitliche Mobilität: Der Leser kann entscheiden, wann und in welchem zeitlichen Umfang er die Zeitschrift nutzt, weil die Informationen zeitlich leicht gespeichert werden können und weil die Informationen im Zeitablauf nicht so schnell an Wert verlieren wie die Informationen der Zeitung.
- Zeitliche Intensität: Lesen erlaubt eine schnellere Informationsaufnahme als Hören oder Sehen, daher bietet die Zeitschrift pro Rezeptionszeit mehr Informationen als elektronische Medien.
- Variierbarkeit: Die Zeitschrift kann im Größenumfang von Erscheinungstag zu Erscheinungstag geändert werden.

Der entscheidende Unterschied zur Zeitung ist der enge sachlich definierte Zielgruppenbezug der Zeitschrift, die meist eng abgrenzbaren Informationsnutzen bietet; eine räumliche Segmentierung kann die Zeitschrift dagegen in der Regel nicht leisten.

Die Zeitschrift als Werbeträger ist nicht generalisierbar zu beschreiben:

- Die Art der Werbung hängt stark vom Zeitschriftentyp ab. Sie ist argumentativ und rational bei Fachzeitschriften, eher emotional bei Publikumszeitschriften.
- Ein sachlicher Zielgruppenbezug der Werbung ist in fast allen Zeitschriften sehr gut herzustellen, eine räumliche Abgrenzung ist hingegen meist nicht möglich.
- Die Kontaktintensität ist in der Regel gut, weil von einer Kongruenz von redaktionellem Angebot und Leserinteresse ausgegangen werden kann.
- Das redaktionelle Image und das werbliche Image der Zeitschrift ist sehr unterschiedlich und wird sehr unterschiedlich beurteilt.

Die Zeitschrift ist und bleibt Basismedium für zielgruppenbezogene Werbung, weil nur sie die Streuverluste der anderen aktuellen Massenmedien vermeiden kann. Die Zeitschrift ist im Media-Mix der Werbung fest verankert, insbesondere Publikumszeitschriften konnten ihren Anteil am Werbemarkt halten.

Die Nutzung von Zeitschriften wird in den Langzeitstudien zur Mediennutzung und Bewertung mit durchschnittlich zehn bis elf Minuten pro Tag über die Jahre hinweg als relativ konstant ausgewiesen (Tabelle 1). Wenig spektakulär ist auch die Entwicklung der Auflage der wichtigsten Zeitschriftentypen, die in Tabelle 7 wiedergegeben ist. Deutlich wird aber der drastische Einbruch der Werbeeinnahmen ab dem Jahr 2000.

Tabelle 8 bis 10 geben das Marktvolumen des Zeitschriftensektors in den Jahren 1990 bis 1999 wieder.

	1990	1992	1994	1996	1998	2000	2002
Publikumszeitschriften	109,7	121,0	123,2	127,6	126,5	124,4	126,0
Kundenzeitschriften	20,5	21,3	20,1	20,4	43,4	46,2	50,7
Fachzeitschriften	16,0	16,7	17,3	16,7	17,1	17,9	17,1
Konfessionelle Zeitschriften[1]	1,9	2,2	2,0	2,6	2,4	2,3	1,5
Gesamt	148,1	161,2	162,6	167,3	189,3	190,8	195,3

Tabelle 8: verkaufte Auflage (IVW-geprüft) jeweils im 4. Quartal; [1]mit nationaler Verbreitung (vgl. Zentralverband der deutschen Werbewirtschaft 2004)

	1990	1992	1994	1996	1998	2000	2002
Publikumszeitschriften	565	691	703	758	809	847	831
Kundenzeitschriften	45	43	45	60	72	93	81
Fachzeitschriften	901	951	963	983	1.080	1.094	1.088
Gesamt[1]	1.572	1.676	1.776	1.860	2.019	2.034	2.000

Tabelle 9: IVW-gemeldete Titel; [1]zusammen mit konfessionellen Zeitschriften (vgl. Zentralverband der deutschen Werbewirtschaft 2004)

	1990	1992	1994	1996	1998	2000	2002
Publikumszeitschriften	3.061	3.378	3.307	3.417	3.655	2.247	1.935
Fachzeitschriften	1.925	2.328	2.051	2.110	2.272	1.267	966
Gesamt	4.986	5.706	5.358	5.527	5.927	3.514	2901

Tabelle 10: Netto-Werbeumsatz in DM; ab 2000 in Euro (vgl. Zentralverband der deutschen Werbewirtschaft 2004)

5 Das Radio

Das Radio verbreitet (nur) akustische Information, was aber nicht generell als Mangel gesehen wird. Es bietet eine leichte Zugänglichkeit und eine einfache Emotionalität.

Das Radio ist ein sehr aktuelles Medium, es kann die Verbindung zwischen Akteuren, Kommunikatoren und Rezipienten sehr schnell, in der Regel in Echtzeit, herstellen. Radio ist auch ein sehr billiges Medium: Es kann sehr billig produziert, sehr billig distribuiert und sehr billig rezipiert werden. Schließlich ist Radio ein mobiles Medium: Empfangsgeräte sind mobil und tragbar und auch Sendeeinrichtungen können ohne großen Aufwand transportiert werden. Radio ist in Deutschland ein überwiegend regionales/landesweites Medium, daneben gibt es in einigen Bundesländern lokale Radioprogramme; bundesweite Radioprogramme sind nur gering verbreitet. Tabelle 11 zeigt Struktur und Entwicklung des Radioprogrammangebots in Deutschland nach der Zulassung privaten Rundfunks.

	1984	1986	1988	1990	1992	1994	1996	1998	2000
Private Programme bundesweit	1	1	2	4	8	12	15	12	16
Private Programme landesweit	–	8	15	18	27	33	34	35	42
Private Programme lokal[1]	–	16	80	109	129	130	130	135	139
Private Programme gesamt	1	25	136	172	164	175	187	182	197
Öff.-rechtl. Programme gesamt	35	39	39	41	50	53	53	55	55
Öff.-rechtl. + priv. Programme gesamt	36	64	175	213	214	228	240	237	252

Tabelle 11: Entwicklung des Hörfunkangebots in Deutschland von 1984 bis 2000
[1]einschließlich regional (vgl. Arbeitsgemeinschaft der Landesmedienanstalten in der Bundesrepublik Deutschland 2003)

Das Radio als Werbeträger kann folgendermaßen beschrieben werden:

- Ein räumlicher Zielgruppenbezug ist mit dem lokalen Radio recht gut möglich; im Übrigen ist der Hörfunk ein überwiegend regionales Medium, das die regionale Reichweite von Tageszeitungen in der Regel übersteigt.

- Ein sozio-demographischer Zielgruppenbezug ist nur sehr begrenzt möglich bei entsprechender Formatierung des Radios und bei entsprechender Programm- und Sendezeitenwahl.
- Nutzungsfunktion: passive Nutzung eines begleitenden Mediums im Tagesablauf.
- Nutzungsmodalitäten: einmalige Nutzung in wechselnder Umgebung; zu rund zwei Drittel der Nutzungszeit von anderen Tätigkeiten begleitet.
- Zeitliche Flexibilität ist gut, aktuelle Informationen sind selbst am Point of Sale (Ladenfunk) möglich.
- Verfügbarkeit ist theoretisch begrenzt durch die Festlegung von maximalen Werbezeiten pro Tag, pro Stunde und pro Block, praktisch stehen indes genügend Werbezeiten zur Verfügung.
- Die Produktionskosten der Werbespots sind – jedenfalls im Vergleich zum Fernsehen – niedrig.
- Die Tausendkontaktpreise sind niedrig.
- Die Gestaltungsmöglichkeiten sind gering, beschränkt auf den Ton.
- Das redaktionelle Image ist deutlich schlechter als das des Fernsehens und entspricht etwa dem Image von Tageszeitungen, allerdings nicht in je einzelnen Dimensionen.
- Das werbliche Image des Hörfunks ist nur als mittelmäßig zu bezeichnen.
- Reichweiten werden nur zweimal jährlich erfasst; ihre Aussagekraft ist beschränkt.

Der Hörfunk gilt nur als Ergänzungsmedium, er ist geeignet für aktuelle Kaufanstöße, zur Reaktualisierung vorhandener Werbebotschaften und zur Bekanntmachung von Produkt- und Herstellernamen; er wird in der Regel im Media-Mix genutzt.

Die Nutzung des Radios wird quantitativ im Vergleich zur Nutzung des Fernsehens nur rudimentär erfasst. Im Rahmen der zwei Mal im Jahr durchgeführten elektronischen Media-Analyse (EMA) werden eigentlich nur Nutzungsgewohnheiten, jedenfalls nicht minutengenaue Nutzungsdaten erhoben. Diese Nutzungsgewohnheiten zeigen die quantitativ dominierende Position des Radios im Media-Vergleich: Das Radio wird mit mittlerweile 206 Minuten pro Tag weitaus am umfangreichsten genutzt (Tabelle 1) und erreicht mit einer Reichweite von 85 Prozent mittlerweile den Wert des Fernsehens (Tabelle 2). Als Werbeträger spielt das Radio aber, über die Jahre gleichbleibend, mit einem Marktanteil von rund vier Prozent eine vergleichsweise geringe Rolle. Dies gilt angesichts des dominierenden Mediennutzungsanteils als erstaunlich, kann aber mit der Rolle des Radios als Nebenbei-Medium erklärt werden.

Das Radio ist ein im Nutzungsumfang überragender Tagesbegleiter für aktuelle, politische Information und für Musikunterhaltung. Radio ist für die Masse des Publikums eher ein Low-Interest-Produkt, es bietet nicht die Emotionen, die das Fernsehen mit Top-Spielfilmen, Top-Sportübertragungen oder Katastrophenberichten schafft. Die Hörfunkrezeption kann eher als situationsspezifisch denn als angebotsorientiert gelten; man fragt Radioprogramme mithin weniger wegen ihrer Inhalte nach, sondern vielmehr als situationsbezogene Begleiter. Radio als Dauergast zur Information und Unterhaltung, als Dauergast, mit dem man keine großen Umstände macht, als wäre er gar nicht da, den man aber auch nicht missen möchte, dies ist sicher eine angemessene Beschreibung der Rolle des Radios.

Aus dieser wenig konturierten, wenig spektakulären und wenig spezifizierten Einschätzung des Hörfunks durch die Rezipienten ergeben sich grundlegende Konsequenzen für das Marketing:

- Hörfunkprogramme müssen sich, wenn sie eine große Reichweite anstreben, eher an Situationen und die dort vorhandenen Rezipienten anpassen als umgekehrt versuchen, mit dem Programm Rezipienten anzulocken.
- Programminhalte sind als Vehikel einer Produktdifferenzierung, um das eigene Programm erkennbar und unterscheidbar zu machen, weniger wichtig als die Programmstruktur, die Programmverpackung und die Werbung für das Programm.

6 Das Fernsehen

Das Fernsehen verbreitet visuelle und akustische Information, und auf Grund dieser Multisensorik ist es zum zentralen Massenmedium, zum Leitmedium geworden. Es prägt die Kultur und die Sozialisation der Menschen und ist so ein zentrales Medium der Unterhaltung geworden. Analytische Information und erklärende Hintergrundinformation kann das Fernsehen weniger bieten als die Zeitung und ausgewählte Zeitschriften, aber das Fernsehen prägt die Tagesordnung der öffentlichen Diskussion.

Fernsehen ist ähnlich aktuell wie das Radio, aber Fernsehen ist ein teures und weitgehend immobiles Medium. Weil Fernsehproduktion und Fernsehausstrahlung relativ teuer sind, wird es, anders als Radioprogramme, überwiegend bundesweit ausgestrahlt. Tabelle 12 gibt einen Überblick über Struktur und Entwicklung des Fernsehprogrammangebots in Deutschland.

	1990	1992	1994	1996	1998	2000	2002
Öffentlich-rechtliche Programme	5	5	8	10	15	15	15
Private Programme	5	8	10	18	22	22	22
Gesamt	10	13	18	28	37	37	37

Tabelle 12: Fernsehprogrammangebote in Deutschland (vgl. Jahrbücher der Landesmedienanstalten)

Im Jahr 2002 sind 37 analoge Fernsehprogramme, deren Lizenzträger ihren Sitz in Deutschland haben, bundesweit zu empfangen. Hinzu kommen ein Dutzend kommerzieller Ballungsraumfernsehprogramme, etwa 150 lokale private Fernsehprogramme und die regionalen Programme der ARD-Veranstalter; zusätzlich empfangbar sind aus dem Ausland einstrahlende Programme, sowohl terrestrisch als insbesondere über Satellit. In den zehn Jahren von 1992 bis 2002 hat sich die Zahl der Programmangebote fast vervierfacht; gemessen in Programmstunden hat sich das Angebot weit stärker erhöht, weil mittlerweile alle Programme tägliche Sendezeiten von 24 Stunden haben. Der Fernsehsektor ist also derjenige Massenmediensektor, welcher die größte Dynamik aufweist.

Das Fernsehen als Werbeträger kann folgendermaßen beschrieben werden:

- Ein räumlicher Zielgruppenbezug ist bislang nur sehr beschränkt mit Ballungsraumfernsehen möglich.
- Ein sachlicher Zielgruppenbezug ist derzeit beschränkt möglich durch Veranstalter-, Programm- und Sendezeitenwahl; mit einer weiter zunehmenden Zahl von Spartenprogrammen dürfte die Möglichkeit einer Werbung ohne Streuverluste deutlich verbessert werden.
- Nutzungsfunktion: passive Nutzung unterhaltender und eher allgemein interessierender Information.
- Nutzungsmodalitäten: einmalige Nutzung in häuslicher Umgebung; begrenzt wird Fernsehen von anderen Tätigkeiten begleitet.
- Die zeitliche Flexibilität ist recht gut, aktuelle Werbung ist möglich.
- Die Verfügbarkeit ist theoretisch begrenzt durch die Festlegung von maximalen Werbezeiten pro Tag, pro Stunde und pro Block, praktisch hat sich die früher regelmäßig zu beobachtende Überbuchungssituation in-

des entspannt; Überbuchung in der Prime-Time ist bisweilen aber noch festzustellen.
- Die Produktionskosten der Werbespots sind sehr hoch.
- Die Tausendkontaktpreise sind hoch.
- Die Gestaltungsmöglichkeiten sind sehr gut (Bild, Ton, Farbe).
- Das redaktionelle Image des Fernsehens ist vergleichsweise gut, in nahe zu allen Dimensionen nimmt das Fernsehen den Spitzenplatz ein.
- Das werbliche Image des Fernsehens ist ebenfalls recht gut, nur wird Werbung im Fernsehen als am störendsten empfunden.
- Reichweiten werden sehr aktuell und genau erfasst.

Fernsehen ist das Basismedium im Bereich der Markenartikelwerbung, durch seine multisensorische Wirkungsweise (Bild, Ton, Farbe als Gestaltungselemente) gilt es als das stärkste Werbemedium.

Die starke Position des Fernsehens im Media-Mix bestätigt diese Zuschreibungen: Fernsehen ist nach der Tageszeitung das bedeutsamste Werbemedium und kann in der Regel hohe Wachstumsraten verbuchen (Tabelle 6).

Die Nutzung des Fernsehens wird permanent und fast sekundengenau ermittelt, um die Kalkulation der Werbepreise im Rahmen wettbewerbsfähiger Tausendkontaktpreise zu halten. Der Kampf um Marktanteile und Reichweiten wird in keinem Medium heftiger geführt als im Fernsehen. Tabelle 13 gibt einen Überblick über die Entwicklung der Marktanteile der zehn reichweitenstärksten Fernsehprogramme in Deutschland. Dabei kristallisiert sich eine Gruppe von fünf großen Programmanbietern heraus, deren Marktanteil insgesamt rund zwei Drittel erreicht (ARD I, ZDF, ARD III, RTL und Sat.1), den restlichen Markt teilt sich eine Gruppe von fünf kleineren Anbietern (ProSieben, Kabel 1, RTL II, VOX, Super RTL) und eine Gruppe sehr kleiner Anbieter, die, wie zum Beispiel n-tv, DSF oder VIVA, selten einmal einen Marktanteil von einem Prozent erreichen. Insgesamt gilt der Wettbewerb als kannibalisch. Von zentraler Bedeutung ist das Markenmanagement der Programme, das über ihre langfristige Akzeptanz entscheiden wird. Allerdings ist der Aufbau einer Programmmarke schwierig, weil das Programm ein Produktsortiment von täglich wechselnden Inhalten ist.

	1994	1996	1998	2000	2002
ARD I	16,3	14,8	15,4	14,3	14,3
ZDF	17,0	14,4	13,6	13,3	13,9
ARD III	8,9	10,1	12,3	12,7	13,3
Sat.1	14,9	13,2	11,8	10,2	9,9
RTL	17,5	17,0	15,1	14,3	14,6
ProSieben	9,4	9,5	8,7	8,2	7,0
Kabel 1	2,0	3,6	4,4	5,5	4,5
VOX	2,0	3,0	2,8	2,8	3,3
RTL II	3,8	4,5	3,8	4,8	3,8
Super RTL	–	2,1	2,9	2,8	2,4

Tabelle 13: Entwicklung der Marktanteile der Fernsehprogramme in Prozent (vgl. Darschin/Gerhard 2004)

Im Durchschnitt wird das Fernsehen täglich 185 Minuten gesehen; es ist damit nach dem Radio das quantitativ zweitwichtigste Massenmedium. Qualitativ sind die Zuschreibungen widersprüchlich: Zum einen wurde das Fernsehen von den Bundesbürgern immer weniger vermisst, zum anderen würde sich aber wenigstens die relative Mehrheit der Bundesbürger im Zweifel für das Fernsehen entscheiden (Tabelle 5). Fernsehen ist in der Addition von (quantitativer) Nutzungsmenge und (qualitativer) Nutzungszeit im Bewusstsein der Rezipienten sicher das wichtigste Massenmedium der heutigen Zeit.

7 Das Internet

Das Internet als wesentliche Manifestation der neuen Querschnittstechnologie der Digitalisierung von Information hat die Kosten der Produktion, insbesondere aber die Kosten des Vertriebs, der Verarbeitung und der Speicherung von Information sehr deutlich reduziert.

Die Senkung der Kosten insgesamt begründet, zusammen mit der Entwicklung neuer Angebote, die Wachstumsbranche Informationsökonomie. Daneben begründet die Veränderung der Kostenstrukturen signifikante Veränderungen in der Struktur der Produktion und des Angebots von Information. Insbesondere der Vertrieb von Informationen wird deutlich billiger, absolut und relativ im Verhältnis zu den Kosten der Produktion. Dies bewirkt eine deutliche Vertriebsintensivierung im Güterbündel „Information": Eine

Mehrfachverwertung vorhandener Inhalte wird angestrebt, ein Content Management mit dem Ziel, vorhandene Inhalte in neuen Verpackungen und neuen Vertriebskanälen neuen Rezipientengruppen anzubieten, Informationen, die jetzt auch auf sehr kleine Rezipientengruppen zugeschnitten werden können bis hin zu personalisierten Ein-Mann-Informationen.

Auch die traditionelle Finanzierungsform der Massenmedien, die Werbung, wird durch die Digitalisierung verändert. Der technische Fortschritt verringert die Verbundvorteile im Vertrieb von redaktioneller und werblicher Information, weil Kosten des Transports digitalisierter Informationen im Verbund von Werbung und journalistischer Produktion kaum noch eingespart werden können; es verbleiben dann nur noch die Verbundvorteile im Konsum. Dies begründet das Abwandern vor allem der Rubrikenwerbung in das Internet.

Das Internet als Informationsträger bietet zum ersten Mal im System der Massenmedien die ökonomisch realisierbare Möglichkeit der One-to-One-Kommunikation und der interaktiven Kommunikation, einer Kommunikation mit wechselseitiger Wahrnehmung, Kenntnis und Kontrolle. Dies kann in vielfältigen Geschäftsmodellen kommerziell genutzt werden, vor allem im Geschäftsmodell Content, im Geschäftsmodell Connection und im Geschäftsmodell Commerce.

Diese vielfältigen Möglichkeiten schlagen sich auch in einer deutlichen Zunahme der Nutzung und der Verweildauer der Nutzung des Internet nieder. So zeigt Tabelle 14 einen fast sprunghaften Anstieg der Zahl der Internetnutzer von 4,1 Millionen 1997 auf 34,4 Millionen im Jahre 2003 und eine Zunahme der Verweildauer von rund 62 Minuten im gleichen Zeitraum.

	1997	1998	1999	2000	2001	2002	2003	2004
Nutzer[1]	4,1	6,6	11,2	18,3	24,8	28,3	34,4	35,7
Verweildauer[2]	76,0	77,0	83,0	91,0	107,0	121,0	138,0	129,0

Tabelle 14: Entwicklung der durchschnittlichen täglichen Internetnutzung in Deutschland; [1]Nutzer ab 14 Jahren in Millionen, gelegentliche Nutzung; [2]in Minuten (vgl. Media Perspektiven Basisdaten 2004, S. 83)

Vor allem als Werbeträger lassen sich die neuen Möglichkeiten des Internet kommerziell nutzen: Das Internet bietet die Möglichkeit einer aktiven, spezialisierten Information, einer personalisierten adressierten Werbung und einer interaktiven Kommunikation auch im Rahmen der Werbung. Insgesamt sind die erfassten Netto-Werbeumsätze im Internet aber noch recht gering: mit 227 Millionen Euro erreichten sie in 2002 einen Marktanteil von 1,6 Prozent (Tabelle 6).

8 Fazit

Massenmedien weisen gegenüber vielen normalen Gütern eine Reihe von Besonderheiten auf, die spezifische Managementprobleme begründen. Diese Besonderheiten sind vor allem die Unbestimmtheit der Input-Output-Relation der Produktion von Information, die Schwierigkeiten, das öffentliche Gut Information zu vermarkten, der erhebliche Zeitverbrauch bei der Rezeption von Information und die Qualitätsunkenntnis der Rezipienten. Diese Besonderheiten werden durch die Eigenschaften der Informationsträger Zeitung, Zeitschrift, Radio, Fernsehen und Internet medienspezifisch erweitert.

Literaturverzeichnis

Arbeitsgemeinschaft der Landesmedienanstalten in der Bundesrepublik Deutschland (2003) Privater Rundfunk in Deutschland 2003, Berlin 2003.
Arbeitsgemeinschaft der öffentlich-rechtlichen Rundfunkanstalten der Bundesrepublik Deutschland, ARD Jahrbücher, Baden-Baden.
Berg, K./Ridder, C.-M. (2002) Massenkommunikation VI. Eine Langzeitstudie zur Mediennutzung und Medienbewertung 1964-2000, Baden-Baden 2002.
Branahl, U. (2000) Medienrecht, 3. Aufl., Wiesbaden 2000.
Bundesverband deutscher Zeitungsverleger e.V. Jahrbücher Zeitungen, Berlin.
Darschin, W./Gerhard, H. (2004) Tendenzen in im Zuschauerverhalten, in: Media Perspektiven (4/2001), S. 142-150.
Heinrich, J. (2000) Zeitungsmärkte: Ökonomische Grundlegung zentraler Kommunikations- und Kulturräume, in: Jarren, O./Kopper, G.G./Toepser-Ziegert, G. (Hrsg.) Zeitung Medium mit Vergangenheit und Zukunft, München 2000, S. 105–114.
Heinrich, J. (2001) Medienökonomie Band 1: Mediensystem, Zeitung, Zeitschrift, Anzeigenblatt, 2. Aufl., Wiesbaden 2001.

Heinrich, J. (2002) Der Markt der Informationsökonomie, in: Leonhard, J.-F. et al. (Hrsg), Medienwissenschaft, 3. Teilband, Berlin – New York 2002, S. 2699–2713.

Hunziker, P. (1981) Das Publikum als Marktpartner im publizistischen Wettbewerb, Konstanzer Universitätsreden 104, Konstanz 1981.

Media Perspektiven Basisdaten (2004) Daten zur Mediensituation in Deutschland, Frankfurt 2004.

Picot, A. (1999) Organisation, in: Vahlens Kompendium der Betriebswirtschaftslehre, Band 2, 4. Aufl., München 1999, S. 107–180.

Siegert, G. (2001) MedienMarkenManagement, München 2001.

Weischenberg, S. (1992) Journalistik. Medienkommunikation: Theorie und Praxis, Bd. 1, Opladen 1992.

Zentralverband der deutschen Werbewirtschaft (2004) Werbung in Deutschland 2004, Bonn 2004.

Medientechnologien – Digitale Konzepte und ihre integrierte Nutzung

Thomas Hess/Markus Anding/Alexander Benlian

1 Einführung 99
2 Bezugsrahmen der Technologiebetrachtung 100
3 Digitale Medientechnologien auf verschiedenen Wertschöpfungsstufen 101
   3.1 Technologien der Erstellung 101
      3.1.1 Inhalteeditoren 101
      3.1.2 Autorensysteme 102
      3.1.3 (Multimedia-)Datenbanken 103
   3.2 Technologien der Übertragung 103
      3.2.1 Schmal- und Breitbandtechnologien 104
      3.2.2 Fest- und Funknetze 104
   3.3 Technologien der Nutzung 106
4 Integrierte Nutzung digitaler Medientechnologien 107
   4.1 Grundformen der Integration von Anwendungssystemen 107
   4.2 Isolierte versus integrierte Nutzung von Medientechnologien 109
5 Zusammenfassung und Ausblick 113
Literaturverzeichnis 114

Vorschau

Technologie-Bezugsrahmen: Medientechnologie und Wertschöpfungsstufe

Der Beitrags stellt Technologien vor, die auf verschiedenen Stufen der Medienwertschöpfungskette Anwendung finden. Die Wertschöpfungskette der Medienindustrie legt eine Unterscheidung in Technologien der Inhalteerstellung, Technologien der Inhalteübertragung sowie Technologien der Inhaltenutzung nahe. Der Schwerpunkt des Beitrags liegt dabei auf digitalen Technologien.

Zentralisierung versus dezentralisierte Organisation

In dem Beitrag werden die beiden für Daten und Funktionen grundsätzlich möglichen einander gegenüberstehenden Integrationsansätze beziehungsweise Organisationsansätze unterschieden: Zentralisiert (Speicherung und Zugriff auf dieselben zentralen Daten) versus dezentralisiert (örtlich getrennt, inhaltlich jedoch konsistent).

Isolierte versus Integrierte Nutzung

In dem Beitrag werden isolierte und integrierte Nutzung von Technologien unterschieden: Medientechnologien werden unternehmensintern zur Erstellung, Produktion und Übertragung und an der Schnittstelle zum Kunden genutzt. Bei der isolierten Nutzung sind die eingesetzten Technologien jedoch unabhängig voneinander organisiert, sodass die von Kunden bereitgestellten Daten nicht an Technologien der Übertragung und Erstellung auf Anbieterseite weitergeleitet werden können. Bei integrierter Nutzung greifen alle Technologien und Systeme ineinander. Jegliche Daten innerhalb dieser Systeme können übertragen und ausgetauscht werden.

Operative versus strategische Effekte

Die integrierte Nutzung von Technologien birgt für das Unternehmen sowohl operative als auch strategische Effekte. Die operativen Effekte liegen dabei insbesondere auf einer schnelleren Abwicklung traditioneller Abläufe. Sie beziehen sich dabei auf die Effizenz des Unternehmens. Die strategischen Effekte liegen insbesondere in der Steigerung der Rentabilität der Aktivitäten im Leistungsfluss aufgrund einer besseren Abstimmung der betrieblichen Anwendungssysteme im Unternehmen auf dessen Märkte und Geschäftsprozesse, Organisations- und Personalstruktur. Damit beziehen sie sich auf die Effektivität des Unternehmens.

1 Einführung

Eine rasante und in den letzten Jahren beschleunigte Entwicklung neuer Technologien führt zu massiven Veränderungen in vielen Industrien und tangiert sämtliche Unternehmensbereiche. Besonders betroffen ist die Medienindustrie, welche aufgrund der hohen Informationsintensität ihrer Produkte und ihrer Produktionsprozesse stark durch neue Technologien der Informationsverarbeitung beeinflusst wird. Große Bedeutung kommt der Digitalisierung als Basistechnologie zu, auf deren Grundlage neue Technologien für die Erstellung, Bündelung und Distribution von Medieninhalten entstanden sind. Diese digitalen Medientechnologien und die darauf aufbauenden Anwendungssysteme haben einzelne Stufen in der Wertschöpfungskette der Medienbranche signifikant verändert und insbesondere zu einer starken Beschleunigung der Abläufe geführt. So können Inhalte leicht verändert und schnell an Rezipienten distribuiert werden. Zwar sind entsprechende Anwendungssysteme bereits weit entwickelt und in ihrem jeweiligen Einsatzfeld sehr leistungsfähig, allerdings erweist sich ihre isolierte Nutzung auf einzelnen Wertschöpfungsstufen häufig als problematisch. So können die durch neue Systeme auf einzelnen Wertschöpfungsstufen entstehenden Potentiale aufgrund ihrer Separierung häufig nicht genutzt werden. Beispielsweise wird im Bereich der Filmproduktion schon seit einiger Zeit die digitale Produktionstechnik genutzt, während fertige Filme aufwendig auf Zelluloid übertragen, physisch transportiert und auf herkömmlichen Projektoren abgespielt werden. Eine Lösung bietet die Integration, das heißt die Zusammenführung verschiedener Teilsysteme zu einem Gesamtsystem, wodurch das gesamte Potential neuer digitaler Technologien für Medienunternehmen nutzbar wird.

Der vorliegende Beitrag gibt einen Überblick über digitale Medientechnologien und ihre integrierte Nutzung und stellt zunächst einen Bezugsrahmen her. Die wichtigsten Technologien werden in Abschnitt 3 isoliert vorgestellt, bevor in Abschnitt 4 die Formen und Potentiale einer integrierten Nutzung diskutiert werden. Der Beitrag schließt mit einer Zusammenfassung und einem Ausblick in Abschnitt 5.

2 Bezugsrahmen der Technologiebetrachtung

Der Fokus des vorliegenden Beitrags liegt auf digitalen Technologien der Medienindustrie und damit auf jener Gruppe von Technologien, die auf verschiedenen Stufen der Medienwertschöpfungskette Anwendung finden. Die Wertschöpfungskette der Medienindustrie lässt sich im Allgemeinen in die Stufen Erstellung, Bündelung, Distribution sowie Konsumption gliedern (vgl. Schumann/Hess 2002, S. 10). Eine Übertragung dieser wertschöpfungsbezogenen Perspektive auf eine Sicht der involvierten Technologien legt eine Unterscheidung in Technologien der Inhalteerstellung, Technologien der Inhalteübertragung sowie Technologien der Inhaltenutzung nahe. Da die Erstellung und Bündelung von Medieninhalten in der Regel gemeinsam als Akt der Erstellung aufzufassen sind und dieser gut von der Stufe der Distribution abgegrenzt werden kann, bietet sich aus Vereinfachungsgründen eine Zusammenfassung von Erstellungs- und Bündelungstechnologien zu Technologien der Erstellung an. Davon unterscheiden lassen sich Technologien der Distribution sowie der Nutzung von Inhalten. Die Zuordnung von Wertschöpfungsstufen zu Technologien wird in Abbildung 1 dargestellt.

Wertschöpfungsstufen	Erstellung	Bündelung	Distribution	Konsumption
Technologien	Technologien der Erstellung		Technologien der Übertragung	Technologien der Nutzung

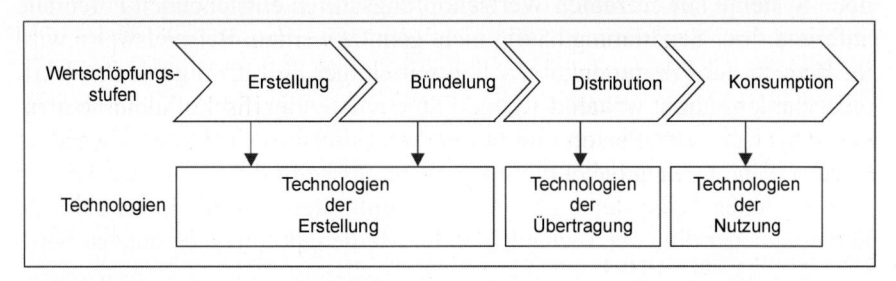

Abbildung 1: Wertschöpfungsstufen und Technologien der Medienindustrie

Die auf den beschriebenen Stufen zum Einsatz kommenden Technologien können im Folgenden einerseits isoliert voneinander betrachtet werden, wobei jede Technologie der Erstellung, Übertragung und Nutzung einzeln vorgestellt wird. Andererseits ist eine integrierte Betrachtung denkbar, die auf das Zusammenspiel der Technologien fokussiert. Entsprechend dieser Ansatzpunkte werden im folgenden Abschnitt verschiedene Medientechnologien auf einzelnen Stufen zunächst isoliert vorgestellt. Im Anschluss wird auf Möglichkeiten und Vorteile einer integrierten Nutzung dieser Technologien ein.

3 Digitale Medientechnologien auf verschiedenen Wertschöpfungsstufen

3.1 Technologien der Erstellung

Die Erstellung digitaler Medieninhalte findet heute überwiegend durchgängig unter Nutzung digitaler Technologien statt. Inhalte werden nur noch selten analog erzeugt und nachträglich digitalisiert, sondern häufig bereits vollständig in digitaler Form hergestellt. Klassisches Beispiel für die traditionelle analoge Produktion sind Kinofilme, die bisher vorwiegend auf Zelluloid aufgenommen und für die DVD-Produktion digitalisiert wurden. Häufig wird auch hier bereits digitale Aufnahmetechnik genutzt, die eine durchgängig digitale Weiterbearbeitung (Post-Produktion) ermöglicht, zudem weit kostengünstiger ist und zunehmend auch hohe qualitative Ansprüche erfüllt. Digitale Produktionstechnologien lassen sich sehr differenziert für unterschiedliche Inhaltetypen (im Beispiel: Video) darstellen und dadurch noch weiter auffächern. Im vorliegenden Beitrag soll jedoch nur ein genereller Überblick gegeben werden. Hierzu werden mit einem Fokus auf der Inhalteerstellung Inhalteeditoren und Autorensysteme diskutiert, während mit Blick auf die Speicherung der erstellten Inhalte Multimediadatenbanken angesprochen werden. Nicht erwähnt werden branchenunspezifische Technologien wie Payment- und Personalisierungssysteme sowie eher nebensächliche Technologien wie Datenkompressionstechnologien.

3.1.1 Inhalteeditoren

Inhalteeditoren ermöglichen das Erstellen und Bearbeiten von Medieninhalten und sind häufig auf bestimmte Inhaltearten spezialisiert: So gibt es Textverarbeitungswerkzeuge (beispielsweise Microsoft Word), Bildbearbeitungs- und Grafikprogramme (zum Beispiel Adobe Photoshop, CorelDraw) sowie Software zur Audio- (unter anderem Digidesign ProTools) und Videobearbeitung (wie etwa Adobe Premiere, Adobe After Effects). Aufgrund ihrer Spezialisierung sind einzelne Inhalteeditoren in der Regel sehr gut für bestimmte Inhaltearten geeignet, können allerdings nicht gleichzeitig mehrere Inhaltearten handhaben. So lassen sich mit einem Bildbearbeitungsprogramm zum Teil professionell Fotos editieren, während es für Text gänzlich ungeeignet ist. Als Vorstufe der Inhaltebearbeitung sind zudem Eingabegeräte (zum Beispiel Foto- oder Videokamera, Scanner oder Mikrofon) zu nennen, welche in enger Zusammenarbeit mit Inhalteeditoren häufig zur „Schaffung" von Medieninhalten (Bilder, Töne) genutzt werden.

Als Problem zeigt sich häufig, dass Inhalteeditoren in der Regel mit proprietären Daten- beziehungsweise Dateiformaten arbeiten, welche zwar die besondere Leistungsfähigkeit einzelner Programme gut unterstützen, jedoch untereinander häufig nicht kompatibel sind und damit einen Austausch von Medieninhalten zwischen den Nutzern unterschiedlicher Inhalteeditoren erschweren. So arbeitet zum Beispiel das im professionellen Bereich häufig eingesetzte Programm QuarkXPress mit einem Dateiformat, welches vom ebenfalls weit verbreiteten Microsoft Word nicht verarbeitet werden kann.

3.1.2 Autorensysteme

Autorensysteme bieten einen gegenüber reinen Inhalteeditoren erweiterten Leistungsumfang. So ermöglichen diese Systeme insbesondere die Bündelung einzelner Inhaltebestandteile zu Produkten beziehungsweise inhaltebezogenen Anwendungen (zum Beispiel multimedialen Präsentationen) und verbinden hierbei Medieninhalte mit Navigationselementen und Applikationen. Diese Bündelung erfolgt meist grafisch und interaktiv, wobei im Detail framebasierte und timelinebasierte Autorensysteme zu unterscheiden sind. Während bei framebasierten Systemen die Inhaltezusammenstellung unter Orientierung an einzelnen Seiten beziehungsweise Frames erfolgt und Inhalteelemente in der Regel auf einer Vielzahl dieser Frames angeordnet werden, orientieren sich timelinebasierte Systeme an einer zeitlichen Abfolge von Inhalten (oder auch Frames) und ordnen Inhalte einzelnen Zeitpunkten zu.

Durch Autorensysteme können explizit auch Inhalte unterschiedlicher Art (zum Beispiel Texte, Bilder und Videos) zu Gesamtprodukten verbunden werden. Zwar sind in Autorensystemen meist einfache Inhalteeditoren enthalten oder können per Plug-In zugeschaltet werden, in der Regel werden durch diese Systeme allerdings bereits bestehende Inhalte gebündelt. Für die Bearbeitung und Erstellung von Inhalten werden meist wiederum spezialisierte externe Inhalteeditoren verwendet. Im Ergebnis entstehen oft multimediale Anwendungen, welche sowohl über Netze als auch häufig offline (zum Beispiel auf CD-ROM) genutzt werden können und oft interaktive Elemente beinhalten. Typische Beispiele für Autorensysteme geben Toolbook, Macromedia Authorware oder Macromedia Flash (vgl. Lehner 2001).

Content Management Systeme (CMS) können als spezielle Ausprägung von Autorensystemen angesehen werden, die insbesondere auf die Verwaltung und Publikation von Medieninhalten ausgerichtet sind (vgl. Rawolle

2002). Auch CMS beinhalten häufig Inhalteeditoren und bilden über spezielle Workflow-Komponenten den Prozess von der Erstellung bis zur Publikation von Inhalten ab. Systeme mit Fokus auf die Online-Publikation im Internet werden als Web Content Management Systeme bezeichnet.

3.1.3 (Multimedia-)Datenbanken

Die Speicherung medialer Inhalte kann in verschiedener Form erfolgen. Zu unterscheiden sind hier die dateisystembasierte Ablage von Inhalten, die Speicherung in einer multimedialen Datenbank sowie Mischformen dieser beiden Ausprägungen (vgl. Lehner 2001). Während Inhalte im Dateisystem in Form einzelner Dateien (zum Beispiel in Text-, Bild-, Audio- und Videodateiformaten) abgelegt werden können und so zum Beispiel für Autorensysteme zur Verfügung stehen, bieten multimediale Datenbanken die Möglichkeit, verschiedene Inhaltearten in einer einzigen Datenbank abzulegen beziehungsweise über eine spezifizierte Schnittstelle zugreifbar zu machen. Bei Mischformen dieser beiden Ansätze werden einzelne Inhaltearten (zum Beispiel Text) direkt in einer Datenbank abgelegt, während andere Inhaltearten (zum Beispiel Audio, Video) im Dateisystem abgelegt und über Verweise in der Datenbank verzeichnet werden. Ein multimediales Datenbankmanagementsystem ist für die Speicherung und Organisation von Daten in einer multimedialen Datenbank verantwortlich und bietet eine im Vergleich zu normalen Datenbankmanagementsystemen erweiterte Funktionalität. Dies umfasst insbesondere spezielle Funktionen zur Indizierung und Abfrage unterschiedlicher Medieninhalte (vgl. Lehner 2001). Eine wichtige Eigenschaft aktueller Multimedia-Datenbanksysteme ist die verwendungsneutrale Speicherung von Medieninhalten mit Hilfe von XML. Diese ermöglicht die Ablage eines Medieninhalts (zum Beispiel eines Nachrichtenbeitrags) unabhängig von seiner geplanten Verwendung und seinem späteren mediengebundenen Erscheinungsbild (beispielsweise gedruckt in einer Zeitung oder elektronisch wiedergegeben auf einer Internetseite). Hierdurch wird eine Mehrfachverwertung von Inhalten in unterschiedlichen Umgebungen beziehungsweise verteilt über verschiedene Medien („crossmedial") ermöglicht.

3.2 Technologien der Übertragung

Wie die Technologien der Inhalteerstellung haben auch die Technologien der Inhalteübertragung durch die Digitalisierung weitreichende Veränderungen erfahren. Wurden Medieninhalte traditionell überwiegend auf physischen

Trägermedien (zum Beispiel Papier oder Kassette) übertragen, findet nun zunehmend auch eine nicht-physische Verbreitung unter Nutzung von Übertragungsnetzen statt. Zwar wurden einerseits Medieninhalte auch traditionell zum Teil über (analoge) Netze übertragen (zum Beispiel Radio oder TV) und hat andererseits die Digitalisierung auch signifikante Veränderungen bei Trägermedien (beispielsweise CD oder DVD) herbeigeführt, jedoch zeigt sich aktuell die Übertragung über digitale Netze als der Bereich mit größtem Potential und zukünftig größter Bedeutung.

Digitale Übertragungstechnologien werden üblicherweise nach ihrer Übertragungsleistung in Schmal- und Breitband sowie nach dem Ausmaß ihrer Bindung an das Übertragungsmedium Kabel in Fest- und Funknetze unterschieden.

3.2.1 Schmal- und Breitbandtechnologien

Eine Unterscheidung in Schmal- und Breitbandtechnologien findet anhand der jeweils vorhandenen Datenübertragungskapazität statt. Zwar gibt es für die Abgrenzung keine einheitliche Definition, allerdings gelten üblicherweise Technologien mit einer Bandbreite im Modem- beziehungsweise ISDN-Bereich (56 Kbit/s beziehungsweise 64 Kbit/s) als Schmalband, während man ab DSL (Digital Subscriber Line, meist 768 Kbit/s) in der Regel von Breitband spricht. Die Bandbreite ist entscheidend für das pro Zeiteinheit übertragbare Datenvolumen und damit für die Art der übertragbaren Medieninhalte. So können Texte und zum Teil Bilder in der Regel über Schmalbandtechnologien übertragen werden, während für Audio- und Videoinhalte (in hinreichender Qualität und Geschwindigkeit) meist Breitbandtechnologien notwendig sind. Neben DSL kommen im Breitbandbereich auch TV-Kabelnetze (nach entsprechender Umrüstung) sowie Wireless LAN und UMTS in Betracht. Eine Unterscheidung in Schmal- beziehungsweise Breitband ist nur für die unmittelbare Anbindung des Nutzers, die „letzte Meile", relevant. Für die Datenübertragung über große Distanzen beziehungsweise zwischen einzelnen Teilnetzen werden in der Regel mehrere Nutzeranbindungen gebündelt und Daten über breitbandige Verbindungen (zum Beispiel Glasfaser) übertragen.

3.2.2 Fest- und Funknetze

Festnetze stellen eine physische Verbindung zwischen Sender und Empfänger her, weshalb der Empfänger hier an einen bestimmten Ort (Anschluss) gebunden ist, Funknetze erlauben hingegen den ortsunabhängigen Empfang von übertragenen Inhalten. Zum Bereich der Festnetze zählen unter anderem Telefonleitungen und TV-Kabelnetze. Versuche zur Nutzung des Stromnetzes zur Datenübertragung (Powerline) konnten sich bisher nicht am Markt durchsetzen. Funknetze basieren überwiegend auf Radio- oder Satellitentechnik, finden sich aber insbesondere auch im Bereich Mobilfunk mit derzeit verschiedenen Übertragungstechnologien (zum Beispiel Global System for Mobile Communications, GSM; General Packet Radio Service, GPRS; Universal Mobile Telecommunications System, UMTS). Eine weitere Form von Funknetzen stellt Wireless LAN dar, welche allerdings im Vergleich zu anderen Funktechnologien in der Regel begrenzte Reichweiten aufweist und daher meist an speziell mit „Hot Spots" ausgerüsteten Orten nutzbar ist. Generell weisen Funknetze im Vergleich zu Festnetzen derzeit zumeist geringere Bandbreiten sowie größere Risiken im Hinblick auf Abhörsicherheit und Netzstabilität (aufgrund von Störeinflüssen) auf.

Zwar vollzieht sich in jüngster Vergangenheit eine starke Weiterentwicklung der Festnetze, insbesondere im Hinblick auf die Bandbreite, allerdings zeigt sich im Bereich der Funknetze derzeit ein weiteres großes Entwicklungspotential. So werden einerseits Mobilfunkstandards weiterentwickelt und insbesondere auf die breitbandige Übertragung vorbereitet (zum Beispiel UMTS mit einer theoretischen Übertragungsleistung von zwei MBit/s). Andererseits werden etablierte analoge Übertragungskanäle (analoger Rundfunk: Radio und TV) digitalisiert und dadurch auch hier größere Bandbreiten erschlossen (zum Beispiel Digital Audio Broadcasting, DAB; Digital Video Broadcasting, DVB). Eine bedeutsame Eigenschaft digitalisierter Übertragungsnetze ist der zwischen Empfänger und Sender vorhandene Rückkanal, welcher die Übertragung von Informationen zurück an den Sender erlaubt und damit neue Anwendungsmöglichkeiten schafft.

Schließlich können verschiedene Übertragungstechnologien anhand von Bandbreite und Ortsabhängigkeit wie folgt klassifiziert werden (Tabelle 1).

	Schmalband	Breitband
Festnetz	Analoges Modem, ISDN	DSL, TV-Kabel
Funknetz	GSM, GPRS	UMTS, Wireless LAN

Tabelle 1: Technologien der Inhalteübertragung

3.3 Technologien der Nutzung

Die Nutzung digitaler Medieninhalte setzt spezielle Endgeräte voraus. So ist beispielsweise für die Nutzung eines per UMTS übertragenen Inhalts ein entsprechendes UMTS-fähiges Endgerät notwendig, welches die empfangenen Datenströme interpretieren und als Medieninhalt darstellen kann. Endgeräte können wiederum in mobil und stationär nutzbare Geräte unterteilt werden (vgl. Schumann/Hess 2002). Während die Mediennutzung bisher überwiegend mit stationären Geräten (im Schwerpunkt Personal Computer) erfolgte, findet bereits eine zunehmende Nutzung mobiler Endgeräte (Notebooks, Personal Digital Assistants, Mobiltelefone) statt. Aufgrund divergierender Eigenschaften stationärer und mobiler Endgeräte sind nicht alle Inhaltearten in gleicher Form auf beiden Endgerätetypen nutzbar. So zeichnen sich stationäre Endgeräte in der Regel durch höhere Rechen- und Speicherkapazitäten sowie insbesondere durch besser nutzbare Rezipientenschnittstellen (Ein- beziehungsweise Ausgabegeräte wie Tastatur, Monitor) aus. Mobile Endgeräte sind hingegen häufig mit verschiedenen und zum Teil gleichzeitig mit mehreren Kommunikationsschnittstellen ausgestattet (zum Beispiel Bluetooth, Infrarot, GSM, Wireless LAN) und ermöglichen den ortsunabhängigen Zugriff auf Medieninhalte. Stationäre Endgeräte werden darüber hinaus nach der typischen Form ihrer Nutzung nach stärker unterhaltungsorientierten („Lean Back") sowie stärker informationsorientierten („Lean Forward") Endgeräten unterschieden. Der ersten Form sind beispielsweise Fernsehgeräte zuzuordnen, welche stärker den (passiven) Konsum von Unterhaltungsinhalten unterstützen, während die zweite Form typischerweise von PCs repräsentiert wird, welche durch Interaktion die (aktive) Suche nach und Nutzung von Informationen unterstützen.

Im Vergleich zu traditionellen Endgeräten der Mediennutzung (zum Beispiel klassisches TV und Radio) zeichnen sich digitale Endgeräte in Verbindung mit einem digitalen Rückkanal des Übertragungsnetzes insbesondere durch die Fähigkeit einer Kommunikation in beide Richtungen aus und erweitern damit das Anwendungsspektrum ganz beträchtlich. So ist beispielsweise auf Basis digitaler TV-Übertragung in Verbindung mit entsprechenden Endgeräten (in der Regel „Set-Top-Boxen") ein interaktives Fernsehen möglich, bei welchem der Rezipient das Geschehen zum Beispiel über eigene Nachrichten an den Sender beeinflussen und zum Beispiel mit Moderatoren kommunizieren kann. Gleichzeitig sind Personal Computer durch die Ausstattung mit leistungsfähigen Audio- und Videokomponenten zunehmend in der Lage, traditionelle Medieninhalte wie Musik oder Filme in hoher Qualität wiederzugeben. Hierdurch zeichnet sich eine Konvergenz von Endgeräten ab: mit TV-Geräten können zunehmend interaktive Anwendungen und damit auch Internetdienste wie das WorldWideWeb (WWW) und eMail genutzt werden, Personal Computer unterstützen gleichzeitig den Konsum von Medieninhalten. Ob dies letztlich dazu führt, dass entweder das TV-Gerät oder der PC eine dominante Stellung erlangen und sowohl die Unterhaltungs- als auch die Informationsnutzung unterstützen, kann derzeit noch nicht bestimmt werden.

4 Integrierte Nutzung digitaler Medientechnologien

4.1 Grundformen der Integration von Anwendungssystemen

Unter Integration wird in der Literatur die „(Wieder-)Herstellung eines Ganzen", das heißt die Zusammenführung oder Synthese von Einzelbestandteilen zu einem Gesamten bezeichnet (vgl. Mertens et al. 2004; Heilmann 1989). Übertragen auf die betriebliche Informationsverarbeitung bedeutet Integration die Verknüpfung physisch und logisch isolierter, meist heterogener Anwendungssysteme mit dem Ziel, eine effiziente Kommunikation zu ermöglichen. Voraussetzung dafür ist eine Einigung beteiligter Systeme über die Verwendung standardisierter Kommunikationsformen. Ein Standard bezeichnet in diesem Zusammenhang eine gemeinsame Sprache (zum Beispiel Syntax oder Grammatik), die es erlaubt, dass Botschaften in Form von Daten oder Funktionsaufrufen auf einer syntaktischen, semantischen und pragmatischen Ebene gegenseitig verstanden und interpretiert werden können. Als Integrationsgegenstände beziehungsweise -objekte werden im Kontext der klassischen betrieblichen Informationsverarbeitung Daten, Funktionen, Programme und Prozesse betrachtet (vgl. Mertens 2001).

Im vorliegenden Beitrag soll der Fokus der Betrachtung auf der Daten- und Funktionsintegration liegen. Daten werden in diesem Zusammenhang als maschinell verarbeitbare formalisierte Repräsentationen (Gebilde aus Zeichen) von Fakten und Gedanken verstanden. Funktionen sind aus informationstechnischer Sicht Bestandteile von Anwendungssystemen, die eine Manipulation von Information ermöglichen und dadurch die technische Unterstützung der Funktionen innerhalb von Geschäftsprozessen gewährleisten (vgl. Balzert 2000).

Auf technischer Ebene lassen sich für die Integrationsobjekte Daten und Funktionen grundsätzlich zwei einander gegenüberstehende Integrationsansätze unterscheiden (vgl. Österle/Brenner/Hilbers 1992): entweder werden die gleichen Daten beziehungsweise Funktionen dezentral und redundant (das heißt örtlich getrennt, inhaltlich jedoch konsistent) gespeichert beziehungsweise genutzt, oder es wird der Zugriff auf dieselben, zentralen Daten beziehungsweise Funktionen ermöglicht. Zentralisierung und Dezentralisierung unterscheiden sich dabei im Integrationsgrad: Linß (1995) unterscheidet im Rahmen der Datenintegration die Integrationsgrade „manuelle Weitergabe zwischen unverbundenen Systemen", „automatische Datenweitergabe über Schnittstellen", „gemeinsame Datenbasis" und „Unternehmensdatenmodell". Die beiden Varianten der zentralen und dezentralen Datenhaltung veranschaulichen, dass eine Umsetzung der Integration entweder über die Zentralisierung von Daten und Funktionen in zentralen Systemkomponenten (wie zum Beispiel Datenbanken, Integrationsplattformen oder auch Endgeräten) oder über die Schaffung von Schnittstellen erfolgt, welche eine Kommunikation zwischen dezentralen Systemkomponenten ermöglichen (Abbildung 2). Im Zusammenhang mit Erstellungstechnologien in Medienunternehmen kann eine zentrale Integration zum Beispiel über die Zusammenführung von Autoren- und Speichersystemen zu einem funktional umfassenderen Content Management System erfolgen. Bei einer dezentralen Integration würden hingegen standardisierte Schnittstellen beispielsweise zwischen unterschiedlichen Inhalteeditoren in Form von Export- und Importfunktionalitäten für gemeinsam genutzte Dateiformate eingerichtet.

		Integrationsoption	
		Zentralisierung	Dezentralisierung
Integrationsobjekt	Daten	Gesamt-DB	DB 1 ↔ DB 2
	Funktionen	Gesamt-Funktion	Funktion 1 ↔ Funktion 2

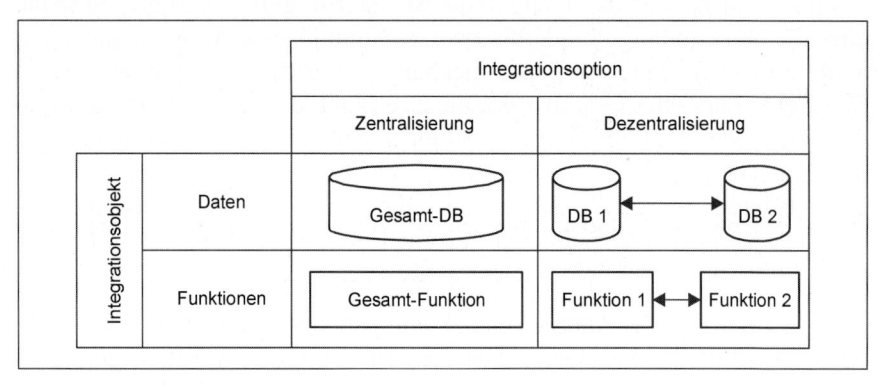

Abbildung 2: Zentralisierung und Dezentralisierung als Integrationsoptionen für Daten und Funktionen

4.2 Isolierte versus integrierte Nutzung von Medientechnologien

Zur Veranschaulichung der Gegenüberstellung von einer isolierten und integrierten Nutzung von Medientechnologien zwischen Anbieter- und Nachfragerseite lässt sich das Anwendungsszenario der Individualisierung von Medieninhalten heranziehen. Unter der Individualisierung von Medieninhalten versteht man eine auf die Bedürfnisse und Interessen (zum Beispiel Themenpräferenzen, Darstellungsformen) einzelner Konsumenten abgestimmte beziehungsweise zugeschnittene Bereitstellung von Inhalten. Medienunternehmen ermitteln dafür mittels Beobachtung, Befragung oder moderner Tracking-Technologien individuelle Kundenprofildaten, die in der Produktion differenzierter Inhalte schließlich Berücksichtigung finden (vgl. Schumann/Hess 2002). Ein Beispiel ist die Erstellung einer – auf Basis von im Internet erhobenen Profildaten – personalisierten Zeitung, die ausschließlich diejenigen Artikel enthält, für die sich ein Leser wirklich interessiert („Daily-Me-Zeitung").

In einer Situation, in der Medientechnologien unternehmensintern und an der Schnittstelle zum Kunden isoliert genutzt werden – was sowohl unternehmerische als auch technische Gründe haben kann (vgl. Jung 2003) –, können die vom Kunden über Endgeräte (zum Beispiel über das Internet oder Mobilfunkgerät) bereitgestellten Daten nicht an Technologien der Übertragung und Erstellung auf Anbieterseite weitergeleitet werden (Abbildung 3). Eine isolierte Nutzung von Medientechnologien kann unternehmerische (zum Beispiel die Fehlkoordination in der Beschaffung zwischen Abteilungen) oder technische Gründe (zum Beispiel die wachsende Vielfalt an existierenden Plattformen und Anwendungssystemen unterschiedlicher Hersteller, die untereinander nicht kompatibel sind) haben (vgl. Jung 2003). Ursache für diesen Bruch in der Wertschöpfung ist eine fehlende standardisierte Schnittstelle für den automatisierten Austausch relevanter Daten zwischen physisch und logisch getrennten Anwendungssystemen. Beispielsweise wäre denkbar, dass das anbietende Medienunternehmen auf seiner Produkt-Website zwar kundenindividuelle Profildaten abfragt, diese allerdings aufgrund mangelnder Datenbankanbindung unternehmensintern nicht abspeichern kann. Die Kundenprofildaten lägen in einer vergleichbaren Situation zwischen Anbieter und Nachfrager brach und könnten nicht dorthin gelangen, wo sie den größten ökonomischen Nutzen erbringen würden. Der Prozess der Erstellung kundenindividueller Medieninhalte auf Basis von Kundenprofildaten käme bereits auf Seiten des Nachfragers zum Stillstand. Auch unter der Annahme einer möglichen Erstellung von individualisierten Medieninhalten käme es auf Anbieterseite bei einem isolierten Technologieeinsatz (Abbildung 3) zwischen den Erstellungs- und Übertragungstechnologien zu einem Kommunikationsbruch, der eine effiziente technische Weiterleitung der Medieninhalte an den Kunden unterbinden würde. Als Beispiel lässt sich eine Kommunikationslücke in Form unterschiedlich verwendeter Standards für den Datenaustausch zwischen Inhalteeditoren und einem Übertragungsprogramm (zum Beispiel ein FTP- oder eMail-Programm) anführen.

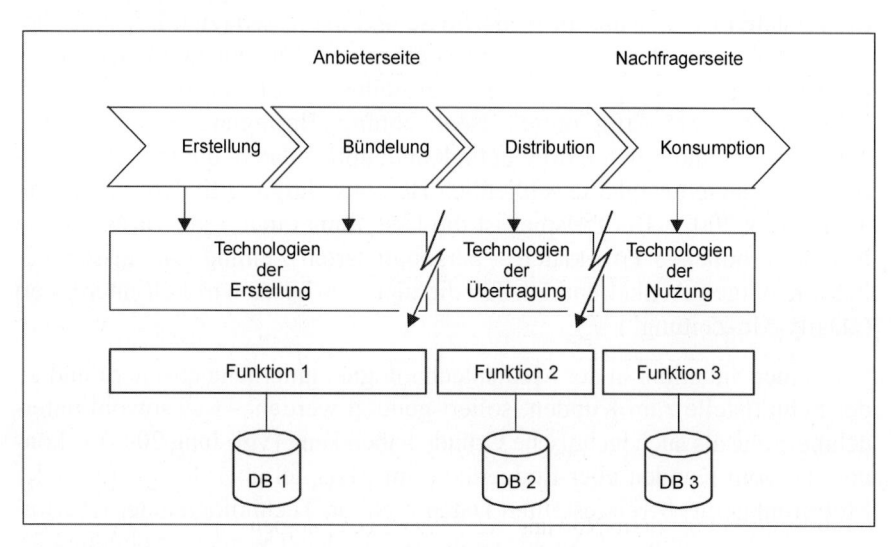

Abbildung 3: Isolierte Nutzung von Medientechnologien

Unterstellt man eine Situation, in der Medientechnologien integriert genutzt werden und ineinander greifen, können Profildaten vom Kunden an den Anbieter sowie Medieninhalte vom Anbieter an den Nachfrager friktionslos übertragen werden. Abbildung 4 illustriert zum einen, wie eine Funktions- und Datenintegration auf Anbieterseite durch eine Zusammenfassung vormals getrennter Funktionen beziehungsweise Daten (zum Beispiel eine Verschmelzung von einem Content Management System mit einem eMail-Programm) erfolgen kann. Zum anderen wird veranschaulicht, wie eine dezentrale Datenintegration an der Schnittstelle zwischen Anbieter und Nachfrager exemplarisch vorgenommen werden kann. Im vorliegenden Beispiel wird eine standardisierte Schnittstelle zur Kopplung der Anwendungssysteme auf Anbieter- und Nachfragerseite eingeführt. Bei einer solchen Schnittstelle auf der Ebene der Funktionsintegration kann es sich zum Beispiel um gegenseitige Funktionsaufrufe handeln, die einen Datentransfer auslösen und somit auch zu einer Datenintegration führen. So können sich Nachfrager beispielsweise ein individualisiertes Spielfilmprogramm auf einer Video-on-Demand-Website anfordern. Die kundenseitige Browser-Software übermittelt dabei in einem ersten Schritt kundenspezifische Präferenzdaten an das anbieterseitige Übertragungssystem, das diese Daten automatisch an Erstellungs- und Bündelungstechnologien weiterleitet. Sind die Medieninhalte einmal zusammengestellt, werden sie von der anbieterseitigen Gesamt-Datenbank zur nachfragerseitigen Datenbank, in diesem Fall zum Beispiel ein Abspielgerät für Video-Filme, distribuiert.

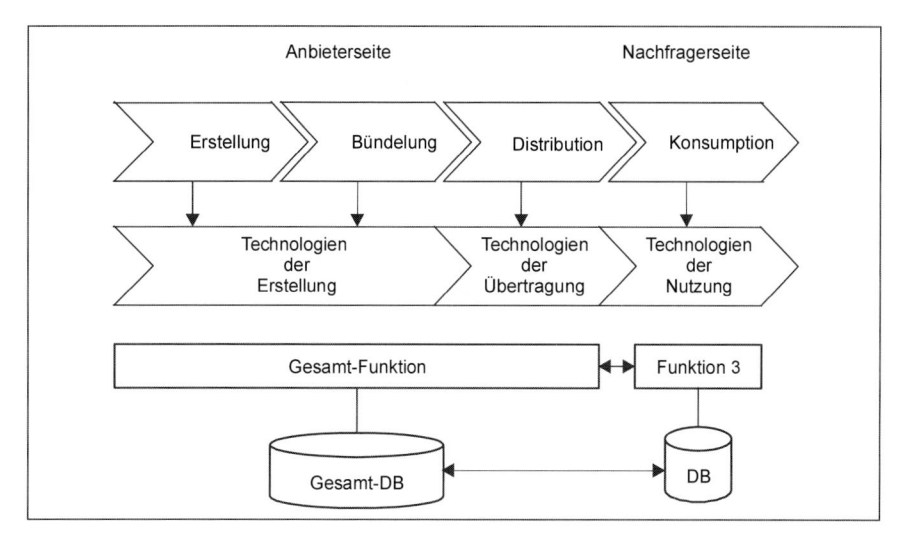

Abbildung 4: Integrierte Nutzung von Medientechnologien

Aufgrund der Vernetzung der Anwendungssysteme können erhobene Kundendaten somit reibungslos in die Produktion und Bündelung von kundenspezifischen Medieninhalten einfließen. Das individuell erstellte Medienprodukt kann über die integrierten Medientechnologien zurück zum Nachfrager transferiert werden, ohne dass es zu einem Prozessstillstand kommt.

Auf der Seite der Nachfrager spielen im Zusammenhang mit der integrierten Nutzung von Medientechnologien kommunikationstechnische Trends eine ausschlaggebende Rolle. Mit der Konvergenz zwischen Telekommunikation („Infrastruktur"), Computer-Technologien („Digitalisierung und Automatisierung") und Medien („Inhalte") verschmelzen auf Anwenderseite nicht nur vormals isolierte Endgeräte zu umfassenderen Endgeräten (wie zum Beispiel Kombinationen von Handy, MP3-Player und Fotokamera). Die künftigen Entwicklungen zeigen vielmehr auch in Richtung einer zunehmenden Vernetzung von Endgeräten über Internet-Technologien (zum Beispiel Kühlschrank übermittelt Kundenprofildaten automatisch an den präferierten Supermarkt), um möglichst viele Bedürfnisse des Kunden über möglichst wenige Schnittstellen befriedigen zu können (vgl. Fleisch 2002;

Fleisch/Thiesse/Österle 2001). In diesem Zusammenhang kommt der Präsentationsintegration auf den Endgeräten der Nutzer eine wachsende Bedeutung zu. Hierbei werden Daten, die von diversen Anbietern über unterschiedliche Übertragungstechnologien (wie zum Beispiel IP-Netze, UMTS, Bluetooth) transferiert werden, durch auf Endgeräten laufenden Anwendungen integriert und einheitlich dargestellt. Den auf Internet-Standards basierenden Technologien wird dabei eine wachsende Bedeutung als Integrationsmedium auf Nachfragerseite zukommen.

Stellt man die beiden Szenarien einer isolierten und integrierten Nutzung von Medientechnologien zusammenfassend gegenüber, so lassen sich als Vorteile der integrierten Nutzung operative und strategische Nutzeffekte unterscheiden. Operative Nutzeffekte ergeben sich dabei grundsätzlich aus der rationelleren und schnelleren Abwicklung traditioneller Abläufe. Sie beziehen sich dabei auf die Effizienz des Unternehmens („Integration als Effizienzsteigerung"). Beispiele im Zusammenhang mit der Nutzung von Medientechnologien sind die Beschleunigung von Produktionsprozessen sowie die Kostenreduktion durch Vermeidung von organisatorischen und medialen Brüchen. Tabelle 2 gibt einen Überblick über weitere Nutzeneffekte integrativer Mediennutzung auf operativer Ebene (vgl. Scheckenbach 1997).

Nutzeneffekte	Beispiele
Kosteneffekte	– Reduktion von Trainingskosten, da weniger Medientechnologien von Unternehmensmitarbeitern beherrscht werden müssen – Reduktion der Übertragungs- beziehungsweise Transaktionskosten zwischen Medientechnologien
Zeiteffekte	– Beschleunigung betrieblicher und zwischenbetrieblicher Abläufe durch direkte und automatisierte Datenübernahme ohne Medienbrüche – 24-Stunden-Verfügbarkeit beziehungsweise -Verbundenheit der Medientechnologien
Qualitätseffekte	– Reduktion der Gefahr von Erfassungsfehlern bei der Mehrfacherfassung von Daten – Zugriff auf eine redundanzarme, umfassende und aktuelle Datenbasis

Tabelle 2: Operative Nutzeffekte integrierter Mediennutzung

Strategische Nutzeffekte leisten einen Beitrag zur Steigerung der Rentabilität der Aktivitäten im Leistungsfluss aufgrund einer besseren Abstimmung der betrieblichen Anwendungssysteme im Unternehmen auf dessen

Märkte und Geschäftsprozesse, Organisations- und Personalstruktur. Damit beziehen sich strategische Nutzeffekte im Allgemeinen auf die Effektivität des Unternehmens („Integration als Enabler"). Ein integrierter Technologieeinsatz ermöglicht in diesem Sinne neue und flexible Leistungsangebote, wie zum Beispiel die im obigen Anwendungsszenario der Individualisierung von Medieninhalten erwähnte kundenindividuelle Content-Zusammenstellung (vgl. Kaib 2002). Weitere strategische Nutzeffekte, die sowohl innerbetrieblich als auch zwischenbetrieblich auftreten können, fasst Tabelle 3 beispielhaft zusammen (vgl. Scheckenbach 1997; Rawolle 2002).

Nutzeneffekte	Beispiele
innerbetrieblich	– Schnellere Auftragsabwicklung durch Daten- und Prozessintegration – Erhöhte Flexibilität in der Ablauforganisation (zum Beispiel flexible Bedienung verschiedener Medienkanäle) – Vermeidung von Doppelarbeit
zwischenbetrieblich	– Angebot neuer Leistungen (zum Beispiel neue Content-Bündel) – Erhöhte Reaktionsfähigkeit am Markt – Verringerte Koordinationskosten aufgrund der Vereinheitlichung von Schnittstellen – Stärkung der Kundenbindung aufgrund höherer Kundenzufriedenheit

Tabelle 3: Strategische Nutzeffekte integrierter Mediennutzung

5 Zusammenfassung und Ausblick

Zu Beginn des vorliegenden Beitrags wurde ein Bezugsrahmen der Technologiebetrachtung vorgestellt, der in den darauf folgenden Kapiteln als Leitfaden zur Einordnung und Beschreibung existierender Medientechnologien diente. Aktuell verwendete Medientechnologien auf den Stufen der Erstellung, Bündelung und Distribution wurden hierzu vorgestellt und abgegrenzt. Der Fokus lag hier zunächst auf einer isolierten Betrachtung der einzelnen Technologien. Nach einer kurzen Einführung in die grundlegende Terminologie zur Integration wurden auf einem abstrakten Niveau generische Integrationsansätze für Daten und Funktionen vorgestellt, die zur gedanklichen Einordnung anschließender Ausführungen dienten. Anhand der Gegenüberstellung einer isolierten und integrierten Nutzung von Medientechnologien im Anwendungsszenario der Individualisierung von Medieninhalten konnten schließlich die Vorteile der Integration exemplarisch aufgezeigt werden.

Digitale Medientechnologien werden zur Unterstützung der Produktion, Bündelung und Übertragung auf Anbieterseite, aber auch für die Konsumption von Medieninhalten auf Nachfragerseite der Medienindustrie immer umfassender eingesetzt. Grund für die durchgehende Unterstützbarkeit der Prozesse in der Medienwertschöpfungskette durch Medientechnologien ist die Digitalisierbarkeit der Produktionsfaktoren und Medienprodukte, die grundsätzlich mit zunehmenden technischen Freiheitsgraden in der Bearbeitung und Nutzung der Medieninhalte einhergeht. Wie die Ausführungen im vorliegenden Beitrag zeigen sollten, können die sich bietenden ökonomischen Potentiale durch technische Nutzungserweiterungen allerdings nur dann ausgeschöpft werden, wenn technische Voraussetzungen wie die Integration zwischen den eingesetzten Medientechnologien erfüllt sind.

Literaturverzeichnis

Balzert, H. (2000) Lehrbuch der Software-Technik. Band I: Software-Entwicklung, Heidelberg – Berlin – Oxford 2000.
Fleisch, E. (2002) Von der Vernetzung von Unternehmen zur Vernetzung von Dingen – Wie Unternehmen das Internet erfolgreich nutzen, in: Belz, C. (Hrsg.) Roadm@p to E-Business, St. Gallen 2002, S. 124–135.
Fleisch, E./Thiesse, F./Österle, H. (2001) Connected Smart Appliances, in: Alt, R. (Hrsg.) Business Networking in der Praxis, Berlin etc. 2001, S. 233–248.
Heilmann, H. (1989) Integration: Ein zentraler Begriff der Wirtschaftsinformatik im Wandel der Zeit, in: HMD – Praxis für Wirtschaftsinformatik 26 (150/1989), S. 46-58.
Jung, R. (2003) Datenintegration im Kontext unternehmerischer Strategien und Konzepte, in: Winter, R. (Hrsg.) Business Engineering, Berlin etc 2003, S. 305–328.
Kaib, M. (2002) Enterprise Application Integration: Grundlagen, Integrationsprodukte, Anwendungsbeispiele, Wiesbaden 2002.
Lehner, F. (2001) Einführung in Multimedia. Grundlagen, Technologien und Anwendungsbeispiele, Wiesbaden 2001.
Linß, H. (1995) Integrationsabhängige Nutzeffekte der Informationsverarbeitung: Vorgehensmodell und empirische Ergebnisse, Wiesbaden 1995.

Mertens, P. (2001) Integrierte Informationsverarbeitung 1 – Operative Systeme in der Industrie, Wiesbaden 2001.

Mertens, P. et al. (2004) Grundzüge der Wirtschaftsinformatik, 8. Aufl., Berlin etc. 2004.

Österle, H./Brenner, W./Hilbers, K. (1992) Unternehmensführung und Informationssystem – Der Ansatz des St. Galler Informationssystem-Managements, Stuttgart 1992.

Rawolle, J. (2002) Content Management integrierter Medienprodukte. Ein XML-basierter Ansatz, Wiesbaden 2002.

Scheckenbach, R. (1997) Semantische Geschäftsprozeßintegration, Wiesbaden 1997.

Schumann, M./Hess, T. (2002) Grundfragen der Medienwirtschaft, Berlin – Heidelberg – New York 2002.

Medienunternehmen – Die Player auf den Medienmärkten

Bernd Weber/Günther Rager

1 Einführung – Definition von Medienunternehmen 119
   1.1 Was sind Medien? 120
   1.2 Was ist ein Unternehmen? 121
   1.3 Was zeichnet Medienunternehmen aus? 122

2 Medienunternehmen und ihre Branchen 123
   2.1 Print 124
      2.1.1 Zeitungsverlage 124
      2.1.2 Zeitschriften 126
      2.1.3 Anzeigenblätter 128
      2.1.4 Nachrichtenagenturen 129
      2.1.5 Buchbranche 129
   2.2 Elektronische Medien 130
      2.2.1 TV- und Kinofilm-Produktionsunternehmen 130
      2.2.2 Fernseh-Unternehmen 132
      2.2.3 Kino- und Video/DVD-Branche 133
      2.2.4 Musikbranche 133
      2.2.5 Hörfunk 134
      2.2.6 Internet 135

3 Entwicklungstendenzen in der Medienbranche 136
   3.1 Ökonomische Trends: Konsolidierung und Synergien 137
   3.2 Technische Trends: Digitalisierung und Vernetzung 139

Literaturverzeichnis 140

Vorschau

Medienbegriff und Medienbranche

Für den Umgang mit Medienunternehmen und Medienmanagement propagieren die Autoren eine weite Definition sowie eine pragmatische Abgrenzung des Begriffs. Zur Medienbranche zählen demnach Organisationen, die mehr als die Hälfte ihres Umsatzes durch Produktion von journalistischen Inhalten, Filmen, Musik, Büchern oder Online-Inhalten und/oder den Vertrieb von solchen Produkten erwirtschaften, wobei Hersteller und Vertreiber von Endgeräten sowie Zulieferer von Infrastruktur für Medienunternehmen aus der Definition ausgegrenzt werden.

Öffentliche Rolle/Aufgaben von Medienunternehmen

Journalistische Medien haben eine Sonderstellung, weil sie Themen zur öffentlichen Diskussion bereitstellen. Sie erfüllen damit eine durch die Verfassung geschützte Aufgabe. Die Vielfalt der vermittelten Tatsachen und Meinungen, die publizistische Vielfalt, soll durch konkurrierende Anbieter oder durch inhaltliche Regulierung gesichert werden.

Dual-Proceeds-Charakter

Die meisten Medienunternehmen verkaufen einerseits ihre Produkte an ein Publikum und andererseits die Aufmerksamkeit des Publikums an Werbekunden. Publizistische und ökonomische Strategie sind daher eng miteinander verknüpft.

Ökonomische Entwicklungen

Zumeist sinkende Einnahmen führten in den zurückliegenden Jahren dazu, dass Randaktivitäten eingestellt, Vertriebsgebiete arrondiert und Personal abgebaut wurde. Mehrfachverwertungen von Inhalten und Labeln spielen eine stärkere Rolle, ebenso nimmt der Handel mit (Lizenz-)Rechten eine immer wichtiger werdende Position ein. Viele Unternehmen versuchen Zusatzerlöse zu generieren – beispielsweise durch Buchvertrieb oder Zuschaueranrufe.

Technische Entwicklungen

Die Digitalisierung ist in vielen Mediensektoren noch in Gange. Heute sind Medienunternehmen nach Verbreitungsformen wie Ton, Bild, Daten sowie nach Trägermedien wie Papier oder TV-Bildschirm aufgestellt; künftig werden sie sich aber nach Kernaufgaben wie Inhalteproduktion, Inhaltezusammenstellung und -vermarktung oder Distribution organisieren.

1 Einführung – Definition von Medienunternehmen

Wenn es um Medienunternehmen geht, formulieren sowohl Kommunikations- als auch Wirtschaftswissenschaftler oft diffus. Der Begriffsbestimmung wird selten besondere Aufmerksamkeit gewidmet (vgl. Sjurts 2004, S. 168). Und wenn sie es tun, sind die Antworten gelegentlich auffallend hilflos. So definieren Kleinsteuber und Thomaß (2004, S. 127) als Medienkonzerne jene „Unternehmensagglomerationen, die sich als solche bezeichnen beziehungsweise von anderen also solche eingeschätzt werden."

Andere werfen mehr Fragen auf als sie beantworten. So werden im Lexikon der Medienökonomie (Frühschütz 2000, S. 243) die Medienunternehmen definiert als „produzierender Betriebstyp, dessen Programmpolitik aus der Integration verschiedener Trägermediengattungen unter der Maßgabe der vollständigen Bedürfnisbefriedigung seiner Bedarfsgruppe – unabhängig von einem bestimmten Trägermedium – besteht (z. B. Buch, CD, Zeitschrift, Online-Medium)". So stellt sich die Frage, ob das Ziel eines Medienunternehmens wirklich die „vollständige Bedürfnisbefriedigung" seiner Bedarfsgruppe sein soll oder ob beispielsweise ein Zeitungsverlag kein Medienunternehmen ist, wenn er sich auf eine Trägermediengattung (Papier) konzentriert.

Aber auch wenn die Anstrengungen fruchtbarer sind, so hängen sie stark vom Blickwinkel ab. Kommunikationswissenschaftler neigen dazu, den Wortteil „Medien" zu betonen; Wirtschaftswissenschaftler kümmern sich besonders intensiv um den Begriff „Unternehmen". So bezeichnet Hass (2002, S. 22) als Medienunternehmen all jene „Unternehmen und Unternehmensteile, die auf die Produktion, Redaktion/Bündelung und Distribution von Medienprodukten ausgerichtet sind".

Es zeigt sich, dass sich erst in der Zusammenschau von kommunikationswissenschaftlichem und ökonomischem Blickwinkel ein sinnvolles Bild von Medienunternehmen ergibt. Ohne die Diskussion um eine weitere Definition bereichern zu wollen, wollen wir uns zunächst mit den Fragen beschäftigen: Was sind Medien? Was sind Unternehmen? Danach beschäftigen wir uns mit der Frage, was Medienunternehmen auszeichnet. Dies tun wir in drei Schritten: Wir suchen nach prinzipiellen Gemeinsamkeiten. Wir betrachten die reale Situation der Unternehmen und ihrer Märkte. Wir beschreiben empirisch feststellbare Gemeinsamkeiten und Unterschiede und widmen uns Entwicklungstendenzen.

1.1 Was sind Medien?

Bei der Beantwortung dieser Fragen stehen sich zwei grundlegende Philosophien gegenüber. Auf der einen Seite existieren sehr weite Definitionen: Zur Medienbranche zählen beispielsweise Schumann und Hess (2002, S. 9–10) Autoren und Redakteure, Zeitungs-, Zeitschriften- und Buchverlage, Druckereien, Logistiker, Handel, Künstler und Reporter, Radio- und Fernsehsender, Netzbetreiber, Künstler und Autoren, Musikverlage, Speichermedienhersteller, Content-Provider und -Broker sowie Service-Provider. Auf der anderen Seite wird eine relativ enge Abgrenzungen vorgenommen, zum Beispiel bei Heinrich (2001, S. 28), der dem Mediensektor nur Unternehmen zurechnet, „die ihren wirtschaftlichen Schwerpunkt in der aktuellen/journalistischen Produktion von Informationen haben." Dies sind „Zeitungsverlage, Zeitschriftenverlage, Anzeigenblattverlage, Nachrichtenagenturen, Nachrichtenbüros, Pressebüros, Hörfunkveranstalter, Fernsehveranstalter und Programm-Input-Produzenten".

Die Abgrenzung von Heinrich erscheint zu eng: Herausfallen würde beispielsweise das Fernsehprogramm ProSieben. Hier ist zu hinterfragen, ob der wirtschaftliche Schwerpunkt tatsächlich in der journalistischen Produktion liegt. Nach Heinrichs Definition gehört auch beispielsweise der Großhandel von Zeitungen und Zeitschriften (zum Beispiel Presse-Grosso) nicht hinzu, was als nicht zweckmäßig angesehen werden muss. Herausfallen würden auch alle unterhaltenden Medien wie Kino oder Musik. In einem anderen Punkt dagegen ist Heinrich nach seinen eigenen Maßstäben eher großzügig: So ist zu bezweifeln, ob alle Anzeigenblätter ihren Schwerpunkt wirklich auf die journalistische Produktion von Informationen legen?

Viele Definitionen erscheinen jedoch auch zu weit: So ist es durchaus zu diskutieren, ob Speichermedienhersteller zur Medienbranche zählen – dazu würden dann nämlich unter anderem auch Festplattenhersteller gehören. Auch bei Unternehmen wie Druckereien, Logistiker und im Handel ist die Abgrenzung nicht einfach: Gehört ein Presseshop am Bahnhof zur Medienbranche? Sollen nur Druckereien dazu zählen, wenn sie zur einer Mediengruppe gehören und zählen andererseits Druckereien einer Zeitungsgruppe zur Medienbranche, auch wenn sie hauptsächlich für andere Kunden arbeiten? Was ist mit der Druckerei, die eigene Bücher zu verlegen beginnt?

Erschwerend kommt hinzu, dass die technische Entwicklung die Abgrenzungen weiter verschwimmen lassen. Die Digitalisierung und technische Vernetzung führt dazu, dass „die bislang entlang unterschiedlicher Darstellungsformen wie Ton, Bild und Daten (und damit korrespondierenden Übertragungsmedien) organisierten Industrien verschmelzen zu einer Branche, die vor allem in die Segmente Inhalte, Packaging, Verarbeitung, Distribution und Endgeräte unterteilt ist" (Hass 2002, S. 32).

Kleinsteuber und Thomaß (2004, S. 124) schließen zu Recht Computer-, Software- und Telekommunikationsunternehmen aus der Medienbranche aus – aber ab wann gilt beispielsweise T-Online nicht mehr als Telekommunikationsunternehmen, sondern als Inhalteanbieter und damit als Medienunternehmen?

Im Folgendem wird ein vergleichsweise weiter Medienbegriff verwendet: Hierzu zählt nicht nur die Erstellung von journalistischen Inhalten, sondern auch die Produktion von Filmen, Büchern und Musik sowie deren Vertrieb über Rundfunk und (Online-)Handel. Explizit ausgegrenzt aus dem Medienbegriff werden die Hersteller und Vertreiber von Endgeräten (wie TV-Geräte, Computer oder Hörfunkempfängern) sowie Zulieferer von technischer Infrastruktur für Medienunternehmen (zum Beispiel von Druckmaschine über Sendemasten bis zu Internet-Backbones). Diese Abgrenzung lehnt sich insgesamt an einen pragmatischen Medienbegriff an wie ihn etwa auch der ARD-Forschungsdienst mit seiner jährlichen Publikation „Daten zur Mediensituation" impliziert.

Damit sind jedoch noch nicht alle Abgrenzungsprobleme gelöst: Vertikale und horizontale wirtschaftliche Integration führen zu unübersichtlichen Unternehmen, die quer durch die Wertschöpfungsstufen tätig sind. Verlage erschließen sich Einnahmen außerhalb des Kerngeschäfts im Handel und der Dienstleistung (vgl. Karmasin 2001, S. 15) – dazu zählen die „klassischen" Leserreisen ebenso wie die Buchreihen und Brieflogistikdienste von Tageszeitungsverlagen.

Aus pragmatischen Gründen sollen jene Unternehmen zur Medienbranche gezählt werden, die in ihrem Kerngeschäft Medien mehr als die Hälfte ihres Umsatzes generieren. In der Praxis lassen sich etwa bei Branchenbetrachtungen Umsätze wie etwa die Lohnarbeiten einer Zeitungsdruckerei ebenso schwer herausrechnen wie die Erlöse eines Radio-Unternehmens bei Live-Veranstaltungen.

1.2 Was ist ein Unternehmen?

Ein Unternehmen ist eine rechtliche Einheit, die eine wirtschaftliche Tätigkeit ausübt. Das Statistische Bundesamt versteht darunter die kleinste Einheit, die aus handels- und/oder steuerrechtlichen Gründen Bücher führt und bilanziert. Das Standardwerk „Gablers Wirtschaftslexikon" (2004, S.

3052) ergänzt, dass „auf nachhaltig ertragbringende Leistung gezielt wird, je nach Art der Unternehmung nach dem Prinzip der Gewinnmaximierung oder dem Angemessenheitsprinzip der Gewinnerzielung". Zumindest soll das eingesetzte Kapital angemessen verzinst werden.

1.3 Was zeichnet Medienunternehmen aus?

Medienunternehmen genießen die besondere Aufmerksamkeit von Gesellschaft und Politik. Das liegt daran, dass sie nicht nur ein Wirtschaftsgut herstellen, sondern auch ein Kulturgut. Sie stellen Themen zur öffentlichen Diskussion bereit; dauerhafte Fehlfunktionen der Medien beeinträchtigen darum das demokratische System. Die Vielfalt der von der Medienbranche veröffentlichten Themen und Meinungen gilt auch dem Bundesverfassungsgericht als Maßstab: Durch mehrere konkurrierende Anbieter oder durch inhaltliche Regulierung wie Rundfunkaufsicht und gesetzliche Mindeststandards soll sichergestellt werden, dass alle für den gesellschaftlichen Diskurs relevanten Fakten und Meinung auch in die öffentliche Diskussion gelangen können.

Neben dieser öffentlichen, publizistischen Funktion von Medienunternehmen gibt es auch Besonderheiten in der wirtschaftlichen Tätigkeit der meisten Medienunternehmen: Medienunternehmen agieren auf einem dualen Markt. Auf der einen Seite bieten sie Informations-, Bildungs- und Unterhaltungsprodukte an (Zeitungen, Zeitschriften, Fernsehsendungen), auf der anderen Seite wird die Aufmerksamkeit der Rezipienten an die Werbewirtschaft verkauft (vgl. Köcher 2001, S. 150).

Dieser Dual-Proceeds-Charakter (vgl. Keuper/Hans 2003, S. 7) gilt jedoch nicht für alle Medienunternehmen: Einige bieten Informationen und Unterhaltung für das Publikum kostenlos an und verkaufen nur Werbeplätze, wie zum Beispiel privater Hörfunk, private Fernsehkanäle oder Anzeigenblätter. Wenige verzichten auf Werbeeinnahmen und refinanzieren sich nur aus Vertriebserlösen ihrer Publikationen. Ein Beispiel dafür ist das Pay-TV-Unternehmen Premiere, aber auch etwa die Stiftung Warentest, die sich zu über 80 Prozent aus dem Verkauf von Zeitschriften, Büchern und Online-Dienstleistungen und ansonsten aus staatlichen Zuschüssen finanziert.

In der Regel gilt jedoch, dass „publizistische und ökonomische Strategie [...] in der unternehmerischen Praxis zumeist untrennbar verbunden" sind (Altmeppen 2001, S. 186). Anforderungen an das inhaltliche Angebot können nur erfüllt werden, soweit nicht die Rendite-Erwartungen dauerhaft enttäuscht werden: „Was nicht zumindest Kostendeckung erlaubt, wird nicht angeboten" (vgl. Kiefer 2001, S. 369). Und Werbeplätze können nur verkauft werden, wenn das publizistische Angebot ein hinreichendes Publikumsinteresse findet, um der Werbewirtschaft ein Publikum nachweisen zu können, dass deren Ansprüche an Größe und Abgegrenztheit genügt. So ist ein typisches Kennzeichen von Medienunternehmen die „Dialektik von intellektueller Aussagenproduktion und dem Streben nach Profitmaximierung" (Hachmeister 2002, S. 18).

2 Medienunternehmen und ihre Branchen

Gemessen an der öffentlichen Aufmerksamkeit ist die Medienbranche ökonomisch von relativ geringer Bedeutung: Der Bund Deutscher Zeitungsverleger (BDZV) bezieht sich bei seiner Einschätzung der Medienbranche auf die Werbeinvestitionen, deren Anteil 2002 bei 1,4 Prozent des Bruttoinlandprodukts lag (vgl. BDZV 2003, S.26). Bei weiter Abgrenzung der Medienbranche (inklusive Bücher, Tonträger, Video, Kino) hatte sie im Jahr 1999 ein Volumen von rund 43 Milliarden Euro. 61 Prozent davon entfielen auf Print-Medien und 26 Prozent auf den Rundfunk, die damit gemeinsam mit deutlichem Abstand am bedeutendsten waren (vgl. Schumann/Hess 2002, S. 29).

43 Milliarden Euro Branchenumsatz entsprechen jedoch „nur" 2,2 Prozent des Inlandsprodukts, also der Gesamtleistung der Volkswirtschaft. Unternehmen wie beispielsweise RWE erwirtschaften diesen Umsatz pro Jahr. In der Rangliste der größten Unternehmen Deutschlands im Jahr 2003 liegt Bertelsmann als größtes Medienunternehmen auf Platz 24, als nächstes folgt Springer auf Platz 97 (vgl. www.sueddeutsche.de 20.10.2004). Beide können noch als Medien-Weltunternehmen gelten – den Löwenanteil unter den Mediengiganten stellen jedoch die USA vor Großbritannien und Japan (vgl. Altendorfer 2001, S. 94; Hachmeister/Rager 2002).

Jedoch sind nicht nur die größten weltweit agierenden Medienunternehmen in mehreren Bereichen tätig. So unterhalten auch kleinere Fachzeitschriften oft ihr eigenes Internetangebot; Zeitungsverlage arbeiten üblicherweise im Lohndruck, geben ein Anzeigenblatt heraus und halten häufig Anteile an (regionalen) Radio-Unternehmen. Diese Geflecht können die gängigen Statistiken kaum abbilden. So werden Umsätze häufig doppelt gezählt: Der Umsatz eines Anzeigenblatts kann sowohl in der Anzeigenblattstatistik als auch in der Statistik der Tageszeitungsverlage auftauchen, ebenso wie der Umsatz eines senderabhängigen TV-Produzenten bei den produzierenden Filmunternehmen wie im Konzernumsatz der TV-Unternehmen auftauchen kann.

Eine Statistik, die sich durchgängig an den Wertschöpfungsstufen orientiert, liegt häufig nicht vor. Darum orientieren sich diese Darstellung an den Branchenzahlen. Aus Platzgründen konzentriert sich diese Darstellung auf die Inhalte produzierender Unternehmen und deren eigene technische Realisierung; Bereiche, wie zum Beispiel das Presse-Grosso, werden bewusst ausgeklammert.

2.1 Print

Das deutsche Verlagsgewerbe machte nach den Angaben des Statistischen Bundesamts 2002 einen Umsatz von 21,3 Milliarden Euro. Davon entfielen 47 Prozent auf Zeitungsverlage, 29 Prozent auf Zeitschriftenverlage und 22 Prozent auf Buchverlage.

2003 war die Tendenz weiter rückläufig – sowohl die Werbeumsätze wie die Auflagen sanken insgesamt weiter. Besonders stark unter dem Rückgang der Werbeerlöse litten die Tageszeitungen und die Fachzeitschriften mit einem Minus der Nettoerlöse von rund neun Prozent (vgl. Zentralverband der deutschen Werbewirtschaft 2004).

Das ausländische Geschäft fällt für die Print-Verlage als Umsatzmotor aus: Nach Berechnungen des Statistischen Bundesamtes liegt die Auslandsquote der deutschen Verlage insgesamt deutlich unter zehn Prozent – verglichen mit 40 Prozent im Verarbeitenden Gewerbe. Während die großen Zeitungs- und Zeitschriftenverlage ihr Auslandsgeschäft forcieren, wagen die mittleren Verlage diesen Schritt nur selten. Beispiele wie die Passauer Neue Presse, die zahlreiche Beteiligungen an osteuropäischen Medien erworben hat, sind rar.

2.1.1 Zeitungsverlage

Die Struktur des Zeitungsgewerbes ist geprägt durch wenige große, viele mittelständische und wenige kleine Verlage (vgl. Keuper/Hans 2003, S. 7). Ein großer Teil der lokalen und regionalen Zeitungen ist traditionell in Familienbesitz.

Bei den Abonnementzeitungen decken die fünf größten Verlagsgruppen 28,8 Prozent des Marktes ab. Marktführer ist die Verlagsgruppe WAZ, Essen, mit einem Marktanteil von 7,7 Prozent; dicht danach folgen die Verlagsgruppe Stuttgarter Zeitung/Die Rheinpfalz/Südwest Presse, Ulm, mit 6,4 Prozent und Axel Springer mit 6,0 Prozent (vgl. Röper 2004b, S. 270). Völlig anders sieht es auf dem hoch konzentrierten Markt für Kaufzeitungen aus: Die fünf größten Verlagsgruppen haben einen Marktanteil von 95 Prozent; dabei hält allein die Axel Springer AG mit dem Flaggschiff BILD 81 Prozent (vgl. Röper 2004b, S. 270).

Insgesamt sind die Zeitungs-Auflagen stetig rückläufig. Die von dem Informationsdienst zur Feststellung der Verbreitung von Werbeträgern, IVW erfasste Auflage lag im ersten Quartal 2004 bei 26,3 Millionen Exemplaren. Dies waren 1,25 Millionen Zeitungen weniger als 2002 und 3,8 Millionen weniger als zu den besten Zeiten 1993. Die Zahl der Abonnementzeitungen ist von 1993 bis 2004 um rund 2,7 Millionen Exemplare auf 17,2 Millionen gefallen, die der Kaufzeitungen um knapp 1,1 Millionen Exemplare auf 4,9 Millionen (vgl. Röper 2004b, S. 271).

Auch die Zahl der Zeitungen ist rückläufig: 1993 gab es 386 Tageszeitungen, zehn Jahre später 349. Auch die Zahl der Wochenzeitungen fiel in diesem Zeitraum von 31 auf 25, während zu den sechs Sonntagszeitungen eine hinzukam (vgl. Meyn 1994, S. 48; Meyn 2004, S. 78).

Was diese Zahlen nicht zeigen: Der Markt ist praktisch abgeschottet. Neugründungsversuche von Tageszeitungen scheitern regelmäßig – mit Ausnahme der Financial Times Deutschland als Spin-Off der englischsprachigen Zeitung. Gescheitert ist auch der jüngste Versuch, gratis verteilte Tageszeitungen zu etablieren. Derzeit versuchen einige Zeitungen, in einer Innovationswelle neue preiswertere Blätter im kleineren Format in den Markt zu bringen – sowohl regionale Zeitungen wie die Lausitzer Rundschau wie überregionale: Die „Welt kompakt" gibt es bundesweit in allen Ballungsräumen, „News" des Handelsblattverlags folgte, der Verlag DuMont ging auf den Kölner Markt, die Süddeutsche Zeitung arbeitete im Herbst 2004 noch an ihrem Produkt (vgl. Jaklin/Smolka 2004). Ob diese Zeitungen im Tabloid-Format für zumeist 50 Cent erfolgreich sein werden, lässt sich noch nicht abschätzen.

Auf lokaler und regionaler Ebene wird das Tageszeitungsangebot kontinuierlich auf 1.552 redaktionelle Ausgaben im Jahr 2004 ausgedünnt (vgl. BDZV 2004, S. 8): „Kleine Zeitungen werden vollständig aufgegeben, Regionalzeitungen schließen einzelne Lokalredaktionen, stellen Lokalausgaben ein, die Zeitungsdichte sinkt" (vgl. Röper 2004b, S. 281). Dabei entstehen in der Regel Angebotsmonopole: So erschienen 2001 in 56 Prozent aller Kreise und kreisfreien Städte nur eine Lokalzeitung (vgl. Schütz 2001, S. 624).

Die Auflagen-Anzeigen-Spirale ist eine wesentliche Besonderheit im Medienmarkt: Je geringer die Auflage der kleineren Zeitung vor Ort, desto geringer die Reichweite für die Werbekunden und umso geringer deren Interesse. Als Folge verringerten sich die Werbeeinnahmen. Bei sinkenden Möglichkeiten in die redaktionelle Leistung zu investieren geht die Auflage zurück und der Titel wird für die Werbekunden noch unattraktiver. Aus diesem Teufelskreis kommen kleinere Zeitungen nur schwer heraus. So gibt es heute nur noch sehr wenige kleine Tageszeitungen mit weniger als 5.000 Exemplaren Auflage (vgl. Meyn 2004, S. 122).

Dies hat weitreichende Konsequenzen für die Tageszeitungsunternehmen, was sich in der sinkenden Zahl der Blätter zeigt. 1954 wurde in der damaligen Bundesrepublik von 624 Verlagen eine Tageszeitung herausgaben; 2001 waren es im vereinten Deutschland nur noch 356 (vgl. Schütz 2001, S. 611). Sie teilen sich seit Jahren kleiner werdende Umsätze und müssen seit 2001 den stärksten Umsatzrückgang seit 1945 verkraften (vgl. Pasquay 2004, S. 6; Meyer-Lucht 2003, S. 6–7). Allein 2003 gingen die Gesamtumsätze der Tageszeitungsverlage um fünf Prozent auf 8,4 Milliarden Euro zurück. Wochen- und Sonntagszeitungen traf es noch härter; der Umsatz reduzierte sich um 15 Prozent auf 419 Millionen Euro (vgl. BDZV 2004, S. 7).

Dabei hat sich das Verhältnis der Einnahmen aus Anzeigen und Vertrieb verschoben. Als traditionelle Faustregel galt, dass rund zwei Drittel der Einnahmen aus dem Anzeigengeschäft kommen (vgl. Keuper/Hans 2003, S. 13). 2003 waren es nur noch 53 Prozent (vgl. BDZV 2004, S. 7). Die Ursache: Während die Vertriebserlöse weitgehend stabil blieben, gingen die Anzeigenerlöse 2002 um zwölf Prozent und 2003 um zehn Prozent zurück (vgl. Pasquay 2004, S. 6).

Auch bei den Kosten der Abonnementszeitungsverlage (alte Bundesländer) gab es in den vergangenen Jahren Verschiebungen: Der Anteil der Herstellungskosten an den Gesamtkosten sank von 1996 bis 2003 von 39 auf 29 Prozent. Dagegen legten bis auf die Verwaltung (8 Prozent) die anderen Kosten relativ zu (der Vertrieb von 19 auf 22 Prozent; die Redaktion von 21 auf 25 Prozent, die Anzeigenabteilung von 13 auf 16 Prozent) (vgl. Media Perspektiven 2001, S. 586; BDZV 2004, S. 24).

2.1.2 Zeitschriften

Der deutsche Zeitschriftenmarkt gestaltet sich sehr unübersichtlich. Das gilt zum einen für die Unternehmen der Branche, da es neben vier Verlagsschwergewichten sehr viele kleine und sehr kleine Unternehmen gibt (vgl. Heinrich 2001, S. 321).

Zum anderen gilt das auch für deren Produkte: Der Verband Deutscher Zeitschriftenverleger (VDZ) weist für Ende 2003 insgesamt 2.300 Publikumszeitschriften aus, davon 832 IVW-auflagengeprüfte Titel mit einer Auflage von 125 Millionen Exemplaren sowie 3.623 Fachzeitschriften, davon 1.075 IVW-geprüft mit 15,5 Millionen Exemplaren (vgl. Verband Deutscher Zeitungsverleger 2004). Daneben wird die Zahl der Kundenzeitschriften auf rund 3500 geschätzt (vgl. Mast 2004, S. 21), die vom VDZ teilweise als Publikumszeitschriften geführt werden. Meyn (2004, S. 109) gibt die Zahl der Zeitschriftentitel sogar mit rund 20 000 an. Auflagenstärkste Publikumszeitschrift ist die Mitgliederzeitschrift des ADAC mit rund 13,4 Millionen Exemplaren. Daneben erzielen Programmzeitschriften, Wochenblätter, Frauenzeitschriften sowie Illustrierte die höchsten Auflagen (vgl. Mast 2004, S. 21).

Trotz der gewaltigen Zahl von Titeln ist der Markt für Publikumszeitschriften stark konzentriert: Die vier Großverlage Bauer, Axel Springer, Burda und Gruner + Jahr vereinten 2004 rund 60 Prozent der Auflage auf sich; ein Wert, der seit zehn Jahren stabil ist. Bei den mindestens 14-tägig erscheinenden Zeitschriften ist die Dominanz mit 75 Prozent Marktanteil deutlich größer als bei seltener erscheinenden Titeln (vgl. Vogel 2004, S. 323).

Insgesamt steigt die Zahl der Titel stetig, was die Auflage pro Titel drückt: Bezogen auf auflagengeprüfte Titel sank die Durchschnittsauflage für die einzelne Heftnummer im März 2004 mit 170.446 Exemplaren auf den niedrigsten bisher gemessenen Wert. 1975 war die Durchschnittsauflage noch mehr als doppelt so hoch (vgl. Vogel 2004, S. 325). Sinkende Auflagen führten zu leicht rückläufigen Vertriebsumsätzen und gleichzeitig sinkenden Nettowerbeeinnahmen: 2001 und 2002 jeweils um rund sieben Prozent und 2003 um vier Prozent (vgl. Vogel 2004, S. 322).

Darum hat sich der Wettbewerb zwischen den Branchenführern in den zurückliegenden Jahren verschärft: „Der Umgang der vier Konzerne miteinander wird rauer, Preiskämpfe und einstweilige Verfügungen prägen jetzt öfters das Tagesgeschehen" (vgl. Vogel 2004, S. 329). Durch Kostensenkungsprogramme versuchen sie, ihre Renditen zu sichern. Viele Kleinstverlage mit Nischenprodukten konnten sich diesem Druck eine Zeit lang entziehen, doch nach drei Jahren Flaute bekommen auch sie Probleme. Sie reagieren mit verminderter Erscheinungsweise ihrer Titel oder mit vorübergehenden oder vollständigen Titeleinstellungen – ohne, dass dies registriert wird, denn „viele Marktaustritte werden nicht fachöffentlich mitgeteilt" (vgl. Vogel 2004, S. 323).

Die Kostenstruktur der Publikumszeitschriften unterscheidet sich deutlich von der bei Tageszeitungen. Tabelle 1 stellt die Produktionskostenverteilungen gegenüber.

	Zeitungsverlage	Zeitschriftenverlage
Fertigung	35 %	25 %
Redaktion	22 %	25 %
Overhead	16 %	11 %
Distribution	11 %	5 %
Papier	11 %	17 %
Marketing	5 %	17 %

Tabelle 1: Kostenstruktur bei Zeitungs- und Zeitschriftenverlage (vgl. Keuper/Hans 2003, S. 109)

Die Erlösstruktur in der Zeitschriftenbranche hängt vom Segment ab: Während der nur Zeitschriften produzierende Heinrich Bauer Verlag 76 Prozent aus dem Vertrieb und nur rund 20 Prozent seiner Erlöse aus dem Anzeigengeschäft erwirtschaftet (vgl. Keuper/Hans 2003, S.13), gleichen die Einnahmen der Fachpresse mit 50 Prozent Anzeigen- und 50 Prozent Vertriebserlösen eher den Tageszeitungen. Die Einnahmen der 3.623 Fachzeitschriften sind im Branchendurchschnitt allerdings breiter gefächert: Nur rund zwei Drittel kommen aus der Zeitschrift selbst, 26 Prozent erwirtschaften sie mit Fachbüchern, Loseblattsammlungen und CD-ROMs, weitere zwei Prozent der Umsätze kommen aus Online-Angeboten (vgl. Deutsche Fachpresse 2003).

2.1.3 Anzeigenblätter

Anzeigenblätter spielen eine unterschiedliche publizistische Rolle; abhängig vom streuenden journalistischen Gehalt der kostenlos an die Haushalte im Verbreitungsgebiet verteilten Blätter. Anfang 2004 erschienen nach Angaben des Bundesverbands Deutscher Anzeigenblätter, BVDA 1.288 Anzeigenblätter mit einer Auflage von rund 85 Millionen Exemplaren, davon 96 Prozent wöchentlich (vgl. Bundesverband Deutscher Anzeigenblätter 2004).

Die Blätter werden von 479 Verlagen herausgegeben. Viele davon sind im Besitz der regionalen Tageszeitungsverlage. Diese haben versucht, ihre dominierende Stellung im Print-Anzeigenmarkt zu schützen, indem sie selbst Anzeigenblätter im Markt platziert haben (um Markteintritte zu verhindern) oder die Anzeigenblattverlage aufgekauft haben. Es geht dabei um einen bedeutenden Markt: Anzeigenblätter haben sich als viertes Massenmedium bei der Verteilung des Werbekuchens etabliert. Mit Netto-Werbeeinnahmen von 1,75 Milliarden Euro lagen sie 2003 dicht hinter den Publikumszeitschriften (1,86 Milliarden Euro) und deutlich hinter dem Fernsehen (3,81 Milliarden Euro) und den Tageszeitungen (4,45 Milliarden Euro). Die Anzeigenblätter setzen jedoch mehr als drei Mal so viel mit Werbung um wie der gesamte Hörfunk (0,58 Milliarden Euro). Und während die Tageszeitungen in den vergangenen zehn Jahren an Werbeumsätzen verloren, legten die Anzeigenblätter um über 20 Prozent zu – und wuchsen damit doppelt so schnell wie die Publikumszeitschriften (vgl. BDZV 2004, S. 19; Heffler 2004; Zentralverband der deutschen Werbewirtschaft, ZAW 2004).

2.1.4 Nachrichtenagenturen

Während Anzeigenblätter wirtschaftlich eine wichtige Rolle spielen und publizistisch oft eine weniger bedeutende, ist es bei Nachrichtenagenturen umgekehrt. Als Informationszulieferer ist ihr Einfluss auf die Themensetzung und -bearbeitung enorm: Alle Zeitungs-, Fernseh- und Hörfunkredaktionen sind auf ihre Nachrichten angewiesen. Die Deutsche Presse-Agentur (dpa) setzte als größte Nachrichtenagentur 2003 gerade einmal 100 Millionen Euro um (vgl. dpa 2004).

In Deutschland konkurrieren fünf Agenturen: die Deutsche Presse-Agentur (dpa), die Agence France-Presse (AFP), die Associated Press (AP), Reuters sowie Deutscher Depeschendienst (ddp), der jedoch mit wirtschaftlichen Problemen kämpft und im September 2004 Insolvenz angemeldet hat. Hinzu kommen spezialisierte Agenturen wie die Vereinigten Wirtschaftsdienste (VWD), der Sport-Informationsdienst (SID) und die kirchlichen Agenturen Katholische Nachrichten-Agentur (KNA) und Evangelischer Pressedienst (EPD). Dabei hat dpa eine Sonderstellung, die auch ihre Marktführerschaft sichert: Zahlreiche Tageszeitungen und Rundfunkveranstalter sind nicht nur Kunden, sondern auch Gesellschafter des fast schon genossenschaftlich organisierten Unternehmens.

2.1.5 Buchbranche

Ist die Zeitschriftenbranche unübersichtlich, so wirkt die Buchbranche geradezu uferlos. Im Adressbuch des deutschsprachigen Buchhandels sind rund 22.000 buchhändlerische Unternehmen verzeichnet – davon zwei Drittel Verlage. Dort finden sich jedoch auch Universitätslehrstühle, Vereine und Institute, die nur sporadisch Publikationen herausbringen (vgl. Börsenverein des Deutschen Buchhandels). Die bedeutenderen Unternehmen sind im Börsenverein des Deutschen Buchhandels zusammengeschlossen, der 1.827 Verlage als Mitglieder zählt (vgl. Börsenverein des deutschen Buchhandels 2004).

Während große Verlage auch durch Unternehmenskäufe weiter wachsen, sind die mittleren Verlage unter wirtschaftlichen Druck geraten. Übernahmen und Pleiten gehören fast schon zum Tagesgeschäft. Bei den kleinen und Kleinst-Verlagen gibt es eine hohe Fluktuation; scheiden welche aus dem Markt aus, entstehen neue.

Im Jahr 2003 wurde mit einer Produktion von 774 Millionen Büchern eine Umsatz von rund 8,4 Milliarden Euro erzielt, wobei 45 Prozent der Bücher in die Kategorie „Adressbücher, andere Bücher, Broschüren und ähnliche Druckerzeugnisse" fallen (vgl. Börsenverein des Deutschen Buchhandels 2004). Unbeeindruckt von leicht fallenden Umsätzen steigt mittelfristig die Zahl der Erstauflagen weiter: 2003 erreichte jedoch mit 61.538 Titeln nicht das Rekordjahr 2001 mit 68.399 Titeln (vgl. Börsenverein des deutschen Buchhandels 2004; Media Perspektiven 2003, S. 56).

2.2 Elektronische Medien

Im Bereich der elektronischen Medien sind Produktion und Vertrieb, Produktionsunternehmen und Sender stärker getrennt als im Bereich der Print-Medien. TV- und Kinofilm-Produktionsunternehmen liefern den Fernsehunternehmen, den Kino- sowie den Video-/DVD-Handel zu; die Musikbranche liefert den Hörfunkprogrammen den Rohstoff und vertreibt über den Musik-Handel; im Internet sind Infrastrukturanbieter und Inhalteanbieter bis auf die Portale wie T-Online, AOL oder MSN getrennt.

2.2.1 TV- und Kinofilm-Produktionsunternehmen

Rund 5.300 Unternehmen arbeiteten nach der Umsatzsteuerstatistik im Jahr 2000 im Sektor Film- und Videoherstellung und erwirtschafteten einen Umsatz von sechs Milliarden Euro. Gesamtwirtschaftlich gesehen ist dies eine sehr kleine Branche mit einer Beteiligung von 0,1 Prozent am Bruttoinlandsprodukt (vgl. Deutsches Institut für Wirtschaftsforschung, DIW 2002, S. 8).

41 Prozent dieses Umsatzes entfiel nach einer Umfrage des DIW auf rund 1.600 TV-Produktionsunternehmen, acht Prozent auf etwa 450 Kino-

filmproduzenten, sieben Prozent auf circa 240 Werbefilmunternehmen und drei Prozent auf rund 800 Industriefilmproduzenten. Die restlichen 41 Prozent erzielten nicht die Produktionsunternehmen, sondern die etwa 2.200 Produktionsdienstleister aus Bereichen wie Postproduktion, Beleuchtung oder Synchronisation (vgl. DIW 2002, S. 7–8).

Hinsichtlich der Zahl der Unternehmen dominieren in der Branche die Kleinstunternehmen: Im Jahr 2000 machten 71 Prozent der „filmwirtschaftlichen Produktionsunternehmen" laut Umsatzsteuerstatistik weniger als eine halbe Million Euro Umsatz, 26 Prozent kamen auf bis zu fünf Millionen Euro und nur 3,6 Prozent lagen über dieser Marke (vgl. DIW 2002, S. 6).

Auch die TV-Produktionsunternehmen sind überwiegend Kleinunternehmen mit geringer Kapitalausstattung (vgl. Altendorfer 2004, S. 79). 30 Prozent davon waren in Jahr 2000 über direkte oder indirekte Beteiligungen an die TV-Unternehmen angebunden (vgl. Röper 2004a, S. 60; Media Perspektiven 2003, S. 30); sie produzierten mit der Hälfte der von den TV-Unternehmen vergebenen Aufträge überproportional viel. Diese Unternehmen erwirtschaften auch spürbar bessere Renditen als die unabhängigen Produzenten (vgl. Pätzold/Röper 2002; Pätzold/Röper 2003, S. 33–34).

Trotz der Vielzahl von Unternehmen war die Branche schon im Jahr 2000 stark konzentriert, was sich in Zeiten fallender Produktionsvolumina je Firma noch verstärkt hat. Die RTL Group vereinigte bereits 14 Prozent des Produktionsvolumens auf sich, die drei größten TV-Produzenten hatten 2000 einen Marktanteil von 29 Prozent, die zehn größten einen Anteil von 49 Prozent. Auch räumlich war die Konzentration sehr stark: An den vier Standorten Köln, München, Berlin und Hamburg konzentrierten sich 86 Prozent des Produktionsvolumens (vgl. DIW 2002, S. 25; Pätzold/Röper 2003, S. 24–28).

Ein Sonderfall stellen die Kinofilmproduzenten dar: Die rund 450 Unternehmen bringen jährlich nur 100 bis 120 Spielfilme zur Erstaufführung (vgl. Spio 2003; Media Perspektiven 2003, S. 59), viele halten sich mit TV-Produktionen über Wasser. Rund die Hälfte der Kinofilmproduzenten macht unter einer halben Million Euro Umsatz jährlich; nur eine Handvoll Unternehmen kommt auf mehr als fünf Millionen Euro Jahresumsatz (vgl. Spio 2003). Die Branche der Kinofilmproduzenten ist also bestenfalls „sehr mittelständisch organisiert" (vgl. Pätzold/Röper 2003, S. 30).

2.2.2 Fernseh-Unternehmen

In den zurückliegenden Jahren hat sich die Zahl der Fernsehprogramme in Deutschland bei 37 eingependelt. 15 davon sind öffentlich-rechtlich, 22 privat. Damit hat Deutschland eine der „vielfältigsten Fernsehlandschaften der Welt" (vgl. Mast 2004, S. 29; Kommission zur Ermittlung der Konzentration im Medienbereich, KEK, 2003, S. 95).

Die öffentlich-rechtlichen Sendeanstalten und die privaten TV-Unternehmen unterscheiden sich elementar: Die Einnahmen der ARD mit ihren Dritten Programmen und des ZDF kommen vor allem aus Pflicht-Rundfunkgebühren. 2004 waren es 6,7 Milliarden Euro. Das ZDF finanziert sich zu 85 Prozent aus diesen Gebühren, die ARD sogar zu 95 Prozent (vgl. Mast 2004, S. 28). Aufgrund dieser Finanzierung und der fehlenden unternehmerischen Gewinnerzielungsabsicht zählen die öffentlich-rechtlichen Sendeanstalten nicht zu den Medienunternehmen.

Die TV-Unternehmen finanzieren sich zu 72 Prozent aus Werbung und Sponsoring, zehn Prozent aus Abogebühren, sieben Prozent aus Teleshopping und zu elf Prozent aus sonstigen Erlösen (vgl. Breyer-Mayländer/Werner 2003, S. 143).

Die Programme teilen sich in drei Gruppen: RTL und Sat.1 liegen nach Marktanteilen zusammen mit ARD, ZDF und den dritten ARD-Programmen insgesamt deutlich vorn; ProSieben führt eine „Verfolgergruppe" an, zu der auch die mittelgroßen Programme RTL II, Kabel 1, VOX und Super RTL gehören. Die anderen sind Zielgruppenkanäle mit Marktanteilen von weniger als einem Prozent – dazu gehören etwa die Sportprogramme DSF und Eurosport, die Nachrichtenprogramme n-tv und N24, die Musikprogramme MTV, MTV2 Pop, VIVA und VIVA Plus oder das Spieleprogramm 9live.

Die dominierenden Privatprogramme werden von zwei Gruppen produziert. Auf der einen Seite steht die RTL Group, an der Bertelsmann direkt und indirekt mehr als 80 Prozent der Anteile hält. Ihr werden die Programme RTL, RTL II, Super RTL, VOX und n-tv zugerechnet. Auf der anderen Seite steht die ProSiebenSat.1 Media AG, deren stimmberechtigte Stamm-Aktien zu 88 Prozent von der Saban-Gruppe (P/S1 Holding) und zu zwölf Prozent vom Axel Springer-Verlag gehalten werden. Zu ihr gehören Sat.1, ProSieben, Kabel 1, N24 und 9live. Aber auch die Weltkonzerne AOL Time Warner (n-tv, VIVA), Viacom (MTV) oder Walt Disney (Super RTL, RTL II) sind auf dem deutschen Fernsehmarkt vertreten (vgl. KEK 2003, S. 80). Eine Sonderstellung nimmt Premiere als einziges Pay-TV-Unternehmen ein. Seine Anteile werden mehrheitlich von der Investorengruppe Permira gehalten (55 Prozent); weitere große Anteilseigner sind der Geschäftsführer Dr. Georg Kofler (20 Prozent) und Banken (zusammen 24 Prozent).

2.2.3 Kino- und Video/DVD-Branche

Die Produkte der Filmbranche werden natürlich nicht nur von den Fernseh-Unternehmen ausgewertet. Die Filmverleiher, die Filmtheater und die Video/DVD-Branche sind weitere Auswerter.

Ähnlich wie zahlreichen TV-Produktionsunternehmen nur eine kleine Anzahl von TV-Unternehmensgruppen gegenüberstehen, treffen die Kinofilmproduzenten auf eine oligopolistische Marktstruktur der Filmverleiher: Die fünf amerikanischen Majors Warner Brothers Film, Twentieth Century Fox, United International Pictures, Columbia TriStar und Buena Vista International teilten 2003 rund 80 Prozent der deutschen Verleihumsätze von 384 Millionen Euro (vgl. Spitzenorganisation der Filmwirtschaft 2004) unter sich auf.

Mehr als doppelt so viel Umsatz wie die Filmverleiher machten 2003 die 1.848 Filmtheater mit ihren 4.847 Leinwänden: Sie kamen nach Angaben der Filmförderungsanstalt auf einen Umsatz von 850 Millionen Euro (vgl. Filmförderungsanstalt 2004).

Den mit Abstand größten Umsatz macht die zweite Auswertungsstufe: Die Video/DVD-Branche hat die Verleiher und Kinos deutlich abgehängt. Sie setzte 2003 knapp 1,6 Milliarden Euro um; davon knapp 1,3 Milliarden Euro durch den Verkauf von Videos und DVDs, den Rest durch den Verleih (vgl. Turecek et al. 2004, S. 226; Bundesverband Audiovisuelle Medien 2004). Kaum eine Branche boomt so stark: Im Jahr 2000 setzte sie noch weniger als eine Milliarde Euro um (vgl. Media Perspektiven 2003, S. 60), 2003 wurde dieser Umsatz allein mit dem Verkauf von DVDs erzielt (vgl. Turecek et al. 2004, S. 227).

2.2.4 Musikbranche

Rund 400 Musikverlage zählt das Deutsche Musikinformationszentrum, zusätzlich gibt es rund 1.000 Tonträgerhersteller in Deutschland. Sie erzielten 2003 einen Branchenumsatz von 1,8 Milliarden Euro, verkauften 183 Millionen „Musikmedien", also Tonträger und Musikvideos auf DVD und VHS (vgl. Phonoverbände 2004a, S. 8). Etwa drei Viertel des Marktes teilen vier Gruppen untereinander auf: die 2004 fusionierte Sony BMG, Universal Music, EMI und Warner Music.

Die Branche hat jedoch mit Schwierigkeiten zu kämpfen – unter anderem wegen zahlloser Raubkopien im Internet und dem zaghaften Aufbau legaler Download-Angebote: Nach Umsatzverlusten von jeweils zehn Prozent in den Jahren 2001 und 2002 brach der Umsatz im Jahr 2003 um 20 Prozent ein. Damit ist die Branche unter das Umsatzniveau von 1989 gefallen (vgl. Phonoverbände 2004a, S. 7–8). Da wird es schon als Erfolg gefeiert, wenn im ersten Halbjahr 2004 der Absatz nur um drei Prozent zurückgeht (vgl. Phonoverbände 2004b). Und die großen Labels scheinen langsam wieder aus den roten Zahlen zu kommen: Die Bertelsmann-Musiksparte BMG weist erstmals wieder im ersten Halbjahr 2004 einen Betriebsgewinn aus.

Größere Probleme haben nach wie vor die kleineren Produzenten, die Independent-Labels. Ein Indiz dafür ist die Pleite der EFA Medien GmbH, der ältesten und vergleichsweise größten Vertriebsfirma für unabhängige Produktionen.

2.2.5 Hörfunk

Der Hörfunkmarkt ist räumlich stark zersplittert. In Deutschland gibt es neben den öffentlich-rechtlichen Programmen Deutsche Welle, Deutschlandfunk und DeutschlandRadio Berlin nur landesweite und regionale Programme. Laut ZAW sind es 2004 insgesamt 331 Programme, davon 62 öffentlich-rechtliche (vgl. ZAW 2004, S. 297).

Viele Zeitungsverlage sind an Hörfunk-Unternehmen beteiligt: Je nach landesspezifischer Gesetzeslage sind es lokale und regionale Zeitungsverlage, aber auch Medienkonzerne wie Bertelsmann, Axel Springer, Burda oder WAZ haben Standbeine im Radiomarkt (vgl. Röper 2004a). Eine marktbeherrschende Stellung ist jedoch nicht in Sicht: Bundesweit erreicht kein Anbieter mit seinen Beteiligungen auch nur annähernd 30 Prozent Marktanteil (vgl. Altendorfer 2001, S. 112).

Allerdings werden Teilmärkte von einigen Anbietern beherrscht. So dominieren vier Unternehmen den Markt der Rahmenprogramme und Radiozulieferer – die RUFA, eine Tochter der dpa, Radio NRW in Oberhausen, die BLR Dienstleistungsgesellschaft in München und FM Radio Network in Augsburg (vgl. Altendorfer 2001, S. 113). Auch die Vermarktung der Radiowerbezeiten ist stark konzentriert: Die Radio Marketing Service RMS hat einen Umsatzmarktanteil von rund 60 Prozent am gesamten Hörfunkmarkt; die ARD vermarktet weitere 35 Prozent (vgl. Heffler 2004, S. 247).

Deutlich sinkende Werbeumsätze und bilanzielle Verluste einer Reihe von Unternehmen führen dazu, dass Mehrfachverwertungen von Beiträgen, die Zulieferung von Nachrichten und themenspezifischen Beiträgen (Syndication) und Zusammenschaltung in Mantelprogrammen zunehmen. Aufsichtsbehörden wie die Landesanstalt für Medien NRW haben bereits die Anforderungen an einige Regionalprogramme gesenkt: Statt der gesetzlich vorgesehenen acht Stunden täglich für lokale Inhalte müssen sie weniger Stunden senden.

2.2.6 Internet

Das Internet hat in vielerlei Hinsicht eine enorme Bedeutung gewonnen. Doch als eigenständiger Wirtschaftsfaktor spielt es noch keine überragende Rolle. Allen früheren Prognosen zum Trotz erreichte etwa die Online-Werbung im Jahr 2003 mit 246 Millionen Euro in Deutschland nur einen Marktanteil von 1,3 Prozent – auch, wenn diese Zahlen nur drei Viertel des Marktes widerspiegeln (vgl. Breunig 2004, S. 394–396; ZAW 2004). Auch die Wachstumsraten schwächeln: Nach Wachstumsraten von mehr als 20 Prozent in den Jahren 2001 und 2002 legte der Nettowerbeumsatz 2003 laut ZAW nur noch um acht Prozent zu; die Bruttoumsätze gingen im ersten Halbjahr 2004 sogar zurück, obwohl neue Vermarkter zusätzlich in die Statistik aufgenommen wurden (vgl. Breunig 2004, S. 395–396).

Die Vermarktung der Internetwerbung liegt inzwischen vorwiegend in den Händen spezieller Online-Vermarkter. Die klassischen Medien sind aus diesem Geschäft wieder ausgestiegen: Sowohl der Axel Springer Verlag wie auch der private Radiovermarkter RMS haben ihre eigene Onlinevermarktung aufgegeben (vgl. Breunig 2004, S. 399–404). Auch ins reine Online-Geschäft sind nur wenige Verlage eingestiegen. So betreiben die Zeitungsverlage Holtzbrinck, WAZ und die Ippen-Gruppe gemeinsam das Immobilien-Webportal Immowelt. Der Immobilienportal-Marktführer Scout 24, konnte 2003 bei 13 Millionen Euro Umsatz einen Gewinn von drei Millionen Euro vor Steuern erzielen. Das es sich dabei um einen abstrakten Markt handelt, zeigt Jaklin (2004).

Auf anderen Gebieten agieren die traditionellen Marktführer weniger konsequent: So versuchen die überregionalen Tageszeitungen ihre dramatisch abschmelzenden Stellenmarktanteile durch Print-/Online-Kombinationen zu halten; erst seit kurzem versuchen sie, Online-Inserate auch ins Print-

Medium zu ziehen. Trotzdem greifen sie die neue Konkurrenz nicht auf dem Online-Terrain direkt an (vgl. Meyer-Lucht 2003, S. 12).

Auch eine offensive Strategie im Sinne einer Marktführerschaft unter den deutschen Nachrichtensites haben die überregionalen Abonnementzeitungen nie angestrebt (vgl. Meyer-Lucht 2003, S. 12). Darum haben sie sich auch bei den Nutzerzahlen nicht gegen die Internetportale durchgesetzt: Zwar erwarten fast zwei Drittel der Internetnutzer von Medienanbietern auch ein eigenständiges Onlineangebot (vgl. von Eimeren et al. 2004, S. 363), doch bei der Nutzung liegen mit einigem Abstand die Portale T-Online, AOL und MSN an der Spitze. Danach folgen die Zeitschriften-Marken Spiegel und Focus, die TV-Marken RTL und n-tv sowie Bild.T-Online. Die großen nationalen Zeitungen (Süddeutsche Zeitung, die Frankfurter Allgemeine Zeitung, die Welt, die Financial Times Deutschland, das Handelsblatt und die Wochenzeitung Zeit) folgen mit einigem Abstand.

Unter den regionalen Zeitungen spielt vor allem die Rheinische Post im Vorderfeld mit, die mit rp-online mit hohen Investitionen und einer eigenen Redaktion ein eigenständiges Internetangebot aufgebaut hat. Die anderen rund 400 Zeitungen im Internet (vgl. Mast 2004, S. 24) spielen zumeist nur eine Rolle als flankierendes Angebot zur Print-Ausgabe.

Auch bei Web-TV und Web-Radio sind die Nutzerzahlen überschaubar: Während rund 50 Millionen Menschen pro Tag Radio hören, nutzen nicht einmal ein halbes Prozent davon Web-Radio (vgl. Mast 2004, S. 690).

Durchweg wird die Nutzung des Internets selektiver: Die Nutzerschaft wächst nur noch gering, die Zahl der besuchten Sites wird kleiner, die Nutzungs- und Verweildauer nahm 2004 erstmals ab (vgl. von Eimeren et al. 2004, S. 355–361). Für die Internetunternehmen, die schätzungsweise erst zur Hälfte schwarze Zahlen schreiben (vgl. Mast 2004, S. 196), besteht eine zusätzliche Herausforderung: Die Zahl der deutschen Internetnutzer, die für Angebote zu zahlen bereit sind, nimmt ab. 2001 waren es noch 27 Prozent, 2004 nur noch 18 Prozent (vgl. von Eimeren et al. 2004, S. 358).

3 Entwicklungstendenzen in der Medienbranche

Zwei Phänomene dominieren die Entwicklung in der Medienbranche: Auf ökonomischer Ebene sinken auf breiter Front die Erlöse, der Kostendruck nimmt zu. Auf technischer Ebene verändern Digitalisierung und Vernetzung die Arbeit aller Medienunternehmen.

3.1 Ökonomische Trends: Konsolidierung und Synergien

Wie bereits beschrieben, sinken in allen Mediensektoren tendenziell die Erlöse – mehr oder weniger stark. Darum standen nach den Diversifizierungsanstrengungen zur Jahrtausendwende in den Jahren 2002, 2003 und 2004 sowohl in kleinen Medienunternehmen wie in den großen Medienkonzernen die Konsolidierung und Umstrukturierung im Vordergrund. Tendenziell wurden in Deutschland Randaktivitäten eingestellt, Vertriebsgebiete arrondiert, Risiken verringert und Personal abgebaut. In der Medienbranche greift vermehrt ein Trend, der in der Konsumgüterindustrie längst umgesetzt wird: Die „Kundenschnittstelle", die Marke, wird gepflegt, die Produktion im Hintergrund wird radikal rationalisiert. Das hat auch die Medienbranche bis in die inhaltliche Produktion hinein erfasst. Die Wirtschaftsnachrichtenagentur vwd lässt englischsprachige Meldungen nicht mehr in Deutschland ins Deutsche übersetzen, sondern von Deutschen in Budapest – für ein Fünftel weniger Gehalt als in Deutschland (vgl. Pönitz 2004).

Rationalisierung in der Inhalteproduktion – das heißt auch Mehrfachverwertung der Information. So wird aus dem Material eines Reiseführers zusätzlich ein Kalender, aus der Tageszeitungsserie wird ein Buch, aus der Jahreschronologie wird ein Lexikon, ein Infodienst für tagesaktuelle Verlage, eine historische Zeitschrift. Crossmedial ausgewertet werden aber nicht nur konkrete Inhalte, sondern auch (selbstgeschaffene) Marken. Prominentes Beispiel: „Deutschland sucht den Superstar" (DSDS). Herz der Marke war die Samstagsabendshow auf RTL, die flankiert wurde durch ein Magazin auf VOX sowie täglichen Berichten, Interviews und Reportagen auf RTL, VOX und VIVA interaktiv. CDs der Songs, DVDs und Videokassetten der Show, Internetangebote, Merchandisingartikel und Fanzeitschriften sorgten für eine Rundum-Präsenz. Das Ergebnis: Die Show hatte Marktanteile zwischen 22 und 60 Prozent, die ersten vier Ausgaben des Print-Magazins hatten über eine Million Auflage, die CDs waren wochenlang auf Platz 1 der Charts (vgl. Köhler/Hess 2004, S. 32). Von Beginn an wurden alle Aktivitäten eines Projektnetzwerks in einem Team gebündelt. RTL Television erarbeitete Produktkonzeption und Markenstrategie, wählte Partner (vorzugsweise aus dem Bertelsmannkonzern) aus, schloss Kooperationsverträge für die Dauer des Projekts, teilte Aufgaben zu und vereinbarte Anteile am Umsatz des Gesamtprojekts. Danach entwickelten die Partner ihre Produkte für unterschiedliche Medien – abgestimmt, aber parallel und dezentral. Die

Vorteile: Die Kosten für die Etablierung der Marke und der Herstellung der Inhalte werden auf mehrere Unternehmen verteilt; Inhalte und Marke können besser genutzt werden und eine große sowie differenzierte Auswahl von Produkten kommt gleichzeitig auf den Markt (vgl. Köhler/Hess 2004, S. 33–36).

Voraussetzung für die Nutzung solcher Vorteile ist ein einheitlicher Marktauftritt – wie das Beispiel Harry Potter zeigt. Die Merchandisingerlöse zum ersten Kinofilm entsprachen unter anderen deswegen nicht den (hohen) Erwartungen, weil der Markenauftritt etwas diffus war: Auf dem deutschen Buchcover war ein anderer Harry Potter abgebildet als auf dem englischsprachigen und hinzu kam der „reale" Harry aus dem Kinofilm. Und alle drei Harrys geisterten parallel durch die Medien- und Produktwelt.

Hier zeigt sich die entscheidende und zunehmende Bedeutung von Rechten: Wer die grundlegenden Rechte besitzt, kann die einheitliche Auswertung steuern. In dieser Hinsicht haben es neugeschaffene „Retorten-Marken" einfacher als gewachsene Künstler- oder Autorenmarken, deren Rechte häufig zersplittert sind – bei Harry Potter reichten dafür schon wenige Jahre.

Die Konsequenz für Medienunternehmen: Wenn sie nicht selbst die Kraft haben, Marken, Themen, Trends zu setzen, werden sie sich zunehmend in medienübergreifende Kooperationen einbringen müssen. Dabei haben integrierte Medienkonzerne einen Startvorteil, weil sie mehrere Medienbranchen unter einem Dach vereinen.

Auf der anderen Seite gilt es, die Inhalte effizienter an die eigenen Kunden zu bringen. Bei Unternehmensübernahmen in der Telekommunikations- oder Energiebranche wurde je Kunde mehr als 1.000 Euro bezahlt – in der Hoffnung, diesen Kunden ein breites Bündel von Produkten verkaufen zu können. Welcher Wert schlummert dann in der Abonnentenkartei einer Tageszeitung oder einer Fachzeitschrift, die auch noch über ein eigenes Medium zur Ansprache ihrer Kunden verfügen? Ob die Tageszeitung Leserreisen vermittelt, eine Buchreihe vermarktet oder Musik-CDs verkauft, ob das TV-Unternehmen über seinen Club Handys oder Computer verkauft; Die Medien haben gerade erst begonnen, ihre Kundenkontakte effektiver zu nutzen.

Neue Produkte werden in der allgemeinen Konsolidierung meist entlang der skizzierten Synergien platziert. So nutzen neue kostenlose oder kleinformatige Tageszeitungen die redaktionellen Ressourcen der „normalen" Ausgabe und für die Online-Ausgabe werden viele Artikel gekürzt und neu proportioniert. Die Logistikkompetenz und -ressourcen der terminsensiblen

Zeitungszustellung nutzte der WAZ-Konzern, um mit dem Westdeutschen Postservice in die Briefzustellung einzusteigen.

Es können auch über das Medium direkt neue Umsätze geschaffen werden: In TV-Chartshows werden die laufenden Titel zum Musik-Download und als Handy-Klingelton angeboten; bei „Deutschland sucht den Superstar" entsprachen die Einnahmen aus den Zuschaueranrufen schon etwa den Erlösen aus den ausgestrahlten Werbeblöcken. Das TV-Unternehmen 9live bezieht seine Einnahmen fast ausschließlich aus gebührenpflichtigen Anrufen bei Gewinnspielen. Drei Jahre nach seiner Gründung hat 9live im Jahr 2003 bei einem Umsatz von rund 80 Millionen Mark eine Umsatzrendite von 37 Prozent (vgl. Lambrecht 2004). Die anderen privaten Programme haben die Einnahmequelle „Gewinnspiele" schnell in ihr Nachtprogramm integriert. Direkte Produktumsätze machen inzwischen nicht nur die Home-Shopping-Kanäle: 123tv bringt das ebay-Konzept ins Fernsehen und versteigert Waren live im TV.

3.2 Technische Trends: Digitalisierung und Vernetzung

Auch wenn viele die Digitalisierung schon fast für eine Selbstverständlichkeit halten: Die Digitalisierung und die Anpassung an deren Konsequenzen ist noch in vollem Gange. So hat die Musikindustrie jahrelang hilflos auf die Musiktauschbörsen im Internet gestarrt, bevor schließlich legale Downloads angeboten wurden. Die Umstellung auf digitales Fernsehen läuft jedoch erst an; beim Hörfunk verläuft sie außerordentlich zäh. So werden Journalistinnen und Journalisten künftig mehr und mehr multimedial unterwegs sein – mit der Videokamera Bilder aufzeichnen und per Netz vor Ort aktuell überspielen und danach als Standbilder an die Print-Medien weiterverkaufen, die Informationen als geschriebenen Artikel und als Rundfunkbeitrag verwerten.

Nicht nur in der Produktion, sondern auch bei den Endgeräten ist die Digitalisierung unterschiedlich weit fortgeschritten. Während die Digitalisierung des Walkman durch „iPod & Co" bereits recht weit fortgeschritten ist, sind ePaper, die Zeitungen und Zeitschriften auf einen dünnen, leichten, trag- und faltbaren Flachbildschirm bringen, noch im Entwicklungsstadium. Sicher scheint jedoch zu sein, dass der Medienkonsum zunehmend über tragbare elektronische Endgeräte stattfinden wird – insbesondere bei der jüngeren Generation. Größere Übertragungsbandbreiten und verbesserte Datenkompressionsmethoden werden zu einer zunehmenden Verbreitung beitragen – und befruchten die multimediale Auswertung der Inhalte.

Die Konsequenz für die Unternehmen: Die heute nach den Verbreitungsformen wie Ton, Bild und Daten sowie nach Trägermedien wie Papier oder TV-Bildschirm organisierten Medienunternehmen werden sich mittelfristig neu aufstellen. Digitalisierung und Vernetzung können auf der Makroebene langfristig zu einer neuen TIME-Branche (Telekommunikation, Informationstechnologie, Medien und Entertainment) führen. Aber auch auf lokaler und regionaler Ebene stellt sich die Vernetzungsfrage: Nachdem die Tageszeitungsverlage die Angriffe auf ihren Informations- und Werbemarkt zumeist durch Beteiligungen bei Anzeigenblättern und Hörfunk-Unternehmen abgewehrt haben, werden sie sich zunehmend der Konkurrenz mobiler digitaler Medien stellen müssen. Dazu müssen sie nicht zwingend alle Vertriebswege bereitstellen: Ihre Kernaufgabe ist die Erschließung und Zusammenstellung von Themen und Fakten zu einem Sortiment (Content Providing) sowie die Vermarktung dieses Sortiments unter ihrer Marke (Content Marketing).

Wenn sich die Medienbranche so organisiert, dann stellen sich die zum Anfang dieses Beitrags aufgeworfenen Fragen zur Definition eines Medienunternehmens noch einmal völlig neu.

Literaturverzeichnis

Altendorfer, O. (2001) Das Mediensystem der Bundesrepublik Deutschland. Band 1, Wiesbaden 2001.
Altendorfer, O. (2004) Das Mediensystem der Bundesrepublik Deutschland. Band 2, Wiesbaden 2004.
Altmeppen, K.-D. (2001) Gestaltungsmacht durch medienwirtschaftliches Handeln. Zur Rekursivität von Unternehmensstrategien und Machtstrukturen, in: Karmasin, M./Knoche, M./Winter, C. (Hrsg.) Medienwirtschaft und Gesellschaft I. Medienunternehmung und die Kommerzialisierung von Öffentlichkeit, Münster 2001, S. 183–195.
BDZV Bundesverband Deutscher Zeitungsverleger (2003) Zeitungen 2003, Berlin 2003.
BDZV Bundesverband Deutscher Zeitungsverleger (2004) Die deutschen Zeitungen in Zahlen und Daten, Berlin 2004.
Börsenverein des Deutschen Buchhandels (2004) Buch und Buchhandel in Zahlen, im Internet: http://www.buchhandel-bayern.de/brancheninfo/wirtschafts-zahlen.shtml, 20.10.2004
Breunig, C. (2004) Online-Werbemarkt in Deutschland 2001 bis 2004, in: Media Perspektiven (8/2004), S. 394–404.

Breyer-Mayländer, T./Werner, A. (2003) Handbuch der Medienbetriebslehre, München – Wien 2003.
Bundesverband Audiovisuelle Medien (2004) Der deutsche Videomarkt, im Internet: http://www.bvv-medien.de/facts/factframes.html, 20.10.2004.
Bundesverband Deutscher Anzeigenblätter (2004) Der Anzeigenblattmarkt in Deutschland 2004, im Internet: http://www.bvda.de/pages3/0201_d.jsp?id=12084&kat=null, 31.03.2005.
Deutsche Fachpresse (2003) Fachpresse-Statistik 2003, im Internet: http://www.deutsche-fachpresse.de/mediabase/documents/1_Statistik_2003.pdf, 31.03.2005.
DIW Deutsches Institut für Wirtschaftsforschung (2002) Film- und Fernsehwirtschaft in Deutschland 2000/2001, München 2002.
Deutsche Presseagentur (2004) Pressemitteilung vom 17.6.2004, im Internet: www.dpa.de, 20.10.2004.
Filmförderungsanstalt (2004) im Internet: www.ffa.de, 20.10.2004
Frühschütz, J. (2000) Lexikon der Medienökonomie: Beschaffung – Produktion – Absatz, Frankfurt/Main 2000.
Gablers Wirtschaftslexikon (2004) Alisch, K./Achleiter, A.-K. (Hrsg.), 16. Aufl., Wiesbaden 2004.
Hachmeister, L. (2002) Einleitung: Medienpolitik und Wirtschaftskrise, in: Hachmeister, L./Rager, G. (Hrsg.) Wer beherrscht die Medien? Die 50 größten Medienkonzerne der Welt. Jahrbuch 2003, München 2002, S. 7–30.
Hachmeister, L./Rager, G. (Hrsg.) (2002) Wer beherrscht die Medien? Die 50 größten Medienkonzerne der Welt. Jahrbuch 2003, München 2002.
Hass, B.H. (2002) Geschäftsmodelle von Medienunternehmen. Ökonomische Grundlagen und Veränderungen durch neue Informations- und Kommunikationstechnik, Wiesbaden 2002.
Heffler, M. (2004) Der Werbemarkt 2003, in: Media Perspektiven (6/2004), S. 242–250.
Heinrich, J. (2001) Medienökonomie. Bd 1: Mediensystem, Zeitung, Zeitschrift, Anzeigenblatt, 2. Aufl., Wiesbaden 2001.
Jaklin, P. (2004) Web-Inserate kehren in die Zeitung zurück, in: Financial Times Deutschland 13.10.2004, S. 5.
Jaklin, P./Smolka, K.M. (2004) Neue Tabloid-Zeitungen buhlen um junge Leser, in: Financial Times Deutschland 14.9.2004, S. 5.
Karmasin, M. (2001) Das Medienunternehmen als kommunikationswissenschaftliches und ökonomisches Betrachtungsobjekt. Konturen einer Theorie der Medienunternehmung, in: Karmasin, M./Knoche, M./Winter, C. (Hrsg.) Medienwirtschaft und Gesellschaft I. Medienunternehmung und die Kommerzialisierung von Öffentlichkeit, Münster 2001, S. 11–20
Keuper, F./Hans R. (2003) Multimedia-Management. Strategien und Konzepte für Zeitungs- und Zeitschriftenverlage im digitalen Informationszeitalter, Wiesbaden 2003.
Kiefer, M.L. (2001) Medienökonomik: Einführung in eine ökonomische Theorie der Medien, München – Wien – Oldenburg 2001.

Kleinsteuber, H.J./Thomaß, B. (2004) Medienökonomie, Medienkonzerne und Konzentrationskontrolle, in: Altmeppen, K.D./Karmasin, M. (Hrsg.) Medien und Ökonomie. Band 2: Problemfelder der Medienökonomie, Wiesbaden 2004, S. 123–158.

Köcher, A. (2001) Medien-Controlling im Spannungsfeld von Wirtschaft und Kultur, in: Karmasin, M./Knoche, M./Winter, C. (Hrsg.) Medienwirtschaft und Gesellschaft I. Medienunternehmung und die Kommerzialisierung von Öffentlichkeit, Münster 2001, S. 149–158.

Köhler, L./Hess, T. (2004) Deutschland sucht den Superstar. Entwicklung und Umsetzung eines cross-medialen Produktkonzepts, in: MedienWirtschaft (1/2004), S. 30–37.

Kommission zur Ermittlung der Konzentration im Medienbereich (2003) Sicherung der Meinungsvielfalt in Zeiten des Umbruchs, Potsdam 2003.

Lambrecht, M. (2004) Gewinn-Spieler, in: Financial Times Deutschland 22.6.2004, S. 29.

Mast, C. (2004) (Hrsg.) ABC des Journalismus. Ein Handbuch, 10. Aufl., Konstanz 2004.

Media Perspektiven (2001) Statistik, in: Media Perpektiven (11/2001), S. 585–586.

Media Perspektiven (2003) Basisdaten. Daten zur Mediensituation in Deutschland 2003, Frankfurt/Main 2003.

Meyer-Lucht, R. (2003) Sinkende Auflagen, Einbrüche im Anzeigengeschäft, Konkurrent Internet. Die Krise auf dem deutschen Tageszeitungsmarkt, in: Analysen der Friedrich-Ebert-Stiftung zur Informationsgesellschaft (9/2003).

Meyn, H. (1994) Massenmedien in der Bundesrepublik Deutschland, Berlin 1994.

Meyn, H. (2004) Massenmedien in Deutschland, Konstanz 2004.

Pasquay, A. (2004) Zur Lage der Zeitungen in Deutschland, in: Bundesverband Deutscher Zeitungsverleger (Hrsg.) Die deutschen Zeitungen in Zahlen und Daten, Berlin 2004, S. 5–7.

Pätzold, U./Röper, H. (2002) Fernseh- und Filmproduktionsmarkt Deutschland, Dortmund 2002.

Pätzold, U./Röper, H. (2003) Fernsehproduktionsvolumen 1998 bis 2000, in: Media Perspektiven (1/2003), S. 24–34.

Phonoverbände (2004a) Jahreswirtschaftsbericht 2003, im Internet: www.ifpi.de, 20.10.2004.

Phonoverbände (2004b) Pressemitteilung der Phonoverbände, im Internet: www.ifpi.de, 20.10.2004.

Pönitz, G. (2004) vwd – Budapester Experiment, im Internet: http://www.verdi.de/0x0ac80f2b_0x015553f7, 20.10.2004.

Röper, H. (2004a) Formationen deutscher Medienmultis 2003, in: Media Perspektiven (2/2004), S. 54–80.

Röper, H. (2004b) Bewegung im Zeitungsmarkt 2004, in: Media Perspektiven (6/2004), S. 268–283.

Schumann, M./Hess, T. (2002) Grundfragen der Medienwirtschaft. Eine betriebswirtschaftliche Einführung, 2. Aufl., Berlin etc. 2002.

Schütz, W.J. (2001) Deutsche Tagespresse 2001, in: Media Perspektiven (12/2001), S. 602–632.
Sjurts, I. (2004) Der Markt wird's schon richten!? Medienprodukte, Medienunternehmen und die Effizienz des Marktprozesses, in: Altmeppen, K.D./Karmasin, M. (Hrsg.) Medien und Ökonomie. Band 2: Problemfelder der Medienökonomie, Wiesbaden 2004, S. 159–181.
Spitzenorganisation der Filmwirtschaft (2004) Filmverleih, im Internet: http://www.buchhandel-bayern.de/brancheninfo/wirtschafts-zahlen.shtml, 20.10.2004.
Turecek, O./Grajczyk, A./Roters, G. (2003) Video- und DVD-Markt im Aufwind, in: Media Perspektiven (2/2003), S. 76–85.
Verband Deutscher Zeitungsverleger (2004) Der deutsche Zeitungsmarkt, im Internet: http://www.vdz.de/pages/static/1814.aspx, 31.03.2005.
Vogel, A. (2004) Konsolidierte Großverlage bereit zu erneutem Wachstum, in: Media Perspektiven (7/2004), S. 322–338.
von Eimeren, B./Gerhard, H./Frees, B. (2004) Internetverbreitung in Deutschland: Potential vorerst ausgeschöpft? in: Media Perspektiven (8/2004), S. 350–370.
Zentralverband der deutschen Werbewirtschaft (2004) Werbung in Deutschland 2004, Berlin 2004.

Zweites Kapitel: Die Facetten

Zweites Kapitel: Die Faserten

Interview mit Li-Chuan Evelyn Mai

Prof. Li-Chuan Evelyn Mai, Beijing Normal University, Zhuhai (China)

What is from your individual point of view the most important question media management in day-to-day practice has to deal with?

To solve everybody's problem, let the process go smoothly.

What is the most important answer media management in theory has given in the last year?

Since 2002 China became one of members of WTO, Chinese media has been preparing to face more competitions. Merger and consolidation occurred frequently in last year. State owned media merged together in order to compete with foreign media groups. Moreover, Government provides less money then before, most media have to generate profits and formulate strategies to extend market.

Does "the media" create culture or is the cultural context influencing the media?

There is no doubt, media can create popular culture, national culture or cultural context also influences media.

What do you see as "media culture"? Is there something like a "most efficient media culture" in terms of economical measures? If so, how could it be measured and applied to media companies?

Media culture is a guideline of company's value for employees to know their business goals, their missions, and the way to deal with problems. There possibly is an efficient media culture in terms of economical measures. For example, if the characteristics of the company are: staff progressive, hard working, paying attention to market trends, company having clear retirement, punishment, promotional policies, et cetera, the company might have good corporate cultures and it might be easy for them to generate profits.

Corporate cultures can be measured, if there is an appropriate instrument. I have established a measurement in measuring Chinese/Taiwanese corporate cultures of media. The set of the measurements has applied Hofstede's (1990) framework and considered several elements in terms of cultures. These elements were received from reviewing and examining previous research, such as business corporate culture itself, national culture, Confucianism, social relation. In-depth interview is employed to question different levels of staff in media, including top management team, managerial and non-managerial staff. Questionnaire is designed from these interview results, finally, 55 of 84 variables are comprised of 6 orientations as a set of cultural measurement, i.e. orientation 1. leadership and management, 2. institute and rule, 3. value and belief, 4. company symbol, 5. working climate and 6. rite and ritual.

These 55 variables with 6 orientations can be used to measure media companies. The sum of each orientation can be used to compare companies if they are similar or different on the basis of cultural characteristics.

How do you see the professionalism in the media industry and how would you measure the professionalism of a media company?

Yes, there is professionalism in media industry it could be measured. For instance, Stone and Whever (1980) provided a set of variables to measure journalistic professionalism, which is widely applied by many scholars.

Is the fact that media create reality, ethical norms, and values essential for society in the People's Republic of China?

Media belong to government and have their missions in China's society. However, media has been changed in recent years. More media care about people's life and people's need. On the newspaper or TV, you also can see related news, features and complaints about what people want and need. It shows that professionals working in media have basic ethics and values, and media try to create reality.

The stakeholder approach to media management calls for taking into account the goals of external and internal stakeholders. Which perspective do Chinese media managers have on this?

China media have been transiting into market orientation during the past few years. Media can't only rely on government, because government reduces budget for media every year. Therefore, media operations and management become an important issue. Chinese managers have to run media in the right way under government supervision (shareholders) and have to cover financial issues. From my point of view, it is similar to stakeholder approach.

What is the one most important piece of information a foreign media company should know about media management in China?

First: Government policy, regulations and rules. Second: Chinese culture. Third: market, audience needs, et cetera.

Please tell us which theory is most relevant in your research of media management. Which is the most applicable theory for managers?

My research is specialized in media corporate culture and strategy. The most applicable theory for managers is strategic theory. Now, more and more China media care about market operation, they want to know how to formulate appropriate strategies for their business.

On the other hand, they attach importance to corporate cultures, because there are strong links between two factors.

What (else) should a student in the field of media management learn?

Students not only need to learn management, but also marketing. It is important issue in China media operation, actually IMC (integrated marketing communication) is very popular in China now.

Mediensoziologie – Wirklichkeitskonstruktionen, gesellschaftliche Ordnung und Rezipientenhandeln

Andreas Ziemann

1 Einführung 153

2 Das Forschungsfeld der Mediensoziologie 154

3 Medienbegriff und Medientypologie 157

4 Sozialkonstruktivismus, Pluralität von Wirklichkeit und die Realität der Massenmedien 160

5 Funktionsbestimmung der Massenmedien 162
    5.1 Nachrichten 163
    5.2 Unterhaltung 164
    5.3 Werbung 165

6 Medienhandeln und Rezeptionsforschung 166

7 Programmatische Zusammenfassung 169

Literaturverzeichnis 171

Vorschau

Funktionalistischer Medienbegriff

Der Beitrag liefert eine (funktionalistische) Definition von Medien. Daran wird die unterscheidungsfähige Typologie von Wahrnehmungs-, Verstehens-, Verbreitungs- und Erfolgsmedien angeschlossen.

Funktion von Massenmedien

Im Beitrag lernen Sie, welche Funktionen die modernen Massenmedien im Allgemeinen und die Programmbereiche der Nachrichten, der Unterhaltung und der Werbung im Besonderen in der und für die Gesellschaft haben. Unter anderem werden angegeben und erläutert: Funktion der Information über weltweite und aktuelle Ereignisse; Wissensproduktion und -verteilung; Gedächtnisfunktion; entlastende Zerstreuung; Selbstidentifikation und Identitätsaufbau; Orientierungs- und Auswahlfunktion.

Sozialkonstruktivismus

Der Beitrag geht davon aus, dass es keine ontologische Realität „an sich", sondern Wirklichkeit nur in Relation zu einem beobachtenden System gibt. Weder Wahrnehmung kann als Unmittelbarkeit von Sinneseindrücken noch Kommunikation als Unmittelbarkeit von Gedanken, Meinungen und Absichten verstanden werden. Journalistischer Realismus ist als spezifische Wirklichkeits- und Nachrichtenkonstruktion zu begreifen, die aus bestimmten kognitiven, kommunikativen und redaktionellen Selektionskriterien resultiert. Sozialkonstruktivistische und so ausgerichtete mediensoziologische Theorien besitzen somit eine enorme Relevanz für die Medienpraxis.

Rezeptionsforschung

Anhand des Beitrags lernen Sie, wie Rezeptionshandeln und Medienaneignung ablaufen, in welche Kontexte diese eingebettet sind und welche Auswirkungen des Funktionssystems der Massenmedien auf die Rezipienten bestehen.

Das mediensoziologische Dreieck

Der Beitrag charakterisiert den besonderen Gegenstandsbereich und die grundlegenden Problemstellungen beziehungsweise Forschungsfragen der Mediensoziologie. Im analytischen Fokus steht das Dreieck von Gesellschaft, Medien und Individuum. Eine zentrale Fragestellung lautet: Wie stellen (Massen-)Medien soziale Ordnung her und ermöglichen Sozial- und Systemintegration?

1 Einführung

Die Mediensoziologie ist eine junge Disziplin im Konzert der Sozialwissenschaften. Ihren Gegenstandsbereich hat sie im Schnittfeld von Gesellschaft, Medienwandel und Massenmedien und Individuum gefunden. Der Beitrag skizziert zuerst das eigenständige Forschungsfeld der Mediensoziologie und zentrale Problemstellungen; nicht zuletzt in Abgrenzung zur Kommunikationswissenschaft und zur Medienpsychologie. In einem zweiten Schritt geht es um eine Bestimmung des Medienbegriffs und um die Unterscheidung in Wahrnehmungsmedien, Verstehensmedien, Verbreitungsmedien und kommunikative Erfolgsmedien.

Danach wird besprochen, wie gerade Massenmedien eine Form von Wirklichkeit erzeugen, Informationen produzieren und diese für andere Vergesellschaftungsbereiche und Verwendungskontexte zur Verfügung stellen. Schließlich besteht ja die Hauptfunktion des modernen, autonomen Gesellschaftssystems der Massenmedien darin, relevante Ereignisse gesellschaftsweit zu verbreiten, für bestimmte Themen Aufmerksamkeit zu erzeugen, das Gedächtnis der Gesellschaft zu sein und Selbstbeschreibungen der Gesellschaft anzufertigen wie auch zu dirigieren. Diese Funktion(en) übernehmen die Massenmedien in den drei getrennten Programmbereichen von Nachrichten, Unterhaltung und Werbung.

Weil sich die Mediensoziologie nicht nur mit dem Verhältnis zwischen Gesellschaftsstrukturen und Medienevolution und mit dem Aspekt der Systemintegration verschiedener Gesellschaftsbereiche durch die Massenmedien beschäftigt, wird im Weiteren der Blick auf individuellen Mediengebrauch und Rezipientenhandeln gelenkt. Bei dieser mikrologischen Forschungsausrichtung geht es um folgende Fragestellungen: Was machen die Menschen mit den Medien? Welcher Logik folgen Rezeptionsprozesse und Medienaneignung? Wie ermöglichen Medienangebote Identitätsbildung, und was leisten sie für die spätmodernen Individualisierungsprozesse?

Alles in allem findet die Mediensoziologie eine immer stärkere Legitimation als wissenschaftliche Disziplin und für ihre Forschungsfelder, solange alltagsweltlicher Mediengebrauch, technologischer Medienwandel und Medialisierungsprozesse der Gesellschaft faktisch eine so dominante Rolle spielen wie nie zuvor. Mit empirischen Studien und theoretischen Reflexionen will und kann sie gleichermaßen kritisch aufklärend wirken wie auch praktische Handlungsfolgen und Produktionsprozesse anstoßen.

2 Das Forschungsfeld der Mediensoziologie

Die teils revolutionären und immer schnelleren Entwicklungen von Medientechnologien, die alltagsweltliche Relevanz sehr vielfältiger Medienangebote und ihrer Orientierungsleistungen, die praktischen Routinen im Umgang mit den zahlreichen und verschiedenen Medientechniken und Medienformaten sowie die mediale Durchdringung letztlich aller Gesellschaftsbereiche haben unsere Wahrnehmungsmöglichkeiten, Handlungsweisen und Kommunikationsstrukturen nachhaltig verändert und geprägt. Dies ist innerhalb der Wissenschaften nicht unbemerkt geblieben. Strukturell und inhaltlich haben sie darauf mit entsprechenden Untersuchungen, Erklärungsansätzen und Theoriearbeiten reagiert. Das Reflexivwerden von Medien – ihrer Evolution, Funktionen und Gebrauchsmöglichkeiten – hat schließlich in vielen Fällen zu einer Zweitcodierung bestehender Disziplinen geführt: die Medien-Soziologie ist ein Fall davon.

Dieser Wandel ist auch innerhalb der Soziologie nichts Neues. Ihre disziplinäre Ausdifferenzierung ist die jeweils adäquate Spezialisierung von Forschungsgebieten: Arbeits-, Familien-, Kultur-, Religions-, Sprach- oder Wirtschaftssoziologie sind dafür Beispiele. Diese bleiben zwar allesamt unter dem Deckmantel ihrer allgemeinen soziologischen Mutterdisziplin, kombinieren aber deren Begriffe, Methoden und Theorien mit einem neuen, eigenständigen Gegenstandsbereich und bauen forschungsstimulierende wie erkenntniserweiternde interdisziplinäre Beziehungen auf.

Vorrangig konstituiert und legitimiert sich die Soziologie, indem sie soziales Handeln, soziale Beziehungen, gesellschaftliche Strukturen (in ihrem Wandel) und die aktuelle Form der Gesellschaft beschreibt, versteht und erklärt. Prominent hat Max Weber der Soziologie ins Stammbuch geschrieben, sie sei jene „Wissenschaft, welche soziales Handeln deutend verstehen und dadurch in seinem Ablauf und seinen Wirkungen ursächlich erklären will. [...] ‚Soziales' Handeln aber soll ein solches Handeln heißen, welches seinem von dem oder den Handelnden gemeinten Sinn nach auf das Verhalten anderer bezogen wird und daran in seinem Ablauf orientiert ist" (Weber 1972, S. 1). Des Weiteren will die Soziologie das implizite Wissen der vergesellschafteten Individuen, ihre Alltagsroutinen, das Allgemeine im Besonderen explizit machen und so zur Aufklärung von sozialen Situationen und ihrer Logik beitragen. Entsprechend fragt sie: Was geht eigentlich in bestimmten sozialen Situationen vor, und aufgrund welcher Motive, Erwartungen und Regeln handeln wir so wie wir handeln? Schließlich fragt sie: In welcher Gesellschaft leben wir, und was sind ihre Ordnungsprinzipien? Hier geht es um eine distinkte Bestimmung des Gesellschaftsbegriffs, um eine hinreichend komplexe wie adäquate Gesellschaftstheorie und um die Verhältnisbestimmung zwischen Individuum und Kollektiv einerseits sowie zwischen den verschiedenen gesellschaftlichen Teilbereichen andererseits.

Nun ist es für die Mediensoziologie – wie im Übrigen für jede junge (Bindestrich-)Disziplin – charakteristisch, dass sie sich erstens im Feld der bestehenden Wissenschaften noch etablieren und beweisen muss, etwa durch klare Problemstellungen, die in dieser Form noch unbearbeitet sind, und durch eine distinkte Grenzziehung zu den anderen Sozialwissenschaften und deren speziellen Diskursen (vgl. Keppler 2000). Es ist zweitens charakteristisch, dass die Mediensoziologie noch über keinen standardisierten Lehr-, Forschungs- und Theoriekanon verfügt. Ins Positive gewendet, heißt dies aber auch: Hierin liegt die enorme Chance für interdisziplinäre Offenheit, die sich von Forschungskontexten und Problemstellungen leiten lässt und nicht von einer (dogmatischen) Engführung ihres Gegenstandsbereichs aufgrund disziplinärer, institutioneller Grenzen (im universitären Lehr- und Forschungsbetrieb). Ganz allgemein lässt sich von ihr sagen: Die Mediensoziologie untersucht die komplexen Wechselwirkungen zwischen Gesellschaft, Medien und Individuum und richtet ihre Forschungs- beziehungsweise Theoriearbeit auf eine adäquate phänomenale Beschreibung, Interpretation und funktionale Erklärung damit verbundener Prozesse, Strukturen und Formbildungen aus.

Die Mediensoziologie befasst sich nicht nur mit den „klassischen" Verbreitungsmedien, wie maßgeblich Buchdruck, Hörfunk und Fernsehen, sondern bezieht in ihr Lehr- und Forschungsgebiet auch die „Neuen Medien" ein und untersucht deren nachhaltige Einflüsse beziehungsweise dynamische Wirkungen für die Bereiche Lernen und Schule beziehungsweise Hochschule, soziale Netzwerke, (teilkritische) Öffentlichkeit(en), politische, wirtschaftliche, wissenschaftliche Globalisierung et cetera. Des Weiteren beschäftigt sich die Mediensoziologie fundamental mit kommunikativen Steuerungsmedien wie etwa Geld, Wahrheit, Liebe oder Macht und ihren gesellschaftlichen Auswirkungen beziehungsweise Leistungen.

Präziser als ein Gegenstandsbereich zeigen spezifische Problemstellungen ein wissenschaftliches Forschungsgebiet an. Im Fall der Mediensoziologie lauten die Problemstellungen, die sie zu methodisch angeleitetem Forschen, zu begrifflicher Reflexion und zu Theoriearbeit motivieren, folgendermaßen: Wie soll der (soziologische) Medienbegriff adäquat definiert und operationalisiert werden? Welche Medienformen lassen sich unterscheiden, systematisieren und in welchen historischen Verlauf einordnen?

Mit Bezug auf welche gesellschaftlichen Probleme, individuellen Anforderungen oder Wunschkonstellationen (vgl. Winkler 1996) werden welche Medien entwickelt? Wie gehen Menschen mit (Massen-)Medien um? Wie produzieren und gestalten Medien Wirklichkeiten und machen diese erfahrbar? Wie organisieren beziehungsweise steuern (Massen-)Medien zwischenmenschliche Kontakte, gesellschaftliche Strukturen und Themen oder etwa das kulturelle Gedächtnis? Und generell: Wie stellen (Massen-)Medien soziale Ordnung her?

Bevor es um die weitere Spezifik der Mediensoziologie geht, soll beispielhaft und kurz die formale Abgrenzung gegenüber anderen Teildisziplinen skizziert werden, die sich ebenfalls dem Gegenstandsbereich der Medien verschrieben haben. Die Publizistik- oder Kommunikationswissenschaft konzentriert sich dominant auf öffentliche Massenkommunikation, auf (quantitative wie qualitative) Medienwirkungsforschung und auf die Praxis des Journalismus und der Public Relations. Demgegenüber hält die Mediensoziologie Distanz zur Praxis und arbeitet grundlagentheoretisch über das Verhältnis zwischen Medien und verschiedenen Handlungssituationen oder gesellschaftlichen Teilbereichen. Oder sie untersucht etwa das Feld des Fernsehens und des Journalismus gesellschaftstheoretisch und wenig bis überhaupt nicht empirisch zum Beispiel nach deren institutioneller Verfassung. Mit der Medienwissenschaft (vgl. Bohn/Müller/Ruppert 1988) teilt die Mediensoziologie die grundlagentheoretische Ausrichtung und das Laborieren an einem tragfähigen, operationalisierbaren Medienbegriff. Inhaltlich aber ist die medienwissenschaftliche Forschung zentral ausgerichtet auf die Ästhetik der Massenmedienprogramme und Bildmedien sowie auf mediale Gattungsanalyse; beides interessiert die Mediensoziologie nur randständig. Die Medienpsychologie wiederum versucht vor allem, menschliches Wahrnehmen, Fühlen, Denken und Handeln mit Bezug auf die Nutzung der (Massen-)Medien zu beschreiben, zu erklären sowie in Anlehnung an die Publizistik mit empirischen Methoden valide Medienwirkungsforschung zu betreiben. Die Mediensoziologie analysiert demgegenüber das Individuum immer in seiner geschichtlich-gesellschaftlichen Stellung und mithin die medial fundierten oder strukturierten Wechselwirkungen zwischen Individuen und Gesellschaft. Sinnliche Operationen und kognitive oder emotionale Prozesse rein als solche interessieren sie nicht. Die Medienökonomie (vgl. Altmeppen/Karmasin 2003) begreift Medien einerseits als (Tausch- beziehungsweise Kultur-)Güter und untersucht dann, wie Informationen und Werbebotschaften in den Massenmedien produziert, vermarktet, distribuiert und konsumiert werden und wie sie sich ökonomisch „messen" lassen. Die Massenmedien werden andererseits als Unternehmungen in einem komplexen Marktgefüge verstanden, auf dem Geldströme und Leistungen wechselseitig zwischen Inhaltebeschaffungsmarkt, Werbemarkt und Rezipientenmarkt zirkulieren. Die Mediensoziologie sieht von diesen Markt- und Mediadaten-Analysen sowie von ökonomischen Kreisläufen oder Kosten- beziehungsweise Leistungsberechnungen vollkommen ab. Wenn sie Ökonomie fokussiert, dann als einen gesellschaftlichen Teilbereich neben anderen und dann zudem mit einer funktionalistischen Fragestellung in Bezug auf die Gesamtgesellschaft und das System der Massenmedien.

3 Medienbegriff und Medientypologie

Wissenschaftliche Beobachtung, Unterscheidungsfähigkeit und Klarheit basiert auf Begriffen. Entsprechend macht es sich auch die Mediensoziologie zur Aufgabe, festzulegen, was sie unter „Medien" verstehen will. Bei der Vielfalt an alltagsweltlichen Bedeutungen und mit Blick auf bereits bestehende Definitionen kein leichtes Unterfangen. Die distinkte Bestimmung eines allgemein-fundierten Medienbegriffs ist trotz der Hochkonjunktur von Medientheorien und trotz der fulminanten Bedeutung und Relevanz von verschiedensten Medien in der Alltagswelt keineswegs geklärt; einen consensus opiniorum gibt es (noch) nicht.

In Anlehnung an die soziologische Systemtheorie Luhmanns (vgl. Krallmann/Ziemann 2001, S. 309–342) ergibt sich folgender mediensoziologischer Vorschlag einer Begriffsbestimmung: „Ein Medium besteht in lose gekoppelten Elementen, eine Form fügt dieselben Elemente dagegen zu strikter Kopplung zusammen" (Luhmann 1997, S. 198). Medien sind in soziologischer Hinsicht gesellschaftliche Einrichtungen und Technologien, die vor allem Raum, Zeit und wechselseitig persönliches Wissen transzendieren sowie gesellschaftliche Problemlagen kompensieren oder lösen. Ihr tertium comparationis sind Unverbrauchbarkeit und prinzipielle Unsichtbarkeit. Medien stehen für Formbildung zur Verfügung; die Formen vergehen, die Medien nicht. Und sie sind unsichtbar oder haben die Tendenz zur Unsichtbarkeit (Wer sieht das Buch, in dem er liest? Wer den Fernseher, von dem er sich „die Welt ins Wohnzimmer" bringen lässt?); ihre Sichtbarkeit gewinnen sie immer nur an einer Formgebung. Bei noch so vielen Äußerungen und Schriftsätzen (Form) gilt: Die Sprache selbst (Medium) mit ihren Semantiken und Grammatiken verbraucht sich nicht und bleibt für sich genommen unsichtbar. Auch Raum, Wahrheit oder Geld stehen für vielfältigste und prinzipiell unendliche Formbildungen zur Verfügung. Raum gewinnt wahrnehmbare Gestalt nur durch Objektbesetzung beziehungsweise die Relationierung von Objekten und Grenzziehung. Wahrheit zeigt sich anhand von logisch korrekten Forschungserkenntnissen beziehungsweise Publikationen oder Geld an Preisen und Währungen. Zwischen Medium und Form ist also eine gegenseitige Abhängigkeit und wechselseitige Ermöglichungsbedingung gegeben.

Das gemeinsame Fundament am Medienbegriff ist des Weiteren funktionalistisch, das heißt ein Medium dient erstens zur Lösung eines spezifischen Problems. Zweitens gilt: Medien ermöglichen, konstituieren und organisieren Erfahrungen, zwischenmenschliche Kontakte, soziale Erwartungen und gesellschaftliche Ordnung im Generellen. Drittens bietet sich damit folgende soziologisch wie medienwissenschaftlich tragfähige Typologie an, die vier mediale Ebenen unterscheidet (vgl. Luhmann 1984, S. 220–223; 1997, S. 190–202): Wahrnehmungs-, Verständigungs-, Verbreitungs- und kommunikative Steuerungs- beziehungsweise Erfolgsmedien.

Die Wahrnehmungsmedien – an erster Stelle die Sinnesorgane, aber auch die Apriori von Raum und Zeit – sind Lösungstechniken für das Problem menschlicher Erfahrung und Orientierung. In diesem Sinne sind sie die (notwendige) Infrastruktur für die Operationen des psychischen Systems wie auch die notwendige Umweltbedingung für soziale Prozesse jeglicher Art. Ohne Ohren kann man nicht hören und dann erwartbar antworten, ohne Augen und eventuelle Hilfswerkzeuge im Normalfall nicht lesen und daraufhin zum Beispiel schriftliche Kommunikationen reproduzieren.

Zu den Verstehensmedien zählen vor allem die menschlichen Nationalsprachen und vereinbarte Kunstsprachen wie Morsecode oder mathematische Formeln. Sie lösen allesamt ein zweifaches Problem. Erstens überschreiten sie den eingeschränkten Bereich des Wahrnehmbaren und machen Abwesendes symbolisch anwesend. Zweitens wird vieldeutige Körpersprache in einen konventionalisierten Zeichen- und Sprachgebrauch transformiert und ermöglicht so eine mehr oder minder klare Interpretation und Reaktion. Es geht mithin um hohe Unterscheidungsfähigkeit bei gezielter Anschlussfähigkeit.

Die Verbreitungsmedien sind dem Problem sozialer Abwesenheit und raum-zeitlicher Ferne, also allgemein dem Erreichen von Adressaten, geschuldet. Durch Zeitungen, Bücher, Radio, Fernsehen oder Internet sollen situativ Abwesende – und das sind wir meistens – von weltweit relevanten Ereignissen unterrichtet werden. Das generelle Ziel lautet, eine gesellschaftsweit gleiche Informiertheit herstellen oder zumindest unterstellen zu können. Auf dieser technischen Ebene der Verbreitung ist schließlich das autonome Funktionssystem der Massenmedien anzusiedeln; jenes Gebilde, das originär von Seiten der Medien- und Kommunikationswissenschaften wie auch der Medienökonomie erforscht wird. „Für die Ausdifferenzierung eines Systems der Massenmedien dürfte die ausschlaggebende Errungenschaft in der Erfindung von Verbreitungstechnologien gelegen haben, die eine Interaktion unter Anwesenden nicht nur einsparen, sondern für die eigenen Kommunikationen der Massenmedien wirksam ausschließen" (Luhmann 1996, S. 33).

Mit der Erhöhung der Verstehensmöglichkeit und der Hörer- beziehungsweise Leser-Erreichbarkeit ist aber keineswegs ausgemacht, dass die Kommunikation tatsächlich auch affirmativ angenommen und im Folgeverhalten umgesetzt wird. Im Gegenteil: Je sicherer das Verstehen, umso stärker ist die Wahrscheinlichkeit, mit einem „Nein" zu reagieren. An diesem Problem der Ablehnung setzen die Erfolgsmedien beziehungsweise symbolisch generalisierten Kommunikationsmedien an. Unter Einsatz von Geld, Macht, Wahrheit oder etwa Liebe ist es um ein Vielfaches wahrscheinlicher, dass ein bestimmter Kommunikationsvorschlag mit Erfolg angenommen und erwartbar im selben Funktionskontext befolgt wird, als unter vagen, nichtrestriktiven Situationsbedingungen (vgl. Luhmann 1997, S. 316–363).

Von der Begriffsentscheidung für Medien als Unwahrscheinlichkeitskompensatoren, Problemlösungstechniken und Dirigenten der Kommunikation zu unterscheiden, ist die analytische Begriffsverwendung auf der gesellschaftlichen Mikro-, Meso- oder Makro-Ebene. Im ersten Fall geht es um (interaktionsförmiges) Medienhandeln, im zweiten sind verschiedene Medienorganisationen gemeint und im dritten das autonome Funktionssystem der Massenmedien mit seinen Programmbereichen Nachrichten beziehungsweise Berichte, Unterhaltung und Werbung. Wenn es in der Mediensoziologie folglich um „Medien" geht, sind nie exklusiv und ausschließlich Massenmedien gemeint; im Gegensatz zu den meisten anderen Disziplinen, die über „die Medien" forschen, schreiben und reflektieren. Wenn gleichwohl im Folgenden dominant Massenmedien behandelt werden, dann aus Gründen der Anschlussfähigkeit für das Medienmanagement.

4 Sozialkonstruktivismus, Pluralität von Wirklichkeit und die Realität der Massenmedien

Es dürfte mittlerweile Kernbestand sozialwissenschaftlicher Theorie und Lehre sein, dass es keine ontologische Realität „an sich", sondern Wirklichkeit nur in Relation zu einem beobachtenden System gibt. Weder Wahrnehmung kann als Unmittelbarkeit von Sinneseindrücken noch Kommunikation als Unmittelbarkeit von Gedanken, Meinungen und Absichten verstanden werden. In beiden Fällen werden psychische oder soziale Ereignisse vor dem nungsmuster konstruiert. „Was mit Hintergrund bestimmter Selektionen, Strukturdeterminationen und Ord,Realität' gemeint ist, kann deshalb nur ein internes Korrelat der Systemoperationen sein" (Luhmann 1996, S. 19). Konstitutiv wird die Welt dadurch in den Plural versetzt, und so bestehen viele verschiedene Wirklichkeiten im (teils homogenen, teils konkurrierenden) Nebeneinander. Obgleich „kein kognitives System auf Realitätsannahmen verzichten kann" (Luhmann 1996, S. 165), entsteht erst aus Beobachtungsprozessen und der ihnen innewohnenden Fundamentaloperation des gleichzeitigen Unterscheidens beziehungsweise Bezeichnens eben das, was wirklich ist. In der Systemtheorie wird hier das Dual Selbstreferenz und Fremdreferenz ergänzt. Jede Beobachtung ist eine rekursive Systemoperation (Selbstbezug) und verweist gleichzeitig auf etwas anderes als es selbst (Fremdbezug; zum Beispiel ein Ereignis, ein Thema, ein Objekt). Die Anwendung von Selbstreferenz und Fremdreferenz sieht zwar je nach System anders aus, aber in jedem Fall sind die Freiheitsgrade der Beobachtung soziokulturell limitiert. Sprache, Symbole und (Kultur-)Werte sind es, die Bedeutungen, Wirklichkeitsmodelle, Verhaltensschemata und Handlungserwartungen im Sozialen anleiten und angleichen (aber nicht determinieren!), die spezifische Koordinierungen ermöglichen und die gemeinsames Wissen herstellen.

Eine Realitätskonstruktion (unter vielen und für viele) wird von den Massenmedien erzeugt. „Wie jedes andere beobachtende System erzeugen auch die Massenmedien (Print, Rundfunk usw.) Wirklichkeit, indem sie Medienangebote erzeugen und als Rezeptionsanlässe anbieten, die von Mediennutzern zur Wirklichkeitskonstruktion genutzt werden können. Je nach den Wirklichkeitskriterien, die für spezielle Mediensysteme aufgrund ihrer bisherigen (oder unterstellten) Verlässlichkeit/Glaubwürdigkeit sowie für spezielle Medienangebote aufgrund von Gattungszugehörigkeit, Stilistik und Beitragsqualität zu Themen in Diskursen von Mediennutzern angewandt werden, werden unterschiedliche Formen der Fremdreferenz (=,Realitätsgehalt') und ihrer Verbindlichkeit (=,Realitätsgewissheit') angesetzt"

(Schmidt 1996, S. 63). Auch in diese Realitätsform gehen bestimmte Voraussetzungen und konditionierende Selektionen ein, respektive ist sie erst dadurch möglich. Weil dies aber für jede Beobachtung konstitutiv ist, geht die (ideologische) Unterscheidung von Lebenswirklichkeit versus Medienwirklichkeit ins Leere.

„Mit dem Fernsehen öffnet sich kein Fenster zur Welt, sondern ein Fenster zu unserer Kultur und Gesellschaft" (Schmidt 1994, S. 17); und dies gilt für alle (Massen-)Medien. Zunehmend treten in der (spät-)modernen Gesellschaft Vermittlungs- und Lernprozesse auf der Grundlage ureigener Erfahrungen oder persönlicher Mitteilungen von konkreten Anderen in den Hintergrund. Unser Wissen ist vielmehr ein aus Büchern, Zeitungen, Fernsehen oder Internet gewonnenes; und dieser Sachverhalt gilt im Übrigen auch für (Hoch-)Schullehrer und andere Erzieherrollen. Deshalb kann Luhmann (1996, S. 9) konstatieren: „Was wir über unsere Gesellschaft, ja über die Welt, in der wir leben, wissen, wissen wir durch die Massenmedien. [...] Andererseits wissen wir so viel über die Massenmedien, daß wir diesen Quellen nicht trauen können. Wir wehren uns mit einem Manipulationsverdacht, der aber nicht zu nennenswerten Konsequenzen führt, da das den Massenmedien entnommene Wissen sich wie von selbst zu einem selbstverstärkenden Gefüge zusammenschließt."

Die Realität der Massenmedien ist eine zweifache (vgl. Luhmann 1996, S. 12–16): Zum einen gibt es jene, die in den Massenmedien selbst abläuft, durch deren interne Operationen hervorgebracht und selbst organisiert wird. Zum anderen gibt es jene, die durch sie für andere (soziale oder psychische Systeme) beobachtbar beziehungsweise kommunizierbar wird. Die eine ist die, die sie betreiben; die andere die, die sie verbreiten. Massenmedien fertigen laufend Selbstbeschreibungen der Gesellschaft an, so dass sich verschiedene Sozialsysteme (aber natürlich auch psychische Systeme) mit diesen Realitätsspiegelungen auseinandersetzen, Medienthemen aufgreifen, behandeln oder ablehnen, interne Strukturen verfestigen oder ändern können. Die prinzipiell weltweite Verbreitung dieser Beobachtungen zweiter Ordnung ist zwar enorm durchschlagend und synchronisiert Neuigkeiten und Wissenswertes, erzeugt aber keineswegs eine konsenspflichtige Realität (vgl. Luhmann 1996, S. 164) für alle anderen beobachtenden Systeme, sondern hat Orientierungs- und Reflexionscharakter. Je nach Eigenbedarf und Entscheidungsdruck kann sich zum Beispiel die Politik durch die „öffentliche Meinung" veranlasst sehen, bestimmte Sparprogramme zu stoppen und Gesetze zu revidieren. Oder Organisationen können sich über Märkte, Konkurrenten, Personalwechsel und Preise durch die Massenmedien informieren, um ihre eigenen Entscheidungen zu reflektieren, Strategien zu ändern und ihr operatives Geschäft zwischen (bindender) Vergangenheit und (offener) Zukunft zu planen. Als kontinuierliche Wirklichkeitsgeneratoren im Beobachtungsmodus zweiter Ordnung schaffen die Massenmedien ein (reaktualisiertes) Hintergrundwissen und Voraussetzungen für weitere Kommunikationen, die zukünftig als bekannt gelten können und die nicht eigens mitkommuniziert werden müssen (vgl. Luhmann 1996, S. 120).

Sozialkonstruktivistische und so ausgerichtete mediensoziologische Theorien besitzen auch eine enorme Relevanz für die Medienpraxis. Der journalistische Realismus beispielsweise ist als spezifische Wirklichkeits- und Nachrichtenkonstruktion zu begreifen, die aus bestimmten kognitiven, kommunikativen und redaktionellen Selektionskriterien resultiert. Kein Journalist gibt demnach etwas „objektiv" von der Welt wieder, sondern produziert aufgrund von Vorerfahrungen, selektiver Recherche, publizistischen Leitlinien und (Publikums-)Erwartungen Ereignisse im Nachrichten- oder Boulevardformat. Wie jede Beobachtung von jemandem beobachtet ist, so ist auch jedes Faktum von jemandem aufgestellt, jede Nachricht von jemandem berichtet und jeder Kommentar von jemandem gesprochen oder geschrieben. Kontextloses, referenzloses, beobachterunabhängiges Publizieren (beziehungsweise Rezipieren auf der Gegenseite) ist die gleiche Illusion wie die Erkenntnismöglichkeit der Welt oder Wirklichkeit „an sich". Eine sich hier für das Medienmanagement aufdrängende Aufgabe ist es, journalistisches Beobachten zu beobachten und die redaktionellen Selektionsprinzipien sowie die medienunternehmerischen Entscheidungsprämissen klar zu thematisieren, regelmäßig zu reflektieren und schließlich zwischen ökonomischer, rechtlicher, journalistischer und Rezipienten-Wirklichkeit zu unterscheiden (lernen) wie auch zu vermitteln (vgl. Fengler/Ruß-Mohl 2003, S. 219–233).

5 Funktionsbestimmung der Massenmedien

Die Hauptfunktion der Massenmedien liegt darin, Ereignisse als informationswürdig und publikationsrelevant zu bewerten und sie dann gesellschaftsweit zu verbreiten. Massenmedien erzeugen so eine allgemeine (zumindest als solche jederzeit und überall unterstellte) Bekanntheit von Informationen und einen (bis auf weiteres) verbindlichen Wissensvorrat. Sie sind das Gedächtnis der Gesellschaft (vgl. Luhmann 1996, S. 120–121; Esposito 2002, S. 262–263). Mit jeder Veröffentlichung gelten Weltereignisse, Sinnangebote, Handlungsschemata, Meinungen et cetera als bekannt; und diese

Besetzung und Durchsetzung von Themen ist hochgradig davon entkoppelt, ob und wie dazu positiv oder negativ Stellung bezogen wird (vgl. Luhmann 1996, S. 28–29).

Das System der Massenmedien selegiert das, was allen bekannt sein soll, in drei differenzierten und je professionalisierten Programmbereichen: Nachrichten beziehungsweise Berichte, Unterhaltung und Werbung. Dort wirken unterschiedliche Beobachtungsfilter, und jedem Bereich kommt eine gesellschaftliche Sonderfunktion zu.

5.1 Nachrichten

Tagtäglich und rund um die Uhr werden Nachrichten von überall gesendet; einiges ereignet sich von selbst, anderes wird für die Massenmedien produziert und wieder anderes von den Massenmedien selbst inszeniert. Dieses Nachrichtennetz legt fest, was an Neuem geschehen ist und was man entsprechend zu wissen hat. „Bei Informationen, die im Modus der Nachrichten und Berichterstattung angeboten werden, wird vorausgesetzt und geglaubt, daß sie zutreffen, daß sie wahr sind. [...] Selbstverständlich muß, wie überall, mit Fehlerquoten gerechnet werden. Wichtig ist, daß sie nicht hochgerechnet werden zu einem mehr oder weniger typischen Normalfall. Es bleiben Einzelereignisse" (Luhmann 1996, S. 55–56). Die Massenmedien (und ein professioneller Journalismus) haben nun besondere Selektoren und Schematismen entwickelt, um Ereignisse mit Nachrichtenwert identifizieren und verbreiten zu können. Oder anders: Weil kein Ereignis an sich berichtenswert ist, bedarf es spezifischer Beobachtungsprogramme und Leitdirektiven, um etwas als Nachricht zu kommunizieren. Die auf Nachrichtenproduktion spezialisierten Selektoren sind in aller Kürze (vgl. Luhmann 1996, S. 58–72; Ruhrmann et al. 2003): Neuheit, Konfliktthemen, Quantitäten, lokaler beziehungsweise nationaler Bezug, Norm- und Moralverstöße, Außergewöhnliches, (prominente) Personen sowie ergänzende Kommentare beziehungsweise Meinungsäußerungen.

Der Nachrichtenbereich hat es mit einer konstitutiven Instabilität zu tun, die noch für kurze Zeit Bekanntes neu kommentieren und kontextieren lässt, aber prinzipiell zu einer raschen Verlagerung auf andere Ereignisse und Anlässe gezwungen ist. Aus diesem Zwang zur Aktualität hat sich die komplexe Struktur von journalistischem (Recherche-)Handeln, thematischer Spartenpluralisierung und verschiedensten Medienformaten beziehungsweise Mediendistributoren ausdifferenziert. So ist garantiert, dass auch weiterhin tagtäglich das Netz der Nachrichten uns beziehungsweise die Gesellschaft (glaubwürdig) mit Wissenswertem, Katastrophen, Skandalen und Meinungen versorgt.

5.2 Unterhaltung

Im Gegensatz zur Informierung über die „realen" Weltereignisse produziert der massenmediale Programmbereich der Unterhaltung Informationen und Wissen über fiktive, imaginäre oder gespielte Weltereignisse (vgl. Früh/ Stiehler 2003). Vor dem Hintergrund des Bekannten wird eine Welt in der Welt präsentiert, die sein könnte oder aber so (noch) nicht vorstellbar ist. Einerseits nutzt Unterhaltung den teilweisen Rückbezug auf die bekannte, pragmatische Alltagswelt, um Miterleben und Identifikation überhaupt zu ermöglichen; andererseits, um sich umso pointierter davon abzuheben. Mit dieser Doppelausrichtung zielt Unterhaltung auf die affektuelle und/oder kognitive (Re-)Aktivierung von eigenen Erlebnissen, Hoffnungen, Befürchtungen oder selbst nicht Denkbarem. Die Entwürfe von künstlichen Welten werden in verschiedenster Form realisiert und verbreitet: als Roman, Novelle, Hörspiel, TV-Familienserie, Action-Kino. Aber auch Casting-, Game- oder Sport-Shows konstruieren außeralltägliche Wirklichkeiten, in denen sich das disperse Publikum vergnügen oder mit eifriger Aufgeregtheit positionieren kann. Das künstliche Moment besteht dort vor allem in der eigenen Nicht-Zugänglichkeit zu dieser Situation.

„Der ‚Witz' der Unterhaltung ist der ständig mitlaufende Vergleich, und Formen der Unterhaltung unterscheiden sich wesentlich danach, wie sie Weltkorrelate in Anspruch nehmen: bestätigend oder ablehnend, mit bis zuletzt durchgehaltener Ungewißheit des Ausgangs oder beruhigend mit Sicherheit: mir kann so etwas nicht passieren. Psychische Systeme, die an Kommunikation durch Massenmedien teilnehmen, um sich zu unterhalten, werden dadurch eingeladen, auf sich selbst zurückzuschließen" (Luhmann 1996, S. 114). Die spezielle gesellschaftliche Funktion von Unterhaltung besteht also in der Erzeugung von Sonderrealitäten zum Zweck der entlastenden Zerstreuung, zum unangestrengten Amüsement oder zur bewussten Identifikation und Selbstvergewisserung des eigenen Lebens. Keine Unterhaltungswelt legt jemanden auf etwas fest oder hat direkte praktische Konsequenzen; außer man will es (und dann wird aus Spaß oft Ernst).

5.3 Werbung

Für Ökonomen liegt die Hauptfunktion von Werbung darin, den Konsum bestimmter Produkte anzuregen beziehungsweise zu erhöhen und Dienstleistungen zu vermitteln und zu verkaufen. Medienökonomen stellen die damit verbundene Finanzierung von Medienorganisationen und Medienformaten in den Vordergrund. So richtig es ist, dass insbesondere private Medienunternehmen von werblichen Einnahmequellen abhängen und sich eine Krise der Werbebranche zwangsläufig als Krise der Medienbranche auswirkt, so wenig gerät damit die originäre gesellschaftliche Funktion der Werbung in den Blick. Aus (medien-)soziologischer Perspektive (vgl. Willems 2002) ist es ihre Aufgabe, als Orientierungshilfe und selektive Aufmerksamkeitssteuerung zu fungieren: für Waren, Dienstleistungen, Personen, Organisationen, Medienformate und vieles mehr. Vor dem Hintergrund eines jeweils komplexen Marktes beziehungsweise Angebotes und damit verbundener Entscheidungsunsicherheit soll Werbung für Selektionssicherheit (vgl. Luhmann 1996, S. 89) sorgen und Geschmacks- und Wertpräferenzen vorgeben.

Im Idealfall erzeugt Werbung inmitten von Konkurrenz eine ganz speziell intendierte, folgenreiche Aufmerksamkeit (vgl. Schmidt 1996, S. 121) bei vielen; ein Produkt wird gekauft, ein Kinofilm angeschaut, ein Politiker gewählt, ein Projekt unterstützt. Um diese positive Annahme eines Entscheidungsvorschlags erfolgreich nach den Intentionen des Auftraggebers auf Seiten der Zielgruppe durchzusetzen, greift Werbung auf professionalisierte Stilelemente und Kommunikationsformen zu. Ihre kommunikative Strategie basiert auf:

- einer exklusiven, offenen Parteilichkeit (diese Marke, Partei, TV-Serie und keine andere!),
- einer extremen Idealisierung der Eigenschaften des Beworbenen (nur Positives wird benannt, mit Superlativen gespielt; und nach der Ausblendregel (vgl. Schmidt 1996, S. 136) all das vermieden beziehungsweise verschwiegen, was die Überzeugung und Attraktivität beeinträchtigen könnte) sowie
- einer dramatischen Inszenierung mit Lösungscharakter für potentielle oder aktuelle Handlungsprobleme („Leben Sie. Wir kümmern uns um die Details."; „Waschmittel X beseitigt jeden Fleck."; „Nichts ist unmöglich.").

Die Wirklichkeit (in) der Werbung ist die kontinuierliche (Re-)Konstruktion von Idealtypen und Idealwelten. Entscheidend für Werbung ist also weniger, dass (meistens) für sie gezahlt wird, sondern dass sie in variantenreicher und gleichzeitig ästhetisierter, oberflächlicher Weise ihre gesellschaftliche Umwelt beobachtet, ihre parteilichen und hyperstilisierten Informationen an möglichst viele verbreitet und schließlich intendierte Handlungsfolgen auslöst.

6 Medienhandeln und Rezeptionsforschung

Wenn das klassische soziologische Begriffspaar Gesellschaft und Individuum mediensoziologisch eingesetzt wird, dann lassen sich die Auswirkungen des Funktionssystems der Massenmedien auf die Rezipienten ebenso wie die individuelle Nutzung beziehungsweise Aneignung massenmedialer Programme und Formate untersuchen und erklären. Im Fahrwasser der Kritischen Theorie (vgl. Horkheimer/Adorno 1969; Adorno 1997) werden die Massenmedien und ihre Organisationen, kurz: die „Kulturindustrie", unter Ideologie- und Manipulationsverdacht gestellt, und die zentrale Frage lautet: Was machen die Massenmedien mit den Menschen? Vor allem der „Uses and Gratifications Approach" (vgl. Blumler/Katz 1974) und die strukturanalytische Rezeptionsforschung (vgl. Charlton/Neumann 1986; Charlton/Neumann-Braun 1992) – ergänzend: Ethnomethodologie (vgl. Holly/Püschel 1993) und hermeneutische Wissenssoziologie (vgl. Reichertz 2000) – haben diese Sichtweise umgedreht und fragen: Was machen die Menschen mit den Medien?

Diese Forschungsrichtungen und Theorieansätze gehen von einem aktiven Mediennutzer aus, der aus der massenmedialen Vielfalt nach seinen jeweiligen Bedürfnissen, Interessen oder Problemlagen das Passende selbstständig selegiert, so die Sinn- beziehungsweise Wirklichkeitsangebote (re-)konstruiert und schließlich in seine Lebenswelt einordnet. Vor allem wenn beobachtet wird, dass die Medieninhalte aus dem „wahren Leben gegriffen" sind, scheint die Motivation sehr hoch, dass die entsprechende TV-Serie oder der jeweilige Roman rezipiert wird. Im besten Fall hängen die medial präsentierten Situationen und Handlungsabfolgen sehr eng mit persönlichen Dispositionen, Erfahrungen und Idealvorstellungen zusammen. So wird emotionale Identifikation hergestellt und die Serien- beziehungsweise Roman-Realität zur (reflektierten) Auseinandersetzung mit der eigenen Lebenswirklichkeit benutzt. Rezeptionshandeln konzentriert sich aber nicht nur auf die Bestätigung von Normerwartungen, Stereotypen und bewährten Handlungsweisen. Vielmehr liegt im Umgang mit Massenmedien auch die enorme Chance, seine Erfahrungs- und Handlungsmöglichkeiten zu erweitern, Kontakt mit Fremdem beziehungsweise Außergewöhnlichem herzustellen und sich als Zuschauer zum Perspektivenwechsel veranlasst zu sehen (vgl. Wenzel 2001).

Rezipient und Massenmedien sind strukturell gekoppelt. Gesellschaftliche Themen, massenmediale Programme und subjektives Handeln sind als „Co-Konstruktionsprozess" (vgl. Charlton 1997, S. 23) zu verstehen. Dabei zeigt sich eine zweifache Wechselwirkung. Einerseits bestimmen massenmediale Sinnangebote und Inszenierungen alltagsweltliches Handeln. Eigenes Rollenhandeln wird an Schauspielerrollen oder massenmedialer Prominenz ausgerichtet und mit entsprechenden Attributen im Alltag re-inszeniert; eine Hochzeit soll im Stil von Traumhochzeit ausgerichtet werden (vgl. Reichertz 2000, S. 215–218); Jugendliche veranstalten Mutproben oder Freizeitaktivitäten nach dem Vorbild von Jackass auf MTV. Andererseits werden gesellschaftliche Ereignisse und Themen sowie alltagsweltliches Handeln von den Massenmedien aufgegriffen und in ihren Formaten reproduziert: in jeder Nachrichtensendung, im idealisierten Inszenierungsrahmen einer Familien-TV-Serie oder beim Call-in-Radio wie Domian auf WDR. Insbesondere die vielfältigen Angebote an „Reality-TV" und „Doku-Soaps" bestehen aus dem Rückgriff auf alltagsweltliche Erfahrungen und Probleme und leisten Widerspiegelung wie auch Problemlösung: für Angelegenheiten des Rechtsstreits, öffentlicher Verstöße und straffälliger Vergehen, der Kindererziehung, des Hausbaus oder der Inneneinrichtung.

Wenn viele Akteure ähnliche Bedürfnisse mit ähnlichen Zielen haben, dann sind mehrheitlich gleiche Medienhandlungen und Programmpräferenzen erwartbar. Manchmal resultiert eine hohe Einschaltquote beziehungsweise Auflagenzahl auch daraus, dass viele nicht etwas besonders Interessantes oder Relevantes rezipiert haben, sondern das, was zumindest nicht störend, unangenehm oder abstoßend war. Jedes Programmangebot der Medien mit seiner eigenen Ästhetik konkurriert mit anderen Gratifikationsquellen wie zum Beispiel Sport, Konzertbesuch, geselligem Abendessen oder Party. Hier ist es die Aufgabe des Medienmanagements, Bedürfnisse und Gratifikationspotentiale zu erheben und die entsprechenden Hypothesen in Medienformaten auszutesten, um sich (gewinnbringende) Anteile am Wettbewerb um Aufmerksamkeit und Gratifikation zu verschaffen. Zu berücksichtigen ist aber auch: „Für die Rezeption von Medienangeboten ist eine zu genaue Kenntnis dessen, was einen erwarten wird, darüber hinaus ein eher nutzungshemmender Faktor. Viele Gratifikationen stellen sich im Zuge der Mediennutzung ein und wirken über einen eher kurzen Zeitraum nach. Rezipienten erwarten Interessantes, Abwechslungsreiches, Spannendes und sind dankbar für Überraschungen unterschiedlichster Art. Vorausplanen lassen sich diese Belohnungen nicht" (Jäckel 2003, S. 38–39).

Der Rezeptionsprozess selbst gilt als komplexes Geschehen. Er setzt sich zusammen: aus einem biographisch vorgeprägten, gesellschaftlich situierten Rezipienten, aus seiner Medienkompetenz beziehungsweise seinem medienspezifischem Vorwissen, aus seinen aktuellen persönlichen und sozialen Bedürfnissen, aus der vorbereiteten Rezeptionssituation beziehungsweise dem aktuellen alltagsweltlichem Rezeptionsrahmen sowie aus dem konkret gewählten Medienangebot. Medienhandeln ist demnach immer in verschiedene Kontexte und soziale Horizonte eingebettet und wirkt auch in diese nach der eigentlichen Rezeptionsphase fort (vgl. Charlton/Neumann-Braun 1992, S. 89–100). Das Rezeptionshandeln als Medienaneignung ist eine paradigmatische Technik der Lebensbewältigung und Alltagsgestaltung. Feste Uhrzeiten, Tagesrhythmen oder Terminplanungen werden mit Bezug auf Massenmedien (vor allem das Fernsehprogramm) festgelegt, Anschlusskommunikationen mit anderen werden durch Medienthemen hergestellt, Identitätsbewältigung wird im (konstruktiven) Vergleich mit Medienwelten und idealtypischen Medienrollen betrieben, oder es wird gar eine direkte Beziehung zu Moderatoren, Redakteuren, Produzenten, Schauspielern aufgenommen. „Die Auseinandersetzung mit Medien vollzieht sich in der Spannbreite von individualisierter Verarbeitungsperspektive und universell-standardisiertem Sinnangebot" (Charlton/Neumann-Braun 1992, S. 113). Nicht selten betreiben Rezipienten mit Medienfiguren einen Umgang, als ob diese Teil der Alltagswirklichkeit wären, und überspringen die künstliche Distanz und den para-sozialen Charakter. Dann bricht die Wirkung medialer Ereignisse und Kommunikationen mehr oder minder direkt in die Ordnung der sozialen Lebenswelt und in die kommunikative Alltagspraxis ein.

Die Medienaneignung betrifft bereits das frühe Kindesalter; professionell bedient zum Beispiel vom TV-„Kinderkanal" (KiKa), den Labels „Kiosk" oder „Karussell" und diversen Kinderbuchverlagen. Kinder brauchen für ihre Entwicklung und Lernprozesse Spielmöglichkeiten, Identifikationsfiguren und Orientierungsmarken. Diese müssen nicht notwendig vom System der Massenmedien kommen, aber mit seinen verschiedenen Programmen, Formaten und Figuren bietet es sich für fast jede Form kindlicher Wirklichkeitserfahrung und Lebensbewältigung an; kurz: als nachhaltige Sozialisationsagentur. Für das Medienmanagement relevant ist hier der Aufbau eines Medienverbundsystems, in dem ein Medienformat beziehungsweise -produkt mit anderen Unterhaltungsprogrammen und mit Konsumartikeln für Spiel, Freizeit und Schule kombiniert wird und alle voneinander abhängen. „Bernd, das Brot" ist eine solche aktuelle Medienverbund-Erscheinung. Sie ist Medienfigur auf KiKa und zusätzlich auf Audio-MC beziehungsweise -CD, auf DVD, als Stoffpuppe oder Poster erhältlich.

Alles in allem sind die Massenmedien nicht nur die einschlägigen Produzenten und (Diskurs-)Verwalter gesellschaftlicher Themen, das Archiv verschiedenster Informationen, die moralischen Schaltzentralen für beunruhigende Wirklichkeiten und skandalöse Ereignisse, sondern auch die spätmodernen Agenturen für Identitäts- und Individualisierungsprozesse. Durch medial erzeugte beziehungsweise inszenierte Lebens-, Beziehungs- und Rollenmuster wird dem Publikum Identifikation oder Abgrenzung angeboten und damit eine weitere Möglichkeit, sich aus vielfältigen „Sets" seine Biographie und Identität patchworkartig zusammenzustellen.

7 Programmatische Zusammenfassung

Indem die Mediensoziologie die Wechselwirkungen zwischen Gesellschaft, Medien und Individuum untersucht, geht ihre Perspektive einerseits von gesellschaftlichen Strukturen und Medienangeboten auf das Individuum und andererseits vom Individuum und seinem Medienhandeln oder Rezeptionsprozess auf soziale Situationen und Vergesellschaftungsbereiche. Generelles Basistheorem ist die medienfundierte gesellschaftliche wie individuelle Konstruktion von Wirklichkeiten.

Mediensoziologie wird je nach (Problem-)Perspektive entweder mit den Mitteln der soziologischen Systemtheorie oder der soziologischen Handlungstheorie betrieben. Je nach Aufgabenstellung und Untersuchungsfeld wechselt sie so zwischen der Makro- und der Mikroebene des Sozialen. Eine Pointe besteht letztlich darin, dass Medientheorie nur als Gesellschaftstheorie möglich ist. Im Hintergrund aller Untersuchungen steht die konstitutive Fragestellung: Wie stellen (Massen-)Medien soziale Ordnung her?

Der mediensoziologische Anwendungsbezug erstreckt sich keineswegs exklusiv auf Massenmedien, sondern – entsprechend der grundbegrifflichen Entfaltung und Medium/Form-Differenz – umfassend auf Wahrnehmungsmedien, Verständigungsmedien, Verbreitungsmedien sowie kommunikative Steuerungs- und Erfolgsmedien.

Mediensoziologie ist historisch sensibel und ergänzt ihre Analysen mit geschichtswissenschaftlichen Befunden zur Medienentwicklung. Die Evolution der Medien wird vor allem funktionalistisch betrachtet, das heißt sie resultiert aus gesellschaftlichen Problemen (zum Beispiel dem Registrieren von Wetterverhältnissen und Aufzeichnen von Warenbeständen im frühen

Ägypten, der Erreichbarkeit von Adressaten, der Optimierung des Kommunikationserfolgs) oder aus individuellen Bedürfnissen beziehungsweise Wunschkonstellationen (zum Beispiel Wahrnehmungsverbesserung, Erweiterung der Wirkzonen oder unterhaltende Weltgestaltung). Allgemeines Ziel ist es – neben einzelnen Mediengeschichten zum Buch, Foto, Film, Fernsehen, Video et cetera –, an einer historiographisch integrierten Sozial- und Technikgeschichte der Medien mit zu schreiben.

Die Hauptfunktion des Funktionssystems der Massenmedien, mit seinen Programmbereichen Nachrichten, Unterhaltung und Werbung, besteht in soziologischer Hinsicht darin, eine gesamtgesellschaftliche Bekanntheit von Informationen und Themen zu erzeugen, ein gemeinsames kommunikations- beziehungsweise handlungsrelevantes Wissen zu produzieren und zu archivieren sowie schließlich System- und Sozialintegration zu ermöglichen. Eine spätmoderne Sonderfunktion der Massenmedien liegt in der Alarmierung der Gesellschaft mit Mitteln der Moral und in der publizistischen Form des Skandals (vgl. Ziemann 2004).

Wie keine andere zuvor ist die (spät-)moderne Gesellschaftsform eine durch und durch medialisierte und eine in ungeheurem Ausmaß von Medientechnologie abhängige. Medialisierung meint die fortschreitende Durchdringung und Infizierung verschiedenster Vergesellschaftungsbereiche durch die Massenmedien und die Substitution sozialen Handelns durch Medienhandeln. Mediendemokratie, die massenmedialen Inszenierungen von Wahlkämpfen, Unternehmensentscheidungen und sportlichen Großveranstaltungen oder die institutionalisierte Selbstbeobachtung und Reflexivität von Medienereignissen in den Massenmedien selbst sind nur einige Beispiele für diesen Prozess. In jüngster Zeit hat sich deshalb die Rede von der „Mediengesellschaft" etabliert. Die definitorische Brauchbarkeit und empirische Operationalisierbarkeit dieser Begriffsbildung bleibt ebenso noch abzuwarten wie ihre Tauglichkeit als adäquate Selbstbeschreibung der Gesellschaft. Nichtsdestotrotz aber gilt: Neue Verhältnisse bedürfen neuer Theorien und erweiterter Erklärungen. Ein interdisziplinäres Arrangement ist auf diesem Weg nicht die schlechteste Strategie.

Literaturverzeichnis

Adorno, T.W. (1997) Fernsehen als Ideologie (1953), in: Gesammelte Schriften 10-2, Kulturkritik und Gesellschaft II, Frankfurt/Main 1997, S. 518–532.

Altmeppen, K.D./Karmasin, M. (2003) Medienökonomie als transdisziplinäres Lehr- und Forschungsprogramm, in: Altmeppen, K.D./Karmasin, M. (Hrsg.) Medien und Ökonomie. Band 1/1, Wiesbaden 2003, S. 19–51.

Blumler, J.G./Katz, E. (1974) The Uses of Mass Communications. Current Perspectives on Gratifications Research, Beverly Hills 1974.

Bohn, R./Müller, E./Ruppert, R. (Hrsg.) (1988) Ansichten einer künftigen Medienwissenschaft, Berlin 1988.

Charlton, M. (1997) Rezeptionsforschung als Aufgabe einer interdisziplinären Medienwissenschaft, in: Schneider, S. (Hrsg.) Rezeptionsforschung. Theorien und Untersuchungen zum Umgang mit Massenmedien, Opladen 1997, S. 16–39.

Charlton, M./Neumann, K. (1986) Medienkonsum und Lebensbewältigung in der Familie. Methode und Ergebnisse der strukturanalytischen Rezeptionsforschung – mit fünf Falldarstellungen, München – Weinheim 1986.

Charlton, M./Neumann-Braun, K. (1992) Medienkindheit – Medienjugend. Eine Einführung in die aktuelle kommunikationswissenschaftliche Forschung, München 1992.

Esposito, E. (2002) Soziales Vergessen. Formen und Medien des Gedächtnisses der Gesellschaft, Frankfurt/Main 2002.

Fengler, S./Ruß-Mohl, S. (2003) Der Journalist als aufgeklärter Homo oeconomicus. Ökonomische Analyse journalistischen Handelns am Beispiel der Berichterstattung über Massenmedien, in: Altmeppen, K.D./Karmasin, M. (Hrsg.) Medien und Ökonomie. Band 1/2, Wiesbaden 2003, S. 209–234.

Früh, W./Stiehler, H.J. (Hrsg.) (2003) Theorie der Unterhaltung. Ein interdisziplinärer Diskurs, Köln 2003.

Holly, W./Püschel, U. (1993) Medienrezeption als Aneignung, Opladen 1993.

Horkheimer, M./Adorno, T.W. (1969) Dialektik der Aufklärung. Philosophische Fragmente, Frankfurt/Main 1969.

Jäckel, M. (2003) Medienwirtschaftliches Handeln der Rezipienten, in: Altmeppen, K.D./Karmasin, M. (Hrsg.) Medien und Ökonomie. Band 1/2, Wiesbaden 2003, S. 15–45.

Keppler, A. (2000) Verschränkte Gegenwarten. Medien- und Kommunikationssoziologie als Untersuchung kultureller Transformationen, in: Münch, R./Jauß, C./Stark, C. (Hrsg.) Soziologie 2000. Kritische Bestandsaufnahme zu einer Soziologie für das 21. Jahrhundert, München 2000, S. 140–152.

Krallmann, D./Ziemann, A. (2001) Grundkurs Kommunikationswissenschaft, München 2001.

Luhmann, N. (1984) Soziale Systeme. Grundriß einer allgemeinen Theorie, Frankfurt/Main 1984.

Luhmann, N. (1996) Die Realität der Massenmedien, 2. Aufl., Opladen 1996.

Luhmann, N. (1997) Die Gesellschaft der Gesellschaft, Frankfurt/Main 1997.

Reichertz, J. (2000) Die Frohe Botschaft des Fernsehens. Kulturwissenschaftliche Untersuchung medialer Diesseitsreligion, Konstanz 2000.

Ruhrmann, G. et al. (2003) Der Wert von Nachrichten im deutschen Fernsehen. Ein Modell zur Validierung von Nachrichtenfaktoren, Opladen 2003.

Schmidt, S.J. (1994) Die Wirklichkeit des Beobachters, in: Merten, K./Schmidt, S.J./Weischenberg, S. (Hrsg.) Die Wirklichkeit der Medien. Eine Einführung in die Kommunikationswissenschaft, Opladen 1994, S. 3–19.

Schmidt, S.J. (1996) Die Welten der Medien. Grundlagen und Perspektiven der Medienbeobachtung, Braunschweig – Wiesbaden 1996.

Weber, M. (1972) Wirtschaft und Gesellschaft. 5. Aufl., Tübingen 1972.

Wenzel, H. (2001) Die Abenteuer der Kommunikation. Echtzeitmassenmedien und der Handlungsraum der Hochmoderne, Weilerswist 2001.

Willems, H. (2002) Die Gesellschaft der Werbung. Kontexte und Texte, Produktionen und Rezeptionen, Entwicklungen und Perspektiven, Wiesbaden 2002.

Winkler, H. (1996) Docuverse. Zur Medientheorie der Computer, München 1996.

Ziemann, A. (2004) Die Moralmacher. Über die verstärkt zu beobachtende Moralisierungsspirale der Massenmedien, in: Ästhetik und Kommunikation, (125/ 2004), S. 129–133.

Medienpsychologie – Kommunikation, Information, Unterhaltung

Dagmar C. Unz/Frank Schwab

1 Einführung 175

2 Aufgaben der Medienpsychologie 176

3 Historisches 177

4 Funktion von Medien aus medienpsychologischer Sicht 179

5 Zentrale Gebiete und Fragestellungen der Medienpsychologie 179
   5.1 Auswahlverhalten 179
   5.2 Wahrnehmung und Rezeptionsprozesse 181
   5.3 Medienwirkungen 183
      5.3.1 Präsenzerleben (Telepräsenz) 183
      5.3.2 Parasoziale Interaktion/Parasoziale Beziehungen 184
      5.3.3 Erregungstransfer (Excitation Transfer) 184
      5.3.4 Framing 185
      5.3.5 Wissenskluft 185
      5.3.6 Agenda Setting 186
      5.3.7 Kultivierung 187
      5.3.8 Unterhaltung 188

6 Fazit 189

Literaturverzeichnis 190

Vorschau

Aufgaben der Medienpsychologie

Der Beitrag umreißt die wichtigsten Aufgaben der Medienpsychologie: Medienpsychologie beschreibt und erklärt menschliches Erleben und Verhalten im Umgang mit Medien. Medienpsychologie erforscht die psychischen Zustände und Vorgänge bei der medialen Massen- und Individualkommunikation und analysiert die Bedingungen der Entstehung und Veränderung dieses Erlebens und Verhaltens.

Funktion von Medien

Der Beitrag skizziert, welche Funktionen Medien aus medienpsychologischer Sicht haben: Medien überwinden die Kommunikationsbarrieren, eine zeitliche und/oder örtliche Kopräsenz ist nicht erforderlich. Medien bieten eine Ausweitung der menschlichen Wahrnehmungs- und Kognitionsorgane bei der Aufnahme, Verarbeitung und Speicherung von Informationen.

Gegenstandsbereiche der Medienpsychologie

Der Beitrag zeigt die Gegenstandsbereiche der Medienpsychologie auf: (1) Auswahlverhalten (2) Nutzungs- und Rezeptionsprozess, (3) Wirkungen; und skizziert die wichtigsten dazugehörigen theoretischen Konzepte.

Auswahlverhalten

Der Beitrag betont die Selektivität des Rezipienten in der Medienwahl, in der Aufmerksamkeit, in der Wahrnehmung und in der Interpretation der Medienbotschaft. Selektionsentscheidungen können mit personalen, sozialen und situativen Determinanten erklärt werden. Der „Uses-and-Gratifications-Ansatz" betont, dass der Zuschauer in Erwartung der Befriedigung spezifischer Bedürfnisse – bewusst oder unbewusst – bestimmte Medien nutzt. Nach der Mood-Management-Theorie sind es vor allem Stimmungen, die bei der Medienwahl eine Rolle spielen.

Medienwirkungen

Wirkungen der Mediennutzung treten schon während der Rezeption auf. Der Beitrag beschreibt Phänomene wie Aufmerksamkeitsallokation, Unterhaltungs-, Präsenz- und Spannungserleben, Stimmungsregulation, parasoziale Interaktionen, Erregungstransfers und Framing. Langfristige Wirkungen der Mediennutzung sind den meisten Menschen selten bewusst, da sie sich in längerfristigen Denkschemata, Wissensbeständen, Einstellungen und Verhaltensweisen niederschlagen können. Zur Erklärung solcher Wirkungen skizziert der Beitrag prominente theoretische Ansätze, wie die Wissenskluft-Hypothese, die Agenda-Setting-Hypothese sowie Kultivierungsansätze.

1 Einführung

Medien durchdringen nahezu alle Bereiche des Alltags vom Arbeitsplatz bis in den Freizeitbereich. Wir beschäftigen uns im Durchschnitt täglich vier bis fünf Stunden mit Medien, seien es nun Bücher, Zeitungen, Hörfunk, Fernsehen oder Internet. Auch immer mehr Berufstätigkeiten sind mit aktiver Mediennutzung verbunden. Besonders die Nutzung „Neuer" Medien führt, sowohl in der Freizeit als auch im Arbeitskontext, zu neuen Strukturen und Kommunikationspraktiken. Medien dienen dabei den unterschiedlichsten Funktionen: der Information, der Kommunikation und ebenso der Unterhaltung. Sie nehmen Einfluss auf unser Denken und Fühlen, auf unser Verhalten und unsere Entscheidungen, auf Umfang und Art unserer sozialen Kontakte, auf unseren Lebensstil. Sie eröffnen Chancen und bergen Risiken. Und sie stellen wachsende Anforderungen an unsere Kompetenzen. Wer wirksam kommunizieren will, muss die Regeln kennen, nach denen die Medien funktionieren, aber auch Strategien zur Verfügung haben, um durch das (Über-)Angebot zu navigieren. Wer Kommunikationssysteme gestalten möchte, muss wissen, wie Menschen mit Medien umgehen und welche Wirkungen Medien auf Menschen haben. Mediengestaltung setzt darüber hinaus die Kenntnis von Dramaturgie, Design und Technologie voraus. Kommunikations- und Mediengestaltungskompetenzen basieren auf unserem Wissen über das Erleben und Verhalten des Nutzers oder des Rezipienten von Medienangeboten, sie basieren auch auf unserem Wissen über Gestaltungsprozesse und Einflussfaktoren.

In unserer modernen Informations- und Kommunikationsgesellschaft ist daher der Bedarf an psychologischen Ansätzen zur Erklärung von Mediennutzung und Medienwirkung enorm gewachsen. Im Mittelpunkt zentraler Fragen der Mediengestaltung und des Medienmanagements stehen heute Probleme der nutzerfreundlichen Gestaltung von Medien und der Vermittlung von Medienkompetenz, um eine effektive Nutzung des fast täglich wachsenden Angebots sicher zu stellen. Egal, ob es um die Entwicklung von Kampagnen, von Mitteln interner Kommunikation in Organisationen, von Bildungsmedien, von Softwaresystemen, von virtuellen Agenten oder von Fernsehsendungen geht; Medienschaffende müssen sich mit den Werkzeugen der Medienproduktion, aber auch mit den dahinter liegenden theoretischen Ansätzen und empirischen Ergebnissen zu Fragen der Mediennutzung und Medienwirkung beschäftigen. Wichtige Erkenntnisse dazu stammen aus der Medienpsychologie.

2 Aufgaben der Medienpsychologie

Medienpsychologie beschreibt und erklärt menschliches Erleben und Verhalten im Umgang mit Medien. Medienpsychologie erforscht die psychischen Zustände und Vorgänge bei der medialen Massen- und Individualkommunikation (also vom Fernsehen übers Internet bis hin zum Handygebrauch) und analysiert die Bedingungen der Entstehung und Veränderung dieses Erlebens und Verhaltens (vgl. Winterhoff-Spurk 2004). Aufgabe der Medienpsychologie ist damit zum ersten die Analyse von Voraussetzungen für der Mediennutzung; „hierzu gehören sowohl die motivationalen Voraussetzungen, die zur Zuwendung zu bestimmten Medien und Inhalten führen, als auch die individuellen Kompetenzen, die für eine angemessene Medienwahl und eine effiziente Mediennutzung erforderlich sind" (Mangold/Vorderer/Bente 2004, S. VII). Medienpsychologie untersucht zum zweiten die „kognitiven, emotionalen und verhaltensmäßigen Wirkungen, welche die Mediennutzung bei Individuen und Gruppen hinterlässt" (Mangold/Vorderer/Bente 2004, S. VII). Mit der Analyse von Nutzungsvoraussetzungen und der Untersuchung von psychologischen Effekten schafft Medienpsychologie zum dritten „wesentliche Voraussetzungen für die Entwicklung und Weiterentwicklung von Medien sowie [...] für die Optimierung medialer Inhalte und Angebotsweisen" (Mangold/Vorderer/Bente 2004, S. VII; vgl. Schorr 2003, S. 235).

Das Spektrum der dabei betrachteten Medien schließt sowohl Massenmedien, wie Zeitung, Hörfunk, Fernsehen, als auch Medien der Individualkommunikation, wie eMail und Handy, sowohl klassische Medien als auch die „Neuen" Medien mit ein. Medienpsychologen befassen sich unter anderem mit Mediennutzungsmotiven, mit der Analyse der Fernseh- und Hörfunknutzung, des Lesens (von Büchern und Zeitschriften), des Musikhörens, der Rezeption von Unterhaltungsangeboten oder auch von Nachrichten, mit der Analyse der Mensch-Computer-Interaktion, der Nutzung von Computer- und Videospielen, mit netzbasierter Wissenskommunikation. Sie beschäftigen sich mit emotionalen Wirkungen, mit Wirkungen auf Einstellungen, mit Lerneffekten oder auch verhaltensbezogenen Wirkungen, mit Wirkungen spezieller Angebote, wie Werbung oder Gewaltdarstellungen, oder auch mit der Gestaltung virtueller Agenten und der Optimierung von Programmangeboten et cetera. Trepte (1999) klassifiziert die vielfältigen Forschungsfelder der Medienpsychologie auf der Basis von 650 Publikationen in den 90er Jahren im deutschsprachigen Raum. Danach widmen sich medienpsychologische Arbeiten zu rund 30 Prozent dem Fernsehen, zu ungefähr zwölf Prozent den Neuen Medien, zu etwa sieben Prozent dem

Internet und PC, zu sechs Prozent den Print-Medien, zu 0,6 Prozent dem Radio und zu ungefähr 20 Prozent dem Vergleich verschiedener Medien. „Die Alltagspräsenz des Fernsehens und das hohe Interesse von Kindern und Jugendlichen an dem Medium haben die psychologische Forschung auf diesem Gebiet stark geprägt" (Schorr 2003, S. 337).

In Abgrenzung zu anderen Disziplinen, die gleiche oder ähnliche Themen behandeln, orientiert sich die Medienpsychologie stets an der Systemkomponente Mensch und versucht psychische Phänomene, die im Umgang mit Medien eine Rolle spielen, nicht nur zu beschreiben, sondern auch zu erklären. Nach Winterhoff-Spurk (2004, S. 19) ist Medienpsychologie im Wesentlichen mikroanalytische, also auf das Erleben und Verhalten von Individuen bezogene Forschung, die natürlich nicht außer Acht lassen darf, „dass individuelle Medienwirkungen immer auch vor dem Hintergrund der Wirksamkeit (kultureller, politischer etc.) Makro- und (familiärer, beruflicher etc.) Mesostrukturen zu sehen sind".

3 Historisches

Medienpsychologie ist eine verhältnismäßig junge Teildisziplin der Psychologie. Obwohl es in der deutschen Psychologie von Anfang an Studien gibt, die sich mit medienpsychologischen Themen befassen, taucht der Begriff „Medienpsychologie" erst relativ spät auf. Als Vorläufer medienpsychologischer Forschung gelten beispielsweise Marbe (1910), der 1910 eine „Theorie der kinematographischen Projektionen" veröffentlicht, Münsterberg (1916) mit dem Buch „The photoplay: A psychological study" oder Sachs (1929) mit dem Aufsatz „Zur Psychologie des Films". Blieben diese ersten Ansätze noch relativ unverbunden nebeneinander stehen, so wurden in den 60er und 70er Jahren des letzten Jahrhunderts erste zusammenfassende Monographien veröffentlicht, beispielsweise „Psychologie der Massenkommunikation" von Maletzke (1963) oder „Psychologie des Fernsehens" von Bergler/Six (1979). Ein systematisches Verständnis des Gegenstandsbereichs der Medienpsychologie entwickelte sich dann „erst in den letzten zehn bis fünfzehn Jahren. [...] Wichtigster Ausgangspunkt für diese Entwicklung war die Gründung der Zeitschrift „Medienpsychologie" im Jahre 1989 (seit 2001 Zeitschrift für Medienpsychologie). In der Folge ließ sich in den 90er Jahren ein verstärktes Forschungsinteresse mit einem genuin medienpsychologischen Selbstverständnis erkennen. Die Einrichtung der Fachgruppe Medienpsychologie in der Deutschen Gesellschaft für Psychologie im Frühjahr 2000 war schließlich eine nahe liegende Konsequenz der zunehmenden Relevanz medienpsychologischer Aufgabenstellungen wie auch der intensiver gewordenen Forschungstätigkeit und sicher einer der wichtigsten Schritte in Richtung auf die Institutionalisierung der Medienpsychologie" (Mangold/Vorderer/Bente 2004, S. VIII).

Die thematische und theoretische Entwicklung der Medienpsychologie ist stark mit der Geschichte der Massenmedien und der Medienwirkungsforschung verbunden (vgl. Winterhoff-Spurk 2004). Ausgangspunkt der empirischen Medienwirkungsforschung war die in den 20er Jahren des letzten Jahrhunderts einsetzende Wirkungs- und Kampagnenforschung, deren Fragestellung mit der „Lasswell-Formel" (vgl. Lasswell 1948) umschrieben werden kann: „Wer sagt was in welchem Kanal zu wem mit welchem Effekt" (Who says what in which channel to whom with what effect). Allerdings zeigte sich bald, dass die zugrunde liegende „Impfnadel-Vorstellung", man müsse Menschen nur lange genug mit einer Botschaft konfrontieren, dann stelle sich die erwünschte Wirkung ein, zu einfach ist. Diese Vorstellung der starken Medien wurde durch Befunde der Wahlpropaganda-Forschung erschüttert. In einer zum amerikanischen Präsidentschaftswahlkampf 1940 durchgeführten Untersuchung (vgl. Lazarsfeld/Berelson/Gaudet 1944) ergaben sich nur geringe Wirkungen der in den Massenmedien verbreiteten Wahlpropaganda auf die politischen Einstellungen und das Wahlverhalten. Einen bedeutenden Einfluss haben dagegen interpersonale Beziehungen sowie die defensive Selektivität der Rezipienten (das heißt Rezipienten nutzen vorzugsweise nur ganz bestimmte Medieninhalte, zum Beispiel politische Inhalte, mit denen sie übereinstimmen, und gehen anderen aus dem Weg). Die Fragestellung der Medienforschung kehrte sich in der Folge um, von „Was machen die Medien mit dem Menschen?" zu „Was machen die Menschen mit den Medien?". Das Konzept der starken Medien wurde ersetzt durch das Konzept der schwachen Medien. Die Einsicht in die Bedeutung sozialer Beziehungen war Ausgangspunkt für die Diffusionsforschung; auf Überlegungen zur defensiven Selektivität gründet sich der Nutzen- und Belohnungsansatz (Uses and Gratifications Approach). In den 60er Jahren vollzieht sich dann eine Art Wiederbelebung des Konzepts der starken Medien, allerdings bezogen auf spezifische Wirkungsbereiche. Dazu gehören Untersuchungen zur Sozialisation, zu ideologischen Medienwirkungen im Bereich von Wahlentscheidungen, zur Wissenskluft-Hypothese, zu Agenda-Setting sowie zur Kultivierungsforschung. Der gegenwärtigen Medienforschung liegt der Ansatz des aktiven Nutzers zugrunde, der die Medien mit ihren jeweils spezifischen Eigenheiten und Funktionen für seine aktuellen Bedürfnisse und Ziele instrumentalisiert.

4 Funktion von Medien aus medienpsychologischer Sicht

Medien erfüllen wichtige Funktionen für den Menschen. Medien überwinden Kommunikationsbarrieren, eine zeitliche und/oder örtliche Kopräsenz ist nicht erforderlich (vgl. Winterhoff-Spurk 2004): „Transportmedien (wie Rundfunk und Fernsehen) führen Informationen aus für die unmittelbare Kommunikation zu weit entfernten Orten heran, Speichermedien (wie Buch oder Anrufbeantworter) konservieren Informationen für eine spätere Nutzung. [...] Bei Distributionsmedien (= Medien zur Massenkommunikation) verteilt ein Sender mit technischen Mitteln eine Medienbotschaft an eine große Zahl von Empfängern wobei eine Einwegkommunikation vorherrscht. Für die Individualkommunikation zwischen räumlich und zeitlich voneinander entfernten Personen werden Medien zur wechselseitigen Interaktion benutzt. Im Zuge der weltweiten Vernetzung von Personalcomputern haben sich heute darüber hinaus diverse Zwischenstufen der Gruppenkommunikation entwickelt" (Mangold 2002).

Medien bieten eine Ausweitung der menschlichen Wahrnehmungs- und Kognitionsorgane bei der Aufnahme, Verarbeitung und Speicherung von Informationen. Schwan und Hesse (2004) bezeichnen Medien deshalb auch als kognitive Werkzeuge. Der Mensch kann durch Medien im Wesentlichen auf zwei Ebenen Unterstützung und Entlastung erfahren: „Medien können als externe Speicher von Gedächtnisinhalten (Daten) dienen. [Und:] Medien können genutzt werden, um bestimmte mentale Operationen (Programme) auszulagern oder zu vereinfachen" (Schwan/Hesse 2004, S. 90).

5 Zentrale Gebiete und Fragestellungen der Medienpsychologie

5.1 Auswahlverhalten

Menschen nutzen Medien sehr selektiv. Sie sind selektiv in der Medienwahl, in der Aufmerksamkeit, in der Wahrnehmung und der Interpretation der Medienbotschaft. Theorien zur Wahl von Kommunikationsmedien erklären, von welchen personalen und situativen Faktoren die Wahl von Medien zur Individualkommunikation abhängt. Das Media-Richness-Modell (vgl. Daft/Lengel 1984; 1986) geht davon aus, dass unterschiedliche Medien für unterschiedliche Aufgaben unterschiedlich gut geeignet sind: Aufgaben mit hoher Komplexität benötigen eher reichhaltige Medien (zum Beispiel Videokonferenz) beziehungsweise eine Face-to-Face-Kommunikation, Aufgaben mit niedriger Komplexität eher wenig reichhaltige Medien (beispielsweise Briefpost oder eMail) (vgl. Weidenmann/Paechter/Schweizer 2004). Im Gegensatz dazu betont das „Modell des sozialen Einflusses" (vgl. Fulk/ Schmitz/Steinfield 1990), dass persönliche Erfahrungen und das soziale Umfeld die Auswahlentscheidungen stark beeinflussen. Insgesamt lässt sich zeigen, „dass Selektionsentscheidungen in der cvK [computervermittelten Kommunikation] von personalen (z.B. Medienbewertungen und Medienkompetenz), sozialen (z.B. Antwortbereitschaft der Kommunikationspartner/ innen) und situativen (z.B. Geräteverfügbarkeit) Determinanten erklärt werden können" (Dumont et al. 2002). Die technischen Eigenschaften wirken sich nicht unmittelbar auf die Medienselektion aus, sondern sie besitzen lediglich einen über die personalen und sozialen Determinanten (z.B. die Medienbewertung) vermittelten Einfluss" (Hartmann 2004, S. 678).

Beim Fernsehen zeigt sich, dass die Entscheidung zum Einschalten des TV-Gerätes, die Programmauswahl, die Wahrnehmung und Verarbeitung der dargebotenen Informationen sowie die Entscheidung zur Beendigung des Medienkonsums komplexe psychologische Vorgänge sind (vgl. Winterhoff-Spurk 2004): Rezipienten treffen im allgemeinen aufgrund ihrer Persönlichkeitsmerkmale und Gewohnheiten, ihrer momentanen Befindlichkeiten und – falls sie nicht allein entscheiden – als Folge von Gruppenprozessen intentional, zielgerichtet und im Vergleich mit alternativen Handlungsmöglichkeiten und Programmen eine Auswahl und behalten diese solange bei, wie sich die Nutzungsmotive und das Angebot nicht über ein bestimmtes Maß hinaus unterscheiden.

Von besonderer Bedeutung beim Auswahlverhalten sind die Motive des Nutzers. Der Uses-and-Gratifications-Ansatz (vgl. Blumler/Katz 1974) nimmt an, dass der Zuschauer in Erwartung der Befriedigung spezifischer Bedürfnisse – bewusst oder unbewusst – bestimmte Sendungen beziehungsweise Medien nutzt. Zur Beschreibung wurden umfangreiche Motivkataloge erstellt. Murray und Kippax (1979) gruppieren daraus vier Faktoren: Identität, Sozialkontakt, Unterhaltung und Information. Diese Faktoren, die ursprünglich in Bezug auf das Fernsehen entwickelt wurden, finden sich in ähnlicher Weise auch für die Hörfunknutzung (vgl. Ecke 1993; Unz 1992) und die Internet-Nutzung (vgl. Döring 2003). TV-Nachrichten beispielsweise werden nicht allein zum Zwecke des Informationsgewinns konsumiert, sondern es sind auch Aspekte der Unterhaltung und des Zeitvertreibs mitentscheidend (vgl. Schaap/Rencksdorf/Wester 2001; Unz/Schwab 2003; Wenner 1985).

Während der Uses-and-Gratifications-Ansatz eher davon ausgeht, dass die Auswahl bestimmter Medien und Programme zielgerichtet und bewusst erfolgt, geht der Selective-Exposure-Ansatz (vgl. Zillmann/Bryant 1985) eher von einer unbewussten Auswahl aus. Nach der Mood-Management-Theorie (vgl. Zillmann 1988) sind es vor allem Stimmungen, die dabei eine Rolle spielen. Menschen streben danach, einen positiven Gefühlszustand zu erreichen beziehungsweise beizubehalten. Die Auswahl von Medienangeboten orientiert sich an diesem Ziel. Medienrezipienten wählen Medienangebote so aus, dass sie eine positive Wirkung auf ihre Stimmung haben, und betreiben so Stimmungsmanagement.

Neben diesen – bewussten oder unbewussten – Auswahlprozessen gibt es auch eine habitualisierte Mediennutzung, die auf Routinen beruht (zum Beispiel das allabendliche Einschalten der Tagesschau). Bei der Fernsehnutzung finden sich darüber hinaus Phänomene der Kanaltreue (vgl. Schramm/Hasebrink 2004) und Vererbungseffekte, die ein „Hängen bleiben" der Zuschauer eines Angebots beim Folgeprogramm beschreiben (vgl. Schwab/Unz 2004).

5.2 Wahrnehmung und Rezeptionsprozesse

Menschliche Wahrnehmung und Informationsverarbeitung ist selektiv und anforderungsorientiert. Idealtypisch und sehr vereinfacht kann man sich den Prozess der Informationsverarbeitung folgendermaßen vorstellen: Mit Hilfe der Sinnesorgane wird Umgebungsinformation wahrgenommen. „Mittels Aufmerksamkeitsprozessen wird einem Teil dieser Informationen Beachtung geschenkt, und sie werden in einen temporären und kapazitätsbeschränkten Speicher, das Arbeitsgedächtnis überführt und enkodiert. Im Arbeitsgedächtnis, das eine konzeptuelle Nähe zum Zentralprozessor eines Computers aufweist, werden die Informationen einer Vielzahl von Verarbeitungsprozessen unterzogen, beispielsweise transformiert, mit bereits vorhandenen Informationen verglichen oder mit verwandten Inhalten verknüpft" (Schwan/Hesse 2004, S. 74). Bei allen diesen Wahrnehmungs- und Verarbeitungsprozessen spielen sowohl Bottom-Up-Prozesse (oder auch Data-Driven-Prozesse) als auch Top-Down-Prozesse (oder auch Concept-Driven-Prozesse) eine Rolle. Bottom-Up-Wahrnehmung folgt den Merkmalen des Wahrnehmungsgegenstandes. Hierzu gehören unter anderem Reizgröße, Bewegung, Farbigkeit, Kontrast oder auch Reize mit besonderen Signalfunktionen, wie zum Beispiel das Kindchenschema oder erotische Reize. Formale Strukturen, wie Schnitte oder die Einblendung von Graphiken, können Orientierungsreaktionen hervorrufen (vgl. Lang 2000). Top-Down-Prozesse ergeben sich beispielsweise aus den Befindlichkeiten, Interessen, Einstellungen, Motiven oder Vorwissen des Individuums. „Ein Teil der [im Arbeitsgedächtnis] vorhandenen Informationen wird schließlich in einen permanenten Speicher, das Langzeitgedächtnis transferiert. Hier erfolgt eine dauerhafte Kodierung in Form mentaler Repräsentationen, so dass die Informationen zu einem späteren Zeitpunkt wieder in den Arbeitsspeicher abgerufen und damit re-aktualisiert werden können" (Schwan/Hesse 2004, S. 74).

Aufgrund dieser komplexen Wahrnehmungs- und Verarbeitungsprozesse, die mit vielschichtiger Selektivität verbunden sind, erscheint es sehr problematisch, wenn beispielsweise bei der Diskussion über Fernsehnutzung und -wirkung (nur) mit telemetrischen Daten, wie Reichweite und Einschaltquote, argumentiert wird (vgl. Schwab/Unz 2004). Aus einer psychologischen Perspektive bildet dies nur einen Aspekt des Rezipientenverhaltens ab, andere, unter Umständen wichtigere werden nicht berücksichtigt. So lassen sich beim Fernsehen Phasen der Zu- und Abwendung zum Gerät, Orientierungsreaktionen und aktive Aufmerksamkeitsprozesse unterscheiden. Auch spielt die Aufmerksamkeitsträgheit eine wichtige Rolle: Wer eine bestimmte Zeitlang (circa zehn Sekunden) ununterbrochen aufmerksam ferngesehen hat, wird zu 90 Prozent auch weiter fernsehen. Wer zehn Sekunden weggesehen hat, wird zu ungefähr 90 Prozent auch weiter wegsehen und nur zu circa zehn Prozent sich dem Fernseher erneut zuwenden.

Zu den Auswahlprozessen zählt auch die Entscheidung, die Rezeption zu beenden. Beim Fernsehen erfolgt die Abwendung vom Gerät entweder durch eine andere Verteilung der Aufmerksamkeit, etwa in der Folge von Sekundärtätigkeiten (wie Essen oder Bügeln), oder als Folge von Gratifikationsdiskrepanzen, häufig bei Werbeunterbrechungen oder an Sendungsgrenzen.

Zusammenfassend richten Menschen bei der Mediennutzung bewusst oder unbewusst ihre Aufmerksamkeit nur auf bestimmte, individuell relevante Aspekte, sie interpretieren Inhalte selektiv auf der Basis ihrer Bedürfnisse, Interessen, Erfahrungen und erinnern Mitteilungen innerhalb ihrer individuellen mentalen Konzepte. Solche Selektions- und Verarbeitungsprozesse sowohl auf der Seite der Medienproduktion als auch auf der Seite der Rezipienten sind in Abbildung 1 skizziert.

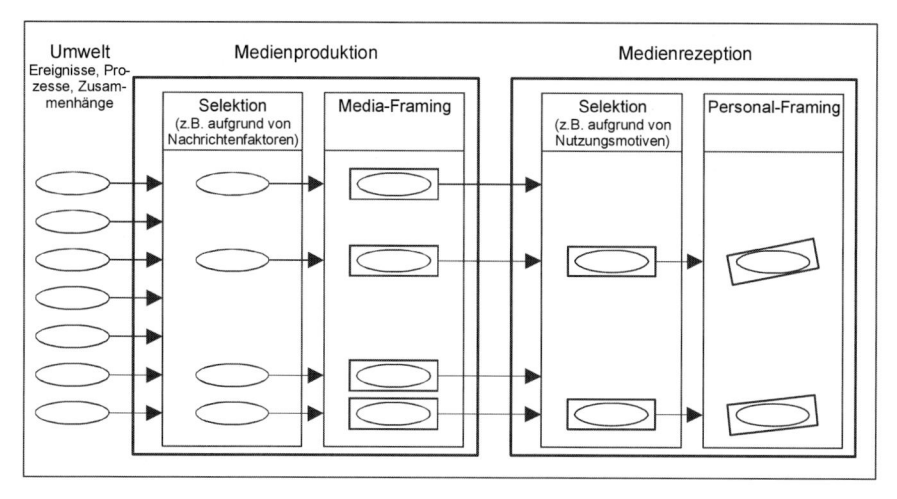

Abbildung 1: Selektions- und Verarbeitungsprozesse auf Medien- und Rezipientenseite

5.3 Medienwirkungen

Wirkungen der Mediennutzung treten nicht nur nach der Nutzung, sondern auch schon währenddessen auf. „Phänomene wie Aufmerksamkeitsallokation, Unterhaltungs- [Präsenz-] und Spannungserleben, Stimmungsregulation, parasoziale Interaktionen und Erregungstransfers sind [...] relativ kurz andauernde [...] Wirkungen, die mit der Rezeption direkt einhergehen. [...] Im Gegensatz dazu stehen Wirkungen, die den meisten Menschen nicht bewusst sind, da sie sich [...] in längerfristig „geformten" Denkschemata, Wissensbeständen, Einstellungen und [...] Verhaltensweisen zeigen" (Schramm/ Hasebrink 2004). Zur Erklärung der letztgenannten Wirkungen sind als prominente theoretische Ansätze, die Wissenskluft-Hypothese, die Agenda-Setting-Hypothese sowie Kultivierungsansätze (Cultivation of Mental Skills, Cultivation of Beliefs, Cultivation of Emotions, Cultivation of Personality) zu nennen. Im Folgenden sollen die wichtigsten der hier genannten Ansätze kurz skizziert werden.

5.3.1 Präsenzerleben (Telepräsenz)

Telepräsenz (vgl. Steuer 1992) beschreibt einen Erlebniszustand von Mediennutzern, nämlich die Illusion, es gäbe gar kein medienvermitteltes Ereignis, vielmehr befände man sich real in dem vom Medium dargestellten Ereignis. Den Nutzern ist nicht mehr bewusst, dass ihr Erleben medial vermittelt wird, oder anders formuliert, es kommt beim Rezipienten zu „einer Präsenzerfahrung [...], die mit dem Erleben einer physikalischen Umwelt kongruent ist: der Rezipient [...] befindet sich subjektiv ‚im System'" (Krämer 2004, S. 661). Zwei Faktoren tragen nach Steuer (1992) entscheidend zum Präsenzerleben bei: „Vividness" (Lebendigkeit, Realismus) und Interaktivität. Vividness „meint die Fähigkeit des Mediums, eine sensorisch reiche Umwelt zu produzieren." (Krämer 2004, S. 661). Interaktivität „bezeichnet den Grad, zu dem der Benutzer/die Benutzerin die Form oder den Inhalt des Mediums beeinflussen kann" (Krämer 2004, S. 661).

5.3.2 Parasoziale Interaktion/Parasoziale Beziehungen

1956 erscheint in einer psychiatrischen Fachzeitschrift ein Aufsatz, in dem das Verhältnis zwischen Fernsehzuschauern und den im Fernsehen agierenden Personen beschrieben und als parasoziale Interaktion bezeichnet wird (vgl. Horton/Wohl 1956). Durch scheinbares Anblicken, scheinbar direktes Ansprechen, mit dem die Medienperson an das Verhalten in einer Face-to-Face-Interaktion anknüpft, und scheinbare räumliche Nähe entsteht beim Zuschauer der Eindruck, er habe so etwas wie eine reale und bei häufigem Fernsehkonsum auch dauerhafte soziale Beziehung zu der Person auf dem Bildschirm (vgl. Giles 2002; Gleich 1997; Horton/Strauss 1957). Medienpersonen, zu denen Zuschauer parasoziale Beziehungen aufbauen, werden im persönlichen Beziehungsgefüge dieser Zuschauer etwa zwischen sehr guten Freunden und guten Bekannten eingeordnet, oder wie „gute Nachbarn" wahrgenommen (vgl. Gleich/Burst 1996). Dabei scheint die Bindungen an bestimmte Nachrichtensprecher mit ihrer sozialen Attraktivität („... könnte mein Freund sein ..."), aber auch mit ihrer physischen Attraktivität (vgl. Houlberg 1984; Rubin/McHugh 1987) zusammenzuhängen. Parasoziale Beziehungen entwickeln sich auch zu Figuren in Unterhaltungssendungen (vgl. Vorderer 1998), wie etwa Seifenopern (vgl. Rubin/Perse 1988) und möglicherweise auch in virtuellen Realitäten (vgl. Bente/Otto 1996).

5.3.3 Erregungstransfer (Excitation Transfer)

Während der Medienrezeption kann beim Zuschauer (physiologische) Erregung entstehen. Diese wird am Ende der Rezeption beziehungsweise nach Auflösung der entsprechenden Situation im Film nicht sofort, sondern nur langsam (über mehrere Sekunden hinweg) abgebaut. Die Rest-Erregung wird in nachfolgende Sequenzen transferiert und hat dort dann eine umso größere Erregung zur Folge. Es findet ein „Excitation-Transfer-Effect" (vgl. Zillmann 1991) statt, also ein Nachwirken beziehungsweise ein Aufsummieren von Aktivierung nach einer affektiven Stimulation. Dies führt zu einer – allerdings nur kurzfristigen – Intensivierung beliebiger nachfolgender Emotionen. So kann zum Beispiel die Residualerregung aus Ärger Furcht intensivieren, Residualerregung aus Furcht kann das sexuelle Erleben verstärken und Residualerregung aus sexuellen Gefühlen kann auch daran anschließende Aggressivität verstärken.

5.3.4 Framing

Die Forschung zum Framing nimmt an, dass die Art der (Nachrichten-) Präsentation beeinflusst, was Rezipienten über Themen, Personen oder Ereignisse denken beziehungsweise an was sie sich davon erinnern (vgl. Perse 2001, S. 105–109 ; Schwab/Unz 2004; Wicks 2001). Frames aktivieren bestimmte kognitive Schemata und damit einhergehend Gefühle, Bewertungen und Beurteilungen (vgl. Price/Tewksbury/Powers 1997; Sotirovic 2000). Forschungsergebnisse zeigen verschiedene Effekte des Framings: Nachrichtenberichte, die in unterschiedliche Frames eingebettet sind, aktivieren unterschiedliche kognitive Reaktionen und resultieren in unterschiedlichen Ursachen- und Lösungszuschreibungen eines sozialen Problems (vgl. Iyengar 1991; Price/Tewksbury/Powers 1997; Valkenburg/Semetko/De Vresse 1999). Während des Golfkrieges beispielsweise hing die Nutzung von Fernsehnachrichten, deren Berichterstattung von episodischem Framing dominiert war, mit der Billigung einer militärischen Lösung der Golf-Krise zusammen (vgl. Iyengar/Simon 1993). Framing-Effekte hängen von der politischen Einstellung der Zuschauer ab: Framing zeigt bei Rezipienten, die nicht politisch interessiert sind, größere Effekte. Zum anderen kann eine bestimmte politische Einstellung Framing-Effekte behindern (vgl. Iyengar 1991).

5.3.5 Wissenskluft

Mit der allgemeinen Verbreitung der Massenmedien Hörfunk und Fernsehen keimt bereits recht früh die Hoffnung, man könne durch über die Massenmedien vermittelte Angebote zum Abbau von Bildungsunterschieden zwischen Bevölkerungsschichten beitragen. Vor allem mit der wachsenden Bedeutung des Fernsehens wächst das Interesse an der Möglichkeit, durch Fernsehen eine besser informierte, gebildetere Gesellschaft zu „schaffen". Es zeigt sich jedoch ganz im Gegenteil, dass gebildetere Personen aus höheren Sozialschichten über politische, wissenschaftliche und medizinische Fragen schneller und besser informiert sind als Angehörige niedrigerer Sozialschichten. Zudem scheinen sich diese Unterschiede durch vermehrte Mediennutzung noch zu verstärken. Diese Befunde werden seit Anfang der

70er Jahre unter dem Stichwort „Wissenskluft" („Knowledge-Gap") (vgl. Tichenor/Donohue/Olien 1970) subsumiert. Die Wissenskluft-Hypothese nimmt an, dass der sozioökonomische Status (Bildung und Einkommen) in hohem Maße den Wissenserwerb beeinflusst (vgl. Tichenor/Donohue/Olien 1970). Gruppen mit höherem sozioökonomischem Status lernen mehr und erwerben schneller Wissen als Gruppen mit niedrigem sozioökonomischem Status. Danach beseitigt das Fernsehen nicht Wissens- und Bildungsunterschiede zwischen gesellschaftlichen Schichten, sondern vergrößert sie vielmehr.

Seit Anfang der 70er Jahre wurden weit über 100 Studien zu diesem Thema durchgeführt, die differenziertere Effekte nachweisen als zunächst angenommen (vgl. McQuail 2001, S. 396; Perse 2001, S. 161): Das Interesse an einem Gebiet und das Diskutieren darüber können zu geringeren Wissensklüften führen (vgl. Donohue/Tichenor/Olien 1975). Personen mit niedrigem sozioökonomischem Status erwerben schnell und umfangreich Wissen, wenn sie die Information als nützlich betrachten und motiviert sind zu lernen (vgl. Ettema/Kline 1977; Genova/Greenberg 1979). Bei sehr wichtigen Themen finden sich nur selten Wissensklüfte (vgl. Gaziano 1985). Winterhoff-Spurk (2004, S. 109–110) fasst die Ergebnisse wie folgt zusammen: Ein Wissenskluft-Effekt im Sinne der Hypothese tritt vor allem auf „bei noch wenig beachteten Themen der nationalen und internationalen Politik [...], wenn strukturelles Wissen dazu mit geschlossenen Antwortvorgaben erhoben wird (Problematik der Erhebungsmethode). [...] Dennoch ist angesichts einer insgesamt doch konsistenten Befundlage davon auszugehen, dass (unterschiedliches) Wissen in den verschiedenen Sozialschichten unserer Gesellschaft unterschiedlich verteilt ist und dass unterschiedliche Nutzungsstrategien der Massenmedien in den sozialen Klassen diese Unterschiede im Allgemeinen eher verstärken als verringern." Auch aktuelle Untersuchungen zur Online-Nutzung kommen zu ähnlichen Ergebnissen: „Aus der ursprünglichen ‚knowledge gap' ist also inzwischen eine die Nutzung, Rezeption und Anwendung aller Medien umfassenden ‚communication effects gap' geworden (vgl. Dervin 1980)" (Winterhoff-Spurk 2004, S. 110).

5.3.6 Agenda Setting

In den 50er und 60er Jahren war das Bild von den schwachen Medien ein anscheinend gesichertes Forschungsergebnis. Anfang der 70er Jahre wurde dann das Bild der starken Medien wiederbelebt, so durch eine Untersuchung von McCombs und Shaw (1972) über die Agenda-Setting-Funktion der Massenmedien. Danach bewirken Medien nicht so sehr, wie oder was die Rezipienten denken, sondern worüber sie nachdenken. Das heißt die Wirkung der

Medien besteht darin, wichtige Themen hervorzuheben (vgl. McCombs 1994).

Agenda-Setting beruht auf Beobachtungen, dass die Inhalte von Nachrichten über verschiedene Sender und Medien hinweg ziemlich konstant sind. Fernsehen, Hörfunk und Zeitungen beleuchten dieselben Geschichten, Themen, Ereignisse und Persönlichkeiten. Mit der Zeit akzeptieren Menschen diese Themen der Medien-Agenda als wichtige Themen. Damit stellt sich für die Forschung die Frage, inwieweit Medien die Themen setzen und strukturieren, über die in der Bevölkerung nachgedacht wird (vgl. Brosius/Kepplinger 1990). Es lässt sich eine hohe Übereinstimmung zwischen der von den Bürgern genannten Themenliste und der inhaltsanalytischen Themenauszählung feststellen: Was in den Medien den größten Raum einnimmt, wird auch von den Bürgern weit oben aufgeführt, wenn man sie nach den wichtigsten Problemen fragt, um die sich die Regierung kümmern sollte. Die Themen der Medien und deren Gewichtung stellt die Tagesordnung der wichtigsten politischen Themen bei den Rezipienten, oder kurz: Medien-Agenda generiert Publikums-Agenda (vgl. Perse 2001).

Inzwischen hat die ursprüngliche Idee eine Reihe von Modifikationen und Einschränkungen erfahren (vgl. Brettschneider 1994; Brosius 1994; Dearing/Rogers 1996; Winterhoff-Spurk 2004). Agenda-Setting-Effekte treten nicht bei allen Rezipienten und bei allen Themen in gleicher Weise auf, Rezipientenvariablen wie die Intensität der Mediennutzung, das Interesse für bestimmte Themen, die Struktur der interpersonalen Kommunikation als intervenierende Publikumsvariablen müssen mit berücksichtigt werden. Wer beispielsweise selbst von einem Thema betroffen ist, schätzt dieses Thema höher ein; je entfernter dagegen ein Thema zu den eigenen Erfahrungen ist, desto eher machen sich Agenda-Setting-Effekte bemerkbar. Neben Rezipientenvariablen spielen auch spezifische Merkmale von Medien eine Rolle bei der Entstehung von Agenda-Setting-Effekten: Im Allgemeinen zeigen sich höhere Effekte bei Zeitungen. Das Fernsehen hat jedoch bei nationalen und internationalen Themen, vor allem wenn es sich um kurzzeitige und optisch gut präsentierbare Ereignisse handelt („Spotlight-Effekt"), ebenfalls starke Agenda-Setting-Effekte.

5.3.7 Kultivierung

Kultivierungsansätze gehen auf den Medienwissenschaftler McLuhan (1962; 1965) zurück, nach dessen Idee medienspezifische Effekte vor allem im Training derjenigen Fertigkeiten bestehe, die zu ihrer Rezeption notwendig seien (vgl. Winterhoff-Spurk 1989). Gemeinsame Annahme der Kultivierungshypothesen ist, dass ein häufiger und intensiver Fernsehkonsum aufgrund bestimmter Eigenschaften des Mediums (zum Beispiel seiner Realitätsnähe) bei den Zuschauern überdauernde Veränderungen im Bereich der kognitiven Fähigkeiten (Cultivation of Mental Skills) oder der Einstellungen (Cultivation of Beliefs) hinterlässt, neuere Ansätze postulieren auch überdauernde Veränderungen im Bereich der Persönlichkeit (Cultivation of Personality) (vgl. Winterhoff-Spurk 2005) und im Bereich der Emotionen (Cultivation of Emotions) (vgl. Winterhoff-Spurk 1998; Winterhoff-Spurk/Unz/Schwab 2001).

Unter dem Stichwort „Cultivation of Mental Skills" nimmt Salomon (1979) an, dass bestimmte filmische Codes (wie Kamera-Zoom oder Kamera-Rotation) die Bildung kognitiver Fertigkeiten (wie das Herauslösen von Details aus einem Bild oder Perspektivenübernahme) fördern.

Der Cultivation-of-Beliefs-Ansatz (Gerbner et al. 1994) dagegen hat den Einfluss der Medien auf soziale Einstellungen zum Thema. Medien, allen voran das Fernsehen, werden als zentrale Sozialisationsinstanzen gesehen, die grundlegende Einstellungen der Rezipienten über die sie umgebende (und nicht immer unmittelbar erfahrbare) soziale Welt beeinflussen. Studien zeigen einen (allerdings eher moderaten) Zusammenhang von Fernsehkonsum und Einstellungen zu bestimmten Berufs- und Altersgruppen, zur Familie, zum Reichtum, zur Wahrnehmung von Krankheiten, zu Rassenproblemen, zur Justiz et cetera. Unter Berücksichtigung bestimmter fernseh- und sendungsspezifischer Rezipientenhaltungen und anderer Merkmale der Zuschauer können hier jedoch auch höhere Zusammenhänge insbesondere für solche Bereiche nachgewiesen werden, die nicht der eigenen Beobachtung zugänglich sind. Zum Einfluss des Fernsehens auf politische Einstellungen ist die Video-Malaise-Hypothese entwickelt worden, nach der Gruppen, die vor allem das Fernsehen (insbesondere Unterhaltungssendungen) als Quelle der politischen Information nutzen, einen zynischere Haltung zur Politik und den Politikern haben.

5.3.8 Unterhaltung

Betrachtet man die medienpsychologische Forschung zum Thema Unterhaltungsrezeption, lassen sich folgende Schwerpunkte feststellen: Im Rahmen der Eskapismushypothese wird der Rezipient als Flüchtling aus der eigenen – meist wenig erfreulichen – Realität beschrieben (vgl. Katz/Foulkes 1962). Der Stimmungsmanagementansatz versteht den Rezipient als Erregungsmanager, der mit der Nutzung von Unterhaltungsangeboten, meist unbewusst, seine psychophysiologische Erregung reguliert (vgl. Donohew/

Tipton 1973; Zillmann 1988; Zillmann/Bryant 1994). Emotionspsychologische Ansätze untersuchen den Unterhaltungsseher als gelenkt von spezifischen Emotionen und Motiven wie Neugier und Exploration (vgl. Berlyne 1960), Angst und Angstlust (vgl. Zuckerman 1979; Vitouch 1993). Neuere Entwürfe betonen hingegen die Bedeutung der Auseinandersetzung mit der eigenen Identität. In angemessener ästhetischer Distanz können Selbstkonzepte im Kontext der Unterhaltungsrezeption, durch die Etablierung parasozialer Beziehungen Veränderungen erfahren (vgl. Vorderer 1996). Aktuelle Überlegungen untersuchen die Unterhaltungsmotivation sowie das Unterhaltungserleben vor dem Hintergrund positiver Emotionalität (vgl. Schwab 2001; 2003) und menschlichen Spielverhaltens (vgl. Vorderer/Steen/Chan 2005). Letztere Ansätze berücksichtigen zunehmen eine evolutionäre Perspektive auf das Phänomen der Unterhaltung.

6 Fazit

Medien werden von Menschen für Menschen gemacht. Sind die Medienangebote an menschlichen Bedürfnissen, Motiven, Emotionen und kognitiven Prozessen ausgerichtet, werden sie sich möglicherweise auch erfolgreich am Markt behaupten können. Medienmanager als Entscheidungsträger innerhalb der Medienorganisationen müssen zum erfolgreichen Handeln zwangsläufig über ein Mindestmaß an medienpsychologischem Sachverstand verfügen oder diesen bei Medienpsychologen „einkaufen". Nur so können sie auf der Grundlage aktueller wissenschaftlicher Erkenntnisse die richtigen Entscheidungen für ihr Unternehmen treffen.

Die Medienpsychologie als jene Disziplin, die menschliches Erleben und Verhalten im Umgang mit Medien beschreibt und erklärt, gehört somit zu einem der zentralen Instrumente zielführenden Handelns in TIME-Unternehmen (Telekommunikation, Informationstechnologie, Medien, Entertainment). Sie erforscht die psychischen Zustände und Vorgänge bei der medialen Massen- und Individualkommunikation. Sie befasst sich – allerdings in vergleichsweise eher geringem Maß – mit Prozessen bei der Entstehung von Medienangeboten. So untersucht die Medienpsychologie Phänomene des Agenda Building, des Gatekeeping bei der Nachrichtenproduktion sowie des Media Framings (vgl. Unz/Schwab 2004) (in diesem Zusammenhang weisen medienpsychologische Betrachtungen auch vielfältige Schnittstellen zur Organisationspsychologie auf). Sie analysiert die Bedingungen der Entstehung und Veränderung des mit der Mediennutzung verbundenen Erlebens und Verhaltens. Neben der Analyse von Voraussetzungen für die Mediennutzung (zum Beispiel Motive oder Kompetenzen) beschäftigt sich die Medienpsychologie mit den Wirkungen der Medien auf Denken, Fühlen und Handeln. Damit schafft sie wesentliche Voraussetzungen für die Entwicklung und Weiterentwicklung von Medien sowie für die Optimierung medialer Inhalte und Angebotsweisen.

Literaturverzeichnis

Bente, G./Otto, I. (1996) Virtuelle Realität und parasoziale Interaktion, in: Medienpsychologie (3/1996), S. 217–242.
Bergler, R./Six, U. (1979) Psychologie des Fernsehens, Bern 1979.
Berlyne, D. E. (1960) Conflict, arousal and curiosity, New York 1960.
Blumler, J.G./Katz, E. (1974) The Uses of Mass Communications. Current Perspectives on Gratifications Research, Beverly Hills 1974.
Brettschneider, F. (1994) Agenda-Setting. Forschungsstand und politische Konsequenzen, in: Jäckel, M./Winterhoff-Spurk, P. (Hrsg.) Politik und Medien, Berlin 1994, S. 211–229.
Brosius, H.B./Kepplinger, H.M. (1990) The agenda-setting function of television news, in: Communication Research (17/1990), S. 183–211.
Brosius, H. B. (1994) Agenda-Setting nach einem Vierteljahrhundert Forschung: Methodischer und theoretischer Stillstand?, in: Publizistik 39 (3/1994), S. 269–288.
Daft, R.L./Lengel, R.H. (1984) Information richness, in: Research in Organizational Behaviour (6/1984), S. 191–233.
Daft, R.L./Lengel, R.H. (1986) Organizational information requirement, media richness and structural design. Management Science (32/1986), S. 554–571.
Dearing, J. W./Rogers, E. M. (1996) Communication concepts 6: Agenda-Setting, Thousand Oaks 1996.
Dervin, B. (1980) Communication gaps and inequities: Moving toward a reconceptualization, in: Dervin, B./Voigt, M.J. (Hrsg.) Progress in Communication Sciences, Vol. 2, Norwood 1980, S. 73–112.
Donohew, L./Tipton, L. (1973) A Conceptual Model of Information Seeking. Avoiding and Processing, in Clarke, P. (Hrsg.) New Models for Communicaion Research, London 1973, S. 243–268.
Donohue, G.A., Tichenor, P.J./Olien, C.N. (1975) Mass media and the knowledge gap: A hypothesis reconsidered, in: Communication Research (2/1975), S. 3–23.
Döring, N. (2003) Sozialpsychologie des Internet, 2. Aufl., Göttingen 2003.

Dumont, K./Neumann, J./Frindte, W. (2002) Determinanten der Email-Nutzung bei Wissenschaftlern, in: Zeitschrift für Medienpsychologie, 14 (1/2002), S. 23–33.

Ecke, J.O. (1993) Wichtigkeit und Bewertung: Analysen zu einem Standardkonzept der Medienforschung, in: Medien Journal (2/1993), S. 114–123.

Ettema, J.S./Kline, F.G. (1977) Deficits, difference, and ceilings: Contingent conditions for understanding knowledge gap, in: Communication Research (4/1977), S. 179–202.

Fulk, J./Schmitz, J./Steinfield, C.W. (1990) A social influence model of technology use, in: Fulk, J./Steinfield, C.W. (Hrsg.) Organizations and technology, Newbury Park 1990, S. 117–140.

Gaziano, C. (1985) The knowledge gap: An analytical review of media effects, in M. Gurevitch/M. Levy (Hrsg.) Mass communication review yearbook, 5. Aufl., Beverly Hills 1985, S. 462–501.

Genova, B.K.L./Greenberg, B.S. (1979) Interests in the news and the knowledge gap. In: Public Opinion Quarterly (43/1979), S. 79–91.

Gerbner, G. et al. (1994) Growing up with television: The cultivation perspective, in: Bryant, J./Zillman, D. (Hrsg.), Media effects. Advances in theory and research, Hillsdale 1994.

Giles, D. (2002) Parasocial interaction: A review of the literature and a model for future research, in: Media Psychology (4/2002), S. 279–305.

Gleich, U./Burst, M. (1996) Parasoziale Beziehungen von Fernsehzuschauern mit Personen auf dem Bildschirm, in: Medienpsychologie (3/1996), S. 182–200.

Gleich, U. (1997) Parasoziale Interaktionen und Beziehungen von Fernsehzuschauern mit Personen auf dem Bildschirm: ein theoretischer und empirischer Beitrag zum Konzept des aktiven Rezipienten, Landau 1997.

Hartmann, T. (2004) Computervermittelte Kommunikation, in: Mangold, R./Vorderer, P./Bente, G. (Hrsg.) Lehrbuch der Medienpsychologie, Göttingen 2004, S. 673–694.

Horton, D./Strauss, A. (1957) Interaction in audience-participation shows, in: The American Journal of Sociology 62 (6/1957), S. 579–587.

Horton, D./Wohl, R.R. (1956) Mass Communication and Para-social Interaction: Observation on Intimacy at a Distance, in: Psychiatry (19/1956), S. 215–229.

Houlberg, R. (1984) Local television news audience and the para-social interaction, in: Journal of Broadcasting, 28 (4/1984), S. 423–429.

Iyengar, S./Simon, A. (1993) News coverage of the gulf crisis and public opinion. Communication Research (20/1993), S. 365–383.

Iyengar, S. (1991) Is anyone responsible: How television frames political issues, Chicago 1991.

Katz, E./Foulkes, D. (1962) On the Use of the Mass Media as „Escape": Clarification of a Concept, in: Public Opinion Quarterly (26/1962), S. 377–388.

Krämer, N. (2004) Mensch-Computer-Interaktion, in: Mangold, R./Vorderer, P./Bente, G. (Hrsg.) Lehrbuch der Medienpsychologie, Göttingen 2004, S. 643–672.

Lang, A. (2000) The limited capacity model of mediated message processing, in: Journal of Communication 50 (1/2000), S. 46–70.

Lasswell, H.D. (1948) The structure and function of communication in society, in Bryson, L. (Hrsg.) The communication of ideas, New York 1948, S. 37–51.

Lazarsfeld, P.F./Berelson, B./Gaudet, H. (1944) The people's choice, New York 1944.

Maletzke, G. (1963) Psychologie der Massenkommunikation, Hamburg 1963.

Mangold, R. (2002) Medienpsychologie, in: Lexikon der Psychologie auf CD-ROM, Heidelberg 2002.

Mangold, R./Vorderer, P./Bente, G. (2004) Lehrbuch der Medienpsychologie, Göttingen 2004.

Marbe, K. (1910) Theorie der kinematographischen Projektionen, Leipzig 1910.

McCombs, M.E./Shaw, D.L. (1972) The agenda-setting function of mass media, in: Public Opinion Quarterly (36/1972), S. 176–187.

McCombs, M.E. (1994) News influence on our picture of the world, in Bryant J./Zillmann D. (Hrsg.) Media effects: Advances in theory and research, Hillsdale 1994, S. 1–16.

McLuhan, M. (1962) The Gutenberg-Galaxy: The making of topographic man, Toronto 1962.

McLuhan, M. (1965) Understanding media: the extension of man, New York 1965.

McQuail, D. (2001) Television news research: retrospect and prospect, in Renckstorf, K./McQuail, D./Jankowski, N. (Hrsg.) Television news research: recent European approaches and findings, Berlin 2001, S. 393–404.

Münsterberg, H. (1916) The photoplay: A psychological study, New York 1916.

Murray, J.P./Kippax, S. (1979) From the early window to the late night show: International trends in the study of television's impact on children and adults, in: Journal of Advanced Experimental Social Psychology (12/1979), S. 253–320.

Perse, E.M. (2001) Media effects and society, Mahwah 2001.

Price, V./Tewksbury, D./Powers, E. (1997) Switching trains of thought: The impact of news frames on readers' cognitive responses, in: Communication Research (24/1997), S. 481–506.

Rubin, A.M./McHugh, M.P. (1987) Development of parasocial interaction relationships, in: Journal of Broadcasting and Electronic Media 31 (3/1987), S. 279–292.

Rubin, A.M./Perse, E.M. (1988) Audience activity and soap opera involvement, in: Human Communication Research 14 (2/1988), S. 246–268.

Sachs, H. (1929) Zur Psychologie des Films. Psychoanalytische Bewegung, 2, S. 122–126.

Salomon, G. (1979) Interaction of media, cognition and learning, Hillsdale 1979.

Schaap, G./Renckstorf, K./Wester, F. (2001) Three decades of television news research: an action theoretical inventory of issues and problems, in: Renckstorf, K./McQuail, D./Jankowski, N. (Hrsg.) Television news research: recent European approaches and findings, Berlin 2001, S. 47–90.

Schorr, A. (2003) Psychologie als Profession. Ein Handbuch, Bern 2003.

Schramm, H./Hasebrink, U. (2004) Fernsehnutzung und Fernsehwirkung, in: Mangold, R./Vorderer, P./Bente, G. (Hrsg.) Lehrbuch der Medienpsychologie, Göttingen 2004, S. 465–492.

Schwab, F. (2001) Unterhaltungsrezeption als Gegenstand medien-psychologischer Emotionsforschung, in: Zeitschrift für Medienpsychologie 13. Jg (2/2001), S. 62–72.
Schwab, F. (2003) Unterhaltung. Eine evolutionspsychologische Perspektive, in: Früh, W./Stiehler, H.J. (Hrsg.) Theorie der Unterhaltung. Ein interdisziplinärer Diskurs, Köln 2003, S. 258–324.
Schwab, F./Unz, D. (2004) Telemetrische Verfahren, in Mangold, R./Vorderer, P./Bente, G. (Hrsg.) Lehrbuch der Medienpsychologie, Göttingen 2004, S. 229–250.
Schwan, S./Hesse, F.W. (2004) Kognitionspsychologische Grundlagen, in Mangold, R./Vorderer, P./Bente, G. (Hrsg.) Lehrbuch der Medienpsychologie, Göttingen 2004, S. 73–100.
Sotirovic, M. (2000) Effects of media use on audience framing and support for welfare, in: Mass Communication/Society 3 (2;3/2000), S. 269–296.
Steuer, J. (1992) Defining virtual reality: Dimensions determining telepresence, in: Journal of Communication 42 (4/1992), S. 73–93.
Tichenor, P.J./Donohue, G.A./Olien, C.N. (1970) Mass media flow and the differential growth in knowledge, in: Public Opinion Quarterly (34/1970), S. 159–170.
Trepte, S. (1999) Forschungsstand der Medienpsychologie, in: Medienpsychologie 11 (3/1999), S. 200–218.
Unz, D. (1992) Wenn der Radiohörer zum Telefon greift. Soziologische und psychologische Merkmale von Teilnehmern einer „Call-in"-Sendung, in: Medienpsychologie 4 (1/1992), S. 44–61.
Unz, D./Schwab, F. (2003) Powered by emotions. Die Rolle von Emotionen und Motiven bei der Nachrichtenrezeption, in: Donsbach, W./Jandura, O. (Hrsg.) Chancen und Gefahren der Mediendemokratie, Konstanz 2003, S. 305–315.
Unz, D./Schwab, F. (2004) Nachrichten, in: Mangold, R./Vorderer, P./Bente, G. (Hrsg) Lehrbuch der Medienpsychologie, Göttingen 2004, S.493–525.
Valkenburg, P.M./Semetko, H.A./De Vresse, C.H. (1999) The effects of news frames on readers' thoughts and recall, in: Communication Research (26/1999), S. 550–569.
Vitouch, P. (1993) Fernsehen und Angstbewältigung, Opladen 1993.
Vorderer, P. (1996) Rezeptionsmotivation: Warum nutzen Rezipienten mediale Unterhaltungsangebote?, in: Publizistik 41 (3/1996), S. 310–326.
Vorderer, P. (1998) Unterhaltung durch Fernsehen: Welche Rolle spielen parasoziale Beziehungen zwischen Zuschauern und Fernsehakteuren, in: Klingler, W./Roters, G./Zöllner, O. (Hrsg.) Fernsehforschung in Deutschland. Themen-Akteure-Methoden, Bd. 2, SWR-Schriftenreihe: Medienforschung 1, Baden-Baden 1998, S. 698–708.
Vorderer, P./Steen, F.F./Chan, E. (2005) Motivation, in: Bryant J./Vorderer P. (Hrsg.) Psychology of Entertainment, Mahwah – New Jork 2005.
Weidenmann, B./Paechter, M./Schweizer, K. (2004) E-learning und netzbasierte Wissenskommunikation, in: Mangold, R./Vorderer, P./Bente, G. (Hrsg.) Lehrbuch der Medienpsychologie, Göttingen 2004, S. 743–768.

Wenner, L.A. (1985) The nature of news gratifications, in: Rosengren, K.E./Wenner, L.A./Palmgren, P. (Hrsg.) Media gratification research, Beverly Hills 1985, S. 171–305.

Wicks, R.H. (2001) Understanding audiences. Learning to use the media constructively, Mahwah 2001.

Winterhoff-Spurk, P. (1989) Fernsehen und Weltwissen, Opladen 1989.

Winterhoff-Spurk, P. (1998) TV news and the cultivation of emotions, in: Communications (23/1998), S. 545–556.

Winterhoff-Spurk, P. (2004) Medienpsychologie. Eine Einführung, 2. Aufl., Stuttgart 2004.

Winterhoff-Spurk, P. (2005) Kalte Herzen. Wie das Fernsehen unseren Charakter formt, Stuttgart 2005.

Winterhoff-Spurk, P./Unz, D./Schwab, F. (2001) "In the mood" – Zur Kultivierung von Emotionen durch Fernsehen, in: Magazin Forschung (2/2001), Saarbrücken 2001, S. 20–33.

Zillmann, D. (1988) Mood Managemment: Using Entertainment to Full Advantage, in: Donohew, L./Sypher, H.E./Higgins, E.T. (Hrsg.) Communication, Social Cognition, and Affect,Hillsdale 1988, S. 147–172.

Zillmann, D. (1991) Television viewing and physiological arousal, in: Bryant, J./Zillman, D. (Hrsg) Responding to the screen, Hillsdale 1991, S. 281–303.

Zillmann, D./Bryant, J. (1985) Selective exposure to communication, Mahwah 1985.

Zillmann, D./Bryant, J. (1994) Entertainment as media effect, in: Bryant, J./ Zillmann D. (Hrsg.) Media effects. Advances in theory and research, Hillsdale 1994, S. 437–462.

Zuckerman, M. (1979) Sensation seeking. Beyond the optimal level of arousal, New York 1979.

Medienpolitik – Meinungsvielfalt, Demokratie und Markt

Ulrich Sarcinelli

1 Einführung und Problemstellung 197
2 Begriffliche Grundlegung: Medienpolitik oder
  Kommunikationspolitik? 198
3 Mediengesellschaft im Wandel: Der politische, gesellschaftliche
  und ökonomische Bezugsrahmen medienpolitischen Handelns 200
  3.1 Der legitimatorische Aspekt 201
  3.2 Der politisch-weltanschauliche Aspekt... 202
  3.3 Der ökonomisch-technologische Aspekt 203
4 Akteure, Akteurskonstellationen und Kompetenzen der
  Medienpolitik... 204
  4.1 Die europäische und internationale Ebene...................................... 205
  4.2 Die Bundesebene 205
  4.3 Die Länderebene 206
  4.4 Die Kommunalebene 207
5 Steuerung und Selbststeuerung: Theoretische und praktische Elemente
  kooperativer Medienpolitik.. 207
6 Fazit und Ausblick: Institutionalisierung von Medienkritik als
  medienpolitische Perspektive 214
Literaturverzeichnis 215

Vorschau

Medienpolitische Steuerungsmodelle

Der Beitrag thematisiert medienpolitische Entwicklung und Steuerung als spannungsreiche Beziehung zwischen der Sicherstellung von Meinungsvielfalt im demokratischen System einerseits und Anpassung an das Marktgeschehen andererseits.

Medienpolitische Instrumente des Staates

Der Beitrag skizziert den veränderten mediengesellschaftlichen Handlungsrahmen und die medienpolitischen Instrumente des Staates.

Akteurskonstellationen

Der Beitrag vermittelt einen Überblick über Akteure, Akteurskonstellationen und Handlungsebenen medienpolitischer Steuerung.

Kooperative Selbstregelung

Der Beitrag informiert über Vor- und Nachteile medienpolitischer Steuerungsmodelle und liefert Informationen zur theoretischen Begründung und praktischen Realisierung kooperativer (Selbst-)Regelung.

Media-Governance

Der Beitrag zeigt die wichtigsten Anforderungen auf, die an unternehmerische Media-Governance-Initiativen geknüpft sind.

1 Einführung und Problemstellung

Ein zentrales Merkmal aller modernen Gesellschaften ist ihre Ausdifferenzierung in funktionale Teilsysteme. Nur dadurch können die gesellschaftlich geforderten Leistungen erbracht werden. Dabei gilt für den Bereich der Politik und der Medien nicht weniger als für andere gesellschaftliche Bereiche, dass sie relativ autonom sind und über eine Eigendynamik der Verselbständigung verfügen. Beide erfüllen für das Gesamtsystem eine spezifische Funktion: die Politik, indem sie – und nur sie – kollektiv verbindliche Entscheidungen herbeiführen kann; die Medien, indem sie – und nur sie – die Voraussetzungen für die Herstellung von Öffentlichkeit und damit angesichts zunehmender Komplexität erst die Möglichkeit für Wirklichkeitskonstruktion und -wahrnehmung schaffen.

„Politik vertritt gegenüber dem Spezifischen das allgemeine Interesse an ihrem Zusammenhang. Als mit besonderen Ressourcen ausgestattetes System übernimmt (sie) Steuerungsaufgaben gegenüber den Teilsystemen und deren Problemproduktion" (Gerhards/Neinhard 1993, S. 82). Im Verhältnis zum Mediensystem beschränkt sich das Interesse der Politik allerdings nicht allein auf die Gemeinwohlverpflichtung, durch Sicherstellung eines offenen Zugangs zu den Medien Meinungsvielfalt zu ermöglichen. Politik, zumal demokratische Politik, die zustimmungsabhängig und deshalb auch öffentlich begründungspflichtig ist, braucht selbst Publizität und muss deshalb mangels eigener Medien die allgemein zugänglichen Medien als Resonanzboden und Bühne zur „Politikdarstellung" (vgl. Sarcinelli 1994) nutzen. Insofern steht Politik, wenn es um das Verhältnis zu den Medien und damit auch um medienpolitische Gestaltung geht, immer in einem latenten Spannungsverhältnis zwischen politischem Eigeninteresse und Gemeinwohlverpflichtung.

Es verwundert deshalb auch nicht, dass sich das medienpolitische Interesse lange Zeit darauf konzentrierte, wie die Medien vor politischen Instrumentalisierungen geschützt werden können. Dies steht heute nicht mehr im Mittelpunkt der medienpolitischen Forschung. Im Zuge einer ebenso konzentrierten wie hochgradig ausdifferenzierten und mehr und mehr den Gesetzen des Marktes unterliegenden elektronischen Medienlandschaft und Print-Medienlandschaft hat eine andere Problemstellung Priorität: Ist das politische System in einer zunehmend komplexer werdenden Medienwirklichkeit medienpolitisch überhaupt noch steuerungsfähig, ein System, das selbst in permanentem „Kommunikationsstress" (vgl. Sarcinelli 2003) steht und zugleich dafür Sorge tragen muss, dass die medialen Voraussetzungen für Meinungsvielfalt in und für die Demokratie erhalten oder geschaffen werden?

2 Begriffliche Grundlegung: Medienpolitik oder Kommunikationspolitik?

So wichtig Medienpolitik als Handlungsfeld aus wissenschaftlicher und politischer Sicht ist, so schwierig wird es, seinen genauen Gegenstandsbereich zu bestimmen. Dass es dabei um die „Ausgestaltung einer der Gesellschaft angemessenen Kommunikationsordnung" (Scholten-Reichlin/Jarren 2001, S. 233) geht, dürfte noch weithin unstrittig sein. Offen bleiben bei dieser schlanken Definition jedoch wesentliche Elemente, die erst den konkreten wissenschaftlichen und praktischen Zugang zur Medienpolitik ermöglichen. Das betrifft den Kreis möglicher Akteure ebenso wie die normativen Prinzipien, nach denen gehandelt werden soll. Nicht zuletzt bleiben die Adressaten ebenso offen wie Reichweite und Geltung medienpolitischen Handelns. Hinzu kommt, dass die bisherigen Versuche kaum überzeugen, zwischen dem vor allem in den Medienwissenschaften gebräuchlichen Begriff „Kommunikationspolitik" und dem in der Politikwissenschaft verbreiteten Begriff „Medienpolitik" klare Konturen abzustecken (vgl. Donges 2002, S. 25–28; Jarren 1998, S. 616–619; Kleinsteuber 1989, S. 172–174; 1998; 2003, S. 92–96). Über die innerwissenschaftliche – vornehmlich kommunikationswissenschaftliche – Verwendung hinaus hat sich „Kommunikationspolitik" (vgl. Tonnenmacher 1996; Ronneberger 1978; Ronneberger 1986) gegenüber „Medienpolitik" nicht im öffentlichen Sprachgebrauch durchsetzen können. Unverkennbar ist allerdings das Bemühen auf kommunikationswissenschaftlicher Seite, mit dem Terminus „Kommunikationspolitik" das Kommunikationsgeschehen breiter zu fassen, indem damit alles Handeln gemeint ist, das auf die Durchsetzung „rechtsverbindlicher Regeln für die Individual- und Massenkommunikation ausgerichtet zielt" (vgl. Kepplinger 1994). Interessanterweise wurde das Stichwort Kommunikationspolitik in der neuesten Auflage von „das Fischer Lexikon, Publizistik, Massenkommunikation" wieder aufgegeben mit der Begründung, die politische Dimension sei in vielen anderen Artikeln enthalten (vgl. Noelle-Neumann/Schulze/Wilke 2002). Unbeschadet dessen werden „Kommunikationspolitik" und „Medienpolitik" inzwischen vielfach auch als Synonyma verwendet.

Wo eine theoriegesättigte und allgemein anerkannte Definition fehlt, sollen einige pragmatische Differenzierungen helfen, Gegenstandsbereich und Aufgaben von Medienpolitik einzugrenzen. Zunächst kann zwischen einem engeren und weiteren medienpolitischen Verständnis unterschieden werden. So heben ältere Konkretisierungsversuche exklusiv auf den Staat als medienpolitischen Akteur ab. Danach umfasst Medienpolitik „die Gesamtheit der Maßnahmen des politisch-administrativen Systems (Parteien, Parlamente, Regierungen und Ministerialverwaltungen des Bundes und der Länder), die direkt oder indirekt auf die Produktion, Distribution und den Konsum (Rezeption) massenmedial verbreiteter Inhalte einwirken" (Schatz/Habig/Immer 1990, S. 332). Zu den direkten und indirekten medienpolitischen Instrumenten des Staates rechnet Jarren (1998, S. 617):

- die Ordnungspolitik (zum Beispiel duale Rundfunkordnung),
- die Infrastrukturpolitik (zum Beispiel Zurverfügungstellung von Sendefrequenzen),
- die Medien-Organisationspolitik (zum Beispiel Formen der Rundfunkorganisation und -funkkontrolle),
- die Personalpolitik (beispielsweise Besetzung von Positionen in den Aufsichtsgremien öffentlich-rechtlicher Rundfunkanstalten oder die Besetzung von Positionen in den Aufsichtsgremien der für die Privatfunkaufsicht zuständigen Landesmedienanstalten) sowie
- die Programm- und Informationspolitik (beispielsweise durch politische Public Relation).

So hilfreich diese Ausdifferenzierung medienpolitischer Handlungsfelder ist, so besteht in der neueren wissenschaftlichen Debatte der Rechts-, Kommunikations- und Politikwissenschaft weitgehend Konsens, dass es in einer modernen Gesellschaft nicht mehr der Staat allein sein kann, der ein leistungsfähiges Kommunikationssystem garantiert. Die herrschende Lehre geht deshalb inzwischen von einem erweiterten medienpolitischen Verständnis aus, das weniger politisch-institutionell und hoheitlich-hierarchisch allein auf staatliche Akteure als Legitimation beschaffende Instanzen abhebt und statt dessen weit in die gesellschaftliche Sphäre hineinreicht und dem komplexen Regelungs- und Steuerungsbedarf moderner demokratischer Gesellschaften Rechnung trägt. Medienpolitik ist danach ein eigenständiges und „offenes Handlungssystem, das vorrangig durch Kommunikation konstituiert wird und sich auf die Massenmedien als Regelungsfeld bezieht" (Jarren/Donges 1997, S. 239).

Auch als „offenes Handlungssystem" steht Medienpolitik in der normativen Verpflichtung „den Massenmedien jenen Raum an Freiheit und Unabhängigkeit vom Staat, von anderen gesellschaftlichen Machtgebilden oder von privaten Monopolen zu sichern, dessen sie bedürfen, um die publizistischen Funktionen angemessen und ungehindert erfüllen zu können. [...] Sie hat die Informations- und Meinungsvielfalt durch ein plurales Angebot der Massenmedien nach Programm und Inhalt zu gewährleisten" (Wilhelm 1994, S. 229). Mit der Freiheitssicherung im Medienbereich durch chancengerechten Zugang zum Kommunikationssystem obliegt jeder Medienpolitik ein elementares Stück einer nicht nur rechtlich, sondern auch im umfassenden Sinne gesellschaftlich verstandenen Verfassungspolitik.

3 Mediengesellschaft im Wandel: Der politische, gesellschaftliche und ökonomische Bezugsrahmen medienpolitischen Handelns

Die „Verfassung" von Politik und Gesellschaft hängt also zentral mit den Kommunikationsleistungen zusammen, die vom Mediensystem erbracht werden müssen und die zu ermöglichen Aufgabe der Medienpolitik ist. Dabei wird inzwischen auch von Nichtkonstruktivisten kaum mehr bestritten, dass die Medien zu einem gesellschaftskonstituierenden Faktor geworden sind. „Was wir über unsere Gesellschaft, ja über die Welt, in der wir leben, wissen, wissen wir durch die Massenmedien" (Luhmann 1995). Insofern lassen sich moderne Gesellschaften auch als Mediengesellschaften (vgl. Saxer 1998) charakterisieren. Erst durch die Publizitätsleistungen der Massenmedien entsteht in der modernen Gesellschaft Öffentlichkeit, das heißt ein Raum, der Themen und Meinungen zur Verfügung stellt, die kritisches Räsonnement ermöglichen und so dem Souverän eine Entscheidungsgrundlage verschaffen. Idealiter sollen sich die Massenmedien „als Mandatar eines aufgeklärten Publikums verstehen, dessen Lernbereitschaft und Kritikfähigkeit sie zugleich voraussetzen, beanspruchen und bestärken" (Habermas 1992, S. 457). Mit dieser Erwartung wurde „Öffentlichkeit" schon seit der Aufklärung befrachtet. Und trotz eines vielfältigen Strukturwandels der Öffentlichkeit (vgl. Habermas 1962) bleibt der normative Anspruch in der Mediengesellschaft der Gegenwart eine zentrale, auch verfassungsrechtlich abgestützte regulative Idee demokratischer Entwicklung (vgl. Imhof 2003).

Eine kaum weniger relevante und für das Funktionsverständnis von Medienöffentlichkeit zentrale Gegenposition zu Habermas' diskurstheoretischem Öffentlichkeitsbegriff ist aus systemtheoretischer Perspektive entwickelt worden. Danach wird Öffentlichkeit – völlig unabhängig von der Frage ihrer Qualität – als intermediäres System begriffen. Erst über das Kommunikationssystem Öffentlichkeit können sich Bürger und Akteure des politischen und gesellschaftlichen Systems wechselseitig beobachten, können via Öffentlichkeit miteinander kommunizieren und auf die öffentliche Meinung Einfluss nehmen. Insofern ist die vor allem durch Massenmedien zu gewährleistende Öffentlichkeit ein unverzichtbares Mittel für die Fremd- und Selbstbeobachtung von Gesellschaft (vgl. Luhmann 1995; Gerhards 1998).

Angesichts dieser in normativer und funktionalistischer Hinsicht zentralen Bedeutung von Medienöffentlichkeit stellt sich die Frage nach den realen Rahmenbedingungen, unter denen die Herstellung von Öffentlichkeit möglich beziehungsweise erschwert wird sowie nach den daraus resultierenden Herausforderungen für medienpolitisches Handeln. Vor allem auf drei Aspekte mediengesellschaftlicher Veränderung ist dabei aufmerksam zu machen: ein legitimatorischer, ein politisch-weltanschaulicher und ein (medien-)ökonomisch-technologischer Aspekt.

3.1 Der legitimatorische Aspekt

Ob von Informations-, Kommunikations- oder einfacher von Mediengesellschaft die Rede ist – in der jedenfalls modernen Gesellschaft wird „Kommunikation [...] zum strategischen Spiel, das über Erfolg und Misserfolg von Individuen, Organisationen, gesellschaftlichen Gruppen und ganzen Gesellschaften entscheidet" (Münch 1995, S. 85). Kommunikation, verstanden als die Fähigkeit, sich im öffentlichen Raum, also in der Medienöffentlichkeit, mit Themen und Meinungen zu behaupten, ist zu einem zentralen Leistungsbereich nicht nur für politische, sondern auch für gesellschaftliche und wirtschaftliche Akteure geworden. Galt „Legitimation durch Kommunikation" als demokratische Selbstverständlichkeit für eine öffentlich begründungspflichtige weil zustimmungsabhängige Politik im demokratischen System, so gilt dieses Prinzip in der Mediengesellschaft zunehmend auch für andere relevante Akteure. Wer politisch, gesellschaftlich oder ökonomisch Einfluss ausüben will und dabei Legitimität beansprucht, kann dies nur im Lichte der Öffentlichkeit erreichen. Mit der Erschütterung des Glaubens an eine lineare Legitimationshierarchie hoheitlicher Institutionen sind auch Privatpersonen, Unternehmen, Verbände oder Expertengruppen, aber auch virtuelle Kommunikationsgemeinschaften des WorldWideWeb Legitimationsmittler (vgl. Hoffmann-Riem 2003, S. 30–31) und bedienen sich der Medien als Plattform. Die Sicherung des freien Zugangs zu den Massenmedien wird damit zu einer existentiellen Voraussetzung für eine offene Gesellschaft (vgl. Popper 1992) und zu einer nicht allein staatlichen Aufgabe.

3.2 Der politisch-weltanschauliche Aspekt

Dass die Massenmedien nicht nur Medium im Sinne von Forum oder Plattform unterschiedlicher Meinungen und Interessen sind, sondern auch ein eminenter Faktor der öffentlichen Meinungsbildung hat das Bundesverfassungsgericht bereits in seinem ersten Fernsehurteil konstatiert (vgl. Bundesverfassungsgericht 12, S. 205 ff.). Mehr als drei Jahrzehnte später ist der Medienmarkt in Deutschland weithin liberalisiert und zunehmend auch kommerzialisiert. Die quantitative Ausweitung der Anbieter im elektronischen Bereich mit der Konkurrenz zwischen öffentlich-rechtlichen und privaten Medien und die Differenzierung der Print-Angebote bei gleichzeitiger Konzentration der Medienunternehmen haben die medialen Verhältnisse unübersichtlicher gemacht. Vor allem aber hat diese Entwicklung dazu geführt, dass sich das Verhältnis von Medien und politischen sowie gesellschaftlichen Akteuren zunehmend entkoppelt hat. Selbst zu einem zunehmend ausdifferenzierten System geworden, folgen Medien mehr und mehr ihrer eigenen Logik und nicht der Logik politischer und gesellschaftlicher Akteure. Denn unter dem Kommerzialisierungsdruck verspricht die Orientierung an den Erwartungen des Marktes mehr Reichweite und damit höheren Gewinn als die Orientierung an richtungspolitischen Präferenzen bestimmter Akteuren oder Institutionen. Kurz: Die Medien haben sich vom politischen System und seinen Institutionen weg und zum Publikum hin bewegt.

Unter historischer Perspektive wird dieser grundlegende Wandel noch deutlicher. So war die Presse in ihrer Entstehungsphase dem Räsonnement eines elitären Bürgertums vorbehalten. Später, mit dem Aufkommen von politischen Bewegungen und Parteien, mutierte sie dann zur Gesinnungs-, Partei- und Gruppenpresse mit deutlich höherem Verbreitungsgrad. Inzwischen ist auch die auf eine mehr oder weniger klar definierte Klientel ausgerichtete politische und konfessionelle Gesinnungspresse fast völlig verschwunden und abgelöst worden von einer weithin gruppenunabhängigen Forums- und Geschäftspresse, die einen möglichst breiten Markt bedienen will und sich insofern mehr durch Publikums- denn durch Institutionenorientierung auszeichnet. Dies verweist auf den dritten, also den ökonomisch-technologischen Aspekt medienpolitischer Rahmenbedingungen.

3.3 Der ökonomisch-technologische Aspekt

In fortgeschrittenen demokratischen Systemen ergeben sich Gefährdungen der Meinungs- und Pressefreiheit weniger durch politische Instrumentalisierung der Medien oder gar durch direkte staatliche Intervention. Vielmehr sind es ökonomische, publizistische und redaktionelle Konzentrationsprozesse auf der nationalen und internationalen Ebene, die eine weitere Rahmenbedingung und zugleich Herausforderung für medienpolitisches Handeln in Gegenwart und Zukunft darstellen. Ursächlich dafür sind einmal massive Umsatzverluste und rückläufige Werbeeinnahmen bei den Print-Medien. Aber auch medientechnische Entwicklungen vor allem im elektronischen Bereich und damit zusammenhängende Investitionserfordernisse beschleunigen den strukturellen Umbruch auf dem Medienmarkt und führen zu neuen strategischen Allianzen mit horizontalen und vertikalen Unternehmensverflechtungen im europäischen und internationalen Maßstab. Zudem beschleunigen neue Finanzierungs-, Produktions- und Distributionsstrukturen auf dem Rundfunk- und Fernsehmarkt den Konzentrationsprozess.

Ökonomisch vielfach sinnvoll werden hohe Konzentration und Medienverflechtung medienpolitisch dann problematisch, wenn sie Unternehmen eine Marktstellung auf einem oder mehreren Medienmärkten verschaffen, die den freien Zugang zu Informationen kontrollieren und die Gewährleistung von Meinungsvielfalt durch die Behinderung des Marktszutritts Dritter erschweren. Aufgabe der Medienpolitik muss es deshalb sein, einem Prozess entgegenzuwirken, in dessen Folge aus einer konzentrierten Öffentlichkeit (vgl. Knoche 1999, S. 730) die für ein freiheitliches System unverzichtbare konkurrierende Öffentlichkeit erschwert beziehungsweise ausgeschlossen wird. Dies bezieht sich zum einen auf die medienspezifische Konzentrationskontrolle, über die einerseits Medienvielfalt (Außen- und Binnenpluralismus von Medien) und andererseits Meinungsvielfalt (politischer und gesellschaftlicher Pluralismus) gewährleistet werden soll. Es betrifft aber auch die wettbewerbsrechtliche Konzentrationskontrolle, die auf die Sicherstellung eines ausreichenden wirtschaftlichen Wettbewerbs abzielt (vgl. Meier 2004, S. 5). Soweit der Staat als medienpolitische Kontrollinstanz in Aktion tritt, liegt der Schwerpunkt seiner Regulierung auf der Wettbewerbskontrolle.

4 Akteure, Akteurskonstellationen und Kompetenzen der Medienpolitik

Medienpolitik ist kein eigenständiges, etwa der Außen-, Sozial- oder Verteidigungspolitik vergleichbares, ressortmäßig zuordenbares Politikfeld. Als Querschnittsbereich (vgl. Jarren 1998, S. 619) unterliegt sie den Einflüssen von Akteuren in vielen Politikfeldern. So können wirtschafts- und rechtspolitische Entscheidungen oder sozialpolitische Maßnahmen ebenso wie die Förderung technologiepolitischer Innovationen oder ökonomische Entwicklungen medienpolitische Wirkungen entfalten. Hinzu kommt, dass der Staat immer weniger als geschlossenes Handlungszentrum in Erscheinung tritt. Eher geht es um polyzentrische Einflussnahme (vgl. Prätorius 2003, S. 12), um medienpolitischen Interessenausgleich im Rahmen von Policy-Netzwerken (vgl. Donges 2002, S. 30; Jarren 1998, S. 618), einem komplexen Beziehungsgeflecht von Akteuren des politisch-administrativen (Staat, Verwaltung, supranationale Handlungsträger), intermediären (zum Beispiel Parteien, Verbände oder Kirchen) und ökonomischen Systems (beispielsweise Verleger, Konzerne oder Rundfunkveranstalter). Dabei kann zwischen gestaltenden und beeinflussenden Handlungsträgern (vgl. Wulf-Nienhüser 1999, S. 22; Scholten-Reichlin/Jarren 2001, S. 242) beziehungsweise Akteuren unterschieden werden. Während gestaltende Handlungsträger wie etwa die Akteure des politisch-administrativen Systems formelle und rechtlich verbindliche Entscheidungen (zum Beispiel Gesetze, Verordnungen oder Lizenzvergabe) herbeiführen können und diese auch verantworten müssen, versuchen beeinflussende Handlungsträger unter Ausnutzung ihrer wirtschaftlichen, gesellschaftlichen oder politischen Möglichkeiten auf den Gang der Medienpolitik einzuwirken. Allerdings sagt diese akademisch erscheinende Unterscheidung noch nichts über die medienpolitische Durchsetzungsmacht aus. Gewichtet man die Bedeutung medienpolitischer Akteure in langfristiger Perspektive, so ist „eine Verschiebung im Kräfteparallelogramm von öffentlich-rechtlichen und den mit ihnen verbundenen Non-Profit-Organisationen hin zu den kommerziellen Einzelakteuren sowie zu den Verbänden" (Jarren 1998, S. 625) unverkennbar.

Die gerade in Deutschland schwach institutionalisierte und hochgradig fragmentierte Medienpolitik lässt sich am ehesten noch als offenes Handlungssystem für die Bildung von Policy-Netzwerken im Sinne von kooperativen Arrangements (vgl. Grimm 1991, S. 170) mit – je nach Problemlösungsbedarf – unterschiedlichen Akteurskonstellationen aus staatlichen und nichtstaatlichen Akteuren beschreiben. Mehr noch als bei anderen Staatsaufgaben ist hier der Staat auf nicht-staatliche Kooperationspartner angewiesen, steht er doch gerade in der Medienpolitik im latenten Verdacht, über die ihm zukommende Aufgabe der chancengerechten Zugangssicherung zum Mediensystem hinaus sich eine politisch genehme Medienordnung schaffen zu wollen. Während die medienpolitischen Interessen und Motive nichtstaatlicher Akteure wie etwa im Falle der Parteien, der Wirtschaftsverbände, der Gewerkschaften sowie der öffentlich-rechtlichen und privaten Medienorganisationen (vgl. Tonnenmacher 1996, S. 79 ff.) sehr unterschiedlicher (zum Beispiel politischer, gesellschaftlicher, kultureller oder ökonomischer) Natur sein können, sind die Kompetenzen der gestaltenden staatlichen Handlungsträger formell geregelt. Im Einzelnen ist dabei auf folgende Zuständigkeiten zu verweisen.

4.1 Die europäische und internationale Ebene

Die bereits 1989 verabschiedete und 1991 in nationale Gesetzgebung umgewandelte Fernsehrichtlinie stellt das wichtigste Instrument europäischer Medienpolitik dar. Mit der Beseitigung von Behinderungen der freien grenzüberschreitenden Verbreitung auch von Fernsehsendungen sollte auch im Informations- und Unterhaltungssektor der freie Binnenmarkt gewährleistet werden. Die Fernsehrichtlinie stützt sich außerdem noch auf den Artikel 10 der Europäischen Menschenrechtskonvention, der die Freiheit der Meinungsäußerung sichert. Medienpolitisch zielt die EG/EU-Richtlinie auf eine Quotierung zugunsten europäischer Medienproduktionen, auf eine Begrenzung der Werbung sowie auf kinder- und jugendschutzrelevante Regelungen. Im Bereich der Mediendienste verdient noch die eCommerce-Richtlinie Beachtung, die im nationalen Medienrecht aller EU-Mitgliedsstaaten berücksichtigt werden müssen.

4.2 Die Bundesebene

Medienpolitisch relevant ist die Rolle des Bundes vor allem durch seine ausschließliche Zuständigkeit für das Post- und Fernmeldewesen und für den Auslandsrundfunk, durch seine Rahmenkompetenz für das Presse- und Filmwesen sowie durch eine Reihe weiterer ergänzender medienspezifischer Kompetenzen, die sich unter anderem aus dem Strafrecht, dem Steuerrecht, dem Jugendschutz oder dem Urheberrecht ergeben. Obwohl weitgehende Zuständigkeiten fehlen, haben es die Bundesregierungen immer wieder verstanden, über die Einsetzung hochkarätig besetzter Kommissionen (zum Beispiel „Kommission zur Untersuchung der Gefährdung der wirtschaftlichen Existenz von Presseunternehmen und der Folgen der Konzentration für die Meinungsfreiheit in der Bundesrepublik", auch Günther-Kommission genannt; Kommission für den Ausbau des technischen Kommunikationssystems, KtK) sowie durch Förderprogramme etwa zum Ausbau der informations- und kommunikationstechnischen Infrastruktur medienpolitische Akzente zu setzen. Nicht zu vergessen ist auf der Bundesebene die gar nicht hoch genug einzuschätzende Rolle des Bundesverfassungsgerichts als medienpolitisch Norm bildende Instanz mit nicht selten Ersatzgesetzgeberfunktion. Dies gilt für den Grundrechtsschutz ebenso wie für die Bewahrung und Weiterentwicklung eines freien und mit dem technologischen Wandel Schritt haltenden Mediensystems.

Im Gegensatz zu den bundespolitisch-staatlichen Akteuren mit formellen Kompetenzen findet die medienpolitische Sorge insbesondere im Kontext der Entwicklung des Fernsehens gelegentlich auch informell Ausdruck in rhetorischen Interventionen von Bundespräsidenten. Deren konkrete politische Wirkung ist jedoch ebenso schwer messbar wie etwa der Einfluss, der vom Bericht zur Lage des Fernsehens (vgl. Groebel/Hamm 1995) ausging, den eine durch den Bundespräsidenten Richard von Weizsäcker berufene Kommission erarbeitet hat.

4.3 Die Länderebene

Im Rahmen ihrer Kulturhoheit sind die Länder auch primär für die Medien zuständig. Sie verabschieden Landespresse- und Landesrundfunkgesetze und schließen, soweit es sich um länderübergreifende Angelegenheiten des Rundfunks handelt, untereinander Staatsverträge ab. Während privatwirtschaftlich organisierte Print-Medien – von besonderen Bestimmungen in Landespressegesetzen abgesehen – ähnlichen Regeln unterliegen wie sonstige Wirtschaftsunternehmen, üben von Land zu Land allerdings unterschiedlich organisierte öffentlich-rechtliche Landesmedienanstalten beziehungsweise -zentralen die Rechtsaufsicht über die privaten Rundfunkbetreiber aus. Alle Bundesländer richten dabei ihre Rundfunkpolitik nach ähnlichen medienpolitischen Leitlinien aus. Dies betrifft die prinzipielle Anerkennung von Rundfunk als Kulturgut, das nicht allein wirtschaftlichen Interessen dient; die Stärkung der dualen Rundfunkordnung durch programmliche, technische und finanzielle Bestands- und Entwicklungsgarantie für die öffentlich-rechtlichen Rundfunkanstalten; die Schaffung guter wirtschaftlicher Rahmenbedingungen für private Medienanbieter; den diskriminierungsfreien und chancengleichen Zugang von öffentlich-rechtlichem und privatem Rundfunk über alle Verbreitungstechniken; die Förderung individueller Medienkompetenz, mit der insbesondere die Landesmedienanstalten beauftragt sind sowie vielfach auch die länderübergreifende Zusammenarbeit in Angelegenheiten des Rundfunks. Mit der Vergabe von Lizenzen verfügen die Landesmedienanstalten über eine Schlüsselstellung bei der Verhinderung unzulässiger Medienkonzentration. Das gilt insbesondere für den Ausschluss von regionalen und lokalen Monopolstellungen durch Anbieter, die sowohl Print- als auch Hörfunkmedien produzieren (vgl. Gruber 1995).

4.4 Die Kommunalebene

Die Kommunen verfügen nicht direkt über medienpolitische Zuständigkeiten. Beteiligungen an kommerziellen Lokalradio- oder Fernsehprogrammen blieben die Ausnahme, zumal die damit verbundenen bürgergesellschaftlichen Erwartungen nicht erfüllt wurden. Selbst anfängliche Zuständigkeitsansprüche von Städten und Gemeinden bei der Verkabelung haben sich nicht durchsetzen lassen und sind auf die Beteiligung bei der Planung durch die zuständige Telekom zurückgestutzt worden. Auf Besonderheiten medienrelevanter gemeindlicher Rechte in Bayern und Nordrhein-Westfalen soll hier nicht näher eingegangen werden (vgl. Tonnenmacher 1996, S. 69–70). Besonders erwähnenswert ist allerdings das kommunale medienpolitische Engagement einiger Städte (zum Beispiel Hamburg, Köln oder München) sich durch entsprechende Ansiedlungs- und Wirtschaftsförderungspolitik als Medienstandort zu profilieren.

5 Steuerung und Selbststeuerung: Theoretische und praktische Elemente kooperativer Medienpolitik

Im Zuge einer fortschreitenden Liberalisierung und Marktöffnung auch im Medienbereich stellt sich nicht nur politisch die Frage nach den medienpolitischen Regulierungschancen in zunehmend deregulierten Märkten. Angesichts eines international zu beobachtenden Paradigmenwechsels vom Treuhänder- zum Marktmodell beziehungsweise von der kulturellen zur ökonomischen Legitimation (vgl. Hoffmann-Riem 1996, S. 340–341) bedarf es auch wissenschaftlicher Anstrengungen im Zusammenhang mit der Suche nach einer für den Medienbereich geeigneten und zeitgemäßen Steuerungstheorie (Abbildung 1).

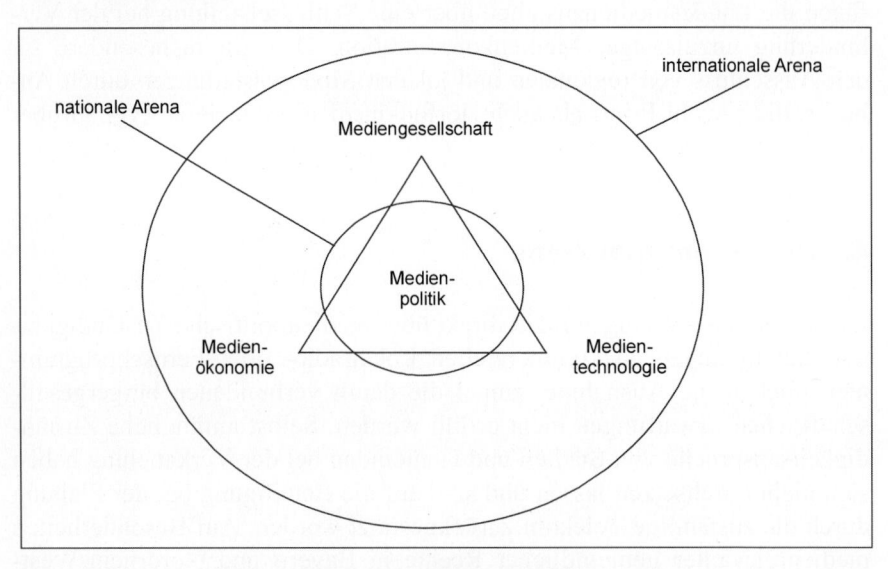

Abbildung 1: Arenen und Kontexte der Medienpolitik

Versteht man medienpolitische Steuerung als absichtsvolle Gestaltung medialer Verhältnisse, die unter den Bedingungen einer modernen Gesellschaft Informationsfreiheit und Meinungsvielfalt ermöglichen, so ist dabei nicht nur der Staat als Steuerungssubjekt in den Blick zu nehmen. Denn verfassungsrechtlich sind medienpolitischen Steuerungsbemühungen seitens des Staates enge Grenzen gesetzt, die mit Blick auf die Grundrechtsgewährleistung des Artikel 5 des Grundgesetzes (Meinungs-, Informations- und Pressefreiheit) vor allem in zwei Richtungen zielen. Zum einen auf die Sicherung von Meinungs- und Informationsfreiheit im Sinne eines individuellen Abwehrrechts gegenüber möglichen staatlichen Eingriffen in dieses Freiheitsrecht. Zum anderen hat der Staat dafür Sorge zu tragen, dass diese Freiheit auch institutionell, das heißt durch lebensfähige Presseorgane überhaupt erst ermöglicht wird. Allerdings garantiert die institutionelle Gewährleistung eines freien Mediensystems nicht den Erhalt eines jeden Mediums, das sich am Markt nicht behaupten kann (Abbildung 2).

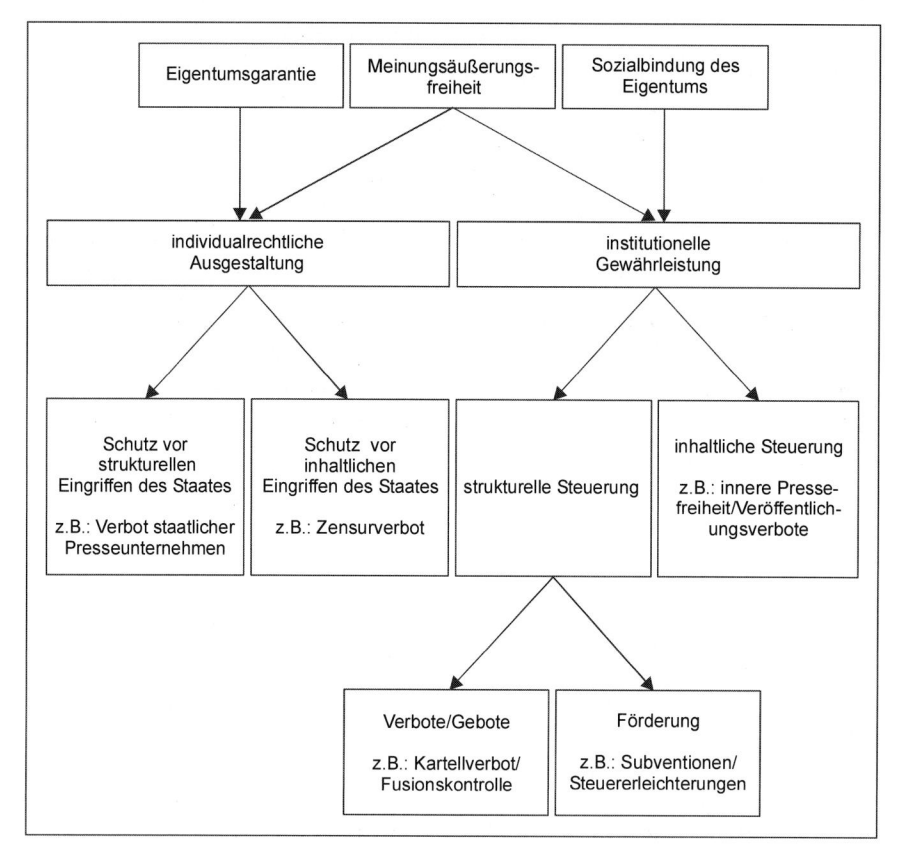

```
                Eigentumsgarantie      Meinungsäußerungs-    Sozialbindung des
                                            freiheit            Eigentums


                 individualrechtliche                    institutionelle
                    Ausgestaltung                        Gewährleistung


    Schutz vor              Schutz vor                                   inhaltliche Steuerung
   strukturellen           inhaltlichen
 Eingriffen des Staates  Eingriffen des Staates   strukturelle Steuerung    z.B.: innere Presse-
                                                                          freiheit/Veröffentlich-
  z.B.: Verbot staatlicher  z.B.: Zensurverbot                               ungsverbote
    Presseunternehmen


                            Verbote/Gebote          Förderung

                            z.B.: Kartellverbot/  z.B.: Subventionen/
                             Fusionskontrolle    Steuererleichterungen
```

Abbildung 2: Medienpolitische Zieldimensionen (vgl. Kopper et al. 1994, S. 47)

Auffallend ist in der steuerungstheoretischen Debatte nicht allein der Zweifel an der Steuerungsfähigkeit des Staates. Durchgängig erkennbar wird auch eine generelle Skepsis gegenüber Steuerungsmöglichkeiten von Systemen mit funktional differenzierten und weithin autonom operierenden Teilsystemen. Am weitesten gehen dabei Positionen in der Folge von Luhmanns (1991) Systemtheorie, die mit Verweis auf die Autonomie selbstreferentieller Systeme die Möglichkeit politischer Steuerung überhaupt bezweifeln. Das Mediensystem durch die Politik oder durch ein anderes Teilsystem zu steuern, wäre danach ausgeschlossen, weil Systeme sich nur selbst steuern, aber nicht gezielt von außen beeinflusst sondern allenfalls „irritiert" werden können. Weniger rigorosen Vertretern der Systemtheorie erscheint Selbststeuerung eines komplexen Systems und Kontextsteuerung im Falle externer Einflussnahme, die als wechselseitige Abstimmung in Form eines Dialogs über die Verträglichkeit von Optionen angelegt sein muss, angemessener und produktiver (vgl. Willke 1995, S. 336).

Auch akteurs- und handlungstheoretisch argumentierende Autoren teilen die grundsätzliche Skepsis gegenüber hierarchischen Steuerungserwartungen. Sie richten aber verstärkt den Blick auf die institutionellen Kontexte sowie auf korporative Akteure, die mit staatlichen Instanzen kooperieren und in engen Policy-Netzwerken und Verhandlungssystemen verbunden sind. Danach ergeben sich Steuerungsmöglichkeiten für das politische System dadurch, dass es institutionelle Regelungen als Handlungskontexte für politische und andere Akteure setzt, die in Netzwerken und Verhandlungssystemen miteinander verbunden sind (vgl. Mayntz/Scharpf 1995). Über die Vor- und Nachteile der zentralen Steuerungsmodi Hierarchie, Markt, Verhandlung und Selbststeuerung informiert Tabelle 1.

Modus	Vorteile	Nachteile
Hierarchie	– Eindeutigkeit der Vorgaben – Sanktionsgewalt – Verallgemeinerungsfähigkeit der Steuerung	– Kompetenzmängel – Trägheit, reaktiver Modus – Vollzugsdefizite – hoher Verwaltungsaufwand
Markt	– kein direkter Zugang – flexible, rasche Anpassung – geringer bürokratischer Aufwand	– Tendenz zur Externalisierung von Kosten – Vernachlässigung nicht-marktfähiger Güter
Verhandlung	– relativ breite Problemperzeption – Bündelung von Wissen und Kompetenzen – breiter politischer Rückhalt	– Ausschluss nicht organisierter Interessen – prekäre Basis (Veto- und Exit-Optionen) – organisationsinterne Durchsetzungsprobleme
Selbststeuerung	– Orts- und Problemnähe – flexible Problembearbeitung – geringer bürokratischer Aufwand	– Dominanz interner Rationalitätskriterien – fehlende externe Kontrolle – Unverbindlichkeit nach Außen

Tabelle 1: Strukturelle Vor- und Nachteile der wichtigsten Steuerungsmodi (vgl. Jarren/Donges 2000, S. 61)

Für die medienpolitische Entwicklung zukunftsweisend könnte eine Anregung aus der neueren steuerungstheoretischen Diskussion sein. Hier wird ein Perspektivenwechsel empfohlen weg von einem strukturorientierten Ansatz, wie er in der Systemtheorie und älteren Machttheorien vorherrschend ist, hin zu einem „prozessorientierten Ansatz, bei dem Interessenkoalitionen, Perzeptionen und Tauschmöglichkeiten die entscheidenden Bausteine darstellen" (Braun 2000, S. 172). Für Medienpolitik gilt deshalb wie für viele andere Politikfelder in modernen funktional differenzierten Systemen auch: Sie kann nur erfolgreich sein, „wenn sie in der Lage ist, sich mit geeigneten Strategien in einer Umwelt durchzusetzen, in der eine Vielzahl von Akteuren mit eigenen Interessen und erheblicher Vetomacht agieren" (Braun 1995, S. 617). Steuerung zur Selbststeuerung, regulierte Selbstregulierung (vgl. Schuppert 2003, S. 261) sollte dabei die zentrale medienpolitische Maxime sein. Dabei übernimmt der Staat eine Gewährleistungsverantwortung, mit der durch einen gesetzlichen Ordnungsrahmen die Gemeinwohlverträglichkeit nichtstaatlicher Rechtssetzung (vgl. Schuppert 2003, S. 261) sichergestellt werden soll.

Unbeschadet dieser generellen Anmerkungen zu steuerungstheoretischen Konzepten und Entwicklungstendenzen, ergeben sich gleichwohl im Bereich des öffentlich-rechtlichen und des privatwirtschaftlich organisierten Mediensystems jeweils unterschiedliche medienpolitische Handlungsoptionen. Im Falle der öffentlich-rechtlichen Medien hat der Landesgesetzgeber mit der Kompetenz zur Entscheidung über Rundfunkstaatsverträge und damit über das Verfahren zur Bildung von Aufsichtsgremien, über die Rekrutierung des Leitungspersonals und vor allem über die Höhe der Rundfunkgebühren Möglichkeiten medienpolitischer Einflussnahme zur Gewährleistung des öffentlichen Auftrages. Inzwischen hat sich eine duale Rundfunkordnung etabliert, in der neben den öffentlich-rechtlichen Rundfunkanstalten auch privatwirtschaftliche, zum Teil mächtige, Rundfunkveranstalter existieren, bei denen ökonomische und journalistische Interessen aufs Engste verflochten sind. Auch hier verschieben sich die Gewichte von der ursprünglichen Forderung von Gemeinwohldienlichkeit und sozialen Verträglichkeit mehr und mehr hin zur privaten Gratifikation. Wurde Rundfunkpolitik von den Bundesländern ursprünglich unter – im weiteren Sinne – kultureller Perspektive betrieben, so versteht sich die auf den Rundfunk bezogene Medienpolitik der Länder auch hier mehr und mehr als Wirtschafts- und Standortpolitik. Im Zuge dieser neuen rundfunkpolitischen Zielrichtung und der inzwischen entstandenen neuen Akteurskonstellationen ist die Frage nach angemessenen medienpolitischen Regulierungskonzepten erhoben werden (vgl. Jarren 1998, S. 622).

Deutlich eingeschränkt waren und sind die staatlichen Interventionsmöglichkeiten im privatwirtschaftlich organisierten Bereich der Print-Medien. Typisch ist dabei mehr noch als im Falle medienpolitischer Einflussnahme im öffentlich-rechtlichen Sektor, dass sie in der Regel reaktiv, also nach politischen Debatten über Missstände auf dem Pressemarkt oder nach entsprechender Kritik an marktbeherrschenden Entwicklungen von Seiten Marktbeteiligter selbst erfolgen. Hier verbinden sich dann – vor allem bei der Konzentrationskontrolle – wirtschaftspolitische und wettbewerbsrechtliche mit medienpolitischen Gestaltungserwartungen beziehungsweise -absichten. Dem Marktversagen soll gegengesteuert werden mit dem Ziel, durch Sicherung oder Wiederherstellung eines offenen Marktzutritts und freien Wettbewerbs die Entstehung von Meinungsmacht zu verhindern. Dabei ist der Staat selbst nicht legitimiert, Marktversagen festzustellen. Dazu bedarf es unabhängiger Einrichtungen (zum Beispiel Kartellbehörden). Hier ist allerdings zu konstatieren, dass Pressepolitik das Entstehen von vor allem regionalen und lokalen Pressemonopolen im Print-Bereich („Einzeitungskreise") nicht verhindert hat. Die Erhaltung publizistischer Vielfalt wird hier vor allem zu einer Aufgabe innerer Pressefreiheit.

Im Zuge einer wachsenden Europäisierung und Internationalisierung sowie mit Blick auf die zunehmende Integration von Medien und Telekommunikation (Mediamatik) wird auch der Ruf nach transnationalen Politik-Strategien und nach einer integrierten Kommunikationspolitik (vgl. Latzer 1999, S. 282–283, S. 295–296; Deutscher Bundestag Enquete-Kommission 1998) laut. Gefordert wird ein Umsteuern der Medienpolitik von der Pressefreiheit zur Kommunikationsfreiheit (vgl. Haller 2003, S. 108–109). Der traditionelle Dualismus Rundfunk versus Presse und Massen- versus Individualkommunikation wird im Zuge des schnellen technologischen Wandel mehr und mehr in Frage gestellt. Entsprechend müsse auch die Medienpolitik „flexibel auf stetig sich ändernde Machtkonstellationen einwirken und zu diesem Zweck schnelle Lern- und Reaktionsfähigkeit erwerben" (Recke 1998, S. 88–89).

Insgesamt spricht viel dafür, dass der Primat der Politik, der im medienpolitischen Bereich ohnedies immer strittig sein muss, wenn es um die direkte Einflussnahme auf das Mediensystem geht, mehr und mehr an Gewicht verliert. Medienpolitisch kann man das politisch-administrative System durchaus mit einem gefesselten Riesen vergleichen, dessen Handeln stets einer besonderen Legitimation bedarf, die sich vielfach erst aus einem öffentlich artikulierten medienpolitischen Problemdruck ergibt.

Zur Diskussion gestellt wird inzwischen in der Medienforschung ein Media Governance-Modell als medienpolitische Handlungsoption, um unerwünschten Folgen der Medienkonzentration entgegenzuwirken. Dieses Modell zielt „im Kern auf eine Verpflichtung von Medienunternehmen unter Einbeziehung der Medienschaffenden […], ihr unternehmerisches und publizistisches Handeln öffentlich zu rechtfertigen und auf diese Weise Akzeptanz für ihre unternehmerischen Entscheidungen zu erreichen" (Trappel et al. 2002, S. 131). Denn Medienkonzentration und Medienmacht bergen auch geschäftliche Risiken in sich. Mit Media Governance sollten Unternehmen die Verpflichtung eingehen, regelmäßig das gesellschaftlich-publizistische Risikopotential zu erfassen, zu evaluieren und gleichzeitig über die von Medienunternehmen ergriffenen Maßnahmen zur Verringerung des Risikopotentials zu informieren. Vorgeschlagen werden im Rahmen einer solchen Media-Governance-Initiative Antworten auf die Fragen (vgl. Trappel et al., S. 135):

- Was unternimmt der Medienkonzern, um die journalistische Unabhängigkeit der einzelnen Redaktionen zu wahren?
- Was unternimmt der Medienkonzern, um unterschiedlichen Stimmen im Lokalraum ein Forum zu bieten?
- Was unternimmt der Medienkonzern, um den Einfluss von Werbekunden auf die publizistischen Inhalte zu minimieren?
- Was unternimmt der Medienkonzern, um der inhaltlichen Homogenisierung entgegenzuwirken, wenn mehrere Medien im gleichen Markt tätig sind?
- Was unternimmt der Medienkonzern, um zu verhindern, dass Eigentümerinteressen bei konglomerater Konzentration nicht die Berichterstattung dominieren?
- Was unternimmt der Medienkonzern, um trotz Zentralredaktion unterschiedliche Standpunkte zu berücksichtigen?
- Was unternimmt der Medienkonzern, um die Innovationsleistung aufrechtzuerhalten, auch wenn dazu aus Konkurrenzgründen kein unmittelbarer Anreiz besteht?
- Was unternimmt der Medienkonzern, um Produkte und Dienstleistungen von Wettbewerbern aus anderen Medienkonzernen in den konzerneigenen Medien nicht zu diskriminieren?
- Was unternimmt der Medienkonzern, um den Einflussversuchen von politischen oder wirtschaftlichen Akteuren zu widerstehen?
- Was unternimmt der Medienkonzern, um auch kleineren oder oppositionellen Gruppen Gelegenheit zur Darstellung ihrer Meinungen zu gewähren?
- Was unternimmt der Medienkonzern, um den Nachrichten innerhalb des Gesamtangebotes die angemessene gesellschaftliche Bedeutung zu verleihen?
- Was unternimmt der Medienkonzern, um das Squeezing von Konkurrenzunternehmen im Beschaffungsbereich zu vermeiden?

- Was unternimmt der Medienkonzern, um trotz Konzentration ein hohes Maß an hochwertigen journalistischen Arbeitsplätzen aufrechtzuerhalten?
- Was unternimmt der Medienkonzern, um eine Vielfalt von Meinungen, die von Fachleuten im eigenen Medium vertreten werden, sicherzustellen?

Letztlich läuft diese Initiative ähnlich wie andere Vorschläge auf die Befähigung zur kritischen Auseinandersetzung mit den Medien hinaus. Damit wird der Medienkritik eine Schlüsselrolle zugemessen.

6 Fazit und Ausblick: Institutionalisierung von Medienkritik als medienpolitische Perspektive

Wenn die Beobachtung zutreffend ist, dass die Beziehungen des gesamten Mediensystems zum Publikum als Abnehmer seiner Produkte immer ökonomischer werden, Information und Kommunikation sich somit zunehmend zu einem über Märkte vermittelte(n) Austausch von individuell zurechenbaren Leistungen und individuell gezahlten Entgelten entwickeln, dann werden auch Präferenzen und Preise als die klassischen Steuerungsmechanismen marktgerechter Produktion verstärkt zur Anwendung kommen (vgl. Heinrich 1999, S. 250).

Wie aber kann unter solchen Bedingungen noch sinnvoll Medienpolitik betrieben werden? Welche strategische Ausrichtung muss medienpolitische Steuerung haben? Aus streng medienökonomischer Sicht (vgl. Heinrich 1999, S. 255 ff.), in der dem Medienrezipienten eine Schlüsselrolle zuerkannt wird, bietet sich hier ein duales Konzept medienpolitischer Entwicklung an. So stellt der reale Medienbetrieb Güter bereit, die einen hinreichenden Gebrauchs- und Tauschwert haben. Hier übt der Rezipient durch Kauf oder Nichtkauf Kontrolle aus. Demgegenüber funktioniert im Bereich der meritorischen und öffentlichen Güter der ökonomische Wettbewerb als Steuerungsverfahren nicht. Wo der Anreiz zur individuellen Aneignung und Kontrolle gesellschaftlich wichtiger Güter (zum Beispiel Wahrheit oder Objektivität) fehlt, weil der private Tausch- und/oder Gebrauchswert gering oder nicht vorhanden ist, muss das Angebot kollektiv organisiert, finanziert und sichergestellt werden. Heinrich (1999, S. 256) nennt diesen den „Forumbereich", der staatsfrei und flexibel ausgestaltet und einer Reihe von Grundprinzipien und Qualitätsmaßstäben gerecht werden sollte. Zu den Qualitätsmaßstäben gehören ein Höchstmaß an redaktioneller Autonomie ebenso wie generelle Staats- und Parteiferne bei der Medienbewertung, Maßstäbe publizistischen Qualitätswettbewerbs ebenso wie die Einhaltung von Standesregeln eines guten Journalismus, kritischer Medienjournalismus ebenso wie wissenschaftlich gestützte Medienbeobachtung und -bewertung.

Diese Überlegungen zielen nicht auf die Einrichtung einer neuen Regulierungsbehörde, sondern eher auf die Herstellung von Medienöffentlichkeit über Medienfragen (vgl. Jarren 1998, S. 626), also auf die Institutionalisierung von Medienkritik in Form eines Netzwerkes von medienkritischen Aktivitäten. Das betrifft etwa das Plädoyer für einen kritischen Medienjournalismus (vgl. Ruß-Mohl 1999; Quast 1999) oder auch Überlegungen zur Errichtung einer „Stiftung Medientest" (vgl. Krotz 1996). Bei beiden Vorschlägen zu einer institutionalisierten Medienkritik (vgl. Blumer 1996) geht es um die eine Qualitätsförderung in den Medien selbst, dann aber auch auf die Entwicklung von Medienkompetenz beim Mediennutzer als Verbraucher und entscheidendem medienpolitischen Regulativ. Letztlich wird hier der Herstellung von Medienöffentlichkeit über Medienfragen in normativer und empirischer Hinsicht eine zentrale Bedeutung zugewiesen (vgl. Jarren 1996, S. 626). Damit würde sich der Schwerpunkt einer ursprünglich ausschließlich staatlich verorteten Medienpolitik mehr und mehr in die Gesellschaft verlagern, einer Gesellschaft von Medienkonsumenten eines dann allerdings, so zumindest die medienkritische Hoffnung, immer wieder aufzuklärenden und zunehmend aufgeklärten Publikums.

Literaturverzeichnis

Blumler, J.G. (1996) Medienkritik: Bedingungen ihrer Effektivität, in: Weßler, H. et al. (Hrsg.) Perspektiven der Medienkritik. Die gesellschaftliche Auseinandersetzung mit öffentlicher Kommunikation in der Mediengesellschaft. Dieter Roß zum 60. Geburtstag, Opladen 1996, S. 265–274.
Braun, D. (1995) Steuerungstheorien, in: Nohlen, D./Schultze, R.O. (Hrsg.) Lexikon der Politik, Bd. 1 Politische Theorien, München, S. 611–618.
Braun, D. (2000) Politische Gesellschaftssteuerung zwischen Akteur und System, in: Lange, S./Braun, D. (Hrsg.) Politische Steuerung zwischen Akteur und System. Eine Einführung, Opladen, S. 99–172.
Bundesverfassungsgericht 12, S. 205 ff. Fernsehurteil des Bundesverfassungsgerichts vom 28. Februar 1961 (2 BvG 1,2/60).

Deutscher Bundestag Enquete-Kommission (1998) Zukunft der Medien in Wirtschaft und Gesellschaft. Deutschlands Weg in die Informationsgesellschaft, Bonn 1998.
Donges, P. (2002) Rundfunkpolitik zwischen Sollen, Wollen und Können. Eine theoretische und komparative Analyse der politischen Steuerung des Rundfunks, Wiesbaden 2002.
Gerhards, J. (1998) Öffentlichkeit, in: Jarren, O./Sarcinelli, U./Saxer, U. (Hrsg.) Politische Kommunikation in der demokratischen Gesellschaft. Ein Handbuch mit Lexikonteil, Wiesbaden, S. 268–274.
Gerhards, J./Neidhardt, F. (1993) Strukturen und Funktionen moderner Öffentlichkeit. Fragestellungen und Ansätze, in: Langenbucher, W.R. (Hrsg.) Politische Kommunikation: Grundlagen, Strukturen, Prozesse, Wien 1993, S. 52–89.
Grimm, D. (1991) Die Zukunft der Verfassung, Frankfurt/Main 1991.
Groebel, J./Hamm, I. (Hrsg.) (1995) Bericht zur Lage des Fernsehens für den Präsidenten der Bundesrepublik Deutschland, Gütersloh 1995.
Gruber, B. (1995) Medienpolitik der EG, Konstanz 1995.
Habermas, J. (1962) Strukturwandel der Öffentlichkeit. Untersuchungen zu einer Kategorie der bürgerlichen Gesellschaft, Neuwied – Berlin 1962.
Habermas, J. (1992) Faktizität und Geltung. Beiträge zur Diskurstheorie des Rechts und des demokratischen Rechtsstaates, Frankfurt/Main 1992.
Haller, M. (2003) Von der Pressefreiheit zur Kommunikationsfreiheit. Über die normativen Bedingungen einer informationsoffenen Zivilgesellschaft in Europa, in: Langenbucher, W.R. (Hrsg.) Die Kommunikationsfreiheit der Gesellschaft. Die demokratischen Funktionen eines Grundrechts. Publizistik, Sonderheft 4/2003, Wiesbaden, S. 96–111.
Heinrich, J. (1999) Ökonomik der Steuerungs- und Regelungsmöglichkeiten des Mediensystems – Rezipientenorientierung der Kontrolle, in: Imhof, K./Jarren, O./Blum, R. (Hrsg.) Steuerungs- und Regelungsprobleme in der Informationsgesellschaft, Opladen – Wiesbaden 1999, S. 249–266.
Hoffmann-Riem, W. (1996) Regulating Media. The Licensing and Supervision of Broadcasters in Six Countries, New York – London 1996.
Hoffmann-Riem, W. (2003) Mediendemokratie zwischen normativer Vision und normativem Albtraum, in: Donsbach, W./Jandura, O. (Hrsg.) Chancen und Gefahren der Mediendemokratie, Konstanz 2003, S. 28–39.
Imhof, K. (2003) Der normative Horizont der Freiheit, in: Langenbucher, W.R. (Hrsg.) Die Kommunikationsfreiheit der Gesellschaft. Die demokratischen Funktionen eines Grundrechts. Publizistik, Sonderheft 4/2003, Wiesbaden 2003, S. 25–57.
Jarren, O. (1996) Macht und Ohnmacht der Medienkritik oder: Können Schwache Stärken erlangen? in: Weßler H. et al. (Hrsg.) Perspektiven der Medienkritik. Die gesellschaftliche Auseinandersetzung mit öffentlicher Kommunikation in der Mediengesellschaft. Dieter Roß zum 60. Geburtstag, Opladen 1996, S. 307–331.
Jarren, O. (1998) Medienpolitische Kommunikation, in: Jarren, O./Sarcinelli, U./Saxer, U. (Hrsg.) Politische Kommunikation in der demokratischen Gesellschaft. Ein Handbuch mit Lexikonteil, Wiesbaden 1998, S. 616–629.

Jarren, O./Donges, P. (1997) Ende der Massenkommunikation – Ende der Medienpolitik? in: Fünfgeld, H./Mast, C. (Hrsg.) Massenkommunikation. Ergebnisse und Perspektiven, Opladen 1997, S. 231–252.

Jarren, O./Donges, P. (2000) Medienregulierung durch die Gesellschaft? Eine steuerungstheoretische und komparative Studie mit Schwerpunkt Schweiz, Wiesbaden 2000.

Kepplinger, H.M. (1994) Kommunikationspolitik, in: Noelle-Neumann, E./Schulz, W./Wilke, J. (Hrsg.) Fischerlexikon Publizistik Massenkommunikation, Frankfurt/Main, S. 116–139.

Kleinsteuber, H.J. (1989) Massenmedien und Medienpolitik. Presse und Rundfunk als Thema der politischen Wissenschaft, in: von Bandemer, S./Wewer, G. (Hrsg.) Regierungssystem und Regierungslehre. Fragestellungen, Analysekonzepte, Forschungsstand, Opladen 1989, S. 169–179.

Kleinsteuber, H.J. (1998): Medienpolitik, in: Nohlen, D./Schultze, R.O. (Hrsg.) Politikwissenschaft. Theorien – Methoden – Begriffe, München – Zürich 1998, S. 552–554.

Kleinsteuber, H.J. (2003) Medien und Kommunikation im internationalen Vergleich, in: Esser, F./Pfetsch, B. (Hrsg.) Politische Kommunikation im internationalen Vergleich. Grundlagen, Anwendungen, Perspektiven, Wiesbaden 2003, S. 56–77.

Knoche, M. (1999) Strukturwandel der Öffentlichkeit nach dem Konzentrationsprinzip, in: Wilke, J. (Hrsg.) Massenmedien und Zeitgeschichte, Konstanz 1999, S. 731–745.

Kopper G.G. et al. (1994) Steuerungs- und Wirkungsmodelle, in: Bruck, P.A. (Hrsg.) Medienmanager Staat. Von den Versuchen des Staates, Medienvielfalt zu ermöglichen. Medienpolitik im internationalen Vergleich, München 1994, S. 35–181.

Krotz, F. (1996) Verbraucherkompetenz und Medienkompetenz, in: Weßler, H. et al. (Hrsg.) Perspektiven der Medienkritik. Die gesellschaftliche Auseinandersetzung mit öffentlicher Kommunikation in der Mediengesellschaft. Dieter Roß zum 60. Geburtstag, Opladen 1996, S. 251–263.

Latzer, M. (1999) Transformation der Staatlichkeit im Kommunikationssektor: Regulierungsansätze für die Mediamatik, in: Imhof, K./Jarren, O./Blum, R. (Hrsg.) Steuerungs- und Regelungsprobleme in der Informationsgesellschaft, Opladen – Wiesbaden 1999, S.282–296.

Luhmann, N. (1991) Steuerung durch Recht? Einige klarstellende Bemerkungen, in: Zeitschrift für Rechtssoziologie 12 (1/1991), S. 142–146.

Luhmann, N. (1995): Die Realität der Massenmedien, Opladen 1995.

Mayntz, R./Scharpf, F.W. (1995) Der Ansatz des akteurszentrierten Institutionalismus, in: Mayntz, R./Scharpf, F.W. (Hrsg.) Gesellschaftliche Selbstregulung und politische Steuerung, Frankfurt/Main – New York 1995, S. 39–72.

Meier, W.A. (2004) Gesellschaftliche Folgen der Medienkonzentration, in: Aus Politik und Zeitgeschichte. Beilage zur Wochenzeitung Das Parlament (12-13/2004), S. 3–6.

Münch, R. (1995) Die Dynamik der Kommunikationsgesellschaft, Frankfurt/Main 1995.

Noelle-Neumann, E./Schulz, W./Wilke, J. (2002) Einleitung, in: Fischerlexikon Publizistik Massenkommunikation, Frankfurt/Main 2002, S. 9–14.
Popper, K. (1992) Die offene Gesellschaft und ihre Feinde, 2.Bd., 7. Aufl., Tübingen 1992.
Prätorius, R. (2003) „Staatlichkeit" – Kein Negrolog, in: Grande, E./Prätorius, R. (Hrsg.) Politische Steuerung und neue Staatlichkeit, Baden-Baden 2003, S. 11–18.
Quast, T. (1999) Reflexive Medienberichterstattung in der Legitimation und Selbstregulation des (Systems) Journalismus – Selbstreferenz oder Selbstreverenz, in: Imhof, K./Jarren; O./Blum, R. (Hrsg.) Steuerungs- und Regelungsprobleme in der Informationsgesellschaft, Wiesbaden 1999, S. 208–223.
Recke, M. (1998) Medienpolitik im digitalen Zeitalter. Zur Regulierung der Medien und der Telekommunikationspolitik in Deutschland, Berlin 1998.
Ronneberger, F. (1978) Kommunikationspolitik I. Institutionen, Prozesse, Ziele, Mainz 1978.
Ronneberger, F. (1986) Kommunikationspolitik III. Kommunikationspolitik als Medienpolitik, Mainz 1986.
Ruß-Mohl, S. (1999) Selbststeuerung des Mediensystems durch Medienjournalismus und Medien-PR, in: Imhof, K./Jarren, O./Blum, R. (Hrsg.) Steuerungs- und Regelungsprobleme in der Informationsgesellschaft, Wiesbaden 1999, S. 197–207.
Sarcinelli, U. (1994) Mediale Politikdarstellung und politisches Handeln, in: Jarren, O. (Hrsg.) Politische Kommunikation in Hörfunk und Fernsehen. Elektronische Medien in der Bundesrepublik Deutschland. Sonderheft 8 der Zeitschrift Gegenwartskunde, Opladen 1994, S. 23–34.
Sarcinelli, U. (2003) Demokratie unter Kommunikationsstress? Das parlamentarische Regierungssystem in der Mediengesellschaft, in: Aus Politik und Zeitgeschichte. Beilage zur Wochenzeitung Das Parlament (12-13/2004), S. 39–46.
Saxer, U. (1998) Mediengesellschaft: Verständnisse und Missverständnisse, in: Sarcinelli, U. (Hrsg.) Politikvermittlung und Demokratie in der Mediengesellschaft. Beiträge zur politischen Kommunikationskultur, Bonn 1998, S. 52–73.
Schatz, H./Habig, C./Immer, N. (1990) Medienpolitik, in: von Beyme, K./Schmidt, M.G. (Hrsg.) Politik in der Bundesrepublik Deutschland, Opladen 1990, S. 330–359.
Scholten-Reichling, H./Jarren, O. (2001) Medienpolitik und Medienethik, in: Jarren, O./Bonfadelli, H. (Hrsg.) Einführung in die Publizistikwissenschaft, Bern – Stuttgart – Wien 2001, S. 231–255.
Schuppert, G.F. (2003) Governance-Leistungen der Zivilgesellschaft, in: Gosewinkel, D. et al. (Hrsg.) Zivilgesellschaft – national und transnational. WZB-Jahrbuch 2003, Berlin 2003, S. 245–264.
Tonnenmacher, J. (1996) Kommunikationspolitik in Deutschland. Eine Einführung, Konstanz 1996.
Trappel J. et al. (2002) Die gesellschaftlichen Folgen der Medienkonzentration. Veränderungen in den demokratischen und kulturellen Grundlagen der Gesellschaft, Opladen 2002.

Wilhelm, B. (1994) Medienpolitik, in: Schiwy, P./Schütz, W.J. (Hrsg.) Medienrecht. Stichwörter für die Praxis, 3. Aufl., Neuwied – Krieftel – Berlin 1994, S. 228–234.

Willke, H. (1995) Systemtheorie III: Steuerungstheorie. Grundzüge einer Theorie der Steuerung komplexer Sozialsysteme, Stuttgart – Jena 1995.

Wulff-Nienhüser, M. (1999) Zu diesem Buch, in: Schütz, W. (Hrsg.) Medienpolitik. Dokumentation der Kommunikationspolitik in der Bundesrepublik Deutschland von 1945 bis 1990, Konstanz 1999, S. 13–28.

Medienökonomie – Märkte, Besonderheiten und Wettbewerb

Hanno Beck

1 Einführung und Überblick 223

2 Besonderheiten der Medienbranche...224
   2.1 First-Copy-Costs..224
   2.2 Nicht-Rivalität im Konsum und Nicht-Ausschließbarkeit..............224
   2.3 Sinkende Durchschnittskosten..226
   2.4 Netzwerkexternalitäten 228

3 Märkte und Medien...229
   3.1 Anzeigen- und Rezipientenmarkt 229
   3.2 Sekundärmärkte 230
   3.3 Neue Geschäftsmodelle durch Online-Medien? 231

4 Wettbewerb in der Medienbranche..233
   4.1 Wettbewerbsprobleme 233
   4.2 Wettbewerbspolitik..234
   4.3 Wettbewerb und journalistische Qualität.....................................235

Literaturverzeichnis 237

Vorschau

Pluralität

Den Medien kommt unter anderem Informations-, Meinungsbildungs- und Kontrollfunktion zu. Aus diesen Funktionen leiten sich die Forderungen nach politischer Unabhängigkeit und Staatsferne sowie die Forderung nach einer möglichst großen Vielfalt an Themen, Berichten und Meinungen (Pluralität) in der Berichterstattung ab.

Spezifika der Medienbranche

In diesem Beitrag werden Besonderheiten der Medienbranche, die sich aus der Charakteristik des Gutes Information bei der Distribution sowie aus deren besonderen stofflichen Beschaffenheit ergeben, thematisiert: First-Copy-Costs, Nicht-Rivalität im Konsum und Nicht-Ausschließbarkeit, sinkende Durchschnittskosten, Netzwerkexternalitäten. Diese Besonderheiten haben Auswirkungen auf die ökonomischen Überlegungen der Unternehmen sowie deren strategisches Verhalten.

Lock-in interiorer Technologien

Der Beitrag erläutert das Phänomen eines lock-in interiorer Technologien. Dabei handelt es sich um die Tatsache, dass sich schlechtere Technologien oder Standards trotz vorhandener überlegener Alternativen durchsetzen können. Stattdessen hängt die Etablierung einer Technologie auch von Gegebenheiten wie beispielsweise der Marktmacht einzelner Anbieter, dem Startzeitpunkt der Konkurrenten oder auch staatlichen Interventionen ab.

Spezifika der Medienmärkte

Der Beitrag beschreibt die Anzeigen- und Rezipientenmärkte als wichtigste Ertragsquellen der Medienunternehmen und geht dabei auf mögliche Geschäftsmodelle ein. Außerdem werden vor- und nachgelagerte Märkte (Sekundärmärkte) sowie die neuen Geschäftsmodelle, die sich durch Online-Medien ergeben, beschrieben.

Wettbewerb als Chance oder Risiko

Nur durch wettbewerbliche Strukturen kann eine Medienlandschaft entstehen, die sich an den Wünschen der Rezipienten orientiert und darüber hinaus effizient wirtschaftet. Allerdings können durch unregulierten Wettbewerb marktbeherrschende Anbieter entstehen. Dieses Spannungsverhältnis wird ebenso diskutiert wie die Frage, ob Wettbewerb journalistische Qualität befördert oder gefährdet.

1 Einführung und Überblick

Medien und deren Produkte weisen ökonomische Besonderheiten auf, die eine Analyse dieser Märkte über die Standardanalyse der allgemeinen Ökonomie hinaus nötig machen. Die wichtigsten dieser Besonderheiten sowie deren Folgen für die Medienmärkte werden im ersten Abschnitt dieses Beitrags diskutiert. Im zweiten Abschnitt folgt die Erörterung der ökonomischen Besonderheiten der Medien. Im dritten Abschnitt werden die relevanten Medienmärkte vorgestellt. Abschnitt vier beschäftigt sich mit den Problemen der Wettbewerbspolitik in der Medienbranche.

Auch die Medienökonomie kann und will sich nicht der Einsicht verschließen, dass dem Produkt von Medienunternehmen eine besondere gesellschaftspolitische Bedeutung zukommt. Medien sollen die Kommunikation zwischen den Regierenden und den Regierten sowie allen Mitgliedern der Gesellschaft ermöglichen und damit einen Beitrag zur gesellschaftlichen Willens- und Entscheidungsbildung leisten.

In der Literatur werden Medien folgende Funktionen zugeschrieben: Medien haben eine Informationsfunktion, also sie sollen alle wichtigen Informationen umfassend, ohne Verzögerung und möglichst objektiv an die interessierte Öffentlichkeit weiter leiten. Zudem sind Medien am Meinungsbildungsprozess beteiligt, indem sie Nachrichten auswählen und kommentieren. Im Rahmen dieser Tätigkeit sollen Medien auch Fragen aufgreifen, Interessen artikulieren und verschiedenen Interessengruppen ermöglichen, sich in der Öffentlichkeit Gehör zu verschaffen. Zudem sollen sie das politische Geschehen kritisch begleiten und kommentieren, um der Öffentlichkeit eine Meinungsbildung zu ermöglichen. Um unabhängig über das politische Geschehen zu berichten, muss sichergestellt werden, dass Medien keiner politischen Beeinflussung unterliegen. Aus diesen Funktionen lassen sich zwei Forderungen an eine Rundfunk- und Medienordnung ableiten: Zum einen müssen die Medien möglichst staatsfern agieren können, zum anderen sollte es in der Berichterstattung eine möglichst große Vielfalt an Themen, Berichten und Meinungen geben (Pluralität).

In der Literatur gibt es erhebliche Diskussionen darüber, inwieweit ein Wettbewerb in der Medienbranche Pluralität und Staatsferne sowie ein ausreichendes Maß an journalistischer Qualität sichern kann. Diese Debatte ist insofern wichtig, als die Bejahung oder Verneinung dieser Frage darüber entscheidet, ob staatliche Eingriffe im Medienmarkt erforderlich sind.

2 Besonderheiten der Medienbranche

2.1 First-Copy-Costs

Um die Besonderheiten der Medienbranche verstehen zu können, muss man sich darauf besinnen, was Medienunternehmen eigentlich produzieren beziehungsweise mit welchen Gütern sie handeln: Medienunternehmen beschäftigen sich damit, Informationen an einen möglichst großen Kundenkreis zu verbreiten (vgl. Beck 2002). Somit ergeben sich die Besonderheiten dieser Branche aus den technischen Problemen bei der Distribution von Informationen sowie aus deren besonderen stofflichen Beschaffenheit: Informationen sind im Gegensatz zu den meisten Gütern des täglichen Bedarfs nicht-stofflich, was wichtige Implikationen für das ökonomische Kalkül von Medienunternehmen hat.

Die wohl wichtigste Folge dieser Nicht-Stofflichkeit von Informationen besteht darin, dass das klassische Kostenkalkül der Betriebswirte im Falle von Informationen versagt. Ist eine Information erst einmal recherchiert und zu einem Beitrag, einem Artikel oder einer Sendung aufbereitet, so spielt es keine Rolle mehr, in welcher Menge die Information, der Beitrag oder das Programm verbreitet werden. Abgesehen von den Kosten des Vertriebs sind die Kosten jeder weiteren verbreiteten Informationseinheit nahezu Null. In der Medienökonomie spricht man vom Problem der First-Copy-Costs: Jede weitere Kopie eines Beitrags, einer Software, eines Musikstücks oder einer Sendung über die erste Kopie hinaus verursacht nahezu keine weiteren Kosten. Die Folge dieses Problems: Das klassische Kostenkalkül in der Produktion versagt, weil jede zusätzlich verkaufte Kopie nur sehr geringe zusätzliche Kosten verursacht, aber zusätzliche Erträge generiert. Das wiederum kann Probleme für den Gesamtmarkt mit sich bringen.

2.2 Nicht-Rivalität im Konsum und Nicht-Ausschließbarkeit

Beim Konsum von Medien besteht die Gefahr, dass die Informationen von den Erstkäufern der Informationen einfach weitergereicht werden an Dritte, die dafür nicht bezahlen. Schuld daran ist die Nicht-Stofflichkeit von Informationen, die dazu führt, dass Informationen den Charakter öffentlicher Güter haben. Sie sind durch zwei Eigenschaften gekennzeichnet: Die Nicht-Rivalität im Konsum sowie die mangelnde Möglichkeit, nicht zahlende Konsumenten vom Konsum von Informationen auszuschließen (Ausschlussprinzip).

Unter Nicht-Rivalität im Konsum versteht man den Umstand, dass ein Gut durch mehrere Konsumenten zugleich konsumiert werden kann, ohne dass sich der Nutzen des einzelnen Konsumenten dadurch reduziert (von Exklusiv-Informationen sei hier abgesehen). Für die meisten Güter gilt Rivalität im Konsum: Indem ein Konsument beispielsweise ein Brot konsumiert, einen Wagen fährt oder eine Wohnung bewohnt, hindert er automatisch andere Konsumenten an der Nutzung desselben Gutes; ein Brot kann nur einmal gegessen werden, ein Wagen nur von einer Person zugleich gefahren werden. Diese Überlegung gilt nicht für Informationen: Die Nutzung einer Information durch einen Zuschauer, Leser oder Hörer führt nicht dazu, dass die gleiche Information nicht auch durch andere Konsumenten genutzt werden kann. Dies führt dazu, dass Informationen von den ursprünglichen Käufern an Dritte weitergeleitet werden können, ohne dass diese als Zweitverwerter der Informationen dafür bezahlen müssen. Exemplarisch dafür sind die Probleme der Software-Industrie oder auch der Musikbranche mit illegalen Raubkopien.

Die Nicht-Rivalität im Konsum wird für die Produzenten nicht-stofflicher Güter erst dann zum Problem, wenn die Konsumenten zusätzlich nicht vom Konsum ausgeschlossen werden können. In einem solchen Fall spricht man von klassischen öffentlichen Gütern, deren Bereitstellung durch den Staat erfolgen sollte. Beispiele für solche klassischen öffentlichen Güter sind Leuchttürme oder die Landesverteidigung; hier herrscht Nicht-Rivalität im Konsum (die Nutzung des Leuchtturms durch ein Schiff behindert nicht andere Schiffe in dessen Nutzung) und ein Ausschluss zahlungsunwilliger Dritter vom Konsum dieser Güter ist technisch nicht möglich. Bei diesen Gütern würde ein privates Angebot nicht zustande kommen, da der Anbieter keine Möglichkeit hat, zahlungsunwillige Kunden vom Konsum seines Angebotes auszuschließen.

Grundsätzlich gilt für Informationen, dass ein Ausschluss vom Konsum nicht möglich ist: Ist eine Nachricht oder eine Information erst einmal im Umlauf, so kann man nicht mehr kontrollieren, wer diese Information wann nutzt und an wen weitergibt. Wenn also Informationen klassische öffentliche Güter sind, so gilt dies doch nur eingeschränkt für die Dienstleistungen der Medienunternehmen: Diese produzieren zwar Informationen, doch eine weitere und wichtige Dienstleistung von Medienunternehmen ist der Vertrieb von Informationen, und von diesem Vertrieb kann man Konsumenten ausschließen. Bei Rundfunkunternehmen kann dies beispielsweise mittels Decoder oder einem Ausschluss von der Nutzung des Kabelnetzes erfolgen, bei Print-Medien ergibt sich eine Beschränkung der Nutzung Dritter durch die stoffliche Beschaffenheit der Zeitung oder der Zeitschriften. Hier herrscht zumindest zeitlich gesehen Rivalität im Konsum, wenn man davon ausgeht, dass zwei Personen nicht gleichzeitig ein Print-Medium lesen können. Lediglich für den Rundfunk, der über terrestrische Wellen ausgestrahlt wird, kann man von mangelnden Möglichkeiten eines Ausschlusses vom Konsum sprechen, wenngleich dies auch hier über den Einsatz von Decodern technisch gesehen möglich ist.

Mediendienstleistungen sind also keine öffentlichen Güter im klassischen Sinne; ihre nicht-stoffliche Beschaffenheit macht zwar die Informationen selbst zu öffentlichen Gütern, doch der Vertrieb der Informationen stellt eine klassische Dienstleistung dar, für die zumindest eingeschränkt die regulären Gesetze der Marktwirtschaft gelten. Dennoch sind damit die Probleme der Medienbranche nicht aus dem Weg geräumt. Ein Ausschluss vom Konsum mag zwar technisch möglich, muss aber nicht immer ökonomisch sinnvoll sein. Dies hängt mit den sinkenden Durchschnittskosten zusammen, die beim Vertrieb von Informationen oft entstehen.

2.3 Sinkende Durchschnittskosten

Die nicht-stoffliche Beschaffenheit von Informationen führt auch dazu, dass das klassische Kostenkalkül der Betriebswirtschaftslehre nicht funktioniert. Normalerweise steigen mit steigender Ausbringungsmenge eines Unternehmens auch dessen variable Kosten, da mit steigender Produktion auch der Einsatz an Produktionsfaktoren steigt, die zur Herstellung der Güter notwendig sind. Ab einer bestimmten Produktionsmenge übersteigen dann die mit der zusätzlichen Produktion verbundenen Kosten die durch diese Produkteinheiten erwirtschafteten zusätzlichen Erträge; damit ist aus wirtschaftlicher Perspektive eine Obergrenze der Produktion definiert.

Bei Informationen ist dies wegen des Problems der First-Copy-Costs nicht der Fall: Ist die Information erst einmal selektiert, erstellt und in ein entsprechendes Sende- oder Print-Format gebracht, so ist es für die Kostenseite – bei Vernachlässigung der Vertriebskosten oder sehr geringer Kosten der Informationsträger (beispielsweise der Diskette oder der CD) – irrelevant, wie viele Zuschauer, Zuhörer oder Leser diese Information konsumieren. Technisch gesprochen sind die Grenzkosten, also die zusätzlichen Kosten, die durch jeden weiteren Zuschauer, Hörer oder Leser entstehen, äußerst gering. Damit ist es für das Medienunternehmen rational, die Informationen so breit wie möglich zu streuen; schließlich sind damit kaum zusätzliche

Kosten verbunden, aber zusätzliche Erlöse zu erwarten. Theoretisch legt das klassische Kostenkalkül nahe, im Falle von Informationen die Produktion zur Erreichung zusätzlicher Konsumenten unendlich auszuweiten.

Diesen Überlegungen steht wie oben erwähnt der Umstand entgegen, dass Medienunternehmen ja nicht nur Informationen produzieren, sondern dass ihre wesentliche Dienstleistung im Vertrieb dieser Informationen besteht. Doch es kann auch durchaus ökonomisch sinnvoll sein, den Vertrieb der Informationen stärker auszudehnen, als es dass im Falle normaler Unternehmen der Fall wäre. Der Grund dafür sind die hohen Fixkosten, die mit dem Aufbau eines Vertriebsnetzes für Informationen verbunden sind. Vor allem der Aufbau terrestrischer Fernsehsender, aber auch der Aufbau von Vertriebsnetzen beispielsweise für Zeitungen erfordern einen hohen Mitteleinsatz, noch bevor die erste Information den Kunden erreicht. Diese Fixkosten belasten die Kostenrechnung des Unternehmens unabhängig davon, wie viele Sendeminuten oder Zeitungsexemplare hergesellt werden. Aus der Kombination eines hohen Fixkostenblocks und dem Problem der First-Copy-Costs ergeben sich sinkende Durchschnittskosten. Je höher die Anzahl der Sendeminuten oder Zeitungskopien ist, desto mehr sinken die durchschnittlichen Kosten, da die hohen Fixkosten dann auf eine größere Ausbringungsmenge verteilt werden. Ein einmal errichteter Fixkostenblock schlägt bei der Kostenrechnung weniger zu Buche, wenn er auf 24 Sendestunden oder zwei Millionen gedruckte Exemplare umgelegt wird statt auf wenige Sendeminuten oder 20.000 Kopien. Solange jede Sendeminute oder jedes weitere verkaufte Exemplar nur geringe zusätzliche Kosten produziert (was aufgrund des Problems der First-Copy-Costs anzunehmen ist), sinken bei einer Ausdehnung der Sendezeit oder bei Steigerung der Auflage die durchschnittlichen Kosten und damit auch der Preis, den man für das Medienprodukt verlangen muss, um rentabel zu werden. Das Phänomen sinkender Durchschnittskosten bei steigender Ausbringungsmenge bezeichnet man als Fixkostendegression.

Unter dem Strich kann es unter ökonomischen Gesichtspunkten sinnvoll sein, dass eine bestimmte Mediendienstleistung nur von einem einzigen Unternehmen erbracht wird; dann verteilen sich die hohen Fixkosten des Vertriebsapparates auf die größtmögliche Zahl von Sendeminuten oder verkauften Exemplaren. In diesem Zusammenhang spricht man von natürlichen Monopolen, weil diese Monopole aufgrund der Fixkostendegression sozusagen zwangsläufig entstehen müssen.

2.4 Netzwerkexternalitäten

Eine weitere Besonderheit von Medienprodukten sind Netzwerkexternalitäten. Sie entstehen immer dann, wenn der Nutzen eines Gutes um so mehr steigt, je mehr Konsumenten dieses Gut nutzen. Das klassische Beispiel für Netzwerkexternalitäten ist das Telefon: Ein einzelnes Telefon nutzt seinem Besitzer nichts, da er niemanden anrufen kann, doch je mehr Menschen ein solches besitzen, um so größer wird der Nutzen für alle Besitzer, da nun immer mehr Menschen per Telefon zu erreichen sind. Den gleichen Effekt kann man bei Software beobachten: Je mehr Menschen ein Betriebssystem nutzen, um so mehr Menschen können untereinander kompatible Daten austauschen und um so mehr Programme werden angeboten, die auf diesem Betriebssystem lauffähig sind. Als weiteres Beispiel für Netzwerkexternalitäten sei der Kampf der Video-Systeme VHS, Video 2000 und Betamax angeführt: Je mehr Nutzer auf ein System setzen, um so mehr Filme werden auf diesem System angeboten, und um so attraktiver wird dieses System für weitere Nutzer.

Netzwerkeffekte spielen beim Erfolg oder Misserfolg von Medien oder Normen eine wichtige Rolle. So werden Video-Kassetten wohl bald komplett von DVDs abgelöst werden, wenn es genügend Nutzer von DVDs gibt und damit der Anreiz für die Industrie groß genug ist, viele Filme auf DVD herauszubringen. Das größere Angebot wird dann zusätzliche Kunden anziehen. Spiegelbildlich dürfte für herkömmliche Video-Systeme das Aus kommen, wenn Produzenten anfangen, Filme nicht mehr auf Video zu verlegen. Ähnliche Effekte konnte man auch bei Musikkassetten oder Langspielplatten beobachten. Das Radio und die Fernsehtechnik haben ebenfalls von solchen Netzwerkexternalitäten profitiert.

Damit Netzwerkexternalitäten voll zum Tragen kommen ist es notwendig, sich auf gemeinsame Standards zu einigen. Nur sie garantieren Kompatibilität bei der gemeinsamen Nutzung eines Mediums. So ist der Erfolg des Internet auf der frühen Einigung auf einen einheitlichen Übertragungsstandard, das Protokoll TCP/IP zurückzuführen (vgl. Beck/Prinz 1999). Standards können also virtuell sein, wie im Falle eines Übertragungsstandards, oder aber auch technisch, wie beispielsweise bei der Einigung auf eine einheitliche Technologie für Settop-Boxen im digitalen Fernsehen.

Allerdings ist nicht sicher gestellt, dass sich bei der Entwicklung solcher Standards immer die technisch beste Möglichkeit durchsetzt. Welcher Standard das Rennen macht, hängt von vielen anderen Gegebenheiten wie beispielsweise der Marktmacht einzelner Anbieter, dem Startzeitpunkt der Konkurrenten oder auch staatlichen Interventionen ab. Das Phänomen, dass sich auch ein schlechterer Standard durchsetzen kann, nennt man „Lock-in inferiorer Technologien" (vgl. Beck 2001).

3 Märkte und Medien

3.1 Anzeigen- und Rezipientenmarkt

Die beiden wichtigsten Ertragsquellen von Medienunternehmen sind der Anzeigenmarkt und der Rezipientenmarkt. Dabei kann man in der Praxis unterschiedliche Erlösmodelle beobachten:

- Reine Rezipientenmodelle: Diese Unternehmen finanzieren sich ausschließlich über Zahlungen der Rezipienten. Beispiele dafür im Rundfunkbereich sind Pay-TV-Sender wie Premiere; unter den Print-Medien finanziert sich beispielsweise die „tageszeitung" (taz) fast ausschließlich über Einnahmen aus dem Verkauf an Rezipienten.
- Mischmodelle: Diese Unternehmen finanzieren sich sowohl über direkte Zahlungen von Rezipienten als auch über Werbeeinnahmen. Klassische Beispiele dafür sind die meisten Print-Medien.
- Reine Werbemodelle: Die Finanzierung dieser Modelle erfolgt ausschließlich über Werbeeinnahmen. Beispiele dafür sind private Fernsehsender wie RTL oder Sat.1.
- Staatliche Modelle: Hier erfolgt die Finanzierung über Steuern oder den staatlich verordneten Einzug von Zwangsgebühren. Beispiel für die Gebührenfinanzierung sind die öffentlich-rechtlichen Senderfamilien in Deutschland. Einen Teil ihrer Einnahmen erzielen aber auch diese Sender über Werbeeinnahmen. In manchen Ländern existieren auch rein steuerfinanzierte Medienangebote.
- Spendenmodelle: Dieses Modell gibt es beispielsweise in den Vereinigten Staaten. Der Sender finanziert sich über Spenden von Zuschauern.

Welches dieser Modelle für die Finanzierung eines Medienunternehmens geeignet ist, hängt vor allem davon ab, welche Zuschauergruppen sich das Unternehmen erschließen will. Dabei dürfte die Bereitschaft der Rezipienten für bestimmte Inhalte zu zahlen um so höher sein, je spezifischer diese Inhalte auf ihren persönlichen Bedarf zugeschnitten sind. Das macht es für zielgruppenspezifische Medien einfacher, einen größeren Anteil ihrer Erlöse über direkte Zahlungen der Rezipienten zu erzielen. Auch für die Werbung können zielgruppenspezifische Medien sehr interessant sein, wenn man davon ausgeht, dass die Werbetreibenden hier ohne größere Streuverluste die für sie relevanten Zielgruppen erreichen können. Je breiter jedoch das Informationsangebot eines Anbieters ist, um so mehr muss er dazu übergehen, dieses Angebot durch Werbung zu finanzieren. Zwar wird Werbung von den Konsumenten als Belästigung – und somit als Preis für die bereitgestellten Informationen – empfunden, doch die Bereitschaft, in Form entgangener Zeit beziehungsweise Belästigung durch Werbung zu zahlen ist in der Regel höher als in Form direkter Gebühren zu bezahlen.

Sowohl bei der Werbefinanzierung als auch bei der Gebührenfinanzierung kommt es zu Quersubventionierungseffekten, da die Rezipienten unabhängig der Intensität ihrer Nutzung und ihrem tatsächlichen Konsum bezahlen. Besonders deutlich wird das bei den gebührenfinanzierten Sendern: Rundfunkgebühren entrichtet jeder Deutsche, der einen Fernseher oder ein Radio besitzt, unabhängig davon, in welchem Umfang er öffentlich-rechtliche Sender konsumiert. Jede Person, die Zwangsgebühren entrichtet, aber keinen Gebrauch vom öffentlich-rechtlichen Angebot macht, subventioniert mit ihren Gebühren den Fernsehkonsum der übrigen Zuschauer. Bei werbefinanzierten Sendern äußert sich die Quersubventionierung indirekt in den höheren Preisen der in den betreffenden Medien beworbenen Konsumartikel: Da die Kosten für die Werbung in den Medien auf den Preis des Produktes umgelegt werden, leistet jeder Käufer eines solchen Produktes indirekt einen Finanzierungsbeitrag für die betreffenden Medien, unabhängig davon, ob er sie tatsächlich nutzt oder nicht.

3.2 Sekundärmärkte

Neben den eigentlichen Medienmärkten, also dem Markt für Rundfunksendungen, Print-Medien oder Multimedia-Produkte, gibt es eine ganze Reihe vor- und nachgelagerter Märkte, die von den eigentlichen Medienmärkten abhängen:

- Die wohl wichtigste Branche im Umfeld der Medienunternehmen ist die Werbebranche. Werbeagenturen sind Mittler zwischen den werbetreibenden Unternehmen und den einzelnen Medien. Rund 1,5 Prozent des Bruttoinlandsproduktes werden im Schnitt pro Jahr in Deutschland für Werbung ausgegeben (vgl. Zentralverband der deutschen Werbewirtschaft 2003).
- Ungefähr 2.000 bis 3.000 Unternehmen sind in Deutschland als Zulieferer für Rundfunkunternehmen tätig. Hierunter fallen Unternehmen für

Postproduktion (Schnitt und Kopie), Synchronisation, Ausstattung, Mietstudios, Anbieter von Tontechnik und -aufzeichnung, Unternehmen für Film- und Videotechnik, Geräteverleiher, Produzenten für Filmmusik, Casting-Agenturen sowie Studios für Computergrafik und -animation. Zulieferer für Print-Produkte sind beispielsweise Papierhersteller.
- Filmproduzenten produzieren für Sender fertige Beiträge wie Fernsehfilme, Dokumentationen, Talk-Shows oder Game-Shows sowie Werbefilme und Kinofilme. Hinzu kommt Firmen-TV, das nur für die Belegschaft eines einzigen Unternehmens angefertigt wird.
- Sekundärmärkte entstehen über mehrstufige Verwertung von Filmen über Kino, Video/DVD-Verkauf und -Verleih.
- Ein weiterer wichtiger Markt ist der Markt für Lizenzrechte. Hier werden nicht nur die Rechte an Filmen, Sendeformaten oder Aufführungsrechte selbst gehandelt, sondern auch die Rechte für Merchandising-Artikel wie beispielsweise T-Shirts, Spielzeug, Bücher oder Werbung mit Filmfiguren.
- Hinzu kommt der Markt für Infrastrukturanbieter wie die Anbieter von Kabelnetzen oder Satelliten.

Neben den traditionellen Märkten für Medienunternehmen und deren vor- und nachgelagerte Industrien werden aber auch zunehmend neue Geschäftsfelder durch das Aufkommen digitaler Medien erschlossen. Diese sollen im folgenden Abschnitt näher untersucht werden.

3.3 Neue Geschäftsmodelle durch Online-Medien?

Die Digitalisierung von Informationen im Verbund mit zunehmend leistungsfähigeren Rechnern und Übertragungstechniken hat Raum geschaffen für neue Geschäftsmodelle:

- Das in der Öffentlichkeit wohl bekannteste Geschäftsmodell ist das Business-to-Consumer-Geschäft (B2C), also der Verkauf von Konsumgütern an Endkunden über das Internet. Das bekanntesten Beispiel dafür ist der Online-Buchhändler Amazon. Im Grunde genommen ist B2C die digitale Version des altbekannten Versandhaus-Katalogs. Eine andere Version dieses Geschäftsmodells ist das Einkaufsfernsehen, bei dem Kunden während der Sendung anrufen und die dort präsentierten Waren ordern können.
- Weit wichtigere Veränderungen in der Wirtschaft könnten durch das elektronische Geschäft zwischen Unternehmen, das Business-to-Business-Geschäft (B2B) entstehen. Hier werden Geschäftsbeziehungen zwischen Un-

ternehmen in unterschiedlichen Intensitätsgraden über das Internet abgewickelt. Beispielsweise werden Aufträge nicht ausgeschrieben, sondern über Online-Auktionen vergeben.
- Weniger ein neues Geschäftsfeld als vielmehr eine Erweiterung bisheriger Geschäftsmöglichkeiten ist das Geschäft mit Online-Werbung; neben auf Internet-Werbung spezialisierten Anbietern drängen auch etablierte Agenturen in dieses Geschäft.
- Eine andere Variante eines internet-basierten Geschäftmodells ist das Geschäft unter Konsumenten, beispielsweise das Internet-Auktionshaus ebay. Weniger erfolgreich war bisher das „Powershopping", bei dem sich mehrere Endverbraucher zu Interessengemeinschaften zusammenschließen und auf diesem Weg versuchen, Rabatte für die von ihnen gewünschten Produkte auszuhandeln. Hier handelt es sich um die moderne Version der genossenschaftlichen Idee.

Neben diesen Geschäftsmodellen gibt es eine ganze Reihe weiterer Modelle, denen allerdings gemeinsam ist, dass sie nicht neu sind. Was sich aber durch die neuen Technologien geändert hat, ist vor allem die Reichweite dieser Modelle und damit auch deren Wirkungsgrad. Im Extremfall lassen sich jetzt Kunden oder Mitstreiter für ein Geschäftsmodell ohne räumliche Begrenzungen gewinnen, wenngleich hier immer noch nationale Gesetzgebung, Steuern und sprachliche sowie kulturelle Barrieren einer grenzenlosen Expansion Einhalt gebieten. Zudem muss man bei allen Formen des elektronischen Handels beachten, dass insofern es sich nicht um digitale oder digitalisierbare Güter oder Dienstleistungen handelt, am Ende einer Geschäftsbeziehung immer noch eine physische Lieferung steht; in diesem Fall stößt das Modell des elektronischen Handels an Grenzen.

Unbestreitbar jedoch hat sich die Intensität vieler bereits bekannter Geschäftsmodelle oder wirtschaftlicher Beziehungen stark erhöht. Ein Paradebeispiel dafür ist die Musikbranche: Das Problem, dass Konsumenten Musikstücke kopieren statt diese zu kaufen, gibt es bereits seit es Leerkassetten gibt. Mit dem Aufkommen der Musiktauschbörsen im Internet hat dieses Problem eine neue Dimension bekommen. Musste man früher in irgendeiner Form einen physischen Austausch von Tonträgern vornehmen, so kann man jetzt im Internet Musikstücke in wenigen Minuten vom anderen Ende der Welt herunterladen. Für die Musikindustrie sind Raubkopien damit zu einem Problem geworden.

4 Wettbewerb in der Medienbranche

4.1 Wettbewerbsprobleme

Die Ausführungen des zweiten Abschnittes haben gezeigt, dass es bei Medienunternehmen spezifische Besonderheiten gibt, die in einigen Punkten eine separate Analyse der Branche notwendig machen. Dies gilt auch und vor allem für die Wettbewerbspolitik. Vor allem aufgrund des den Medien zugeschriebenen Charakters als gesellschaftlich relevante Produzenten von Meinungen ist eine aufmerksame Beobachtung der Wettbewerbsverhältnisse dieses Marktes erforderlich, da im Falle einer Monopolisierung des Medienmarktes eine Meinungsmonokultur droht, die auch aus politischer Perspektive problematisch ist. Die Informationsfunktion und Meinungsfunktion von Medien sind in einer Monopolstruktur nicht mehr gewährleistet. Auch aus ökonomischer Perspektive ist ein Monopol in der Medienbranche nicht wünschenswert: Nur in einem wettbewerblichen Umfeld ist eine Medienlandschaft zu erwarten, die sich an den Wünschen der Rezipienten orientiert und darüber hinaus effizient wirtschaftet.

Allerdings werden auch Argumente genannt, die gegen einen funktionierenden Wettbewerb im Mediensektor sprechen:

- Die bereits beschriebene Tendenz von Medienunternehmen zu natürlichen Monopolen kann dazu führen, dass am Ende eines wettbewerblichen Prozesses nur noch ein Wettbewerber übrig bleibt.
- Auch Netzwerkexternalitäten bergen die Gefahr einer marktbeherrschenden Stellung in sich, wenn ein Unternehmen das alleinige Verfügungsrecht über den Standard hat.
- Eine weitere Gefahr für den Wettbewerb ist die „Anzeigen-Auflagen-Spirale": Mit steigender Reichweite einer Zeitung oder Zeitschrift steigt die Attraktivität für die Werbeindustrie, weswegen die Werbeeinnahmen steigen. Mit den höheren Werbeeinnahmen kann das erfolgreiche Produkt noch besser und attraktiver gemacht werden, was zu einer weiteren Steigerung der Auflage führt; wiederum mit den entsprechenden Folgen für die Werbeeinnahmen. Am Ende dieses Prozesses steht ein marktbeherrschendes Unternehmen. Diese Argumentation kann grundsätzlich auch auf audiovisuelle Medien übertragen werden.
- Ein weiteres Argument gegen Wettbewerb in der Medienbranche ist die Vorstellung von Meinungsvielfalt als öffentliches Gut: Niemand wäre bereit, für das abstrakte Gut öffentliche Meinungsvielfalt ausreichend zu bezahlen. Hier versagt das Ausschlussprinzip; es herrscht Nicht-Rivali-

tät im Konsum, weswegen es in einem rein marktwirtschaftlichen System zu einer Unterproduktion an diesem Gut kommen würde.

Angesichts der Besonderheiten in der Medienbranche wird somit in der Literatur auch bezweifelt, ob Wettbewerb auf Medienmärkten überhaupt möglich ist.

4.2 Wettbewerbspolitik

Die entscheidende Frage für die Wettbewerbpolitik in der Medienbranche ist, ob ein freier Wettbewerb für eine ausreichende Vielfalt im ökonomischen und im publizistischen Sinn sorgt. Wo dies nicht der Fall ist, ist die Wettbewerbspolitik gefordert.

Wo es aufgrund hoher Fixkosten, Behinderungs- und Verdrängungspraktiken oder Fusionen zu einer zu hohen Konzentration in einem Teilbereich der Branche kommt, greift die traditionelle Wettbewerbspolitik. Die entsprechenden Instrumente sind Kartellverbote, eine Missbrauchsaufsicht sowie Fusionskontrollen. Solche Regelungen gibt es sowohl auf europäischer Ebene als auch im deutschen Gesetz gegen Wettbewerbsbeschränkungen (GWB). Das Problem dieser Politik ist die Frage nach der Definition und Messung der Konzentration und der Feststellung des kritischen Konzentrationsgrades sowie der Bestimmung des relevanten Marktes. In Deutschland verfasst die Kommission zur Ermittlung der Konzentration im Medienbereich (KEK) alle drei Jahre einen Bericht zur Lage der Konzentration in der Medienbranche (vgl. Kommission zur Ermittlung der Konzentration im Medienbereich 2000).

Bei knappen Gütern wie Frequenzen oder Sendeplätzen in Kabelkanälen ist die wettbewerbliche Lösung eine Auktion; beispielhaft dafür die Auktion der UMTS-Lizenzen im Jahr 2000. Bei Netzwerkexternalitäten, die ebenfalls den Wettbewerb gefährden können besteht die wettbewerbliche Lösung darin, den Inhaber des Standards dazu zu zwingen, diesen in Lizenz auch Konkurrenten zur Verfügung zu stellen (vgl. Beck 1999).

Eine weitere – umstrittene Maßnahme – zur Sicherung der Meinungsvielfalt ist das staatliche Angebot von Mediendienstleistungen. Auf diesem Weg glaubt man auch dem besonderen Charakter des Gutes öffentliche Meinung gerecht zu werden. Kritiker öffentlich-rechtlicher Medien hingegen sagen, dass die Existenz eines staatlich subventionierten Medienangebotes zu erheblichen Marktverzerrungen führt und die Entfaltung eines freien Wettbewerbs behindert. Zudem kritisieren sie, dass ein staatliches Angebot von Mediendienstleistungen nicht staatsfern und damit unparteiisch sein kann. Befürworter eines staatlichen Rundfunkangebotes hingegen sagen, dass öffentlich-rechtliche Sender jene journalistische Qualität sichern, die in einem freien Wettbewerb nicht gewährleistet sei. Ob Wettbewerb journalistische Qualität garantieren kann, wird im folgenden Abschnitt diskutiert.

4.3 Wettbewerb und journalistische Qualität

Beziehen sich die bisherigen Argumente auf grundsätzliche Funktionsstörungen des Wettbewerbs im Mediensektor, so werden auch zahlreiche Einwände gegen mögliche Ergebnisse eines solchen Wettbewerbs hervorgebracht, die bei unkontrolliertem Wettbewerb Gefahren für die journalistische Qualität darstellen.

Zum einen bedroht die Abhängigkeit der Medien von den Werbekunden die journalistische Unabhängigkeit. Journalistische Qualität und der wirtschaftliche Erfolgsdruck werden in der Literatur oft als Gegensatz dargestellt. Zum anderen gebe es Druck, die Berichterstattung auf die Interessen der Werbekunden abzustimmen und gegebenenfalls auch kritische Berichte zu unterlassen. Auf der Seite der Rezipienten führe die Orientierung am Publikumsgeschmack zu einer Banalisierung der Inhalte.

Als weiteres Argument wird angeführt, dass es sich bei den Produkten der Medienunternehmen um meritorische Güter handelt. Damit ist gemeint, dass der Konsum von Mediendienstleistungen nach Art und Umfang nicht dem entspricht, was der Staat für richtig und wünschenswert hält. Hier handelt es sich um eine rein paternalistische Argumentation: Der Staat soll sozusagen als wohlwollender Diktator gegen die Präferenzen der Bürger ein Angebot bereitstellen, das dann von der Allgemeinheit finanziert werden muss.

Weiterhin führe adverse Selektion als Verhaltensannahme zu einem Angebot minderer journalistischer Qualität (vgl. Heinrich 2001). Da die Nutzer des Mediums die Qualität des Produktes nicht genau beurteilen können, sind sie nicht bereit, für eine potentiell bessere Qualität auch mehr zu bezahlen, weil immer das Risiko besteht, dass man einen höheren Preis für mindere Qualität bezahlt. Da die Produzenten höherwertiger Medien ihren Aufwand für mehr Qualität deswegen nicht honoriert bekommen, scheiden sie aus dem Wettbewerb aus; es verbleiben nur noch Publikationen oder Sendungen minderer Qualität am Markt.

Bei hinreichender Konkurrenz in der jeweiligen Branche dürften die Ergebnisse des Marktes nicht ganz so katastrophal ausfallen wie von Skeptikern prognostiziert. Die Abhängigkeit der Medien von den Anzeigenkunden lässt sich nicht leugnen, doch wollte man diesen Mangel abstellen, so müsste man gänzlich werbefreie Medien fordern; doch selbst die öffentlich-rechtlichen Sender wollen nicht auf Werbung verzichten. Im Zuge der dann entfallenden Quersubventionierung dürften die Preise für werbefreie Medien sehr stark ansteigen, mit entsprechenden Folgen für die Nachfrage nach Mediendienstleistungen. Die entscheidende Frage ist, ob man Konsumenten zutrauen kann, diesen potentiellen Interessenkonflikt der Medienunternehmen zu erkennen und bei ihrem Medienkonsum zu berücksichtigen. Zudem dürfte dieser Konflikt eher bei der Unternehmens- und Produktberichterstattung auftreten, bei der politischen Berichterstattung dürfte er weniger ausgeprägt sein. Hier dürften Parteiinteressen im Zuge eines staatlichen Medienangebotes eine wesentlich problematischere Rolle spielen.

Mit Blick auf die Meritorik von Mediendienstleistungen und die Klagen über eine publikumswirksame Banalisierung der Medien muss man konstatieren, dass es sich hier um normative Vorstellungen davon handelt, welche Inhalte Medien liefern sollen. Abgesehen davon, dass man die Konsumenten nicht dazu zwingen kann diese Inhalte zu konsumieren, muss man fragen, wer mit welcher Legitimation festlegt, welche Medieninhalte gesellschaftlich wünschenswert sind. Hier besteht die Gefahr, dass einzelne Gruppen ihre Partikularinteressen zu staatlich wünschenswerten und geförderten Programmbestandteilen befördern.

Mit Bezug auf die Gefahr einer adversen Selektion wegen Informationsmängeln der Konsumenten lässt sich festhalten, dass der Verweis auf die Komplexität eines Produktes per se nicht umfangreiche Eingriffe in einen Markt rechtfertigt. In vielen anderen Märkten mit gleichfalls komplexen und intransparenten Produkten funktioniert der Preismechanismus durchaus. Dies mag auch daran liegen, dass es auch für Produzenten in intransparenten Märkten mit komplexen Produkten Möglichkeiten gibt, den Kunden Qualität zu signalisieren. So kann sich ein Medienunternehmen über Jahre hinweg eine Reputation als seriöses und vertrauenswürdiges Unternehmen erarbeiten und damit den Konsumenten ein Signal bezüglich der Qualität seiner Informationen geben. Diese oft hart erarbeitete Reputation ist es dann auch, die das Unternehmen behalten will und die es zu einem sorgfältigen Umgang mit seinen Informationen und Beiträgen anhält. Das Debakel des Stern um die gefälschten Hitler-Tagebücher hat eindrucksvoll vorgeführt, wie wichtig journalistische Reputation ist und wie rasch sie verspielt werden kann.

Die Diskussion um journalistische Qualität in einem wettbewerblichen Umfeld muss letztlich auch eine Antwort auf die Frage finden, wie mündig, kompetent und kritisch der Bürger Medien konsumiert und in welchem Ausmaß man ihn bevormunden will. Ist ein Konsument im Zuge eines wiederholten Konsumaktes mit ausreichenden Vergleichsmöglichkeiten bei ausreichender Vielfalt der Medien und einem funktionierenden Wettbewerb in der Lage, sich ein eigenes kritisches Urteil zu bilden, so werden die Medienunternehmen im Kampf um Marktanteile nicht umhin kommen, ausreichend auf journalistische Qualität zu achten. Ökonomischer und publizistischer Wettbewerb stehen dann in keinem Zielkonflikt zueinander.

Literaturverzeichnis

Beck, H. (1999) Die wettbewerbspolitische Relevanz des Internet, in: Wirtschaft und Wettbewerb 49 (5/1999), S. 460–467.
Beck, H. (2005) Medienökonomie. Print, Fernsehen und Multimedia, 2. Aufl., Berlin – Heidelberg 2005.
Beck, H./Prinz, A. (1999) Ökonomie des Internet. Eine Einführung, Frankfurt – New York 1999.
Heinrich, J. (2001) Medienökonomie, Bd. 1. Mediensystem, Zeitung, Zeitschrift, Anzeigenblatt, 2. Aufl., Wiesbaden 2001.
Kommission zur Ermittlung der Konzentration im Medienbereich (2000) Über die Entwicklung der Konzentration und über Maßnahmen zur Sicherung der Meinungsvielfalt im privaten Rundfunk. Konzentrationsbericht der KEK, Schriftenreihe der Landesmedienanstalten Band 17, Berlin 2000.
Zentralverband der deutschen Werbewirtschaft (2003) Werbung in Deutschland 2003, Bonn 2003.

Medienrecht – Rechtsgrundlagen für Medienmanager

Frank Fechner

1 Einführung 241

2 Medienrecht für Medienmanager 241
   2.1 Rechtliche Grundlagen 241
   2.2 Inhalt des Medienrechts 242
   2.3 Strukturierung der Rechtsgrundlagen 243

3 Entwicklung der Medien 245
   3.1 Presse 245
   3.2 Rundfunk 246
   3.3 Neue Medien 246

4 Rechtlicher Rahmen der Medien 247
   4.1 Presserecht 247
   4.2 Rundfunkrecht 249
   4.3 Multimediarecht 252
   4.4 Persönlichkeitsrechte 256

5 Weitere Gebiete des Medienrechts 257
   5.1 Urheberrecht 257
   5.2 Wettbewerbsrecht 258
   5.3 Jugendschutz 258
   5.4 Europarecht 259
   5.5 Völkerrecht 259

6 Fazit und Schlussbemerkung 260

Literaturverzeichnis 260

Vorschau

Rechtsgrundlagen Medienmanagement

Der Beitrag postuliert, dass – auch wenn für spezielle Probleme natürlich Juristen zu Rate zu ziehen sind – auch Nicht-Juristen doch in der Lage sein sollten, eine juristische Fragestellung in das richtige Rechtsgebiet einzuordnen und mit Hilfe von juristischer Literatur, insbesondere Kommentaren und Leitentscheidungen der Gerichte eine Einschätzung vornehmen zu können. Gerade im Medienbereich ist die Kenntnis der Rechtsordnung für die Strategie eines Unternehmens unabdingbar.

Medienentwicklung und Gesetzesentwicklung

In dem Beitrag wird die Entstehung und Entwicklung der Medien (Presse, Rundfunk und „Neuen Medien") und die damit eng zusammenhängende Entwicklung der entsprechenden Gesetze beschrieben.

Presserecht – Pressefreiheit und Zensurverbot

Im Rahmen des Presserechts geht der Beitrag unter anderem auf die in Artikel 5 des Grundgesetzes verankerten Aspekte Pressefreiheit und Zensurverbot ein. Die Pressefreiheit erlaubt es, Presseunternehmen frei und ohne staatliche Zulassung zu gründen und regelt das Redaktionsgeheimnis. Das Zensurverbot verbietet, dass ein Beitrag vor dessen Veröffentlichung einer staatlichen Stelle vorgelegt werden muss.

Rundfunkrecht und Meinungspluralität

Der Beitrag geht ausführlich auf die im Rahmen des Rundfunkrechts diskutierten Forderungen nach Meinungspluralität und Grundversorgung ein. Aus dem dienenden Aspekt der Rundfunkfreiheit ergibt sich unter anderem, dass die öffentlich-rechtlichen Rundfunkanstalten die Grundversorgung der Bevölkerung sicherzustellen haben.

Multimedia und (trotzdem) Recht

Im Beitrag wird festgestellt, dass auch für die neuen Medien wie Multimedia und Internet Rechtsgrundlagen und Gesetze bestehen – Anbieter und Rezipienten dieser Medien sich also nicht im rechtsfreien Raum bewegen.

1 Einführung

Wer als Entscheidungsträger in der Wirtschaft tätig ist, muss sich mit den rechtlichen Vorgaben seines unternehmerischen Tuns auseinandersetzen. Der Medienmanager soll leitende Funktionen bei der Entwicklung und Umsetzung von Medienprojekten in Praxis und Forschung einnehmen. Dafür sind fachübergreifende Schlüsselkompetenzen unabdingbar, die sich insbesondere auch auf das Medienrecht erstrecken. Erforderlich sind Grundkenntnisse in Presse- und Rundfunkrecht und das Wissen um die rechtlichen Rahmenbedingungen der Neuen Medien. Die Kenntnis der gesetzlichen Rahmenbedingungen erweitert den Gestaltungsspielraum des Medienmanagers. Über die Kenntnis der regulativen Vorgaben des Rechts hinaus sollte der Medienmanager das Recht als Instrumentarium kennen lernen, das ihm bei der Verwirklichung seiner Ziele dienlich sein kann, beispielsweise zum Schutz seines Unternehmens durch die Vorschriften des Wettbewerbsrechts oder der immateriellen Entwicklungen seines Betriebs durch das Recht des geistigen Eigentums.

Die folgende überblicksartige Darstellung soll den Einstieg in das Medienrecht erleichtern.

2 Medienrecht für Medienmanager

2.1 Rechtliche Grundlagen

Wer nicht selbst Jurist ist, sollte doch in der Lage sein, eine juristische Fragestellung in das richtige Rechtsgebiet einzuordnen und mit Hilfe von juristischer Literatur, insbesondere Kommentaren und Leitentscheidungen der Gerichte, eine Einschätzung vornehmen zu können. In den alltäglichen Entscheidungsfragen dürfte dies bereits ausreichend sein, bei Spezialproblemen wird der ausgebildete Jurist zu Rate zu ziehen sein. Jedoch auch in diesem Falle ist es sinnvoll, gezielt die Problematik des Einzelfalls ansprechen zu können. Zudem sind Fachsprache und Sachkenntnis in jeder Verhandlung mit Geschäftspartnern oder Anspruchstellern hilfreich. Noch wichtiger als der Gebrauch von Rechtskenntnissen in juristischen Auseinandersetzungen ist die Einbeziehung des Rechts im Vorfeld von Streitigkeiten. Die Kenntnis der Rechtsordnung ist für die Strategie eines Unternehmens – beispielsweise im Hinblick auf die Grenzen zulässiger Werbung – unabdingbar. Vor allem im Vorfeld von Vertragsschlüssen lohnt sich zeitlicher und finanzieller Aufwand, um spätere Auseinandersetzungen zu vermeiden. Wichtige Verträge sollten immer schriftlich abgeschlossen werden, um später den Vertragsinhalt nachweisen zu können. Die Inhalte sind möglichst genau, unter Berücksichtigung sämtlicher Eventualitäten festzulegen.

2.2 Inhalt des Medienrechts

Querschnittsmaterie

Das Medienrecht ist eine Querschnittsmaterie, das heißt, es handelt sich nicht um ein geschlossenes Rechtsgebiet wie beispielsweise das Strafrecht oder das Familienrecht. Vielmehr ist es ein vergleichsweise neuer Begriff, unter dem Rechtsfragen aus sehr unterschiedlichen Rechtsgebieten zusammenfasst werden, die sich alle auf „die Medien" beziehen. Der Begriff „Medien" ist als solcher ebenfalls nicht definiert. In erster Linie werden ihm die „Massenmedien" zugeordnet, die charakterisiert sind durch eine Verbreitung geistiger, optischer und akustischer Gehalte durch distanzüberwindende technische Mittel an eine Vielzahl von Personen. In einem weiteren Sinne bezieht sich das Medienrecht indessen auch auf die „Individualkommunikation", unter der ein Informationsaustausch zwischen zwei oder mehreren bestimmten Beteiligten verstanden wird.

Fülle einschlägiger Gesetze

Die Rechtsfragen, die sich in den aufgezeigten Bereichen stellen, sind vielfältiger Natur. Zu ihrer Beurteilung sind verschiedenartige Gesetze heranzuziehen. Die Frage nach den Voraussetzungen für die Zulassung eines privaten Rundfunksenders ergibt sich beispielsweise aus dem Mediengesetz des betreffenden Bundeslandes. Die Zulässigkeit des Abdrucks eines Textes ist nach dem Urheberrecht zu beantworten, das im Urheberrechtsgesetz (UrhG) geregelt ist. Die Zulässigkeit bestimmter Werbeformen ergibt sich aus dem Gesetz gegen unlauteren Wettbewerb (UWG). Die Gültigkeit eines Vertragsschlusses im Internet beantwortet sich aus dem Bürgerlichen Recht und ist grundsätzlich im BGB geregelt. Soweit eine elektronische Signatur verwendet wurde, ist das Gesetz über die elektronische Signatur heranzuziehen. Aus Gründen des Marketing und für den wirtschaftlichen Wert eines Unternehmens ist die rechtliche Absicherung eines schlagkräftigen Firmennamens in einer Domain von erheblicher Bedeutung. Das Domainrecht ist aus einer

Zusammenschau mehrerer Gesetze (MarkenG, BGB, UWG) zu entwickeln. Die Frage nach einer zulässigen Veröffentlichung heimlich aufgenommener Fotografien hat gar einen strafrechtlichen Aspekt, der im Strafgesetzbuch – dem StGB – geregelt ist, impliziert zugleich zivilrechtliche Ansprüche wie Unterlassung und Schmerzensgeld, die gegebenenfalls nach Vorschriften des Zivilprozessrechts (ZPO) durchgesetzt werden müssen.

2.3 Strukturierung der Rechtsgrundlagen

Öffentliches Recht und Privatrecht

Um in dieser Fülle der Gesetze die richtige Norm zu finden, ist die Fallfrage zunächst in das richtige Rechtsgebiet einzuordnen. Zu unterscheiden sind die Normen des öffentlichen Rechts von denen des Privatrechts. Erstere regeln das Verhältnis des Bürgers zum Staat. In dieses Rechtsgebiet wäre beispielsweise die obige Frage nach der Zulassung eines privaten Rundfunksenders einzuordnen. Die Zulassung beziehungsweise deren Verweigerung hat sich der Staat als hoheitliche Aufgabe vorbehalten. Die Rechtsfolgen eines Vertrages sind hingegen nur für die beteiligten Bürger maßgeblich. Ein solches Verhältnis der Gleichordnung ist regelmäßig dem Privatrecht zuzuweisen.

Normenhierarchie

Die Normen mit Relevanz für das Medienrecht sind, wie andere Rechtsnormen auch, in eine Hierarchie eingebunden. Eine besondere Wirkung kommt dem im Grundgesetz festgelegten Verfassungsrecht zu. Die Verfassung bindet alle staatliche Gewalt, auch den Gesetzgeber (Artikel 20 Absatz 3 GG). Der Gesetzgeber hat die Vorgaben der Verfassung zu beachten. Erlässt er ein Gesetz, das mit der Verfassung nicht in Einklang steht, so kann es vor das Bundesverfassungsgericht gebracht werden, das es für verfassungswidrig erklären wird. Der Vorrang der Verfassung hat darüber hinaus auch Bedeutung für die Auslegung von Normen. In Anbetracht der Vielzahl von Lebenssachverhalten gibt es (zahlenmäßig) vergleichsweise wenige Normen, die zudem allgemein gehalten sein müssen. Daher kommt es immer wieder zu Fragen bei der Interpretation von Gesetzen. Maßstab für die Interpretation von Normen ist in besonderem Maße die Verfassung. Besonders bedeutungsvoll sind hierbei die Grundrechte, die die Gesetzgebung, vollziehende Gewalt und Rechtsprechung als unmittelbar geltendes Recht binden (Artikel 1 Absatz 3 GG). In der „Normenpyramide" stehen die Grundrechte an oberster Stelle. Die übergeordnete Menschenwürde ist Grenze selbst für vorbehaltlos gewährleistete Grundrechte wie die Kunstfreiheit. Im Gegensatz zum Verfassungsrecht wird bei den vom Gesetzgeber erlassenen Normen von „einfachen Gesetzen" gesprochen.

Drittwirkung von Grundrechten

Obwohl die Grundrechte ihrem Wesen nach Abwehrrechte des Bürgers gegen den Staat sind, haben sie aufgrund ihrer Bindungswirkung mittlerweile in allen Bereichen des Rechts große Bedeutung erlangt. Faktisch prägen sie weithin auch das Zivilrecht und damit medienrechtliche Sachverhalte. Beispielsweise kann sich ein ausländischer Mieter gegenüber dem Eigentumsrecht seines Vermieters auf die Informationsfreiheit berufen, wenn er zum Empfang seines Heimatprogramms, das nicht über Kabel verbreitet wird, eine Parabolantenne an der Mietwohnung anbringen will.

Nationales Recht und Europarecht

Eine zunehmend bedeutungsvoller werdende Rechtsquelle ist das Europarecht, das Recht der Europäischen Union. Das Unionsrecht beansprucht Vorrang vor jeder nationalen Norm der Mitgliedstaaten. Im Medienrecht sind insbesondere zahlreiche unionsrechtliche Richtlinien bedeutungsvoll, die von den Mitgliedstaaten zu beachten sind und die von jedem Mitgliedstaat durch seinen Gesetzgeber in nationales Recht umzusetzen sind. Ihre Wirkung ist daher nicht immer augenfällig und wird regelmäßig unterschätzt. Das Vertragsrecht im Internet, das Rundfunkrecht und große Teile des Urheberrechts sind ganz wesentlich durch solche Richtlinien überformt und sind auf der Grundlage der europäischen Rechtsvorgaben zu interpretieren. Die Richtlinien müssen bei Zweifeln über die Auslegung der nationalen Umsetzung zur Interpretation herangezogen werden und können bei unvollständiger oder fehlender Umsetzung unmittelbar anwendbar sein. Fehlerhafte Umsetzungen durch die Mitgliedstaaten können letztlich durch Anrufung des Europäischen Gerichtshofs (EuGH) korrigiert werden.

Bundesrecht und Landesrecht

Eine weitere wichtige Unterscheidung medienrechtlicher Rechtsquellen ist die zwischen Bundesrecht und Landesrecht. Die Verteilung der Gesetzgebungskompetenzen ist im Grundgesetz (GG) in den Artikeln 70 ff. festgelegt. Im Medienbereich sind dem Bund einige Spezialkompetenzen zugewiesen, so die ausschließliche Gesetzgebungskompetenz für das Postwesen und die Telekommunikation in Artikel 73 Nummer 7 GG, die lediglich den sendetechnischen Bereich des Rundfunks umfasst. Weitere Kompetenzen im Medienbereich werden aus allgemeinen Zuweisungen abgeleitet, etwa der konkurrierenden Gesetzgebungszuständigkeit für das Recht der Wirtschaft in Artikel 74 Absatz 1 Nummer 11 GG. Soweit dem Bund keine Gesetzgebungskompetenzen zugewiesen sind, besteht die allgemeine Kompetenz der Bundesländer. Diese Auffangkompetenz in Artikel 70 Absatz 1 GG legt eine Vermutung zugunsten der Länder fest. Somit handelt es sich bei den Normen des Medienrechts um ein Konglomerat aus bundesrechtlichen und landesrechtlichen Vorschriften. Soweit sie sich untereinander widersprechen, greift Artikel 31 GG: Bundesrecht bricht Landesrecht.

In einigen Bereichen konnte keine Einigung zwischen Bund und Ländern über die Interpretation der Kompetenzverteilung im Grundgesetz erzielt werden. In diesen Bereichen findet sich eine Mischung aus bundes- und landesrechtlichen Vorschriften. Das gilt in besonderem Maße für die „Neuen Medien", ist doch die Aufteilung zwischen Telediensten, die im Teledienstegesetz (TDG) geregelt sind und Mediendiensten, die in dem zwischen den Bundesländern abgeschlossenen Mediendienste-Staatsvertrag (MDStV) normiert sind, weder technisch noch europarechtlich vorgegeben.

3 Entwicklung der Medien

3.1 Presse

Der „klassische" Bereich des Medienrechts ist das Presserecht. Bücher als erstes echtes „Massenpublikationsmittel" und später die „periodische Presse" in Gestalt von Zeitungen und Zeitschriften haben bereits seit Jahrhunderten zu einer Ausgestaltung medienrechtlicher Vorschriften geführt. Hierbei stand zunächst der obrigkeitsstaatliche Aspekt im Vordergrund: die Kontrolle massenhaft verbreiteten Gedankenguts im Interesse des Machterhalts. Bis heute ist die Unfreiheit der Medien zuverlässiger Indikator für diktatorische Strukturen. Diese Feststellung hat sich besonders im Nationalsozialismus bewahrheitet, dessen Medienpolitik durch Gleichschaltung, Führerprinzip, Kontrolle der Mitarbeiter in berufsständischen Organisationen, Kontingentierung von Papier für „genehme" Medienunternehmen et cetera charakterisiert war.

Lange Zeit war das Privilegienwesen vorherrschend, das lediglich die Interessen des Druckers berücksichtigte. Vielfach wurde der Büchernachdruck von offizieller Seite im Interesse einer breiten Volksbildung gefördert, wie zum Beispiel durch Maria Theresia.

3.2 Rundfunk

In den zwanziger Jahren des vorigen Jahrhunderts entstanden die ersten, ausschließlich privaten Rundfunkunternehmen. Nach dem Krieg gab es zunächst keine privaten Sender. Die Frequenzknappheit und die hohen Kosten für die Veranstaltung privaten Rundfunks wurden als Grund gegen die Schaffung gesetzlicher Strukturen für Privatsender angegeben. Nachdem die technische und internationale Entwicklung immer stärker für die Möglichkeit der Einführung privaten Rundfunks sprachen, wurde das Bundesverfassungsgericht in verschiedenen Einzelfällen angerufen und schuf daraufhin die Grundlage für eine „duale Rundfunkordnung". Damit wurde das Nebeneinander von öffentlich-rechtlichen Rundfunkanstalten und privaten Sendern zementiert. Die Einzelheiten dieser Festschreibung sind eines der gegenwärtig meist diskutierten Probleme des Rundfunkrechts.

3.3 Neue Medien

Erst im Laufe der neunziger Jahre des vorigen Jahrhunderts haben die „Neuen Medien" ihren Siegeszug angetreten. Sie sind durch eine Kombination unterschiedlichster medialer Möglichkeiten gekennzeichnet, weshalb das diesen Bereich regelnde Recht auch „Multimediarecht" genannt wird. Rechtlich gesehen erweisen sich die „Neuen Medien" zunächst als eine reine Fortentwicklung der herkömmlichen Medien. Eine Internetzeitung wird zwar technisch auf eine andere Weise verbreitet wie ein Print-Medium, aber zum Beispiel hinsichtlich der Recherche des Inhalts, der journalistischen Wahrheitspflicht oder der Möglichkeit zu Gegendarstellungen sind allenfalls marginale Unterschiede festzustellen. Insoweit enthalten die neuen Gesetze lediglich eine Fortschreibung des bisherigen Zustands. Auf der anderen Seite führen die Neuen Medien zu einer Änderung der Medienlandschaft. War das Presserecht bisher abgegrenzt durch das Kriterium der verkörperten Gedankenerklärung gegenüber dem nicht verkörperten Rundfunk, so ist diese Unterscheidung im Multimediabereich nicht mehr aufrecht zu erhalten. Die Entwicklung, die mit dem Stichwort „Konvergenz der Medien" umschrieben wird, wird künftig noch stärker als bisher Auswirkungen auf das Medienrecht haben. So erscheint die bisherige Auftrennung des Grundgesetzes in Presse-, Rundfunk- und Filmfreiheit angesichts der zerfließenden Abgrenzungen nicht mehr zeitgerecht. Propagiert wird daher die einheitliche Interpretation der bisher unterschiedlichen Grundrechtstatbestände in Artikel 5 Absatz 1 GG im Sinne eines einheitlichen Mediengrundrechts.

Im Folgenden sollen die grundlegenden Strukturen der einzelnen Medien aufgezeigt werden.

4 Rechtlicher Rahmen der Medien

4.1 Presserecht

Pressegesetze

Das Presserecht ist geprägt durch die Landespressegesetze. Der Bund hat von seiner Befugnis, ein Presserechtsrahmengesetz zu erlassen (Artikel 75 Absatz 1 Nummer 2 GG) keinen Gebrauch gemacht, so dass die inhaltlich weithin übereinstimmenden Landespressegesetze voll umfängliche presserechtliche Regelungen darstellen.

Auskunftsanspruch

Sämtliche Pressegesetze kennen einen Auskunftsanspruch der Presseangehörigen gegenüber Behörden. Der Anspruch ist umfassend zu sehen, endet allerdings an Geheimhaltungspflichten der Behörden. Der Anspruch bezieht sich nicht auf private Rechtsträger, beispielsweise Firmen. Diese dürfen ihnen unliebsame Pressevertreter bei Informationsveranstaltungen ausschließen. Weitere Rechte der Presse sind strafprozessualer Art, insbesondere hinsichtlich der Durchsuchung von Presseräumen, der Beschlagnahme von Materialien und der Verweigerung des Zeugnisses von Presseangehörigen vor Gericht.

Journalistische Sorgfaltspflicht

Neben den genannten Rechten enthalten die Landespressegesetze presserechtliche Pflichten. Die wichtigste ist die journalistische Sorgfaltspflicht.

Sie gebietet, Nachrichten vor ihrer Verbreitung mit der äußerst möglichen Sorgfalt auf Inhalt, Herkunft und sachliche Richtigkeit zu prüfen. Bei der Beurteilung der Sorgfaltspflicht wird allerdings berücksichtigt, dass die Presse, um aktuell zu sein, unter Zeitdruck arbeiten muss. Im Rahmen einer konkreten Güterabwägung muss das Informationsinteresse der Allgemeinheit überwiegen. Verbleiben Zweifel am Wahrheitsgehalt einer Meldung, so muss – insbesondere bei einer möglichen Verletzung von Persönlichkeitsrechten – auf die Veröffentlichung verzichtet werden.

Impressumpflicht, Trennungsgebot und weitere Pflichten

Weitere Pflichten beziehen sich auf das Impressum, das insbesondere vom Presseorgan Betroffenen die Möglichkeit geben soll, Ansprüche notfalls gerichtlich durchzusetzen. Diesem Ziel dient auch die Anforderung an die Qualifikation der verantwortlichen Redakteure, die insbesondere ihren ständigen Aufenthalt innerhalb Deutschlands haben und beschränkt geschäftsfähig sein müssen. Wichtig ist weiterhin die Kennzeichnung entgeltlicher Veröffentlichungen als lediglich eine Ausprägung des allgemein in den Medien geltenden Grundsatzes der Trennung von Werbung und redaktionellem Teil. Das Trennungsgebot soll verhindern, dass Werbung nicht als solche zu erkennen ist und ihr als scheinbar eigener Meinung des Autors erhöhte Glaubwürdigkeit beigemessen wird.

Pressefreiheit

Weitere Rechte der Presse ergeben sich aus der Pressefreiheit des Artikel 5 Absatz 1 Satz 2 GG direkt. Es handelt sich dabei insbesondere um das Recht, ein Presseunternehmen frei und ohne staatliche Zulassung zu gründen. Geschützt ist darüber hinaus die Vertraulichkeit der Redaktionsarbeit von Presseunternehmen. Dieses Redaktionsgeheimnis gibt der Presse zum einen die Möglichkeit, Informationen grundsätzlich ohne staatliche Einflussnahme sammeln zu können, sie verhindert zum anderen eine Pflicht zur Offenlegung der Quellen durch die Medienmitarbeiter. Hierdurch wird die Anonymität der Informanten gewährleistet. Die Pressefreiheit kann allerdings keine Straftaten oder sonst unzulässige Handlungen rechtfertigen. Das gilt beispielsweise für das unerlaubte Eindringen in Firmenräume und die Mitnahme von Akten, um daraus Informationen mitteilen zu können. Ein für Presseunternehmen wichtiges, aus der Pressefreiheit abzuleitendes Recht, ist der Tendenzschutz. Dies ist die Freiheit des Verlegers, seiner Zeitung oder Zeitschrift inhaltlich eine bestimmte, auch politische Meinung vorzugeben. Angesichts des Tendenzschutzes scheint eine „innere Pressefreiheit", die sich im Verhältnis des einzelnen Redakteurs gegenüber seinem Verleger auswirken würde, problematisch und hat jedenfalls keine allgemeine Anerkennung erfahren.

Zensurverbot

Eine weitere wichtige verfassungsrechtliche Vorgabe für die Presse wie auch die anderen Medien ist das Zensurverbot des Artikel 5 Absatz 1 Satz 3 GG. Das Zensurverbot bezieht sich allerdings nur auf die Vorzensur, das heißt, es darf nicht verlangt werden, dass ein Beitrag vor der Veröffentlichung einer staatlichen Stelle zur vorherigen Genehmigung vorgelegt wird, da hierdurch das Geistesleben beeinträchtigt werden könnte. Zulässig sind hingegen nachträgliche Eingriffe des Staates bei der Verbreitung bereits veröffentlichter Medien unter Beachtung bestimmter Voraussetzungen, insbesondere des Verhältnismäßigkeitsprinzips.

4.2 Rundfunkrecht

Sicherstellung der Meinungspluralität

Das bestehende Rundfunkrecht ist in weitem Maße durch die Rechtsprechung des Bundesverfassungsgerichts geprägt. Ausgangspunkt des Bundesverfassungsgerichts war hierbei die Rundfunkfreiheit des Artikel 5 Absatz 1 Satz 2 GG. Obwohl es dem Wortlaut der Norm nicht zu entnehmen ist, hat die Auslegung der Rechtsnorm im Hinblick auf den Rundfunk einen ganz anderen Weg genommen als bei der Presse. Das Rundfunkrecht unter dem Grundgesetz war lange Zeit durch das ausschließliche Vorhandensein öffentlich-rechtlicher Sender geprägt. Die Rechtsprechung des Bundesverfassungsgerichts ging ursprünglich davon aus, dass die Veranstaltung privaten Rundfunks aufgrund der Frequenzknappheit und hoher Kosten nicht möglich sei. Um die für die Medien als Vermittler in einer Demokratie erforderliche Meinungsvielfalt auch im Rundfunk sicherzustellen, war es daher erforderlich, die Pluralität der Meinungen innerhalb einer Rundfunkanstalt zu implementieren. Diesem Zweck dienen die Rundfunkräte, in denen die unterschiedlichsten gesellschaftlichen Gruppen Einfluss auf den Programminhalt haben.

Grundversorgung

Das Bundesverfassungsgericht hat die Rundfunkfreiheit im Hinblick auf die öffentlich-rechtlichen Rundfunkanstalten als eine „dienende Freiheit" interpretiert. Sie hat der freien individuellen und öffentlichen Meinungsbildung zu dienen. Hieraus ergibt sich zum einen die Freiheit des Rundfunks vor staatlicher Beherrschung und Einflussnahme. Zum anderen muss der Gesetzgeber durch Rechtsregeln gewährleisten, dass die Vielfalt der Meinungen im Rundfunk tatsächlich zum Ausdruck kommen kann. Aus dem dienenden Aspekt der Rundfunkfreiheit ergibt sich weiterhin, dass die öffentlich-rechtlichen Rundfunkanstalten die Grundversorgung der Bevölkerung sicherzustellen haben. Der Begriff der Grundversorgung ist der Schlüssel für das Verständnis des geltenden Rundfunkrechts. Grundversorgung bedeutet, dass im Prinzip dafür Sorge getragen sein muss, dass für die Gesamtheit der Bevölkerung Programme angeboten werden, die umfassend und in der vollen Breite des klassischen Rundfunkauftrags informieren und dass Meinungsvielfalt in der verfassungsrechtlich gebotenen Weise gesichert ist (BVerfGE 74, S. 297, 325). Damit die Grundversorgung sichergestellt ist, muss der Staat dafür sorgen, dass die öffentlich-rechtlichen Rundfunkanstalten über die hierfür erforderlichen finanziellen Mittel verfügen. Da aber eine direkte staatliche Finanzierung etwa über Steuergelder bereits zu einer staatlichen Einflussnahme auf den Inhalt des Programms führen könnte, ist der öffentlich-rechtliche Rundfunk über Rundfunkgebühren zu finanzieren, die von den Nutzern direkt erbracht werden und deren Festlegung ebenfalls möglichst staatsneutral mit Hilfe einer Kommission zur Ermittlung des Finanzbedarfs (KEF) erfolgt.

Der Bereich der Grundversorgung wird weit interpretiert, nicht nur als „Bestands- und Entwicklungsgarantie", sondern darüber hinaus im Sinne einer „dynamischen Grundversorgung", die es ermöglicht, den Grundversorgungsauftrag auch in neue technische Gebiete hinein zu erweitern.

Außerhalb des Grundversorgungsbereichs stehen die öffentlich-rechtlichen Rundfunkanstalten in einem Wettbewerbsverhältnis zu den privaten Rundfunkanbietern. Das Bundesverfassungsgericht hat die Veranstaltung privaten Rundfunks ausdrücklich für zulässig erklärt, so dass seither von einer dualen Rundfunkordnung gesprochen werden kann und der Gesetzgeber die Möglichkeit hatte, das binnenplurale Modell durch ein außenpluralistisches Modell zu ergänzen. Allerdings hat das Bundesverfassungsgericht die Veranstaltung privaten Rundfunks bestimmten Anforderungen unterstellt: So muss trotz der Veranstaltung privaten Rundfunks die Pluralität der Meinungen gewährleistet sein. Auch im privaten Rundfunk muss ein Mindestmaß an inhaltlicher Ausgewogenheit und Sachlichkeit gewahrt sein, wenn auch an einen Privatsender weniger hohe Anforderungen hinsichtlich der Meinungspluralität gestellt werden als an die öffentlich-rechtlichen Anstalten. Darüber hinaus muss die Grundversorgung weiterhin durch die öffentlich-rechtlichen Rundfunkanstalten gewährleistet sein, deren öffentlicher Programmauftrag nicht ausgehöhlt werden darf. Schließlich ist eine begrenzte Staatsaufsicht über den privaten Rundfunk notwendig und es muss gleicher Zugang zur Veranstaltung privater Rundfunksendungen eröffnet werden.

Rechtsgrundlagen

Auf dieser Grundlage haben die zuständigen Bundesländer Regelungen sowohl für den öffentlich-rechtlichen als auch für den privaten Rundfunk geschaffen. Es handelt sich dabei um Normen, die bundesweit zwischen den Bundesländern in Form von Staatsverträgen vereinbart worden sind. Der wichtigste ist der Rundfunkstaatsvertrag. Der Rundfunkstaatsvertrag enthält allerdings nur die allgemeinen Regelungen, um eine gewisse Einheitlichkeit des Rundfunkrechts zwischen den Bundesländern sicherzustellen. Die Ausgestaltung erfährt er in den einzelnen Bundesländern in einem Landesrundfunkgesetz, das den öffentlich-rechtlichen Rundfunk regelt – beziehungsweise einem Staatsvertrag, wenn mehrere Bundesländer beteiligt sind (zum Beispiel SWR-StV, MDR-StV) – und den Landesmediengesetzen im Hinblick auf den privaten Rundfunk.

Lizenzierungspflicht von Rundfunksendern

Festgeschrieben ist hinsichtlich der privaten Rundfunksender vor allem die Zulassungspflicht für den Betrieb von Rundfunk. Die Zulassung ist bei der zuständigen Landesmedienanstalt zu beantragen. Die Verweigerung der Zulassung ist gerichtlich überprüfbar. Wird Rundfunk ohne Zulassung veranstaltet, so kann die zuständige Landesmedienanstalt die Einstellung der Veranstaltungen anordnen und dem Träger der technischen Übertragungseinrichtungen die Verbreitung untersagen. Die Zulassung erfolgt nach Prüfung bestimmter Voraussetzungen und insbesondere muss der Anbieter die Gewähr dafür bieten, dass er das Programm entsprechend der Zulassung und unter Beachtung der gesetzlichen Vorschriften verbreitet und dass er dazu finanziell in der Lage ist. Inhaltlich sind bestimmte Programmgrundsätze vorgesehen, die elementare Grundanschauungen garantieren sollen. Zu nennen sind die Achtung vor der Menschenwürde, vor Leben, Freiheit und körperlicher Unversehrtheit sowie vor dem Glauben und der Meinung anderer.

Werbung

Ausführliche Regelungen betreffen die Werbung im Rundfunk. Zu beachten ist auch hier wiederum der Grundsatz der Trennung von Werbung und Programm, ergänzt durch das Verbot der Schleichwerbung. Demgegenüber ist Werbung auf einem geteilten Bildschirm ebenso zulässig wie virtuelle

Werbung. Die Werbevorschriften werden ergänzt durch Beschränkungen des Sponsoring, das sich nicht inhaltlich auswirken darf. Ein Abgrenzungsproblem stellt das „Product Placement" dar, bei dem Werbeeffekte im Programm versteckt werden.

Einschränkung von Exklusivrechten

Zur Vermeidung einer „Zwei-Klassen-Informationsgesellschaft" gibt es eine Durchbrechung von Exklusivrechten der Veranstalter von Großereignissen. Zum einen besteht ein Kurzberichterstattungsrecht auch solcher Fernsehsender, die vom Ereignisveranstalter keine Übertragungsrechte erworben haben. Zum anderen müssen bestimmte Großereignisse auch außerhalb von Pay-TV-Programmen im „Free TV" empfangen werden können.

4.3 Multimediarecht

Teledienste und Mediendienste

Das Multimediarecht oder Recht der „Neuen Medien" ist in besonders starker Weise durch unterschiedliche Rechtsvorgaben geprägt. Die wichtigste Unterscheidung von Rechtsvorschriften für das Internet ist die zwischen Mediendiensten und Telediensten. Mediendienste sind an die Allgemeinheit gerichtete Informations- und Kommunikationsdienste. Demgegenüber sind Teledienste solche Dienste, die mittels Telekommunikation erbracht werden und der individuellen Nutzung dienen. Die Unterscheidung zwischen Telediensten und Mediendiensten ist weder technisch bedingt noch ergibt sie sich aus europarechtlichen Vorgaben. Vielmehr beruht sie auf einem Kompromiss zwischen dem Bund und den Ländern aus dem Jahr 1996. Zuvor hatten sich Bund und Länder hinsichtlich der Gesetzgebungskompetenzen für die Neuen Medien nicht einigen können. Das Fehlen von Rechtsregeln führte indessen zu einer Rechtsunsicherheit, die sich innovationshemmend auf den damals stark expandierenden Wirtschaftsfaktor der Neuen Medien auswirkte. Auf dieser Grundlage normierten die Bundesländer die Vorschriften für die „rundfunkähnlichen Dienste" in einem eigenständigen Staatsvertrag, dem Mediendienste-Staatsvertrag (MDStV), wohingegen der Bund die Regelungen der Individualkommunikation im Teledienstegesetz übernahm. Beide Regelwerke laufen weithin parallel, allerdings ist der Mediendienste-Staatsvertrag umfangreicher ausgefallen, da er zusätzliche Regelungen für journalistisch-redaktionell gestaltete Angebote enthält. Diese übertragen presserechtliche Pflichten auf die Mediendienste. Hieran wird deutlich, wie sehr das Multimediarecht auf dem „klassischen" Medienrecht aufbaut.

Zulassungs- und Anmeldefreiheit

Tele- wie auch Mediendienste sind zulassungs- und anmeldefrei. Im Gegensatz zum Rundfunk bedürfen sie keiner Zulassung und müssen der Behörde nicht einmal angezeigt werden. Das bedeutet allerdings nicht, dass sie nicht staatlicher Kontrolle unterliegen.

Verantwortlichkeit von Anbietern

Besonders wichtig sind die Regelungen über die Verantwortlichkeit der Anbieter (§§ 8 ff. TDG, §§ 6 ff. MDStV). Dem Grundsatz nach sind Diensteanbieter für eigene Informationen uneingeschränkt nach den allgemeinen Gesetzen verantwortlich. Hierzu zählen auch fremde Inhalte, wenn der Diensteanbieter sie sich „zu eigen gemacht" hat. Dies ist dann der Fall, wenn ein fremder Inhalt als eigener erscheint. In diesem Fall hilft auch ein „Disclaimer" nicht, mit dem sich ein Diensteanbieter von rechtswidrigen Inhalten zu distanzieren sucht. Die Verantwortlichkeit für eigene Inhalte bezieht sich auf alle Gesetze, aus denen sich eine Haftung ergeben kann, insbesondere strafrechtlicher und zivilrechtlicher Natur sowie den Normen des Urheberrechts und des Jugendschutzes.

Demgegenüber sind Zugangsvermittler, die fremde Informationen lediglich weiterleiten oder die den Zugang zur Nutzung vermitteln, grundsätzlich nicht für fremde Informationen verantwortlich. Entsprechende Regelungen gelten für die Zwischenspeicherung oder dauerhafte Speicherung fremder Inhalte. Diese Haftungsprivilegierungen gelten allerdings nur dann, wenn die Anbieter keine Kenntnis von den rechtswidrigen fremden Inhalten haben. Sobald der Anbieter Kenntnis erlangt hat, trifft ihn die Pflicht, die Informationen unverzüglich zu entfernen oder den Zugang zu ihnen zu sperren. Die Pflicht steht wiederum unter dem Vorbehalt, dass ihm die Entfernung oder Sperrung möglich und zumutbar ist.

Die Regelungen zur Verantwortlichkeit von Diensteanbietern im Teledienstegesetz und im Mediendienste-Staatsvertrag werden häufig als haftungsbegründende Normen missverstanden. Tatsächlich kommt diesen Normen haftungsrechtlich eine Filterfunktion zu. So weit es sich um einen fremden Inhalt handelt und keine Ausnahmebestimmung besteht, trifft den Diensteanbieter gerade keine Verantwortlichkeit nach den allgemeinen Gesetzen. Diese Regelungen tragen der technischen und faktischen Unmöglichkeit Rechnung, bei der Zugangsvermittlung zum Internet oder zu Inhalten die

Fülle der Angebote kontrollieren zu können. Dies trägt lediglich zur Liberalisierung multimedialer Inhalte bei, ohne dass es sich bei den Neuen Medien, wie ab und an zu lesen ist, um einen „rechtsfreien Raum" handeln würde. Der liberale Ansatz des Multimediarechts wurde von den Strafgerichten nach anfänglicher Unsicherheit mittlerweile in ihrer Rechtsprechung übernommen. Der Umfang behördlicher Kontrollrestriktionen ist allerdings noch nicht endgültig ausgelotet.

Informationspflichten

Sämtliche Diensteanbieter haben bestimmte Informationspflichten, insbesondere hinsichtlich ihres Namens und ihrer Anschrift, die für kommerzielle Kommunikation noch weiter verschärft sind. Bei Mediendiensten gelten besondere Bestimmungen für Werbung und Sponsoring, wobei auch hier die Trennung von Inhalt und Werbung oberstes Gebot ist. Journalistisch-redaktionell gestaltete Angebote unterliegen darüber hinaus der journalistischen Sorgfaltspflicht wie sie aus dem Presserecht bekannt ist. Normiert ist beispielsweise auch ein eigenständiger Gegendarstellungsanspruch. Ein Verstoß gegen Bestimmungen des Mediendienste-Staatsvertrags kann als Ordnungswidrigkeit geahndet werden, zudem kann die Aufsichtsbehörde derartige Angebote untersagen und deren Sperrung verfügen. Von dieser Befugnis wurde verschiedentlich Gebrauch gemacht, insbesondere gegenüber rechtsradikalen Internetseiten.

Telekommunikation

Bezieht sich das Teledienstegesetz und der Mediendienste-Staatsvertrag auf die Inhalte der Neuen Medien, so wird der technische Vorgang der Telekommunikation durch das Telekommunikationsgesetz (TKG) geregelt. Der Telekommunikationssektor war ursprünglich durch das Monopol der Deutschen Bundespost geprägt. Dieses Monopol wurde durch europarechtliche Vorgaben schrittweise aufgebrochen, wobei die Liberalisierung des Endgerätemarktes am Anfang der Entwicklung stand. Ziel des TKG ist es, durch Regulierung im Bereich der Telekommunikation den Wettbewerb und leistungsfähige Telekommunikationsinfrastrukturen zu fördern und flächendeckende und ausreichende Dienstleistungen zu gewährleisten. Diesem Ziel dient insgesamt ein kompliziertes Marktregulierungsverfahren, das durch eine Regulierung des Zugangs, die Regulierung des Entgelts und eine Missbrauchsaufsicht gekennzeichnet ist. Weiterhin wird eine Frequenzordnung festgelegt. Ergänzende Vorschriften regeln zum einen die Überwachung der Telekommunikation, die für die Strafverfolgungsbehörden insbesondere zur Handyortung von Bedeutung ist, zum anderen wurde der Verbraucherschutz konsequent ausgebaut, um bereits eingetretene Missbräuche mit Mehrwertdienste-Rufnummern und „Dialern" zu unterbinden.

Elektronische Signatur

Ein großes Rechtsproblem stellt die Zuverlässigkeit der Übermittlung von rechtsverbindlichen Erklärungen im Internet dar. Um Sicherheit hinsichtlich des Absenders einer solchen Erklärung und der Unverfälschtheit ihres Inhaltes zu schaffen, sieht der Gesetzgeber die Möglichkeit „elektronischer Signaturen" vor. Es handelt sich hierbei um ein technisches Verfahren, dem bei Beachtung bestimmter Vorgaben des Signaturgesetzes (SigG) eine erhöhte Rechtswirkung zugemessen wird. Diese Voraussetzungen beziehen sich insbesondere auf die Zuverlässigkeit des Signaturschlüssel-Anbieters, dessen technische Qualitätsstandards überprüft werden, wenn die Signatur eine weiterreichende Wirkung haben soll. Ist dies der Fall, kommt einer so signierten Information die Wirkung eines Schriftstückes zu, es besteht ein Anscheinsbeweis für den Aussteller und für die Unverfälschtheit ihres Inhalts. Weitgehende Rechtswirkungen werden der „qualifizierten elektronischen Signatur" in verschiedenen Normen des BGB, des Verwaltungsrechts und des Prozessrechts beigemessen. Künftig kann damit mehr als bisher die Schriftform durch elektronische Willenserklärungen ersetzt werden.

Vertragsschluss im Internet

Verträge können im Internet auch ohne Verwendung elektronischer Signaturen rechtswirksam abgeschlossen werden. Problematisch ist allerdings in der Praxis die Beweisbarkeit der Willenserklärung der Gegenseite. Bei wirtschaftlich relevanten Verträgen ist das Vertrauen auf einen Vertragsschluss mittels herkömmlicher eMail nicht zu empfehlen. Eine Sonderstellung hinsichtlich des Vertragsschlusses nehmen mittlerweile Vereinbarungen ein, die mittels Computererklärung abgeschlossen worden sind. Es handelt sich dabei um automatisiert abgegebene Willenserklärungen, beispielsweise ein Verkauf von Aktien bei Überschreiten eines bestimmten Kurses. Ebenso kann sich der Meistbietende bei Online-Auktionen auf einen rechtsbindenden Kaufvertrag berufen.

Beim Vertragsschluss über Internet sind die besonderen Informationspflichten bei Fernkommunikationsmitteln zu beachten, die in §§ 312 b ff. BGB enthalten sind. Besondere Informationspflichten zum Schutz des Verbrauchers gelten dann, wenn ein Vertrag ohne persönlichen Kontakt ausschließlich über diese Fernkommunikationsmittel abgeschlossen wird. Darüber hinaus stehen dem Verbraucher ein besonderes Widerrufs- und Rückgaberecht zu.

Domainrecht

Neben den erwähnten Vorgaben beim Vertragsschluss ergeben sich aus den technischen Besonderheiten der Neuen Medien zahlreiche Spezialfragen. Als ein Beispiel sei hier das der Domains herausgegriffen. Da Domainnamen ohne Prüfung der Namensrechte vergeben werden, ließen sich „Domain-Grabber" Domains mit dem Namen bekannter Firmen eintragen, um sie später an diese Firmen zu „verkaufen". Zahlreiche Gerichtsentscheidungen haben mittlerweile den Vorrang von Marken- und Namensrechten geklärt und damit dem „Domain-Grabbing" ein Ende gesetzt.

4.4 Persönlichkeitsrechte

Allgemeines Persönlichkeitsrecht

Medien haben nicht nur Restriktionen des Staates zu beachten. Medienveröffentlichungen haben vielmehr auch die Persönlichkeitsrechte derer zu wahren, über die sie berichten. Da sich Medienberichte, die sich auf bestimmte Personen beziehen, meist besonderen Interesses erfreuen können, besteht immer wieder die Gefahr des Eindringens in die Privatsphäre der „Medienopfer". Zu deren Schutz wird das „Allgemeine Persönlichkeitsrecht" von der Rechtsprechung aus Artikel 2 Absatz 1 in Verbindung mit Artikel 1 Absatz 1 GG als grundrechtliche Position herausgelesen und auch in zivilrechtlichen Fällen zwischen Betroffenen und Medien für anwendbar gehalten. Erforderlich ist jeweils eine Abwägung der widerstreitenden Interessen im Einzelfall.

Zivilrechtliche Gegenansprüche

Im Falle einer Verletzung seines Persönlichkeitsrechts stehen dem Verletzten zivilrechtliche Gegenansprüche gegenüber dem verletzenden Medienunternehmen zu. Es handelt sich dabei zum einen um den Anspruch auf Gegendarstellung, der dem Betroffenen, ohne dass die Unwahrheit der Behauptung oder die Wahrheit der Gegendarstellung bewiesen werden müsste, die Möglichkeit bietet, seine Sicht der Dinge in derselben medialen Form wiederzugeben. Zum anderen werden künftige Rechtsverletzungen mittels des Unterlassungsanspruchs verhindert. Bei unmittelbar drohender Veröffentlichung ist eine vorbeugende Unterlassungsklage im Wege einstweiligen Rechtsschutzes anzuraten. Eine inhaltliche Korrektur aufgestellter Behauptungen durch das Medienunternehmen selbst kann durch einen Berichtigungsanspruch erreicht werden. Ein solcher Anspruch besteht lediglich bei einer nachweisbaren Unrichtigkeit der Tatsachenbehauptung. War die behauptete Tatsache insgesamt unwahr, so muss sie widerrufen werden. Ist sie nur teilweise unrichtig, muss eine Richtigstellung erfolgen. In bestimmten Fällen kann eine Ergänzung gefordert werden, wenn eine Tatsachenbehauptung zwar richtig war, ohne die Ergänzung indessen unvollständig wäre, beispielsweise der Bericht über eine Verurteilung, wenn inzwischen in zweiter Instanz ein Freispruch erfolgt ist.

Weitere zivilrechtliche Ansprüche sind Schadenersatz und subsidiär Schmerzensgeld. Im Gegensatz zum Schadenersatz wird Schmerzensgeld bei immateriellen Schäden zugesprochen. Dies ist beispielsweise der Fall bei Berichten aus dem Privat- oder Intimleben oder der Veröffentlichung von „Paparazzi-Fotos".

5 Weitere Gebiete des Medienrechts

5.1 Urheberrecht

Das Urheberrecht hat in den Medien eine doppelte Funktion: Es schützt Urheber gegen eine unzulässige Verwertung ihrer Werke in den Medien und es schützt zugleich in den Medien veröffentlichte Werke gegen eine unzulässige Verwendung durch Dritte. Der Begriff des Werkes ist weit gefasst und bezieht sich sowohl auf Sprachwerke als auch auf Filme, Musik und Fotografien (§ 2 UrhG). Ergänzt wird das Urheberrecht durch Leistungsschutzrechte, die auch ausübende Künstler et cetera in den Anwendungsbereich des Urheberrechtsgesetzes einbeziehen.

Das Urheberrecht enthält zwei wesentliche Komponenten: Das Urheberpersönlichkeitsrecht und Verwertungsrechte. Die Verwertungsrechte orientieren sich an dem urheberrechtlichen Grundsatz, demzufolge der Urheber nach Möglichkeit an den Erträgnissen jeder wirtschaftlichen Nutzung seines Werks Anteil haben soll. Das Urheberpersönlichkeitsrecht schützt vor einer Veröffentlichung von Werken gegen den Willen des Urhebers und bewahrt ihn vor Entstellungen seines Werks.

Eine für die Medien wichtige Schranke erfährt das Urheberrecht durch die Regelung über dessen zeitlichen Ablauf. Siebzig Jahre nach dem Tod des Urhebers erlöschen sowohl das Urheberpersönlichkeitsrecht als auch die Verwertungsrechte. Das Werk ist dann „gemeinfrei", das heißt es kann von jedermann nach Belieben genutzt, vervielfältigt und auch entstellt wiedergegeben werden (§ 64 UrhG).

5.2 Wettbewerbsrecht

Ein für das Wirtschaftsleben insgesamt – und für die Medien insbesondere – bedeutungsvolles Gesetz ist das gegen den unlauteren Wettbewerb (UWG). Der Generalklausel des § 3 UWG zufolge sind unlautere Wettbewerbshandlungen, die geeignet sind den Wettbewerb zum Nachteil der Mitbewerber, der Verbraucher oder der sonstigen Marktteilnehmer nicht nur unerheblich zu beeinträchtigen, verboten. Das Gesetz zählt in § 4 UWG einige Beispiele unlauteren Wettbewerbs auf. Eine unlautere Wettbewerbshandlung ist anzunehmen, wenn die Entscheidungsfreiheit der Verbraucher unsachlich beeinträchtigt wird oder wenn deren Leichtgläubigkeit, deren Angst oder wenn Zwangslagen ausgenutzt werden. Unlauter ist weiterhin die Verschleierung von Wettbewerbshandlungen, insbesondere durch Schleichwerbung. Verkaufsfördermaßnahmen müssen klar und eindeutig angegeben werden, um die Kaufentscheidung nicht in unzulässiger Weise zu beeinflussen. Schließlich dürfen Mitbewerber nicht verunglimpft werden.

Sondertatbestände gibt es für irreführende, für vergleichende und für belästigende Werbung. Unlauter ist es demgemäß, wenn mittels Telefon, Fax oder Mail geworben wird, ohne dass der Adressat zuvor eingewilligt hätte („Opt-in-Prinzip", § 7 Absatz 2 UWG).

5.3 Jugendschutz

Von Medienunternehmen weiterhin zu beachten sind unter anderem Vorschriften über den Jugendschutz. Bezüglich der „Trägermedien" ist das Jugendschutzgesetz (JuSchG) einschlägig, bezüglich der „Telemedien" der Jugendmedienschutz-Staatsvertrag (JMStV). Um eine ungestörte geistig-seelische Entwicklung von Kindern und Jugendlichen zu sichern, können bestimmte Inhalte nicht in beliebiger Weise verbreitet werden. Die Regelungen sind insoweit uneinheitlich, als die Medien in unterschiedlicher Weise genutzt werden können. Ist die Einlasskontrolle beim Kino relativ einfach zu bewerkstelligen, so ist dies beim Rundfunk nicht möglich. Bestimmte schwer jugendgefährdende Inhalte dürfen daher überhaupt nicht gesendet werden. Lediglich entwicklungsbeeinträchtigende Angebote unterstehen bestimmten Sendezeitbeschränkungen, die verhindern sollen, dass Kinder oder Jugendliche üblicher Weise diese Inhalte zur Kenntnis nehmen.

Möglich ist, wie auch bei den Internet-Angeboten, eine Verschlüsselung, soweit nicht das gesamte Programm verschlüsselt wird und eine unbefugte Nutzung durch Kinder oder Jugendliche weitgehend ausgeschlossen erscheint.

5.4 Europarecht

Das Medienrecht ist in starkem Maße in internationale Rechtsentwicklungen eingebettet. An erster Stelle steht das Integrationsrecht der EU. Im Interesse eines freien europäischen Binnenmarktes müssen Waren und Dienstleistungen zwischen den Mitgliedstaaten der EU frei zirkulieren können. Was in einem Mitgliedstaat rechtmäßig hergestellt oder verbreitet wurde, darf von den anderen Mitgliedstaaten nicht verboten werden (Herkunftslandprinzip). Dieser Grundsatz gilt sowohl für verkörperte Medienprodukte wie Videos als auch für Dienstleistungen wie Rundfunksendungen. Das Europarecht hat dabei Vorrang vor dem nationalen Recht, was hinsichtlich seiner Konsequenzen vielen Medienschaffenden nicht bewusst ist.

Zahlreiche Richtlinien, die ins nationale Recht umzusetzen sind, prägen bereits heute das Medienrecht, insbesondere die Fernsehrichtlinie und die Richtlinien im elektronischen Geschäftsverkehr.

5.5 Völkerrecht

Die internationale Entwicklung über das Europarecht hinaus steht erst an ihrem Beginn. Gibt es bereits zahlreiche internationale Konventionen im Hinblick auf das Urheberrecht, so besteht noch Nachholbedarf hinsichtlich der Neuen Medien. Bis zu diesem – in absehbarer Zeit noch nicht zu erwartenden – Rechtszustand, wird das Medienrecht weiterhin von nationalen und europäischen Rechtsregeln geprägt bleiben, deren dynamische Entwicklung sich auch in Zukunft fortsetzen dürfte.

6 Fazit und Schlussbemerkung

Das Medienrecht ist ein wichtiges Instrumentarium für den Medienmanager. Die Strategien, die er für sein Unternehmen wählt, hängen ganz wesentlich von den rechtlichen Vorgaben ab. Sehr unterschiedliche Rechtsgebiete können hierbei einschlägig sein und Spezialkenntnisse erfordern. Oftmals erlaubt jedoch bereits das Wissen um die Grundlagen des Medienrechts eine hinsichtlich des Ergebnisses zutreffende Beurteilung von Sachfragen oder von medienrechtlichen Fällen für die tägliche Praxis.

Presserecht, Rundfunkrecht und Recht der Neuen Medien weisen bei allen Unterschieden in den Einzelheiten grundlegende Gemeinsamkeiten auf, die aus der Aufgabe der Medien im demokratischen Staat resultieren. Die „Neuen Medien" stellen insoweit eine Fortentwicklung der „klassischen Medien" dar. Die im Übrigen zu beachtenden Rechtsvorschriften resultieren aus Gegenrechten, denen die Rechtsordnung Geltung zu verschaffen hat, insbesondere dem Persönlichkeitsrecht des durch die Medien Betroffenen, dem Jugendschutz, dem Schutz des Urhebers und dem Datenschutz. Weitere Vorschriften regeln das Zusammenspiel der Unternehmen, insbesondere in Gestalt des Wettbewerbsrechts sowie Zustandekommen und Ausgestaltung von Verträgen.

Bei allen sich aus dem Recht ergebenden Einschränkungen der Medien bleibt festzuhalten, dass es Hauptaufgabe des Medienrechts ist, die Freiheit der Medien zu sichern.

Literaturverzeichnis

Branahl, U. (2002) Medienrecht. Eine Einführung, 4. Aufl., Opladen 2002 .
Fechner, F. (2004) Medienrecht, 6. Aufl., Stuttgart 2005.
Paschke, M. (2001) Medienrecht, 2. Aufl., Berlin – Heidelberg 2001.
Petersen, J. (2003) Medienrecht, München 2003.
Prinz, M./ Peters, B (1999) Medienrecht: Die zivilrechtlichen Ansprüche, München 1999.
Übersicht über die Medienliteratur insgesamt bieten :
Christian F./Michael G. (2002) Einführung in die Medienliteratur, Siegen 2002, S. 145 ff.

Medienwirtschaft – Zielsysteme, Wertschöpfungsketten und -strukturen

Bernd W. Wirtz/Richard Pelz

1 Einführung 263

2 Zielsysteme 263
  2.1 Zielsysteme im Unternehmen 263
  2.2 Zielsysteme in der Medienwirtschaft 264
      2.2.1 Ökonomische Ziele 265
      2.2.2 Nicht-ökonomische Ziele 266
      2.2.3 Zielsystem eines Print-Medienunternehmens 266

3 Wertschöpfungsketten 268
  3.1 Wertschöpfungsketten im Unternehmen 268
  3.2 Wertschöpfungsketten in der Medienwirtschaft 270
      3.2.1 Print 270
      3.2.2 TV 272

4 Wertschöpfungsstrukturen 274
  4.1 Konvergenz 275
  4.2 Neue Wertschöpfungsstrukturen 275

5 Fazit 276

Literaturverzeichnis 277

Vorschau

Zielsystematik für die Medienwirtschaft

Dieser Beitrag entwirft eine Zielsystematik von Medienunternehmen, welche die ökonomischen sowie nicht-ökonomischen Ziele miteinander in Beziehung setzt; hierbei wird am Beispiel von Print-Medien auf komplementäre, konkurrierende und neutrale Ziele eingegangen.

Wertschöpfungskette

Der Beitrag entwirft auf der Grundlage der klassischen Wertschöpfungskette von Porter eine Wertschöpfungskette von Medienunternehmen, die von der Informations- und Inhaltsbeschaffung bis hin zur Rezipientenschnittstelle reicht.

Wertschöpfung von Print-Medienunternehmen

Der Beitrag konkretisiert die Wertschöpfungskette von Print-Medienunternehmen: Sie erkennen vor allem die medienspezifisch unterschiedlich intensive Integration einzelner Stufen des Wertschöpfungsprozesses.

Wertschöpfung von TV-Unternehmen

Aus dem Beitrag ersehen Sie die für TV-Unternehmen konkretisierte Wertschöpfungskette. Besonderheiten liegen in dem Zusammenfallen von technischer Produktion und Distribution sowie in der Unterschiedlichkeit öffentlich-rechtlicher und privater Sender.

Konvergenz von Wertschöpfungsstrukturen

Anhand dieses Beitrages erkennen Sie die Auswirkungen der Konvergenztendenzen in der Medienbranche auf die Wertschöpfungsstrukturen, die sich in der Aufspaltung und Rekombination von Wertschöpfungsketten zeigen.

1 Einführung

Im Bereich der Medien sind in den letzten Jahren eine verstärkte Globalisierung und die Integration verschiedener Wertschöpfungsaktivitäten zu beobachten. Vor diesem Hintergrund sind das Zielsystem und die Wertschöpfungsstrukturen in vielen Medienunternehmen den dynamischen Herausforderungen anzupassen. Gleichzeitig bietet die vom technischen Fortschritt getriebene Konvergenzentwicklung Chancen auf neue Erlöspotentiale, deren Erschließung bisher nur in Ansätzen begonnen hat.

Vor diesem Hintergrund stellt sich die Frage, in welchem Verhältnis ökonomische und nicht-ökonomische, darunter vor allem publizistische Ziele innerhalb der Medienwirtschaft stehen. Dazu werden zunächst Zielsysteme und -beziehungen in der Medienwirtschaft untersucht. Um den Einfluss ökonomischer Ziele auf die Medienwirtschaft zu verdeutlichen, werden im Anschluss daran eine medienspezifische Wertschöpfungskette dargestellt und Gestaltungsmöglichkeiten anhand der Print- und TV-Branche aufgezeigt. Abschließend wird ein Ausblick auf neue, konvergenzbasierte Wertschöpfungsstrukturen gegeben.

2 Zielsysteme

Die Formulierung von Zielen ist eine der Grundfunktionen des Managements (vgl. Macharzina 1999, S. 153). Um ihre Rolle und Bedeutung in Unternehmen zu verdeutlichen, werden zuerst allgemein die Charakteristika von Zielsystemen dargestellt und in einem zweiten Schritt die Besonderheiten der Zielsysteme in der Medienwirtschaft erläutert.

2.1 Zielsysteme im Unternehmen

„Ziele […] werden allgemein verstanden als Aussagen oder Vorstellungen über angestrebte Zustände, die durch Handlungen hergestellt werden sollen" (Kubicek 1981, S. 458). Unternehmensziele legen die langfristige Ausrichtung des Unternehmens fest und haben für Mitarbeiter und Führungskräfte eine Orientierungsfunktion (vgl. Welge/Al-Laham 1993, S. 109). Da sie für die strategische Ausrichtung des Unternehmens entscheidend ist, stellt die Zielformulierung eine originäre Aufgabe des Top-Managements dar.

Grundsätzlich wird in der Betriebswirtschaft als oberstes Unternehmensziel die Gewinnmaximierung angenommen. Aus diesem Oberziel lassen sich logisch-deduktiv Unterziele ableiten, die mit dem Oberziel über eine Zweck-Mittel-Relation verbunden sind. Auf diese Weise entsteht ein Zielsystem, bestehend aus einer „geordneten Gesamtheit von Zielelementen, zwischen denen horizontale oder vertikale Beziehungen bestehen" (Macharzina 1999, S.157).

Im Zuge der modernen Unternehmensforschung wurde die Annahme eines einzigen, aus Eigentümerinteressen abgeleiteten Oberzieles zugunsten eines interessenpluralistischen Ansatzes aufgegeben. Danach stellt ein Unternehmen eine Ansammlung unterschiedlicher Interessengruppen mit verschiedenen Zielen dar (vgl. Cyert/March 1963). Aufgabe des Managements ist es, konsensfähige, von den berechtigten Interessengruppen akzeptierte Unternehmensziele zu finden (vgl. Welge/Al-Laham 1993, S. 111 ff.). In einem weiter gefassten Verständnis dieses Ansatzes werden auch Gruppen außerhalb des Unternehmens in diesen Prozess einbezogen (Stakeholder-Ansatz). Damit werden bei der Formulierung der Unternehmensziele neben rein ökonomischen auch außerökonomische, bezugsgruppenorientierte Aspekte berücksichtigt.

Zwischen den Elementen eines Zielsystems können drei verschiedene Arten von Beziehungen auftreten: Zielneutralität, Zielkomplementarität und Zielkonkurrenz. Im Fall der Zielneutralität können die Zielelemente unabhängig voneinander verfolgt werden.

Zielkomplementarität bedeutet, dass die Erfüllung eines Zielelements gleichzeitig der Erfüllung eines anderen Elements dient. Bei Zielkonkurrenz besteht ein Konflikt zwischen einzelnen Zielelementen, das heißt eine Verbesserung des Zielerreichungsgrads eines Elements bedeutet gleichzeitig eine Verschlechterung beim Zielerreichungsgrad eines anderen Elements (vgl. Welge/Al-Laham 1993, S. 116; Macharzina 1999, S. 158). Zielkonflikte entstehen umso häufiger, je heterogener die Interessen der am Zielformulierungsprozess Beteiligten sind.

2.2 Zielsysteme in der Medienwirtschaft

Unternehmen der Medienwirtschaft haben neben ihrer ökonomischen Funktion eine öffentliche, im Grundgesetz verankerte Aufgabe zu erfüllen. Die sich aus dieser Doppelfunktion ergebenden Ziele werden zunächst einzeln dargestellt. Das anschließende Beispiel illustriert die sich daraus ergebenden Zielbeziehungen in einem Medienunternehmen.

2.2.1 Ökonomische Ziele

Die von Medienunternehmen verfolgten ökonomischen Ziele sind bisher wenig erforscht. Die empirische Zielforschung hat allerdings für andere Branchen verschiedene Gruppen von Zielen identifiziert, die als Grundlage einer Bestimmung der ökonomischen Ziele von Medienunternehmen dienen können. Dazu zählen einerseits strategische Ziele wie die Wettbewerbsfähigkeit und die Festigung beziehungsweise Erhöhung des Marktanteils und andererseits ertragswirtschaftliche Größen wie Gewinnmaximierung und Erhöhung der Kapitalrentabilität (vgl. Macharzina 1999, S. 173).

Die Besonderheit der Medienunternehmen besteht darin, dass sie mit einem Produkt auf zwei verschiedenen Märkten tätig sein können. Auf dem Rezipientenmarkt werden von den Konsumenten Erlöse für die Mediennutzung erzielt. Auf dem Werbemarkt wird der werbetreibenden Wirtschaft durch das Angebot von Werberaum eine Dienstleistung zur Verfügung gestellt, die im Transport einer Botschaft vom Werbetreibenden zum Rezipienten besteht (vgl. Picard/Brody 2000, S. 50). Grundsätzlich ist davon auszugehen, dass Medienunternehmen auf beiden Märkten identische Ziele haben, das heißt, dass sie sowohl auf dem Werbe- als auch auf dem Rezipientenmarkt strategische und ertragswirtschaftliche Ziele verfolgen.

Bei der Betrachtung der Zielsysteme müssen allerdings zwei Fälle unterschieden werden: Medienunternehmen, die nur auf dem Rezipientenmarkt tätig sind und auch nur von dort Erlöse erhalten sowie Medienunternehmen, die teilweise oder vollständig werbefinanziert sind.

Im ersten Fall müssen bei der Zielformulierung aus ökonomischer Sicht nur die Erfordernisse des Rezipientenmarktes betrachtet werden. Im zweiten Fall müssen die Ziele sowohl am Rezipienten- als auch am Werbemarkt ausgerichtet werden. Beide Märkte sind interdependent, da die Rezipienten des Mediums gleichzeitig die Zielgruppe der Werbetreibenden sind. So hängt zum Beispiel der Erfolg eines Print-Mediums am Werbemarkt sehr stark von der Kanalqualität, das heißt der Zusammensetzung der Leser ab (vgl. Hensmann 1980, S. 239). Die gleichzeitige Verfolgung von Zielen auf Rezipienten- und Werbemarkt ist vor allem dann mit Zielkonflikten verbunden, wenn Zielkonkurrenz zwischen den Teilzielen auf den jeweiligen Märkten vorliegt.

2.2.2 Nicht-ökonomische Ziele

Die in Artikel 5 des Grundgesetzes garantierte Pressefreiheit weist den Massenmedien gleichzeitig eine dienende Funktion zu. Sie sollen die Bildung der öffentlichen Meinung unterstützen, eine Kontrollfunktion gegenüber staatlichen Organen wahrnehmen und als Vermittler zwischen Staat und Bürgern dienen (vgl. Pürer 2003, S. 139). Daraus ergeben sich normative Anforderungen an Medienunternehmen, die sich in publizistischen Zielsetzungen wie Aktualität, Relevanz, Richtigkeit und Vermittlung der Inhalte niederschlagen (vgl. Rager 1994). Die Erfüllung publizistischer Qualitätsnormen dient auch der langfristigen ökonomischen Existenz der Medienunternehmen (vgl. Gleich 2003, S. 139). Publizistische Ziele finden sich in Medienunternehmen in Form redaktioneller Ziele wie zum Beispiel der objektiven, verständlichen Information der Mediennutzer wieder.

2.2.3 Zielsystem eines Print-Medienunternehmens

Die Zielbeziehungen innerhalb des Zielsystems eines Medienunternehmens werden in Abbildung 1 anhand eines Print-Medienunternehmens dargestellt, zum Beispiel eines Zeitungs- oder Zeitschriftenverlags. An oberster Stelle des Zielsystems stehen die Unternehmensziele. Neben den ökonomischen Zielen sind hier besonders die publizistischen Ziele zu nennen. Beide Zieldimensionen werden in Verlagen meist als gleichwertig angesehen (vgl. Möllmann 1997, S. 370–371). Auf die bezugsgruppenorientierten Ziele wird an dieser Stelle nicht weiter eingegangen.

Die Ziele im Leser- und Werbemarkt ergeben sich aus den strategischen und ertragswirtschaftlichen Unternehmenszielen. Im Lesermarkt sind die Ziele zu berücksichtigen, die der Stabilisierung oder Erhöhung der Auflage dienen. Als Unterziele kommen die Neukundengewinnung in Form von Neuabonnenten und die Kundentreue in Form einer Erhöhung der Leser-Blatt-Bindung in Betracht. Auf dem Anzeigenmarkt orientiert sich die Zielsetzung der Unternehmen an den Erwartungen der Werbekunden. Als wichtigstes Ziel ist hier die Erhöhung der Kanalqualität beziehungsweise der qualitativen Reichweite zu nennen (vgl. Pieler 2000, S. 350). Sie gibt den Anteil der Leser an der vom Werbetreibenden definierten Zielgruppe an. Ein zweites wichtiges Ziel ist die Sicherung der „werblichen Eignung". Sie ergibt sich aus der Kontaktqualität, das heißt der Eignung eines Werbeträgers zum Transport einer bestimmten Werbebotschaft sowie der Service- und Planungsqualität (vgl. Pieler 2000, S. 351). Drittes Ziel ist eine konkurrenzfähige Preisgestaltung, die durch den Tausendkontaktpreis (TKP) bestimmt wird.

```
┌─────────────────────────────────────────────────────────────────────┐
│                          Unternehmensziele                          │
│           ökonomisch           │         nicht-ökonomisch           │
│  strategische │ ertragswirt-   │  publizistische │ bezugsgruppen-   │
│     Ziele     │ schaftliche    │      Ziele      │  orientierte     │
│               │    Ziele       │                 │      Ziele       │
└─────────────────────────────────────────────────────────────────────┘

┌──────────────────────┐  ┌──────────────────────┐  ┌──────────────────────┐
│  Ziele im Lesermarkt │  │  Ziele im Werbemarkt │  │    Redaktionsziele   │
│                      │  │                      │  │     Information      │
│       Auflage        │  │     Kanalqualität    │  │    Leserbindung      │
│ Abonnentengewinnung  │  │   werbliche Eignung  │  │    Orientierung      │
│  Leser-Blatt-Bindung │  │         TKP          │  │    Unterhaltung      │
└──────────────────────┘  └──────────────────────┘  └──────────────────────┘
```

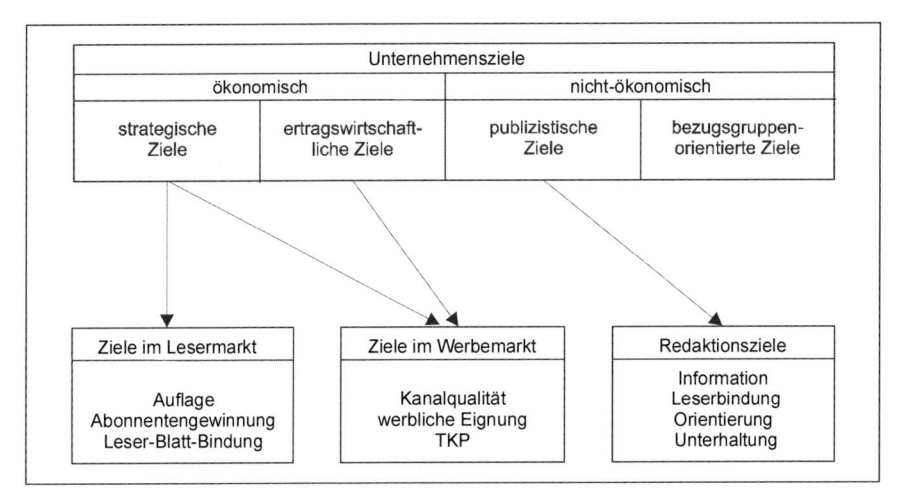

Abbildung 1: Zielsystem eines Print-Medienunternehmens

Da die Redaktion für die Produktgestaltung von Print-Medien fast allein verantwortlich ist (vgl. Hensmann 1980, S. 239), unterliegt die Produktpolitik in Print-Medienunternehmen in mindestens gleichem Maß publizistischen wie marktbezogenen Kriterien. Damit hat die Redaktion einerseits hohen Einfluss auf den wirtschaftlichen Erfolg, andererseits müssen im Zielsystem des Unternehmens auch redaktionelle Ziele berücksichtigt werden. Zu diesen Zielen gehören die objektive, präzise und nachgeprüfte Information, die Leserbindung, das Bemühen um Orientierungshilfen für die Leser sowie die Unterhaltung der Leser (vgl. Möllmann 1997, S. 369).

Innerhalb dieses Zielsystems existieren zahlreiche konfliktäre Zielbeziehungen. So widersprechen sich beispielsweise die Ziele einer hohen Leser-Blatt-Bindung (Lesermarkt) und das Bemühen um hohe Kanalqualität (Werbemarkt) dann, wenn die existierende Leserstruktur nicht den Vorstellungen der Werbekunden entspricht. Von der Verlagsleitung muss dieser Zielkonflikt unter Bezug auf die übergeordneten ertragswirtschaftlichen und strategischen Ziele gelöst werden. Häufiger sind jedoch Zielkonflikte zwischen Redaktions- und Marktzielen. So existieren in Zeitungsverlagen festgelegte Text-Anzeigen-Verhältnisse, die für eine quantitative Beschränkung des inhaltlichen Angebots sorgen. Unter qualitativen Gesichtspunkten muss zwischen den Erwartungen der Anzeigenkunden und redaktionellen Bedürfnissen abgewogen werden: So binden Beilagen, die ein für Anzeigenkunden besonders interessantes Umfeld schaffen sollen (zum Beispiel Lifestyle-Seiten), redaktionelle Ressourcen und behindern damit die Verfolgung redaktioneller Ziele (vgl. Wolff 1998, S. 266–267).

Weitaus gravierender ist jedoch der Versuch direkter Einflussnahme der Werbekunden auf redaktionelle Inhalte. 90 Prozent der Redakteure amerikanischer Zeitungen berichten von Beschwerden über redaktionelle Inhalte oder von Versuchen, bestimmte Artikel zu verhindern. Je kleiner die Auflage einer Zeitung ist, desto größer sind die Erfolgsaussichten derartiger Beeinflussungsversuche (vgl. Soley/Craig 1992). Diese Beobachtungen unterstützen die Vermutung, dass mit zunehmender Bedeutung der Werbefinanzierung der Einfluss ökonomischer Ziele innerhalb der Medienunternehmen stärker wird (vgl. Kiefer 2001, S. 238 ff.).

3 Wertschöpfungsketten

Die Realisierung von Unternehmenszielen von Medienunternehmen kann durch die erfolgreiche Gestaltung der Wertschöpfungskette unterstützt werden. Ein relativ einfaches, aber erfolgreiches Instrument zur Darstellung der Wertschöpfung von Unternehmen bietet das Konzept der Wertkette von Porter. Nach einer Einführung in das Konzept werden die medienspezifischen Besonderheiten anhand der Print- und der TV-Branche dargestellt.

3.1 Wertschöpfungsketten im Unternehmen

Das Konzept der Wertschöpfungskette dient der funktionalen Strukturierung der innerbetrieblichen Abläufe, um Ansatzpunkte für die Verbesserung der Produkte und Prozesse zu bieten. Die Wertkettenanalyse dient vor allem der Realisierung von Gewinnzielen der Unternehmen. Es wird zwischen primären und unterstützenden Wertschöpfungsaktivitäten differenziert. Primäre Aktivitäten stehen in unmittelbarem Zusammenhang mit der Marktversorgung, während unterstützende Aktivitäten die Aufrechterhaltung und Weiterentwicklung der primären Aktivitäten zum Ziel haben. Ziel ist es, diejenigen Aktivitäten zu identifizieren, die Werttreiber innerhalb des Unternehmens darstellen.

Da das Konzept für produzierende Unternehmen entwickelt wurde, wurden als primäre Aktivitäten diejenigen Tätigkeiten definiert, die sich mit der physischen Produktion und der Weiterleitung des Produkts an den Kunden befassen (Abbildung 2). Dazu zählen der Eingang von Materialien, die Erstellung der Produkte, der Ausgang der Produkte und deren Vermarktung sowie die After-Sales-Aktivitäten. Zu den unterstützenden Aktivitäten zählen die Infrastruktur, das Personalmanagement, die Beschaffung und die Technologieentwicklung.

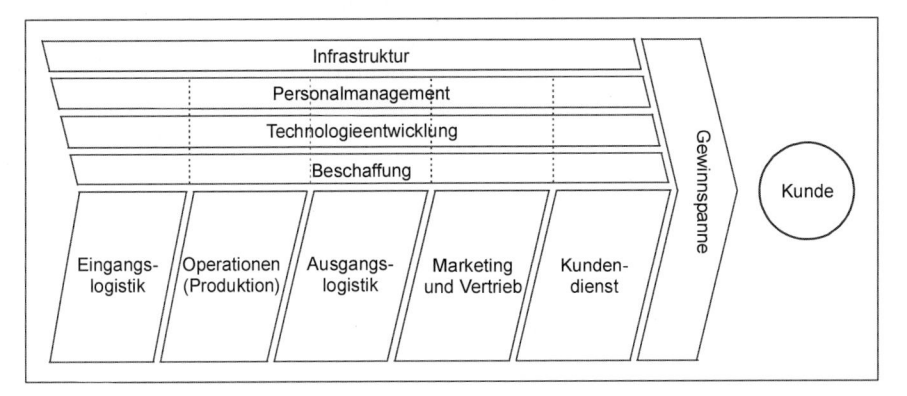

Abbildung 2: Wertschöpfungskette nach Porter (vgl. Porter 1986, S. 62)

Die sequentielle Darstellung verdeutlicht die konsequente Ausrichtung aller Wertschöpfungsaktivitäten auf den Kunden, wobei am Ende die Gewinnspanne steht. Diese setzt sich aus der Differenz zwischen dem Gesamtwert und der Summe der Kosten, die bei der Ausführung der Wertaktivitäten entstanden sind, zusammen (vgl. Porter 1986, S. 64).

Die Wertkette ist ein stark vereinfachtes Strukturmodell, das für jedes Unternehmen individuell angepasst werden muss. Vor allem bei der Betrachtung der primären Aktivitäten wird deutlich, dass sich die ursprüngliche Struktur nicht problemlos auf Medienunternehmen übertragen lässt (vgl. Wirtz 2003, S. 53 ff.). Stattdessen wird in Abbildung 3 eine medienspezifische Wertschöpfungskette dargestellt.

Die Eingangslogistik wird hier nicht als logistische Aktivität im warenwirtschaftlichen Sinne verstanden, da die Inputfaktoren des Produktionsprozesses oft immaterieller Natur sind. Darüber hinaus ist bei Aktivitäten, die auf den Werbemarkt gerichtet sind, an dieser Stelle schon der erste Kontakt zum Kunden gegeben. Weiterhin ist es nicht sinnvoll, die Produktion von Medien in einer Stufe zusammenzufassen, da diese Aktivitäten erhebliche Unterschiede in ihrer Bedeutung für die Wertschöpfung aufweisen. Aus diesem Grund wird die Aggregation und Produktion der Inhalte von der Zusammenstellung des Produkts und der technischen Produktion separiert. Auch die Trennung von technischer Produktion und Distribution ist nicht immer eindeutig. Bei Medien, die an ein materielles Trägermedium gebunden sind wie beispielsweise Print-Medien, kann zwischen technischer Produktion in Form des Drucks und der Distribution über verschiedene physische Vertriebskanäle unterschieden werden. Bei elektronischen Medien wie TV oder Radio fallen technische Produktion und Distribution jedoch häufig zusammen. Bedingt durch den zunehmenden Wettbewerb auf den Medienmärkten steigt die Bedeutung des Marketing insbesondere zur erfolgreichen Positionierung im Rezipientenmarkt. Kundendienstleistungen werden von Medienunternehmen nur in Ausnahmefällen angeboten.

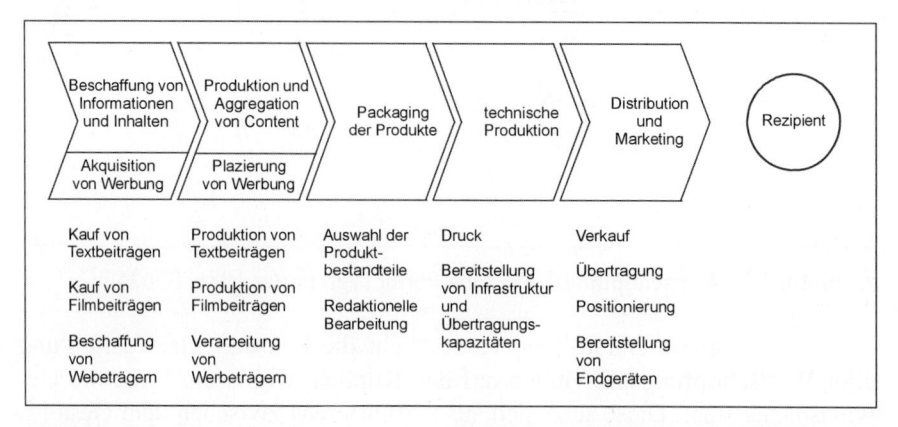

Beschaffung von Informationen und Inhalten	Produktion und Aggregation von Content	Packaging der Produkte	technische Produktion	Distribution und Marketing	Rezipient
Akquisition von Werbung	Plazierung von Werbung				
Kauf von Textbeiträgen	Produktion von Textbeiträgen	Auswahl der Produktbestandteile	Druck	Verkauf	
Kauf von Filmbeiträgen	Produktion von Filmbeiträgen	Redaktionelle Bearbeitung	Bereitstellung von Infrastruktur und Übertragungskapazitäten	Übertragung	
Beschaffung von Webeträgern	Verarbeitung von Werbeträgern			Positionierung	
				Bereitstellung von Endgeräten	

Abbildung 3: Wertschöpfungskette von Medienunternehmen (vgl. Wirtz 2003, S. 55)

Auch wenn der Mediensektor eine sehr heterogene Ausprägung hat, dient die Wertkette in Abbildung 3 als Basis für weitere Überlegungen. Dabei wird auf die Darstellung der unterstützenden Aktivitäten verzichtet, da sich hier in der Regel nur geringe medienspezifische Besonderheiten ergeben.

3.2 Wertschöpfungsketten in der Medienwirtschaft

Die Konkretisierung der Wertschöpfungskette aus Abbildung 3 soll anhand von zwei Beispielen erfolgen. Dazu werden exemplarisch die Wertschöpfungsketten der Print-Medien- und TV-Unternehmen analysiert.

3.2.1 Print

Die Wertschöpfungskette von Zeitungen und Zeitschriften besteht aus fünf Wertschöpfungsstufen, die zur Erstellung eines Presseproduktes durchlaufen werden (Abbildung 4). Die ersten beiden Stufen der Wertschöpfungskette umfassen die Inhalteerstellung: Hier ist zum einen die redaktionelle Arbeit angesiedelt, die zunächst aus der Beschaffung und Erstellung des Content und in der zweiten Stufe aus der redaktionellen Bearbeitung besteht. Zum anderen findet die Akquisition von Anzeigenkunden statt sowie in der zweiten Stufe die Platzierung der Werbeanzeigen im entsprechenden Medium. In der dritten Stufe erfolgt das Packaging der Inhalte. Dabei ist vor allem die Zusammenstellung der Produktbestandteile sowie die Layout-Erstellung, also die grafische Gestaltung der Produkte von Interesse (vgl. Johnsen/Prijatel 2000, S. 251 ff.). Die vierte Stufe der Wertschöpfungskette bezieht sich auf die Vervielfältigung beziehungsweise den Druck des Mediums, wobei hier bedingt durch den zunehmenden Computereinsatz das Wegfallen der Druckvorstufe genannt werden muss. Dies impliziert eine zunehmende Verschmelzung von Packaging und Print, was einen zeitnahen Druck ermöglicht und einen späteren Redaktionsschluss zulässt. Die letzte Stufe Distribution umfasst den Vertrieb der fertigen Print-Produkte über Groß- und Einzelhandel, Abonnement oder sonstige Vertriebsformen, wie beispielsweise Lesezirkel. Aufgrund der in den letzten Jahren schwindenden Leserbasis gewinnt auch das Marketing bei der stärkeren Berücksichtigung von Leserinteressen in redaktionellen Gestaltung zunehmend an Bedeutung.

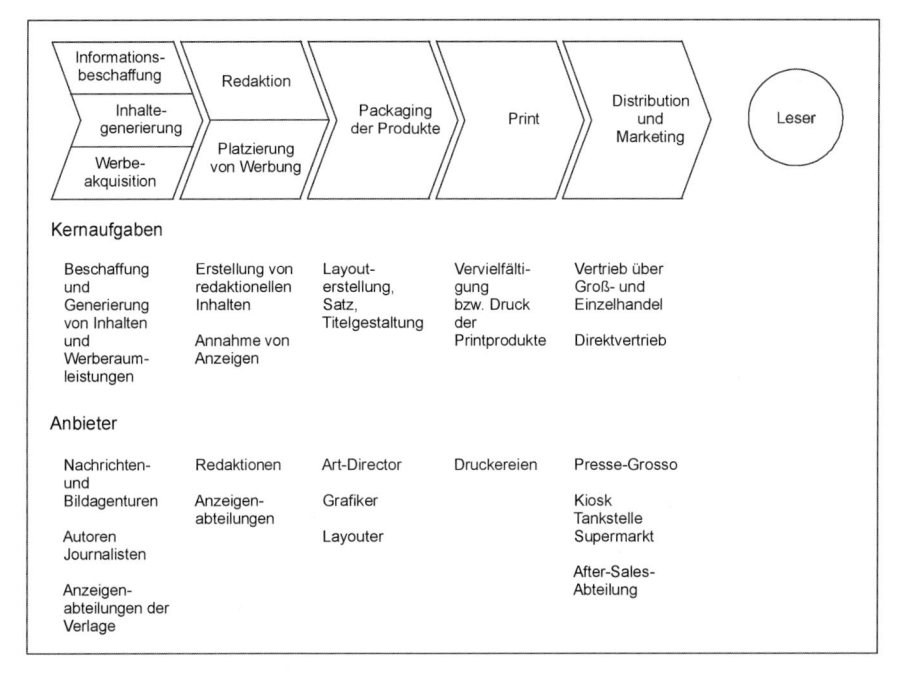

Informationsbeschaffung / Inhaltegenerierung / Werbeakquisition	Redaktion / Platzierung von Werbung	Packaging der Produkte	Print	Distribution und Marketing	Leser

Kernaufgaben

Beschaffung und Generierung von Inhalten und Werberaumleistungen	Erstellung von redaktionellen Inhalten / Annahme von Anzeigen	Layouterstellung, Satz, Titelgestaltung	Vervielfältigung bzw. Druck der Printprodukte	Vertrieb über Groß- und Einzelhandel / Direktvertrieb

Anbieter

Nachrichten- und Bildagenturen / Autoren Journalisten / Anzeigenabteilungen der Verlage	Redaktionen / Anzeigenabteilungen	Art-Director / Grafiker / Layouter	Druckereien	Presse-Grosso / Kiosk Tankstelle Supermarkt / After-Sales-Abteilung

Abbildung 4: Wertschöpfungskette eines Print-Medienunternehmens (vgl. Wirtz 2003, S. 142)

Für die unterschiedlich hohe Integration der einzelnen Stufen des Wertschöpfungsprozesse in Print-Medienunternehmen sind ökonomische Gründe ausschlaggebend. Zwar unterhalten die meisten Zeitungs- und Zeitschriftenverlage noch eine eigene Redaktion, viele redaktionelle Teilleistungen, wie beispielsweise der Zeitungsmantel, werden aber von externen Anbietern zugekauft, da sich auf diese Weise Skaleneffekte nutzen lassen. Als Zeitungsmantel wird der allgemeine Teil mit Weltnachrichten und Politikberichterstattung bezeichnet. In Deutschland werden ungefähr 60 Prozent dieser Mäntel fremdbezogen (vgl. Wirtz 2003, S. 160). Im Zeitschriftensektor ist inzwischen auch ein vollständiges Outsourcing redaktioneller Leistungen zu beobachten. So hat zum Beispiel der Bauer-Verlag die Redaktion der Zeitschriften Bravo Sport und Bravo Girl komplett an einen externen Dienstleister vergeben.

Auch auf der Stufe der Werbeakquisition sind unterschiedliche Wertschöpfungstiefen zu beobachten. Während große Zeitungsverlage ihren Werberaum selbst vertreiben, existieren beispielsweise im Bereich der Stadtillustrierten Zusammenschlüsse. Diese vermarkten den Anzeigenraum der einzelnen Stadtzeitschriften zentral und verhelfen den beteiligten Verlagen und Werbekunden zu Kosteneinsparungen, da erstere keinen eigenen Anzeigenvertrieb aufbauen müssen und letztere die Möglichkeit einer bundesweiten Schaltung ihrer Werbung mit geringerem Koordinationsaufwand haben.

Bei den größeren Unternehmen ist eine Tendenz zu erkennen, die Bereiche Druck und Vertrieb in das Unternehmen zu integrieren, während kleinere Verlage häufig aus Kostengründen den Druck und die Distribution von Verlagsprodukten fremdvergeben. So erfolgt die Zustellung von Zeitschriften in Deutschland in der Regel über die Deutsche Post (vgl. Schroeder 1994, S. 97). Große Tageszeitungsverlage unterhalten in ihren Haupteinzugsgebieten eigene Zustelldienste, die von anderen Verlagen in Kooperation mitgenutzt werden.

3.2.2 TV

Die in Abbildung 5 dargestellte Wertschöpfungskette der TV-Unternehmen ist ebenfalls in fünf Stufen untergliedert. Auf der ersten Stufe werden die Inputfaktoren für die zu sendenden Inhalte beschafft und der Werberaum vermarktet. Zu den Inputfaktoren gehören neben personellen Ressourcen wie Moderatoren, Künstlern und Autoren auch eigene Studiokapazitäten. Daran schließt sich die Programmproduktion, das heißt die Durchführung des Produktionsvorganges an. Das Packaging, das heißt die Zusammenstellung des Programms bildet die vierte Stufe der Wertschöpfungskette. Auf der fünften Stufe wird das Programm an die Rezipienten übertragen. Dazu werden in Deutschland drei verschiedene Übertragungskanäle genutzt: terrestrische Frequenzen, Kabel und Satellit (vgl. Wirtz 2003, S. 322 ff.). Als neuer Distributionskanal wird aufgrund der Interaktivitätspotentiale zukünftig auch das Internet eine größere Rolle spielen (vgl. Holtrop/Döpfner/Wirtz 2003). Als Besonderheit der TV-Wertschöpfungskette ist das Zusammenfallen von technischer Produktion und Distribution zu nennen. Das Marketing ist insbesondere für Privatsender zur Positionierung im Zuschauermarkt wichtig. So führt zum Beispiel RTL seinen Erfolg auf dem deutschen Fernsehmarkt auf die Positionierung als Unterhaltungssender gegenüber den eher informationsorientierten öffentlich-rechtlichen Sendern zurück (Zeiler 2003, S. 288).

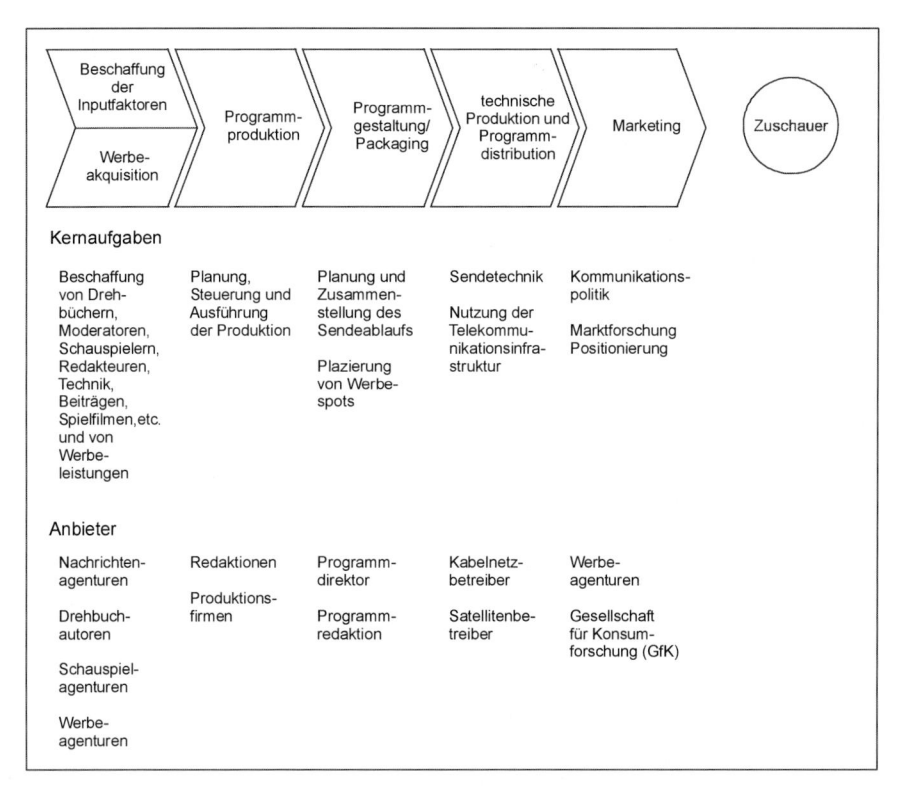

Beschaffung der Inputfaktoren / Werbeakquisition	Programmproduktion	Programmgestaltung/ Packaging	technische Produktion und Programmdistribution	Marketing	Zuschauer
Kernaufgaben					
Beschaffung von Drehbüchern, Moderatoren, Schauspielern, Redakteuren, Technik, Beiträgen, Spielfilmen, etc. und von Werbeleistungen	Planung, Steuerung und Ausführung der Produktion	Planung und Zusammenstellung des Sendeablaufs Plazierung von Werbespots	Sendetechnik Nutzung der Telekommunikationsinfrastruktur	Kommunikationspolitik Marktforschung Positionierung	
Anbieter					
Nachrichtenagenturen Drehbuchautoren Schauspielagenturen Werbeagenturen	Redaktionen Produktionsfirmen	Programmdirektor Programmredaktion	Kabelnetzbetreiber Satellitenbetreiber	Werbeagenturen Gesellschaft für Konsumforschung (GfK)	

Abbildung 5: Wertschöpfungskette von TV-Unternehmen (vgl. Wirtz 2003, S. 343)

In Bezug auf die Organisation der Produktion bestehen auf den ersten beiden Stufen große Unterschiede zwischen öffentlich-rechtlichen und privaten TV-Unternehmen. Dies betrifft vor allem den Anteil von Eigen- und Auftragsproduktion. Ausschlaggebendes Kriterium für die Entscheidung zwischen Eigen- und Fremdproduktion sind die Produktionskosten je erreichten oder angesprochenen Zuschauer, das heißt rein ökonomische Erwägungen (vgl. Formatt-Institut 2000, S. 130). Im Rahmen der Eigenproduktion werden alle Teilprozesse der Produktion durch den ausstrahlenden Sender ausgeführt. Im Falle einer Auftragsproduktion wird die Produktion ausschließlich von externen Produzenten übernommen und vom Auftraggeber im Rahmen eines Einzelvertrags zur Verwertung erworben (vgl. Wirtz 2003, S. 368).

Privatsender wie RTL vertrauen in großem Umfang auf Auftragsproduktionen. Dies hat zum einen historische Gründe, da viele Privatsender zum Zeitpunkt der Gründung nicht in nennenswertem Umfang über eigene Produktionskapazitäten verfügten. Auch nach dem kommerziellen Durchbruch hat RTL nicht in nennenswertem Umfang in den Aufbau einer sendereigenen Produktionsinfrastruktur investiert, sondern deckt seinen Bedarf zum größten Teil über Auftragsproduktionen. Dies gilt auch für die kleineren Privatsender, deren Formate wirtschaftlich und professionell am einfachsten auf diese Weise zu realisieren sind. Dies führt dazu, dass die acht größten Privatsender im Jahr 2000 einen Anteil von etwa 70 Prozent an der gesamten Auftragsproduktion in Deutschland hielten (vgl. Pätzold/Röper 2003, S. 27).

Im Gegensatz zu den privaten Sendern bestreiten die öffentlich-rechtlichen Sender, vor allem die in der ARD zusammengeschlossenen Landesrundfunkanstalten, ihr Programmangebot vorwiegend aus Eigenproduktionen. Lediglich Serien und Talkshows werden in nennenswertem Umfang ausgelagert (vgl. Formatt-Institut 2000, S. 132 ff.). Ausschlaggebend für diese Produktionspolitik sind die umfassenden Produktionsressourcen der öffentlich-rechtlichen Sender, deren Auslastung entscheidend zum gesamtwirtschaftlichen Erfolg der Sender beiträgt. Auch in der TV-Branche sind somit primär ökonomische Erwägungen für die Gestaltung der Wertschöpfungsketten ausschlaggebend.

4 Wertschöpfungsstrukturen

Die Wertschöpfungsketten in der Medienwirtschaft unterliegen einem ständigen Wandel, der maßgeblich von technologischen Entwicklungen vorangetrieben wird. In den letzten Jahren war die Konvergenz der TIME-Branchen für entscheidende Veränderungen im Mediensektor verantwortlich (vgl. Scholz/Stein/Eisenbeis 2001, S. 35). Die Ursachen der Konvergenz und Folgen für die Wertschöpfungsstrukturen der Medienwirtschaft werden im Folgenden dargestellt.

4.1 Konvergenz

Unter Konvergenz im Informations- und Kommunikationsbereich wird die Annäherung der zugrunde liegenden Technologien, die Zusammenführung einzelner Wertschöpfungsbereiche aus der Telekommunikations-, der Medien- und der Informationstechnologiebranche und letztendlich ein Zusammenwachsen der Märkte insgesamt verstanden. Als Determinanten der Konvergenzentwicklung können im Wesentlichen drei Sachverhalte angeführt werden: Digitalisierung, Deregulierung der Märkte und die Veränderung der Nutzerpräferenzen (vgl. Wirtz 2000, S. 291 ff.).

Die Digitalisierung eröffnet neue Darstellungs-, Speicher- und Distributionsmöglichkeiten für Medienprodukte. Sie bildet die technologische Basis der Konvergenz (vgl. Rayport/Jaworski 2001, S. 366). Die Vereinheitlichung bisher getrennter Speichermedien, zum Beispiel durch die Speicherung von Filmen und Text auf Festplatten ermöglicht die Ausnutzung von Economies of Scope in vor- und nachgelagerten Wertschöpfungsstufen.

Seit Mitte der neunziger Jahre sind weltweit umfangreiche Deregulierungen wie beispielsweise die Liberalisierung des Telekommunikationssektors durchgeführt worden. Dies hat zur Entstehung wettbewerblicher Strukturen in der Informations-, Medien- und Kommunikationsindustrie maßgeblich beigetragen (vgl. Greupner 1996, S. 142 ff.). Das zunehmende Angebot an medialen Dienstleistungen hat auch zu einer Fragmentierung des Medienkonsums geführt. Vor allem junge Konsumenten nutzen eine Vielzahl unterschiedlicher Angebote, um ihre Informations- und Unterhaltungsbedürfnisse zu befriedigen (vgl. Rayport/Jaworski 2001, S. 368–369). Gleichzeitig ist eine Veränderungen der Nutzerpräferenzen hin zu einem verstärkten Einsatz von persönlichen Informations- und Kommunikationsinstrumenten wie PDA und Mobiltelefonen und eine eng an diese Entwicklung gekoppelte Personalisierung und Individualisierung der genutzten Medien festzustellen.

4.2 Neue Wertschöpfungsstrukturen

Die Konvergenzentwicklung birgt letztendlich einen Trend zu systemischen Lösungen insofern, als dass Unternehmen zum einen durch Funktionsintegration und zum anderen durch Leistungsbündelung integrierte Informations-

und Kommunikationsangebote schaffen. Auf diese Herausforderung reagieren Medienunternehmen durch die Aufspaltung (Unbundling) und Neukombination (Rebundling) ganzer Wertschöpfungsketten (vgl. Wirtz 2000, S. 295). Nachdem durch zahlreiche Fusionen internationale Medienkonzerne wie News Corp. oder AOL Time Warner entstanden sind, die in verschiedenen Medienbranchen nahezu alle Stufen der Wertschöpfungskette abdecken, besteht die zukünftige Herausforderung in der Entwicklung eines integrierten Medienmanagements, um die Erlöspotentiale dieser integrierten Medienverbundunternehmen zu erschließen.

Ein Beispiel für die crossmediale Verwertung von Inhalten innerhalb eines integrierten Medienverbundunternehmens sind Windowing-Strategien. Windowing bezeichnet „releasing a program in different distribution channels at different times" (Owen/Wildmann 1992, S. 26). Dabei handelt es sich um eine Form der zeitlichen Preisdiskriminierung, bei der ein Unternehmen seine Kunden in klar abgegrenzte Gruppen mit unterschiedlichen Nachfrageelastizitäten einteilt. Anstatt einen Gleichgewichtspreis für den Gesamtmarkt festzulegen, wird den einzelnen Gruppen ein Preis in Höhe ihrer Zahlungsbereitschaft berechnet (vgl. Schumann/Hess 2002, S. 74–75).

Die Internalisierung der Gewinnpotentiale in den verschiedenen Distributionskanälen bei nahezu gleich bleibenden Produktionskosten ist ursächlich für horizontale Integrationsbemühungen im Medienbereich. Das integrierte Unternehmen ist nicht nur in der Lage, die Händlerspanne zu eliminieren sowie die Absatzpreise und somit die Gewinnspanne beim Endverbraucher selbst zu bestimmen (vgl. Artopé/Zerdick 1995, S. 12), sondern kann auch den Zeitpunkt der Veröffentlichung des Produktes auf den unterschiedlichen Distributionsstufen optimieren. Eine Weiterentwicklung dieser Strategie sind Medienformate, die von Beginn an für eine optimale, parallele Verwertung über verschiedene Distributionskanäle hinweg konzipiert werden. Dies wird die Wertschöpfungsstrukturen der Medienunternehmen auf den TIME-Märkten nachhaltig verändern.

5 Fazit

Zielsysteme in Medienunternehmen tendieren aufgrund der ökonomischen Ziele auf der einen Seite und publizistischer Anforderungen auf der anderen Seite zu konfliktären Zielbeziehungen. Die Gestaltung der Wertschöpfungsketten folgt jedoch eindeutig ökonomischen Zielvorstellungen. Dabei muss neben der effizienten Gestaltung der Medienproduktion auch die Erschließung neuer Erlöspotentiale berücksichtigt werden, um die langfristige ökonomische Existenz der Medienunternehmen zu ermöglichen.

Literaturverzeichnis

Artopé, A./Zerdick, A. (1995) Die Folgen der Media-Mergers in den USA – Die neue Ausgangssituation auf dem deutschen und europäischen Fernsehmarkt, Berlin 1995.

Cyert, R.M./March, J.G. (1963) A Behavioral Theory of the Firm, 2. Aufl., New Jersey 1963.

Formatt-Institut (2000) Fernseh- und Filmproduktionsmarkt Deutschland. Ein Forschungsprojekt im Auftrag der Staatskanzlei des Landes Nordrhein-Westfalen, im Internet: http://www.nrw.de/medien/formatt_gutachten/formatt_gutachten.pdf, 28.10.2003.

Gleich, U. (2003) Qualität im Journalismus am Beispiel der Kriegsberichterstattung, Media Perspektiven (3/2003), S. 139–148.

Greupner, C. (1996) Strategisches Kommunikations-Marketing, München 1996.

Hensmann, J. (1980) Verlagsmarketing, in: Marketing – Zeitschrift für Forschung und Praxis (2/1980), S. 239–249.

Holtrop, T./Döpfner, M./Wirtz, B.W. (2003) Deutschland Online: Entwicklungsperspektiven der Medien- und Internetmärkte, Wiesbaden 2003.

Johnson, S./Prijatel, P. (2000) Magazine Publishing, Lincolnwood 2000.

Kiefer, M.L. (2001) Medienökonomik, München 2000.

Kubicek, H. (1981) Unternehmungsziele, Zielkonflikte und Zielbildungsprozesse, in: Wirtschaftswissenschaftliches Studium (10/1981), S. 458–466.

Macharzina, K. (1999) Unternehmensführung: Das internationale Managementwissen; Konzepte – Methoden – Praxis, 3. Aufl., Wiesbaden 1999.

Möllmann, B. (1997) Redaktionelles Marketing bei Tageszeitungen, München 1997.

Owen, B./Wildmann, S. (1992) Video Economics, Cambridge 1992.

Pätzold, U./Röper, H. (2003) Fernsehproduktionsvolumen 1998 bis 2000, in: Media Perspektiven (1/2003), S. 24–34.

Picard, R./Brody, J.H. (2000) The Structure of the Newspaper Industry, in: Greco, A.N. (Hrsg.) The Media and Entertainment Industries, Needham Heights 2000, S. 46–75.

Pieler, M. (2000) Qualität auf dem Anzeigenmarkt und ihre publizistischen Implikationen, in: Publizistik (45/2000), S. 346–361.

Porter, M.E. (1986) Wettbewerbsvorteile. Spitzenleistungen erreichen und behaupten, Frankfurt/Main 1986.

Pürer, H. (2003) Publizistik- und Kommunikationswissenschaft. Ein Handbuch, Konstanz 2003.

Rager, G. (1994) Dimensionen der Qualität, in: Bentele, G./Hesse, K.R. (Hrsg.) Publizistik in der Gesellschaft. Festschrift für Manfred Rühl, Konstanz 1994, S. 198–209.

Rayport, J.F./Jaworski, B. (2001) e-Commerce, Boston 2001.

Scholz, C./Sein, V./Eisenbeis, U. (2001) Die TIME-Branche: Konzepte – Entwicklungen – Standorte, München 2001.

Schroeder, M. (1994) Internationale Markt- und Managementstrategien für Printunternehmen, München 1994.

Schumann, M./Hess, T. (2002) Grundfragen der Medienwirtschaft, 2. Aufl., Berlin 2002.

Soley, L.C./Craig, R.L. (1992) Advertising Pressures on Newspapers: A Survey, in: Journal of Advertising (21/1992, S. 1–10.

Welge, M.K./Al-Laham, A. (1993) Strategisches Management, 3. Aufl., Wiesbaden 1993.

Wirtz, B.W. (2000) Rekonfigurationsstrategien und multiple Kundenbindung in multimedialen Informations- und Kommunikationsmärkten, in: Zeitschrift für betriebswirtschaftliche Forschung 52 (2000), S. 290–306.

Wirtz, B.W. (2003) Medien- und Internetmanagement, 3. Aufl., Wiesbaden 2003.

Wolff, V. (1998) Qualität und Wettbewerb bei Presseprodukten, in: Publizistik 43 (1998), S. 260–272.

Zeiler, G. (2003) Strategische Wettbewerbspositionierung im deutschen TV-Markt: Beispiel RTL, in: Wirtz, B.W. (Hrsg.) Handbuch Medien- und Multimediamanagement, Wiesbaden 2003, S. 284–291.

Medienethik – Normen, Werte und Verantwortung

Matthias Karmasin

1 Einführung 281

2 Medienethik im Kontext von Kommerzialisierung und
　Globalisierung 281

3 Medienethik als Wirtschaftsethik der Medienunternehmung 284

4 Stakeholder Management als Umsetzung von ethischer Ökonomie 286

5 Stakeholder Management im Medienunternehmen 289

6 Fazit 295

Literaturverzeichnis 295

Vorschau

Ökonomie und Technik als Basis für Medienmacht

Ausgangspunkt der Überlegungen zur Medienethik ist unter anderem, dass Medienmacht nicht nur auf der Möglichkeit, Wirklichkeit zu verweigern beziehungsweise zu schaffen beruht, sondern auch auf ökonomischen und technischen Sachverhalten basiert.

Medienethik

Der Beitrag diskutiert Medienethik vor dem Hintergrund von Wirkungen, Qualitäten, Funktionen und Verantwortungsdimensionen der Medien (sozialethisch) und der Medienschaffenden (individualethisch).

Wirtschaftsethik und Unternehmensethik

In dem Beitrag wird die Frage diskutiert, inwieweit ethische und ökonomische Rationalität kompatibel sind. Dabei wird die Unternehmung sowohl als gesellschaftliche und öffentliche Institution sowie als sozial verantwortliche Organisation verstanden.

Stakeholder Management

Der Beitrag plädiert für die Anwendung des Stakeholder Managements als eine operative Methode der Umsetzung von unternehmerischer Verantwortung im Versuch möglichst viele (divergente) Ansprüche zugleich zu realisieren.

1 Einführung

Eine ethische Theorie der Medienunternehmung und ein Vorschlag für die ethische Gestaltung des Managements von Medien steht gleichsam unter doppeltem Begründungsdruck. Einerseits versteht sich auch die Medienethik wie jede praktische Philosophie nicht von selbst. Die Differenz von Sein und Sollen, die auch für die Medienethik konstitutiv ist, muss empirisch wie theoretisch argumentiert und begründet werden. Wenn der Fortschritt und die Marktanpassung ein Primat des (vermeintlich) richtigen Handelns darstellen, scheint die Frage nach dem was gut, verantwortungsvoll und gerecht ist, keinesfalls schon selbstverständlich, ja da und dort eine Zumutung zu sein. Ethische Forderungen, die sich und anderen diese Fragen und Antworten zumuten, bedürfen gerade deswegen der Begründung.

In einer Gesellschaft, in der das Ökonomische mit dem Vernünftigen und das technisch Machbare mit dem Gesollten verwechselt wird, findet Ethik, so gut und solide begründet sie in theoretischer Hinsicht auch sein mag, wenig praktische Ansatzpunkte. Im Kontext ökonomischer Rationalität muss also darüber hinaus argumentiert werden, dass die ethischen Ansprüche sich nicht völlig in der vermeintlichen Sachrationalität des Marktes oder der scheinbaren Sachzwänge des Managements auflösen lassen. Andererseits muss begründet werden, dass die medienethischen Normen auch vor dem Hintergrund der globalen Kommerzialisierung zumindest tendenziell durchsetzbar, in Marktprozessen realisierbar und auch in Managementprozessen umsetzbar sind.

Der folgende Beitrag skizziert Aufgabenfelder und Problembereiche einer aktuellen Medienethik und diskutiert ihren Beitrag zu einer Ethik der Medienunternehmung sowie im Lichte des Stakeholder Ansatzes Möglichkeiten zur praktischen Realisierung im Management von Medienunternehmungen.

2 Medienethik im Kontext von Kommerzialisierung und Globalisierung

Mit der Emergenz „der" Informationsgesellschaft ist nicht nur eine funktionelle und institutionelle Sonderstellung der Medien verbunden, sondern auch eine Änderung der Medien selbst. Mehr oder minder zeitgeistige Schlagworte, die die Änderung der Produktions-, Rezeptions- Allokations- und Distributionsverhältnisse von medialen Produkten beschreiben sind exemplarisch: Internationalisierung, Globalisierung, Regionalisierung, Lokalisierung, Konzentration, Konglomeration, Digitalisierung, Kommerzialisierung, Konvergenz, Ökonomisierung, Mediatisierung, Flexibilisierung, Temporalisierung. Es ist hier nicht der Platz um auf dem empirischen und metaphorischen Gehalt dieser Schlagworte einzugehen. Als gemeinsamer Nenner bleibt jedoch, dass die Macht der Medien nicht mehr nur auf der Möglichkeit beruht, Wirklichkeit zu verweigern beziehungsweise zu schaffen und damit Sozialkapital zu akkumulieren, sondern sich auch auf ökonomischen und technischen Sachverhalten gründet und sogar von diesen bedingt wird. Kurz: Medien sind auch erfolgsstrategisch arbeitende Unternehmungen, die auf einem expandierenden und zukunftsträchtigen Markt operieren.

Medien nehmen in der Konstruktion, Allokation und Wiederholung (als kollektives Gedächtnis) von gesellschaftlicher Realität eine zentrale Rolle ein. Viele Tatsachen werden medial vermittelt und die globalen wie lokalen Möglichkeiten zur Beobachtung und zum Vergleich werden erst durch und via Medien hergestellt. Wie jede andere Kulturtechnik, die in gesellschaftliche Zusammenhänge integriert ist und integraler Bestandteil derselben ist, sind auch die Medien dabei ethisch nicht neutral. Mehr noch: In einer Gesellschaft, deren Zukunft und Entwicklung mit dem Begriff Medien- und Informationsgesellschaft wohl angemessen beschrieben wird, kommt dem Versuch, kritisch auf die mediale Realität zu reflektieren, eine besondere Relevanz zu.

Die Medienethik versucht als Teilbereich der angewandten Ethik (als Bereichsethik) Normen für das praktische Handeln von und in Medien(organisationen) aufzuzeigen, sie (rational) zu legitimieren und als Ethik der Public Sphere die Wirkungen und Folgen medialer Kommunikation für das bonum commune zu thematisieren und diese vor dem Hintergrund ethischer Systeme und Paradigmen zu analysieren. Medienethik wird als Sozialethik der Medien, als Organisationsethik und als Individualethik diskutiert. Dazu gehört die Diskussion der Wirkungen und Inhalte der Medien ebenso wie die Debatte um die Informations- und Mediengesellschaft und ihre (inter-)kulturellen, sozialen, politischen (demokratischen), wirtschaftlichen, ökologischen und lebensweltlichen Implikationen (vgl. Funiok/Schmälze/Werth 1999; Dennis/Merrill 1996; Jarren/Weßler 1997; Karmasin 1996; Karmasin 2002; Rath 2000; Wunden 1989; Wunden 1994; Wunden 1996; Wunden 1998).

Die Frage was diese Medienwirklichkeit denn sei und die Diskussion um ihre Beziehung zu einer existenten (oder nicht existenten) „Realität" soll hier nicht rekonstruiert werden. Kurz und zusammenfassend (vgl. Bentele 1996; Luhmann 1996): Die Medien machen das, was wirklich ist, und die Medien zeigen das, was wirklich ist, sie produzieren und repräsentieren Öffentlichkeit.

Die eigentliche ethische Relevanz der Medien liegt damit nicht im Zwang oder (subtiler) in der Manipulation, sondern in der Fortschreibung von Realitätskonstruktionen, der Stiftung von Identität und der Transzendenz eines bestimmten Freiheitsverständnisses. Wenn man Freiheit (wie etwa im Naturrecht) als Abwesenheit von Zwang auffasst, dann sind Medien tatsächlich ethisch unproblematisch, denn sie zwingen niemanden.

Tatsächlich beruht Freiheit mit Luhmann (1996, S. 156) jedoch auf den kognitiven Bedingungen der Beobachtung und Beschreibung von Alternativen mit offener, entscheidbarer, aber eben deshalb auch unbekannter Zukunft. Aus diesem Grund haben die von den Medien angebotenen Realitätskonstruktionen auch durchgreifende Auswirkungen auf das, was in der Gesellschaft als Freiheit beobachtet werden kann und sie bestimmen damit darüber, wie Chancen personal zurechenbaren Handelns in der Gesellschaft verteilt sind.

Die Konsequenz kann also nur lauten, eben diese (auch identitätsstiftenden) Kriterien der Realitätskonstruktion zum Objekt ethischer Analysen zu machen. Das entscheidende Problem in der ethischen Analyse der Medien ist also aus dieser Perspektive nicht, welche Mechanismen und Kommunikationsparameter der Medien sich zur „objektiven Welt" wie verhalten, sondern welche Funktionen sie haben und über welche Mechanismen und Funktionen Medien Realität konstruieren und welche Kriterien als Selektoren darüber entscheiden, was in welcher Form öffentlich wird und was nicht. Dass diese Kriterien auch (wenn auch nicht ausschließlich) wirtschaftlichen Ursprungs sind, wird in einer Kultur wie der unseren, in der jener Komplex den man „die Wirtschaft" nennt, das dominante gesellschaftliche Subsystem ist, wohl kaum überraschen. Damit ist klar, dass den Medien als den institutionellen und funktionellen Träger der Allokation von Information (Nachrichten beziehungsweise Berichte, Unterhaltung und Werbung) eine wertkonstitutive Funktion im umfassenden Sinne zukommt: Sie sind und sie produzieren Kultur- und Wirtschaftsgüter zugleich. Damit produzieren Medien Güter, die die technische Form privater Güter und die gesellschaftliche Funktion öffentlicher Güter haben, sie produzieren „quasi-öffentliche" Güter und sie sind damit weder auf ihre gesellschaftlich-kulturelle (ethische), noch auf ihre ökonomische Funktion sinnvoll zu reduzieren (vgl. Karmasin 1998).

3 Medienethik als Wirtschaftsethik der Medienunternehmung

Die zentrale Frage in einer durch zunehmende Ökonomisierung und Kommerzialisierung aller Lebensbereiche bestimmten zunehmend globalen Informationsgesellschaft ist damit jene nach dem Verhältnis von ökonomischer und ethischer Rationalität in den Rahmenbedingungen und in der medialen Produktion selbst.

In Anknüpfung an die aktuelle wirtschaftsethische Diskussion steht dabei die Frage im Mittelpunkt, wie man ethische und ökonomische Aspekte miteinander verknüpft und ihnen so zum Durchbruch verhelfen kann (vgl. Noll 2002; Suchanek 2001; Steinmann/Wagner 1998; Ulrich 1998; Hengsbach 1997; Lohmann 1997; Karmasin 1996).

Zentraler (wenn auch nicht exklusiver) Ansatzpunkt ist dabei die Unternehmung, denn sie ist nicht (mehr) Molekül des Marktes, sondern dessen Gravitationszentrum. Sie steht als glokalisierter Hauptakteur im Mittelpunkt der Marktinteraktionen, ja sie bedingt via der Rekursivität von Unternehmensstrategien und Marktstrukturen diese Prozesse. Die Unternehmung reagiert also nicht mehr bloß (als Price Taker oder Anpasser), sondern sie agiert und gestaltet als korporativer Akteur die Beziehungen zu den Stakeholdern (zum Beispiel Shareholder, Konkurrenten, Politik, Werbung, Publikum sowie Mitarbeiter). Der Markt „funktioniert" (wie im Modell der vollständigen Konkurrenz intendiert) nicht mehr so, dass der Wettbewerb per „Invisible Hand" das bonum commune reguliert, sondern er wird in seinen Funktionen und seinen Wirkungsweisen durch die korporativen Hauptakteure bestimmt. Das Unternehmen kann zu Recht als „moralischer Akteur" (vgl. Enderle 1991, S. 156) bezeichnet werden, der für sein Tun und Lassen verantwortlich und dies um so mehr, je (markt-)mächtiger er ist. Mit dem Nachweis der Macht von Medienunternehmungen ist auch der Nachweis autonomer Verantwortung verbunden, die nicht völlig auf Staat (Legalität) und Markt (Wettbewerb) übertragen werden kann.

Im Falle der Medienunternehmung rücken darüber hinaus die Auflösung der Grenzen zwischen Individual- und Massenkommunikation (etwa durch das Internet und andere digitale Medien), die Prozesse der Konvergenz und Entgrenzung von Öffentlichkeit, auch aus kommunikationswissenschaftlicher Perspektive die Mesoebene, und ihre Funktionen in den Blick. Dabei wird klar, dass die Content Industry in andere Branchen expandiert beziehungsweise andere Wirtschaftszweige (wie zum Beispiel Consulting, Handel, Merchandising oder Finanzdienstleistungen) zur Refinanzierung nutzt, also auch andere ökonomische Funktionen erfüllt. Die Medienunternehmen als Ort der Content Produktion und der journalistischen Berufsausübung entscheidet via institutionalisierter Selektoren (zum Beispiel Unternehmenskultur oder Corporate Identity) wesentlich darüber, was an gesellschaftlicher Wirklichkeit in welcher Qualität zur Verfügung steht. Dies hat nicht nur Konsequenzen für „klassische" kommunikationswissenschaftliche Fragestellungen wie die Wirklichkeit der Medien und die Wirkungen derselben, sondern auch medienethisch relevante Konsequenzen.

In unternehmerischer beziehungsweise unternehmensstrategischer Perspektive geht es damit nicht mehr nur um die situationsgerechte (und konfliktträchtige) Regulierung der Auswirkungen des Gewinnprinzips, sondern um das Verständnis der Unternehmung als gesellschaftliche und öffentliche Institution. Ihre Legitimation wird durch die Bereitstellung eines Nutzens für multiple Anspruchsgruppen erreicht und nicht nur mehr durch die Realisierung von Partikulärinteressen. Diese Legitimation wird nicht nur durch die reine Befolgung der Gesetze erreicht, sondern auch durch das Schaffen einer nachhaltigen Vertrauensbasis durch die Bereitstellung gesellschaftlich nützlicher Leistungen. Das Aufgabenprofil des Managements ist damit sinnvollerweise auf Effektivität wie Effizient, auf Legitimation wie Wettbewerb gleichermaßen ausgerichtet. Abbildung 1 verdeutlicht diesen Zusammenhang.

	Aufbau ökonomischer Erfolgspotentiale (Wettbewerbsstrategie)	Aufbau gesellschaftspolitischer Erfolgspotentiale (Legitimation)
strategisches Management	Effektivität	
	Unternehmensstrategie (Positionierung in Markt und Gesellschaft)	
operatives Management	Effizienz	
	Ausschöpfung ökonomischer Erfolgspotentiale	Umsetzung gesellschaftspolitischer Initiativen
	ökonomische Dimension	soziale Dimension

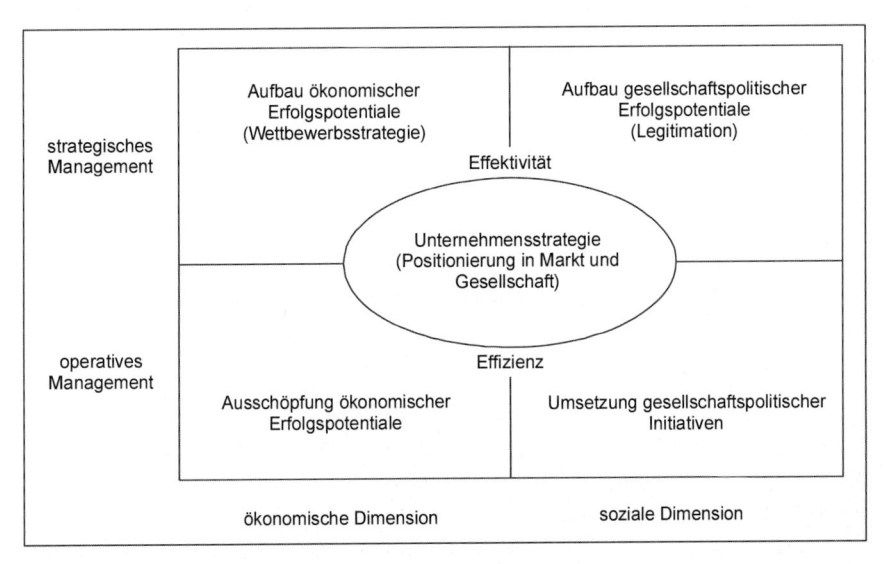

Abbildung 1: Das Aufgabenprofil der Unternehmensführung in modernen Gesellschaften (vgl. Zerfaß 1996, S. 37)

4 Stakeholder Management als Umsetzung von ethischer Ökonomie

Zur operativen Umsetzung dieses Aufgabenprofils empfiehlt sich auch – und besonders für Medienunternehmen – eine Stakeholder orientierte Strategie. In deskriptiver Hinsicht beschreibt der Stakeholder Ansatz die Natur der Unternehmung als öffentlich exponierte beziehungsweise quasi-öffentliche (gesellschaftliche) Organisation. Stakeholder Management stellt auf das Verhältnis rekursiver Konstitution (Dualität und Rekursivität) von Organisation und Gesellschaft ab.

Stakeholder Management ermöglicht so via der Integration von Ansprüchen (Stakes) und Interessen, die durch Entscheidungen der Unternehmung betroffen werden und die diese betreffen, die „Rückkehr der Gesellschaft" (vgl. Ortmann/Sydow/Türk 1997) in die Organisation. Dadurch werden auch Mitgliedschaftsrechte und -pflichten in einer Organisation kommunikativ und interaktiv neu definiert.

Als Stakeholder oder (strategische) Anspruchsgruppe lassen sich alle direkt artikulierten (und organisierten) Interessen beziehungsweise Umwelteinflüsse, die an die Unternehmung herangetragen werden, verstehen sowie alle jene Interessen beziehungsweise Gruppen, die durch das Handeln der Unternehmung betroffen werden (beziehungsweise betroffen werden können).

Post, Preston und Sachs (2002, S. 19) definieren: „The Stakeholders in a corporation are the individuals and constituencies that contribute, either voluntarily or involuntarily, to its wealth-creating capacity and activities, and therefore its potential beneficiaries and/or risk bearers." Primäre Stakeholder sind dabei über marktliche Prozesse mit der Unternehmung verbunden, sekundäre Stakeholder sind Gruppen, die über nicht-marktliche Prozesse mit der Unternehmung verbunden sind.

Der Ansatz konzentriert sich in instrumenteller Hinsicht auf das Management der Interaktionen mit den Anspruchsgruppen und den damit verbundenen organisatorischen und institutionellen Prozessen. Er setzt dabei im Wesentlichen am Leistungsergebnis der Unternehmung an und stellt die Identifikation der Ansprüche und Interessen (Stakes) der Anspruchsgruppen (Stakeholder) und ihre Ausbalancierung in den Mittelpunkt, weshalb sich hier auch operative Berührungspunkte zu Konzepten wie Balanced Scorecard (BSC) Modelle ergeben.

Stakeholder Management wird sowohl als allgemeine Strategie, als auch (quasi als Fraktal) auf die unterschiedlichen Management(sub)funktionen bezogener Ansatz aufgefasst. So gibt es nicht nur Überlegungen zum Stakeholder Management als allgemeinen Managementansatz, sondern auch zum Stakeholder Marketing, Stakeholder Controlling, Stakeholder Public Relation et cetera (vgl. Clarkson 1998; Donaldson/Preston 1995). Die Idee des Stakeholder Managements stellt damit eine Erweiterung und Ergänzung traditioneller Shareholder beziehungsweise Stockholder Konzepte dar. Wie Post, Preston und Sachs (2002, S. 11–13) ausführen auch deswegen, weil diese Konzepte empirisch falsch und normativ inakzeptabel sind: empirisch falsch, weil Shareholder „Securities" halten, aber die Unternehmung weder „besitzen", noch die einzigen Schlüsselfaktoren zu ihrem Erfolg sind, normativ inakzeptabel, weil eine alleinige Dominanz der Interessen dieser Anspruchsgruppe nicht rational begründet werden kann.

In normativer Hinsicht betont der Stakeholder-Ansatz die Notwendigkeit der Einbeziehung aller (legitimer) Ansprüche in unternehmerische Entscheidungen. Nicht mehr nur die Interessen der Kapitaleigentümer und vertraglich festgelegte Anteile an Unternehmen, sondern auch alle anderen Rechte (legaler oder ethischer Natur) und Interessen und Ansprüche sollen in Unternehmensentscheidungen einbezogen werden. Dies sowohl aus einer metaökonomischen (individuell formuliert: nicht nutzenorientierten) ethischen Zielsetzung, wie aus einer (unternehmensstrategisch) induzierten Vorwegnahme gesellschaftlicher und kultureller Veränderungen, also einer proaktiven Strategie, die der simultanen Besserstellung aller Anspruchsgruppen dient. Freeman und Evan (1993, S. 262) stellen klar: „The stakeholder theory does not give primacy to one stakeholder group over another, though there will surely be times when one group will benefit at the expense of other: In general, however, management must keep the relationships among stakeholders in balance. When these relationships become unbalanced, the survival of the firm is in jeopardy." Waddock und Graves (1997, S. 250–251) argumentieren empirisch, dass strategischer Erfolg (durchaus im erfolgsrationalen Sinne) nur auf die Qualität der Beziehungen zu den Anspruchsgruppen rückführbar ist. Walker und Marr (2001) sehen in „Stakeholder Commitment" sogar eine der zentralen Ursachen für Unternehmenswachstum.

Damit verbunden ist eine Redefinition des Begriffs Unternehmen. Konsequenterweise übertitelt sich eine der Monographien aus 2002 „Redefining the Corporation. Stakeholder Management and Organizational Wealth" (Post/Preston/Sachs 2002). Freeman und Evan (1993, S. 262) führen hierzu aus: „A stakeholder theory of the firm must redefine the purpose of the firm. The stockholder theory claims that the purpose of the firm is to maximize the welfare of the stockholders, perhaps subject to some moral or social constraints, either because such maximization leads to the greatest good or because of property right: The purpose of the firm is quite different in our view. [...] The very purpose of the firm is, in our view, to serve as a vehicle for coordinating stakeholder interests." Post, Preston und Sachs (2002, S. 17) definieren: „The Corporation is an organization engaged in mobilizing resources for productive uses in order to create wealth and other benefits (and not to intentionally destroy wealth, increase risk, or cause harm) for its multiple constituents, or stakeholders" und weiter: „Organizational Wealth is the summary measure of the capacity of an organization to create benefits for any and all of its stakeholders over the long term." Damit sind alle Unternehmungen, ob groß oder klein, ob Profit- oder Non-Profit-Unternehmen in ihrer Funktion als Stakeholder Plattform und in ihrer Bedeutung als zentrales Element moderner Gesellschaften gleichermaßen gemeint, denn Stakeholder Management fasst jede Organisation als Veranstaltung zur Maximierung der Erfüllung von Ansprüchen und der Sicherstellung der Wohlfahrt der Anspruchsgruppen und nicht als Veranstaltung zur Realisierung von Partikulärinteressen auf.

Damit wird auch in (unternehmens-)ethischer Hinsicht nicht der materielle Aspekt der Interaktion zwischen Unternehmung und Anspruchsgruppen relevant, sondern der prozessuale. In formaler Hinsicht heißt dies, dass die Beziehungen zu den Stakeholdern transparent zu gestalten sind. Die Öffentlichkeit, die dadurch entsteht, und die (in rekursiver Konstitution) produziert und reproduziert wird, gewinnt dadurch auch ethisches Gewicht, indem sie den Teilnehmern an einer Zivilgesellschaft Möglichkeiten zur unternehmerischen Mitbestimmung bietet. Das Kriterium der Transparenz der Interaktion fordert in diesem Kontext aber jedenfalls,

- dass Informationen an die Stakeholder gleich verteilt werden,
- dass die Kriterien für die Auswahl der Stakeholder offengelegt werden und
- dass die Kriterien für die Abwägung konfligierender Stakeholder-Interessen offengelegt werden.

Etwas operabler (allerdings unvermeidlicherweise begründungstheoretisch unschärfer) formuliert heißt dies, dass für diese Interaktion folgende (formalen) Normen maßgeblich sind:

- die (je situativ und lebensweltlich zu thematisierenden und transparent zu machenden) Regeln eines Diskurses, der sich im Sinne eines diskursiv-deontologischen Minimalethos eines fairen Prozesses, der die Anspruchsgruppen in ihrer Lebenswelt respektiert und sie als Organisationsbürger Teil einer Zivilgesellschaft versteht,

– das Zugestehen erheblicher Argumente an andere (das heißt dass man andere in ihrer Andersartigkeit vorbehaltlos ernst nimmt und dass man anderen elementare Persönlichkeits- und Kommunikationsrechte zugesteht),
– der Versuch, vernünftig zu argumentieren (also auch Gegenargumente zuzulassen beziehungsweise ein „let us agree to differ peacefully" als Referenzpunkt nimmt) sowie
– Offenheit und Selbstreflexivität (Transparenz) herzustellen.

In diesem Rahmen wird selbstverständlich auch die Absicht eines Großaktionärs, sein Kapital zu verzinsen, berücksichtigt werden. Es werden, kurz gesagt, weder ökonomische noch ethische Kriterien a priori ausgeschlossen. Die Frage ist allerdings, in welchem Kontext diese Absicht auch legitimierbar ist, und ob oben besagte Interessen mit genügend vernünftigen Argumenten ausgestattet sind, um ihre Realisierung (um welchen Preis?) gerechtfertigt erscheinen zu lassen. Auch in diesem Kontext gilt, dass die Verantwortung der mächtigen Stakeholder größer ist. Denn nur mächtige Stakeholder haben (tautologischerweise) die Alternative, ihre Interessen, sofern sie vernunftmäßig nicht legitimierbar sind, auch durch Zwang durchzusetzen. Aber auch dies müsste dann eben vom Unternehmen offengelegt werden.

5 Stakeholder Management im Medienunternehmen

Was heißt dies aber für den praktischen Umgang mit Anspruchsgruppen? Der Modus der Interaktion mit der Umwelt wird als zentraler Aspekt strategischer Unternehmensführung etabliert. Stakeholder-Konzepte ermöglichen dabei die ex ante Einbindung gesellschaftlicher Anspruchsgruppen in den Prozess der Entscheidungsfindung und ermöglichen ex post Kontrolle und Feedback.

Dieses Informationsgewinnungs- und Informationsverarbeitungssystem kann nicht mehr nach dem Muster des Ein-Aktor-Modells gedacht werden (wie es traditionellen, tayloristischen Unternehmensführungskonzepten zugrunde liegt). Das System muss vielmehr dezentral und multipersonal angelegt werden. Auch aus diesen (erfolgsrational argumentierbaren) Gründen ist also eine proaktive, an den Anspruchsgruppen und deren Lebenswelten orientierte Strategie rational. Der Ansatz der Fraktalisierung, der Stakeholder Management (als Teil der Unternehmenskultur) auf jeder (hierarchischen)

Ebene des Unternehmens dezentral und multipersonal verankern will, ist mit aktuellen Modellen der strategischen Unternehmensführung also nicht nur kompatibel, sondern stellt eine wesentliche Ergänzung, wenn nicht deren Ermöglichung dar. Wenn man eine Abkehr von traditionellen (tayloristischen) Modellen der Unternehmensführung für sinnvoll hält (und es gibt solide Gründe, das zu tun), dann ist Stakeholder Management ein notwendiger Bestandteil, wenn nicht gar Voraussetzung dieser Abkehr.

Der zweite wesentliche Erweiterungsaspekt, der durch den Ansatz des Stakeholder Managements bedingt wird und der diesen bedingt, ist die Umkehrung des strategischen und operativen Planungsprozesses. Da eine Organisation, die Schlüsselfragen ihrer unternehmerischen Existenz (Why are we in this business?) und die zentralen Fragen ihrer operativen Geschäftsfelder (What business are we in?) nicht autonom beantworten kann, ist der Beginn des Prozesses der Planung nicht mehr als eine Einschränkung von Handlungsmöglichkeiten aufzufassen, sondern im Gegenteil als deren Erweiterung.

Die Anschlussfähigkeit einer Organisation an verschiedene Lebenswelten, beziehungsweise das Mehr an Informationspotential entsteht gerade nicht durch eine Selektionsleistung, die durch die strategische und operative Planung vorstrukturiert und durch das Management erbracht wird, sondern (paradoxerweise) durch die Erweiterung der strategischen Optionen. Dies impliziert, dass nicht die Ausrichtung der unternehmerischen Strategie an den Ressourcen und den Potentialen der Unternehmung im Vordergrund der strategischen Planung steht (dass Selektionsleistungen also nicht exante erbracht werden), sondern, dass die Handlungsmöglichkeiten, die die Zukunft eröffnet, ergründet werden und erst in einem zweiten Schritt daraus strategische Optionen für die Organisation abgeleitet werden.

Management im stakeholdertheoretischen Sinne bedeutet nicht, dass die Umwelt über den Filter der strategischen Planung wahrgenommen wird, sondern dass, ganz im Gegenteil, die Anspruchsgruppen die strategischen Optionen der Unternehmung definieren. Damit steht am Beginn des Managementprozesses nicht die Frage nach den Möglichkeiten und den Potentialen der Unternehmung, sondern jene nach den Ansprüchen der Anspruchsgruppen. Dies bedeutet, dass am Beginn des strategischen wie des operativen Managementprozesses die Analyse der Ansprüche steht und nicht wie in plandeterminierten Modellen der Unternehmensführung (wenn überhaupt) an deren Ende. In diesem Sinne sind in Anlehnung an die angloamerikanische Managementtradition zumindest die folgenden Fragen zu beantworten (Carroll 1996, S. 82; Frooman 1999, S. 191):

- Wer sind unsere Anspruchsgruppen?
- Was sind ihre Ansprüche?
- Welche Chancen und Gefahren stellen diese für uns dar?
- Welche Auswirkungen hat unser Handeln auf sie?
- Welche rechtlichen, wirtschaftlichen und ethischen Verantwortungen haben wir gegenüber unseren Anspruchsgruppen?
- Welche Strategien wenden die Anspruchsgruppen im Umgang mit uns an?
- Welche Strategien wenden wir im Umgang mit ihnen an (Was sind unsere Schlüsselwerte? Wie wird sich die Situation verändern?)?

Damit die Einbeziehung der Anspruchsgruppen nicht der individuellen Beliebigkeit der Entscheidungsträger überantwortet wird, ist eine Institutionalisierung unabdingbar. Freeman und Evan (1993, S. 263) schlagen deshalb neben der Ausarbeitung prinzipieller unternehmerischer Zielvorstellungen (zum Beispiel Strategie oder Codex) eine Institutionalisierung des Stakeholder Ansatzes vor. In ihrem Ansatz votieren sie für ein „Stakeholder Board of Directors" das Vertreter der wichtigsten Anspruchsgruppen umfasst. Zur Konstituierung dieses Boards schlagen sie eine „Stakeholderversammlung" vor, die ähnlich wie eine Aktionärsversammlung agiert. Die jeweiligen Vertreter würden in das Board im Interesse und Auftrag der jeweiligen Anspruchsgruppen entsandt um dort deren Ansprüche zu vertreten. Im Falle einflussreicher und mächtiger Stakeholder ist die Motivation dafür sicher in unternehmerischer Klugheit und ethischer Vernunft gleichermaßen zu finden. Solange ein entsprechender infrastruktureller und ordnungspolitischer Rahmen für die Anschlussfähigkeit ethischer und ökonomischer Kriterien in der Unternehmensführung nicht existiert, ist die Einbeziehung von (scheinbar oder evident) ohnmächtigen und irrelevanten Anspruchsgruppen nur auf volativer und unternehmensethischer Basis zu leisten. Dies kann aber durchaus auch im erfolgsstrategischen Sinne rational sein, denn auch Medienunternehmen werden auf Frist besehen den Nachweis, ob sie zum Wohle der Gemeinschaft oder auf deren Kosten agieren, nicht schuldig bleiben können.

Dazu ist der Ansatz des Stakeholder Managements für Medienunternehmungen besonders geeignet.

Medienunternehmungen sind Konstituenten von Öffentlichkeit. Sie sind damit öffentlich-exponierte Organisationen. Der Stakeholder Ansatz setzt an eben dieser öffentlichen Exponiertheit an und rekonstruiert in abstrakter (strategischer) und konkreter (operativer) Form alle Interaktionen, die diese bedingen. Es geht also in publizistischer Sicht um die Produktion, Allokation und Konsumption der Güter, Nachrichten und Berichte beziehungsweise Unterhaltung und Werbung und in ökonomischer Hinsicht um die mittelfristige Aufrechterhaltung eines finanziellen Gleichgewichtes und die damit verbundenen Interaktionen. Damit wird auch der Wettbewerb als eine (wenn auch bedeutsame) Form dieser Interaktion aufgefasst. In einer stakeholdertheoretischen Auffassung der Medienunternehmung unterteilt sich der Wettbewerb in:

- Wettbewerb um Produktionsfaktoren (wie zum Beispiel Mitarbeiter, Bildmaterial, Nachrichten, Filme, Content im weitesten Sinne, Druck- und Vertriebskapazitäten, Sendefrequenzen und technische Reichweiten),
- Wettbewerb um Öffentlichkeit,
- Wettbewerb um Zeit beziehungsweise Aufmerksamkeit und Geld des Publikums,
- Wettbewerb um Werbeeinnahmen,
- Wettbewerb um Öffentlichkeit und um Sozialkapital, also um Ruhm, Reputation, Image im Sinne einer Ökonomie der Aufmerksamkeit (vgl. Franck 1998, S. 113–120) sowie
- Wettbewerb um Kontrolle, soziale Interaktionschancen und Einfluss (vgl. Bourdieu 1998).

Hiermit ist das Bemühen gemeint, politischen, sozialen, kulturellen Einfluss via das System publizistischer Produktion zu gewinnen, strategische Felder im öffentlichen Diskurs zu besetzen oder auch Aufmerksamkeit in bestimmter Form (Reputation und Image) zu stabilisieren. Dadurch können mittelbar ökonomische Verwertungsbedingungen verbessert werden, aber auch außerökonomische Ziele von Medienunternehmungen realisiert werden. Medienunternehmungen sind in stakeholdertheoretischer Auffassung nicht nur Veranstaltungen zur Generierung von Gewinnen (beziehungsweise Realkapital), sondern auch (und manchmal vorwiegend) zur Generierung von Sozialkapital.

Medienunternehmungen produzieren quasi-öffentliche Güter, die den technischen Charakter privater und den kulturellen Charakter öffentlicher Güter haben. Sie produzieren in einem komplexen Interaktionsgeflecht Wirtschafts- und Kulturgüter (duale Güter). Medienunternehmungen sind deshalb nicht nur als ökonomische Akteure, sondern auch in ihrer kulturrelevanten und gesellschaftlichen Dimension und Verantwortung zu analysieren. Die ethisch und kulturell relevanten Wirkungen medialer Produktion verschwinden nämlich nicht dadurch, dass man sie aus der wirtschaftswissenschaftlichen Analyse konsequent ausblendet oder an ordnungspolitische Betrachtungen delegiert. Die systematische Strukturierung der Wahrnehmung und das zur Sprache (und damit wohl auch in die Welt) Bringen der Spezifika medialer Produktion sind notwendige Bedingungen einer adäquaten Komplexitätsreduktion auf Ebene des Systems der Beobachtung zweiter Ordnung der Medien. Dies vermag der Ansatz des Stakeholder Managements zu leisten.

Stakeholder Management fasst die Unternehmung als Veranstaltung zur Maximierung der Erfüllung von Ansprüchen und der Sicherstellung der Wohlfahrt der Anspruchsgruppen auf und nicht als Veranstaltung zur Realisierung von Partikulärinteressen. Die Auffassung der Medienunternehmung als Stakeholder Allianz will der kommunikativen, ethischen und ökonomischen Rationalität, die dieser Funktionsweise von Medienunternehmungen in entwickelten Industrie- und Dienstleistungs- beziehungsweise Informationsgesellschaften zugrunde liegt, Rechnung tragen. Es geht also weder um eine einseitige Fokussierung auf Erfolgsrationalität im ökonomischen Sinne, noch um ausschließliche Orientierung an der kommunikativen und verständigungsorientierten Leistung der Medien, noch um die Geltendmachung ethischer Ansprüche gegen ökonomische und kommunikative Ansprüche. Es geht ganz im Gegenteil darum, dem Charakter der Medienunternehmung als Produzent von quasi-öffentlichen Gütern und dem Charakter der Medienunternehmung als öffentlich-exponierte Institution und als gesellschaftlich verantwortliche Organisation Rechnung zu tragen. Ökonomie ist in diesem Sinne als „Agentur für Lebensqualität" aufzufassen. Das bonum commune, das ja in ökonomischer Interpretation den Maßstab der Sinnhaftigkeit einzel- wie gesamtwirtschaftlicher Prozesse darstellt, kann auch als Summe individueller Qualitätsbegriffe beziehungsweise als Lebensqualität definiert werden. Ökonomie wird in diesem Sinne als Funktionszusammenhang verstanden, der das Egoismus-Altruismus-Problem durch Institutionen (wie Unternehmungen) und durch Prozesse (wie Marktprozesse) einer Lösung näher führt. Den Medien kommt in dieser Auffassung die Funktion einer „Agentur für Identität" zu. Da Realität in Medien- beziehungsweise Informationsgesellschaften vornehmlich, wenn auch nicht ausschließlich, über mediale Interaktion konstituiert und reproduziert wird, kommt den Medien in der Konstitution gesellschaftlicher (das heißt kollektiver beziehungsweise gruppenübergreifender) Identität eine ebenso wichtige Rolle zu, wie in der Konstituierung individueller Identität. Kurz: Medienkonsum stiftet Sinn, indem die Selektionsleistung der Medien Identifikation und Identität ermöglicht. Durch die Medien wird das Publikum zum Beobachter zweiter Ordnung und findet seine Identität in der Dichotomie von Abgrenzung zum Beobachteten und Identifikation mit dem Beobachteten und dem Beobachter. Eben dieser Prozess verweist aber auch auf die Notwendigkeit einer pluralistischen Medienkonzeption und damit auch einer pluralistischen Konzeption der Medienunternehmung, denn es ist davon auszugehen, dass die Realitäts- und Identitätsangebote der Medien in keinem Falle als allgemeine (und das meint auch allgemein verbindliche) und als a priori konsensfähige Konstrukte interpretiert werden.

Die Auffassung der Medienunternehmung als Stakeholder Allianz versucht beide Ansätze, jenen, der Ökonomie als Agentur für Lebensqualität auffasst, und jenen, der Medien als Agentur für Identität auffasst, auf den Punkt zu bringen. Auch hier ist von keiner vollständigen Kongruenz der unterschiedlichen Funktionsweisen und Funktionssysteme auszugehen. Die erfolgsstrategisch rationale Allokation von Nachrichten beziehungsweise Berichten, Unterhaltung und Werbung als Unternehmenszweck, konfligiert mit Anforderungen an bestimmte Konstituenten von Identität, wie sie aus medienethischer, medienpädagogischer, medienpolitischer und mediensoziologischer Perspektive diskutiert werden. Dieser Konflikt ist nur gradueller und nicht prinzipieller Natur. Darüber hinaus liegt es in der Natur und im Charakter der Güter begründet, die Medienunternehmungen allozieren, dass das bonum commune nicht „per se" oder durch den Automatismus der Konkurrenz hergestellt wird, sondern, dass durch die Produktion von negativen Externalitäten die Erreichung dieses Ziels immer gefährdet ist.

Es bedarf also sowohl in der Interpretation der Ökonomie als Agentur für Lebensqualität, als auch in der Interpretation der Medien als Agentur für Identität einer autonomen, unternehmerischen Anstrengung und eines proaktiven, prozessualen Handelns, das die verschiedenen (und im Einzelfall auch konfligierenden) Ansprüche an Lebensqualität und Identität zu integrieren vermag. Diese Integration ebenso wie die strategische Neuorientierung wird durch Stakeholder Management möglich, da die Systeme Ökonomie und Publizistik in ihren Funktionen aufeinander bezogen bleiben, aber nicht aufeinander reduziert werden. Dies gilt für öffentlich-rechtliche ebenso wie für private Medienunternehmungen. So kann ein öffentlich-rechtliches Unternehmen durchaus auch private Güter und Dienstleistungen anbieten, wie ein privates Unternehmen öffentliche Güter und Dienstleistungen anbieten kann (und soll). Die öffentliche Exponiertheit der Medienunternehmung beziehungsweise der Charakter der Medienunternehmung als Produzent von dualen und quasi-öffentlichen und öffentlichen Gütern überschreitet hierbei die Grenzen privatrechtlicher und öffentlicher Verfasstheit von Unternehmungen. Eigentumsrechte an Medienunternehmungen und die Wirkungen der Unternehmung auf die Gesellschaft sind also unseres Erachtens im öffentlichen Diskurs thematisierbar (und zwar ganz egal, ob sie im privaten oder im öffentlichen Eigentum stehen), wie dies bei allen anderen Unternehmungen der Fall ist. Der Ansatz ist darauf ausgerichtet, die Produktion negativer externer Effekte zu minimieren und Wirkungen so weit wie möglich zu internalisieren.

Dass Medienunternehmen auf die ethischen Verfehlungen, Zumutungen, Ansprüche und Errungenschaften in anderen Branchen zwar hinweisen, sie aber auf die eigene Branche zumal auf die eigene Unternehmung nur schwer anwenden können, liegt in der Natur der Sache, denn auch hier gilt, dass Fremdreferenz leichter herzustellen ist als Selbstreferenz. Stakeholder Management vermag durch die Öffnung der Kommunikation diesen blinden Fleck zu erhellen.

6 Fazit

Medienunternehmen können, wenn sie nicht schon Pioniere der Unternehmensethik waren, zumindest Wegbereiter einer Gesellschaft der Organisationen und einer kommunikativen Zivilgesellschaft werden. Diesen Anspruch umzusetzen ist Pflicht der Stakeholder und Sinn des Managements. Damit verbunden ist auch der Versuch, die ethische Vernunft mit der ökonomischen Klugheit tendenziell zu versöhnen. Dies ist angesichts der lebensweltlichen Bedeutung und der wertkonstitutiven Funktion der Medien vernünftig und im Sinne einer proaktiven Strategie auch erfolgsstrategisch geboten. Aber eben nicht nur.

Literaturverzeichnis

Bentele, G. (1996) Wie wirklich ist die Medienwirklichkeit? Anmerkungen zu Konstruktivismus und Realismus in der Kommunikationswissenschaft, in: Wunden, W. (Hrsg.) Wahrheit als Medienqualität, Frankfurt/Main 1996, S. 121–142.
Bourdieu, P. (1998) Praktische Vernunft, Frankfurt/Main 1998.
Carroll, A.B. (1996) Business and Society. Ethics and Stakeholder Management, Cincinnati 1996.
Clarkson, M. (1998) The Corporation and its Stakeholders, Toronto 1998.
Dennis, E./Merrill, J.C. (1996) Media Debates. Issues in Mass Communication. New York 1996.
Donaldson, T./Preston, L. (1995) The stakeholder theory of the corporation. Concepts, evidence, implications, in: Academy of Management Review 20 (1/1995), S. 65–91.

Enderle, G. (1991) Handlungsorientierte Wirtschaftsethik, in: Nutzinger, H.G. (Hrsg.) Wirtschaft und Ethik, Wiesbaden 1991, S. 145–167.
Franck, G. (1998) Ökonomie der Aufmerksamkeit, München – Wien 1998.
Freeman, E.R./Evan, W.M. (1993) A Stakeholder Theory of the Modern Corporation. Kantian capitalism, in: Chryssides, G./Kaler, J. (Hrsg.) An Introduction to Business Ethics, London etc. 1993.
Freeman, E.R./Gilbert, D.R. (1991) Unternehmensstrategie, Ethik und persönliche Verantwortung, Frankfurt/Main – New York 1991.
Freeman, E.R. (1984) Strategic Management. A Stakeholder Approach, Marshfield etc. 1994.
Freemam, E.R. (1999) Divergent Stakeholder Theory, in: Academy of Management Review 24 (2/1999), S. 123–237.
Frooman, J. (1999) Stakeholder Influence Strategies, in: Academy of Management Review 24 (2/1999), S. 191–205.
Funiok, R. (1996) Grundfragen der Kommunikationsethik, Konstanz 1996.
Funiok, R./Schmälzle, U.F./Werth, C.H. (1999) Medienethik – die Frage der Verantwortung, Bonn 1999.
Haller, M./Holzhey, H. (1992) Medien-Ethik. Beschreibungen. Analysen. Konzepte, Opladen 1992.
Hemmati, M. (2002) Multi-Stakeholder Processes for Governance and Sustainability, London 2002.
Hengsbach, F. (1997) „Globalisierung" aus wirtschaftsethischer Sicht, in: Aus Politik und Zeitgeschichte, Beilage zur Wochenzeitung Das Parlament (21/1997), S. 3–13.
Jarren, O./Weßler, H. (Hrsg.) (1997) Perspektiven der Medienethik, Opladen 1997.
Jones, T.M./Wicks, A.C. (1999) Convergent Stakeholder Theory, in: Academy of Management Review 24 (2/1999), S. 206–221.
Karmasin, M./Winter, C. (2000) Kontexte und Aufgabenfelder von Medienmanagement, in: Karmasin, M./Winter, C. (Hrsg.) Grundlagen des Medienmanagements, München 2000, S. 15–39.
Karmasin, M. (1996) Ethik als Gewinn. Zur ethischen Rekonstruktion der Ökonomie: Konzepte und Analysen von Wirtschafts-, Unternehmens- und Führungsethik, Wien 1996.
Karmasin, M. (1999) Medienethik als Wirtschaftsethik medialer Kommunikation? in: Commnunicatio Socialias, Internationale Zeitschrift für Kommunikation in Kirche, Religion und Gesellschaft 32 (4/1999), S. 343–365.
Karmasin, M./Karmasin, H. (1997) Cultural Theory. Ein neuer Ansatz für Kommunikation, Marketing und Management, Wien 1997.
Karmasin, M. (1998) Medienökonomie. Medienökonomie als Theorie (massen-)medialer Kommunikation, Graz – Wien 1998.
Karmasin, M. (2000) Medienmanagement als Stakeholdermanagement, in: Karmasin, M./Winter, C. (Hrsg.) Grundlagen des Medienmanagements, München 2000, S. 279–302.
Karmasin, M. (2002) Medien und Ethik, Stuttgart 2002.
Kelly, G./Kelly, D./Gamble, A. (1997) Stakeholder Capitalism, Sheffield 1997.
Luhmann, N. (1996) Die Realität der Massenmedien, Wiesbaden 1996.

Neugebauer, U. (1998) Unternehmensethik in der Betriebswirtschaftslehre. Vergleichende Analyse ethischer Ansätze in der deutschsprachigen Betriebswirtschaftslehre, Berlin 1998.
Noll, B. (2002) Wirtschafts- und Unternehmensethik in der Marktwirtschaft, Stuttgart – Berlin – Köln 2002.
Ortmann, G./Sydow, J./Türk, K. (1997) Theorien der Organisation. Die Rückkehr der Gesellschaft, Opladen 1997.
Post, J.E./Preston, L.E./Sachs, S. (2002) Redefining the Corporation. Stakeholder Management and Organizational Wealth, Stanford 2002.
Rath, M. (2000) Medienethik und Medienwirkungsfroschung, Opladen 2000.
Steinmann, H./Wagner, R.G. (1998) Umwelt- und Wirtschaftsethik, Stuttgart 1998.
Suchanek, A. (2001) Ökonomische Ethik, Tübingen 2001.
Svendsen, A. (1998) The Stakeholder Strategy. Profiting from Collaborative Business Relationships, San Francisco 1998.
Ulrich, P. (1998) Integrative Wirtschaftsethik. Grundlagen einer lebensdienlichen Ökonomie, Bern – Stuttgart – Wien 1998.
Waddock, S./Graves, S.B. (1997) Quality of Management and Quality of Stakeholder Relations. Are they Synomyous? in: Business and Society 36 (3/1997), S. 250–279.
Walker, S.F./Marr, J.W. (2001) Stakeholder Power. A Winning Plan for Building Stakeholder Commitment and Driving Corporate Growth, Cambrigde 2001.
Weber, M. (1972) Wirtschaft und Gesellschaft, Tübingen 1972.
Wunden, W. (1994) Öffentlichkeit und Kommunikationskultur, Stuttgart 1994.
Wunden, W. (1996) Wahrheit als Medienqualität, Frankfurt/Main 1996.
Wunden, W. (1989) Freiheit und Medien, Frankfurt/Main 1989.
Wunden, W. (1998) Medien zwischen Markt und Moral, Stuttgart 1998.
Zerfaß, A. (1996) Dialogkommunikation und strategische Unternehmensführung, in: Bentele, G./Steinmann, H./Zerfaß, A. (Hrsg.) Dialogorientierte Unternehmenskommunikation, Berlin 1996, S. 23–58.

Drittes Kapitel: Die Strategie

Interview mit John Lavine

Prof. John Lavine, Kellogg School of Management, Nothwestern University, Chicago/IL (USA)

What is from your individual point of view the most important question media management in day-to-day practice has to deal with?

There are six inter-related challenges, which are best posed as questions that media managers need to solve:

- How can our media offering enhance its impact and value to our customers (news, entertainment and advertising) in an increasingly fragmented media market place?
- How can our media teams gain a far deeper understanding of our audiences' experiences with the media's content we offer and, then, use that understanding to produce more impactful media? (Note: For more on media experiences look at our research on www.readership.org. We have similar work on consumer magazines and, in process, on on-line use and television.)
- How can we more meaningfully measure media usage and impact? (Many existing metrics are not useful in this regard. For instance, circulation is helpful, but it is a limited proxy for usage and impact.)
- To deal with the questions above, how can our media organization become truly strategic? (How can we move from short-term, operational-excellence approaches to strategic, middle-term visions that will lead to measured success in three to five years?)
- At all levels, how can we change our media culture to support our strategy and embrace change?
- How can we most effectively measure our strategic and audience progress?

What is the most important answer media management in theory has given in the last year?

I've seen a lot of valuable research in the past year. However, most of it has been applied, not theoretical... I wish that I could think of some theoretical media research that deserves to be highlighted, but I don't. (That may be my short coming rather than a commentary on the field.)

Can market-driven journalism be a long-term strategy?

Yes. (Note: It depends on how the term "market-driven" is defined. Some use this term to imply "dumbed-down", frivolous or advertiser-dictated journalism. Those approaches will fail and thinking media leaders would never adopt – or even consider – them.)

Yet, the best media managers know that quality journalism is market driven and that that is a good thing. Without a market (read an "audience") journalism has little meaning. You can have all of the newspapers or television shows or films you can imagine, but no one reads them or views them, they might as well not exist.

Further, in all but public or not-for-profit media, advertising is the key to journalistic independence. It has the potential to keep the media free of interference from government, political parties, the Church, et cetera.

Finally, journalism that has to pay more attention to the market – namely its customers – can do a better job of informing them, looking out for their interests, fostering sociall responsibility and enhancing commerce. That is not "pandering". It is using audience insights and experiences to provide consumers and advertisers with increased value.

Market-orientation of media companies and social responsibility are not contradictory, but can absolutely comply.

How should a media manager know which criteria are crucial for operational excellence on the one hand and long-term strategy on the other?

Meaningful media strategy not only looks to the future and charts a course to go there, but it usually uses a balance of operational excellence and change as two of its prime tools. Media managers should question operational approaches when they become a barrier to strategic change. (For example: "We can't do that because this is the way we've always done things here.")

Note: For more on this, look at the research we did on media culture. It too is found at: www.readership.org.

How do you see the professionalism in the media industry and how would you measure the professionalism of a media company?

There are many answers to this question. Media managers who value, focus on and actualize the six challenges in my response to the first question above are professionals.

How can media companies handle the gap between economic and ethical objectives?

This question is too generalized: which gap? for which company? about what subjects? I care deeply about the tensions and gaps between economic and ethical objectives in media organizations. However, this question implies that they are endemic in across the media. They're not. Excellent media firms are transparent about these issues, and in those organizations, if they do arise, ethics wins.

U.S. media have often been accused of tailoring their news according to ownership structures. Consumer advocates fear that only a few companies control what people see, hear and read. Is there a risk for "media lobbyism"? Or for political control?

The short answer is "no" this is not a risk. Of course there are times when the media in the U.S. – and in many other countries – is one-sided, narrow minded or just plain wrong. Yet, in a nation with 300 television channels, 19.000 consumer magazines, 1.400 daily newspapers, nearly 10.000 weekly newspapers and millions of web sites, the kind of control suggested by this question is far out of touch with reality. Further, in the rare, recent instance where a large media company attempted to exert such control, it was a disaster. Consider Sinclair Broadcasting where the CEO tried to impose a personal view across his numerous stations. Advertisers defected. Viewership dropped. Sinclair took a beating at the hands of all of the other media, and the uproar was so great that Sinclair had to back down.

A media company's welfare depends on its market position. How does this affect the quality of information and media products?

Of course, the market position – both economic and social – of every U.S. media enterprise plays a significant role in its success, but so do habit, trust, culture and brand-experience and a variety of other sources. No U.S. media company depends only on its market position, as this question seems to imply, and the quality of its information responds to this mixture of forces.

Please tell us which theory is most relevant in your research of media management. Which is the most applicable theory for managers?

I use the work of a number of people. Michael Porter, Clayton Christiensen and others. That said, all of them need testing and adaptation when they are applied to the media. In some ways they apply; in other key areas they do not. For example, in Innovators Dilemma, Christiensen (2003) uses the theory of disruptive technology. A brilliant bit of work, it is informative in considering the changes observed in media, but it does not fully explain them. When we apply it in our MBA and executive classes, we focus on the ways that his – or Porter's – theories need to be expanded or modified when they are applied to the media.

What (else) should a student in the field of media management learn?

The list is long; far too long to recite here. Some of the top items are:

- What new research is the most robust and how can it be used in their work?
- What constitutes impactful quality journalism, news, information, entertainment and advertising for society and, simultaneously, for consumers?
- What audience experiences correlate most with motivated or inhibited media usage?
- What matters most to young (age eight to age 35) media users?

Wettbewerbsstrategien – Überblick, Systematik und Perspektiven

Torsten J. Gerpott

1 Einführung 307

2 Medienwirtschaft: Anbieterseitige Präzisierung und Abgrenzung 308

3 Wettbewerbsstrategien von Medienunternehmen im Überblick 314

4 Ökonomische Besonderheiten von Mediengütern und deren
   grundsätzlichen wettbewerbsstrategischen Implikationen 318
   4.1 Hohe absatzmengenunabhängige Kosten der Urfassung 319
   4.2 Geringe Qualitätssicherheit und Konsumrivalität 321
       4.2.1 Medienmarkenstrategien 322
       4.2.2 Mehrfachverwertungsstrategien, Cross-Media- und Cross-
            Sales-Strategien 323
       4.2.3 Inhaltliche Risikobegrenzungsstrategien 328
   4.3 Schwierige Ausschließbarkeit von nicht zahlenden Rezipienten ... 330
   4.4 Netzeffekte 332
   4.5 Meritorische Kulturgüter 335

5 Perspektiven 338
   5.1 Print-Verlagsunternehmen 341
   5.2 Rundfunkveranstalter 345
   5.3 Film- und Musikverlage 348
   5.4 Online-Portale 351
   5.5 Fazit 352

Literaturverzeichnis 352

Vorschau

Wettbewerbsstrategien

In dem Beitrag erfahren Sie, dass Wettbewerbsstrategien sich auf einzelne anhand der Kriterien Kundengruppen, relevante Wettbewerber, Absatzleistungsfunktionen für den Kunden, Leistungserstellungs(prozess)technik oder Leistungsabsatzregion abzugrenzende Produkt-Markt-Felder beziehen und aufzeigen, wie ein Medienunternehmen dort Nachfrager grundsätzlich dazu motivieren will, sich für die eigenen Angebote und gegen die von Konkurrenten zu entscheiden.

Wettbewerbsstrategievarianten

Der Beitrag erklärt, dass bei Wettbewerbsstrategien von Medienunternehmen auf Rezipienten- und Werbemärkten nach der Art des angestrebten Kundennutzens drei Ansätze zu unterscheiden sind: (1) Differenzierungs-/Präferenz-, (2) Kosten-/ Preisführer- und (3) Hybridstrategien.

Medienwirtschaftliche Strategiebesonderheiten

Aus dem Beitrag ersehen Sie, welche Besonderheiten von Wettbewerbsstrategien, die Unternehmen der Medienwirtschaft zur Verfügung stehen, auf fünf branchenspezifische Charakteristika zurückzuführen sind, nämlich: (1) Hohe First-Copy-Costs", (2) geringe Qualitätssicherheit und Konsumrivalität, (3) schwierige Ausschließbarkeit nicht zahlender Rezipienten, (4) erhebliche Netzeffekte und (5) häufige Einstufung als meritorische Kulturgüter.

Mehrfachverwertungsstrategien

Der Beitrag vermittelt, wie Mehrfachverwertungsstrategien von Medienunternehmen durch Variation von (1) Inhalten, (2) Mediengattungs-/-trägertechniken und (3) Angebotszeitpunkten gestaltet werden können.

Netzbasierte Endkundenzugänge

Anhand des Beitrags erkennen Sie, welche Veränderungsimpulse auf Wettbewerbsstrategien von Unternehmen in verschiedenen Teilbranchen der Medienwirtschaft von folgenden vier Arten von elektronischen Kundenzugängen über Telekommunikationsnetze ausgehen: (1) Schmalbandige stationäre Internetzugänge über Telefonwählverbindungen, (2) breitbandigere stationäre Internetzugänge über DSL-Anschlüsse, (3) digitalisierte Rundfunkverteilnetze und (4) breitbandigere Funknetze, die einen Zugriff auf elektronisch abgebildete Medieninhalte „unterwegs" ohne Bindung an eine Wohnung oder einen Arbeitsplatz ermöglichen.

1 Einführung

Medienunternehmen sind zu einem charakteristischen Element modernder Industriegesellschaften geworden. Sie erzeugen und vermitteln Inhalte, die sich wesentlich auf das Verhalten der Menschen in ihren Rollen als Privatpersonen oder als Akteure im Wirtschafts- oder Staatssektor auswirken. Medienunternehmen übernehmen ihre gesellschaftlichen Funktionen aber nicht als Selbstzweck, sondern sind ihrerseits Wirtschaftsunternehmen, die sich im Wettbewerb auf Werbe- und/oder Empfängermärkten gegen direkte und indirekte Konkurrenten zu behaupten haben, um Gewinne zu erzielen. Dabei sind sie mit vielfältigen Änderungen ihres Wettbewerbsumfelds konfrontiert. Beispielsweise modifizieren Mediennutzer im Zeitablauf ihre Vorlieben für bestimmte Arten von Inhalten, neue Wettbewerber aus dem Ausland treten in einen nationalen Medienmarkt ein, moderne Informations- und Telekommunikationstechniken führen zu veränderten Grenzziehungen zwischen Teilmärkten der Medienbranche oder lösen die Entstehung bislang unbekannter Medienleistungen aus. Weiterhin bleibt die finanzielle, personelle und technische Ressourcenbasis von Medienunternehmen typischerweise über längere Zeiträume nicht gleich.

In solchen komplexen und dynamischen Situationen kann das Management von Medienunternehmen versuchen, das eigene wirtschaftliche Erfolgsniveau durch auf langjährige praktische Erfahrung aufbauender intuitiver Weiterentwicklung der extern vermarkteten Mediengüter und der internen Leistungserstellungsprozesse zu erhalten oder zu steigern. Alternativ hat die Unternehmensführung auch die Möglichkeit durch ein systematisches Vorgehen, das Erkenntnisse der wissenschaftlichen Betriebswirtschaftslehre berücksichtigt, Konzepte zu entwickeln, die beschreiben, wie man auf längere Sicht solche Vorteile gegenüber Konkurrenten erreichen will, die zur Gewinnung neuer Kunden und zur Erhaltung des historischen Kundenbestands beitragen sollen. Anliegen des vorliegenden Beitrags ist es, die zuletzt genannte Vorgehensweise zu unterstützen, indem ausgehend von einer Abgrenzung der Medienwirtschaft primär wettbewerbsstrategische Themen von Medienunternehmen und sekundär das methodische Vorgehen bei der Entwicklung von Wettbewerbsstrategien diskutiert werden.

2 Medienwirtschaft: Anbieterseitige Präzisierung und Abgrenzung

Die Medienwirtschaft umfasst anbieterseitig die Gesamtheit aller privat- und öffentlich-rechtlich verfassten Unternehmen, die zur Einkommenserzielung immaterielle Inhalte für den Fremdbedarf erschaffen, auswählen, zu vermarktungsfähigen Leistungspaketen bündeln und dafür sorgen, dass diese Inhaltegüter auf materiellen Trägern oder über Telekommunikationsnetze zu einer großen, dispersen Menge von Personen (Rezipienten) gelangen, damit Letztere die Inhalte zur Befriedigung von Informations- und/ oder Unterhaltungsbedürfnissen wahrnehmen können. Um die Geschäftsgegenstände und -situation von Medienunternehmen etwas genauer zu umreißen und abzugrenzen, wird im Folgenden auf fünf Elemente eingegangen, die in der eben vorgenommenen allgemeinen Umschreibung der Medienwirtschaft enthalten sind.

Als erstes ist zu klären, was mit Inhalten gemeint ist. Zu den von der Medienwirtschaft vermarkteten Inhalten sind allgemein Texte beziehungsweise Grafiken (im Sinn von aus vorab definierten endlichen Zeichenmengen gebildeten und für Rezipienten interpretierbaren Sinneinheiten), Stand- beziehungsweise Bewegtbilder, Töne und Kombinationen der drei zuvor genannten Kommunikations- oder Wahrnehmungsformate zu zählen. Die in unterschiedlichen Wahrnehmungsformaten gesendeten immateriellen Inhalte und nicht etwa deren materielle Träger (zum Beispiel CD oder Papier) bestimmen primär den Wert beziehungsweise Nutzen von Mediengütern für Rezipienten.

Als zweites ist zu diskutieren, wie die Gesamtheit der Medienunternehmen in Teilgruppen beziehungsweise die Medienwirtschaft in Teilmärkte untergliedert werden kann, die jeweils unterschiedliche, nur beschränkt gegeneinander substituierbare Arten von Mediengütern anbieten beziehungsweise umfassen. Am gebräuchlichsten ist hier wohl die Strukturierung der Medienwirtschaft nach den verwendeten technischen Inhalteträgern und -übermittlungsverfahren, die wiederum in wechselseitiger Abhängigkeit zur Art der typischerweise verbreiteten Aussagen (informativ, unterhaltend) und der Informationsaufnahme (lesen, sehen, sehen und hören) stehen. Demnach ist die Medienwirtschaft auf der obersten Ebene in Teilmärkte beziehungsweise Anbieter für gedruckte, durch Text und Standbilder vermittelte Inhalte (Print-Medien) und audiovisuelle, durch Töne und Bewegtbilder vermittelte Inhalte zu untergliedern (vgl. Brack 2003, S. 30–35; Keuper/Hans 2003, S. 4–6; Schumann/Hess 2002, S. 7–9; Kiefer 2001, S. 82–87; Zerdick et al. 2001, S. 49–50). Der Print-Teilmarkt wird nach der bei den Absatzobjekten realisierten thematischen Aktualität, der inhaltlich abgedeckten Themenbreite (Universalität), der Zugänglichkeit für die Allgemeinheit (Publizität), der Regelmäßigkeit und Frequenz des Erscheinens, dem quantitativen Umfang, dem Papierformat und der Art der Bindung einzelner Papierbögen auf einer zweiten Ebene weiter differenziert in die Untermärkte für Zeitungen, Zeitschriften und Bücher. Die Mediengütergattungen Zeitschriften und Bücher werden weiter nach der Zahl ihrer Leser und dem zu ihrem Verständnis erforderlichen Vorwissen in Publikums- und Fach- beziehungsweise Special-Interest-Zeitschriften sowie -bücher unterteilt. Für Publikumszeitungen und -zeitschriften ist auch der Sammelbegriff Presse geläufig. Der Teilmarkt für audiovisuelle Inhalte schließt als elektronisch übermittelte Mediengüter, deren Wahrnehmung Endgeräte auf Rezipientenseite erfordert, ein:

- Einzelne Filme oder Musikstücke, die über Kinos oder über Telekommunikationsnetze als Verbrauchsgut ohne materiellen Träger oder über mehr oder minder spezialisierte Handelsunternehmen (zum Beispiel Videotheken oder Musikversandhäuser) als Gebrauchsgut auf einem materiellen Träger (zum Beispiel DVD oder CD) von Endkunden nach dem Pull-Prinzip angefordert werden.
- Film-, Musik- und Wortbeitragsreihungen, die als kontinuierlich ausgestrahlte Fernseh- oder Hörfunkprogramme (Rundfunk) über verschiedene Telekommunikationsnetztypen Endkunden nach dem Push-Prinzip angeboten werden.

In der betriebswirtschaftlichen Literatur wird ohne tiefergehende Analyse häufig behauptet, dass neben den klassischen Print- und Audiovisionssegmenten der Medienwirtschaft mit der zunehmenden Verbreitung von PC und Internet-Zugängen auch in privaten Haushalten ein weiterer Teilmarkt entstanden sei. Er wird als Markt für neue, von Rezipienten aktiv angesteuerte und interaktive Online-, Internet- oder Multimedia-Inhalte charakterisiert (vgl. Brack 2003, S. 30; Strunck 2003, S. 27–28; Schumann/Hess 2002, S. 8; Sjurts 2002, S. 16; Wirtz 2001, S. 19-20). Diese These lässt sich nur aufrechterhalten, wenn man Teilmärkte der Medienwirtschaft ausschließlich technisch anhand der zur Übermittlung von Inhalten eingesetzten Netzplattformen und Endgeräte der Rezipienten abgrenzt. Aus kommunikationswissenschaftlicher Sicht hingegen ist das Internet per se gar „kein Medium, sondern ein Kommunikationsraum" (Brüggemann 2002, S. 67; Brandl 2002, S. 10–13), der für das Angebot unterschiedlichster, bislang hauptsächlich über PC als Endgeräte dargestellte, Inhaltearten genutzt werden kann. Auch bei einer betriebswirtschaftlichen Geschäftsabgrenzung ist ausgehend von den bisherigen Absatzgütern der Medienwirtschaft differenziert zu analysieren, inwieweit über das Internet zugänglich gemachte Mediengüter im Vergleich zu Medienangeboten, die über herkömmliche Kanäle distribuiert werden, nicht zuletzt aufgrund starker Überlappungen der abgesetzten Inhalte

- weitgehend ähnliche Rezipientenbedürfnisse erfüllen und ähnliche Kundengruppen ansprechen sowie
- eine Konfrontation mit den gleichen Wettbewerbern bedingen.

Generell ist für Informations- und Unterhaltungsangebote im Internet festzustellen, dass (vgl. Eimeren et al. 2003, S. 344–358; Gerpott 2003b, S. 145; Hoch 2003, S. 218–220; Stein/Jakob 2003, S. 470–476)

- das Ausmaß der von ihnen auf die Beschaffung bislang anders distribuierter Inhalte ausgehenden Substitutionseffekte stark zwischen verschiedenen herkömmlichen Medienteilmärkten variiert (zum Beispiel stärkere Effekte auf Musik- und Fachbuchmärkten, schwächere Effekte auf Rundfunk- und Publikumspressemärkten) und
- dort stärker nachgefragte Inhalte primär von Unternehmen bereitgestellt werden, die auch schon auf klassischen Medienteilmärkten gut etablierte Wettbewerbspositionen haben.

Angesichts dieser gemischten Beobachtungen ist es bei Medienunternehmen nicht sinnvoll, stets von herkömmlichen Teilmärkten der Medienwirtschaft getrennte, neue netzbasierte Online-Teilmärkte zu unterscheiden. Vielmehr ist, ausgehend von den Ausprägungen der zur betriebswirtschaftlichen Marktabgrenzung herangezogenen Kriterien der Leistungssubstituierbarkeit, der Nachfrageridentität und der Wettbewerbergleichheit, situativ zu analysieren, inwieweit es für die Absatzleistungen eines Medienunternehmens sinnvoll ist, je einen herkömmlichen und einen neuen Markt zu unterscheiden oder von nur einem integriert zu bearbeitenden Markt auszugehen, der mehrere technische Distributionswege für die gleichen Inhalte umfasst.

Ergänzend zur eben diskutierten Strukturierung wird häufiger eine Gliederung der Medienwirtschaft gemäß den in Abbildung 1 erläuterten Stufen der Wertkette der Branche in Anbietergruppen vorgenommen, deren Geschäftsgegenstand primär die Inhalteerzeugung oder -paketierung zu marktfähigen Gütern oder die Inhaltevermarktung ist (vgl. Brack 2003, S. 10–17; Strunck 2003, S. 31; Geiger 2002, S. 108–110, S. 167–172; Müller-Kalthoff 2002, S. 24; Schumann/Hess 2002, S. 10, S. 64; Stamer 2002, S. 93–94; Zerdick et al. 2001, S. 62–70; Maier 2000, S. 84). In Praxis und Wissenschaft besteht Konsens darüber, dass Inhaltepaketierer, also Unternehmen, von denen „die Vorprodukte Information, Unterhaltung und Werbung zu einem marktreifen Medienprodukt kombiniert" werden (Sjurts 2002, S. 7), auf jeden Fall zur Medienwirtschaft gehören. Keine Einigkeit gibt es dagegen über die Zuordnung von Unternehmen, die nur auf den Wertkettenstufen der Inhalteerzeugung oder -vermarktung tätig sind. Vereinzelt wird argumentiert, dass Anbieter auf diesen beiden Wertkettenstufen keine Medienunternehmen seien, da sie wegen ihres fehlenden Engagements bei der Bündelung von Inhalten keine der medienkonstituierenden gesellschaftlichen Funktionen (Information, Unterhaltung, Kritik, Integration) wahrnehmen würden (vgl. Sjurts 2002, S. 6; Brüggemann 2002, S. 11–12; Kiefer 2001, S. 15–16, S. 60). Um diesen divergierenden Sichtweisen Rechnung zu tragen, wird hier vorgeschlagen, zwischen der Medienwirtschaft im engeren und weiteren Sinn zu unterscheiden (Abbildung 1).

Zur Medienwirtschaft im engeren Sinn sind die eigentlichen Inhaltepaketierer zu zählen. Zur Medienwirtschaft im weiteren Sinn gehören außerdem Unternehmen, die über einen technischen Träger an eine größere Rezipientenzahl vermittelbare Inhalte erschaffen oder die Vervielfältigung beziehungsweise Verbreitung von Inhalte(träger)n an Rezipienten übernehmen (Abbildung 1). Anbieter, die Inhalteerzeugungs- oder Inhaltevermarktungsaufgaben wahrnehmen, sind um so weniger zur Medienwirtschaft im weiteren Sinn zu rechnen, je mehr ihr Geschäft beziehungsweise Umsatz dadurch geprägt wird, dass sie solche Aufgaben auch auf anderen Märkten außerhalb der Medienwirtschaft wahrnehmen. Folglich ist ein Telefonnetzbetreiber, eine Spedition oder eine filialisierte Supermarktkette mit Presseverkaufsregalen eher weniger und ein Rundfunkverteilnetzbetreiber, eine Kinokette, ein Videoverleiher oder ein (Online-)Buchhändler eher mehr der Medienwirtschaft im weiteren Sinn zuzuordnen. Bei der Abgrenzung der Medienwirtschaft im weiteren Sinn selbst ergibt sich eine weitere Grauzone daraus, dass Entwickler und Vermarkter elektronischer Spiele ohne nähere Begründung zum Teil nicht und zum Teil doch als branchenzugehörig betrachtet werden. So werden etwa bei Wirtz (2001, S. 417), Zerdick et al. (2001, S. 200–203) oder Scholz und Eisenbeis (2003, S. 443–444) Märkte für elektronische Online- oder Offline-Spiele als zur Medienwirtschaft gehörig diskutiert, während in einschlägigen Lehrbüchern zur Medienwirtschaft, zum Beispiel bei Schumann und Hess (2002), Sjurts (2002) und Kiefer (2001) diese Märkte nicht erwähnt werden.

Inhalteerzeugung	Inhaltepaketierung	Inhaltevermarktung
Identifikation von Themen	Anregung zu entwickelnder Inhalte	Vervielfältigung/Verbreitung von Mediengütern vom Entstehungsort zum Absatz- und/oder Rezeptionsort
Sammlung von faktischen Informationen oder fiktionalen Unterhaltungsideen	Auswahl von Inhaltemodulen und Werken	Marktkommunikation
Verarbeitung von Informationen und Ideen zu Inhaltemodulen und Werken	Integration von Inhaltemodulen und Teilwerken (z. B. Artikel, Musikstück) zu marktfähigen Inhaltebündeln (z. B. Zeitung, Musikalbum)	Kommerzielle und technische Organisation der Rezipientenzugänge zu Mediengütern - Bereithaltung - Bezahlung - Nutzungsmöglichkeit durch Einflussnahme auf Endgerätebereitstellung (z. B. Fernseher, PC, Mobiltelefon)
Akquisition von Werbeinhalten (primär Presse und Rundfunk)		
Träger (Auswahl): Journalisten Schauspieler Musiker, Künstler Presseagenturen	Strategisches Marketing für Inhaltebündel und Mediengüter	
	Träger (Auswahl): Presse-, Buch-, Film-, Musikverlage Rundfunkprogramm-veranstalter, Online-Portalbetreiber	Träger (Auswahl): (Medien)-Distributions- und Handelsunternehmen (inkl. TK-Netzbetreiber) Medienträger- und -endgerätehersteller

← Medienwirtschaft im engeren Sinn →

← Medienwirtschaft im weiteren Sinn →

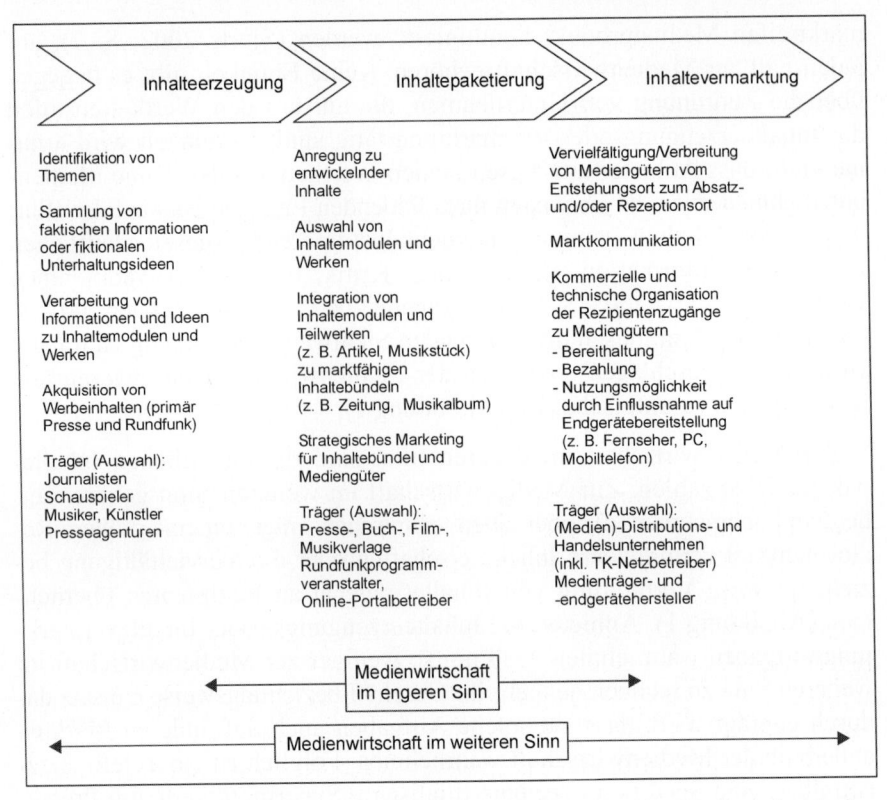

Abbildung 1: Wertkette, Angebotsträger und Abgrenzung der Medienwirtschaft

Unternehmen können natürlich im Zeitablauf den Umfang der von ihnen selbst abgedeckten Wertkettenstufen in Entstehungsprozessen von Mediengütern variieren. Übernimmt zum Beispiel ein Betreiber von Telekommunikationsnetzen neben der Distribution von Filmen oder Musikstücken über sein Netz für Dritte auch die Auswahl, das Rechtemanagement, die Rezipientenakquisition und die Abrechnung für über sein Netz auf Rezipientenanforderung einzeln bereitgestellte Inhalte (Video- beziehungsweise Music-on-Demand), dann entwickelt er sich von einem Anbieter der Medienwirtschaft im weiteren Sinn zu einem Unternehmen der Medienwirtschaft im engeren Sinn beziehungsweise zu einem vertikal stärker integrierten Medienunternehmen.

Dieser Beitrag beschäftigt sich nur mit Wettbewerbsstrategien von Unternehmen der Medienwirtschaft im engeren Sinn, weil ökonomische Besonderheiten von Mediengütern in erster Linie bei diesen Anbietern branchenspezifische wettbewerbsstrategische Handlungserfordernisse und -möglichkeiten bedingen.

Als dritter Abgrenzungsaspekt ist zu betonen, dass (Massen-)Medienunternehmen stets Inhalte von einem Sender über einen technischen Träger an (viele) Empfänger vermitteln. Folglich gehören Anbieter, die Inhalte so produzieren, dass Sender und Empfänger persönlich gleichzeitig am Ort der Inhalteentstehung präsent sind und eine gegen Entgelt gestattete Inhaltewahrnehmung durch Rezipienten ohne Einsatz zwischengeschalteter Speicher oder Transportwege erfolgt und die übermittelten Inhalte somit zu einem nicht lagerbaren Verbrauchsgut werden, nicht zur Medienwirtschaft. Beispiele für derartige Unternehmen sind Produzenten von Theater-, Zirkus-, Musik- und Sportveranstaltungen. Stellen solche Veranstalter ihre Inhalte allerdings Medienunternehmen im engeren Sinn gegen Bezahlung zur Verfügung, dann werden sie hierdurch zu einem Teil der Medienwirtschaft im weiteren Sinn.

Eine vierte Grenzlinie der Medienwirtschaft ergibt sich daraus, dass Unternehmen der Medienwirtschaft im engeren Sinn durch die abgesetzten Inhaltebündel per se bei Rezipienten für die Erfüllung von Informations- oder Unterhaltungswünschen und/oder bei werbetreibenden Unternehmen beziehungsweise Verkäufern für die Vermittlung von Rezipientenaufmerksamkeit Einkommen erzielen wollen. Darüber hinaus können Medienunternehmen zwar auch über den Absatz von Produkten, die ihre primären Inhalteangebote ergänzen (zum Beispiel Fitness-Reisen bei einer Sportzeitschrift, Verkauf von Inhaltezweitverwertungsrechten an andere (Medien-) Unternehmen bei einer Wirtschaftszeitung), Zusatzeinkommen generieren. Dessen Bedeutung ist aber bislang in der Regel relativ zu den Einnahmen von Rezipienten und Werbetreibenden beziehungsweise Verkäufern eher gering.

Der Anteil der auf Rezipienten beziehungsweise Werbekunden jeweils entfallenden Einnahmen variiert zwischen verschiedenen Anbietertypen und Medienteilmärkten deutlich: So stammen gegenwärtig bei (gedruckten) Anzeigenblättern 100 Prozent, bei privaten Rundfunkveranstaltern über 90 Prozent, bei Zeitungen etwas über 60 Prozent, bei öffentlich-rechtlichen Rundfunkanbietern weniger als zehn Prozent, bei Fachbuchverlagen weniger als fünf Prozent und bei Bezahlfernsehveranstaltern null Prozent ihrer Einzahlungen von werbetreibenden Verkäufern (vgl. Gerpott 2003b, S. 142; Heinrich 2003, S. 932; Schumann/Hess 2002, S. 23; Kiefer 2001, S. 235). Die Ausrichtung auf Rezipienten-, Werbekunden- oder Ergänzungsleistungsmärkte zur Einkommenserzielung ist somit eine Variable, die von Medienunternehmen im Rahmen ihrer wettbewerbsstrategischen Positionierung systematisch zu gestalten ist (vgl. Maier 2000, S. 63).

Anhand der Einkommenserzielung durch Inhalteangebote lassen sich Unternehmen der Medienwirtschaft im engeren Sinn auch von Anbietern anderer Branchen unterscheiden. Zwar erstellen sehr viele Unternehmen medial vermittelte Inhalte zur Unterstützung des Absatzes der von ihnen (primär) produzierten Leistungen. Beispiele sind hier die Web-Site eines Finanzdienstleisters oder Informationsbroschüren eines Automobilherstellers. Aber nur für Anbieter der Medienwirtschaft im engeren Sinn sind die von Rezipienten nachgefragten Inhalte oder die von werbetreibenden Verkäufern nachgefragte Aufmerksamkeit von Rezipienten die Absatzträger, auf denen das eigene Geschäft primär beruht.

Als fünftes Abgrenzungscharakteristikum der Medienwirtschaft ist darauf hinzuweisen, dass Unternehmen der Medienwirtschaft keine Inhalte erzeugen, bündeln und vermarkten, die nur für einzelne Organisationen von hoher Bedeutung sind, weil sie sich in einzigartiger Weise auf deren Geschäftssituation beziehen und in enger Abstimmung mit dem Inhalteempfänger erschaffen wurden. Medienunternehmen unterscheiden sich damit von Beratungs- oder Marktforschungsanbietern, die zwar Informationen erzeugen und verarbeiten, aber deren (immaterielle) Wertschöpfung stark von der Qualität der Mitwirkung beziehungsweise des Einbezugs ihrer Kunden beeinflusst und im Regelfall keiner größeren Zahl von Personen zugänglich gemacht wird.

Mit der anbieterseitigen Präzisierung und Abgrenzung der Medienwirtschaft sind die Verständnisgrundlagen dafür geschaffen, um in den nächsten Kapiteln auf wettbewerbsstrategische Handlungsoptionen von Unternehmen der Medienwirtschaft im engeren Sinn eingehen zu können.

3 Wettbewerbsstrategien von Medienunternehmen im Überblick

Allgemein kann man Wettbewerbsstrategien (Competitive Strategies) von (Medien-)Unternehmen als gedankliche Handlungskonzepte umschreiben, die ganzheitlich aufzeigen, wie ein Unternehmen prinzipiell über längere Zeiträume solche Vorteile für sein Absatzleistungsangebot gegenüber relevanten Wettbewerbern erreichen will. Diese bewirken, dass sich Nachfrager für Leistungen des eigenen Unternehmens entscheiden und somit Nachteile für die anderen Unternehmen zur Folge haben, deren Leistungen eigene

Angebote substituieren könnten (vgl. Gerpott 2003a, S. 18; Gerpott 2003b, S. 151). Nach herrschender Meinung beziehen sich Wettbewerbsstrategien auf einzelne, zum Beispiel anhand der Kriterien Kundengruppen, relevante Wettbewerber, Absatzleistungsfunktionen für den Kunden, Leistungserstellungs(prozess)technik oder Leistungsabsatzregion gegeneinander abzugrenzende Produkt-Markt-Felder. Diese Felder werden häufig strukturorganisatorisch in als Geschäftsbereiche, -felder oder -einheiten bezeichneten Unternehmenssubsystemen abgebildet; in Anlehnung an diese organisatorische Repräsentation spricht man anstelle von Wettbewerbsstrategien deshalb auch von Geschäftsbereichsstrategien (Business Unit Strategies) (vgl. Welge/Al-Laham 2003, S. 326–327, S. 333–339, S. 382; Gerpott 2003a, S. 18 mit weiteren Quellennachweisen).

Gemeinhin wird im betriebswirtschaftlichen Schrifttum eine Differenzierung von Wettbewerbsstrategien und diesen vorgelagerten Unternehmensstrategien (Corporate Strategies) vorgenommen (vgl. Welge/Al-Laham 2003, S. 328–329; Keuper/Hans 2003, S. 83, S. 88). Letztere sollten sich geschäftsfeldübergreifend mit der Beantwortung der Fragen „Auf welchen Produkt-Markt-Feldern will das eigene Unternehmen tätig sein?" und „Welche Ressourcen sind den verschiedenen Geschäftsfeldern zuzuordnen?" befassen. In der Praxis ist diese Unterscheidung insofern wenig trennscharf und damit für die Praxis wenig hilfreich, als dass nur situativ in Abhängigkeit von der Ressourcenbindung und der Bedeutung eines strategischen Handlungskonzeptes für die längerfristige Entwicklung des Gesamtunternehmens eine Aussage dahingehend getroffen werden kann, inwieweit es sich um eine geschäftsfeldbezogene, wettbewerbsstrategische oder geschäftsfeldübergreifende, unternehmensstrategische Problemstellung handelt. Beispielsweise kann in einem großen Medienkonzern, der auf vielen Medienteilmärkten international tätig ist, die Prüfung, Planung und Umsetzung des Aufbaus eines neuen Zeitungstitels in einem Markt außerhalb des Stammlandes als ein Element der Wettbewerbsstrategie eines Geschäftsfeldes Zeitungen angesehen werden, während sie in einem kleineren Medienunternehmen mit wenigen, bislang primär auf das Heimatland konzentrierten, Produkt-Markt-Feldern als ein Aspekt der Unternehmensstrategie einzuordnen ist. Bezeichnenderweise diskutieren Arbeiten, die sich mit der Internationalisierung von Medienunternehmen befassen, auch gar nicht, inwieweit es bei Konzepten zur Ausdehnung des Geschäfts über Ländergrenzen hinweg um Wettbewerbs- oder Unternehmensstrategien geht (vgl. Liehwehr 2002, S. 24–26; Schulte-Hillen et al. 2001, S. 484–489; Dahlke et al. 2000, S. 149–153). Angesichts des eher fließenden Übergangs zwischen Wettbewerbs- und Unternehmensstrategien wird im Folgenden die Trennung dieser beiden Strategieebenen nicht aufgegriffen. Vielmehr werden auch strategische

Optionen adressiert, die nach konventioneller Lehrmeinung eher nicht in einem Aufsatz, der sich explizit mit Wettbewerbsstrategien von Medienunternehmen auseinandersetzt, zu behandeln gewesen wären.

Zur inhaltlichen Charakterisierung möglicher oder realisierter Wettbewerbsstrategien von Medienunternehmen werden in der Literatur je nach wissenschaftlichem Standort oder praktischem Erfahrungshorizont der Autoren eine Vielzahl unterschiedlicher Merkmale herangezogen (vgl. Brack 2003, S. 62–119; Burmann/Nitschke 2003, S. 74–85; Gerpott 2003b, S. 151–153; Keuper/Hans 2003, S. 89–96; Neuberger 2003b, S. 157–165; Sjurts 2002, S. 19–21; Maier 2000, S. 81–83). Zur Ordnung der Charakterisierungsvorschläge ist es sinnvoll, zwei Merkmalsebenen zu unterscheiden: Auf einer ersten Ebene lassen sich in Anlehnung an Porter und Fleck Wettbewerbsstrategien von Medienunternehmen auf Rezipienten- oder Werbemärkten nach der Art des angestrebten Kundenvorteils systematisieren in (vgl. Porter 1980, S. 35–38; Fleck 1995, S. 59–155):

- (Leistungs-)Differenzierungs-, Präferenz- oder Qualitätsstrategien, die darauf zielen, Kunden durch von ihnen als einzigartige und wertvoll wahrgenommene Leistungseigenschaften zu gewinnen und zu halten.
- Kostenführer-, Preisführer- oder Preismengenstrategien, bei denen Kunden in erster Linie durch niedrige monetäre Leistungsbeschaffungskosten vom eigenen Angebot überzeugt werden sollen.
- Hybridstrategien, die Kunden durch eine Kombination der beiden zuvor genannten Vorteilsarten akquirieren und binden wollen.

Auf einer zweiten Ebene, die in einer instrumentalen Zweck-Mittel-Beziehung zu der ersten Ebene steht, sind alle übrigen Kriterien zur inhaltlichen Strukturierung wettbewerbsstrategischer Optionen von (Medien-)Unternehmen einzuordnen. Sie benennen bei genauerer Betrachtung nämlich prinzipielle Ansatzpunkte zur Beantwortung der Frage, auf welche Weise ein (Medien-)Unternehmen Differenzierungs- und/oder Kosten-/Preisvorteile für den Kunden erschließen könnte beziehungsweise sollte. Zur Systematisierung wettbewerbsstrategischer Optionen ungeeignet ist damit das Kriterium der Unternehmensgrößenveränderung, nach dem Wachstums-, Stabilisierungs- und Schrumpfungsstrategien möglich sind (vgl. Welge/Al-Laham 2003, S. 326–327), solange unspezifiziert bleibt, wie beziehungsweise mittels welcher betriebswirtschaftlich relevanten Konkurrenzvorteile die Größenveränderung erreicht werden soll. Zu den Systematisierungsmöglichkeiten der zweiten Ebene gehören die Unterscheidung von Wettbewerbsstrategien auf Rezipienten- oder Werbemärkten nach der angestrebten:

- Leistungsangebotsbreite über verschiedene Mediengattungen hinweg (zum Beispiel gleichzeitiger Betrieb eines Presseverlages und eines Fernsehsenders durch ein Unternehmen).
- Leistungsangebotstiefe beziehungsweise -versionsvielfalt innerhalb einzelner Mediengattungen; hier geht es um wettbewerbsstrategische Optionen der (geringfügigen) sachlichen und/oder zeitlichen Variation sowie Bündelung von Mediengütern, die auch als Versioning- oder Windowing-Strategien beschrieben werden (zum Beispiel Angebot unterschiedlicher regional definierter Möglichkeiten zur Werbeanzeigenplatzierung durch einen Zeitschriftenverlag) (vgl. Shapiro/Varian 1998, S. 55–80; Zerdick et al. 2001, S. 187–191; Brack 2003, S. 106–108, S. 171).
- Neuheit von Leistungsangeboten (zum Beispiel inhaltliche und zeitliche Führerschaft bei der Entwicklung innovativer Bündelangebote für Werbekunden durch Integration der Verbreitung einer Kampagne über einen Zeitschriftentitel, einen Fernsehsender und per SMS über ein Mobilfunknetz).
- Abdeckung verschiedener Kundengruppen mit jeweils divergierenden Anforderungen an bestimmte Arten von Mediengütern (zum Beispiel Betrieb je eines Fernsehsenders für Zuschauer im Schulalter einerseits und im Rentenalter andererseits).
- räumlichen Marktabdeckung und der Homogenität der Vermarktungsansätze bei länderübergreifenden Medienangeboten (zum Beispiel Produktion und Vertrieb von Kinofilmen, die global einheitlich vermarktet werden).
- Abdeckung von Aktivitäten auf verschiedenen Stufen der medienwirtschaftlichen Wertkette (Abbildung 1) und dem damit verbundenen Ausmaß der arbeitsteiligen vertikalen Kooperation mit Unternehmen auf vor- oder nachgelagerten Wertkettenstufen und der horizontalen Abstimmung mit Wettbewerbern (zum Beispiel redaktionelle Herstellung eines gedruckten Zeitungstitels verbunden mit einer Fremdvergabe des Zeitungsdrucks an ein anderes, wirtschaftlich selbstständiges Unternehmen).
- Veränderung von Wettbewerbs- und Arbeitsteilungskonstellationen (zum Beispiel Finanzierung eines Fernsehsenders durch von Zuschauern angewählte Sonderrufnummern anstelle der üblichen Finanzierung über steuerähnliche Abgaben der Zuschauer oder über Zahlungen werbetreibender Unternehmen).

Durch gleichzeitige Anwendung der genannten Systematisierungskriterien, die zum Teil partielle Überlappungen aufweisen, ist es möglich, wettbewerbsstrategische Soll-Konzeptionen oder Ist-Profile für Medienunternehmen zu formulieren.

Vergleicht man die in der medienökonomischen Literatur enthaltenen Ansätze zur Charakterisierung von Wettbewerbsstrategien in der Medienwirtschaft mit entsprechenden Ansätzen ohne Branchenbezug in der betriebswirtschaftlichen Strategieforschung (vgl. Gerpott 2003a, S. 26–36; Welge/Al-Laham 2003, S. 383; Müller-Stewens/Lechner 2001, S. 188–209), dann ist festzustellen, dass auf hohem generischen Abstraktionsniveau zwischen Wettbewerbsstrategien von Medienunternehmen und Unternehmen aus anderen Wirtschaftssektoren inhaltlich keine wesentlichen Unterschiede bestehen. Zudem divergieren auch die Schritte, die in der Literatur, losgelöst von der Problematik der inhaltlichen Strategieausgestaltung, zur Wettbewerbsstrategien-Entwicklung für Medienunternehmen vorgeschlagen werden (vgl. Burmann/Nitschke 2003, S. 71–72; Liehwehr 2002, S. 72–75; Schulte-Hillen et al. 2001, S. 480–483), nicht von den entsprechenden Prozessempfehlungen im allgemeinen betriebswirtschaftlichen Schrifttum (vgl. Gerpott 2003a, S. 19–21; Welge/Al-Laham 2003, S. 98–99; Müller-Stewens/ Lechner 2001, S. 101), wenn man jeweils von einem rational-synoptischen Verständnis der Planung beziehungsweise Führung von (Medien-) Unternehmen ausgeht.

Um angesichts dieser Ausgangssituation dennoch Hinweise auf branchenspezifische wettbewerbsstrategische Handlungsoptionen für Unternehmen der Medienwirtschaft zu gewinnen, bietet es sich an, die allgemeinen ökonomischen Besonderheiten der Absatzleistungen von Medienunternehmen aufzugreifen. Sie sind dahingehend zu analysieren, inwieweit sie bestimmte Möglichkeiten zur Erzielung von, aus Kundensicht als wichtig wahrgenommenen und längerfristig bestehenden, Vorteilen der eigenen Leistungen gegenüber Konkurrenzangeboten der gleichen oder einer anderen Mediengattung eröffnen. Eine solche Analyse wird deshalb im nächsten Abschnitt vorgenommen.

4 Ökonomische Besonderheiten von Mediengütern und deren grundsätzlichen wettbewerbsstrategischen Implikationen

Auf Medienmärkten abgesetzten Leistungen werden übereinstimmend ökonomisch relevante und branchentypische Besonderheiten zugeschrieben, welche „in starkem Maße die Spielregeln des Wettbewerbs in der Medienwirtschaft" beeinflussen und aus denen sich „Anhaltspunkte hinsichtlich der Strategien, die Unternehmen zur Verfügung stehen", ergeben (Maier 2000, S. 61). Im Folgenden werden deshalb Spezifika von Mediengütern mit hoher Bedeutung für den Möglichkeitsraum prinzipiell als tragfähig erwägenswerter Wettbewerbsstrategien von Medienunternehmen und wettbewerbsstrategische Wirkungen dieser Besonderheiten skizziert (vgl. Brack 2003, S. 20–29; Schumann/Hess 2002, S. 23–27, S. 69–70; Sjurts 2002, S. 9–15; Kiefer 2001, S. 129–157; Wirtz 2001, S. 26–35; Maier 2000, S. 62–66; Shapiro/Varian 1998, S. 20–318).

4.1 Hohe absatzmengenunabhängige Kosten der Urfassung

Eine erste, ökonomisch folgenreiche, Besonderheit von medienwirtschaftlichen Absatzleistungen besteht darin, dass es sich bei ihnen um Unikate handelt, bei denen die Erstellung der Ur- beziehungsweise Erstfassung unabhängig von deren späterer Marktakzeptanz hohe fixe Kosten verursacht. Diese hohen First-Copy-Costs sind zugleich unwiederbringbare Kosten beziehungsweise Sunk-Costs, da bei einem Misserfolg eines Absatzangebotes eine anderweitige (Rest-)Verwertung der zur Angebotserstellung herangezogenen Vermögensgüter und von in dem Mediengut enthaltenen Teilleistungen bestenfalls in geringem Umfang möglich ist. Die First-Copy-Cost-Eigenschaft ist umso stärker bei Mediengütern ausgeprägt, je geringer der Anteil der Vervielfältigungs- und Distributionskosten und je höher der Anteil der Inhaltegenerierungs- und Inhaltebündelungskosten an deren Gesamtkosten ausfällt. Damit ist dieses Phänomen bei Endkunden ohne materiellen Träger zum sofortigen Verbrauch angebotenen Inhalten, die oft über Telekommunikationsnetze zugänglich gemacht werden (Rundfunk, Online-Portal, Kino), stärker gegeben als bei Inhalten, die den Endkunden auf Papier oder einem anderen physischen Medienträger (zum Beispiel CD, DVD oder Kassette) erreichen (vgl. Kiefer 2001, S. 169; Gerpott 2003b, S. 148).

Da die Kosten von Urfassungen kaum durch die Beschaffung materieller Vorleistungen, sondern von der Art beziehungsweise Menge ihrer immateriellen Inhalte beeinflusst werden und diese immateriellen Inhalte digitalisiert (fast) ohne körperlichen Träger bereitgehalten werden können, ist es möglich, ohne oder mit geringer Veränderung der Inhalte der Urversion mit niedrigen Zusatzkosten Varianten der Ausgangsversion zu erzeugen, die ihrerseits zur Deckung der hohen Fixkosten der eigentlichen First Copy herangezogen werden können.

Die wettbewerbsstrategischen Konsequenzen aus den hohen Kosten der Erstkopie, die vor dem Absatz eines Mediengutes anfallen, und den damit verbundenen hohen Verlusten bei geringer Kundenakzeptanz des Gutes sind, dass Medienanbieter Handlungsoptionen zu finden haben, die dazu beitragen,

- die Reichweite beziehungsweise Rezipientenzahl ihrer Leistungen zu maximieren,
- die Wahrscheinlichkeit der starken Ablehnung ihrer Angebote auf ihren Absatzmärkten zu minimieren und
- die vom eigenen Unternehmen zu tragenden Kosten der Urkopie zu verringern.

Da wettbewerbsstrategische Möglichkeiten zur Reichweitenmaximierung und Misserfolgsrisikominimierung stark von weiteren mediengüterspezifischen Merkmalen beeinflusst werden, wird hier nur auf Strategien zur Fixkostensenkung in Medienunternehmen eingegangen. Wichtige grundsätzliche Ansatzpunke zur Fixkostensenkung bei der Produktion von Mediengütern sind:

- Die Rationalisierung oder Automatisierung von Herstellungsprozessen dahingehend, dass durch informationstechnische, objektorientiert arbeitende „Redaktions- oder Content-Management-Systeme" auf einzelne statische oder dynamische Inhaltemodule (zum Beispiel Artikel, Filmszene, Anzeige beziehungsweise Werbespot) einfacher und schneller standortunabhängig zugegriffen und deren Weiterverarbeitung für unterschiedliche Medienendprodukte aufgrund einer Trennung von Inhalt und medienformatspezifischer Darstellungsart flexibel vorgenommen werden kann (vgl. Keuper/Hans 2003, S. 185–191; Schumann/Hess 2002, S. 111, S. 117–122; Stamer 2002, S. 94–106).
- Die Begrenzung der Inhaltequalität auf das von Rezipienten oder werbenden Verkäufern akzeptierte Mindestniveau beziehungsweise der Inhalteerstellungskosten in Abhängigkeit von der bei pessimistischer Planung erwarteten Zahl und Zahlungsbereitschaft der Rezipienten und Werbekunden.
- Die Erzeugung von Verbundvorteilen dadurch, dass Teile der Produktionsressourcen für eine größere Zahl von mehr oder minder verschiedenen Mediengütern verwendet werden (zum Beispiel Einsatz der gleichen Redaktion für den gedruckten Zeitungstitel beziehungsweise die TV-Nachrichtensendung und des Website-Inhalteangebots eines Verlags beziehungsweise Rundfunkveranstalters im Internet).
- Die Verkürzung der Wertschöpfungstiefe durch Zusammenarbeit mit Partnerunternehmen, die durch Konzentration auf bestimmte Aufgaben

kostensenkende Spezialisierungsvorteile erreicht haben oder die einen Teil der First-Copy-Costs gegen eine Erfolgsbeteiligung übernehmen.

4.2 Geringe Qualitätssicherheit und Konsumrivalität

Eine zweite ökonomisch relevante, besondere Eigenschaft von Absatzleistungen auf Medienmärkten wird darin gesehen, dass die Qualität beziehungsweise der Wert von Mediengütern aufgrund des Fehlens allgemein akzeptierter und objektiv messbarer Beurteilungskriterien nur schwer vor deren Rezeption bestimmbar ist (vgl. Müller-Kalthoff 2002, S. 31). Deshalb klassifiziert man mediale Inhalteangebote auch als Erfahrungs- oder Vertrauensgüter, deren Qualität erst nach deren Ver- oder Gebrauch (zum Beispiel Kinofilm, Verbrauchertestzeitschrift) oder von einem durchschnittlichen Nutzer in großen Teilen nie eingeschätzt werden kann (zum Beispiel TV-Reportage mit Hintergrundinformationen zu einem aktuellen politischen Thema). Aufgrund dieses Erfahrungs- oder Vertrauensgutcharakters von Mediengütern ist es für deren Rezipienten beziehungsweise Produzenten gerade bei innovativen Leistungen schwierig, rational einen Preis zu bestimmen, bis zu dem sie bereit sind, ein neues Medienangebot nachzufragen beziehungsweise der zur gewinnmaximalen Absatzmenge führt. Wettbewerbsstrategische Implikation der zweiten Sondereigenschaft ist, dass Medienunternehmen Handlungskonzeptionen zu entwickeln und umzusetzen haben, die eine Reduktion der Qualitätsunsicherheit von Mediengütern bei Rezipienten und im Fall von neuen Angeboten auch bei werbenden Verkäufern bewirken. Entsprechende Wettbewerbsstrategie-Optionen werden im Anschluss an die Erläuterung eines dritten Spezifikums von Mediengütern, das ebenso wie die Qualitätsunsicherheit aus deren Immaterialität resultiert, weiter unten in diesem Teilkapitel umrissen.

Eine dritte wettbewerbsstrategisch folgenreiche Eigenheit von Mediengütern besteht darin, dass bei ihnen im Regelfall keine Konsumrivalität gegeben ist. Das heißt, auch wenn ein Medieninhalt von einer Person aufgenommen wird, kann der gleiche oder geringfügig modifizierte Inhalt ohne (starken) Qualitätsverlust anderen Rezipienten, gegebenenfalls auch im Verbund mit weiteren Leistungen, ebenfalls zur Verfügung gestellt werden. Betriebswirtschaftliche Konsequenzen dieses Merkmals sind, dass Medienunternehmen zur Gewinnmaximierung möglichst große Reichweiten (Rezipientenzahlen) für ihre Absatzleistungen anzustreben haben und dass sie den gleichen Inhalt mehrfach nutzen können, um ihn an denselben Empfänger oder weitere, bei anderen Verwertungen noch nicht angesprochene Rezipienten abzusetzen.

Die oben beschriebenen drei Spezifika von Mediengütern führen dazu, dass mediengattungs- beziehungsweise medienteilmarktübergreifend wettbewerbsstrategische Handlungskonzepte zur Reichweitenmaximierung, zur Verringerung der Misserfolgswahrscheinlichkeit beziehungsweise Sicherstellung einer Mindestreichweite und zur Reduktion der Qualitätsunsicherheit von Inhalten, die insbesondere die sich durch die Digitalisierbarkeit von Inhalten ergebenden Spielräume zur Inhalteveränderung, -bündelung und -distribution berücksichtigen, für Unternehmen der Medienwirtschaft eine hohe Erfolgsbedeutung haben. Im Folgenden werden deshalb drei grundlegende, sich zum Teil ergänzende Optionen zur Erreichung dieser drei Anliegen dargestellt.

4.2.1 Medienmarkenstrategien

Das erste wettbewerbsstrategische Aktionsfeld bezieht sich auf den Aufbau, den Ausbau, den Integrationsgrad und die Nutzung von Medienmarken. Über Medienmarken wird der Versuch unternommen, ein „in der Psyche der Rezipienten und Werbekunden sowie sonstiger Anspruchsgruppen fest verankertes, unverwechselbares Vorstellungsbild von einem Medienunternehmen oder Medienprodukt" (Burmann/Nitschke 2003, S. 76–77; vgl. Brack 2003, S. 178–179; Gerpott 2003b, S. 158; Siegert 2001, S. 120–131) gezielt zu schaffen. Hierbei kommt neben dem Rückgriff auf zum großen Teil auch in anderen Industrien genutzten Markierungsmitteln wie Namensgebung, optische oder akustische Erkennungszeichen, Design oder gleichbleibende inhaltliche Grundstrukturen bei Pressetiteln, Rundfunkprogrammen und Filmserien dem systematischen Aufbau von herausragend bekannten Künstlern oder Autoren (Stars, Prominente) und der Verpflichtung von bereits als „Star" etablierten Personen zur Inhalteerzeugung beziehungsweise -präsentation eine branchenspezifisch überdurchschnittlich hohe Bedeutung als Element des Markenmanagements zu. Durch produkt- und kommunikationspolitische Maßnahmen etablierte Medienmarken können dazu beitragen, Unsicherheiten von Rezipienten oder werbenden Verkäufern hinsichtlich der Qualität von Inhalteangeboten zu reduzieren beziehungsweise das Vertrauen in die Inhaltequalität zu erhöhen. Verringerte Qualitätsunsicherheit und gesteigertes Qualitätsvertrauen wirken sich wiederum positiv auf die Rezipientenzahl von Medienleistungen und die Stabilisierung der Rezipientenreichweite im Zeitverlauf aus.

Für Medienunternehmen mit etablierter Marke ist es häufig sinnvoll, ihr Markenkapital auch auf neue, selbst oder gemeinsam mit Partnern erstellte, Absatzleistungen auszudehnen, um von einem Vertrauenstransfer zu profitieren (vgl. Burmann/Nitschke 2003, S. 79–80; Siegert 2001, S. 144–147).

Beispielsweise nutzt der Handelsblatt-Verlag seine Zeitungsmarke, um gemeinsam mit konzerninternen oder -externen Partnerunternehmen Bücher oder Konferenzveranstaltungen zu Wirtschaftsthemen abzusetzen. Weiter findet man auf Internet-Sites von Print- und Rundfunk-Unternehmen in der Regel etliche aus dem Ursprungsgeschäft dieser Anbieter stammende Markierungselemente (zum Beispiel Hintergrundfarbe der Financial Times), die dazu beitragen sollen, bisherige Rezipienten oder Werbekunden nicht an Online-Angebote anderer Medienunternehmen zu verlieren und medienträgerübergreifend an eigene Leistungen zu binden.

Solche Markendehnungen wirken sich auf die Markenarchitektur von Medienunternehmen aus, welche „die zu verwendenden Marken innerhalb eines Unternehmens und ihre spezifischen Rollen und Beziehungen zueinander" definiert (Burmann/Nitschke 2003, S. 77). Markenarchitekturen werden durch den Integrationsgrad der eingesetzten Marken bestimmt, der auf einem durch die Pole niedrig (mehrere unabhängige Einzelmarken) und hoch (eine leistungsübergreifende Dachmarke, deren Varianten durch Namenszusätze kenntlich gemacht werden können) begrenzten Kontinuum möglicher Ausprägungen variieren kann. Beispielsweise wurden innerhalb der Kirch-Gruppe verschiedene werbefinanzierte TV-Sender (Sat.1, ProSieben, Kabel 1, N24) als Portfolio unabhängiger Einzelmarken geführt, wohingegen der Springer-Konzern mit der zur Zeit sechs Produkte umfassenden Bild-Pressetitelfamilie eine stärker integrierte (Dach-)Markenarchitektur realisiert (vgl. Sjurts 2002, S. 58–60, S. 286–289). Der im Einzelfall gebotene optimale Integrationsgrad von Medienmarken hängt wesentlich vom Verwandtschafts- beziehungsweise Komplementaritätsgrad der abgesetzten Medienleistungen und der mit der zuvor genannten Größe korrelierten Wahrscheinlichkeit einer Beschädigung des Markenkerns der Ausgangsleistung durch die Ausdehnung der Marke auf zusätzliche Angebote ab.

4.2.2 Mehrfachverwertungsstrategien, Cross-Media- und Cross-Sales-Strategien

Mehrfachverwertungsstrategien beinhalten die in integrierter Weise aufeinander abgestimmte Nutzung der gleichen oder von nur geringfügig mit niedrigen Zusatzkosten gegenüber der Originalfassung variierten Inhalte

- an unterschiedlichen Orten (zum Beispiel Veröffentlichung eines in verschiedenen Sprachen synchronisierten Kinofilms in x Ländern) und/oder
- unter Einsatz unterschiedlicher Medienträger beziehungsweise Medien-(unter)gattungen (zum Beispiel Verwertung eines Romanmanuskriptes als

gedrucktes Buch, als CD-Hörbuch und als Datei auf einem Server, die per Internet gegen Entgelt zum einmaligen Ausdruck auf den PC eines Rezipienten übermittelt wird) und/oder
- zu unterschiedlichen Zeitpunkten (zum Beispiel Veröffentlichungen eines gebundenen Buches zunächst in Land Y und sechs Monate später nach Übersetzung in anderen Ländern und weitere drei Monate später als geleimtes Taschenbuch in allen zuvor bedienten Regionen), um herstellungs- oder absatzseitige Verbundvorteile zu erreichen.

Abbildung 2 systematisiert wettbewerbsstrategische Optionen zur Mehrfachverwertung von Medieninhalten anhand der drei Kriterien Inhaltevariation, Mediengattungs- beziehungsweise Medienträgertechnikvariation sowie Angebotszeitpunktsvariation und nennt für jede der sich so ergebenden Möglichkeiten Beispiele.

Mehrfachverwertungsstrategien zielen in erster Linie auf Erhöhungen der durch eine Urversion erzielten Umsätze über eine Vergrößerung der Rezipientenzahl. Die verschiedenen Mehrfachverwertungsoptionen für einen Inhalt stehen in der Regel in einem Substitutions- beziehungsweise Konkurrenzverhältnis zueinander: Ein Rezipient kauft beziehungsweise konsumiert den gleichen Inhalt zumeist bei genau einer der angebotenen Empfangsgelegenheiten und nur selten wiederholt (vgl. Brüggemann 2002, S. 41–42). Folglich lässt sich über Mehrfachverwertungen der Durchschnittsumsatz beziehungsweise -absatz pro Rezipient mit dem betrachteten Inhalt bestenfalls geringfügig steigern.

Starke Beachtung in Wissenschaft und Praxis hat im Zusammenhang mit Mehrfachverwertungsstrategien die Wahl von Zeitfenstern (Windowing) für die Vermarktung von Spielfilmen gefunden, die Rezipienten nacheinander im Kino, als Kauf-DVD beziehungsweise -Videokassette, als Leih-DVD beziehungsweise -Videokassette oder als über TK-Netze auf Abruf für eine bestimmte Leihdauer bestimmte Kopie (Video-on-Demand), im Bezahl-TV und im gebühren- beziehungsweise werbefinanzierten Free-TV angeboten werden (vgl. Owen/Wildman 1992, S. 26–52; Schumann/Hess 2002, S. 74–76; Kiefer 2001, S. 306–309; Zerdick et al. 2001, S. 66, S. 187–188; Dietl/Franck 2000, S. 596–603).

Wettbewerbsstrategien 325

Keine Inhaltevariation
Mediengattungen/ -trägertechniken

- gleich
  - Angebotszeitpunkte
    - gleich — **Option 1**
      - Artikelveröffentlichung in zwei Fachzeitschriften
      - Veröffentlichung eines in mehreren Sprachen synchronisierten Kinofilms
    - ungleich — **Option 2**
      - Filmsendung zunächst im Bezahl-TV und dann im werbefinanzierten TV
      - Veröffentlichung eines Musikstücks zunächst einzeln und dann als Teil eines Albums
- ungleich
  - Angebotszeitpunkte
    - gleich — **Option 3**
      - Veröffentlichung eines Textes als gedrucktes Buch und als CD-Hörbuch
      - Veröffentlichung einer Zeitung in gedruckter Form und als elektronisches „ePaper" per Internet-Site
    - ungleich — **Option 4**
      - Filmvermarktung zunächst auf DVD und dann im Fernsehen
      - Vermarktung von Artikeln zunächst in einem gedruckten Zeitungstitel und dann im elektronischen Archiv per Internet-Site

Geringfügige Inhaltevariation
Mediengattungen/ -trägertechniken

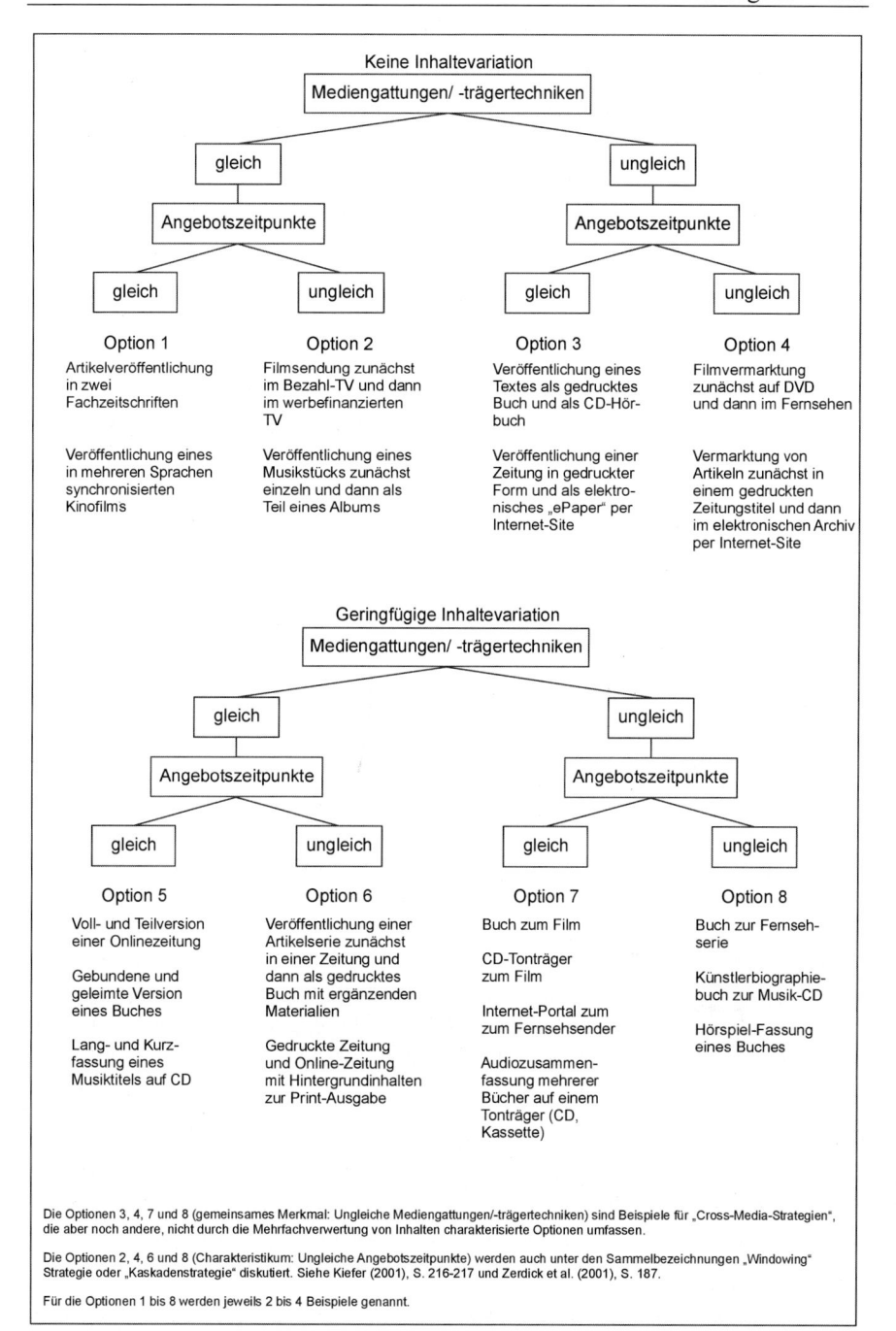

- gleich
  - Angebotszeitpunkte
    - gleich — **Option 5**
      - Voll- und Teilversion einer Onlinezeitung
      - Gebundene und geleimte Version eines Buches
      - Lang- und Kurzfassung eines Musiktitels auf CD
    - ungleich — **Option 6**
      - Veröffentlichung einer Artikelserie zunächst in einer Zeitung und dann als gedrucktes Buch mit ergänzenden Materialien
      - Gedruckte Zeitung und Online-Zeitung mit Hintergrundinhalten zur Print-Ausgabe
- ungleich
  - Angebotszeitpunkte
    - gleich — **Option 7**
      - Buch zum Film
      - CD-Tonträger zum Film
      - Internet-Portal zum zum Fernsehsender
      - Audiozusammenfassung mehrerer Bücher auf einem Tonträger (CD, Kassette)
    - ungleich — **Option 8**
      - Buch zur Fernsehserie
      - Künstlerbiographiebuch zur Musik-CD
      - Hörspiel-Fassung eines Buches

Die Optionen 3, 4, 7 und 8 (gemeinsames Merkmal: Ungleiche Mediengattungen/-trägertechniken) sind Beispiele für „Cross-Media-Strategien", die aber noch andere, nicht durch die Mehrfachverwertung von Inhalten charakterisierte Optionen umfassen.

Die Optionen 2, 4, 6 und 8 (Charakteristikum: Ungleiche Angebotszeitpunkte) werden auch unter den Sammelbezeichnungen „Windowing"-Strategie oder „Kaskadenstrategie" diskutiert. Siehe Kiefer (2001), S. 216-217 und Zerdick et al. (2001), S. 187.

Für die Optionen 1 bis 8 werden jeweils 2 bis 4 Beispiele genannt.

Abbildung 2: Systematisierung wettbewerbstrategischer Optionen zur Mehrfachverwertung von Medieninhalten

Windowing zielt darauf, verschiedene Kundensegmente mit unterschiedlichen Zahlungsbereitschaften für Filminhalte durch Senkung der pro Rezipient erhobenen Preise in verschiedenen Verwertungsfenstern zu erschließen. Empirische Befunde deuten darauf hin, dass solche Zeitfenster für eine Verwertungsstufe nicht filmübergreifend stets gleichlang und damit vor einem Vermarktungsstart festgelegt werden sollten (vgl. Lehmann/Weinberg 2000, S. 30). Vielmehr ist in Abhängigkeit vom Vermarktungserfolg auf der ersten Verwertungsstufe (Kino) die Zeitdauer bis zum Angebotsstart in anderen Distributionskanälen erst nach dem Vorliegen von Informationen zu Kinobesucherzahlen fallweise variabel zu bestimmen.

Eng verbunden mit Mehrfachverwertungsstrategien sind Ansätze, die sich die geringen Veränderungs-, Paketierungs- und Distributionskosten digital gespeicherter Inhalte zunutze machen, um geringfügige Variationen von Inhalten oder deren Darstellungsweise und/oder Rekombinationen verschiedener Inhaltsmodule (zum Beispiel Zeitungsressort, Musikstück oder Fachaufsatz) vorzunehmen. Hierdurch wird es möglich, analog zur Strategie der kundenindividuellen Massenproduktion (Mass Customization) (vgl. Piller 2001, S. 200–212; Zerdick et al. 2001, S. 195–199, S. 238–239) bei materiellen Absatzgütern, Rezipienten und werbenden Verkäufern mehr oder minder personalisierte Versionen aus einem Pool von Inhaltebausteinen zusammenzustellen.

Die kundenindividuelle Variantenbildung kann dabei zum einen ohne direkte Rezipientenintegration klassisch mit Hilfe von Marktforschungsstudien zur Segmentableitung erfolgen. Zum anderen können bei Inhalten, die über bidirektionale Telekommunikationsnetze bereitgestellt werden, durch personenbezogene Auswertungen von Befragungsantworten oder Daten zum (Online-)Inhaltenutzungsverhalten Individualisierungen von Mediengütern erreicht werden. Ein Beispiel für den zweiten Ansatz zur Variantengenerierung ist eine über Telekommunikationsnetze beziehungsweise das Internet zugestellte elektronische Version einer Zeitung, in die nur der Teil der Inhaltekategorien oder Themen aus dem gedruckten Muttertitel übernommen wurde, die für den Rezipienten aufgrund eines von ihm hinterlegten Interessenprofils als persönlich bedeutsam klassifiziert wurden.

Als wesentliche Ansatzpunkte für mehrfachverwertende Strategien des Versioning beziehungsweise der Erhöhung der Versionsvielfalt von medialen Inhalten gelten (vgl. Shapiro/Varian 1998, S. 55–80; Zerdick et al. 2001, S. 187–191; Brack 2003, S. 106–108, S. 171)

– der Bereitstellungszeitpunkt und die damit zusammenhängende Bereitstellungsgeschwindigkeit,
– die Vollständigkeit,

- die Bereitstellungshäufigkeit,
- die Verfügbarkeitszeitdauer,
- die Zugangsbequemlichkeit,
- die technische Qualität der Inhaltedarstellung sowie
- die technische Qualität der Medienträger.

Mehrfachverwertungsstrategien überlappen sich mit Cross-Media- und Cross-Sales-Strategien als weitere wettbewerbsstrategische Stoßrichtungen, die seit einiger Zeit für Unternehmen der Medienwirtschaft intensiver diskutiert werden. Diese drei wettbewerbsstrategischen Ansätze sind aber nicht deckungsgleich, da ihre jeweiligen Abgrenzungsmerkmale unterschiedlich sind. Konstituierendes Element von Cross-Media-Strategien oder intermediär ausgerichteten Strategien ist die integrativ und konsistent aufeinander abgestimmte Gestaltung mehrerer Absatzleistungen, die jeweils unterschiedlichen Mediengattungen zugeordnet werden können und somit auch unterschiedliche Medienträger verwenden, um positive Herstellungs- oder Absatzsynergien zu erreichen (vgl. Neuberger 2003a, S. 37–42; Spachmann 2003, S. 217–218; Brüggemann 2002, S. 44–45; Müller-Kalthoff 2002, S. 25; Sjurts 2002, S. 344–346). Die von Müller-Kalthoff (2002, S. 25) gewählte Umschreibung von Cross-Media-Strategien als „integrierte Planung, Implementierung und Steuerung medienübergreifende Vermarktungskonzepte mit dem Ziel, vorhandene Marken, Inhalte und Kundenbeziehungen wertsteigernd crossmedial zu nutzen" ist aber insoweit unbefriedigend, als dass Cross-Media-Strategien ausgeklammert werden, die keine Inhaltemehrfachverwertungs- oder Cross-Selling-Elemente beinhalten. Ähnlich problematisch ist es, von Cross-Media-Strategien stets dann zu sprechen, „wenn ein Medienunternehmen in einer anderen Medienteilbranche aktiv wird" (Sjurts 2002, S. 346), weil damit auch Fälle eingeschlossen werden, bei denen keine verknüpfende Führung der Geschäftsaktivitäten auf unterschiedlichen Medienteilmärkten erfolgt beziehungsweise die Geschäftsfelder jeweils (weitgehend) isoliert agieren. Cross-Media-Strategien können sowohl auf eine Umsatzerhöhung durch Ausweitung der Rezipienten- beziehungsweise Werbekundenzahl als auch durch Steigerung des Umsatzes mit dem vorhandenen Rezipienten- beziehungsweise Werbekundenstamm ausgerichtet sein. Ein Beispiel für eine Cross-Media-Strategie, die auch eine Mehrfachverwertung beinhaltet und damit primär eine Umsatzsteigerung durch Akquisition zusätzlicher Kunden anstrebt, ist die Vermarktung eines Musikstückes einmal isoliert auf einem Tonträger (CD, Kassette) und zum anderen gebündelt mit einem Videoclip des Interpreten auf einem audiovisuellen Träger (zum Beispiel DVD; siehe weiter die Optionen 3, 4, 7 und 8 in Abbildung 2). Eine Cross-Media-Strategie kann aber auch darin bestehen, ohne Mehrfachverwertung von Inhalten Umsatzerhöhungen durch Erschließung neuer Kundengruppen oder Ausweitung des Absatzes an Bestandskunden zu realisieren. Ein Beispiel dafür ist die Nutzung der Marke eines Zeitungstitels zur Kennzeichnung beziehungsweise Bekanntmachung eines über Telekommunikationsnetze zugänglich gemachten Video-on-Demand-Angebotes.

Cross-Selling-Strategien zeichnen sich dadurch aus, dass ein Medienunternehmen bereits bestehende Geschäftsbeziehungen zu Bestandskunden nutzt, um weitere Güter an die gleichen Kunden zu vermarkten. Dabei ersetzen diese weiteren Güter die bereits abgesetzten Leistungen nicht und stiften dadurch häufig, aber nicht immer, zusätzlichen Nutzen, dass sie Letztere ergänzen (komplementieren) (vgl. Gerpott 2003c, S. 27–28). Cross-Selling-Ansätze stellen also die Erhöhung des Umsatzes pro Kunde und nicht die Kundenzahlausdehnung in den Vordergrund. Bei dem eben angeführten Cross-Media-Markentransferbeispiel handelt es sich somit dann auch um einen Cross-Selling-Ansatz, wenn das Video-on-Demand-Angebot primär auf Rezipienten ausgerichtet ist, die schon andere Leistungen desselben Medienunternehmens abgenommen haben. Mediale Cross-Selling-Strategien können aber auch so gestaltet sein, dass sie weder Elemente von Cross-Media- noch von Mehrfachverwertungsansätzen beinhalten. Ein entsprechendes Beispiel ist der Betrieb von Fitnesszentren durch einen Verlag für Sportzeitschriften unter Nutzung einer gemeinsamen Dachmarke für die verschiede nen Geschäftsfelder.

Bei Mehrfachverwertungs-, Cross-Media- und Cross-Selling-Strategien besteht für Medienunternehmen umso mehr die Notwendigkeit, längerfristig angelegte Kooperationen mit anderen Unternehmen inner- oder außerhalb der Medienwirtschaft anzustreben, je mehr die Strategien Ressourcen erfordern, über die man unternehmensintern nicht hinreichend verfügt und je weniger von einer unternehmensübergreifenden, längerfristigeren Zusammenarbeit Kompetenzen betroffen sind, die sehr hohe Bedeutung für die Erringung eigener Wettbewerbsvorteile haben.

4.2.3 Inhaltliche Risikobegrenzungsstrategien

Zur Begrenzung des Akzeptanzrisikos vor allem bei unterhaltenden Inhalteangeboten mit hohen Urfassungskosten liegt es für Medienunternehmen nahe, sich strategisch so zu positionieren, dass bei neu erstellten Leistungen prinzipiell eine enge Anlehnung an grundlegende ästhetische und dramaturgische Muster von Mediengütern erfolgt, die sich bereits im Markt bewährt haben (vgl. Kiefer 2001, S. 200–201). Im Umkehrschluss sind mit hohen Fixkosten verbundene, radikal neue Angebote, die von Rezipienten schwierig kategorisierbare Inhaltegenres im Sinn von typischen Themenbereichen (zum Beispiel bei Filmen: Abenteuer/Spannung, Komödie/Humor oder Drama/Reflexion; bei Musikstücken: Ernste/klassische oder unterhaltende/moderne Musik) und Produktionsformate beinhalten, als seltener Ausnahmefall in das Leistungsportfolio eines Medienunternehmens aufzunehmen. Bei Pressetiteln (Rundfunkprogrammen) beinhaltet diese Strategie der allenfalls graduellen Veränderung ökonomisch bewährter Formate, dass der grundsätzliche Blattaufbau (Programmablauf) und der Stil schriftlicher (audiovisueller) Darstellungen über längere Zeiträume konstant gehalten werden. Solche eher konservativen Strategien im Hinblick auf die Inhalteformate schließen nicht aus, dass innerhalb weitgehend gleichbleibender ästhetischer und redaktioneller Muster Medienunternehmen zur Sicherung von Rezipientenaufmerksamkeit systematisch Neuigkeiten, Ereignisse oder Andersartigkeiten beziehungsweise Merkwürdigkeiten erzeugen, die aber eben in der Regel keine Innovationen im Sinn grundlegend neuer Medienangebotstypen begründen (vgl. Lampel et al. 2000, S. 266; Nausner 2000, S. 122–126).

Wenn Medienunternehmen bei einer Leistungsinnovation von bestehenden Angebotsformaten radikal(er) abweichen wollen, dann kann das Risiko einer solchen Strategie durch folgende Vorkehrungen verringert werden:

- Beschränkung auf Leistungstypen, die in anderen Ländern bereits erfolgreich am Markt eingeführt wurden.
- Beschränkung auf Leistungsformate, für die positive Kundenreaktionen im Rahmen von Marktforschungsstudien oder Testproduktionen festgestellt wurden.

Zur Reduktion der Misserfolgswahrscheinlichkeit von unterhaltenden oder informierenden Inhalteangeboten haben Medienunternehmen einmal die Option, Themen abzudecken, die den ästhetischen Präferenzen und sachlichen Interessen einer möglichst großen Rezipientengruppe entsprechen (Massenmarktorientierung). Zum anderen können sie sich auch mit Angeboten an kleine Rezipientensegmente wenden, wenn für diese infolge der engen thematischen Ausrichtung Inhalte zu so niedrigen Kosten beschafft sowie gebündelt werden können und/oder die Zielgruppe eine so hohe Zahlungsbereitschaft und -fähigkeit für segmentspezifische Inhalte aufweist, dass trotz der infolge der Nischenorientierung geringen Reichweite des Angebots eine Deckung der fixen Urfassungskosten möglich erscheint. Entsprechende Angebotsdifferenzierungs- oder Angebotsheterogenisierungsstrategien, deren Risikoreduktionsbeiträge in der besseren Inhalteausrichtung auf besondere Rezipienten- und Werbekundeninteressen und in gegenüber einem Massenmarktangebot niedrigeren Herstellungsfixkosten liegen, sind in Deutschland „vor allem für den Bereich der Zeitschriften kennzeichnend" (Kiefer 2001, S. 208).

4.3 Schwierige Ausschließbarkeit von nicht zahlenden Rezipienten

Ein viertes ökonomisch bedeutsames Spezifikum von Mediengütern besteht darin, dass es in der Medienwirtschaft im Vergleich zu anderen Industrien häufig schwieriger ist, Nachfrager, die nicht bereit sind, den geforderten Preis für ein Inhalteangebot zu zahlen, von dessen Nutzung auszuschließen. Ursachen der schwierigen Exkludierbarkeit von nicht zahlenden Personen von dem Angebotsgebrauch liegen darin, dass Medieninhalte auf einem physischen Speicher zumeist ohne starken Wertverlust kopiert und/oder über Telekommunikationsnetze elektronisch unverschlüsselt so verbreitet werden können, dass es für jedermann möglich ist, sie zu empfangen und gegebenenfalls zu speichern sowie wiederum zu kopieren. Möglichkeiten zur Durchsetzung beziehungsweise Umgehung des Ausschlussprinzips hängen nicht direkt vom Medieninhalt ab. Sie werden vielmehr vom mediengattungsbeziehungsweise medienteilmarktspezifischen Stand der gängigen Kopier- und Zugangsschutztechnik einerseits (zum Beispiel Verschlüsselungsverfahren, die einen Decodiermechanismus erfordern, um einen Medieninhalt wahrnehmen zu können) sowie der allgemein verbreiteten Technik zur Erstellung von Medienträgerkopien und Überwindung von Zugangsschutzbarrieren andererseits bestimmt.

Tendenziell ist es speziell bei audiovisuellen Medieninhalten (vorrangig Musikstücke, nachrangig Filme) in den letzten Jahren infolge der Diffusion von Technikplattformen in privaten Haushalten, die eine elektronische Vervielfältigung und Übertragung zwischen Personen beziehungsweise PC ohne tiefergehendes Fachwissen und zu niedrigen Kosten ermöglichen, wesentlich schwieriger geworden, nicht zahlende Rezipienten von der Inhaltenutzung auszuschließen. Speziell in der Musikindustrie wurde durch „Peer-to-Peer-Technologien zum direkten File-Sharing zwischen den Teilnehmern" (Hummel 2003, S. 450; vgl. Stein/Jakob 2003, S. 470–474), die Tauschplattformen wie Napster oder auf der Basis von Gnutella entstehen ließen, verbunden mit der Verbreitung von Internetzugängen und CD-Brennern in Privathaushalten der Verkauf von bespielten (und bezahlten) Tonträgern erheblich negativ beeinflusst. Mitte 2004 belief sich der Anteil der bundesdeutschen Erwachsenen ab 14 Jahre, die das Internet zumindest gelegentlich nutzen, auf 55,3 Prozent (35,7 Millionen Personen), sechs Jahre zuvor lag dieser Anteil erst bei 10,4 Prozent (6,6 Millionen Personen). 89 Prozent der Internet-Nutzer 2004 greifen auch von zu Hause aus auf Inhalte zu, die im WorldWideWeb bereitgehalten werden (vgl. van Eimeren et al. 2004, S. 351, S. 359). Nicht zuletzt bedingt durch diese Diffusion von Internetzugängen in privaten Haushalten nahm der Umsatz mit bespielten Tonträgern in Deutschland von 2,7 Milliarden Euro im Jahr 1995 um 4,6 Prozent pro Jahr auf 1,8 Milliarden Euro im Jahr 2004 ab. Parallel stieg im gleichen Zeitraum das tägliche Zeitbudget bundesdeutscher Erwachsener ab 14 Jahren für das Hören von auf gekauften oder selbst bespielten Tonträgern gespeicherter Musik aber von durchschnittlich 15 Minuten um 7,2 Prozent pro Jahr auf 28 Minuten an (vgl. BPW 2005, S. 11; Media Perspektiven Basisdaten 2004, S. 68). Deshalb bemühen sich Musikvermarkter zunehmend darum, neue Zugangs- beziehungsweise Kopierkontrollsysteme durchzusetzen und eigene Angebotsplattformen im Internet zu entwickeln, bei denen diese Systeme zum Einsatz kommen sollen.

Derartige, auf den Rezipientenmarkt gerichtete, Wettbewerbsstrategien zur Durchsetzung des Ausschließbarkeitsprinzips beziehungsweise von Verwertungsrechten für Musiktitel im Besonderen und für Mediengüter im Allgemeinen sind für Inhalteanbieter ökonomisch umso vorteilhafter,

- je niedriger die Aufbau- und Betriebskosten der Kontrollsysteme sind,
- je höher die Entgelte sind, die sie pro Transaktion von Rezipienten bei erfolgreicher Durchsetzung ihrer Eigentumsrechte erzielen,
- je weniger Möglichkeiten bestehen, jenseits direkter inhaltebezogener Zahlungen von Rezipienten andere Umsatzquellen auf dem Werbemarkt oder auf anderen, aus der Inhalteverbreitung abgeleiteten Märkten zu erschließen (zum Beispiel inhaltebezogene Veranstaltungen, Spiele, Figuren oder Kleidungsstücke; Anruf von Mehrwertdienstetelefonnummerngassen (0137, 0900), bei denen der Inhalteanbieter an den Verbindungsumsätzen beteiligt wird),
- je mehr die Kontrollsysteme aufgrund der Bequemlichkeit ihrer Nutzerschnittstelle beziehungsweise Nutzeroberfläche Rezipienten zur Aufrechterhaltung des Bezugswunsches ihrer Absatzleistungen motivieren und
- je mehr sich Rezipienten um einen entgeltfreien Bezug ihrer Inhalteangebote bemühen (wobei diese Anstrengung wiederum umso stärker ausfällt, je höher das geforderte reguläre Nutzungsentgelt ist, je niedriger der subjektive Wert der Inhalte ist, je einfacher ein Zugang unter Umgehung der regulären Entgeltzahlung ist und je mehr gesellschaftlich akzeptiert beziehungsweise je weniger sanktioniert ein Zugang unter Umgehung der geforderten Entgeltzahlung ist).

4.4 Netzeffekte

Eine fünfte betriebswirtschaftlich relevante Besonderheit von Medieninhalten besteht darin, dass deren Wert für den einzelnen Rezipienten häufig von der Gesamtzahl anderer Personen, die Zugang zu den gleichen Inhalten haben und ihn auch zur tatsächlichen Inhalteaufnahme heranziehen, (überwiegend positiv) beeinflusst wird. Derartige Phänomene werden als Netz(werk)effekte oder -externalitäten bezeichnet (vgl. Brack 2003, S. 85–86; Gerpott 2003d, S. 1091–1092; Kiefer 2001, S. 147; Maier 2000, S. 64). Die betriebswirtschaftliche Literatur analysiert überwiegend Netzeffekte bei materialisierten technischen Systemen. Hierbei wird zwischen direkten und indirekten technischen Netzeffekten unterschieden. Direkte technische Netzeffekte entstehen, wenn Nutzer beziehungsweise Rezipienten an ein bidirektionales Telekommunikationsnetz angeschlossen sind, da mit steigender Teilnehmerzahl auch die Zahl möglicher Austauschbeziehungen zunimmt. Indirekte technische Netzeffekte resultieren daraus, dass mit zunehmender Käuferzahl eines Produktes aufgrund von Economies of Scale der Produktpreis sinkt und aufgrund von gestiegenen Absatzerwartungen andere Unternehmen eine größere Zahl von Komplementärprodukten zu niedrigeren Kosten beziehungsweise Preisen herstellen. Ein indirekter technischer Netzeffekt, der keine bidirektionale, interpersonale Kommunikation über ein TK-Netz voraussetzt, sondern nur eine „virtuelle Interessengemeinschaft", liegt zum Beispiel vor, wenn aufgrund der Zunahme der Zahl der Haushalte, die sich eine Set-Top-Box für den Empfang digital gesendeter Rundfunkprogramme beziehungsweise einen DVD-Spieler beschafft haben, die Zahl der Unternehmen steigt, die digitale TV-Programme ausstrahlen beziehungsweise die Zahl der verschiedenen auf DVD gespeicherten und zum Kauf oder zur Miete angebotenen Filme zunimmt.

Von technischen Netzexternalitäten sind soziale Netzeffekte zu unterscheiden. Letztere sind gegeben, wenn Inhalte von Rezipienten:

- umso positiver bewertet beziehungsweise umso eher nachgefragt werden, je größer die Zahl anderer Personen ist, mit denen sie sich über die Inhalte austauschen (könnten), weil die so ermöglichte soziale Kommunikation beziehungsweise Konversation mit Gleichgesinnten als befriedigend wahrgenommen wird (zum Beispiel bei einem Fußballländerspiel),
- deshalb nachgefragt werden, weil sie aufgrund der großen Zahl anderer Personen, die diese Inhalte (vermutlich) bereits zur Kenntnis genommen haben, in der Lage sein wollen, gegebenenfalls selbst zu diesen Aussagen Stellung beziehen („mitreden") zu können (zum Beispiel bei Buchbestsellern wie Harry Potter) und

– umso negativer bewertet beziehungsweise umso weniger nachgefragt werden, je größer die Zahl anderer Personen ist, die ebenfalls den Inhalt kennen, weil mit abnehmendem Exklusivitätsgrad (beziehungsweise damit korrelierter Aktualitäts- beziehungsweise Neuigkeitsverringerung) des Inhalts dessen subjektiver Wert für den einzelnen Rezipienten sinkt (zum Beispiel bei Aktien(ver)kaufempfehlung von Börsenanalysten).

Der wettbewerbsstrategische Optionsraum von Medienunternehmen wird in erster Linie durch indirekte technische Netzeffekte bei unternehmensintern eingesetzten Produktionsmitteln (zum Beispiel Content Management System, HDTV-Kamera) und bei von Rezipienten beschafften Endgeräten, die zur Nutzung elektronisch gespeicherter beziehungsweise übermittelter Inhalte erforderlich sind sowie durch direkte soziale Netzeffekte bei Inhalten beeinflusst. Generell ergibt sich aus indirekten technischen Netzeffekten für Medienunternehmen die Notwendigkeit, wettbewerbsstrategische Konzepte zu entwickeln und Umsetzungsressourcen bereitzustellen, die eine proaktive Aufklärung der Evolution von technischen Produktionsmittel- und Endgerätestandards vorantreiben. Speziell bei medientechnischen Produktionsanlagen und Informationstechniksystemen ist für die meisten Medienunternehmen die Durchsetzung von proprietären Speziallösungen, die Wettbewerbern von einem Zulieferer nicht zur Verfügung gestellt werden, wegen fehlender Nachfragemacht nicht möglich. In einer solchen Situation ist es für ein Medienunternehmen häufig sinnvoll, sich gemeinsam mit Konkurrenten gegenüber Zulieferern um Standards für medientechnische Produktionsmittel zu bemühen, die zu Kostensenkungen, Qualitätserhöhungen oder Zeitverkürzungen im Herstellungsprozess beitragen. Insbesondere dann, wenn ein Medienunternehmen auf einem Teilmarkt mit geringer Wettbewerbsintensität tätig ist (zum Beispiel Regional- beziehungsweise Lokalzeitungen), ist eine solche Strategie vorteilhaft, da eine Differenzierung gegenüber intramedialen Konkurrenten durch prozesstechnische Vorsprünge weniger erfolgsrelevant ist, aber durch die Abstimmung von Prozessstandards innerhalb eines Teilmarktes Verbesserungen der Position im intermedialen Wettbewerb erreichbar sind.

Bei Endgeräten mit Relevanz für die Medienwirtschaft (zum Beispiel Abspielgeräte für Tonträger, Rundfunkempfangsgeräte oder Computer) kommt zur Erzielung von indirekten technischen Netzeffekten der Einigung auf eine von allen relevanten Anbietern akzeptierte technische Lösung, die somit das „Dominant Design" in einem Teilmarkt definiert (zum Beispiel Set-Top-Box für den Empfang digitaler Rundfunkprogramme, DVD-Aufzeichnungsformat), und auf Kompatibilitätsstandards große Bedeutung zu (vgl. Gerpott 2003d, S. 1105; Maier 2000, S. 88; Owen/Wildman 1992, S. 283–286). Letztere sichern das koordinierte Zusammenwirken zwischen

Endgeräten, die Rezipienten zum Teil von unterschiedlichen Herstellern beziehen, wie zum Beispiel Fernseher, DVD-Abspielgerät und DVD, und zwischen Endgeräten und Telekommunikationsnetzen zur Übertragung elektronisch abgebildeter Inhalte, wie zum Beispiel PC und Digital Subscriber Line (DSL) für den Internetzugang.

Technische Standards für Endgeräte zur Nutzung von Inhalten sind von Medienunternehmen umso intensiver zu beobachten, je stärker Endgeräte beziehungsweise Endgerätesubmodule nur auf die Übernahme von für die Medienwirtschaft relevanten Funktionen ausgerichtet sind beziehungsweise je weniger sie branchenübergreifend bedeutsame Funktionen beinhalten. Beispielsweise sind Anbieter audiovisueller Medieninhalte durch das MPEG Audio-Layer-3-Verfahren zur Codierung von Musikstücken oder HDTV-Spezifikationen zur Aufnahme, Übertragung und zum Empfang hoch aufgelöster Fernsehbilder stärker betroffen als Betreiber von Telekommunikationsmobilfunknetzen. Umgekehrt hat für Letztere die Wireless-Application-Protocol-Norm (WAP-Norm), die Darstellungsmöglichkeiten von keineswegs nur von Anbietern der Medienwirtschaft paketierten Inhalten unterschiedlichster Art auf Mobilfunktelefonen bestimmt, stärkere Implikationen hinsichtlich ihrer Geschäftsentwicklungsmöglichkeiten als für Anbieter audiovisueller Medieninhalte. Folglich liegt es in dem Beispiel nahe, dass sich Unternehmen der audiovisuellen Medienwirtschaft mehr mit der Gestaltung und Diffusionswahrscheinlichkeit des MPEG-Verfahrens als des WAP auseinandersetzen.

Inwieweit Medienunternehmen neben der bloßen Beobachtung des Entstehens standardisierungsbedingter Netzeffekte beim Aufkommen neuer Endgerätetypen beziehungsweise -generationen auch über die Strategieoption einer aktiven Standardbeeinflussung gegenüber Endgeräteherstellern verfügen, hängt von deren Nachfragemacht gegenüber Zulieferern und ihren Ressourcenpotentialen (zum Beispiel unternehmensintern verfügbare Technologiekenntnisse und -entwicklungskapazitäten) ab. Auch bei Prozessen zur Endgerätestandardisierung können einzelne Anbieter der Medienwirtschaft ihre Chancen zur Beeinflussung neuer Standards durch brancheninterne oder -übergreifende Koalitionen mit anderen Unternehmen erhöhen, die über komplementäre Kompetenzen verfügen (vgl. Gerpott 2003d, S. 1107–1108; Maier 2000, S. 88). Außerdem lassen sich wettbewerbsstrategische Vorteile durch eine rechtzeitige Ausrichtung eigener Inhalteangebote beziehungsweise -formate auf sich neu im Markt ausbreitende Endgerätestandards gewinnen. Hierzu sind von Medienunternehmen Prognosen zum Diffusionsverlauf neuer Standards zu erarbeiten, aus denen Zeitpunkte zur Unterstützung der Standards mit hohen vermuteten Diffusionspotentialen abgeleitet werden können. Ein aktuelles Beispiel ist hier der Mobilfunknetz- und Endgerätestandard Universal Mobile Telecommunications System (UMTS), für den die Medienwirtschaft Diffusionserwartungen als Basis für Strategien zur Verbreitung eigener Inhalte über UMTS zu bestimmen hat.

Aus direkten sozialen Netzeffekten ergeben sich für Medienunternehmen wettbewerbsstrategische Optionen, wenn sie Inhalte paketieren, die gesellschaftsweit oder in abgrenzbaren Zielgruppen hinreichender Größe ein hohes Maß an Auseinandersetzung oder Begeisterung beziehungsweise Identifikation, also ein starkes „Involvement" hervorrufen. Solche Voraussetzungen bestehen eher bei unterhaltenden Inhalten mit emotionalen Komponenten (zum Beispiel Spitzensport, TV-Shows oder populäre Musik) als bei informierenden Inhalten mit stark sachlich-nutzenorientierten Elementen. Wettbewerbsstrategien zur Stärkung betriebswirtschaftlich vorteilhafter sozialer Netzeffekte beinhalten die systematische Schaffung von Anhängergemeinschaften (Fan Communities) durch massive Kommunikationsanstrengungen, mit denen oft unter Einsatz von in der Zielgruppe prominenten realen Personen oder fiktiven Charakteren mit hohen Identifikationspotentialen der Erlebniswert von Inhalten und die davon abhängige Austauschintensität unter Rezipienten erhöht wird. Hierdurch streben Anbieter der Medienwirtschaft danach, nicht mehr nur über gesellschaftlich bedeutsame Ereignisse oder Moden zu berichten, sondern sie selbst gezielt zur Gewinnmaximierung zu schaffen (vgl. Nausner 2000, S. 123–124). Bei informierenden Medieninhalten lassen sich positive soziale Netzeffekte eher durch kontinuierliche Investitionen in redaktionelle Ressourcen zur Erzielung von Aktualitäts-, analytischen Interpretations- und Verständlichkeitsvorteilen ergänzt durch selektive Platzierung von Vorabhinweisen oder auszugsweise Wiedergabe von Informationen in reichweitenstarken Medien (zum Beispiel Zitat aus einem Zeitschriftenartikel in der ARD-Tagesschau) fördern.

4.5 Meritorische Kulturgüter

Ein sechstes Spezifikum medienwirtschaftlicher Absatzleistungen mit Folgen für den wettbewerbsstrategischen Möglichkeitsspielraum von Medienunternehmen besteht darin, dass diese Leistungen zu einem großen Teil als meritorische Kulturgüter gelten. Hierbei wird mit dem Attribut meritorisch (aus dem Lateinischen von meritum = Wohltat) darauf abgehoben, dass vor allem informative Medienangebote für die Gesellschaft insgesamt einerseits politisch erwünschte, wertvolle Funktionen (zum Beispiel Förderung der Transparenz politischer Entscheidungen, der Meinungsvielfalt oder von Wertvorstellungen wie Toleranz beziehungsweise Gewaltfreiheit gegenüber Andersdenkenden) übernehmen können, dass aber andererseits eine hinreichende Wahrnehmung dieser Funktionen allein über Marktmechanismen, die sich nur an der Zahlungsbereitschaft von Rezipienten und werbenden Verkäufern ausrichten, nicht sichergestellt sein könnte. Zur Vermeidung einer Unterversorgung der Gesellschaft mit meritorischen Medieninhalten wird deshalb eine Beeinflussung von Medienmarktstrukturen und -ergebnissen durch branchenspezifische staatliche Eingriffe für notwendig gehalten.

Dementsprechend werden strategische Verhaltensspielräume der Medienwirtschaft in Deutschland (und anderen Staaten) erheblich durch staatliche Regulierungsmaßnahmen geprägt, welche die Erreichung politischer Ziele wie die Sicherung hoher Vielfalt, Qualität, Zugänglichkeit und Verbreitung von Medieninhalten sowie die Beschränkung der Verbreitung gesellschaftlich unerwünschter demeritorischer Inhalte (zum Beispiel Pornographie) unterstützen sollen. Die starke Einflussnahme staatlicher Instanzen und politischer Parteien auf die Medienwirtschaft und Medieninhalte in Deutschland spiegelt sich nicht zuletzt darin wider, dass

- die Pressefreiheit und die Freiheit der Berichterstattung durch Rundfunk und Film" explizit im Grundgesetz (Artikel 5 Absatz 1 Satz 2) gewährleistet wird,
- im Rundfunkteilmarkt die Existenz öffentlich-rechtlicher Programmveranstalter, die publizistischen Zielen unter Beachtung betriebswirtschaftlicher Nebenbedingungen verpflichtet sind, garantiert wird und
- allein auf den nationalen Ebenen der Länder und des Bundes in Deutschland eine Vielzahl von medien-, informations- und telekommunikationsrechtlichen Regelwerken beachtet werden müssen. Zu nennen sind hier unter anderem die Rundfunk-, Mediendienste-, ARD-, ZDF-, Rundfunkgebühren- oder Jugendmedienschutzstaatsverträge der Länder, bundeslandspezifische Rundfunkgesetze, das Informations- und Kommunikationsdienstegesetz, das Telekommunikationsgesetz und das Urheberrechtsgesetz, die jeweils deutliche Effekte auf die wettbewerbsstrategischen Optionen von Medienunternehmen haben können (vgl. Fechner 2003; Petersen 2003; Weiss 2003, S. 153–293).

Grundlegende Konsequenzen des meritorischen Charakters vieler Medienangebote und der damit verbundenen hohen sektorspezifischen Regulierungsintensität für Medienunternehmen sind darin zu sehen, dass

- von vielen, auch rein privatwirtschaftlich geführten Anbietern, nicht zuletzt aufgrund des journalistischen Selbstverständnisses redaktioneller Mitarbeiter, neben betriebswirtschaftlichen Dimensionen zusätzlich in

merklichem Ausmaß publizistische Kriterien bei der Bewertung von Wettbewerbsstrategien berücksichtigt werden,
- Anbieter der Medienwirtschaft, gegebenenfalls unter Rückgriff auf unternehmensübergreifende Verbände, erhebliche Ressourcen einzusetzen haben, um branchenbezogene rechtliche Rahmenbedingungen kontinuierlich zu überwachen und durch politische Lobbyarbeit zu beeinflussen und
- sich die Möglichkeit eröffnet, durch frühzeitige, proaktive Entwicklung von Strategien zur Nutzung sich abzeichnender größerer regulativer Veränderungen zumindest temporär Wettbewerbsvorteile zu erzielen. Ein einschlägiges, zum Zeitpunkt der Erstellung dieses Beitrags aktuelles Beispiel sind die sich für Presseverlage abzeichnenden neuen Spielräume beim Kauf anderer Presseunternehmen, die sich aus den §§ 35 Absatz 2, 36 und 38 Absatz 3 des Referentenentwurfs vom 17.12.2003 zur 7. Novelle des Gesetzes gegen Wettbewerbsbeschränkungen (GWB) ergeben (vgl. Staebe 2004, S. 15–17).

Mit der Charakterisierung der Absatzleistungen von Medienunternehmen als Kulturgüter wird betont, dass sie in einem Staat, in einer Region oder von einer großen Gruppe von Personen gemeinsam geteilte (selbstverständliche) Basiswerthaltungen beziehungsweise -normen, sprachliche und audiovisuelle (künstlerische) Ausdrucksweisen, Sitten und Lebensgewohnheiten prägen und umgekehrt von solchen sozialen Phänomenen beeinflusst werden (vgl. Dahlke et al. 2000, S. 150, S. 161–167; Schulte-Hillen et al. 2001, S. 481–482; Scholz 2000, S. 227–240). Außerdem wird mit der Hervorhebung des Kulturaspekts von medialen Inhalteangeboten der Sicht Rechnung getragen, dass diese Leistungen für ihre Produzenten und Rezipienten auch ästhetische, identitätsausdrückende, spielerische oder zerstreuende Funktionen jenseits der Befriedigung physiologischer Grundbedürfnisse und der bloßen Verbesserung ihrer materiellen Lebenssituation erfüllen sollen (vgl. Lampel et al. 2000, S. 263).

Für wettbewerbsstrategische Optionen von Medienunternehmen ergibt sich aus dem kulturellen Gehalt ihrer Inhalteangebote, dass

- bei Internationalisierungsmaßnahmen insbesondere bei sprachgeprägten Pressetiteln und Büchern kulturelle Reichweitengrenzen beziehungsweise Modifikationserfordernisse sowie international ähnliche Kulturaspekte detailliert zu analysieren sind, um einen betriebswirtschaftlich befriedigenden Grad der Homogenität der Medienmarktbearbeitung in verschiedenen Ländern ableiten zu können,
- es bei internationalen Medienangebotsstrategien nicht nur um die simple Ausdehnung des Verbreitungsgebietes von (übersetzten) Inhalten geht,

sondern auch und gerade um den Transfer und die Weiterentwicklung von nicht direkt an konkrete Inhalte gekoppelte Kompetenzen zur Erzeugung, Bündelung und Vermarktung von Medienprodukten,
- die Anbieter gesellschaftliche Wertetrends und das Entstehen neuer Subkulturen systematisch zu verfolgen haben, wenn sie beabsichtigen, als Pionier neue Medienprodukt-Markt-Felder zu erschließen und mit zu erschaffen.

5 Perspektiven

Nach der systematisierenden, gegenwartsbezogenen Beschreibung von aus den Spezifika von Mediengütern resultierenden wettbewerbsstrategischen Optionen für Anbieter in der Medienwirtschaft, geht es in diesem Kapitel darum, überblicksartig Perspektiven im Hinblick auf zukünftig zu bewältigende Veränderungserfordernisse bei Wettbewerbsstrategien von Medienunternehmen zu verdeutlichen. Ohne die Vorteilhaftigkeit einer teilmarktbezogenen differenzierten Analyse angebots- und nachfrageseitiger Trends als Bestimmungsgrößen des wettbewerbsstrategischen Anpassungsbedarfs in der Medienwirtschaft in Frage stellen zu wollen, können hier aus Platzgründen nur Veränderungen bei vier netzbasierten Endkundenzugangstypen für elektronisch abbildbare Medieninhalte bezüglich ihrer prinzipiellen Effekte auf Wettbewerbsstrategien von Unternehmen der Medienwirtschaft analysiert werden. Als einschlägige Veränderungen, die in nahezu allen Teilmärkten der Medienwirtschaft erheblichen wettbewerbsstrategischen Anpassungsbedarf zur Folge haben dürften, werden betrachtet:

- Abgeschwächte Fortsetzung der Diffusion von stationären schmalbandigen (56 bis 128 kbit/s) telefonwählverbindungsbasierten Zugängen zum Internet in Privathaushalten (vgl. van Eimeren et al. 2004, S. 368–369).
- Verstärkte Fortsetzung der Diffusion stationärer breitbandigerer DSL-Anschlüsse im privaten Haushaltssektor: So nahm in Deutschland die Zahl der installierten DSL-Anschlüsse von 1,9 Millionen Ende 2001 um durchschnittlich 52 Prozent pro Jahr auf 6,7 Millionen Ende 2004 zu (vgl. RegTP 2005, S. 29; Gerpott 1998, S. 34–36). Parallel zu dem auch für die nächsten Jahre zu erwartenden Wachstum der DSL-Anschlusszahl in Deutschland zeichnet sich ab, dass Zugangsnetzbetreiber die DSL-Transportgeschwindigkeiten aus dem Netz zum Endkunden hin von bislang 768 kbit/s auf mindestens 1.024 bis 3.072 kbit/s erhöhen werden.

- Diffusion digitalisierter Rundfunkverteilnetze: An die Stelle der auf analoger Technik basierenden Infrastrukturen zur Verteilung von Fernseh- und Hörfunksignalen sollen in Deutschland bis Ende des Jahres 2010 zumindest komplett digitalisierte terrestrische sowie möglichst auch digitalisierte kabelnetz- und satellitengestützte Rundfunkverteilplattformen treten, die sich gegenüber der analogen Rundfunkübertragung unter anderem durch wesentlich größere Sendekapazitäten, die Möglichkeit eines Rückkanals vom Rezipienten zum Programmveranstalter und niedrigere Betriebskosten auszeichnen.
- Diffusion funkbasierter Telekommunikationsnetzanschlüsse, die es Rezipienten ermöglichen, auch dann auf elektronisch abgebildete Medieninhalte zurückzugreifen, wenn sie sich nicht in ihrer Wohnung oder an ihrem Arbeitsplatz befinden, sondern unterwegs sind. Hiermit sind erstens Mobilfunknetze des UMTS-Standards angesprochen, die es erlauben, Daten mit einer Bandbreite von zunächst bis zu 384 kbit/s auch an sich schnell bewegende Rezipienten beziehungsweise Endgeräte wie Personal Digital Assistants (PDA), Laptops oder intelligente Telefone zu übermitteln. Zweitens geht es um öffentliche Wireless-Local-Area-Network-(WLAN-) Anschlüsse, die Rezipienten an ausgewählten Standorten mit starkem Besucherverkehr (zum Beispiel Flughafen, Messegelände, Hotelhalle, Einkaufszentrum) in die Lage versetzen, Daten mit Geschwindigkeiten, die oberhalb von 1 Mbps liegen können, zu empfangen, wenn das Funkendgerät sich nicht oder nur sehr langsam bewegt (vgl. Böhm 2004, S. 107–145).

Das Ausmaß der von der Verbreitungszunahme dieser vier netzbasierten Endkundenzugangsalternativen ausgehenden wettbewerbsstrategischen Veränderungserfordernisse wird für acht Teilbranchen der Medienwirtschaft in Tabelle 1 holzschnittartig dargestellt. Im Folgenden werden die strategischen Anpassungsnotwendigkeiten in den Teilbranchen jeweils inhaltlich grob umrissen.

Medienwirtschaftliche Teilbranche	Diffusion von...			
	schmalbandigen stationären Internetzugängen	breitbandigen stationären DSL-Anschlüssen	digitalisierten stationären Rundfunkverteilnetzen/ -empfängern	breitbandigeren funkgestützten UMTS- und WLAN-Anschlüssen
Zeitungsverlage – Lesermarkt – Werbe/Anzeigenmarkt	◕ ●	◕ ●	○ ○	◐ ○
Zeitschriftenverlage – Lesermarkt – Werbe/Anzeigenmarkt	◕ ◕	◕ ◕	○ ○	◕ ○
Buchverlage	○	◕	○	○
Fernsehprogrammveranstalter	◕	◐	●	○
Hörfunkprogrammveranstalter	○	◕	◐	○
Filmverlage	○	●	◔	◕
Musikverlage/Musikträgerhersteller	◕	◕	◕	◐
Online-Portale	◐	●	◐	◕

○ = Niedriges Ausmaß an wettbewerbsstrategischen Anpassungsnotwendigkeiten/Optionsveränderungen.

● = Hohes Ausmaß an wettbewerbsstrategischen Anpassungsnotwendigkeiten/Optionsveränderungen.

Tabelle 1: Ausmaß der von der Diffusion vier netzbasierter Endkundenzugänge für elektronisch abbildbare Inhalte ausgehenden wettbewerbsstrategischen Veränderungsimpulse für acht Teilbranchen der Medienwirtschaft

5.1 Print-Verlagsunternehmen

Als Print-Verlagsunternehmenstypen werden in Abbildung 3 Zeitungs-, Zeitschriften- und Buchverlage differenziert, wobei bei Presseverlagen Leser- und Werbe- beziehungsweise Anzeigenmärkte getrennt ausgewiesen werden. Mit Blick auf den Lesermarkt von Zeitungsverlagen ist festzustellen, dass in erster Linie die Diffusion von breitbandigeren (Mobil-)Funkzugängen dieser Anbietergruppe neue Wettbewerbsstrategieoptionen eröffnet. Vor allem Verlage überregional verbreiteter Zeitungstitel haben zu prüfen, inwieweit sie zukünftig hochgradig aktuelle, unvorhersehbare und aus Empfängersicht dringliche beziehungsweise zeitsensible redaktionelle Informationen, bei denen (Kurz-)Textformate um Fotos oder kurze Filmclips ergänzt werden können, gemeinsam mit UMTS- und bundesweit agierenden WLAN-Betreibern an mobile Rezipienten vermarkten sollten. Zu den hier aus Sicht von Zeitungsverlagen wichtigsten zu klärenden wettbewerbsstrategischen Themen gehören die Preiskonzeptionen für Inhalte (zum Beispiel Einzelpreis pro Abruf oder pauschaler Abonnementpreis pro Zeitperiode), die Aufteilung von Inhalte- und Datenübertragungsumsätzen zwischen einem Verlag und einem Funknetzbetreiber und die Markierung der Inhalte auf mobilen Endgeräten (zum Beispiel gemeinsame Marke oder Einzelmarken des Verlags und Netzbetreibers). Die zunehmende Bedeutung von Mobilfunknetzen als Distributionsweg für Inhalte, die typicherweise ansonsten in gedruckten Tageszeitungen zu finden sind, spiegelt sich beispielsweise darin wieder, dass sich Anfang 2004 fünf große europäische Nachrichtenagenturen in einem Konsortium zusammengeschlossen haben, um innovative Informationsdienste für Mobilfunknetze zu entwickeln.

Die Fortsetzung der Diffusion von schmal- und breitbandigen Internetzugängen in Festnetzen impliziert hingegen einen vergleichsweise geringeren wettbewerbsstrategischen Anpassungsdruck auf Zeitungsverlage im Lesermarkt, weil größere Zeitungsverlage in Deutschland seit dem Beginn des letzten Drittels der 90er Jahre mit Online-Versionen ihrer gedruckten Titel bereits im Internet präsent sind (vgl. Gerpott 2003b, S. 143–144) und insofern vom grundsätzlichen Engagement her kein großer Nachholbedarf besteht. Diese Präsenz schließt im Einzelfall die Notwendigkeit wettbewerbsstrategischer Anpassungen vor allem bei der Gestaltung von Online-Zeitungstiteln nicht aus. So sprechen erste Erfahrungen mit „ePaper-Versionen" von Zeitungen, die das Präsentationsformat und die Inhalte des gedruckten Titels deckungsgleich oft als PDF-Datei in das Internet überführen und die keine Zusatzfunktionen gegenüber der Druckfassung offerieren (zum Beispiel Stichwort-Suchmöglichkeiten, Verlinkung auf ergänzende, früher publizierte redaktionelle Beiträge, beispielsweise aus dem

Archiv), dafür, dass Leser nicht bereit sind, einen Zusatzpreis für diese Art von Online-Zeitungen zu bezahlen (vgl. Bucher et al. 2003, S. 439–443; Neuberger 2003a, S. 25). Erfolgsträchtiger scheint demgegenüber die zum Beispiel von der Financial Times Deutschland verfolgte Strategie zu sein, die Online-Ausgabe des gedruckten Titels als crossmediale Ergänzung zu positionieren, die integriert im Bündel mit der Druckversion gestaltet und vermarktet wird, um Leser der gedruckten Zeitung stärker an das Blatt zu binden und in Randbereichen neue Leser für das kombinierte Angebot zu gewinnen (vgl. Brüggemann 2002, S. 106–111; Borowski 2003, S. 243–262; Keuper/Hans 2003, S. 237–246). Alles in allem spricht bislang wenig dafür, dass Online-Inhalteangebote im Allgemeinen und Online-Ableger von Zeitungs- beziehungsweise Pressetiteln im Besonderen zu einer deutlichen Verringerung der Reichweite und Nutzungsintensität gedruckter Zeitungen geführt haben und führen werden (vgl. Gerpott 2003b, S. 145–148, S. 162; Neuberger 2003a, S. 76–79; Deleersnyder et al. 2002, S. 347).

Beim Werbe- beziehungsweise Anzeigengeschäft von Zeitungsverlagen, auf das im Jahr 2002 56 Prozent der von Zeitungen in Deutschland erzielten Umsätze entfielen (vgl. Keller 2003, S. 64; Gerpott 2003b, S. 142; Heinrich 2003, S. 932; Schumann/Hess 2002, S. 23; Kiefer 2001, S. 235), ist bei der Analyse wettbewerbsstrategischer Anpassungsnotwendigkeiten infolge der Ausbreitung neuer netzbasierter Medienzugangstechniken zwischen gestalteten Werbeanzeigen und zumeist ungestalteten Rubrikenanzeigen (Stellenangebote beziehungsweise -gesuche, Immobilien, Kraftfahrzeuge, Lebenspartnerschaften, An- und Verkauf diverser Güter) zu unterscheiden. Bei gestalteten Werbeanzeigen, bei denen es Unternehmen auf hohe nationale oder regionale Leserreichweiten ankommt, werden die Zeitungsumsätze kaum durch Onlinewerbung bedroht, die bislang noch klare Reichweitennachteile gegenüber gedruckten Zeitungswerbeanzeigen aufweist. Insgesamt belief sich der Anteil der Bruttowerbeumsätze für Onlinewerbung am deutschen Gesamtwerbemarkt im Jahr 2003 denn auch erst auf 1,5 Prozent (vgl. Heffler 2004, S. 243, S. 250; Gerpott 2003b, S. 149). Deshalb besteht bei gestalteten Anzeigen für Zeitungsverlage, deren Nachfrage signifikant positiv mit der allgemeinen volkswirtschaftlichen Wachstumsrate korreliert, durch das Vordringen neuer Telekommunikationsnetzanschlussvarianten beziehungsweise Online-Inhalteangebote nur wenig wettbewerbsstrategischer Anpassungsbedarf.

Ganz anders stellen sich die wettbewerbsstrategischen Veränderungsimpulse dar, die von der weiter zunehmenden Diffusion von Internetzugängen auf das Rubrikenanzeigengeschäft von Zeitungsverlagen ausgehen. Hier bietet der Online-Zugriff nämlich gegenüber gedruckten Rubrikenanzeigen Such-, Aktualitäts-, Informationstiefe-, Darstellungsreichhaltigkeits-

und Verbreitungskostenvorteile. Deshalb werden für die nächsten Jahre erhebliche Umsatzrückgänge bei gedruckten Zeitungsrubrikenanzeigen vorhergesagt (vgl. Neuberger 2003a, S. 85–86). Zeitungsverlage haben daher für Rubrikenanzeigen Wettbewerbsstrategien zu entwickeln, die Umsatzverluste infolge der Substitution gedruckter Rubrikenanzeigen durch Online-Anzeigen- beziehungsweise Online-Marktplattformen von früher häufig als Anzeigenkunden auftretenden und nicht aus der Zeitungsbranche stammenden Intermediären (zum Beispiel Kraftfahrzeughändler, Immobilienmakler) möglichst begrenzen. Einschlägige wettbewerbsstrategische Themen sind dabei die Entwicklung zeitungsverlagsübergreifender Gemeinschaftsunternehmen zur Reichweitensteigerung und zur Kostensenkung für von Zeitungen angebotene Online-Rubrikenanzeigen, die leistungsseitige und preisliche Bündelung von gedruckten und elektronischen Rubrikenanzeigen sowie die Erweiterung des Kernnutzens von Rubrikenanzeigen (Aufmerksamkeitspotentiale bei Lesern) durch Zusatzleistungsangebote (zum Beispiel Übernahme von Administrationsaufgaben bei Stellenbewerbungen wie etwa den Versand von Eingangsbestätigungen oder die Organisation von Auswahlgesprächsterminen; vgl. Breyer-Mayländer 2004, S. 39–43; Grabner/Riedl 2003, S. 130–132).

Für die zweite in Abbildung 3 differenzierte medienwirtschaftliche Anbietergruppe, Zeitschriftenverlage, resultieren aus der Diffusion der dort betrachteten netzbasierten Zugangsplattformen im Vergleich zu Zeitungsverlagen geringere wettbewerbsstrategische Modifikationserfordernisse. Die durch die Ausbreitung von Festnetz-Internetzugängen gestiegene Bedrohung von Umsätzen mit Rubrikenanzeigen ist für viele Zeitschriftentitel nämlich weniger problematisch, da bei ihnen diese Umsatzquelle nicht die wirtschaftliche Bedeutung aufweist, die sie für Zeitungen hat. Publikumszeitschriften sehen sich im Lesermarkt wegen ihrer geringeren Erscheinungsfrequenz zudem im Durchschnitt weniger mit der Erwartung konfrontiert, ereignisgetrieben hochgradig aktuelle Informationen über (Mobil-) Funknetze zu verbreiten. Auch bei gedruckten Zeitschriftentiteln spricht bislang – wie für Zeitungen – die Befundlage dafür, dass der Anstieg der Internetnutzerzahl, die Internetnutzungsdauer pro Rezipient oder das Angebot von Online-Zeitschriftenvarianten sich nicht negativ auf den Absatz ihrer gedruckten Fassungen auswirken und dass Online-Zeitschriftenableger wirtschaftlich dann noch am ehesten vertretbar sind, wenn sie als Ergänzungsangebot konzipiert werden, das inhaltlich mit dem Drucktitel nicht identisch, aber doch verknüpft ist (vgl. Kaiser 2002, S. 19–23; Gerpott 2003b, S. 145–148, S. 162; Neuberger 2003a, S. 76–79; Deleersnyder et al. 2002, S. 347).

Wesentlich stärkerer wettbewerbsstrategischer Veränderungsdruck geht von der Diffusion festnetzbasierter Internetzugänge dagegen auf Verlage aus, die sich auf, früher ausschließlich in gedruckter Form verbreitete, (wissenschaftliche) Fachzeitschriften spezialisiert haben. Wegen ihrer kleinen Auflagen, der überdurchschnittlichen Internetkompetenzen und der geringeren Preiselastizität ihrer Leser bietet die Bereitstellung von Fachzeitschriften in online verfügbarer elektronischer Form erhebliche Gewinnerhöhungschancen. Zu den zentralen wettbewerbsstrategischen Entwicklungsthemen für Verlage von Fachzeitschriften gehören deshalb die kostensenkende Gestaltung der von der Manuskriptakquisition bis zur -veröffentlichung möglichst durchgängig nur noch elektronisch abgewickelten Herstellungsprozesse sowie die Leistungsumfangs- beziehungsweise Leistungsqualitäts- und Preisabstimmung zwischen Online-Zeitschrift und gedrucktem Titel, sofern Letzterer weiter im Lesermarkt angeboten wird.

Für Buchverlage dürfte von den vier in Abbildung 3 unterschiedenen netzbasierten Rezipientenzugängen noch am ehesten die zunehmende Verbreitung stationärer DSL-Anschlüsse Effekte auf ihren wettbewerbsstrategischen Optionsraum haben. Über solche breitbandigen Anschlüsse ist es möglich, Rezipienten auch umfangreiche Bücher mit kurzen Übertragungszeiten auf verschiedene Endgeräte wie einen Laptop, PDA oder ein spezielles Lesegerät für eBooks bereitzustellen. Zudem schaffen DSL-Anschlüsse transporttechnische Voraussetzungen dafür, dass

- sich Rezipienten aus verschiedenen Inhaltemodulen individualisierte Bücher zu Sachthemen online zusammenstellen und gegen Bezahlung elektronisch vom Speicherrechner eines Buchverlages herunterladen können und
- Bücher mit niedrigen Auflagenhöhen nicht mehr auf Basis einer Absatzprognose in einer bestimmten Stückzahl, sondern erst nach Bestelleingang (on Demand) gedruckt werden können (vgl. Schumann/Hess 2002, S. 70, S. 73).

Tatsächlich haben mehr oder minder individualisierte, elektronisch übermittelte umfangreichere Texte, die konventionell als Bücher bezeichnet werden, und Book-on-Demand-Produktionen bislang keine größere wirtschaftliche Relevanz erlangt. Für die Zukunft ist mit zunehmender Verbreitung entsprechender Endgeräte bei Fach-, Wissenschafts- und Schulbüchern zu rechnen, auf die in den Jahren 1996 bis 2003 jeweils ungefähr 35 Prozent der in Deutschland erzielten Buchumsätze entfielen (vgl. Media Perspektiven Basisdaten 2004, S. 57). Eine leichte Bedeutungszunahme dieser neuen Buchvarianten ist zu erwarten, da speziell bei ihnen nur elektronisch verfügbare Funktionen (zum Beispiel Stichwortsuche, Bereitstellung zusätzlicher Hintergrundinformationen) einen Zusatznutzen für Rezipienten schaffen können. Radikale Nachfrageverschiebungen von gedruckt zu elektronisch übermittelten Büchern sind aber zumindest kurz- und mittelfristig unwahrscheinlich, weil herkömmliche Bücher gegenüber elektronischen Buchformaten den Vorteil haben, ohne Investitionen in Endgeräte (zum Beispiel PDA oder Drucker) und unabhängig von der Endgeräteversorgung mit elektrischer Energie genutzt werden zu können. Alles in allem haben in der Buchverlagsbranche in erster Linie Fachbuchanbieter ihre Wettbewerbsstrategien dahingehend anzupassen, dass sie Vermarktungskonzeptionen für neue Leistungsbündel aus herkömmlich gedruckten Büchern und über Telekommunikationsnetze online zur Verfügung gestellten Ergänzungsmaterialien zielgruppenorientiert zu formulieren und umzusetzen haben.

5.2 Rundfunkveranstalter

In der Gruppe der Rundfunkveranstalter kann zwischen Anbietern von Fernseh- und Hörfunkprogrammen unterschieden werden (Abbildung 3). Für Fernsehprogrammveranstalter ergibt sich primär aus der Diffusion von Endkundenzugängen zu digitalisierten Rundfunkverteilnetzen und von breitbandigeren DSL-Internetanschlüssen wettbewerbsstrategischer (Re-)Aktionsbedarf. Die digitalisierte Verbreitung von Rundfunkprogrammen beendet die technisch bedingte Knappheit von Übertragungsfrequenzen beziehungsweise -plätzen für diese Art medialer Inhalteangebote. In Deutschland hat deshalb das enge Oligopol der öffentlich-rechtlichen und größeren privaten Fernsehsender zur Abwehr neuer Wettbewerber gleichzeitig Strategien zur Erhöhung der Eintrittsbarrieren des Fernsehprogrammmarktes und zur Nutzung der zusätzlichen digitalen Übertragungskapazitäten zu entwickeln. Beispielsweise ist zu prüfen, inwieweit TV-Inhalte, die auf kleine Zielgruppen ausgerichtet sind, zu so niedrigen Kosten produziert beziehungsweise bezogen werden können, dass die durch Werbung von Unternehmen oder durch Abonnements von Rezipienten (also durch „Pay-TV") erzielbaren Umsätze ausreichen, um solche Sparten-TV-Kanäle profitabel betreiben zu können.

Digitalisierte Rundfunkverteilnetze erfordern auf Rezipientenseite Set-Top-Boxen, die Computerprozessoren und -speicher enthalten, um frei oder verschlüsselt übertragene Programme in eine für die Zuschauer wahrnehmbare Form umzuwandeln. Diese Set-Top-Boxen lassen sich so erweitern, dass sie auch einen digitalen persönlichen Videorecorder (PVR) beinhalten, mit dem gerade aufgenommene Fernsehprogramme mit einer kurzen Zeitverzögerung angesehen und Werbeblöcke mit einer schnellen Vorwärtstaste einfach übersprungen werden können. Die Festplatte des PVR bietet zur Zeit Platz für mehr als 50 Stunden Programm (vgl. Franz 2003, S. 468; Stipp 2003, S. 473–474). Zudem werden PVR in der Lage sein, mehrere Programme gleichzeitig aufzunehmen und eine aufgezeichnete Sendung wiederzugeben, während parallel andere Programme aufgezeichnet werden. Die Ausbreitung digitaler PVR könnte sich vor allem auf rein werbefinanzierte Fernsehsender dahingehend auswirken, dass ihre Umsätze mit klassischen Werbeblöcken aus mehreren hintereinander geschalteten Spots mittelfristig deutlich reduziert werden. Zudem wird erwartet, das Ankündigungen neuer Sendungen die Zuschauer sowohl bei gebühren- als auch werbefinanzierten Programmveranstaltern nicht mehr erreichen und deshalb eine Abnahme der Zuschauerbindung an einzelne Fernsehsender eintreten könnte (vgl. Stipp 2003, S. 474; Franz 2003, S. 469).

Angesichts dieser digitalisierungsbedingten Risiken haben kommerzielle Fernsehprogrammveranstalter sich proaktiv mit Strategien zur Erschließung anderer Werbeformate (zum Beispiel sehr kurze Werbeblöcke, gleichzeitige Darstellung von Filmen und Werbung auf verschiedenen Teilen des Bildschirms, Sponsoring, Produktplatzierung) und zusätzlicher Umsatzquellen (zum Beispiel Beteiligung an Tonträgerumsätzen, Anrufe von Zuschauern bei 0137-Televoting-Nummern) sowie zur Produktion von Sendungen zu befassen, deren Wert zum großen Teil dadurch begründet wird, dass Inhalte live, und nicht zeitversetzt aufgezeichnet, verfügbar gemacht werden.

Die Diffusion stationärer DSL-Anschlüsse mit Geschwindigkeiten von mehreren Mbps schafft die Voraussetzung dafür, dass hochbitratige Videosignalströme auch über das Internet empfangbar werden. Als Empfangsarten sind dabei das Streaming-Verfahren, das „nach dem kurzen Aufbau eines Datenpuffers […] die kontinuierliche Rezeption von Audio- und Videodaten bereits während der Übertragung [ermöglicht]" (Goldhammer/ Zerdick 2000, S. 37) und das Download-Verfahren zu unterscheiden, bei dem zuerst eine Übertragung und Speicherung der kompletten Video-Datei auf ein Endgerät beim Rezipienten und dann die Sendungswiedergabe erfolgt. Insbesondere auf Zuschaueranforderung hin erfolgende internetgestützte Film-Downloads aus entsprechenden Archiven von Online-Portalbetreibern oder der Filmwirtschaft (also Video-on-Demand) könnten zukünftig verstärkt dazu beitragen, die Nutzungsdauer von über analogen oder digitalen Rundfunknetzen verbreiteten klassischen zusammenhängenden Fernsehprogrammen zu reduzieren. Fernsehprogrammveranstalter stehen deshalb vor der Aufgabe, Strategien zum Umgang mit der Substitutionsbedrohung ihrer Sendungen durch Video-on-Demand-Angebote zu formulieren. Solche Strategien können darin bestehen, eigene Sendungen gegen

Zahlung von Entgelten pro Abruf oder im Rahmen eines zeitraumbezogenen Abonnements auch zum Download per Internet bereitzustellen oder aktuell ausgestrahlte Fernsehinhalte so attraktiv zu gestalten, dass Zuschauer keinen Gebrauch von Video-on-Demand-Leistungen machen. Fernsehprogrammveranstalter, die über Inhalte mit im Zeitablauf aus Rezipientensicht rasch abnehmendem Wert verfügen (zum Beispiel Sportszenen, aktuelle Nachrichtenereignisse), haben angesichts der Ausbreitung hochbitratiger (Mobil-)Funknetze und von terrestrischen Digital Video Broadcasting (DVB-T) Netzen außerdem Strategien zu konzipieren, die darauf ausgerichtet sind, auch mobilen Zuschauern, die sich außerhalb privater Wohnungen „unterwegs" befinden, mehr oder minder stark gegenüber konventionellen Formaten modifizierte Fernsehinhalte zumindest kostendeckend anzubieten.

Wie Abbildung 3 zu entnehmen ist, gehen von der Diffusion netzbasierter Endkundenzugänge zu elektronisch übermittelten Medieninhalten für Hörfunkprogrammveranstalter insgesamt eher schwächere wettbewerbsstrategische Veränderungsimpulse für deren Kerngeschäft aus. Die Umstellung auf digitale Rundfunkverbreitungsnetze dürfte im Radiomarkt infolge von Netzkapazitätssteigerungen und Sendekostensenkungen zu einer Erhöhung der Zahl von derzeit über 250 unterschiedlichen, überwiegend regional ausgerichteten Hörfunksendern in Deutschland durch Markteintritte weiterer stark zielgruppenorientierter Nischenanbieter beitragen. Wie im TV-Bereich haben etablierte Radiosender zur Abwehr neuer Wettbewerber ständig die Ausrichtung ihrer Angebote auf die Präferenzen klar definierter Rezipientengruppen sicherzustellen. Über Internet-Präsenzen von Radiosendern können Audio-Programme im Streaming-Verfahren zwar prinzipiell mit weltweiter Reichweite verbreitet werden. Die Vergrößerung der technischen Reichweite hat aber aufgrund von Sprachbarrieren und der regionalen Ausrichtung fast aller Hörfunksender eine vernachlässigbare wettbewerbsstrategische Bedeutung.

Wettbewerbsstrategien von Radioprogrammveranstaltern werden sich daher im Hinblick auf deren Internetengagement auch zukünftig primär auf die Gestaltung von Ansatzpunkten zur (behutsamen) inhaltlichen Unterstützung beziehungsweise Ergänzung der etablierten Hörfunkangebote beschränken können. Für Radioprogrammveranstalter besteht keine Notwendigkeit zum Aufbau eigener technischer Plattformen, über die Rezipienten per Internet-Download einzelne Musikstücke gegen Entgelt beziehen können (Audio- beziehungsweise Music-on-Demand), da nach vorliegenden Befunden die Nachfrage von herkömmlichen Radioprogrammen nicht durch Möglichkeiten zum digitalen Online-Bezug von Musiktiteln negativ beeinflusst wird, also kein Substitutionsdruck von Online-Music-on-Demand-Angeboten auf die Nutzung von konventionellen Hörfunkprogrammen ausgeht (vgl. van Eimeren et al. 2004, S. 363-366). Außerdem steht einer solchen Geschäftsausweitung in der Regel entgegen, dass Hörfunkprogrammveranstalter selbst nicht über entsprechende Musikverwertungsrechte verfügen.

5.3 Film- und Musikverlage

Wettbewerbsstrategien von (Spiel-)Filmverlagen haben sich mit hoher Priorität mit den Folgen auseinander zu setzen, die sich aus der raschen Diffusion von DSL-Anschlüssen für die bisherige Verwertungskette von Filmen ergeben (vgl. Owen/Wildman 1992, S. 26–52; Zerdick et al. 2001, S. 66, S. 187–188). Die Verfügbarkeit von DSL-Anschlüssen mit Übertragungsgeschwindigkeiten im Megabit-Bereich im Verbund mit Datenkompressionsverfahren und leistungsstarken PVR erleichtert es nämlich Privathaushalten stark, sich über ihren Internetzugang nicht nur Audio-Dateien, sondern auch Bildton- beziehungsweise Video-Dateien zu beschaffen, deren Bezug zuvor wegen der enormen zu übertragenden und gegebenenfalls bei Download-Verfahren auch zu speichernden Datenmengen praktisch nur schwer möglich war (vgl. Gerpott 1998, S. 31–34; Goldhammer/Zerdick 2000, S. 40). Damit könnten aus dem Musikmarkt bekannte Peer-to-Peer-Plattformen in ähnlicher Weise mittelfristig auch für Filme erheblich an Bedeutung gewinnen, über die dann Videos illegal ohne Entgeltzahlungen an den Filmrechteinhaber per Internet zwischen Rezipienten weitergegeben werden. Als Konsequenz ergibt sich ein beachtenswertes Bedrohungspotential für die bisherigen Verwertungsprozesse der Filmwirtschaft, bei denen etwa 70 Prozent der mit einem Film insgesamt erzielten Umsätze aus Nutzungen stammen, die nach der Filmvermarktung im Kino erfolgen (vgl. Junginger 2003, S. 110).

Folglich haben Filmverlage wettbewerbsstrategische Konzepte zur Abwehr dieser Bedrohung zu entwickeln. Ein Ansatzpunkt liegt hier in der Erweiterung des klassischen sequentiellen Verwertungsprozesses durch informationstechnische Hard- und Softwarelösungen, die für digital über Telekommunikationsnetze verbreitete Filme eine Kontrolle ihrer Verwertungsrechte beziehungsweise die Einräumung definierter Nutzungsrechte gegenüber Rezipienten ermöglichen (Digital-Rights-Management (DRM) Systeme; vgl. Rosenblatt et al. 2002, S. 79–137; Fetscherin 2002, S. 165–170). Um positive Netzexternalitäten bei solchen Systemen zu erschließen, ist der Filmwirtschaft zu empfehlen, sich rasch auf unternehmensübergreifend akzeptierte DRM-Standards zu einigen. Die Verabschiedung teilbranchenweit gültiger DRM-Standards würde eine wesentliche Voraussetzung für den proaktiven Aufbau einer internetbasierten, legalen Filmbezugsplattform für Rezipienten schaffen, an der sich zumindest die großen, international bedeutsamen Filmverlage beteiligen sollten. Durch ein solches frühzeitiges, eigenständiges breites und per Internet abrufbares Filmangebot besteht die Chance – anders als es in der nur zögerlich und zum Teil widersprüchlich agierenden Musikwirtschaft der Fall war – die Bedeutungszunahme illegaler Peer-to-Peer-Weitergabebörsen für Filme weitgehend zu verhindern. Die Filmbezugsplattform sollte zur Erzielung von Reichweiten- und Kostenvorteilen so gestaltet werden, dass ihre Nutzung über verschiedene Zugangsnetze (DSL-Anschlüsse, Anschlüsse für digitalisierte, rückkanalfähige Rundfunknetze, Mobilfunknetzanschlüsse) möglich ist. Diese Strategie bedeutet, dass systematisch auch kürzere Filmvarianten zu entwickeln sind, die speziell für den Bezug über UMTS-Mobilfunknetze geeignet sind. Die Bandbreiten von UMTS-Netzen übersteigen zwar die Übertragungsgeschwindigkeiten der seit Anfang der 90er Jahre in Deutschland genutzten GSM-Mobilfunknetze deutlich, reichen aber mit mittelfristig bestenfalls 384 kbit/s nicht aus, um komplette Filme mobilen Rezipienten im Streaming- oder Download-Verfahren auf UMTS-Endgeräten in hoher Qualität anzubieten. Für die Distributionsstrategie von Filmverlagen bedeutet der Rückgriff auf internetbasierte Video-on-Demand-Plattformen, dass Vertriebswege für physische Bildtonträger (zum Beispiel Videotheken oder Unterhaltungselektronikhandelsketten) mittelfristig, in geringerem Umfang als es bislang der Fall ist, aufrecht erhalten werden können.

Wettbewerbsstrategien von Musikverlagen werden zukünftig noch stärker als bisher dem weiteren Anstieg der Zahl von Rezipienten mit schmalbandigen Wählverbindungszugängen oder breitbandigeren DSL-Zugängen zum Internet sowie der hohen Verbreitung von CD-Brennern in Privathaushalten dadurch Rechnung zu tragen haben, dass sie selbst an Musik-Download-Plattformen beteiligt sind, über die Kunden definierte Nutzungsrechte für Musiktitel gegen Bezahlung elektronisch über das Internet erwerben können. Da die Attraktivität solcher Plattformen für Musikkäufer neben einer transparenten Leistungs- und Preisgestaltung, die auch den Bezug einzelner Stücke oder individuell zusammengestellter Titelsammlungen vorsieht, und einer einfachen Nutzerschnittstelle (inklusive eines einfachen, sicheren Bezahlverfahrens) stark von der Zahl sowie Aktualität der verfügbaren Musiktitel abhängt, liegt es nahe, dass Internet-Musikmarktplätze als Gemeinschaftsunternehmen verschiedener Musikverlage beziehungsweise -trägerhersteller geführt werden. Ein entsprechendes Beispiel war die von der deutschen Musikwirtschaft gegründete Internet-Plattform Phonoline. Mit ihrer Vermarktung wurde aber insbesondere aufgrund von Meinungsverschiedenheiten hinsichtlich der Beteiligungshöhe von Künstlern an den über die

Plattform erzielten Umsätzen erst nach langwierigen Verzögerungen im März 2004 begonnen.

Das Engagement vieler Musikunternehmen bei Plattformen zum Musikverkauf per Internet deutet darauf hin, dass in den Wettbewerbsstrategien der Tonträgerhersteller zunehmend von der Vorstellung Abschied genommen wird, sich weiter als „Einprodukt- (CD) und Einkanalunternehmen (Absatz über Einzelhandel)" (Stein/Jakob 2003, S. 479) positionieren zu können (vgl. Hummel 2003, S. 459–460). Stattdessen zielen zumindest bei den fünf weltweit größten Musikkonzernen (Universal, Sony, BMG, EMI und Warner) modifizierte Wettbewerbsstrategien darauf, sich als Entwickler von Musikern und Anbieter von Musikverwertungsrechten zu etablieren, die in verschiedenen Produktvarianten und über mehrere Kanäle (zum Beispiel Konzerte, Fanartikel, Fernsehsendungen oder Internet-Plattformen von nicht aus der Medienwirtschaft stammenden Partnerunternehmen) integriert vermarktet werden sollen (vgl. Ohler/Fischer 2004, S. 25; Stein/Jakob 2003, S. 477–480). In diesem Zusammenhang gibt der Erfolg der von Apple als Hersteller von MP3-Abspielgeräten und PC eingerichteten Internet-Musikplattform iTunes Anlass zu der These, dass Musikverlage zur Förderung einer Titeldistribution über Telekommunikationsnetze nicht nur einen Teil der Kostenvorteile des digitalen Musikvertriebs über niedrigere Preise pro Einzeltitel an Endkunden weitergeben sowie auf eine sehr restriktive Definition von Titelnutzungsrechten verzichten sollten (vgl. von Walter/Hess 2003, S. 541–545). Vielmehr kommt es für die Musikindustrie auch wesentlich darauf an, strategische Allianzen mit marktmächtigen Produzenten von attraktiven (mobilen) Download- und Abspielgeräten für per Internet bezogene Musik einzugehen.

Die erhebliche Nachfrage von Klingeltönen für Mobilfunkendgeräte lässt erkennen, dass, neben dem stationären Internet, (UMTS-)Mobilfunknetze als zusätzlicher Distributionskanal für Musik stark an Bedeutung gewinnen werden (Abbildung 3). So begann in Deutschland etwa der Mobilfunknetzbetreiber O2 Anfang 2004 damit, seinen Kunden den Bezug von Musikstücken per Download-Verfahren auf mobile Endgeräte zu Preisen von 0,99–1,99 Euro je Einzeltitel anzubieten. Um diesen neuen Distributionskanal zu entwickeln, sind von Musikvermarktern in strategischen Partnerschaften mit Mobilfunknetzbetreibern zielgruppenorientierte Vermarktungsstrategien für Unterhaltungsmusikformate zu konzipieren, die einen spontanen Abruf von Musik über Mobilfunknetze stimulieren.

5.4 Online-Portale

Bei Online-Portalen als achter in Abbildung 3 ausgewiesener Anbietergruppe handelt es sich um Unternehmen, die elektronisch abgebildete Inhalte von Zulieferern beziehen und sie nach einer redaktionellen Bearbeitung oder Strukturierung in Themenfelder für Kunden zum Abruf über eine Startseite (Portal) unter einer Web-Adresse bereithalten. Die von einem Online-Portal redaktionell abgedeckten Themenfelder können unterschiedlich breit angelegt sein. Hier werden nur horizontale oder General Interest Portale betrachtet, die mit zahlreichen Themenfeldern den Massenmarkt adressieren. Solche Portal-Unternehmen wie etwa in Deutschland T-Online, Freenet, AOL, MSN oder Tiscali erzielen Umsätze von Rezipienten für die Bereitstellung medialer Inhaltepakete und zum Teil auch für die Vermietung des telekommunikationstechnischen Anschlusses zum Internet. Zudem erwirtschaften sie Umsätze von anderen Unternehmen dadurch, dass sie über in ihr Portal integrierte elektronische Einkaufszentren beziehungsweise Marktplätze für ihre Geschäftspartner Leistungstransaktionen anbahnen (vgl. Geiger 2002, S. 210–219).

Ein kritischer Erfolgsfaktor von Online-Portalen waren bislang möglichst exklusive Bezugsverträge mit Lieferanten von Text- und (Stand-)Bildinhalten, die ihren Ursprung häufig im medienwirtschaftlichen Teilmarkt der gedruckten Presseangebote haben. Vor allem durch die zu erwartende weitere Diffusion von breitbandigeren stationären DSL-Anschlüssen eröffnen sich für Online-Portale im Rezipientenmarkt zunehmend neue Möglichkeiten bei der Paketierung von kino- und/oder fernsehähnlichen Inhalten und von Musiktiteln. Um diese Chancen zu nutzen, sind Wettbewerbsstrategien zu formulieren, die einem Online-Portal Vorsprünge beim Bezug von Film-, Sportereignisübertragungs- und Musikrechten gegenüber anderen Distributionskanälen sichern. So versuchte sich etwa das größte deutsche Portal T-Online im Jahr 2003 über Rechteverwertungsvereinbarungen mit der Fußballbundesliga, den Filmverlagen Universal, Dream Works, MGM und Constantin sowie mehreren Musikvermarktern und den Verkauf von PVR Wettbewerbsvorteile durch das Angebot attraktiver Video- und Audioinhalte zu verschaffen, die von Rezipienten nach Nutzung zu bezahlen sind. Parallel zur Ausweitung von Zuliefererbeziehungen auf zuvor weniger abgedeckten Medienteilmärkten gilt es für Online-Portale weiter, möglichst exklusive Inhaltepartnerschaften mit Presseverlagen aufrecht zu erhalten und auszudehnen, um Neu- beziehungsweise Bestandskunden, die schmalbandige Wählverbindungsanschlüsse für den Internetzugang nutzen, zu akquirieren beziehungsweise zu binden. Attraktive presseähnliche redaktionelle Informations- beziehungsweise Unterhaltungsinhalte, zusätzliche Film- beziehungsweise Fernsehformate sowie Rubrikenanzeigenmarktplätze sind auch als Mittel heranzuziehen, um Bedrohungen des Geschäftes von Online-Portalen zu verringern, die von neuen Anbietern (zum Beispiel Kabelnetzbetreiber) stärker interaktiver Abrufdienste über digitale Rundfunkverteilnetze zukünftig ausgehen könnten.

5.5 Fazit

Insgesamt resultieren aus der in Abbildung 3 angedeuteten Verbreitungszunahme verschiedener netzbasierter Endkundenzugänge zu digital abgebildeten Inhalten für Anbieter in nahezu allen Teilbranchen erhebliche wettbewerbsstrategische Anpassungsnotwendigkeiten. Die Diffusion zusätzlicher Zugangsvarianten zu Telekommunikationsnetzen auf der Angebotsseite verbunden mit eher über längere Zeiträume zu erwartenden, stetig-graduellen Veränderungen des Mediennutzungsverhaltens auf der Nachfrageseite sorgen dafür, dass die (Fort-)Entwicklung von Wettbewerbsstrategien in der Medienwirtschaft eine Daueraufgabe bleibt. Diese Aufgabe hat sich das Management von Medienunternehmen in regelmäßigen Abständen und unregelmäßig in Abhängigkeit vom Auftreten disruptiver Ereignisse immer wieder neu zu stellen.

Literaturverzeichnis

Böhm, S. (2004) Innovationsmarketing für UMTS-Diensteangebote, Wiesbaden 2004.
Borowski, K. (2003) One Brand – All Media, in: Neuberger, C./Tonnemacher, J. (Hrsg.) Online – Die Zukunft der Zeitung?, 2. Aufl., Wiesbaden 2003, S. 235–265.
Brack, A. (2003) Das strategische Management von Medieninhalten, Wiesbaden 2002.
Brandl, A. (2002) Webangebote und ihre Klassifikation, München 2002.
Breyer-Mayländer, T. (2004) Der Stellenmarkt als erfolgskritisches Marktsegment für Zeitungsverlage, in: MedienWirtschaft 1 (2004), S. 38–43.
Brüggemann, M. (2002) The Missing Link, München 2004.
Bucher, H.J./Büffel, S./Wollscheid, J. (2003) Digitale Zeitungen als ePaper: echt Online oder echt Print?, in: Media Perspektiven 34 (2003), S. 434–444.

Bundesverband der Phonographischen Wirtschaft (2005) Jahrbuch 2005, Hamburg 2005.
Burmann, C./Nitschke, A. (2003) Strategisches Marketing bei Medienunternehmen, in: Wirtz, B.W. (Hrsg.) Handbuch Medien- und Multimediamanagement, Wiesbaden 2003, S. 65–89.
Dahlke, V./Müller, A./Utermann, K. (2000) Internationalisierung des redaktionellen Produktionsprozesses in der Presse, in: Wittenzellner, H. (Hrsg.) Internationalisierung der Medienindustrie, Stuttgart 2000, S. 145–180.
Deleersnyder, B. et al. (2002) How Cannibalistic is the Internet Channel? A Study of the Newspaper Industry in the United Kingdom and The Netherlands, in: International Journal of Research in Marketing 19 (2002), S. 337–348.
Dietl, H./Franck, E. (2000) Free-TV, Abo-TV, Pay per View-TV – Organisationsformen zur Vermarktung von Unterhaltung, in: Schmalenbachs Zeitschrift für betriebswirtschaftliche Forschung 52 (2000), S. 592–603.
Fechner, F. (2003) Medienrecht, 4. Aufl., Tübingen 2003.
Fetscherin, M. (2002) Present State and Emerging Scenarios of Digital Rights Management Systems, in: International Journal on Media Management 4 (2002), S. 164–171.
Fleck, A. (1995) Hybride Wettbewerbsstrategien, Wiesbaden 1995.
Franz, G. (2003) Digitales Fernsehen: Herausforderung für TV-Forschung und TV-Werbung, in: Media Perspektiven 34 (2003), S. 463–469.
Geiger, M. (2002) Internetstrategien für Printmedienunternehmungen, Lohmar 2002.
Gerpott, T.J. (1998) Wettbewerbsstrategien im Telekommunikationsmarkt, 3. Aufl., Stuttgart 1998.
Gerpott, T.J. (2003a) Wettbewerbsstrategien von Geschäftsbereichen industrieller Unternehmen, in: Peske, T./Schrank, R. (Hrsg.) Strategie, Innovation und Internationalisierung, Lohmar 2003, S. 15–41.
Gerpott, T.J. (2003b) Wettbewerbsstrategien von Verlagsunternehmen auf Online-Zeitungsmärkten, in: Wirtz, B.W. (Hrsg.) Handbuch Medien- und Multimediamanagement, Wiesbaden 2003, S. 139–176.
Gerpott, T.J. (2003c) Interest in Cross-Selling Offers of Mobile Network Operators, in: Telekom Praxis 80 (8/2003), S. 27–35.
Gerpott, T.J. (2003d) Unternehmenskooperationen in der Telekommunikationswirtschaft, in: Zentes, J./Swoboda, B./Morschett, D. (Hrsg.) Kooperationen, Allianzen und Netzwerke, Wiesbaden 2003, S. 1087–1110.
Goldhammer, K./Zerdick, A. (2000) Rundfunk online: Entwicklung und Perspektiven des Internets für Hörfunk- und Fernsehanbieter, 2. Aufl., Berlin 2000.
Grabner, M./Riedl, C. (2003) Die Zukunft des Zeitungsgeschäfts – fünf klassische Thesen und neue Einsichten, in: Wirtz, B.W. (Hrsg.) Handbuch Medien- und Multimediamanagement, Wiesbaden 2003, S. 117–137.
Heffler, M. (2004) Der Werbemarkt 2003, in: Media Perspektiven 35 (2004), S. 242–250.
Heinrich, J. (2003) Volkswirtschaftliche Bedeutung der Medien, in: Wirtz, B.W. (Hrsg.) Handbuch Medien- und Multimediamanagement, Wiesbaden 2003, S. 921–943.

Hoch, U. (2003) Strategie und Management für Fachmedien, in: Wirtz, B.W. (Hrsg.) Handbuch Medien- und Multimediamanagement, Wiesbaden 2003, S. 203–221.

Hummel, J. (2003) Perspektiven für die Musikindustrie im Zeitalter des Internets, in: Wirtz, B.W. (Hrsg.) Handbuch Medien- und Multimediamanagement, Wiesbaden 2003, S. 441–463.

Junginger, H.G. (2003) Diskussionsbeitrag zum Panel 2 – Inhalte und ihre Verwertung: Ordnungs- und wirtschaftspolitische Folgen, in: Eberspächer, J./Ziemer, A. (Hrsg.) Video Digital – Quo vadis Fernsehen?, Berlin 2003, S. 106–114.

Kaiser, U. (2002) The Effects of Website Provision on the Demand for German Women's Magazines. Discussion Paper No. 02-09 German Economic Association of Business Administration, Berlin 2002.

Keller, D. (2003) Zur wirtschaftlichen Lage der deutschen Zeitungen, in: Bundesverband Deutscher Zeitungsverleger (Hrsg.) Zeitungen 2003, Bonn 2003, S. 20–95.

Keuper, F./Hans, R. (2003) Multimedia-Management, Wiesbaden 2003.

Kiefer, M.L. (2001) Medienökonomik, München 2001.

Lampel, J./Lant, T./Shamsie, J. (2000) Balancing Act: Learning from Organizing Practices in Cultural Industries, in: Organization Science 11 (2000), S. 263–269.

Lehmann, D.R./Weinberg, C.B. (2000) Sales through Sequential Distribution Channels: An Application to Movies and Videos, in: Journal of Marketing 64 (3/2000), S. 18–33.

Liewehr, M. (2002) Internationalisierungspotentiale im Zeitschriftenmarkt, Wiesbaden 2002.

Maier, M. (2000) Medienmanagement als strategisches Management, in: Karmasin, M./Winter, C. (Hrsg.) Grundlagen des Medienmanagements. München 2000, S. 59–92.

Media Perspektiven (2004) Basisdaten. Daten zur Mediensituation in Deutschland 2004, Frankfurt 2004.

Müller-Kalthoff, B. (2002) Cross-Media als integrierte Management-Aufgabe, in: Müller-Kalthoff, B. (Hrsg.) Cross-Media Management, Berlin 2002, S. 19–40.

Müller-Stewens, G./Lechner, C. (2001) Strategisches Management, Stuttgart 2001.

Nausner, P. (2000) Medienmanagement als Innovations- und Entwicklungsmanagement, in: Karmasin, M./Winter, C. (Hrsg.) Grundlagen des Medienmanagements, München 2000, S. 115–147.

Neuberger, C. (2003a) Zeitung und Internet, in: Neuberger, C./Tonnemacher, J. (Hrsg.) Online – Die Zukunft der Zeitung?, 2. Aufl., Wiesbaden 2003, S. 16–109.

Neuberger, C. (2003b) Strategien deutscher Tageszeitungen im Internet, in: Neuberger, C./Tonnemacher, J. (Hrsg.) Online – Die Zukunft der Zeitung?, 2. Aufl., Wiesbaden 2003, S. 152–213.

Ohler, A./Fischer, O. (2004) Musik vom Band, in: Financial Times Deutschland 4 (14/2004), S. 25.

Owen, B.M./Wildman, S.S. (1992) Video Economics, Cambridge 1992.
Petersen, J. (2003) Medienrecht, München 2003.
Piller, F.T. (2001) Mass Customization, 2. Aufl., Wiesbaden 2001.
Porter, M.E. (1980) Competitive Strategy, New York 1980.
Regulierungsbehörde für Telekommunikation und Post (2005) Jahresbericht 2004, Bonn 2005.
Rosenblatt, B./Trippe, B./Mooney, S. (2002) Digital Rights Management, New York 2002.
Scholz, C. (2000) Strategische Organisation, 2. Aufl., Landsberg/Lech 2000.
Scholz, C./Eisenbeis, U. (2003) Der Spielekonsolenmarkt: Eine betriebswirtschaftliche Analyse, in: Brösel, G./Keuper, F. (Hrsg.) Medienmanagement, München 2003, S. 433–458.
Schulte-Hillen, G./Ganz, A./Althans, J. (2001) Strategien im internationalen Verlagsmarketing, in: Die Betriebswirtschaft 61 (2001), S. 478–492.
Schumann, M./Hess, T. (2002) Grundfragen der Medienwirtschaft, 2. Aufl., Berlin 2002.
Shapiro, C./Varian, H.R. (1998) Information Rules, Boston 1998.
Siegert, G. (2001) Medien Marken Management, München 2001.
Sjurts, I. (2002) Strategien in der Medienbranche, 2. Aufl., Wiesbaden 2002.
Spachmann, K. (2003) Zeitungen auf Crossmedia-Kurs?, in: Neuberger, C./Tonnemacher, J. (Hrsg.) Online – Die Zukunft der Zeitung?, 2. Aufl., Wiesbaden 2003, S. 214–234.
Staebe, E. (2004) Privilegierung vielfaltserhaltender Pressefusionen, in: Archiv für das Presserecht 35 (2004), S. 14–18.
Stamer, S. (2002) Technologie als Enabler für ein effizientes Cross-Media Publishing, in: Müller-Kalthoff, B. (Hrsg.) Cross-Media Management, Berlin 2002, S. 89–121.
Stein, T.M./Jakob, H. (2003) Schrumpfende Märkte und neue Vertriebswege als Herausforderung für die strategische Unternehmensführung in der Musikindustrie, in: Wirtz, B.W. (Hrsg.) Handbuch Medien- und Multimediamanagement, Wiesbaden 2003, S. 465–481.
Stipp, H. (2003) Entwicklung digitaler Fernsehtechniken in den USA, in: Media Perspektiven 34 (2003), S. 470–476.
Strunck, A.W. (2003) Strategien für Mergers & Acquisitions in der Medienindustrie, Dissertation Universität St. Gallen, St. Gallen 2003.
van Eimeren, B./Gerhard, H./Frees, B. (2004) Internetverbreitung in Deutschland: Potenzial vorerst ausgeschöpft?, in: Media Perspektiven 35 (2004), S. 350–370.
von Walter, B./Hess, T. (2003) iTunes Music Store – Eine innovative Dienstleistung zur Durchsetzung von Property-Rights im Internet, in: Wirtschaftsinformatik 45 (2003), S. 541–546.
Weiss, J. (2003) Das Internet und die klassischen Medien, Frankfurt 2003.
Welge, M.K./Al-Laham, A. (2003) Strategisches Management, 4. Aufl., Wiesbaden 2003.
Wirtz, B.W. (2001) Medien- und Internetmanagement, 2. Aufl., Wiesbaden 2001.
Zerdick, A. et al. (2001) Die Internet-Ökonomie, 3. Aufl., Berlin 2001.

Digitalisierung – Technologien und Unternehmensstrategien

Claudia Loebbecke

1 Einführung 359

2 Begriffsabgrenzungen und -einordnung 360
   2.1 Digitale Technologien 360
   2.2 Unternehmensstrategien 361
   2.3 Zusammenhänge von digitalen Technologien und
       Unternehmensstrategien 362

3 Untersuchungsrahmen zu strategischen Nutzenpotentialen
   digitaler Technologien im Kontext des Medienmanagements 364

4 Analyse strategischer Nutzenpotentiale digitaler Technologien
   im Kontext des Medienmanagements 365
   4.1 Institutionelle Perspektive 366
       4.1.1 Angebot internetbasierter Medienprodukte 366
       4.1.2 Angebot kabelbasierter Medienprodukte 367
   4.2 Funktionale Perspektive 368
       4.2.1 Nutzung internetbasierter Medienprodukte 368
       4.2.2 Nutzung kabelbasierter Medienprodukte 369

5 Zusammenfassung und Ausblick 370

Literaturverzeichnis 371

Vorschau

Einsatz digitaler Technologien

Der Beitrag zeigt, welche Aufgaben und Prozesse durch digitale Technologien unterstützt oder ermöglicht werden. Neben den vielfältigen Neuerungen, die mit der Einführung digitaler Technologien inner- und außerhalb einer Unternehmung einhergehen, stellt der Beitrag Beispiele für die Einsatzmöglichkeiten dar: Data Warehouse Systeme, Video-on-Demand, ERP-Systeme und Telearbeitszeitmodelle.

Technologie und Strategie

Der Beitrag verdeutlicht den Zusammenhang zwischen digitalen Technologien und Unternehmensstrategien sowie deren inderdependente Wirkungsweise. Der Leser lernt anhand der diversen Nutzungspotentiale digitaler Technologien, die betriebswirtschaftlichen Implikationen des Technologieeinsatzes in den Kontext des Medienmanagements einzuordnen.

Untersuchungsrahmen

In diesem Beitrag wird ein Analysemodell präsentiert, mit dessen Hilfe die verschiedenen Nutzenpotentiale der digitalen Technologien im Rahmen des Medienmanagements analysiert und beschrieben werden können.

Information- Communication- and Media Technologies (ICMT)

Unter dem Begriff der „Information-, Communication- and Media Technologies (ICMT)" wird die Gesamtheit aller Technologien zur Erstellung, Verarbeitung, Übertragung und Nutzung von digitalen Gütern zusammengefasst.

Institutionale versus funktionale Nutzenanalyse

Nutzungspotentiale lassen sich aus zwei unterschiedlichen Perspektiven (institutionale und funktionale) erschließen, die sich zwingend ergänzen. Die institutionelle Perspektive umfasst das Angebot von auf verschiedenen digitalen Technologien basierenden Medienprodukten; sie konzentriert sich auf Veränderungen des Produkt-Markt-Konzepts von Unternehmen. Die funktionale Perspektive beschreibt die prozess- und implementierungsorientierten Aspekte des Medienmanagements. Die Nutzung digitaler Medienprodukte in Unternehmen steht im Mittelpunkt. In dem Beitrag werden die strategischen Nutzenpotentiale der verschiedenen digitalen Technologien im Medienmanagement anhand des entwickelten Untersuchungsrahmens aufgezeigt und mit Hilfe von Beispielen illustriert.

1 Einführung

Im Rahmen des Medienmanagements sind eine Reihe von tiefgreifenden Veränderungen zu beobachten. Neben zunehmenden Deregulierungsbestrebungen von Informations-, Kommunikations- und Medienmärkten einerseits und veränderten Rezipientenpräferenzen andererseits erwachsen vor allem aus verschiedenen technologischen Entwicklungen besondere Herausforderungen für das Medienmanagement im weiteren Sinne. Unter Medienmanagement im weiteren Sinne verstehen wir sowohl das Management von Medienunternehmen als auch das Management von Medien in Unternehmen aller Art und in Medienunternehmen im Besonderen.

Im Rahmen der technologischen Entwicklungen sind vor allem die Stichworte „Digitalisierung" und „digitale Medien" herauszugreifen. Einige Autoren verbinden mit der Digitalisierung einen Paradigmenwechsel von Atomen zu Bits, der dazu führt, dass sich die Geschäftstätigkeit von Unternehmen zunehmend von der realen-physischen in eine virtuelle Welt verlagert (vgl. Negroponte 1995; Rayport/Sviokla 1995). Hamel und Prahalad (1996, S. 41) sprechen von einer aufkommenden „Digitalindustrie".

Es stellt sich die Frage, welchen konkreten Einfluss die Digitalisierung und die digitalen Medien einschließlich entsprechender Infrastrukturen auf das Medienmanagement haben. Durch den Informationscharakter und der damit verbundenen vollständigen Digitalisierbarkeit von Medienprodukten lässt sich für das Medienmanagement und die Medienindustrie ein im Vergleich zu anderen Industrien stärkerer Einfluss der digitalen Technologien erwarten. Insbesondere die konkreten wirtschaftlichen Auswirkungen dieser Technologien sind in der Praxis vielfach noch unklar und das Verhalten der Akteure daher oftmals von hoher Unsicherheit geprägt. Unbestritten erscheint jedoch, dass die Diskontinuitäten in der Unternehmensumwelt zu einem Überdenken traditioneller Strategiemuster motivieren.

2 Begriffsabgrenzungen und -einordnung

2.1 Digitale Technologien

Digitalisierung kann definiert werden als die Umwandlung von analogen Signalen in digitale Daten. Diese Umwandlung erfolgt durch eine Abtastung des analogen Ausgangsguts an verschiedenen Punkten. Je dichter diese Abtastpunkte nebeneinander liegen, desto besser die Qualität des Ergebnisses. Digitalisierbare Ausgangsmaterialien können neben Zahlen und Texten auch Grafiken, Audio- und Videomaterial sein. Digitale Güter sind demnach „goods that can be expressed in bits and bytes" (Loebbecke 2003, S. 636). Die eigentliche Verarbeitung dieser digitalen Güter erfolgt dann in binärer Kodierung.

Der Begriff der digitalen Technologien geht über diesen Grundzusammenhang der Digitalisierung hinaus und umfasst die Gesamtheit aller Technologien zur Erstellung, Verarbeitung, Übertragung und Nutzung von digitalen Gütern. Diese werden unter dem Begriff der „Information-, Communication- and Media Technologies (ICMT)" zusammengefasst. Im weiteren Umfeld der ICMT ist in der jüngeren Vergangenheit eine Vielzahl von Entwicklungen zu verzeichnen (vgl. Tapscott 1996); hier erscheinen vor allem

- die Steigerungen der verfügbaren Rechenleistung,
- die Leistungssteigerungen im Bereich der Speicher- und Übertragungstechniken und
- die Entwicklung von Kompressionsalgorithmen

als relevant.

Erstens bedarf es einer adäquaten Rechenleistung der verwendeten Computersysteme. In diesem Zusammenhang prognostizierte der spätere Mitbegründer und CEO des Chipherstellers Intel, Gordon E. Moore, bereits im Jahr 1965 ein exponentielles Wachstum der verfügbaren Rechenleistung durch zunehmende Miniaturisierung (vgl. Moore 1965). Der unter dem Stichwort „Moore´s Law" in der Literatur bekannte Sachverhalt beschreibt die kontinuierliche Verdopplung der Rechenleistung innerhalb eines Zeitraums von jeweils 18 Monaten. Diese, aus heutiger Sicht, als zutreffend angesehene Prognose ging darüber hinaus mit einem erheblichen Preisverfall der Komponenten einher (vgl. Tapscott 1996).

Zweitens verlangt die dauerhafte Speicherung und Archivierung von Daten entsprechende nicht-flüchtige Speicherformen. Auch in diesem Segment lässt sich eine erhebliche Zunahme der Kapazitäten bei gleichzeitig fallenden Stückpreisen konstatieren. Der eigentliche Austausch von digitalen Informationen erfolgt über Kommunikationsnetze, bei denen es in der Vergangenheit zu einer erheblichen Ausweitung der verfügbaren Bandbreiten und damit der Übertragungskapazitäten gekommen ist. Die Kosten der Übertragung digitaler Informationen sind dabei weitgehend unabhängig von der Länge des zurückgelegten Weges.

Drittens wurde durch die Entwicklung komplexer Kompressionstechniken die Datenverarbeitungskapazität wesentlich ausgeweitet (vgl. Negroponte 1995). Kompressionsalgorithmen wie zum Beispiel MP3 oder MPEG 4 sind in der Lage, vorliegende Audio- beziehungsweise Videodateien ohne wesentliche Qualitätseinbußen zu verdichten. Als standardisierte Formate ermöglichen sie zudem einen fließenden Austausch von Inhalten zwischen technisch heterogenen Systemen, Netzen und Endgeräten.

Die drei beschriebenen Entwicklungen führen zusammen zu einer Senkung der Kosten pro verarbeiteter, archivierter und verteilter Informationseinheit.

2.2 Unternehmensstrategien

Das Konzept der Unternehmensstrategien wird in der Literatur (vgl. Hamel/ Prahalad 1993; Prahalad/Hamel 1990; Mintzberg 1978; Drucker 1974; Chandler 1962) verstanden als die Gesamtheit der Entscheidungen von Unternehmen, die festlegen, auf welchen Märkten die Unternehmen tätig sein sollen und welche Handlungsweisen und Ressourcenverwendungen zu wählen sind, um die angestrebten langfristigen Ziele zu erreichen. Danach stellen die Bestimmung der anvisierten Produkt-Markt-Konzepte (vgl. Hax/ Majluf 1997) einerseits und die notwendigen Schritte zur Umsetzung der strategischen Ziele (vgl. Hinterhuber 1997) andererseits die beiden Kernaufgaben dar, auf die eine Unternehmensstrategie Antworten gibt.

Die Diskussion um die Wahl der Produkt-Markt-Konzepte ist vor allem durch die industrieökonomischen Arbeiten von Porter (1985) geprägt, welche auf die Analyse von Branchenstrukturen, die Identifikation von attraktiven Branchen und die daraus abgeleitete strategische Positionierung von Unternehmen abstellen (Outside-In-Perspektive). Kern der Unternehmenspositionierung ist die Entscheidung, mit welchen Produkten auf welchen Märkten welche Kundengruppen anzusprechen sind. In Abhängigkeit von dem bisher praktizierten Produkt-Markt-Konzept lassen sich daraus drei Grundformen von Strategieveränderungen ableiten (vgl. Ansoff 1957). Von einer Marktentwicklung wird gesprochen, wenn ein Unternehmen die bisherigen Produkte auf neuen Märkten anbietet. Dagegen wird bei einer Produktentwicklung ein modifiziertes Produkt auf den bisherigen Märkten angeboten. Die größte Änderung des bisherigen Produkt-Markt-Konzepts stellt die Diversifikation dar. Dabei offeriert ein Unternehmen ein modifiziertes Produkt auf neuen Märkten. Je nach Verwandtschaftsgrad der neuen gegenüber den bisherigen Geschäftsfeldern und der Stellung im Wertschöpfungsprozess werden horizontale, vertikale und laterale Diversifikationen (vgl. Ramanujam/Varadarajan 1989; Andrews 1951) unterschieden.

Nach der Bestimmung der anvisierten Geschäftsfelder eines Unternehmens wird im Rahmen der Strategieimplementierung die vorgegebene strategische Stoßrichtung konkretisiert und umgesetzt (vgl. Hinterhuber 1997; Aaker 1995). Zentral ist dabei die Bestimmung von strategischen Programmen für die Funktionsbereiche der Unternehmung. Ein weiterer Aspekt der Strategieimplementierung ist die Gestaltung der unternehmensinternen Prozessabläufe, wie sie sich auch in der umfangreichen Literatur zu Business Process Redesign beziehungsweise Business Process Reengineering (vgl. Galliers 1998; Davenport 1993; Hammer/Champy 1993; Johansson et al. 1993; Kaplan/Murdock 1991) wieder findet. Im vorliegenden Beitrag wird die Betrachtung der Strategieimplementierung auf diese Gestaltung der internen Prozesse begrenzt.

2.3 Zusammenhänge von digitalen Technologien und Unternehmensstrategien

Das grundsätzliche Verhältnis von Technologie und Unternehmensstrategie wird in der Literatur (vgl. Shapiro/Varian 1999; Turner 1998; Hinterhuber 1997; Whinston et al. 1997; Bradley et al. 1993) ambivalent gesehen und liefert drei verschiedene Sichtweisen (Abbildung 1).

Eine erste Gruppe von Autoren (vgl. Porter 2001; Hinterhuber 1997) plädiert dafür, dass sich Entscheidungen über die Art und den Umfang der Nutzung bestimmter Technologien aus der übergeordneten Unternehmensstrategie ableiten. Die Unternehmensstrategie dominiert dann die Technologiestrategie und der Technologieeinsatz dient der Implementierung der gewählten Strategie.

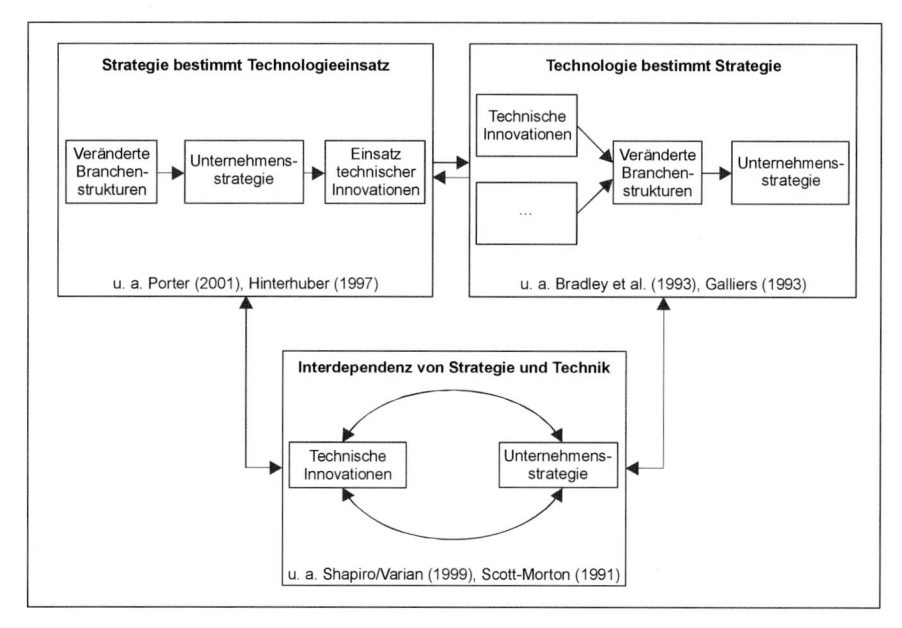

Abbildung 1: Verhältnis von Technologie und Unternehmensstrategie

Zweitens wird die Auffassung vertreten (vgl. Bradley et al. 1993; Galliers 1993), dass vor dem Hintergrund der „Digitalen Ökonomie" dieser deterministische Zusammenhang zwischen Strategie und Technologie umgekehrt zu betrachten sei. Digitale Technologien beeinflussen demnach eine Vielzahl von strukturellen Veränderungen der Wettbewerbsbedingungen, sowohl durch Veränderungen der Marktbedingungen als auch durch grundlegende Veränderungen von Prozessabläufen und wirken somit neben anderen exogenen Faktoren auf die Unternehmensstrategie.

Drittens ist ein interdependentes Verhältnis von Strategieentwicklung und Technologieeinsatz denkbar (vgl. Shapiro/Varian 1999; Scott-Morton 1991). In diesem Fall bedingen sich die Entscheidungen über die Unternehmens- beziehungsweise Geschäftsstrategie und die Technologiestrategie gegenseitig und müssen daher simultan getroffen werden.

3 Untersuchungsrahmen zu strategischen Nutzenpotentialen digitaler Technologien im Kontext des Medienmanagements

Im Folgenden werden zunächst die verschiedenen Nutzenpotentiale der digitalen Technologien im Rahmen des Medienmanagements im weiteren Sinne typologisiert (Abbildung 2). Dabei stehen nicht terminologische Gesichtspunkte, sondern betriebswirtschaftliche Implikationen im Mittelpunkt (vgl. Loebbecke 2001; Timmers 1999).

```
                    2                              4
        breit    Angebot                        Nutzung
     (digitales  kabelbasierter                 kabelbasierter
       Kabel)    Medienprodukte                 Medienprodukte

                           Medienmanagement
Technologie                im weiteren Sinne
                    1                              3
         eng     Angebot                        Nutzung
      (Internet) internetbasierter              internetbasierter
                 Medienprodukte                 Medienprodukte

                    institutionell               funktional
                 (Medienangebot/-industrie) (Mediennachfrage/-nutzung)

                                Perspektive
```

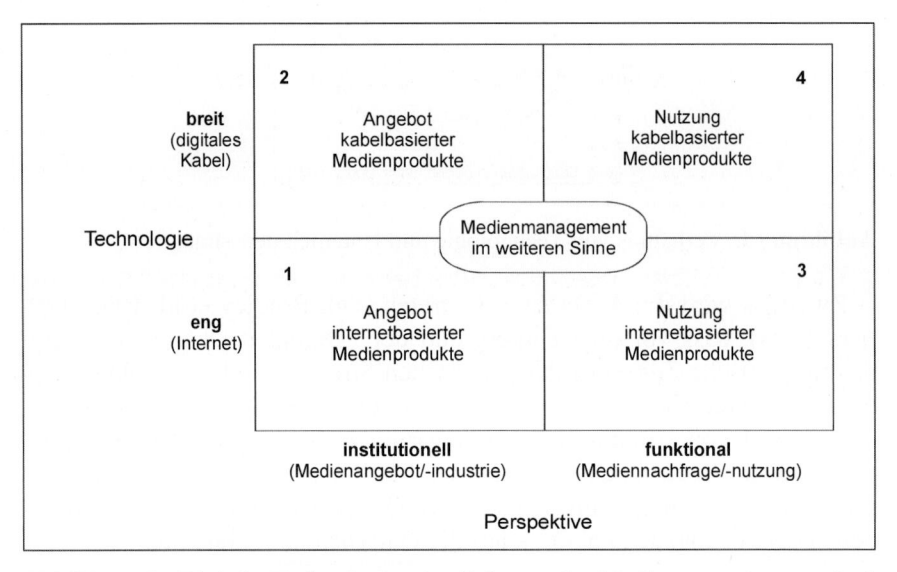

Abbildung 2: Digitale Technologien im Rahmen des Medienmanagements (vgl. Loebbecke 2003, S. 97)

Auf der vertikalen Achse werden die genutzten Technologien zwischen einer engeren und einer breiteren Sichtweise differenziert. Konkret werden das traditionell im Mittelpunkt stehende Internet einerseits und darüber hinausgehende weitere digitale Technologien andererseits betrachtet. Aus dem Spektrum weiterer digitaler Technologien wird hier das digitale Kabel als eine wesentliche Infrastruktur des Medienmanagements herausgegriffen.

Die horizontale Achse unterscheidet eine institutionelle Perspektive des Medienmanagements im Sinne des Angebots von Medientechnologien sowie eine funktionale Perspektive im Sinne der Nutzung von Medientechnologien im Unternehmen.

Die institutionelle Perspektive umfasst das Angebot von auf verschiedenen digitalen Technologien basierenden Medienprodukten; sie konzentriert sich auf die oben genannten Veränderungen des Produkt-Markt-Konzepts von Unternehmen. Die digitalen Technologien führen im Rahmen des Medienangebots primär zu einer Modifikation des Leistungsspektrums und eröffnen so das Potential für Umsatzsteigerungen. In Abhängigkeit von den Technologien, mit denen Veränderungen des Produkt-Markt-Konzepts erreicht werden, unterscheidet die Darstellung zwischen dem Angebot internetbasierter Medienprodukte (Quadrant 1) und dem Angebot von auf digitaler Kabeltechnologie basierenden Medienprodukten (Quadrant 2).

Die funktionale Perspektive beschreibt die prozess- und implementierungsorientierten Aspekte der Unternehmensstrategie. Die Nutzung digitaler Medienprodukte in Unternehmen steht im Mittelpunkt. Digitale Technologien haben instrumentalen Charakter, das heißt, sie unterstützen den Leistungserstellungs- und Leistungsangebotsprozess und damit die Umsetzung der vorgegebenen strategischen Stoßrichtung. Der Technologieeinsatz führt zu Effizienz- und damit zu Margenverbesserungen. Entsprechend der vertikalen Achse lässt sich zwischen der Nutzung des Internet (Quadrant 3) und der Nutzung einer digitalen Kabelinfrastruktur (Quadrant 4) unterscheiden. Es wird deutlich, dass die funktionale Perspektive des Medienmanagements nicht auf Medienunternehmen begrenzt ist, sondern den Medieneinsatz in Unternehmen aller Art, auch in solchen, deren Leistungsangebote keine Medienprodukte umfassen, einschließt.

4 Analyse strategischer Nutzenpotentiale digitaler Technologien im Kontext des Medienmanagements

Im Folgenden werden die strategischen Nutzenpotentiale der verschiedenen digitalen Technologien im Medienmanagement anhand des entwickelten Untersuchungsrahmens aufgezeigt und mit Hilfe von Beispielen illustriert.

4.1 Institutionelle Perspektive

Die institutionelle Perspektive betrachtet Unternehmen, die Medienprodukte anbieten. Dabei wird mit Medienprodukten Umsatz generiert und bei entsprechender Marge ein positiver Deckungsbeitrag erzielt. Im Rahmen der institutionellen Perspektive lässt sich sowohl bei internet- als auch bei kabelbasierten Medienprodukten zusätzlich eine Unterscheidung danach treffen, ob das jeweilige Angebot andere Unternehmen (Business-to-Business, B2B) oder Konsumenten (Business-to-Consumer, B2C) als Zielgruppe anspricht. Unsere Beispiele greifen hier den B2B-Aspekt beim Angebot von internetbasierten und den B2C-Aspekt bei kabelbasierten Medienprodukten heraus.

4.1.1 Angebot internetbasierter Medienprodukte

Die Vielzahl internetbasierter Medienprodukte schließt Data Warehouse Systeme, Intranets und eLearning-Systeme ein. Aktuelle Werkzeuge dieser Kategorien basieren mehrheitlich auf der Internettechnologie. Sie unterstützen ihre Nutzer im Rahmen des Informationsmanagements. Exemplarisch wird nachfolgend die Entwicklung und Bereitstellung von internetbasierten Content Management Systemen (CMS) vorgestellt:

Aus der exponentiell gewachsenen Zahl von digital vorliegenden Daten erwachsen neue Anforderungen an das Informationsmanagement. Die Datenflut muss erfasst, organisiert, katalogisiert und wieder verwendbar archiviert werden. Hier setzen CMS an (vgl. Nakano 2001). Durch das Prinzip der Trennung von Inhalt und Struktur werden zu archivierende Inhalte unabhängig von Formatierungen abgelegt. Damit ist eine Integration von Daten aus heterogenen Quellen einfach, kostengünstig und (teilweise) automatisiert zu realisieren. Dezentrales Aktualisieren und Speichern von Inhalten ist ebenso möglich, wie Designänderungen ohne Anpassung von Inhalten. Der Zugriff auf die Daten erfolgt über eine einheitliche Weboberfläche, der Daten- und Informationsaustausch auch über Unternehmensgrenzen hinweg. Dabei lassen sich personalisierte Zugriffsmöglichkeiten umsetzen, mit denen Kunden oder Lieferanten nach Bedarf Informationen abrufen können (vgl. Konsynski/McFarlan 1990).

Für Anbieter traditioneller CMS stellt das zusätzliche Angebot internetbasierter Lösungen eine horizontale Diversifikation dar. Durch die Erweiterung des Produktspektrums werden neue Kundensegmente angesprochen und damit möglichst zusätzliche Erlöspotentiale erschlossen. Aus institutioneller Perspektive gilt es, die neuen Produkte bei positiver Produktmarge zahlreich zu vertreiben. Dies ist möglich, wenn sich den Anwendern neue Nutzungspotentiale durch die genannten Verbesserungen interner Unternehmensprozesse durch die unternehmensweite Integration von elektronischen Inhalten (Vermeidung von Insellösungen) oder durch eine vereinfachte Administration des Datenbestandes bieten.

4.1.2 Angebot kabelbasierter Medienprodukte

Bei kabelbasierten Medienprodukten ergeben sich durch die digitalen Technologien vielfältige Verbesserungen für die Nutzer hinsichtlich Funktionalität, Variabilität und Preis-Leistungsangebot der angebotenen Leistungen und somit für die Anbieter Chancen auf einen positiven Deckungsbeitrag. Allerdings ist der Erwerb, das Betreiben und der Ausbau der Kabelinfrastruktur für einen Kabelbetreiberunternehmen mit hohen Investitionssummen und laufenden Kosten verbunden (vgl. Eisenmann 2000).

Aus technischer Sicht bringt die Digitalisierung des Kabels vor allem vier Verbesserungen mit sich. Erstens wird eine störungsfreie und witterungsunabhängige Datenübertragung mit hoher Qualität erreicht. Zweitens kommt es zu einer erheblichen Ausweitung der verfügbaren Übertragungskapazitäten beziehungsweise Bandbreite. Drittens kann durch die Digitalisierung eine rückkanalfähige Verbindung von den Haushalten zu den Kabelbetreibern ausgebaut werden. Dies macht dann interaktive Leistungsangebote realisierbar. Viertens bietet das digitale Kabel die Interoperabilität vormals getrennter Dienste (zum Beispiel gleichzeitige Sprach- und Datendienste).

Aus den genannten technischen Verbesserungen resultieren sowohl für die Kunden des medienanbietenden Unternehmens als auch für das Unternehmen selbst ökonomische Vorteile. Durch die höheren Bandbreiten können Kabelbetreiber ihren Kunden eine größere Auswahl von Fernseh- und Hörfunksendern anbieten und damit die Attraktivität der eigenen Basisangebote erhöhen. Beispielsweise lassen sich, vergleichbar zu konkurrierenden Zugangstechnologien wie Satellit und digitaler Terrestrik, ausländische Sender empfangen.

Darüber hinaus bietet das Angebot rückkanalnutzender Leistungsangebote (zum Beispiel elektronische Programmführer, Video-on-Demand, Digital Video Recorder) zusätzliche Erlöspotentiale für Betreiber digitaler Kabelnetze. Die damit verbundenen Veränderungen des praktizierten Produkt-Markt-Konzepts stellen dann horizontale beziehungsweise laterale Diversifikationen dar. Zusätzliche Erweiterungen des Angebotsspektrums sind der Breitbandzugang zum Internet oder auch die Kabeltelefonie.

Das integrierte Angebot mehrerer Dienste über die gleiche Infrastruktur kann zu einer Verbesserung der Auslastung der Übertragungskapazität führen. Bei einer Bündelung der angebotenen Leistungen zu Produktpaketen lässt sich häufig eine effektivere Ausschöpfung der Konsumentenrenten erzielen (vgl. Bakos/Brynjolfsson 2000). Den Kunden wird letztendlich ein umfangreiches Angebot „aus einer Hand" geboten, so dass der Bezug einzelner Dienste von anderen Unternehmen, zum Beispiel Telefonanschluss über Telekommunikationsunternehmen, weniger attraktiv erscheint.

Diesen erweiterten Potentialen stehen jedoch Investitionsbedarf und industriestrukturelle Herausforderungen gegenüber, welche die noch langsame Verbreitung des digitalen Kabels trotz des Geschäftspotentials in Deutschland erklären.

4.2 Funktionale Perspektive

Die funktionale Perspektive betrachtet Nachfrager beziehungsweise Nutzer von Medienprodukten. Sie umfasst diejenigen Akteure, die Medienmanagement betreiben und dafür Medienprodukte nachfragen, sei es für private Zwecke, zur Abwicklung von Geschäftsprozessen oder zur Ansprache anderer Kundenkreise. Analog zur institutionellen Perspektive wird auch hier zwischen der Nutzung internetbasierter Medienprodukte und der Nutzung kabelbasierter Medienprodukte unterschieden.

4.2.1 Nutzung internetbasierter Medienprodukte

Die Nutzung der Internettechnologien in Medienunternehmen ist zum Beispiel beim verbreiteten Einsatz von Intranets zu sehen, die ein auf dem Internetprotokoll basierendes unternehmensinternes Netzwerk darstellen.

Je breiter und tiefer das Produktspektrum eines Unternehmens, je größer die Zahl der bearbeiteten Ländermärkte und je heterogener die Kundenbedürfnisse auf den Märkten, desto höher ist in der Regel die Managementkomplexität. Bei einer hohen Komplexität kommt der Vernetzung der ICMT zur Sicherstellung einer hohen Informationsaustausch- beziehungsweise Kommunikationsdichte entscheidende Bedeutung zu. Der Einsatz eines unternehmensweiten Intranets eröffnet dabei eine Vielzahl von Vorteilen. Durch die (weltweite) Anbindung der Mitarbeiter können Unternehmensinformationen authentisch, in standardisierter Form und effizient an alle oder ausgewählte Mitarbeiter weitergegeben werden. Typischerweise auftretende inhaltliche Modifikationen und Streuverluste einer kaskadenförmigen Kommunikation lassen sich vermeiden. Die Verringerung der organisatorisch bedingten Kluft zwischen Unternehmensführung und Mitarbeitern kann positive Motivationseffekte freisetzen sowie die Verbundenheit der Mitarbeiter mit dem Unternehmen und die Akzeptanz des Topmanagements erhöhen (vgl. Cross/Baird 2000; Kanter 1999).

Das Vorliegen von Informationen in digitaler Form erlaubt die Integration von Daten aus unterschiedlichen physischen Quellen mit verschiedenen Datenstrukturen und damit auch eine effiziente Verbindung zwischen Intranet und Enterprise Resource Planning (ERP) Systemen (vgl. Shields 2001). Indem ein Intranet eine unternehmensweite Kommunikations- und Interaktionsplattform bietet, die Akquisition, Verteilung und Nutzung von Wissen unterstützt und auch räumlich getrennte Mitarbeiter verbindet, kommt ihm auch eine wichtige Rolle im Rahmen des Knowledge Managements von Unternehmen zu (vgl. Picot/Reichwald/Wigand 2003; Hall 2001; Davenport et al. 1996). Schließlich sind Intranets häufig mit weiteren internetbasierten Werkzeugen, wie Wissensdatenbanken, Dokumenten Management Systemen, Suchfunktionen, Workflow-Systemen, Agenten oder Filtern verbunden.

Die Nutzung eines Intranets ermöglicht insgesamt eine verbesserte unternehmensinterne Kommunikation und Informationsverfügbarkeit sowie die Chance einer erhöhten Prozesseffektivität, idealer Weise verbunden mit einer Senkung der Prozesskosten.

4.2.2 Nutzung kabelbasierter Medienprodukte

In einem zunehmend dynamischen Marktumfeld ist die flexible Verfügbarkeit von Kapazitäten für den Unternehmenserfolg unerlässlich. Wenn Kapazitäten flexibel und schnell ab- beziehungsweise aufgebaut werden können, sind die Auswirkungen von Absatzschwankungen auf die Kosten- und Erlösposition des Unternehmens in hinreichendem Maße steuerbar. Hierzu kann beispielsweise das Konzept der Telearbeit einen wichtigen Beitrag leisten.

In der Vergangenheit stellten mangelnde Übertragungsbandbreiten ein entscheidendes Hemmnis für Unternehmen bei der Realisierung von Telearbeitslösungen oder Virtual Private Networks (VPN) dar. Gerade Arbeitsprozesse, die eine häufige Übertragung großer Datenmengen bedingen, wie der Austausch von komplexen technischen Zeichnungen in digitaler Form, sind ohne entsprechende Bandbreiten nicht realisierbar. Derartige Restriktionen werden durch digitale Kabelinfrastrukturen mit sehr großen Übertragungsbandbreiten überwunden.

Die Literatur nennt vielfältige Vorteile von Telearbeitsmodellen (vgl. Reichwald 2000; Nilles 1998; Olsen 1989), auch bereits zu Zeiten als die Übertragungsbandreiten noch deutlich geringer waren. Mitarbeiter nutzen die digitale Verbindung zum Arbeitgeber zur Übertragung ihrer Arbeitsergebnisse. Damit entfallen beispielsweise Kosten für die Fahrt zum und vom Arbeitsplatz, die Präferenzen der Beschäftigten hinsichtlich der Arbeitszeiten können stärkere Berücksichtigung finden und eine bessere Vereinbarkeit mit familiären Pflichten erreicht werden. Andererseits ermöglicht die Telearbeit das flexible Auffangen von Arbeitsspitzen. Ferner können Arbeitsplatzkosten, zum Beispiel das Vorhalten von Büroräumen, reduziert und damit Arbeitsplätze gesichert werden.

Die Vorteilhaftigkeit des digitalen Kabels als Basis für Telearbeitsmodelle hängt davon ab, inwiefern die Mitarbeiter bereits im privaten Bereich über einen Zugang zu einem digitalen Kabelnetz verfügen. Während die Telearbeit in den USA weit verbreitet ist, beschränken sich Einsatzgebiete in Deutschland noch auf kleinere Einheiten. Dennoch ist die alternative Nutzung der ebenfalls bereits bestehenden Telefoninfrastruktur nur dann ein gleichwertiger Ersatz, wenn diese zur Erreichung vergleichbarer Übertragungsbandbreiten ausgebaut würde.

Die kabelbasierte Telearbeit bietet das Potential, den Personaleinsatz und damit die Personalkosten flexibler an die Schwankungen des Marktumfelds anzupassen. Allerdings liegen die Schwierigkeiten der Gesamteffizienz auch in diesem Fall, wie so oft, im Detail. Dies gilt insbesondere hinsichtlich personalbezogener Herausforderungen, wie der Führung von Telearbeitern sowie deren Leistungsbeurteilung. In technischer Hinsicht sehen sich Bestrebungen zur Telearbeit häufig Fragestellungen des Datenschutzes und der Datensicherheit gegenüber.

5 Zusammenfassung und Ausblick

Insgesamt eröffnen digitale Technologien durch die Erweiterung der Produktpalette (institutionelle Perspektive) einerseits und durch medienbasierte Prozessvorteile (funktionale Perspektive) andererseits ein erhebliches Nutzenpotential im Kontext des Medienmanagements.

Beim Angebot innovativer Produkte bieten digitale Technologien einen Hebel zum Einstieg in neue Märkte. In medien-nachfragenden Unternehmen werden die digitalen Technologien demgegenüber primär im Rahmen der Strategieumsetzung zur Unterstützung interner Prozesse eingesetzt. Durch ihren adäquaten Einsatz werden Effektivitäts- und Effizienzpotentiale erschlossen.

Im Hinblick auf das oben angesprochene Verhältnis von Technologie und Unternehmensstrategien ist daher für den Bereich der digitalen Technologien von einem interdependenten Verhältnis auszugehen. Einerseits ermöglichen die digitalen Technologien die Entwicklung gänzlich neuer Leistungsangebote und eröffnen damit weitere Optionen für das Produkt-Markt-Konzept eines Unternehmens. Auch tragen sie im instrumentellen Sinne durch neue Prozessabläufe zu einer effektiveren und effizienteren Implementierung traditioneller Strategien bei. Andererseits gilt es, die durch den Einsatz der digitalen Technologien erzielbaren Nutzenpotentiale bei der Implementierung einer Strategie bereits in der Phase der Strategieformulierung zu berücksichtigen.

Welche detaillierten Auswirkungen die dargestellten Erweiterungen der Produktpalette und die Prozessverbesserungen auf die Strategien im Medienmanagement in der Zukunft konkret haben werden, ist im Einzelnen nicht abzusehen. Deshalb wurden hier nur generelle Einsatzmöglichkeiten und Nutzenpotentiale aufgezeigt.

Nach anfänglicher Euphorie zeigt sich inzwischen auch eine gewisse Unsicherheit und Zurückhaltung bei der Einschätzung in der Praxis. Es ist zu hoffen, dass zukünftig die nüchterne Einschätzung und Abwägung von Chancen und Risiken technischer Innovationen das Adoptions- und Nutzungsverhalten bestimmen wird. Damit bekämen die entsprechenden Entscheidungen und Veränderungen wirklich „strategischen" Charakter.

Literaturverzeichnis

Aaker, D.A. (1995) Developing Business Strategies, 4.Aufl., New York etc. 1995.
Andrews, K.R. (1951) Product Diversification and the Public Interest, in: Harvard Business Review 29 (1951), S. 89–102.
Ansoff, I. (1957) Strategies for Diversification, in: Harvard Business Review 35 (1957), S. 113–124.
Bakos, Y./Brynjolfsson, E. (2000) Aggregation and Disaggregation of Information Goods. Implications for Bundling, Site Licensing, and Micropayment Sys-

tems, in: Kahin, B./Varian, H.R. (Hrsg.) Internet Publishing and Beyond, Cambridge/MASS 2000, S. 114–137.

Bradley, S.P./Hausmann, J.A./Nolan, R.L. (1993) Global Competition and Technology, in: Bradley, S.P./Hausmann, J.A./Nolan, R.L. (Hrsg.) Globalization, Technology, and Competition – The Fusion of Computers and Telecommunications in the 1990s, Boston/MASS 1993, S. 3–32.

Chandler, A.D. (1962) Strategy and Structure. Chapters in the History of the American Industrial Enterprise, Cambridge/MASS 1962.

Cross, R./Baird, L. (2000) Technology Is Not Enough. Improving Performance by Building Organizational Memory, in: Sloan Management Review 41 (3/2000), S. 69–79.

Davenport, T.H. (1993) Process Innovation. Re-engineering Work through Information Technology, Boston/MASS 1993.

Davenport, T.H./Jarvenpaa, S.L./Beers, M.C. (1996) Improving knowledge work processes, in: Sloan Management Review 37 (4/1996), S. 53–65.

Drucker, P. (1974) Management. Tasks, Responsibilities, and Practices, New York 1974.

Eisenmann, T. (2000) The U.S. Cable Industry, 1984–1995. Managerial Capitalism in Eclipse, in: Business History Review 74 (2000), S. 1–40.

Galliers, R. (1993) Towards a Flexible Information Architecture. Integrating Business Strategies, Information Systems Strategies and Business Process Redesign, in: Journal of Information Systems 3 (3/1993), S. 199–213.

Galliers, R. (1998) Reflections on BPR, IT and Organizational Change, in: Galliers, R./Baets, W. (Hrsg.) Information Technology and Organizational Transformation, Chichester etc. 1998, S. 225–243.

Hall, H. (2001) Input Friendly Intranets. Motivating Knowledge Sharing Across Intranets, in: Journal of Information Science 27 (3/2001), S. 139–146.

Hamel, G./Prahalad, C.K. (1996) Competing for the Future. Boston/MASS 2001.

Hamel, G./Prahalad, C.K. (1993) Strategy as Stretch and Leverage, in: Harvard Business Review 71 (1993), S. 75–84.

Hammer, M./Champy, J. (1993) Reengineering the Corporation – A Manifesto for Business Revolution, New York 1993.

Hax, A.C./Majluf, N.S. (1997) Corporate Strategy – The Core Concepts, in: Hahn, D./Taylor, B. (Hrsg.) Strategische Unternehmensplanung, Strategische Unternehmensführung – Stand und Entwicklungstendenzen, 7.Aufl., Heidelberg 1997, S. 165–173.

Hinterhuber, H.H. (1997) Strategische Unternehmensführung – Strategisches Handeln. Direktiven, Organisation, Umsetzung, Unternehmenskultur, strategisches Controlling, strategische Führungskompetenz, 6.Aufl., Berlin – New York 1997.

Johansson, H.J./McHugh, P./Pendlebury, A.J. (1993) Business Process Reengineering – Breakpoint Strategies for Market Dominance, Chichester 1993.

Kaplan, R.B./Murdock, L. (1991) Core Process Redesign, in: The McKinsey Quarterly (4/1991), S. 27–43.

Kanter, J. (1999) Knowledge Management, Practically Speaking, in: Information Systems Management 16 (4/1999), S. 7–15.

Konsynski, B./McFarlan, W. (1990) Information Partnerships – Shared Data, Shared Scale, in: Harvard Business Review 68 (1990), S. 114–120.

Loebbecke, C. (2003) Digital Goods. An Economic Perspective, Bidgoli, H. (Hrsg.) Encyclopedia of Information Systems. San Diego 2003, S. 635–647.

Loebbecke, C. (2001) eCommerce. Begriffsabgrenzung und Paradigmenwechsel, Zeitschrift für Betriebswirtschaftliche Forschung und Praxis 53 (2/2001), S. 93–108.

Mintzberg, H. (1978) Patterns in Strategy Formation, in: Management Science 24 (9/1978), S. 934–948.

Moore, G.E. (1965) Cramming More Components onto Integrated Circuits, in: Electronics 38 (8/1965), S. 114–117.

Nakano, R. (2001) Web Content Management, Boston 2001.

Negroponte, N. (1995) Being digital, New York 2001.

Nilles, J. (1998) Managing Telework – Strategies for Managing the Virtual Workforce, New York 1998.

Olsen, M.H. (1989) Work at Home for Computer Professionals. Current Attitudes and Future Prospects, in: ACM Transactions on Office Information Systems 7 (4/1989), S. 317–338.

Picot, A./Reichwald, R./Wigand, R. (2003) Die Grenzenlose Unternehmung – Information, Organisation und Management, 4.Aufl., Wiesbaden 2003.

Porter, M.E. (2001) Strategy and the Internet, in: Harvard Business Review 79 (2001), S. 62–78.

Porter, M.E. (1985) Competitive Advantage, New York – London 1985.

Prahalad, C.K./Hamel, G. (1990) The Core Competence of the Corporation, in: Harvard Business Review, 68 (1990), S. 79–91.

Ramanujam, V./Varadarajan, P. (1989) Research on Corporate Diversification – A Synthesis, in: Strategic Management Journal 10 (1989), S. 525–553.

Rayport, J.F./Sviokla, J.J. (1995) Exploiting the Virtual Value Chain, in: Harvard Business Review 73 (1995), S. 75–85.

Reichwald, R. (2000) Telekooperation – Verteilte Arbeits- und Organisationsformen, 2. Aufl., Berlin 2000.

Scott-Morton, M.S. (1991) The Corporation Of The 1990s. Information Technology and Organizational Transformation, New York 1991.

Shapiro, C./Varian, H.R. (1999) Information Rules – A Strategic Guide to the Network Economy, Boston 1999.

Shields, M.G. (2001) E-Business and ERP – Rapid Implementation and Project Planning, Chichester etc. 2001.

Tapscott, D. (1996) Die digitale Revolution, Verheißungen einer vernetzten Welt – die Folgen für Wirtschaft, Management und Gesellschaft, Wiesbaden 1996.

Timmers, P. (1999) Electronic Business. Strategies and Models for Business-to-Business Trading, Chichester etc. 1999.

Turner, J. (1998) The Role of IT in Organizational Transformation, in: Galliers, R./Baets, W. (Hrsg.) Information Technology and Organizational Transformation, Chichester etc. 1998, S. 245–260.

Whinston, A.B./Stahl, D.O./Choi, S.Y. (1997) The Economics of Electronic Commerce, Indianapolis/IN 1997.

Content Management – Inhalte für Neue Medien strategisch nutzen

Berthold H. Hass

1 Einführung 377

2 Content und Content Management 378

3 Strategisches Content Management 382

4 Operatives Content Management 385
    4.1 Technik 385
    4.2 Organisation 387

5 Fazit 389

Literaturverzeichnis 390

Vorschau

Content-Management als Idee

Im Beitrag lernen Sie, was Content-Management bedeutet: die systematische Erstellung, Redaktion, Verwaltung und Distribution von Informationsinhalten in einem bestimmten Medium oder auch über klassische Mediengrenzen hinweg durch Informations- und Kommunikationstechnik zu verbessern.

Content-Management-Ebenen

Der Beitrag geht sowohl auf das strategische Content Management (Entscheidung über die Form der Mehrfachnutzung) als auch auf das operative Content Management (Fragen der technischen und organisatorischen Umsetzung) ein.

Nutzenanalyse Content-Management

Der Beitrag thematisiert auf strategischer Ebene Verbundvorteile, welche die Mehrfachnutzung von Content ermöglicht. Zugleich werden aber auch Nutzennachteile erörtert, die durch fehlende Anpassung von Inhalten an die Ausgabemedien entstehen können.

Content-Management-System Grundkomponenten

Der operative Teil des Beitrags stellt die drei Grundkomponenten von Content Management Systemen vor: das Editorial System, das Content Repository und das Publishing System. Zugleich werden organisatorische Anpassungen diskutiert, die zur erfolgreichen Implementierung von Content Management notwendig sind.

1 Einführung

Medienprodukte dienen grundsätzlich der Befriedigung von Bedürfnissen nach zweckorientierter Information (zum Beispiel Nachrichten und Fachinformation) und Unterhaltung (zum Beispiel Belletristik und Musik). Da die Information nicht-physischer Natur ist, bedarf sie zur Speicherung, Distribution und Nutzung entsprechender Träger- oder Übertragungsmedien (zum Beispiel Papier, magnetische und optische Speicher oder Rundfunk). Medienprodukte besitzen dementsprechend dualen Charakter (vgl. Hass 2002, S. 18).

Historisch waren diese Inhalte fest an bestimmte Medien gebunden. Textnachrichten wurden beispielsweise über Printmedien verbreitet, Musik primär über CD und Radio. Neue Medien brechen durch Digitalisierung und Vernetzung diese vormals feste Kopplung auf, Medium und Inhalt werden also desintegriert (vgl. Hass 2003). In der Folge vervielfachen sich die möglichen Medienformate und Endgeräte, über die Content vertrieben wird. Zeitungen vermarkten ihre Inhalte beispielsweise nicht mehr nur in gedruckter Form, sondern auch über das Internet oder Mobilfunknetze.

Diese Desintegration von Medium und Inhalt stellt Medienunternehmen vor neue Herausforderungen hinsichtlich Effektivität und Effizienz:

- Auf der einen Seite erleichtern neue Medien die Mehrfachnutzung vorhandener Inhalte, da sich digitalisierte Information im Prinzip auf nahezu beliebigen Endgeräten (zum Beispiel Computer, Fernseher, Mobiltelefon oder Personal Digital Assistant) darstellen lässt. In der Folge können Nutzer verstärkt individuell und situationsabhängig über ihre Mediennutzung entscheiden, wodurch insgesamt die Effektivität steigt.
- Auf der anderen Seite führt die ubiquitäre Zugänglichkeit von Information aber auch – wie etwa bei den zahlreichen kostenlosen Internetangeboten zu beobachten – zu einer höheren Konkurrenz zwischen Medienunternehmen und erhöht damit die Anforderungen an die Effizienz.

Im Zentrum dieses Wechselspiels von effektiverer und zugleich effizienterer Nutzung von Inhalten steht das Content Management. Der Begriff „Content Management" stammt ursprünglich aus der Praxis (vgl. Rawolle 2002, S. 15) und bezeichnete primär die technische Abwicklung, insbesondere auch im Kontext der Gestaltung und Pflege von Webseiten (Web Content Management) mittels entsprechender Content Management Systeme. Diese enge, web- und softwareorientierte Begriffsauffassung hat in jüngerer Zeit einem breiteren Verständnis Platz gemacht, das explizit auch die ökonomische Dimension der Mehrfachnutzung sowie die Auswirkungen auf die journalistische Produktion berücksichtigt (vgl. Pagel 2003, 58–63). In diesem Sinne beinhaltet Content Management explizit die medienübergreifende Bereitstellung von Inhalten und muss überdies den Anforderungen der Content-Vermarktung an Geschäftskunden (Content Syndication) genügen.

Aus diesem Grunde sollen im Folgenden die Möglichkeiten des Content Managements in dieser strategischen Perspektive diskutiert werden. Dazu wird zunächst zur Abgrenzung näher auf die Begriffe „Content" und „Content Management" eingegangen. Darauf aufbauend werden dann strategische Aspekte des Content Managements diskutiert und anschließend Fragen der operativen Umsetzung in technischer und organisatorischer Hinsicht betrachtet.

2 Content und Content Management

Da die wissenschaftliche Diskussion des Content Managements noch relativ jung ist, existiert noch kein allgemein akzeptierter Rahmen von Begriffen und Definitionen.

Im Kontext der Gestaltung von Internetauftritten wird unter Content der Inhalt einer Webseite verstanden; sei es in Form von Text, Ton, Stand- oder Bewegtbild (vgl. Tomsen 2001, S. 227). Dieses Verständnis aus dem Bereich des Web Content Managements bewegt sich damit jenseits klassischer Kategorien der Medienwirtschaft, wie unterschiedliche Mediengattungen (zum Beispiel Zeitung und Zeitschrift) oder Genres (zum Beispiel Nachricht und Kommentar) und rubriziert alle Arten von Informationen unterschiedslos als Content.

Dies ist einerseits erhellend, weil es verdeutlicht, in welchem Maße Inhalte im Kontext neuer Medien und speziell des Internets unabhängig von klassischen Mediengattungen sowie von journalistischen oder künstlerischen Produktionsbedingungen eingesetzt werden. Andererseits ist diese Begriffsauffassung aber für Medienunternehmen zu grob, da sich nicht alle Inhalte gleichermaßen für alle Medien eignen. Zudem ist im Kontext der Vermarktung auch zu berücksichtigen, inwiefern sich Inhalte urheberrechtlich schützen lassen.

Im Zuge der verstärkten wissenschaftlichen Behandlung des Themas Content Management wurden in jüngster Zeit verschiedene Definitionen vorgeschlagen, die den Spezifika von Medienunternehmen besser Rechnung tragen, jedoch nicht deckungsgleich sind (vgl. Stahl/Maass 2003, S. 360; Pagel 2003, S. 18–20; Anding 2004, S. 13–23). Allerdings lassen sich, trotz unterschiedlicher Begriffsverwendungen auf einzelnen Ebenen, Parallelen zwischen den Begriffshierarchien identifizieren, die eine Einordnung des Begriffs Content erlauben (Abbildung 1).

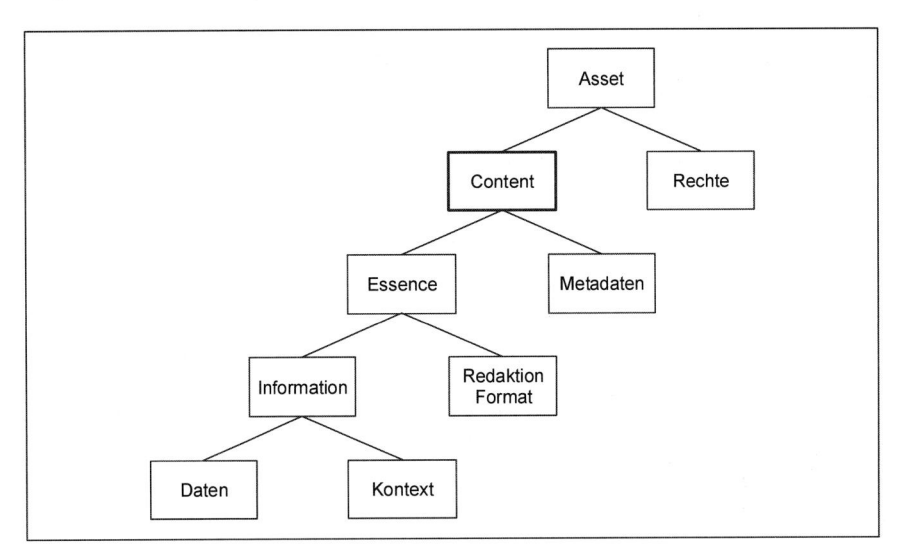

Abbildung 1: Begriffsabgrenzung Content (vgl. Pagel 2003, S. 18; Anding 2004, S. 16)

Ausgangspunkt hierfür ist der Begriff der Information als Vorstellungsinhalt, das heißt als Repräsentation der Wirklichkeit oder Phantasie (vgl. Bode 1993). Informationen bestehen ihrerseits aus Daten, die durch Einbettung in einen entsprechenden Kontext Bedeutung erlangen.

Information (zum Beispiel ein Börsenkurs) stellt aber selbst noch keinen von Medienunternehmen verwertbaren Inhalt dar; dazu wird sie erst durch eine entsprechende redaktionelle Bearbeitung und durch Repräsentation in einem bestimmten Format (im Falle des Börsenkurses zum Beispiel als Text oder als Graphik) (vgl. Anding 2004, S. 20). Durch diese journalistische und kreative Leistung entsteht Text-, Bild- und Tonmaterial, das den Rohstoff (Essence) für das Content Management bildet (vgl. Pagel 2003, S. 18).

Um Essence automatisiert archivieren, durchsuchen und für unterschiedliche Ausgabemedien nutzen zu können, werden Metadaten wie zum Beispiel Angaben zu Titel, Inhalt, Umfang oder Autor ergänzt (vgl. Hahn 2003). Diese um inhaltsbezogene Metadaten angereicherte Essence ist der eigentliche Content (vgl. Pagel 2003, S. 18).

Um Content marktlich verwerten zu können, sind neben der inhaltlichen Ausgestaltung auch die Nutzungsrechte zu klären. Aus der Zuordnung von entsprechenden Verwertungsrechten wird aus Content ein Asset und ist Gegenstand des Media Asset Managements (vgl. Kreikle 2001).

Ebenso wie beim Begriff des Contents existiert auch für das Konzept des Content Managements noch keine allgemein akzeptierte Definition (vgl. Pagel 2003, S. 59–62). Übereinstimmung besteht jedoch darin, dass Content Management – anders als im betriebswirtschaftlichen Verständnis des Managements als Führungslehre – nicht primär dispositive, sondern überwiegend objektbezogene Aufgaben umfasst (vgl. Rawolle 2002, S. 18). In diesem Sinne entspricht Content Management eher dem informationstechnischen Sprachgebrauch, wie er auch in den verwandten Konzepten Daten- und Dokumentenmanagement zum Ausdruck kommt (vgl. Zschau 2003, S. 51). Allerdings ist es für das Content Management kennzeichnend, dass zur eigentlichen Erstellung von Inhalten weitere, übergreifende Tätigkeiten wie zum Beispiel die Anreicherung mit Metadaten oder die Planung hinzukommen, die die spätere Mehrfachnutzung des Content erleichtern. Insofern besitzt Content Management von Anfang an ein strategisches Moment.

Die unterschiedlichen Ausprägungen des Content Managements lassen sich unter Bezugnahme auf das zentrale Konzept der Mehrfachnutzung mit Abbildung 2 veranschaulichen (vgl. Brack 2003, S. 173–182; Schulze 2005, S. 40–87).

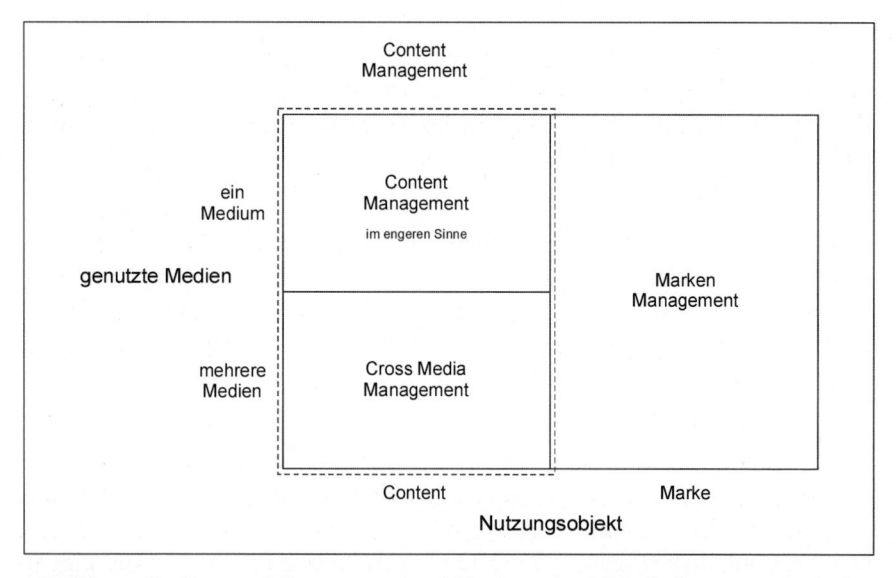

Abbildung 2: Content Management und Formen der Mehrfachnutzung (vgl. Anding 2004, S. 27)

Ausgangspunkt des Content Managements ist zunächst das Bemühen, die Erstellung, Redaktion, Verwaltung und Distribution von Content durch Informations- und Kommunikationstechnik zu verbessern. Dies erfolgte zunächst medienspezifisch, beispielsweise im Falle der Text- und Redaktionssysteme von Zeitungen, die als Vorläufer heutiger Content Management Systeme gelten können.

Eine neue Qualität erlangten diese Ansätze im Kontext des Internets durch Web Content Management, das durch Trennung von Content in Essence und Metadaten die automatisierte Mehrfachnutzung von Inhalten in unterschiedlichen (auch personalisierten) Endprodukten erlaubt. Dieses Content Management im engeren Sinne ist häufig noch immer primär auf textuellen Content ausgerichtet, erlaubt prinzipiell aber auch die Integration von Bild, Audio- oder Videodaten (vgl. Gersdorf 2002, S. 75).

Bei den vorangegangenen Ausführungen wurde implizit davon ausgegangen, dass sich das Content Management bei der Distribution der Inhalte zum Endkunden auf ein bestimmtes Medium wie Print oder Rundfunk beschränkt. Durch die Desintegration von Medium und Inhalt lösen sich jedoch die vormals auf der Ebene von Essence und Content festen Grenzen zwischen verschiedenen Medien auf, da sich digitale Inhalte mit einer Vielzahl von Endgeräten nutzen lassen. Insofern gehört zum Content Management im weiteren Sinne auch das Cross-Media-Management. Synonym findet sich in der Literatur hierfür auch der Begriff des „Multi-Channeling" (vgl. Pagel 2004, S. 300). Das Cross-Media-Management thematisiert die Verwertung von Content in unterschiedlichen Mediengattungen (Single Source, Multiple Media wie zum Beispiel die Verbreitung einer Nachrichtensendung via Rundfunk, Internet und Mobilfunk) (vgl. Müller-Kaltenhoff 2002).

Digitaler Content lässt sich grundsätzlich zwar mit einer Vielzahl unterschiedlicher Medien beziehungsweise Endgeräte nutzen. Allerdings hängt der Wert des resultierenden Medienprodukts davon ab, inwiefern das endgültige Inhalteformat den Eigenarten des verwendeten Rezeptionsmediums genügt. So führt es zum Beispiel zu Nutzeneinbußen, wenn ein langer Zeitungsartikel unverändert auf ein Mobiltelefon mit einer maximalen Darstellungsmöglichkeit von wenigen Textzeilen übertragen wird. Umgekehrt erwarten Konsumenten bei Inhalten im Web zusätzliche Funktionalitäten wie zum Beispiel Hyperlinks. Folglich lässt sich Content nicht immer unverändert auf verschiedenen Medien nutzen, sondern bedarf zum Teil einer medienspezifischen Aufbereitung.

Durch diese Transformation ist der verbreitete Content nicht mehr mit dem ursprünglichen identisch. Sind die zur Distribution verwandten Medien sehr unterschiedlich, so reicht bisweilen auch eine Nachbearbeitung nicht mehr aus. Mögliche Formen der Mehrfachnutzung betreffen in diesem Falle dann nicht mehr den Content selbst, sondern nur die zugrunde liegende Information; sei es in Form einer Marke, die zum Beispiel für den Fernseh- oder Internetableger eines Printmediums verwandt wird oder auch in Gestalt von fiktionalen Charakteren oder Stars, die sich zur Vermarktung von Merchandising-Artikeln eignen. Insofern besteht im Kontext der Mehrfachnutzung je nach Ausmaß der medienspezifischen Aufbereitung ein fließender Übergang zwischen dem eigentlichen Content Management und dem angrenzenden Management von Marken und Lizenzrechten (vgl. Siegert 2003; Böll 1996).

3 Strategisches Content Management

Auf der Ebene des strategischen Content Managements ist in Abhängigkeit von den produzierten Inhalten und den adressierten Medien zu klären, in welcher Form die Mehrfachnutzung erfolgen soll. Im Einzelnen geht es dabei also um eine Fallunterscheidung in drei Arten von Inhalten:

- Content, der sich ohne Einschränkung oder mit automatisierter Anpassung für eine Verbreitung auf unterschiedlichen Medien eignet,
- Content, für den eine redaktionelle, medienspezifische Aufbereitung erforderlich ist sowie
- Content, der sich nicht für ein Content Management eignet und bei dem deshalb eine Mehrfachnutzung der zugrunde liegenden Information in Form von Marken und Lizenzen im Vordergrund stehen sollte.

Die Möglichkeit zur Mehrfachnutzung von Inhalten im Rahmen des Content Managements basiert auf der Nicht-Rivalität von Information (vgl. Hass 2002, S. 40–43). Der Grund dafür liegt in der Tatsache, dass bei der Distribution nicht die Information selbst, sondern nur eine (je nach verwendeter Technik mehr oder weniger exakte) Kopie derselben weitergegeben wird. In der Folge kann man Content gleichzeitig (als Kopie) weitergeben und (im Original) behalten.

Ökonomisch resultieren aus dieser Nicht-Rivalität Größenvorteile aufgrund einer Stückkostendegression, da sich die Fixkosten der erstmaligen Content-Erstellung auf immer mehr Kopien verteilen, während die Grenzkosten der Distribution gerade bei digitalen Medien gegen null tendieren (First-Copy-Cost-Effekt) (vgl. Owen 1975, S. 16–18).

Diese Größenvorteile haben die Form von Skalenvorteilen, wenn identischer Content produziert und distribuiert wird. Darüber hinaus lässt sich Content über die unveränderte Reproduktion hinaus auch verarbeiten, neu kombinieren und transformieren. Durch diese Verarbeitungsprozesse entsteht derivativer Content, der vom originären Content abgeleitet, aber nicht mit ihm identisch ist. Dabei entstehen zwar Kosten für die Weiterverarbeitung, nicht jedoch für bereits vorhandenen originären Content, der darin als Inputfaktor eingeht. Insofern gibt es neben Skalenerträgen auch Verbundvorteile durch Kostendegression über inhomogene Güter.

Während Skalenvorteile in Form des First-Copy-Cost-Effekts seit jeher für die Medienbranche typisch sind, gewinnen Verbundvorteile durch neue Medien besondere Bedeutung. Die Ursache hierfür liegt in der durchgehenden Digitalisierung von Produktionsprozessen und Implementierung von Content Management Systemen, die die Kosten für die Rekombination von existierenden Inhalten und für die Nutzung mittels unterschiedlicher Medien reduzieren.

Allerdings erlaubt auch eine digitale, medienneutrale Speicherung von unterschiedlichstem Content keine uneingeschränkte Mehrfachnutzung. Der Grund liegt hierfür in den unterschiedlichen Möglichkeiten von Endgeräten, verschiedene Inhalte darzustellen wie auch in den unterschiedlichen Nutzungserwartungen von Endkunden in verschiedenen Situationen (vgl. Goldhammer 2004, S. 91). So erlauben etwa mobile Endgeräte bislang nur bestimmte Bildschirmauflösungen und eine reduzierte Wiedergabe von Audiosequenzen. Zugleich erwarten Konsumenten von Mobile Content komprimierte Information, während Tages- und Wochenzeitungen eher für längere Hintergrundberichte genutzt werden. Diese prägende Wirkung von Medien auf die transportierten Inhalte wird auch als mediales Dispositiv bezeichnet (vgl. Engell 2000, S. 282).

Innerhalb des strategischen Content Managements besteht dementsprechend ein Trade-Off zwischen optimaler Mehrfachnutzung einerseits und optimaler Anpassung des Contents an spezifische Medien andererseits.

Die medienübergreifende Mehrfachnutzung von Information innerhalb eines integrierten Content Managements hat gegenüber einer medienspezifischen Produktion geringere Kosten aufgrund von Verbundvorteilen zur Folge. Allerdings hat eine standardisierte Verarbeitung Nutzennachteile, da die Inhalte nicht mehr an die Spezifika bestimmter Medien und deren medialen Dispositiven angepasst sind. Diese Nachteile lassen sich durch eine nachträgliche Nachbearbeitung teilweise reduzieren (zum Beispiel wenn ein Zeitungsartikel für die Nutzung per Mobiltelefon gekürzt wird), womit aber, je nach redaktionellem Aufwand, zusätzliche Kosten verbunden sind.

Die optimale Ausgestaltung des Content Managements hängt nun davon ab, welche Kostenvorteile durch Mehrfachnutzung prinzipiell erzielbar sind und welche Kosten durch eine erforderliche medienspezifische Anpassung entstehen.

Die Kostenvorteile der Mehrfachnutzung hängen einerseits vom Content selbst und andererseits von der Art der redaktionellen Aufbereitung ab. So sind zum Beispiel Wetterinformationen sowohl im Fernsehen als auch im Internet gefragte Inhalte. Allerdings erwarten die Rezipienten je nach Medium unterschiedliche Präsentationsformen, so dass ein wiederholter Einsatz der moderierten Wettervorhersage aus dem Fernsehen per Videoclip im Internet kaum Erfolg versprechend wäre. In der Folge ergeben sich gerade im Bereich des Fernsehens Grenzen der Mehrfachnutzung, da die Aufbereitung der Inhalte sich so stark von anderen Medien unterscheidet, dass eine Wiederverwendung von Contents technisch zwar möglich ist, aber ökonomisch nicht sinnvoll erscheint (vgl. Sambeth 2003, S. 377–380).

Grundsätzlich sind die Anpassungskosten innerhalb desselben Darstellungsformats (zum Beispiel Text oder Audiosequenz) geringer, während eine Modifikation über verschiedene Formate hinweg sehr komplex ist. Folglich sind die Potentiale der Mehrfachnutzung von Content innerhalb einer Darstellungsform (insbesondere Text) sehr viel größer als zwischen verschiedenen Darstellungsformen. Aus diesem Grund ist das Content Management insbesondere im Bereich der textuellen Information (speziell Nachrichten) zwischenzeitlich sehr weit verbreitet. Demgegenüber sind Entertainmentinhalte wesentlich stärker von den verwendeten Medien abhängig, so dass in diesem Bereich das Content Management im informationstechnischen Sinne weniger von Bedeutung ist und die Mehrfachnutzung in Form von Marken und Lizenzen dominiert. Dabei sind natürlich auch Mischformen denkbar, die die Mehrfachnutzung vorhandener Contents (zum Beispiel der Distribution von Ausschnitten aus Fernsehsendungen via Internet) mit neuen Inhalten (zum Beispiel ergänzenden Hintergrundinformationen) und der Lizenzierung dazugehöriger Marken (zum Beispiel für Fanartikel) kombinieren. Ein gutes Beispiel hierfür sind Verbundformate wie etwa „Big Brother" (vgl. Hack 2003) oder „Deutschland sucht den Superstar" (vgl. Köhler/Hess 2004).

4 Operatives Content Management

Nachdem der grundsätzliche Umfang des Content Managements durch entsprechende strategische Überlegungen festgelegt ist, sind auf der Ebene des operativen Content Managements Fragen der technischen und organisatorischen Umsetzung zu klären.

Zur Strukturierung dient dabei häufig der Content Lebenszyklus (Abbildung 3): Dieser umfasst in seiner Grobstruktur die Tätigkeiten Erstellung, Verwaltung, Bereitstellung (gegebenenfalls auch Vernichtung) und Überarbeitung. Hinzu kommt als dispositive Aufgabe die Planung. Zusätzlich lässt sich auch noch das Controlling als dispositiver Teilaspekt der Überarbeitungsstufe ansehen, da die Überarbeitung eine Analyse der Ergebnisse der vorangegangenen Bereitstellung einschließen sollte (vgl. Tomsen 2001, S. 208).

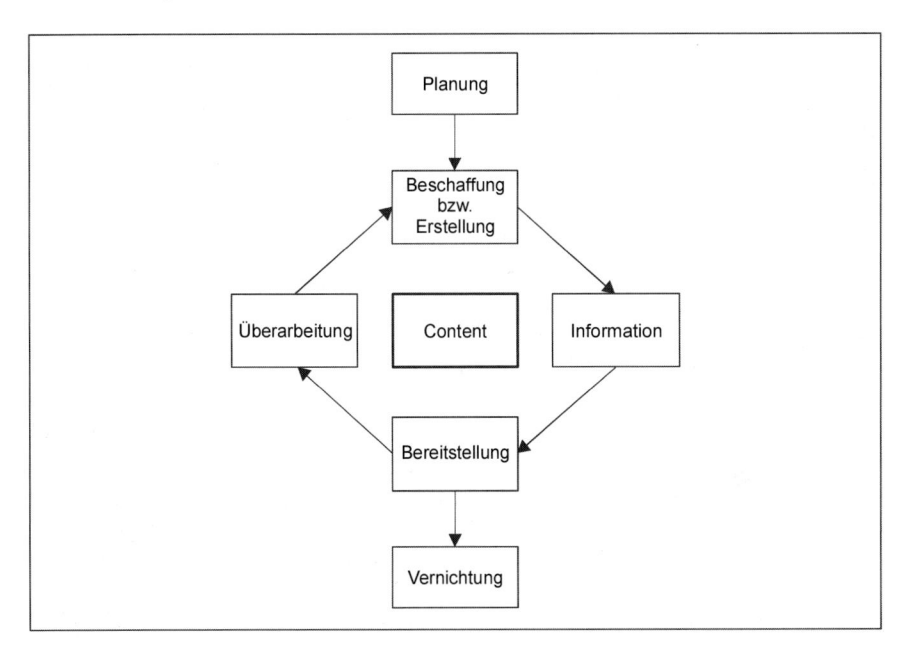

Abbildung 3: Content-Lebenszyklus (vgl. Gersdorf 2002, S. 76)

4.1 Technik

Die technische Realisierung einer medienneutralen, auf Mehrfachnutzung ausgerichteten Medienproduktion erfolgt im Rahmen von Content Management Systemen, die als wesentliche Komponenten das Editorial System, das Content Repository und das Publishing System umfassen (Abbildung 4).

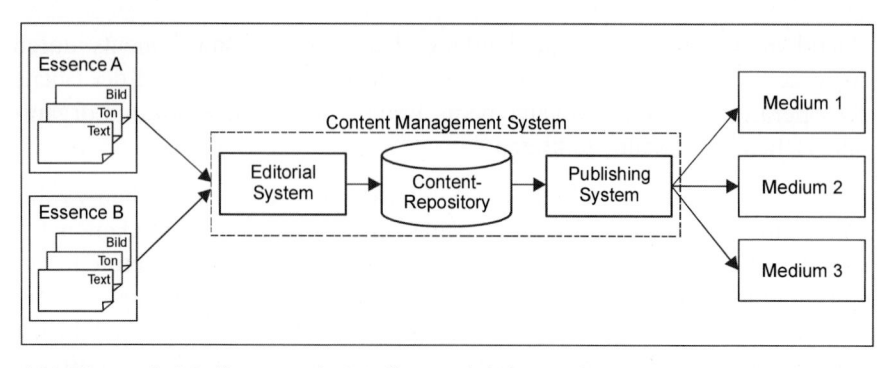

Abbildung 4: Medienneutrale Medienproduktion und Content Management System (vgl. Rawolle 2002, S. 106)

Jedes Teilsystem des Content Management Systems unterstützt vorrangig jeweils eine bestimmte Stufe des Content-Lebenszyklus.

Das Editorial System stellt das Front-End des Content Management Systems dar, in dem die Redakteure Inhalte erstellen (vgl. Rawolle 2002, S. 41–42). Bei der Gestaltung des Editorial Systems ist dabei insbesondere auf eine konsequente Nutzerorientierung zu achten, um die Produktivitätspotentiale von Content Management auch tatsächlich zu realisieren (vgl. Völcker 2003, S. 119). Dabei spielt insbesondere auch das Design eine große Rolle, da die graphische Gestaltung der Benutzeroberfläche maßgeblich zur Akzeptanz des Editorial Systems bei den Redakteuren beiträgt.

Die zentrale Verwaltung und Speicherung der Inhalte erfolgt im Content Repository (vgl. Rawolle 2002, S. 43–47). Um später eine Mehrfachnutzung des Contents zu erleichtern, sollte die Speicherung medienneutral erfolgen, was durch eine Trennung von Essence, Struktur und Layout realisiert wird (vgl. Schuster/Wilhelm 2000, S. 373–374). Dies bedeutet im Einzelnen, dass die Inhalte mit semantischen Auszeichnungen versehen werden, wodurch die Struktur des Dokuments (zum Beispiel Titel, Kurzfassung oder Textkörper) sichtbar wird. Die Speicherung ist damit unabhängig vom späteren Layout, das in Abhängigkeit vom verwendeten Medium für jedes Strukturelement eine entsprechende Formatierung vorsehen kann (zum Beispiel die Schriftart Arial kombiniert mit der Schriftgröße 16 für den Titel und Times New Roman in Schriftgröße 12 für den Textkörper). Als Basis für die Speicherung des Contents eignet sich dabei insbesondere die Extensible Markup Language (XML) (vgl. Rothfuss/Ried 2001). Sie erlaubt aufgrund der Nutzung des ASCII-Formats eine Verarbeitung mit sehr unterschiedlichen

Werkzeugen, ermöglicht aber trotzdem eine beliebige Strukturierung der Inhalte sowie eine einfache Transformation in verschiedene Zielformate (vgl. Rawolle 2002, S. 114–115). XML eignet sich am besten zur Ablage von Textdokumenten und Vektorgraphiken. Da derzeit für die Abbildung kontinuierlicher, schlecht strukturierbarer Medientypen, wie Audio- und Videosequenzen, noch keine optimale Lösung existiert, stoßen Content Management Systeme in diesem Bereich noch an ihre Grenzen (vgl. Rawolle 2002, S. 46).

Die Bereitstellung des Contents erfolgt durch das Publishing System (vgl. Rawolle 2002, S. 47–51). Wie bereits dargestellt, sind dabei je nach adressiertem Medium in unterschiedlichem Maße medienspezifische Anpassungen in formaler oder inhaltlicher Art vorzunehmen. Am einfachsten gestaltet sich die Verbreitung naturgemäß bei Online-Medien, bei denen durch entsprechende Formatvorlagen (Stylesheets und Templates) die verschiedenen Strukturelemente der Essence (zum Beispiel Titel oder Textkörper) automatisch formatiert werden können.

4.2 Organisation

Während bei der Implementierung eines medienspezifischen Content Managements technische und ablauforganisatorische Fragen im Vordergrund stehen, erfordert ein medienübergreifendes, integriertes Content Management auch aufbauorganisatorische Anpassungen, was sich speziell anhand der Entwicklung im Nachrichtenbereich gut nachvollziehen lässt.

Aufgrund der relativ klaren Abgrenzung unterschiedlicher Mediengattungen waren die entsprechenden Redaktionen historisch jeweils auf ein Medium fokussiert. Diese medienspezifische Spezialisierung blieb zunächst auch mit dem Aufkommen neuer Medien erhalten, in dem für die neuen Distributionskanäle jeweils eigene Redaktionen gebildet wurden (speziell Online-Redaktionen), in denen intern dieselben inhaltlichen Ressorts (zum Beispiel Politik, Wirtschaft und Kultur) zu finden waren wie in den klassischen Medien.

Da eine solche Duplizierung von Aktivitäten sich aber auf Dauer weder als effektiv im Sinne einer konsistenten Kundenansprache über unterschiedliche Distributionskanäle, noch als effizient im Sinne der Mehrfachnutzung erwies, ergab sich Reorganisationsbedarf. Dabei wurde die ursprünglich medienspezifische Content-Erstellung in eine gemeinsame Anbieterredaktion, auch integrierter Newsroom genannt, überführt (Abbildung 5).

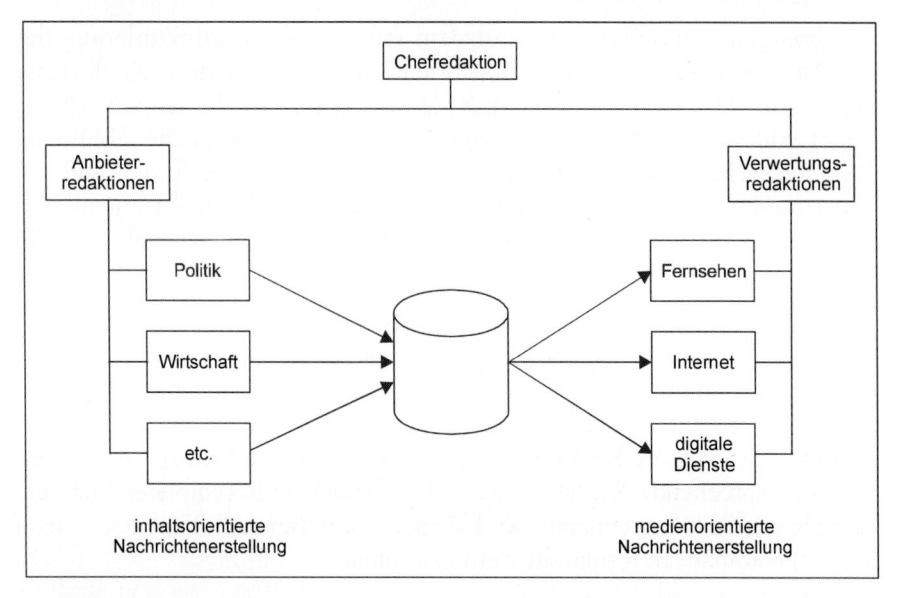

Abbildung 5: Idealtypische Organisationsstruktur am Beispiel des Fernsehens (vgl. Pagel 2003, S. 252)

Die medienspezifischen Verwertungsredaktionen bleiben dabei nur insofern bestehen, wie eine medienorientierte Content-Aufbereitung von strategischer Bedeutung ist. Bei sehr weitgehender Integration existiert die Verwertungsredaktion nur noch in Person eines „Chefs vom Dienst", der die zentral produzierten Contents für das jeweilige Medium freigibt.

Die organisatorische Implementierung integrierter, medienübergreifender Reaktionen ist in der Praxis häufig mit Widerstand verbunden, weil Redakteure zumeist eine hohe Affinität zu ihrem Medium haben. Dementsprechend gravierend ist der Rollenwandel eines Fernseh- oder Zeitungsjournalisten zum „medienübergreifenden Content Manager" (vgl. Hess/Rawolle 2000, S. 64).

Darüber hinaus bestehen aber auch häufig Wissensdefizite beim Umgang mit neuen Medien und Content Management Systemen. Insofern sind bei der Reorganisation Trainingsmaßnahmen und die Setzung entsprechender Anreize gleichermaßen von Bedeutung. Naturgemäß leichter ist die Implementierung einer integrierten Redaktion, wenn sie bei der Neugründung einer Medienmarke unabhängig von gewachsenen Strukturen erfolgen kann (vgl. Rzesnitzek 2003, S. 234).

5 Fazit

Die vorangegangenen Ausführungen haben gezeigt, dass das Konzept des Content Managements grundsätzlich ein großes Potential besitzt, die Mehrfachnutzung von Inhalten in Medienunternehmen zu unterstützen, um dadurch deren Wettbewerbsposition zu verbessern.

Wie aber auch bei anderen stark IT-gestützten Management Ansätzen (zum Beispiel Wissensmanagement und Customer Relationship Management) sollten bei der theoretischen Diskussion wie auch bei der praktischen Anwendung drei Einschränkungen berücksichtigt werden:

- Nicht alles, was konzeptionell möglich erscheint, ist auch technisch realisierbar. Das Konzept der medienneutralen Datenhaltung im Rahmen eines integrierten Content Managements ist theoretisch überzeugend. Die praktische Realisierung erweist sich jedoch insbesondere dort bisweilen als schwierig, wo unterschiedliche Datentypen wie Text, Bilder, Audio- und Videosequenzen sinnvoll strukturiert und gemeinsam verwaltet werden sollen.
- Nicht alles, was technisch realisierbar ist, ist auch ökonomisch sinnvoll. Der Ansatz des Content Managements abstrahiert bewusst von klassischen Medienkategorien, wodurch eine Vielzahl neuer Potentiale zur Mehrfachnutzung sichtbar wird. Allerdings ist eine uniforme Mehrfachnutzung ohne medienspezifische Anpassung nur dann sinnvoll, solange die dadurch entstandenen Kosteneinsparungen größer sind, als die geringere Ausschöpfung des Erlöspotentials aufgrund fehlenden Fits zwischen Medium und Inhalt.
- Nicht alles, was ökonomisch sinnvoll ist, lässt sich auch ohne weiteres organisatorisch implementieren. Content Management stellt gegenüber klassischen, medienspezifischen Publikationsformen neue Herausforderungen an die Redakteure, von deren Wissen, Kreativität und Motivation Medienunternehmen in hohem Maße abhängig sind. Insofern sollte bei der Umsetzung der Faktor Mensch explizit berücksichtigt werden, da sich nur so die Potentiale des Content Managements auch tatsächlich realisieren lassen.

Berücksichtigen Medienunternehmen jedoch diese Anwendungsbedingungen, so ermöglicht Content Management eine deutliche Steigerung von Effizienz und Effektivität in der Produktion und Vermarktung von Medieninhalten.

Literaturverzeichnis

Anding, M. (2004) Online Content Syndication. Theoretische Fundierung und praktische Ausgestaltung eines Geschäftsmodells der Medienindustrie. Wiesbaden 2004.

Bode, J. (1993) Information, in: Die Betriebswirtschaft 53 (1993), S. 275–277.

Böll, K. (1996) Merchandising. Eine neue Dimension der Verflechtung zwischen Medien und Industrie, 2. Aufl., München 1996.

Brack, A. (2003) Das strategische Management von Medieninhalten. Gestaltungsoptionen für die langfristige Erfolgssicherung in Medienmärkten, Wiesbaden 2003.

Engell, L. (2000) Ausfahrt nach Babylon. Essais und Vorträge zur Kritik der Medienkultur, Weimar 2000.

Gersdorf, R. (2002) Potenziale des Content-Managements, in : Wirtschaftsinformatik 44 (2002), S. 75–78.

Goldhammer, K. (2004) Mythos Konvergenz: Ein Ansatz zum Verständnis der Krise der Medienindustrie, in: Friedrichsen, M./Schenk, M. (Hrsg.) Globale Krise der Medienwirtschaft? Dimensionen, Ursachen, Folgen, Baden-Baden 2004, S. 85–96.

Hahn, H.D. (2003) Zauberwort Metadaten. Elementares Handwerks zeug des Content- und Wissensmanagements, in: Stahl, F./Maass, W. (Hrsg.) Content Management Handbuch. Strategien, Theorien und Systeme für erfolgreiches Content Management, St. Gallen 2003, S. 163–176.

Hass, B.H. (2002) Geschäftsmodelle von Medienunternehmen. Ökonomische Grundlagen und Veränderungen durch neue Informations- und Kommunikationstechnik, Wiesbaden 2002.

Hass, B.H. (2003) Desintegration und Reintegration im Mediensektor. Wie sich Geschäftsmodelle durch Digitalisierung verändern, in: Zerdick, A. et al. (Hrsg.) E-Merging Media. Kommunikation und Medienwirtschaft der Zukunft, Berlin, S. 33–57.

Hess, T./Rawolle J. (2000) Redaktionssysteme für klassische und digitale Medien, in: HMD – Praxis der Wirtschaftsinformatik 35 (211/2000), S. 53–65.

Hack, G. (2003) Synchronisierte Verbundformate. Taktgeber Internet: Verteilte Medienprodukte am Beispiel „Big Brother", München 2003.

Köhler, L./Hess, T. (2004) „Deutschland sucht den Superstar" – Entwicklung und Umsetzung eines cross-medialen Produktkonzepts, in: MedienWirtschaft – Zeitschrift für Medienmanagement und Kommunikationsökonomie 1 (2004), S. 30–37.

Kreikle, M. (2001) Urheberrechtsfragen und Media Asset Management, in: Eberspächer, J./Ziemer, A. (Hrsg.) Digitale Medien und Konvergenz, Heidelberg 2001, S. 205–216.

Müller-Kaltenhoff, B. (2002) Cross-Media Management. Content-Strategien erfolgreich umsetzen, Berlin 2002.

Owen, B. (1975) Economics and Freedom of Expression. Media Structure and the First Amendment, Cambridge (MA) 1975.

Pagel, S. (2003) Integriertes Content Management in Fernsehunternehmen, Wiesbaden 2003.
Pagel, S. (2004) Digitale Wertschöpfungsprozesse in Medienunternehmen: Kostenmanagement und Multi-Channeling, in: Friedrichsen, M./Schenk. M. (Hrsg.) Globale Krise der Medienwirtschaft? Dimensionen, Ursachen, Folgen, Baden-Baden, S. 287–303.
Rawolle, J. (2002) Content Management integrierter Medienprodukte. Ein XML-basierter Ansatz, Wiesbaden 2002.
Rothfuss, G./Ried, C. (2001) Content Management mit XML, Berlin u.a. 2001.
Rzesnitzek, M. (2003) Das medienübergreifende Konzept der Financial Times Deutschland, in: Habann, F. (Hrsg.) Innovationsmanagement in Medienunternehmen. Theoretische Grundlagen und Praxiserfahrungen, Wiesbaden 2003, S. 239–246.
Sambeth, F. (2003) Das Corporate Center in der Medien- und Kommunikationsindustrie. Eine wertorientierte Analyse, Wiesbaden 2003.
Schulze, B. (2005) Mehrfachnutzung von Medieninhalten. Entwicklung, Anwendung und Bewertung eines Managementkonzepts für die Medienindustrie, Lohmar/Köln 2005.
Schuster, E./Wilhelm, S. (2000) Content Management, in: Informatik Spektrum 23 (2000), S. 373–375.
Siegert, G. (2003) Medien Marken Management. Relevanz, Spezifika und Implikationen einer medienökonomischen Profilierungsstrategie, 2. Aufl., München 2003.
Stahl, F./Maass, W. (Hrsg.) (2003) Content Management Handbuch. Strategien, Theorien und Systeme für erfolgreiches Content Management, St. Gallen 2003.
Tomsen, M.I. (2001) Killer Content. Strategien für das erfolgreiche Content Management im eCommerce, München 2001.
Völcker, L. (2003) Das vergessene Frontend. Die Konzeption von Benutzeroberflächen für komplexe Redaktionssysteme, in: Stahl, F./Maass, W. (Hrsg.) Content Management Handbuch. Strategien, Theorien und Systeme für erfolgreiches Content Management, St. Gallen 2003, S. 105–130.
Zschau, O. (2003) Web Content Management Systeme. Eine Einführung, in: Stahl, F./Maass, W. (Hrsg.) Content Management Handbuch. Strategien, Theorien und Systeme für erfolgreiches Content Management, St. Gallen 2003, S. 49–57.

Geschäftsmodelle – Erlösformen in der Medienbranche

Frank Keuper/René Hans

1 Einführung 395

2 Grundlage von Geschäftsmodellen 395
   2.1 Schematischer Aufriss der Geschäftsmodellbildung 395
   2.2 Schematischer Aufriss der Geschäftsmodellgestaltung 400

3 Systematisierung der Erlösformen in Geschäftsmodellen der
   Medienbranche 403

4 Konvergenzorientierte Geschäftsmodelle und Erlösformen
   in der TIME-Branche 406
   4.1 Grundlagen der Konvergenz 406
   4.2 Implikationen der Konvergenz für Geschäftsmodelle und
      Erlösformen der TIME-Branche 408
      4.2.1 Marktmodell 408
      4.2.2 Beschaffungsmodell 409
      4.2.3 Leistungserstellungsmodell 410
      4.2.4 Leistungsangebotsmodell 410
      4.2.5 Distributionsmodell 411
      4.2.6 Kapitalmodell 411

5 Fazit 413

Literaturverzeichnis 413

Vorschau

Geschäftsmodellbildung

Der Beitrag verdeutlicht, dass sich ein Geschäftsmodell aus sechs Partialmodellen zusammensetzt, nämlich (1) dem Marktmodell, (2) dem Beschaffungsmodell, (3) dem Leistungserstellungsmodell, (4) dem Leistungsangebotsmodell, (5) dem Distributionsmodell und (6) dem Kapitalmodell.

Systematik von Erlösformen und Geschäftsmodellen

Der Beitrag systematisiert die verschiedenen klassischen Erlösformen als Teilbestandteile von Geschäftsmodellen der Medienbranche und diskutiert zudem neuere, der Konvergenz der Märkte Rechnung tragende Geschäftsmodelle. Dabei wird zunächst erstmalig der Begriff des Geschäftsmodells in den Kontext der strategischen und operativen Unternehmensführung fundiert integriert. Es wird expliziert, dass sich es bei Geschäftsmodellen um aus der Unternehmensvision abgeleitete und operationalisierte Funktionalstrategiebündel handelt.

Konvergenz der Geschäftsmodelle

Aus dem Beitrag ist ferner zu entnehmen welche Charakteristika die Konvergenz der Märkte hat und wie die Konvergenz die klassischen isolierten Erlösformen verschmelzen lässt.

1 Einführung

Mit der Verbreitung des Internets und der Gründerwelle der letzten Jahre hat der Begriff Geschäftsmodell (Business Model) vermehrt Eingang in die öffentliche Diskussion gefunden (vgl. Hoffmann/Wolf 2000, S. 31). Gerade in Bezug auf Medienunternehmen ist dabei mit zunehmender Digitalisierung der Wertschöpfung immer wieder von einer Rekonfiguration bestehender Geschäftsmodelle beziehungsweise einer Formierung neuer Geschäftsmodelle die Rede.

Ziel des vorliegenden Beitrags ist zunächst eine betriebswirtschaftlich fundierte Einordnung des Begriffs „Geschäftsmodell", weil diese bisher fehlte. Darauf aufbauend erfolgt eine Systematisierung der Erlösformen von Geschäftmodellen der im Fokus der Betrachtung stehenden Medienbranche. Da die Konvergenz der Märkte zentralen Einfluss auf die Konzeptualisierung von Geschäftsmodellen in der Medienbranche hat, werden im weiteren Verlauf die wesentlichen Facetten der Konvergenz als bestimmender Meta-Trend in einer voranschreitend verschmelzenden Telekommunikations-, Informationstechnologie-, Medien- und Entertainmentbranche (TIME-Branche) herausgestellt.

2 Grundlage von Geschäftsmodellen

In der Literatur und in der Praxis herrscht häufig Unklarheit hinsichtlich der genauen Definition beziehungsweise Einordnung des Begriffs „Geschäftsmodell". So wird dieser oftmals mit Ausdrücken aus dem strategischen Management, wie Unternehmens-, Produkt-, Marketing- oder gar Preisstrategie, verwechselt (vgl. Picard 2000, S. 62). Für das Konzipieren und Verstehen von Geschäftsmodellen sind somit zunächst eine Einordnung des Geschäftsmodellbegriffs in den strategischen Managementkontext sowie eine definitorische Fundierung notwendig.

2.1 Schematischer Aufriss der Geschäftsmodellbildung

Leitstern für das normative und damit auch für das strategische und operative Management, die sich ihrerseits mit der Konzeptualisierung und Operationalisierung von Geschäftsmodellen auseinandersetzen, ist die unternehmerische Vision (vgl. Keuper/Hans 2003, S. 130). Gerade im Zeitalter hoher Marktkomplexität und damit hoher Ambiguität müssen neue Möglichkeiten entdeckt werden, um noch nicht unmittelbar absehbare Chancen zu nutzen. Zudem gilt es aufgrund der hohen Marktkomplexität schlecht kalkulierbare Risiken abzuwenden, die Antwortgeschwindigkeit auf unerwartete Ereignisse zu erhöhen sowie eigenständig die Marktkomplexität im unternehmenseigenen Sinne aktiv zu gestalten und zu nutzen (vgl. Hinterhuber 2000, S. 101). Die Vision ist dabei unabhängig von den aktuellen, zum Teil auch trendlastigen Markt- und Unternehmensentwicklungen zu entwerfen und beizubehalten. Nur in extremen Ausnahmefällen, wie zum Beispiel bei der Neuausrichtung des Unternehmens aufgrund des Wegbrechens ganzer Märkte, ist die unternehmerische Vision anzupassen oder zu verändern. Abbildung 1 zeigt den schematischen Aufriss der Geschäftsmodellbildung.

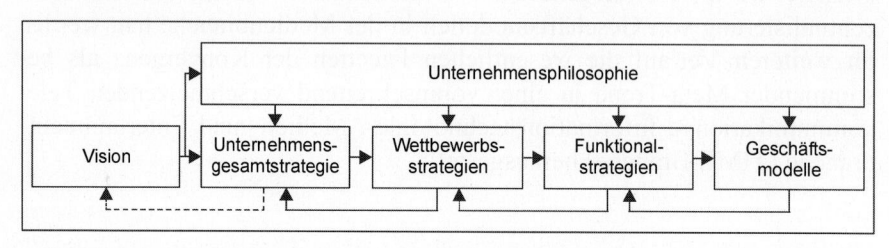

Abbildung 1: Schematischer Aufriss der Geschäftsmodellbildung

Dieser symbolische Charakter der unternehmerischen Vision ist gerade in Zeiten hoher Dynamik von zentraler Bedeutung, weil er „Herz und Verstand" der Mitarbeiter anregt und damit das Unternehmen insgesamt zukunftsfähig macht (lernende Organisation) (vgl. Hinterhuber 2000, S. 101). Gerade die hohe Ambiguität in der TIME-Branche lässt aber auch den erzieherischen Charakter der unternehmerischen Vision in den Vordergrund der Betrachtung treten. So ist es gerade bei hoher Marktkomplexität, das heißt bei extrem dynamischen Marktentwicklungen mit geringer Halbwertzeit notwendig, den Korridor der zukünftigen Unternehmensentwicklung zu definieren. Nur so ist es möglich, auf aktive und kohärente Weise eine Unternehmensgesamtstrategie zu formulieren, weiterzuentwickeln und in Wettbewerbs- und Funktionalstrategien sowie letztlich in Geschäftsmodellen zu operationalisieren.

Die Unternehmensgesamtstrategie ist dabei die aus der Vision abgeleitete globale Wegbeschreibung, die planmäßig festlegt, auf welche Weise strategische Erfolgspotentiale (vgl. Gälweiler 1987, S. 24), das heißt distinktive Ressourcen (vgl. Bürki 1996, S. 202–204) beziehungsweise Kernkompetenzen (vgl. Prahalad/Hamel 1990, S. 83–84), aufgebaut und erhalten werden können, um die sich im Umfeld bietenden Chancen unter weitestgehender Abwendung der Risiken auszuschöpfen (vgl. Keuper/Hans 2003, S. 83). Der oberste Unternehmenszweck, das heißt die Sicherstellung der langfristigen Überlebensfähigkeit (vgl. Hering 1995, S. 5), ist mithilfe strategischer Wettbewerbsvorteile (vgl. Simon 1987, S. 308) – expliziert durch die drei strategischen Erfolgsfaktoren (vgl. Keuper 2001b, S. 11–13) Kosten, Qualität und Zeit – bestmöglich zu erreichen (vgl. Keuper/Hans 2003, S. 83). Insofern werden durch die Unternehmensgesamtstrategie die Märkte und Geschäftsfelder, in denen das Unternehmen tätig sein möchte, definiert und selektiert. Zudem obliegt der Unternehmensgesamtstrategie die Allokation der Ressourcen im Hinblick auf die zu bearbeitenden Märkte und Geschäftsfelder. Die ressourceninduzierte und insbesondere auf emergierende Märkte ausgerichtete Unternehmensgesamtstrategie hat somit durch die Gestaltung exante-orientierter Erfolgspotentiale die Aufgabe, die dynamische und evolutionäre Entwicklung des Unternehmens sicherzustellen (vgl. Keuper/Hans 2003, S. 84).

Im Gegensatz zur Unternehmensgesamtstrategie explizieren Geschäftsfeld- beziehungsweise Wettbewerbsstrategien die Art und Weise, mit der ein Unternehmen in einem bestimmten Geschäftsfeld mit Wettbewerbern konkurriert (vgl. Steinmann/Schreyögg 2000, S. 156). Dabei kann sich ein Unternehmen aggregiert betrachtet als Kostenführer, Differenzierer oder hybrider Anbieter in einem konkret definierten Geschäftsfeld gegenüber den Wettbewerbern positionieren. Insofern basieren Wettbewerbsstrategien auf den durch die Unternehmensgesamtstrategie in den grundlegenden Konfigurationen festgelegten und definierten strategischen Erfolgspotentialen. Dieses Bündel von distinktiven Ressourcen beziehungsweise Kernkompetenzen kann dann in den durch die Unternehmungsgesamtstrategie vorgegebenen Freiheitsgraden angepasst und weiterentwickelt werden.

Für die Umsetzung von Wettbewerbsstrategien bedarf es somit funktionaler Strategien (vgl. Steinmann/Schreyögg 2000, S. 156), wie etwa einer Marketing-, Personal-, Beschaffungs-, Produktions-, Distributions-, Finanzierungs- und Investitions- sowie einer Forschungs- und Entwicklungsstrategie. Die Funktionalstrategien verfügen, im Gegensatz zu den hierarchisch übergeordneten Strategien, über keine strategische Autonomie (vgl. Steinmann/Schreyögg 2000, S. 156). Ihre steuernde Wirkung ist vielmehr an die gewählte Wettbewerbsstrategie gebunden.

Durch die Wahl der Unternehmensgesamtstrategie sowie der Wettbewerbs- und der Funktionalstrategien werden sowohl die relevanten Märkte und Geschäftsfelder definiert als auch die ressourcenseitige Allokation im Hinblick auf die Märkte und Geschäftsfelder vorgenommen. Insofern erfolgt über die verschiedenen Unternehmensstrategien eine simultane Konzentration auf gegenwärtige und zukünftig relevante Märkte sowie auf die eigenen distinktiven Ressourcen und gegebenenfalls vorhandenen Kernkompetenzen.

Die Umsetzung der Wettbewerbsstrategien und die konkrete Operationalisierung der Funktionalstrategien findet dann in einem oder in mehreren Geschäftsmodellen statt. Die Geschäftsmodelle stellen somit die Materialisierung, das heißt die konkrete Ausstrukturierung und Operationalisierung von Vision und Unternehmensgesamtstrategie sowie von Wettbewerbs- und Funktionalstrategien dar. Da die Wirkungsweise zwischen Unternehmensgesamtstrategie und Geschäftsmodell, also zwischen Strategie und Struktur, interaktionistisch (vgl. Rollberg 1996, S. 54) ist, wirken sich die im Rahmen des Geschäftsmodell-Controllings gewonnenen Informationen retrograd Strategie determinierend aus.

Zu beachten ist dabei, dass eine unternehmerische Vision nicht nur die Unternehmensstrategien und damit letztlich die zu konzipierenden und umzusetzenden Geschäftsmodelle konstruktivistisch (vgl. Becker 2000, S. 165–167) generiert; vielmehr hat die unternehmerische Vision auch die Aufgabe, strukturationstheoretisch (vgl. Becker 2000, S. 165–167) die konstruktivistisch abgeleiteten Unternehmensstrategien und Geschäftsmodelle auf Seiten der Unternehmensführung einzubetten. Die strukturationstheoretische Wirkung der unternehmerischen Vision, konzeptualisiert in der Unternehmensphilosophie (vgl. Keuper 2001b, S. 55), spiegelt sich somit in der Einbettung von Denkweisen, Grundsätzen, Werten und Normen in die Unternehmensstrategien und Geschäftsmodelle wider (Abbildung 2).

```
┌─────────────────────────────────────────────────┐
│         ┌──────────────────────────┐            │
│         │       Denkweisen         │            │
│         │                          │            │
│         │   proaktives Denken      │            │
│         │   sensitives Denken      │            │
│         │   ganzheitliches Denken  │            │
│         │ potentialorientiertes    │            │
│         │       Denken             │            │
│         │   ökonomisches Denken    │            │
│         └──────────────────────────┘            │
│                     ↕                           │
│         ┌──────────────────────────┐   Unternehmens- │
│         │      Grundsätze          │   philosophie   │
│         │                          │            │
│         │  Kundenorientierung      │            │
│         │  Mitarbeiterorientierung │            │
│         │  Lieferantenorientierung │            │
│         │  Prozessorientierung     │            │
│         │  Wertschöpfungsorient.   │            │
│         │  Zeitorientierung        │            │
│         │  Komplexitätsorientierung│            │
│         │  Pionierorientierung     │            │
│         └──────────────────────────┘            │
└─────────────────────────────────────────────────┘
```

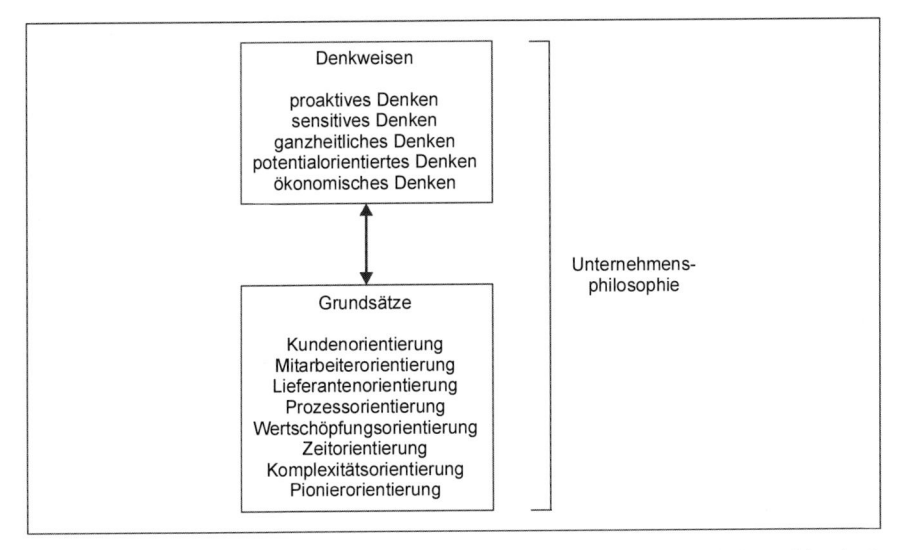

Abbildung 2: Denkweisen und Grundsätze der Unternehmensphilosophie (vgl. Keuper 2001b, S. 58, Keuper/Hans 2003, S. 132–134)

Beispielsweise gilt es Geschäftsmodelle so zu konzipieren, dass nicht die maximale, sondern exakt die Leistung erbracht wird, die der Kunde verlangt. Diese totale, nicht maximale Kundenorientierung ist dabei inter- und intrabetrieblich bei der Geschäftsmodellgestaltung zu berücksichtigen. Zudem sind bei der Gestaltung der Geschäftsmodelle die Mitarbeiterpotentiale bestmöglich einzubringen. Gleichzeitig ist zu beachten, dass die Geschäftsmodelle sowohl effektiv als auch effizient sind, so dass die integrierten Erlösformen die langfristige Überlebensfähigkeit des Unternehmens sichern (Wertschöpfungsorientierung). Sämtliche relevanten Metaprozesse (Prozessorientierung) sind dabei in einem Geschäftsmodell zu erfassen, weil nur so eine Konzentration auf die eigenen Kernkompetenzen und die der Geschäftsmodellpartner im Rahmen einer Kernkompetenzdifferenzierung erfolgen kann. Die Geschäftsmodellpartner müssen dabei im Rahmen eines Beziehungsmanagements akzeptable Deckungsbeiträge erwirtschaften können, weil nur so die Innovationskraft der Partner langfristig aufrechterhalten werden kann (Lieferantenorientierung). Zentral für die Ausgestaltung von Geschäftsmodellen ist zudem die Möglichkeit, neue Aspekte im Markt in das Geschäftsmodell schnell integrieren zu können (Pionierorientierung). Zudem ist gerade in der TIME-Branche der Faktor Zeit der zentrale Erfolgsfaktor, weil er in kaum einer anderen Branche für die Kunden ein dermaßen knappes Gut darstellt (Zeitorientierung). Ferner dürfen Geschäftsmodelle die Realität nicht zu stark simplifizieren. Beispielsweise können hybride Kundenpräferenzen nicht durch ein rein Kostenführerschaftsstrategie umsetzendes Geschäftsmodell befriedigt werden. Auf der anderen Seite können in einem Geschäftsmodell auch nicht sämtliche Kundenpräferenzen, Lieferantenoptionen, Finanzierungsmöglichkeiten, Erlösformen et cetera abgebildet werden. Insofern gilt es die bestmögliche Geschäftsmodellkomplexität zu eruieren (Komplexitätsorientierung).

Die Unternehmensphilosophie stellt somit nicht nur eine Querschnittsfunktion im Unternehmen dar; vielmehr beeinflusst sie auch maßgeblich die Interaktion mit sämtlichen Marktakteuren. Nur wenn die Unternehmensphilosophie sämtliche Planungs-, Durchführungs- und Kontrollaktivitäten über alle Strategieebenen determiniert und sich zudem in den zu konzipierenden Geschäftsmodellen expliziert, kann ein stringenter und stabiler Korridor der Unternehmensentwicklung im Hinblick auf die dauerhafte Sicherstellung der Effektivität und Effizienz des Unternehmens sowohl aus Sicht der Shareholder als auch der Stakeholder sichergestellt werden.

Geschäftsmodelle stellen somit aggregierte Abbilder aller gewählten und angewendeten Unternehmensstrategien unter Beachtung der Unternehmensphilosophie dar. Ein Geschäftsmodell visualisiert demnach den Material-, Arbeits- und Informationsfluss sowohl zwischen Unternehmen und Umwelt als auch innerhalb des Unternehmens sowie die insgesamt erzielbaren Erlösströme (vgl. Wirtz 2001b, S. 211).

2.2 Schematischer Aufriss der Geschäftsmodellgestaltung

Für die Erstellung und das Verstehen von Geschäftsmodellen ist es zunächst sinnvoll, sich von der operativen Sichtweise eines Geschäfts zu lösen und die darunter liegende und übergreifende Grundlage zu erkennen, die ein solches Geschäft erst ermöglicht (vgl. Picard 2000, S. 62). Hierzu lässt sich auf die Inhalte der spezifischen Funktionalstrategien zurückgreifen, so dass ein Geschäftsmodell gedanklich in funktionalstrategiebedingte Partialmodelle zerlegt werden kann (Abbildung 3), die aggregiert alle wesentlichen, relevanten Aspekte der Geschäftsaktivitäten eines Unternehmens visualisieren (vgl. Witz 2001b, S. 211).

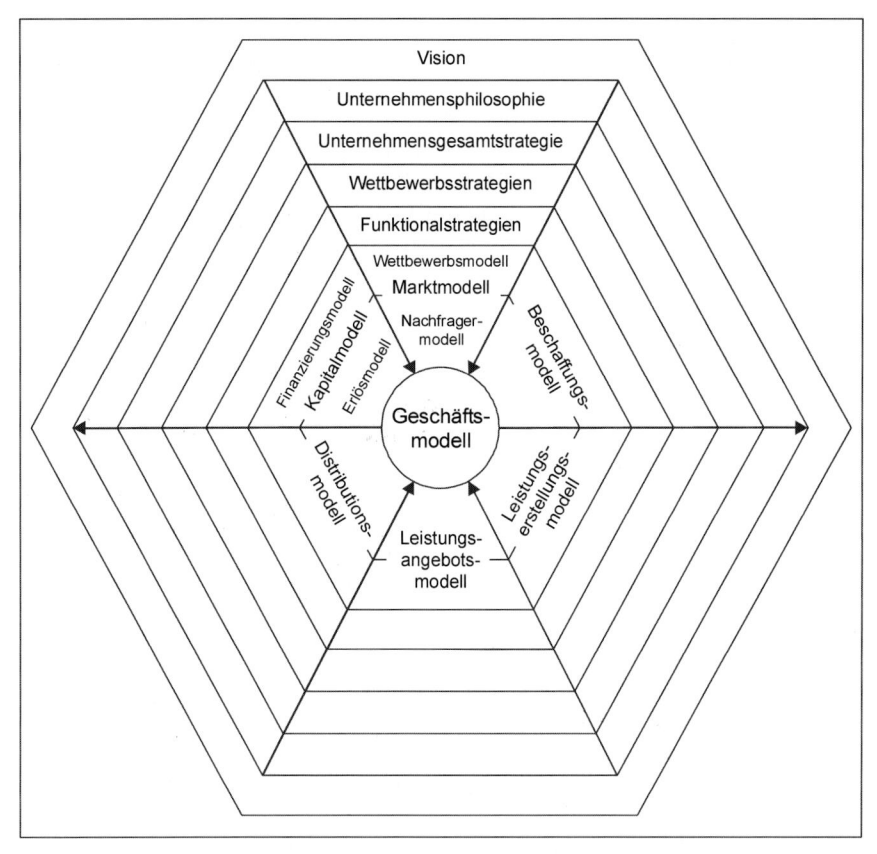

Abbildung 3: Partialmodelle eines integrierten Geschäftsmodells (vgl. Wirtz 2001a, S. 51, wesentlich erweitert)

Im Rahmen des Marktmodells wird neben der Struktur der relevanten Märkte verdeutlicht, mit welchen marktseitigen Akteuren ein Unternehmen konfrontiert ist. Entsprechend lässt sich eine Aufteilung in ein Nachfrager- und ein Wettbewerbsmodell vollziehen (Kundenorientierung). Das Nachfragermodell kennzeichnet dabei die Identifizierung von Kundenbedürfnissen und deren Preisbereitschaften, das heißt die Herausfilterung profitabler Zielgruppen beziehungsweise profitabler einzelner Kunden.

Demgegenüber gibt das Wettbewerbsmodell Auskunft über das Wettbewerbsumfeld des Unternehmens (Wertschöpfungsorientierung) (vgl. Wirtz 2001a, S. 51). Es spezifiziert somit die Einbettung des Unternehmens in seine Umwelt mit dem Ziel, zum Beispiel auf Basis einer Branchenstrukturanalyse spezifische Handlungsoptionen für das Unternehmen beziehungsweise seine Geschäftsfelder zu determinieren (vgl. Keuper/Hans 2003, S. 97–99).

Entsprechend kann das Wettbewerbsmodell mit dem aus der Strategieliteratur bekannten Market-based View in Verbindung gebracht werden.

Das Beschaffungsmodell richtet den Blick auf die Beschaffung von Input-Faktoren. Im Zuge sich durchsetzender wirtschaftlicher Aktivitäten von kooperierenden Unternehmen im Netzwerkverbund steht in diesem Zusammenhang vermehrt die Frage im Vordergrund, mit welchen Partnern das Leistungsangebot ermöglicht werden soll (Lieferantenorientierung).

Im Gegensatz dazu zielt das Leistungserstellungsmodell auf die Kombination von Gütern und Dienstleistungen sowie deren Transformation in Angebotsleistungen ab (zum Beispiel Prozessorientierung, Mitarbeiterorientierung oder Wertschöpfungsorientierung) (vgl. Wirtz 2001a, S. 52). Dies betrifft weniger eine Darstellung nach operativen Gesichtspunkten, zum Beispiel im Hinblick auf die technologische Abwicklung, als vielmehr eine Visualisierung von Metaprozessen, die die Einsatzmengen der Produktionsfaktoren und der damit erzielbaren Ausbringungsmenge verdeutlichen.

Das Leistungsangebotsmodell definiert schließlich das gewählte Produktionsprogramm, das heißt welche Leistungen am Markt angeboten werden. Diesbezüglich finden sich am Markt zunehmend Systemprodukte, bestehend aus einer mehr oder weniger materiellen Kernleistung und Value Added Services (Kundenorientierung) (vgl. Brösel/Dintner/Keuper 2004). So bietet der IT-Konzern IBM nicht mehr nur Hard- und Software an, sondern erarbeitet flankierend auch für Unternehmen damit in Verbindung stehende betriebswirtschaftliche Restrukturierungsvorschläge. Das Leistungsangebotsmodell wird dabei unter Berücksichtigung der im Nachfragermodell identifizierten Zielgruppen determiniert, so dass das Leistungsangebot segmentspezifisch oder gar individuell – Stichwort Mass Customization (vgl. Keuper/Wierzoch 2005) – ausgerichtet werden kann.

Darüber hinaus klärt das Distributionsmodell die Frage nach den zu wählenden Absatzkanälen für ein Produkt (zum Beispiel Zeitorientierung, Pionierorientierung und Komplexitätsorientierung) (vgl. Meffert 1998, S. 586). Absatzkanal für Musik ist im Falle des physischen Vertriebs einer traditionellen CD der Handel, während in digitale Formate transformierte Musik als intangibles Gut zum Beispiel über das Internet vertrieben wird. Weiterhin impliziert das Distributionsmodell die gewählte Pricing-Strategie, so dass beispielsweise festgelegt wird, ob das Pricing eines digitalen Informationsproduktes der Pay-per-Content-Methode folgt oder aber über ein monatliches Abonnement angeboten wird.

Damit in einem engen Zusammenhang stehend bildet das Kapitalmodell eines Unternehmens allgemein ab, welche finanziellen Ressourcen dem

Unternehmen zugeführt werden und welche Formen der Refinanzierung zur Verfügung stehen (Wertschöpfungsorientierung) (vgl. Wirtz 2001b, S. 214). Somit lässt sich das Kapitalmodell in ein Finanzierungs- und ein Erlösmodell untergliedern. Das Finanzierungsmodell kennzeichnet entsprechend die Bereitstellung finanzieller Mittel, wobei hier grob zwischen einer Außen- und einer Innenfinanzierung zu unterscheiden ist. Während die Außenfinanzierung die Bereitstellung von finanziellen Mitteln aufgrund der Außenbeziehungen des Unternehmens zu Beschaffungs-, vor allem aber zu Finanzmärkten beschreibt, zielt die Innenfinanzierung auf die Bereitstellung von finanziellen Mitteln aufgrund der Beziehung des Unternehmens zu Absatzmärkten ab, so dass die für die produzierten und veräußerten Güter erhaltenen finanziellen Mittel zur Finanzierung weiterer Betriebsprozesse genutzt werden (vgl. Matschke 1991, S. 15, Matschke/Hering/Klingelhöfer 2002, S. 40). Dies zeigt, dass das Finanzierungsmodell ganz entscheidend vom Erlösmodell geprägt wird, in dem festgelegt ist, auf welche Art und Weise Erlöse erzielt werden (vgl. Wirtz 2001a, S. 53). Hierbei stehen einem Medienunternehmen unterschiedliche Erlösquellen zur Verfügung, die es nachfolgend zu systematisieren gilt.

3 Systematisierung der Erlösformen in Geschäftsmodellen der Medienbranche

Medienunternehmen, die sich traditionell in die Teilmärkte Zeitungen und Zeitschriften, Buch, TV, Radio, Musik und Film ausdifferenzieren, weisen in der Regel eine im Vergleich zu anderen Branchen einzigartige Kosten- und Erlösstruktur auf (Abbildung 4). Auf der Kostenseite ist hierbei eine hohe Fixkostenintensität ausschlaggebend, weil die Produktion eines Informationsgutes eine „Blaupausen-Produktion" darstellt, so dass der Prototyp eines Medienproduktes, wie zum Beispiel eine Tageszeitung, unabhängig von der Anzahl der späteren Rezipienten konzipiert werden muss. Die entsprechend hohe Fixkostenintensität von Medienunternehmen führt häufig dazu, dass zur kostendeckenden Erstellung des Medienproduktes neben dem Rezipienten- auch der Werbemarkt bedient wird. Insofern resultieren in privatwirtschaftlichen Medienunternehmen die wesentlichen Erlösströme aus den Zahlungen der Rezipienten (erstes Element im Erlös-Mix) und der werbetreibenden Unternehmen (zweites Element im Erlös-Mix). Während die Rezipienten für den Bezug des Informationsproduktes transaktionsabhängig (zum Beispiel Preis pro Zeitschrift oder Pay-per-View) oder transaktionsunabhängig (zum Beispiel Zeitungsabonnement) Entgelte leisten, entrichten werbetreibende Unternehmen direkte Zahlungen oder Provisionen für die Bereitstellung des Werberaums und die damit verbundene Chance zur Kommunikation ihrer Produkte und Dienstleistungen im jeweiligen Medium. Typischerweise findet diese Verbundproduktion bei Zeitungs- und Zeitschriftenverlagen statt, wobei die Interdependenz von Rezipienten- und Werbemarkt unter dem Begriff Anzeigen-Auflagen-Spirale subsumiert wird (vgl. Keuper/Hans 2003, S. 10–12). Eine hohe Auflage induziert dabei ein hohes Werbevolumen, so dass bei steigenden Werbeumsätzen die journalistische Qualität und Quantität ausgeweitet werden kann und so den Verkauf weiterer Werbeflächen anstößt. Ähnliche Interdependenzen finden sich bei privaten TV-Sendern, wie RTL oder Sat.1, wo sich mit zielgruppenorientierten TV-Formaten hohe Werbeerlöse erzielen lassen, die wiederum in innovative Formate reinvestiert werden können. Allerdings werden hier in der Regel ebenso wie bei privaten Radiosendern keine direkten Rezipientenerlöse erzielt. Ausnahme sind neben Erlösen aus dem Verkauf von Merchandising-Produkten direkte Rezipientenerlöse für den Medienzugang, wie dies beim Pay-TV-Sender Premiere World der Fall ist. Im Gegensatz zum privaten TV- und Radiomarkt spielen im Buch-, Musik- und Filmmarkt die Vertriebserlöse eine übergeordnete Rolle im Erlös-Mix.

Als drittes Element der Erlöserzielung sind in der Medienbranche die Märkte für Rechte und Lizenzen relevant. Medienrechte stellen die einem Subjekt aus einem Vertrag oder einer Rechtsvorschrift zuwachsenden, gegen jeden Dritten oder gegen bestimmte Personen wirkenden Befugnisse dar, als Wirtschaftsgut anzusehende Informationen (vgl. Keuper 2002b, S. 119–121) (Informationsgüter) an Dritte zu vermitteln. Beispielhaft sind hier Filmrechte zu nennen, die nach Ablauf einer angemessenen Sperrfrist als DVD und später im Free-TV weiterverwendet werden. Demgegenüber sind Lizenzen abgeleitete Rechte, die nur in dem Umfang genutzt werden können, wie der Besitzer der originären Rechte dies zulässt (vgl. Wirtz 2001a, S. 54). Zum Beispiel vergeben Buchverlage nach Erscheinen eines Bestsellers Lizenzen für Taschenbuch-Ausgaben.

Ein viertes Element im Erlös-Mix von Medienunternehmen bilden staatliche Zuwendungen. Dies sind einerseits direkte Erlöse aus der Bereitstellung von Subventionen oder indirekte Erlöse aus einer verminderten Mehrwertsteuer, wie beispielsweise bei Zeitungen, Zeitschriften und Büchern, die beim Verkauf nur eine Mehrwertsteuer von sieben Prozent beinhalten. Eine Sonderrolle nehmen Gebühren für den Rundfunkbereich ein, die im Erlös-Mix öffentlich-rechtlicher Radio- und TV-Sender den Schwerpunkt bilden. Aufgrund eines gesetzlich auferlegten Programmauftrages in Deutschland sind so die Rezipienten zur Entrichtung einer staatlich festgelegten Gebühr verpflichtet, die an den Besitz eines Empfanggerätes, nicht aber an die tatsächliche Nutzung des Programmangebotes gekoppelt ist (vgl. Keuper/Brösel 2005).

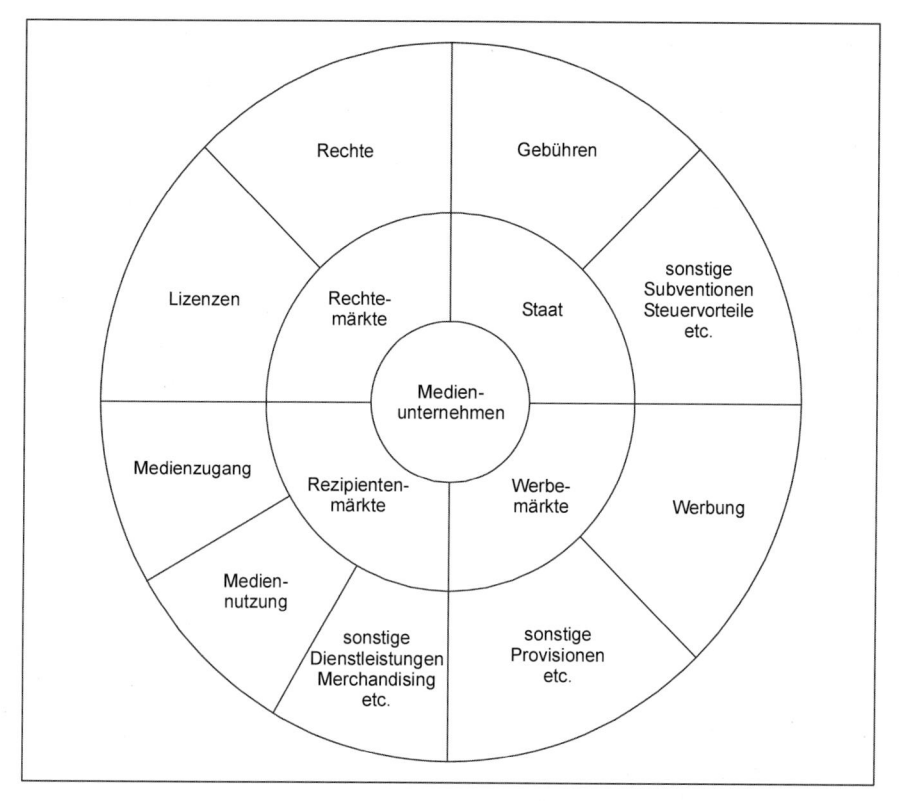

Abbildung 4: Systematik der Erlösformen in der Medienbranche (vgl. Wirtz 2001a, S. 53)

Zusammenfassend ergeben sich somit für die Medienbranche vier Erlössäulen, wobei sich je nach Medienteilmarkt verschiedene Schwerpunkte im Erlös-Mix herauskristallisiert haben, die zuvor sehr generisch dargestellt wurden. Die spezifische Auswahl der Erlösformen hängt jedoch maßgeblich vom Geschäftsmodell ab (vgl. Wirtz 2001a, S. 55). So tragen beispielsweise innerhalb des Medienteilmarktes Zeitungen und Zeitschriften bei der Verlagsgruppe Bauer die Vertriebserlöse mit 76 Prozent ganz wesentlich zum Gesamtumsatz bei, während beim Konkurrenten Gruner + Jahr nur rund 31 Prozent auf Vertriebserlöse, gemessen am Gesamtumsatz, entfallen (vgl. Keuper/Hans 2003, S. 13).

Branchenveränderungen tragen dabei stets zu Veränderungen der Erlösmodelle und damit auch der Geschäftsmodelle bei. Der massive Rückgang der Nachfrage nach Print-Werbeflächen bei den Großverlagen seit dem Jahr 2001 führte dementsprechend dazu, dass durch Erhöhung der Bezugspreise für viele Print-Produkte beziehungsweise durch Marketing-Maßnahmen die Vertriebserlöse erhöht und so zumindest teilweise die massiven Verluste bei der Vermarktung von Werberaum ausgeglichen wurden. Dies allein betrachtet würde eine inkrementelle Anpassung der Geschäftsmodelle bedeuten, die sich zu jeder Zeit und in jeder Branche vollzieht. Das Phänomen der Konvergenz induziert nun aber branchenübergreifende Veränderungen, die teilweise bestehende Geschäftsmodelle von Medienunternehmen geradezu paradigmatisch in Frage stellen.

4 Konvergenzorientierte Geschäftsmodelle und Erlösformen in der TIME-Branche

Konvergenz induziert nicht nur Veränderungen in der Erlösstruktur, sondern auch in der Art und Weise der Beschaffung, Leistungserstellung und Vermarktung von Produkten (vgl. Sjurts 2000, S. 128–129). Damit zwingt Konvergenz zu einer Veränderung traditioneller Geschäftsmodelle beziehungsweise schafft Freiräume, um gänzlich neue Geschäftsmodelle zu initiieren. Dies gilt insbesondere für Medienunternehmen, was mit der Darstellung der wesentlichen Aspekte dieses Meta-Trends und daraus ableitbarer Implikationen deutlich wird.

4.1 Grundlagen der Konvergenz

Allgemein kann unter Konvergenz – losgelöst von der Digitalisierung, die häufig im Zusammenhang mit dem Begriff Konvergenz genannt wird – ein „Prozess der Interaktion zwischen der Unternehmensumwelt beziehungsweise der Wettbewerbsstruktur und der Unternehmensstrategie verstanden werden, der zur strukturellen Verbindung bislang getrennter Märkte führt" (Thielmann 2000, S. 9). Als Paradebeispiel eines konvergierenden Marktes lässt sich die Multimedia-Branche anführen, die durch Angebote integrierter Dienstleistungen und Technologien (Systemprodukte) gekennzeichnet ist, wie beispielsweise die Bereitstellung eines Inhalteangebotes über den

Internet-Zugang eines Multimedia-PCs. Vor dem Hintergrund der hohen Marktkomplexität bedingt die zur Marktkomplexität disproportionale Komplexität der Systemprodukte einen Anstieg der Kooperations- sowie Merger- und Akquisitionstätigkeiten zwischen den betroffenen Unternehmen. Die Konvergenz der Märkte ist dabei das Ergebnis dreier gleichzeitig auftretender Entwicklungen (vgl. Keuper/Hans 2003, S. 41–43):

- Technologische Konvergenz beschreibt die fortschreitende Diffusion einer Basistechnologie, wie zum Beispiel der Internet-Technologie oder digitaler Technologien, in vielfältige Branchen hinein sowie ihre dortige Verankerung (vgl. Thielmann 2000, S. 10), so dass erstmals die Möglichkeit der digitalen und multimedialen Übertragung von Informationen innerhalb des TIME-Sektors eröffnet wird (vgl. Sjurts 2000, S. 31; Hess 2002, S. 572–574).

- Im funktional-äquivalenten Zusammenhang mit der Konvergenz der Technologien steht die nachfrageseitige Konvergenz, wobei diese durch die Integration der Nachfrage verschiedener Bedürfnisgruppen und damit die Eliminierung bestehender Barrieren zwischen den bisher isolierten Bedarfsgruppen charakterisiert ist (vgl. Thielmann 2000, S. 11; Krieb 2001, S. 62–64), wie dies am Beispiel von TV-Reise-Shopping deutlich wird. Hier konvergiert die Bedarfsgruppe „Fernsehzuschauer mit Interesse an Reiseberichten" mit der Bedarfsgruppe „Urlaubsplaner". Insofern werden verschiedene Funktionen integriert, wobei jede Funktion für sich bereits auf eine bestimmte Bedürfnisbefriedigung abzielt (vgl. Keuper 2001a, S. 393).

- Die Konvergenz der Anbieterseite wird vornehmlich durch die Leistungsbündelung von Funktionalitäten und Komponenten aufgrund antizipativer ökonomischer Rationalität beziehungsweise durch die potentielle Substituierbarkeit von Leistungskomponenten initiiert (vgl. Thielmann 2000, S. 11). Insbesondere die zunehmende Bedeutung von Systemprodukten erodiert bestehende Branchengrenzen und stellt starre Kompetenz- und Branchenstrukturen in Frage (vgl. Keuper 2001b, S. 394). Ziel dieser angebotsseitigen Konvergenz, die Wertschöpfungsketten übergreifend vertikal oder horizontal erfolgen kann, ist es, durch Neukombination bisher getrennter Aktivitäten in einer wirtschaftlichen Einheit die potentiellen Synergien für die beteiligten Unternehmen auszuschöpfen. Entsprechend kommt es zu einer Vielzahl vertikaler und horizontaler Kooperationsformen, die zunächst schwerpunktmäßig innerhalb des TIME-Sektors, jedoch in einem weiteren Schritt zwischen dem TIME-Sektor und weiteren Branchen stattfinden (Converged Economy) (vgl. Keuper 2002a).

Ein gleichzeitiges Auftreten der drei Konvergenzentwicklungen induziert eine Konvergenz bisher isolierter Märkte und damit ein Verschmelzen von Wertschöpfungsketten. Aus der Konvergenz ergeben sich dabei zahlreiche Implikationen für Geschäftsmodelle und Erlösformen in der konvergierenden TIME-Branche.

4.2 Implikationen der Konvergenz für Geschäftsmodelle und Erlösformen der TIME-Branche

Medienunternehmen stehen angesichts der Konvergenz vor besonderen Herausforderungen zur Rekonfiguration bestehender Geschäftsmodelle, was anhand von Beispielen in den zuvor erläuterten Partialmodellen eines Geschäftsmodells deutlich wird.

4.2.1 Marktmodell

Im Rahmen des Nachfragermodells besteht für ein Medienunternehmen die Schwierigkeit multioptionaler Nachfragepräferenzen, welche die Kundenbedürfnisse beziehungsweise Zielgruppen schwieriger erkennen lassen. Zeitungsleser wandeln sich zunehmend zu Cross-Media-Kunden, die in spezifischen Tagessituationen mit den für sie relevanten Informationen über das jeweils gewünschte Medium angesprochen werden wollen. Das reicht vom klassischen Print-Medium am Morgen über vertiefende Informationen im Internet bis hin zu Push-Diensten mit Ad-hoc-Meldungen, die personalisiert auf ein mobiles Endgerät geschickt werden. Die für einen konvergierenden Markt typischen Systemprodukte werfen für ein Medienunternehmen bei der Betrachtung des Wettbewerbsmodells die grundsätzliche Problematik der Produkt-Markt-Abgrenzung auf. So beschreiten Mobilfunkunternehmen mit einem Angebot von SMS-Diensten und Klingeltönen einen Schritt in Richtung Mediengeschäft. Zudem haben sich in den vergangenen Jahren Internet Service Provider wie T-Online oder Freenet zu modernen Medienunternehmen gewandelt. Entsprechend muss im Rahmen der Rekonfiguration von Geschäftsmodellen nun auch eine Analyse von Märkten erfolgen, die ehemals weit entfernt vom angestammten Geschäft erschienen. Beispielsweise visualisiert die Bereitstellung von komfortablen Radiodiensten im Internetportal AOL eine nicht zu unterschätzende Bedrohung für klassische Radiosender, weil mit Aufrüstung von Personal Computern zu Multimedia-PCs und zunehmender Penetration digitaler Breitbandanschlüsse ein größer werdender Teil der Hörerschaft abwandern könnte. Dies führt zu einer Verringerung der Reichweite der Sender und schmälert die Tausendkontaktpreisee für Werbung. Entsprechend sind Radiosender nicht nur Teil des Radio-, sondern auch des Multimedia-Marktes, den es für ein entsprechendes Internet-Engagement zu analysieren gilt. Letztlich stellt die kontinuierliche Interaktion zwischen den Konvergenzentwicklungen eine weitere Herausforderung für die betroffenen Unternehmen dar, weil aufgrund der hieraus resultierenden fluktuierenden Marktbedingungen und Aktionsparameter der Grad der Unsicherheit dauerhaft zunimmt. Die Vielzahl und geringe Halbwertszeit von Schlüsselvariablen, wie zum Beispiel makroökonomische Entwicklungen oder Strategien von Wettbewerbern und Kooperationspartnern, bedingen, dass die tatsächliche Zukunftsform einer konvergierenden Branche nicht beziehungsweise nur sehr vage prognostizierbar ist.

4.2.2 Beschaffungsmodell

Multimedia-Produkte erfordern ein breites Kompetenzportfolio, das Medienunternehmen allein nicht abdecken können. Deren Kernkompetenz bildet in der Regel die Erstellung von Formaten sowie die medienspezifische Konfektionierung der Inhalte innerhalb von Portalen. Dienstleistungen wie zum Beispiel das Webhosting können ebenso wenig erbracht werden wie die Bereitstellung technischer Infrastruktur im Rahmen von Zugangsleistungen, die in der digitalen Welt eine Übertragung der dargestellten Formate zum Empfänger sowie die Übertragung von Kommunikationsinhalten zwischen Kommunikationspartnern ermöglicht (vgl. Zerdick et al. 2001, S. 174). Auch Navigationsleistungen, wie die Entwicklung von Browsern oder Software-Agenten sowie Endgeräte zur Darstellung der Multimedia-Formate fallen nicht in den Kompetenzbereich von Medienunternehmen. Demzufolge bilden Kooperationen die Grundlage für ein Engagement im Multimedia-Markt. Damit gewinnen Fragen eines effektiven und effizienten Kooperationsmanagements für Medienunternehmen an Bedeutung, wobei dies bei zunehmendem Engagement in den verschiedenen digitalen Distributionskanälen und daraus resultierenden Partnerschaften mit einem Management von Multimedia-Wertschöpfungsnetzwerken gleichzusetzen ist. Die aus der Konvergenz der Märkte resultierende Problematik liegt hier insbesondere in der Schwierigkeit, Kooperationspartner von Wettbewerbern abzugrenzen. Zunehmend kooperieren Unternehmen auf spezifischen Geschäftsfeldern, wohingegen sie auf anderen Geschäftsfeldern in intensivem Wettbewerb miteinander stehen. Ein solcher Fall von Coopetition (vgl. Nalebuff/Brandenburger 1996, S. 16) findet sich in der Medienbranche beispielsweise im Rahmen von Standardisierungsbestrebungen in der Online-Werbeträgerforschung. Innerhalb der Arbeitsgemeinschaft Online

Forschung (AGOF) haben so wesentliche deutsche Werbevermarkter und Medienunternehmen ihre Aktivitäten gebündelt, um unabhängig von Individualinteressen transparente und praxisnahe Standards für Online-Werbeträger zu etablieren, konkurrieren dabei aber natürlich vertriebsseitig hart um Werbekunden (vgl. Schneider, S. 54).

4.2.3 Leistungserstellungsmodell

Die Frage der Leistungserstellung zielt in Medienunternehmen darauf ab, wie die Angebotsleistungen auf Basis distinktiver Ressourcen beziehungsweise Kernkompetenzen in den Bereichen der Content-Erstellung und -Bündelung erfolgen. Während beispielsweise in Zeitungsverlagen noch mit Beginn des Internet-Hypes eigene Online-Redaktionen gegründet wurden, wird aus Wirtschaftlichkeitsgründen, aber auch aus Effektivitätsgesichtspunkten vor dem Hintergrund der verstärkt erstrebten crossmedialen Verzahnung der verschiedenen Medien dazu übergegangen, in den Redaktionen ein organisatorisches Reengineering durchzuführen, an dessen Ende integrierte Print- und Online-Redaktionen stehen. Beispielhaft ist hier die überregionale Tageszeitung Financial Times Deutschland zu nennen, die bereits mit Gründung der Zeitung im Oktober 1999 die organisatorischen Voraussetzungen für eine integrierte Redaktion geschaffen hat (vgl. Keuper/Hans 2003, S. 237). So ist der Nachrichten-Chef „Print" für alle Medien zuständig beziehungsweise umgekehrt die Online-Redaktionsleitung auch gleichzeitig Stellvertretung des Nachrichten-Chefs „Print", so dass flexibel entschieden werden kann, welche Meldung in die Print-Ausgabe gelangt und welche Meldung ins Online-Angebot eingestellt werden soll.

4.2.4 Leistungsangebotsmodell

Die Abstimmung des Produktionsprogramms erfordert in enger Verbindung zum Nachfragermodell ein Verständnis der Kundenbedürfnisse. Dabei steht im Rahmen von Multimedia-Engagements der Medienunternehmen die Frage im Vordergrund, wie das klassische Medienangebot um zusätzliche Angebote in der digitalen Welt erweitert werden kann, um für die Kunden einen Zusatznutzen zu generieren, der sie langfristig an das Angebot bindet und idealerweise auch neue Erlösquellen erschließt. Beispielhaft lassen sich in diesem Zusammenhang die Aktivitäten des Fernsehsenders RTL anführen, der im Internet und in mobilen Portalen sehr erfolgreich ein Cross-Media-Angebot für Formate, wie „Deutschland sucht den Superstar" oder „Wer wird Millionär", etabliert und neben einem Zusatznutzen für Kunden auch nennenswerte Erlöse in den Bereichen Werbung, Spiele und Content-

Verkauf erzielt hat (vgl. Keuper et al. 2005). Aber auch hinsichtlich der Bedienung von Werbekunden besteht ein Erfordernis zur Anpassung des Produktionsprogramms von Medienunternehmen. Zunehmend gefragt sind anstelle medienspezifischer Werbung crossmediale Werbekonzepte, die die Produkte und Dienstleistungen der werbetreibenden Unternehmen durch die spezifische Integration traditioneller und digitaler Medien ganzheitlich an den Endkunden kommunizieren. Prominentes Beispiel für derartige Cross-Media-Konzepte ist die von der Bertelsmann Music Group (BMG), dem TV-Vermarkter IP Deutschland und dem Fachbereich Anzeigen von Gruner + Jahr gemeinschaftlich realisierte Dachmarkenkampagne für den Lebensmittelkonzern Unilever, die auf die Werbeträger TV, Print und Online abgestimmt wurde (vgl. Brechtel 2003, S. 55).

4.2.5 Distributionsmodell

Konvergenz bedeutet für Medienunternehmen unter anderem die Möglichkeit des immateriellen Vertriebs der Informationsprodukte im Multimedia-Markt. Hierbei stellen die sich teilweise noch herausbildenden digitalen Erlebniswelten eBusiness, M-Business und T-Business mögliche Absatzkanäle dar. Dabei sind derzeit für die in der Emergenzphase befindliche Erlebniswelt Mobile Business (M-Business) die zentralen Ausprägungen mobiler Anwendungen Klingeltöne sowie SMS-Dienste. Demgegenüber fokussieren die beiden Erlebniswelten Electronic Business (eBusiness) und das erst in der Innovationsphase befindliche Television Business (T-Business) auf stationäre Anwendungen, wobei eBusiness den Zugang über einen Multimedia-PC kennzeichnet und T-Business auf die interaktive Erweiterung von Fernsehformaten für die Zielgruppe der passiven „Couch Potatoes" abzielt (vgl. Hüning/Keuper 2002). Aus den vorherigen Beispielen wurde dabei deutlich, dass diese digitalen Erlebniswelten für Medienunternehmen ein hohes Potential darstellen, um Kunden an die eigenen Angebote zu binden und Erlösquellen abzusichern beziehungsweise neue zu erschließen.

4.2.6 Kapitalmodell

Letztlich stellt bei Betrachtung des Kapitalmodells die Erosion klassischer Erlösquellen die wohl kennzeichnendste Implikation der Konvergenz für Medienunternehmen dar. So verlagern sich Werbegelder zunehmend von medienspezifischer Werbung auf crossmediale Werbekonzepte. Diese Erosion von Erlösquellen ist determinierendes Druckmittel für Medienunternehmen, Geschäftsmodelle für die digitalen Erlebniswelten zu konfigurieren, da Werbekunden immer mehr die integrierte Kommunikationsmöglichkeit zu Kunden über alle Medien verlangen. Eine durch Konvergenz induzierte Erosion von Erlösquellen ist abgesehen vom klassischen Werbegeschäft insbesondere bei Zeitungsverlagen zu beobachten, weil Online-Rubrikenanzeigen hinsichtlich der Darstellungsmöglichkeiten den Print-Rubrikenanzeigen in einer Tageszeitung weit überlegen und kostengünstiger sind (vgl. Keuper/Hans 2003, S. 63–65). Demgegenüber lassen sich als Medienunternehmen Pay-per-Content-Erlöse, insbesondere in der Erlebniswelt M-Business zum Beispiel im Rahmen von SMS-Services, erzielen. Darüber hinaus gewinnt als Erlössäule auch der Rechteverkauf beziehungsweise die Syndizierung von Inhalten, zum Beispiel an Unternehmen zur Informationsversorgung in Business-to-Enterprise-Portalen, für ausgewählte Medienunternehmen durch Evolution der digitalen Erlebniswelten an Bedeutung. So verkauft die Financial Times Deutschland branchenspezifische Content Packages für Firmen-Intranets. Am Beispiel des Medien- und Unterhaltungskonzerns Sony wird schließlich aber auch deutlich, dass die Konvergenz auf Gesamtunternehmensebene fundamentale Spannungen hervorrufen kann und grundsätzliche strategische Entscheidungen zu fällen sind, die dann die gesamte Erlösstruktur verändern. So unterhält das Unternehmen sowohl eine Unterhaltungs- als auch eine Elektroniksparte. Beide Unternehmensbereiche stehen bedingt durch die Konvergenz in unmittelbarem Wettbewerb miteinander. Während Sony Music intensiv den Kopierschutz für Compact Disks (CDs) weiterentwickelt und sich für einen Kopierschutz auf allen Sony-CDs einsetzt, ist die Elektroniksparte gegen einen solchen Kopierschutz. Gemäß der Apple-Formulierung „Rip, Mix, Burn" sieht die Elektroniksparte von Sony im weltweiten Vertrieb von CD- und DVD-Brennern das Geschäft der Zukunft. Zwischenzeitlich verbot die Konzernführung der Unterhaltungsbranche sogar, CDs mit Kopierschutz herzustellen (vgl. Balzli et al. 2003, S. 79).

Das Beispiel des Unterhaltungskonzerns Sony visualisiert latent, dass sich gerade der Medienteilmarkt Musik aufgrund der Konvergenz besonderen Herausforderungen stellen muss. Diese werden nachfolgend näher betrachtet, wobei die in Deutschland im Herbst 2003 gestartete Download-Plattform Phonoline näher skizziert wird, um den Modellcharakter eines konvergenten Geschäftsmodells hervorzuheben.

5 Fazit

Zusammenfassend kann festgehalten werden, dass die Geschäftsmodellbildung das interaktionistische Ergebnis des Zusammenspiels von Unternehmensvision, Unternehmensgesamtstrategie, den Wettbewerbs- und Funktionalstrategien ist. Geschäftsmodelle repräsentieren somit die operationalisierte Darstellung und Konkretisierung der aus der Vision abgeleiteten Wettbewerbs- und Funktionalstrategien. Dabei sind in dem jeweiligen Geschäftsmodell die Denkweisen und Grundsätze des strategischen Managements widerzuspiegeln und auszugestalten. Als Partialmodell ist die Erlöserzielung ein – wenn nicht der – zentrale Aspekt innerhalb eines jeden Geschäftsmodells. Aggregiert betrachtet, besteht der mögliche Erlös-Mix eines Medienunternehmens aus vier Basiselementen. Neben den Erlösen durch Rezipientenzahlungen und durch das Schalten von Werbung seitens der werbetreibenden Wirtschaft spielen staatliche Zuwendungen und zunehmend auch der Handel mit Rechten und Lizenzen eine zentrale Rolle im Erlös-Mix eines Medienunternehmens. Die oberste Maxime bei der Ausgestaltung der Partialmodelle innerhalb der Geschäftsmodelle ist die proaktive Berücksichtigung der Konvergenz der Märkte – und hier nicht nur der Konvergenz in der TIME-Branche.

Literaturverzeichnis

Balzli, B. et al. (2003) Alles nur geklaut, in: Der Spiegel (36/2003), S. 72–79.
Becker, A. (2000) Rationalität als soziale Konstruktion: Strukturation, Konstruktivismus und die Rationalität organisationaler Entscheidungsprozesse, in: Hinterhuber, H.H. et al. (Hrsg.) Das Neue Strategische Management – Perspektiven und Elemente einer zeitgemäßen Unternehmensführung, 2. Aufl., Wiesbaden 2000, S. 147–182.
Brechtel, D. (2003) Suche nach Werbeschätzen, in: Horizont, (40/2003), S. 55.
Brösel, G./Dienter, R./Keuper, F. (2004) Quo vadis Unternehmensführung? Über die nicht vorhandene Dichotomie von Sach- und Dienstleistungsunternehmen, in: Burkhardt, T./Körnert, J./Walther, U. (Hrsg.) Banken, Finanzierung und Unternehmensführung, Festschrift für Karl Lohmann zum 65. Geburtstag, Berlin 2004, S. 11–28.
Bürki, D.M. (1996) Der Resource-Based-View-Ansatz als neues Denkmodell des strategischen Managements, Dissertation Universität St. Gallen, St. Gallen 1996.

Gälweiler, A. (1987) Strategische Unternehmensführung, zusammengestellt, bearbeitet und ergänzt von Schwaninger, Frankfurt/Main – New York 1987.

Hering, T. (1995) Investitionstheorie aus Sicht des Zinses, Wiesbaden 1995.

Hess, T. (2002) Implikationen des Internet für die Medienbranche – eine strukturelle Analyse, in: Keuper, F. (Hrsg.) Electronic Commerce und Mobile Commerce – Ansätze, Konzepte, Geschäftsmodelle, Wiesbaden 2002, S. 569–602.

Hinterhuber, H.H. (2000) Maßstäbe für die Unternehmer und Führungskräfte von morgen: Mit Leadership neue Pionierphasen einleiten, in: Hinterhuber, H.H. et al. (Hrsg.) Das Neue Strategische Management – Perspektiven und Elemente einer zeitgemäßen Unternehmensführung, 2. Aufl., Wiesbaden 2000, S. 91–120.

Hoffmann, A./Wolf, K. (2000) Portal-basierte Geschäftsmodelle – Chancen und Risiken, in: Information Management & Consulting 15 (2/2000), S. 25–32.

Hüning, C./Keuper, F. (2002) Cross-digitale Multi-Channel-Strategien, in: Detecon Management Report (6&7/2002), S. 27–31.

Keuper, F. (2001a) Multimedia Supply Chain Management am Beispiel von Zeitungs- und Publikumszeitschriftenverlagen, in: Betriebswirtschaftliche Forschung und Praxis 53 (2001), S. 392–410.

Keuper, F. (2001b) Strategisches Management, München – Wien 2001.

Keuper, F. (2002a) Ökonomische Bedeutung der Information in der Informationsgesellschaft, in: Keuper, F. (Hrsg.) Electronic Business und Mobile Business – Ansätze, Konzepte und Geschäftsmodelle, Wiesbaden 2002, S. 119–141.

Keuper, F. (2002b) Vorwort, in: Keuper, F. (Hrsg.) Electronic Business und Mobile Business – Ansätze, Konzepte und Geschäftsmodelle, Wiesbaden 2002, S. V–VII.

Keuper, F./Brösel, G. (2005) Zum Effektivitäts-Effizienz-Dilemma des öffentlich-rechtlichen Rundfunks, in: Zeitschrift für öffentliche und gemeinwirtschaftliche Unternehmen 28 (2005), S. 1–18.

Keuper, F. et al. (2005) Strategische Ausrichtung öffentlich-rechtlicher Fernsehsender im Spannungsfeld zwischen Programmauftrag und Konvergenz am Beispiel E-Business, in: Keuper, F./Schaefer C. (Hrsg.) Führung und Steuerung öffentlicher Unternehmen – Probleme, Politiken und Perspektiven entlang des Privatisierungsprozess, Berlin 2005, S. 5–60.

Keuper, F./Hans, R. (2003) Multimedia-Management – Strategien und Konzepte für Zeitungs- und Zeitschriftenverlage im digitalen Informationszeitalter, Wiesbaden 2003.

Keuper, F./Wierzoch, R. (2005) Mass Customization – antizipative Leistungsabstimmung im kundenindividuellen Massenkreditgeschäft, in: Sokolovsky, Z./ Löschenkohl, S. (Hrsg.) Handbuch Industrialisierung der Finanzwirtschaft, Wiesbaden 2005, S. 229–259.

Krieb, M. (2000) Medienkonvergenz und Unternehmensstrategie – Optionen zur branchenübergreifenden Bündelung von Medien- und Kommunikationsdiensten, Frankfurt/Main 2000.

Matschke, M.J. (1991) Finanzierung der Unternehmung. Neue Wirtschafts-Briefe, Berlin 1991.

Matschke, M.J./Hering, T./Klingelhöfer, H.E. (2002) Finanzanalyse und Finanzplanung, München – Wien 2002.
Meffert, H. (1998) Marketing – Grundlagen marktorientierter Unternehmensführung: Konzepte – Instrumente – Praxisbeispiele, 8. Aufl., Wiesbaden 1998.
Nalebuff, B.J./Brandenburger, A.M. (1996) Coopetition – kooperativ konkurrieren. Mit der Spieltheorie zum Unternehmenserfolg, Frankfurt/Main – New York 1996.
Picard, R. (2000) Changing Business Models of Online Content Services, in: Journal of Media Management 2 (2/2000), S. 59–68.
Prahalad, C.K./Hamel, G. (1990) The Core Competence of Corporation, in: Harvard Business Review 68 (3/1990), S. 79–91.
Rollberg, R. (1996) Lean Management und CIM aus Sicht der strategischen Unternehmensführung, Wiesbaden 1996.
Schneider, G. (2003) Onliner geben harte Währung heraus, in: Horizont (40/2003), S. 54.
Simon, H. (1987) Schwächen bei der Umsetzung strategischer Wettbewerbsvorteile, in: Dichtl, E./Gerke, W./Kieser, A. (Hrsg.) Innovation und Wettbewerbsfähigkeit, Wiesbaden 1987, S. 367–379.
Sjurts, I. (2000) Chancen und Risiken im globalen Medienmarkt – die Strategien der größten Medien-, Telekommunikations- und Informationstechnologien, in: Hans-Bredow-Institut (Hrsg.) Internationales Handbuch für Hörfunk und Fernsehen 2000/2001, 25. Aufl., Baden-Baden 2000, S. 28–41.
Steinmann, H./Schreyögg, G. (2000) Management: Grundlagen der Unternehmensführung – Konzepte – Funktionen – Fallstudien, Wiesbaden 2000.
Thielmann, B. (2000) Strategisches Innovations-Management in konvergierenden Märkten – Medien und Telekommunikationsunternehmen in Online-Diensten und im digitalen Fernsehen, Wiesbaden 2000.
Wirtz, B.W. (2001a) Medien- und Internetmanagement, 2. Aufl., Wiesbaden 2001.
Wirtz, B.W. (2001b) Electronic Business, 2. Aufl., Wiesbaden 2001.
Zerdick, A. et al. (2001) Die Internet-Ökonomie – Strategien für die digitale Wirtschaft, 3. Aufl., Berlin 2001.

Strategische Allianzen – Eine Chance für Medienunternehmen

Arnold Picot/Rahild Neuburger

1 Einführung 419

2 Ausgangspunkt: Herausforderungen für Medienunternehmen 419

3 Strategische Allianzen als interessantes Modell für
  Medienunternehmen? 422
  3.1 Abgrenzung strategischer Allianzen 422
  3.2 Potentiale strategischer Allianzen für Medienunternehmen 423
    3.2.1 Erstellung von Inhalten 423
    3.2.2 Redaktion beziehungsweise Bündelung von Inhalten 424
    3.2.3 Distribution 424
  3.3 Business Webs als Netz strategischer Allianzen 425
  3.4 Voraussetzungen für strategische Allianzen 428
  3.5 Risiken strategischer Allianzen 429

4 Fazit 429

Literaturverzeichnis 430

Vorschau

Potentiale und Chancen strategischer Allianzen

Durch strategische Allianzen können Vorteile für Medienunternehmen entstehen, die bei anderen Abwicklungsformen nicht erzielt werden können. Der Beitrag zeigt, dass strategische Allianzen auf allen Wertschöpfungsstufen von Medienunternehmen Potentiale erzielen können, die vor allem in Kosten-, Verbund-, Kompetenz-, Flexibilitäts- und Wettbewerbsvorteilen liegen.

Business Web

Der Beitrag stellt die Business Webs als spezielle und gerade für Medienunternehmen interessante Form der strategischen Allianz zur Erstellung von Systemprodukten oder ganzheitlichen Leistungsbündeln vor, die als Netz strategischer Allianzen verstanden werden.

Voraussetzungen strategischer Allianzen bei Medienunternehmen

Voraussetzung für die Bildung strategischer Allianzen ist jedoch, dass es sich bei dem zugrunde liegenden Objekt beziehungsweise Tätigkeitsbereich der strategischen Allianz nicht um die entscheidenden Kernkompetenzen des Unternehmens handelt, dass explizite beziehungsweise implizite Vereinbarungen getroffen werden sowie das Ziel einer Win-Win-Gemeinschaft verfolgt wird.

1 Einführung

Strategische Allianzen stellen für Medienunternehmen eine Chance dar, Vorteile realisieren zu können, die sie in anderen Abwicklungsformen nicht realisieren können. Daher ist im folgenden Beitrag zu überlegen, welche Anforderungen sich gegenwärtig an Medienunternehmen stellen, welche Optionen Medienunternehmen zur Erfüllung dieser Anforderungen haben und inwieweit strategische Allianzen bei der Realisierung dieser Optionen helfen können.

2 Ausgangspunkt: Herausforderungen für Medienunternehmen

Medienunternehmen – im Folgenden verstanden als Unternehmen, die auf die Produktion, Redaktion beziehungsweise Bündelung und Distribution von Medienprodukten ausgerichtet sind (vgl. Hass 2002) – sind einem zunehmenden Wettbewerbsdruck ausgesetzt. Die Gründe hierfür liegen vor allem in:

- technischen Entwicklungen wie Internet und Breitbandtechnologie, Mobilität, Ubiquität und Interaktivität,
- veränderten Kundenanforderungen beziehungsweise -wünschen zum Beispiel nach neuen, individuell zusammengestellten Inhalten, nach interaktiven, mobilen Nutzungsmöglichkeiten oder nach aus mehreren Teilprodukten bestehenden Leistungsbündeln beziehungsweise Systemprodukten sowie
- einem veränderten Informations- und Medienverhalten der Kunden.

Medienunternehmen müssen sich diesen und weiteren Herausforderungen stellen und nach geeigneten strategischen Antworten suchen. Prinzipiell denkbar sind zum Beispiel die Strategie der Marktdurchdringung, um zum Beispiel eine kritische Masse aufbauen zu können und technische, organisatorische oder nutzungsbezogene Standards setzen zu können wie dies beispielsweise ebay oder Amazon gelungen ist. Möglich ist auch eine Strategie der Marktentwicklung durch Neugestaltung beziehungsweise -konfiguration von Medienprodukten und -leistungen, um sich von Wettbewerbern zu differenzieren.

Definiert man Medienprodukte als „Kombination von Medium und Information in Form einer vermarktungsfähigen Ware oder Dienstleistung" (Hass 2002, S. 18), ergeben sich folgende Ansatzpunkte für die Marktentwicklung durch eine Neugestaltung von Medienprodukten und -leistungen:

- Das Angebot neuer Inhalte auf der Basis der existierenden Medien (zum Beispiel das Angebot kurzer Filmsequenzen auf CDs).
- Das Angebot existierender Inhalte auf neuen Medien (beispielsweise das Angebot der in einer Zeitung veröffentlichten Inhalte im Internet wie es mittlerweile von vielen Zeitungen praktiziert wird).
- Das Angebot neuer Inhalte auf neuen Medien (zum Beispiel das Angebot von Filmen auf DVDs).
- Die Konfiguration ganzheitlicher Leistungsbündel mit unterschiedlichen sich ergänzenden Kombinationen aus Inhalten und Medien (beispielsweise Lehr- oder Fachbücher, die inhaltlich ergänzende CDs enthalten).

Beide Strategien, Marktdurchdringung und Marktentwicklung, erfordern vor allem:

– Kundenkontakte, um den Zugang der für die Marktdurchdringung erforderlichen kritischen Masse zu erreichen oder die neu entwickelten Medienprodukte vertreiben zu können,
– Innovationsbereitschaft und -fähigkeit, um neue Medien-Inhalt-Kombinationen entwickeln zu können sowie
– Infrastrukturen zur Herstellung und Distribution der Medienprodukte.

Die Realisierung dieser Erfolgsfaktoren ist oft nur schwer möglich, da der Zugang zu den erforderlichen Märkten und Technologien fehlt, das notwendige Know-how erst entwickelt werden muss oder die erforderlichen technischen beziehungsweise organisatorischen Infrastrukturen erst aufgebaut werden müssen. Es sind somit zusätzliche Ressourcen und Kompetenzen erforderlich.

Diese Ressourcen und Kompetenzen können im Sinne einer internen Wachstumsstrategie entweder intern etwa durch Personalrekrutierung und -entwicklung aufgebaut, von außen durch Übernahmen und Fusionen integriert oder durch Kooperationen mit anderen Unternehmen gewonnen werden. Vor dem Hintergrund von transaktionskostentheoretischen (vgl. Picot 1982; Picot/Reichwald/Wigand 2003) oder kernkompetenzbezogenen (vgl. Prahalad/Hamel 1990) Überlegungen ist insbesondere in Zeiten dynamischer Veränderungen der interne Aufbau der erforderlichen Kapazitäten kaum sinnvoll. Denn warum sollen interne Kapazitäten in Tätigkeitsfeldern aufgebaut werden, wenn Unternehmen existieren, die genau hierin ihre Kernkompetenzen und Stärken haben? Eine Kooperation mit diesen Unternehmen erscheint naheliegend. Jedes an der Kooperation beteiligte Unternehmen konzentriert sich dabei auf seine Kernkompetenzen, ist jedoch durch die enge Kooperation mit anderen Unternehmen beziehungsweise Kernkompetenzen leistungsfähiger als ohne Kooperation. Je nach Ausgestaltung lassen sich durch derartige Kooperationen Größenvorteile (Economies of Scale) erzielen – wenn beispielsweise zwei oder mehrere Unternehmen dieselbe Infrastruktur nutzen – oder Verbundvorteile (Economies of Scope) realisieren, wenn durch eine Ergänzung der jeweiligen Kernkompetenzen neuartige Medienprodukte und -leistungen entstehen. Zudem lassen sich die Risiken, die stets mit neuen unternehmerischen Ansätzen verbunden sind, auf mehrere Schultern verteilen (vgl. Picot 1993).

Zur Differenzierung von Kooperationen existieren in der Literatur vielfältige Ansätze, die sich in dem jeweils zugrunde gelegten Kriterium unterscheiden (vgl. Löwer 2005). In Abhängigkeit von der Ausrichtung innerhalb der Wertschöpfungskette lassen sich beispielsweise vertikale, horizontale und laterale Kooperationsstrategien unterscheiden. Während vertikale Kooperationen zwischen unterschiedlichen Wertschöpfungsstufen bestehen, beispielsweise eine Kooperation zwischen einem Inhalteanbieter und einem Internet Service Provider, werden horizontale Allianzen zwischen Unternehmen einer Wertschöpfungsstufe eingegangen. Beispiel ist die Kooperation zwischen zwei Verlagen oder Internet-Portalen. In der Literatur werden vertikale Strategien häufig als strategische Netzwerke bezeichnet (vgl. Wirtz 2005; Sydow 1992), während Kooperationen mit horizontaler Ausrichtung auch strategische Allianzen genannt werden.

Diese strategischen Allianzen stehen im Mittelpunkt der folgenden Ausführungen. Es ist zu prüfen, inwieweit sie einen Beitrag zur Erfüllung der skizzierten Anforderungen und zur Realisierung der gezeigten strategischen Optionen leisten können, welche Voraussetzungen hierfür erfüllt sein müssen und welche Risiken existieren.

3 Strategische Allianzen als interessantes Modell für Medienunternehmen?

3.1 Abgrenzung strategischer Allianzen

Der Begriff der strategischen Allianz wird in der Literatur unterschiedlich verwendet (vgl. Rotering 1993). So definieren Backhaus und Piltz (1990, S. 2) die strategische Allianz zum Beispiel als „Koalition von zwei oder mehr selbstständigen Unternehmen, die mit dem Ziel eingegangen wird, die individuellen Stärken in einzelnen Geschäftsfeldern zu vereinen, um gemeinsam strategische Wettbewerbsvorteile zu realisieren und Erfolgspotentiale zu sichern beziehungsweise neu zu erschließen." Dabei handelt es sich in dieser Auffassung bei strategischen Allianzen ausschließlich um Kooperationen zwischen aktuellen beziehungsweise potentiellen Konkurrenten eines Geschäftsfeldes. Andere Autoren grenzen den Begriff der strategischen Allianz an Hand der zugrunde liegenden Merkmale ab. Rupprecht-Däullary (1994) nennt als wesentliche Charakteristika:

- die Freiwilligkeit der Kooperationsentscheidung,
- die weitgehende Unabhängigkeit und Selbstständigkeit der Kooperationspartner auch während der Kooperation sowie
- die im Vergleich zum Alleingang bessere Zielerreichung als Zweck beziehungsweise Ziel der Kooperation.

Rotering (1993) fügt in seiner Abgrenzung noch die vertraglich geregelte Zusammenarbeit als wesentliches Charakteristikum hinzu.

Vor diesem Hintergrund werden strategische Allianzen im folgenden als eine mittel- bis langfristig angelegte, explizit oder implizit geregelte Zusammenarbeit rechtlich selbstständiger Unternehmen zur gemeinschaftlichen Erfüllung von Aufgaben verstanden (vgl. Picot/Reichwald/Wigand 2003). Die unternehmensübergreifende Zusammenarbeit erfolgt zum gegenseitigen Nutzen und hat damit den Charakter einer Symbiose beziehungsweise Win-Win-Gemeinschaft auf der gleichen Wertschöpfungsstufe. Sie kann sich auf das gesamte Unternehmen oder einzelne Funktionsbereiche beziehen. Eine eigenständige Gesellschaft zur Realisierung der strategischen Allianz wird in der Regel nicht gegründet. Damit unterscheidet sich die strategische Allianz von Kooperationsformen wie Joint-Venture-Unternehmen, die allerdings manchmal als Realisierungsform für strategische Allianzen in Frage kommen können.

3.2 Potentiale strategischer Allianzen für Medienunternehmen

Es stellt sich nun die Frage, ob und inwieweit es durch strategische Allianzen gelingt, die zur Realisierung der zuvor skizzierten Erfolgsfaktoren und Strategien erforderlichen Ressourcen und Kompetenzen aufzubauen.

Strategische Allianzen verbinden die Kernkompetenzen zweier oder mehrerer Unternehmen, um gemeinsam strategische Ziele zu verfolgen oder zugrunde liegende Aufgaben zu erfüllen. Im Vergleich zur rein internen Abwicklung ohne strategische Allianz stehen dadurch mehr Ressourcen zur Verfügung. Diese Ressourcen können sich auf Technologien, Fertigkeiten, Informationen, Wissen oder auch Zugangsmöglichkeiten zu wichtigen Technologien, Kunden oder Märkten in den einzelnen Wertschöpfungsstufen beziehen. Ausgehend von der klassischen Wertschöpfungskette von Medienunternehmen (vgl. Schumann/Hess 2000; Zerdick et al. 2001) ergeben sich drei Ansatzpunkte für strategische Allianzen: die Erstellung der Inhalte, die Bündelung beziehungsweise Redaktion von Inhalten sowie die Distribution von Inhalten.

3.2.1 Erstellung von Inhalten

Auf der Ebene der Inhalterstellung sind strategische Allianzen beispielsweise zwischen Autoren, Künstlern, Komponisten und Studios denkbar. Ziel ist die Bündelung fachlicher Ressourcen, um entweder erforderliche Inhalte gemeinsam in kürzerer Zeit und höherer Anzahl zu erstellen oder ergänzend eine größere Vielfalt an Inhalten zu erzeugen. Beispiele sind zwei Autoren mit gleichem fachlichen Hintergrund, die gemeinsam den Inhalt für ein eLearning-Tool auf CD erstellen, weil es einer alleine zeitlich nicht bewältigen könnte oder zwei Autoren, die sich fachlich ergänzen und dadurch ein vielfältigeres und zielgenaueres Angebot an Inhalten zur Verfügung stellen können. Ähnliches gilt für die strategische Kooperation bei Produktionsinfrastrukturen (zum Beispiel klassische Studiotechnik und digitale Spezialeffekte). In Bezug auf die oben skizzierten strategischen Optionen stellen Kooperationen auf dieser Ebene eine wichtige Voraussetzung für die verschiedenen Formen der Marktentwicklung dar, um neue Inhalte zu produzieren beziehungsweise zu verknüpfen oder um sie auf existierenden beziehungsweise neuen Medien anzubieten.

3.2.2 Redaktion beziehungsweise Bündelung von Inhalten

Durch strategische Allianzen auf der Ebene der Redaktion beziehungsweise Bündelung entstehen neuartige Möglichkeiten der Bündelung vorhandener Inhalte und der Konfiguration neuartiger Angebote, so dass zum einen andere Zielgruppen erreicht werden können, zum anderen vielfältigere Medienprodukte angeboten werden können. Beispiele sind Kooperationen zwischen Verlagen und CD-Herstellern, um inhaltlich die Fachbücher ergänzende CDs anbieten zu können oder Hörbücher zu erstellen. Um das oben angesprochene eLearning-Beispiel fortzuführen, wäre hier die Kooperation zwischen zwei Anbietern eines eLearning-Tools denkbar, um sich inhaltlich zu ergänzen. Ein anderes Beispiel ist die Kooperation zwischen einem Verlag und einem Internet-Portal, um Buchinhalte durch multimedial aufbereitete und interaktiv gestaltbare Inhalte im Internet sinnvoll zu ergänzen. Somit lassen sich durch strategische Allianzen in diesem Bereich einerseits neue Zielgruppen erreichen, wodurch die oben skizzierte Strategie der Marktdurchdringung unterstützt wird, andererseits lassen sich neuartige, innovative Medienprodukte entwickeln, die die Voraussetzung für die skizzierte Strategie der Marktentwicklung sind.

3.2.3 Distribution

Durch strategische Allianzen auf der Ebene der Distribution und Verteilung der erstellten beziehungsweise gebündelten Medienprodukte lassen sich sowohl Economies of Scale als auch Economies of Scope erzielen. Economies of Scale lassen sich dann ausschöpfen, wenn zwei oder mehr Unternehmen denselben Distributionskanal nutzen. Beispiele sind zwei konkurrierende Zeitungen, die denselben Vertriebs- und Zustellweg nutzen, zwei Informationsanbieter, die ihre unterschiedlichen Inhalte über dasselbe Medium zur Verfügung stellen oder – in Weiterführung des obigen Beispiels – zwei eLearning-Unternehmen, die dieselbe eLearning-Plattform nutzen, jeweils jedoch unterschiedliche Inhalte einstellen. Economies of Scope werden dann erzielt, wenn beispielsweise der Distributionsprozess von mehreren Unternehmen ergänzend abgewickelt wird. Beispiel hierfür ist eine Kooperation zwischen Internet Service Providern und Payment-Diensten, um erforderliche Abrechnungsprozesse gemeinsam abzuwickeln.

Durch die Bildung strategischer Allianzen auf den verschiedenen Wertschöpfungsstufen lassen sich somit folgende Vorteile erzielen:

- Kostenvorteile in Folge von Economies of Scale und Economies of Scope. Kostenvorteile können zum Beispiel einen Beitrag zur Strategie der Markt-

durchdringung leisten, indem sie Preisstrategien wie die Penetrationsstrategie oder, in ihrer extremsten Ausprägung, die Strategie „Follow the Free" unterstützen.
- Verbund- und Kompetenzvorteile, da sich die jeweiligen Stärken verschiedener Unternehmen bündeln lassen und sich dadurch, ausgehend von den zuvor skizzierten Erfolgsfaktoren und Wettbewerbsvorteilen, die Innovationsfähigkeit erhöhen lässt und sich sowohl Strategien der Marktdurchdringung als auch Markentwicklung realisieren lassen.
- Flexibilitätsvorteile, da im Vergleich zur internen Abwicklung flexiblere Reaktionsmöglichkeiten und somit größere Handlungsspielräume existieren. So ist es einfacher und schneller möglich, zusätzliche Kapazitäten in Form von strategischen Allianzen aufzubauen, wenn Markt und Wettbewerb es fordern beziehungsweise abzubauen, wenn diese Kapazitäten nicht mehr notwendig sind. Damit werden auch die Risiken diversifiziert, weil die Kooperationspartner ihre Ressourcen nicht ausschließlich im Bereich der Allianz binden, sondern auch in anderen Marktzusammenhängen nutzen.
- Wettbewerbsvorteile, da strategische Allianzen einen wesentlichen Beitrag zur Realisierung der strategischen Optionen Marktdurchdringung und Marktentwicklung leisten und vor allem die Erstellung von Systemprodukten und Leistungsbündeln häufig erst ermöglichen. Prinzip dieser auf den Märkten zu beobachtenden und von den Kunden immer stärker geforderten Produkte ist die Konfiguration mehrerer Produkt- beziehungsweise Leistungskomponenten zu einem Gesamtprodukt oder einer Gesamtleistung. Die einzelnen Produkt- beziehungsweise Leistungskomponenten werden von unterschiedlichen Unternehmen zur Verfügung gestellt. Ein Beispiel hierfür sind Internet-Portale wie Yahoo. Das Unternehmen stellt die Plattform und damit den Zugang zum Kunden zur Verfügung, den wiederum andere Unternehmen nutzen, um ihre Produkte und Leistungen anzubieten. Bei diesen Unternehmen kann es sich durchaus auch um Konkurrenten handeln.

3.3 Business Webs als Netz strategischer Allianzen

Diese Form der strategischer Allianz zur Erstellung von Systemprodukten oder ganzheitlichen Leistungsbündeln stellt gerade für Medienunternehmen eine interessante Form der Kooperation zur Erzielung von Verbundvorteilen dar. Sie wird in der Fachliteratur auch als Business Web bezeichnet (vgl. Hagel III 1996; Zerdick et al. 2001; Franz 2003; Steiner 2004). Bei Business Webs handelt es sich um Gruppen von Unternehmen, bei denen die beteiligten Unternehmen komplementäre Teilleistungen erstellen, die sich zu einem Systemprodukt ergänzen. Mit diesen Systemprodukten erhalten die Nachfrager ganzheitliche Problemlösungen, die für die Nachfrager einen höheren Wert darstellen als die einzelnen Teilleistungen.

Bei den beteiligten Unternehmen kann es sich um „Shaper- oder Adapterunternehmen" handeln. Während Shaper-Unternehmen die zugrunde liegende Technologie oder den Zugang zum Markt zur Verfügung stellen, bieten Adapter-Unternehmen sich jeweils ergänzende Teilleistungen an, die sich aus der Sicht des Kunden zu einem Gesamtprodukt ergänzen. In Abhängigkeit von der konkreten Ausgestaltung lassen sich Technology Web, Customer Web und Market Web unterscheiden. Technology Webs organisieren sich auf der Basis einer Technologie. Beispiele sind Microsoft und Intel beziehungsweise Apple, die jeweils eine bestimmte Kombination aus Desktop-Computer und Betriebssystem zugrunde legen, um den sich zahllose Hersteller von Software und Zusatzhardware ansiedeln, um dem Kunden ein funktionierendes Computersystem zur Verfügung zu stellen. In einem Customer Web verfügt das Shaper-Unternehmen über Kundenbeziehungen, die den Adaptern zur Verfügung gestellt werden. Beispiele hierfür sind Internet-Portale wie zum Beispiel auch das oben angesprochene Beispiel Yahoo oder i-mode, das Medien- und Dienstnetzwerk für mobile Anwendungen in Japan. Basis für Market Webs sind dagegen Transaktionsplattformen, die von Anbietern und Nachfragern zur Abwicklung ihrer Transaktionen genutzt werden, wie zum Beispiel ebay (vgl. Steiner 2004).

Voraussetzung für die Existenz von Business Webs sind direkte oder indirekte Netzwerkeffekte. Denn je mehr Unternehmen sich am Business Web beteiligen, desto größer wird aufgrund von Netzeffekten der Wert des Systemprodukts für den Nachfrager. Gleichzeitig erhöht sich der Anreiz für weitere Unternehmen, sich am Business Web zu beteiligen. Somit wirken auf Grund von Netzwerkeffekten immer mehr neue Kunden und Hersteller von Komplementärprodukten an einem Business Web mit. Innerhalb des Business Webs kooperieren die beteiligten Unternehmen zwar, außerhalb des Business Webs stehen sie jedoch in Konkurrenzbeziehungen. Dieses Prinzip, Kooperation bei gleichzeitiger Konkurrenz, wird auch als Coopetition bezeichnet und gilt als ein wesentliches Merkmal der Business Webs.

Business Webs vereinen marktliche und kooperative Merkmale. Einerseits existieren Kooperationen zwischen Shaper und Adapter; andererseits werden Anzahl und Art der Adapter durch den Markt bestimmt, denn letztendlich entscheidet der Kunde, welche Komplementärleistungen er in Anspruch nimmt. Bei diesen Kooperationen kann es sich auch um strategische Allianzen handeln. In diesem Fall lassen sich Business Webs als ein Netz strategischer Allianzen verstehen, dessen Ziel die Erstellung eines Systemprodukts ist. Derartige Business Webs können sich im Lauf der Zeit herausbilden oder bewusst zur Umsetzung zugrunde liegender Strategien installiert werden. Gerade für Medienunternehmen bietet sich diese Strategie an, um die Potentiale von Business Webs wie Risikoteilung, Unsicherheits- und Komplexitätsreduktion sowie Flexibilitätserhöhung gezielt zur Realisierung der anfangs skizzierten Strategien Marktentwicklung und Marktdurchdringung zu nutzen.

Anzuführen ist hier das bereits erwähnte Business Web i-mode (vgl. Steiner 2004). Es basiert auf einer technologischen Plattform auf der Grundlage von (de facto) Internet-Standards. Shaper ist das Unternehmen DoCoMo, das auf Grund seiner Marktdominanz die technologische Plattform kontrolliert; Adapter sind vor allem Hersteller von Mobiltelefonen sowie Service Provider. Zwischen DoCoMo und den Adaptern bestehen enge Beziehungen, wobei DoCoMo grundlegende Fragen wie zum Beispiel technologische Spezifika, Produkteinführung, Preis oder Inhalte festlegt. Der Kunde erhält ein ganzheitliches Leistungsbündel, zu dem Services wie mobiles Telefonieren, mobiler eMail-Austausch oder der mobile Abruf von Informations- und Unterhaltungsangeboten über das Internet gehören. Kundenwünsche werden von DoCoMo identifiziert und direkt in technische Spezifikationen für die Mobiltelefone einerseits beziehungsweise in neue Serviceanforderungen an die Service Provider andererseits umgesetzt. Das Beispiel verdeutlicht, dass sich durch die Konzentration auf Kernkompetenzen sowie den direkten Informationsfluss innerhalb des Business Webs neue Produktideen und -innovationen schneller umsetzen lassen, wodurch letztlich die anfangs skizzierte Strategie der Marktentwicklung unterstützt wird.

Insgesamt können strategische Allianzen sowie insbesondere Business Webs wesentlich zur Realisierung der eingangs skizzierten Strategien und Erfolgsfaktoren beitragen. Unternehmen können sich einerseits auf ihr bisheriges Geschäftsfeld konzentrieren, andererseits durch Kooperationen sowohl in quantitativer Hinsicht (zum Beispiel durch Zugang zu einer größeren Zielgruppe oder durch gemeinsame Nutzung von Infrastrukturen), als auch in qualitativer Hinsicht profitieren (beispielsweise durch die Bündelung sich ergänzender Inhalte). Insofern lassen sich durch strategische Allianzen und Business Webs Wettbewerbsvorteile erzielen beziehungsweise strategische Anforderungen erfüllen, die bei anderen Abwicklungsformen nicht so ohne weiteres erzielbar sind. Zugleich sind sie, wie das Beispiel i-mode verdeutlicht, eine geeignete Grundlage für die organisatorische Umsetzung von Strategien im Bereich der Konvergenz von Medien und Telekommunikation.

3.4 Voraussetzungen für strategische Allianzen

Um diese Potentiale zu erzielen, müssen jedoch bestimmte Voraussetzungen erfüllt sein. Zunächst eignen sich strategische Allianzen nicht unbedingt für alle Geschäfts- und Tätigkeitsfelder. Wieder behandelt vor dem Hintergrund des Ansatzes der Kernkompetenzen (vgl. Prahalad/Hamel 1990) sowie der Transaktionskostentheorie (vgl. Picot 1982; Picot/Reichwald/Wigand 2003), kommen vor allem diejenigen Geschäftsfelder in Frage, die für die Unternehmen Komplementärkompetenzen darstellen. Konzentrieren sich zwei Medienunternehmen beispielsweise auf die Entwicklung von Inhalten als Kernkompetenzen; nutzen jedoch einen gemeinsamen Vertriebskanal, um Economies of Scale zu erzielen, bezieht sich die Kooperation auf eine zwar wichtige, aber dennoch ergänzende Komplementärkompetenz. Würde sich dagegen die strategische Allianz auf ein Geschäftsfeld mit hoher strategischer Bedeutung beziehen, bestände die Gefahr, dass durch die Notwendigkeit umfangreicher vertraglicher Absicherungs- und Geheimhaltungsklauseln und damit verbundener Transaktionskosten die Vorteile der strategischen Allianz wieder in Frage gestellt werden. Ausnahmen existieren, wenn zur Weiterentwicklung der Kernkompetenzen zum Beispiel keine ausreichenden finanziellen oder personellen Ressourcen zur Verfügung stehen und aus diesem Grund strategische Allianzen gebildet werden.

Als eine weitere Voraussetzung werden häufig explizite oder implizite Vereinbarungen genannt, die sich auf den Gegenstand der Kooperation beziehen, die übrigen Geschäftsfelder jedoch nicht tangieren. So legen zum Beispiel zwei oder mehrere Unternehmen explizit fest, einen Distributionskanal gemeinsam zu nutzen. Andere Aktivitäten, wie beispielsweise die Erstellung der Inhalte, bei denen die Unternehmen Konkurrenten sind, sind davon nicht betroffen. Die jeweiligen Vereinbarungen beziehen sich auf die jeweiligen Input-Leistungen der Partner, die gemeinsam durchzuführenden Aktivitäten, die zugrunde liegenden Problem- und Konfliktlösungsmechanismen sowie die Art der informations- und kommunikationstechnischen Unterstützung. Bei der Festlegung der zugrunde liegenden Vereinbarungen ist das Ziel einer Win-Win-Situation zu verfolgen. Sämtliche Kooperationspartner müssen aus der strategischen Allianz Vorteile erzielen können. Ansonsten werden die Anreize für die Fortführung einer strategischen Allianz für den einen oder anderen Partner gering sein, wodurch Ziel und Durchführung der strategischen Allianz beeinträchtigt sein können.

Werden diese und weitere Voraussetzungen (zum Beispiel abgestimmte Governance-Struktur und Controlling für die Allianz, Entwicklung einer Allianz-Kultur) erfüllt, lassen sich strategische Allianzen durchaus als Chance für Medienunternehmen sehen, um Wettbewerbsvorteile zu erzielen, die bei anderen Abwicklungsformen nicht erreicht werden. Dies zeigt nicht zuletzt auch die Vielzahl von strategischen Allianzen in der Praxis.

3.5 Risiken strategischer Allianzen

Trotz aller Potentiale und Chancen, die strategische Allianzen gerade für Medienunternehmen haben, sind mit strategischen Allianzen gewisse Risiken verbunden. Zu ihnen zählen:

– die Gefahr, dass Know-how zu den Partnerunternehmen abfließt, bei denen es sich in der Regel um Konkurrenten handelt,
– das Problem des Free-Riding, wodurch die strategische Allianz instabil werden kann,
– die Gefahr entstehender Reibungen und Probleme während der strategischen Allianz sowie
– Risiken auf Grund von explizit zu klärenden Rechten im Zusammenhang mit der Verwendung der zugrunde liegenden Inhalte. Dies betrifft vor allem strategische Allianzen auf den Ebenen der Inhalte und der Redaktion und tangiert Fragen des Digital Rights Management (vgl. Picot/ Fiedler 2003; Brügge et al. 2004).

Daher sind strategische Allianzen nicht selten temporäre Organisationsformen der Wertschöpfung, die nach und nach entweder wieder auseinander driften (zum Beispiel weil einer oder alle Partner sich autark machen oder weil die mit der Allianz verfolgten Ziele erfüllt sind) oder aber in eine vollständige Integration münden (dauerhafte Übernahme oder Fusion der relevanten Ressourcen durch einen der Partner).

4 Fazit

Ausgangspunkt des Beitrags war die Frage, inwieweit strategische Allianzen eine Chance für Medienunternehmen darstellen können. Dies ist dann der Fall, wenn Medienunternehmen durch strategische Allianzen Vorteile erzielen können, die sie bei anderen Abwicklungsformen nicht erzielen können. Um dies zu prüfen, wurde ausgehend von den sich intensivierenden Wettbewerbsbedingungen für Medienunternehmen gezeigt, welche strategischen Optionen Medienunternehmen zur Verfügung stehen, welche Erfolgsfaktoren hierfür erforderlich sind und wie strategische Allianzen die Realisierung dieser strategischen Optionen und Erfolgsfaktoren unterstützen können. Dabei hat sich heraus gestellt, dass strategische Allianzen auf allen Wertschöpfungsstufen Potentiale erzielen können, die vor allem in Kosten-, Verbund-, Kompetenz-, Flexibilitäts- und Wettbewerbsvorteilen liegen. Eine interessante Form strategischer Allianz spielen dabei Business Webs, die als Netz strategischer Allianzen verstanden werden können. Voraussetzung für die Bildung strategischer Allianzen ist jedoch, dass es sich bei dem zugrunde liegenden Objekt beziehungsweise Tätigkeitsbereich der strategischen Allianz nicht um die entscheidenden Kernkompetenzen des Unternehmens handelt, dass explizite beziehungsweise implizite Vereinbarungen getroffen werden sowie das Ziel einer Win-Win-Gemeinschaft verfolgt wird. Dann lassen sich Risiken wie die Free-Rider-Problematik oder die Gefahr von abfließendem Know-how eher vermeiden. Insgesamt lässt sich somit festhalten, dass strategische Allianzen durchaus und gerade in Zeiten intensiver Technologie- und Marktdynamik eine interessante Alternative für die Organisation bestimmter Wertschöpfungsstufen von Medienunternehmen darstellen können.

Literaturverzeichnis

Backhaus, K./Piltz, K. (1990) Strategische Allianzen – eine neue Form kooperativen Wettbewerbs? in: Sonderheft Strategische Allianzen. Handelsblatt Verlag, Düsseldorf 1990, S. 1–10.
Brügge, B. et al. (2004) Open Source Software – Eine ökonomische und technische Analyse, Berlin – Heidelberg – New York 2004.
Franz, A. (2003) Management von Business Webs, Wiesbaden 2003.
Hagel III, J. (1996) Spider versus Spider, in: The McKinsey Quarterly (1/1996), S. 16.
Hass, B.H. (2002) Geschäftsmodelle von Medienunternehmen, Wiesbaden 2002.
Löwer, U.M. (2005) Interorganisational Standards-Managing Web Services Specifications for Flexible Supply Chains, Heidelberg 2005.
Picot, A. (1982) Transaktionskostenansatz in der Organisationstheorie: Stand der Diskussion und Aussagewert, in: Die Betriebswirtschaft 2 (1982), S. 267–284.
Picot, A. (1993) Contingencies for the Emergence of Efficient Symbiotic Arrangements, in: Journal of Institutional and Theoretical Economics, Zeitschrift für die gesamte Staatswissenschaft 149 (4/1993), S. 731–740.

Picot, A./Fiedler, M. (2003) Impacts of DRM on Internet Based Innovation, in: Becker, E. et al. (Hrsg.) Digital Rights Management – Technological, Economic, Legal and Political Aspects, Berlin – Heidelberg – New York 2003, S. 288–300.

Picot, A./Reichwald, R./Wigand, R. (2003) Die grenzenlose Unternehmung – Information, Organisation und Management, 3. Aufl., Wiesbaden 2003.

Prahalad, C.K./Hamel, G. (1990) The Core Competence of the Corporation, in: Harvard Business Review May/June (1990), S. 79–91.

Rotering, J. (1993) Zwischenbetriebliche Kooperation als alternative Organisationsform – Ein transaktionskostentheoretischer Erklärungsansatz, Stuttgart 1993.

Rupprecht-Däulary, M. (1994) Zwischenbetrieblich Kooperation. Möglichkeiten und Grenzen durch neue Informations- und Kommunikationstechnologien, Wiesbaden 1994.

Schumann, M./Hess, T. (2000) Grundfragen der Medienwirtschaft, Berlin – Heidelberg – New York 2000.

Steiner, F. (2004) Formation and Early Growth of Business Webs, Berlin 2004.

Sydow, J. (1992) Strategische Netzwerke: Evolution und Organisation, Wiesbaden 1992.

Wirtz, B. (2005) Medien- und Internetmanagement, 4.Aufl., Wiesbaden 2005.

Zerdick A. et al. (2001) Die Internet-Ökonomie. Strategien für die digitale Wirtschaft, 3. Aufl., Berlin – Heidelberg – New York 2001.

Beteiligungen – Realisierung von Synergieeffekten

Harald Hungenberg

1 Einführung: Ausgangsbedingungen der Beteiligungsbestrebungen 435

2 Arten von Beteiligungen bei Medienunternehmen 436

3 Synergien als Ziel von Beteiligungsbestrebungen 438
   3.1 Begriff und Arten von Synergien 438
   3.2 Synergieeffekte in der Medienbranche 440

4 Risiken der Beteiligungsbestrebungen 443

5 Fazit 444

Literaturverzeichnis 444

Vorschau

Aufgabenkontext

Der Aufgabenkontext umfasst die medienrechtlichen Rahmenbedingungen (Pressegesetze, Rundfunkgesetze), die Handlungsrationalität der Erwerbsorientierung (privatwirtschaftlich organisierte Medienunternehmen) sowie die Handlungsrationalität der Bedarfsorientierung (öffentlich-rechtlich organisierte Medienunternehmen).

Aufgabeninhalt

Der Aufgabeninhalt bezieht sich auf objektbezogene Merkmale von Führungsaufgaben, wie zum Beispiel entscheiden, motivieren, planen, Konflikte lösen, informieren, delegieren, koordinieren, repräsentieren und organisieren.

Aufgabenanforderungen

Die Aufgabenanforderungen stellen die subjektbezogenen Merkmale von Führungsaufgaben in den Mittelpunkt. Hierbei handelt es sich um die Bestimmungsgrößen Entschlusskraft, Integrität, Lernfähigkeit, Durchsetzungsvermögen, Flexibilität, Systematik, soziale Verantwortung, Konfliktfähigkeit, Teamfähigkeit, Kreativität sowie Berechenbarkeit.

Determinanten des Aufgabenkontextes

Im Beitrag lernen Sie, dass die Determinanten des Aufgabenkontextes die Besonderheiten des Führungsmanagements in Medienunternehmen ausmachen. Alle weiteren Kriterien des Aufgabeninhaltes und der Aufgabenanforderungen spielen auch in anderen Wirtschaftsbereichen eine wichtige Rolle.

1 Einführung: Ausgangsbedingungen der Beteiligungsbestrebungen

Ein charakteristisches Merkmal der Medienbranche gegen Ende des 20. Jahrhunderts sind die fortschreitenden Beteiligungsprozesse bei Unternehmen der Medienbranche. Die ersten größeren Akquisitionen in der Medienbranche sind aus den Vereinigten Staaten bekannt, denke man etwa an die Akquisition des TV-Unternehmens Capital Cities/ABC durch den Filmkonzern Disney im Jahr 1996 oder die zu Beginn des Jahres 2000 vollzogene Übernahme des traditionsreichen Medienkonzerns Time Warner durch das junge Internetunternehmen AOL. Aber auch vor dem europäischen Raum macht dieser Beteiligungsprozess nicht Halt. Allein die Zahl der Akquisitionen in den Sparten Film, Fernsehen, Radio und Musik erhöhte sich von 1999 auf 2000 um mehr als 50 Prozent (vgl. Andersen Corporate Finance 2001, S. 5). So legte zum Beispiel der deutsche Bertelsmann-Konzern die Rundfunktochter CLT-UFA mit dem TV-Produktgeschäft des britischen Medienkonzerns Pearson zusammen und kaufte die amerikanischen Print-Unternehmen Doubleday und New York Times sowie den Publikumsverlag Random House hinzu. Der französische Konzern Vivendi übernahm im Jahr 2000 das kanadische Medien- und Getränkekonglomerat Seagram und entwickelte sich damit zu einem der größten europäischen Medienkonzerne.

Ein wichtiger Grund für die Beteiligungsprozesse in der Medienbranche wird in der zunehmenden Konvergenz zwischen den Bereichen Medien, Telekommunikation und Informationstechnologie gesehen, die aus den ursprünglich relativ unabhängigen Wirtschafts- und Technologiefeldern einen sehr eng verbundenen TIME-Sektor gemacht hat (vgl. Scholz/Stein/Eisenbeis 2001, S. 52). Die Medienunternehmen reagierten auf diese Entwicklungen mit einer zunehmenden Ausweitung ihres Tätigkeitsgebiets in den klassischen und neuen Medienteilmärkten. Wo ehemals eine Konzentration auf einzelne Tätigkeitsfelder (zum Beispiel TV, Print oder Musik) dominierte, findet man heute breit aufgestellte, diversifizierte Medienunternehmen, die bestrebt sind, über Beteiligungen in allen wichtigen Teilmärkten präsent zu sein (Tabelle 1). Die Hintergründe dieser Entwicklungen, aber auch ihre Risiken, sollen im Folgenden beleuchtet werden.

Medienunternehmen	Umsatz in Mrd. US-Dollar	Umsatzanteile der Medienbereiche in Prozent						
		Print	Musik	Filme, Prog., Video	Rundfunk, Kabeldienste	Internet, Multimedia	Kabel, Telekomm unikat.	Sonstige
AOL/TimeW.	40	12	10	22	17	22	17	–
Walt Disney	25	10	2)	24	38	–	–	28
Vivendi Univ.	25	15	23	1)	34	1	27	–
Viacom	24	3	–	34	63	–	–	–
Bertelsmann	18	46	18	1)	20	3)	–	16
News Corp.	13	32	3)	26	38	3)	–	4

Tabelle 1: Die sechs weltweit größten Medienunternehmen nach Gesamtumsatz und Umsatzanteilen 2001 (vgl. Sjurts 2002, S. 364); [1] enthalten in Rundfunk/Kabeldienste; [2] enthalten in Filme/Programme/Video; [3] enthalten in Sonstige

2 Arten von Beteiligungen bei Medienunternehmen

Medienunternehmen verändern sich auf unterschiedlichen Wegen zu den breiter diversifizierten Unternehmen, die einleitend beschrieben worden sind. Stellt man die Frage in den Mittelpunkt, in welcher Wertschöpfungsbeziehung die einzelnen Beteiligungen eines diversifizierten Medienunternehmens stehen, so können drei grundsätzliche Arten von Beteiligungen unterschieden werden: die horizontale, die vertikale und die laterale Beteiligung (vgl. Luffmann/Reed 1986, S. 29; Rumelt 1974).

Durch eine horizontale Beteiligung versuchen die Medienunternehmen, das Leistungsspektrum auf ihrer bisherigen Wertschöpfungsstufe auszuweiten. Dies geht in der Regel direkt mit einer Ausweitung des regionalen Tätigkeitsfelds einher. Ein gutes Beispiel hierfür sind die TV-Anbieter, die auch außerhalb ihres bisherigen Heimatmarkts Beteiligungen im TV-Bereich eingehen – so etwa die RTL-Gruppe mit ihren Engagements in Ungarn (RTL-Klub), Spanien (Antena 3) oder auch Belgien (RTL TVI). Mit dieser Strategie sollen Marktfelder besetzt, aber auch Kernkompetenzen (vgl. Prahalad/Hamel 1990, S. 79–86) genutzt und weiterentwickelt werden.

Im Gegensatz zur horizontalen Beteiligung zielt eine vertikale Beteiligung auf eine Erweiterung des Leistungsspektrums um vor- oder nachgelagerte Stufen der Wertschöpfungskette. Bei einer Rückwärtsintegration geht das Medienunternehmen Beteiligungen auf Geschäftsfeldern ein, die Inputfaktoren für ihre bisherigen Geschäftsprozesse liefern. So besitzen viele Anbieter von TV-Programmen bereits eigene Produktionsfirmen, wie zum Beispiel die öffentlich-rechtliche Rundfunk- und Fernsehgruppe ARD, die im Jahr 2002 eine eigene Produktionsfirma zur Entwicklung und Produktion von neuen Unterhaltungsformaten gegründet hat. Bei einer Vorwärtsintegration wird die Tätigkeit des Medienunternehmens hingegen um Beteiligungen erweitert, die das bisherige Leistungsspektrum des Unternehmens als Input verwenden. Der Medienkonzern Bertelsmann besitzt beispielsweise neben Verlagshäusern auch Buchclubs und sichert sich damit die Absatzwege für seine Medienprodukte. Der Gütertransfer bei einer vertikalen Integration erfolgt also nicht über den Markt, sondern wird in das Unternehmen integriert.

Die vertikale Beteiligung besitzt bei Medienunternehmen aktuell, aber auch traditionell, große Bedeutung. Sie kann sich über drei grundsätzliche Wertschöpfungsebenen erstrecken. Bei der Produktion werden die medialen Inhalte wie Text- oder Filmbeiträge erstellt oder eingekauft. Im Bereich Publikation werden Inhalte zu Produkten zusammengestellt, die etwa als Zeitung oder Fernsehprogramm ein Paketangebot für die Empfänger von Medieninhalten darstellen. Schließlich werden bei der Multiplikation die zusammengestellten Pakete physisch erstellt (zum Beispiel gedruckt, online gestellt, gesendet) und verteilt.

Eine dritte Beteiligungsform ist die laterale Beteiligung. Es handelt sich dabei um die Integration von Wertschöpfungsstufen, die in fremden oder neu entstehenden medialen Wertschöpfungsketten angesiedelt sind. Als Beispiel dienen hier Zeitungsverlage, die neue mediale Angebote im Internet schaffen, oder aber auch Filmproduzenten, wie beispielsweise Walt Disney, die sich in Kinos, im Fernsehen oder im Videoverleih engagieren. Der Vorteil dieser Beteiligungsform liegt darin, dass die einmal produzierten Inhalte in verschiedenartigen Wertschöpfungsketten und damit in unterschiedlichen Marktsegmenten verwertet werden können. Gleichzeitig sind die Unternehmen in verschiedenen Medienteilmärkten präsent, so dass die Abhängigkeit des Medienunternehmens von einzelnen Teilmärkten – und damit sein Risiko – verringert wird. Eine noch weitergehende Form der lateralen Beteiligung liegt vor, wenn ein Medienunternehmen eine extramediäre Beteiligung eingeht, sich also in ein Geschäftsfeld außerhalb der Medienbranche entwickelt.

3 Synergien als Ziel von Beteiligungsbestrebungen

3.1 Begriff und Arten von Synergien

Sieht man von den extramediären Beteiligungen ab, so dürfte die Realisierung von Synergien das wichtigste Motiv für Beteiligungen im Medienbereich sein. Der Begriff Synergie bedeutet seinem griechischen Ursprung nach „zusammenwirken" und beschreibt den Tatbestand, dass durch eine Zusammenfassung von Einzelaktivitäten eine Gesamtwirkung erzielt wird, die größer ist als die Summe der isolierten Einzelwirkungen („2+2=5") (vgl. Schaper-Rinkel 1998, S. 73; Welge/Al-Laham 2001, S. 320). Bezogen auf Beteiligungen von Unternehmen wird damit angesprochen, dass aus der Kombination von Einzelunternehmen oder Unternehmensteilen langfristig eine Wertsteigerung gegenüber der isolierten Existenz dieser Unternehmen beziehungsweise Unternehmensteile resultiert.

In der betriebswirtschaftlichen Literatur werden unterschiedliche Konzepte zur Differenzierung von Synergien behandelt. Porter spricht in Anlehnung an seine Wertkette beispielsweise von Verflechtungen und unterscheidet im wesentlichen materielle und immaterielle Verflechtungen. Materielle Verflechtungen beziehen sich auf eine gemeinsame Ausführung von Wertschöpfungsstufen, immaterielle Verflechtungen hingegen entstehen durch einen Austausch von Know-how zwischen den einzelnen Wertschöpfungsstufen.

Eine andere Betrachtungsweise stellt die Sicht des potentiellen Käufers eines Unternehmens in den Vordergrund und führt zu folgender Gliederung von Synergietypen (vgl. Jansen 1999, S. 86):

- Universelle Synergien sind von jedem Käufer erzielbare Synergien, die vor allem in Querschnittsfunktionen eines Unternehmens auftreten, wie zum Beispiel im Verwaltungsbereich.
- Endemische Synergien sind nur von einem Teil der Käufer, meist durch Bereinigung von Doppelaktivitäten, erschließbar.
- Einzigartige Synergien sind Synergien, die nur von einer speziellen Käufergruppe aktiviert und ausgenutzt werden können.

Synergien können in allen Funktionsbereichen eines Unternehmens auftreten. Sie können aus der zunehmenden Größe (Economies of Scale), aus dem Verbund (Economies of Scope), aber auch aus der Möglichkeit, Wissen und Fähigkeiten zu transferieren, entstehen. So findet man beispielsweise im Forschungs- und Entwicklungsbereich vor allem solche Transfervorteile, die durch die Übertragung von Know-how entstehen. Verbundvorteile bestehen hier etwa in der gemeinsamen Nutzung bestehender Lizenzen und Patente. Im Beschaffungs- und Produktionsbereich findet man demgegenüber oft Größenvorteile, zum Beispiel durch die Zusammenfassung von Einkaufsaktivitäten. Auch im Vertriebsbereich treten solche Größenvorteile auf, aber auch Verbundvorteile, etwa bei der gemeinsamen Nutzung von Kundenkontakten, besitzen große Bedeutung.

Synergien können aber auch in der finanzwirtschaftlichen Sphäre eines Unternehmens entstehen. So kann die Verbindung von Unternehmen mit unterschiedlichen Geschäftsentwicklungen und damit unterschiedlichen Cashflow-Strömen zu einer Risikoreduktion mit entsprechend positiven Wirkungen auf die Kapitalkosten führen. Andere finanzwirtschaftliche Synergien beziehen sich auf den Liquiditätsausgleich zwischen wachstumsträchtigen und liquiditätsstarken Geschäftsfeldern sowie auf steuerliche Effekte, die etwa aus der Nutzung von Verlustvorträgen resultieren können.

Aus dem Verbund von Unternehmen oder Unternehmensteilen lassen sich also vielfältige positive Synergieeffekte ableiten. Sie können grundsätzlich durch drei unterschiedliche Maßnahmen erschlossen werden:

- Koordination von Aktivitäten: Die beiden Unternehmensteile führen ihre bisher durchgeführten Aktivitäten weiterhin getrennt aus. Synergien werden dadurch realisiert, dass Schnittstellen für den Austausch von Ressourcen geschaffen und Aktivitäten abgestimmt werden. Synergieeffekte dieser Art sind beispielsweise der Transfer von komplementären Ressourcen und Fähigkeiten, das Ausnutzen vergrößerter Marktmacht oder die Übertragung eines positiven Images von einem Unternehmensteil auf einen anderen.
- Wechselseitige Spezialisierung: Die beteiligten Unternehmen spezialisieren sich wechselseitig und konzentrieren sich jeweils auf die Durchführung bestimmter Aktivitäten. Wurden also bisher in beiden Unternehmensteilen ähnliche Aktivitäten durchgeführt, so können diese derart umverteilt werden, dass sich jedes Unternehmen auf bestimmte Aktivitäten spezialisiert. So lassen sich beispielsweise Effizienz- und Größenvorteile realisieren.
- Zusammenfassung von Aktivitäten: Die Akquisitionspartner fassen bislang getrennte Aktivitäten zu einer neuen, gemeinsamen Einheit zusammen. Dies ist beispielsweise der Fall, wenn bestimmte Funktionsbereiche, wie Einkauf oder Produktion, zusammengelegt oder komplementäre Produktprogramme gemeinsam vermarktet werden.

Diese Maßnahmen können in allen Unternehmensbereichen verwirklicht werden.

Bei allem Streben nach Synergien darf jedoch nicht übersehen werden, dass jeder dieser Effekte zunächst nur ein Potential darstellt, das im konkreten Einzelfall durch vielfältige Maßnahmen erschlossen werden muss. Anders ausgedrückt: Synergien stellen sich nicht von alleine ein, sondern müssen oft durch massive Anstrengungen erarbeitet und erhalten werden. Es muss daher auch immer nach den Kosten gefragt werden, die anfallen, um die erwarteten Synergieeffekte realisieren zu können (Abbildung 1). Solche Realisationsaufwendungen fallen beispielsweise im personellen oder im technischen Bereich an, zum Beispiel bei der Umsetzung von Mitarbeitern und Anlagen oder der Zusammenführung von Informationssystemen. Nicht zu vergessen sind darüber hinaus die versteckten Aufwendungen, zum Beispiel durch den Einsatz externer Berater. Darüber hinaus kann das Zusammenwirken vormals getrennter Einheiten auch mit negativen Effekten, „Dissynergien", verbunden sein. Synergien sind daher nur dann erstrebenswert, wenn das positive Potential die negativen Effekte und den erforderlichen Realisationsaufwand übersteigt.

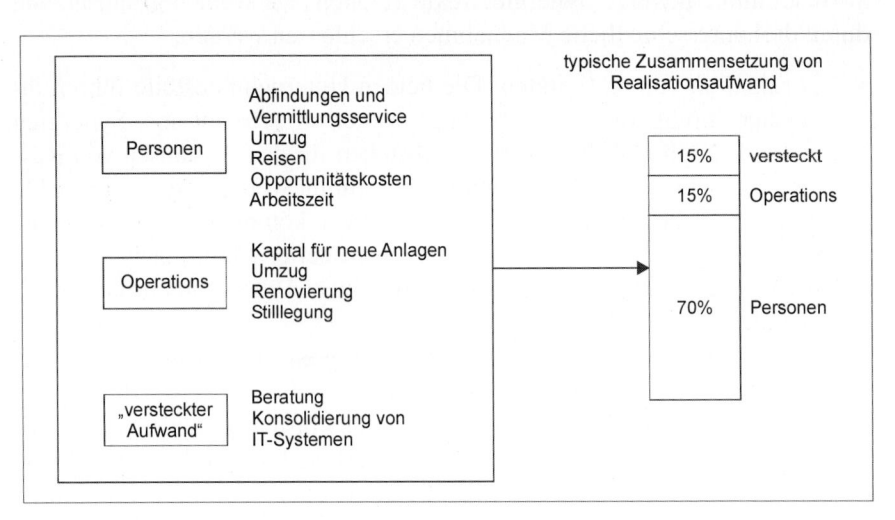

		typische Zusammensetzung von Realisationsaufwand	
Personen	Abfindungen und Vermittlungsservice Umzug Reisen Opportunitätskosten Arbeitszeit	15%	versteckt
		15%	Operations
Operations	Kapital für neue Anlagen Umzug Renovierung Stilllegung	70%	Personen
„versteckter Aufwand"	Beratung Konsolidierung von IT-Systemen		

Abbildung 1: Realisationsaufwendungen bei Akquisitionen

3.2 Synergieeffekte in der Medienbranche

Überträgt man diese allgemeinen Überlegungen auf die Medienbranche, so müssen einige Besonderheiten dieses Wirtschaftsbereichs berücksichtigt werden. So agieren Medienunternehmen beispielsweise nicht in der klassischen Konstellation mit einem Beschaffungs- und Absatzmarktsegment, sondern operieren auf mehreren Beschaffungs- und Absatzmärkten gleichzeitig. Der Grund dafür liegt in der Leistungsbündelung, die Medienunternehmen vornehmen. So wird etwa ganz oft das Leistungsbündel „Content" und Werbung gemeinsam vermarktet. Beide Teilleistungen werden aber auf unterschiedlichen Märkten gehandelt. Ähnliches gilt auch für die Beschaffungsmärkte der Medienunternehmen.

Medienunternehmen unterscheiden sich von anderen Industriebereichen aber auch durch die kulturelle Einbettung ihrer Produkte. Die kulturelle Dimension bezieht sich in erster Linie auf die Aktualität und die Qualität der Produkte. Die Qualität spielt dabei eine wichtige Rolle, denn die Qualität von Medienprodukten ist nur subjektiv messbar und im Entstehungsprozess nur unvollständig zu kontrollieren. Des Weiteren ist die Qualität des Medieninhaltes vor dem Konsum für den Rezipienten kaum beziehungsweise überhaupt nicht feststellbar. Der Kunde sieht sich somit beim Kauf einer besonders großen Verhaltensunsicherheit gegenüber.

Diese (und andere) Besonderheiten der Medienbranche, aber auch die rechtlichen (Regulierungen) und technischen Besonderheiten dieses Wirtschaftsbereichs, haben es den Medienunternehmen in der Vergangenheit schwerer als vielen anderen Unternehmen gemacht, Synergien zu erschließen. So stieß die Realisierung von Größenvorteilen durch Massenproduktion, wie sie grundsätzlich bei horizontalen Beteiligungen möglich ist, wegen der kulturellen Einbettung der Medienprodukte schnell an ihre Grenzen (vgl. Kiefer 2002, S. 495). Zwar sind einige Medienteilmärkte beziehungsweise Medienprodukte eindeutig globaler Art (zum Beispiel in der Popmusik). In anderen Teilmärkten bewegen sich die Medienunternehmen aber in Umfeldern, in denen beachtliche Größenvorteile durch internationale Beteiligungen erzielt werden könnten, gleichzeitig aber Barrieren vor allem kultureller Art bestehen, die zu einer nationalen Anpassung – und damit zum Verzicht auf mögliche Größenvorteile – zwingen. Man spricht daher bei Medienunternehmen auch davon, dass sie in weiten Bereichen „kulturell gehinderte Globalisierer" sind (vgl. Backhaus/Braun/Schneider 2003, S. 78–79). Als Reaktion darauf sieht man im Verbund mit internationalen Beteiligungen auch vielfältige strategische Allianzen (zum Beispiel die European Dailies Alliance im Zeitschriftenbereich), die es gestattet, kostensenkende Synergien zu realisieren, ohne die kulturellen Besonderheiten der Kunden zu vernachlässigen.

Der Schwerpunkt der Synergieerschließung im Medienbereich liegt vor diesem Hintergrund bei den vertikalen Beteiligungen. Hier werden die

Vorteile genutzt, die in einer Erweiterung des Leistungsspektrums auf vor- oder nachgelagerte Stufen der eigenen Wertschöpfungskette bestehen. Dadurch wird es möglich, zentrale Funktionen, wie Forschung und Entwicklung oder Marketing, auf mehrere Unternehmensbereiche zu verteilen. Zusätzlich lassen sich auch Transaktionskosten reduzieren, die entstehen, wenn der Gütertransfer zwischen Wertschöpfungsstufen über den Markt abgewickelt wird. Im einzelnen lassen sich hier vier unterschiedliche, in der Praxis aber meist miteinander verknüpfte Synergieebenen unterscheiden (vgl. Negus 1997, S. 66):

- Synergien der Software beziehungsweise Verknüpfungen von Inhalten: Ein bestimmtes Kulturprodukt wie beispielsweise ein bekannter Schauspieler kann über eine breite Palette von Medien unterschiedlichster Art, über unterschiedlichste Freizeitartikel oder Videospiele vermarktet werden. Diese Möglichkeit zur Erzielung von Synergien nutzt beispielsweise der Medienkonzern VivendiUniversal mit seinem bekannten Musikstar Eminem.
- Synergien zwischen Hard- und Software: Hierbei handelt es sich um eine sinnvolle Verknüpfung von Technik und Inhalten, wie sie etwa in der Verknüpfung von Filmstudien und Musikverlagen einerseits und mit Produktions- und Videotechnik andererseits besteht.
- Synergien durch die Konvergenz ehemals abgegrenzter Hardwarekomponenten: Vor allem die Digitalisierung hat dafür gesorgt, dass bisher getrennte technische Lösungen zusammenwachsen. Dadurch werden konvergente Entwicklungen auch auf der Ebene der Dienste und Unternehmen ausgelöst. Die Trägermedien wie zum Beispiel Papier, Frequenzen, Zelluloid oder Polycarbonat verlieren ebenso an Bedeutung wie darauf aufbauende Unternehmensfelder, da die einmal als binäre Codes produzierten und gespeicherten kulturellen Werke nun multimedial verwertbar sind.
- Synergien durch die Konvergenz von Distributionstechniken: Digitalisierte Information und Unterhaltung kann über verschiedene Kanäle, wie Funk, Kabel, Satellit oder das Internet verbreitet werden. Die Konvergenz der Distributionstechnik ist am offensichtlichsten im Internet, das Text-, Ton- und Bildinformationen gleichermaßen transportiert.

4 Risiken der Beteiligungsbestrebungen

Während sich auf der einen Seite durch die aktuellen Veränderungen der Medienmärkte neue Chancen zur Synergieerzielung für die Medienunternehmen ergeben, erhöhen sich auf der anderen Seite aber auch gleichzeitig die Risiken ihres Scheiterns. So haben einige Unternehmen aus technologischen Gründen Schwierigkeiten, Hard- und Software gleichermaßen zu bewältigen, so dass die hier möglichen Synergiepotentiale nicht aktiviert werden können. Andere Unternehmen – man denke etwa an AOL Time Warner – scheinen die Potentiale der Integration überschätzt oder die Kosten der Integration unterschätzt zu haben, so dass sich auch hier nicht die erhofften (und angekündigten) Effekte einstellen. Wieder andere Beispiele zeigen, dass der Erfolg von Medienprodukten in hohem Maße kulturell beeinflusst ist. So scheint die Einführung des Produktes Pay-TV, das in vielen Ländern sehr erfolgreich ist, in Deutschland auf absehbare Zeit gescheitert zu sein.

Die allgemeinen Risiken externen Wachstums durch Beteiligungen spielen natürlich auch im Medienbereich eine wichtige Rolle und erklären, warum viele internationale Beteiligungsvorhaben nicht zu den erwarteten Ergebnisse geführt haben. Allzu häufig stellten sich die Synergien nicht in der erwarteten Größenordnung ein, weil die Effekte falsch eingeschätzt wurden oder beim Kauf einer Beteiligung unverhältnismäßig hohe Preisaufschläge akzeptiert wurden.

Neben diesen allgemeinen Problemen zeigen sich allerdings auch spezielle Risiken für die Medienbranche. Gerade die kulturelle Einbettung der Produkte, die für die Medienbranche charakteristisch ist, schafft Risiken für internationale Beteiligungen. Auch die technologische Konvergenz, die auf der einen Seite die Quelle neuer Synergiepotentiale ist, birgt auf der anderen Seite ein Risiko – ein Technologie- und Kompetenzrisiko nämlich. Auch der Versuch, Geschäftsmodelle aus einem Medienteilmarkt in andere Teilmärkte zu übertragen, gestaltet sich vielfach schwierig, wie das Beispiel von AOL Time Warner verdeutlicht (vgl. Wirtz 2001, S. 45). Schließlich ist die Ausweitung des eigenen Tätigkeitsfelds immer mit der Gefahr verbunden, dass die eigenen Kernkompetenzen verwässert werden oder erodieren. Gerade in der Medienbrache, angesichts der zunehmenden Verzweigung der Medienunternehmen durch gleichzeitig horizontale, vertikale und laterale Beteiligungen, darf besonders diese Gefahr nicht unterschätzt werden.

5 Fazit

Beteiligungsprozesse sind ein prägendes Merkmal der heutigen Medienlandschaft – und Synergien ein zentraler Antrieb für diese Prozesse. Medienunternehmen streben danach, durch die Koordination von Aktivitäten, durch wechselseitige Spezialisierung und durch die Zusammenfassung von Aktivitäten Vorteile im Wettbewerb zu erzielen. Sie erhoffen sich auf diesem Wege große Chancen, müssen aber auch die speziellen Risiken von Beteiligungen im Medienbereich bewältigen.

Literaturverzeichnis

Andersen Corporate Finance M&A (2001) Trends in the European Entertainment Industry, 2001.
Backhaus, K./Braun, C./Schneider, H. (2003) Strategische Globalisierungspfade, in: Hungenberg, H./Meffert, J. (Hrsg.) Handbuch Strategisches Management, Wiesbaden 2003, S. 67–85.
Jansen, S. (1999) Mergers & Acquisitions, 2. Aufl., Wiesbaden 1999.
Kiefer, M.L. (2002) Kirch-Insolvenz. Ende einer ökonomischen Vision? in: Media Perspektiven (10/2002), S. 491–500.
Luffmann, G./Reed, R. (1986) Diversification. The growing confusion, in: Strategic Management Journal 7 (1986), S. 29–35.
Negus, K. (1997) The Production of Culture, in: Du Gay, P. (Hrsg.) Production of Cultures/Cultures of Production, London 1997, S. 67–118.
Prahalad, C./Hamel, G. (1990) The Core Competence of the Corporation, in: Harvard Business Review 68 (3/1990), S. 79–91
Rumelt, R. (1974) Strategy, structure and economic performance, Boston/Mass 1974.
Schaper-Rinkel, W. (1998) Akquisitionen und strategische Allianzen, Wiesbaden 1998.
Scholz, C./Stein, V./Eisenbeis, U. (2001) Die TIME-Branche. Konzepte – Entwicklungen – Standorte, München 2001.
Sjurts, I. (2002) Strategien in der Medienbranche, 2. Aufl., Wiesbaden 2002.
Welge, M./Al-Laham, A. (2001) Strategisches Management, 3. Aufl., Wiesbaden 2001.
Wirtz, B. (2001) Medien- und Internetmanagement, 2. Aufl., Wiesbaden 2001.

Mediendokumentation – Strategische Herausforderung für Medienunternehmen

Ulrike Spree

1 Einführung 447

2 Entwicklung 448
   2.1 Rückblick auf eine lange Geschichte der Mediendokumentation ... 448
   2.2 Selbstverständnis und Aufgaben der Mediendokumentation heute 449

3 Marktsegmente und Medienmärkte 450
   3.1 Print-Medien 451
   3.2 AV-Bereich 453
   3.3 Medieninformationsmanagement im Unternehmen – New und Old Economy 455
   3.4 Verwaltung, Kultur und Wissenschaft 457

4 Entwicklungstrends und Herausforderungen 458
   4.1 (Medien)dokumentarische Aufgaben – Alte und neue Werkzeuge 459
   4.2 Digitalisierung und Automatisierung 463
      4.2.1 Entwicklungen im Print-Bereich 464
      4.2.2 Entwicklungen bei Hörfunk und Fernsehen 465
   4.3 Kooperationen und Netzwerke 468
   4.4 Standardisierung und Transfer von Webtechnologie auf die Dokumentation 470
   4.5 Rechte und Lizenzen 471
   4.6 Kundenorientierung – Produktentwicklung 473
   4.7 Private Interessen und öffentliche Verantwortung 476

5 Fazit: Die sechs W der Mediendokumentation 478

Literaturverzeichnis 480

Vorschau

Organisation der Mediendokumentation

Im Beitrag lernen Sie wie Mediendokumentation generell, in Verwaltung, Kultur und Wissenschaft sowie im Speziellen für Print-Medien und AV-Medien organisiert ist.

Aufgaben der Mediendokumentation

Der Beitrag erläutert die Aufgaben der Mediendokumentation. Diese liegen insbesondere in den Bereichen Erfassung, Verwaltung, Verarbeitung, Nutzung, Speicherung und Weitergabe.

Herausforderungen an die Mediendokumentation

In dem Beitrag werden die Herauforderungen von Medienunternehmen hinsichtlich ihrer Dokumentationsaufgaben und -aktivitäten angesichts der Digitalisierung und des Rationalisierungsdruck beschrieben. Die Digitalisierung in den Medienunternehmen macht es notwendig, dass die Dokumentation vom Ende an den Anfang der Produktionskette rückt.

Die sechs W der Mediendokumentation

Der Beitrag beschreibt die typischen dokumentarischen Tätigkeiten des Bewertens, Selektierens, Sammelns, Ordnens, Speicherns und Verbreitens von Dokumenten in einer informationsintensiven Branche wie der Medienbranche als zwingend notwendige Tätigkeiten. Die sechs W beschreiben dabei die grundsätzlichen Fragen, vor denen die Mediendokumentation auch in Zukunft steht: Wo, von wem, für wen, wann, mit wem und mit welchen Instrumenten werden dokumentarische Aufgaben erfüllt?

1 Einführung

Im US-amerikanischen Sprachgebrauch war „the Morgue" (das Leichenschauhaus) lange Zeit die gängige Bezeichnung für das Archiv einer Zeitung, in dem sowohl die einzelnen Ausgaben als Ganzstücke gesammelt als auch Presseausschnittsammlungen erstellt und verwaltet werden. Der Ausdruck verweist auf die Entstehung der großen Zeitungsarchive aus Sammlungen von vorwiegend biographischen Materialien, die vor allem für das Schreiben von Nachrufen benötigt wurden (vgl. ODLIS 2004). Heute werden andere Bezeichnungen wie „Archive" oder „Resource Center" bevorzugt, die zum Ausdruck bringen, dass Zeitungsarchive in erster Hinsicht Produktionsarchive sind, die Informationen und Dokumente in Hinblick auf ihre Wiederverwendbarkeit sammeln und bereithalten, und die historische Archivfunktion nachgeordnet ist (vgl. Arnold 2003). Die Metapher „the Morgue" zeigt, dass Archive eindeutig am Ende der Produktionskette in einem Medienunternehmen verortet wurden. Eine der wesentlichen Herausforderungen an Medienarchive und Dokumentationsabteilungen heute ist die Vorverlagerung von Archiv- und Dokumentationsaufgaben vom Ende an den Beginn der Produktionskette, von der nachträglichen Archivierung hin zur produktionsbegleitenden Dokumentation.

Wie die gesamte Medienbranche befinden sich auch die Dokumentationsabteilungen derzeit im Umbruch. Trotz Medienkrise und Sparzwang ist weithin unbestritten, dass auch in Zukunft die Medienwirtschaft der archivarischen und dokumentarischen Unterstützung bedarf. Ebenso unbestritten ist aber auch, dass angesichts der veränderten Produktionsbedingungen, wie der zunehmenden Medienkonvergenz, der immer kürzer werdenden Produktionszyklen und der globalen Vernetzung der Informationsströme, etablierte Praktiken und Organisationsstrukturen auf den Prüfstand gestellt werden müssen. Auf die in der Medienbranche Beschäftigten wird eine Verschiebung und Überschneidung von bisher getrennten Tätigkeitsfeldern wie Dokumentation, Redaktion, IT-Systembetreuung, Marketing und Bürokommunikation zukommen.

Im Folgenden werden nach einer knappen Positionsbeschreibung der Mediendokumentation heute zentrale Herausforderungen an die Profession und eingeschlagene Lösungsstrategien an ausgewählten Beispielen vorgestellt.

2 Entwicklung

2.1 Rückblick auf eine lange Geschichte der Mediendokumentation

Die ersten Zeitungsarchive entstanden bereits im ersten Drittel des 19. Jahrhunderts, jedoch erst mit den Gründungen namhafter Dokumentationsabteilungen im 20. Jahrhundert, wie die von Gruner + Jahr und Spiegel Ende der 60er Jahre (vgl. Peters 2003a, Lehmann 2001), kam es zu einer allmählichen Ausdifferenzierung der Mediendokumentation als Spezialaufgabe der Dokumentation. Besonders im naturwissenschaftlich-technischen Bereich hatte sich seit dem Beginn des 20. Jahrhunderts die Dokumentation parallel zur Archiv- und Bibliothekswissenschaft als ein eigenständiger Zweig etabliert, der sich mit der „Sammlung, Ordnung (Klassifikation) und Nutzbarmachung von Dokumenten aller Art" (Samulowitz/Ockenfeld 2003, S. 454) beschäftigte und sich weit stärker als die Archiv- und Bibliothekswissenschaft mit der inhaltlichen Aufbereitung und Bereitstellung des einzelnen Dokumentes befasste. Meilensteine der Ausdifferenzierung und Professionalisierung der Mediendokumentation in Deutschland sind:

- Die Gründung der Fachgruppe der Medienarchivare (Fachgruppe7) im Verein deutscher Archivare 1961.
- Ein eigenständiges Angebot von Fortbildungsseminaren der Fachgruppe7 ab 1977 und ab 1991 in Zusammenarbeit mit dem Deutschen Institut für publizistische Bildungsarbeit in Hagen.
- Ebenfalls im Bereich der innerbetrieblichen Aus- und Weiterbildung ist die Ausbildung zum Dokumentationsredakteur beim Südwestfunk in Baden-Baden (vgl. Lange 2004) angesiedelt.
- Seit Beginn der 90er Jahre die Entwicklung von Ausbildungs- und Studiengängen mit spezieller mediendokumentarischer Ausrichtung, zum Beispiel 1993 der Studiengang Mediendokumentation an der Fachhochschule Hamburg oder der Schwerpunkt Medieninformation im Studiengang Diplom-Informationswirt an der Fachhochschule Darmstadt sowie der Studiengang Online-Redakteur an der Fachhochschule Köln (vgl. Schmidt 2003).

In der Folge wurden unterschiedliche Qualifizierungs- und Ausbildungsangebote geschaffen und eine Schnittstellenkompetenz zwischen dokumentarischen Kerntätigkeiten, redaktioneller Praxis, betriebswirtschaftlichem und informatorischem Know-how vermittelt. Diese Professionalisierungsbestrebungen wurden teilweise mit erheblicher Skepsis von den

Praktikern in den Medienarchiven aufgenommen, die eine sinkende Nachfrage der großen Pressehäuser, Medienkonzerne und Rundfunkanstalten nach Mediendokumentaren prognostizierten (vgl. Sachau 2001).

Bei aller Skepsis hat der Boom im Mediensektor, gefolgt durch den Aufstieg der New Economy, auch in zahlreichen Medienunternehmen dazu geführt, dass seit Ende der 70er Jahre – teilweise überdimensioniert – personell hochkarätig besetzte Dokumentationsabteilungen entstanden, deren Personaldecke dann spätestens mit Beginn der Medienkrise 2001 schmerzhaft wieder abgeschmolzen werden musste (vgl. Peters 2003a). Im öffentlich-rechtlichen Bereich beobachtete man seit den 90er Jahren ein Nebeneinander von Stellenabbau und Schaffung neuer befristeter Stellen im Dokumentationsbereich um den technischen Herausforderungen der Digitalisierung und Automatisierung gerecht werden zu können.

In einigen Führungsetagen großer Medienunternehmen wurde auf dem Höhepunkt der aktuellen Medienkrise zeitweise die Existenzberechtigung der Medienarchive grundsätzlich in Frage gestellt. So stand in der traditionsreichen Dokumentationsabteilung des Axel Springer Verlags kurzzeitig aus Platz- und Kostengründen das gesamte, ungefähr 50 Millionen Presseartikel umfassende, Altarchiv zur Disposition (vgl. Leuckfeld 2003).

2.2 Selbstverständnis und Aufgaben der Mediendokumentation heute

Die relativ späte Professionalisierung der Mediendokumentation, bedingt durch das späte Zusammenwachsen unterschiedlicher Tätigkeitsprofile aus den Bereichen Archiv, Dokumentation und Journalismus und die Verkürzung der technischen Innovationszyklen; was zur Folge hat, dass sich Selbstverständnis und Berufsbild in ständiger Bewegung befinden. Kaum hat sich in der fachspezifischen Öffentlichkeit ein Berufsbild etabliert, ist es in Teilen durch neue wirtschaftliche und technische Entwicklungen überholt (vgl. Schmidt 2000b; Krauß-Leichert 1998; Lange 2004). Angesichts der gegenwärtigen informationstechnologischen und wirtschaftlichen Entwicklungen ist das in den ersten Berufsbildentwürfen favorisierte Modell der Mediendokumentation als redaktioneller Schnittstelle zwischen den schreibenden Journalisten und den Archiven nur noch ein Berufsbild neben anderen. In Anbetracht der immer endnutzergerechter werdenden Datenbanken (sowohl firmenintern als auch global vorzugsweise über das WorldWideWeb zugängliche Angebote) verringert sich der Anteil an Auftragsrecherchen in der Mediendokumentation zunehmend. Zentrale Herausforderung für informationsorganisatorische Berufe ist die Schaffung und Betreuung geeigneter Informationsinfrastrukturen. Mediendokumentation bleibt eine Schnittstellenaufgabe, die aber neben der Schnittstelle zur redaktionellen Praxis auch die Schnittstellen zur Informationstechnologie, zur Betriebswirtschaft und, eine sich in den letzten Jahren immer weiter in den Vordergrund schiebende Anforderung, zu juristischen Aufgaben, schaffen muss. Verfolgt man die Berufsbilddiskussion und die Neuorientierung in den Ausbildungsstätten, so zeichnet sich der Trend zu einer großen Flexibilität in der Gewichtung der genannten Schnittstellenbereiche ab. Einige Ausbildungsstätten ziehen aus dieser Differenzierung innerhalb des Berufsfeldes die Konsequenz, die für alle verbindlichen Lehrinhalte zurückzufahren zugunsten der Möglichkeit zur individuellen Spezialisierung in einem der genannten Bereiche (vgl. Schmidt 2003).

Die dokumentarischen Kernkompetenzen des Sammelns, Erfassens, Erschließens (inhaltlich und formal), Speicherns und Bereithaltens von Informationen sowie die Technik und Methode zur Verbreitung von Informationen sind hingegen auch unter den unterschiedlichen neuen Labels wie Wissensmanagement oder Wissensorganisation – die die Branche nicht müde wurde zu erfinden – auch weiterhin zentraler Bestandteil informationsorganisatorischer Berufsfelder. Eine Besonderheit der Mediendokumentation liegt sicherlich darin, dass, anders als andere Spezialbereiche der Dokumentation wie die Medizindokumentation oder die Biodokumentation, keine Spezialisierung über die Dokumentationsinhalte sinnvoll ist, da prinzipiell jedes Sachgebiet zu einem Medienthema werden kann. Man muss im Gegenteil anders formulieren, dass ein wichtiges Merkmal der Mediendokumentation gerade darin besteht, dass sie in einem schnelllebigen Umfeld agiert, in dem sich die Themen und inhaltlichen Schwerpunkte der Arbeit rasch ändern.

3 Marktsegmente und Medienmärkte

Die Mediendokumentation ist derzeit noch entlang zweier, sich teilweise überschneidender, Bereiche organisiert: Grundsätzlich kann man zwischen Mediendokumentation im öffentlich-rechtlichen Bereich, ein Sonderfall sind die in den letzten Jahren an politischem Einfluss gewinnenden, sich selbst der „Zivilgesellschaft" zurechnenden, Non-Profit-Organisationen, und dem privatwirtschaftlichen Bereich unterscheiden. Die Unterscheidung zwischen

Profit- und Non-Profit-Organisationen ist mit dem 1. Weltgipfel zur Informationsgesellschaft Teil des allgemeinen Sprachgebrauchs geworden (vgl. Kuhlen 2003). Tatsächlich sind die Übergänge zwischen den Bereichen durch die, politisch gewollt und geförderten, zahlreichen Public-Private-Partnerschaften und durch Outsourcing von Informationsdienstleistungen fließend (vgl. Little 2002). Prominentestes Beispiel im öffentlichen Bereich sind sicherlich die Dokumentationsabteilungen des öffentlich-rechtlichen Rundfunks. Trotz der in der gesamten Medienbranche derzeit zu beobachtenden technischen Konvergenz der klassischen Medien ist die Archivlandschaft zum großen Teil noch nach Medientyp organisiert. Print-Medien werden in Presse- und Verlagsarchiven dokumentiert, innerhalb dieses Bereichs stellen die Bildarchive einen eigenständigen Bereich; ebenso wie die Film- und Videoarchive sowie die Audioarchive (Schallarchive). Langfristig werden sich durch die Digitalisierung die Grenzen zwischen den Medientypen ebenso wie zwischen den klassischen Massenmedien und anderen Formen der Kommunikation abschleifen. Das Internet ist zur Zeit das wohl einflussreichste Beispiel für die immer fließender werdenden Übergänge zwischen privater Kommunikation, wissenschaftlicher Kommunikation, Werbung und Massenkommunikation. Aber auch im Bereich der etablierten Massenmedien werden die Grenzen zwischen den Bereichen Print-Medien, Hörfunk, Fernsehen, Verlagswelt und Werbung unschärfer werden. Die folgende Übersicht mediendokumentarischer Kernbereiche orientiert sich an der derzeit noch bestehenden Aufteilung nach Medienbereichen und der Aufteilung in privatwirtschaftlich und öffentlich-rechtlich.

3.1 Print-Medien

Interne Pressedokumentationsabteilungen werden in Deutschland noch bei fast allen großen Verlagshäusern und den renommierten Tageszeitungen und Zeitschriften, bei Presseagenturen und Rundfunkanstalten und in den Informationsabteilungen von Verwaltungen und Unternehmen unterhalten. Die Dokumentationsabteilungen archivieren die verlagseigenen Objekte und bereiten sie, unterschiedlich tief, für die Recherche durch die internen Nutzer auf. Zumindest der aktuelle Bestand, in der Regel jedoch rückwirkend bis Mitte der 90er Jahre, ist in vielen Fällen auch direkt im Volltext recherchierbar. Zusätzlich zu den eigenen Objekten wurden aber auch, zunächst in Papierform als Presseausschnittsammlungen, später dann ebenfalls als Volltexte, Artikel anderer Tageszeitungen und Zeitschriften entsprechend dem im Haus bestehenden Informationsbedarf ausgewählt und durch die Ergänzung von inhaltlichen Schlagwörtern recherchierbar gemacht. Um das für die Erstellung dieser Datenbeschreibungen (Metadaten) verwendete Vokabular zu vereinheitlichen und überschaubar zu halten, wird in den meisten Pressearchiven eine Dokumentationssprache eingesetzt. Bei diesem „kontrollierten Vokabular" handelt es sich im einfachsten Fall um eine alphabetische Schlagwortliste. In vielen Pressearchiven entstanden jedoch im Laufe der Zeit mehr oder weniger komplexe Thesauri, durch die die verwendeten Schlagwörter nach bestimmten Vorgaben übersichtlich strukturiert werden. „Ein Thesaurus [...] ist eine geordnete Zusammenstellung von Begriffen und [...] Bezeichnungen, die in einem Dokumentationsgebiet zum Indexieren, Speichern und Wiederauffinden dient" (DIN 1463 1987, S. 2a). Hauptbestandteil eines Thesaurus ist der Verweis von Ober- auf Unterbegriffe und umgekehrt und die Kontrolle von Synonymen. Bei Gruner + Jahr wird beispielsweise im verwendeten DigDok (vgl. DigDok 1997) Indexierungssystem von „Alien" auf das zu verwendende Schlagwort „Außerirdisches Leben" verwiesen und für Artikel, in denen es um das „Catchen" geht, ist das weitere Schlagwort „Kampfsport" zu verwenden (vgl. DigDok 1997). Die spezielle Verschlagwortung wird in vielen Fällen ergänzt durch die Zuordnung der Dokumente zu einer Grobklassifikation, die eine Grobsortierung und Filterung ähnlicher Dokumente erlaubt. Im Ergebnis ist die Verbindung von Verschlagwortung und Klassifikation dem kombinierten Einsatz einer Suchmaschine (zum Beispiel Google) und eines Webkataloges (beispielsweise Yahoo!) bei der Internetrecherche vergleichbar.

Die Arbeitsweise der Pressedokumentationen orientiert sich stark an den redaktionellen Bedürfnissen, etwa dem Wunsch nach einem raschen Zugriff auf thematisch orientierte Dossiers. Bezeichnend für den derzeitigen Entwicklungsstand ist noch das Nebeneinander ähnlicher, aber jeweils historisch gewachsener, an die internen Bedürfnisse angepasster Vokabularien. So ist die vom Presse-Archiv-Netzwerk der ARD erarbeitete Klassifikation PAN in 18 Klassen mit bis zu sieben Hierarchieebenen unterteilt (vgl. Dahmen 2001, S. 158) und das DigDok Indexierungssystem von Gruner + Jahr enthält 41 Grobklassen, dort Baustein Themenbereich genannt (vgl. Peters 2003b).

In vielen Pressedokumentationen wurden in den letzten 20 Jahren weitgehend dieselben Entwicklungsschritte durchlaufen. Durch Digitalisierung wurden die Artikel über Datenbanken, seit Ende der 90er Jahre in der Regel webbrowserbasiert, für die Nutzer im Volltext recherchierbar. Häufig wurde mit der Verfügbarkeit der digitalisierten Volltexte die Notwendigkeit der zeit- und personalintensiven dokumentarischen inhaltlichen Erschließung grundsätzlich in Frage gestellt. Tatsächlich brachte die reine Volltextrecherche jedoch nur unbefriedigende Ergebnisse, da zuviel Informationsballast entstand. Die meisten Pressearchive haben hieraus die – langfristig mit Personalumschichtung und Personalabbau verbundene – Konsequenz gezogen, die Erschließungstiefe und -komplexität zu verringern. Der Inhalt der Artikel musste nicht mehr durch die Verschlagwortung „nacherzählt" werden, sondern die Verschlagwortung sollte nur dafür sorgen, dass relevante Artikel auch dann recherchierbar wurden, wenn der entsprechende Suchbegriff nicht im Volltext vorkam. Eine weitere Aufgabe war die immer umfangreichere Dokumentenmenge durch verbesserte Sortier- und Filtermechanismen handhabbar zu machen, zum Beispiel durch Zuordnung zu größeren Inhaltsklassen. Insgesamt waren dies alles Maßnahmen, die eine wesentliche Voraussetzung für die teilweise oder vollständige Umstellung auf automatische Verfahren der Inhaltserschließung bildeten.

Neben den zahlreichen hausinternen Pressedokumentationen, die ihre Informationen vor allem einem internen Kundenkreis verfügbar machen, bieten in Deutschland auch die klassischen Hosts Presseinformationen an. Die wichtigsten Anbieter deutschsprachiger Pressedatenbanken für Privat- und Geschäftskunden sind die Gesellschaft für betriebswirtschaftliche Information (GBI) und Genios von der Verlagsgruppe Handelsblatt. Gruner + Jahr bietet ebenfalls seit vielen Jahren seine Datenbank auch externen Kunden an. Vor allem im Geschäftskundenbereich hat sich in den letzten Jahren Factiva auf dem deutschen Markt etabliert. Unter den weltweit agierenden Anbietern mit einem nennenswerten deutschsprachigen Angebot sind DIALOG und LexisNexis zu nennen.

Zum klassischen Aufgabenspektrum der Pressedokumentation gehört neben der Erstellung und Pflege langfristig verfügbarer Presseinformationen in Form von Pressedatenbanken auch die Versorgung mit aktuellen Informationen. Auch heute noch wichtiges Medium der aktuellen Informationsversorgung sind die intern erstellten, meist elektronisch vorliegenden und verteilten, Pressespiegel.

3.2 AV-Bereich

Die zur Zeit aufwändigste Erschließung ist sicherlich noch die Erschließung von Filmmaterialien bei den öffentlich-rechtlichen und privaten Rundfunksendern. So arbeiteten beispielsweise im Frühjahr 2003 im NewsArchiv von RTL 27 Festangestellte unterstützt durch 21 studentische Hilfskräfte (vgl. Falkemeyer/Jahn 2003, S. 181), das NDR-Fernseharchiv in Hamburg hatte 2003 37,5 Planstellen (Nagel 2003, S. 9). Die Rundfunkarchive sind in erster Linie Produktionsarchive, in denen das Programmvermögen der Rundfunkanstalten vorrangig in Hinblick auf die vollständige oder ausschnittweise Wiederverwendung von Sendebeiträgen verwaltet und aufbewahrt wird. Die in den verschiedenen hausinternen Regelwerken festgelegten Auswahlkriterien, nach denen die „Archivwürdigkeit" der audiovisuellen Materialien bestimmt wird, orientieren sich sowohl an der Bedeutung des Materials an sich, seiner inhaltlichen oder künstlerischen Qualität, als auch am Programmgeschehen des Senders und aktuellen Trends wie zum Beispiel das besondere Interesse an ökologischen Themen in den achtziger Jahren. Daneben kommt den Rundfunkarchiven in Deutschland, bedingt durch die dezentrale Organisation des Rundfunks, aber auch die Aufgabe der Wahrung des „kulturellen Erbes", also der Langzeitarchivierung des Programmvermögens nach Maßgabe seiner historischen Bedeutsamkeit zu (vgl. Harms 1997, S. 585). Idealerweise ergänzen sich diese Anforderungen, da von kulturgeschichtlich-wertvollem Material angenommen werden kann, dass es auch für eine zukünftige Programmgestaltung entweder als Werk oder als Ausschnitt (O-Ton, Bild) von Interesse sein wird. Die physische Langzeitarchivierung ist hierbei alleinige Aufgabe der jeweiligen Rundfunkarchive, die inhaltliche Erschließung hingegen wird teilweise vom Deutschen Rundfunkarchiv (DRA), einer Gemeinschaftseinrichtung der ARD, übernommen (vgl. Deutsches Rundfunkarchiv 2004). Eine Arbeitsteilung, die aufgrund der angespannten Finanzlage des öffentlich-rechtlichen Rundfunks und der unterschiedlichen Interessenlagen nicht immer konfliktfrei verläuft. Eine ungeklärte Frage bleibt auch der Umgang mit dem in privaten Rundfunkanstalten produzierten kulturellen Erbe.

Die Organisationsstruktur in den einzelnen Rundfunkanstalten ist unterschiedlich. In einigen Häusern sind unter einer zentralen Leitung alle Archivbereiche (Pressearchiv, Schallarchiv, Fernseharchiv) vereint, in anderen Häusern sind die jeweiligen Programmarchive den einzelnen Produktionsbereichen (Fernsehen, Hörfunk) zugeordnet. Eine erste Reaktion auf die auch im Rundfunk spürbar zunehmende Medienkonvergenz ist die Erarbeitung eines multimedialen Regelwerks durch eine ARD und ZDF übergreifende Arbeitsgruppe, in der medienübergreifende Erschließungsstandards und Metadaten festgelegt werden. Ein einfaches Beispiel kann die Aufgaben der Arbeitsgruppe verdeutlichen: Bisher wird in der Hörfunkdokumentation ein Statement einer Person in einem Beitrag mit „O-Ton Anton Mustermann" beschrieben, in der Fernsehdokumentation wird derselbe Sachverhalt mit „Statement Anton Mustermann" gekennzeichnet. Die Vereinheitlichung auf eine Darstellungsweise würde eine übergreifende Recherche sehr erleichtern. Die Erschließungsarbeit erfolgt derzeit noch nach Medien getrennt, wohingegen Recherchen zunehmend medienübergreifend durchgeführt werden. Angesichts digitaler Sendetechnik ist natürlich die Verwendung eines für den Hörfunk produzierten Originaltons im Fernsehen und umgekehrt völlig unproblematisch. In der über 50-jährigen Tradition der Rundfunkarchive haben sich relativ gleichförmige Erschließungskonventionen herauskristallisiert. Aus den gesendeten Hörfunk- und Fernsehbeiträgen wird eine Auswahl der zu magazinierenden Beiträge getroffen. Nach einem internen Regelwerk werden festgelegte Daten zur Beschreibung der Dokumente, wie Formaldaten zur Herkunft (Mitwirkende), technische Daten (zum Beispiel Länge oder Formate) in einer Datenbank festgehalten. Alle Rationalisierungsbestrebungen gehen natürlich dahin, diese Metadaten

- erstens nur noch einmal erfassen zu lassen, also dort wo sie entstehen, das heißt beispielsweise, dass bereits in der Planungsphase entsprechende Datensätze für die jeweiligen Dokumente im System angelegt werden und
- zweitens möglichst viele dieser Metadaten automatisch in den Produktionssystemen generieren zu lassen. Dies gilt etwa für Beschreibungsdaten wie Beitragslänge oder Bildformat.

Der eigentliche Engpass der Erschließung audiovisueller Materialien liegt hingegen in der inhaltlichen Beschreibung. Standard ist hier die grobe Zuordnung zu Themengebieten wie Politik oder Sport, die Kennzeichnung des Inhaltes durch möglichst enge, die Dokumente genau beschreibende Schlagwörter wie „Golden Goal", „Fußballweltmeisterschaft 2004" und die unter Umständen takegenaue Beschreibung des Sachinhaltes und des Bildinhaltes in einem zusammenfassenden Kurzreferat. Bei der inhaltlichen Erschließung wird ein Faktor von drei bis maximal acht zugrunde gelegt. Das heißt die Bearbeitung einer 45-minütigen Fernsehsendung kann bis zu 360 Minuten dauern (vgl. Nagel 2003). Anders als im Print-Bereich, wo in vielen Bereichen die inhaltliche Erschließung bereits heute teilweise oder vollständig automatisiert ist und zu passablen Rechercheergebnissen führt, ist mit vergleichbaren Verfahren im audiovisuellen Bereich kurz bis mittelfristig nicht zu rechnen. Allerdings existiert bereits jetzt eine Reihe von Verfahren, die geeignet ist, Recherche und Erschließung zu vereinfachen und qualitativ zu verbessern.

3.3 Medieninformationsmanagement im Unternehmen – New und Old Economy

Aufgrund der bereits verschiedentlich angesprochenen Medienkonvergenz durch die auf alle Gesellschafts- und Wirtschaftsbereiche durchschlagende Digitalisierung und des immer stärkeren Vordringens des Internet in die

Geschäftskommunikation fallen auch in Unternehmen, deren Geschäftszweck nicht an sich medienaffin ist, zunehmend mediendokumentarische Aufgaben an. Besonders in den durch die rasante Entwicklung des Internet geprägten, im weitesten Sinne der New Economy zuzurechnenden, Wirtschaftszweigen hat sich seit Mitte der 90er Jahre ein neuer Arbeitsmarkt für mediendokumentarische Aufgaben heraus gebildet. Informationsorganisatorische Aufgaben entstanden bei den zahlreichen neu gegründeten Suchmaschinen und Webkatalogen, aber auch in anderen internetbasierten Unternehmen wie Werbeagenturen. Im gesamten eCommerce Bereich ergab sich ein Bedarf nach neuen Formen der Verwaltung der Inhalte, die ein schnelles Wiederauffinden und eine leichte Mehrfachverwendung erlaubten. Ein neues Berufsbild des Informationsarchitekten oder Conceptioners kristalisierte sich heraus. Informationsarchitekten übernehmen in Zusammenarbeit mit den Programmierern, Marketing- und Werbeexperten und Designern Planung und Gestaltung von Internetauftritten. Bibliothekare und Dokumentare schienen zur Entwicklung von Informationsarchitekturen wegen ihrer Kenntnis von Ordnungssystemen wie Klassifikationen oder Thesauri geradezu prädestiniert. Während der Boom der New Economy Ende 2000 mit der einsetzenden Krise abrupt beendet war, viele Garagenfirmen ihre Tore wieder schließen mussten und große Unternehmen wie AOL große Teile ihres Personals so schnell entließen, wie sie es eingestellt hatten, hatte langfristig die New Economy auch in der Old Economy zu Strukturveränderungen geführt. Auch hier sind viele Geschäftsprozesse wesentlich informationslastiger geworden. Über das Internet angebotene Services müssen nicht nur einwandfrei funktionieren, sondern ihre Benutzbarkeit muss sich auch dem gelegentlichen Nutzer unmittelbar erschließen. Um beispielsweise einen Onlinekatalog eines großen Warenhauses wie Otto oder Schwab ins Internet zu stellen, benötigt man nicht nur technisch funktionierende Datenbanken und Programme, sondern auch eine gute Nutzerführung. Dieser Aufgabe nahmen sich häufig nicht die Programmierer, sondern die informationswissenschaftlich ausgebildeten Bibliothekare oder Dokumentare an, stand doch hier Service- und Kundenorientierung schon lange im Zentrum. Die Vermittlung des notwendigen Hintergrundwissens für die Gestaltung gebrauchstauglicher Informationssysteme findet zunehmend unter dem Label Usability auch ihren Niederschlag in den Curricula bibliothekarischer oder dokumentarischer Ausbildungseinrichtungen.

Die Informations- und Dokumentationsabteilungen (IuD) großer Wirtschaftsunternehmen seien im Zusammenhang dieses Beitrags, der sich auf die Dokumentation in medienaffinen Unternehmen konzentriert, am Rande erwähnt, da auch hier der Umgang mit Medien und Informationen zunimmt. Die traditionellen IuD-Abteilungen großer Unternehmen stehen unter ähnlichem Rationalisierungsdruck wie die Pressearchive der Verlage. Gleichzeitig wurden die klassischen Aufgaben der innerbetrieblichen Informationsversorgung in den letzten Jahren in zweierlei Richtungen ausgeweitet: Man beobachtet zum einen eine stärkere Verlagerung von genuinen PR-Aufgaben in den Informationsbereich und zum anderen die Erweiterung der klassischen Informationsversorgung in Richtung Wissensmanagement.

3.4 Verwaltung, Kultur und Wissenschaft

Die meisten der in diesem Zusammenhang zu nennenden Einrichtungen sind dem klassischen, eher wissenschaftlich ausgerichteten, Spektrum der Fachinformation zuzurechnen. Viele dieser Einrichtungen verdanken ihre Entstehung staatlichen Förderprogrammen zwischen 1974 und 1983 (vgl. Manecke/Seeger 1997, S. 33). Der mediendokumentarische Bezug war vor allem immer dort gegeben, wo das zu dokumentierende Material über Texte hinausging, wie das beispielsweise bei den Mediensammlungen von Museen oder Forschungsinstitutionen (zum Beispiel Institut für die Dokumentation des wissenschaftlichen Films oder Bundesfilmarchiv) der Fall ist. Ebenfalls in diesen Bereich gehören die eher im Bildungssystem verankerten Kreisbildstätten, die eine flächendeckende Versorgung von Schulen und anderen Bildungseinrichtungen mit audiovisuellen Medien gewährleisten sollten. Man wird diese Einrichtungen nicht unbedingt im Zentrum der Mediendokumentation verorten, da Arbeitsweise und Organisationsstruktur auch häufig eher archivarischen und bibliothekarischen Zweckken untergeordnet sind. Jedoch ist es gerade in den letzten Jahren dieser Bereich, aus dem verstärkt Anregungen und Anstöße für innovative technische und organisatorische Neuentwicklungen im Bereich der Mediendokumentation kommen. Mit der Initiative der Bundesregierung im Zusammenhang mit Global Info wurden Fördermittel speziell im Bereich der Kommunikations- und Informationstechnologie bereit gestellt (vgl. Little 2002). Ein Beispiel für ein Förderprojekt ist der vom Fraunhofer-Institut Medienkommunikation in Zusammenarbeit mit dem deutschen Bundestag entwickelt iFinder, der eine automatische Personenerkennung in den Filmaufzeichnungen der Bundestagssitzungen erlaubt und somit eine wichtige Unterstützung für die Recherche nach Filmmaterial liefert (vgl. Biatov et al. 2003).

4 Entwicklungstrends und Herausforderungen

Es stellt sich die Frage, in welche Richtung sich die Dokumentationsbereiche in den nächsten Jahren entwickeln werden. Auch wenn Prognosen in der dynamischen Medienbranche schwierig sind, seien hier nur einige dieser Trends aufgeführt:

- Einer stärkeren Zentralisierung dokumentarischer Dienstleistungen im Rahmen von Servicecentern, die häufig Dokumentation und IT-Infrastruktur miteinander verbinden, steht die völlige Dezentralisierung, etwa durch Verlagerung dokumentarischer Aufgaben in den redaktionellen Bereich, gegenüber.
- Der Besinnung auf das Kerngeschäft einer Dokumentationsabteilung, verbunden mit Abstoßen und Outsourcing vieler Bereiche, wie etwa der technischen Aufbereitung der Informationen (Clipping Services), steht eine immer stärkere Diversifizierung und Erweiterung der Angebotspalette gegenüber.
- Einerseits werden Abstriche bei der Informationsqualität durch die Einführung von „Quick-and-Dirty-Verfahren" der automatischen Indexierung gemacht, andererseits werden unter ungeheuerem Entwicklungs- und Personalaufwand, ebenfalls automatisch basierte, auf den Techniken der künstlichen Intelligenz aufsetzende Verfahren der inhaltlichen Erschließung entwickelt, die komplexe Sachverhalte darstellen können.

Diese auf den ersten Blick gegenläufigen Entwicklungen sind alle als Antworten auf die gegenwärtige Medienkrise und die damit verknüpften Umstrukturierungen des gesamten Medienbereichs zu verstehen. Die aufgeführten unterschiedlichen Lösungen weisen einige Gemeinsamkeiten auf. Mediendokumentation wird sich einrichten auf einen immer stärkeren Rationalisierungsdruck, Profitorientierung und der damit einhergehenden Kommerzialisierung und auf einen durch Konkurrenz gekennzeichnetes Umfeld. Mit den veränderten technischen Möglichkeiten wachsen sowohl die gestellten Anforderungen der Nutzer als auch die Anforderungen an deren Medienkompetenz. Die Mediendokumentation wird sie sich aber auch, teilweise bedingt durch nationale und internationale Gesetzgebung, der Aufgabe der Bewahrung des kulturellen Gedächtnisses der Menschheit stellen müssen (vgl. Johansen 2001).

In den Medienunternehmen wird ein ganzheitliches System zur Verwaltung der Informationen und Medieneinheiten angestrebt, das sämtliche Prozesse, die im Lebenszyklus von Informationen und Dokumenten anfallen, integriert. In einem solchen integrierten Lebenszyklus werden unternehmensinterne mit -externen Komponenten interagieren. Zentrale Komponenten eines solchen zu schaffenden integrierten Systems sind:

- die verschiedenen Werkzeuge zur Strukturierung und Speicherung von Informationen und Dokumenten, wobei der Automatisierung komplexer Geschäftsabläufe ein besonderes Gewicht zukommt,
- Netzwerke unterschiedlicher bilateraler und multilateraler Kooperationen und Partnerschaften,
- Standardisierung sowohl auf technischer als auch auf inhaltlicher Ebene,
- Rechte- und Lizenzverwaltung,
- Kundenorientierung und Entwicklung neuer Informationsprodukte und
- das Abstecken privater und öffentlicher Aufgabenbereiche.

In den folgenden Abschnitten werden mögliche Reaktionen der Medienbranche auf die skizzierten informationstechnologischen, wirtschaftlichen und politischen Trends abgesteckt.

4.1 (Medien)dokumentarische Aufgaben – Alte und neue Werkzeuge

In der niemals um die Erfindung neuer Namen für ihre Produkte verlegenen Informationstechnologiebranche kursiert seit Ende 2003 ein neues Schlagwort: Information Lifecycle Management, abgekürzt ILM (vgl. SNIA 2004). Die technische Reife und tatsächliche Neuheit der unter dem ILM-Label angebotenen Technologie soll an dieser Stelle nicht weiter diskutiert werden (vgl. Kampffmeyer 2004). Das Label, ebenso wie die mit dem Konzept einhergehende Vision, beschreibt die organisatorischen und technischen Veränderungen treffend, die im Bereich der Mediendokumentation anstehen.

Die bisher häufig in unterschiedlichen Abteilungen eines Medienunternehmens unter unterschiedlichen Gesichtspunkten (teilweise redundant) ablaufende Prozesse

- Nutzung, Verwaltung, Bearbeitung, (Manage),
- Erfassung (Capture),
- Zwischenspeicher beziehungsweise Arbeitsspeicher (Store),
- Langzeitspeicher (Preserve) sowie
- Weitergabe (Deliver).

werden integriert.

(Zwischen-)Speicherung

Im Zentrum des Medienunternehmens stehen in Zukunft die gespeicherten Media Assets. Kampffmeyer (2003) definiert Media Asset als „Medieninformationsobjekt aus schwach strukturierten multimedialen Informationen, durch die Hinzufügung von Metainformationen verfügbar, recherchierbar und wiederverwendbar gemacht. Durch die Ergänzung der Metadaten wird eine Wertsteigerung des Medieninformationsobjektes erzielt". Hierbei kann es sich sowohl um medienneutral vorgehaltene Informationen als auch um Dokumente in bestimmten Formaten handeln. Eine redundante Datenhaltung wird weitgehend vermieden. Man kann sich das Ganze als ein System von Datenbanken und Filesystemen mit aufgesetzten Retrievalfunktionen vorstellen. Die immer wichtiger werdende Versionskontrolle geschieht ebenfalls an dieser Stelle.

Verwaltung, Verarbeitung, Nutzung

Wesentliche Komponenten der Verwaltung, Verarbeitung und Nutzung sind Möglichkeiten der Zusammenarbeit über verschiedene Wissensbasen und Kommunikationssoftware, Möglichkeiten für die interne und externe Bereitstellung von Informationen über das Web, eine Ablage und Archivverwaltung, zum Beispiel über die Bereitstellung strukturierter Verzeichnisse und kontrollierter Wortschatz gestützte eindeutige Indizierung der Dokumente. Das Workflow- oder Vorgangsmanagement legt die aus der Bürokommunikation bekannten Prozesse zur (kollaborativen) Bearbeitung von Informationen und Dokumenten fest und bindet sie in den gesamten Prozess ein. Neben der Bereitstellung von Bearbeitungswerkzeugen (Fachanwendungen und Office-Produkte) sind weitere Möglichkeiten der Datenverwaltung, wie Vergabe und Kontrolle von Fristen, Festlegung von Wiedervorlagezeiträumen, Bestimmung von Laufwegen oder andere für die Kontrolle der Bearbeitungsstände wichtige Features.

Erfassung

Die Erfassungskomponente vereint alle Funktionalitäten der Erstellung, Erfassung, Aufbereitung und Verarbeitung der Informationen. Ein Dokument wird an einer Stelle erfasst, kann dann aber von verschiedenen Mitarbeitern weiter verarbeitet werden. Besonders in diesem Bereich liegen zentrale, typisch mediendokumentarische, Aufgaben der Informationsveredelung wie Indexierung (Verschlagwortung) und Kategorisierung der Dokumente. Im Unterschied zur herkömmlichen Dokumentation findet diese „Veredelung" jedoch nicht nachträglich statt, sondern die Metadaten werden den Dokumenten idealerweise teilweise schon bei ihrer Entstehung mitgegeben und im Bearbeitungsprozess nur sukzessive ergänzt. Zum großen Teil werden die Metadaten automatisch abgegriffen und nur intellektuell überprüft und ergänzt. In das System integriert sind bereits unterstützende Komponenten, wie Metadatenschemata und Terminologiewerkzeuge (zum Beispiel Taxonomien oder Thesauri).

Langzeitspeicherung

Die Aufbewahrung und Sicherung von Informationen wird durch eine Archivkomponente gewährleistet. Diese Langzeitspeicherung steht vor drei Herausforderungen:

- Angesichts der exponentiell zunehmenden Datenmenge muss eine rigide Selektion der zu archivierenden Daten erfolgen. Hierbei sind sowohl unternehmensinterne Kriterien zu berücksichtigen als auch Anforderungen des Gesetzgebers an ein Records Management, etwa in Bezug auf steuerrelevante Finanzdaten (vgl. Kampffmeyer 2003). Im Sinne der Kostenreduzierung wird man jeweils im Einzelfall überlegen, welche Dokumente tatsächlich langfristig intern vorgehalten werden müssen und wo ein Verweis auf einen externen Speicher reicht. Hier müssten zum Beispiel folgende Fragen geklärt werden: Muss ein Buch- oder Zeitschriftenverlag in jedem Fall die gesamte Eigenproduktion archivieren, wenn er der Pflichtabgabe an Die Deutsche Bibliothek nachgekommen ist? Wie lange wird man in der hausinternen Pressedatenbank fremde Objekte archivieren?
- Es ist eine Entscheidung über die jeweils geeigneten Speichermedien zu treffen. Papier und Mikrofilm haben aufgrund ihrer relativen Langlebigkeit immer noch eine Berechtigung als Speichermedien. Bei flüchtigeren, stärker technischen Innovationszyklen unterworfenen, Medien ist die regelmäßige Durchführung von Migrationen einzuplanen.
- Es muss über die Entwicklung geeigneter Komprimierungsverfahren nachgedacht werden, die eine Speicherung sehr umfangreicher Datenmengen erlauben.

Weitergabe

Diese Komponente umfasst den gesamten Output eines Medienunternehmens. Unverzichtbare Funktionalitäten sind Möglichkeiten der Transformation in unterschiedliche Formate wie XML oder PDF sowie die Bereitstellung der Inhalte für die verschiedenen Zwecke der Content Syndication. In diesen Bereich gehören aber auch die verschiedenen Sicherheitstechnologien wie Digital Rights Management und digitale Signatur, ebenso wie die tatsächliche Distribution zum Beispiel über eMail oder Fernsehen. Besonders auf dieser Ebene kommen erhebliche Veränderungen auf die Mediendokumentation zu. Gelingt es ihr, was aus dokumentarischer Sicht erstrebenswert ist, die Hoheit über die Daten zu erlangen, dann ist sie auch viel stärker als bisher in den Prozess der Weitergabe involviert, die anfallenden Tätigkeiten werden zeitkritischer. Die Dokumentation sitzt damit auch an der Schnittstelle, an der neue (Informations-)Produkte entwickelt werden.

Insgesamt impliziert das skizzierte Modell, dass dokumentarische Dienstleistungen auf unterschiedlichen Ebenen des Workflow anfallen und erledigt werden müssen und nicht mehr auf das Ende der Produktionskette konzentriert sind. Die neuen zentralen Herausforderungen lassen sich durchaus auf das klassische dokumentarische Aufgabenspektrum abbilden:

Ordnung und Orientierung schaffen durch ein geeignetes Metadatenmanagement

Es sind weitreichende Entscheidungen zu treffen über die Art der aufzunehmenden Daten und die Konsistenz sowie Möglichkeiten zur leichten Erfassung zu entwickeln. Eine Erfassung kann zum Beispiel automatisch erfolgen oder von den Informationsproduzenten (zum Beispiel den schreibenden Journalisten oder dem Kameramann) unmittelbar in das System eingegeben werden.

Ordnung und Orientierung schaffen durch Aufbau sinnvoller Informationsarchitekturen

Zur Strukturierung und Steuerung der komplexen Informationsangebote und -flüsse reichen die teilweise aus der Bürokommunikation übernommenen eindimensionalen Ablageverfahren nicht aus. Vor allem die sich in jedem Bereich zum Standard herausbildende Anforderung der Wissensrepräsentation für Intranet und Internetanwendungen verlangt nach raffinierteren Formen der Inhaltsstrukturierung und -präsentation. Informationsarchitektur umfasst alle Elemente, die einer Nutzerin oder einem Nutzer eines Informationssystems helfen, die vorhandenen Informationen erfolgreich zu finden und zu managen. Das sind die Strukturierung (Organisation) der Inhalte, die geeignete Benennung (Labeling) der Informationselemente, die Gestaltung der Navigationselemente und der Aufbau von Suchsystemen. Bei der Schaffung der Informationsarchitektur wird in allen Stadien der Entwicklung eines Informationssystems auf eine konsequente Benutzerpartizipation geachtet und die Analyse von Aufgaben und Informationsbedürfnissen der Nutzer als grundlegende Voraussetzung für die Entwicklung leicht nutzbarer Informationssysteme betrachtet (vgl. Rosenfeld/Morville 1998).

Wiederauffindbar machen

Durch den gezielten Einsatz automatischer oder teilautomatischer Erschließungsverfahren sollte eine rasche Wiederauffindbarkeit der Daten und Dokumente gewährleistet werden. Die besondere Herausforderung auf diesem Gebiet besteht darin, die Nutzer nicht mehr der Logik der Suchsysteme anzupassen, sondern Systeme zu schaffen, die sich den unterschiedlichen Recherchebedürfnissen unterschiedlicher Nutzerkreise anpassen. Für die Zwecke der Content Syndication geeignete Dokumente werden nach anderen Kriterien ermittelt als Dokumente zur Verifikation journalistischer Recherchen.

Durch Erschließung neues Wissen schaffen

„Neues Wissen schaffen" ist seit längerer Zeit eines der Schlagwörter in der Wissensindustrie. Gemeint sind damit Verfahren, die in der Lage sind, in den verfügbaren Datenmengen mit Hilfe verschiedener mathematischer Verfahren Beziehungen zwischen Daten zu ermitteln, die neue Zusammenhänge aufdecken. Stichworte sind Textmining, Datawarehousing oder neuronale Netze. Angesichts der damit möglich gewordenen schnellen Bearbeitung großer Datenmengen nach unterschiedlichen Kriterien entsteht ein Bedürfnis nach Orientierung und Bedeutungsvermittlung. So können die genannten Techniken zwar eine Vielzahl von formalen Zusammenhängen beispielsweise in Texten aufzeigen, sie können aber nicht entscheiden, ob diese bedeutungsvoll sind. Ein einfaches Beispiel ist die Identifizierung von Firmennamen. Ein System kann schnell Wortstrings aus Großbuchstaben erkennen zum Beispiel IBM. Aber nur Menschen können erkennen, ob die Schreibweise in der jeweiligen Textsorte tatsächlich ein nützliches Indiz dafür ist, dass es sich um einen Firmennamen handelt.

4.2 Digitalisierung und Automatisierung

Eine wichtige Voraussetzung dafür, dass die oben beschriebenen Prozesse greifen können, ist die weitgehende Digitalisierung der Dokumente. In den vergangenen 20 Jahren hat die Digitalisierung in allen Medienbereichen enorme Fortschritte gemacht. Begannen fortschrittliche Archive (zum Beispiel Gruner + Jahr, Dokumentation SWR) Anfang der 80er Jahre damit Papierdokumente als Faksimiles einzuscannen, ist es ab Mitte der 90er

Jahre zumindest für den jeweils neu hinzukommenden Bestand die Regel, dass Print-Dokumente im Volltext vorliegen. In Zeitungs- und Verlagshäusern wird die direkte Übernahme der Dokumente aus den Redaktionssystemen in die Archivsysteme angestrebt. Nur die Nachbearbeitung des Papieraltbestandes steht teilweise noch aus. Auch in den Rundfunkanstalten wurde etwa zeitgleich, zunächst wegen der geringeren Datenrate im Hörfunk (vgl. Kresing-Wulf 2004, S. 28), und dann im Fernsehen mit Digitalisierungsprojekten begonnen.

4.2.1 Entwicklungen im Print-Bereich

Die technischen Möglichkeiten der automatischen Erschließung im Print-Bereich liefern schon heute brauchbare Ergebnisse. Gruner + Jahr, Der Spiegel, der Dienstleister A.R.C.U.S und der Berliner Verlag haben Anwendungen im Einsatz, der Bauer Verlag, die FAZ, GENIOS und der PAN-Verbund der ARD-Pressearchive sind in einer intensiven Testphase. Die Qualität der Ergebnisse der automatischen Erschließung konnte in den letzten Jahren erheblich verbessert werden. Teilweise ist gerade durch die mit der Einführung der automatischen Verfahren einsetzende Evaluierung ein neues Qualitätsbewusstsein in den Dokumentationen entstanden. Die im Zuge der Automatisierung durchgeführten umfangreichen Testläufe ergaben nämlich gelegentlich ernüchternde Ergebnisse über die Qualität der intellektuellen Verschlagwortung. Dies gilt besonders in Hinblick auf die geringe Konsistenz und die Einheitlichkeit der intellektuellen Erschließung.

Die eingesetzten Verfahren setzen auf der Textoberfläche an, sie versuchen im Gegensatz zu Verfahren, die aus dem Bereich der künstlichen Intelligenz (KI) kommen, nicht wirklich die Texte zu „verstehen". Auf Grund von in den Texten beobachtbaren statistischen Eigenschaften wie Worthäufigkeit, Wortnähe, gemeinsames Auftreten von Wortgruppen unter anderem generiert das System Annahmen darüber, welche Textwörter geeignet sind, den Inhalt eines Dokumentes wiederzugeben. Häufig werden diese statistischen Verfahren ergänzt durch eine linguistische Bearbeitung wie die Vereinheitlichung von Plural- und Genitivformen auf Nominativ Singular, die später die Recherche erleichtert. Ergänzend zu den Extraktionsverfahren werden Verfahren der automatischen Klassifikation eingesetzt, die ähnliche Dokumente bündeln und diesen Clustern Klassenbezeichnungen aus einem bestehenden kontrollierten Vokabular zuordnen. Das letztgenannte Verfahren weist eine hohe „Lern- und Optimierungsfähigkeit" auf, da die Klassifikatoren mittels erschlossener Dokumente trainiert werden können. Voraussetzung für qualitativ hochwertige Ergebnisse ist das Vorhandensein einer großen Zahl bereits korrekt erschlossener Dokumente als

Lernmenge, an der die Verfahren trainiert werden können. Fortgeschrittene Verfahren generieren Vorschläge für neue Klassenbezeichnungen (vgl. Leesch 2003). Beispielsweise ist bei Gruner + Jahr seit 1997 eine Software im Einsatz, die die Volltexte automatisch in die Themenbereiche des vereinfachten Thesaurus einordnet und zusätzlich Sachschlagwörter, Personenschlagwörter und Organisationsschlagwörter vergibt (vgl. Peters 2003b; Rapke 2001). Da die Verfahren die Texte nicht wirklich verstehen, sondern aufgrund mathematischer Verfahren häufig auf der Wahrscheinlichkeitsrechnung fußende Annahmen darüber generieren, welches Schlagwort geeignet ist den Inhalt eines Textes wiederzugeben, können solche Systeme auch grobe Fehler machen. Zur Qualitätskontrolle wird aus diesem Grunde die automatisch generierte Verschlagwortung von Dokumentaren überprüft. Schätzungen zu durch Einsatz dieser Verfahren erzielbaren Produktivitätssteigerungen liegen zwischen 10 und 20 Prozent. In den Management-Etagen der Medienbetriebe wird man sich langfristig mit Einsparpotentialen in diesem relativ geringen Umfang nicht zufrieden geben. Von den Dokumentationsabteilungen wird erwartet, dass sie darüber hinaus durch Schaffung weiterer Synergieeffekte, zum Beispiel durch Verbesserung des Workflow, zur Produktivitätssteigerung beitragen (vgl. Bundenthal 2003). Die Bemühungen zur automatischen Erschließung werden flankiert durch den Einsatz besserer Retrievaltechniken, die eine Vorabverschlagwortung der Dokumente überflüssig machen und stattdessen durch Ausnutzung der internen Struktur eines Dokumentes (zum Beispiel Titel, Rubrik, Autor oder Teaser) die Retrievalqualität erhöhen. Entsprechendes Know-how ist beispielsweise auf dem Gebiet der Suchmaschinentechnologie bereits vorhanden (vgl. Glöggler 2003). Ausschlaggebend für den Erfolg automatischer Verfahren wird weiterhin sein, inwieweit es gelingt, den Endanwendern in den Redaktionen durch intuitiv nutzbare Rechercheoberflächen, den Einsatz von Visualisierungstechniken und leichten Weiterverarbeitungsmöglichkeiten der Rechercheergebnisse, die Nutzung zu erleichtern.

4.2.2 Entwicklungen bei Hörfunk und Fernsehen

Im Rundfunkbereich ist die Digitalisierung des laufenden Programms im Hörfunk größtenteils abgeschlossen, während sich das Fernsehen im Umbruch befindet. Für die Archive und Dokumentationsabteilungen ist dieser Prozess mit großen Veränderungen und Rationalisierungsmaßnahmen verbunden, die neben dem Risiko der Personaleinsparung aber auch große Chancen für eine Neupositionierung der Archive bieten. Mit der Umstellung auf digitale Formate verändert sich der Lebenszyklus einer audiovisuellen Produktion radikal und es werden völlig neue Arbeitsabläufe in den Rundfunkanstalten notwendig. Die mehr oder weniger aus dem Projektstatus herausgewachsenen und in den Normalbetrieb integrierten Workflows sind sich im Prinzip sehr ähnlich. Die folgenden Ausführungen sind im Wesentlichen eine Zusammenschau der Darstellung der Arbeitsweise des RTL NewsArchivs (vgl. Falkemeier/Jahn 2003), des Pilotprojektes Digitaler Newsdesk bei ARD-aktuell (vgl. Nelke 2002) und den Erfahrungen des ZDF Fernseharchivs (vgl. Thomas 2003).

In einen digitalen Workflow, wobei es sich hier um ein integriertes System oder um mehrere nur über technische Schnittstellen verbundene eigenständige Systeme handeln kann, müssen folgende Komponenten integriert werden:

- das digital erzeugte audio-visuelle Material selbst,
- eine Möglichkeit dieses Material schnell (in Sende- oder Vorschauqualität) recherchieren, ansehen und beschreiben zu können, häufig als Video Preview Management System (VPMS) bezeichnet,
- ein digitales Schnittsystem zur Bearbeitung des Materials durch die Redaktionen,
- ein Redaktionssystem, über das detaillierte Sendeabläufe, Moderationstexte oder Rechteinformationen bearbeitet und verwaltet werden können,
- ein Archivsystem beziehungsweise eine Archivdatenbank sowie
- ein Langzeitspeicher beziehungsweise ein Massenspeicher.

Das digital produzierte audiovisuelle Material wird bereits zu Beginn des Produktionsprozesses vor der Sendung automatisch mit technischen Metadaten wie zum Beispiel Länge, Datum und Bildformat versehen und von den Journalisten mit Rohdaten, wie beispielsweise Urheber, Titel und Inhalt (zum Beispiel in Form von Schottlisten) angereichert. Über das Video Preview Management System können die Materialien am Bildschirm in der Dokumentation gesichtet werden und um die sequenzgenaue Beschreibung der Sach- und Bildinhalte ergänzt werden. Während Verfahren zur automatischen Bilderkennung noch in der Versuchsphase stecken (vgl. Biatov et al. 2003), gehört die automatische Erkennung, Sequenzierung (Zerlegung eines Filmes in zusammengehörige Sequenzen) und die Generierung von Key Frames (Bildern, die typisch für eine Sequenz sind) zum Standard. Zur Erleichterung der Erschließung werden weitere Materialien (zum Beispiel Anmoderationstexte oder Manuskripte) beigefügt. Ein Hauptunterschied zwischen den eingesetzten Verfahren liegt zur Zeit noch darin, inwieweit in der Archivvorschau bereits direkt auf das Ton- und Bildmaterial in Sendequalität oder eben nur in Vorschauqualität zurückgegriffen werden kann. Langfristig wird angestrebt, dass die Redaktionen, nachdem sie Material in Vorschauqualität gesichtet haben, sofort auf das in Sendequalität vorliegende Material zugreifen können und am Arbeitsplatz den Schnitt durchführen können. Neben der Veredelung durch Metadaten besteht bei der Einführung eines solchen durchgängigen Workflows eine zentrale Aufgabe der Dokumentation darin, eine Versionskontrolle des Material zu gewährleisten und Regeln und Routinen darüber festzulegen, welches Material tief erschlossen und langfristig archiviert werden soll. In ihrer Funktion als Schleusenwärter wird die Dokumentation für strenge Auswahlprinzipien bei der Festlegung des zu archivierenden Materials sorgen. In der Regel wird nur das tatsächlich gesendete Material in Teilen archiviert. Bei einem Verhältnis von 1 zu 60 zwischen Sendeminute und Drehmaterial wird trotz der zunehmenden Kapazität der Massenspeicher die Erschließung von Rohmaterial die Ausnahme bleiben (vgl. Fachgruppe7 2003). Die Dokumentation audio-visueller Materialien bleibt also auch bei Einsatz der vorgestellten Techniken arbeitsaufwändig. Das Nadelöhr ist weiterhin die tiefe take-genaue Beschreibung der Inhalte. In der gegenwärtigen Umbruchphase wird die zum Beispiel durch die besseren Sichtungsmöglichkeiten erzielte Verkürzung der Bearbeitungszeit teilweise durch die im Zusammenhang mit der Umstellung verursachte Mehrarbeit wieder aufgehoben (vgl. Nagel 2003).

Während die gängigen System-Architekturen weitgehend durch die Angebote der verschiedenen Hard- Softwareanbieter vorgegeben sind, liegen die Herausforderungen für die Dokumentationsabteilungen in der Planung und Umsetzung der operativen Details:

- Erarbeitung optimierter Workflows, die den redaktionellen Anforderungen, zum Beispiel nach schneller Verfügbarkeit des Materials, der Integration der unterschiedlichsten Verwaltungsaufgaben – an erster Stelle sind hier natürlich Fragen der Rechte und Lizenzen zu nennen – sowie den dokumentarischen Anforderungen an Genauigkeit und Verifikation ebenso gerecht werden wie den gegebenen personellen Grenzen.
- Gerade weil die Erfassung der Daten größtenteils automatisiert wird, ist es für die Dokumentation eine wichtige Aufgabe, die zu erfassenden Beschreibungsdaten (Metadaten) zu identifizieren und sinnvolle Metadatenstandards auszuwählen.
- Entwicklung neuer, den neuen technischen Möglichkeiten angepasster, Recherchemöglichkeiten und deren Integration in das Alltagsgeschäft: Einsatz der begrenzten Möglichkeiten der Bilderkennung (zum Beispiel Fraunhofer Parlamentsdokumentation), Nutzung der Blätter- Browsingfunktion in den digitalisierten Bilddaten. Ein Nutzer kann in der Regel besser geeignete Bildmotive im vorsortierten Material erkennen als einem Dokumentar ein gesuchtes Bildmotiv treffgenau beschreiben. Wei-

tere Herausforderungen sind das Vorantreiben der Automatisierung sowie die Langzeitarchivierung.
- Die weitgehende Umstellung der Recherche auf eigenständige Recherche durch den Endnutzer macht begleitend die Betreuung der Kunden durch eine Wartung der technischen Infrastruktur notwendig, was auch die Schaffung von Helpdeskfunktionen und eine an Call Centern orientierte Organisation des Recherchedienstes bedingt.

Die dargestellten massiven Veränderungen im Rundfunkbereich zeigen deutlich, dass das skizzierte Modell eines Information Lifecycle Managements keineswegs den Stellenwert einer Gedankenspielerei hat, sondern eine gezielte Integration aller Arbeitsabläufe, bei der der Dokumentation und Archivierung eine zentrale Rolle zukommt, Grundvoraussetzung für das Funktionieren digitaler Sendeabläufe ist.

4.3 Kooperationen und Netzwerke

Im Bereich der Pressedokumentation werden derzeit an zahlreichen unterschiedlichen Standorten zu großen Teilen deckungsgleiche Presseausschnittsammlungen geführt. Es stellt sich die Frage, ob die hausinterne Datenbank in jedem Falle notwendig ist oder ob es nicht sinnvoll wäre, eine gemeinsame Pressedatenbank aufzubauen. Diese Idee scheiterte 1973 vor allem aus technischen Gründen, jedoch kam es auch nach einem zweiten Anlauf der großen Verlagshäuser 1992 und 1993 nicht zu einer Umsetzung. Ausschlaggebend waren diesmal neben unterschiedlichen Vorstellungen bezüglich des Leistungsvermögens und der Erschließungstiefe vor allem rechtliche Fragen und sich aus der Wettbewerbssituation ergebende Befürchtungen der Verlage. Besonders in einem Marktsegment konkurrierende Medienhäuser sahen durch Kooperationen ihre journalistische Unabhängigkeit gefährdet. Plastisches Beispiel für diesen auch in den angebotenen Informationsprodukten ausgespielten Konkurrenzdruck ist die Tatsache, dass das Handelsblatt und die Frankfurter Allgemeine Zeitung, die besonders auf dem Gebiet der Wirtschaftsinformationen als unmittelbare Konkurrenten gelten müssen, bisher nicht über einen gemeinsamen Datenbankanbieter zugänglich gemacht werden. So bietet GBI Zugang zur FAZ jedoch nicht zum Handelsblatt. Der zur Verlagsgruppe Handelsblatt gehörende Host Genios bietet Zugang zum Handelsblatt aber nicht zur FAZ. So wurde es dann auch in der Information Professional Szene als kleine Sensation gewertet, als es dem von Dow Jones & Reuters aufgelegten Host Factiva gelang, beide Zeitungen zumindest teilweise in seinem Portfolio anzubieten.

Der nochmals durch die aktuelle Medienkrise verschärfte Rationalisierungsdruck bedingt, dass zehn Jahre später ernsthaft Kooperationsmodelle geplant und erprobt werden. Gerade unter dem Wettbewerbsaspekt ist die auf den ersten Blick erstaunliche geplante Kooperation zwischen dem Spiegelarchiv und dem Archiv des Axel Springer Verlag folgerichtig, da es zu einem Austausch zwischen Partnern kommt, deren Kerngeschäft in sehr unterschiedlichen Bereichen liegt (vgl. Leuckfeld 2003, S. 20). Die Spiegeldokumentation ist speziell auf die Bedürfnisse eines politisch orientierten investigativen Journalismus ausgerichtet. Aufgabe der Dokumentation ist es nicht nur Hintergrundmaterial zu einem breiten Themenspektrum rasch verfügbar zu machen, sondern auch eine eventuellen Rechtsstreitigkeiten standhaltende juristisch wasserdichte Faktenverifikation der Spiegelartikel zu gewährleisten. Während diese Aspekte bei Springer weniger wichtig sind – obwohl natürlich für Zeitungen wie die Welt ebenfalls Hintergrundrecherchen gefragt sind – besteht die Stärke und die besondere Attraktivität des Portfolios für das Spiegelarchiv in den Boulevardthemen, und zwar besonders im Bereich der Personeninformationen (vgl. ASV-Infopool 2004). Im Springer Archiv wurde über Jahre hinweg eine umfangreiche Personendatenbank aufgebaut. Verfolgt man beispielsweise die Entwicklung von Spiegel Online, so wird die stärkere Ausrichtung des Spiegels hin zu weicheren, personenbezogenen Themen offenkundig.

Ein weiteres Beispiel für eine Kooperation im Bereich der Pressedokumentation ist das PresseArchivNetzwerk (PAN) innerhalb der ARD. Die beteiligten sieben Pressearchive des NDR, ORB, RB, SFB, SR, SWR und WDR unterhalten eine gemeinsame Pressedatenbank. Input, Datenhaltung, technischer Support und Weiterentwicklung sind unter den beteiligten Archiven aufgeteilt. An dem bereits erfolgreich arbeitenden Projekt lassen sich auch die internen und externen Schwierigkeiten solcher Kooperationsprojekte ablesen. Intern waren Absprachen über die personelle Ausstattung, Dokumentationsstandards und Erschließungskonzepte zu treffen. Die langsam gewachsenen Dokumentationsabteilungen haben alle ein speziell auf die jeweilige ARD-Anstalt zugeschnittenes Informationskonzept entwickelt, das mit dem neuen Verfahren abgestimmt werden musste. Besondere Hürden stellten die Einigung auf eine einheitliche Klassifikation sowie die Einigung über die gemeinsame Datenbankplattform dar. Die teilweise äußerst komplex gewachsenen Strukturen der einzelnen Häuser waren aufeinander abzustimmen. Dieser zeitaufwändige Prozess ist noch lange nicht abgeschlossen. Neben diesen ARD intern zu lösenden Fragen stellt die Klärung der Urheberrechte und Lizenzen mit den Zeitungsverlagen ein weitaus größeres Problem dar (vgl. Heimann 2003).

Angesichts der sich seit Jahren zuspitzenden Debatte um das Urheberrecht für digitale Quellen wird die Verhandlung mit den Rechteinhabern ständiger Begleiter solcher oder ähnlicher Kooperationsprojekte bleiben. Tendenziell sind in dem Geschäft um die Urheberrechte diejenigen, die ausschließlich Fremdobjekte einkaufen müssen, wie das bei PAN der Fall ist, gegenüber denjenigen benachteiligt, die über eigene Verwertungsrechte an den Objekten verfügen. Der besondere Reiz der geplanten Kooperation zwischen Springer und Spiegel liegt ja gerade darin, dass man hier sehr viel mehr Verhandlungsspielraum erzielt, da ein Tausch von Daten möglich ist. Ein weiteres erfolgreiches Kooperationsprojekt ist der Zusammenschluss der Unternehmen der deutschen Zeitungs- und Zeitschriftenverlage in der PMG GmbH zum quasi Alleinanbieter von elektronischen Pressespiegeln in Deutschland (vgl. PMG Presse-Monitor 2004).

4.4 Standardisierung und Transfer von Webtechnologie auf die Dokumentation

Wie in allen Bereichen, in denen unter Wettbewerbsbedingungen Daten verarbeitet und ausgetauscht werden, steht auch im Bereich der Mediendokumentation grundsätzlich zur Diskussion, ob proprietäre Technologien zum Einsatz kommen, oder ob man sich auf offene Standards einigen kann, um den Datenaustausch und die Langzeitarchivierung zu erleichtern. Trotz der beobachtbaren großen Unterschiede zeichnet sich zur Zeit in einigen Bereichen die Einigung auf bestimmte Standards ab. So hat sich beispielsweise Extensible Markup Language (XML) als Standardformat durchgesetzt. XML wird sowohl zur Strukturierung von Dokumenten als auch von Metadaten eingesetzt und ermöglicht grundsätzlich eine Trennung zwischen Inhalten und Layout. Auf XML aufbauend wurde mittlerweile eine Reihe anderer Standards entwickelt, die beispielsweise auch die Beschreibung kontrollierter Vokabulare und den Austausch zwischen verschiedenen Vokabularen ermöglicht (vgl. Daconta 2003).

Die genannten Standardisierungsbemühungen zielen auf die automatische Integration unterschiedlicher technischer Anwendungen ab. In diesem Zusammenhang sollte die bereits 1998 vom Erfinder des Internet Tim Berners-Lee formulierte Vision des „Semantic Web" in Hinblick auf eine Übertragbarkeit auf die Anforderungen der Mediendokumentation überprüft werden (vgl. Berners-Lee 1998). Berners-Lees Vision basiert im Kern darauf, dass Maschinen nicht nur Daten bearbeiten, sondern auch die Bedeutung von Daten, den Bezug zwischen Daten und der „realen Welt" abbilden können sollten. Vieldiskutiertes Werkzeug in diesem Zusammenhang sind Ontologien, häufig im Zusammenhang mit Thesauri erwähnte Begriffssysteme. Ontologien versuchen durch die Repräsentation der Beziehungen zwischen Gegenständen der realen Welt, abstrakten Begriffen und den sie beschreibenden Wörtern einen Ausschnitt der Wirklichkeit abzubilden. Durch formale Beschreibungen und die Definition logischer Regeln wird es für Maschinen möglich, Daten über die in den Ontologien spezifizierten Objekte auszutauschen und zu manipulieren. Auf diese Weise können Maschinen unter Befolgung weniger logischer Regeln Schlussfolgerungen aus den Daten generieren, die über explizit in den Dokumenten gemachte Aussagen hinaus gehen (vgl. Daconta 2003). Ein einfaches Beispiel: Ein Verlag möchte eine DVD zum Thema Flüsse in Norddeutschland produzieren. Bei Einsatz einer Ontologie, in der vermerkt wird, dass die Trave ein Fluss in Schleswig-Holstein ist und Schleswig-Holstein in Norddeutschland liegt, würde jetzt auch ein Zeitungsartikel gefunden, in dem Trave vorkommt, da das System durch „Nachschauen" in der Ontologie „schlussfolgern" kann, dass die Trave ein Fluss in Norddeutschland ist. Idealerweise sind interaktive Systeme wie Shops oder Buchungssysteme direkt angeschlossen. In unserem Beispiel würde das System dann vielleicht noch Informationen zum Thema Flüsse in Norddeutschland aus Bibliothekskatalogen oder touristische Informationen, wie Hotels in Flussnähe, anbieten. Das die verschiedenen Anwendungen verbindende Element wäre immer der Zugriff auf die entsprechende Ontologie. Voraussetzung für den Einsatz solcher Werkzeuge ist, dass komplexe Zusammenhänge maschinenlesbar dargestellt werden und bestimmt Standards festgelegt sind, die einen Austausch der Daten erlauben. Hierzu wird derzeit eine Vielzahl von auf XML aufbauenden Spezifikations- und Auszeichnungssprachen entwickelt. Besonders wichtig ist RDF (Resource Description Framework), das eine eindeutige Identifizierung von Dokumenten und Informationen erlaubt und OWL (Web Ontology Language), die es erlaubt, einen Wirklichkeitsausschnitt über Klassen, Eigenschaften und Beziehungen zwischen Eigenschaften abzubilden (vgl. Daconta 2003).

4.5 Rechte und Lizenzen

Als die Autorin dieses Beitrags 1994 eine Fortbildung im Bereich Mediendokumentation absolvierte, wurde den Auszubildenden in der Fernsehdokumentation noch die dringliche Warnung mit auf den Weg gegeben, sich „aus rechtlichen Fragen herauszuhalten". In dem genannten Kontext war das mit dem Rat verbunden, einen Kunden, der an der Weiterverwendung von Archivmaterial interessiert ist, für die Rechteklärung an die entsprechende Abteilung „Honorare und Lizenzen" zu verweisen. In den letzten zehn Jahren hat sich das Bild entschieden gewandelt. Die sinnvolle Integration der Rechteverwaltung ist zu einer zentralen Herausforderung für die Mediendokumentation geworden. An dieser Stelle sei deswegen nur kurz genannt, welche speziellen Herausforderungen sich für die Mediendokumentation ergeben. Insbesondere mit dem Urheberrecht verbundene Fragen der Verwertungsrechte und Rechte, die die Speicherung und Weitergabe von vor allem personenbezogenen Daten betreffen, sind folgende Punkte zu berücksichtigen:

- Ein Schnittpunkt ergibt sich im Bereich des Urheberrechts, genauer im Bereich der Verwertungsrechte. Die Gebrauchstauglichkeit der Datenbanken wird in Zukunft auch daran gemessen werden, ob sie verlässliche Auskunft über die mit der Verwendung des Archivmaterials verbundenen und zu berücksichtigenden Verwertungsrechte geben. Gerade im Bereich der audiovisuellen Medien ist die Rechteverwaltung äußerst komplex, da Rechte meistens nur für eine einmalige Ausstrahlung gewährt werden und für weitere Ausstrahlungen neu eingeholt werden müssen.
- Als Informationsspezialisten müssen Mediendokumentare Bescheid darüber wissen, welche Informationen sie unter welchen Bedingungen weitergeben dürfen. Hiermit sind im Zuge der Diskussion um das Digital Rights Management (DRM) auch nennenswerte technische Kenntnisse verbunden, kann es doch unter Umständen der Fall sein, dass über Kopierschutzmaßnahmen geschützte Daten grundsätzlich für Informationszwecke frei zugänglich sind.
- Ebenfalls einschlägig im Hinblick auf den Rechtsschutz ist das im „Gesetz über Urheberrecht und verwandte Schutzrechte" unter „verwandte Schutzrechte" aufgeführte Datenbankrecht, das die Datenbanken im Prinzip anderen geistigen Schöpfungen gleichstellt.

Tabelle 1 zeigt exemplarisch wichtige mediendokumentarische Produkte und die involvierten Rechtsbereiche.

Produkt	Rechtsbereich	gängige Lösungen
Personen-datenbanken	Bundesdaten-schutzgesetz, Kunsturhebergesetz	personenbezogene Daten von „absoluten oder relativen Personen der Zeitgeschichte" werden als von besonderem öffentlichen Interesse eingeschätzt (bereits veröffentlichte Daten dürfen deshalb in Datenbanken gespeichert und weiter gegeben werden).
Bilddatenbanken	Kunsturhebergesetz	das Recht am eigenen Bild ist für „absolute und relative Personen der Zeitgeschichte" aufgehoben
Pressedatenbanken (elektronisch)	Gesetz über Urheberrecht und verwandte Schutzrechte, Vertragsrecht	Nutzungspauschalen, Einzellizenzen
Schutz von Datenbanken	Gesetz über Urheberrecht und verwandte Schutzrechte § 87a-e	das Schutzrecht für Datenbanken wird weitgehend dem Urheberrecht, das für geistige Schöpfungen gilt, angepasst.
Kopienversand	Urheberrecht § 53	Lizenzverträge (bei kommerziellen Archiven)

Tabelle 1: Übersicht in der Mediendokumentation zu berücksichtigender Rechte

4.6 Kundenorientierung – Produktentwicklung

Die Entwicklung von (möglichst mehrfach) vermarktbaren Produkten, besonders auch für die Internetangebote der Medienunternehmen, gehört derzeit zu den wichtigsten Herausforderungen in der Medienwirtschaft. Der Weg aus der Krise wird von vielen Beobachtern nicht mehr nur in, durch Rationalisierungsprozesse und gezieltem Kostenmanagement erzielten, Einsparungen gesehen, sondern es wird die Generierung neuer lukrativer Produkte gefordert. „Paid Content" ist hierbei nur eines der Schlagworte, mit Hilfe dessen auch weiterhin das Wachstum der Medienindustrie befördert werden soll (vgl. Middelhoff 2003, S. 2). Paid Content hat sich zu bewähren unter den Bedingungen einer starken Fragmentierung der Kundenpräferenzen. Der Ex-Bertelsmann Manager Thomas Middelhoff charakterisierte in einem Vortrag 2003 die Kundenanforderungen treffend: „Der Kunde kauft niemals ein Erzeugnis, er kauft immer nur das, was das Erzeugnis für ihn leistet. Das erklärt die Erfolgsserie von Amazon, ebay, Yahoo et cetera. Das heißt konkret: Wo realer Kundennutzen generiert wird, existieren auch erfolgversprechende Geschäftsaussichten" (Middelhoff 2003).

Auch die Dokumentationsabteilungen und Archive der Medienunternehmen können in der Regel nicht mehr allein durch Einsparungen und Optimierungsprozesse ihre Existenzberechtigung aufrecht erhalten. In den Führungsetagen verlangt man Nachweise darüber, welchen Beitrag genau die Archive und Dokumentationsabteilungen für den Geschäftserfolg der Unternehmen leisten. In der Vergangenheit wurden in diesem Zusammenhang vor allem qualitative Argumente angeführt, wie die Wahrung inhaltlicher Qualitätsstandards, die Erleichterung der journalistischen Recherche durch Schaffung einer unterstützenden Infrastruktur, Qualitätskontrolle zum Beispiel durch Faktenverifikation oder Unterstützung der journalistischen Arbeit durch Auftragsrecherchen. Viele Dokumentationsabteilungen haben ein ganzes Spektrum von Informationsprodukten entwickelt, das weit über die klassischen Archivdatenbanken und Recherchedienstleistungen hinausgeht. Um einen Eindruck von der Vielfältigkeit der Angebote zu vermitteln, wird an dieser Stelle eine Auswahl aufgeführt:

- Zusammenstellung thematischer Dossiers,
- Ereignisvorschauen (zum Beispiel zu großen Sportereignissen wie Olympiade oder Weltmeisterschaft),
- nach Interessenschwerpunkten aufbereitete Datenbankangebote (zum Beispiel Personeninformationen oder Wirtschaftsinformationen),
- unterschiedliche Termindienste (beispielsweise Chroniken),
- proaktive Zusammenstellung von Informationen in Form von thematischen Profildiensten oder Informationsmonitoring (zum Beispiel Zusammenstellung von sendefähigem Schnittmaterial im Fernsehbereich oder thematische Linksammlungen von Webressourcen),
- Unterstützung der Redaktionen bei der Themenfindung sowie
- Zusammenstellung aktueller Informationen in Form von Newslettern und Pressespiegeln.

Während die Entwicklung solcher Informationsprodukte seit jeher zum Geschäft der Dokumentation zählt, sind die Archive seit einiger Zeit mit neuen Formen der Vermarktung und Abrechnung ihrer Angebote konfrontiert. Für die internen Nutzer setzt sich im Zuge dieser Entwicklung eine interne Verrechnung der Dienstleistungen durch. Zunehmend sind die Dokumentationsabteilungen aber auch im Bereich der direkten Vermarktung ihrer Produkte an externe Geschäftskunden oder Privatkunden tätig. In diesem Zusammenhang werden zum Beispiel nicht mehr nur die Inhalte, sondern auch die Erschließungsdaten als Produkte angeboten (vgl. Stock/Stock 2003, S. 33). Häufig wird dem Kunden neben den verschlagworteten Artikeln auch das Angebot gemacht, das kontrollierte Vokabular für die eigenen internen Zwecke zu nutzen. So könte der Kunde dann beispielsweise seine internen Newsletter mit dem angebotenen Vokabular verschlagworten und über das Intranet mit einer gemeinsamen Oberfläche für Mitarbeiter und Kunden recherchierbar machen. Ergänzend zur Aufgabe der klassischen Informationsmehrwertdienste nehmen die Dokumentationsabteilungen auch Servicedienstleistungen auf dem Gebiet des technischen Support mit in ihr Portfolio auf. ASV-Infopool bietet Regionalverlagen, die nicht über ein eigenes elektronisches Archivsystem verfügen, das Hosting und, wenn gewünscht, die externe Vermarktung auf dem Springer-Server an (vgl. ASV-Infopool 2004). Bedingung für den Erfolg solcher Produktideen ist eine entsprechende Organisationsstruktur, in der IT-Services und Rechtsabteilung eng mit Archiv und Dokumentation verbunden sind.

Ein weiterer, relativ neuer, Bereich ist das Angebot von Schulungen sowohl im Bereich der allgemeinen Informationskompetenz als auch speziell auf das Angebot der jeweiligen Dokumentationsstelle bezogen. Besonders was die Erwartungen der Nutzer oder Kunden an die leichte Bedienbarkeit der Archivanwendungen angeht, stehen die Dokumentationsabteilungen in unmittelbarer Konkurrenz zu den Suchmaschinenanbietern und sind gut beraten nach der Devise „Simplify User's Lifes" zu arbeiten. Dass ein Archiv seine Dienstleistungen auch über das Intranet beziehungsweise Internet anbietet, ist mittlerweile Standard. Neben komplexen Suchfunktionen, die alle Möglichkeiten der Datenbanken ausnutzen, zählen aber unbedingt eine Suchfunktion sowie ein gewisser Service bei der Anzeige der Suchergebnisse zum Muss. So erwarten Nutzer den Einsatz von Ranking-Verfahren (zum Beispiel nach Relevanz oder Aktualität) bei der Ergebnisanzeige der Treffer. Ebenso zur Selbstverständlichkeit geworden ist das Angebot einer Downloadfunktion der recherchierten Quellen in unterschiedlichen Formaten: zum Beispiel als PDF-Format zum einfachen Ausdrucken oder als Worddatei zur leichten Weiterverarbeitung. Grundsätzlich haben alle Angebote Erfolgsaussichten, die der oben zitierten Anforderung von Thomas Middelhoff nach realem Kundennutzen und erfolgsversprechenden Geschäftsaussichten gerecht werden (vgl. Middelhoff 2003). In diese Kategorie gehören dann auch nette Gimmicks, Nice-to-Have-Angebote, wie eine Aussprachedatenbank (vgl. BBC) oder Privatkundenangebote wie die Zusammenstellung von Zeitungsmeldungen zum Geburtstag des Kunden. Einige Rundfunkanstalten bieten für die private Nutzung kostenpflichtige Mitschnittdienste ihrer Sendungen an (zum Beispiel Mitschnittdienst des SWR). Der tatsächliche finanzielle Profit aus solchen Dienstleistungen ist vermutlich eher gering einzuschätzen, sie leisten aber einen erheblichen Beitrag zur Kundenbindung.

4.7 Private Interessen und öffentliche Verantwortung

Die Darstellung mediendokumentarischer Trends wäre unvollständig ohne die Thematisierung der Verantwortung der Archive für die Bewahrung des kulturellen Erbes, seit dem Weltgipfel zur Informationsgesellschaft häufig geführt unter dem Schlagwort „kulturelles Gedächtnis". Die in Genf formulierte Angst um den Verlust des kulturellen Gedächtnisses gründet sich auf verschiedene, mit der Entstehung der Informationsgesellschaft verbundene, Entwicklungen:

- die besondere Flüchtigkeit von im Internet publizierten Dokumenten,
- die Menge und Komplexität des Informationsangebotes,
- die immer schwieriger werdende Unterscheidung zwischen Original und Kopie eines digitalen Dokumentes,
- die im Vergleich zum Druck begrenzte physische Lebensdauer audiovisueller Materialien und digitaler Formate,
- die immer kürzer werdenden technischen Entwicklungszyklen und die dadurch bedingte Gefahr, dass Abspielgeräte für bestimmte Medien bereits nach wenigen Jahren nicht mehr vorhanden sind sowie
- der durch Privatisierung und Kommerzialisierung des Medien- und Informationsmarktes bedingte einschränkte Zugriff auf Informationen.

Die genannten Aspekte verweisen darauf, dass Mediendokumentation überhaupt nicht denkbar ist ohne die Medienarchivierung, der Mediendokumentar immer auch ein Medienarchivar ist. Es besteht weitgehende Einigkeit darüber, dass der befürchtete Gedächtnisverlust bereits eingesetzt hat, entweder durch tatsächliches Verschwinden von Dokumenten oder durch die Einschränkung des Zugriffs auf Dokumente durch die im Zuge der Kommerzialisierung und Privatisierung von Information eingesetzten rigide Verfahren des Rechtemanagements (DRM) und der Lizenzierung. Die gegenwärtig stattfindende Aufteilung des Mediensektors in den privatwirtschaftlichen, den öffentlich-rechtlichen und den zivilgesellschaftlich Bereich spiegelt sich auch in Lösungsansätzen zur Bewahrung des kulturellen Erbes.

Besonders kreative Lösungen kommen zur Zeit aus dem zivilgesellschaftlichen Bereich und setzen auf ehrenamtliche Unterstützung bei der Archivierung und öffentlichen Zugänglichmachung digitaler Dokumente. Prominentestes Beispiel ist das 1996 als Non-Profit-Organisation in San Francisco gegründete Internet-Archive, das seit seiner Gründung alle 60 Tage eine Momentaufnahme des WorldWideWeb archiviert hat. Neben Textdokumenten werden über das Internet Archiv auch Usenetbeiträge, Filme, Tonaufnahmen, Bücher und Software archiviert (vgl. Internet Archive 2004). Der Gesamtumfang wird für 2004 mit 30 Milliarden Seiten angegeben. Um die Schaffung geeigneter technischer Voraussetzungen kümmert sich, zum Beispiel durch die Schaffung offener Standards, besonders die Open Archives Initiative (OAI). Die OAI basiert auf dem Grundprinzip der freien Weitergabe von Metadaten (vgl. Open Archives Initiative 2004). Eine weitere notwendige Vorraussetzung solcher und ähnlicher Projekte ist die urheberrechtliche Klärung. Die Non-Profit-Organisation Creative Commons bietet über das Internet verschiedene Standardlizenzverträge an, durch die Autoren – in Umkehr des Copyrightgedankens – Nutzungsrechte an ihren Werken mit verschiedenen Freiheitsgraden anbieten können. Urheber können festlegen, ob ein Werk nur frei zugänglich oder auch veränderbar ist und ob nur eine private oder auch eine kommerzielle Nutzung erlaubt ist (vgl. Schmidt 2004).

Die Creative-Commons-Bewegung zeigt auch Auswirkungen im öffentlich-rechtlichen Bereich. Die BBC bietet ab Herbst 2004 einen Teil ihres Hörfunk- und Fernsehprogramms unter einer Creative-Commons-Lizenz zum nicht-kommerziellen Download und zur Bearbeitung an. Besondere Herausforderungen für den öffentlich-rechtlichen Bereich liegen in der Grundsicherung des kulturellen Erbes durch öffentlich finanzierte Bibliotheken und Archive und darüber hinaus in der Schaffung von Rechtssicherheit. Notwendig sind gesetzgeberische Initiativen zum Beispiel zum Schutz digitaler Werke durch eine der Pflichtabgaberegelung von Druckschriften an die Deutsche Bibliothek verwandte Regelung (vgl. Edmondson 2004).

In den Reihen derjenigen, die sich für einen hochwertigen Journalismus in Deutschland einsetzen, wird seit längerer Zeit auch über Modelle der öffentlichen finanziellen Unterstützung von Qualitätszeitungen, zum Beispiel über eine Stiftung, diskutiert. Spätestens seit Beginn der Medienkrise nehmen kritische Stimmen zu, die bezweifeln, dass Marktmechanismen alleine ausreichen, um eine Medienlandschaft aufrecht zu erhalten, die nicht nur ökonomischen Anforderungen gerecht wird, sondern die der Meinungsfreiheit ebenso förderlich ist wie dem meinungsbildenden und aufklärerischen Anspruch der Medien (vgl. Weischenberg 2003). In Folge solcher Überlegungen stellt sich erneut die Frage nach der Rolle der Archive und Dokumentationen sowie ihrer Finanzierung. Die Dokumentationsabteilungen werden nur eine Chance haben, wenn sie ihre zentrale Rolle für die Qualitätssicherung der Medienprodukte durch Recherche und Faktenüberprüfung glaubwürdig nachweisen können.

Von der Privatwirtschaft wird man zum einen die Umsetzung der gesetzgeberischen Anforderungen erwarten, zum anderen sind Initiativen dort zu beobachten, wo sich Archivierung und Generierung neuer Geschäftsfelder miteinander verbinden lassen. So ist beispielsweise bei Online-Zeitungen, die in der Regel ein Zusatzgeschäft für die Verlage sind, im Bereich der Archivdienstleistungen ein Geschäftserfolg zu verbuchen (vgl. Arnold 2003).

5 Fazit: Die sechs W der Mediendokumentation

In Anlehnung an das Motto der olympischen Spiele „schneller, weiter, höher" kann man den allgemeinen Trend mit den Worten „schneller, kostensparender, kundenorientierter" umschreiben. Auch in Zukunft wird das Management von Medienunternehmen nicht ohne umfassende Dokumentation auskommen. Ohne die typischen dokumentarischen Tätigkeiten des Bewertens, Selektierens, Sammelns, Ordens, Speicherns und Verbreitens von Dokumenten ist eine so informationsintensive Branche wie die Medienbranche nicht denkbar. Offen ist allerdings wo, von wem, für wen, wann, mit wem und mit welchen Instrumenten dokumentarische Aufgaben erfüllt werden.

These 1. Wo?

Die in der Vergangenheit immer wieder gestellte Frage, ob dokumentarische Dienstleistungen zentral oder dezentral zu organisieren sind, ist nicht abschließend zu beantworten. Um Synergieeffekte etwa im Personalbereich zu erzielen, geht ein Trend in Richtung Aufbau einheitlicher, größerer Einheiten und hin zur gemeinsamen Nutzung bestehender Infrastrukturen. Der Trend zu immer stärkerer Vernetzung wird dieser Frage aber ihre Brisanz nehmen, so dass zentrale Lösungen neben dezentralen Angeboten bestehen werden.

These 2. Von wem?

Die Strategie, einen Teil der Dokumentations- und Informationsvermittlungsaufgaben in die Redaktionen zu verlagern, wird in ausgewählten Bereichen weiter erfolgreich sein. Gerade im Online-Journalismus und im Rundfunk- und Fernsehbereich bleibt dieses Modell attraktiv. Andererseits kann nur ein zentral geplantes und gesteuertes Informationsmanagement gewährleisten, dass dezentral erarbeitete Informationen auch zentral zur Verfügung gestellt werden und keine Informationsinseln entstehen.

Gerade durch die flächendeckende Einführung neuer Techniken in allen Medienbereichen ist die Mediendokumentation verstärkt gefordert, eine Schnittstelle zwischen der zentralen Systemverwaltung, dem Archiv und den Redaktionen zu bilden. Dies gilt für die Programmierung neuer Datenbanken ebenso wie für den Entwurf abteilungsübergreifender Informationssysteme. Noch mehr als heute werden sich in Zukunft mehrere Partner Dokumentations- und Archivaufgaben teilen, wobei Public-Private-Partnerschaften nur ein Modell unter vielen seien werden.

These 3. Für wen?

Anbieter mediendokumentarischer Services werden nur Abnehmer finden, wenn sie die Kunden- und Nutzerorientierung in den Mittelpunkt ihrer Arbeit stellen. Redaktionsmitglieder werden sich bei Rationalisierungsmaßnahmen nur dann für den Erhalt der internen Dokumentationsabteilung aussprechen, wenn sie mit den internen Angeboten einfacher und besser zurecht kommen als mit einer Suchmaschine wie beispielsweise Google. Mit der Erwartung, dass der Beitrag der Dokumentationsabteilungen am finanziellen Erfolg des Medienunternehmens deutlich erkennbar wird, wächst auch der Druck externe Abnehmer für Dienstleistungen sowohl im Business-to-Consumer- (B2C) als auch im Business-to-Business-Geschäft (B2B) zu finden.

These 4. Wann?

Ehemals am Ende der Produktionskette angesiedelte typisch mediendokumentarische Aufgaben wie die Vergabe von Metadaten werden zunehmend produktionsbegleitend in den Arbeitsgang der Medienproduktion vorverlagert. Der alte Konflikt zwischen Just-in-Case- und Just-in-Time-Erschließung kann durch eine vorausschauende, an möglichen Nutzerszenarien orientierte Metadatenvergabe entschärft werden.

These 5. Mit wem?

Vor dem Hintergrund der neuen digitalen Speichertechniken und schnellen Datenverbindungen muss auch die Mediendokumentation auf den vom Markt ausgehenden Konkurrenzdruck und den Zwang zur Wirtschaftlichkeit reagieren. Mit Kooperation und Auslagerung von IuD-Dienstleistungen werden zwei unterschiedliche Wege eingeschlagen, die sich in der Praxis nicht ausschließen, sondern ergänzen werden.

These 6. Mit welchen Instrumenten?

Die Frage nach dem Vorrang automatischer oder intellektueller Verfahren der Wissens- und Informationserschließung wird man eindeutig mit automatisch beantworten. In allen Bereichen wird mit Hochdruck an der Entwicklung und Verbesserung automatischer Erschließungs-, Filter- und Retrievalverfahren gearbeitet. Allerdings zeigen gerade die Arbeiten im Umkreis des Semantic Web, dass qualitativ hochwertige, automatische Systeme nicht ohne empirisch überprüfte Textmodelle und intellektuell erarbeitete Taxonomien, Klassifikationen oder Ontologien auskommen.

Die technische und die inhaltliche Aufbereitung von Content werden in Zukunft noch stärker Hand in Hand gehen müssen als heute. XML wird die Formen der Vermittlung an Nutzer radikal verändern, indem es Organisationen dabei unterstützt, ihre Inhalte zu zerlegen und in Workflow-Applikationen zu integrieren. Unstrukturierte Dokumente werden abgelöst durch strukturierte Dokumente und taxonomiebasierte Metadaten. Als Folge dieser Entwicklung werden ursprünglich in der Informatik angesiedelte und als im Kern dokumentarisch zu bezeichnende Aufgaben stärker ineinander übergehen. Besonders die Spezifikation von Softwareprojekten sowie Auswahl, Test und die Anpassung von industriell vorgefertigten Lösungen wird in Zukunft noch wesentlich stärker als bisher mediendokumentarische Tätigkeitsprofile bestimmen.

Literaturverzeichnis

Arnold, T. (2003) Making it Work: Newspaper Librarian Look for Novel Ways. The International Journal of Newspaper Technology, October 2003, im Internet: http://www.newsandtech.com/issues/2003/10-03/pt/10-03_arnold.htm, 21.07.2004.
ASV-Infopool (2004) o.T., im Internet: http://www.asv-infopool.de, 12.08.2004.
BBC (2004) BBC Creative archives licensing to be based on Creative Commons, im Internet: http://digital-lifestyles.info/display_page.asp?section=distribution_print&id=1254, 16.05.2004.
Berners-Lee, T. (1998) What the Semantic Web Can Represent, im Internet: http://www.w3.org/DesignIssues/RDFnot.html, 02.11.2004.
Biatov, K. et al (2003) iFinder – Inhalt-basiertes Medienmanagement, in: Schmidt, R. (Hrsg.) Competence in Content. Proceedings der 25. Online-Tagung der DGI. Frankfurt/Main, 3. bis 5. Juni 2003, Frankfurt/Main 2003, S. 297–311.

Bundenthal, A. (2003) Where's the beef? Was bringen integrierte Produktionssysteme? Info 7 18, Heft 3 (2003), S. 174–176.

Daconta, M.C./Obrst, L.J./Smith, K.T. (2003) The Semantic Web. A Guide to the Future of XML, Web Services and Knowledge Management, Indianapolis 2003.

Dahmen, E. (2001) Klassifikation als Ordnungssystem im elektronischen Pressearchiv, in: Englert, M./Lange, E./Schmitt, H./Stülb, H.G. (Hrsg.) Medien-Informationsmanagement: Archivarische, dokumentarische, betriebswirtschaftliche und Berufsbild-Aspekte, Münster – Hamburg – London 2003, S. 153–163.

DigDok (1997) DigDok Indexierungssystem. Internes Dokument, Gruner + Jahr Pressedokumentation. Hamburg 1997.

Deutsches Rundfunkarchiv (2004) o.T., im Internet: http://www.dra.de, 27.05.2004.

Edmondson, R. (2004) Audiovisual Archiving: Philosophy and Principles. Commemorating the 25th anniversary of the UNESCO Recommendation for the Safeguarding and Preservation of Moving Images. United Nations Educational, Scientific and Cultural Organization, Paris 2004.

Fachgruppe7 (2003) Zwischenstation Fegefeuer: Fernseharchive und Redaktionen auf dem Weg zum digitalen Paradies" Info 7 18, Heft 3 (2003), S. 188–192.

Falkemeier, G./Jahn, R. (2003) Alles wird gut...: Digitale Videowelt und Metadatenfluss bei RTL. Info 7 18, Heft 3 (2003), S. 181–186.

Glöggler, M. (2003) Suchmaschinen im Internet, Berlin 2003.

Harms, M. (1997) Medieninformation: Informationsversorgung in den ABD-Bereichen der Rundfunkanstalten, in: Buder, M., Rehfeld, W., Seeger, T., Strauch, D. (Hrsg.) Grundlagen der praktischen Information und Dokumentation: Ein Handbuch zur Einführung in die fachliche Informationsarbeit, 4. Aufl. Bd. 1, München – New Providence – London – Paris 1997, S. 582–607.

Heimann, K. (2003) Das PresseArchivNetzwerk (PAN) innerhalb der ARD. Info 7 18, Heft 1 (2003), S. 27–34.

Johansen, T. (2001) Preservation of AVA Heritage. Strategies of Audiovisual Archives. FIAT Newsletter, June 2001, im Internet: http://www.fiatifta.org/aboutfiat/news/old/2001/2001-01/07.html, 29.07.2004.

Internet Archive (2004) About the Internet Archive, im Internet: http://www.archive.org/about/about.php?PHPSESSID=2fc293843541ca211b45d13c460ec c5d, 02.08.2004.

Kampffmeyer, U. (2003) Enterprise Content Management : Die unternehmensweite Informationsplattform der Zukunft. Vortrag auf dem IXOS-Kundenforum 2003 am 24.06.2003, im Internet: http://www.project-consult.com/home.asp, 05.08.2004.

Kampffmeyer, U. (2004) 12 Thesen zum ILM Information Lifecycle Management, im Internet: http://www.electronic-office.de/4um/default.cfm?confid=10&gid=-1022891011, 05.08.2004.

Krauß-Leichert, U. (1998) Berufsbild 2000: Bibliotheken und Bibliothekare im Wandel, Berlin 1998.

Kresing-Wulf, F. (2004) Workflow Eigenproduktion Wort: Einführung der Digitalisierung in der Deutschen Welle, in: Info 7 19, Heft 1 (2004), S. 28–31.

Kuhlen, R. (2003) Interessenverflechtungen auf dem Weg zum UN-Weltgipfel zur Informationsgesellschaft. Information Wissenschaft und Praxis 54 (2003), S. 137–148.

Lange, E. (2004) Das Berufsbild des Medienarchivars aus der Sicht der Fachgruppe7, im Internet http://www.fg7.de/berufsbi.html, 27.07.2004.

Leesch, K. (2003) Teilautomatische Erschließung in Pressearchiven: Markt, Produkte, Tests und Anwendungen. Info 7 18, Heft 2 (2003), S. 96–100.

Lehmann, K. (2001) Die Info-Jäger im Dschungel der Daten, in: Der Spiegel, 31.12.2001, Hamburg 2001.

Leuckfeld, S. (2003) Drohender Gedächtnisverlust. In den Archiven der Zeitungsverlage wird an der Kostenschraube gedreht, in: Menschen machen Medien 11 (2003), S. 20–21.

Little, A.D. (2002) Zukunft der wissenschaftlichen und technischen Information in Deutschland, im Internet: http://www.bmbf.de/pub/zukunft_der_wti_in_deutschland.pdf, 26.08.2004.

Manecke, H.-J./Seeger, T. (1997) Zur Entwicklung der Information und Dokumentation in Deutschland, in: Buder, M./Rehfeld, W./Seeger, T./Strauch, D. (Hrsg.) Grundlagen der praktischen Information und Dokumentation: Ein Handbuch zur Einführung in die fachliche Informationsarbeit, 4. Aufl, Bd. 1, München – New Providence – London – Paris 1997, S. 16–60.

Middelhoff, T. (2003) Wege aus der Krise der Medienindustrie, im Internet: http://www.medientage-muenchen.de/archiv/pdf_2003/middelhoff_thomas.pdf, 20.08.2005.

Nagel, S. (2003) DiVA im Workflow: Vorher-Nachher-Analysen zu Einführung und Auswirkung eines Digitalen Vorschauarchivs in der Fernsehdokumentation des Norddeutschen Rundfunks. Diplomarbeit Fachbereich Bibliothek und Information, Hochschule für Angewandte Wissenschaften Hamburg, Hamburg 2003.

Nelke, P. (2002) Anforderungen an ein Metadaten-Konzept für eine digitale Produktionsumgebung bei ARD-aktuell, Diplomarbeit Fachbereich Bibliothek und Information, Hochschule für Angewandte Wissenschaften Hamburg, Hamburg 2002.

ODLIS Online Dictionary for Library and Information Science (2004) o.T., im Internet: http://lu.com/odlis/odlis_m.cfm#morgue, 22.07.2004.

Open Archives Initiative (2004) o.T., im Internet: http://de.wikipedia.org/wiki/Open_Archives_Initiative, 02.08.2004.

Peters, G. (2003a) Medienbetriebe in der Krise: Mediendokumentation ohne Abnehmer?, in: Info 7 18, Heft 2 (2003), S. 70–75.

Peters, G. (2003b) Verschlagwortung und automatische Verfahren in der Gruner + Jahr Dokumentation, im Internet: http://archiv.tu-chemnitz.de/pub/2003/0064/data/peters.pdf, 11.03.2003.

PMG Presse-Monitor (2004) o.T., im Internet: http://www.pressemonitor.de, 11.08.2004.

Rapke, K. (2001) Automatische Indexierung von Volltexten für die Gruner + Jahr Pressedatenbank, in: Schmidt, R. (Hrsg.) Information Research & Content Management: Orientierung, Ordnung und Organisation im Wissensmarkt. Proceedings der 23. Online-Tagung der DGI und 53. Jahrestagung der Deutschen Gesellschaft für Informationswissenschaft und Informationspraxis e. V. DGI. Frankfurt am Main, 8. bis 10. Mai 2001. Frankfurt am Main 2001, S. 321–342.

Rosenfeld, L./Morville, P. (1998) Information Architecture for the World Wide Web, Sebastopol 1998.

Sachau, M. (2001) Medien, Information, Management : Zum Berufsstart Hamburger Information Professionals, in: nfd 52 (2001) S. 277–282.

Samulowitz, H./Ockenfeld, M. (2003) Bibliothek und Information – eine unendliche Geschichte, in: IWP 54 (2003) S. 453–463.

Schmid, K. (2004) Creative Commons Launch in Deutschland, in: Telepolis, im Internet: http://www.heise.de/tp/deutsch/special/vos/17648/1.html, 14.06.2004.

Schmidt, R. (2000) Medien-Informationsmanagement: Praxis – Projekte – Präsentationen, Potsdam 2000.

Schmidt, R. (2000) Projektteam Mediendokumentation: Schnittstellenkompetenz in der New Media-Branche: Informationsorganisation und Wissensmanagement als Arbeitsfeld, Materialien zur Information und Dokumentation Bd. 11, Potsdam 2000.

Schmidt, R. (2003) Mirador Mediendokumentation: Übersicht und Ausblick auf die Ausbildungslandschaft, in: Info 7 18, Heft 3 (2003), S. 161–166.

SNIA Storage Networking Industry Association (2004) ILM-Overview, im Internet: http://www.snia.org/tech_activities/dmf/ILM_Solutions_Conference/ILM_Overview/, 05.08.2005.

Stock, M./Stock, W.G. (2003) Wirtschaftshosts – Dialog, Factiva, GBI und GENIOS im Qualitätsvergleich: Online-Hosts für Wirtschaft und News auf dem deutschen Informationsmarkt. Eine komparative Analyse, in: Password 08 (2003) S. 29–34.

Thomas, P. (2003) Vision und Umsetzung: das Projekt Digitales Archiv für Programmbestände im ZDF, in: Info 7 18, Heft 3 (2003) S. 177–180.

Weischenberg, S. (2003) Darwin, Riepl oder...? Funktionsdifferenzierung und Qualität der Medien in der Krise, in: Info 7 18, Heft 1 (2003) S. 9–14.

Viertes Kapitel: Die Gestaltung

Interview mit Yu-Li Liu

Prof. Yu-Li Liu, National Chengchi University, Taipeh (Taiwan)

What is from your individual point of view the most important question media management in day-to-day practice has to deal with?

For newspapers, one important question is comparing the headline news and the exclusive news. Another important question is to check newspapers' advertisement and to compare with the competitors' ads.

For TV stations, the TV ratings and the exclusive news are important in day-to-day practice.

What is the most important answer media management in theory has given in the last year?

The most important topics cover strategic management, strategic alliance, co-opetition, objective management, manpower and resource management.

Media businesses can be divided into production and distribution businesses. The link between these two stages of the value chain is the process of licensing and regulation. How are these aspects affected by convergent media markets?

In the concrete example of Taiwan, the facility-based telecom companies asked the government to deregulate the market. They wished to operate freely, especially when they wanted to provide new services. When the incumbent company, Chunghwa Telecom, started to provide IPTV (Internet Protocol TV) service, there was a debate about how to regulate this converged new service. The cable TV industry felt a big threat about this new service.

To what extent can principles of industrial production be transferred to the media business – can standardization and formalization increase productivity? Does an overall cost leadership strategy work for media companies?

Most of the big media companies passed the ISO (International Organization of Standardization) test about service quality. They also follow the SOP (Standard Operation Procedure). However, standardization and formalization can not increase productivity for media content. It is very helpful for storing the data (or tapes) and retrieving the data (or tapes). It is also good for the databank or film library. In the multichannel environment, some media adopt differentiation strategy or niche strategy. It's very difficult to apply standardization and formalization to increase productivity for the media product.

How do you see the professionalism in the media industry and how would you measure the professionalism of a media company?

First of all, we have to define which aspect of the media industry the question ist about. Generally speaking, professionalism means to have professional knowledge, skills, and attitudes. Also, it is very important to integrate all the knowledge and skills to the performance. To build its core competence and to accumulate its branding are also important.

Taiwan has the second highest DSL penetration in the world – do media companies make use of this infrastructure by producing specific business models for this paying special attention to the features of the internet (interactivity, ubiquity, multimedia, asynchrony), for example in providing news?

Some TV stations use the telecom companies' fiber line to transmit their signals from abroad or further distance. Some build their own websites to expect more exposure or revenue. Some provide content to the web content providers to share revenues with the broadband content aggregators. With the technology of wi-fi and wi-max, some content providers will cooperate with the mobile phone companies to provide the content and to generate more revenue. Chunghwa Telecom can provide VOD service with their DSL line. It is considered a multimedia and interactive service.

Does a market for web media exist in Taiwan and do media produce specially tailored products?

Yes, there is a market. However, the revenue is not very big. Some media produce specially tailored products, but they produce not many of this kind of products. When the web users (consumers) are willing to spend more money for the web content, the web media will consider investing more money for the specially tailored products.

Please tell us which theory is most relevant in your research of media management. Which is the most applicable theory for managers?

The most relevant theories for me are Porter's Five Forces Competition theory, co-opetition theory, strategic management and SCP (Structure-conduct-performance).

Objective management, knowledge management and resource management also play a role in my research.

What (else) should a student in the field of media management learn?

Important topics are law , economics, accounting, psychology, management, communications, advertising, public relations and new technology.

Personalmanagement – Besonderheiten und Aufgaben in Medienunternehmen

Cinzia Dal Zotto

1 Einführung 493
2 Bedeutung des Personalmanagements in der Medienbranche 493
3 Bedeutung spezieller personalwirtschaftlicher Felder 496
   3.1 Personalplanung 496
   3.2 Personalführung und Motivation 499
   3.3 Vergütung 500
4 Drei Fallbeispiele 501
   4.1 Der Fall Zeitung A 501
      4.1.1 Organisation der Personalabteilung und Personaltypen 501
      4.1.2 Personalplanung, -beschaffung und -auswahl 502
      4.1.3 Personalführung 503
      4.1.4 Personalvergütung 504
      4.1.5 Personalentwicklung 504
      4.1.6 Fazit 504
   4.2 Der Fall Zeitung B 505
      4.2.1 Organisation der Personalabteilung und Personaltypen 505
      4.2.2 Personalplanung, -beschaffung und -auswahl 506
      4.2.3 Personalführung 507
      4.2.4 Personalvergütung 508
      4.2.5 Personalentwicklung 508
      4.2.6 Fazit 509
   4.3 Der Fall Verlagskonzern C 509
      4.3.1 Organisation der Personalabteilung und Personaltypen 509
      4.3.2 Personalplanung, -beschaffung und -auswahl 510
      4.3.3 Personalführung 511
      4.3.4 Vergütung 511
      4.3.5 Personalentwicklung 511
      4.3.6 Fazit 512
   4.4 Fallstudienvergleich 512
5 Diskussion und Schlussfolgerung 514
Literaturverzeichnis 515

Vorschau

Personalmanagement

In diesen Beitrag erfahren Sie, wie Personalmanagement in Medienunternehmen ausgestaltet wird. Dabei werden insbesondere die Personalmanagementfelder Personalplanung, Personalführung und Motivation sowie Vergütung diskutiert. Hierbei werden die Besonderheiten und Herausforderungen hervorgehoben, vor denen das Personalmanagement in Medienunternehmen steht.

Fallstudien zur Personalarbeit

In dem Beitrag werden ausführlich drei Fallstudien präsentiert, die jeweils auf die Ausgestaltung der Personalmanagementfelder abstellen.

Defizithypothese

Im Beitrag wird festgestellt, dass in Medienunternehmen der Bereich Personalmanagement bislang vernachlässigt wird, obwohl dies dringend notwendig wäre. Personalmanagement wird in der Medienbrache bei weitem nicht in dem Maße als Erfolgsfaktor angesehen wie diese in anderen Branchen bereits seit längerem der Fall ist.

1 Einführung

Bevor man die Besonderheiten des Personalmanagements in Medienunternehmen analysiert, ist eine Abgrenzung von Medienunternehmen und Medienbranche erforderlich. Wenn als Abgrenzungskriterium die Leistungsausrichtung der Unternehmen herangezogen wird, gehören zur Medienbranche alle Unternehmen, die Medienprodukte erstellen und/oder auf Märkten absetzen. Dabei können Medien als Einrichtungen für die Vermittlung von Meinungen, Informationen oder Kulturgütern definiert werden (vgl. Wirtz 2000). In der Regel fallen hierbei nur Massenmedien unter den Gegenstand der Betrachtung, das heißt Medien, die einen Absender und eine unbekannte Anzahl an Empfängern haben („One-to-Many-Kommunikation"), wie Zeitungen, Zeitschriften, Bücher, Radio und Fernsehen. Die besonderen technischen Merkmale des Internet ermöglichen zum einen, selbst im Bereich der klassischen Medien, eine „One-to-One-Kommunikation". So ist es zum Beispiel möglich, Lesern eine personalisierte Zeitung bereitzustellen. Zum anderen gibt es im Internet zahlreiche Unternehmen, die das neue Medium zur Übertragung von Information und Unterhaltung nutzen, deren eigentlicher Unternehmenszweck jedoch in einem anderen Bereich liegt (vgl. Zimmer 1999). Die Grenzen zwischen Medien-, Computer- und Telekommunikationsprodukten werden immer fließender und damit die Abgrenzung der für die Medienbranche relevanten Märkte schwieriger (vgl. Wirtz 2000; Schumann/Hess 2000). Das Personalmanagement in der Medienbranche befasst sich mit der strategischen und operative Führung des Personals unter besonderer Berücksichtigung des medienspezifischen Umfeldes und der Besonderheiten der Medienprodukte.

2 Bedeutung des Personalmanagements in der Medienbranche

Das Management, und daher auch das Personalmanagement, von Medien- und Internet-Unternehmen muss nicht nur dieses erweiterte Wettbewerbsumfeld berücksichtigen, sondern es unterliegt auch Rahmenbedingungen, die sich teilweise erheblich von anderen Sektoren der Wirtschaft unterscheiden. Medienunternehmen stehen erstens aufgrund ihrer besonderen gesellschaftlichen Verantwortung unter der Aufsicht des Staates, da sie durch die

Verbreitung von Inhalten eine gesellschafts- und demokratierelevante Öffentlichkeitsform schaffen (vgl. Wirtz 1994). Zweitens agieren Medienunternehmen auf spezifischen Märkten: Da die erbrachte Leistung ein Leistungsbündel aus Information und Unterhaltung (Inhalten) einerseits und Werberaum andererseits darstellt, stehen sie mehreren Beschaffungs- und Absatzmarktsegmenten gegenüber. Für die Inhalte sind die Konsumenten- oder Rezipientenmärkte relevant (vgl. Ruhrmann 1999, Hagen 1999). Die Werberaumleistung hingegen wird auf Werbemärkten mit der werbungtreibenden Wirtschaft gehandelt (vgl. Siegert 1999). Medienunternehmen stellen drittens Inhalte in der Regel nur zum Teil in Eigenproduktion her. Sowohl im Informationsbereich als auch im Unterhaltungsbereich sind deshalb auch die Beschaffungsmärkte von Medienunternehmen teilweise von erheblicher Bedeutung. Allerdings haben die Beschaffungsmärkte für Inhalte noch eine weitere Besonderheit, da sie zumindest teilweise auch Absatzmärkte für Medienunternehmen darstellen. Neben den Inhaltebeschaffungsmärkten sind Medienunternehmen noch auf weiteren Beschaffungsmärkten, wie zum Beispiel Finanzmärkten oder Personalmärkten aktiv.

Der Erfolg der Medienunternehmen auf den Werbe-, Inhaltebeschaffungs- und Rezipientenmärkten hängt von der Verfügbarkeit geeigneter Personalressourcen ab, wobei diese wiederum von der finanziellen Ressourcen der Unternehmen beeinflusst werden. Zwischen allen Märkten existieren also starke Interdependenzen, wenn auch von unterschiedlicher Intensität. Ferner findet der Wettbewerb zwischen Medienunternehmen auf allen oben beschriebenen Märkten gleichzeitig statt (vgl. Seufert 1999; Schumann/Hess 2000). Diese multidimensionale Interdependenz der Medienmärkte wirkt nicht nur auf die allgemeine Führung sondern auch auf das Personalmanagement in Medienunternehmen.

Für diejenige Unternehmen, die in dynamischen Märkten tätig sind, stellen Kenntnisse und Fähigkeiten des Personals einen kritischen Erfolgsfaktor dar. Da Medienunternehmen in einer technologie- und wissensabhängigen Umwelt existieren und die Nachfrage in den Medienmärkten sehr volatil ist, werden Medienunternehmen nur dann einen Wettbewerbsvorteil erzielen, wenn ihre Beschäftigten im Vergleich mit den Wettbewerbern eine höhere Kompetenz bei der Nutzung von Technologien und bei der Schaffung von Wissen und Unterhaltung besitzen. Die Beschaffung von kompetentem Personal und die Personalentwicklung stellen daher zwei wesentliche Felder des Personalmanagements in Medienunternehmen dar. Ob ein Medienunternehmen in einer dynamischen Umwelt zum „Market Leader" oder „Market Follower" wird, hängt von seinem Innovationsgrad ab. Nur durch Innovation können Medienunternehmen die Nachfrage und dadurch ihre Gewinnfähigkeit erhöhen (vgl. Picard 2002). Solche Innovationen werden aber durch das Personal von Medienunternehmen geschaffen und voran getrieben. Die kombinierte Investition in Humankapital sowie Forschung und Entwicklung neuer Produkte und Dienstleistungen fördert Innovationen und unterstützt das Wachstum von Medienunternehmen.

Die Spezifität der personalwirtschaftlichen Funktionen innerhalb der Medienunternehmen hängt von der Volatilität, der Dynamik und den spezifischen erbrachten Leistungen ab. Der Grad der Spezifität variiert aber mit der Größe des Unternehmens. Wenn zum Beispiel für Großunternehmen die Personalfreisetzung wegen der hohen Elastizität der Nachfrage und der Volatilität des Produktes eine wichtige Rolle spielt, arbeiten kleine Medienunternehmen mit wenigen festen Mitarbeitern, so dass die Personalfreisetzung kaum in Frage kommt. In großen Medienunternehmen weist die Personalführung eher Ähnlichkeiten mir der Personalführung in Unternehmen anderer Branchen auf, während sich in kleinen Unternehmen die Personalführung auf die Beziehung zwischen Unternehmen und freien Mitarbeitern konzentriert und somit eine einfachere und klarere Form übernimmt. Das Gleiche gilt, wenn man die Vergütung in großen und kleinen Unternehmen der Medienbranche mit der in anderen Branchen vergleicht. Ferner spielt auch bei Medienunternehmen die Motivation der Mitarbeiter eine wichtige Rolle. Wenn keine intrinsische Motivation vorhanden ist, wird es schwieriger, die festen Mitarbeiter extrinsisch zu motivieren. Freiberufliche Mitarbeiter lassen sich eher extrinsisch motivieren, da die Erneuerung ihrer Arbeitsverträge von der erbrachten Leistung abhängt. Die Unternehmensgröße und die Form des Arbeitsvertrags stellen also zusätzliche Faktoren dar, die die Spezifität dieser dynamischen und volatilen Branche charakterisieren. Schließlich stellt sich die Frage, ob die Charakteristika der Medienbranche ein strategisches Personalmanagement erlauben oder aber ob das Personalmanagement eine Funktion der „Bricolage-Fähigkeiten" des Unternehmers darstellt (vgl. Ciborra 2002; Ivanov/Ciborra 1998). Man könnte diese Fähigkeiten auch durch Improvisationstalent umschreiben.

Bis heute hat sich die Literatur mit dem Problem des Personalmanagements in Medienunternehmen nicht beschäftigt. Ziel dieses explorativen Aufsatzes ist es daher, die Besonderheiten des Personalmanagements in Medienunternehmen aufzuzeigen und mögliche Hypothesen für seine strategische Orientierung auszuarbeiten. Zunächst werden die Personalplanung und die personalwirtschaftlichen Felder im allgemeinen erläutert, um einen theoretischen Bezugsrahmen zu gewinnen. Dann werden die Besonderheiten dieser Felder in der Medienbranche anhand von drei Fallstudien herausgearbeitet. Die Ergebnisse der Fallstudien werden heuristisch benutzt, um Hypothesen zum Aufbau eines Bezugsrahmens für das Personalmanagement in Medienunternehmen zu formulieren.

3 Bedeutung spezieller personalwirtschaftlicher Felder

3.1 Personalplanung

Da ein arbeitsteiliges Unternehmen ohne Personal unvorstellbar ist, muss das Unternehmen für die Bereitstellung dieses Personals sorgen. Die Personalbereitstellung wäre problemlos, wenn Personal zu beliebigen Zeitpunkten in beliebiger Menge mit jeder gerade gewünschten Qualifikation beschafft werden könnte. Geeignetes Personal kann aber in Abhängigkeit von der gesuchten Qualifikation und der Anspannung des Arbeitsmarkts knapp sein. Diese Knappheit, die mit der Qualifikation des gesuchten Personals steigt, kann nur durch

- Beschaffung von Personal auf dem externen oder internen Arbeitsmarkt,
- Ausbildung sowie
- Fortbildung von noch nicht qualifizierten Mitarbeitern

überwunden werden (vgl. Berthel 1997; Drumm 2000). Das Unternehmen ist in diesen Fällen gezwungen, sich frühzeitig mit der Ermittlung von zukünftig erforderlichen Qualifikationen des Personals und mit der Bestimmung der Menge des zur Leistungserstellung benötigten Personals zu befassen. Schon mit der Gründung entsteht die Notwendigkeit einer Personalplanung. Sie setzt sich fort, wenn das Unternehmen in einem turbulenten Umfeld tätig ist, an das es sein Leistungsprogramm anpassen muss. Wachstumsprozesse des Unternehmens lösen in der Regel einen Personalbedarf aus, der durch Planung vorbereitend gedeckt werden muss. Durch Schrumpfungsprozesse wird dagegen Personal freigesetzt, das in anderen Positionen versetzt oder entlassen werden muss. Die negativen ökonomischen und sozialen Folgen beider Alternativen können durch Personalplanung gemildert werden, indem die Freisetzung rechtzeitig vorbereitet wird. Personalplanung ist somit einer der wichtigsten Funktionen zur Sicherung des Erfolgsfaktors Personal. Die mit der Personalplanung verbundenen Entscheidungsaktivitäten können nach dem Zweck der Entscheidung, das heißt nach fünf personalwirtschaftlichen Feldern, differenziert werden. Diese Felder sind die Personalbedarfs-, Personalfreisetzungs-, Personalbeschaffungs-, Personalausbildungs- sowie Personalentwicklungsplanung (vgl. Berthel 1997; Bühner 1994; Drumm 2000).

Aus Sicht der personalwirtschaftlich orientierten Transaktionskostentheorie ist die gesamte Personalplanung ein Block vorbereitender Transaktionen für den Vertragsabschluss zwischen Unternehmen und Personal (vgl. Eigler 1996; Drumm 2000). Dieser Block von Transaktionen lässt sich nach Anbahnungs- und Vorbereitungsaspekten in Transaktionen verschiedener Ebenen zerlegen. Dem Abschluss des Arbeitsvertrags sind zu dessen Ausfüllung die Personalentwicklungsplanung und -entwicklung sowie die Personalfreisetzungsplanung und -freisetzung zur Korrektur fehlerhafter Verträge nachgelagert. Die Transaktionen vor Vertragsschluss dienen der Vorbereitung eines möglichst perfekten Arbeitsvertrags: Die Personalauswahl wäre zum Beispiel der Vorläuferschritt des Vertragsabschlusses, die Personalbeschaffung (dem die Personalplanung vorausgeht) der Vorläuferschritt der Personalauswahl. Aus der Sicht des betrachteten Schritts, das heißt des Arbeitsvertrags, stellt der Vorgängerschritt eine Transaktion der Anbahnung, der Nachfolgeschritt eine Transaktion der Kontrolle dar. Je präziser und angemessener die Transaktionen der Anbahnung ausgeführt werden, desto weniger notwendig werden die Transaktionen der Kontrolle und Fehlerkorrektur (vgl. Picot 1982; Williamson 1985; Oechsler 2000). Das bedeutet, dass je höher die Transaktionskosten der Anbahnung sind, desto niedriger werden auch die Transaktionskosten der Kontrolle sein. Wenn man versucht durch sorgfältige Personalbeschaffung und -auswahl Mitarbeiter mit den erwünschten Qualifikation und Eigenschaften einzustellen (vgl. Elsik 1992), nimmt die Wahrscheinlichkeit, eine Korrektur des Arbeitsvertrags durch Personalentwicklung oder -freisetzung vornehmen zu müssen, deutlich ab (vgl. Drumm 2000). Im allgemeinen müsste aber die Summe aller mit dem Abschluss eines Arbeitsvertrags verbundenen Transaktionskosten bei gegebenem Transaktionsertrag minimiert werden. Im folgenden werden Ansätze zur Minimierung der Transaktionskosten für die einzelnen personalwirtschaftlichen Felder skizziert.

Ziel der Personalbedarfsplanung ist die Bestimmung des qualitativen und quantitativen Bedarfs an Personal, das zur Verwirklichung gegenwärtiger und zukünftiger Leistungen eines Unternehmens benötigt wird (vgl. Berthel 1997; Bühner 1994; Drumm 2000). Insbesondere die qualitative Personalbedarfsplanung liefert einen Bezugsrahmen dafür, wie offene Arbeitsverträge abgefasst und ausgefüllt werden können. Transaktionskosten der Kontrolle und Fehlerkorrektur können reduziert werden, wenn Stellen und Personalkategorien geschaffen werden, die motivierend auf die zukünftigen Stelleninhaber wirken (vgl. Drumm 2000).

Die Personalfreisetzungsplanung dient der Ermittlung und dem reaktiven oder antizipativen Abbau von Personalüberhängen (vgl. Drumm/Scholz 1988). Aus transaktionskostentheoretischer Sicht stellt sie eine Transaktion zur Anpassung eines unbestimmten Arbeitsvertrags an langfristig nicht vorhersehbare Änderungen von Aufgaben und Arbeitsmengen dar (vgl. Eigler

1996). Die Suche nach Verwendungsalternativen für das freigesetztes Personal löst Transaktionskosten der Freisetzung aus. Die Transaktionskosten reaktiver Freisetzung sind niedrig, da die dominante Verwendungsalternative die Entlassung darstellt und daher planerischer Aufwand weitgehend entfällt. Antizipative Freisetzung löst dagegen hohe Transaktionskosten, ist aber mit positive Wirkungen auf die soziale Unternehmensziele und auf die Reputation des Unternehmens verbunden. Letztere Wirkungen können im Rahmen eines Personalmarketing bei späterer Personalbeschaffung genutzt werden.

Die Personalbeschaffungsplanung sorgt für eine rechtzeitige Bereitstellung von benötigtem Personal. Das umfasst die Anwerbung, Auswahl und Einstellung sowie die Einarbeitung des Personals in die neue Stellen (vgl. Oechsler 2000; Drumm 2000). Eine transaktionskostenminimale Personalbeschaffung ist dann erreicht, wenn ihre planerische Vorbereitung bei gegebenem Beschaffungserfolg als Transaktionsertrag minimiert wird. Das ist eher bei interner als bei externer Personalbeschaffung der Fall. Interne Personalbeschaffung erfolgt durch Personalausbildung und Personalentwicklung. Dadurch baut das Unternehmen die benötigten Fähigkeitspotentiale selbst auf. Personalentwicklung dient aber auch der Erfüllung von individuellen Zielen des Personals zur Weiterbildung und der institutionelle Verstetigung des Lernens. Aus transaktionskostentheoretischer Sicht stellt die Personalentwicklung eine Transaktion dar, durch die ein unbestimmter Arbeitsvertrag nach Abschluss ausgefüllt werden muss (vgl. Eigler 1996). Die Transaktionskosten der Personalentwicklung werden minimiert, je präziser der Arbeitsvertrag durch sorgfältige Personalbedarfs- und Personalbeschaffungsplanung abgeschlossen werden kann.

In Zeiten von raschem Technologiewandel und immensem Innovationsschub fluktuiert das Personal innerhalb von Branchen und zwischen verschiedenen Standorten relativ stark. In diesem Umfeld befindet sich auch die Medienbranche, die letztlich die Freisetzung von überhängendem Personal und in der Regel gleichzeitig die Beschaffung von Mitarbeitern mit sehr spezifischen Kenntnissen und Fähigkeiten managen muss. Es geht um eine junge Branche mit wenig Krisenerfahrung, hohem Anteil an freiberufliche Mitarbeiter, kurzen Innovationslebenszyklen bei den hergestellten Produkten und Dienstleistungen sowie einer projektorientierten Organisationsform. Die Beschäftigten sind meistens Akademiker und Quereinsteiger, die freigesetzt werden, wenn sie keine anpassende Kompetenz mehr besitzen, die aber durch eine zielorientierte Entwicklung weiterverwendet werden könnten. Unter diesen Bedingungen wird erwartet, dass Medienunternehmen wegen der Spezifität der gesuchten Personalressourcen Personalbedarfsplanung betreiben, mit steigender Anzahl der Festangestellten weitgehend eine Personalfreisetzungsplanung einführen und zur Minimierung falscher Akquisitionen auf Personalbeschaffungsplanung nicht verzichten. Eine strategische Personalplanung fehlt zwar nach Ansicht von Experten (vgl. Klebon 2002; Benkert 2002). Sie erscheint aber hier in transaktionskostentheoretischer Sicht als sinnvoll, da sie den Abschluss und die Ausfüllung von Arbeitsverträgen in der Zukunft erleichtern kann.

3.2 Personalführung und Motivation

Unter Personalführung wird die zielorientierte Beeinflussung des Mitarbeiterverhaltens durch den Vorgesetzten verstanden. Personalführung besitzt zwei Dimensionen in den Formen der Personenorientierung und der organisatorischen Sachorientierung. Personenorientierte Führung legt den Schwerpunkt des Führungshandels auf die Motivation und emotionale Unterstützung der Mitarbeiter. Gegenstände des Führungshandelns bei sachorientierte Führung sind dagegen Zuweisung von Aufgaben, Leitung und Anleitung der Mitarbeiter sowie deren fachliche Unterstützung bei der Aufgabenlösung. Führungstheorien und -konzeptionen bauen auf Motivationstheorien auf und enthalten Handlungsanweisungen für Vorgesetzte. Sie knüpfen explizit oder implizit an bestimmten Bildern vom Mitarbeiter als Menschen an, indem sie bestimmte Bedürfnisstrukturen und Werthaltungen unterstellen. Dadurch können diese Theorien Aussagen dazu machen, wie und mit welchen Mitteln ein Mensch in einer bestimmten Situation von seinem Vorgesetzten beeinflusst werden kann oder soll, um zielorientiert zu handeln. Aus transaktionskostentheoretischer Sicht trägt die Personalführung durch Verhaltensbeeinflussung und -korrektur zur Ausfüllung unvollkommener oder fehlerhafter Arbeitsverträge bei. Die Minimierung der Kosten dieser Transaktion hängt von der Führungssituation ab (vgl. Eigler 1996). Unter den situativen Variablen haben Qualifikation, Selbständigkeit und Lernfähigkeit von Mitarbeitern besonderen Einfluss auf die Kompatibilität der Führungsinstrumente mit den Leitideen der Abhängigkeit, der Partizipation und Kooperation sowie der Autonomie: Je positiver die Ausprägung der drei situativen Variablen ist, desto leichter kann das Leitbild der Abhängigkeit durch das der Partizipation und dieses wiederum durch das der Autonomie ersetzt werden (vgl. Berthel 1997; Bühner 1994; Drumm 2000). Je mehr die Leitideen für die Führungskonzeption die situative Variablen ansprechen, desto niedriger sind die Transaktionskosten der Kontrolle des Führungserfolgs und der Fehlerkorrektur bei falscher Wahl der Leitidee (vgl. Eigler 1996; Drumm 2000). In der Medienbranche ist die geforderte Qualifikation bei dem Personal im Wertschöpfungsprozess in der Regel sehr hoch. Man kann ferner vermuten, dass das Personal in Medienunternehmen, um mit der Dynamik der Umwelt zurecht zu kommen, relativ selbständig arbeitet und hoch lernfähig sein muss. Unter diesen Umständen wird sich in Medienunternehmen die Leitidee für eine transaktionskostenminimierende Führungskonzeption zwischen Partizipation und Autonomie bewegen.

3.3 Vergütung

Die Vergütung des Personals verfolgt drei Hauptziele (vgl. Drumm 2000; Oechsler 2000):

- dem Personal einen angemessenen Gegenwert für bereits oder noch zu erbringenden Leistungen zu geben,
- den Mitarbeitern einen Anreiz bereitzustellen, im Unternehmen zu verbleiben und
- durch zukünftige Leistungen unbestimmte Arbeitsverträge auszufüllen.

Um diese Ziele zu erreichen, soll die Vergütung möglichst von Art, Qualität und Quantität der Leistungen abhängen. Die Wahl der geeigneten Vergütungshöhe und -form stellt eine Aufgabe der Personalführung dar. Transaktionskostenminimierend wirkt insbesondere die gespaltene Vergütung (vgl. Drumm 2000): Diese sieht eine feste Grundvergütung für die Bereitstellung des Leistungspotentials und eine variable Vergütungskomponente für die Erbringung einer Leistung vor. Da die von Medienunternehmen hergestellten Produkte und Dienstleistungen in Abhängigkeit von der sehr dynamischen Umwelt hoch variieren, scheint die gespaltene Vergütung auch für Medienunternehmen als Leistungsanreiz und zur Minimierung der Transaktionskosten einsetzbar. In den drei folgenden Punkten werden drei Fallstudien analysiert, um die Besonderheiten des Personalmanagement in Medienunternehmen zu explorieren.

4 Drei Fallbeispiele

4.1 Der Fall Zeitung A

4.1.1 Organisation der Personalabteilung und Personaltypen

Der Verlag A ist mit seiner Mediengruppe eine Konzernholding für eine Reihe von Gesellschaften, zu der auch die Zeitung A (ZA) als Untergesellschaft gehört und Objekt unserer Analyse sein wird. Alle dezentralen Konzerngesellschaften haben ihre eigene zentrale Personalabteilung, in der jeweils das operative Personalgeschäft betrieben wird. Jede dieser vier dezentralen Personalabteilungen besitzt einen Personalchef als Leiter des operativen Personalgeschäfts. Unterhalb der dezentralen Personalabteilung gibt es Personalreferenten. Diese Organisation wird keineswegs als branchentypisch gekennzeichnet sondern ist eher für die Konzernstruktur typisch. Der Grund für diese Organisation besteht darin, dass sich die Führungskräfte im Verlagsgeschäft die personalwirtschaftliche Betreuungsarbeit nicht leisten können. Unter allen Personalgruppen ist die Betreuungsintensität bei den Redakteuren am höchsten.

Man kann insbesondere in der ZA drei Typen von Personal unterscheiden. Der erste Typ sind die Redakteure, die als flippig, gelegentlich chaotisch, individualistisch und für ihre Arbeit hoch qualifiziert eingestuft werden. Die zweite Gruppe sind die Drucker im Druckzentrum des Konzerns, das vorzugsweise für die ZA arbeitet. Diese werden als nicht betreuungsintensiv eingestuft. Als dritte Gruppe sind die Verwaltungskräfte zu nennen, denen keine Besonderheiten personalwirtschaftlicher Art zugeschrieben werden. Die hohen Freiheitsgraden der Redakteuren sind mit der hohen intellektuellen und professionellen Selbstständigkeit zu erklären. Zusätzlich versucht man so die besten Schreiber an die ZA zu binden. Viele dieser Autoren empfinden sich primär als Schreibkünstler und nur sekundär als Redakteure. Dies äußert sich unter anderem auch darin, dass von den Redakteuren kaum jemand bereit ist im Außendienst für eine der Regionalausgaben der ZA zu arbeiten. Dies wird von Redakteuren als zu trivial empfunden. Der Chefredakteur hat Rahmenkompetenzen bei der Festlegung des täglichen Publikationsprogramms, die er aber nicht autoritär wahr nimmt. Dennoch ist der Chefredakteur die einzige Person unter allen Redakteuren die das Autonomieprinzip für die Redakteure begrenzen kann. Wenn dies geschieht, so vorzugsweise im Interesse des Produkts „Zeitung".

Unter den in der ZA beschäftigten Redakteuren stellen die Internetredakteure eine besondere Personalgruppe dar. Sie sind verantwortlich für die Füllung der Internet-Websites der ZA mit Nachrichten und Ausschnitten aus der Zeitung selbst. Sie müssen deutlich schneller in ihren Reaktionen und ihren Anpassungsfähigkeiten gegenüber sich ändernden Nachrichtenlagen sein, als die Zeitungsredakteure. Ferner ist hervorzuheben, dass sie für die Präsentation von Nachrichten im Internet besonders ausgebildet sein müssen, was ihre Auswahl deutlich beeinflusst. Eine Substitution zwischen Zeitungs- und Internetredakteuren ist daher nicht möglich.

4.1.2 Personalplanung, -beschaffung und -auswahl

Da die Verlagsgruppe in Folge des Rückgangs von Anzeigengeschäft und Auflagen in eine wirtschaftlich schwierige Lage geraten ist, wird der Konzern innerhalb der letzten drei Jahre massiven Restrukturierungsbemühungen unterworfen. Im Rahmen dieser Bemühungen wurden allein rund 1.000 Mitarbeiter entlassen. Derzeit gibt es eine Personalplanung allenfalls als Freisetzungsplanung, um mit der in der Vergangenheit bedrohlichen Insolvenz auch in Zukunft besser fertig zu werden. Wachstumsplanungen sind für die nächste Zeit ausgeschlossen. Insgesamt ist festzustellen, dass es keine systematische Personalplanung gibt. Dies ist nicht nur für die ZA, sondern für alle großen Zeitungen und Zeitschriften typisch.

Für die Drucker und Verwaltungsangestellten gibt es keine branchenspezifischen Beschaffungs- und Auswahlprozesse. Zur Rekrutierung der Redakteure kommt ein nicht nur branchenspezifisches, sondern insbesondere für eine führende Tageszeitung spezifisches Verfahren zum Zug. Es gibt zwar Volontäre, diese werden aber nach Abschluss des Volontariats kaum übernommen. Normalerweise kennen sich die Top-Journalisten unter den wenigen konkurrierenden Blättern untereinander ziemlich gut. Wenn bei den Konkurrenzblättern eine Person entdeckt wird, die sich durch besonders gut geschriebene Artikel vom Rest der Redakteure positiv abhebt, so wird diese Person vom Chefredakteur angesprochen und auf Wechselwilligkeit hin getestet. Diese Form der Akquisition durch Abwerbung ist heute typisch für alle großen Tageszeitungen und Wochenjournale. Die Gegenstrategie zum Halten der eigenen Redakteure besteht darin, dass man ihnen große Freiräume einräumt und sie als besondere Persönlichkeiten respektiert. Die Bezahlung ist für diese Personengruppe weniger wichtig als die praktizierbare Professionalität bei der Gestaltung der Zeitung selbst. Diese Kultur der Autonomie wird als typisch für die ZA hervorgehoben.

Die Auswahl der Bewerber unter den Redakteuren erfolgt nach zwei Gesichtspunkten. Der erste ist die fachliche Expertise und Professionalität beim Schreiben, die man bereits bei den Konkurrenzprodukten beobachtet hat. Das zweite Kriterium ist die Einordnung der neuen Mitarbeiter in die Unternehmungskultur bei ZA. Diese Unternehmungskultur wird als individualistisch, hoch professionell bis artistisch, künstlerisch und autonomieorientiert umrissen. Ferner gibt es immer wieder Konflikte zwischen den Redakteuren. Die Prüfung der neuen Mitarbeiter erfolgt also unter dem Aspekt ihres Umgangs mit Konflikten und des Umgangs mit den übrigen Redakteurskollegen.

Ein Auswahlproblem für ZA stellt die Rekrutierung von Redakteuren für Regionalausgaben dar, da „niemand in die Provinz will". Ein weiteres Problem hat sich erst in jüngster Zeit ergeben, weil die bisher starke Produktfokussierung auf die Zeitung selbst durch eine langsam zunehmende Kunden und Marktfokussierung ergänzt worden ist: von einer Verdrängung kann man aber noch nicht reden. Selbstverständlich ist die Kundenfokussierung im Vertrieb und im Anzeigengeschäft am stärksten. Das hat Auswirkungen auf die Auswahl des dort beschäftigten Personals.

4.1.3 Personalführung

Führungsprobleme und Motivationsprobleme im klassischen Sinn existieren in der Personalgruppe der Redakteure nahezu überhaupt nicht. Es wird hervorgehoben, dass das Produkt Zeitung selbst motiviert: Ein klassisches Beispiel für intrinsische Motivation. Alle Redakteure haben höchst professionelles Interesse daran, eine sehr gute Zeitung herzustellen, für die dann Kunden gefunden werden müssen. Wegen der starken Individualisierung der Redakteure ist der Führungsverzicht außer von Seiten des Chefredakteurs ein geradezu konstitutionelles Merkmal. Der Chefredakteur legt nämlich fest was täglich ins Blatt kommt, und zwar auf Vorschlag der Redakteure. Zu der intrinsischen Motivation wird ergänzend festgestellt, dass Zeitung im Gegensatz etwa zum Fernsehen ein sehr arbeitsteiliger Produktionsprozess ist, den jeder Redakteur im Verlauf seiner Ausbildung gelernt haben muss. Auf Grund der beruflichen Prägung und Erfahrung wird die Entwicklung von vernetztem Denken einerseits und intrinsischer Motivation andererseits deutlich unterstützt. Die Fülle der Themen in einer großen Tageszeitung wie ZA führt dazu, dass der Chefredakteur nur rahmenartig koordinieren kann und beim Übergang zu einer autoritären Führung scheitern würde. Konflikte über die richtige Gestaltung der Zeitung gehören zwischen den Redakteuren zu den Standards des Alltagsgeschäfts. Führung durch Diskussion und Lösung von Konflikten ist also ebenso Bestandteil der intrinsischen

Motivation. Versuche zu einer Führung über Zielvorgaben sind bisher am Unverständnis der davon betroffenen Redakteure gescheitert.

4.1.4 Personalvergütung

Besonderheiten der Vergütung mit branchenspezifischer Prägung existieren nahezu nicht. In der Vergangenheit hat der Chefredakteur festgelegt, was der einzelne Redakteur in Abhängigkeit von seiner Schreibleistung bekommt. Dieses sehr subjektive Modell wurde akzeptiert. In jüngster Zeit werden Versuche unternommen die Vergütung nach dem Muster der gespaltenen Vergütung umzustrukturieren. Neben einem festen Grundgehalt werden variable Gehaltsbestandteile festgelegt, die sich an Zielvorgaben für die Einhaltung von Finanzbudgets orientieren. Erstaunlicherweise wird die Budgetplanung für einzelne Ressorts und dort bis hinunter zu den Redakteuren von diesen als sachlich begrenzte Zielvorgabe akzeptiert. Dies könnte mit der Arbeitsplatzbedrohung durch das in der Vergangenheit massiv aufgetretene Insolvenzrisiko zusammenhängen. Die Budgets je Bereich werden vom zentralen Controlling festgelegt und über Soll-Ist-Abweichungen kontrolliert.

4.1.5 Personalentwicklung

Personalentwicklung findet kaum statt. Handwerklichkeit wird zwar trainiert, nicht aber durch eigene Entwicklungsangebote unterstützt. Man lässt als Teil der Unternehmungstradition sogar alle handwerklichen Techniken, vom Schreiben mit dem Bleistift bis hin zur Rechnernutzung, zu. An eine Veränderung dieser Situation wird derzeit nicht gedacht. Eine strategische Orientierung im Personalbereich ist wegen der Härte des Tagesgeschäfts bisher weitgehend unterblieben. Der Gang ins Internet wird als nicht sonderlich erfolgreich bezeichnet.

4.1.6 Fazit

Die Personalarbeit der ZA wird sehr stark durch die Redaktionsarbeit und die dort tätigen Personaltypen der Redakteure gesteuert. Das Konzept der Zeitung besteht eben darin, dass höchst qualifizierte individualistische Redakteure ein sehr gutes Blatt schaffen, dass sich bundesweit seine Kunden suchen muss. Die Idee einer Kundenfokussierung, aus der Anforderungen an die Gestaltung des Blatts abgeleitet werden, ist für die ZA kaum vorstellbar. Redakteure werden begrenzt durch das Volontariatsprogramm sowie schwerpunktmäßig durch Abwerbung beschafft und durch die Einräumung von Freiräumen zum Verbleib motiviert. Eine strategische Planung für Beschaffung und Auswahl von Redakteuren für Regionalausgaben fehlt, wäre aber notwendig, da kaum jemand diesen Job annehmen möchte. Die Personalführung existiert nur in der Form einer rahmenartigen Koordination von Seiten des Chefredakteurs. Im Ergebnis ist zu sagen, dass die Größe des Hauses und die spezifische Produktkultur sehr stark die Personalarbeit prägen.

4.2 Der Fall Zeitung B

4.2.1 Organisation der Personalabteilung und Personaltypen

Der Verlag B gehört zu einem Medienkonzern und gibt die Zeitung B (ZB) heraus, die Objekt unserer Analyse ist. ZB ist in sechs Bereiche untergliedert, denen jeweils ein Bereichsleiter vorsteht. Jeder Bereichsleiter hat mehrere Abteilungsleiter unter sich. Die Bereiche sind Redaktion, Privatkunden, gewerbliche Kunden, gewerblicher Bereich mit Druckerei, Logistik sowie der Servicebereich mit den Teilbereichen Personal, Finanzierung und Rechnungslegung. Zur Struktur und Einordnung der Personalabteilung ist zu sagen, dass sie eine Abteilung des Servicebereichs ist und direkt der Geschäftsführung untersteht. Der Personalleiter hat zwei Sachbearbeiterinnen für die Betreuung von Verträgen und Bewerbungen unter sich; ferner unterstehen ihm acht Sachbearbeiter, die für die Lohnabrechnung zuständig sind. Die konzeptionelle Personalarbeit ist ausschließliche Aufgabe des Personalleiters. Die gesamte Personalarbeit war ursprünglich sehr stark durch die Eigentümerunternehmer des Verlags geprägt.

Das Personal der Unternehmung ist sehr heterogen. Ein erster, wichtiger Personaltyp sind die Redakteure, die sich teilweise als Schreibkünstler verstehen und einen starken Bezug zum politischen und lokalen Tagesgeschehen haben. Die Redakteure nehmen auch am stärksten an den Prozessen in der Unternehmung teil. Sie haben in der Regel ein höheres Bildungsniveau als die übrigen Mitarbeiter und lernen sehr stark autodidaktisch in ihren Arbeitsgebieten dazu. Das ist einer der Gründe dafür, warum für diese Personalgruppe relativ wenig Personalentwicklungsmaßnahmen angeboten werden. Redakteure sind eher flippig, risikofreudig und kaum planungsorientiert. In der Arbeit der Redakteure zeichnet sich eine neue Entwicklung ab: Sie müssen immer stärker zu Generalisten werden und sich von speziellen Arbeitsgebieten verabschieden. Die Archive des Verlags sind eine wichtige

Lernbasis für sie. Eine zweite Personalgruppe stellen die Techniker im Druckbereich dar; in der Regel handelt es sich hier um gewerbliche Mitarbeiter ohne branchenspezifische Prägung. Eine dritte große Gruppe umfasst die im Vertrieb tätigen Personen während eine vierte die Mitarbeiter in der Serviceabteilung und in den Bereichen gewerbliche Kunden sowie Privatkunden beschreibt. Diese Mitarbeiter werden sehr stark durch die hohe Dynamik des Geschäfts in dieser Branche geprägt.

Branchenspezifische Besonderheiten der Personalarbeit werfen in erster Linie die Redakteure und in zweiter Linie die zuletzt genannte Personalgruppe auf. Diese Besonderheiten ergeben sich aus der Dynamik des Marktes, der Volatilität des Produkts und den produktspezifischen Risiken der Branche. Die zuvor skizzierte klare organisatorische Struktur in Verbindung mit der Aufspaltung des Personals in abgegliederte Gruppen erlaubt ein gezieltes Angebot personalwirtschaftlicher Maßnahmen. Ferner tragen diese beiden Faktoren dazu bei, dass das, zum Teil durch künstlerisches Selbstverständnis gesteuerte, Chaos der Arbeit reduziert und besser kontrolliert wird.

4.2.2 Personalplanung, -beschaffung und -auswahl

Personalplanungsprobleme könnten wegen der Risiken bei der Beschaffung von Redakteuren sowie von Personal im technischen Bereich bestehen. Diese Risiken sind jedoch durch eine besondere Form der Personalplanung und Beschaffung reduziert worden. Im gewerblichen Bereich ist die Beschaffung noch relativ einfach. Im Bereich der Redakteure werden die Risiken falscher Personalakquisition dadurch reduziert, dass fast alle Redakteure zuvor ein Volontariat im Verlag abgelegt haben. Die quantitative und zugleich auch qualitative Personalbedarfsplanung ist eher größen- als branchenspezifisch durch die Fortschreibung eines Stellenplans mit Korrektur gekennzeichnet. Bei der Personalauswahl werden Assessment-Center-Techniken mit praxisnahen Tests eingesetzt. Im Bereich der Logistik ist die Personalplanung relativ einfach und hängt von der Auflagenstärke ab.

Die Personalauswahl wirft keine besonderen branchenspezifischen Probleme auf, die über die Vorstufe des Volontariats hinausgehen. Das Volontariat macht Ausfallrisiken beherrschbar. Man vertraut ferner darauf, dass in Zukunft benötigte Personal problemlos aus Absolventen und Studienabbrechern an Universitäten rekrutiert werden kann.

4.2.3 Personalführung

Die meisten Besonderheiten der Personalarbeit können bei der Personalführung aufgezeigt werden und sind am stärksten im Bereich der Redakteure ausgeprägt. Hier muss zunächst noch einmal hervorgehoben werden, dass bei ZB bis vor vier Jahren eine sehr starke Eigentümerprägung herrschte, die durch den Verzicht auf formale Organisations- und Führungsstrukturen gekennzeichnet war. Diese unscharfen Regelungen wurden durch eine klare Kompetenzstruktur ersetzt. Die Führung der Redakteure und Mitarbeiter in der Kundenbetreuung wird sehr stark durch das Geschäft mit volatilen Kunden geprägt. Wichtiges Führungsinstrument ist hier „Management by Objectives" (MbO), als Vorgabe und Vereinbarung von Zielen, mit Fokussierung auf Kunden.

Neu sind auch Finanzierungsprobleme in der Unternehmung, die sich durch rückläufiges Anzeigenaufkommen und sinkende Absatzzahlen bei Konstanz der Kosten ergeben haben. Durch den Einzug von Kundenfokussierung und klarer Abgrenzung der Organisationsbereiche war es notwendig, alle Mitarbeiter in der Unternehmung auf diese neue Problematik hin auszurichten. Dies hat einen Prozess aufgabenorientierter und personenorientierter Führung ausgelöst, der im Wesentlichen über die Führungskräfte gelaufen ist. Man hat erkannt, dass Leserbedürfnisse ausschlaggebend für den Erfolg der Produkte sind. Man hat sich deshalb darum bemüht, das gesamte Personal der Unternehmung, insbesondere aber die Redakteure auf diese neuen Ziele hin auszurichten. Dies wurde als besonders bemerkenswert hervorgehoben, da bis vor etwa fünf oder sechs Jahren im Selbstverständnis der Redakteure eine gute Zeitung in erster Linie für die Redakteure selbst, und erst in zweiter Linie für die Kunden gemacht wurde.

Die Neuorientierung hin auf die Kunden hat auch das Selbstverständnis der Redakteure verändert und dadurch nicht nur neuen Führungsbedarf sondern auch den später zu diskutierenden Entwicklungsbedarf neu definiert. Als besonders wirksames Führungsinstrument wurde das MbO hervorgehoben, wodurch das branchenspezifische Chaos im Verhalten der Mitarbeiter eingeengt werden kann und auch eingeengt worden ist. Neu ist, dass die Redakteure immer stärker zu Führungskräften freier Mitarbeiter werden. Diese neuen Aufgaben mussten den Redakteuren zuerst „anerzogen" werden. Sie werden nun im Umgang zwischen internen Redakteuren und externen freien Mitarbeitern eingeübt und ausgebaut. Die Führung selbst wird als mitarbeiterzentriert und keineswegs autoritär eingestuft. Autoritäre Führung wäre insbesondere bei den Redakteuren unvereinbar mit deren Selbstverständnis.

4.2.4 Personalvergütung

Zur Vergütung ist anzumerken, dass diese durch den Tarifvertrag und ergänzende Betriebsvereinbarungen weitgehend zementiert ist. Man hat sich allerdings darum bemüht, eine gespaltene Vergütung einzuführen. Diese ist mit dem MbO-Konzept der Führung kombiniert. Zielvorgaben und die Grade der Zielerreichung werden zum Anlass genommen, leistungsabhängige Komponenten der Vergütung zu dimensionieren. Neben einer fixen Grundvergütung und der zielorientierten leistungsabhängigen Vergütung gibt es als dritte Säule eine Erfolgsbeteiligung, die von der Ertragslage der Unternehmung abhängt.

4.2.5 Personalentwicklung

Die Personalentwicklung der Redakteure beruht im Wesentlichen auf selbstverantwortlicher und autodidaktischer Weiterbildung. Darüber hinausgehenden Entwicklungsbedarf deckt die Unternehmung durch spezielle Seminare und durch interne Angebote sowie Angebote externer Anbieter ab. Gegenstände dieser Seminare sind einmal Kundenanalysen zur Steigerung der Vertriebserfolge und Reichweite der Zeitung. Ferner gehören dazu Seminare zum handwerklichen Können der Redakteure, mit Gegenständen wie Schreibstil, Layout und Bildpräsentation. Für die Mitarbeiter im Vertrieb und in der Logistik sowie im Bereich der Privat- und Gewerbekundenbetreuung werden Angebote externer Seminaranbieter genutzt. Diese konzentrieren sich auf Verkaufstraining, medientypische Probleme wie die Dimensionierung der Auflagen, Präsentationen, Rechnernutzungen und der interne Medieneinsatz. Das im Verlag und Konzern benutzte Rechner- und Mediensystem stammt von der Firma SAP, die auch die entsprechenden Fortbildungskurse anbietet.

Insgesamt hat man erkannt, dass die Personalentwicklung wichtig für Karriereperspektiven des Personals innerhalb der Unternehmung ist. Ferner hat die Umstellung auf starke Markt- und Kundenorientierung nicht nur in der Redaktion, sondern auch in der Logistik und in der Kundenbetreuung erheblichen Schulungs- und Entwicklungsbedarf ausgelöst. Typisch für viele Entwicklungsangebote ist das nicht offen ausgesprochene Ziel der Disziplinierung von relativen Chaoten. Diese sollen in die Unternehmung eingebunden werden. Für die Branche als ganzes sind handwerkliches Können im Redakteurs- und Druckbereich, Aktualität und eine gewisse Flippigkeit typisch. Auch diese finden sich in den Entwicklungsangeboten wieder.

4.2.6 Fazit

Im Gegensatz zur ZA ist die Personalarbeit bei ZB von der Idee der Kundenfokussierung geprägt. Bis vor fünf Jahren hatte das Unternehmen auf Personalführung und formale Organisationsstrukturen weitgehend verzichtet. Jetzt versucht ZB durch Vereinbarung von Zielen die Redakteure so zu steuern, dass das Produkt nach den Kundenbedürfnissen hergestellt wird. Da Redakteure immer noch den dominanten Personaltyp darstellen, verlässt sich auch ZB auf das Volontariat, um die Risiken falscher Akquisition zu beheben. Es gibt bei der Personalentwicklung keine systematisierte Planung. Entwicklungsangebote existieren für Mitarbeiter in der Bereichen Vertrieb und Logistik. Die Redakteure sind wie bei der ZA immer noch zum Teil Autodidakten. Strategische Ansätze der Personalarbeit fehlen.

4.3 Der Fall Verlagskonzern C

4.3.1 Organisation der Personalabteilung und Personaltypen

Alle Produktbereiche im Verlagskonzern C (VC) sind nach dem Profit-Center-Prinzip organisiert. Die Einheit „Verlag Services" bietet im Konzern zentral verschiedene Dienstleistungen an, darunter die Abrechnung, die Sozialsysteme, die Personalentwicklung und den Arbeitsrecht. Unterhalb der zentralen Personalabteilung arbeiten Referenten für je etwa 250 Mitarbeiter. Sie decken alle personalwirtschaftlichen Funktionsfelder im operativen Geschäft ab und beraten vor allem die verschiedenen Geschäftsführer der Konzerngesellschaften. Die strategische Personalarbeit ist Aufgabe des Konzernvorstands.

Außer den im gewerblichen Druckereibereich tätigen Mitarbeitern, existieren bei VC nur die Personaltypen der Redakteure und der kaufmännischen Mitarbeiter. Als wichtige Eigenschaften der Redakteure in Print-Medien werden wie bei ZA und ZB ausgeprägte Individualität, Professionalität, ständiges Weiterlernen und Kooperationsfähigkeit genannt. Seit Anschaffung von SAP-Software mit Workflowprozessen sind die Anforderungen an die Kommunikations- und Kooperationsfähigkeit deutlich gestiegen. Besondere Qualifikationen sind für Redakteure in elektronischen Medien erforderlich. Sie müssen komplizierte Sachverhalte auf den Punkt bringen können und mit allen Techniken neuer Medien vertraut sein. Grund ist die völlig andere Wahrnehmung der Informationsinhalte in elektronischen Medien. Ferner müssen diese Redakteure über Interaktivität verfügen, indem sie mit Mediennutzern Dialoge unter Medieneinsatz führen. Diese zwei Kategorien von Redakteuren sind sehr unterschiedlich und die Übertragung von Kompetenzen zwischen beiden Gruppen ist sehr schwierig oder scheitert. Für die meisten Redakteure beider Gruppen ist eine sinkende Dauer der Betriebszugehörigkeit erkennbar: Das Unternehmen ist gegen den Markt kontinuierlich gewachsen, und das neu eingestellte Personal ist immer jünger geworden. Das Personal im kaufmännischen Bereich muss zunehmend über soziale und kommunikative Fähigkeiten verfügen. Ursache ist die zunehmende Dynamik der einzelnen Märkte der Blätter sowie die rasche Veränderung der Eigenschaften von Lesern, auf die hausintern kommunikativ reagiert werden muss.

4.3.2 Personalplanung, -beschaffung und -auswahl

Besondere Probleme der Personalplanung wirft die demografische Entwicklung Deutschlands auf. Es werden branchenüblich überwiegend junge Mitarbeiter beschäftigt, die in Zukunft knapp werden. Zukünftige Engpässe sieht das Unternehmen auch bei der Gewinnung von Führungskräften. Um geeignetes Personal zu gewinnen, werden akquisitorische Potentiale aufgebaut: Interessante Blätter, interessante Arbeit, Einsatz der eigenen Medien und der Medienkompetenz für das Personalmarketing zur Ausschöpfung der Arbeitskräftepotentiale bei Frauen und sehr begrenzt bei den wenigen älteren Mitarbeitern im Haus. Als Beitrag zur gesellschaftspolitischen Verantwortung hat VC die Work-Life-Balance-Initiative eingeführt: Dieses zur Vereinbarkeit von Familie und Beruf gedachte Programm wird auch akquisitorisch eingesetzt. Akquisitorisch wirkt auch, dass VC als einer der wenigen Verlagskonzerne gegen die Markttrends wächst. Weitere Details der Planung von Personal werden nicht genannt, weil man den Schwerpunkt eher auf die kurzfristige Beschaffung von Personal legt.

Bei den Redakteuren dominiert wie bei ZB eindeutig die Abwerbung teils im Konzern von anderen Blättern, teils bei der Konkurrenz (ungefähr 90 Prozent aller Fälle). „Headhunter" sind die Geschäftsführer und Chefredakteure, die in der Regel Kandidaten für eine Abwerbung bereits kennen. Man sucht in der Regel Redakteure, die auch hinsichtlich Kultur und Werte zum Blatt und zum Haus passen. Wichtige Beschaffungsquelle neben dem Headhunting ist allerdings das Volontariat, das in den letzten acht Jahren ständig ausgebaut worden ist. Hauskarrieren sind typisch, aber nicht die Regel. Unter den Hauskarrieren sind vertikale häufiger als horizontale Karrieren.

Für kaufmännisches Personal werden Internet und Stellenbörsen sowie Akquisition an Ausbildungsstätten eingesetzt. Anzeigen in Zeitungen werden kaum mehr geschaltet, was branchentypisch ist. Obere Führungskräfte werden durch ein Netzwerk externer Headhunter beschafft. Zur Auswahl der Kandidaten werden die klassischen Instrumente der schriftlichen Unterlagen und des Bewerbergesprächs eingesetzt. Wenn mehrere Kandidaten gleichzeitig eingestellt werden sollen, werden oft Assessment Center eingesetzt. Daneben gibt es aber auch den unternehmungsinternen Aufbau von Führungskräften. Dazu wählt man als Lösung den gleitenden Kompetenzübergang, bei dem alte und vorgesehene neue Führungskräfte für begrenzte Zeit parallel nebeneinander arbeiten. Koordinationsprobleme werden dabei nicht erwähnt. Ein gleitender Übergang ist nicht für die Branche typisch, sondern hängt eher mit der Unternehmungskultur zusammen.

4.3.3 Personalführung

Das Profit-Center-Prinzip bedeutet bei VC, dass jeder Geschäftsführer für sein Blatt Erträge erwirtschaften muss. Bleiben die aus, werden Produkt und gegebenenfalls zuständiger Bereich eingestellt. Die Gewinnorientierung prägt das Führungsverhalten der obersten Führungskräfte gegenüber ihren Mitarbeitern. Die Führung der Redakteure erfolgt durch Chefredakteure und Geschäftsführer. Innerhalb eines Blatts gibt es aber keine klare Organisationsstruktur oder hierarchische Verteilung von Verantwortung. Als hauptsächliches Führungsinstrument wird eine ausgeprägte Kommunikations- und Diskussionskultur genannt. Die Personalabteilung und die Personalreferenten machen den Geschäftsführern und Chefredakteuren zwar Vorschläge zum Einsatz formaler Führungsinstrumente (und auch sonstiger personalwirtschaftlicher Instrumente). Ob diese Vorschläge aber angenommen werden, entscheidet jeder Geschäftsführer und Chefredakteur selbst. Der Vorstand greift hierbei praktisch nie ein.

4.3.4 Vergütung

Besonderheiten der Vergütung mit branchenspezifischem Charakter wurden nicht genannt. Die Vergütung ist insgesamt leistungsorientiert und folgt dem Muster der gespaltenen Vergütung.

4.3.5 Personalentwicklung

Als große Herausforderung werden die Interaktivität hin zum Mediennutzer sowie die Crossmedialität empfunden. Letztere bezieht Print-Medien, TV und elektronische Medien in gemeinsame Entwicklungsprojekte mit ein. Für

Redakteure ist berufslebenslanges Lernen selbstverständlich. Nur für junge Redakteure und Volontäre werden fachliche Weiterbildungsveranstaltungen angeboten, die auch genutzt werden. Ältere Redakteure sehen diese Angebote als unprofessionell an und nutzen diese nicht. Nur Spezialkenntnisse wie zum Beispiel im EDV-Bereich werden auch den älteren Mitarbeitern angeboten und empfohlen. Der Entwicklungsbedarf vor allem in Grafikabteilungen ist wegen des raschen technischen Fortschritts bei zum Teil mediengestützten Instrumenten sehr groß.

4.3.6 Fazit

Crossmedialität und Interaktivität werden als strategische Herausforderung gesehen, auf die das Personal in der Wertschöpfungskette beschafft, ausgebildet und weitergebildet werden soll. Der Dynamik des Marktes folgt aber nicht nur die Personalentwicklung, sondern auch eine entsprechende Organisationsentwicklung mit Ausbau der Konzernorganisation: Zur Nutzungserprobung werden neue Firmen für neue Medien gegründet. Das ist natürlich auch mit Lehrgeld verbunden. Diese Firmen sind jedoch keine Versuchslabors für neue Medien, sondern müssen nach drei bis vier Jahren Geld verdienen. Gelingt dies nicht, werden sie eingestellt. VC sieht sich bei neuen Medien an der Spitze des Fortschritts und will hier komparative Wettbewerbsvorteile aufbauen. Da vorzugsweise Wochen- und Monatsblätter zum Programmschwerpunkt des Konzerns gehören, sind der Aktualitätsdruck und die Volatilität der Märkte nicht so hoch wie bei einer reinen Tageszeitung. Dafür sind aber fast alle Produkte in abgrenzbaren Marktsegmenten positioniert. Das prägt die strategischen Bemühungen. So versucht man Produkt-Know-how aus dem Inland auf ausländische Märkte zu übertragen, was insgesamt gut gelingt. Zur strategischen Grundausrichtung des Konzerns gehört auch, dass er gesellschaftliche Verantwortung übernimmt und dies in seinen Produkten sichtbar macht. Diese Ausrichtung hat Auswirkungen auf die strategisch geprägte Beschaffung und Auswahl vor allem der Redakteure.

4.4 Fallstudienvergleich

Nach der Analyse dieser drei Fallstudien aus dem Verlagssektor kann man erkennen, dass die Personalplanung in Medienunternehmen einerseits noch weitgehend vernachlässigt, andererseits aber immer notwendiger wird. Die ZA hat die Personalfreisetzungsplanung eingeführt, weil das Unternehmen in jüngster Zeit im Rahmen einer drohenden Insolvenzsituation massiv

Personal entlassen müsste. Bei der ZB wird durch die Fortschreibung eines Stellenplans mit Korrektur qualitative und quantitative Personalbedarfsplanung gepflegt. VC hat die Bedeutung der Personalplanung für den Aufbau von akquisitorischem Potential erkannt. Bezüglich Personalbeschaffung und -auswahl wird in der Medienbranche typischerweise auf Planung verzichtet: Durch das Volontariat werden die Risiken falscher Akquisition umgangen, während Top Journalisten bei der Konkurrenz abgeworben werden. Man kann zu dem Schluss kommen, dass die Bedeutung des Volontariats mit steigendem Niveau der Zeitung abnimmt. Die Personalentwicklung kommt als indirektes Beschaffungsinstrument bei keinem der untersuchten Fällen in Frage. Lediglich im Bereich Vertrieb und Logistik hat ZB erkannt, dass das Angebot von entsprechend weiterbildenden Seminaren zur Förderung der Kundenfokussierung erforderlich ist und sich als erfolgreich bewiesen hat. Auch VC hat die zentrale Rolle der Personalentwicklung erkannt, um der Marktherausforderung der Crossmedialität und Interaktivität entgegen zu kommen. Die Personalführung erfolgt bei ZA und bei VC – im Einklang mit der den Mitarbeitern eingeräumten Autonomie – in der Form der Selbstführung. Bei ZB hingegen wird das Personal durch Zielvereinbarungen geführt. Die gespaltene Vergütung hat sich als sinnvoll zum Einsatz in Medienunternehmen erwiesen, um mit ihrem variablen Teil Führungsfunktionen zu unterstützen.

Aus transaktionskostentheoretischer Sicht können also Medienunternehmen auf Personalentwicklungs- sowie Personalfreisetzungsplanung verzichten, wenn sie durch Volontariat oder Headhunting nur diejenigen Mitarbeiter einstellen, die sich als professionell erwiesen haben und sich die Unternehmenskultur aneignen können. Dadurch werden die Risiken falscher Personalakquisition sowie die Transaktionskosten minimiert, die mit dem Einsatz von Korrekturmaßnahmen zur Ausfüllung unbestimmter Arbeitsverträge in Form von Weiterbildung oder Entlassung verbunden sind. Zum lebenslangen Lernen sind die Mitarbeiter in der Medienbranche schon von ihrer Tätigkeit her gezwungen und brauchen dafür keine Personalentwicklungsmaßnahmen. Bei den Top-Journalisten wirft die Personalakquisition ein anderes Problem auf: Es wird versucht, die besten Redakteure der Konkurrenz abzuwerben. Die Konkurrenz versucht aber ihre besten Mitarbeiter zu halten. Wenn diese Form der Personalbeschaffung nicht wirkt, dann schafft sich das Unternehmen einen Wettbewerbsnachteil, weil der Personalbedarf und damit auch die Beschaffung falsch geplant worden ist. Da Redakteure sehr spezifische und nicht beliebig beschaffbare Qualifikationen besitzen, wäre es für eine Zeitung daher sinnvoll, für diese Personalkategorie eine systematisierte Personalplanung durchzuführen. Bezüglich der Personalführung haben ZA, ZB und VC die Führungskonzeption an die ausgeprägten situativen Variablen wie Qualifikation, Selbständigkeit und Lernfähigkeit der Mitarbeiter angepasst. Bei ZA wird weitgehend auf die Führung durch Vorgesetzte verzichtet, da dort eine Kultur der Autonomie der Redakteure mit Selbstführung herrscht. Das gleiche gilt für VC: Die Organisationseinheiten bilden die verschiedenen Tochterunternehmen, die jeweils ein Blatt darstellen und in sich keine klare Verteilung der Verantwortungen aufweisen. Bei ZB greift die Personalführung durch Zielvereinbarungen, um das Verhalten der Mitarbeiter so zu beeinflussen, dass die Kundenfokussierung unterstützt wird. Das ist eine Korrekturmaßnahme zur Ausfüllung eines Arbeitsvertrags, in dem die Kundenorientierung als qualifizierendes Merkmal nicht enthalten war. Dies löst Transaktionskosten aus. Da aber der Personalleiter die Rolle des Personalentwicklers übernimmt, werden Transaktionskosten bei der Weiterbildung minimiert. Die gespaltene Vergütung hat sich schließlich als sinnvoller Instrument zur Erbringung zukünftig benötigter Leistungen erwiesen, so dass die Unternehmen keine weitere Instrumente mit Anreizwirkung einsetzen müssen.

5 Diskussion und Schlussfolgerung

Zunächst fällt auf, dass die Erwartungen zur Personalplanung und -entwicklung nicht erfüllt und durch andere Befunde ersetzt werden. Dagegen bestätigen sich die Vermutungen zur Personalführung. Die heuristische Analyse der insgesamt drei Fallstudien hat ferner gezeigt, dass die Personalarbeit in Medienunternehmen von den Branchenspezifika insbesondere bei den Produkten stark beeinflusst wird. Eine strategische Personalplanung erscheint zwar als Denkweise sinnvoll, muss aber vom Improvisationstalent der Managers begleitet werden. Folgende Hypothesen zum Personalmanagement in Medienunternehmungen können nun abgeleitet werden:

- Die Personalplanung ist auch für Medienunternehmen sinnvoll, obwohl sie in der Regel noch nicht praktiziert wird.
- Wenn branchenspezifische Akquisitionsmaßnahmen verwendet werden, dann können Unternehmen auf Personalentwicklungsplanung weitgehend verzichten und reduzieren somit die Transaktionskosten der Personalentwicklung: Die rekrutierten Mitarbeiter besitzen in diesem Fall alle benötigte Qualifikationen und sind intrinsisch motiviert, so dass die Personalentwicklung auf selbstverantwortlicher und autodidaktischer Weiterbildung beruhen kann.

- Die Kurzfristigkeit des Tagesgeschäfts beherrscht alle Personalplanungen und verstellt deshalb den Blick auf personalstrategische Überlegungen. Wenn, wie in Zukunft immer mehr zu erwarten, die zu akquirierenden Mitarbeiter sehr spezifische Qualifikationen haben müssen, dann wird auch in Medienunternehmen, mit steigenden Unternehmensgröße und Anzahl der festangestellten Mitarbeiter, Personalbeschaffungs-, Personalentwicklung- und Personalfreisetzungsplanung mit strategischer Orientierung erforderlich. Diese Tendenz ist bei VC schon erkennbar: Seine Fokussierung auf Zeitschriften erlaubt ihm im Vergleich mit den Zeitungen eine eher langfristig orientierte Sichtweise, die ihn veranlasst hat, akquisitorische auf die Zukunft gerichtete Maßnahmen einzuführen.
- Wenn Qualifikation, Selbständigkeit und Autonomie als situative Variablen in Medienunternehmen sehr positiv ausgeprägt sind, dann muss sich zur Transaktionskostenminimierung die Personalführung weg von der Leitidee der Abhängigkeit hin zu derjenigen der Partizipation und Autonomie bewegen.
- Die Führung von freiberuflichen Mitarbeitern wird als zukünftiges Weiterbildungsthema, insbesondere in kleinen und mittleren Medienunternehmen, sehr sinnvoll, wenn die Zahl der freiberuflichen Mitarbeiter steigt.

Die gespaltene Vergütung wirkt als Anreiz zur Leistung und zum Verbleib. Die vorliegende Arbeit stellt eine explorative Studie dar, die Verständnis für das Personalmanagement in der Medienbranche wecken will. Die schmale empirische Grundlage der oben vorgestellten Hypothesen kann als Anlass zur Vertiefung dieses interessanten und bis jetzt noch nicht bearbeiteten Problems gesehen werden. Die hier vorgestellte sehr kleine Stichprobe aus dem Verlagssektor unterstützt die Vermutung, dass in anderen Sektoren der Medienbranche wie zum Beispiel Fernsehen, Rundfunk, Buchverlagen und IT- sowie eBusiness Unternehmen zusätzliche Besonderheiten des Personalmanagement identifizierbar sind.

Literaturverzeichnis

Benkert, W. (2002) Personalmanagement funktioniert traditionell nach Gutsherrenart, Bericht über der 1. Fachtagung zur Personalentwicklung in der Medienbranche, im Internet: http://www.igmedien.de/publikationen/m/2002/1_2/28.html, 20.06.2002.

Berthel, J. (1997) Personal-Management. Gründzüge zur Konzeption betrieblicher Personalarbeit. Schäffer/Poeschel, Stuttgart 1997.
Bühner, R. (1994) Personalmanagement. Verlag Moderne Industrie, Landsberg/Lech 1994.
Ciborra, C. (2002) Labyrinths of Information, Oxford 2002. Oxford University Press.
Drumm, H.J. (2000) Personalwirtschaftslehre. Springer, Berlin – Heidelberg – New York.
Drumm, H.J., S/Scholz, C. (1988) Personalplanung. Planungsmethoden und Methodenakzeptanz, 2. Aufl., Paul Haupt, Bern – Stuttgart 1988.
Eigler, J. (1996) Transaktionskosten als Steuerungsinstrument für die Personalwirtschaft. Peter Lang, Frankfurt/Main 1996.
Elsik, W. (1992) Strategisches Personalmanagement. Konzeptionen und Konsequenzen., München/Mering 1992.
Hagen, L.M. (1999) Online-Medien: Substitut oder Komplement? In: Knoche, M.,/ Siegert, G. (Hrsg.) Strukturwandel im Zeitalter digitaler Kommunikation. Reinhard Fischer, München 1999, S. 125–147.
Ivanov, K., /Ciborra, C. (1998) Strategies and Design for Information Technology: Eastern or Neo-Romantik Wholes, and the Return to Western Systems. Ecis Proceedings, 6th Annual Conference 4.6.1998–6.6.1998, Aix-en-Provence 1998, 4.6.-6.6.1998.
Klebon, J. (2002) Personalmanagement funktioniert traditionell nach Gutsherrenart, Bericht über der 1. Fachtagung zur Personalentwicklung in der Medienbranche, im Internet: http://www.igmedien.de/publikationen/m/2002/1_2/28.html, 20.06.2002.
Oechsler, W.A. (2000) Personal und Arbeit. Grundlagen des Human Ressource Management und der Arbeitgeber-Arbeitnehmer-Beziehungen., Oldenbourg, München – Wien 2000.
Picard, R. (2002) The Economics and Financing of Media Companies. Fordham University Press, New York 2002.
Picot, A. (1982) Transaktionskostenansatz in der Organisationstheorie: Stand der Diskussion und Aussagewert, in: Die Betriebswirtschaft 42 (1982), S. 267–284.
Ruhrmann, G. (1999) Digitales Fernsehen und Medienkonsum in Deutschland, in: Knoche, M., /Siegert, G. (Hrsg.) Strukturwandel im Zeitalter digitaler Kommunikation. Reinhard Fischer, München 1999, S. 113–124.
Schumann, M., /Hess, T. (2000) Grundfragen der Medienwirtschaft. Springer, Berlin – Heidelberg – New York 2000.
Seufert, W. (1999) Auswirkungen der Digitalisierung auf die Entwicklung der Medienmärkte., in: Schumann, M., /Hess, T. (Hrsg.) Medienunternehmen im Digitalen Zeitalter: Neue Technologien – neue Märkte – neue Geschäftsansätze, Wiesbaden 1999, S. 109–122.
Siegert, G. (1999) Bits-ness as Usual?, in: Knoche, M., /Siegert, G. (Hrsg.) Strukturwandel im Zeitalter digitaler Kommunikation. Reinhard Fischer, München 1999, S. 47–68.
Williamson, O.E. (1985) The Economic Institution of Capitalism. New York 1985.

Wirtz, B.W. (1994) Neue Medien, Unternehmensstrategien und Wettbewerb im Medienmarkt, Eine wettbewerbstheoretische und -politische Analyse, Frankfurt/Main 1994.

Wirtz, B.W. (2000) Medien- und Internetmanagement. Gabler, Wiesbaden 2000.

Zeller, T. (2003) Interview bei Donau Online.

Zimmer, J. (1999) Strukturwandel der Medienwirtschaft durch Onlinemedien. in: Knoche, M., /Siegert, G. (Hrsg.) Strukturwandel im Zeitalter digitaler Kommunikation. Reinhard Fischer, München 1999, S. 9–26.

Aufbauorganisation – Modelle für Medienunternehmen

Joachim Eigler

1 Einführung 521

2 Ausgangssituation: Existenz organisationsstruktureller
  Besonderheiten in den Unternehmungen der Medienbranche? 521

3 Grundlagen der Organisation von Medienunternehmungen 523
  3.1 Überblick über die Behandlung organisatorischer Fragestellungen
      in der jungen Literatur zum Medienmanagement 523
  3.2 Die Medienunternehmung als Erfahrungsobjekt für die Analyse
      von Organisationsstrukturen 526

4 Ausgewählte Organisationsstrukturen von
  Medienunternehmungen 529
  4.1 Organisation auf der Ebene integrierter Medienunternehmungen ..529
      4.1.1 Grundgliederung 529
      4.1.2 Netzwerkorganisation und Kooperationsbeziehungen 531
  4.2 Organisation auf der Ebene der Abteilungen und Projekte............532
      4.2.1 Dualorganisation integrierter Medienunternehmungen als
            Organisationsproblem 532
      4.2.2 Projektorganisation als Organisationsform der Wahl für
            kreativ-künstlerische Organisationsbereiche in
            Medienunternehmungen 535

5 Fazit 536

Literaturverzeichnis 537

Vorschau

Forschungsdefizit für Medienorganisation

Der Beitrag liefert Anstöße, sich mit der grundsätzlichen Frage auseinander zu setzen, ob und inwieweit Organisationsstrukturen in Medienunternehmungen branchenspezifische Besonderheiten aufweisen und deckt auf, dass Fragen der Organisation von Medienunternehmungen noch wenig untersucht sind. Die Diskussion dreht sich dabei überwiegend um die Wertschöpfungsorganisation, also die Frage, welche Stufen medialer Wertschöpfungsketten Medienunternehmungen vor dem Hintergrund der Medienkonvergenz besetzen (sollen).

X-Modell

In dem Beitrag wird das X-Modell von Tzouvaras, Schuhmann und Hess (2002) als geeigneter Bezugsrahmen für die Wertschöpfungsorganisation von Medienunternehmungen sowie Referenzmodell zur Beurteilung organisationsstruktureller Modelle vorgestellt.

Grundgliederung von Medienunternehmen

Der Beitrag veranschaulicht Muster der Grundgliederung von Medienunternehmungen und zeigt Kritikpunkte vor dem Hintergrund der bekannten Entwicklungen in der Medienbranche auf.

Dualorganisation – Kreativ-künstlerischer beziehungsweise technisch-industrieller Organisationsbereich

Der Beitrag verdeutlicht, dass die wesentliche organisatorische Besonderheit der Medienunternehmungen in dem Prinzip der „Dualorganisation" zu sehen ist: Aus organisatorischer Sicht ist zwischen einem „kreativ-künstlerischen" und einem „technisch-industriellen Organisationsbereich" zu unterscheiden.

Projektnetzwerke

In dem Beitrag wird begründet, weshalb sogenannte „Projektnetzwerke" als branchenspezifische Strukturformen zu werten sind und welche Besonderheiten sie aufweisen.

Projektorganisation für kreativ-künstlerische Organisation

Der Beitrag erläutert, welche besonderen Anforderungen die Projektorganisation als Organisationsstruktur für die kreativ-künstlerischen Organisationsbereiche stellt.

1 Einführung

Medienunternehmungen stellen sich – wie Unternehmungen anderer Branchen auch – die Frage nach der Effektivität und der Effizienz ihrer Organisationsstrukturen. Im Vordergrund der Organisationsgestaltung in Medienunternehmungen stehen Besonderheiten von Wertschöpfungsprozessen, die brachenspezifische, das heißt für Medienunternehmungen typische Strukturformen erforderlich machen. Diese sind bislang aber noch kaum erforscht worden. In dem vorliegenden Beitrag werden die vorhandenen Erkenntnisse ausgewertet und besondere Organisationsstrukturen von Medienunternehmungen untersucht.

2 Ausgangssituation: Existenz organisationsstruktureller Besonderheiten in den Unternehmungen der Medienbranche?

Im Vergleich zu den traditionellen Funktionen und Zweigen der Betriebswirtschaftslehre ist die Medienwirtschaftslehre eine noch sehr junge Wissenschaftsdisziplin. Sie kann bislang noch nicht auf einen ausgereiften Kanon wissenschaftlicher Ansätze, Modelle und Forschungserkenntnisse zu den betriebswirtschaftlichen Problemstellungen sowie zur Führung von Unternehmungen, die in der Medienbranche tätig sind, zurückgreifen. Das liegt unter anderem daran, dass die Betriebswirtschaftslehre erst seit kurzer Zeit das Erfahrungsobjekt „Medienunternehmung" mit seinen Besonderheiten entdeckt hat. An den Titeln der erschienenen Lehrbücher ist abzulesen, dass sich für diese Disziplin inzwischen nicht Bezeichnungen wie „Medienökonomie" oder „Medienwirtschaft", sondern die Bezeichnung „Medienmanagement" durchsetzt (vgl. Wirtz 2001; Vizjak/Ringlstetter 2001; Karmasin/ Winter 2003). Es ist aber erstaunlich, dass zwei zentralen Funktionen des Medienmanagement entweder überhaupt keine oder allenfalls bescheidene Aufmerksamkeit geschenkt wird: dem Personalmanagement sowie der Gestaltung effektiver und effizienter Organisationsstrukturen. In diesem Beitrag werden die Organisationsstrukturen von Medienunternehmungen einer näheren Betrachtung unterzogen, wobei jedoch auch einige personalwirtschaftliche Zusammenhänge nicht ausgeblendet werden dürfen.

Aus organisatorischer Sicht ist der Frage nachzugehen, wie in Medienunternehmungen die Erzielung und Sicherung ökonomischer Erfolge durch die Wahl und Implementation von Organisationsstrukturen sichergestellt werden kann. Dabei ist zu beachten, dass Medienprodukte besondere Produkteigenschaften besitzen und auf unterschiedlichen Märkten abgesetzt werden, die jeweils unterschiedliche Anforderungen an die Marktbearbeitung stellen (Werbemärkte, Rezipientenmärkte und Rechtemärkte). Für die Koordination der Leistungsbeziehungen in Medienunternehmungen gelten diejenigen Systeme struktureller Regelungen als effizient, die im Vergleich zu alternativen Organisationsstrukturen bezüglich des Beitrages zu den Zielen von Medienunternehmungen und bezogen auf den zurechenbaren Mitteleinsatz die besten Ergebnisse liefern. Dabei soll zwar grundsätzlich keine Wertung hinsichtlich der Inhalte des Zielsystems von Medienunternehmungen vorgenommen werden; unter der Prämisse, dass Medienunternehmungen in einem marktwirtschaftlichen System dem ökonomischen Wettbewerb ausgesetzt sind, wird im Folgenden jedoch eine Dominanz ökonomischer Ziele unterstellt, wobei politisch-kulturelle beziehungsweise publizistisch-künstlerische Ziele als Nebenbedingungen in das Zielsystem der Medienunternehmung Eingang finden (vgl. Hess/Böning-Spohr 2000, S. 310).

Es herrscht noch wenig Klarheit darüber, ob in Medienunternehmungen im Vergleich zu Unternehmungen anderer Branchen besondere, das heißt medienunternehmungsspezifische Formen von Organisationsstrukturen anzutreffen sind. Diese müssten mit den Besonderheiten der Medienprodukte und den bearbeiteten Medienmärkten begründbar sein. Erst unter dieser Voraussetzung könnte dann von „Organisation für Medienunternehmungen" als spezieller Funktion des Medienmanagement gesprochen werden. Anderenfalls muss das Medienmanagement bezüglich der Probleme der Organisationsgestaltung in Medienunternehmungen auf die Ergebnisse der allgemeinen Organisationslehre verweisen, wodurch sich eine eingehendere Erforschung der Organisationsstrukturen in Medienunternehmungen erübrigen würde. Die verfügbaren Theorien, Ansätze und Modelle der Organisationslehre würden dann gleichermaßen auch für Medienunternehmungen gelten. Die Besonderheiten der Medienprodukte, die Prozesse der Leistungserstellung und des Vertriebs sowie die besondere Dynamik und Komplexität der Medienbranche deuten aber darauf hin, dass einige Besonderheiten bezüglich der Organisationsstrukturen für Medienunternehmungen existieren, die aber, wie bereits 1992 festgestellt wurde, noch weitgehend unerforscht sind (vgl. Sieben/Schulze/Wachter 1992, Sp. 1323).

3 Grundlagen der Organisation von Medienunternehmungen

3.1 Überblick über die Behandlung organisatorischer Fragestellungen in der jungen Literatur zum Medienmanagement

Zum gegenwärtigen Zeitpunkt kann noch nicht von einer festen Etablierung des „Medienmanagement" gesprochen werden (vgl. Scholz/Eisenbeis 2003, S. 533). Als Ergebnis der Auswertung verfügbarer Arbeiten stellen Scholz und Eisenbeis (2003, S. 533) „das Fehlen grundlegender Untersuchungen und entsprechender Basiskonzepte" als Ursache fest. Daher bedienen sich Ausführungen zum strategischen Management von Medienunternehmungen der Konzepte Porters (vgl. Zerdick et al. 2001; Hass 2002; Wirtz 2001) und zunehmend auch der „Resource Based View of Strategy" (vgl. Habann 1999; Schumann/Hess 2002, S. 228–230; Keuper/Hans 2003, S. 83–88). Insbesondere die Konzepte Porters werden überwiegend zur Darstellung der Besonderheiten von Medienunternehmungen, Medienprodukten beziehungsweise -dienstleistungen und Medienmärkten herangezogen.

Vor diesem Zustandsbild des „Medienmanagement" ist verständlich, dass die Behandlung von organisatorischen Problemstellungen wie zum Beispiel die Darstellung und die Bewertung der Effektivität und Effizienz von Organisationsstrukturen sowie branchenspezifische Besonderheiten der Organisation bislang entweder ganz vernachlässigt oder nur Teilaspekte aufgegriffen wurden, die, von einigen Ausnahmen abgesehen, kaum grundlegend neue Erkenntnisse über die Besonderheiten der Organisation von Medienunternehmungen liefern.

Man kann den Stand der Literatur zur Thematik „Organisation in Medienunternehmungen" wie folgt zusammenfassen:

Eine erste Gruppe befasst sich unter Rekurs auf die Wertschöpfungskettenanalyse von Porter mit Fragen der Wertschöpfungsorganisation. Dieser für die traditionelle Organisationslehre eher wenig gebräuchliche Begriff hat insbesondere mit der zunehmenden wissenschaftlichen Auseinandersetzung mit Medienunternehmungen an Bedeutung gewonnen (vgl. Dietl/ Royer 2003). Gegenstand der Gestaltung der Wertschöpfungsorganisation ist die Frage, welche Stufen der Wertschöpfungskette der Medienbranche durch eine Medienunternehmung besetzt, beziehungsweise auf welchen Wertschöpfungsstufen Kooperationsbeziehungen eingegangen werden sollen.

Der Begriff der Wertschöpfungsorganisation knüpft damit unmittelbar an Strategien von Medienunternehmungen und deren Umsetzung an. Arbeiten auf diesem Gebiet sind damit eher dem allgemeinen strategischen Management als der speziellen Organisationslehre zuzurechnen. Das von Tzouvaras, Schumann und Hess (2002) vorgestellte X-Modell für die „Medienindustrie" ist dieser Gruppe ebenso zuzuordnen wie Aussagen zur Gestaltung „vertikaler Business Units", deren Errichtung aus strategischer Sicht als erforderlich angesehen wird, um in Medienunternehmungen „crossmediale" Synergieeffekte nutzen zu können (vgl. Vizjak/Spiegel 2001). Die organisatorische Umsetzung, etwa einer vertikalen Integrationsstrategie durch die Implementation geeigneter Organisationsformen, sowie Fragen zu strukturellen Regelungen im Mikrostrukturbereich der betroffenen Medienunternehmungen (Entscheidung, Kommunikation, Kontrolle, Ausführungshandeln) werden dabei aber nicht aufgegriffen.

Eine zweite, bereits schwächer besetzte Gruppe behandelt, überwiegend in Form kurzer Überblicksdarstellungen einige Teilaspekte der Organisation von Medienunternehmungen (vgl. Lahnstein 1993, Sp. 2842). Es sind in diesem Zusammenhang auch einige Arbeiten zur Organisation von öffentlich-rechtlichen Rundfunkanstalten verfügbar. Vor dem Hintergrund der Bedeutung neuer Medien und Multimedia betont zum Beispiel Ehlers (2000, S. 373) die Notwendigkeit zur Flexibilität der Strukturen und schlägt eine Kombination von zentralen und dezentralen Elementen vor. Sieben, Schulze und Wachter (1992) stellen die bezüglich der verwendeten Gliederungskriterien komplexe Struktur öffentlich-rechtlicher Rundfunksender dar, deren Wurzeln in rundfunkhistorischen Entwicklungen zu suchen sind. Ebenfalls dieser Gruppe von Veröffentlichungen ist der Beitrag von Deters (2002) mit dem Titel „Medienmanagement als Personal- und Organisationsmanagement" zuzuordnen. Er enthält einen kurzen Abschnitt zu Medienunternehmungen als „lernende Organisation" und fordert eine simultane Betrachtung von Personalentwicklung und Organisationsentwicklung. Weiterführende Probleme organisatorischer Strukturen einer lernenden Medienunternehmung werden aber zu Gunsten von Maßnahmen der Personalentwicklung ausgespart. Weitere Arbeiten belegen für diese Gruppe das Herausgreifen praxisrelevanter Teilaspekte der Organisation von Medienunternehmungen: Dazu zählt derjenige Teil des Beitrages von Hacker, der einige praktische Beispiele für die Modularisierung von Medienunternehmungen gibt, nachdem als organisatorisches Problem die fehlende Flexibilität großer, nach dem Objektkriterium gebildeter Produktsparten in Unternehmungen der Medienbranche festgestellt wurde (vgl. Hacker 1999, S. 169).

Luther (1996) befasst sich für den Fall der Bertelsmann AG mit Fragen der „Führungsorganisation". Er stellt die Restrukturierung des Bertelsmann-Konzerns zu Beginn der 90er Jahre knapp dar, deren Gegenstand – wie zu dieser Zeit durchaus üblich – die Zusammenfassung von Unternehmungsbereichen mit gleichen oder ähnlichen Produkten zu Produktlinien war, wobei die Bertelsmann AG Holdingaufgaben wahrnimmt. Ziel der Restrukturierung war die Reduktion von Koordinationsproblemen, die Nutzung von Synergieeffekten, die Verkürzung von Informations- und Entscheidungswegen sowie die Entlastung des Zentralvorstands von operativen Aufgaben (vgl. Luther 1996, S. 153). Die Grundgliederung des Bertelsmann-Konzerns auf der zweiten Ebene sowie Maßnahmen zur Sicherstellung der Ausrichtung der Einheiten auf die Ziele der Gesamtunternehmung werden dabei jedoch leider nur verkürzt dargestellt. Dabei wird in der Bertelsmann AG dem Prinzip der Profitcentersteuerung gefolgt. Angesichts der Entwicklungen in der Medienbranche, der Multimediaaktivitäten des Konzerns und weiterer struktureller Änderungen bei der Bertelsmann AG ist dieser Beitrag nicht mehr ganz aktuell. Er gewährt leider auch keinen vertieften Einblick in die „Binnenstrukturen" der größten integrierten Medienunternehmung in Deutschland. Insbesondere wird nicht auf medienunternehmungsspezifische Besonderheiten von Organisationsstrukturen eingegangen.

Windeler, Lutz und Wirth (2000) untersuchen im Vergleich dazu Projektnetzwerke im Produktionsbereich von Fernsehserien. Am Beispiel dieses speziellen Teilbereichs von Unternehmungen der Medienbranche zeichnet sich ab, dass es medienunternehmungsspezifische Besonderheiten bezüglich der Organisationsstrukturen gibt. Projektnetzwerke als Organisationsform besitzen im künstlerisch-kreativen Bereich große Bedeutung.

Schließlich befasst sich eine dritte Gruppe mit Alternativen der Aufbauorganisation zur Unterstützung von Produktinnovationen in Medienunternehmungen (vgl. Hess und Köhler 2003). Auch hier wird zur Erhöhung der Flexibilität, ähnlich wie in dem Beitrag von Vizjak und Spiegel (2001), eine „kombiniert zentrale-dezentrale Organisation" vorgeschlagen, indem der Programmbereich einer funktional gegliederten Medienunternehmung weiter divisional untergliedert wird, wobei den dadurch gebildeten Organisationseinheiten Produktinnovationen zugeordnet werden. Ergänzend treten Stabsstellen für die Koordination und Abwicklung der Produktinnovationen hinzu (vgl. Hess/Köhler 2003, S. 52).

Zu dem Stand der Literatur zu organisatorischen Fragestellungen im Medienmanagement ist schließlich noch anzumerken, dass sich die inzwischen verfügbaren Lehrbücher dieser Thematik nur äußerst spärlich annehmen. Heinrich (1999, S. 327–344) widmet sich unter dem Kapitel „Management" einigen grundlegenden Organisationsmodellen, die am Beispiel von Rundfunkunternehmungen dargestellt und beurteilt werden. Er hebt zudem hervor, dass bei Rundfunkanbietern die Regionalorganisation vorherrschend ist (vgl. Heinrich 1999, S. 331). Während in dem Lehrbuch von Wirtz (2001, S. 64–68) organisatorische Problemstellungen in Zusammenhang mit Alternativen von Fokussierungs-, Integrations- und Kooperationsstrategien allenfalls am Rande gestreift werden, enthält das Grundlagenlehrbuch von Schumann und Hess (2002, S. 237–247) einen kurzen Abschnitt über „Organisationssysteme" in Medienunternehmungen. Bei genauerem Hinsehen werden dort zwar Formen der Aufbau- und Ablauforganisation vorgestellt, aber keine medienspezifischen Organisationsmodelle diskutiert. Immerhin betrachten die Autoren die Funktion „Organisation" aber als ein besonderes Element von Managementsystemen für Medienunternehmungen.

3.2 Die Medienunternehmung als Erfahrungsobjekt für die Analyse von Organisationsstrukturen

Gegenstand des Medienmanagements ist die Gewinnung von Erkenntnissen über das Erfahrungsobjekt „Medienunternehmung". Üblich ist die Differenzierung von Medienunternehmungen nach den Mediengattungen Print (Zeitung, Zeitschrift, Buch), Rundfunk (TV, Radio), Speichermedien (Videokassette, CD, DVD) und Onlinemedien beziehungsweise Netze (vgl. Hess/ Böning-Spohr 2000, S. 300; Schumann/Hess 2002, S. 10). Keine Übereinstimmung herrscht hingegen bezüglich der Hinzurechnung der Telekommunikationsanbieter zu den Medienunternehmungen. Die Konvergenz im Mediensektor hat jedoch für Telekommunikationsanbieter zur Folge, dass in Zukunft eine Differenzierung des Leistungsangebotes im Wettbewerb nicht länger durch das Angebot rein sprachbasierter Dienste möglich ist, sondern zunehmend auch Medieninhalte angeboten werden müssen. Unter dieser Voraussetzung besetzen auch Telekommunikationsanbieter Stufen der Wertschöpfungskette in der Medienbranche.

Erste Überlegungen zu Organisationsstrukturen müssen an der Wertschöpfungsarchitektur von Unternehmungen der Medienbranche anknüpfen (vgl. Hass 2002). Für Medienunternehmungen, die in einer turbulenten und dynamischen Unternehmungsumwelt agieren und Wettbewerbsvorteile zu erzielen suchen, stellt sich vor dem Hintergrund der ökonomischen, rechtlichen und technologischen Entwicklungen die Frage nach der bereits angesprochenen „Wertschöpfungsorganisation". Vor dem Hintergrund der Entwicklungen auf den Medienmärkten werden Strategien diskutiert, die auf eine zunehmende Integration von einzelnen oder mehreren Stufen der Wertschöpfungskette von Medienunternehmungen abzielen (vgl. Wirtz 2001,

S. 65–66; Zerdick et al. 2001, S. 144–145). Die Entscheidung für die Wahl horizontaler, vertikaler oder auch lateraler beziehungsweise diagonaler Integrationsstrategien innerhalb der Medienbranche ist aus organisatorischer Sicht von Relevanz, weil die Umsetzung dieser Strategien in der Medienbranche durch organisatorische Maßnahmen erfolgen muss. Alternativen sind die Akquisition beziehungsweise Fusion von Medienunternehmungen, die Wahl einer der vielfältigen Formen von Kooperationsbeziehungen sowie der Eigenaufbau der Aktivitäten zur Besetzung einer oder mehrerer Stufen der Wertschöpfungskette. Die Praxis der Medienwirtschaft hat hierzu in den letzten Jahren zahlreiche Beispiele geboten, wie zum Beispiel die viel diskutierte Fusion von AOL und Time Warner (vgl. Wirtz 2001, S. 518–524; Sjurts 2000), die Fusion von Sat.1 und ProSieben zur ProSiebenSat.1 Media AG, aber auch die Akquisitionsbemühungen im Bereich der Print-Medien (zum Beispiel der geplante Verkauf der Berliner Zeitung an die Verlagsgruppe Holtzbrinck durch die Bertelsmanntochter Gruner + Jahr) sowie Kooperationen zwischen Print- und Onlinemedien (zum Beispiel die Kooperation des Axel Springer Verlags als Herausgeber der Bild-Zeitung mit der T-Online International AG als Internet-Provider). Zur Bewertung von Formen der Wertschöpfungsorganisation und ihrer relativen Vorteilhaftigkeit im Vergleich zu alternativen Formen kann die Transaktionskostentheorie Erklärungsmuster und Argumente liefern (vgl. Dietl/Royer 2003; Sjurts 2000).

Ein allgemeines, sehr aufschlussreiches strukturales Erklärungsmodell für diese Entwicklungen ist das von Tzouvaras, Schumann und Hess (2002) vorgestellte „X-Modell für die Medienindustrie". Sie zeigen, dass die Medienbranche insbesondere auf Grund der Möglichkeiten zur Digitalisierung von Informationsprodukten vor neuen Herausforderungen steht (vgl. Tzouvaras/Schumann/Hess 2002, S. 65). Gegenstände von Medienunternehmungen sind die Erzeugung beziehungsweise Beschaffung, die Bündelung („Packaging") und die Distribution von medialen Inhalten in Form von Information und Kommunikation an ein Massenpublikum sowie die Beschaffung und Bündelung von Werbeinhalten. Hinzu tritt die Vermarktung von Rechten an Inhalten auf den Rechtemärkten. Tzouvaras, Schumann und Hess (2002, S. 67–68) sehen daher das in Abbildung 1 wiedergegebene X-Modell als einen geeigneten Bezugsrahmen für die Wertschöpfungsorganisation von Medienunternehmungen an.

```
              Werbung        Inhalt
                  \           /
                   \         /
                    \       /
                     \     /
                      \   /
                       \ /
                      ( o )
                       / \
                      /   \
                     /     \
                    /       \
                   /         \
              Rechte         Produkte
```

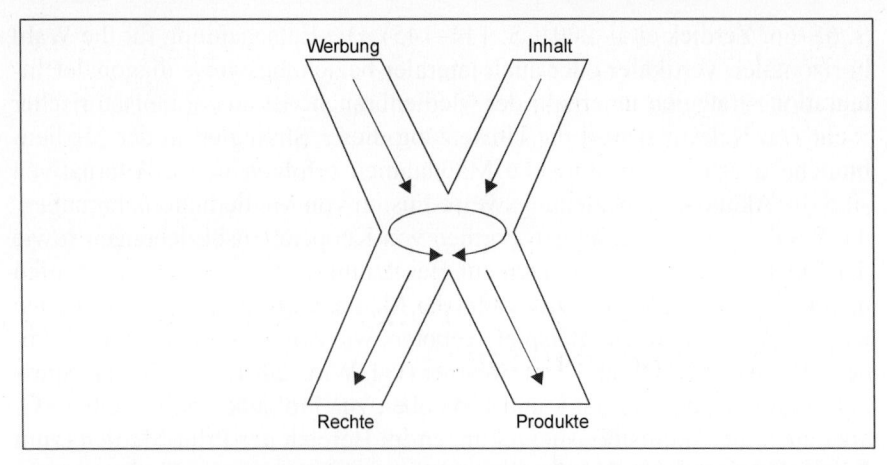

Abbildung 1: Das X-Modell für die Medienindustrie (vgl. Tzouvaras/Schumann/ Hess 2002, S. 68)

Die Komponenten dieses Modells sind:

- Beschaffung und Erzeugung von Werbe- und Medieninhalten. Inhalte sowie Anzeigen müssen beschafft, erstellt und in das jeweilige Medium integriert werden.
- Die Erstellung der Ur- beziehungsweise Masterkopie eines Medienproduktes, die als crossmedial verwertbares Modul beziehungsweise als Vorlage zu verstehen ist und vervielfältigt, übertragen oder für den Zugriff im Internet bereitgestellt werden kann (vgl. Tzouvaras/Schumann/ Hess 2002, S. 68). Die Digitalisierung ermöglicht die Trennung von Inhalt und Format, woraus sich neue Formen der Inhaltsverwertung ergeben (vgl. Vizjak/Spiegel 2001, S. 124).
- Die Distribution der Inhalte in Form von Medienprodukten auf Rezipienten- beziehungsweise Zuschauermärkten sowie von Nutzungsrechten auf den Rechtemärkten. Insbesondere ist die „Content Syndication", das heißt der Verkauf von Inhalten an Internetanbieter, von erheblicher geschäftlicher Bedeutung (vgl. Tzouvaras/Schumann/Hess 2002, S. 68).

Obwohl es sich bei diesem Modell um eine sehr stark vereinfachende Darstellung handelt, kann es als Referenzmodell zur Beurteilung organisationsstruktureller Modelle herangezogen werden. Es ist insbesondere auf Grund seines Allgemeinheitsgrades grundsätzlich auf alle Typen von Medienunternehmungen anwendbar. Das Modell verdeutlicht, dass medienübergreifend mehrfach verwertbare Inhaltsmodule den Leistungskern von Medienunternehmungen ausmachen (vgl. Hass 2002, S. 116–117). Für solche Inhaltsmodule ist die Loslösung vom physischen Trägermedium durch

Digitalisierung charakteristisch. Das Modell bildet dann den Ausgangspunkt für Überlegungen zu den vertikalen und horizontalen Integrationstendenzen in der Medienbranche. Diese wiederum bilden den Hintergrund für die „Binnenorganisation" der Medienunternehmungen.

4 Ausgewählte Organisationsstrukturen von Medienunternehmungen

4.1 Organisation auf der Ebene integrierter Medienunternehmungen

4.1.1 Grundgliederung

Vor dem Hintergrund der Erkenntnisse über Organisationsstrukturen, die an der Wertschöpfungsstruktur von Medienunternehmungen ansetzen, ist zu fragen, über welche Formen der Grundgliederung diese typischerweise verfügen und ob, beziehungsweise inwieweit, sich spezifische Formen für Medienunternehmungen feststellen lassen. Als Alternativen der Aufgabengliederung der grundlegenden Aufbauorganisation stehen auf der zweiten Gliederungsebene die Formen einer funktionalen, divisionalen und regionalen Gliederung von Organisationseinheiten zur Verfügung (vgl. Schumann/Hess 2002, S. 238–241). Zum Beispiel sieht die funktionale Gliederungen eines Fachverlages, die in der Regel gewählt wird, wenn es sich nur um ein Produkt, wie zum Beispiel eine regionale Tageszeitung handelt, neben weiteren üblichen betrieblichen Funktionen die Abgrenzung von „Redaktion" und „Anzeigen/Vertrieb" vor (vgl. Schumann/Hess 2002, S. 239). In Medienunternehmungen, die mehrere Medienprodukte vertreiben, sind hingegen überwiegend divisionale Strukturen (Spartenorganisation) anzutreffen. Demnach werden dem Objektprinzip der Aufgabengliederung folgend organisatorische Einheiten der zweiten Ebene nach Mediensparten gebildet wie zum Beispiel „TV/Rundfunk", „Zeitungen/Zeitschriften", „Bücher" oder „Onlinemedien" (vgl. Schumann/Hess 2002, 239). Beispiele hierfür bieten integrierte Medienunternehmungen wie die Bertelsmann AG mit den Mediensparten TV, Radio, Inhalte, Neue Medien (RTL Group), Buch (Random House Bertelsmann), Zeitschriften (Gruner + Jahr), Musik/ Tonträger (Bertelsmann Music Group), Mediendienstleistungen (arvato), eCommerce-

Aktivitäten, Buch-, Musikclubs (Direct Group). Ein weiteres Beispiel bietet die Spartenorganisation der ProSiebenSat.1 Media AG mit den Sparten „Fernsehen", „Merchandising" und „Dienstleistungen". Die Unternehmungen innerhalb dieser Sparten werden überwiegend als Profit-Center geführt. Bei Rundfunkunternehmungen ist bezüglich der weiteren Untergliederung, zum Beispiel des Programmbereichs „Information", eine objektorientierte Einteilung in Ressorts wie zum Beispiel „Politik", „Wirtschaft" und „Sport" üblich (vgl. Heinrich 1999, S. 330).

Grundsätzlich lässt sich festhalten, dass Medienunternehmungen bezüglich der Grundgliederung strukturell kaum Besonderheiten zu Unternehmungen anderer Branchen aufweisen. Wichtigste Einflussfaktoren auf die Wahl einer Objektzentralisierung der Grundgliederung auf der Ebene der Gesamtunternehmung sind die Unternehmungsgröße sowie die Heterogenität und Zahl der Produkte beziehungsweise Produktgruppen. Zieht man die Zusammenhänge des X-Modells heran, stellt sich die Frage, ob eine rein objektorientierte Grundgliederung zur Realisierung von Synergieeffekten und zur Ausschöpfung des Potentials, das formatunabhängige Medieninhaltsbausteine für eine medienübergreifende Mehrfachverwertung bieten, effizient ist. Die Rahmenbedingungen und Entwicklungstendenzen in der Medienbranche fördern die Integration von Medienunternehmungen, die auf unterschiedlichen Wertschöpfungsstufen der Mediengattungen aktiv sind, weil damit Synergieeffekte genutzt und Marktrisiken gesenkt werden können (vgl. Vizjak/Spiegel 2001, S. 126).

Im Fall einer Medienspartenorganisation, bei der als Prämisse eine engere Bindung der Inhalte an das Format des Trägermediums erkennbar ist, erhöht sich durch die Spartentrennung hingegen der Koordinationsaufwand. Einen Hinweis auf die Probleme objektorientierter Strukturen bietet die Umstrukturierung des Vermarktungsgeschäftes der ProSiebenSat.1 Media AG (vgl. Hegner 2002). Da Werbekunden zunehmend integrierte Vermarktungskonzepte nachfragen (klassischer TV-Spot, Internet, Videotext, Mobile Kommunikation), ist eine Organisation, die eine Trennung der Kundenbetreuung nach Mediengattungen vorsieht, nicht vorteilhaft. Der Grund dafür ist, dass die Verkaufsteams je Bereich nicht koordiniert zusammenarbeiten. Die in der ProSiebenSat.1 Media AG eingeführte Trennung der Agentur- und Kundenbetreuung, die dazu führte, dass dieselben Werbeverkäufer konkurrierende Unternehmungen einer Branche berieten, wurde zu Gunsten einer medienübergreifenden Struktur mit einem Ansprechpartner, der die Betreuung einer Agentur mit dem dazugehörenden Kunden für alle Mediengattungen übernimmt (vgl. Hegner 2002, S. 34), aufgegeben.

In diesem Zusammenhang heben Vizjak und Spiegel (2001, S. 128) die Synergieeffekte einer formatungebundenen Verfügbarkeit von Inhalten auf den Wertschöpfungsstufen „Content", „Format" und „Vertrieb" hervor und stellen fest, dass für eine Nutzung der Synergien zur Erzielung von Wettbewerbsvorteilen dezentrale Strukturen überwunden werden müssen. Diese leicht missverständliche Forderung für die Aufbauorganisation von Medienunternehmungen beinhaltet im Kern den Verzicht auf eine medienspartenbezogene Grundgliederung zugunsten einer Gliederung in die Bereiche „Content", „Format" und „Vertrieb" (vgl. Vizjak/Spiegel 2001, S. 130).

4.1.2 Netzwerkorganisation und Kooperationsbeziehungen

Zur Umsetzung einer angestrebten Wertschöpfungsarchitektur werden in der Medienbranche vielfältige Kooperationsformen gewählt (vgl. Bouncken 2003, S. 349–351). Diese als hybrid bezeichneten Organisationsformen zwischen Markt und Hierarchie führen zur Herausbildung interorganisationaler Netzwerkstrukturen (vgl. Hacker 1999, S. 160). Aus transaktionskostentheoretischer Sicht werden Kooperationsformen unter den Bedingungen vergleichsweise hoher Unsicherheit und Komplexität sowie mittlerem Spezifitätsgrad der Leistungsbeziehungen gewählt. Unternehmungsnetzwerke werden in diesem situativen Kontext zur Risikoreduktion und zur schnellen Überwindung von Marktzutrittsbarrieren gebildet. Der Einsatz neuer Medien auf Basis der Entwicklungen der Informations- und Kommunikationstechnologien begünstigt die Wahl kooperationsorientierter Organisationsformen, weil Transaktionskosten der Information und Kommunikation mit der Folge gesenkt werden können, dass Kooperationsformen bei gegebenem Spezifitäts- und Unsicherheitsgrad der Transaktionen zwischen Medienunternehmungen zunehmend der Eigenerstellung überlegen sind. Hacker betont in diesem Zusammenhang die Entwicklungen in der Medienbranche, die von getrennt verlaufenden Wertschöpfungsketten weg hin zu einer Koppelung der Wertschöpfungsketten der Medienbranche zu „Mediennetzwerken" führen (vgl. Hacker 1999, S. 162–163; Hess 2002, S. 595–596). Hier sind ebenfalls drei Verlaufsrichtungen der Kooperation anzutreffen: vertikale, horizontale und diagonale Vernetzungen. Letztere sind bezeichnend für die Medienbranche, weil eine diagonale Vernetzung an die Konvergenz der Wertschöpfungsketten in der Medienbranche anknüpft (vgl. Hacker 1999, S. 164).

Als Beispiel für einen Sonderfall der vertikalen Vernetzung sind die von Windeler, Lutz und Wirth (2000) sowie Sydow, Windeler und Wirth (2002) untersuchten Projektnetzwerke bei der Produktion von fiktionalen Programminhalten im TV-Bereich anzuführen. Die Produktion derartiger Programminhalte wird in dieser Branche überwiegend in überbetrieblichen Projekten organisiert und abgewickelt (vgl. Windeler/Lutz/Wirth 2000, S. 181). Solche Projektnetzwerke können als besondere Formen von Unternehmungsnetzwerken identifiziert werden, die die Merkmale der zeitlichen Befristung, auf das Projekt bezogener Geschäftsbeziehungen und die Selbstkoordination der Projektaktivitäten durch die beteiligten Akteure aufweisen (vgl. Windeler/Lutz/Wirth 2000, S. 181). Von organisatorischer Bedeutung ist in diesem besonderen Fall die Frage der Steuerung des Netzwerkes durch den Auftrag gebenden TV-Veranstalter. Wenn Fernsehserien im Netzwerk mit kooperierenden technischen Dienstleistern und Künstlern erstellt werden, hat der TV-Veranstalter mit Blick auf die Gestaltung des Senderprofils ein Bedürfnis nach Sicherung der Qualität der Programminhalte und nach Einhaltung der Budgets. Dies geschieht in der Praxis durch die Auswahl der Netzwerkpartner und durch die Sicherstellung projektbezogener und projektübergreifender „Praktiken" (vgl. Windeler/Lutz/Wirth 2000, S. 182). Dadurch wird das Risiko, dass inhaltliche und qualitative Brüche bei den Projektanschlüssen (zum Beispiel zwei Staffeln einer Fernsehserie) auftreten, die zu Qualitätsschwankungen und Budgetüberschreitungen führen können, gesenkt. Windeler, Lutz und Wirth (2000, S. 198) liefern das bemerkenswerte Ergebnis, dass Projektnetzwerke in der „Fernsehindustrie" hierarchische Netzwerke sind. Es handelt sich somit zwar um eine hybride Organisationsform, TV-Veranstalter nehmen jedoch sehr starken Einfluss auf die Auswahl der wichtigsten Projektteilnehmer und setzen organisatorische Instrumente zur Kontrolle der Leistungserstellungsprozesse ein (vgl. Windeler/Lutz/Wirth 2000, S. 198). Sie koordinieren die Erstellung der Programminhalte im Netzwerk durch das Setzen von „Handlungskorridoren" und die Vereinbarung von Vorgaben (vgl. Windeler/Lutz/Wirth 2000, S. 198).

4.2 Organisation auf der Ebene der Abteilungen und Projekte

4.2.1 Dualorganisation integrierter Medienunternehmungen als Organisationsproblem

Über die medienunternehmungsspezifischen Besonderheiten von Organisationsstrukturen „innerhalb" von Medienunternehmungen ist nur wenig bekannt. Grundsätzlich ist davon auszugehen, dass die Effektivität und die Effizienz alternativer struktureller Regelungen der Entscheidung, der Ablauforganisation, der Kommunikation und Kontrolle mit Hilfe der aus der

Organisationslehre verfügbaren allgemeinen Kriterien zur Bewertung von Organisationsstrukturen und ohne Berücksichtigung von Besonderheiten der Medienprodukte und der Medienmärkte beurteilt wird. Hacker (1999, S. 168) weist zum Beispiel darauf hin, dass die umfassenden Umstrukturierungs- und Rationalisierungsmaßnahmen der 90er Jahre auch in Medienunternehmungen zu einer Dezentralisation insbesondere in Form der Modularisierung geführt haben. Gegenstand der Dezentralisationsbemühungen war überwiegend die Bildung dezentraler organisatorischer Einheiten, die schnell und marktnah agieren können. Hacker (1999, S. 169–170) nennt einige Beispiele wie die Modularisierung nach Key Accounts in Medienagenturen. Er betont zwar, dass die Modularisierung an Bedeutung gewinnen werde, lässt aber die Frage nach der Effektivität und Effizienz alternativer Modularisierungskonzepte unbeantwortet (vgl. Hacker 1999, S. 173). Letztlich gelangt er zu der Feststellung, dass in Medienunternehmungen die Spartenorganisation und auf den nachfolgenden hierarchischen Ebenen die funktionale Organisation, in der Regel ergänzt durch Stäbe mit vergleichsweise großen Organisationseinheiten vorherrschend ist.

Knüpft man in diesem Zusammenhang an die Besonderheiten der Wertschöpfungsprozesse in Medienunternehmungen an, bei denen nicht das Trägermedium, sondern die Inhalte maßgeblich den Wert eines Medienproduktes bestimmen, können zwei grundsätzlich Typen von Organisationsbereichen in Medienunternehmungen voneinander abgegrenzt werden: Gegenstand des kreativ-künstlerischen Organisationsbereichs ist die Beschaffung beziehungsweise Erzeugung von Inhalten, die Akquisition von Werbung und die Bündelung der Inhalte zu einer Ur- beziehungsweise Masterkopie (First Copy), die das Potential zur Mehrfachverwertung hat. Mit Bezug auf das bereits dargestellte X-Modell bezieht sich dieser Bereich auf die oberen beiden Flügel des X. Gegenstand des technisch-industriellen Organisationsbereichs ist die rein technische Produktion beziehungsweise Vervielfältigung des Medienproduktes, die industriell geprägt und organisiert ist sowie deren Absatz auf den relevanten Medienmärkten. Im X-Modell bezieht sich dieser Bereich auf die unteren beiden Flügel des X.

Was integrierte Medienunternehmungen anbetrifft, ist es plausibel, dass die Erstellung der Ur- beziehungsweise Masterkopie in dem kreativ-künstlerischen Organisationsbereich andere Anforderungen an die strukturellen Regelungen stellt als der technisch-industrielle Organisationsbereich der Produktion beziehungsweise Vervielfältigung des Medienproduktes. Die Erstellung der Urkopie ist in der Regel das Ergebnis des Zusammenwirkens kreativer Mitarbeiter, die sich zum Einen hinsichtlich des Menschenbildes von anderen Mitarbeitern und Beschäftigten unterscheiden, und die zum Anderen überwiegend nicht auf der Grundlage traditioneller Beschäftigungsverhältnisse in Medienunternehmungen beschäftigt sind, sondern als freie Mitarbeiter („Free Lancer") kreativ-künstlerische Leistungen erbringen. Da es in diesem Bereich der Leistungserstellung von Medienprodukten somit besondere Rahmenbedingungen gibt, müssen aus Effizienzüberlegungen heraus die Organisationsstrukturen diesen Bedingungen Rechnung tragen. Die Leistungserstellung erfolgt in diesem Bereich überwiegend in projektorientierten Organisationsformen, wobei zur Entfaltung der Kreativität der dort beschäftigten Personen zentrale hierarchische Strukturen mit Einliniensystem, autoritäre Entscheidungs- und Kontrollsysteme sowie streng routinisierte, standardisierte Handlungs- und Arbeitsabläufe auf mangelnde Akzeptanz stoßen werden und Koordinationsprobleme aufwerfen müssen.

Für den technisch-industriellen Organisationsbereich der Produktion beziehungsweise Vervielfältigung des Medienproduktes sowie der Distribution hingegen sind medienunternehmungsspezifische Besonderheiten bezüglich der Organisationsstrukturen in der Regel nicht zu erwarten. Die Vervielfältigung von Musikstücken auf Tonträgern, die Kopie von Software, der Druck einer hohen Buchauflage oder die Ausstrahlung einer Fernsehsendung an ein Massenpublikum ist Gegenstand technischer Produktion und industrieller Fertigung, für die allenfalls die oft beschriebenen geringen Grenzkosten der Massenproduktion eine Besonderheit darstellen (vgl. Zerdick et al. 2001, S. 165–167).

Es kann daher festgehalten werden, dass die Besonderheiten der Leistungserstellungsprozesse auf den Stufen der Wertschöpfungskette eine Dualorganisation in integrierten Medienunternehmungen erforderlich machen. Der Begriff „Dualorganisation" weist auf die Besonderheit hin, dass in integrierten Medienunternehmungen auf Grund unterschiedlicher Anforderungen der beiden Organisationsbereiche grundsätzlich sehr unterschiedliche Organisationsformen zur Anwendung kommen müssen, um die Effizienz der Gesamtorganisation sicher zu stellen. Es ist sinnvoll, in den kreativ-künstlerischen Bereichen überwiegend dezentrale Strukturen mit hoher Autonomie für die Kreativen und Künstler zu schaffen, wohingegen in dem technisch-industriellen Bereichen der Fertigung und Vervielfältigung der Medienprodukte eher hierarchische, strenger auf die Effizienz der Arbeitsabläufe und Fertigungsgänge fixierte Formen der Ablauforganisation zur Anwendung kommen müssen (Programmierung, Standardisierung und Formalisierung). Die Probleme der Auswahl, Implementation sowie der Schnittstellen zwischen diesen beiden grundsätzlich sehr verschiedenen Organisationsformen im Rahmen der Dualorganisation sind jedoch noch weitgehend unerforscht und können hier nur angedeutet werden.

4.2.2 Projektorganisation als Organisationsform der Wahl für kreativ-künstlerische Organisationsbereiche in Medienunternehmungen

In den kreativ-künstlerischen Bereichen von Medienunternehmungen, denen zum Beispiel in Rundfunkunternehmungen die Programmerstellung oder in Tonträgerunternehmungen die Einspielung eines Musikstückes zuzurechnen ist, sind überwiegend Formen der Projektorganisation anzutreffen (vgl. zum Beispiel zur Projektorganisation in öffentlich-rechtlichen Rundfunkanstalten Sieben/Schulze/Wachter 1992, Sp. 1322–1323). Versteht man ein Projekt als zeitlich begrenzten, innovativen Komplex zu erfüllender Aufgaben, können alternative Organisationsformen die Stabsprojektorganisation, die reine Projektorganisation oder eine Matrixprojektorganisation sein. Auf Grund der besonderen Anforderungen, die die Erstellung kreativer Leistungen stellt sowie aufgrund der Beschäftigung von zum Beispiel freischaffenden Künstlern hat die reine Projektorganisation Vorteile, weil sie eine vergleichsweise höhere Autonomie der Projektmitarbeiter vorsieht und Freiräume für Kreativität und Innovationsfähigkeit der beteiligten Akteure bietet. Es ist jedoch von den konkreten situativen Bedingungen im Einzelfall abhängig zu machen, welche der drei Grundformen der Projektorganisation vorteilhaft ist. Sieben, Schulze und Wachter (1992, Sp. 1322) zeigen in diesem Zusammenhang, dass in öffentlich-rechtlichen Rundfunkanstalten Programmprojekte „bei bestehender verrichtungsorientierter beziehungsweise marktorientierter Gliederung des Produktions- beziehungsweise Programmbetriebs unter Dominanz der ablauforganisatorischen Aufgabenschwerpunkte" durchgeführt werden. Dort herrscht somit eine Matrix-Projektorganisation vor, für die die Überlagerung des verrichtungsorientiert gegliederten Produktionsbereiches (zum Beispiel Kamera, Ausstattung, Schnitt) mit Einheiten des produktorientiert gegliederten Programmbereiches (zum Beispiel Politik, Kultur, Sport) typisch ist (vgl. Sieben/Schulze/Wachter 1992, Sp. 1322–1323). Die Untersuchungsergebnisse von Sydow, Windeler und Wirth (2002) zeigen, dass die Produktion von Programminhalten im TV-Bereich überwiegend den Prinzipien der Projektorganisation folgt und liefern weitere Anhaltspunkte zur Bedeutung von Formen der Projektorganisation. Dabei ist zu beachten, dass die Projektmitarbeiter überwiegend nicht, wie zum Beispiel im Fall der Redakteure in Zeitungsverlagen, abhängig in der Medienunternehmung beschäftigte Personen sind, sondern Personen, die auf Basis freier Verträge, in Form von atypischen Beschäftigungsverhältnissen Projektleistungen erbringen. Dass die Zusammenarbeit mit kreativen Menschen auf Basis atypischer Beschäftigungsformen besondere Anforderungen an die Personalwirtschaft einer Medienunternehmung stellen muss, ist bislang mit Ausnahme für den speziellen Fall von Theaterbetrieben ebenfalls noch nicht näher untersucht worden (vgl. Haunschild 2000).

5 Fazit

Die Besonderheit einer Dualorganisation in Medienunternehmungen wirft grundsätzlich das Problem auf, dass kreativ-künstlerisch tätige Mitarbeiter, die entweder abhängig auf Basis von Arbeitsverträgen oder in besonderen atypischen Beschäftigungsformen beschäftigt sind, Leistungen im Kontext anderer organisationsstruktureller Regelungen erbringen als Mitarbeiter in den technisch-industriellen Bereichen der Fertigung beziehungsweise Vervielfältigung des Medienproduktes. In Abhängigkeit von den situativen Bedingungen birgt dies ein Konfliktpotential, das Koordinationsprobleme und die Entstehung von Transaktionskosten der internen Unternehmungsorganisation erwarten lässt. Dieses Konfliktpotential muss umso ausgeprägter sein, je stärker durch die Unternehmungsführung Versuche unternommen werden, Prinzipien der industriellen Fertigung, wie zum Beispiel Standardisierung und Formalisierung sowie Programmierung, auch auf die kreativ-künstlerischen Bereiche der Urkopieerstellung zu übertragen, um dort einen höheren Grad an organisatorischer Effizienz und Produktivität zu erzielen. Solche Ansätze sind aus zahlreichen Medienteilbereichen bekannt, wie zum Beispiel im Bereich der Filmproduktion (detaillierte, tagesgenaue Drehpläne, diskontinuierlicher Dreh). Es ist im Einzelfall zu entscheiden, welche Teilaufgaben der Projektaufgabe stärker standardisiert und formalisiert werden können, ohne die kreativ-künstlerischen Leistungen der Projektmitarbeiter zu beschränken oder zu verhindern. Zudem ist zu beachten, dass eine zu ausgeprägte, den Organisationsgrad erhöhende Standardisierung, Formalisierung und Programmierung von Abläufen, die zudem in der Regel unter starkem Zeitdruck und Budgetzwang stehen, gegen die Werthaltungen und das berufliche Selbstverständnis der dort aktiven Personengruppen (zum Beispiel Freiberufler, Künstler oder Selbstständige) verstoßen können.

Die Analyse und Gestaltung der Schnittstellen in integrierten Medienunternehmungen zwischen den kreativ-künstlerischen Bereichen einerseits sowie den technisch-industriellen Bereichen andererseits bedürfen weiterer Untersuchung, da sie medienunternehmungsspezifische Besonderheiten erwarten lassen, die wiederum besondere Organisationsformen erfordern. Damit wird auch deutlich, dass für diese Bereiche eine unreflektierte Übertragung allgemeiner Organisationsformen auf die Unternehmungen der Medienbranche keinesfalls ausreichend sein kann. Forschungsergebnisse auf diesem Gebiet werden daher auch der Ausgangspunkt für eine spezielle „Organisationslehre der Medienunternehmungen" sein.

Literaturverzeichnis

Bouncken, R.B. (2003) Kooperationsformen von Zeitungs- und Zeitschriftenverlagen. Empirie und Implikationen, in: Brösel, G./Keuper, F. (Hrsg.) Medienmanagement, München 2003, S. 343–364.

Deters, J. (2002) Medienmanagement als Personal- und Organisationsmanagement, in: Karmasin, M./Winter, C. (Hrsg.) Grundlagen des Medienmanagements, München 2002, S. 93–113.

Dietl, H.M./Royer, S. (2003) Indirekte Netzwerkeffekte und Wertschöpfungsorganisation. Eine Untersuchung der transaktionskostentheoretischen Effizienz und strategischer Wettbewerbsvorteile am Beispiel der Videospielbranche, in: Zeitung für Betriebswirtschaft 73 (4/2003), S. 407–429.

Ehlers, R. (2000) Öffentlich-rechtlicher Rundfunk und Multimedia, in: Media Perspektiven (8/2000), S. 369–374.

Habann, F. (1999) Kernressourcenmanagement in Medienunternehmen, Lohmar – Köln.

Hacker, T. (1999) Vernetzung und Modularisierung – (Re-) Organisation von Medienunternehmen, in: Schumann, M./Hess, T. (Hrsg.) Medienunternehmen im digitalen Zeitalter, Wiesbaden 1999, S. 155–175.

Hass, B.H. (2002) Geschäftsmodelle von Medienunternehmen. Ökonomische Grundlagen und Veränderungen durch neue Informations- und Kommunikationstechniken, Wiesbaden 2002.

Hass, B.H. (2002) Ökonomische Grundlagen und innovative Geschäftsmodelle, in: Management neuer Medienunternehmen, Wiesbaden 2002, S. 89–160.

Haunschild, A. (2002) Das Beschäftigungssystem Theater – Bretter, die die neue Arbeitswelt bedeuten? in: Zeitschrift für Personalforschung, 16 (4/2002), S. 577–598.

Hegner, C. (2002) Vermarktung nach dem Ariadne-Prinzip, in: Horizont (29/2002), S. 34.

Heinrich, J. (1999) Medienökonomie, Bd. 2., Hörfunk und Fernsehen, Wiesbaden 1999.

Hess, T. (2002) Implikationen des Internet für die Medienbranche – eine strukturelle Analyse, in: Keuper, F. (Hrsg.) Electronic Business und Mobile Business. Ansätze, Konzepte und Geschäftsmodelle, Wiesbaden 2002, S. 570–602.

Hess, T./Böning-Spohr, P. (2000) BWL der Medienwirtschaft, in: Das Wirtschaftsstudium (3/2000), S. 308–311.

Hess, T./Köhler, L. (2003) Organisation der Produktinnovation in Medienunternehmen – eine Analyse aufbauorganisatorischer Varianten, in: Habann, F. (Hrsg.) Innovationsmanagement in Medienunternehmen, Wiesbaden 2003, S. 37–57.

Karmasin, M./Winter, C. (2003) Grundlagen des Medienmanagements, Stuttgart 2003.

Keuper, F./Hans, R. (2003) Multimedia-Management, Wiesbaden 2003.

Lahnstein, M. (1993) Medienunternehmungen, in: Wittmann, W. (Hrsg.) Handwörterbuch der Betriebswirtschaft, Stuttgart 1993, Sp. 2839–2849.

Luther, S. (1996) Führungsorganisation der Bertelsmann AG, in: Engelhard, J. (Hrsg.) Strategische Führung internationaler Unternehmen, Wiesbaden 1996, S. 149–159.

Scholz, C./Eisenbeis, U. (2003) Medienmanagement, Die Betriebswirtschaft 63 (5/2003), S. 532–547.

Schumann, M./Hess, T. (2002) Grundfragen der Medienwirtschaft. Eine betriebswirtschaftliche Einführung, 2.Aufl., Berlin – Heidelberg 2002.

Sieben, G./Schulze, V./Wachter, A. (1992) Medienbetriebe, Organisation der, in: Frese, E. (Hrsg.) Handwörterbuch der Organisation, 3. Aufl., Stuttgart 1992, Sp. 1315–1327.

Sjurts, I. (2000) Die Fusion AOL – Time Warner: Eine strategietheoretische Erklärung, in: Zeitschrift Führung und Organisation/Zeitschrift für Organisation 69 (3/2000), S. 128–138.

Sydow, J./Windeler, A/Wirth, C. (2002) Markteintritt als kollektiver Netzwerkeintritt in „unreife" Märkte – Internationalisierung der Content-Produktion für das Fernsehen. Tagungsordner des 26. Workshops der wissenschaftlichen Kommission Organisation des Verbandes der Hochschullehrer für Betriebswirtschaft e.V. vom 28.02.2002–02.03.2002 an der Universität Lüneburg.

Tzouvaras, A./Schumann, M./Hess, T. (2002) Das X-Modell für die Medienindustrie, in: Information Management & Consulting 17 (3/2002), S. 65–71.

Vizjak, A./Ringlstetter, M. (2001) Medienmanagement: Content gewinnbringend nutzen, Wiesbaden 2001.

Vizjak, A./Spiegel, A. (2001) Organisation für globale Player der Medienindustrie, in: Vizjak, A./Ringlstetter, M. (Hrsg.) Medienmanagement: Content gewinnbringend nutzen, Wiesbaden 2001, S. 122–130.

Windeler, A./Lutz, A./Wirth, C. (2000) Netzwerksteuerung durch Selektion – Die Produktion von Fernsehserien in Projektnetzwerken, in: Sydow, J./Windeler, A. (Hrsg.) Steuerung von Netzwerken, Opladen 2000, S. 178–205.

Wirtz, B.W. (2001) Medien- und Internetmanagement, 2. Aufl., Wiesbaden 2001.

Zerdick A. et al. (2001) Die Internet-Ökonomie. Strategien für die digitale Wirtschaft, 3. Aufl., Berlin – Heidelberg – New York 2001.

Führungsmanagement – Aufgaben von Führungskräften in Medienunternehmen

Friedrich A. Stein

1 Einführung 541

2 Aufgabenkontext 541

3 Aufgabeninhalt 543

4 Aufgabenanforderungen 546

5 Fazit 550

Literaturverzeichnis 551

Vorschau

Aufgabenkontext

Der Aufgabenkontext umfasst die medienrechtlichen Rahmenbedingungen (Pressegesetze, Rundfunkgesetze), die Handlungsrationalität der Erwerbsorientierung (privatwirtschaftlich organisierte Medienunternehmen) sowie die Handlungsrationalität der Bedarfsorientierung (öffentlich-rechtlich organisierte Medienunternehmen).

Aufgabeninhalt

Der Aufgabeninhalt bezieht sich auf objektbezogene Merkmale von Führungsaufgaben wie entscheiden, motivieren, planen, Konflikte lösen, informieren, delegieren, koordinieren, repräsentieren und organisieren.

Aufgabenanforderungen

Die Aufgabenanforderungen stellen die subjektbezogenen Merkmale von Führungsaufgaben in den Mittelpunkt. Hierbei handelt es sich um die Bestimmungsgrößen Entschlusskraft, Integrität, Lernfähigkeit, Durchsetzungsvermögen, Flexibilität, Systematik, soziale Verantwortung, Konfliktfähigkeit, Teamfähigkeit, Kreativität und Berechenbarkeit.

Determinanten des Aufgabenkontextes

Im Beitrag lernen Sie, dass die Determinanten des Aufgabenkontextes die Besonderheiten des Führungsmanagements in Medienunternehmen ausmachen. Alle weiteren Kriterien des Aufgabeninhaltes und der Aufgabenanforderungen spielen auch in anderen Wirtschaftsbereichen eine wichtige Rolle.

1 Einführung

Führen bedeutet etymologisch „etwas in Bewegung setzen", „etwas in Gang bringen". Unter Management versteht man die zielorientierte Steuerung von Personen und Institutionen. Die Verknüpfung der beiden Termini scheint für den Medienbereich besonders geeignet, da unter den sich rasch verändernden Rahmenbedingungen dieses Echtzeitgeschäftes ein „in Gang bringen" und „in Bewegung setzen" durch zielorientierte Steuerungsbemühungen als Kerngeschäft angesehen werden kann. Medienmanagement wird hier als institutionelle Aufgabe verstanden, die von Führungskräften zu erledigen ist. Die multifunktionalen Aufgaben der Steuerung eines Unternehmens erfahren in den Unternehmen der TIME-Branche eine besondere Eigendynamik. Scholz, Stein und Eisenbeis (2001) verstehen unter TIME-Branche die dem Medienbereich im weiteren Sinne zuzurechnenden Unternehmen der Telekommunikation, Informationstechnologie, Medien und Entertainment, die sich nicht nur einem einzigen Geschäftsgegenstand widmen und deren Grenzen im Hinblick auf ein Medienmanagement somit verschwimmen. So sind die unterschiedlich berührten Branchen mit zum Teil verschwimmenden Konturen des Geschäftsgegenstandes ebenso zu nennen, wie die originären gesetzlichen Rahmenbedingungen (Rundfunkrecht, Presserecht) und die wirtschaftliche Betätigung im öffentlich-rechtlichen und im privatwirtschaftlichen Bereich.

Im Folgenden wird unterschieden zwischen dem Aufgabenkontext, dem Aufgabeninhalt und den (personalen) Aufgabenanforderungen. Dabei sollen Spezifika des Führungsmanagements in Medienunternehmen herausgearbeitet werden.

2 Aufgabenkontext

Der Aufgabenkontext bestimmt die Handlungsrahmenbedingungen der Führungskräfte. Das breite Spektrum des Managements von Medienunternehmen erstreckt sich über eine Palette von gegenstandsverschiedenen und unterschiedlich organisierten betriebswirtschaftlichen Einheiten. So weisen die Betriebe aus dem Bereich der Print-Medien (vgl. Heinrich 2001) in erster Linie privatwirtschaftliche Organisationsformen auf, während der Rundfunksektor (vgl. Heinrich 1999; Seidel/Libertus 1993) in den Ausprägungen Hörfunk und Fernsehen privatwirtschaftliche und öffentlich-rechtliche Unternehmen umfasst. Im Gegensatz zu den Führungsaufgaben außerhalb des Medienbereichs haben die Manager hier eine Fülle spezifischer gesetzlicher Normen, wie etwa Pressegesetze und Rundfunkgesetze zu beachten. Damit ist von den Führungskräften eine besondere Handlungsrationalität gefordert, die sich nicht alleine durch die Rationalität der Gewinnerzielung abbilden lässt. Vielmehr ist ein Management zwischen ökonomischer und gemeinwohlorientierter Rationalität gefragt. Die Unterscheidung zwischen ökonomischer und gemeinwohlorientierter Systemrationalität wird oft auch als erwerbwirtschaftliche und bedarfswirtschaftliche Rationalität bezeichnet. Dabei grenzt sich die bedarfswirtschaftliche Systemrationalität öffentlich-rechtlicher Medienunternehmen von der erwerbswirtschaftlichen durch die Anbindung an gesetzlich determinierte Effektivitätsnormen ab (vgl. Stein 1998, S. 76–79). Zu diesen allgemeinen Kontextbedingungen kommen noch spezielle Probleme der wirtschaftlichen Entwicklung auf den unterschiedlichen Medienmärkten aufgabendeterminierend hinzu. So ist die Situation der Print-Medien derzeit durch grundlegende Strukturveränderungen auf den Leser- und Anzeigenmärkten gekennzeichnet. Die Lesermärkte schrumpfen, da viele Interessenten ihren Informationsbedarf über privates und öffentliches Fernsehen, Rundfunk und Internet decken. Zusätzlich spielt auch der demographische Faktor, dass die jungen Leute zunehmend weniger Tageszeitung lesen, eine Rolle und die Abwanderung von Annoncen in das Internet führt zu einem vielfach dramatischen Rückgang der Anzeigenerlöse.

Einen weiteren wichtigen Bestandteil der Medienunternehmen machen die Rundfunkunternehmen aus. Seit der Einführung der dualen Rundfunkordnung in den 80er Jahren sieht sich der traditionell öffentlich-rechtlich organisierte Rundfunk einer privatwirtschaftlichen Konkurrenz ausgesetzt. Im Anbetracht des steigenden Wettbewerbsdrucks gewinnen moderne betriebswirtschaftliche Managementinstrumente wie Controlling zunehmende Bedeutung für das Management öffentlich-rechtlicher Rundfunkunternehmen. Neben den eben genannten allgemeinen kontextbestimmenden Faktoren sind in Zeiten der Globalisierung noch verstärkte Internationalisierungs- und Innovationsbemühungen als externe Bestimmungsgrößen des Aufgabenspektrums der Führungskräfte in Medienunternehmen einzubeziehen.

3 Aufgabeninhalt

In Interaktion mit dem Aufgabenkontext steht der Aufgabeninhalt. Darunter wird die objektivierbare, arbeitsteilige und komplexe Führungsaufgabe (vgl. Stein 1990, S. 222–230) verstanden. Es wäre wenig zielführend, nun den Versuch einer rein induktiven Enumeration von Aufgaben des Medienmanagements zu unternehmen. Dies würde die reale Aufgabenvielfalt, die hohe Unternehmensdiversifikation und den raschen Wandel in der Medienbranche quantitativ wie qualitativ nur unzureichend abbilden. Stattdessen soll ein von Bronner, Matiaske und Stein (1991, S. 1232–1233) entwickeltes und extern validiertes Konzept zur Beschreibung von Führungsaufgaben für Medienunternehmen vorgeschlagen werden (vgl. Gutenberg 1972, S. 140; Stein 1998 S. 98–121).

Ein Kernbestandteil der inhaltlichen Aufgabe der Führungskräfte (Determinanten) in Medienunternehmen ist die Kommunikation mit verschiedenen Kommunikationspartnern (Tabelle 1).

Führungsaufgaben (Determinanten)	Kommunikationspartner
entscheiden	Mitarbeiter im unmittelbaren Arbeitsgebiet
motivieren	Ressortvertreter auf der gleichen Leitungsebene
planen	Aufsichtsrat beziehungsweise Verwaltungsrat
Konflikte lösen	Betriebsrat
informieren	Gewerkschaften
delegieren	staatliche Stellen
koordinieren	Berater
Personal auswählen	Medien
Personal entwickeln	Verbände
repräsentieren	Politiker
kontrollieren	Ehepartner
organisieren	Hochschulen
anleiten	Mitarbeiter im unmittelbaren Arbeitsgebiet
berichten/vortragen	Ressortvertreter auf der gleichen Leitungsebene

Tabelle 1: Führungsaufgaben und Kommunikationspartner von Führungskräften

Für die Determinanten des Aufgabeninhaltes und der Kommunikationspartner stehen alle Kommunikationsarten (zum Beispiel persönlich, schriftlich, Internet oder Videokonferenz) den Führungskräften zur Verfügung (Tabelle 1).

Die oben genannten Merkmale des Aufgabeninhaltes und der Kommunikationspartner weisen einen mittleren Komplexitätsgrad auf und können daher weitgehende Gültigkeit für die qualitativen Aufgaben von Führungskräften in Medienunternehmen ohne brancheninduzierte Spezifika (zum Beispiel Rundfunk/Fernsehen, Print und andere Medienbereiche) beanspruchen. Ein signifikantes Unterscheidungsmerkmal stellt die privatwirtschaftliche oder öffentlich-rechtliche Verfasstheit eines Medienunternehmens dar.

Am Beispiel Rundfunkunternehmen (vgl. Stein 2000, S. 136–160) kann dies wie folgt exemplifiziert werden: Ausgehend von differenzierten Handlungsstrategien privatwirtschaftlicher und öffentlich-rechtlicher Unternehmen werden eine Dominanz der Erwerbsorientierung und damit Effizienz als strategische Komponente für privatwirtschaftliche Unternehmen sowie eine Dominanz der Bedarfsorientierung und damit Effektivität als strategische Komponente für öffentlich-rechtliche Unternehmen unterstellt. Stein entwickelt ein realtypologisches Modell der Managementleistung von Rundfunkanstalten, das die inhaltlichen Aufgabenspezifika für Führungskräfte der öffentlich-rechtlichen Rundfunkanbieter herausarbeitet (Abbildung 1).

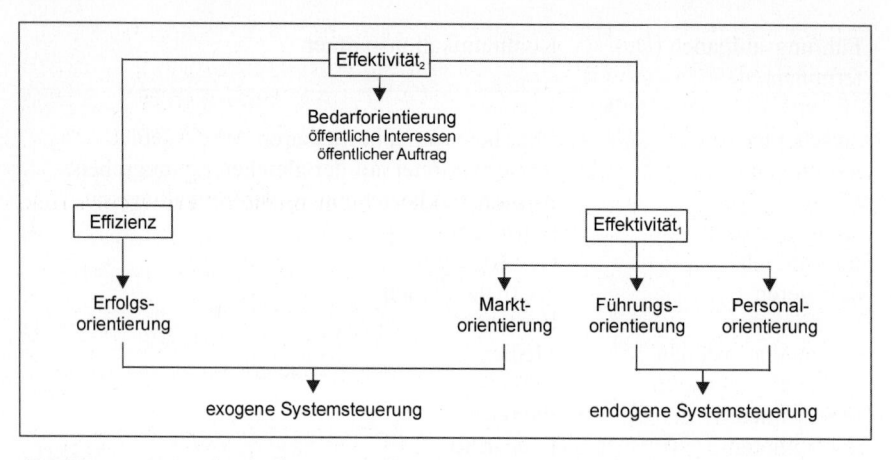

Abbildung 1: Realtypisches Modell der Management-Leistung von Rundfunkanstalten

Dabei werden allgemeine Kriterien unterschieden, die sowohl Gültigkeit für öffentlich-rechtliche als auch für privatwirtschaftliche Rundfunkunternehmen aufweisen und solche, deren Gültigkeit sich nur auf die Führungsaufgaben von Rundfunkanstalten beziehen. Diese allgemeinen Kriterien sind beispielsweise in der Dimension Erfolgsorientierung die Merkmale Produktivität und Wirtschaftlichkeit, in der Dimension Marktorientierung die Variablen Kundenpflege, Produktqualität und Modernität, in der Dimension Führungsorientierung die Bestimmungsgrößen Zielklarheit, Führungsstil und

Personalführung sowie in der Dimension Personalorientierung die Merkmale Leistungsmotivation, Zuverlässigkeit und Arbeitszufriedenheit (vgl. Stein 2000, S. 147–149). Im Rahmen der vorgenannten empirischen Untersuchungen wurden auch Einzelmeinungen von Experten erfragt. So wurden genannt: Bekämpfung von Radikalismus in der Gesellschaft, Förderung von Kultur-Mäzenatentum, Staatsferne, Mobilität, Transparenz, Kontinuität sowie Beständigkeit der Leistung. Für Rundfunkanstalten sind beispielhaft zu nennen: in der Dimension öffentliche Interessen die Merkmale Meinungsfreiheit, Pressefreiheit, Freiheit der Berichterstattung, in der Dimension öffentlicher Auftrag die Determinanten Gemeinwohlorientierung, Sendegrundsätze und Haushaltsausgleich sowie in der Dimension Unternehmensziele die Bestimmungsgrößen Qualität der Leistung, Bildungsauftrag sowie Grundversorgung (vgl. Stein 2000, S. 151). Im Rahmen der vorgenannten empirischen Untersuchungen wurden auch Einzelmeinungen von Experten erfragt. So wurden genannt: Werbemaßnahmen, Erreichung der Zielgruppen Kinder und Jugendliche, kulturelle Angebote im Sendegebiet, Flexibilität der Personalstruktur, publizistische Eigenleistung, Verbundenheit mit der Region, Förderung von Autoren sowie Anregung für das gesellschaftliche Leben.

Die Aufgaben für Führungskräfte von Rundfunkanstalten haben sich zunächst an einer Effektivität genannten Dimension zu orientieren, die für die Bedarfsorientierung der öffentlich-rechtlichen Rundfunkanbieter steht. Diese hat sich an öffentlichen Interessen und öffentlichen Aufgaben auszurichten. Hier kann eine Messung der Management-Leistung lediglich nach den Beurteilungskriterien „erreicht" oder „nicht erreicht" erfolgen. Effektivität ist somit auch Bestandteil des Aufgabenkontextes. Innerhalb eines derartigen Handlungsrahmens ist eine Bewertung der Führungsaufgaben nach den Dimensionen der Effizienz und der Effektivität möglich. Effizienz oder Erfolg im engeren Sinne äußert sich in der Erfolgsorientierung. Damit ist die primär mit relationalen Maßgrößen zu bestimmende Ressourcennutzung unter expliziter Berücksichtigung des Mitteleinsatzes zu verstehen. Effektivität oder Erfolg im weiteren Sinne besteht aus qualitativen Leistungsdimensionen der Zielerreichung und differenziert sich nach Marktorientierung, Führungsorientierung und Personalorientierung. Während Erfolgsorientierung und Marktorientierung der exogenen Steuerung des Rundfunkunternehmens dienen, bilden Führungsorientierung und Personalorientierung die exogenen Steuerungsfaktoren. Das hier in Grundzügen vorgestellte Modell beschreibt die Aufgabeninhalte von Führungskräften der öffentlich-rechtlichen Medienunternehmen (Hörfunk und Fernsehen). Dabei können die allgemeinen Aufgabendimensionen im privaten Rundfunkanbieterbereich Verwendung finden. Ein ähnliches Dimensionen- beziehungsweise Indikatorensystem wäre auch im Bereich der Prints vorstellbar. Hier besteht noch Forschungsbedarf.

Zusammenfassend werden Merkmale des Aufgabeninhaltes, ergänzt um Kommunikationspartner, als weiterem Bestandteil der objektiven Führungsaufgabe besprochen. Ein Beispiel aus einer empirischen Untersuchung über die Bewertung der Management-Leistung von Rundfunkanstalten soll Beschreibungsmerkmale von Führungsaufgaben im Bereich der Rundfunkanbieter verdeutlichen. Es bleibt festzuhalten, dass die Merkmale des Aufgabeninhaltes unter dem Interaktionsrahmen des Aufgabenkontextes zu betrachten sind.

4 Aufgabenanforderungen

Unter Aufgabenanforderungen wird die personale (individuelle) Komponente der Aufgaben von Führungskräften in Medienunternehmen verstanden. Es geht um die Beantwortung der Fragen, welche individuellen Eigenschaften Manager des Medienbereiches auszeichnen (sollen) und welches Bild man sich von (Top-)Managern allgemein und speziell im Medienbereich macht. In dem Falle soll auf die vorstehend erwähnte empirische Untersuchung von Bronner, Matiaske und Stein als Anwort auf die erste Frage eingegangen werden. Die Beantwortung der zweiten Frage erfolgt mit dem Managerrollen-Konzept von Mintzberg.

Bronner, Matiaske und Stein (1991, S. 1235–1237) stellen für Führungskräfte Verhaltensanforderungen und daraus resultierende Verhaltenstendenzen fest (Tabelle 2).

Auch hier ist zu vermuten, dass die Merkmale der personalen Aufgabenanforderungen aufgrund ihres mittleren Abstraktionsgrades auf die Führungskräfte in sämtlichen Ausprägungen von Medienunternehmen Gültigkeit beanspruchen können. Diskriminierende Bestimmungsgrößen in den Aufgabenanforderungen werden wiederum zwischen öffentlich-rechtlichen und privaten Medienunternehmen gesehen. Als interessantes und wissenschaftlich etabliertes Analyseinstrument der Aufgabenanforderungen soll im Folgenden das Managerrollen-Konzept von Mintzberg verwendet werden.

Verhaltensanforderungen	Verhaltenstendenzen
Entschlusskraft	aufgabenorientiert
Integrität	ergebnisorientiert
Lernfähigkeit	autoritär
Durchsetzungsvermögen	sachbezogen
Flexibilität	zielorientiert
Systematik	charismatisch
soziale Verantwortung	determinierend
Konfliktbereitschaft	konsensgeleitet
Teamfähigkeit	kooperativ
Kreativität	manipulativ
Berechenbarkeit	motivierend
	emphatisch
	demokratisch
	laissez-faire

Tabelle 2: Verhaltensanforderungen und Verhaltenstendenzen von Führungskräften

Aussagen zu den prägenden Elementen der Managerrolle in privatwirtschaftlichen und in öffentlich-rechtlichen Unternehmen finden sich bei Mintzberg. In Beantwortung der Frage, was Manager wirklich tun, stellt er ein System von Managerrollen vor (vgl. Mintzberg 1975, S. 49–61; Mintzberg 1976, S. 53–62; Mintzberg 1980; Macharzina 1995, S. 498–503). Dazu wird die traditionelle Differenzierung der Unternehmungsführungslehre nach Standardfunktionen wie Planung, Organisation und Steuerung kritisiert und die vielfach vorhandenen Hintergrundannahmen über das Managerverhalten, von Mintzberg „folkloristische Mythen" genannt, als realitätsfern bezeichnet. Als erster Mythos kann die Kennzeichnung des Managers als reflektierender, systematischer Planer gelten. Mintzbergs empirische Studien haben ergeben, dass der weit überwiegende Teil der Führungstätigkeiten von Kürze, Hast und Unstetigkeit begleitet ist. Der zweite Mythos betrachtet den effektiven Manager als von Routineaufgaben befreit und ausschließlich seinen originären Aufgaben zugewandt. Nach empirischen Beobachtungen Mintzbergs widmen sich auch Spitzenführungskräfte bevorzugt Routinetätigkeiten, wobei offenbar eine gewisse Neigung zu Tätigkeiten mit sichtbarer Geschäftigkeit besteht. Ein dritter Mythos charakterisiert den Manager als Verarbeiter aggregierter Informationen, die vorzugsweise durch ein Management-Informationssystem zur Verfügung gestellt werden. Auch dies scheint im Managementalltag nicht grundsätzlich der Fall zu sein. Stattdessen vertrauen die Führungskräfte häufig auf die verschiedenen Formen der verbalen Kommunikation, die das Bedürfnis nach aktueller Information in besonderem Maße befriedigen (vgl. Bronner/Matiaske/Stein 1991, S. 1227–

1242). Auch „weiche Informationen" wie Spekulationen spielen dabei eine wichtige Rolle. Ein vierter Mythos beinhaltet die Vorstellung von der Kennzeichnung der Unternehmensführung durch analytisches und professionelles Handeln. Von dieser Idealvorstellung weicht das empirisch beobachtbare Managerverhalten ab, welches oftmals von höchst subjektiven Urteilen oder eher intuitiven Entscheidungen begleitet ist. Als konstruktiven Beitrag zur Überwindung der Management-Mythen entwickelt Mintzberg eine Typologie von Führungsrollen. Die Rolle wird als „faktisches, mit einer Stelle verbundenes aus Erwartungshaltungen hervorgegangenes Handlungsmuster verstanden, das der individuelle Stelleninhaber durch die Art und Weise, in der er seine Rolle ausfüllt, beeinflussen kann" (Mintzberg 1980, S. 54). Somit werden die in Abbildung 2 genannten Handlungsmuster von Managern unterschieden.

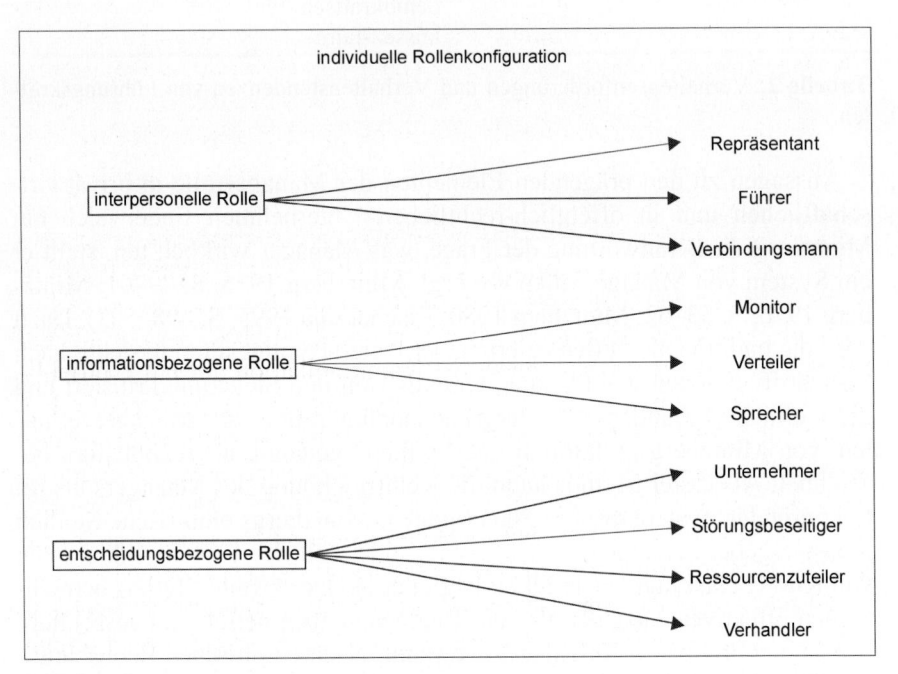

Abbildung 2: Handlungsmuster von Managern (vgl. Macharzina 1995, S. 499)

Die drei relevanten Gruppen von Managerrollen werden von der Hierarchieposition, dem Verantwortungsbereich, dem Institutionentyp und der Branche beeinflusst. Zu den Kernanforderungen an Führungskräfte gehört die Pflege interpersoneller Beziehungen. Dabei handelt der Manager als Repräsentant, wenn er das Unternehmen aus verschiedenen symbolischen oder feierlichen Anlässen vertritt. Die Rolle einer Führungsperson nimmt er wahr, wenn Personalführungsaufgaben wie Auswahl und Förderung im Vordergrund stehen. Als Verbindungsmann fungiert der Manager, indem er Beziehungen zu unternehmensexternen Personen und Gruppen pflegt. Diese Kontakte bestehen beispielsweise zu externen Beratern und Politikern. In Abgrenzung zur Rolle als Führer besteht bei den Kontakten als Verbindungsmann kein hierarchisches Unterstellungsverhältnis zwischen Führungskraft und externen Personen.

In der Ausübung informationsbezogener Rollen fragt der Manager als Monitor Informationen nach, verbreitet als Verteiler extern und/oder intern erhaltene Nachrichten betriebsintern und gibt Informationen als Sprecher an die Unternehmensumwelt weiter. Die exklusive Verfügungsgewalt der Führungskraft über die Ressource Information begründet im wesentlichen die entscheidungsbezogene Rolle. Hier fungiert der Manager als Unternehmer, indem er komplexe Entscheidungsprozesse steuert. Dazu gehören sehr verschiedene Sachverhalte, wie die Entwicklung innovativer Produkte, Einführung von EDV-Anlagen oder Sicherung der Liquidität. Während die Rolle als Unternehmer agierendes Handeln verlangt, zeichnet sich die Funktion als Störungsbeseitiger durch die Reaktion der Führungskraft auf den Druck und die Einflüsse des Umfeldes aus. Über die Rolle des Ressourcenzuteilers bestimmt der Manager den Kurs der Unternehmung. Als Ressourcen gelten Geld, Zeit, Material und Informationen. Die Funktion als Verhandlungsführer schließt das entscheidungsbezogene Rollenset ab. Damit ist die politische Dimension des Führungshandelns gemeint. Typische Beispiele sind die Teilnahme an Tarifverhandlungen, die Kommunikation mit innerbetrieblichen Interessenvertretungen und die Mitwirkung an verbandspolitischen Entscheidungen. Mintzbergs empirische Studien haben ergeben, dass Manager über das gesamte Rollenspektrum verfügen und sich dieses in Abhängigkeit von den vier Situationsbedingungen (Abbildung 3) auswirkt. Im Hinblick auf eine institutionentypische Rollendominanz ist festzustellen, dass in privatwirtschaftlichen Medienunternehmen vor allem der Unternehmerrolle hohe Bedeutung zukommt, während bei öffentlich-rechtlichen Medienunternehmen die Rollen Verbindungsmann, Sprecher und Verhandlungsführer den Ton angeben.

Auch wenn man die Kritik an der methodischen Vorgehensweise Mintzbergs, insbesondere im Hinblick auf die nur bedingte Generalisierbarkeit seiner Forschungsresultate, teilt, erweist sich das Konzept zumindest als „heuristisch anregende Rollentypologie" (Macharzina 1995, S. 503). Vor dem Hintergrund der besonderen Rahmenbedingungen öffentlich-rechtlicher Unternehmen erscheinen die Rollen Verbindungsmann, Sprecher und Verhandlungsführer geeignet, die politische Handlungsdimension, das heißt die enge Anbindung an einen öffentlichen Auftrag wie beispielsweise den

Grundversorgungsauftrag der Rundfunkanstalten, wirklichkeitsnah zu beschreiben.

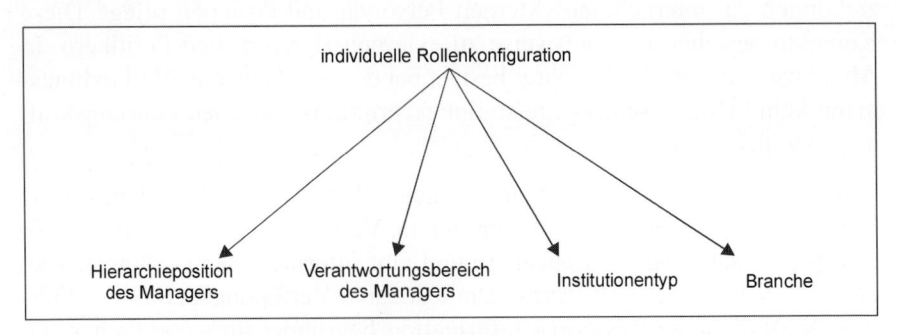

```
                    individuelle Rollenkonfiguration
                   ↙        ↓        ↓        ↘
         Hierarchieposition  Verantwortungsbereich  Institutionentyp  Branche
         des Managers       des Managers
```

Abbildung 3: Situationsbedingungen für Managern (vgl. Macharzina 1995, S. 499)

Die personellen Aufgabenanforderungen werden getragen von den Verhaltensanforderungen an die Führungskräfte und dem intendierten Führungsverhalten. Diese Anforderungen betreffen sämtliche Ausprägungen von Medienunternehmen mit nuancierender Feingewichtung. Mit dem Managerrollenkonzept ist der Versuch unternommen worden, die Verschiedenheiten der personellen privatwirtschaftlichen und öffentlich-rechtlichen Handlungsorientierungen zu verdeutlichen.

5 Fazit

Führungsmanagement in Medienunternehmen lässt sich in mehreren Aufgabenebenen abbilden. Das Handlungsumfeld bildet der Aufgabenkontext, der die systemexogenen Daten als Interaktionsrahmen des Managements vorgibt. Die objektbezogenen Merkmale der Aufgabe werden hier als Aufgabeninhalt bezeichnet und stellen personenungebundene Bestimmungsgrößen dar. Hinzu kommen die personinduzierten Aufgabenanforderungen. Die in den vorstehenden Ausführungen erarbeiteten Dimensionen und Merkmale werden abschließend in der nachfolgenden Tabelle 3 zusammengefasst.

Aufgabenkontext	Aufgabeninhalt (Objektbezogene Merkmale)	Aufgabenanforderungen (Subjektbezogene Merkmale)
Medienrechtliche Rahmenbedingungen (Pressegesetze, Rundfunkgesetze)	entscheiden motivieren planen Konflikte lösen informieren delegieren	Entschlusskraft Integrität Lernfähigkeit Durchsetzungsvermögen
Handlungsrationalität der Erwerbsorientierung (privatrechtlich organisierte Medienunternehmen)	koordinieren Personal auswählen Personal entwickeln repräsentieren	Flexibilität Systematik Soziale Verantwortung Konfliktfähigkeit
Handlungsrationalität der Bedarfsorientierung (öffentlich-rechtlich organisierte Medienunternehmen)	kontrollieren organisieren anleiten berichten	Teamfähigkeit Kreativität Berechenbarkeit

Tabelle 3: Aufgaben von Führungskräften in Medienunternehmen

Alles in allem lässt sich festhalten, dass die Determinanten des Aufgabenkontextes die Besonderheiten des Führungsmanagements in Medienunternehmen ausmachen. Die Kriterien des Aufgabeinhaltes und der Aufgabenanforderungen als Merkmale mittlerer Komplexität spielen auch in anderen Wirtschaftsbereichen eine wichtige Rolle.

Literaturverzeichnis

Bronner, R./Matiaske, W./Stein F.A. (1991) Anforderungen an Spitzen-Führungskräfte, in: Zeitschrift für Betriebswirtschaft 61 (1991), S. 1232–1241.
Gutenberg, E. (1972) Grundlagen der Betriebswirtschaftslehre, Berlin – Heidelberg – New York 1972.
Heinrich, J. (1999) Medienökonomie. Hörfunk und Fernsehen, Bd. 2, Opladen – Wiesbaden 1999.
Heinrich, J. (2001) Medienökonomie Bd. 1. Mediensystem, Zeitung, Zeitschrift, Anzeigenblatt, 2. Aufl., Opladen – Wiesbaden 2001.

Macharzina, K. (1995) Unternehmensführung. Das internationale Managementwissen. Konzepte – Methoden – Praxis, 2. Aufl., Wiesbaden 1995.

Mintzberg, H. (1975) The Managers Job – Folklore and Fact, in: Harvard Business Review 53 (4/1975), S. 49–61.

Mintzberg, H. (1976) Was Manager wirklich tun, in: Manager Magazin 6 (7/1976), S. 53–62.

Mintzberg, H. (1980) The Nature of Managerial Work, Englewood Cliffs/NJ 1980.

Mintzberg, H. (1991) Mintzberg über Management. Führung und Organisation, Mythos und Realität, Wiesbaden 1991.

Mintzberg, H. (1992) Die Mintzberg-Struktur. Organisationen effektiver gestalten, Landsberg/Lech 1992.

Scholz, C./Stein, V./Eisenbeis, U. (2001) Die TIME-Branche. Konzepte – Entwicklungen – Standorte, München – Mering 2001.

Seidel, J./Libertus, M. (1993) Rundfunkökonomie, Wiesbaden 1993.

Stein, F.A. (1990) Betriebliche Entscheidungs-Situationen im Laborexperiment, Schriften zur empirischen Entscheidungs- und Organisationsforschung, Bd. 13, Frankfurt/Main etc. 1990.

Stein, F.A. (1998) Realtypologie der Management-Leistung öffentlicher Unternehmen. Eine empirische Untersuchung, Schriften zur öffentlichen Verwaltung und öffentlichen Wirtschaft, Bd. 160, Baden-Baden 1998.

Stein, F.A. (2000) Bewertung der Management-Leistung von Rundfunkanstalten. Eine empirische Untersuchung, in: Matiaske, W./Mellewigt, T./Stein, F.A. (Hrsg.) Empirische Organisations- und Entscheidungsforschung. Ansätze – Befunde – Methoden, Heidelberg 2000, S. 136–160.

Ablauforganisation – Formen der journalistischen Aussagenproduktion

Klaus-Dieter Altmeppen

1 Einführung 555

2 Funktionen und Merkmale des Journalismus in der Gesellschaft: Orientierungshorizont, institutionelle Ordnungen und Akteurskonstellationen 555

3 Grundlagen journalistischer Organisation 557
   3.1 Journalistische Organisations- und Arbeitsprogramme 559
   3.2 Journalistische Organisationsprogramme 560
   3.3 Journalistische Arbeitsprogramme 562
   3.4 Journalistische Rollen 564

4 Struktureller Wandel als Wandel der Organisationsformen im Journalismus 565
   4.1 Neue Organisationsformen im Hörfunkjournalismus 567
      4.1.1 Organisationsprogramme: Redaktionelle Gliederung der journalistischen Arbeit 567
      4.1.2 Arbeitsprogramme in Hörfunkorganisationen 569
   4.2 Neue Organisationsformen im Online-Journalismus 570
      4.2.1 Organisationsprogramme im Online-Journalismus ... 571
      4.2.2 Arbeitsprogramme im Online-Journalismus 573

5 Fazit 576

Literaturverzeichnis 576

Vorschau

Das Drei-Ebenen-Modell im Journalismus

In dem Beitrag erfahren Sie, dass im Rahmen der Funktionen und Merkmale des Journalismus drei Ebenen von Bedeutung sind: Auf der ersten Ebene der Leistungen wird das „Wollen" als die gesellschaftlichen Erwartungen an die Leistungen des Journalismus konkretisiert. Auf der zweiten Ebene der institutionellen Ordnungen befinden sich die journalistischen Organisationen selbst. Diese Ebene des „Sollens" erfasst und beschreibt die Ziele der jeweiligen Organisationen. Auf der dritten Ebene können die Akteure und Akteursgruppen identifiziert werden, die in den journalistischen Organisationen agieren. Die Ebenen des „Könnens und Wollens" sind rekursiv miteinander verbunden, denn die Entscheidungsprämissen ermöglichen journalistisches Handeln und restringieren es gleichermaßen.

Journalismus im Wandel

Auch wenn Redaktionen und Ressorts als stabile Strukturmuster des Journalismus angesehen werden, sind diese nicht frei von Veränderungsprozessen. Diese Veränderungsprozesse betreffen dabei insbesondere organisationale Aspekte. Der Beitrag geht daher auf neue Organisationsformen im Hörfunk- und im Online-Journalismus ein und thematisiert die redaktionelle Gliederung der journalistischen Arbeit und entsprechende Arbeitsprogramme.

Online-Journalismus als neuartiges Berufsbild

Der Beitrag diskutiert, ob im Bereich des Online-Journalismus die traditionellen Organisations- und Arbeitsprogramme des Journalismus adaptiert wurden oder ob sich eigene Organisationsformen entwickelt haben. Wie sehen diese Organisationsformen aus? Wie sind Online-Redaktionen in die Gesamtorganisation integriert? Im Vordergrund stehen also Fragen nach der Unternehmensstruktur onlinejournalistischer Organisationen und ihrer Eigenständigkeit, nach der Bildung von Redaktionen und Ressorts im Online-Journalismus und schließlich Fragen nach Formen des Outsourcings sowie im Bezug auf die Arbeitsprogramme Fragen nach den Tätigkeitsprofilen von Online-Journalisten.

1 Einführung

Die Organisationsforschung zum Journalismus kann auf eine lange Tradition zurückblicken. In einer umfangreichen Zahl von Studien wurde untersucht, unter welchen Bedingungen Journalisten arbeiten (vgl. Rühl 1989; Altmeppen 1999; Meier 2002) und welche Organisationsformen sich im Journalismus entwickelt haben. Im Zentrum der Studien standen vor allem der Tageszeitungs- sowie der Hörfunkjournalismus (vgl. Rühl 1979; Hienzsch 1990; Meier 2002; Altmeppen et al. 1999; Krzeminski 1987; Esser 1998); auch zum Online-Journalismus liegen erste Ergebnisse vor (vgl. Hanitzsch et al. 2004). Dagegen ist der Fernsehjournalismus nur rudimentär erforscht (vgl. Fix 1988). In diesen Studien, in denen häufig mit einem Methodenmix von Befragung und Beobachtung gearbeitet wurde, entstand einerseits ein differenziertes Bild der Organisationsformen des Journalismus, andererseits ein stabiles theoretisches Gerüst, das den Journalismus als ein organisiertes soziales System beschreibt, das seine Funktionen anhand spezifischer Organisations- und Arbeitsprogramme erfüllt. Diese Organisations- und Arbeitsprogramme stellen einen konstanten Faktor der journalistischen Aussagenproduktion dar, mit dem sich die aktuellen Organisationsformen beschreiben lassen und mit deren Veränderung sich ebenso der strukturelle Wandel im Journalismus messen lässt. Daher sollen in diesem Beitrag, nach einem kurzen Blick auf die Funktionen des Journalismus in der Gesellschaft, die Grundlagen journalistischer Organisationsformen vorgestellt und in einem abschließenden Kapitel der Wandel journalistischer Organisationsformen beschrieben werden.

2 Funktionen und Merkmale des Journalismus in der Gesellschaft: Orientierungshorizont, institutionelle Ordnungen und Akteurskonstellationen

Der Journalismus kann als Leistungssystem der Öffentlichkeit beschrieben werden, als System „selektiert, bearbeitet und publiziert der Journalismus im Rahmen spezieller Organisationen (zum Beispiel Redaktionen), bestimmter Handlungsprogramme (zum Beispiel den Regeln journalistischer Recherche) und redaktioneller Rollendifferenzierung (zum Beispiel Ressorts) Themen, die zielgruppenspezifisch als informativ und relevant gelten" (Löffelholz 2003, S. 42). Es sind also, wenn man sich mit dem Journalismus beschäftigt, drei Ebenen von Bedeutung.

Auf der ersten Ebene der Leistungen (Ebene des Orientierungshorizontes) (vgl. Schimank 1996, S. 243–244) wird das „Wollen" als die gesellschaftlichen Erwartungen an die Leistungen des Journalismus konkretisiert. Den Orientierungshorizont für journalistische Organisationen bildet das System Öffentlichkeit, in diesem System betreibt der Journalismus seine Leistungen der aktuellen Berichterstattung. Dies geschieht, den traditionellen Standards entsprechend, durch informative Darstellungsschemata, aber zunehmend auch auf unterhaltende Art und Weise durch populären Journalismus, der als eine Form der Ausdifferenzierung des Journalismus identifiziert werden kann (vgl. Renger 2000).

Auf der zweiten Ebene der institutionellen Ordnungen befinden sich die journalistischen Organisationen selbst. Diese Ebene des „Sollens" erfasst und beschreibt die Ziele der jeweiligen Organisationen. Diese können sich, bei gleichem Orientierungshorizont, durchaus von Organisation zu Organisation unterscheiden. So differieren beispielsweise die Ziele von Qualitätsmedien (zum Beispiel Süddeutsche Zeitung, Der Spiegel) von denjenigen von Boulevardmedien (zum Beispiel Bild-Zeitung) und so verfolgt RTL mit seinen Webseiten ein anderes Ziel (ein Unterhaltungsportal) als die ARD mit der Webseite tagesschau.de. Die Organisationsziele können als Entscheidungsprämissen betrachtet werden, da sie grundsätzlich einen Einfluss haben auf die Organisationsform und auf die Erwartungen der Organisationen an die Mitglieder.

Auf der dritten Ebene können die Akteure und Akteursgruppen identifiziert werden, die in den journalistischen Organisationen agieren. Sie beschreibt das „Können" der Akteure, also auch das, was die Journalisten können müssen und was an Leistungen von ihnen erwartet wird. Die Ebenen des „Könnens und Wollens" sind rekursiv miteinander verbunden, denn die Entscheidungsprämissen ermöglichen journalistisches Handeln und restringieren es gleichermaßen.

3 Grundlagen journalistischer Organisation

Journalistische Organisationen können vor diesem Hintergrund als „Systeme organisierten Handelns" (Ortmann et al. 1997, S. 317) definiert werden, in denen Themen selektiert, bearbeitet und publiziert werden, die als informativ und relevant gelten. Der journalistische Arbeitsprozess konstituiert sich aufgrund der organisationalen Ziele und der Organisations- und Arbeitsprogramme. Diese bilden einen Teil der Strukturen des Journalismus, wobei Strukturen verstanden werden als Regeln und Ressourcen. So kann der Aufbau einer journalistischen Organisation als eine Regel verstanden werden (beispielsweise die Aufteilung in Ressorts), die gleichzeitig eine Ressource darstellt, weil in den Ressorts eine bestimmte Anzahl an Redakteuren arbeitet, die wiederum auf weitere Ressourcen wie Technik zurückgreifen können.

In ihrem Handeln richten sich die Journalisten auf die organisationsspezifischen Regeln und Ressourcen als strukturelle Merkmale ein. Sie akzeptieren die Ziele der Organisation als Entscheidungsprämissen, sie arbeiten innerhalb der formalen Organisationselemente und bewusst eingerichteten Strukturen. So gehören zu den für das Können notwendigen Qualifikationen auch die betriebs- und produktspezifischen Qualifikationen, denn von den Journalisten wird erwartet, dass sie die spezifischen Anforderungen einer Redaktion erfüllen können. Ebenso wird erwartet, dass produktspezifische Anforderungen erfüllt werden, die sich zum Beispiel in den Unterschieden zwischen der Produktion einer Zeitung oder eines Hörfunkprogramms äußern.

Mit der Definition können unterschiedliche journalistische Organisationen konkretisiert werden (wie zum Beispiel Redaktionen, Ressorts oder auch Journalistenbüros), die dauerhaft ein Ziel verfolgen, die eine formale Struktur aufweisen und die über die Mitgliedschaft bestimmte Erwartungen an die Mitglieder formulieren (Rollenerwartungen).

Zur Routinisierung der Tätigkeiten haben sich journalistische Standards entwickelt. Hierunter können bestimmte Organisationsmuster (wie Rollen) und institutionalisierte Arbeitstechniken (wie Recherchieren, Selektieren, Produzieren und Präsentieren) des Journalismus verstanden werden. Diese Standards werden begrifflich als Programme zusammengefasst, als kategoriale Bestimmungen von Merkmalen, mit denen der Journalismus seine Aussagenproduktion strukturiert.

Danach wirken im Journalismus Programme, Techniken, Regeln und Verfahren als verbindliche Entscheidungsprämissen, die die journalistischen Leistungen strukturieren. Hier ist die Feststellung wichtig, dass der rationale und entscheidungsorientierte Organisationsbegriff, wie er in vielen Studien zum Journalismus, häufig implizit, zugrunde gelegt wird, nur einen, wenn auch wichtigen, Ausschnitt abbilden kann. Dieser bezieht sich darauf, dass dauerhafte Regelungen in Organisationen bewusst, zielgerichtet und autoritativ eingerichtet werden können, im Sinne von Entscheidungsprämissen, die als „Institutionen und Regulationen von Anfang an als (restringierendes und ermöglichendes) Medium und als Produkt des Handelns" (Ortmann et al. 1997, S. 328) verstanden werden können. Ein komplettes Bild von interdependenten Strukturen und Handlungen in Organisationen ergibt sich aber erst dann, wenn die Konstitutionsbedingungen von Organisationen über deterministische Annahmen hinaus auch selbstorganisierende und selbstbezügliche Mechanismen einbeziehen. Dies legen insbesondere die Programme des Journalismus nahe, die das Handeln auf bestimmte Regularien festlegen, es zugleich aber auch ermöglichen und Handlungsspielräume offen lassen, die von den Journalisten eigeninitiativ ausgefüllt werden müssen.

Die Rekursivität von journalistischem Handeln und Strukturen journalistischer Organisationen, das Vorhandensein von Entscheidungsprämissen einerseits und selbstbestimmtem Arbeiten der Journalisten andererseits, legt es nahe, journalistische Organisationen (wie etwa Redaktionen) als Koordinationszentren zu bezeichnen. Journalistisches Handeln wird in der Journalismusforschung vor allem als Entscheidungshandeln angesehen (vgl. Rühl 1980, S. 251; Weischenberg 1992, S. 313–339), das an einem zweistufigen Entscheidungsprozeß festgemacht wird, „auf der Ebene der Ausbildung von Strukturen, die im Einzelfall als Entscheidungsprämissen fungieren, und [...] auf der Ebene des Auswählens im Einzelfall, und zwar anhand der vorab gebildeten Strukturen" (Rühl 1980, S. 253). Im Hinblick auf journalistisches Handeln repräsentieren die journalistischen Programme vorentworfene Strukturen in Form von Handlungsanleitungen und Arbeitsanweisungen, anhand derer die Journalisten im Einzelfall Entscheidungen treffen.

Vielen Fällen journalistischen Handelns liegen aber nicht ausschließlich Entscheidungen zugrunde. Dies legt nicht nur das routinisierte Handeln nahe, hierauf deuten darüber hinaus auch die häufigen Abstimmungsprozesse in journalistischen Organisationen hin (vgl. Altmeppen 1999, S. 99–110) und die Tatsache, dass bei einer Aufspaltung der Gesamtaufgabe in mehrere Teilaufgaben oder Einzelaktivitäten nahezu automatisch ein Koordinationsproblem entsteht, denn die Teilaufgaben müssen im Hinblick auf das Gesamtziel der Organisation aufeinander abgestimmt werden. Dazu benötigt die Organisation Regeln und Mechanismen der Koordination.

Die Koordinationen sind prinzipiell auf eine Verständigung über notwendige Handlungsschritte für ein gegebenes Ziel ausgerichtet, und sie werden in der journalistischen Praxis aus vielfältigen Gründen notwendig. Häufig erfolgen sie zur Entscheidungsvorbereitung, unter situativen Umständen also, in denen die Grundlagen für Entscheidungen noch gar nicht in ausreichendem Maße vorhanden sind. Insbesondere aufgrund der Tatsache, dass sich „das redaktionelle Entscheidungshandeln häufig in Situationen der Ungewissheit und des Risikos abspielt" (Weischenberg 1992, S. 303), dient koordinierendes Handeln dazu, die Unsicherheit zu reduzieren, die Umwelteinflüsse zu kanalisieren und Handlungsweisen abzusprechen. Erst aufgrund von Koordinationen können Entscheidungen getroffen werden, und insofern sind koordinierendes Handeln und Entscheidungshandeln komplementäre Faktoren des journalistischen Produktionsprozesses.

Unter Koordination werden alle Formen von Interaktion und Kommunikation zusammengefasst, die in journalistischen Organisationen von den Journalisten zur wechselseitigen Absprache und Abstimmung über tätigkeitsrelevante Handlungsschritte eingeleitet werden. Dies können formelle, fest angeordnete institutionalisierte Koordinationsmechanismen sein, wie zum Beispiel Konferenzen, aber auch informelle Absprachen, kurze Gespräche, Zurufe und Fragen.

3.1 Journalistische Organisations- und Arbeitsprogramme

Die Journalismusforschung hat sich wiederholt darum bemüht, die Regeln, Standards und Verfahren der Aussagenproduktion in Redaktionen in systematischer Weise zu ordnen und zusammenzufassen. Die komplexen journalistischen Tätigkeiten bestehen aus unterschiedlichen Schritten und werden durch eine Reihe formalisierter Kriterien strukturiert: den Selektionskriterien (wie Nachrichtenfaktoren), den Bearbeitungsroutinen (wie Recherchieren und Nachrichtenschreiben), den Darstellungsformen zur Gestaltung und Präsentation von Medienangeboten, den Rollenverteilungen (wie Fachredakteur und Reporter) (vgl. Weischenberg 1995, S. 111–128).

Einen Ordnungsversuch für diese unterschiedlichen Faktoren bilden die Programme des Journalismus (vgl. Blöbaum 1994, S. 59; Blöbaum 1994, S. 220; Scholl/Weischenberg 1998, S. 79). Diese stellen den Versuch dar, bestimmte Wert- und Normvorstellungen (Funktionen), organisationsspezifische Ziele und Praktiken (Gewinnmaximierung und Organisationsgliederung) und strukturelle Aspekte (konkrete Arbeitsanleitungen) begrifflich zusammenzufassen. Journalistische Programme, so kann man zusammenfassen, repräsentieren strukturierende Merkmale der journalistischen Arbeit, die sich nach organisierenden Formen, Tätigkeitsregeln, Mustern der Berichterstattung und Organisationszielen unterscheiden lassen und die zur Institutionalisierung generalisierter Deutungsmuster beitragen. Dementsprechend lassen sich Organisations- und Arbeitsprogramme des Journalismus unterscheiden.

3.2 Journalistische Organisationsprogramme

Wie in anderen Organisationen finden sich auch im Journalismus bestimmte, häufig typische Ordnungs- und Strukturformen, die sich als Aufbau- und Ablauforganisation beschreiben lassen. Die Aufbauorganisation entspricht den Organisationsprogrammen, sie umfasst bestimmte Abteilungen (zum Beispiel Redaktionen und Ressorts), Stellen beziehungsweise Positionen in diesen Abteilungen (zum Beispiel Redakteursrollen) und spezifische Entscheidungsinstanzen (zum Beispiel Chefredakteure und Chefs vom Dienst, CvD).

Den Arbeitsprogrammen entspricht die Ablauforganisationen, bei der vom Ereignis bis zur Berichterstattung bestimmte festgelegte Arbeitsabläufe erfolgen, in denen das fertige Produkt entsteht (zum Beispiel die Selektion von Nachrichten, das Schreiben von Nachrichten, das Moderieren von Nachrichtensendungen). Ein effizientes Zusammenspiel in der Organisation ist nur möglich, wenn die einzelnen Organisationseinheiten (Ressorts, Stellen) koordiniert werden. Dies geschieht informell wie auch durch „Intermediärsysteme" wie zum Beispiel die Redaktionskonferenzen, also formal eingerichteten Koordinationsinstanzen.

Diese als Konfiguration bezeichnete Organisationsform stellt die Über- und Unterordnungsverhältnisse dar, die Konfiguration verdeutlicht somit die Struktur der organisationalen Weisungsbeziehungen (Hierarchie), die in den Organigrammen der Organisation zum Ausdruck kommen. Da bei der Analyse des Gerüstes vor allem den mit Entscheidungs- und Weisungskompetenzen ausgestatteten Instanzen eine besondere Bedeutung zukommt, wird diese Dimension auch Leitungssystem genannt. Dabei wird eine Weisungsbeziehung durch Verbindungslinien zwischen den verschiedenen Ebenen dargestellt.

Klassische Konfiguration im Journalismus ist die Einlinienorganisation beziehungsweise das Einliniensystem, das vor allem mit der funktionalen Organisationsgliederung korrespondiert. Dabei empfängt jede niedrigere Stelle (Redakteur) nur von einer höheren Stelle (Redaktionsleiter) Weisungen, während höhere Stellen (wie der Chefredakteur) mehreren niedrigeren Stellen (Redaktionsleitern) Weisungen erteilen können (vgl. Kieser/Kubicek 1992, S. 127). Ziel dieses Systems ist die Sicherstellung einer klaren Zuordnung von Verantwortung und einer reibungslosen Koordination. Nachteilig beim Einliniensystem ist jedoch die starke Beanspruchung von Instanzen durch Koordinationsaufgaben, da bei jeder erforderlichen Abstimmung die Hierarchiewege eingehalten werden müssen.

Speziell die Position des Chefs vom Dienst kann jedoch auch als Beispiel für eine weitere Konfigurationsform gelten, die Stab-Linien-Organisation, eine Sonderform des Einliniensystems. Deren Grundgedanke ist die Spezialisierung auf Leitungsebene durch Stabsstellen. Klassische Stabsstellen sind diejenigen von Referenten, aber auch die Öffentlichkeitsarbeit. Zwar haben diese, auch als Leitungshilfsstellen bezeichneten Organisationselemente nach Meinung der Organisationsforschung keine Entscheidungs- und Weisungsbefugnisse. Die besondere Rolle der Chefs vom Dienst – häufig keine fachliche Zuständigkeit, sondern Gesamtkoordinator für die Erstellung ganzer Zeitungen oder Zeitschriften – erfordert jedoch Entscheidungs- und Weisungsbefugnisse.

Die verbreitetste Form journalistischer Struktur ist die funktionale Organisation. Sie umfasst die klassische Organisation nach Redaktionen, die funktional nach Ressorts aufgesplittet werden, in denen Leistungen anhand bestimmter Themen erbracht werden.

Als eine weitere Form kennt die Organisationsforschung die Gliederung nach Divisionen oder Objekten. Diese findet ihre Anwendung vor allem dann, wenn Organisationen nach Produkten oder Dienstleistungen, nach Märkten oder nach Kunden gegliedert werden, denn es werden die Stellen in einer Abteilung zusammengefasst, die mit dem gleichen Objekt beschäftigt beziehungsweise tätig sind. Die Objektorientierung, auch Spartenorganisation oder Geschäftsbereichsorganisation genannt, gewährt den Divisionen (Geschäftsbereichen) eine weitgehende Autonomie und damit auch Erfolgsverantwortung. Die divisionale Organisation finden wir daher weniger beim Journalismus als vielmehr bei den Medienorganisationen. Zeitschriftenverlage zum Beispiel bündeln bestimmte Zeitschriften mit gleicher thematischer Orientierung (Familien-, Programm-, Wirtschaftszeitschriften) zu einer Division oder fassen ihre ausländischen Aktivitäten in einer Division zusammen.

In journalistischen Organisationen findet sich dagegen in manchen Fällen eine Mischung aus funktionaler und divisionaler Organisation, die Matrixorganisation. Ein Beispiel hierfür ist die Spartenorganisation. Meier (2002) definiert sie als die Inhaltsebene, die die Organisationsebene ergänzt oder sogar überlagert (vgl. Meier 2002, S. 56, Meier 2002, S. 147–152). Sparten bilden sich innerhalb von Ressorts, beispielsweise eine Wissenschaftssparte im Ressort Feuilleton.

3.3 Journalistische Arbeitsprogramme

Arbeitsprogramme stellen den zweiten Typus von Programmen im Journalismus dar. Sie beziehen sich auf journalismusspezifische Institutionalisierungen, auf die Regeln, Techniken, Verfahren und Routinen des journalistischen Produktionsprozesses, kurz: auf die sozialen Praktiken journalistischen Handelns. Die Bearbeitungsprogramme bezeichnen die primären journalistischen Tätigkeiten und Tätigkeitsbündel, das Redigieren, Moderieren, Recherchieren, Schreiben und Produzieren. Journalisten erarbeiten Medienangebote anhand bestimmter, zumeist erprobter, routinisierter und eingeschliffener Tätigkeiten.

Im Wesentlichen lassen sich vier Arten von Arbeitsprogrammen unterscheiden (vgl. Altmeppen 1999, S. 41–44):

- Bearbeitungsprogramme,
- Selektionsprogramme sowie
- Darstellungsprogramme und Themenprogramme.

Selektionsprogramme bestimmen, aus welchen Quellen die Journalisten das „Rohmaterial" für die Bearbeitungsprogramme beziehen. Bekannteste Selektionsprogramme sind die Nachrichtenfaktoren, mit denen Nachrichtenredaktionen und andere Ressorts (wie Wirtschaft oder Sport) ihre Auswahl aus dem Agenturangebot treffen. Aber auch Pressekonferenzen, Interviews und Straßenumfragen gehören als Quellen zu den Selektionsprogrammen. Selektionsprogramme entlasten die Journalisten, indem sie Kriterien für die Auswahl aus dem kontingenten Themenangebot bereitstellen.

Wie die Themen- und Darstellungsprogramme sind auch die Selektionsprogramme in die Arbeit der Journalisten integriert. Sie sind jedoch keine Tätigkeiten im eigentlichen Sinn, sondern repräsentieren Regeln, Verfahren und Techniken für die journalistische Arbeit. Als solche werden sie „vorab hergestellt, um Journalismus in seinem symbolischen Handeln konditional zu steuern, zu stabilisieren und zu entlasten" (Rühl 1980, S. 302). Rühl zählt hierzu neben allgemein-gesellschaftlichen Techniken wie Sprache und Logik insbesondere journalismusspezifische wie Recherchieren, Interviewen, Redigieren, Filmen, aber auch Genres wie Nachricht und Reportage. Auf der taktischen Ebene „werden die strategisch vorentworfenen Symboltechniken und die daraus entwickelten Symbolsysteme des Journalismus als eine besondere Art von Entscheidungsstrukturen eingesetzt" (Rühl 1980, S. 303–304). Recherchieren und Redigieren wollen wir hier jedoch den Bearbeitungsprogrammen zurechnen, die Auskunft geben über die Art und Weise der Arbeit an den Berichterstattungsgegenständen.

Nachricht und Reportage dagegen werden zu den Darstellungsprogrammen gezählt. Die Darstellungsprogramme symbolisieren unterschiedliche Möglichkeiten, Themen zu präsentieren. Darstellungsformen (auch Genres oder Stilformen) sind Muster der Gestaltung und Präsentation von Medienangeboten. Die prinzipiell mögliche Wahl zwischen den unterschiedlichsten Darstellungsformen reduziert sich in der Regel auf eine bestimmte Anzahl von genutzten Darstellungsformen. So werden in der Praxis hauptsächlich Meldung und Bericht (tatsachenbetonte oder Nachrichtendarstellungsform), Kommentar und Glosse (meinungsbetonte Darstellungsform) und unterhaltende Darstellungsformen (Reportage und Feature) ausgewählt (vgl. Schmidt/Weischenberg 1994). Im Zuge der Kommerzialisierung des Journalismussystems treten zu den informierenden zunehmend auch unterhaltende Formen sowie Mischformen und serviceorientierte Darstellungsformen (vgl. Renger 2000).

Themenprogramme schließlich geben Auskunft darüber, welche Ereignisse der öffentlichen Kommunikation zugänglich gemacht werden. Sie informieren damit über die Gewichtung bestimmter Themenbereiche und über Schwerpunkte der Berichterstattung. In bestimmter Weise repräsentieren Themenprogramme somit auch die organisatorischen Ziele und die redaktionelle „Linie", etwa bei der Konzentration auf lokale oder regionale Berichterstattung, bei der Wahl zwischen unterhaltendem oder informierendem Programm oder auch – künftig wohl verstärkt – bei Spartenprogrammen.

Als Strukturmomente liegen die Programme des Journalismus nicht nur der Produktion, sondern auch der Rezeption der Medienangebote zugrunde und geben als „Berichterstattungsmuster und Genres [...] Auskunft über die Kommunikationsabsichten und Kommunikationserwartungen im Bereich der Medienkommunikation" (Weischenberg 1995, S. 124). Darstellungsformen zum Beispiel haben sowohl für den Journalismus als auch für das Publikum eine orientierende Funktion. Mit der Auswahl an Darstellungsformen kann der Journalismus die Präsentation seiner Medienangebote hinsichtlich des Themas, der Themenvermittlung und der Spezifika des Mediums sowie der Rezipienten abstimmen. Die Rezipienten orientieren sich durch habitualisierte Selektion an den unterschiedlichen Darstellungsformen: Sie treffen ihre Wahl aufgrund der bekannten und gewohnten Muster der Berichterstattung.

3.4 Journalistische Rollen

Zu den Organisationsprogrammen des Journalismus gehören als signifikanteste Kennzeichen die journalistischen Rollen. Rollen definieren, was Journalisten leisten (sollen), was von ihnen erwartet wird, nämlich die Erfüllung bestimmter Handlungen, die Ausfüllung bestimmter Positionen, die Leistung bestimmter Aufgaben. Rollen definieren neben den Pflichten aber auch Rechte des Rolleninhabers. Rollen formalisieren und systematisieren organisationsspezifische Erwartungen, ohne diese zugleich zu determinieren, sie definieren Regeln, die einzuhalten sind und deren Einhaltung kontrolliert beziehungsweise deren Nichteinhaltung sanktioniert wird. Rollen sind also Merkmale einer Mehrheit von Handelnden und sie sind Faktizitäten, sie sind Bündelungen gleichartiger Handlungen und Handlungserwartungen sowie gleichartiger Kommunikationsweisen.

Dem Rollenkonzept folgend, wie es auch für den Journalismus zugrunde gelegt wird (vgl. Rühl 1980, S. 272; Weischenberg 1995, S. 381–389), kann zwischen Mitgliedsrollen, Berufsrollen und Arbeitsrollen unterschieden werden. Mit dem Eintritt in die journalistische Organisation übernehmen Journalisten eine Mitgliedsrolle in der Organisation. Über Mitgliedschaften wird die Zulassung zu einer Organisation geregelt, zugleich sind mit der Mitgliedsrolle bestimmte Regeln und Erwartungen (Rechte und Pflichten) verbunden. Regeln und Erwartungen wiederum sind an die Eigenarten der jeweiligen Organisation geknüpft, im Journalismus also an die dort bestehenden Normen und Werte, an die Entscheidungsprämissen und Programme, die die Redaktionsarbeit strukturieren (vgl. Rühl 1980), im Journalismus aber vor allem auch an das Selbstverständnis.

Berufsrollen sind übergeordnete Merkmale einer Berufsgruppe, hier also der journalistischen Profession. Aspekte von Berufsrollen sind etwa die Arbeitsbeziehungen (Industrial Relations), wie sie sich in tarifvertraglichen Beziehungen und sonstigen berufsorganisatorischen Regelungen artikulieren (Aus- und Weiterbildungsregelungen, Interessenvertretung, rechtliche Aspekte) (vgl. Rühl 1980, S. 281).

Neben der Mitglieds- und Berufsrolle existiert in journalistischen Organisationen ein Set an Arbeitsrollen, mit dem die Erwartungen der Organisation konkreter bestimmt werden. Fach- oder Chefredakteur, Volontär oder Praktikantin, Producer oder CvD markieren einzelne Rollen, die Arbeitsanforderungen bündeln, Verhaltenserwartungen aufbauen, Funktionsleistungen definieren und damit Verhalten und Handeln strukturieren.

Mit den Arbeitsrollen in den Redaktionen werden die „allgemein beschriebenen Struktur- und Organisationsmuster in den Medieninstitutionen

[...] konkretisiert und umgesetzt. Hierarchie zum Beispiel drückt sich durch skalar angeordnete Rollen aus, wobei mit dem Begriff „Rolle" die mit der Position in einer Gruppe oder Institution verbundenen Verhaltenserwartungen bezeichnet werden" (Weischenberg 1992, S. 281). Normen und Werte im Journalismus speisen sich vor allem aus dem Selbstverständnis der Journalisten und aus den Zielen der journalistischen Organisationen.

4 Struktureller Wandel als Wandel der Organisationsformen im Journalismus

Redaktionen und Ressorts können als stabile Strukturmuster des Journalismus angesehen werden, da sie eine lange Tradition aufweisen (vgl. Blöbaum 1994). Gleichwohl lassen sich Veränderungen der journalistischen Organisation konstatieren, die einen strukturellen Wandel in Teilen des Journalismus indizieren. Mit Re-Organisationen reagieren die journalistischen Organisationen strategisch auf veränderte Herausforderungen und Erwartungen an ihre Leistungen. Strategien zur Re-Organisation können sich grundsätzlich auf die Organisation selbst, auf das Produkt oder auf den Markt richten. Sie stehen in einem interdependenten Verhältnis zur Strategie der Zeitungsverlage, denn mit Strategien werden Strukturveränderungen angestrebt, und Strukturveränderungen fordern neue Strategien heraus. So sind zum Beispiel Relaunches, also Produktveränderungen, in der Regel eine Folge veränderter Strukturen in der Leserschaft sowie zugleich eine Reaktion auf neue Wettbewerbsverhältnisse durch elektronische Medien. Aktuell konzentrieren sich Neupositionierungen der Zeitungsverlage stärker auf organisationale Veränderungen, zum Beispiel durch strategische Allianzen und Netzwerke (vgl. Windeler 2001). Diese als intraorganisational bezeichneten Organisationsformen beschreiben organisationsübergreifende Re-Strukturierungen, wie sie beispielsweise die Zeitungsgruppe Hof/Coburg/Suhl, die zur Unternehmensgruppe des Süddeutschen Verlags gehört, seit Oktober 2001 eingeführt hat. Der Mantel für die fünf Zeitungen wird von einer Gemeinschaftsredaktion erstellt. In diesem Netzwerk wird in vier Ressorts (Überregionales, Politik/Magazin, Sport) und mit den Sonderthemen Reise/Auto der Mantel für alle fünf Zeitungen erstellt, wobei die klassische Ressortaufteilung sich verändert, da Ressorts zusammengelegt werden, wie in diesem Fall Politik und Magazin (vgl. Altmeppen 2002).

Neben dem intraorganisationalen Wandel lässt sich aber auch innerorganisatonaler Wandel beobachten. Bereits 1994 wurde in einer Prognosestudie zur Zukunft des Journalismus darauf hingewiesen, dass die zunehmende Komplexität und Quantität der von den Redaktionen zu bearbeitenden Themen an den Ressortstrukturen rütteln (vgl. Weischenberg/Altmeppen/Löffelholz 1994, S. 156–159). Zwar gilt die Ressortgliederung weiterhin als probates Organisationsprinzip, wenn es um die Sachkompetenz der Journalisten geht, aber die meisten Berichterstattungsthemen sind mittlerweile Querschnittsthemen, deren Bearbeitung nahezu alle Ressorts angeht.

Eine organisationale Reaktion hierauf stellt die redaktionelle Segmentorganisation dar, bei der die traditionellen redaktionellen Strukturen (zentralisierte und dezentralisierte redaktionelle Arbeitsorganisation) aufgelöst werden. Bei der zentralisierten Redaktionsorganisation werden die Themen komplett von einem Redakteur bearbeitet. Der Journalist plant und recherchiert das Thema, er übernimmt die redaktionelle Bearbeitung (redigieren) und er produziert (also schreibt) den Artikel gemäß der ausgewählten Darstellungsform (also zum Beispiel eine Reportage) (vgl. Meckel 1998, S. 71).

Bei der dezentralen redaktionellen Organisation werden die ganzheitlichen Arbeitsprozesse verteilt, die Redakteure arbeiten arbeitsteilig an bestimmten Elementen des Beitrags. Bei dieser Form der Organisation kümmert sich ein Redakteur um die Planung von Themen, ein zweiter recherchiert Material für die Themen, der dritte schließlich übernimmt die redaktionelle Bearbeitung, während zwei weitere Redakteure mit der Produktion und Präsentation beschäftigt sind (vgl. Meckel 1998, S. 71). Dies ist das Prinzip der Segmentorganisation. Jedes Segment betreut ein Thema, die Lübecker Nachrichten zum Beispiel haben nur noch drei Segmente, Bücher genannt: Mantel, Lokales und Service (vgl. Moss 1998). In jedem Segment arbeitet ein Team aus Teamchef und Redakteuren, das komplett für die Produktion der Bücher verantwortlich ist, beim Mantel zum Beispiel für Nachrichten, Wirtschaft, Kultur und Sport.

Derartige Strukturveränderungen indizieren nicht nur organisationale Veränderungen, sondern auch einen Wandel des journalistischen Selbstverständnisse: „Ein output-orientierter Ratgeber- und Unterhaltungsjournalismus ergänzt also den traditionellen input-orientierten Informationsjournalismus bei Tageszeitungen" (Meier 2002, S. 425).

4.1 Neue Organisationsformen im Hörfunkjournalismus

Im privat-kommerziellen Hörfunk haben sich noch tiefgreifendere Veränderungen als bei Tageszeitungen ergeben. Der zunehmende Konkurrenzdruck auf den Medienmärkten und der Wandel des Hörfunks zum „Nebenbei-Medium" haben zu Organisationsformen geführt, die sich mit dem Begriff des Formatjournalismus ausdrücken lassen. Auch dahinter verbirgt sich ein Wandel des Selbstverständnisses, der sich in strukturellem Wandel ausdrückt. Der Formatjournalismus beschreibt die auf die Produktion eines Formatprogramms bezogene Ausrichtung der Organisations- und Arbeitsprogramme privat-kommerzieller Hörfunkorganisationen (vgl. Altmeppen/ Donges/Engels 1999, S. 264–280).

4.1.1 Organisationsprogramme: Redaktionelle Gliederung der journalistischen Arbeit

Auf der Ebene der Organisationsprogramme existiert beim privaten Hörfunk keine traditionelle redaktionelle Organisation mit gewohnten Ressortprinzipien mehr. Schon Jarren und Donges (1996) haben für den privaten Hörfunk in Hamburg darauf aufmerksam gemacht, dass hybride Organisationsformen entstanden sind, die quer zu allen bekannten stehen. Hierin drückt sich aus, dass Organisationen keine nur rationalen, nach Zweck-Mittel-Relationen agierenden Gebilde sind. Ihre Entwicklung und ihre Struktur unterliegen dynamischen Wandlungsprozessen, die vor allem durch Umwelteinflüsse angestoßen werden. Aufgrund der Umwelteinflüsse richten Hörfunkstationen als Wirtschaftsunternehmen prinzipiell ihre organisatorischen Ziele an zwei wesentlichen Funktionen aus: Der effizienten Gestaltung des sachlich-technischen Produktionsprozesses und der ökonomischen Ausrichtung des Produktionsprozesses zur Erzielung einer rentablen Kapitalverwertung. Mit Rager, Werner und Weber (1992, S. 19) kann man auch vom „Organisationszweck Programmproduktion" sprechen.

Dieser Organisationszweck führt, so zeigen die Kernbefunde, zu fehlender Ressortstrukturierung, häufiger Reorganisation und Individualisierung der Zuständigkeiten. Privatfunkredaktionen, die üblicherweise in Großraumbüros arbeiten, sind allenfalls nach Bereichen gegliedert; von daher sollte man auch nicht von Ressorts sprechen. In allen beobachteten Sendern finden sich dementsprechend nur grob gegliederte Bereiche: Nachrichten, Wort, Unterhaltung, Programmorganisation sowie die hier nicht einbezogenen Musikredaktionen (vgl. Altmeppen/Donges/Engels 1999, S. 146). Diese Grobgliederung wird umso weniger trennscharf, je kleiner die personelle Besetzung der Sender ist, ein deutlicher Hinweis auf den Zusammenhang von Handeln und Struktur, denn auch wenn weniger Redakteure beschäftigt sind, strahlen die Privatradios trotzdem 24 Stunden am Tag ihr Programm aus. Bei einer Verringerung der personellen Ressourcen sehen die Arbeitsabläufe aber anders aus, wie eine Betrachtung der Rollen zeigt.

Auf der Ebene der Rollen lassen sich drei Gruppen ausmachen: Leitungsrollen, Teilleitungsrollen und schließlich Redakteursrollen. Zu letzteren zählen Redakteure, Moderatoren, Reporter und Korrespondenten. Insgesamt steigt der Grad der internen Differenzierung mit der Größe des Senders an. Das heißt jedoch nicht, dass die differenzierteren Aufgaben und Rollen in jedem Fall auch exklusiv zugeordnet werden. Vielmehr muss von einer hohen vertikalen (Rollen) und horizontalen (Bereiche) Durchlässigkeit ausgegangen werden. Lediglich die Leitungsrollen in den größten Sendern sind nicht an der Programmproduktion beteiligt, sie nehmen ausschließlich Managementfunktionen wahr. Bei kleineren Sendern sind aber auch diese Rollen schon bei der tagesaktuellen Arbeit beteiligt.

Schon bei den Moderatoren aber zeigt sich die Durchlässigkeit. Ausschließlich als Moderatoren arbeiten kaum Journalisten, sie sind immer auch in Redaktion und Organisation eingebunden, da sie Beiträge für ihre Sendungen erstellen und für die Koordination ihrer Sendungen in Absprache mit der Programmorganisation zuständig sind. Ähnliches gilt für Redakteure, die neben der Redaktionsarbeit auch moderieren. Des Weiteren gibt es, vor allem bei kleineren Sendern, ein fluktuierendes Verfahren zur Besetzung der Teilleitungsrollen. Der Redakteur vom Dienst repräsentiert diese Organisationsform, bei der Redakteure für bestimmte Zeiträume teilleitende Funktionen übernehmen, in der Regel für programmorganisierende Tätigkeiten (Sendeplanung und -ablaufkontrolle, kurzfristige Personalplanung und -einsatz).

Die Befunde machen deutlich, dass die privaten Hörfunksender nur eine geringe formale organisatorische Struktur aufweisen und gewissermaßen als Kompensation die tagesaktuelle Arbeit in hohem Maße durch informelle, situativ geprägte Organisation gestalten. Eine kosten- und personalintensive Organisation wie in Tageszeitungen oder wie in Teilen des öffentlich-rechtlichen Hörfunks (vgl. Krzeminski 1987, S. 98) existiert bei den untersuchten privaten Sendern nicht. Etatvolumen und Quotenmessungen bilden die Grundlage redaktioneller Organisation eines Hörfunks, der als „Begleitmedium" gilt, innerhalb umkämpfter Märkte agiert und prinzipiell ebenso an der Unterhaltungsfunktion anknüpft wie an der Informationsfunktion. Dies führt zu einer nur noch grob gegliederten formalen Organisation. Daraus resultiert die alltagssprachlich als „Jede/r macht Vieles" formulierte

Produktionsweise der Radiostationen, womit die außerordentlich große Verantwortung aller Journalisten für die von ihnen produzierten Programmteile zum Ausdruck kommt.

4.1.2 Arbeitsprogramme in Hörfunkorganisationen

Arbeitsprogramme geben Auskunft darüber, was Journalisten konkret an Tätigkeiten verrichten, ob sie selektieren, moderieren, texten, sprechen, interviewen oder organisieren. Tabelle 1 zeigt die Verteilung der Befragten in den einzelnen Arbeitsbereichen.

Arbeitsbereiche (Mehrfachnennungen möglich)	Anzahl der Nennungen absolut	in %
Wort	137	64,9
Nachrichten	114	54,0
Unterhaltung	81	38,4
Kultur/Veranstaltungen	67	31,8
Planung/Steuerung	46	21,8
Musik	42	19,9
Sport	33	15,6
Senderpromotion	30	14,2
Personalmanagement	19	9,0
Archiv	10	4,7
Marketing/Werbung	6	2,8
Sonstiges	12	5,7

Tabelle 1: Arbeitsbereiche der Befragten im Hörfunk; n = 211 Befragte (vgl. Altmeppen/Donges/Engels 1999, S. 152)

Die Tatsache, dass von den 211 Befragten insgesamt 597 Arbeitsbereiche genannt wurden, in denen sie wechselnd tätig sind, zeigt die Rekursivität von Organisations- und Arbeitsprogrammen. Wenn die Organisationsprogramme keine festen Zuordnungen vorgeben, schwinden damit auch die Fixierungen auf bestimmte Tätigkeiten. 182 der 211 Befragten (86 Prozent) arbeiten in mehr als einem Bereich, davon 35 in drei Bereichen (Wort, Nachrichten, Unterhaltung), 48 in Wort und Nachrichten und 30 in Wort und Unterhaltung (Abbildung 1).

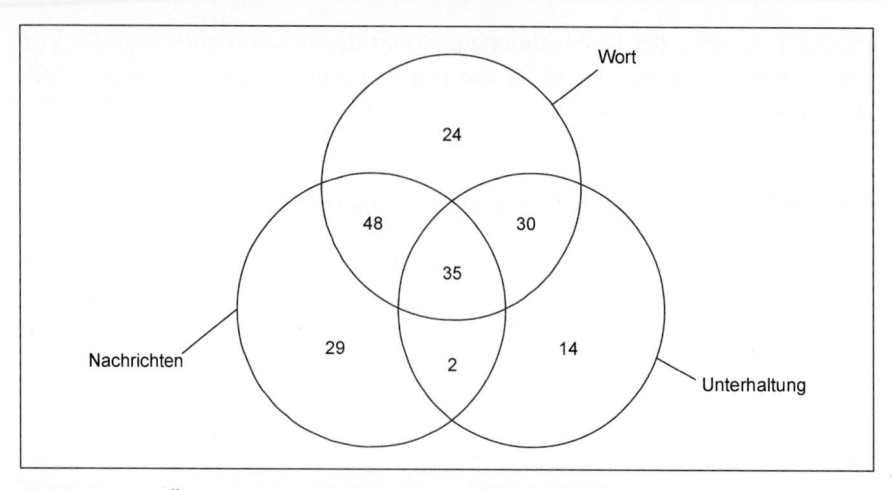

Abbildung 1: Überschneidungen der Arbeitsbereiche Wort, Nachrichten und Unterhaltung im Hörfunk (vgl. Altmeppen/Donges/Engels 1999, S. 153)

4.2 Neue Organisationsformen im Online-Journalismus

Der Online-Journalismus gilt trotz des Absturzes der New-Economy und des Scheiterns der damit verbundenen überzogenen Erwartungen (in vielen Online-Redaktionen kam es zu Entlassungen, einige Angebote mussten sogar komplett eingestellt werden) weiterhin als Prototyp einer neuartigen Produktionsform von Medienaussagen, die sich in bestimmten Dimensionen gravierend von traditionellen Wegen unterscheidet (vgl. Löffelholz 1999). Darüber hinaus erfreuen sich Nachrichten im Internet durchaus wachsender Beliebtheit: Die Nutzungszahlen von journalistischen Netz-Angeboten sind in den letzten Jahren erheblich gestiegen. Einige Online-Medien können mit traditionellen Medien konkurrieren oder übertreffen deren Reichweiten sogar (vgl. Allensbacher Computer- und Technik-Analyse 2004). Unter einem organisationalen Blickwinkel ist der Online-Journalismus schon deshalb interessant, weil sich die Frage stellt, ob dieser neue Typus die traditionellen Organisations- und Arbeitsprogramme des Journalismus adaptiert oder ob sich eigene Organisationsformen entwickelt haben. Im Vordergrund stehen dabei hinsichtlich der Organisationsprogramme Fragen nach der Unternehmensstruktur online-journalistischer Organisationen und ihrer Eigenständigkeit, nach der Bildung von Redaktionen und Ressorts im Online-Journalismus und schließlich Fragen nach Formen des Outsourcings sowie – im Bezug auf die Arbeitsprogramme – Fragen nach den Tätigkeitsprofilen von Online-Journalisten (vgl. Hanitzsch et al. 2004).

4.2.1 Organisationsprogramme im Online-Journalismus

Hinsichtlich der Unternehmensstruktur zeigt sich eine zum traditionellen Journalismus vergleichbare Tendenz. Während knapp 80 Prozent aller journalistischen Online-Organisationen als Unternehmensteil formiert sind, bilden zwölf Prozent ein eigenständiges Unternehmen und knapp acht Prozent sind aus dem Unternehmen ausgegliedert (Tabelle 2).

Die Online-Organisation ist ...	absolut	in %
Teil eines Unternehmens	259	79,4
ein eigenständiges Unternehmen	39	12,0
aus dem Unternehmen ausgegliedert	25	7,7
keine Angabe	3	0,9
Summe	326	100,0

Tabelle 2: Unternehmensstruktur der journalistischen Online-Organisationen (vgl. Hanitzsch et al. 2004, S. 18)

Immerhin aber sind knapp 20 Prozent der 326 Organisationen, die Online-Journalismus betreiben, nicht in der Form einer Redaktion innerhalb eines Medienunternehmens angesiedelt und stellen damit einen für den Medienbereich neuen Typus der unternehmerischen Struktur dar.

Von den 259 journalistischen Online-Organisationen, die innerhalb der Medienunternehmen angesiedelt sind, sind knapp 43 Prozent als eigenständige Redaktion eingerichtet, knapp 53 Prozent dagegen sind einem anderen Unternehmensbereich zugeordnet. Diesen anderen Unternehmensbereich stellt in der Regel die traditionelle Redaktion dar, die dann, im Sinne einer organisationalen Ausdifferenzierung, eine Gesamtredaktion für beispielsweise Print und Online bildet (Tabelle 3). Diese Gesamtredaktionen wurden in einigen Fällen mit zusätzlichem Personal ausgestattet, in manchen Fällen aber übernimmt das vorhandene Personal die zusätzlichen Aufgaben der Webseitenerstellung.

Der Onlinebereich ist ...	absolut	in %
einem Unternehmensbereich zugeordnet	137	52,9
ein selbständiger Bereich/eine eigenständige Redaktion	111	42,9
keine Angabe	11	4,2
Summe	259	100

Tabelle 3: Eigenständigkeit der journalistischen Online-Organisationen (vgl. Hanitzsch et al. 2004, S. 19)

Wenn konstatiert werden kann, dass Redaktionen auch im Online-Journalismus zu den prägenden Organisationsmerkmalen gehören, stellt sich zugleich die Frage, ob auch Ressorts eingerichtet worden sind. Ressorts leisten wichtige Strukturierungsfunktionen für den Aufbau und den Ablauf in Redaktionen, sie weisen den Redakteuren spezifische Aufgaben zu und strukturieren damit deren Arbeit. Die Ergebnisse zeigen jedoch, dass eine Ressortdifferenzierung im Online-Journalismus nur bedingt zu erkennen ist und dass sie von der Redaktionsgröße abhängt. Insgesamt existieren nur in gut 38 Prozent der journalistischen Online-Organisationen Ressorts. Sieht man sich die Ressortdifferenzierung nach Redaktionsgrößen an, wird ein deutliches Gefälle sichtbar. Über 87 Prozent der großen Redaktionen (mehr als zehn Redakteure) arbeiten nach dem Ressortprinzip, gegenüber nur knapp 47 Prozent bei mittleren und einem guten Viertel bei kleinen Redaktionen (Tabelle 4).

Redaktionsgröße	n	Ressortdifferenzierung	Keine Ressortdifferenzierung
Kleine Redaktionen (1 bis 3)	216	26,9 %	73,1 %
Mittlere Redaktionen (4 bis 10)	84	46,4 %	53,6 %
Große Redaktionen (größer 10)	32	87,5 %	12,5 %
Summe (gewichtet)	332	37,7 %	62,3 %

Tabelle 4: Ressortdifferenzierung im Online-Journalismus (vgl. Hanitzsch et al. 2004, S. 19)

Die journalistische Produktion wird in der Regel in-house erstellt, da sich die Produktion aktueller Information nur bedingt für das Outsourcing eignet. Outsourcing, also der Einkauf von Leistungen über den Markt, wird im Mediensektor primär dort eingesetzt, wo die Produktion von Inhalten längerfristig geplant werden kann, zum Beispiel in der Unterhaltungsproduktion der Rundfunksender, darüber hinaus aber auch durch das Mieten von technischer Ausstattung von Fremdfirmen und bei der Auslagerung von Verwaltungsaufgaben an Dienstleister.

Ein ähnliches Bild zeigt sich im Online-Journalismus. Zwar wird die Betreuung des Online-Angebotes bei 200 der 326 ermittelten Redaktionen (61,3 Prozent) von externen Dienstleistern unterstützt. Die weit überwiegende Zahl dieser Dienstleister unterstützt aber die Bereiche Technik und Webdesign (Tabelle 5).

Unterstützung...	n	in %
im Bereich Technik	149	74,5
im Bereich Webdesign	104	52,0
im redaktionell-inhaltlichen Bereich	89	44,5
in anderen Bereichen	8	4,0

Tabelle 5: Unterstützungsbereiche externer Dienstleister; n=200; Mehrfachnennungen möglich (vgl. Hanitzsch et al. 2004, S. 18)

Ihre Kernkompetenz der Inhalteproduktion im redaktionellen Bereich vergeben auch die 200 Online-Medienorganisationen, die Outsourcing nutzen, nur ungern an externe Dienstleister, während technische und gestalterische Unterstützung schon eher zur Regel gehört, dreiviertel beziehungsweise gut die Hälfte der journalistischen Organisationen werden in diesen Bereichen von externen Dienstleistern unterstützt.

4.2.2 Arbeitsprogramme im Online-Journalismus

Mit den Arbeitsprogrammen im Online-Journalismus lässt sich feststellen, ob Online-Journalisten tatsächlich anders arbeiten als ihre Kollegen im Print- oder Rundfunk-Bereich, oder ob es sich beim netzbasierten Journalismus letztlich um traditionellen Journalismus handelt.

Die Daten zu den Tätigkeiten von Online-Journalisten weisen auf hohe Übereinstimmungen der Tätigkeiten hin (Tabelle 6): Onlinekommunikatoren verbringen einen Großteil ihrer, im Schnitt 45 Stunden dauernden, Arbeitswoche mit journalistischen Tätigkeiten wie Schreiben, Recherchieren sowie der Auswahl und Überarbeitung von Nachrichten (die Wochenarbeitszeit wurde separat erhoben, das heißt sie entspricht nicht der Summe des zeitlichen Umfangs der Einzeltätigkeiten). Die klassischen journalistischen Tätigkeiten nehmen sowohl beim Anteil der Journalisten, die diese Tätigkeit ausüben, wie auch beim durchschnittlichen täglichen Anteil an der Arbeit den größten Umfang ein.

Neben den besonders häufig anfallenden Arbeiten sind aber auch einige besonders niedrige Werte auffällig, das heißt Tätigkeiten, die von den Redakteuren wider Erwarten eher selten durchgeführt werden: So liegt zwar die Onlinerecherche mit fast 97 Prozent an der Spitze der ausgeübten Tätigkeiten; traditionelle Offlinerecherchen führen dagegen nur noch gut drei Viertel der Befragten durch. Die Befunde zeigen, wie stark das Internet inzwischen als Teil der Arbeitsprogramme in den journalistischen Arbeitsalltag, zumindest im Netzjournalismus, eingebunden ist: Etwas mehr als ein

Fünftel aller Online-Journalisten (20,7 Prozent) recherchiert ausschließlich online. Allerdings gilt es in diesem Zusammenhang zu betonen, dass die für Recherchen aufgewandte Zeit verhältnismäßig niedrig ist: Selbst wenn man die Dauer von Online- und Offlinerecherchen bei denjenigen Personen addiert, die beide zu ihren ausgeübten Tätigkeiten zählen, liegt der zeitliche Aufwand für Recherche mit 125 Minuten pro Tag deutlich unter dem, was als Durchschnitt für alle Journalisten ermittelt wurde, nämlich 140 Minuten (vgl. Weischenberg/Löffelholz/Scholl 1994, S. 157).

Tätigkeit	n	Anteil[1]	Umfang[2]
Onlinerecherche	451	96,6%	73
Verfassen eigener Texte	454	91,2%	107
Auswahl von Texten	449	84,7%	84
Redigieren von Agenturtexten/Pressemitteilungen	446	81,4%	78
Redigieren der Texte von Kollegen/Mitarbeitern	453	80,5%	54
Webseiten einpflegen/einkopieren	451	77,5%	62
Offlinerecherche	453	76,9%	35
Organisatorische und verwaltende Tätigkeiten	451	74,4%	55
Produktion	451	64,1%	32
Kontakt mit Usern	450	60,8%	21
Programmierung	446	21,8%	15

Tabelle 6: Tätigkeiten von Online-Journalisten; [1] Anteil der Journalisten, die diese Tätigkeit ausüben; [2] Minuten an einem durchschnittlichen Arbeitstag (vgl. Hanitzsch et al. 2004, S. 11)

Ein Spezifikum der Arbeitsprogramme hebt den Online-Journalismus von anderen Bereichen ab: das technikzentriert Einpflegen oder Einkopieren von Webseiten. Fast vier Fünftel aller Online-Journalisten zählen es zu ihren Tätigkeiten; im Schnitt wird mehr als eine Stunde der täglichen Arbeitszeit darauf verwendet. Angesichts des hohen Zeitaufwands für die Auswahl von Texten, durchschnittlich 84 Minuten pro Tag, kann man vermuten, dass das Einpflegen von Inhalten nicht nur selbst geschriebene Beiträge betrifft, sondern auch überarbeitete oder direkt übernommene Fremdmaterialen. Hierfür spricht auch, dass das Redigieren von Agenturtexten und Pressemitteilungen nicht nur eine der am häufigsten genannten Tätigkeit ist, sondern mit 78 Minuten täglich sehr viel Zeit beansprucht.

Differenziert man die Tätigkeiten nochmals nach der Redaktionsgröße, zeigen sich in der Tendenz zwar sehr ähnliche Ergebnisse, im Detail aber auch interessante Abweichungen (Tabelle 7).

Tätigkeit	n	Redaktionsgröße[1]		
		klein	mittel	groß
Onlinerecherche	451	95,6%	93,1%	98,0%
Verfassen eigener Texte	454	91,3%	92,5%	91,2%
Auswahl von Texten	449	90,1%	85,8%	82,9%
Redigieren von Agenturtexten/Pressemitteilungen	446	83,3%	81,4%	80,7%
Webseiten einpflegen/einkopieren	451	77,5%	81,7%	76,1%
Organisat. und verwaltende Tätigkeiten	451	80,5%	79,6%	70,8%
Offlinerecherche	453	76,1%	80,0%	76,2%
Redigieren der Texte von Kollegen/Mitarbeitern	453	72,8%	79,6%	83,1%
Kontakt mit Usern	450	75,0%	66,3%	55,0%
Produktion	451	63,3%	65,0%	63,8%
Programmierung	446	33,7%	27,2%	16,9%

Tabelle 7: Tätigkeiten von Online-Journalisten nach Redaktionsgröße; [1] Journalisten, die diese Tätigkeit ausführen (vgl. Hanitzsch et al. 2004, S. 12)

So ist der Anteil der Journalisten, die Selektionsaufgaben wahrnehmen, bei kleinen Redaktionen etwas höher als bei mittleren und großen Redaktionen. Gleiches gilt für die Übernahme von Agenturtexten, verwaltenden und organisatorischen Tätigkeiten, Userkontakten und Programmierung. Demgegenüber ist der Anteil von Personen, die Texte von Kollegen und Mitarbeitern redigieren, in mittleren und großen Redaktionen höher.

Dies spricht dafür, dass in größeren Einheiten das journalistische Arbeiten stärker konturiert ist als in den kleinen: Hier trifft man eher traditionell arbeitende Journalisten, deren Arbeit vor allem vom Recherchieren und Schreiben von Beiträgen geprägt ist. In kleinen redaktionellen Einheiten sind die Redakteure offenbar häufiger das „Mädchen für alles", das heißt, sie müssen neben den journalistischen Kerntätigkeiten mitunter auch programmieren, das Gesamtangebot planen und organisieren sowie den Kontakt zu den Usern pflegen. In manchen Online-Redaktionen ähnelt die Arbeit damit derjenigen von Journalisten in privat-kommerziellen Hörfunksendern.

Die Unterschiede zwischen den Journalisten in den drei Redaktionsgrößen sind allerdings verhältnismäßig gering. Im Großen und Ganzen lässt sich für alle Gruppen festhalten: Typisch journalistische Arbeiten gehören zum Grundrepertoire des Handelns. Der Journalismus wird also nicht verdrängt, sondern vor allem durch neue Tätigkeiten im technischen und verwaltenden Bereich ergänzt. Von einem „revolutionären" Multimedia-Journalismus, wie er noch vor einigen Jahren erwartet wurde, kann damit kaum die Rede sein.

5 Fazit

Der Wandel des Journalismus ist ein oft bemühtes Phänomen, das häufig mit veränderten Strukturen begründet, aber eher selten erklärt wird. Aus einer organisationalen Perspektive lassen sich die Organisationsformen und Strukturen des Journalismus dezidert beschreiben und definieren. Die in empirischer Forschung ermittelten und als konsentiert geltenden Organisations- und Arbeitsprogramme des Journalismus beschreiben die Regeln und Ressourcen als wesentliche Elemente von Strukturen und können als Archetypen dienen, um journalistischen Wandel zu beschreiben und zu analysieren.

Mit der organisationalen Perspektive lassen sich beispielsweise die Veränderungen des Hörfunkjournalismus hin zu einem unterhaltenden Formatjournalismus durch den Wandel der Organisationsformen (Auflösung der Ressorts) und der Arbeitsprogramme (Jeder macht Vieles statt ressortspezifischer Arbeit) nachweisen. Und ebenso können über eine Kontrastierung der gewohnten journalistischen Strukturen mit den Strukturen im neu entstandenen Online-Journalismus manchen Mythen aus der Frühzeit dieses Journalismus entzaubert werden. Online-Journalisten arbeiten in der Mehrzahl unter den gleichen strukturellen Bedingungen wie die Journalisten in anderen Mediengattungen.

Literaturverzeichnis

Allensbacher Computer- und Technik-Analyse (2004) Online-Zählungen, im Internet: http://www.acta-online.de/index.html.
Altmeppen, K.D. (1999) Redaktionen als Koordinationszentren. Beobachtungen journalistischen Handelns, Opladen – Wiesbaden.
Altmeppen, K.D. (2002) Redaktion als Dienstleister, in: Message (2/2002), S. 61–65.

Altmeppen, K.D./Donges, P./Engels, K. (1999) Transformation im Journalismus: Journalistische Qualifikationen im privaten Rundfunk am Beispiel norddeutscher Sender, Berlin 1999.

Blöbaum, B. (1994) Journalismus als soziales System. Geschichte, Ausdifferenzierung und Verselbständigung, Opladen 1994.

Esser, F. (1998) Die Kräfte hinter den Schlagzeilen. Englischer und deutscher Journalismus im Vergleich, Freiburg/Breisgau 1998.

Fix, O. (1988) Organisation des Rundfunks. Stand und Entwicklungsmöglichkeiten der öffentlich-rechtlichen Rundfunkanstalten, Wiesbaden 1988.

Hanitzsch, T. et al. (2004) Online-Journalismus in Deutschland und den USA. Daten der ersten repräsentativen Erhebung zum Online-Journalismus. Evangelischer Pressedienst Medien (39/2004).

Hienzsch, U. (1990) Journalismus als Restgröße. Redaktionelle Rationalisierung und publizistischer Leistungsverlust, Wiesbaden 1990.

Jarren, O./Donges, P. (1996) Keine Zeit für Politik? Landespolitische Berichterstattung im Rundfunk: Journalisten. Öffentlichkeitsarbeiter und Politiker in der Interaktion, Berlin 1996.

Kieser, A./Kubicek, H. (1992) Organisation, 3. Aufl., Berlin – New York 1992.

Krzeminski, M. (1987) Thematisierung im Hörfunk. Eine empirische Untersuchung der Redaktionsarbeit für die aktuelle Berichterstattung in den Hörfunkprogrammen des Westdeutschen Rundfunks, Frankfurt/Main 1987.

Löffelholz, M. (1999) Perspektiven politischer Öffentlichkeiten. Zur Modellierung einer system- und evolutionstheoretischen Analyse, in: Kamps, K. (Hrsg.) Elektronische Demokratie? Perspektiven politischer Partizipation, Opladen, Wiesbaden 1999, S. 263–279.

Löffelholz, M. (2003) Kommunikatorforschung: Journalistik, in: Bentele, G./Brosius, H.B./Jarren, O. (Hrsg.) Öffentliche Kommunikation. Handbuch Kommunikations- und Medienwissenschaft, Wiesbaden 2003, S. 28–53.

Meckel, M. (1998) Redaktionsmanagement. Ansätze aus Theorie und Praxis, Opladen – Wiesbaden 1998.

Meier, K. (2002) Ressort, Sparte, Team. Wahrnehmungsstrukturen und Redaktionsorganisation im Zeitungsjournalismus, Konstanz 2002.

Moss, C. (1998) Die Organisation der Zeitungsredaktion: wie sich journalistische Arbeit effizient koordinieren lässt, Opladen – Wiesbaden.

Ortmann, G./Sydow, J./Windeler, A. (1997) Organisation als reflexive Strukturation, in: Ortmann, G./Sydow, J./Türk, K. (Hrsg.) Theorien der Organisation. Die Rückkehr der Gesellschaft, Opladen 1997, S. 315–354.

Rager, G./Werner, P./Weber, B. (1992) Arbeitsplatz Lokalradio. Journalisten im lokalen Hörfunk in Nordrhein-Westfalen, Opladen 1992.

Renger, R. (2000) Populärer Journalismus. Nachrichten zwischen Fakten und Fiktion, Innsbruck 2000.

Rühl, M. (1979) Die Zeitungsredaktion als organisiertes soziales System, 2. Aufl., Freiburg/Schweiz 1979.

Rühl, M. (1980) Journalismus und Gesellschaft. Bestandsaufnahme und Theorieentwurf, Mainz 1980.

Rühl, M. (1989) Organisatorischer Journalismus. Tendenzen der Redaktionsforschung, in: Kaase, M./Schulz, W. (Hrsg.) Massenkommunikation. Theorien, Methoden, Befunde, Opladen 1989, S. 253–269.
Schimank, U. (1996) Theorien gesellschaftlicher Differenzierung, Opladen 1996.
Schmidt, S.J./Weischenberg, S. (1994) Mediengattungen, Berichterstattungsmuster, Darstellungsformen, in: Merten, K./Schmidt, S.J./Weischenberg, S. (Hrsg.) Die Wirklichkeit der Medien. Eine Einführung in die Kommunikationswissenschaft, Opladen 1994, S. 212–236.
Scholl, A./Weischenberg, S. (1998) Journalismus in der Gesellschaft. Theorie, Methodologie und Empirie, Opladen 1998.
Weischenberg, S. (1992) Journalistik. Medienkommunikation, Bd. 1, Mediensysteme, Medienethik, Medieninstitutionen, Opladen 1992.
Weischenberg, S. (1995) Journalistik. Medienkommunikation: Theorie und Praxis, Bd. 2, Medientechnik, Medienfunktionen, Medienakteure, Opladen 1995.
Weischenberg, S./Altmeppen, K.D./Löffelholz, M. (1994) Die Zukunft des Journalismus. Technologische, ökonomische und redaktionelle Trends, Opladen 1994.
Weischenberg, S./Löffelholz, M./Scholl, A. (1994) Journalismus in Deutschland II. Merkmale und Einstellungen von Journalisten, in: Media Perspektiven (4/1994), S. 154–167
Windeler, A. (2001) Unternehmensnetzwerke. Konstitution und Strukturation, Wiesbaden 2001.

Projektleitung – Leitung und Koordination von Medienprojekten

Martin Gläser

1 Einführung 581

2 Medienprojekte 581
   2.1 Projekt-Definition 581
   2.2 Übersicht über das Spektrum von Medienprojekten 582
   2.3 Spezifika von Medienprojekten 584

3 Projektleitung: Allgemeine Diskussion für Medienunternehmen 587
   3.1 Projektleitung im Kontext von Projektmanagement 587
   3.2 Rolle des Projektleiters 588
   3.3 Kompetenzen des Projektleiters 589
   3.4 Status 591

4 Projektleitung: Spezielle Überlegungen in der Filmproduktion 592
   4.1 Phasen der Filmherstellung 592
   4.2 Schlüsselrolle Produzent 593
   4.3 Regie 595
   4.4 Produktionsleitung 596

5 Fazit: Phasendifferenziertes Projektmanagement 597

Literaturverzeichnis 598

Vorschau

Spektrum von Medienprojekten

In dem Beitrag werden zwei Kategorien von Medienprojekten unterschieden: (1) Medienprojekte im Rahmen der Erstellung von Medienprodukten (publizistische Endprodukte) und (2) Medienprojekte, die im Rahmen des Medieneinsatzes in Unternehmen die Wertschöpfungs- und Geschäftsprozesse unterstützen. Es wird deutlich, dass Projektmanagementkompetenz zu Medienprojekten prinzipiell für alle Unternehmenstypen relevant ist.

Der Projektleiter als Führungsfigur

Der Beitrags beschreibt Aufgaben und Rolle des Projektleiters innerhalb des Projektteams. Hier wird zwischen dem formalen Rollen-Set und den informellen Rollen des Projektleiters unterschieden. Außerdem werden die für einen Projektleiter notwendigen Kompetenzen erläutert. Diese betreffen sowohl fachliches Know-how als auch persönliche Eigenschaften.

Projektleitung in der Filmproduktion

Spezielle Überlegungen zur Filmproduktion illustrieren das Management von Medienprojekten: Es werden die vier Phasen der Filmproduktion (Stoffentwicklung, Projektentwicklung, Produktion, Verwertung) beschrieben. Der Beitrag geht auf die Aufgaben des Produzenten als Projektverantwortlicher ein, der unter anderem die künstlerischen und ökonomischen Interessen austarieren muss und vom Produktionsleiter (operativer Leiter einer Filmproduktion) unterstützt wird. Auch der Regisseur nimmt Führungsaufgaben als „kreatives Zentrum" von Filmprojekten wahr.

1 Einführung

Medienprojekte sind aufgrund spezifischer Risiken als besonders kritisch zu bezeichnen und können daher leicht scheitern. Man denke an einen Kinospielfilm, dessen Markterfolg ohnehin zumeist „in den Sternen steht", der aber auch im Herstellungsprozess zahlreiche Unwägbarkeiten mit sich bringt, die zum Beispiel mit den Schauspielern, dem Location-Management oder der Konflikthandhabung der künstlerischen und wirtschaftlichen Anforderungen zu tun haben. Man denke an eine multimediale Lern-Software, ein Projekt, das insbesondere im Hinblick auf Qualitätssicherung und dem Zusammenspiel unter Umständen sehr vieler beteiligter Experten nicht selten eine hohe Brisanz aufweist.

Vor diesem Hintergrund kommt der professionellen Projektleitung eine herausragende Rolle für das Gelingen der betreffenden Aufgabenstellung zu. Welche Anforderungen zu stellen sind und wie man mit der Komplexität und Interdisziplinarität wirkungsvoll umgehen kann, ist Gegenstand der vorliegenden Analyse. Dabei werden zunächst die Medienprojekte und deren Spezifika dargestellt, die Konzepte effektiver Projektleitung bei Medienunternehmen im Allgemeinen skizziert und schließlich deren Anwendung im speziellen Kontexts einer Filmproduktion veranschaulicht. Als Fazit ergibt sich die Erkenntnis, dass in einer ungewöhnlich vielseitigen und komplexen Projektlandschaft, wie sie bei Medienprojekten regelmäßig anzutreffen ist, nur eine durchdachte Organisation und die sozial kompetente Handhabung des menschlichen Faktors den Erfolg sichern kann.

2 Medienprojekte

2.1 Projekt-Definition

Ein Projekt ist nach DIN 69 901 „ein Vorhaben, das im Wesentlichen durch Einmaligkeit der Bedingungen in ihrer Gesamtheit gekennzeichnet ist, wie zum Beispiel Zielvorgabe, zeitliche, finanzielle, personelle oder andere Begrenzungen, Abgrenzung gegenüber anderen Vorhaben, projektspezifische Organisation" (vgl. Schulz-Wimmer 2002, S. 9).

Das Kriterium der „Einmaligkeit der Bedingungen" weist darauf hin, dass ein Projekt sorgfältig von einer Routineaufgabe zu unterscheiden ist, jedes Projekt mithin einen klar definierten Beginn und ein ebenso klar definiertes Ende haben muss. Es gibt kein „Dauerprojekt". Um ein Projekt zu starten, muss ein formeller, schriftlich formulierter Projektauftrag beziehungsweise Vertrag vorliegen, der von einem Auftraggeber und von einem Auftragnehmer akzeptiert ist. Beide, der Auftraggeber und der Auftragnehmer, sollen nicht nur institutionell, sondern stets auch als Personen in Erscheinung treten. Da es sich bei einem Projekt um eine nicht alltägliche Aufgabenstellung handelt, ist es überdies notwendig, eine eigens auf die Projektaufgabe zugeschnittene Organisation zu kreieren. Grundlage aller Projektaktivitäten sind operativ formulierte Ziele, anhand derer nach Projekt-Ende der Erfolg beurteilt werden kann. Ziele zu formulieren, heißt zum einen die Sachziele zu definieren, über die der eigentliche Zweck des Projekts festgelegt wird („Was ist Sache?"), zum anderen die Formalziele, die sich im „magischen Dreieck" von Termin, Kosten und Qualität bewegen („In welcher Form sollen die Sachziele erreicht werden?").

2.2 Übersicht über das Spektrum von Medienprojekten

Die Welt der Medienprojekte ist ausgesprochen vielschichtig. Um eine Übersicht zu schaffen, seien grob zwei Bereiche von Medienprodukten differenziert:

- Medienprodukte, die von Medienunternehmen als publizistische Endprodukte an ein Publikum abgegeben werden (publizistische Produkte). Zu denken ist an Publikationen in Zeitungen, Zeitschriften, Radio, TV, Kino, Internet oder auf elektronischen Trägermedien.
- Medienprodukte als Instrument zur Gestaltung der Wertschöpfungs- und Geschäftsprozesse von Wirtschaftsunternehmen und Organisationen, wobei Medienunternehmen selbst Gegenstand sein können (Business-Produkte). Angesprochen sind die Instrumente der internen und externen Unternehmenskommunikation (Corporate Publishing), Electronic Business, eCommerce oder Business-TV. Medienprodukte dieser Kategorie werden nicht hergestellt, um sie als Endprodukte am Markt zu verkaufen, sondern um den Wertschöpfungsprozess von Unternehmen zu unterstützen. Sie spielen eine Rolle im Business-to-Business-Bereich (B2B) und ist Vorstufe zum Endkonsum (Business-to-Consumer, B2C).

Gegenstand der Medienprojekte der ersten Kategorie sind marktfähige Güter von Verlagen, Rundfunkanstalten oder Online-Anbietern, also Publikationsprodukte, die von Publikationsorganen auf den Markt für Endverbraucher gebracht werden. Ein sehr breites Spektrum unterschiedlicher Projekttypen ist dabei denkbar. Beispielhaft seien genannt:

- Print-Medien: Buch, Zeitung, Zeitschrift, zum Beispiel Launch einer neuen Publikumszeitschrift,
- Audio: Audio-CD, Musikproduktion, Hörbuch, Hörspiel, Feature, Radioreportage, Konzeption und Aufbau eines Privatradios,
- Dia-AV: Tonbildschau, Multivision, zum Beispiel auf Publikumsmesse
- Kino: Kinospielfilm,
- Fernsehen: Fernsehfilme, Fernsehspiel, TV-Dokumentation, TV-Serie, Fernsehevent, Programmstrukturreform, Aufbau eines neuen Spartensenders,
- Multimedia: Computerspiel, Elektronisches Buch, DVD,
- Internet: PR-Erstauftritt, Relaunch einer bestehenden Website, Web-Shop, eCommerce-Projekt sowie
- Events: Messeauftritt, Ausstellung, Kongress, Road Show.

Bei den Medienprojekten der zweiten Kategorie geht es um die Erstellung von Medienprodukten, mit deren Hilfe der Wertschöpfungsprozess von Wirtschaftsunternehmen jedweder Art (auch von Medienunternehmen selbst) unterstützt werden soll. Auch hier ist ein überaus breites Spektrum unterschiedlicher Medienprojekte denkbar.

Der nachfolgende Überblick vermittelt einen Eindruck von den sich bietenden Möglichkeiten des Medieneinsatzes im B2B-Bereich:

- Medienprodukte im Management: Mitarbeiter-Zeitschrift, Schulungsmaterial, Business TV, Vermittlung von Wissen an die Mitarbeiter mit Blick auf Produkteinführungen, Produktschulungen oder Verhaltenstraining, Intranet als Instrument der unternehmensinternen Kommunikation, Change Management Projekt, zum Beispiel zur Veränderung der Unternehmenskultur, Fusion mit einem anderen Unternehmen, Übernahme, Entwicklung einer neuen Unternehmensstrategie, Umgestaltung der Prozesse (Reengineering).
- Medienprodukte in der Verwaltung: Electronic Data Interchange (EDI, elektronischer Datenaustausch zwischen Geschäftspartnern), Einsatz von Business-Software, Dokumentenmanagement-Systeme.
- Medienprodukte in der Beschaffung und Produktion: Internet im Einkauf (eProcurement), Software-Einsatz in der Produktion, Extranet.
- Medienprodukte als Instrument der Produktgestaltung: Einrichtung einer Online-Hotline für ein kompliziertes elektronisches Gerät oder eine mul-

timediale elektronische Gebrauchsanleitung auf CD-ROM, Internet als Instrument der Personalisierung.
- Medienprodukte in der Marktforschung: Internet als Instrument zum Data Mining und zur elektronische Marktforschung.
- Medienprodukte im Verkauf, als verkaufsunterstützendes Mittel, als Vermarktungshilfe (Verkaufsförderung): Internet als Informations-, Kommunikations- und Verkaufsinstrument, interaktiver Vertriebskanal (eCommerce), Lernprogramme im innerbetrieblichen Einsatz (Computerbasiertes Training, CBT; Webbasiertes Training WBT). Interaktive Kiosk-Terminals am Point of Sales (POS), zum Beispiel Einzelhandelsgeschäft oder Shopping-Zentrum, Point of Information (POI), zum Beispiel Bahnhof oder Messe oder Point of Fun (POF), zum Beispiel Diskothek oder Freizeitpark.
- Medienprodukte als Mittel der Unternehmenskommunikation: Werbung, Internet-Werbung („Webvertising"), Werbung: Radio-, TV-, Kinowerbung, umfassende Werbekampagne.
- Öffentlichkeitsarbeit (zum Beispiel Präsentations-CD, Image-Broschüre, Video-Kassette, Corporate Video, Corporate Publishing).

Vor diesem Hintergrund zeigt es sich, dass Medienprojekte zum einen als Projekte im Kontext der publizistischen Medienproduktion auftreten, zum anderen den Charakter allgemeiner Business-Projekte haben können. Damit ist das Thema Medienprojekte prinzipiell für jeden Unternehmenstyp interessant.

2.3 Spezifika von Medienprojekten

Medienprojekte weisen gegenüber Projekten aus anderen Branchen, zum Beispiel der Konsum- und Investitionsgüterindustrie, eine Reihe von Besonderheiten auf, die auch die Bedingungen für das Projektmanagement beeinflussen. Am ehesten noch mit der Industriewelt verknüpft sind Print-Projekte, insbesondere in der Welt von Zeitungen und Zeitschriften, da diese in einem stark maschinell unterstützten Massenherstellungsprozess erzeugt werden.

Elektronische Medien sind demgegenüber immaterielle Produkte und zeigen die medienökonomisch bekannten Erscheinungen wie zum Beispiel den Öffentlichen-Gut-Charakter (Nicht-Rivalität im Konsum, Versagen des Ausschlussprinzips), hohe First-Copy-Costs oder sinkende Grenzkosten, die gegen Null gehen. Materiell-logistische Prozesse treten hierbei völlig in den Hintergrund.

Im Fokus steht der Prozess der kreativen Entwicklung von Inhalten („Content"), der nur durch ein beträchtliches Maß an Freiraum für die Beteiligten generiert werden kann. Damit verbunden ist von einem hohen Grad an Interdisziplinarität der geforderten Skills auszugehen, die zu einer teilweise extrem hohen Komplexität der Aufgabenstellung führt, zum Beispiel bei Film- und Multimedia-Produktionen.

Steigende Komplexität hat Folgen, die sich mit dem „Gesetz der erforderlichen Vielfalt" nach Ashby (vgl. Beck 1996, S. 151–152) ausdrücken lassen: Je komplexer sich die Projektaufgabe darstellt, desto komplexer muss auch die erforderliche Organisationsstruktur für dieses Projekt sein. Vielfältige Einflüsse können verarbeitet werden, sofern entsprechend vielfältige Handlungsmuster zur Verfügung stehen. Vielfalt kann einzig durch Vielfalt bewältigt werden. Die Konsequenz dieses Grundsatzes lautet: Je komplexer die Projektaufgabe, desto heterogener muss die Projektgruppe sein, um so mehr muss sie einem verkleinerten Abbild der vielfältigen Gesichtspunkte des Projekts entsprechen. Vor diesem Hintergrund kann es nicht verwundern, dass zum Beispiel die Herstellung eines Spielfilms oder die Fernsehsendung „Wetten dass ...?" nur von einer sehr komplizierten Team-Konfiguration durchgeführt werden kann. Und es kann nicht verwundern, dass im Fernsehen (insbesondere bei den privaten Anbietern) alle Potentiale genutzt werden, um geeignete Sendeformen wie zum Beispiel TV-Serien oder Doku-Soaps in Form von industrialisierten Produktionsprozessen fließbandähnlich herzustellen.

Bei Medienprojekten ist nicht selten die Situation gegeben, dass sich die Konzeptions- und Produktionsbedingungen als wenig stabil und nur schwer planbar erweisen und ein besonders hohes Maß an Improvisation gefordert ist. Man denke an die Unwägbarkeiten bei der Entwicklung eines Drehbuchs oder beim Dreh vor allem im Außenbereich. Der Bedarf an flexibler Planung und Steuerung und an Controlling ist damit tendenziell hoch.

Hinzu kommt ein tendenziell sehr hohes Maß an Virtualisierung der Projektarbeit. Man spricht von einem virtuellen Team, wenn die Teammitglieder permanent oder phasenweise an verteilten Standorten arbeiten. Dies ist bei Medienprojekten häufig gegeben, zum Beispiel im Agenturbereich, beim Film, in Radio und TV, insbesondere aber bei Multimedia-Projekten. Gerade hier ist es häufig so, dass externe Dienstleister (zum Beispiel Grafiker oder Designer) und Beteiligte, die nicht am gleichen Ort agieren, die Projektarbeit maßgeblich mitbestimmen. In diesem Kontext stellen sich unter anderem die folgenden Fragen:

- Wie kann man die kommunikative Verbindung und den Transfer von explizitem, aber besonders auch von implizitem Wissen zwischen den Teammitgliedern aufrecht erhalten?
- Wie lässt sich maximale Effizienz und Kooperation sicher stellen?
- Was muss man tun, um die virtuelle Gruppe zu einem tatsächlichen Team „zusammenzuschweißen"?
- Wie kann man die Teamkultur positiv beeinflussen?

Über die genannten Aspekte hinaus ist festzustellen, dass Medienprojekte grundsätzlich ein hohes Erfolgsrisiko in sich tragen. Grund sind zum einen die Schwierigkeiten der Definition von Erfolgsgrößen und der Messbarkeit derselben. Welche Antworten zum Beispiel auf die folgenden Fragen gegeben werden, ist sowohl eine besondere theoretische als auch empirische Herausforderung:

- Nach welchen Kriterien will man den Erfolg der Werbekampagne für den neuen „VW Tuareg" messen?
- Ist „Sabine Christiansen" eine erfolgreiche Sendung für die ARD?
- Wie erfolgreich ist der sonntägliche „Tatort"?
- War der PR-Film anlässlich des Unternehmensjubiläums von Siemens erfolgreich?
- Wie lässt sich ausdrücken, ob der Erfolg der Einführung eines Intranets bei der DAK erfolgreich war?
- War das letztjährige „New Pop Festival" von SWR 3 erfolgreich?

Hinzu kommt die Erkenntnis der Medienökonomie, dass Qualität nicht immer ein verlässlicher Garant für den Markterfolg ist und Erfolgsfaktoren nur schwer dingfest gemacht werden können (zum Beispiel die Bedeutung des Einflusses von Filmstars oder der Location bei einem Kino-Spielfilm). Das Risiko des Scheiterns bei (publizistischen) Medienprojekten ist und bleibt hoch. Angesichts dieser zum Teil hoch riskanten Rahmenbedingungen kann es nicht verwundern, dass zum Beispiel die Sicherung der Finanzierung eines Kinofilms stets eine extreme Herausforderung darstellt, die oft nur über massive Subventionierungen oder sonstige Sicherungsnetze gelingt.

3 Projektleitung: Allgemeine Diskussion für Medienunternehmen

3.1 Projektleitung im Kontext von Projektmanagement

Medienprojekte als komplexe und risikobehaftete Vorhaben können nur innerhalb eines Teams erfolgreich abgewickelt werden. Ein Projektteam ist eine Gruppe von Personen, die zur Erreichung der gemeinsamen Projektzielsetzung für eine begrenzte Zeit verhältnismäßig intensiv zusammenarbeiten.

Innerhalb des Teams kommt der Projektleitung eine Schlüsselbedeutung zu. Dessen Aufgabe ist die Planung, Steuerung und Integration aller zur Erreichung der Projektziele notwendigen Arbeiten. Sie ist für die Erfüllung des Projektauftrags und die Erreichung des Projektziels verantwortlich. Sie ist die Stelle, die mit den externen Stakeholdern, insbesondere dem Auftraggeber, Kontakt hält, das Projekt nach außen vertritt und für die Projektresultate gerade steht. Intern stellt die Projektleitung sicher, dass sich die Team-Performance auf hohem Niveau bewegt.

Die Projektleitung ist damit im Projektmanagement der Dreh- und Angelpunkt und ein zentraler Aufgabenträger.

Unter Projektmanagement wird nach der DIN 69901-Norm die „Gesamtheit von Führungsaufgaben, -organisation, -techniken und -mittel für die Abwicklung eines Projekts" verstanden (vgl. Schelle 2004, S. 19). Es ist ein Gesamtkonzept und ein Instrumentarium, mit dem es gelingt, außergewöhnliche und komplexe Vorhaben in den Griff zu bekommen und professionell zum Erfolg zu führen. Die wichtigsten Einzelaufgaben, die es zu erarbeiten gilt, sind:

- Mitwirkung bei der Zieldefinition,
- Konzeptentwicklung: Idee, Exposé, Treatment, Pflichtenheft, Spezifikationen, Feinkonzept,
- Planung: Terminplanung, Kostenplanung, Qualitätsplanung, Risikoplanung,
- Controlling: ganzheitliche Projekt-Koordination, Überwachung (Monitoring) von Terminen, Kosten und Qualität, Maßnahmen zur Gegensteuerung, Änderungsmanagement, Risikomanagement,
- Laufende Abstimmung mit dem Auftraggeber und externen Dienstleistern sowie
- Abnahme von Meilensteinergebnissen.

Die Managementaufgaben verteilen sich in der Regel ungleich über die unterschiedlichen Projektphasen (Vorbereitung, Initialisierung, Durchführung, Abschluss). In der Vorbereitungsphase stehen insbesondere die Aktivitäten der Zieldefinition und die inhaltlichen Abgrenzungen des Projekts im Vordergrund, in der Realisationsphase die Controllingaufgaben. Deutlich wird diese Asymmetrie beispielsweise bei der Durchführung einer Werbekampagne, deren entscheidende Orientierungspunkte die Zieldefinition und das Controlling sind.

Unter organisatorischen Gesichtspunkten ist die Frage zu beantworten, welche Position die Projektleitung einnehmen soll. Klar dürfte sein, dass es in jedem denkbaren Projekt – so auch bei Medienprojekten – sinnvoll ist, eine eindeutige Stelle oder eine Stellenstruktur zu schaffen, die für die Projektleitung verantwortlich sein soll. Eine Stelle ist das Ergebnis der horizontalen und vertikalen Differenzierung innerhalb einer Organisation und wird unabhängig vom (potentiellen) Stelleninhaber definiert. Bei einer öffentlich-rechtlichen Rundfunkanstalt wird die Gesamtheit der geschaffenen Stellen im „Stellenplan" dargestellt.

Es ist zweckmäßig, die Projektleitung als ein zentrales Kernelement eines Systems zu begreifen, das im engen Bezug zu anderen Teilsystemen steht und darauf ausgerichtet ist, den Anforderungen des Auftraggebers zu entsprechen. Der Projektleiter ist in jedem Falle Mitglied des Kernteams (vgl. Schulz-Wimmer 2002, S. 28–29. In der Praxis erweist sich das Modell einer differenzierten Struktur aus Kern- und Gesamtteam mit fallweiser externer Unterstützung als zweckmäßig.

Die Projektarbeit erfordert Mitglieder aus allen betroffenen Fachbereichen, die über ein hohes Maß an Sachkenntnis verfügen. Bei einer Multimedia-Produktion zum Beispiel ist es offenkundig, dass ein stark interdisziplinär ausgerichtetes Team von Spezialisten (zum Beispiel Designer oder Videotechniker) und Generalisten (zum Beispiel Produzent oder Projektleiter) zusammenwirken muss, um das Projektziel zu erreichen. Um keine Engpässe im geforderten Know-how zu erleben, ist sehr genau darauf zu achten, dass alle notwendigen Fachkompetenzen auch tatsächlich durch die Teammitglieder repräsentiert werden.

3.2 Rolle des Projektleiters

Die Performance eines Projektteams lebt davon, dass die Projektleitung die ihr zugedachte spezifische Führungsrolle ausübt. Ein Projektleiter hat insofern unabhängig von seinen persönlichen Präferenzen innerhalb eines Projekts eine bestimmte Rolle zu spielen. Eine Rolle ist ein Instrument, um das Verhalten eines Positionsinhabers konkret vorzuschreiben (zu standardisieren). In der Regel steht ein ganzes „Rollen-Set" zur Debatte. Bezogen auf das Projektmanagement stellen Rollen die Summe der Verhaltenserwartungen dar, die vom Team oder von den externen Stakeholder auf den Inhaber einer bestimmten Projekt-Position projiziert werden. Es ist notwendig, dass sich das einzelne Teammitglied mit „seiner Rolle" identifiziert. Rollen werden definiert zum einen vom Management (zum Beispiel mit dem Instrument Stellenbeschreibung), über die Erwartungen von beispielsweise Vorgesetzten, Kollegen oder Untergebenen. sowie von der Wahrnehmung dieser Erwartungen durch den Positionsinhaber selbst, die ihrerseits wieder von dessen Bedürfnissen, Werten und Einstellungen abhängt.

Das formale Rollen-Set eines Projektleiters bezieht sich sowohl auf die Sach- als auch auf die Beziehungsebene und kann wie folgt beschrieben werden:

- Erstellung Projektplanung,
- Überwachung der Realisation,
- Aufbau eines leistungsfähigen Teams,
- Personalführung (Motivation, Rollendefinition der Teammitglieder, Zielsetzung, Kommunikation, Lernprozesse generieren),
- Sicherstellung der Informationsflüsse und Dokumentation,
- Koordination aller Teamaktivitäten sowie
- Projekt-Vertretung nach innen und gegenüber den Stakeholdern.

Neben formalen sind auch informelle Rollen, wie der Fachpromotor (treibt die inhaltlichen Ergebnisse des Projekts voran), der Machtpromotor beziehungsweise Sponsor (sorgt dafür, dass das Projekt im Unternehmen Unterstützung und Ressourcen erhält) und der Prozesspromotor (Bindeglied zwischen Fach- und Machtpromotor) zu beachten (vgl. Seibert 1998, S. 285).

So wird der Projektleiter zu einer relativ „schillernden Erscheinung" mit einem Mix aus Galionsfigur, Radarschirm, Vernetzer, Sprecher, Innovator, Ressourcenzuteiler, Problemlöser und Verhandlungsführer.

3.3 Kompetenzen des Projektleiters

Der Projektleiter muss über ausgeprägte Fähigkeiten in sachlich-fachlicher Hinsicht verfügen, aber auch hinsichtlich der Menschenführung, um die

Teammitglieder zu leistungsorientiertem und kooperativen Verhalten zu bewegen und auch zum Teil schwierigen zwischenmenschlichen Spannungen gewachsen zu sein. Alle Attribute zusammengenommen stellen seine Handlungskompetenz dar, die in die folgenden vier Teilbereiche zu subsumieren ist:

- Fachkompetenz: Angesprochen sind Sach- und Fachwissen, Fertigkeiten, um konkrete Aufgaben zu bewältigen.
- Individualkompetenz: Sie umfasst die Fähigkeit zur Selbstmotivation (intrinsische Motivation), Verantwortungsbereitschaft, Initiative, Belastbarkeit, Denkvermögen, unternehmerischer Antrieb, Loyalität.
- Methodenkompetenz: Gefragt ist die Fähigkeit, bei Problemstellungen adäquate Lösungsmethoden und -techniken zur Verfügung zu haben oder generieren zu können.
- Soziale Kompetenz: Hier geht es um die Fähigkeit, mit anderen Menschen kooperativ und kommunikativ zusammenzuarbeiten, seien es Kollegen, Vorgesetzte, Partner, Kunden. Es geht besonders auch um die Teamfähigkeit.

Vor diesem begrifflichen Hintergrund kann das Kompetenzprofil eines Projektleiters im Medienbereich wie folgt definiert werden:

– Fachliches Know-how: technisches Fachwissen, kaufmännische Kenntnisse, Organisationswissen, Projektmanagement-Erfahrung, Wirtschaftlichkeitsdenken, Organisationstalent, Verhandlungsgeschick sowie
– persönliche Eigenschaften: Fähigkeit zur Menschenführung, Eigeninitiative, Entscheidungsfreudigkeit, Motivationsfähigkeit, Kooperationsbereitschaft, Durchsetzungskraft, Delegationsbereitschaft, Einfühlungsvermögen, Konsequenz, Kommunikationsfähigkeit, Verhandlungsgeschick, Fähigkeit zu ergebnisorientiertem Arbeiten und Handeln, Offenheit, Kreativität und Phantasie.

Gefragt ist also eine Führungspersönlichkeit mit Background und Eigenschaften, die in der Regel eher ein generalistisch ausgelegter Systematiker, Praktiker, Vermittler und Organisator mitbringt als ein spezialisierter Fachvertreter. Besonders hervorzuheben ist auch die Bereitschaft zur Kooperation mit allen Projektbeteiligten. Dies wird zum Beispiel beim Zusammenspiel mit dem Bereich des Controlling sichtbar, bei dem es zweckmäßig ist, nach dem Vier-Augen-Prinzip zu verfahren. Der Projektleiter braucht – je komplizierter das Projektgeschehen ist, umso mehr – den positiv-kritischen Partner und Ideengeber an seiner Seite.

3.4 Status

Medienprojekte leben von Kreativaufgaben und zeichnen sich durch die Ansammlung von (zumeist ausgesprochen selbstbewussten) Fachexperten aus. Die Handlungsfähigkeit des Projektleiters hängt in dieser Konstellation nicht nur von der Position, von seiner Rolle und von seiner Führungsleistung ab, sondern auch von seinem Status.

Der Status gibt an, welche Wertschätzung die Mitglieder eines sozialen Systems einer bestehenden Position zuweisen (vgl. Staehle 1999, S. 271). Der Status des Projektleiters entscheidet darüber, wie weit er von den Erwartungen der Gruppe abweichen kann, ohne Sanktionen von der Gruppe befürchten zu müssen. Dieses als „Idiosynkrasiekredit" bezeichnete Phänomen ist ein Indikator für seinen Handlungsspielraum und Steuerungsfähigkeit. Je mehr Kredit einzelne Teammitglieder im Vergleich zu ihm haben, umso schwieriger gestaltet sich die Gruppenzusammenarbeit. Status kann auf Grund der vertikalen Position in der Hierarchie entstehen oder auf Grund der ausgeübten Funktion innerhalb der Arbeitsteilung.

Bei Medienprojekten müssen sich die Mitglieder und der Projektleier in der Regel vorrangig durch ihr Expertentum und weniger durch eine starke Positionierung innerhalb der Unternehmenshierarchie ausweisen. Sie verlaufen – mit Mintzberg gesprochen – im Konfigurationskontext der „Adhocracy" ab, bei dem die Experten des operativen Kerns und der Hilfsstäbe eine dominierende Rolle spielen (vgl. Bea/Göbel 2002, S. 277–278). Statusdifferenzierungen, zum Beispiel durch Betonung von Statussymbolen, besitzen unter Umständen eine „identifikations- und solidaritätshemmende Wirkung" (Staehle 1999, S. 272) und können im Vergleich zum Industriesektor daher nur behutsam eingesetzt werden.

So überrascht die Empfehlung nicht, dass sich der Medien-Projektleiter in seinem Team am ehesten als „primus inter pares" definieren sollte und Führung durch Befehl und Weisung nicht angezeigt ist. Führung im Team versteht er daher als eine Dienstleistungsfunktion für die Erstellung der Leistung, zur Problembewältigung und zum Teamerhalt. Führung ist für ihn ein Vorgang in und mit dem Team, das partizipativ beteiligt ist. Wann immer möglich, wird sich das Team in Teilbereichen sogar selbst führen, der Projektleiter also nur noch eine koordinierende Rolle ausüben. Inwieweit – diesen Gedanken fortführend – ein Wechsel in der Projektführung stattfinden sollte (zum Beispiel reihum im Sinne eines „rollierenden Führungssystems") und dadurch die Führung vom ganzen Team wahrgenommen wird, ist eine Frage des Reifegrades des Teams.

4 Projektleitung: Spezielle Überlegungen in der Filmproduktion

4.1 Phasen der Filmherstellung

Zur Illustration der Frage, wie die Projektleitung in komplexen Medienprojekten gehandhabt wird, soll nachfolgend exemplarisch die Herstellung eines Auftragsspielfilms (Kinofilm, TV-Film) im Hinblick auf die Projektmanagement-Implikationen und die Rolle der Projektleitung beleuchtet werden. Den Ausgangspunkt bildet die Logik des Wertschöpfungsprozesses als „universelles Raster", der in die vier Phasen Stoffentwicklung, Projektentwicklung, Produktion und Verwertung unterschieden werden kann (vgl. Iljine/Keil 1997, S. 185):

- Phase 1: Stoffentwicklung (Development). Hier geht es um den kreativen Prozess, bei dem eine Stoff-Idee (zum Beispiel Roman, Theaterstück, Originalstoff) über die Stufen Exposé und Treatment zu einem umsetzungsfähigen Drehbuch (eventuell mehrere Fassungen) entwickelt wird. Damit einher geht die Entscheidung darüber, auf welche Zielgruppe man sich konzentriert, welche Erfolgsaussichten gegeben sind und wie überhaupt das Filmprojekt konstituiert werden kann. Die zumeist schwierige Frage der Finanzierung des Projekts wird auf eine gesicherte Grundlage gestellt.
- Phase 2: Projektentwicklung (Packaging), auch „strategischer Prozess" genannt. Ziel ist es, alle Einzelbestandteile des Projekts zu einem in sich schlüssigen, verkaufsfähigen Paket (Package) mit lückenloser Finanzierung zu entwickeln. Danach stehen fest: Drehbuch, Regisseur, Hauptdarsteller (Stars), Marketing, Finanzierung und Kalkulation. Der Inhalt des Packaging entscheidet definitiv, ob der Film umgesetzt wird. Abgeschlossen werden in diesem Stadium auch der Verleih, Vertriebsgarantien (zum Beispiel Minimumgarantie Kino-Verleih) und Modalitäten der internationalen Verwertung (Weltrechte).
- Phase 3: Produktion. Dies ist der eigentliche operative Prozess, der in die immer gleich verlaufende Abfolge aus Vorbereitung (Pre-Production), Dreharbeiten (Production) und Nachbearbeitung beziehungsweise Endfertigung (Post-Production) zu unterscheiden ist. Dies ist die Realisierungsphase des Projekts, bei der Finanzierung und Detail-Kalkulation abgenommen sind, Team und Darsteller unter Vertrag stehen, Drehorte (Locations) und Atelier ausgewählt sind.

- Phase 4: Verwertung. Hier ist der Verwertungsprozess festzulegen, wie er sich in der Verwertungskette aus Kino, Video, Pay-TV, Free-TV und Wiederholungen manifestiert (Windowing). Die Werbung durch die Verleiher läuft an, in einer Promotion-Tour erfolgt die Premiere und der Verleihstart, der Video- und TV-Vertrieb wird organisiert.

4.2 Schlüsselrolle Produzent

Die Schlüsselrolle im Management von Filmproduktionen kommt dem Produzenten zu, wobei unter diesem Begriff eine Reihe unterschiedlicher Tätigkeiten verstanden werden kann (vgl. Iljine/Keil 1997, S. 118). Prinzipiell zu unterscheiden ist nach TV- und Filmproduktion:

- Bei Fernseh-Auftragsproduktionen erfolgt eine maximale Fremdbestimmung durch den Sender, der sich bis in die Details das Gestaltungsrecht vorbehält und Einfluss auf das Projekt nimmt.
- Bei Kinofilmproduktionen dominiert hingegen die unabhängige, freie Produktion mit anschließender Eigenbestimmung des Produzenten. Deutschland unterscheidet sich dabei von der US-amerikanischen Filmwelt durch eine stark mittelständische, fragmentierte Film- und Fernsehlandschaft, in der sich Produzenten als unabhängige Akteure verstehen und nicht in dem Maße wie in den USA in das Korsett der Majors eingeschnürt sind.

Auftragsproduktionen, seien es TV- oder Kinoproduktionen, die bei großen Produktionsunternehmen realisiert werden, erfordern grundsätzlich eine unternehmensinterne Lösung der Projektleitungsfrage. So hat zum Beispiel die Bavaria Film GmbH die Produzenten Stephan Bechtle, Michael Hild, Ronald Müllfellner, Uschi Reich, Bea Schmidt, Oliver Schündler, Veith von Fürstenberg und Michael von Mossner unter Vertrag. Im Internet werden sie wie folgt vorgestellt: „Die Gesamtverantwortung für jede Produktion liegt beim Produzenten. Die folgenden Seiten geben Aufschluss darüber, bei wem die Fäden für Serien, Filme und Mehrteiler der Bavaria Film zusammenlaufen und über welche beruflichen Wege die Produzenten zur Bavaria Film gelangten."

Der Produzent ist Projektverantwortlicher und trägt bei einem Auftrag, zum Beispiel von TV-Sendern, die Gesamtverantwortung für die Realisierung: „Die Gesamtverantwortung umfasst die künstlerische Gestaltung, die organisatorische Steuerung, die finanzielle Abwicklung und die umfassende Projektvermarktung der Film- und Fernsehproduktionen. Die Gesamtverantwortung wird projektbezogen von der Geschäftsführung an den Produzenten übertragen" (Iljine/Keil 1997, S. 127). Ein Produzent in diesem Sinne wird auch „Producer" oder „Auftragsproduzent" genannt. Er besitzt eine weitestgehende Handlungsvollmacht und ist mit umfassender Führungskompetenz ausgestattet. Der Produzent als zentrale Figur wird logischerweise im Projektverlauf vor ein ganzes Bündel vielschichtiger Verhaltens- und Rollenerwartungen gestellt sein, die vom Moderator, Experten, Psychologen, Konfliktlöser, Vermittler, Antreiber, Koordinator, Berater bis hin zum „Blitzableiter" und „Sündenbock" reicht. Sein Status ist kraft Positionierung unbestritten und äußerst stark.

Der Producer-Begriff ist in ähnlicher Weise auch bei Rundfunksendern gebräuchlich, wenn Redakteuren neben ihrer unmittelbaren Programmverantwortung auch Produktionsverantwortung übertragen wird. Dadurch entsteht eine Verbindung von Teilaufgaben der Produktion und der Redaktion, indem Redaktionen gleichzeitig die Verantwortung für Inhalt, Produktion sowie Etat und Kosten tragen. Ziel der engeren Verzahnung von Produktion und Redaktion ist der Abbau von Reibungen sowie Kostensenkungen (vgl. Blaes/Heussen 1997, S. 346–347). Producer können aus eigener Entscheidung zum Beispiel teure Programmideen, die ihr Budget stark belasten, durch billiger zu produzierende ausgleichen.

Neben den Auftragsproduzenten spielen in der deutschen Praxis freie Produzenten eine große Rolle. Deren Einsatz variiert je nach Genre und Verwertungsbereich, zum Beispiel Kinofilm, Low-Budget-Produktion, Koproduktion, Dokumentarfilm, TV-Produktion, Werbefilm, Wirtschaftsfilm, Multimedia oder Animationen (vgl. Iljine/Keil 1997, S. 129–131). Tendenziell werden freie Produzenten weniger im Fernsehen und Werbefilm eingesetzt, während Auftragsproduzenten im Kinofilm eher nachrangig sind.

Die Brisanz der Arbeit des Produzenten liegt im Austarieren des Spannungsfelds zwischen den künstlerischen und ökonomischen Ansprüchen (Abbildung 1). So muss er im kreativen Prozess der Stoffentwicklung die Spürnase für geeignete Stoffe haben, ebenso für Talente vor und hinter der Kamera, auf der ökonomischen Seite hingegen benötigt er fundierte Kenntnisse der Produktionsprozesse, der Kosten- und Finanzierungsfragen, der rechtlichen Seite bis hin zur Welt der Filmförderung.

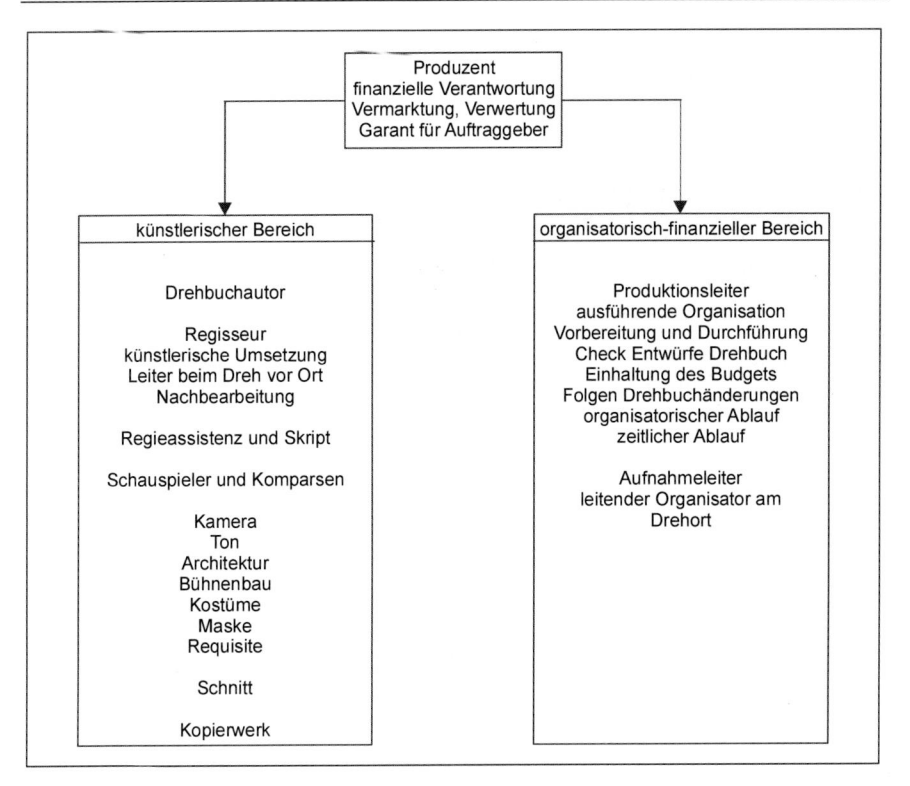

```
                    ┌─────────────────────────────┐
                    │         Produzent           │
          ┌─────────│  finanzielle Verantwortung  │─────────┐
          │         │   Vermarktung, Verwertung   │         │
          │         │   Garant für Auftraggeber   │         │
          │         └─────────────────────────────┘         │
          ▼                                                 ▼
```

künstlerischer Bereich	organisatorisch-finanzieller Bereich
Drehbuchautor	Produktionsleiter
	ausführende Organisation
Regisseur	Vorbereitung und Durchführung
künstlerische Umsetzung	Check Entwürfe Drehbuch
Leiter beim Dreh vor Ort	Einhaltung des Budgets
Nachbearbeitung	Folgen Drehbuchänderungen
	organisatorischer Ablauf
Regieassistenz und Skript	zeitlicher Ablauf
Schauspieler und Komparsen	Aufnahmeleiter
Kamera	leitender Organisator am
Ton	Drehort
Architektur	
Bühnenbau	
Kostüme	
Maske	
Requisite	
Schnitt	
Kopierwerk	

Abbildung 1: Hauptakteure im Filmprojekt

4.3 Regie

Der Regisseur (Director) ist das kreative Zentrum des Filmprojekts. Er wird vom Produzenten engagiert. Der Bundesverband Regie definiert (vgl. www.regieverband.de): „Regisseur oder Regisseurin sind bei der Entstehung eines Films von der Vorbereitung bis zum fertigen Werk die entscheidende künstlerisch-gestaltende Kraft. Sie sind nicht nachschaffende Interpreten eines vorbestehenden Werkes, sondern Gestalter einer originalen Schöpfung. Sie haben schon vor Beginn der Dreharbeiten eine konkrete Vorstellung vom fertigen Film und den verschiedenen Elementen, aus denen er sich zusammensetzt. Das gilt für alle Arten der Filmregie, gleichgültig in welchem Bereich (zum Beispiel Kino, Fernsehen oder Video), welcher Gattung (zum Beispiel Film mit Spielhandlung, Dokumentation, Musikfilm, Videoclip, Trickfilm oder Werbefilm) und welcher Länge."

Im Hinblick auf die einzelnen Projektphasen hat der Regisseur unterschiedliche Aufgaben zu erfüllen:

- In der Definitionsphase wirkt er an der Verständigung mit dem Produzenten über die beabsichtigte Gesamtwirkung des Films und über die erforderlichen Produktionsmittel mit.
- Bei der Stoffentwicklung nimmt er, eventuell in Kooperation mit dem Autor, die dramaturgische Bearbeitung der stofflichen Vorlage oder die Bearbeitung eines Originalstoffes vor. Er sorgt für die Einrichtung des Drehbuchs im Hinblick auf die ökonomischen Notwendigkeiten.
- Projektentwicklung: Er wählt die Darsteller und den künstlerisch-technische Stab (insbesondere Kamera, Szenenbild, Musik, Kostüm, Schnitt, Ton, Regieassistenz und Continuity) aus und wirkt an der Auswahl des technischen und organisatorischen Stabes mit. Ferner führt er die Gespräche zur Rollenkonzeption der Hauptdarsteller.
- Produktion: Hier wirkt der Regisseur an der Festlegung des Drehplans mit, führt die Dreharbeiten durch (Proben, Dreh am Set) und entscheidet über die Bildkomposition im Verbund mit dem Kameramann. In Kooperation mit dem Cutter verantwortet er den Schnitt.

Die Mitspracherechte und Einflussmöglichkeiten des Regisseurs sind also äußerst nachhaltig und seine Rolle im Kräftespiel der Beteiligten ist stark. Dies gibt immer wieder Anlass zu Auseinandersetzungen, wenn der Regisseur Kompetenzdefizite erkennen lassen sollte, insbesondere im sozialen Kontext. Dabei sind neben der klaren Fachkompetenz besonders wichtig: im Spannungsfeld zum Produzenten Kooperationsbereitschaft, Flexibilität und Partnerschaft sowie im Spannungsverhältnis zu den Darstellern und zum Produktionsteam Unaufgeregtheit, Gelassenheit auch in Stresssituationen, Umgänglichkeit, freundliche Bestimmtheit. Insofern dürfte Eitelkeit auch bei Regisseuren nicht unbedingt als Erfolgsfaktor gelten.

4.4 Produktionsleitung

In der Projektleitungsrolle wird der Produzent durch die Herstellungsleitung beziehungsweise die Produktionsleitung unterstützt. Von Herstellungsleitung spricht man im Kontext großer Studios, wenn ein hierfür fest Angestellter das Controlling aller Film- und Fernsehprojekte sowie der produktionsübergreifende Belange verantwortet („Supervisor" über mehrere Produktionen gleichzeitig). Der Produktionsleiter ist der operative Leiter einer Film- oder TV-Produktion und besitzt Handlungsvollmacht.

Seine Arbeit beginnt mit der Vorausschätzung der Kosten eines Exposés oder Treatments und endet mit der Endabnahme des fertigen Produkts durch den Auftraggeber. Er ist somit der Cheforganisator, der die Produktion unter Einhaltung der Drehzeit und des Budgets in bestmöglicher Qualität abzuliefern hat. Er engagiert das gesamte Team, bereitet sämtliche Verträge vor und hat die Oberaufsicht über die Dreh- und Arbeitsabläufe. Er ist für das gesamte Team auch juristisch verantwortlich. In der Produktionsphase bringt er alle organisatorischen und finanziellen Belange der Dreharbeiten zum Abschluss. Inhaltlich hat die Produktionsleitung nur geringe Mitspracherechte. Dem Produktionsleiter unmittelbar beigestellt ist der Aufnahmeleiter, der jeden Drehtag nach Maßgabe des Drehplans organisiert (Disposition) und am Set die operative Projektsteuerung betreibt.

Es ist offenkundig, dass sich der Produktionsleiter in einer unter Umständen ungemütlichen „Sandwich-Rolle" befindet, ist er einerseits ja der verlängerte Arm des Produzenten, auf der anderen Seite aber der Partner des künstlerisch-technischen Produktionsteams. Seine herausragende Kompetenz sollte daher Kooperationsbereitschaft und die Fähigkeit sein, sich in die Vorstellungswelt der künstlerischen Seite mit all ihren Zwängen und Chancen einzufühlen und deren Freiraum zu akzeptieren. Gerade die Fähigkeit zur Empathie in die Situation der „Gegenseite" macht den professionellen Produktionsleiter aus, eben nicht allein die fachliche Fähigkeit zur maximal-effizienten Steuerung der knappen Finanz- und Sachressourcen.

5 Fazit: Phasendifferenziertes Projektmanagement

Es ist bereits hervorgehoben worden, dass sich Medienprojekte durch einen hohen Grad an Interdisziplinarität und Komplexität der Aufgabenstellung auszeichnen. Wie erkennbar wurde, gilt dies besonders auch für Filmprojekte. Dabei ist der „Grundsatz der erforderlichen Vielfalt" plastisch nachvollziehbar geworden, nach dem die Projektmanagement-Antwort auf eine komplexe Projektaufgabe eine komplexe organisatorische Struktur und ein differenziertes Steuerungskonzept sein muss. Dieser Kontext wird in einem Filmprojekt unter anderem auch durch den ungewöhnlich vielseitigen und heterogenen Einsatz an Personalressourcen unterstrichen. So steht im Tarifvertrag für Film- und Fernsehschaffende im Teil „Manteltarifvertrag, gültig ab 1. Januar 1996" (vgl. Dress 2002, S. 102–109) über die „Angestellten und gewerblichen Arbeitnehmer im Filmgeschäft" („Film- und Fernsehschaffenden"), unter Ziffer 1.3 geschrieben:

„Film- und Fernsehschaffende im Sinne dieses Tarifvertrages sind: Architekten (Szenenbildner), Ateliersekretärinnen (Skript), Aufnahmeleiter, Ballettmeister, Continuities, Cutter, Darsteller (Schauspieler, Sänger, Tänzer), Filmgeschäftsführer, Filmkassierer, Fotografen, Geräuschemacher, Gewandmeister, Kameramänner, Kostümberater, Maskenbildner, Produktionsfahrer, Produktionsleiter, Produktionssekretärinnen, Regisseure, Requisiteure, Special Effect Men, Tonmeister sowie Assistenten vorgenannter Sparten und Filmschaffende in ähnlichen, mit der Herstellung von Filmen unmittelbar im Zusammenhang stehenden Beschäftigungsverhältnissen. Kleindarsteller gelten als Filmschaffende im Sinne dieses Tarifvertrages. Kleindarsteller sind Filmschaffende, deren darstellerische Mitwirkung die filmische Handlung nicht wesentlich trägt und die ihr kein eigenpersönliches Gepräge gibt."

Zu dieser personellen Komplexität tritt eine intertemporale Komplexität hinzu, die durch die vier Phasen eines Filmprojekts beschrieben sind. Danach kommen in jeder Phase jeweils unterschiedliche Konfigurationen von Teams zum Einsatz mit jeweils unterschiedlichen Herausforderungen für das Projektmanagement. Daher sollte das Steuerungsinstrumentarium in den einzelnen Ausreifungsstadien ausgesprochen flexibel angewandt werden. Allgemeine Checklisten und Leitfäden, wie sie in der Projektmanagement-Literatur zuhauf zu finden sind, mögen dann nicht immer so klar und stromlinienförmig anwendbar sein.

Abschließend sei noch einmal die Kernbotschaft betont, dass Voraussetzung für die effektive Projektleitung bei Film- und Medienprojekten in besonderem Maße das Zusammenspiel aller Kräfte und neben der fachlichen in hohem Maß auch soziale Kompetenz aller Beteiligten ist.

Literaturverzeichnis

Bea, F.X./Göbel, E. (2002) Organisation, 2. Aufl., Stuttgart 2002.
Beck, T. (1996) Die Projektorganisation und ihre Gestaltung, Berlin 1996.
Blaes, R./Heussen, G.A. (1997) ABC des Fernsehens, Konstanz 1997.
Burghardt, M. (2002) Einführung in das Projektmanagement, 4. Aufl., Erlangen 2002.
Clevé, B. (1998) Von der Idee zum Film. Produktionsmanagement für Film und Fernsehen, Gerlingen 1998.

Dress, P. (2002) Vor Drehbeginn. Effektive Planung von Film- und Fernsehproduktionen, Bergisch Gladbach 2002.
Fiedler, R. (2001) Controlling von Projekten. Projektplanung, Projektsteuerung und Risikomanagement, Braunschweig – Wiesbaden 2001.
Geißendörfer, H.W./Leschinsky, A. (2002) Handbuch Fernsehproduktion. Vom Skript über die Produktion bis zur Vermarktung, Neuwied – Kriftel 2002.
Gumprecht, H.P. (1999) Ruhe Bitte! Aufnahmeleitung bei Film und Fernsehen, Konstanz 1999.
Iljine, D./Keil, K. (1997) Der Produzent, München 1997.
Rowlands, A. (2000) Regieassistenz und Aufnahmeleitung. Dokumentarfilme, Film- & Fernsehproduktionen, Gau-Heppenheim 2000.
Schelle, H. (2004) Projekte zum Erfolg führen, 4. Aufl., München 2004.
Schellmann, B. et al. (2005) Medien verstehen, gestalten, produzieren, 3. Aufl., Haan-Gruiten 2005.
Schulz-Wimmer, H. (2002) Projekte managen, Freiburg 2002.
Seibert, S. (1998) Technisches Management, Stuttgart – Leipzig 1998.
Staehle, W.H. (1999) Management, 8. Aufl., München 1999.
Yagapen, M. (2001) Filmgeschäftsführung, Gerlingen 2001.

Produktionssteuerung – Grundlagen der Medienproduktion

Paul Klimsa

1 Einführung 603

2 Produktionssteuerung und Medienproduktion 603

3 Produktionsprozesse in den Medien 606
   3.1 Film 606
   3.2 Fernsehen 607
   3.3 Radio 609
   3.4 Presse (Print) 610
   3.5 Online-Medien und Offline-Medien 611

4 Konvergenz der Produktionsprozesse von Medien 613

5 Zusammenfassung und Fazit 615

Literaturverzeichnis 616

Vorschau

Produktionssteuerung in Medien

Der Beitrag erläutert, ausgehend von vier Konzepten der Produktionssteuerung und zwei Ebenen der Qualitätskontrolle, wie die Produktion von Medien gesteuert wird. Es wird deutlich, dass das Kontrollmechanismen und Kontrollsysteme (Controlling) auf die Produktionssteuerung entscheidenden Einfluss nehmen.

Produktionsablauf in unterschiedlichen Medien

Um zu entscheiden, an welcher Stelle sich Prozesse der Medienproduktion optimal steuern lassen, ist die Kenntnis der jeweiligen medienspezifischen Produktionsabläufe notwendig. Daher beschreibt der Beitrag die Produktionsabläufe in den Medien Film, Fernsehen, Hörfunk, Presse (Print) sowie Online- und Offline-Medien.

Produktionsprozesse und ihre Konvergenz

Der Beitrag beschreibt die durch die Konvergenz (Annäherung der Technologien, Verbindung der Wertschöpfungsketten, Zusammenwachsen der Märkte) verursachten Veränderungen der Produktionsprozesse von Medien. Gerade bei Fernsehen findet in diesem Zusammenhang eine Anpassung an Produktionskomponenten von Online-Medien statt.

1 Einführung

Unter Produktionsprozessen oder einfach unter Produktion versteht man die „Erstellung von Gütern und Dienstleistungen durch Produktionseinheiten des privaten und öffentlichen Bereichs; sie erfordert einen gezielten kombinierten Einsatz von Produktionsfaktoren. Man unterscheidet zwischen der Produktion des primären Sektors (Produkte der Land- und Forstwirtschaft sowie des Bergbaus), des sekundären Sektors (gewerbliche Produktion, Stoffbe- und Stoffverarbeitung) und des tertiären Sektors (privat und öffentlich dargebotene Dienstleistungen). Die Übertragbarkeit von Erkenntnissen der Fertigungsproduktion auf die Medienproduktion scheint jedoch daran zu scheitern, dass Medien und Medienprodukte nicht eindeutig einem der Produktionssektoren zugeordnet werden können: Medial vermittelte Information beziehungsweise Unterhaltung sind zwar eine Art kreative Dienstleistung, sie sind jedoch nicht vollständig mit den Gegebenheiten des tertiären Sektors vergleichbar. Es stellt sich die Frage, ob die Produktionswissenschaft für die Medienproduktion brauchbare Erkenntnisse anzubieten hat und ob die erprobten Faktoren einer effizienten Produktionssteuerung für die Medienproduktion gewinnbringend anwendbar sind.

2 Produktionssteuerung und Medienproduktion

Als gegenwärtigen Stand der Forschung beschreibt Drucker (1997, S. 135) vier Konzepte der Produktionssteuerung, die sich herausgebildet haben:
- Die Statistische Kontrolle (Statistical Quality Control, SQC); sie überwacht Fehlerdaten für Qualität und Produktivität eines Produktionsprozesses. Fehlfunktionen und ihr Ursprung werden sofort angezeigt und lassen sich schnell korrigieren. Sie veränderte wesentlich die Organisation der Produktionsprozesse.
- Die innovativen Formen der Kontrolle über die Fertigung; sie beeinflussten Produktions- und Geschäftsentscheidungen.
- Die Modulare Organisation der Fertigung; sie versprach eine neue Kombination von Flexibilität und Standardisierung.
- Die Systemlösung (Systems Design); sie integrierte die physische Produktion, die eigentliche Fertigung, mit dem ökonomischen Geschäftsprozess der Wertschöpfung.

Für die Qualitätskontrolle der Medien sind zwei Ebenen zu unterscheiden:

- Die Technik mit klar definierten Produktionsabläufen, die sich von Medium zu Medium sehr stark unterscheiden. Die technischen Produktionsabläufe einer Zeitung sind kaum mit Produktionsabläufen eines Radiosenders zu vergleichen.
- Der Content als Ergebnis der Arbeitsabläufe im Programmbereich von Medien, in dem Programminhalte erstellt werden, unterscheidet sich ebenfalls von Medium zu Medium.

Auf beiden Ebenen haben sich unterschiedliche Mechanismen der Qualitätskontrolle etabliert. Die Qualitätskontrolle im technischen Bereich der Medien basiert auf der fortlaufenden Erfassung technischer Daten des Produktionsprozesses. Im Hörfunk wird die Tonqualität, im Fernsehen werden das Fernsehbildsignal und das Tonsignal, im Zeitungs- beziehungsweise Zeitschriftenverlagen die Satz- und die Druck-Qualität kontrolliert. Aufgrund der Daten ist es möglich, die Störungsquelle zu lokalisieren und bei Problemen eine rasche Abhilfe zu schaffen. Nicht zuletzt kann man auf Sicherungssysteme zurückgreifen, die als Reserve in Notfällen – zum Beispiel bei Ausfall der primären Sendeanlage oder eines Servers mit dem Redaktionssystem – stets einsatzbereit sein müssen. Die Qualitätskontrolle des Content unterliegt redaktionellen Arbeitsabläufen (zum Beispiel Themenwahl, Recherche oder Redaktionskonferenzen) und der Verantwortung der jeweiligen Medieninstitution für ihre Inhalte.

Das Kontrollsystem (Controlling) in Unternehmen ist bestrebt, die Fertigung in die Unternehmensstrategie zu integrieren. Traditionell fokussierte das Controlling die operative Planung durch Geschäftseinheiten eines Unternehmens. Das prozess-orientierte Controlling fokussiert dagegen Geschäftsprozesse sowohl der operativen Planung (produktionsbezogen) als auch der strategischen (unternehmenszielebezogen) und der dispositiven (bedarfsbezogen) Planung. Strategische Ziele des Unternehmens bestimmen dabei den allgemeinen Rahmen für die operative Planung. Management-Systeme, wie zum Beispiel Just-in-Time (Wildemann 2000), Lean Management (Günther 2001), CIM (Computer Integrated Manufacturing, Scheer 1992) bestimmen als moderne Produktionskonzepte die Anforderungen an das Controlling.

In Medienunternehmen spielen Kontrollmechanismen des wirtschaftlichen Erfolgs ebenfalls eine entscheidende Rolle. In der Praxis handelt es sich um die Bestimmung des richtigen Verhältnisses zwischen Qualität, Quote und Kosten. Die Unterscheidung zwischen öffentlich-rechtlichen und privaten Medienunternehmen erscheint im Hinblick auf die Wirtschaftlichkeitsbetrachtung von großer Bedeutung, wenngleich sich die öffentlich-rechtlichen Medienanstalten in dieser Hinsicht in den letzten Jahren stark gewandelt haben.

Es stellst sich die Frage, wie Controlling in Medienunternehmen funktioniert. Die Leistungsmessung kann tätigkeitsbezogen (Arbeit, Material, Produktionsgeräte) oder ergebnisbezogen (in Geld bewertetes Ergebnis des Arbeits- und Produktionsprozesses) erfolgen. Der Ansatz des Performance Measurement (vgl. Hoffmann 2000) geht bei der Beurteilung der Leistung von Unternehmenszielen aus, die zuvor sowohl operationalisiert als auch kommuniziert wurden. Da Performance Measurement in allen Bereichen (zum Beispiel Prozesse oder Funktionen) anwendbar ist und dort überall Mitarbeiter involviert sind, wird aufgrund der Messung besonders deutlich, was die einzelnen Mitarbeiter zu Erreichung der Unternehmensziele beigetragen haben.

Modulare Organisationsform der Unternehmen bedeutet eine gestiegene Flexibilität bezüglich der Produktionsprozesse. In einem Informations- und Kommunikationsnetzwerk gekoppelte Module lassen schnelle Änderungen zu und passen den Fertigungsprozess den neuen Gegebenheiten an. Dies setzt aber voraus, dass die Verantwortung der einzelnen Mitarbeiter steigen muss, denn es geht nicht nur um individuelle Probleme eines konkreten Arbeitsplatzes sondern stets um die Verantwortung für die Leistung aller Einheiten, gemeinsame Pläne und für den Gesamtprozess der Produktion. Diese Verantwortung bedeutet gestiegene Anforderungen an die Kommunikation und Information im Unternehmen. Natürlich lassen sich auch Medienunternehmen modular strukturieren. In einem großen öffentlich-rechtlichen Funkhaus sind beispielsweise die Module „Hörfunk", „Fernsehen aktuell", „Fernsehen Sparten", „Fernsehen Talkshow", „Content Redaktion" und „Online-Redaktion" denkbar, die zwar unterschiedliche Schwerpunktaufgaben realisieren, doch miteinander eng verzahnt sind und den jeweiligen Produktionsbedürfnissen angepasst werden können. Produktionserfordernisse erlauben rasche Reaktion der modularen Organisationsform (vgl. Schipanski 2002).

Systems Design betrachtet die gesamte Fertigung als einen Transformationsprozess der Materialien in konkrete Produkte. Die Idee wurde bereits 1980 von der britischen Handelskette Marks & Spencer entwickelt. Die Ware (Mode, Verbrauchsartikel, Lebensmittel) wird entworfen und getestet, dann ein Produzent beziehungsweise Hersteller gewählt, der vertraglich gebunden wird, anschließend entsteht „Just-in-Time" ein Belieferungskonzept für die einzelne Läden (vgl. Drucker 1997, S. 142). Mediensysteme lassen sich ebenfalls nach den Prinzipien des Systems Design organisieren. Die Medieninhalte (Content) werden im Rahmen genereller Vorgaben geplant. Die Produktionsziele lassen sich dann ableiten und Produktionsaufträge an vertraglich gebundene Subunternehmen delegieren. Medienprodukte sind für die jeweiligen Medien spezifisch vorbereitet.

All diese Konzepte – darauf weist Drucker (1997, S. 147) explizit hin – sind synergetisch und nur gemeinsam eingesetzt erlauben sie, die Produktionsprobleme effizient anzugehen. Diese Aussage ist auf den Medienbereich uneingeschränkt übertragbar.

3 Produktionsprozesse in den Medien

Um zu entscheiden, an welcher Stelle sich Prozesse der Medienproduktion optimal steuern lassen, ist die Kenntnis der jeweiligen medienspezifischen Produktionsabläufe notwendig. Produktionsprozesse in den Medien sind allerdings sehr unterschiedlich (vgl. Krömker/Klimsa 2005). Die Unterschiede, beispielsweise zwischen der Filmproduktion und der Zeitungsproduktion, gehen so weit, dass sich weder die jeweiligen Prozesse noch die fachlichen Profile der Mitarbeiter decken. Damit wird eine medienübergreifende Reflexion erschwert. Im Folgenden sollen die unterschiedlichen Produktionsprozesse veranschaulicht werden, damit das Spezifische dieser Prozesse besser erkennbar wird.

3.1 Film

Die Produktionsphasen des Films werden in die Vorproduktion (Preproduction, das heißt alle Schritte der Produktionsvorbereitung), die Produktion (Production, das heißt die Dreharbeiten am Set) und die Postproduktion (Postproduction, das heißt alle Schritte der abschließenden und endgültigen Filmproduktion). Die erste Phase kann in zwei Schritten erfolgen. Zunächst wird der Stoff zur Verfilmung gesucht und zu einem ersten Drehbuch entwickelt. Nur mit einem Drehbuch lässt sich das Packaging (die künstlerische Konstitution des Films, das heißt das Zusammenbringen der Regie und der Hauptdarsteller) umsetzen und dadurch finanzielle Mittel für die Filmproduktion gewinnen. Erst wenn die Finanzierung geklärt ist, wird die tatsächliche Vorproduktion eingeleitet (Abbildung 1).

Vorproduktion	Produktion	Postproduktion
Idee Drehbuch Storyboard Besetzung Teambildung Drehplan	Dreharbeiten Regie Kamera Licht Ton Bühnenbild Kostüme Spezialeffekte	Schnitt Musik spezielle digitale Effekte Farbkorrektur Synchronisation Marketing

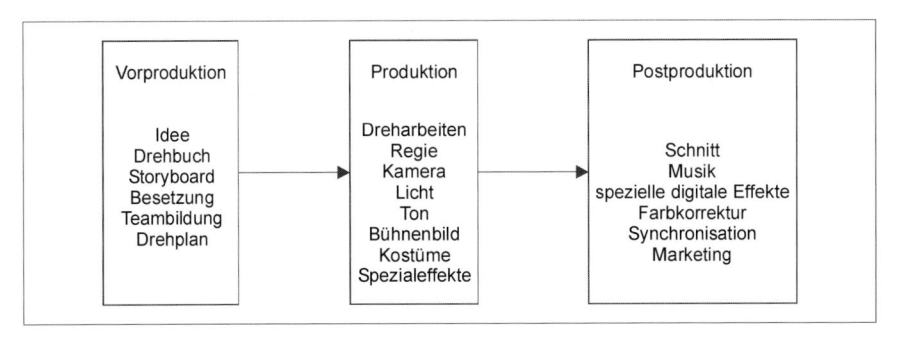

Abbildung 1: Produktionsphasen des Films

In der Phase der Vorproduktion wird ein Drehplan ausgearbeitet, mit dem alle Dreharbeiten der Produktionsphase festgelegt sind. Mit dem Drehplan werden alle Drehorte (erst Außenaufnahmen, dann Innenaufnahmen und Studioaufnahmen) bestimmt. Die Dreharbeiten verlaufen nach dem gleichen Prinzip: erst die Stellproben der Darsteller am Drehort, dann Aufbau der Kamera und Lichttechnik sowie Maske und Kostüme für die Darsteller, Aufnahme der jeweiligen Szene. Es ist üblich bei Fernsehfilmen die Szenen fünf bis acht Mal zu wiederholen; bei Kinofilm wiederholt man oft bis zu 20 Mal. Stanley Kubrick, der eine Szene oft bis zu 50 Mal wiederholte, war in der Film-Branche eher eine Ausnahme. Nach den Dreharbeiten setzt die Phase der Postproduktion an, die mehrere Monate dauern kann. Der Film wird geschnitten, mit speziellen digitalen Effekten versehen, synchronisiert und anschließend mit Sounds und Filmmusik vertont. In den meisten Fällen hat nicht der Regisseur das Recht des „Final Cut". Das Produktionsstudio, beziehungsweise der Produzent behält sich vertraglich das Recht des Endschnittes, obwohl der Regisseur oft die künstlerische Einflussnahme auf das Endprodukt behalten darf. Die Entstehung einer Vorführkopie schließt den eigentlichen Prozess der Postproduktion ab. Verwertungsprozess und Marketing beginnen allerdings schon viel früher. Der Kinoerfolg (der Kinostart wird jeweils an ein Wochenende gelegt) entscheidet über andere Verwertungsmöglichkeiten (wie zum Beispiel Merchandising, Soundtrack, DVD- beziehungsweise Videoverkauf und -verleih oder Computerspiele). Die Digitalisierung beherrscht dabei immer stärker den Herstellungs- und Verwertungsprozess des Films.

3.2 Fernsehen

Die Produktionsabläufe im Fernsehen lassen sich in drei Bereiche einteilen: Redaktion, Produktion und Sendung. Bei der redaktionellen Arbeit geht es zunächst um die Findung einer Idee, die in einer Ideenskizze, beziehungsweise in einem Treatment festgehalten wird. Recherche führt zum Drehbuch und – ähnlich wie im Film – zur Erstellung eines Drehablaufplanes. In der Produktionsphase wird entweder im ersten Schritt ein Film- beziehungsweise Video-Beitrag (Kamera, Licht, Ton sind auch hier erforderlich) erstellt (Aufnahme, Schnitt) oder eine Ü-Wagen-Sendung (Ü = Übertragung) realisiert. Die Beiträge und/oder die Übertragung werden von der Regie, die alle technischen Produktionsabläufe steuert, sendefertig vorbereitet oder zur Sendung weitergeleitet. Die Studioproduktion kann Film- beziehungsweise Video-Beiträge enthalten, die jeweils anmoderiert werden oder Live-Charakter haben, das heißt die Aufzeichnung erfolgt vor der Sendung im Studio (Abbildung 2).

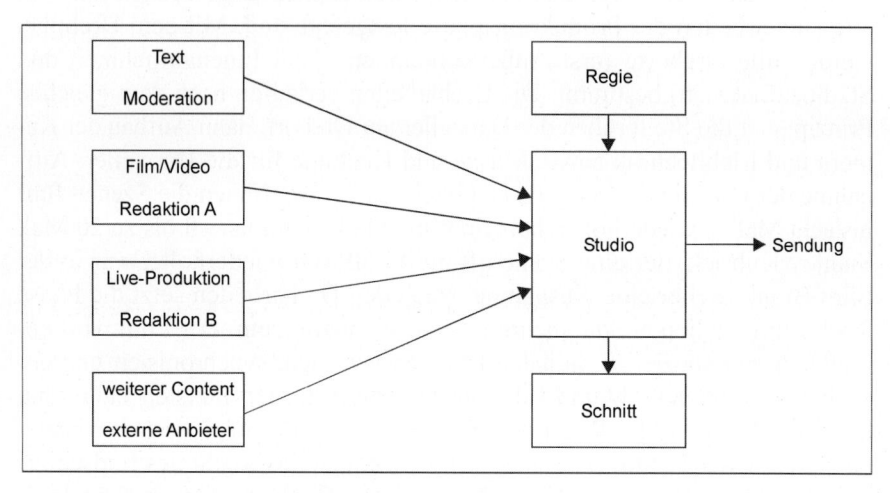

Abbildung 2: Produktionsablauf im Fernsehen

Die Kontrolle der Medienproduktion findet auf zwei Ebenen statt. Während die redaktionelle Produktion sich auf den Inhalt (Content) konzentriert, beschäftigt sich die technische Produktion mit der medialen Umsetzung des Content. Die redaktionelle Produktion sollte stets auf Qualität geprüft werden. Redaktionsberatungen sind jedoch nicht immer ein optimaler Weg zur Qualitätsprüfung. Wenn die redaktionellen Produkte ein Ergebnis der Arbeit einzelner Mitarbeiter sind, werden sie durch ihre Macher stets subjektiv bewertet und oft gegen Kritik der Kollegen geschützt, da die wiederum mit ihren Produkten um die Sendezeit konkurrieren.

Die technische Produktion mit dem technischen Sendebetrieb muss ebenfalls ständig überwacht werden, um gleichmäßige Qualität zu gewährleisten. Es sind verschiedene Modelle der technischen Produktion denkbar:

- Insourcing: Die Programm-Redaktion und die Produktions-Technik sind Teile einer Institution. Der technische Bereich erbringt dabei Dienstleistungen für den Programm-Bereich. Die Verrechnung der Leistungen erfolgt intern.
- Outsourcing: Die Programm-Redaktion und die Produktionstechnik sind in verschiedenen Unternehmen angesiedelt. Die Produktionstechnik wird für Produktionserfordernisse gemietet oder für die Produktion nach Vereinbarung bezahlt.
- Mischformen: Die Produktionstechnik wird ausgelagert und durch ein Tochterunternehmen der Sendeanstalt eigenständig verwaltet. Diese Form des Outsourcing geht normalerweise mit neuen Modellen der Leistungsverrechnung einher.

Für die Bestimmung des Erfolges werden Einschaltquoten (besondere Messmethoden entwickelte die Gesellschaft für Konsumforschung, GfK) betrachtet, wobei sie leider oft als das einzige Kriterium für den „Wert" einer Sendung gelten.

3.3 Radio

Der Produktionsprozess im Radio verläuft in folgenden Phasen: Redaktion, Produktion, Moderation sowie Sendung (Abbildung 3).

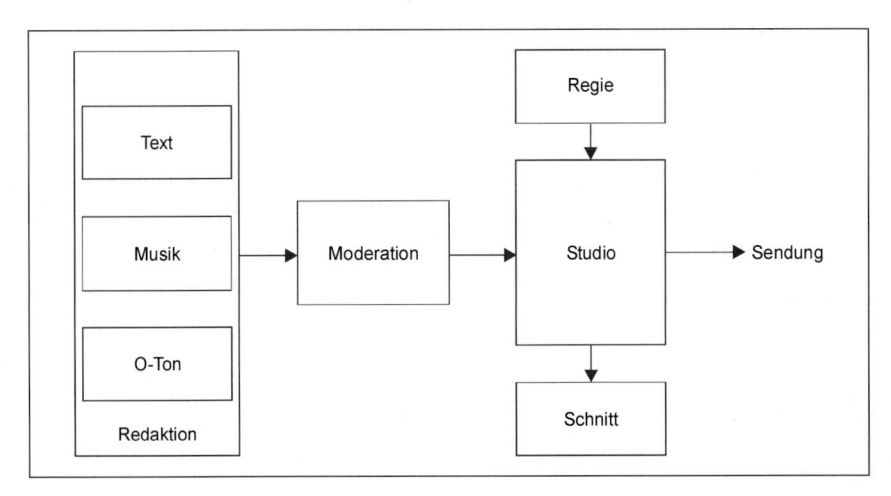

Abbildung 3: Produktionsablauf im Radio

Redaktion und Produktion sind hier sachlogisch oft schwer voneinander zu trennen. Die Idee wird in einem Treatment festgehalten, oder, wenn die

Zeit drängt, sofort in Recherche überführt. Interviews werden mit Reportergeräten aufgenommen, so dass in der Redaktion die O-Töne (Original-Aufnahmen) mit Hilfe eines Computers und eines geeigneten Audio-Schnitt-Programms für die Sendung vorbereitet werden. Dies wird gegenwärtig weit gehend selbständig durch die Mitglieder der Redaktionen gemacht. Die einzelnen O-Töne (als eine Reihe von Takes) werden im Studio um gesprochenen Text ergänzt und auf ein Sendeband (meist in digitaler Form als Sendedatei) ausgespielt. Mit Moderation ist die Abwechslung zwischen Musik und den vorbereiteten Wort-Beiträgen gewährleistet. Die Sendung schließt den Prozess ab. Da Hörfunk vor allem durch seine lokale Verortung und Aktualität herausragt, verlieren die Radioprogramme nach und nach ihren ursprünglichen universellen Informationscharakter. Dies spiegelt sich in den Produktionsprozessen wider. Die Sendekonzepte besteht oft aus einem Mix von Musik und aktueller beziehungsweise lokaler Nachrichten, wobei Verkehrsinformationen besondere Stellung einnehmen. Mit einem speziellen Musik-Mix versucht man den Sendern ein eigenes Profil zu verleihen. Kein Wunder also, wenn sich Sender für breiteres Zielpublikum in den Musikangeboten sehr stark ähneln. Der Erfolg des Radio wird bestimmt durch Einschaltquoten und Reichweitenmessung.

3.4 Presse (Print)

Text, Grafik und Fotos werden in einem Redaktionssystem erfasst, das bereits das fertige Layout den Autoren anzeigt und damit als Produktionssteuerungsinstrument die Arbeitsabläufe optimiert. Die Redaktionen können zu jedem Zeitpunkt der Produktion sehen, welchen Raum sie mit ihren Artikeln, Grafiken und Fotos belegen dürfen oder müssen. Die Erfassung von Kleinanzeigen beziehungsweise Firmenanzeigen erfolgt mit Hilfe des Redaktionssystems, das Inhalte aus einer ständig aktualisierten Datenbank bezieht. Damit wird sichergestellt, dass die Aktualisierung beziehungsweise Ergänzung der Anzeigen fast bis zum Druckprozess möglich ist. Druckvorstufe erfasst alle Arbeitsprozesse, die der Druckvorbereitung dienen, die Druckstufe erfasst den Andruck und den eigentlichen Druck. Als Folge der Digitalisierung werden die erzeugten Daten in einer Datenbank (eArchiv) gespeichert. Es besteht die Möglichkeit zur Erzeugung einer Onlineausgabe, die entweder von einer Online-Redaktion aufbereitet wird, oder durch die normale Redaktion zusätzlich erzeugt werden muss (Abbildung 4).

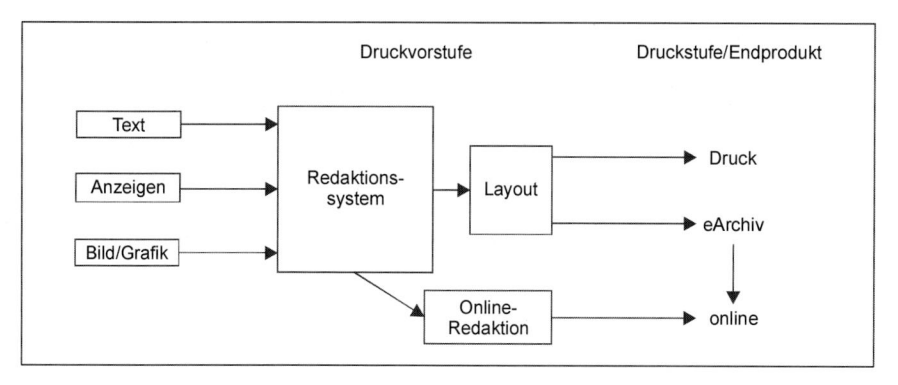

Abbildung 4: Produktionsablauf Print

Durch die Einführung der digitalen Druckvorstufe und der Redaktionssysteme seit Mitte beziehungsweise Ende der 80er Jahre haben die Produktionsverfahren einer Presse-Ausgabe eine grundlegende Transformation erlebt. Das Personal, das zur Produktion einer Zeitungsseite notwendig ist, schrumpfte innerhalb von zehn Jahren von 14 auf gerade vier Personen (vgl. Wolf 2001, S. 131). Zahlreiche Produktionsschritte der Druckvorstufe (zum Beispiel Belichtung der Satzfilme, Reproduktion der Fotos oder Montage der Fotos in Satzfilm) sind verschwunden. Zahlreiche technische Kompetenzen, wie beispielsweise die Produktion von Fotografie, werden in die Redaktionen verlagert. Durch die Ausbreitung des Internet-Dienstes WorldWideWeb in den 90er Jahren und der allgemeinen Präsenz von Online-Ausgaben der Presse entstand eine völlig veränderte Situation, die die gesamte Verlagsindustrie vor neue Probleme stellt. Die bisherigen Methoden der Erfolgsmessung (zum Beispiel verkaufte Auflage, Anzahl der Abonnenten oder Anzahl der Leser) verlieren ihre Bedeutung. Die Steuerungsmechanismen herkömmlicher Produktionsprozesse sind für Online-Medien nicht mehr ausreichend.

3.5 Online-Medien und Offline-Medien

Das Unterscheidungskriterium zwischen Online- und Offline-Medien ist die Frage der Verfügbarkeit eines digitalen Mediums im Daten-Netz. Die Online-Ausgabe von der „Frankfurter Allgemeinen Zeitung", das Kaufportal „ebay" oder das Portal „RTL World" sind Online-Medien. Der Begriff „Offline" bedeutet in Abgrenzung dazu, dass das digitale Medium keinen Netzzugang benötigt. Hierzu gehören vor allem Datenträger mit interaktiv und multimedial aufbereitetem Content, zum Beispiel CD-ROM, Video-CD oder DVD.

Die Produktionsprozesse für Online- und Offline-Medien sind unterschiedlich. Während jedoch Produktionsprozesse von Offline-Medien vor allem durch die Produktion des interaktiven und multimedialen Contents charakterisiert werden können, sind Produktionsprozesse der Online-Medien komplexer. Nicht nur Content und technische Prozesse seiner Umsetzung werden fokussiert, sondern stets auch soziale und psychologische Prozesse, die diese Mediennutzung begleiten. Um den Erfolg eines Online-Mediums zu sichern, muss eine Nutzergemeinschaft (Community) entstehen, deren Mitglieder weit gehend individualisierte Content-Angebote, zum Beispiel Online-Presse, erhalten können. In speziellen Fällen wird Content durch die Nutzergemeinschaft generiert (zum Beispiel bei ebay). Ein bedeutendes Element der Produktionssteuerung ist daher auch die Unterstützung der Gruppenbildung, die Sicherung des Vertrauens, die Aktivierung der Nutzer und die Verstärkung der Interaktivität zwischen dem System und den Nutzern als auch zwischen den Nutzern untereinander. Während für Massenmedien Nutzer als Zielgruppe begriffen werden, sind sie bei Online-Medien eine unerlässliche Systemkomponente, ohne die das Medium nicht funktionieren kann. Die Produktionsprozesse von Online-Medien sind kaum in Phasen zu strukturieren. Vielmehr muss man in diesem Fall von zusammenhängenden Produktionskomponenten sprechen. Diese sind die Inhaltekomponente, die Technik-Komponente (zum Beispiel technische Plattform) sowie die soziale Komponente (Abbildung 5). Die Produktionssteuerung greift daher stets auf wissenschaftliche Disziplinen wie Psychologie oder Sozialpsychologie zurück, die bereits in der frühen Phase der Medienkonzeption entscheidend zum spätern Erfolg des Mediums beitragen.

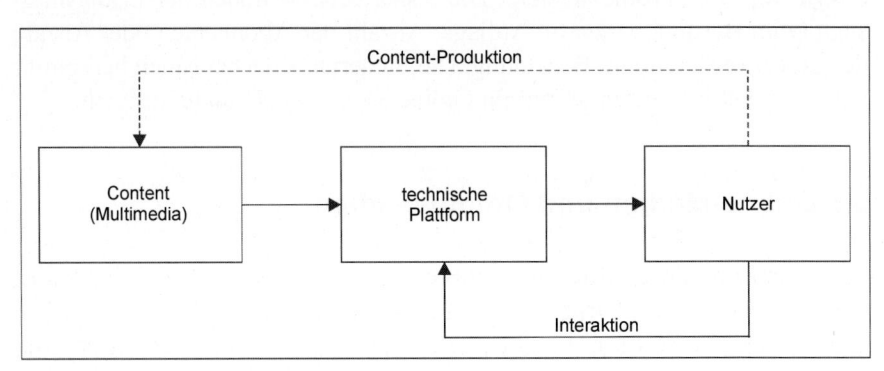

Abbildung 5: Produktionskomponenten Online-Medien

Produktionsprozesse für Offline-Medien lassen sich als Multimediaproduktion und damit als spezielle Softwareentwicklung begreifen (vgl. Klimsa/ Bruns 1998). Die Realisierungsphasen sind dabei:

- Konzept (Idee, Grundkonzept, Feinkonzept, Netzplan, Finanzierung),
- Design (Interfaceentwicklung, Metapher für die Mensch-Maschine-Kommunikation, Design-Plan, Storyboard),
- Produktion (Medienproduktion: Text, Bild, Ton, Video; Medienintegration und Programmierung),
- Beta-Test (Nutzer-Test unter normalen Einsatzbedingungen),
- Mastering (Erstellen eines Rohling für weitere Kopien),
- Distribution sowie
- Wartung beziehungsweise Support.

Multimediaprojekte lassen sich auch in einem Engineering-Modell strukturieren (vgl. Franz/Franz 1998): Projektorganisation legt zunächst die Produktionsstrukturen fest, Projektmanagement koordiniert den Ablauf der Arbeiten, Projektkonzeption entwickelt das Anwendungskonzept und die Projektrealisation produziert, testet und sichert die Einführung der Anwendung sowie deren spätere Wartung. Mit Methoden der formativen (begleitenden) und summativen (abschließenden) Evaluation wird die Qualität der Anwendung in unterschiedlichen Verwendungszusammenhängen (zum Beispiel Informations- beziehungsweise Lernsysteme) beurteilt (Issing/Klimsa 2002). Ihre Nutzbarkeit wird mit Usability-Tests geprüft (vgl. Nielsen 2000).

4 Konvergenz der Produktionsprozesse von Medien

Der Begriff „Konvergenz" beschreibt den evolutionären Prozess des Zusammenwachsens der bislang unabhängigen Bereiche Informationstechnologie, Telekommunikation und Medien mit dem Internet. Der Begriff kennzeichnet auch die Annäherung der Technologien, die Verbindung der Wertschöpfungsketten sowie das Zusammenwachsen der Märkte. Unter den Medien ist das Internet das am stärksten konvergente Medium. Durch die Fähigkeit der Übertragung aller Funktionen anderer Medienformen, also Audio-, Video-, Text- und sonstiger Datenübertragung kommt dem Internet eine Schlüsselstellung zu. Mediendienste, die bislang vor allem über das Internet und damit im Wesentlichen mittels Telekommunikationstechnik übertragen werden, können auch über das Fernsehgerät empfangen werden. Digitale Informationen können zudem komprimiert werden: Über die gleiche Leitung können mehr Bilder und Töne transportiert werden als bislang. Anstelle eines einzigen analogen Fernsehprogramms können zwischen vier und zehn digitale Programme und spezielle Zusatzdienste empfangen werden. Denn mit dem digitalen Rundfunk lassen sich auch Multimediadienste übertragen, für die eine herkömmliche Infrastruktur der Rundfunkübertragung bislang nicht geeignet war. Die zunehmende Nutzung des Internet-Dienstes WorldWideWeb bewirkte allerdings, dass sich seit der Mitte der 90er Jahre immer mehr Medienangebote für unterschiedliche Zielgruppen im Internet etabliert haben. Wenn die klassische Trennung zwischen den Verteilwegen schwindet, wird der Inhalt (Content) und seine Anpassung an die Kundenwünsche zum entscheidenden Faktor des wirtschaftlichen Erfolges in der Medienbranche.

Während die Medienproduktion im Fernsehen bislang unidirektional war und das Massenmedium (vgl. Maletzke 1964) selbst sein unidirektionalen Kommunikationscharakter weit gehend behalten hat (Abbildung 6), führen Konvergenzprozesse zu einer Veränderung der Medienproduktion und zu einer Anpassung an Produktionskomponenten von Online-Medien.

Konvergenzprozesse haben zu einer Veränderung der Medienproduktion und zu einer Anpassung an Produktionskomponenten von Online-Medien (Abbildung 5) geführt, während die Medienproduktion im Fernsehen bislang unidirektional war und das Massenmedium selbst sein unidirektionalen Kommunikationscharakter weit gehend behalten hat (Abbildung 6).

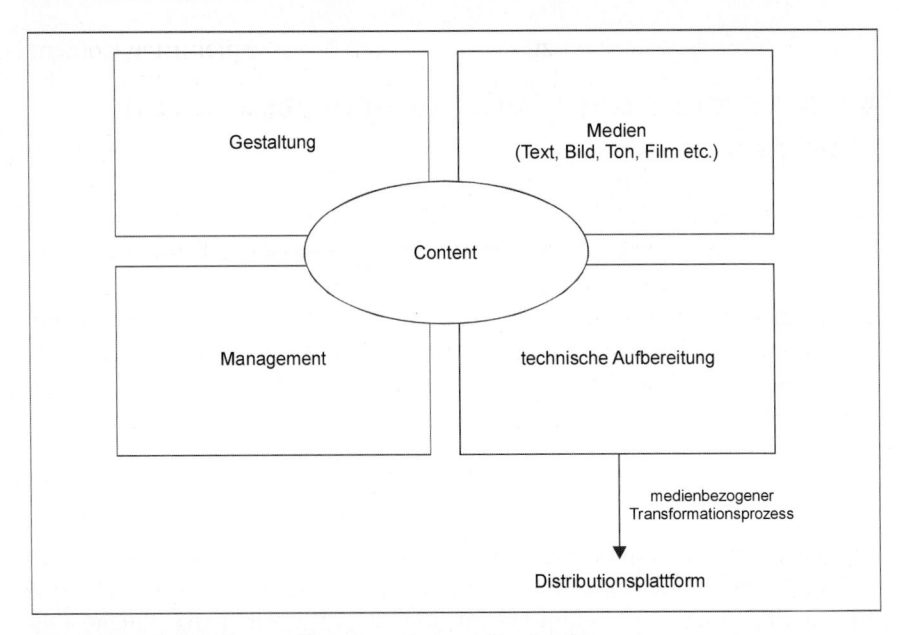

Abbildung 6: Medienunabhängige Content-Produktion

Immer deutlicher wird die Notwendigkeit der Planung von Content, der von Anfang an nicht medienspezifisch sondern „crossmedial" ist, das heißt Content wird medienübergreifend beziehungsweise medienunabhängig geplant und weit gehend auch medienunspezifisch vorbereitet. Erst die letzte Produktionsphase ist auf ein bestimmtes Medium ausgerichtet.

Nach Rotthfuss und Ried (2001, S. 60) bedeutet das Content-Management „systematische Sammlung, Erstellung, Speicherung und Veredelung von strukturierten Inhalten und Mediadaten aller Art in einem einzigen, fein granulierten (logischen) Bestand." Der aus dem Internet stammende Begriff des Content Management findet auch auf die Produktionssysteme des Rundfunks und der Presse Anwendung. Es geht nicht so sehr darum, ein konkretes Produkt hervorzubringen (zum Beispiel ein Artikel in einer Zeitung), sondern darum Content zu managen, das heißt zum Beispiel Steuerung der Produktion für mehrere Medien gleichzeitig oder eine medienbezogene Nachrichtenpräsentation. Nicht Produktorientierung sondern Prozessorientierung ist dabei das Organisationsprinzip der redaktionellen Arbeit (vgl. Northrup 1999). Es liegt auf der Hand, dass hier Mitarbeiter mit einem innovativen Qualifikationsprofil benötigt werden (vgl. Klimsa 2003), die mit Hilfe innovativer Kommunikationstechnologien (zum Beispiel Unified Communications Systems) ihre gemeinsame Aktivitäten koordinieren.

Das Konzept medienunabhängiger Content-Produktion hat jedoch zur Zeit mit einigen Problemen zu kämpfen. Dazu ein Beispiel: Eine Content-Redaktion – in einigen Rundfunk-Sendeanstalten existieren sie bereits – hat die Aufgabe sowohl für Fernsehen, für Radio als auch für das Internet-Portal die Inhalte vorzubereiten. Die medienspezifische Umsetzung obliegt dann den jeweiligen Redaktionen, die organisatorisch und räumlich im Produktionsprozess integriert sind. Die bisherige Probleme resultieren unter anderem daraus, wenn sich Journalisten, die in den neuen Prozessen kooperieren müssen, aufgrund ihrer Ausbildung und ihrer bisherigen Laufbahn als „Einzelkämpfer" begreifen. Vor allem im Fernsehen kann man Spitzengehälter nur dann erreichen, wenn das Gesicht beziehungsweise die Stimme des Journalisten oder Moderators beim Publikum gut bekannt ist.

5 Zusammenfassung und Fazit

Produktionswissenschaft hat auch für die Medienproduktion brauchbare Erkenntnisse anzubieten. Die erprobten Faktoren einer effizienten Produktionssteuerung lassen sich für die Medienproduktion gewinn bringend anwenden. Vergleicht man die zentralen Konzepte der industriellen Produktionssteuerung mit den Produktionsprozessen der Medien, lassen sich sowohl die Statistische Kontrolle (SQC), die innovativen Formen der Kontrolle, die Modulare Organisation als auch die Systemlösung (Systems Design) als Instrumente der Steuerung von Medienproduktion identifizieren. Eine systematische Übertragung der Erkenntnisse der industriellen Produktionssteuerung auf die Medienproduktion steht jedoch bislang aus.

Die Steuerung von medialen Produktionsprozessen kann sich auf verschiedenen logischen Ebenen auswirken:

- Content-Produktionsprozesse (zum Beispiel Content-Elemente, technische Basis der Content-Produktion oder des Content Management),
- Kommunikationsprozesse (interne und externe Kommunikationsprozesse, Kommunikationssysteme, so etwa Unified Communications Systems),
- Distributionsprozesse (Verteilung des Content medienspezifisch oder medienunabhängig: Equipment, Standards),
- Verwaltungsprozesse (beispielsweise Redaktion oder Arbeitsmodule) sowie
- Controllingprozesse (Zeit, Kosten, Qualität).

Prozesse der Medienproduktion in verschiedenen Medien unterschieden sich bislang erheblich voneinander. Die Produktion für Film, Fernsehen, Hörfunk oder Online-Medien kann abhängig von den jeweils konkreten Prozessen gesteuert werden. Immer mehr an Bedeutung gewinnt jedoch die Frage der Prozessorientierung der Medienproduktion und der Content-Produktion. Die Notwendigkeit der Steuerung von Contentproduktionsprozessen, die von Anfang an nicht medienspezifisch sondern „crossmedial" ist, wird sehr deutlich.

Literaturverzeichnis

Drucker, P.F. (1997) Die neue Theorie der Fertigung, in: Christopher, W.F./Thor, C.G. (Hrsg.) Das Große Handbuch für den Produktionsleiter, Landsberg/Lech 1997, S. 135–147.
Franz, W./Franz, J. (1998) Handbuch der Multimedia-Produktion. Management 6 Controlling, Redaktion & Konzeption, Screendesign & Storyboard, Qualitätssicherung, Bad Kissingen etc. 1998.

Günther, H. (2001) Schlanke Prozesse im Unternehmen. Ihr Weg zum Integrierten Managementsystem, Berlin 2001.

Hoffmann, O. (2000) Performance Management. Systeme und Implementierungsansätze, 2. Aufl., Bern – Stuttgart – Wien 2000.

Issing, L./Klimsa, P. (2002) Information und Lernen mit Multimedia, Weinheim 2002.

Klimsa, P./Bruns, K. (1998) Entwicklung von Multimediaanwendungen, in: Horn, C./Kerner, I. (1998) Lehr- und Übungsbuch Informatik. Band 4: Technische Informatik und Systemgestaltung, Leipzig. S. 369–394.

Klimsa, P. (2003) Digitale Medien: Neue Qualifikationen für neue Berufe? in: Löffelholz, M./Quandt, T. (2003) Neue Kommunikationswissenschaft. Theorien, Themen und Berufsfelder im Internet-Zeitalter. Eine Einführung, Wiesbaden 2003. S. 321–334.

Krömker, H./Klimsa, P. (2005) Handbuch Medienproduktion. Produktion von Film, TV, Hörfunk, Print, Web, Musik. Wiesbaden 2005.

Maletzke, G. (1964) Grundbegriffe der Massenkommunikation. Institut für Film und Bild in Wissenschaft und Unterricht, München 1964.

Nielsen, J. (2000) Designing web/usability. Indianapolis 2000.

Nortthrup, K.J. (1999) Abschied vom Eisblock, in: MediumMagazin 6/1999, S. 66–67.

Rothfuss, G./Ried C. (2001) Content Management mit XML, Berlin – Heildelberg – New York 2001.

Scheer, A.-W. (1992) CIM Computer Integrated Manufacturing. Der computergesteuerte Industriebetrieb, Berlin – Heidelberg.

Schipanski, A. (2002) Das MDR Landesfunkhaus Thüringen als modulare Organisation, Diplomarbeit TU Ilmenau, Ilmenau 2002.

Wildemann, H. (2000) Das Just-In-Time Konzept, München 2000.

Wolf, E. (2001) Von Analog zu Digital. Die Veränderungen in der Redaktion, in: Bucher, H.-J./Püschel, U. (Hrsg.) Die Zeitung zwischen Print und Digitalisierung. Wiesbaden 2001, S. 129–136.

Programmplanung – Steuerung und Gestaltung des Programms von Fernsehanbietern

Gerrit Brösel

1 Einführung 621

2 Grundlagen der Programmplanung 621
   2.1 Entscheidungstheoretische Rahmenbedingungen 621
      2.1.1 Zielsysteme der Fernsehanbieter 621
      2.1.2 Entscheidungsfelder der Fernsehanbieter 623
   2.2 Programmplanung als Teil des Entscheidungsprozesses 624

3 Programmplanung mit approximativer Dekomposition 627
   3.1 Heuristik als Ausweg aus dem Planungsdilemma 627
   3.2 Verfahren der approximativen Dekomposition 628
      3.2.1 Voraussetzungen der Implementierung 628
      3.2.2 Schritte der approximativen Dekomposition 631

4 Fazit 636

Literaturverzeichnis 637

Vorschau

Zielsystem und Entscheidungsfeld als Determinanten der Programmplanung

Im Beitrag wird dargestellt, dass eine wirtschaftliche Programmplanung die Berücksichtigung des Zielsystems und des Entscheidungsfeldes des jeweiligen Fernsehanbieters erfordert. Während bei privaten Anbietern die Eigner die Messebene der Zielerfüllung sind, stellen die Gebührenzahler die Messebene des Erfolgs öffentlich-rechtlicher Anbieter dar.

Programmplanung als Entscheidungsproblem

Aus dem Beitrag ist zu entnehmen, wie die Programmplanung in den Entscheidungsprozess integriert wird. Der Programmplanung wird die Bestimmung der inhaltlichen und zeitlichen Konzeption der einzelnen Programmbestandteile subsumiert.

Approximative Dekomposition

In dem Beitrag wird das Verfahren der approximativen Dekomposition vorgestellt: Es handelt sich dabei um eine investitionstheoretisch fundierte Programmplanungsheuristik, die einerseits das rechte Maß der Abwägung zwischen erforderlicher Praktikabilität sowie hinreichender Genauigkeit findet und andererseits den branchenspezifischen Anforderungen Rechnung trägt.

1 Einführung

Das Fernsehprogramm ist das Produkt sowohl privater als auch öffentlich-rechtlicher Rundfunkunternehmen und ergibt sich als Kombination einzelner Programmbestandteile sowie anderer Produktionsfaktoren. Mit Ausnahmen von Nachrichten, Magazinen und Sportsendungen werden mittlerweile kaum noch Programmbestandteile, welche die wesentlichen Bausteine des Fernsehprogramms bilden, durch die Fernsehsender selbst erstellt. Vielmehr erwerben die Fernsehanbieter die zur Ausstrahlung erforderlichen Rechte auf dem Lizenzmarkt oder direkt bei den Produktionsunternehmen (vgl. Zimmermann 2005). Um eine effiziente Ressourcenallokation zu gewährleisten, ist es deshalb erforderlich, die Investitionsentscheidungen in die Programmobjekte sowie die Programmplanung miteinander zu verknüpfen.

Nachfolgend wird ein heuristisches Modell vorgestellt, das diese Entwicklungen berücksichtigt und eine investitionstheoretisch fundierte Steuerung und Gestaltung des Programms von Fernsehanbietern ermöglicht sowie den im Medienbereich herrschenden Zwiespalt zwischen „Kunst und Kommerz" zu überbrücken sucht. Vorab werden die entscheidungstheoretischen Rahmenbedingungen dargestellt sowie die Programmplanung in die Phasen des Entscheidungsprozesses eingebettet.

2 Grundlagen der Programmplanung

2.1 Entscheidungstheoretische Rahmenbedingungen

2.1.1 Zielsysteme der Fernsehanbieter

Wird die Erstellung von Sach- und/oder Dienstleistungen im Sinne einer abgeschlossenen Endkombination als Produktion betrachtet (vgl. Gutenberg 1983, S. 1–2), ist das gesendete Fernsehprogramm als Synthese von einzelnen Programmbestandteilen und anderen Produktionsfaktoren das Produkt eines Fernsehanbieters. Auf dieser Produktionsebene werden die Produktionsfaktoren unter Beachtung des Zielsystems und des Entscheidungsfeldes des Fernsehanbieters zu einem Fernsehprogramm kombiniert. Für eine rationale Programmplanung sind somit die Kenntnis des Zielsystems und die Kenntnis des Entscheidungsfeldes erforderlich.

Zielsysteme geben Auskunft über die materielle Struktur eines anzustrebenden Zustands (Sach- oder Leistungsziel) und darüber, in welcher Weise diese Struktur zu erreichen ist (Formalziel) (vgl. Kosiol 1972, S. 54; Kosiol 1972, S. 223–224; Sieben/Schwertzel 1997, S. 20–21). Die Zielsetzungen privatwirtschaftlicher und öffentlich-rechtlicher Rundfunkanbieter unterscheiden sich wesentlich: Rundfunkanstalten haben als Sachziel den gesetzlich kodifizierten Programmauftrag zu erfüllen (vgl. Brösel 2004). Die wirtschaftliche und sparsame (vgl. Brösel 2004; Keuper/Brösel 2005) Erfüllung des Programmauftrags stellt das Formalziel dar. Bei der Betrachtung der Ziele privatwirtschaftlicher Rundfunkanbieter müssen diese in werbe- und entgeltfinanzierte Unternehmen differenziert werden. Während die Erzeugung von Rezipientenkontakten für die werbetreibende Wirtschaft als Sachziel werbefinanzierter Sender anzusehen ist, steht dagegen bei entgeltfinanzierten Rundfunkanbietern die Bereitstellung und Übermittlung attraktiver Programme an die Zuschauer als Sach- oder Leistungsziel im Vordergrund. Als dominierendes Formalziel beider privaten Anbieterformen gilt die Erwirtschaftung angemessener Gewinne für die Gesellschafter. Da die dargestellten Zielsysteme aufgrund ihrer allgemeinen Formulierung zur Programmplanung wenig geeignet erscheinen, sind sie – ausgehend von einer zu definierenden theoretischen Messebene des Erfolgs – in zweckmäßige, einfache Zielsetzungen zu transformieren (vgl. Brösel 2002, S. 67–70), welche anschließend in den Programmplanungskalkül einfließen können.

Die Messebene der Zielerfüllung wird bei privaten Fernsehunternehmen durch die Ebene der Eigentümer dargestellt. Zur Befriedigung ihrer Konsumbedürfnisse streben sie nach einem Zufluss, der in Form von Zahlungen (Entnahmen oder Ausschüttungen) sowie Auszahlungsersparnissen auftreten und gemessen werden kann. Gewiss könnte den Eignern von privaten Fernsehsendern das Streben nach politischer oder anderer Einflussnahme unterstellt werden; es sei aber angenommen, dass die restriktiven gesetzlichen Regelungen eine derartige Zielverwirklichung ausschließen. Diese Betrachtungsweise ist auf öffentlich-rechtliche Fernsehanbieter nicht direkt übertragbar. Als theoretische Messebene des Erfolgs ist für Rundfunkanstalten die Ebene des Gebührenzahlers anzusehen, weil dieser einerseits Rezipient des durch den Programmauftrag geprägten Fernsehprogramms ist und andererseits – durch den bestehenden Zwangscharakter der Rundfunkgebühren (vgl. Brösel 2002, S. 19–20) – mit dem Grad der Zielerfüllung des Formalziels unmittelbar konfrontiert wird.

Der öffentlich-rechtliche Rundfunk zielt mit der im Rahmen des Programmauftrags verfolgten Sozialisationsaufgabe (vgl. Schellhaaß 2000, S. 531–532) auf die Übermittlung der Werte und Normen einer Gesellschaft. Die dementsprechend notwendigen Programminhalte generieren vordergründig externe Erträge. Öffentlich-rechtliche Anbieter sind erforderlich, weil eine Befriedigung durch diese externen Erträge in der Regel nicht im Zielsystem der Gebührenzahler verankert ist. Es kann somit davon ausgegangen werden, dass aus Sicht der (rationalen) Gebührenzahler nicht die Erfüllung des Programmauftrags, sondern vielmehr das bereits für die Eigner der privaten Rundfunkveranstalter charakterisierte Ziel der Befriedigung ihrer Konsumwünsche maßgebend ist. Die Gebührenzahler sind vornehmlich an der Minimierung der zu zahlenden Gebühren interessiert. In Anbetracht der bestehenden unausweichlichen Verpflichtung zur Zahlung der Rundfunkgebühren soll eine wirtschaftliche und sparsame Erfüllung des Programmauftrags dem Gebührenzahler direkt zugute kommen. Statt stetiger Gebührenerhöhungen sollen somit auch Gebührensenkungen für möglich gehalten werden.

Während die Eigner privater Rundfunkveranstalter die Maximierung der Einzahlungsüberschüsse anstreben, verfolgen die Gebührenzahler mit der Minimierung ihrer Auszahlungsüberschüsse ein adäquates Ziel. Einem Programmplanungsmodell kann daher sowohl für private als auch für öffentlich-rechtliche Rundfunkanbieter eine – in Geldeinheiten gemessene – einfache finanzielle Zielsetzung zugrunde gelegt werden. Um die Erfüllung des Programmauftrags bei Verfolgung dieser einfachen Zielsetzung nicht zu gefährden, dürfen durch Rundfunkanstalten nur solche Programmbestandteile berücksichtigt werden, die zur Erfüllung dieses Auftrags beitragen. Hierunter fallen Sendungen, die einerseits eine Sozialisationsbotschaft beinhalten oder andererseits als attraktiver Senderahmen für diese Programmkategorien zu betrachten sind. Die Erfüllung des Sachziels der öffentlich-rechtlichen Anbieter wird zur Restriktion (vgl. Sieben/Schneider 1982, S. 244). Die Programmbestandteile sollen zudem annahmegemäß grundsätzlich den für öffentlich-rechtliche und private Rundfunkanbieter kodifizierten gesetzlichen Vorschriften entsprechen und im Einklang mit eventuell gesetzten nichtfinanziellen strategischen Zielen stehen.

2.1.2 Entscheidungsfelder der Fernsehanbieter

Während der Zielplan Ausdruck des Wollens der konfligierenden Partei ist, gibt das Entscheidungsfeld Auskunft über den individuellen Möglichkeitsraum des Entscheidungssubjekts. Es umschreibt die dem Subjekt zur Verfügung stehenden Handlungsmöglichkeiten und die Restriktionen, die es zu beachten hat. Das Entscheidungsfeld ist somit Ausdruck des Könnens (vgl. Sieben/Schildbach 1994, S. 15).

Auch das Entscheidungsfeld von Fernsehanbietern (vgl. Hering 1999, S. 14–16; Brösel 2002, S. 71–73) ist durch finanz- sowie realwirtschaftliche Handlungsmöglichkeiten und -beschränkungen geprägt. Der realwirtschaftliche Aktionsraum eines Rundfunkanbieters ergibt sich unter anderem aus der derzeitigen Ausstattung mit Programmbestandteilen, anderen Gütern (zum Beispiel Kameras, Spezialtechnik und Gebäude) und Personal sowie der Gesamtheit der Möglichkeiten, weitere Programmbestandteile und andere Güter zu erwerben. Als wesentliche realwirtschaftliche Restriktion von privatwirtschaftlichen und öffentlich-rechtlichen Rundfunkanbietern ist die zur Verfügung stehende Sendezeit zu betrachten. Der finanzwirtschaftliche Aktionsraum der Unternehmen zeichnet sich hauptsächlich durch das Erfordernis einer permanenten Zahlungsfähigkeit aus. Weitere Ausprägungen von finanzwirtschaftlichen Handlungsmöglichkeiten und -beschränkungen sind zum Beispiel die zur Verfügung stehenden liquiden Mittel, erwartete Gebühreneinnahmen, Geldanlage- und Kreditaufnahmemöglichkeiten sowie Kreditbeschränkungen. Darüber hinaus ist zu beachten, dass Kreditgeber in der Regel bei steigendem Verschuldungsgrad erhöhte Sollzinsen verlangen. Interdependenzen, Ganzzahligkeitsforderungen und Ausschlussbedingungen bei Wahlproblemen können sowohl den finanz- als auch den realwirtschaftlichen Aktionsraum betreffen. Der dargestellte finanzwirtschaftliche Möglichkeitsraum macht deutlich, dass das Entscheidungsfeld in der Realität durch die Bedingungen eines unvollkommenen Kapitalmarktes gekennzeichnet ist. Der unvollkommene Kapitalmarkt ist im Wesentlichen dadurch geprägt, dass Soll- und Habenszins voneinander abweichen und das Kapital knapp ist (vgl. Hering 2003, S. 131–135).

2.2 Programmplanung als Teil des Entscheidungsprozesses

Unter Programmplanung (vgl. Brösel 2001, S. 380–381; Brösel 2002, S. 47–49; Köcher 2002, S. 69–71) wird die Bestimmung der inhaltlichen und zeitlichen Konzeption einer für die Rezipienten bestimmten Kombination einzelner Rundfunksendungen und Programmbestandteile verstanden (vgl. Sieben/Schwertzel 1997, S. 5–6). Dabei ist – in Anbetracht des vorab dargestellten Entscheidungsfeldes – insbesondere zu beachten, dass die Sendezeit nicht beliebig ausgedehnt werden kann. Die tägliche Programmleistung eines Fernsehsenders ist auf 1.440 Minuten höchstens begrenzt. Die Fernsehveranstalter stehen vor einem Allokationsproblem. Die Sendungen und anderen Programmbestandteile müssen so auf die Sendezeit verteilt werden, dass das erreichbare Niveau der Zielerfüllung maximiert wird. Eine mögliche Einordnung der Programmplanung in die Phasen des Entscheidungsprozesses (vgl. Matschke 1993, S. 44–48) zeigt Abbildung 1.

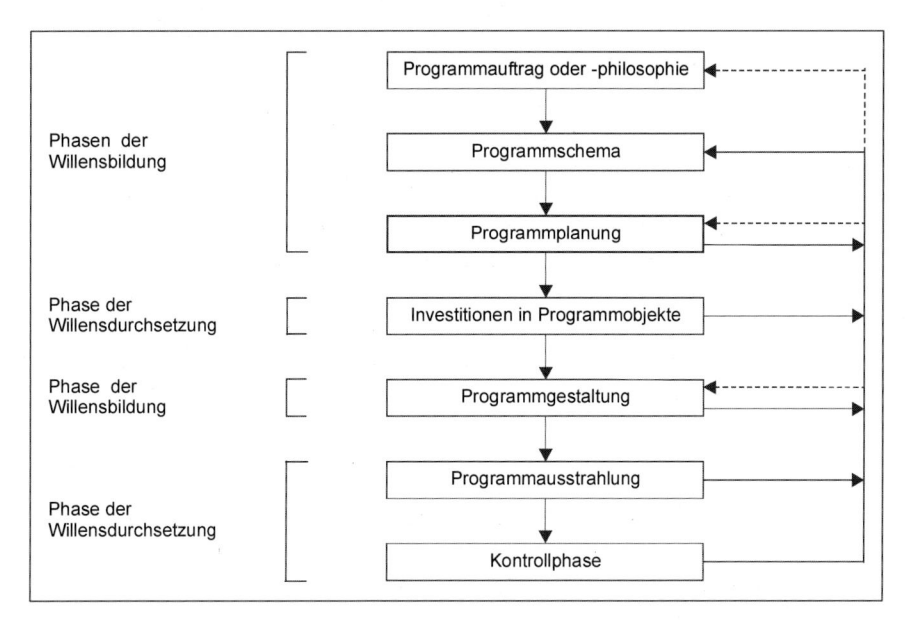

Abbildung 1: Einordnung der Programmplanung in die Entscheidungsprozessphasen (Brösel 2001, S. 380)

Das Programmschema (Programmprofil) wird bei öffentlich-rechtlichen Fernsehveranstaltern entsprechend dem Programmauftrag und bei privaten Anbietern entsprechend der Programmphilosophie erstellt. Dazu sind in einem ersten Schritt die notwendigen Programminhalte zu ermitteln und in adäquate Programmsparten zu gliedern. In einem zweiten Schritt wird die Gesamtsendezeit auf die ermittelten Sparten verteilt, denen im Hinblick auf Wochentag und Uhrzeit individuelle Sendebereiche zugeordnet werden. Die Bestimmung der Programminhalte und des Programmumfangs erfordert die Definition von Zielgruppen und ist abhängig von den Rezipienteninteressen sowie dem Rezipientenverhalten hinsichtlich der Fernsehnutzung. Darüber hinaus müssen sozio- und demographische Merkmale des Publikums beachtet werden (vgl. Horstmann 1997, S. 35; Heinrich 1999, S. 506–508). Das als Ergebnis dieses Prozesses erstellte Programmschema ist die nach Wochentagen gegliederte Übersicht für die Verteilung der Sendezeiten auf die Programmsparten (vgl. Heinrich 1999, S. 116, S. 330). Systematische Programmwiederholungen sind in diesem Gerüst bereits zu berücksichtigen. Gleichförmige zeitliche Programmschemata haben sich für die Rundfunkveranstalter in Anbetracht der steigenden Zahl der angebotenen Programme „als wichtigstes Instrument zur Orientierung der Rezipienten bewährt" (Sieben/Schwertzel 1997, S. 89).

Ausgehend vom Programmschema als Planungsvorgabe werden im Rahmen der Programmplanung mögliche Programmbestandteile und Sendungen der einzelnen Sparten hinsichtlich ihres Beitrags zur Zielerfüllung bewertet. Auf dieser Grundlage ist daraufhin über die Investitionen in die Beschaffung oder Eigenerstellung der noch nicht vorhandenen Sendungen zu entscheiden.

Im Anschluss an die Programmplanung erfolgt die Programmgestaltung. Hierbei handelt es sich um den Transformationsprozess der Produktionsfaktoren eines Rundfunkanbieters in die Produktform „Rundfunkprogramm" im Sinne einer inhaltlichen und zeitlichen Konzeption des Programms. Im Anschluss an die Programmplanung werden die erworbenen oder produzierten Programmbestandteile innerhalb der Programmgestaltung festen Sendeterminen zugeordnet. Bei werbefinanzierten Rundfunkanbietern beinhaltet die Programmgestaltung die Bündelung redaktioneller Programme zu einem werbeattraktiven Umfeld. Öffentlich-rechtliche Rundfunkanbieter haben bei der Programmgestaltung ausdrücklich den Programmauftrag, private Anbieter vornehmlich die relevanten Restriktionen des Rundfunkstaatsvertrages zu berücksichtigen.

Die nunmehr durchzuführende Programmausstrahlung (vgl. Brösel 2004) bezeichnet die technische Distribution des Produktes von Rundfunkanbietern an die Rezipienten. Die Programmausstrahlung kann dabei terrestrisch, über das Kabelnetz und/oder über Satellit erfolgen. Öffentlich-rechtliche Anbieter müssen dabei im Sinne der gemäß Grundversorgungsauftrag zu erfüllenden technischen Vollversorgung gewährleisten, dass ihr Programmangebot die Gesamtheit der Bevölkerung im Sendegebiet erreicht. Entgeltfinanzierte Sender verschlüsseln in der Regel das Bildsignal vor dessen Verbreitung; damit unbefugte Rezipienten von der Nutzung des Programms ausgeschlossen sind, ist zur Entschlüsselung des Signals ein Dekodierungsgerät erforderlich.

3 Programmplanung mit approximativer Dekomposition

3.1 Heuristik als Ausweg aus dem Planungsdilemma

Zur Verknüpfung von Programmplanung und Investitionsentscheidungen bieten sich mit dem Total-, dem Partial- und dem heuristischen Modell grundsätzlich drei Alternativen an. Total- oder Simultanmodelle (vgl. Brösel 2002, S. 91–132) stellen an die zentralen Entscheidungsinstanzen hinsichtlich der Datenbeschaffung und -verarbeitung sowie der anschließenden rechentechnischen Lösung des Optimierungsproblems enorme bis unerfüllbare Anforderungen. Darüber hinaus erfordern Rundfunkprogramme eine hohe Aktualität und somit kurze Entscheidungswege. Die aus diesem Grunde notwendige Delegation von Verantwortung setzt eine dezentrale spartenbezogene Entscheidungsunterstützung voraus. Partialanalytische Modelle (vgl. Brösel 2002, S. 133–176) verlangen jedoch nach einer fundierten Schätzung der „Schattenpreise" knapper Faktoren. Diese Lenkpreise ergeben sich wiederum erst aus den Zielfunktionskoeffizienten des dazugehörigen Totalmodells. Für eine dezentrale Entscheidungsunterstützung ist die Überbrückung des „Dilemmas der Lenkpreistheorie" somit unerlässlich.

Zur Behebung der identifizierten Defekte und Überbrückung des Dilemmas zwischen Total- und Partialplanung ist von den Fernsehanbietern zur Programmplanung ein Vorgehen zu wählen, das einerseits das rechte Maß der Abwägung zwischen erforderlicher Praktikabilität sowie hinreichender Genauigkeit findet und andererseits den branchenspezifischen Anforderungen weitgehend Rechnung trägt. Um im Rahmen der Partialplanung die Probleme eines komplexen Totalmodells zu umgehen, gleichzeitig dem Dilemma der Lenkpreistheorie auszuweichen und letztendlich doch dezentrale Entscheidungsunterstützung zu ermöglichen, wurde das heuristische Verfahren der approximativen Dekomposition (vgl. Hering 2003, S. 226–234, S. 326–341; Hering 1999, S. 76–83), eine Kombination der hierarchischen und der iterativen Koordination (vgl. Leuthier 1988, S. 202–207; Ballwieser 1990, S. 31–39), entwickelt. Das Verfahren, das Total- und Partialplanung in divisionalen Unternehmen miteinander verknüpft, ist die einzige Möglichkeit zur Überbrückung des Dilemmas der Lenkpreistheorie (vgl. Hering 2003, S. 329; Brösel 2002, S. 179).

Das heuristische Verfahren der approximativen Dekomposition wird dabei „als Strukturierungsregel verstanden, mit deren Hilfe ein schlechtstrukturiertes, zunächst nicht lösbares Ausgangsproblem schrittweise in wohlstrukturierte und damit lösbare Unterprobleme transformiert wird; diese Unterprobleme sind [...] dadurch charakterisiert, daß ihre Lösung eine als befriedigend angesehene Bewältigung des Ausgangsproblems verspricht" (Olbrich 1999, S. 81; vgl. Keuper 1999, S. 22–61). Die approximative Dekomposition soll nachfolgend im Rahmen der Programmplanung (vgl. Brösel 2001, S. 386–388) unter Unsicherheit dargestellt werden. Zur Wahrung der Flexibilität des Rundfunkanbieters und zur Berücksichtigung zeitlicher Strukturen innerhalb des Planungsprozesses ist diese Synthese von Total- und Partialmodell – flankiert durch die die Unsicherheit offenlegenden Verfahren der Sensitivitäts- und Risikoanalyse – in die rollierende Planung des Fernsehveranstalters einzubinden.

3.2 Verfahren der approximativen Dekomposition

3.2.1 Voraussetzungen der Implementierung

Die approximative Dekomposition unterteilt sich, wie in Abbildung 2 dargestellt, in die vorbereitenden Maßnahmen zur Durchführung der approximativen Dekomposition und die Schritte des Verfahrens selbst. Zu den vorbereitenden Maßnahmen, mit denen die Voraussetzungen der Durchführung des Verfahrens geschaffen werden, gehören die Hierarchisierung sowie die Festlegung wesentlicher Rahmenvariablen. Aus Gründen der Planungsstetigkeit sind die im Rahmen der erstmaligen Vorbereitung getroffenen Festlegungen vor nachfolgenden Planungsprozessen nur in begründeten Fällen zu revidieren. Der eigentliche Programmplanungsprozess beginnt mit dem ersten Durchführungsschritt. Die dabei iterativ zu durchlaufenden Phasen 2 bis 4 sind in der Abbildung 2 durch einen gestrichelten Kasten hervorgehoben.

Hierarchisierung

Im Rahmen der Hierarchisierung (vgl. Hering 2003, S. 328–329; Rollberg 2001, S. 197; Brösel 2002, S. 181–183) wird das Planungssystem des Rundfunkanbieters in zwei Teilsysteme, die „Zentrale Planungsinstanz" und die „Dezentralen Planungsinstanzen" der dem vorliegenden Programmschema zu entnehmenden Programmsparten (Divisionen), zerlegt, die hinsichtlich der Entscheidungskompetenz in einem Verhältnis der Über- und Unterordnung zueinander stehen. Den Hierarchiestufen sind die Kompetenzen, Aufgaben und erforderlichen Planungsinstrumente zuzuweisen. Der Zentrale sind einerseits Weisungsbefugnis und andererseits Entscheidungskompetenz für die potentiellen Grenzobjekte sowie die größten und wichtigsten strategischen Objekte einzuräumen (vgl. Hering 2003, S. 328).

```
┌─────────────────────────────────────────────────────────────────┐
│  Vorbereitung der approximativen Dekomposition                  │
│                                                                 │
│            Hierarchisierung                                     │
│            Zentrale Festlegung wesentlicher Rahmenvariablen     │
└─────────────────────────────────────────────────────────────────┘
┌─────────────────────────────────────────────────────────────────┐
│  Durchführung der approximativen Dekomposition                  │
│                                                                 │
│       1. Ermittlung der entscheidungsunabhängigen Parameter und Vorselektion │
│       2. Zentrale Ermittlung der Lenkpreisbandbreiten           │
│       3. Dezentrale Investitionsrechnung mit „korrigierten" Kapitalwerten │
│       4. Rückkopplung oder Abbruch                              │
│                                                                 │
│       5. Investitionsentscheidung der Zentrale                  │
└─────────────────────────────────────────────────────────────────┘
```

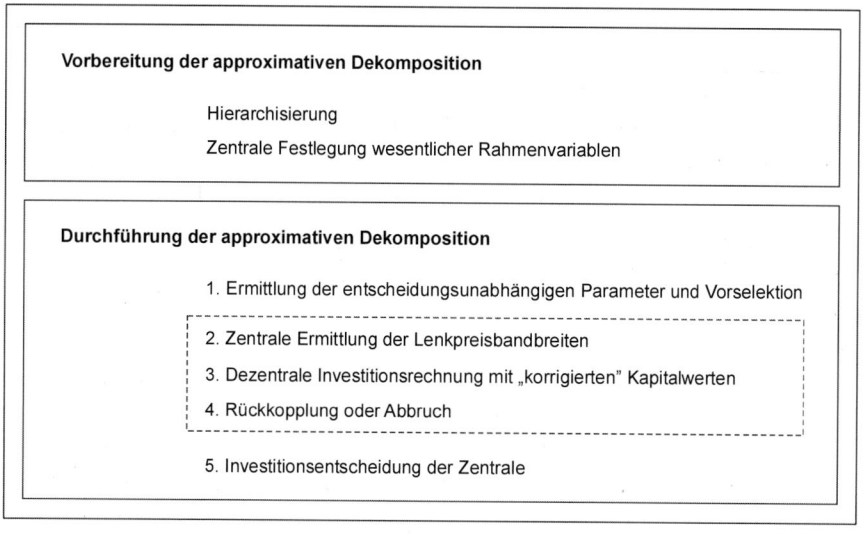

Abbildung 2: Vorbereitung und Durchführung der approximativen Dekomposition (Brösel 2002, S. 180)

Auf zentraler Ebene, zum Beispiel bei öffentlich-rechtlichen Anbietern in der direkt dem Intendanten unterstellten Stabstelle „Zentrale Unternehmensplanung", ist als Planungsinstrument ein kleines, gut überschau- und beherrschbares Totalmodell zu lösen, das als Ergebnis die für die Partialplanung erforderlichen Lenkpreise, die Knappheitspreise des Kapitals und der Sendezeit, erzeugt. Bei der Formulierung des Optimierungsansatzes als Totalmodell sollte sich auf die wesentlichsten Restriktionen beschränkt werden. Hierzu zählen unter anderem die Liquiditätsbedingungen und die Sendezeitrestriktionen einer jeden Periode. Kriterium für den Umfang des von der Zentrale zu lösenden Totalproblems ist, neben der Qualifikation der dort tätigen Mitarbeiter, die Leistungsfähigkeit der zur Verfügung stehenden Informationssysteme. Der lineare, mehrperiodige, simultane Planungsansatz (vgl. Brösel 2001, S. 387; Brösel 2002, S. 182) ist aufgrund der bestehenden Unsicherheit mit der Sensitivitätsanalyse der zweiten Art (vgl. Rollberg 2001, S. 197; Brösel 2002, S. 124–129) zu kombinieren.

Da die Lenkpreise durch die Grenzobjekte determiniert werden, ist es ausreichend, nur die Variablen potentieller Grenzobjekte und strategisch bedeutsamer Objekte in das Totalmodell aufzunehmen. Als Grenzobjekte im Hinblick auf die Liquiditätsnebenbedingungen kommen Großfinanzierungen, unbegrenzte Geldanlagemöglichkeiten und Betriebsmittelkredite sowie große Sachinvestitionen in Betracht. Bezüglich der Sendezeitrestriktionen sind beispielsweise Programmobjekte mit erhöhtem Sendezeitbedarf innerhalb der unmittelbar bevorstehenden Planungsperioden als Grenzobjekte denkbar. Die Zentrale hat darüber zu entscheiden, welche der durch die Programmsparten gemeldeten potentiellen Grenzobjekte als Variablen in das Totalmodell einfließen und welche wiederum aufgrund geringerer Bedeutung in den Kompetenzbereich der Programmsparten zurückfallen. Die Kriterien für die von den Programmsparten zu meldenden potentiellen Grenzobjekte, zum Beispiel die Merkmale „Strategische Bedeutung", „Finanzieller Projektumfang" und „Erforderliche Sendezeit", sollten klar definiert, plausibel und einfach sein.

Innerhalb der Programmsparten werden dezentral mit den vorgegebenen „Knappheitspreisen" unter Anwendung des Partialmodells der „korrigierten Kapitalwertmethode" (vgl. Brösel 2002, S. 152–156, S. 183) die Kapitalwerte der Programmobjekte berechnet und selbstständig Vorteilhaftigkeitsentscheidungen getroffen. Das „korrigierte Kapitalwertverfahren" ist aufgrund der unsicheren Erwartungen mit der simulativen Risikoanalyse (vgl. Rollberg 2001, S. 197; Brösel 2002, S. 167–173) zu kombinieren. Die Entscheidungskompetenz der Programmsparten beschränkt sich auf Objekte, die nicht zu den potentiellen Grenzobjekten sowie den strategisch bedeutenden Investitionsobjekten zählen. Die Sparten sind dazu verpflichtet, die Objekte, die nicht in ihren Kompetenzbereich fallen, der Zentrale zu melden.

Zentrale Festlegung wesentlicher Rahmenvariablen

Nachdem die Hierarchisierung abgeschlossen ist und den Hierarchiestufen die jeweiligen Kompetenzen, Aufgabenstellungen und Planungsinstrumente zugewiesen wurden, sind durch die Zentrale die wesentlichen Rahmenvariablen (vgl. Hering 2003, S. 327–328; Hering 1999, S. 77; Brösel 2002, S. 183–184) für den hierarchischen Planungsprozess vorzugeben. Die Zentrale entscheidet über die dem Totalmodell zugrunde zu legende, den Wünschen der Eigentümer- oder Gebührenzahlermehrheit entsprechende Zielsetzung. Als geeignet erweisen sich hierfür die Vermögens- und die Einkommensmaximierung (vgl. Hering 2003, S. 19–22; Brösel 2002, S. 70).

Neben der Festlegung der Zielsetzung ist über den Rhythmus der rollierenden Planung zu entscheiden. Hierzu ist zwischen der Zweckmäßigkeit und der Erforderlichkeit des Planungsprozesses abzuwägen. Aufgrund des notwendigen Zeitaufwands erscheint es nicht sachdienlich, die Schritte der Heuristik in allzu kurzen Abständen wiederholt auszuführen. Hinsichtlich einer unerlässlichen Flexibilität sollte das Planungsproblem jedoch nicht in zu großen Zeitabständen aufgeworfen werden. Praktikabel erscheint es insbesondere vor dem Hintergrund der üblich gewordenen Quartalsberichterstattungen, den Prozess einmal im Quartal zu initiieren.

Weiterhin sind ein zweckmäßiger Planungshorizont und letztendlich die Länge der Planungsperiode pragmatisch zu bestimmen. Während der Planungszeitraum aufgrund des sich schnell ändernden Rezipientengeschmacks und der deshalb eingeschränkten Prognosemöglichkeiten sowie der erforderlichen Aktualität fünf Jahre nicht überschreiten sollte, kommen als Planungsperioden Monate, Quartale oder Halbjahre in Betracht.

3.2.2 Schritte der approximativen Dekomposition

Schritt 1: Ermittlung entscheidungsunabhängiger Parameter sowie Vorselektion

Mit Beginn eines jeden Programmplanungsprozesses sind die entscheidungsunabhängigen Parameter festzustellen (vgl. Rollberg 2001, S. 174–176; Brösel 2002, S. 184–185). Dafür sind der Zentrale durch die Programmsparten die Bandbreiten der nicht mehr disponiblen fixen Zahlungs- (Zahlungsüberschüsse oder Liquiditätsbedarfe) und Zeitreihen (bereits ausgefüllte spartenspezifische Sendezeit) mitzuteilen. Ferner sind an die Zentrale Informationen über erkennbare potentielle Grenzobjekte und strategisch bedeutende Objekte weiterzugeben. Liegen zu Planungsbeginn noch keine Steuerungszinsfüße sowie „Knappheitspreise" für die Sendezeit vor, sind potentielle Grenzobjekte anhand der Lenkpreise der Vorperiode oder der Zeitrestriktionen pragmatisch zu bestimmen, indem unter Zuhilfenahme der Lenkpreise der Vorperiode die Kapitalwerte je Sendeminute verglichen und die spartenspezifischen Sendezeiten bis zu den wahrscheinlichen Grenzobjekten „aufgefüllt" werden.

Zu Beginn des Planungsverfahrens kann durch die Programmsparten auf heuristischem Wege eine Vorselektion eindeutig nachteiliger und eindeutig vorteilhafter Objekte erfolgen. Diese ist einerseits hinsichtlich der qualitativen Merkmale der Objekte durchzuführen, wobei auf die Nutzwertanalyse (vgl. Brösel 2002, S. 108–109; Brösel 2004) zurückgegriffen werden kann. Andererseits ist auch eine Vorselektion bezüglich quantitativer Kriterien denkbar (vgl. Hering 2003, S. 219–226). Hierzu besteht die Möglichkeit des Rückgriffs auf die in der Vorperiode ermittelten Lenkpreise. Für stark verschuldete Rundfunkveranstalter bietet sich zur Vorselektion der Einsatz der Sollzinsbandbreite an. Die nicht mehr disponiblen fixen Zahlungsreihen müssen gleichermaßen diejenigen Objekte enthalten, die aus strategischen Gründen zwingend realisiert werden sollen.

Schritt 2: Zentrale Ermittlung der Lenkpreisbandbreiten

Die Zentrale ermittelt auf der Grundlage der ihr zur Verfügung gestellten Daten und des ihr zur Verfügung stehenden investitionstheoretischen Werkzeugs, des formulierten Basisansatzes in Verbindung mit umfassenden Sensitivitätsanalysen, die Bandbreiten der endogenen Grenzzinsfüße sowie die Bandbreiten der „Knappheitspreise" für die Sendezeit. Die Zentrale hat vorab darüber zu entscheiden, ob die vorliegenden potentiellen Grenzobjekte in das Simultanmodell aufgenommen oder als zu unbedeutend an die Programmsparten zurückgewiesen werden (vgl. Hering 2003, S. 329–331; Hering 1999, S. 78–79; Brösel 2002, S. 185–187).

Bei der Auswahl der zu analysierenden Datensätze sind die Interdependenzen zwischen den Objekten zu beachten, damit die zu einem Risikoausgleich beitragenden Diversifikationspotentiale identifiziert werden können. Um den Rechenaufwand der Zentrale in Grenzen zu halten, sollte sie sich mit drei bis fünf, sich gegenseitig ausschließende, Grundsituationen begnügen, die eine möglichst neutrale, eine pessimistische sowie eine optimistische Eingangsdatenvariante beinhalten sollten. Zur statistischen Auswertung der Rechenergebnisse sind die jeweiligen Optimallösungen der Berechnungsexperimente fortlaufend zu protokollieren (vgl. Hering 2003, S. 329–330; Brösel 2002, S. 186–187).

Als Ergebnis dieses Schritts der approximativen Dekomposition werden den Programmsparten die Lenkpreisbandbreiten sowie die gegebenenfalls vorliegenden qualifizierten Annahmen über die Verteilung der Steuerungszinsfüße und der periodenabhängigen „Knappheitspreise" der spartenspezifischen Sendezeiten zur dezentralen Lenkpreissteuerung vorgegeben.

Schritt 3: Dezentrale Investitionsrechnung mit „korrigierten" Kapitalwerten

Die Programmsparten müssen – unter Rückgriff auf die ihr von der Zentrale zur Verfügung gestellten Lenkpreisbandbreiten – für die in ihrem Kompetenzbereich stehenden Objekte Investitionsentscheidungen nach dem „korrigierten" Kapitalwertkriterium fällen (vgl. Hering 2003, S. 331–333; Hering 1999, S. 79–80; Brösel 2002, S. 187–188). Aufgrund der mehrwertigen Erwartungen ist dabei auf die Methode der simulativen Risikoanalyse zurückzugreifen, um den Kapitalwert nicht künstlich zu einem einwertigen Zielwert zu verdichten, sondern unter Aufdeckung der Unsicherheit als Bandbreite oder Verteilung darzustellen.

Ziel der von den Sparten durchzuführenden Investitionsrechnungen ist, die generell rechnerisch unvorteilhaften oder vorteilhaften Objekte zu identifizieren und hinsichtlich der Objekte, deren Kapitalwertbandbreite sowohl positive als auch negative Werte annimmt, eine Entscheidung vorzubereiten, welche die Entscheidungsträger der Sparten in Anbetracht ihrer individuellen Risikoneigung zu treffen haben. Neben den Kapitalwertprofilen können zu dieser nicht formalisierbaren „unternehmerischen" Entscheidung qualitative Kriterien herangezogen werden, wobei gleichwohl zu beachten ist, dass der Kapitalwert das wichtigste ökonomische Kriterium darstellt (vgl. Brösel et al. 1999, S. 192–193). Bei den Entscheidungen müssen die der Sparte noch zur Verfügung stehenden Sendezeiten und die außerdem existenten, bisher im vereinfachten Basisansatz vernachlässigten Restriktionen beachtet werden. Innerhalb vorangegangener Iterationsdurchläufe getroffene Objektbeurteilungen sind gegebenenfalls zu revidieren.

Aus den vermeintlich vorteilhaften Investitions- und Finanzierungsobjekten der Sparte ergibt sich für jede Periode des Planungszeitraumes ein saldierter Zahlungsüberschuss oder Finanzbedarf sowie eine erforderliche Sendezeit. Diese Werte sind als neutrale Punktschätzung, Bandbreite oder beispielsweise als Erwartungswert mit prozentualer Abweichungstoleranz zu ermitteln. Als Resultat dieses Dekompositionsschritts werden der Zentrale letztendlich die wahrscheinlich vorteilhaften oder sonstigen dezentral für vorteilhaft befundenen Investitions- und Finanzierungsobjekte jeder Sparte als summierte Zahlungs- und Zeitreihenbandbreite oder -verteilung übermittelt. Um eine „Aufblähung" des Basisansatzes der Zentrale zu vermeiden, sollten weitere potentielle Grenzobjekte nur in Ausnahmefällen an die Zentrale gemeldet werden.

Schritt 4: Rückkopplung oder Abbruch

Die eingegangenen Meldungen jeder Sparte werden auf zentraler Ebene im simultanen Basisansatz in kumulierter Form berücksichtigt. Nunmehr entscheidet die Zentrale über Weiterführung (Rückkopplung) oder Beendigung (Abbruch) der Iteration (vgl. Hering 2003, S. 333–336; Hering 1999, S. 80–81; Brösel 2002, S. 188–189): Stellt die zentrale Entscheidungsinstanz fest, dass die Programmsparten ihre Programm-, Investitions- und Finanzierungsentscheidungen nicht wesentlich verändert haben, ist das iterative Verfahren abzubrechen. Im nächsten Schritt sind die Investitionsentscheidungen der Zentrale (Schritt 5) zu treffen; ansonsten werden die Lenkpreisbandbreiten erneut zentral ermittelt (Schritt 2). Unterscheiden sich diese „nicht wesentlich" vom Ergebnis des letzten Durchlaufs, ist die Iteration an dieser Stelle abzubrechen und zu den zentralen Investitionsentscheidungen überzugehen (Schritt 5). Anderenfalls sind den Programmsparten die neuen Lenkpreisintervalle mitzuteilen; die dezentrale Investitionsrechnung mit „korrigierten" Kapitalwerten ist zu wiederholen (Schritt 4). Wenn die approximative Dekomposition nicht gegen stabile Lenkpreisvektoren konvergiert, ist das Verfahren nach einer gewissen Anzahl von Koordinationsrunden mit der bis dahin erreichten besten Lösung abzubrechen. Nach spätestens zwei bis drei Rückkopplungen ist zu erwarten, dass die Entscheidungsträger der Programmsparten unbeeindruckt von den – aus ihrer Sicht gegebenenfalls unbeachtlichen – Änderungen der Lenkpreisbandbreiten an ihren Entscheidungen festhalten werden, die sie mittels sorgsamer Abwägung aller qualitativen und quantitativen Argumente bereits getroffen haben.

Schritt 5: Investitionsentscheidung der Zentrale

Nach dem Abbruch der Iteration hat die Zentrale hinsichtlich der im Totalmodell verbliebenen Programm-, Investitions- und Finanzierungsobjekte über alle zum Zeitpunkt Null zu realisierende und auch über jene Objekte zu befinden, die unter Umständen aufgrund ihrer relativen Seltenheit im nächsten Durchlauf der rollierenden Planung nicht mehr disponibel sind. Zur Entscheidung sind – wie auf dezentraler Ebene – quantitative und qualitative Faktoren zu berücksichtigen (vgl. Hering 2003, S. 336–338; Brösel 2002, S. 189–191). Bei strategischen Objekten könnte qualitativen Faktoren eine höhere Bedeutung zukommen als in den Programmsparten. Die ermittelte Lösung ist schließlich auf die Einhaltung der Liquiditäts- und Ganzzahligkeitsbedingungen sowie weiterer, bisher vernachlässigter Restriktionen zu überprüfen.

Der beschriebene Informationsfluss und der Ablauf der Programmplanung mit Hilfe der approximativen Dekomposition sind in Abbildung 3 graphisch dargestellt. Wurden die erforderlichen Investitionsentscheidungen durch die Zentrale getroffen, können die Programmsparten über das Ende und das Ergebnis des Programmplanungsprozesses in Kenntnis gesetzt werden. Die zuletzt genutzten Lenkpreisbandbreiten sind für den Zeitraum bis zum nächsten Durchlauf des Prozesses im Rahmen der rollierenden Planung als gültige dezentrale Kalkulationsgrundlage des Rundfunkveranstalters zu bestätigen (vgl. Rollberg 2001, S. 180).

Programmplanung

Zentrale Planungsinstanz	Hierarchiestufe	Programmsparten
Festlegung von Programmschema, Entnahmezielsetzung, Länge der Planungsperiode, Planungsrhythmus und -horizont sowie Kriterien für strategisch bedeutende und potentielle Grenzobjekte		
Berücksichtigung der entscheidungsunabhängigen Parameter; Entscheidung über Aufnahme gemeldeter Objekte in das zentrale Modell	Potentielle Grenzobjekte, strategisch bedeutende Objekte und entscheidungsunabhängige Parameter	Qualitative und quantitative Vorselektion; Pragmatische Ermittlung potentieller Grenzobjekte sowie Eruierung strategisch bedeutender Objekte
	Konstante Zahlungs- (saldierter Zahlungsüberschuss oder Finanzbedarf) und Zeitreihen (erforderliche Sendezeit)	
Planungsinstrumente: Totalmodell (Basismodell, linearer Optimierungsansatz); Sensitivitätsanalyse der zweiten Art **Aufgaben:** Ermittlung der Lenkpreisbandbreiten; Erzeugung von Ergebnisprotokollen; Entscheidungen über Rückkopplung oder Abbruch	Iteration	**Planungsinstrumente:** Partialmodell (Methode des „korrigierten" Kapitalwertes); Simultane Risikoanalyse **Aufgaben:** Dezentrale Investitionsrechnung; Treffen von klaren Entscheidungen für oder gegen ein Objekt
	Lenkpreisbandbreiten (Knappheitspreise der Liquiditäts- und Zeitrestriktionen); Rückweisung nicht relevanter Objekte	
Entscheidungen über zu realisierende Objekte des Totalmodells; Ermittlung geeigneter Grenzobjekte zur Einhaltung der Liquiditäts- und anderer Restriktionen		

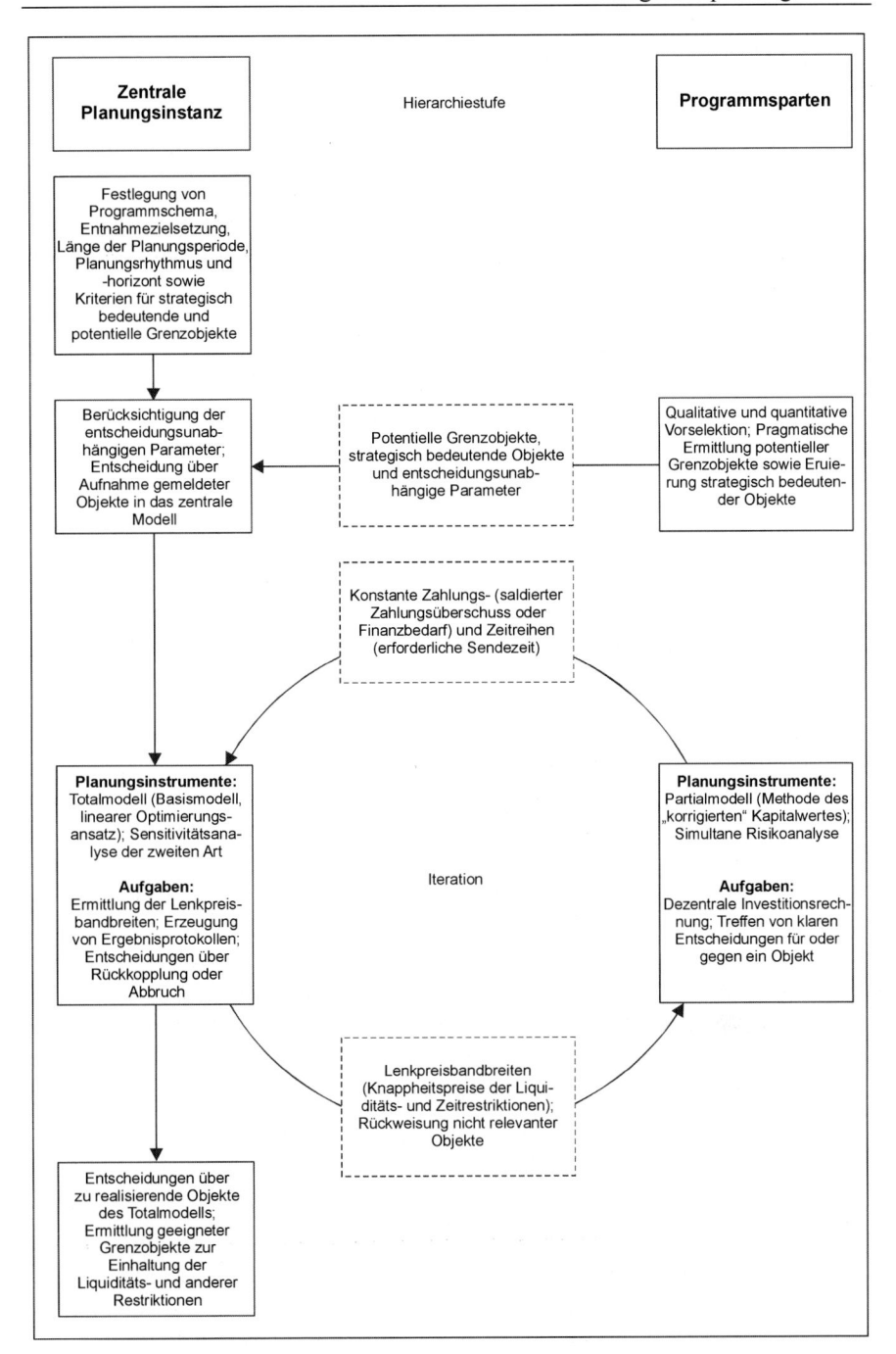

Abbildung 3: Informationsfluss bei der Programmplanung mit Hilfe der approximativen Dekomposition (Brösel 2002, S. 192)

4 Fazit

Die Gewährleistung einer effizienten Allokation von Ressourcen erfordert von Programmanbietern, dass Investitionsentscheidungen in Programmbestandteile mit der Programmplanung methodisch verknüpft werden. Die individuellen Zielsysteme und Entscheidungsfelder der jeweiligen privatrechtlich oder öffentlich-rechtlich organisierten Sender stellen dabei die Rahmenbedingungen einer solchen Verknüpfung dar. Während jedoch zur Programmplanung verfügbare Totalmodelle enorme bis unerfüllbare Anforderungen an die zentralen Instanzen hinsichtlich der Datenbeschaffung und -verarbeitung sowie der rechentechnischen Lösung stellen, unterliegen Partialmodelle zur Programmplanung dem „Dilemma der Lenkpreistheorie".

Zur Behebung dieser Defekte bietet sich der Rückgriff auf das aus der Investitionstheorie bekannte und von Hering entwickelte heuristische Modell der approximativen Dekomposition an, welches die Total- und die Partialplanung in divisionalen Unternehmen miteinander verknüpft. Die heuristische Programmplanung mit Hilfe der approximativen Dekomposition findet einerseits das rechte Maß der Abwägung zwischen erforderlicher Praktikabilität und hinreichender Genauigkeit und trägt andererseits den branchenspezifischen Anforderungen weitgehend Rechnung. Als Totalmodell fungiert dabei ein vereinfachter linearer Optimierungsansatz, der überschaubar und mit leistungsfähiger Software durch die zentrale Instanz des Fernsehsenders lösbar ist. Dezentral wird innerhalb der Programmsparten über die Programmbestandteile mit Hilfe des modifizierten Kapitalwertes entschieden. Das Partialmodell greift hierzu auf theoretisch begründete „Knappheitspreise" zurück, die durch die Zentrale mit dem einfachen Totalmodell ermittelt wurden. Durch den somit zwischen zentraler und dezentraler Programmplanung gefundenen Kompromiss wird schließlich eine lenkpreistheoretisch fundierte Lösung generiert (vgl. Hering 2003, S. 340–341; Brösel 2001, S. 388; Brösel 2002, S. 198–201). Ausgehend vom jeweiligen Programmschema ermöglicht das Verfahren der approximativen Dekomposition sowohl für öffentlich-rechtliche als auch für private Fernsehanbieter eine wirtschaftliche und sparsame Steuerung und Gestaltung des Fernsehprogramms.

Die Ergebnisse der approximativen Dekomposition bilden darüber hinaus den Ausgangspunkt für die Bewertung audiovisueller Medienrechte, wobei die Interdependenzen zwischen dem Entscheidungswert des audiovisuellen Medienrechts und dem Fernsehprogramm des Rundfunkveranstalters durch Kombination von iterativer und hierarchischer Koordination aufeinander abzustimmen sind (vgl. Brösel 2002, S. 193–198; Brösel 2003). Als Ergebnis dieses Prozesses ergibt sich ein investitionstheoretisch fundierter Entscheidungswert des in Rede stehenden Medienrechts, der den Entscheidungsträgern in den Verhandlungssituationen eine annähernd zuverlässige quantitative Entscheidungshilfe bietet. Das Modell kann zudem die Bewertung von Unternehmen und deren Bestandteilen – im Sinne der Bestimmung von Grenzpreisen – unterstützen, wenn die Fernsehsender den Kauf oder Verkauf von Unternehmen und Unternehmensbestandteilen planen (vgl. Hering 1999, S. 76–89; Matschke/Brösel 2005, S. 239–258).

Literaturverzeichnis

Ballwieser, W. (1990) Unternehmensbewertung und Komplexitätsreduktion, 3. Aufl., Wiesbaden 1990.
Brösel, G. (2001) Die Programmplanung öffentlich-rechtlicher Fernsehanbieter, in: Betriebswirtschaftliche Forschung und Praxis 53 (2001), S. 375–391.
Brösel, G. (2002) Medienrechtsbewertung, Wiesbaden 2002.
Brösel, G. (2003) Medienrechtsbewertung, Die Betriebswirtschaft 63 (2003), S. 465–468.
Brösel, G. (2004) Stichworte: Nutzwertanalyse (S. 432), Programmausstrahlung (S. 478), Programmauftrag (S. 477–478), Sparsamkeitsprinzip (S. 554), Wirtschaftlichkeitsprinzip (S. 655), in: Sjurts, I. (Hrsg.) Gabler Lexikon Medienwirtschaft, Wiesbaden 2004.
Brösel, G./Hering T./Matschke, M.J. (1999) Wirtschaftlichkeitsanalyse alternativer Organisationsformen der Abwasserbeseitigung am Beispiel eines Zweckverbands, in: Zeitschrift für öffentliche und gemeinwirtschaftliche Unternehmen 22 (1999), S. 182–193.
Gutenberg, E. (1983) Grundlagen der Betriebswirtschaftslehre, Bd. 1, Die Produktion, 24. Aufl., Berlin 1983.
Heinrich, J. (1999) Medienökonomie, Bd. 2, Opladen – Wiesbaden 1999.
Hering, T. (1999) Finanzwirtschaftliche Unternehmensbewertung, Wiesbaden 1999.
Hering, T. (2003) Investitionstheorie, 2. Aufl., München – Wien 2003.
Horstmann, M. (1997) Programmcontrolling bei öffentlich-rechtlichen und privatrechtlichen Fernsehveranstaltern, Heft 86, Arbeitspapiere des Instituts für Rundfunkökonomie Köln, Köln 1997.
Keuper, F. (1999) Fuzzy-PPS-Systeme, Einsatzmöglichkeiten und Erfolgspotentiale der Theorie unscharfer Mengen, Wiesbaden 1999.
Keuper, F./Brösel, G. (2005) Zum Effektivitäts-Effizienz-Dilemma des öffentlich-rechtlichen Rundfunks, in: Zeitschrift für öffentliche und gemeinwirtschaftliche Unternehmen 28 (2005), S. 1–18.

Köcher, A. (2002) Controlling der werbefinanzierten Medienunternehmung, Lohmar – Köln 2002.
Kosiol, E. (1972) Die Unternehmung als wirtschaftliches Aktionszentrum, Reinbek bei Hamburg 1972.
Leuthier, R. (1988) Das Interdependenzproblem bei der Unternehmensbewertung, Frankfurt/Main 1988.
Matschke, M.J. (1993) Investitionsplanung und Investitionskontrolle, Herne – Berlin 1993.
Matschke, M.J./Brösel, G. (2005) Unternehmensbewertung, Funktionen – Methoden – Grundsätze, Wiesbaden 2005.
Olbrich, M. (1999) Unternehmungskultur und Unternehmungswert, Wiesbaden 1999.
Rollberg, R. (2001) Integrierte Unternehmensplanung, Wiesbaden 2001.
Schellhaaß, H.M. (2000) Rundfunkökonomie, in: Die Betriebswirtschaft 60 (2000), S. 531–534.
Sieben, G./Schildbach, T. (1994) Betriebswirtschaftliche Entscheidungstheorie, 4. Aufl., Düsseldorf 1994.
Sieben, G./Schneider, W. (1982) Überlegungen zu einem Controlling-Konzept für Rundfunkanstalten, in: Betriebswirtschaftliche Forschung und Praxis 34 (1982), S. 236–251.
Sieben, G./Schwertzel, U. (1997) Materialien zur Rundfunkökonomie II: Management für Rundfunkunternehmen – Teil I, Heft 65, Arbeitspapiere des Instituts für Rundfunkökonomie Köln, 2. Aufl., Köln 1997.
Zimmermann, S. (2005) Prozessinnovation im öffentlich-rechtlichem Rundfunk, Berlin 2005.

Koordination – Digitaler Workflow in Print-Unternehmen

Mike Friedrichsen

1 Einführung 641

2 Veränderungsprozesse durch technologischen Wandel 642

3 Content-Management 644
   3.1 Systeme zur Organisation von Inhalten 646
   3.2 Produktion von Inhalten 648
   3.3 Management von Inhalten 649
   3.4 Verwertung von Inhalten 650

4 Content-Orientierung 651
   4.1 Anwender und Beteiligte von Content 653
   4.2 Die Ausgabemedien von Content 654
       4.2.1 Print 655
       4.2.2 Non-Print 655
       4.2.3 CD-ROM und DVD 656
       4.2.4 Neue Ausgabemedien 657

5 Fazit und Schlussbemerkungen 660

Literaturverzeichnis 661

Vorschau

Veränderungsprozesse für Print-Unternehmen

Aus diesem Beitrag ersehen Sie, welche Veränderungen in den Print-Unternehmen mit Cross-Media-Publishing verbunden sind.

Organisation von Inhalten

Anhand des Beitrags erkennen Sie, welche unterschiedlichen Ansätze es zur Organisation von Inhalten gibt.

Content-Wertschöpfungskette

Der Beitrag stellt die wichtigsten Veränderungen hinsichtlich der Wertschöpfungskette und damit verbundener Ausgabemedien vor.

1 Einführung

Die Medienlandschaft befindet sich inmitten eines Umbruchs, ausgelöst vor allem durch einen tief greifenden technologischen Wandel. Die sinkenden Markteintrittsbarrieren erleichtern branchenfremden Unternehmen in diesen Markt zu diversifizieren. Folglich sind die Medienunternehmen mit einer veränderten Wettbewerbssituation konfrontiert. Es gilt somit, sich in dem gewandelten Markt neu zu positionieren, um Marktanteile zu sichern und das Medienangebot möglichst auszubauen (vgl. Friedrichsen 2004a).

Im Print- und vor allem Verlagsbereich gewinnt daher das medienübergreifende Publizieren (Cross-Media-Publishing) immer mehr an Bedeutung. Die Print-Unternehmen haben erkannt, dass sich ihre Inhalte durch Mehrfachverwertung über verschiedene Medien vermarkten lassen und somit auch neue Märkte zu erschließen sind. Die Unternehmen reagieren damit auch auf das gewandelte Mediennutzungsverhalten, das sich durch eine steigende Nachfrage nach Non-Print-Medien und Content dokumentieren lässt (vgl. Müller-Kalthoff 2002; Friedrichsen/Walk 2003).

Indem die Medienunternehmen ihre Inhalte sowohl über Print-, als auch über On- und Offline-Medien zur Verfügung stellen, ergeben sich neben der Flexibilität auf der Rezipientenseite (unter anderem ein Thema für Costumer Relationship Management) vor allem Koordinationsprobleme im neuen digitalen Wertschöpfungsprozess. Bei der Aufbereitung der Print-Inhalte müssen die Unternehmen klären, wie sie die Mehrfachverwertung effizient und zeitnah umsetzen können. Während die Print-Unternehmen seither die Inhalte zum Teil noch für jedes Zielmedium separat erfasst haben, ermöglichen technologische Neuerungen – vor allem über Content-Management-Systeme – die Inhalte in strukturierter Form abzulegen und das Single-Source-Prinzip umzusetzen, das die Bedienung aller Zielmedien aus einer Datenquelle vorsieht (vgl. Eberspächer 2002; Friedrichsen 2004b).

Vor dem Hintergrund der relevanten Veränderungsprozesse werden im Folgenden die für die Print-Unternehmen relevanten Aspekte der koordinierten Wertschöpfung betrachtet, vor allem im Hinblick auf die Verarbeitung der Inhalte im Content Management. Darüber hinaus werden vor dem Hintergrund verkürzter Publikationen die unterschiedlichen Ausgabemedien der Print-Unternehmen skizziert.

2 Veränderungsprozesse durch technologischen Wandel

Content-Management ist nichts wirklich Neues; seit es den Journalismus gibt, werden Inhalte mehrfach verwendet (vgl. Meckel 1999; Altmeppen 2000). Ein freier Journalist recherchiert ein Thema und vertreibt seinen Artikel anschließend über mehrere Print-Medien, das Radio und vielleicht über das Fernsehen. Auf die Produktion von Print-Medien übertragen war Content-Management das erste Mal ein Thema, als horizontal publiziert wurde. Nur hieß es damals nicht durch den Anglizismus geprägt Content-Management, sondern „Mehrfachverwendung der Daten". Die Content-Orientierung hat durch das Zusammenspiel mehrerer, ursprünglich voneinander getrennten, Entwicklungen (Abbildung 1) mittlerweile sehr an Bedeutung gewonnen (vgl. Vetter 2004):

- Digitalisierung im Print-Sektor: Der Print-Sektor hat sich in den letzten 30 Jahren mehr verändert, als in den 500 Jahren davor. Die Ursache liegt in der digitalen Erfassung und Bearbeitung von Text und Bild, das heißt in der Druckindustrie vollzog sich eine Entwicklung von der manuellen zur digitalen Vorstufe. Diese Entwicklung verlief über Fotosatz, elektronische Bildverarbeitung (EBV) und Desktop Publishing (DTP), gefolgt von Computer-to-Film, Computer-to-Plate und Computer-to-Press bis zu Electronic-Publishing. Die Druckereien kamen in den Besitz digitaler Datenbestände. Heute ist der Trend, durch Integration und Vernetzung sämtlicher Arbeitsschritte im Unternehmen den vollständigen, abteilungsübergreifenden und digitalen Workflow zu schaffen.
- Marktdurchdringung von Computern: Seit den späten 80er Jahren findet der PC auch bei Privatanwendern eine große Nachfrage. Zu Beginn fast ausschließlich für Spiele genutzt, stieg die Bedeutung durch erste Textverarbeitungsprogramme an. Mit der Freigabe des Internet für die Zivilbevölkerung in den 90er Jahren erreichten die Absatzzahlen der Computer neue Höhepunkte.
- Wachstum des Internet: Seit der Zugänglichkeit des Internet für Privatanwender ist explosionsartig die Bedeutung und Nutzung dieses Mediums gewachsen. Die Anzahl von Nutzern, Websites und Diensten sind enorm gestiegen.
- Konvergenz der Medien: Konvergenz bedeutet zunächst einmal eine Annährung. Eine Konvergenz (von Technologien, Funktionen oder Marken) gab es auch in den Medien. Ein Beispiel ist hier das Mobiltelefon. Die ersten Geräte dienten ausschließlich zum Telefonieren, es folgten

weitere Funktionen wie zum Beispiel Adressbuch, Terminkalender, Notizen oder Kurztext-Anwendungen (SMS). Heute sind „Smartphones", eine Kombination aus PDA und Mobiltelefon, in der Marktwachstumsphase.
- Wachstum des Telekommunikationsmarkts: Seit Mitte der 90er Jahre ist die Verbreitung von Mobilfunktelefonen enorm gestiegen. Der Wegfall des Staatsmonopols, technische Entwicklungsfortschritte bei Bandbreite, Netzabdeckung und Endgeräten sowie sinkende Preise weckten das Interesse bei den Privatanwendern. Heute ist der Markt für Mobiltelefone mit über 50 Millionen Nutzern gesättigt.

In allen Bereichen wird mit digitalen Daten gearbeitet. Außerdem werden untereinander Daten ausgetauscht und mehrfach verwendet.

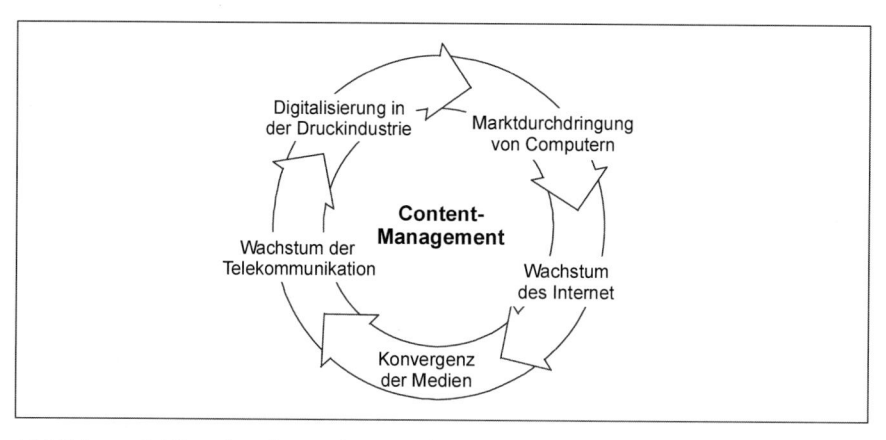

Abbildung 1: Verschmelzung der Entwicklungen

Durch die Verschmelzung dieser Entwicklungen wurde die vertikale Publikation (Cross-Media-Publishing) für die Print-Medien möglich. Die ersten aus dem Print-Bereich, die hier tätig wurden, waren Zeitschriften- und Zeitungsverlage. Erste Schritte waren Jahresausgaben von Zeitschriften auf CD-ROM, bei den Tageszeitungen ergänzende Website im Internet. Neben Content-Management ist somit die Content-Orientierung die Grundvoraussetzung für medienneutrale Datenhaltung.

3 Content-Management

Content-Management heißt wörtlich übersetzt „Inhalt handhaben" oder auch „Inhalt bewerkstelligen, organisieren" (vgl. Dreyer 2001; Vizjak/Ringlstetter 2003; Emrich 2004). Inhalt, und das ist jede Form der elektronischen Information, wird medienneutral zur Verfügung gestellt und kann über verschiedene Ausgabemedien (Print- und Non-Print) publiziert werden. Cross-Media-Publishing und Content-Management liegen folglich dicht beisammen. Ein erfolgreiches Cross-Media-Publishing kann eigentlich nur mit Content-Management betrieben werden.

Die Begriffe „medienneutral", „anwendungsneutral" und „über verschiedene Ausgabemedien" sind Kernelemente des Content-Management (vgl. Vetter 2004). Gleichzeitig liegt hier aber auch die Schwierigkeit: Verschiedenste Datenformate müssen in Datenbanken eingegeben beziehungsweise übernommen und für die jeweilige Publikation konvertiert werden. Die Metasprachen SGML (Standard Generalized Markup Language) und XML (Extensible Markup Language) sind Beispiele für relevante Standards (vgl. Binding 1999; Behme/Mintert 2000). Die Website dient der Präsentation von Information und gehört heute fest zum Auftritt eines Medienunternehmens. Der Inhalt einer Website sowie weitere Datenbestände der Print-Unternehmen lassen sich ohne geeignete Hilfsmittel nicht verwalten. Die Unmengen von Informationen können nicht in äußerst kurzer Zeit von Mitarbeitern oder Experten auf das System eingespielt, verändert, gelöscht oder archiviert werden. Content-Management heißt in diesem Zusammenhang, Inhalt und Layout zu trennen. Für das Layout sind Systemadministratoren zuständig, für die Inhalte Autoren (vgl. Bullinger 2000; Vetter 2004). Ein effektives Content-Management stellt die Information in einer Form bereit, die unterschiedliche Verwendung gestattet und dabei gleichzeitig eine kontinuierliche Pflege erlaubt.

Im Zusammenhang mit Content-Management werden immer wieder neue Begriffe benutzt, die für Verwirrung sorgen. Daher erscheint es sinnvoll, die wichtigsten Parameter im Kontext von Content-Management kurz zu erläutert, wobei die Klassifikation der unterschiedlichen Begriffe stets Probleme bereitet und nicht trennscharf sein kann.

Eine der wichtigsten zugrunde liegenden Definitionen bezieht sich auf den Begriff Content, der zunächst nichts anderes als die englische Umschreibung von Inhalt. Print-Produkte sind aus vielen Contents zusammengesetzt und es lassen sich allgemeingültige Anforderungen ableiten:

- Content muss inhaltlich der Zielgruppe entsprechen.
- Content muss so präsentiert werden, dass er von der Zielgruppe einfach und problemlos wahrgenommen werden kann ohne zu langweilen oder zu überfordern.
- Content muss so organisiert sein, dass ein einfacher Zugriff möglich ist.
- Content muss aktuell sein.
- Content muss so organisiert sein, dass unterschiedliche Verwendung und Gestaltung möglich sind. Anhand dieser Anforderungen wird deutlich, warum Content verwaltet beziehungsweise gemanaged werden muss.
- Content wird als Summe von drei Einzelinformationen behandelt: Struktur, Darstellung und Inhalt. Sie werden als Content-Orientierung bezeichnet.

Darüber hinaus bezeichnet Content-Syndication die Mehrfachverwendung individualisierter Inhalte und Informationen im Internet, sozusagen das Handeln mit Inhalten. Bei Content-Syndication tritt ein Content-Provider als Produzent und Händler von Content auf. Content-Provider sind zum Beispiel Verlage, Internetfirmen (beispielsweise AOL), freie Journalisten, Fernsehsender, aber auch Dienste wie der Deutsche Wetterdienst oder Nachrichtenagenturen (zum Beispiel dpa). Auf der anderen Seite treten Abnehmer dieser Inhalte auf (Abbildung 2). Im Zusammenhang mit Content-Syndication tauchen vermehrt die Begriffe Content-Subscriber und Content-Reseller auf. Als Content-Subscriber werden Unternehmen bezeichnet, die keine eigenen Inhalte produzieren, sondern diese kaufen und auf ihrer Homepage für eCommerce-Zwecke einsetzen. Content-Reseller (auch Content-Broker genannt) sind Unternehmen, die Content ausschließlich zum Zweck des Weiterverkaufs von einem oder mehrerer Content-Provider beziehen (vgl. Emrich 2004).

Die Geschäftsidee von Content-Syndication ist, eine Plattform für Produzenten und Abnehmer zu schaffen. Die Produzenten können über diese Plattform (dem Content-Broker) mehreren Abnehmern Inhalte verkaufen, ohne individuelle Vertragsverhandlungen führen und Schnittstellenfragen lösen zu müssen. Die Abnehmer wiederum können aus einem breiten Spektrum von Inhalten wählen, ohne sich an einen Produzenten binden oder Redaktionen aufbauen zu müssen. Die ersten Content-Syndication-Unternehmen im deutschsprachigen Raum waren die Tanto AG (heute xipolis.net GmbH) und die 4Content AG (heute Cocomore AG), eine Nische besetzte die Firma MagazineContent AG, sie arbeitete als Content-Broker ausschließlich für Inhalte aus Zeitschriften.

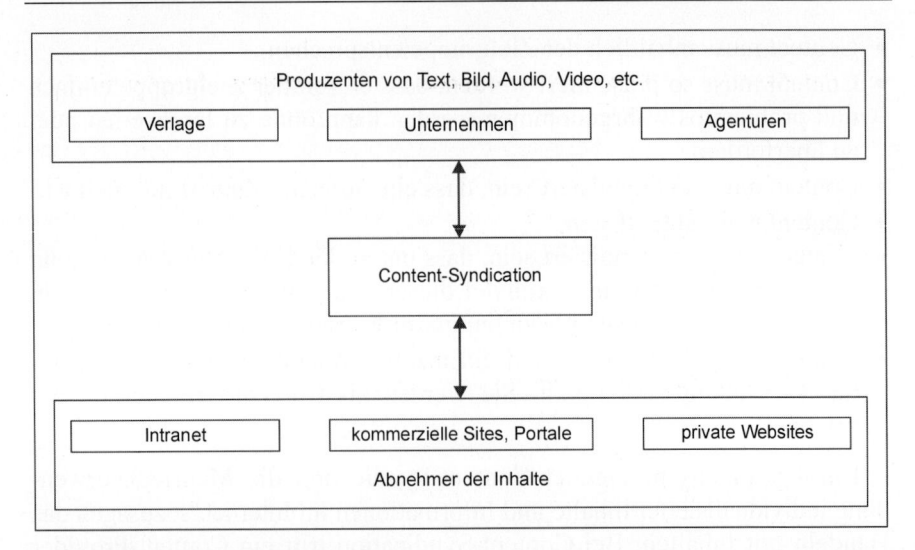

Abbildung 2: Content-Syndication

Ein weiterer Begriff in diesem Zusammenhang ist Content-Lebenszyklus. Dabei geht es um die Lebensphasen des Inhaltes eines Dokumentes. Diese Lebensphasen sind Erstellung, Kontrolle und Freigabe, Publikation sowie Archivierung der Inhalte (Abbildung 3).

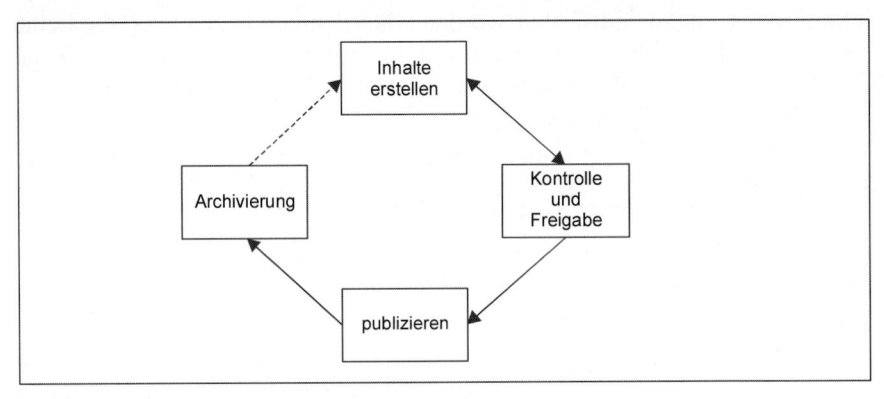

Abbildung 3: Content-Lebenszyklus

3.1 Systeme zur Organisation von Inhalten

Viele Unternehmen gehen derzeit dazu über, die Prozesse mit Hilfe von Content-Management-Systemen (CMS) zu vereinheitlichen, zu automatisieren und somit auch für den Ablauf zu vereinfachen. Content-Management-System bezeichnet in diesem Sinne den systematischen, strukturierten und interpretierten Umgang mit der Erzeugung, Pflege und Verwaltung sowie Bereitstellung von Inhalten. Grundgedanke eines jeden CMS ist die strikte Trennung von Darstellung und Information. Hierbei wird vom Dezentralisierungsgedanken gesprochen, weil Content-Lieferanten für den Inhalt zuständig sind und Administratoren für die Wartung und Pflege des Systems. Content-Management-Systeme ermöglichen grundsätzlich die Ausgabe auf verschiedenen Medien (Cross-Media-Publishing), das heißt die Ausgabe ist nicht nur auf ein Medium wie beispielsweise das Internet beschränkt. CMS bestehen in der Anwendung aus Komponenten zur Eingabe, Verwaltung und Ausgabe. Typische Eingabeanwendungen sind Redaktions-, Textverarbeitungs- und Bildbearbeitungssysteme. Die Verwaltung erfolgt durch Ablage in Datenbanken oder Dateisystemen. Die Ausgabesysteme sind von den jeweiligen Publikationsformen abhängig. Ein CMS ist die Basis für ein Single-Source-Multiple-Media-Publishing (vgl. Bullinger 2000).

Systeme wie CMS, die jedoch speziell für die Pflege sehr komplexer Websites konzipiert sind, werden auch als Web-Content-Management-Systeme (WCMS) bezeichnet. Sie dienen als Integrationsplattform der unternehmensweiten und unternehmensübergreifenden Systemlandschaft. Liegen Texte, Bilder und andere Bestandteile einer Website in einer Datenbank, können sie anschließend mehrfach verwendet und in verschiedenen Versionen gespeichert werden. So lassen sich Inhalte von ihrer Erstellung bis zu ihrer Freigabe nicht nur verwalten, sondern ausgabespezifisch weiterentwickeln, aktualisieren und auf verschiedenen Plattformen verwerten. Der typische Unterschied zwischen CMS und WCMS liegt darin, dass bei CMS Webseiten zwar erstellt werden, jedoch noch keine Interaktion mit Inhalten von bereits vorhandenen Webseiten erfolgt. Da im Zusammenhang mit Content-Management die Bedeutung des Web-Publishing zunimmt, verschmelzen die Mechanismen von CMS und WCMS immer mehr (vgl. Hergenröder 2000).

Ein weiterer wichtiger Baustein sind die Media-Assets, das heißt alle organisierten Komponenten visueller Information. Erst durch Hinzufügen von Metadaten (beschreibende Informationen) wird aus Content ein Asset (vgl. Dreyer 2001, S. 22). Zentrale Komponente jedes Web-Content-Managements-Systems ist das Asset-Management, welches für die Verwaltung aller digitalen Assets verantwortlich ist. Getrennt von der letztendlichen Darstellung auf der Website werden zum Beispiel Texte, Bilder, Sounds oder Videos idealerweise medienneutral erfasst und gespeichert. Media-Asset-Management-System (MAMS) bezeichnet ein System zur Verwaltung von wertvollen Datenbeständen. Diese wertvollen Datenbestände sind „fertige", also freigegebene Publikationen. Wenn medienneutrale Datenbanken aufgebaut und systematisch gepflegt werden, entsteht im Laufe der Zeit ein wertvolles Archiv multimedialer Informationen. Diese finden in vielfältigen Publikationsmöglichkeiten Anwendung. Ausgereifte und sorgfältig gepflegte CMS sind einem MAMS gleichzusetzen.

Eine weitere Ausprägung zur Organisation von Inhalten sind Redaktionssysteme, die ihren Ursprung in Zeitungsverlagen haben, wo sie zusammen mit Anzeigensystemen für die Redaktion, Planung und Print-Produktion von Zeitungen verwendet werden. Der aktuelle Trend bei Redaktionssystemen ist geprägt durch die Entwicklung der Internet-Technologie. Die Erwartungen an solche Systeme sind eine Integration von Print, Online und Archiv. Bereits heute ist es schwierig, Redaktionssysteme und Content-Management-Systeme voneinander abzugrenzen, da beide das Ziel Single-Source-Multiple-Media verfolgen beziehungsweise dies die Anforderungen der Kunden sind. Des Weiteren werden die gängigen Redaktionssysteme bereits als Content-Management-Systeme beziehungsweise Cross-Media-Publishing-Systeme von den Herstellern vertrieben (vgl. Binding 1999).

Letztlich kann mit Media Publishing auch ein ganzheitlicher Ansatz gewählt werden, also ein Gesamtsystem zur Erzeugung, Organisation, Aufbereitung und Bereitstellung von elektronischen Publikationen. Ein Media Publishing Environment (MPE) ist kein fertiges Standardprodukt, sondern setzt sich aus mehreren Programmen zusammen (vgl. Dreyer/Kretschzmar 2004).

3.2 Produktion von Inhalten

Eine wichtige Aufgabe besteht darin, die Integrationsfähigkeit von Content-Management-Systemen in die bereits existierende Datenverarbeitungslandschaft eines Unternehmens zu erfassen und in Konzepte umzusetzen. Ziel dieser „Content-Integration" ist die möglichst redundanzfreie Zusammenführung von (Roh-)Daten unter Einbeziehung aller bestehenden Systeme, ohne diese funktional erweitern zu müssen. Deswegen umfasst die Investition in ein Content-Management-System ebenfalls Schnittstellen zur Anbindung an bestehende Systeme. Unter Content-Integration wird aber auch die Fähigkeit des Unternehmens und der Content-Management Software, sich stetig der verändernden Unternehmensumwelt und den verändernden Anforderungen anzupassen, subsumiert. Für die datenbankgestützte Produktion einer digitalen Fertigungssteuerung werden wiederum Produktionsdatenbanken benötigt.

Produktionsdatenbanken sind für den internen Gebrauch eines Unternehmens bestimmt. Mit Daten aus Produktionsdatenbanken sind Zeit- und Kapazitätsplanungen für die angebundenen Kostenstellen möglich, außerdem können sie zur Fortschrittskontrolle und Terminierung verwendet werden. In diesem Kontext wird oft auch vom Database-Publishing (datenbankgestütztes Publizieren) gesprochen, ein Verfahren zur automatisierten Erstellung von Dokumenten. Durch den Einsatz von Datenbanken ergeben sich Vorteile wie zum Beispiel schneller Zugriff, Suchfunktionen, hierarchische Strukturen, Versionsverwaltung und Schnittstellenmanagement. Database-Publishing kann auch für das Erstellen von individualisierten Dokumenten eingesetzt werden (vgl. Dreyer/Kretzschmar 2004).

3.3 Management von Inhalten

Große Datenmengen wie Text-, Bild, Audio- und Videodaten müssen verwaltet werden, zum Beispiel mit multimediatauglichen Datenbanken (Media-Warehouse). Der wichtige Unterschied zum Content-Management-System ist, dass in einem solchen Media-Warehouse Medienneutralität nicht zwingend notwendig ist. Data-Warehouse bezeichnet darüber hinaus die zentrale Sammlung von Datenobjekten, die zur Verteilung über eine Unternehmung gesammelt und inventarisiert werden. Ein Data-Warehouse enthält somit Informationen aus heterogenen Datenquellen und ist die Informationsbasis für Abfragen, Auswertungen und Analysen. Das Data-Warehouse übernimmt Daten aus verschiedenen Anwendungssystemen und speichert sie so, dass sie für den Endbenutzer zugänglich und verständlich sind sowie auf breiter Basis für Auswertungen zur Verfügung stehen. Wie auch im Media-Warehouse ist im Data-Warehouse Medienneutralität kein notwendiges Kriterium (vgl. Hergenröder 2000, S. 16).

Die Erfassung, Bearbeitung, Verwaltung und Speicherung von Dokumenten unter Sicherstellung von Genauigkeit, Performance, Sicherheit und Zuverlässigkeit, unabhängig davon, wo und in welchem Format die Dokumente gespeichert sind, wird wiederum als Document-Management bezeichnet. Der Ursprung von Document-Management-Systemen im engeren Sinn ist die Verwaltung von Dateien und des Schriftverkehrs in Netzwerken. Diese Systeme sind dokumentorientiert, das heißt Zugriff, Verwaltung und Darstellung erfolgen auf Basis von Dokumentenmerkmalen und durch berechtige Benutzer (vgl. Dippold et al. 2001; Dreyer/Kretschzmar 2004).

Will man nunmehr unproduktive Suchzeiten verringern und gleichzeitig die Wiederverwendung von Medienelementen erhöhen, wendet man sich den Media-Mining-Systeme zu. Sie gehen einen Schritt weiter als die üblichen Schlagwortsysteme, da sie bei der Suche den Inhalt von Objekten analysieren und interpretieren. Typische Einsatzgebiete von Media Mining sind die Archivierung und Recherche von Daten bei Verlagen, Fernsehsendern, aber auch bei der Datenbankverwaltung (vgl. Vetter 2004).

3.4 Verwertung von Inhalten

Jedes Ausgabemedium stellt spezielle Anforderungen an die Aufbereitung der Daten (vgl. Kracke 2001; Müller-Kalthoff 2002). Cross-Media-Publishing bezeichnet die Mehrfachnutzung von Daten für die Ausgabe auf verschiedene Medien (Print- und Non-Print-Medien). Abbildung 4 zeigt die Zusammenhänge der wichtigsten Begriffe rund um das Thema Content-Management. Der Daten-Workflow und Einsatzbereich beschriebener System wird deutlich. Es wird ebenfalls deutlich, dass Media Publishing Environment eine zentrale, einheitlich Basis für die Verwaltung der Inhalte darstellt. Es sind weitere Systeme zur Anwendung, Steuerung, Archivierung und Mehrfachnutzung der Inhalte gekoppelt. So entsteht eine Umgebung, die den gesamten Bereich des elektronischen und klassischen Publizierens in entsprechende Zielmedien abdeckt.

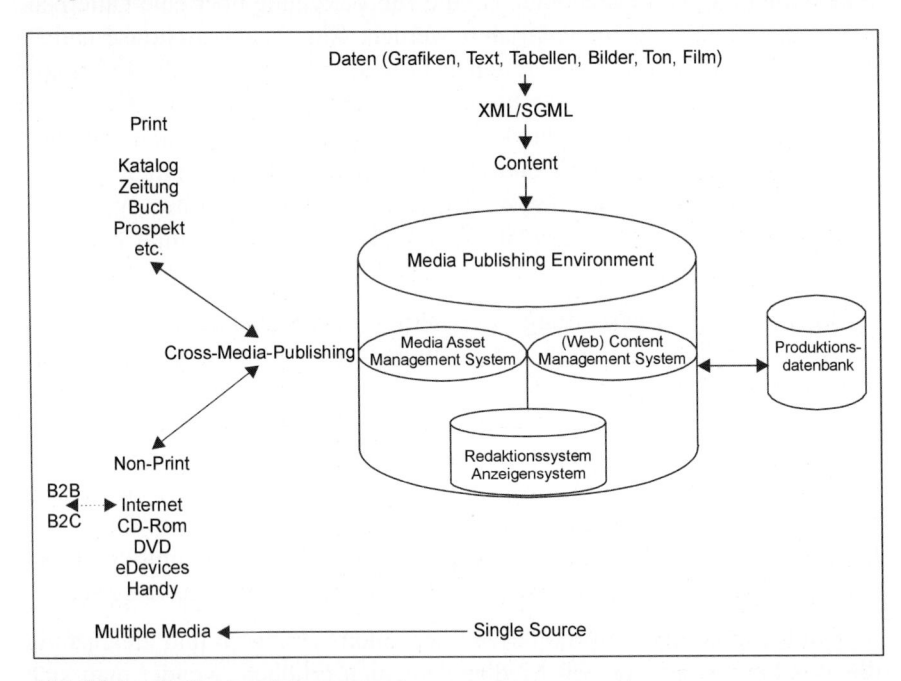

Abbildung 4: Content-Management

4 Content-Orientierung

Um Inhalte für Cross-Media-Publishing aufzubereiten und sie über verschiedene Publikationswege zu verbreiten, ist eine medienneutrale Speicherung die Grundvoraussetzung. Dies ist zum Beispiel mit einem innovativen Content-Management-System möglich. Um die Medienneutralität zu gewährleisten, ist die Content-Orientierung unerlässlich (Abbildung 5). Basis hierfür sind beispielsweise die Dateiformate SGML und XML (vgl. Binding 1999).

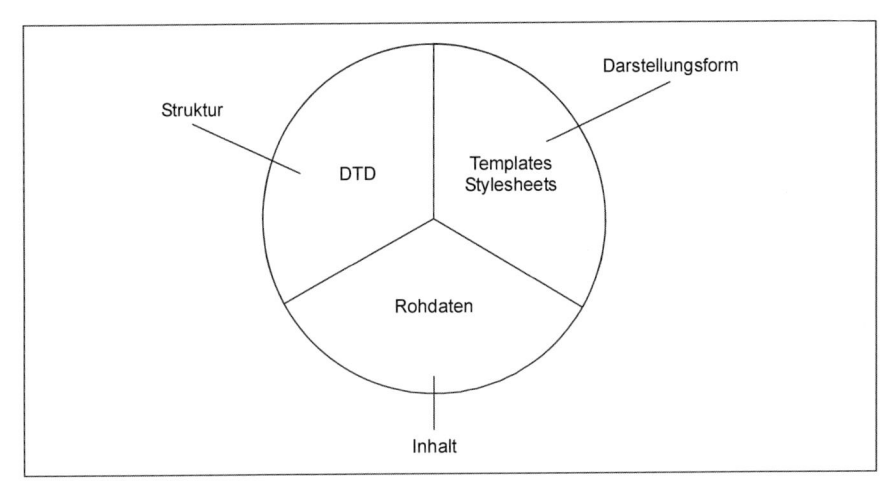

Abbildung 5: Trennung von Information – Content-Orientierung

Der Inhalt im Zusammenhang mit Content-Orientierung beschreibt die Rohdaten beziehungsweise die Informationen in einer Datei. Diese Roh-Inhalte können zum Beispiel Texte, aber auch Grafiken, Bilder, Tabellen oder Videofiles sein. Durch die Auszeichnung mit Tags (Tagged Data) werden die Rohdaten inhaltlich beschrieben beziehungsweise in einen über die Struktur definierten Kontext gestellt und erhalten so eine Bedeutung (vgl. Bullinger 2000, S. 8). Die Struktur wiederum ist die inhaltliche Definition der Information und stellt den Schlüssel zum Content-Management dar. Ausgehend von einem Text-Dokument ist mit der Struktur die Aufteilung in beispielsweise Kapitel, Abschnitte oder Umbrüche gemeint. Des Weiteren bestehen die Sätze des Text-Dokuments nicht nur aus lediglich aneinander gereihten Wörtern. Auch Informationen über einzelne Wörter oder Satzteile können interessant sein, beispielsweise ob es sich um ein Zitat oder eine wichtige Textstelle handelt oder ob ein bestimmtes Wort ein Name oder ein Befehl ist. Ein Leser erkennt solche logischen Informationen, ein Computerprogramm nicht. XML legt deswegen den Schwerpunkt nicht auf das Aussehen, sondern auf die Struktur und die logischen Elemente eines Dokuments. Diese Struktur-Definition heißt Document Type Definition (DTD). Eine DTD bildet das Regelwerk für das Auftreten, die Reihenfolge, die Verschachtelung und die Beschreibung von Datenelementen (vgl. Bullinger 2000).

Der Inhalt wird in irgendeiner Form über ein Ausgabemedium dargestellt. Hierzu werden Stylesheets und Templates verwendet. Stylesheets sind Layoutvorlagen, die informationstechnische Anweisungen enthalten, wie Content formatiert und positioniert werden soll. Templates sind Vorlagen, die speziell für die Generierung von statischen und dynamischen Internetseiten dienen (vgl. Behme/Mintert 2000). Je nachdem, in welches Medium publiziert wird, gibt es unterschiedliche Stylesheets, die genau an das jeweilige Medium angepasst sind. Die Stylesheets können parallel benutzt werden und greifen dabei auf dieselben Inhalte zu, wobei sie diese dann unterschiedlich formatieren. Hier wird Content-Management deutlich: Derselbe Inhalt erscheint in unterschiedlichen Medien, zum Beispiel in einer druckoptimierten Darstellungsvariante auf Papier und zugleich für die Bildschirmanzeige optimiert im Internet oder auf einem Handheld. Für die Beschreibung steht die Sprache XSL und XSLT zur Verfügung. Ein Prozessor verarbeitet die Darstellungsinformationen aus dem Stylesheet zusammen mit den strukturierten XML-Daten und generiert ein entsprechendes Ausgabeformat. Es kann sich hierbei um verschiedene Ausgabeformate handeln, wie zum Beispiel PDF, HTML oder WML (Abbildung 6). Für die Generierung von XML und SGML gibt es Editoren (auch Konverter genannt), die aus bestehenden Datensätzen einen XML- beziehungsweise SGML-Datensatz konvertieren.

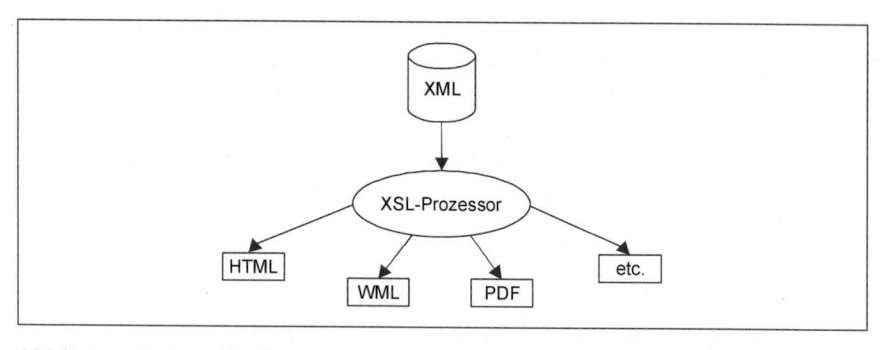

Abbildung 6: Ausgabeformate

Ein guter Editor zeichnet sich durch Benutzerfreundlichkeit aus, indem er den Autor sicher durch die in der DTD festgelegten Struktur führt und selbstverständlich keine Verletzung der Gültigkeit zulässt. Diese Editoren sind in Content-Management-Systemen integriert, aber auch einzeln erhältlich, wie zum Beispiel die Programme XML Notepad, XML Spy oder Xmetal. Auf Grund der großen Verbreitung von MS Word gibt es ebenfalls Applikationen, mit denen aus Word-Dokumenten XML beziehungsweise SGML-Dokumente erzeugt werden können. Solch ein Produkt bietet zum Beispiel die Firma Schema mit MarkupKit an. Erst die konsequente Trennung von Informationen in ihre wesentlichen Bestandteile hilft die Qualität der Informationen zu erhalten und eine automatisierte Weiterverarbeitung zu ermöglichen. Durch den Einsatz von XML kann Content-Orientierung und die anatomische Dreiteilung von Informationen technisch realisiert werden. Die Daten sind unabhängig von proprietären Dateiformaten, Programmversionen und Hardwareplattformen. Daten sind somit langzeitarchivierbar, außerdem werden Konvertierungsfehler und -verluste vermieden (vgl. Binding 1999; Bullinger 2000; Dippold et al. 2001; Vetter 2004).

4.1 Anwender und Beteiligte von Content

Im Zusammenhang mit Content-Management stellt sich die Frage: „Wer ist daran beteiligt, wer wendet es an?" Um vorweg einen Überblick über Anwender und Beteiligte zu geben, ist in Abbildung 7 die Wertschöpfungskette von der Erzeugung von Inhalten bis zur multimedialen Publikation dargestellt.

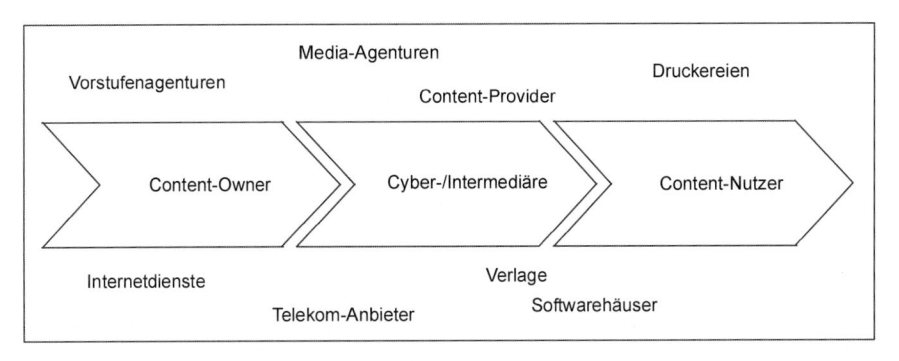

Abbildung 7: Wertschöpfungskette

Die Content-Owner besitzen Inhalte, produzieren sie oder halten Rechte daran. Cybermediäre (auch Intermediäre genannt) handeln oder vermitteln den Content (vgl. dazu Content-Syndication). Die Content-Nutzer stellen die Endanwender von Inhalten dar. Dabei kann es sich bei Endanwendern sowohl um Unternehmen (Business-to-Business) als auch um Privatpersonen

(Business-to-Consumer) handeln: dabei beschreibt Business-to-Business die Kommunikation zwischen Unternehmen, die in einer geschäftlichen oder kommunikativen Beziehung bestehen. Ein typisches B2B-Beispiel ist die elektronische Bestellung beziehungsweise der Online-Lagerabruf eines Verlages von bereits gedruckten Büchern aus dem Lager einer Druckerei. Endanwender im B2B-Bereich sind aber auch die Abnehmer der Inhalte von Content-Providern oder Content-Produzenten (vgl. Content-Syndication). Business-to-Consumer beschreibt die Kommunikation zwischen Unternehmen und Privatpersonen. Sie nehmen über das Internet Kontakt mit dem Intranet eines Unternehmens auf. Beispiele für Unternehmen die B2C anwenden sind Banken (Online-Banking, Online-Brokering) oder Online-Buchhändler, wie zum Beispiel Amazon.

4.2 Die Ausgabemedien von Content

Inhalt kann über verschiedenste Wege publiziert werden (Abbildung 8). Die gedruckte Zeitschrift ist in der heutigen Informationsgesellschaft schon lange nicht mehr das einzige Medium, eine Zielgruppe zu erreichen, hohe Lesertreue zu erwirken und gute Anzeigenpreise zu erzielen. Es wird sich mehrerer Ausgabekanäle bedient, so zum Beispiel Druck, Internet oder Multimedia.

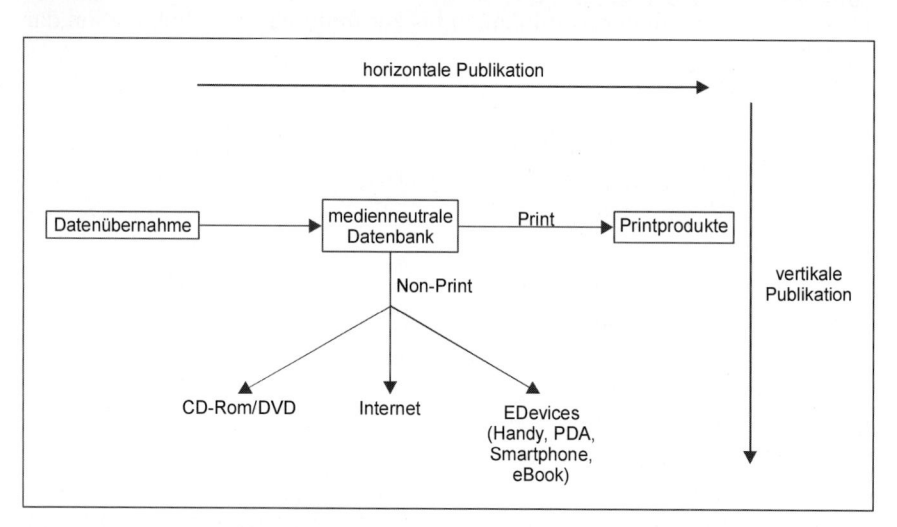

Abbildung 8: Verkürzte Publikation

Durch Cross-Media-Publishing werden gezielt mehr Leser in Form verschiedener Zielgruppen angesprochen. Der Content wird meistens horizontal publiziert, das heißt Inhalte werden im selben Medium aber in unterschiedlichen Produkten veröffentlicht. Beispielsweise erscheint ein Bericht in einer Tageszeitung als auch in einer Wochenzeitung. Content-Management beschreibt somit die Möglichkeit, Inhalte auch vertikal zu publizieren, also in verschiedenen Medien.

4.2.1 Print

Als Ausgabemedium Print werden in diesem Sinne klassische Print-Produkte verstanden, wie zum Beispiel Kataloge, Telefonbücher, Zeitungen oder Zeitschriften (horizontale Publikation von Content.). Ihr Inhalt kann zusätzlich über andere Medien (vertikal) verbreitet werden. Der Herstellungsprozess für Print-Produkte ist bekannt: Entwurf, Text- und Bildbearbeitung, Satz, Druck, Weiterverarbeitung sowie Versand. Der Endanwender hält ein gedrucktes Exemplar in der Hand, wobei durch gestalterische Elemente, verwendetes Material, Farbigkeit, Veredelung und Weiterverarbeitungsart individuelle, sehr ansprechende und werbewirksame Druckerzeugnisse geschaffen werden können (vgl. Friedrichsen/Gläser 2004). Dem gegenüber stehen hohe Produktionskosten und geringe Aktualität, was besonders bei der Zeitung deutlich wird (vgl. Breyer-Mayländer/Werner 2003; Vizjak/Ringlstetter 2003). Elektronische Medien, vor allem das Internet, sind bei der Aktualität klar im Vorteil.

4.2.2 Non-Print

Das Internet dient als Ausgabemedium von Content. Für eine Druckerei als Mediendienstleister heißt Internet als Ausgabemedium von Content, Daten über das Internet zu publizieren (vgl. Friedrichsen 2003). Für crossmediale Publizierung über Print und Internet sind vielfältige Angebote und Anwendungen denkbar: So zum Beispiel ein Katalog für Haushaltswaren, der gedruckt und an die potentiellen Kunden versendet wird. So wird Interesse für die Produkte geweckt und zum Kauf angeregt. Der Kunde bestellt per Anruf oder begibt sich in Geschäfte, die die Waren führen. Im Katalog befinden sich darüber hinaus Hinweise auf die Homepage des Herstellers. Auf dieser Homepage kann derselbe Katalog als pdf-Download betrachtet werden. Innovativer wäre hier folgender eCommerce-Ansatz: Die Homepage des Unternehmens ist mit einer Produktdatenbank verbunden, der User kann sich die Produkte online ansehen und sogleich kaufen. Die dort hinterlegten Preise, Artikelnummern, Grafiken, Bilder et cetera sind einmal medienneutral angelegt worden und werden sowohl für den Druck als auch für das Internet verwendet.

Telefon- und Branchenbücher sind heute online verfügbar. Der Vorteil liegt hier in der Abdeckung des gesamten Bundesgebiets und den flexiblen Suchfunktionen. Die gedruckten Telefonbücher beziehen sich nur auf Städte oder Kreise. Das Online-Telefonbuch ermöglicht detailliert oder in Gruppen zu suchen. Zusatzfunktionen wie Links oder Straßenkarten sind möglich.

Tageszeitungen verfügen heute ausnahmslos über Homepages, die in der Gestaltung am Layout der Zeitung angepasst sind. Die Internetversion der Zeitung ist topaktuell, letzte Meldungen der Nachrichtenagenturen werden direkt eingeblendet. Außerdem kann der Leser in Archiven recherchieren oder Nachrichten und Meldungen auf sein Mobiltelefon weiterleiten lassen. Immer mehr Tageszeitungen bieten zusätzlich den Download der Online-Zeitung auf eBooks an. Für die Verlage der Tageszeitungen war das Thema Content-Management besonders früh interessant, denn sie wünschten sich Systeme, mit denen es schnell und kostengünstig möglich war, Artikel einmal zu setzen und sie dann zu drucken und zugleich online zu veröffentlichen (vgl. Wicks et al. 2004).

Zeitschriften (zum Beispiel Modezeitschriften) veröffentlichen nur Auszüge ihrer Artikel und Reportagen der aktuellen Ausgaben auf ihren Homepages. Sie legen den Schwerpunkt eher auf Zusatzleistungen wie zum Beispiel Bildgalerien, Newsletter, Links, Tipps oder Singletreffs.

4.2.3 CD-ROM und DVD

Als Träger von Content dient auch die CD (Compact Disc) beziehungsweise die CD-ROM und der Nachfolger die DVD (Digital Versatile Disc). Zuerst verdrängte sie als Musik-CD die Kassette innerhalb kürzester Zeit, was neben den qualitativen Vorteilen auch in der flexiblen Bedienung und dem höheren Speichervolumen begründet war.

Es folgten die Photo-CD von Kodak mit weniger Erfolg, die CD-ROM für den Computer und die DVD. Die CD-ROM für den Computer ist Universalträger für Daten, wie zum Beispiel Programme, Betriebssysteme, Lexika, Kataloge oder Datenbanken. Mittlerweile ist das Brennen von CDs nach eigenen Wünschen auch für den Heimanwender problemlos möglich sowie kostengünstig. Dies bereitet neben Softwareunternehmen vor allem den Musikverlagen große Sorgen und finanzielle Einbußen, da Heimanwender Programme und Musik-CDs beliebig herstellen und unter Freuenden und Bekannten tauschen. Die DVD wurde auf Anregung eines Komitees bestehend aus Hollywoods Filmgesellschaften entwickelt, da den Filmgesellschaften die CD-ROM zu wenig Speicher und Qualität bot. Die DVD hat Speicherkapazitäten zwischen 4,7 und 17 Gigabyte, da die Daten wesentlich dichter aufgezeichnet werden und zum anderen beide DVD-Seiten Daten enthalten können. DVDs werden hauptsächlich für die Speicherung von Spielfilmen verwendet, sie eignen sich aber auch als Ton- beziehungsweise Musikträger.

In der Herstellung sind solche Ausgabemedien kostengünstiger als gedruckte Produkte wie zum Beispiel Kataloge, außerdem lassen sich Zusatzfeatures wie Video- und Musikfiles oder Suchfunktionen hinzufügen. Der Nachteil liegt aber auf der Hand: Ein PC muss zur Verfügung stehen. Nachteilig ist ebenfalls, wenn beispielsweise Zeitschriften unverändert als pdf-Datei auf einer CD-ROM publiziert werden. Durch das Fehlen von Multimedia-Effekten und dem starren Erscheinungsbild lässt die Lesequalität solcher Publikationsformen zu wünschen übrig.

4.2.4 Neue Ausgabemedien

Im Zusammenhang mit Content-Management sind in den letzten Jahren diverse neue elektronische Kommunikationsgeräte wie Handhelds (zum Beispiel Palm Pilot), Mobiltelefone und das eBook als Alternativen auf den Markt gekommen (hierbei wird oft der Begriff eDevices verwendet). eBook ist ein tragbares Lesegerät, mit dem es möglich ist, digitale Bücher und Magazine aus dem Internet zu laden. Selbst Lesezeichen setzen, Textstellen suchen, Unterstreichungen und Wörterbuch-Funktionen sind Funktionen eines eBook. Die Online-Buchhändler bieten zahlreiche Buchtitel zum selben Preis der gebundenen Version zum Herunterladen an. Immer mehr Verlage fahren zweigleisig, indem sie Titel neben der Print-Version auch für eBooks anbieten. So bietet beispielsweise die Financial Times Deutschland vielfältige Informationen an (vgl. Friedrichsen/Kurad 2005).

Anywhere, anytime, anything. Mobile phone is multi-purpose instrument for all types of communication and information, Mobiltelefone sind ebenfalls Ausgabemedien von Content. Genauer gesagt wird über beziehungsweise mit Mobiltelefonen Content-Syndication betrieben. WAP steht für Wireless Application Protocol und bezeichnet einen technischen Standard, der die Schnittstelle zwischen Internet und Mobilfunk bildet. Es ermöglicht das mobile Surfen per Handy im Internet. Informationen aller Art werden auf das Handy übertragen. Der Handynutzer kann vom Mobilfunkbetreiber vorgeschlagene Informationspakete, die zum Beispiel aus Sport-, Wetter- und Börsennachrichten bestehen, abrufen oder sich selbst gemäß seiner Interessen Informationspakete zusammenstellen. Die Bezahlung erfolgt über die Gebühreneinheiten. Nachteilig ist neben der langsamen Übertragungsgeschwindigkeit das Fehlen von Grafiken und die vergleichsweise hohen Kosten für wenige Informationen. Deswegen nutzt heute nur ein begrenzter Teil der Mobilfunkkunden derartige Dienste (vgl. Dilg/Friedrichsen/Przyklenk 2004).

Auch Handhelds sind Ausgabemedien von Content. In Kombination mit Mobiltelefonen ist eine Verbindung zum Internet möglich, durch die Technologie werden Contents auf das Handheld übertragen. Obwohl der Nachteil der geringen Geschwindigkeit bestehen bleibt, erlauben Handhelds bessere Darstellungsmöglichkeiten und bieten mehr Funktionen als Mobiltelefone. UMTS (Universal Mobile Telecommunications System) steht für die dritte Generation des Mobilfunks. Durch die hohe Datenübertragungsrate von zwei Megabit pro Sekunde (zum Vergleich: 30 mal schneller als ISDN) werden völlig neue Anwendungen möglich sein. Für die Content-Beteiligten wird durch UMTS ein weiterer Markt eröffnet: Informationen direkt auf das Mobiltelefon des Nutzers zu senden und mit ihm zu kommunizieren bis hin zu eCommerce-Anwendungen. So können zum Beispiel Fotos, Straßenkarten, Nachrichten mit Videofiles, selbst Filme problemlos übertragen werden. Der Nutzer bestimmt den übertragenen Content selbst. Was heute mit heutigen Technologien langsam, in gekürzter Form und ohne Bilder an Informationen auf das Mobiltelefon übertragen wird, soll durch UMTS neue Qualität erreichen (vgl. Friedrichsen/Kurad 2005).

Für die Mobilfunkanbieter stehen jedoch noch zu den Kosten der Lizenzerwerbung weitere Investitionssummen in Milliardenhöhe aus, um ein flächendeckendes UMTS-Netz zu installieren. Es wird interessant sein zu beobachten, wie die Nutzer das deutlich vergrößerte Angebot von Internet und Mobiltelefon annehmen und inwieweit die Anbieter von Content dieses zusätzliche Ausgabemedium nutzen werden. Als weitere neue Alternative gilt ePaper. Die Idee wurde erstmals von Negreoponte in den USA verfolgt. Seine Idee war es, Druck und Papier durch elektronische Mittel zu ersetzen und in der Lage zu sein, individuelle Information an jedem Ort der Welt aufzuladen. Bereits auf der CeBIT 1999 präsentierten die Firmen Xerox und 3M das erste ePaper. Bei ePaper (auch: Gyricon) handelt es sich um Millionen von winzigen, zweifarbigen Kugeln (halb weiß, halb schwarz) mit einer Größe von nur wenigen Mikrometern, die zwischen zwei Kunststofffolien gelagert und mit einem Zeilen und Spalten bildendem Elektrodennetz überzogen sind. Diese Kugeln weisen auf ihrer weißen Oberseite eine andere Polarität auf als auf ihrer schwarzen Unterseite. Sie schwimmen in einer transparenten Flüssigkeit, die das Drehen der Kugeln in Abhängigkeit vom elektronischen Feld des Elektrodennetzes ermöglicht (vgl. Fuchs 2000).

Durch entsprechendes Zuwenden der schwarzen und weißen Seiten der Kugeln zur Betrachtungsseite der Doppelschichtfolie entsteht ein Muster, das die Wiedergabe von Schrift, Grafik und Halbtonbildern erlaubt. ePaper ist elektronisch beschreib- und löschbar und somit viele tausendmal verwendbar. Der Einsatzbereich ist nicht nur bei Tageszeitungen, sondern auch für Bücher, Wandtafeln und Flipcharts denkbar. Mit ePaper soll die Vision der elektronischen Tageszeitung und der elektronischen Zeitschrift Realität werden. Individuell zusammengestellte, topaktuelle und an jedem Ort der Welt verfügbare Informationen zu erhalten sind Ziele, die mit ePaper erreicht werden sollen. Content-Management und ePaper könnten demzufolge untrennbar werden. Der Vorteil: Der zielgerichtete Content erhöht Lesernutzen und Leserbindung, es können Community-Gruppen gebildet werden, außerdem sind 1:1-Marketingaktionen möglich (vgl. Fuchs 2000, S. 28).

Die Vergangenheit zeigt jedoch, dass die elektronische Zeitung schon öfters gescheitert ist. Man denke hier zum Beispiel an den Versuch der Deutschen Bahn, Zeitungen in ihren ICE-Zügen zu drucken und zu verteilen. Eine Geschäftsidee der Firma Hewlett-Packard konnte sich auch noch nicht durchsetzen: Privatanwender haben die Möglichkeit, über Internet vollautomatisch Nachrichten downzuloaden und mit dem PC-Drucker auszudrucken.

Zusammenfassend bleibt festzuhalten, dass bei den eDevices und den Ausgabemedien der Zukunft eine Verschmelzung zu einem Gerät zu erwarten ist, vor allem hinsichtlich der Vereinigung der einzelnen Funktionen der heutigen Geräte. Kaum jemand wünscht sich die Situation, ständig eine Vielzahl von elektronischen Geräten wie Telefon, Laptop, Handheld und eBook mit sich zu führen, die darüber hinaus wegen verschiedener Betriebssysteme nicht oder nur teilweise kompatibel sind.

Das Gerät der Zukunft wird unter Umständen das Smartphone sein, ein Handheld mit integrierter Telefon- und Internetfunktion sowie hochauflösendem Farbdisplay, das mit dem Computer kompatibel ist. Dieses Gerät könnte das optimale Ausgabemedium für den Endanwender bezüglich Content, aber auch Content-Syndication, sein.

5 Fazit und Schlussbemerkungen

Trotz der wirtschaftlich schwierigen Situation beweisen die Print-Unternehmen in letzter Zeit mit ihren Zielsetzungen den Willen, sich dem Wandel zu stellen und die erforderlichen Maßnahmen zur Stärkung ihrer Position im Wettbewerb durchzuführen. Dabei wir offensichtlich den Erfordernissen eines rationellen und wirtschaftlich effektiven (digitalen) Workflow Rechnung getragen. Für effiziente Geschäftsprozesse und zur Erschließung neuer Geschäftsfelder ist es notwendig, die vorhandenen Print-Inhalte medienneutral zu erschließen und zu koordinieren.

Die Einführung eines für dieses Cross-Media-Publishing geeigneten Systems ist mit einem hohen finanziellen Aufwand verbunden. Neben den Kosten für Hardware und Software-Lizenzen entstehen weitere für Beratung, Customizing (Anpassung an die Erfordernisse des Print-Unternehmen) und Implementierung des Systems.

Nicht zu unterschätzen ist auch der interne Aufwand, da die an der Einführung des Systems beteiligten Mitarbeiter zeitaufwendige Vorarbeiten, wie Konzeption, Analyse, Strukturierung und Kategorisierung von Inhalten leisten müssen. Ihre Arbeit dafür bindet Kapazitäten (vgl. Maseberg et al. 1996).

Des Weiteren entstehen Kosten für die regelmäßige Pflege der Daten beziehungsweise für ein oder mehrere Daten- und Systempfleger, die im Umgang mit dem System entsprechendes Fachwissen benötigen. Wenn dieses Wissen nicht vorhanden ist, werden sie an Schulungen teilnehmen müssen.

Wegen den geringen Erfahrungen ist es für Print-Unternehmen oft schwierig zu beurteilen, wie hoch die Kosten für eine Umstellung im eigenen Haus sein können und wo die Einsparungen dann liegen werden und ob sich eine Umstellung finanziell auch lohnt.

Die mit der Einführung von Content-Management-Systemen einhergehenden Prozessänderungen betreffen somit fast alle Abteilungen eines Print-Unternehmens. Um möglichen Widerständen bei der Belegschaft zu begegnen, müssen die Konsequenzen der Integration in manchen Bereichen sehr sorgsam bedacht werden. Bei der Projektplanung sind jedoch in der Regel viele Prozessänderungen in ihrer Umsetzung offen und können somit nicht berücksichtigt werden. Beispielsweise ist in einem Print-Unternehmen die Einbindung aller Redaktionen am System zur Erreichung von Synergieeffekten zu beachten. Zur leichteren Umsetzung folgender notwendiger Veränderungsprozesse kann auch die Einführung der „Lernenden Organisation" beitragen (vgl. Meyer/Mersmann 2004).

Mit der technischen Entwicklung und den veränderten Mediennutzungsgewohnheiten der Kunden wird die Bedeutung der Koordination von Medieninhalten weiter voranschreiten. Um wettbewerbsfähig zu bleiben, müssen Print-Unternehmen Inhalte in Zukunft verstärkt für und über verschiedene Zielmedien bereitstellen. Sie können dies jedoch nur effizient und produktiv mit Cross-Media-Publishing und entsprechenden Content-Management-Systemen umsetzen.

Literaturverzeichnis

Altmeppen, K.D. (2000) Medienmanagement als Redaktions- und Produktionsmanagement, in: Karmasin, M./Winter, C. (Hrsg.) Grundlagen des Medienmanagements, München 2000, S. 41–58.

Behme, H./Mintert, S. (2000) XML in der Praxis, München 2000.

Binding, A. (1999) Eines für alle. Auf der Suche nach dem universellen Redaktionssystem für Verlage, in: Möhr, W./Schmidt, I. (Hrsg.) SGML und XML, Anwendungen und Perspektiven, Berlin – Heidelberg, S. 158–159.

Breyer-Mayländer, T./Werner, A. (2003) Handbuch der Medienbetriebslehre, München 2003.

Bullinger, H.J. (2000) CMS. Fraunhofer IAO, Stuttgart, S. 8.

Dilg, I./Friedrichsen, M./Przyklenk, G. (2004) Mobile Banking Konzepte im internationalen Vergleich. Stuttgarter Beiträge zur Medienwirtschaft, Band 11. Stuttgart 2004.

Dippold, R. et al. (2001) Unternehmensweites Datenmanagement. Von der Datenbankadministration bis zum modernen Informationsmanagement, Braunschweig – Wiesbaden 2001.

Dreyer, R. (2001) Vom Content- zum Asset-Management, in: Deutscher Drucker 36 (2001), S. 22.

Dreyer, R./Kretzschmar, O. (2004) Medien-Datenbank- und Medien-Logistik-Systeme. Anforderungen und praktischer Einsatz, München 2004.

Eberspächer, J. (2002) Die Zukunft der Printmedien, Berlin – Heidelberg – New York 2002.

Emrich, T. (2004) Content Syndication, in: Friedrichsen, M. (Hrsg.) Printmanagement. Herausforderungen für Druck- und Verlagsunternehmen im digitalen Zeitalter, Baden-Baden 2004, S. 161–173.

Friedrichsen, M. (2003) Wandel der Geschäftsprozesse: Vom klassischen Druckunternehmen zum modernen Dienstleister, in: Brösel, G./Keuper, F. (Hrsg.) Medienmanagement. Aufgaben und Lösungen, München – Wien 2003, S. 383–410.

Friedrichsen, M./Walk, C. (2003) Cross-Media-Publishing in Verlagen, in: Zeitschrift für Medienwirtschaft und Medienmanagement (3/2003), S. 4–7.

Friedrichsen, M. (2004a) Print-Management im digitalen Zeitalter – Der Wandel und die Folgen, in: Friedrichsen, M. (Hrsg.) Printmanagement. Herausforderungen für Druck- und Verlagsunternehmen im digitalen Zeitalter, Baden-Baden 2004, S. 7–16.

Friedrichsen, M. (2004b) Printmanagement. Herausforderungen für Druck- und Verlagsunternehmen im digitalen Zeitalter, Baden-Baden 2004.

Friedrichsen, M./Gläser, M. (2004) Verlage im Wandel – Management von notwendigen Veränderungsprozessen, in: Friedrichsen, M. (Hrsg.) Printmanagement. Herausforderungen für Druck- und Verlagsunternehmen im digitalen Zeitalter, Baden-Baden 2004, S. 135–147.

Friedrichsen, M./Kurad, A. (2005): Trends of Mobile Communication. Ebooks on PdAs and Smartphones. Flensburger Beiträge zum Medienmanagement, Nr. 6. Flensburg 2005.

Fritsche, H. (2001) Cross-Media-Publishing – Konzepte, Grundlagen, Praxis, Bonn 2001.

Fuchs, B. (2000) E-Paper und E-Ink, in: Deutscher Drucker (13/2000), S. 28.

Hergenröder, G. (2000): Konzeption und Realisierung eines WCMS, in: Mitteilungsblatt des regionalen Rechenzentrums Erlangen (2000), S. 16.

Kracke, B. (2001) Crossmedia-Strategien. Dialog über alle Medien, Wiesbaden 2001.

Maseberg, E./Reiter, S./Teichert, W. (1996) Führungsaufgaben in Redaktionen, Gütersloh 1996.

Mayer, M./Mersmann, J. (2004) Auf dem Weg zur lernenden Organisation – Zwischen Wandel und Stabilität, in: Friedrichsen, M. (Hrsg.) Printmanagement. Herausforderungen für Druck- und Verlagsunternehmen im digitalen Zeitalter, Baden-Baden 2004, S. 149–160.

Meckel, M. (1999) Redaktionsmanagement. Ansätze aus Theorie und Praxis, Opladen 1999.

Müller-Kalthoff, B. (2002) Cross-Media-Management – Content-Strategien erfolgreich umsetzen, Berlin – New York – Heidelberg 2002.

Vetter, J.G. (2004) Content-Management in der Druckindustrie, in: Friedrichsen, M. (Hrsg.) Printmanagement. Herausforderungen für Druck- und Verlagsunternehmen im digitalen Zeitalter, Baden-Baden 2004, S. 221–238.

Vizjak, A./Ringlstetter, M. (2003) Media Management. Leveraging Content for Profitable Growth, Heidelberg – New York – Berlin 2003.

Wicks, J.L. (2004) Media Management. A Casebook Approach, Mahwah/NJ – London.

Qualitätssicherung – Qualitätsstandards für Medienprodukte

Siegfried Weischenberg

1 Zur Tradition und Legitimation des Qualitätsdiskurses 665

2 Medienqualitäten: Dimensionen und Einflussfaktoren 668
   2.1 Mediensystem (Qualitätsnormen) 669
   2.2 Medieninstitutionen (Qualitätssicherung) 671
   2.3 Medienaussagen (Qualitätsmaßstäbe) 672
   2.4 Medienakteure (Qualitätsbewusstsein) 675

3 Strategien und Probleme des Qualitätsmanagements 676

Literaturverzeichnis 680

Vorschau

Kreismodell der Medienqualität

Dieser Beitrag bezieht die Qualität von Medienprodukten auf das Kontextmodell der betroffenen Dimensionen und Einflussfaktoren, das vor allem zwischen Mediensystem, Medieninstitutionen, Medienaussagen und Medienakteuren differenziert.

Qualitätsnormen von Mediensystemen

Sie erfahren in dem Beitrag, dass die Qualitätsnormen für Medienprodukte Ergebnis eines Diskurses um das Ausmaß von Regulierungen im Mediensystem sind.

Qualitätssicherung von Medieninstitutionen

Sie lernen Ansätze aus dem Bereich der Infrastruktur von Medienunternehmen kennen, die der Qualitätssicherung einzelner Medienorganisationen und den darin ablaufenden Kommunikationsprozessen dienen; hierbei sind Orientierungen am Total-Quality-Management-Konzept gegeben.

Qualitätsmaßstäbe von Medienaussagen

Sie nehmen durch den Beitrag wahr, dass es schwierig ist, die produktbezogene Qualität von Medienprodukten trennscharf zu definieren. Die Ambiguitäten im Rahmen dieser Diskussion rühren unter anderem von wenig kompatiblen Rezipientenvorstellungen und von ideologisch-normativen Grundpositionen der Beteiligten her.

Qualitätsbewusstsein von Medienakteuren

Der Beitrag verdeutlicht Ihnen, dass das Qualitätsbewusstsein der Medienakteure, also „professionelles Handeln", wiederum beobachterabhängig ist und sich individuell bis hin zu landeskulturell unterschiedlich fassen lässt.

1 Zur Tradition und Legitimation des Qualitätsdiskurses

„Kommt nach dem Pisa-Schock der Qualitäts-Schock?" fragte die Frankfurter Allgemeine Zeitung (2002) in einer Verlagsbeilage zum Qualitätsmanagement. „Business Excellence" sei nun angesagt, und hier hätten viele deutsche Unternehmen zweifellos ihre Hausaufgaben gemacht. „Made in Germany" habe dabei im Zeitalter der Globalisierung ausgedient; heute gehe es um das „Made by".

Nicht nur dies unterscheidet (journalistische) Medienprodukte, die – jedenfalls bis auf weiteres – vorwiegend im nationalen Kontext zustande kommen, von Industrieprodukten (vgl. Scholl/Weischenberg 1998, S. 201 ff.). Deren Qualitäts-Normierungen sind eindeutig und weitgehend unumstritten, so dass das Qualitätsmanagement über klare Orientierungen und Zielvorgaben verfügt. Bei Medienprodukten hingegen beruhen die Normen auf bestimmten Werturteilen, hängt Qualität von Entscheidungen über Relationen und Funktionen ab.

Trotz, oder gerade wegen, dieser Unübersichtlichkeit hat sich die Beschäftigung mit Qualitätsstandards für Medien und Qualitätssicherung in Medien innerhalb eines Jahrzehnts zu einem Boomsektor (innerhalb und außerhalb der zuständigen Wissenschaften) entwickelt (vgl. Bucher/Altmeppen 2003). Die Kommunikationswissenschaft, deren Leitthema die Strukturen und Funktionen von „Massenkommunikation" sind, behalf sich dabei in erster Näherung mit Metaphern: Der Terminus „Qualität" wurde mit der Konsistenz eines Puddings verglichen und die Qualitätsbewertung in einem „magischen Vieleck" angesiedelt (vgl. Ruß-Mohl 1992, S. 85–86). Diese Probleme mit dem Qualitätsbegriff sind bis heute nicht gelöst (vgl. Haas/Lojka 1998, S. 132); gleichwohl liegt inzwischen eine zumindest quantitativ beeindruckende Zahl von (mehr oder weniger) wissenschaftlich-systematischen Auseinandersetzungen mit dem Thema vor.

Die Intensität der aktuell stimulierten Anstrengungen hat sich jedoch nicht in vollem Umfang niedergeschlagen in der Qualität des Diskurses über die Qualität von Medienprodukten und das Management von Qualität in Medienbetrieben. Dafür gibt es eine Reihe von Gründen, die eng miteinander zusammenhängen. Dazu gehört neben der Vieldeutigkeit des Begriffs Qualität selbst die Vielfalt der beteiligten Interessen und der Akteure sowie, hinsichtlich der Herausforderungen an die wissenschaftliche Behandlung des Themas, eine gewisse Inkompatibilität gehandelter Konzepte aus diversen Disziplinen. Hinzu kommt eine weit gehende Begrenzung des Diskurses auf den Bereich der Qualität des Journalismus, der (auch) hier häufig unreflektiert mit Medien insgesamt gleichgesetzt wird; die Untersuchung von Qualität im Fernsehen als Summe der journalistischen und nicht-journalistischen Programmleistungen bildet hier die Ausnahme (vgl. Weiß 1997, S. 195 ff.; Breunig 1999).

Die Bemühungen um eine Bestimmung von Medienqualitäten reichen im Grunde zurück bis zu den Anfängen der Zeitungskunde Ende des 17. Jahrhunderts (vgl. Wilke 2003). Insbesondere beim Aufkommen neuer Medien wie etwa dem Fernsehen vor rund 50 Jahren (vgl. Buß 2003, S. 269) oder aufgrund von neuen Strukturen und Konkurrenzverhältnissen auf den Medienmärkten erfahren sie jeweils eine aktuelle Belebung. Dies war insbesondere Mitte der 80er Jahre der Fall, als das Monopol des öffentlich-rechtlichen Rundfunks beendet und ein duales Rundfunksystem geschaffen wurde. Seither sehen sich ARD und ZDF unter dem Druck privater Konkurrenz neuen Legitimations- und Kostenzwängen ausgesetzt.

Qualität ist so zunehmend zu einem Thema für Programmstrategie und auch interne Medienforschung geworden (vgl. Buß/Gumbl 2000; Blumers 2000; Metzger/Oehmichen 2000; Tebert 2003); Qualitätsmanagement soll das Programmangebot verbessern und die Strukturen und Prozesse in den Anstalten effektivieren. Dasselbe gilt mutatis mutandis inzwischen für die privatwirtschaftlich operierenden Unternehmen, die auf den komplizierten und launigen Medienmärkten (Altmeppen 1996) in konjunkturellen und strukturellen Krisensituationen nach Kostenreduzierungen bei gleichzeitiger Qualitätssicherung suchen.

Die Qualitätsforschung war zunächst vor allem auf die Prüfung der Frage gerichtet, ob Medien ihre (verfassungsrechtlich bestimmten) Aufgaben erfüllen und neutral und ausgewogen berichten. „Media performance", also die Leistung der Medien, wurde verstanden als „Hybrid of the Social Responsibility and the Empirical Schools of Criticism" (vgl. McQuail 1992, S. 16). Die empirische Medienkritik, bis heute eines der zentralen kommunikationswissenschaftlichen Felder, war dabei vor allem „Biasforschung", welche die Qualität der Medienrealität untersucht (vgl. Schönbach 1977; Schulz 1990; Staab 1990). Den normativen Rahmen für solche Grundlagenforschung bildete zum Beispiel das Sozialverantwortungs-Modell der Hutchins Commission, die Mitte der 40er Jahre die Leistungen nordamerikanischer Medien unter die Lupe genommen hatte (vgl. Weischenberg 2004, S. 174 ff.). Dieses Modell formuliert allgemeine gesellschaftliche Qualitätsansprüche an Medien, deren Freiheit stets einer besonderen Legitimation bedarf.

Auch in Deutschland bedeutet die von der Verfassung garantierte Kommunikations- und Medienfreiheit in direkter Konsequenz den Verzicht auf jede Art direkter Kontrolle von Medienprodukten und ihren Produzenten; sie werden alle durch den Artikel 5 des Grundgesetzes geschützt. Deshalb gibt es zum Beispiel auch keine Reglementierung des beruflichen Zugangs zum Journalismus.

Die daraus resultierenden Risiken für die Kommunikationsverhältnisse werden seit Anfang der 90er Jahre des 20. Jahrhunderts aus folgenden Gründen wieder verstärkt thematisiert (vgl. Bogart 1995; Bourdieu 1998; McChesney 1999; Weischenberg 2001b):

- Aufgrund gewandelter technischer und ökonomischer Bedingungen hat der kommerzielle Druck auf die Medienunternehmen zugenommen.
- Die Universalisierung von Marktmechanismen führt (im Journalismus) zu Entgrenzungsprozessen (vgl. Kovach/Rosenstiel 1999), die international auffallend ähnlich auftreten und in diversen Ländern Thema der Medienkritik sind.
- Einzelne Fehlleistungen von Medien („Medienaffären") (vgl. Weischenberg 2001b), provozieren aktuell die Suche nach Standards für die Produkte und nach strukturellen Sicherungen.

Die Qualität von Medienprodukten ist deshalb zu einem wichtigen Thema in der Gesellschaft geworden, was sich auch durch vielfältige Initiativen, Kongresse und Publikationen im In- und Ausland ausdrückt (vgl. Weischenberg 2003). Doch auch die Medienunternehmen sind hier inzwischen aktiv geworden. Das Management (redaktioneller) Qualität hat für sie strategische Relevanz erhalten, nachdem deutlich wurde, dass dadurch im verschärften (inter- und intramediären) Wettbewerb Vorteile erzielt werden können. Dies hat zur Karriere von Konzepten beigetragen, die aus der Betriebswirtschaftslehre adaptiert werden (vgl. Meckel 1999).

Damit hat die anwendungsorientierte Forschung bis zu einem gewissen Grade die Führung des Qualitätsdiskurses übernommen. Sie will durch Bereitstellung von Konzepten mittlerer Reichweite und entsprechendem methodischen Instrumentarium beitragen zur Lösung von Qualitäts(sicherungs)-problemen einzelner Medienorganisationen wie zum Beispiel öffentlich-rechtlichen Rundfunksendern (vgl. Wyss 2002; Ruß-Mohl 1994; Buß/Gumbl 2000; Haller 2003). Daneben gibt es intensive Aktivitäten der Medienpraxis, die nach Maßstäben zur Lösung von Qualitätsproblemen und Standards für die „Media Performance" sucht (vgl. Gleich 2003, S: 140–141; Deutscher Presserat 2003, S. 9 ff.; Stock 2003).

Bei diesem vielfältigen Qualitätsdiskurs wird mit unterschiedlichen Begriffen, Konzepten und Zielsetzungen gearbeitet; auch wenn alle in einem Chor vereint sind, der „Mehr Qualität in den Medien!" singt.

2 Medienqualitäten: Dimensionen und Einflussfaktoren

Die Bemühungen um Qualität dienen dem Ziel, „objektive" Maßstäbe für die Beurteilung von Medienprodukten zu finden. Sie sind insofern Teil der kulturellen Selbstverständigung einer Gesellschaft (vgl. Weiß 1997, S. 198). Dabei geht es

- um Eigenschaften und Merkmale eines Produkts, die bestimmten Anforderungen entsprechen sollen (Qualität als normativer Begriff), wie zum Beispiel beim Qualitätsbegriff der International Organization for Standardization (ISO) (vgl. Wyss 2002, S. 95–96; Fabris/Renger 2003, S. 81),
- um den Bezug von Produkten der Medienindustrie zu sozialen Erfordernissen und individuellen Bedürfnissen (vgl. Weiß 1997, S. 185 ff.) (Qualität als relationaler Begriff) sowie
- um einen multiperspektivischen Zugriff (vgl. Wyss 2002, S. 95 ff.; Wolling 2003, S. 341), der etwa in Hinblick auf Medien, Ressorts, Genres (vgl. Ruß-Mohl 1992, S. 85–86; Haas/Lojka 1998, S. 131) und die damit verbundenen Erwartungen differenziert (Qualität als funktionaler Begriff).

In diesem Sinne ist Qualität als Beobachterkonstrukt zu verstehen. Unterschiedliche Akteure (zum Beispiel Medienkritiker, Rezipienten oder Medienmanager) beobachten aus unterschiedlicher Perspektive mit unterschiedlichen Maßstäben und Referenzsystemen: Gemeinwohl, Publikumsinteressen, ökonomischer Erfolg (vgl. Neuberger 1997b, S. 171). Die auf diesem Wege gewonnenen Standards können sich zudem aufgrund von veränderten Bedingungen im Mediensystem permanent wandeln. Zu den Problemen mit dem Begriff Qualität gehört darüber hinaus, dass darin bereits eine (positive) Bewertung angelegt scheint (vgl. Hohlfeld 2003, S. 205), so dass hier etwas als Standard, also Durchschnitt definiert wird, was die Konnotation einer überdurchschnittlichen Erfüllung von Erwartungen hat (im Sinne von „Business Excellence"). Allein aus diesem Grunde spräche auch einiges für den neutraleren Begriff „Performance Assessment", also Leistungsbeurteilung (vgl. McQuail 1992), der sich aber gegenüber „Qualitätsforschung" nicht durchsetzen konnte.

Zur deshalb notwendigen Profilierung des Begriffs und der darauf bezogenen Forschung sollen im Folgenden zunächst die Dimensionen und Einflussfaktoren geordnet werden. Dabei kann das Kontextmodell des Journalismus helfen (Abbildung 1), das zwischen Mediensystem, Medieninstitutionen, Medienaussagen und Medienakteuren differenziert, die jeweils bestimmenden Kontexte präzisiert (vgl. Weischenberg 1998, S. 68 ff.) und das sich in diversen Untersuchungszusammenhängen heuristisch bewährt hat (vgl. Redelfs 1996; Huber 1998; Fabris 2000; Dulinski 2003).

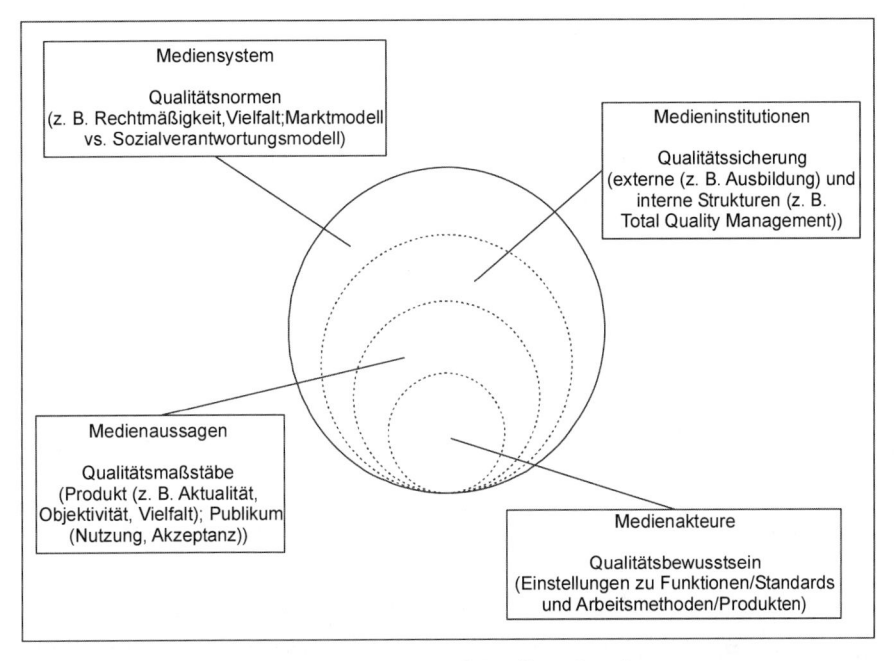

Abbildung 1: Kontextmodell: Qualität und Qualitätsforschung

2.1 Mediensystem (Qualitätsnormen)

Im Mediensystem werden die allgemeinen Zielvorgaben für die Qualität der Produkte formuliert. Dazu gehören zunächst die (verfassungs-)rechtlichen Bestimmungen, an denen sich die Medien und ihre Akteure orientieren müssen, basale Zielwerte wie Vielfalt auf den Medienmärkten sowie allgemeine und spezifische Werte und Normen, die im Rahmen der ethischen Diskurse und damit auch der Qualitätsdiskurse eine Rolle spielen (vgl. Belsey/

Chadwick 1995; Teichert 1996; Kaiser-Rumstadt/Ruß-Mohl 2000; Fabris/ Renger 2003).

Deshalb setzt einer der am meisten beachtete Versuche – von zahlreichen Versuchen (vgl. Hohlfeld 2003; Meckel 1999) – zur Objektivierung und Operationalisierung von „Qualität" bei Rechtmäßigkeit als Qualitätskriterium an, begleitet von Vielfalt, Relevanz, Professionalität und Akzeptanz (vgl. Schatz/Schulz 1992). Mit Hilfe dieser Maßstäbe glaubt man (vgl. Meckel 1999, S. 35 ff.), die Basis zu schaffen für einen funktional gefassten Qualitätsbegriff, von dem aus Strategien zur Qualitätssicherung von Medienprodukten entwickelt werden könnten.

Doch abgesehen davon, dass gerade bei der Deduktion von Qualitätsmaßstäben aus rechtlichen Bestimmungen eine normative Perspektive vorliegt, ist Rechtmäßigkeit – so wird dagegengehalten (vgl. Rager 1994, S. 193 ff.) – kein Ausdruck von Qualität, sondern ihre notwendige Voraussetzung. Auch Vielfalt ist kein Qualitätsmaßstab, sondern eine Zielsetzung, so dass eine Beschreibung von exklusiven Qualitätsdimensionen nicht gelingen kann, auch wenn auf diese Weise filigrane Operationalisierungen zustande kommen (vgl. Hohlfeld 2003, S. 206 ff.; Wyss 2002, S: 109 ff.).

Dem Normenkontext sind auch makroökonomische Beiträge zum Qualitätsdiskurs zuzurechnen. Dabei geht es insbesondere um die Klassifikation von Medienprodukten als private oder öffentliche Güter und die daraus resultierenden Maßstäbe für ihre Bewertung. Kontrovers wird in diesem Zusammenhang das Problem der Meritorität diskutiert, also die Frage, ob (und in welchem Umfang) die Bereitstellung und der Konsum von (bestimmten) Medienprodukten sozial wünschenswert ist (vgl. Heinrich 1994, S. 103 ff.; Kiefer 2001, S. 136 ff.; Neuberger 1997b, S. 172; Saxer 2000, S. 201–202). Ihre Bejahung liefe darauf hinaus, dass aufgrund von „Marktversagen" (vgl. Heinrich 1994, S. 108) regulierend eingegriffen werden müsste, um die Qualität von Medienprodukten sicherzustellen. Dem Konsumenten wird dabei prinzipiell unterstellt, dass er nicht über hinreichende Beurteilungsfähigkeiten für Medienqualitäten, als Basis für rationale Nachfrage, verfügt.

Letztlich geht es bei den Bewertungen um die normative Präferenz für ein Sozialverantwortungs- oder ein liberalistisches Marktmodell der Medien (vgl. Weischenberg 2004, S. 86 ff.) und damit um das Ausmaß von Regulierungen im Mediensystem.

2.2 Medieninstitutionen (Qualitätssicherung)

Einzelne Medienorganisationen und darin ablaufende Kommunikationsprozesse sind aus mikroökonomischer Perspektive Gegenstand der Forschung zu Qualität und Qualitätssicherung (vgl. Held/Ruß-Mohl 2000). Dabei steht insbesondere die Untersuchung der Frage im Vordergrund, welche Strukturen und welches Redaktionsmanagement journalistische Qualität herstellen und sichern können (vgl. Neumann 1997; Moss 1998; Meier 2002; Meckel 1999).

Medienqualität ist an vielfältige Strukturkomponenten gebunden (vgl. Altmeppen 2003, S. 114), die im institutionellen Kontext wirksam werden. Auf sie zielen Prozesse der Qualitätssicherung, bei denen versucht wird, vorbeugend, begleitend und korrigierend einzugreifen.

Ruß-Mohl (1994, S. 110 ff.) hat aufgrund von Beobachtungen in den USA Empfehlungen für Qualitätssicherungen zusammengestellt, die er „Infrastrukturen" nennt. Dabei lassen sich – in der eher narrativen Darstellung – externe und interne Strukturen unterscheiden. Zu ersteren gehören Institutionen und Initiativen wie Aus- und Weiterbildung, Berufsverbände, Presseräte, Ombudsleute, Medien- und Journalistenpreise (vgl. Wilke 1998; Wallisch 1995, S. 181 ff.), Medienjournalismus und -monitoring (vgl. Fengler 2002; Ruß-Mohl/Fengler 2000) sowie Medien- und Publikumsforschung (vgl. Weichler 2003, S. 86 ff.). Die Berufsverbände und der Deutsche Presserat werden dabei insofern präventiv tätig, als sie das Thema Qualität auf der Tagesordnung halten (vgl. Deutscher Presserat 2003) und ihre Maßstäbe in die Form einer Charta gießen (vgl. Stock 2003; Gleich 2003, S. 140).

Von besonderer, auf jeden Fall konkreter Relevanz sind die Binnenstrukturen, die (zum Beispiel innerredaktionelle) Qualität (durch Redaktionsstatute, Gegenrecherche, Gegenlesen, Blattkritik) sicherstellen sollen. Sie werden neuerdings als wesentlicher Teil des Medienmanagements begriffen (vgl. Meckel 1999), wobei die direkte Übertragung wirtschaftswissenschaftlicher Konzepte auf den Bereich der Publizistik aus unterschiedlichen Motiven auf Skepsis stößt (vgl. Heinrich 1996, S. 179; Neumann 1997, S. 17–18; Neumann 1997, S. 237 ff.; Haas/Lojka 1998, S. 117 ff.; Sjurts 2003).

Dennoch hat ein aus der Betriebswirtschaftslehre stammendes Konzept der Qualitätssicherung, das Total Quality Management (TQM), inzwischen sowohl in der Medienpraxis als auch in der mit ihr beschäftigten Kommunikationswissenschaft Karriere gemacht (vgl. Wyss 2002; Wyss 2003; Buß/Gumbl 2000; Meckel 1999; Moss 1998, S. 72 ff.; Weichler 2003, S. 65 ff.). TQM bezeichnet eine auf die Qualität gerichtete Führungsmethode, die alle Mitarbeiter einschließt und gleichermaßen auf die Kundenzufriedenheit, langfristigen Geschäftserfolg und den Nutzen für die Organisationsmitglieder und die Gesellschaft insgesamt abzielt. Das Konzept beruht auf den integrierten Strategien Ganzheitlichkeit, Prozessorientierung und Kontrolle der Qualitätsziele. Seine Attraktivität zeigt sich zum Beispiel dadurch, dass es die umfassenden Qualitätsmanagement-Maßnahmen verschiedener öffentlich-rechtlicher Sender angeleitet hat (vgl. Weichler 2003, S. 67 ff.; Tebert 2003; Buß 2003; Buß/Gumbl 2000).

In der bisher umfassendsten empirischen Studie zum redaktionellen Qualitätsmanagement wurde das TQM-Konzept forschungsleitend zur Untersuchung des Schweizer Journalismus eingesetzt (vgl. Wyss 2002). Die Bilanz fiel dabei insofern ernüchternd aus, als sich allein wegen der in den Redaktionen selten klar definierten Qualitätsziele und Qualitätskriterien nur wenig empirische Evidenz für die „Machbarkeit" von TQM zur Qualitätssicherung im Journalismus ergab (vgl. Wyss 2002, S. 396 ff.). Dies muss nicht gegen das Konzept an sich sprechen, das an anderer Stelle eher euphorische Reaktionen provoziert hat (vgl. Meckel 1999, S. 41 ff.), wohl aber gegen seinen unreflektierten Einsatz im Medienbereich. Dies betrifft insbesondere die implizite Unterstellung, unterschiedliche Orientierungen von Redaktion und Geschäftsbereich ließen sich durch ein ganzheitliches Qualitätsmanagement partnerschaftlich zur Deckung bringen (vgl. Reiter/Ruß-Mohl 1994). Tatsächlich haben Versuche, hier die Grenzen aufzuheben beziehungsweise die „chinesische Mauer" (vgl. Gaube 2003, S. 358–359) im Interesse der Qualitätsverbesserung zu schleifen, zu (mindestens) ambivalenten Ergebnissen geführt (vgl. Wyss 2002, S. 148 ff.; Neumann 1997).

2.3 Medienaussagen (Qualitätsmaßstäbe)

Theoretische Arbeiten wie empirische Studien zur Medienqualität sind in besonderem Maße auf den Funktionskontext gerichtet. Hier geht es zum einen um die Maßstäbe für Qualität und die Messung von Qualität der Medienprodukte und zum anderen um die Frage, welche Rolle das Publikum spielt und hier insbesondere, inwieweit Qualitätsfragen auch im Medienbereich durch Käuferentscheidungen beantwortet werden.

Die größten Probleme wirft nach wie vor die Beschreibung und Begründung eines Kanons von Qualitätsstandards auf. Für den Bereich des Journalismus werden hier – ohne weitere Problematisierung vgl. Neuberger 1997b, S. 173) – allgemeine professionelle Regeln wie Objektivität und Neutralität ebenso in den Kanon aufgenommen wie spezifische, aber nicht exklusive Kriterien wie Aktualität, Relevanz (vgl. Hagen 1995b), Transparenz, Richtigkeit, Genauigkeit, Sachlichkeit, Ausgewogenheit, Fairness, Vielfalt, Verständlichkeit (vgl. Fabris 2000; Neuberger 1997a; Wallisch 1995; Pöttker 2000; Schröter 1995). Dabei handelt es sich im Wesentlichen um professionelle Regeln für den Nachrichten-Journalismus (vgl. Weischenberg 2001a). Mit Hilfe solcher Qualitätskriterien sind zum Beispiel die Qualität von Fernsehprogrammen (vgl. Schatz/Schulz 1992) und Agenturnachrichten (vgl. Hagen 1995a), die Kriegsberichterstattung (vgl. Gleich 2003), die Wirtschaftsberichterstattung über Großunternehmen (vgl. Schröter 1992) und die Aufmacher der Bild-Zeitung (vgl. Schirmer 2001) inhaltsanalytisch untersucht worden.

Die Versuche, produktbezogene Qualitätskriterien zu begründen, präzise zu beschreiben und trennscharf zu fassen, führen – auch bei Nutzung linguistischer Kriterien (vgl. Biere 1993) – zu ambivalenten Ergebnissen und Bewertungen (vgl. Bammé/Kotzmann/Reschenberg 1993). Objektivitätskriterien des (Nachrichten-) Journalismus wie Maßstabgerechtigkeit, Vollständigkeit sowie insbesondere die Trennung von Nachricht und Meinung sind zwar professionell konsentiert (vgl. Weischenberg 2001a; Weischenberg 2003), aber als Qualitätsmaßstäbe unzureichend definiert (vgl. Neuberger 1997a, S. 319). Der Begriff Vielfalt wiederum ist ein multidimensionales Konstrukt, das zwischen Makro- und Mikroaspekten oszilliert (Tabelle 1).

Bezugsebene	Dimensionen
Mediensystem	– Anzahl unterschiedlicher Medientypen – Anzahl publizistischer Einheiten (beispielsweise Titel) – Anzahl unabhängiger publizistischer Einheiten
Medienorganisation	– Vielfalt von Medienschaffenden – Vielfalt von Institutionstypen – Vielfalt von Zuliefersystemen
Programm	– Vielfalt an Formen (zum Beispiel Genres) und Präsentationsweisen – Quellenvielfalt – Vielfalt in Bezug auf Ereignisse und Akteure – Vielfalt der abgebildeten Kommunikationsräume
Publikum	– Vielfalt der Publika, welche Programme nutzen – Vielfalt der genutzten Angebotstypen et cetera

Tabelle 1: Dimensionen von publizistischer Vielfalt (vgl. Bonfadelli 2002, S. 120)

Eine Variation der Versuchsanordnung (und der Probleme) stellt der Vorschlag dar, zwischen gegenstandsbezogenen Qualitäten (Richtigkeit, Vollständigkeit, Wahrhaftigkeit und Verschiedenartigkeit) und publikumsbezogenen Qualitäten (Unabhängigkeit, Zeitigkeit, Verständlichkeit und Unterhaltsamkeit) zu differenzieren (vgl. Pöttker 2000, S. 380 ff.). Damit wird immerhin die Rezipientenorientierung als wichtiger Maßstab für Qualität und als Orientierungsgröße für Qualitätssicherung verdeutlicht.

Die Rezipienten und ihre Kommunikationsinteressen sollten eigentlich im Zentrum einer differenzierten Diskussion über Qualität in einem marktförmigen Mediensystem stehen. Doch bisher ist eher die Konkurrenz von wenig kompatiblen Publikumsvorstellungen und eher ideologisch bestimmten normativen Konzeptionen zu registrieren (vgl. Neuberger 1997b; Wyss 2002, S. 162 ff.). Dabei wird auf der einen Seite Qualität mit Quote gleichgesetzt und auf der anderen Seite ein scharfer Gegensatz zwischen Qualität und Akzeptanz konstruiert; insgesamt wird die Mediennutzung hier viel zu pauschal untersucht und bewertet (vgl. Hasebrink 1997). Darüber hinaus fehlen Differenzierungen etwa auch in Hinblick auf die Frage, auf welche Merkmale bestimmter Genres sich das Publikumsurteil jeweils stützt und welche Angebotsalternativen die Rezipienten akzeptieren würden (vgl. Weiß 1997, S. 196–197).

Schon seit Jahren gibt es aber immerhin Untersuchungen zu der Frage, was das Publikum unter „Qualitätsfernsehen" versteht, und welche Maßstäbe es dabei anlegt (vgl. Schenk/Gralla 1993). Sie zeigen, wie groß das Spektrum der Vorstellungen, Erwartungen und Einschätzungen ist. Das Rezipientenurteil kann beim Fernsehen zum Beispiel je nach Genre variieren (vgl. Hohlfeld 2003, S. 210). Zwar sollte Publikumsgunst nicht alleiniger Qualitätsmaßstab sein; Zuschauergunst kann aber zur Qualitätssteigerung beitragen.

Diese zum Teil gegenläufigen Perspektiven und Zielsetzungen bei der Publikumsorientierung (vgl. Wyss 2003, S. 139–140) machen darauf aufmerksam, dass bei der Gewinnung von Qualitätsmaßstäben bisher die eindeutigeren Kriterien und Regeln der Produktion dominieren. Das Publikum spielt nur als ungenaue Größe beziehungsweise zur Legitimation eigener ideologischer Zielsetzungen eine Rolle. Oder als Kunde, dessen Nutzungsverhalten, das sich in Reichweiten und Quoten niederschlägt, als ausschließlicher Qualitätsmaßstab dient. Dies wird als zentrales Manko der Qualitätsforschung kritisiert (vgl. Kübler 1997; Schenk/Gralla 1993). Gerade die Einbeziehung des Publikums in den wissenschaftlichen Qualitätsdiskurs macht aber erneut darauf aufmerksam, dass Qualität (auch) Ausdruck von Relationen ist, bei denen Qualität ausgehandelt und zugewiesen wird.

2.4 Medienakteure (Qualitätsbewusstsein)

Die Einstellungen der Akteure gegenüber den professionellen Standards sowie Arbeitsmethoden und Produkten spielen in vielfältigen Zusammenhängen eine Rolle. Dabei gibt es hinsichtlich des „Qualitätsbewusstseins" offenbar unterschiedliche Ausprägungen, die je nach Kontext variieren. Auch dies legt nahe, den Begriff „Qualität" als Beobachterkategorie zu verstehen, bei der mit je spezifischen Unterscheidungen operiert wird. Professionalität ist dabei eine Sammelkategorie für den Umgang der Medien und ihrer Akteure mit den von ihnen hergestellten Produkten (vgl. Weiß 1997, S. 193 ff.).

Im Journalismus gelten zum Beispiel Richtigkeit und Relevanz, Fairness und Neutralität (vgl. Schatz/Schulz 1992, S. 702 ff.) als Maßstab für professionelles Handeln. Analoge Dimensionen sind für nicht-journalistische Leistungen vorgeschlagen worden (vgl. Weiß 1997, S. 194). Hier stellt sich erneut das Beobachterproblem: Es macht einen Unterschied, ob Professionalitäts-Standards aus der Perspektive von professionellen Beobachtern wie Medienkritikern oder Medienforschern, aus der des Publikums oder aus der von Medienakteuren definiert wird. Diese wiederum orientieren sich zum einen an konsentierten handwerklichen Kriterien und zum anderen an (multipolaren) Erwartungen der Umwelt.

Systematisch ist dabei zu unterscheiden zwischen einem allgemeineren Funktions-Bewusstsein, das sich an der öffentlichen Aufgabe von Medien orientiert, und einem spezifischeren Qualitäts-Bewusstsein in Hinblick auf professionelle Ansprüche. Im Lichte vorliegender empirischer Befunde deutet ersteres – jedenfalls bei der Berufsgruppe der Journalisten – auf weit gehend konsentierte Normen, Werte und Standards hin. Letzteres fällt da divergenter aus, wo es direkter auf Arbeitsmethoden und Arbeitsprodukte gerichtet ist; hier sorgen nationale Journalismus-Kulturen, Medien- und Ressorteinflüsse sowie persönliche Prädispositionen für ein größeres Spektrum von Einstellungen (vgl. Weischenberg 2003).

Offen bleibt (auch) im Fall des Qualitätsbewusstseins, wieweit sich die Einstellungen von Medienakteuren in deren Aktionen niederschlagen. Hier muss also jeweils nachgewiesen werden, welche Handlungsrelevanz (vgl. Scholl/Weischenberg 1998, S. 157 ff.) die genannten Kommunikationsabsichten (hier: Qualitätsziele) konkret besitzen.

Dass es einen Zusammenhang zwischen erstens den Einstellungen, zweitens den Handlungen und drittens der Qualität gibt, wird bei der Diskussion von Maßnahmen zur Qualitätssicherung direkt unterstellt. Sie setzen auf Anreize und Orientierungen für Akteure (Medienpreise) und richten sich insbesondere auf die Aus- und Weiterbildung als zentralen Infrastrukturbereich (vgl. Ruß-Mohl 1994, S. 123 ff.; Altmeppen/Hömberg 2002; Weischenberg 1990). Die Qualität der Produkte wird so – wie bei den Professionen (vgl. Luckmann/Sprondel 1972) – direkt mit der Kompetenz der Produzenten verknüpft, was angesichts des offenen Zugangs für Medienberufe und damit der fehlenden Kompetenzkontrolle prinzipiell prekär bleibt (vgl. Wallisch 1995, S. 149 ff.).

3 Strategien und Probleme des Qualitätsmanagements

Während es inzwischen zahlreiche Einzelstudien zur Qualität diverser Medien und insbesondere einzelner Produkte (des Journalismus) gibt und auch der praktische Diskurs an Lebendigkeit gewonnen hat, wird nach wie vor das theoretische Niveau der Qualitätsforschung kritisiert (vgl. Saxer 2000). Makro- und Mikroperspektiven würden ebenso wenig deutlich unterschieden wie normative und funktionale Dimensionen von Qualität sowie Zielvorgaben von Maßstäben für Qualität (vgl. Rager 1994, S. 193 ff.).

Als nicht hinreichend profiliert erweisen sich jedenfalls einerseits juristische und ökonomische und andererseits kommunikations- und medienwissenschaftliche Herangehensweisen mit ihren je spezifischen Beobachtungsweisen und Methoden. Die Ansätze und Bestände wirken ungeordnet, so dass allein deshalb ihre Anwendung auf die Lösung von (Management-) Problemen schwierig erscheint (vgl. Meckel 1999, S. 29 ff.).

Aus dieser Not hat die einschlägige Forschung insofern eine Tugend gemacht, als sie bei der Suche nach Qualitätsstandards auf einen Set von Variablen rekurriert, von denen (journalistische) Medienprodukte abhängig sind (vgl. Ruß-Mohl 1992, S. 85). Dazu gehören zunächst die allgemeinen Leistungserwartungen, dann die Bedingungen des Mediums und seine Frequenz, die zum Einsatz kommenden Genres sowie das Rollenselbstverständnis der Medienakteure und schließlich das avisierte Publikum (Abbildung 2). Auf diese Weise werden zwangsläufig unterschiedliche Zielvorgaben für das Qualitätsmanagement zustande kommen. Dabei muss jeweils sehr sorgfältig geprüft werden, ob allgemeine Strategien, die sich bei Industrieprodukten bewährt haben, auch im Medienbereich zur Anwendung kommen können.

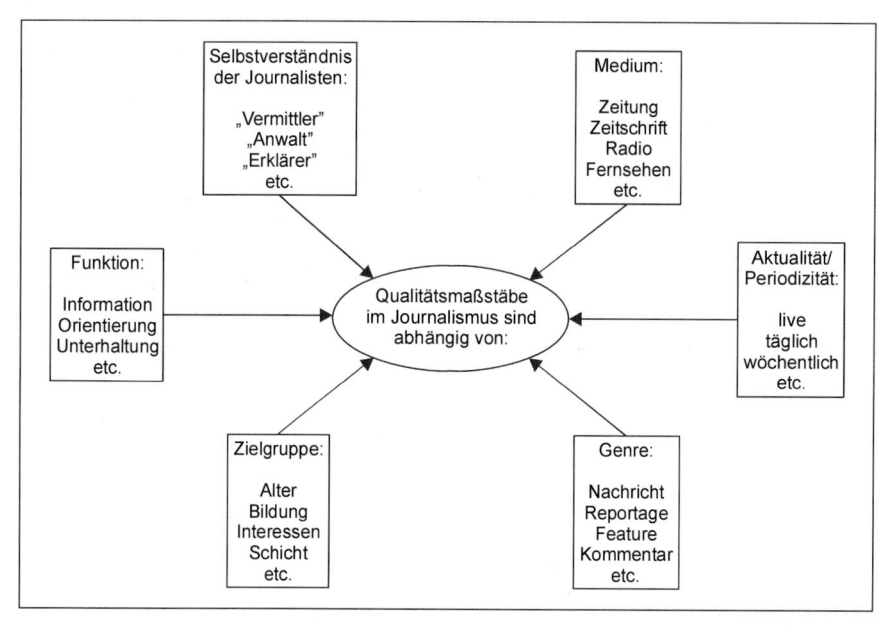

Abbildung 2: Abhängigkeiten der Qualitätsmaßstäbe im Journalismus (vgl. Wyss 2002, S. 97)

Bewertungen von Qualität und Zielsetzungen des Qualitätsmanagements fallen ganz unterschiedlich aus, je nachdem, ob aus ideologisch-normativer, normativ-pragmatischer, utilitaristisch-ökonomischer oder professioneller Perspektive beobachtet wird (vgl. Wyss 2002, S. 114 ff.). Im ersten Falle wird zum Beispiel ein kritisch-emanzipatorisches oder republikanisch-diskursives Konzept von Öffentlichkeit (vgl. Dulinski 2003, S. 367 ff.) zu Grunde gelegt, das auf den Beitrag der Medien zur Herstellung eines Austausches von rationalen Argumenten in der Demokratie zielt. Unter normativ-pragmatischem Aspekt würde zum Beispiel gefragt, inwieweit konkrete Rechtspostulate durch die Medienprodukte erfüllt werden (vgl. Schatz/Schulz 1992; Ladeur 2000).

Aus utilitaristisch-ökonomischer oder neoliberaler Perspektive hingegen wird der Rezipient als Kunde verstanden, auf dessen Verhalten sich Strategien der Akzeptanzoptimierung richten, die insbesondere auch Zielsetzungen auf dem zweiten Medienmarkt, der Werbung, berücksichtigen; hier steht ausschließlich der Erfolg des eigenen Produkts im Zentrum. Aus professioneller Perspektive schließlich ist das Publikum nur ein Faktor unter mehreren im Rahmen einer eher vage ausgebildeten Berufskultur, die zwar über eigene Qualitätsmaßstäbe verfügt (vgl. Riehl-Heyse 2003, S. 65), aber vielfältige Erwartungen und Referenzen koordinieren muss (vgl. Wallisch 1995, S. 166–167; Weiß 1997, S. 195).

Die Beschäftigung mit Bewertungsfragen liegt aber quer zum empirisch-analytischen Mainstream einer sozialwissenschaftlichen Kommunikationswissenschaft (vgl. Bucher 2003, S. 11). Normsetzungen und praktische Handlungsempfehlungen, also die Formulierung von Qualitätsstandards und die Empfehlung von Strukturen zur Qualitätssicherung, geraten deshalb unter Ideologieverdacht (vgl. Saxer 1997, S. 47).

Dies gilt auch für den holistischen Ansatz des TQM. Damit wird im Medienbereich ein Superkonzept zur Bündelung verschiedener Management-Strategien (vgl. Wyss 2003) angewendet, das mit seiner ökonomischen Schwerpunktsetzung Diskussionen über den Doppelcharakter der Medien als Industrie und Institution (vgl. Weischenberg 2004, S. 135) provoziert. Dies ist insbesondere hinsichtlich des Zusammenhangs zwischen Wettbewerb und Qualität bei Presseprodukten zu berücksichtigen (vgl. Wolff 1998; Haas/Lojka 1998, S. 117 ff.). Hier sind immer wieder normative Bedingungen für Vielfalt berührt, so dass es nicht überrascht, wenn bei der Diskussion von Strukturen zur Qualitätssicherung das Thema „innere Medienfreiheit" eine Renaissance erfährt (vgl. Stock 2001).

Konsens scheint immerhin darüber zu bestehen, dass Qualitätsmanagement eine ganzheitliche Aufgabe ist (vgl. Gaube 2003), die in Hinblick auf eine effiziente Qualitätssicherung systemisch angelegt sein sollte (vgl. Saxer 2000, S. 205). Simple Qualitätssicherungsmodelle mögen ausreichen, wenn es um die Gewährleistung korrekter Orthographie auf Zeitungsseiten geht (vgl. Held/Ruß-Mohl 2000, S. 183–184). Zu den bewährten, wenig komplexen Mustern gehört – nach angelsächsischen Vorbildern – auch, mit Hilfe von „Style-Guides" oder Leitbildern Verbindlichkeit für die Qualität redaktioneller Produktions- und Verhaltensweisen herzustellen (vgl. Gaube 2003; Ruß-Mohl 2001).

Soziale Verbindlichkeit ließe sich im Falle der Medien angesichts der Tatsache, dass Qualität offenbar nicht auf direktem Wege vom Markt honoriert wird (vgl. Wyss 2003, S. 142–143), aber wohl nur mit weiter reichenden Maßnahmen erzielen, die auf das Mediensystem und seine Normen gerichtet sind. Angesichts der Qualitätskrise von Medien, die strukturell durch Entgrenzungen und aktuell durch Affären angezeigt wird, sollen deshalb manifeste Anreize geschaffen werden, nachhaltig in Qualität zu investieren (vgl. Ladeur 2000). Im Rahmen einer Regulierung von Selbstregulierung wird zum Beispiel dafür plädiert, die Erprobung von Modellen zur Qualitätssicherung zu subventionieren. Medien müssten dazu Regeln für Recherche und Berichterstattung aufstellen und so überprüfen, dass ein rekursives System des Qualitätsmanagements (vgl. Wyss 2003) entsteht.

Erheblich weiter geht der Vorschlag, die Standards der Pressehaftung in Hinblick auf die Medien und ihre Qualitätsinfrastruktur zu differenzieren. Mangelnde Sorgfalt würde dann vor Gericht – etwa bei der Verhandlung von falschen Tatsachenbehauptungen – durch entsprechend hoch angesetzten Schadensersatz bestraft (vgl. Ladeur 2003, S. 453 ff.). In den USA gibt es dazu das Vorbild der „Sentencing Guidelines", wonach bei Gesetzesverstößen Präventivmaßnahmen zur Qualitätssicherung strafmildernd in das Urteil einbezogen werden können; bei Verfahren gegen Medien spielen sie allerdings bisher keine Rolle (vgl. Ruß-Mohl 2001).

Qualitätssicherung hat – in allen Feldern des ökonomischen Systems – mit dem Problem sich ständig verändernder Produkterwartungen zu kämpfen. Im Bereich der Medien kommt hinzu, dass der rasante Strukturwandel neue, aber unübersichtliche Rahmenbedingungen schafft. Dies bedeutet für das Qualitätsmanagement Herausforderungen, aufgrund derer die einzelnen Medien jeweils ihre Probleme genau analysieren und produktspezifische Lösungen finden müssen. Der Qualitätsdiskurs erhält so eine medien- und genrespezifische Schwerpunktsetzung.

Auf das Qualitätsmanagement der Presse zielt die – gleichfalls aus der Betriebswirtschaftslehre adaptierte – Strategie des Benchmarking (vgl. Haller 2003). Das Themenangebot von Qualitätsmedien dient dabei als Maßstab, der Vergleich als Methode. Eine Reihe spezifischer qualitätsrelevanter Merkmale von Zeitungen soll als Basis für das Qualitätsmanagement herangezogen und so die Engführung auf eine betriebswirtschaftliche Kundenorientierung vermieden werden. Von journalistischer (Deutscher Presserat 2003, S. 15 ff.) wie wissenschaftlicher Seite (vgl. Bonfadelli 2002, S. 125–126) wird das Konzept jedoch (mit unterschiedlicher Heftigkeit) kritisiert, weil es letztlich relative (und womöglich fragwürdige) Maßstäbe zur Norm erkläre.

Insbesondere auf das Fernsehen ist das Qualitätsmanagement öffentlich-rechtlicher Rundfunkanstalten gerichtet. Im Zentrum steht ein „Drei-Säulen-Modell" des Programm-Controlling, das auf Qualität, Kosten und Akzeptanz gerichtet ist. Anhand von elaborierten Methoden werden dazu Zielvereinbarungs- und Ergebnisgespräche mit den zuständigen Mitarbeitern geführt, Quotenziele definiert und Programm-Merkmale sowie Publikumsreaktionen gemessen (vgl. Tebert 2003; Blumers 2000; Metzger/Oehmichen 2000; Breunig 1999; Buß 2003). Schwächen des betriebswirtschaftlichen TQM-Konzepts bei der Erfassung „weicher Faktoren" in der Medienpraxis sollen durch zusätzliche Evaluationsforschung mit Hilfe sozialwissenschaftlicher Methoden ausgeglichen werden (vgl. Buß/Gumbl 2000).

Beim Hörfunk (vgl. Bucher/Barth 2003) hat das Qualitätsmanagement Publikumsspezifika, wie die große Programmtreue und lange Verweildauer zu berücksichtigen. Darüber hinaus spielen kommunikative Besonderheiten etwa in Hinblick auf die Nachrichtenpräsentation und den intensiven Musikeinsatz eine Rolle.

Online-Medien zum Beispiel (vgl. Meier 2003) sind in besonderem Maße durch den Zusammenhang von Qualität und Glaubwürdigkeit (vgl. Wolling 2003) herausgefordert. Hier gibt es offenbar spezifische Publikumsorientierungen, die aber durchaus mit konventionellen Qualitätserwartungen (gegenüber journalistischen Medien) korrespondieren (vgl. Altmeppen/Bucher/Löffelholz 2000). Das Problem fehlender Qualitäts-Transparenz wird bisher mit Hilfe von Image- und Markentransfer als zentraler Management-Strategie gelöst. Ob sich Crossmedialität als neues Qualitätskriterium herausbilden kann, ist ebenso unklar wie die Wirkung von Interaktivität als Qualitätsfaktor (vgl. Loosen/Weischenberg 2002).

Relativierung, Differenzierung und in der Konsequenz „weiche Lösungen" sind der Preis, der für Anstrengungen in einem unübersichtlichen Feld zu zahlen ist, in dem unterschiedliche Begriffsverständnisse, theoretische Perspektiven und praktische Interessen miteinander konkurrieren.

Über Qualität lässt sich streiten (vgl. Weiß 1997): Dass es die Qualität der Medien und des Journalismus nicht gibt, bedeutet nicht das Ende, sondern immer wieder den Anfang des Diskurses.

Literaturverzeichnis

Altmeppen, K.D. (1996) Ökonomie der Medien und des Mediensystems. Grundlagen, Ergebnisse und Perspektiven medienökonomischer Forschung, Opladen 1996.

Altmeppen, K.D. (2003) Ist der Journalismus strukturell qualitätsfähig? Der Stellenwert journalistischer Organisationen, journalistischer Produkte und journalistischer Medien für die Qualität, in: Bucher, H.J./Altmeppen, K.D. (Hrsg) Qualität im Journalismus, Wiesbaden 2003, S. 113–128.

Altmeppen, K.D./Hömberg, W. (2002) Journalistenausbildung für eine veränderte Medienwelt. Diagnosen, Institutionen, Projekte, Wiesbaden 2002.

Altmeppen, K.D./Bucher, H.J./Löffelholz, M. (2000) Online-Journalismus. Perspektiven für Wissenschaft und Praxis, Wiesbaden 2000.
Bammé, A./Kotzmann, E./Reschenberg, H. (1993) Publizistische Qualität. Probleme und Perspektiven ihrer Bewertung, München – Wien.
Belsey, A./Chadwick, R. (1995) Ethics as a Vehicle for Media Quality, in: European Journal of Communication (4/1995), S. 461–473.
Biere, B.U (1993) Linguistische Kriterien für publizistische Qualität, in: Bammé, A. et al. (Hrsg.) Publizistische Qualität. Probleme und Perspektiven ihrer Bewertung, München – Wien 1993, S. 73–85.
Blumers, M. (2000) Qualitätskontrolle im SWR. Ein theoretisches Modell auf dem Weg in den Redaktionsalltag, in: Media Perspektiven (5/2000), S. 201–206.
Bogart, L. (1995) Commercial Culture. The Media System and the Public Interest, New York – Oxford.
Bonfadelli, H. (2002) Medieninhaltsforschung. Grundlagen, Methoden, Anwendungen, Konstanz 2002.
Bourdieu, P. (1998) Über das Fernsehen, Frankfurt/Main 1998.
Breunig, C. (1999) Programmqualität im Fernsehen. Entwicklung und Umsetzung von TV-Qualitätskriterien, in: Media Perspektiven (3/1999), S. 94–110.
Bucher, H.J. (2003) Journalistische Qualität und Theorien des Journalismus, in: Bucher, H.J./Altmeppen, K.D. (Hrsg.) Qualität im Journalismus, Wiesbaden 2003, S. 11–34.
Bucher, H.J./Altmeppen, K.D. (2003) Qualität im Journalismus. Grundlagen – Dimensionen – Praxismodelle, Wiesbaden 2003.
Bucher, H.J./Barth C. (2003) Qualität im Hörfunk. Grundlagen einer funktionalen und rezipientenorientierten Evaluierung, in: Bucher, H.J./Altmeppen, K.D. (Hrsg.) Qualität im Journalismus, Wiesbaden 2003, S. 223–245.
Buß, M. (2003) Qualitätsmanagement intermedial: Hörfunk, Fernsehen, Online, in: Bucher, H.J./Altmeppen, K.D. (Hrsg) Qualität im Journalismus, Wiesbaden 2003, S. 269–287.
Buß, M./Gumbl, H. (2000) Theoriegeleitete Evaluation im öffentlich-rechtlichen Rundfunk. Ein Konzept zur Qualitätsbewertung von Rundfunkangeboten, in: Media Perspektiven (5/2000), S. 194–200.
Deutscher Presserat (2003) Jahrbuch 2003. Mit der Spruchpraxis des Jahres 2002. Schwerpunkt: Qualität im Journalismus, Konstanz 2003.
Dulinski, U. (2003) Sensationsjournalismus in Deutschland, Konstanz 2003.
Fabris, H.H. (2000) Vielfältige Qualität. Theoretische Ansätze und Perspektiven der Diskussion um Qualität im Journalismus, in: Löffelholz, M. (Hrsg.) Theorien des Journalismus, Wiesbaden 2000, S. 363–374.
Fabris, H.H./Renger, R. (2003) Vom Ethik- zum Qualitätsdiskurs, in: Bucher, H.J./Altmeppen, K.D. (Hrsg.) Qualität im Journalismus, Wiesbaden 2003, S. 79–91.
Fengler, S. (2002) Medienjournalismus in den USA, Konstanz 2002.
Frankfurter Allgemeine Zeitung (2002) Verlagsbeilage zum Qualitätsmanagement, 11.11.2002.

Gaube, F. (2003) Qualitätssicherung im Online-Journalismus am Beispiel FAZ.net, in: Bucher, H.J./Altmeppen, K.D. (Hrsg.) Qualität im Journalismus, Wiesbaden 2003, S. 345–364.

Gleich, U. (2003) Qualität im Journalismus am Beispiel der Kriegsberichterstattung. Forschungsbeiträge zur Qualitätsdebatte, in: Media Perspektiven (3/2003), S. 139–148.

Haas, H./Lojka, K. (1998) Qualität auf dem Prüfstand. Bedingungen einer kommunikativen Leistungsdiagnostik, in: Duchkowitsch, W. et al. (Hrsg.) Journalismus als Kultur, Wiesbaden 1998, S. 115–132.

Hagen, L.M. (1995a) Informationsqualität von Nachrichten. Meßmethoden und ihre Anwendung auf die Dienste von Nachrichtenagenturen, Wiesbaden 1995.

Hagen, L.M. (1995b) Relevanz von Nachrichten. Meßmethoden für ein zentrales Qualitätskriterium und ihre Anwendung auf Dienste von Nachrichtenagenturen, in: Rundfunk und Fernsehen (2/1995), S. 158–177.

Haller, M. (2003) Qualität und Benchmarking im Printjournalismus, in: Bucher H.J./Altmeppen, K.D. (Hrsg.) Qualität im Journalismus, Wiesbaden 2003, S. 181–201.

Hasebrink, U. (1997) Die Zuschauer als Fernsehkritiker? Anmerkungen zum vermeintlichen Missverhältnis zwischen „Qualität" und „Quote", in: Weßler, H. et al. (Hrsg.) Perspektiven der Medienkritik, Opladen – Wiesbaden 1997, S. 201–215.

Heinrich, J. (1994) Medienökonomie, Bd 1. Mediensystem, Zeitung, Zeitschrift, Anzeigenblatt, Opladen 1994.

Heinrich, J. (1996) Qualitätswettbewerb und/oder Kostenwettbewerb im Mediensektor? In: Rundfunk und Fernsehen (2/1996), S. 165–184.

Held, B./Ruß-Mohl, S. (Hrsg.) (2000) Qualität durch Kommunikation sichern: Vom Qualitätsmanagement zur Qualitätskultur. Erfahrungsberichte aus Industrie, Dienstleistung und Medienwirtschaft, Frankfurt/Main 2000.

Hohlfeld, R. (2003) Objektivierung des Qualitätsbegriffs. Ansätze zur Bewertung von Fernsehqualität, in: Bucher, H.J./Altmeppen, K.D. (Hrsg.) Qualität im Journalismus, Wiesbaden 2003, S. 203–221.

Huber, C. (1998) Das Journalismus-Netzwerk. Wie mediale Infrastrukturen journalistische Qualität beeinflussen, Innsbruck 1998.

Kaiser-Rumstadt, M./Ruß-Mohl, S. (2000) Qualität und Ethik, in: Held, B./Ruß-Mohl, S. (Hrsg.) Qualität durch Kommunikation sichern: Vom Qualitätsmanagement zur Qualitätskultur, Frankfurt/Main 2000, S. 243–261.

Kiefer, M.L. (2001) Medienökonomik. Einführung in eine ökonomische Theorie der Medien, München – Wien 2001.

Kovach, B./Rosenstiel, T. (1999) Warp Speed. America in the Age of Mixed Media, New York 1999.

Kübler, H.D. (1997) Medienqualität – was macht sie aus? Zur Qualität einer nicht beendeten, aber wohl verstummenden Debatte, in: Wunden, W. (Hrsg.) Wahrheit als Medienqualität, Frankfurt/Main 1997, S. 193–209.

Ladeur, K.H. (2000) Rechtliche Möglichkeiten der Qualitätssicherung im Journalismus, in: Publizistik (4/2000), S. 442–461.

Loosen, W./Weischenberg, S. (2002) Das Drehkreuz der Redaktion. Kompetenz-Dimensionen des „Datenbank-Journalismus", in: Medien- und Kommunikationswissenschaft (1/2002), S. 93–101.
Luckmann, T./Sprondel, W.M. (Hrsg) (1972) Berufssoziologie, Köln 1972.
McChesney, R.W. (1999) Rich Media, Poor Democracy. Communication Politics in Dubious Times, Urbana – Chicago.
McQuail, D. (1992) Media Performance. Mass Communication and the Public Interest, London 1992.
Meckel, M. (1999) Redaktionsmanagement. Ansätze aus Theorie und Praxis, Opladen – Wiesbaden.
Meier K. (2002) Ressort, Sparte, Team. Wahrnehmungsstrukturen und Redaktionsorganisation im Zeitungsjournalismus. UVK, Konstanz.
Meier, K. (2003) Qualität im Online-Journalismus, in: Bucher, H.J./Altmeppen, K.D. (Hrsg.) Qualität im Journalismus, Wiesbaden 2003, S. 247–266.
Metzger, J./Oehmichen, E. (2000) Qualitätssteuerung im hessen fernsehen. Strategie, Verfahren und erste Erfahrungen, in: Media Perspektiven (5/2000), S. 207–212.
Moss, C. (1998) Die Organisation der Zeitungsredaktion. Wie sich journalistische Arbeit effizient koordinieren lässt, Opladen – Wiesbaden.
Neuberger, C. (1997a) Was ist wirklich, was ist wichtig? Zur Begründung von Qualitätskriterien im Journalismus, in: Bentele, G./Haller, M. (Hrsg.) Aktuelle Entstehung von Öffentlichkeit, Konstanz 1997, S. 311–322.
Neuberger, C. (1997b) Was das Publikum wollen könnte. Autonome und repräsentative Bewertung journalistischer Leistungen, in: Weßler, H. et al. (Hrsg.) Perspektiven der Medienkritik, Opladen – Wiesbaden 1997, S. 171–184.
Neumann, S. (1997) Redaktionsmanagement in den USA: Fallbeispiel „Seattle Times", München 1997.
Pöttker, H. (2000) Kompensation von Komplexität. Journalismustheorie als Begründung journalistischer Qualitätsmaßstäbe, in: Löffelholz, M. (Hrsg.) Theorien des Journalismus. Wiesbaden 2000, S. 375–390.
Rager, G. (1994) Dimensionen der Qualität. Weg aus den allseitig offenen Richter-Skalen, in: Bentele, G./Hesse, K.R. (Hrsg.) Publizistik in der Gesellschaft, Konstanz 1994, S. 189–209.
Redelfs, M. (1996) Investigative Reporting in den USA. Strukturen eines Journalismus der Machtkontrolle, Opladen 1996.
Reiter, S./Ruß-Mohl, S. (1994) Zukunft oder Ende des Journalismus? Medienmanagement – Publizistische Qualitätssicherung – Redaktionelles Marketing, Gütersloh 1994.
Riehl-Heyse, H. (2003) Arbeiten in vermintem Gelände. Macht und Ohnmacht des Journalismus, Wien 2003.
Ruß-Mohl, S. (1992) Am eigenen Schopfe... Qualitätssicherung im Journalismus – Grundfragen, Ansätze, Näherungsversuche, in: Publizistik (1/1992), S. 83–96.
Ruß-Mohl, S. (1994) Der I-Faktor. Qualitätssicherung im amerikanischen Journalismus. Modell für Europa? Zürich – Osnabrück 1994.
Ruß-Mohl, S. (2001) Mit erfrischender Klarheit, in: Message (4/2001), S. 78–81.

Ruß-Mohl, S./Fengler, S. (2000) Medien auf der Bühne der Medien. Zur Zukunft von Medienjournalismus und Medien-PR, Berlin 2000.

Saxer, U. (1997) Kommunikationsforschung und Kommunikatoren. Konstitutionsprobleme einer publizistikwissenschaftlichen Teildisziplin, in: Bentele, G./Haller, M. (Hrsg.) Aktuelle Entstehung von Öffentlichkeit. Konstanz 1997, S. 39–54.

Saxer, U. (2000) Zur Journalismus-Qualitätsdiskussion, in: Held, B./Ruß-Mohl, S. (Hrsg.) Qualität durch Kommunikation sichern: Vom Qualitätsmanagement zur Qualitätskultur, Frankfurt/Main 2000, S. 189–215.

Schatz, H./Schulz, W. (1992) Qualität von Fernsehprogrammen. Kriterien und Methoden zur Beurteilung von Programmqualität im dualen Fernsehsystem, in: Media Perspektiven (11/1992), S. 690–712.

Schenk, M./Gralla, S. (1993) Qualitätsfernsehen aus der Sicht des Publikums, in: Media Perspektiven (1/1993), S. 8–15.

Schirmer, S. (2001) Die Titelseiten-Aufmacher der BILD-Zeitung im Wandel: Eine Inhaltsanalyse unter Berücksichtigung von Merkmalen journalistischer Qualität, München 2001.

Scholl, A./Weischenberg, S. (1998) Journalismus in der Gesellschaft. Theorie, Methodologie und Empirie, Wiesbaden 1998.

Schönbach, K. (1977) Trennung von Nachricht und Meinung. Empirische Untersuchung eines journalistischen Qualitätskriteriums, Freiburg – München 1977.

Schröter, D. (1992) Qualität im Journalismus. Testfall: Unternehmensberichterstattung in Printmedien, München – Mühlheim 1992.

Schröter, D. (1995) Qualität und Journalismus. Theoretische und praktische Grundlagen journalistischen Handelns, München 1995.

Schulz, W. (1990) Die Konstruktion von Realität in den Nachrichtenmedien. Analyse der aktuellen Berichterstattung, Freiburg – München 1990.

Sjurts, I. (2003) Medienmanagement, in: Bentele, G. et al. (Hrsg.) Öffentliche Kommunikation, Wiesbaden 2003, S. 523–538.

Staab, J.F. (1990) Nachrichtenwert-Theorie. Formale Struktur und empirischer Gehalt, Freiburg-München 1990.

Stock, M. (2001) Innere Medienfreiheit – Ein modernes Konzept der Qualitätssicherung. Mit Textanhang: Redakteursstatute im Rundfunk, Baden-Baden 2001.

Stock, M. (2003) Innere Medienfreiheit energisch ins Spiel bringen: Die DJV-Initiative Qualität im Journalismus, in: Rosenthal, C. (Hrsg.) Zensur. Bonn 2003, S. 47–54.

Tebert, M. (2003) Qualitätssicherung im Fernsehen, in: Bucher, H.J./Altmeppen, K.D. (Hrsg.) Qualität im Journalismus, Wiesbaden 2003, S. 309–325.

Teichert, W. (1996) Journalistische Verantwortung: Medienethik als Qualitätsproblem, in: Nida-Rümelin, J. (Hrsg.) Angewandte Ethik, Stuttgart 1996, S. 751–775.

Wallisch, G. (1995) Journalistische Qualität. Definitionen – Modelle – Kritik, Konstanz 1995.

Weichler, K. (2003) Redaktionsmanagement, Konstanz 2003.

Weischenberg, S. (1990) Journalismus & Kompetenz. Qualifizierung und Rekrutierung für Medienberufe, Wiesbaden 1990.
Weischenberg, S. (2001a) Nachrichten-Journalismus. Anleitungen und Qualitäts-Standards für die Medienpraxis, Wiesbaden 2001.
Weischenberg, S. (2001b) Das Ende einer Ära? Aktuelle Beobachtungen zum Studium des künftigen Journalismus, in: Kleinsteuber, H.J. (Hrsg.) Aktuelle Medientrends in den USA, Wiesbaden 2001, S. 61–82.
Weischenberg, S. (2003) Leistung und journalistisches Bewusstsein. Zur „subjektiven Dimension" der Qualitätsdebatte, in: Bucher, H.J./Altmeppen, K.D. (Hrsg.) Qualität im Journalismus, Wiesbaden 2003, S. 163–178.
Weischenberg, S. (2004) Journalistik. Theorie und Praxis aktueller Medienkommunikation, Bd 1: Mediensysteme, Medienethik, Medieninstitutionen, 3. Aufl., Wiesbaden 2004.
Weiß, R. (1997) Läßt sich über Qualität streiten? Versuche in der Kommunikationswissenschaft zur Verobjektivierung des Qualitätsbegriffes, in: Weßler, H. et al. (Hrsg.) Perspektiven der Medienkritik, Wiesbaden 1997, S. 185–199.
Wilke, J. (1998) Was heißt journalistische Qualität? Auch ein Versuch zur Bestimmung ihrer Kriterien, in: Duchkowitsch, W. et al. (Hrsg.) Journalismus als Kultur, Wiesbaden 1998, S. 133–142.
Wilke, J. (2003) Zur Geschichte der journalistischen Qualität, in: Bucher, H.J./Altmeppen, K.D. (Hrsg.) Qualität im Journalismus, Wiesbaden 2003, S. 35–54.
Wolff, V. (1998) Wettbewerb und Qualität bei Presseprodukten, in: Publizistik (3/1998), S. 260–272.
Wolling, J. (2003) Medienqualität, Glaubwürdigkeit und politisches Vertrauen, in: Donsbach, W./Jandura, O. (Hrsg.) Chancen und Gefahren der Mediendemokratie, Konstanz 2003, S. 333–349.
Wyss, V. (2002) Redaktionelles Qualitätsmanagement. Ziele, Normen, Ressourcen, Konstanz 2002.
Wyss, V. (2003) Journalistische Qualität und Qualitätsmanagement, in: Bucher, H.J./Altmeppen, K.D. (Hrsg.) Qualität im Journalismus, Wiesbaden 2003, S. 129–145.

Fünftes Kapitel: Der Vertrieb

Interview mit Steven S. Wildman

Prof. Steven S. Wildman, Michigan State University, East Lansing/MI (USA)

What is from your individual point of view the most important question media management in day-to-day practice has to deal with?

The major issue constantly confronting any media organization is balancing the interests of an audience (whether print or electronic) against those of advertisers while devising strategies that promote the economic interests of the organization.

What is the most important answer media management in theory has given in the last year?

Work being done on better methodologies for audience measurement may lead to more sophisticated responses to the question I just listed. These are the most important attempts to answer this question, but how successful these attempts will be is not clear at the moment.

Do media companies need to choose between the strategic options of diversification or concentration on core competencies? Which are the criteria managers should base their decision upon?

I think this is a false dichotomy, as it assumes that a core competency has to relate to performance in a single medium or a few that are closely related. If the competency is conceptual and based on a deep understanding of the logic of media markets, it can be broadly applied. The critical question is whether analytical expertise and intuition developed for one medium have clear applications to others.

Considering the different modes of delivery of TV content: In how far do they contribute to an advertiser's profit in different ways? Does the mode of delivery eventually justify different advertising pricing models?

There are two critical issues that have to be addressed in answering these questions. First, to what extent is the aggregate audience reached via one mode of delivery (say over the air television) duplicated by that reached by a second mode of delivery (say cable television). In the U.S. and in many other countries, virtually the entire television audience is reachable via over-the-air broadcasters, while a smaller subset of this same audience can be reached by cable or satellite. This means there is a segment of the over-the-air audience for which cable and satellite services cannot offer competitive options to advertisers. This difference in coverage should be reflected in ad time prices. To the extent that different types of programming attract relatively specialized audiences, ad time pricing should reflect the extent to which preferences in programming are correlated with preferences in other products that might be advertised. When they have lots of channels, cable and satellite tend to provide most of the truly niche programming.

How do you see the professionalism in the media industry and how would you measure the professionalism of a media company?

An important measure of professionalism is the degree to which media managers rely on well articulated analytical frameworks for making business decisions.

If media companies segment their audiences, create niche products and focus on their core competencies, they also reduce their substitutability – don't they also lose flexibility? How can they then react to market changes?

The real question regarding flexibility is whether the current strategy provides a platform from which there is a place to move in the future. Offering attractive, general interest programming can also be a core competency. The size of the audience segment supporting this approach is diminishing, however. It can be argued that there will always be a substantial audience for general purpose programs, but the nature of those programs changes over time (for example, suppose reality programs are hot this year, but dramas and sit coms were bigger five years ago). Then the key is have a reputation with the audience for being on top of the general interest trend rather than identified with the general interest flavor of the day. If niche programs are identified fairly narrow audience segments, long term viability demands that the tastes supporting the niche be durable for the segment long-term if an entire channel is devoted to the niche (for example, sports, news and weather) or that a channel be recognized for catering to a variety of niches in its schedule so that programming elements can be swapped out piecemeal should tastes supporting any single program type change dramatically.

How does audience fragmentation affect the advertisement-sales?

It makes the media buyer's job much tougher if general interest products are being sold, as an aggregate audience has to be cobbled together from many smaller one, with varying degrees of overlap among them. It makes this job easier if special interest products correlated with tastes for niche programs are being sold. At the same time, limited competitive options are likely to create upward pressure on prices.

Does audience fragmentation, linked with increasing commercialism in the media, result in lower quality of information products and entertainment programs?

An inevitable consequence of smaller audiences for individual programs is the provision of less expensive programs. This cannot but help adversely impact production values and quality. On the other hand, those viewers desiring more narrowly targeted fare may find more of value in the new programs available.

Please tell us which theory is most relevant in your research of media management. Which is the most applicable theory for managers?

Economic theory on the relationship between audience size and spending power and the production budgets for media products, combined with theory on market segmentation.

What (else) should a student in the field of media management learn?

The relationship between audience composition and the value of an audience to advertisers is important, but still not widely understood.

Absatzmanagement – Preis-, Produkt- und Programmpolitik

Gabriele Siegert

1 Einführung 695
2 Medienangebote und mediale Absatzmärkte 696
   2.1 Medienangebote und ihre Charakteristika 696
   2.2 Mediale Absatzmärkte 697
3 Absatzmanagement in einzelnen Medienmärkten 699
   3.1 Markt für Inhalte 699
      3.1.1 Angebot und Preis 699
      3.1.2 Basisorientierungen in der Produkt- und Programmpolitik ... 700
   3.2 Markt für Werbung 703
      3.2.1 Angebot und Preis 703
      3.2.2 Basisorientierungen in der Produkt- und Programmpolitik ... 705
   3.3 Markt für Zusatzangebote und Mehrwertdienste 706
      3.3.1 Angebot und Preis 706
      3.3.2 Basisorientierungen in der Produkt- und Programmpolitik ... 707
   3.4 Markt für Rechteverkauf und Lizenzierung 708
      3.4.1 Angebot und Preis 708
      3.4.2 Basisorientierungen in der Produkt- und Programmpolitik ... 709
4 Vernetztes Absatzmanagement und typische Vermarktungsstrategien 710
5 Fazit 712
Literaturverzeichnis 712

Vorschau

Dual-Product/Service-Market

Dieser Beitrag verdeutlicht Ihnen als Besonderheit des Medienabsatzmarktes, dass hier vor allem die Verknüpfung von Werbedienstleistung und inhaltlichem Angebot grundlegend ist, da sich viele Medien durch Werbung finanzieren. Medienangebote richten sich somit an einen Publikumsmarkt und einen Werbemarkt

Differenzierung von Medienprodukten

Sie verstehen durch diesen Beitrag die Besonderheiten des Marktes für Medieninhalte in Abgrenzung zum Markt für Medienwerbung, zum Markt für Zusatzangebote und Mehrwertdienste sowie zum Markt für Rechteverkauf und Lizenzierung. Gestaltungsfelder sind auf diesen Märkten jeweils das Angebot und der Preis, darüber hinaus aber auch die Produkt- und Programmpolitik mit ihren Differenzierungsmöglichkeiten, die Sie im einzelnen kennen lernen.

Medienvermarktungsstrategien

Von besonderem Interesse ist für Sie in dem Beitrag die Vernetzung und Abstimmung der Preis-, Produkt- und Programmpolitiken auf den einzelnen Märkten. Neben konvergenten Systemangeboten werden risikoarme, imitative Produkt- und Programmstrategien sowie Medienmarken-Strategien und der Markentransfer vorgestellt.

1 Einführung

Unter Produkt- beziehungsweise Programmpolitik werden im Folgenden alle strategischen und operativen Aktivitäten verstanden, die sich auf die Angebotspalette von Medienorganisationen beziehen. Darunter fallen unter anderem die Konzeption, Neuentwicklung und Differenzierung von Angeboten sowie ihre Verpackung und Vermarktung. Als Preispolitik werden alle strategischen und operativen Maßnahmen bezüglich der Transaktionsbedingungen bezeichnet, also unter anderem Preisgestaltung und Rabattpolitik.

Medienökonomische Charakteristika führen darüber hinaus dazu, dass sich das mediale Absatzmanagement von dem anderer Branchen unterscheidet. Der Unterschied zeigt sich vor allem in den folgenden zwei Punkten: Zum einen in der unabdingbaren Vernetzung mehrerer Absatzmärkte bei gleichzeitig zu differenzierender Marktbearbeitung. Zum anderen im Ineinanderfließen der Produkt- und Programmpolitik und der Kommunikationspolitik aufgrund des kommunikativen Charakters der Angebote. Deshalb berücksichtigt der vorliegende Beitrag auch die Kommunikationspolitik von Medienunternehmen.

Um die Dimensionen des medialen Absatzmanagements konturieren zu können, ist es nötig, die Angebote der Medienunternehmen zu spezifizieren. Damit können die Märkte, auf denen die Preis-, Produkt- und Programmpolitik wirksam werden soll, festgelegt werden. Dies ist grundlegend, da Marketing in einem umfassenden Sinn als die auf den Markt beziehungsweise die Märkte ausgerichtete Orientierung des Unternehmens zu verstehen ist.

Auch wenn aus Sicht der Medienunternehmen die Optimierung des Absatzmanagements wichtig und sinnvoll ist, muss der gesellschaftspolitischen Bedeutung der Medien als wichtige Instanzen gesellschaftlicher Selbstbeobachtung und Wirklichkeitskonstruktion sowie ihrer Rolle im (politischen) Meinungsbildungsprozess und bei der Sicherung der staatsbürgerlichen Handlungskompetenz der Bürger zumindest mit einem Hinweis Rechnung getragen werden. Eine ausschließlich am Absatz orientierte Medienproduktion hat unweigerlich problematische Konsequenzen für die öffentliche Kommunikation. Unter anderem, weil sie erstens Individuen in ihrer Rolle als Konsumenten und nicht in ihrer Rolle als Bürger anspricht, zweitens bestimmte gesellschaftliche Gruppierungen vom medialen Angebot ausklammert und drittens tendenziell (konsum-)kritische Kommentierung und Hintergrundberichterstattung vernachlässigt.

2 Medienangebote und mediale Absatzmärkte

2.1 Medienangebote und ihre Charakteristika

Die Medienproduktion ist keine einfache, abstimmbare Aufeinanderfolge ökonomischer Tätigkeiten nach industriellem Muster, auch wenn sie sich zunehmend standardisiert und industrialisiert. Sie ist vielmehr durch eine mehrdimensionale, komplexe Verzahnung ökonomischer mit journalistischen und künstlerischen Aufgabenbereichen und Prozessen gekennzeichnet (vgl. Weischenberg 1992, S. 303). Sie ist dabei weder bis ins Einzelne in arbeitsteilig ausgeführte Routinearbeit zerlegbar oder immer zeitlich aufeinander abstimmbar. Zudem kann gerade die Produktion aktueller Medien nicht als absolut planbar begriffen werden.

Medienangebote sind auch tendenziell keine Produkte beziehungsweise Sachgüter, sondern haben einen starken Dienstleistungscharakter, was besonders bei Live-Übertragungen, die in ihrer Qualität einmalig und daher nicht wiederholbar sind, deutlich wird. Da die meisten Medienangebote aber auf materiellen Trägern abgespeichert sind, spricht man von materialisierten Dienstleistungen beziehungsweise Dienstleistungen mit Sachgutcharakter (vgl. Weigand 1988; Weigand 2003; Siegert 2001, S. 104–108; Kiefer 2001, S. 142–144). Darüber hinaus werden spezifische Charakteristika für die Produkt- und Preispolitik relevant, die hier nur kurz skizziert werden und deren Konsequenzen auf das Absatzmanagement Thema der nächsten Kapitel sein werden:

- Hohe First-Copy-Costs beziehungsweise sinkende Durchschnittskosten: Medienprodukte sind in der Herstellung der ersten Version sehr teuer, können aber relativ günstig vervielfacht werden. Bei steigender Zahl von Kopien beziehungsweise Verwertungen lassen sich die hohen fixen Kosten auf viele „Stücke" umlegen.
- Nicht-Rivalität beim Konsum: Medienangebote werden durch ihre Nutzung nicht verbraucht. Eine Zeitung kann von mehreren Personen gelesen werden, ohne an Wert zu verlieren.
- Nicht-Ausschließbarkeit beim Konsum: Nicht zahlende Rezipienten können nicht oder nur schwer von der Nutzung des Mediums ausgeschlossen werden, anders als bei Verbrauchsgütern. Dies führt zur „Free-Rider-Problematik".
- Verbundcharakter als Angebot für zwei Märkte: Medien kombinieren Programmleistung und Werbeträgerleistung (Kuppelprodukt). Beide Leistungen werden in den meisten Fällen miteinander verbunden produziert,

verbreitet und auch genutzt. Zunehmend dehnt sich der Verbund in einem abstrakten Sinn auf weitere Leistungsbereiche und Märkte aus.
- Mangelnde Qualitätstransparenz: Die Mediennutzer können die Qualität eines Medienangebotes nur sehr schwer beurteilen, was unter anderem durch Informationsmängel bedingt ist. Dabei ist die Beurteilungsunsicherheit bei Informationsangeboten grösser als bei Unterhaltungsangeboten. Medienangebote sind deshalb Erfahrungs- und Vertrauensgüter.
- Mangelnder Schutz des geistigen Eigentums: Trotz vorhandener Copyrights und Urheberrechte lässt sich bei Medienangeboten das geistige Eigentum an der Idee nicht wirklich schützen beziehungsweise ist die Durchsetzung der Eigentumsrechte ausgesprochen aufwändig und kostspielig.

Die Charakteristika führen einerseits dazu, dass Medienangebote als meritorische Güter, gelegentlich sogar als öffentliche Güter eingestuft werden. Andererseits entspricht dadurch das Absatzmanagement nur bedingt dem anderer Branchen.

2.2 Mediale Absatzmärkte

Medienwettbewerb konstituiert sich nicht auf einem eindimensionalen, leicht abgrenzbaren Markt. Vielmehr muss das Absatzmanagement mehrere Medienmärkte berücksichtigen, die untereinander jedoch so stark vernetzt sind, dass sich das Marketing dementsprechend vielschichtig und komplex gestaltet. Während Fleck (1990, S. 41–42) für den Rundfunk noch 1990 lediglich ein dreidimensionales Wettbewerbssystem unterscheidet, bei dem neben zwei Beschaffungsmärkten (Inhalte und Produktionsfaktoren) nur ein Absatzmarkt (Wettbewerb um Zuhörer, Zuschauer und Werbekunden) konzipiert wird, besteht für Garber (1990, S. 45) bereits ein Wettbewerb auf vier Feldern (vgl. auch bereits Berg/Kiefer 1979, S. 174):

- publizistischer Wettbewerb um Einschaltquoten und Programmimages bei Hörern, Lesern und Zuschauern,
- wirtschaftlicher Wettbewerb um Werbeaufträge,
- technischer Wettbewerb um die Zuteilung von Sendefrequenzen und Kabel- und Satteliten-Kanälen (KaSat-Kanäle) und
- Wettbewerb um Programmlizenzen, um Zugang zu Nachrichtenquellen, um Übertragungsrechte für Sport- und sonstige Veranstaltungen.

Letztlich ist jedoch auch diese Differenzierung der Medienmärkte überholt. Die durch Deregulierung, Privatisierung und Digitalisierung veränderten Produktions- und Verwertungsbedingungen der Medien sowie die veränderte Wertschöpfung führen neben vier Beschaffungsmärkten (Inhalte, Technologie, Finanzen, Personal) zu einer Unterscheidung von vier relevanten Absatzmärkten. Gleichzeitig lassen sich die Absatzmärkte weiter unterteilen über eine unternehmens- und produktbezogene Differenzierung in Mediengattungen und eine nachfragerbezogene Differenzierung (Nachfragertypologien) in Zielgruppenmedien. Die vier Absatzmärkte (Medieninhalte, Zusatzangebote und Mehrwertdienste, Rechteverkauf und Lizenzierung sowie Werbung) sind wechselseitig miteinander verschränkt (Tabelle 1). Bei der Entwicklung neuer Medienangebote muss entsprechend die Vermarktung in allen vier Märkten mitgedacht werden.

	Werbung	Medieninhalte	Rechteverkauf/ Lizenzierung	Zusatzangebote/ Mehrwertdienste
Güter	Kontakte zu Zielgruppen	Inhalte, Programme	Inhalte, Merchandisingideen, Markennamen	Merchandisingleistungen/ -produkte, Zusatzangebote, Mehrwertdienste
Nachfrager	Werbewirtschaft	Rezipienten, Massenpublikum	Unternehmen	Rezipienten, Massenpublikum

Tabelle 1: Absatzmärkte der Medien

Nach wie vor sind jedoch Publikumsmarkt und Werbemarkt die dominanten Absatzmärkte, weshalb ihre Verknüpfung in der klassischen Medienökonomie besonders thematisiert wird. Sie ist bei allen werbefinanzierten Medien grundlegend wie auch in den Bezeichnungen Verbundproduktion oder „Dual Product/Service Market" (vgl. Picard 1989, S. 17) deutlich wird. Insgesamt orientiert sich das Absatzmanagement damit nicht an der Logik der kreativen Produktion durch die Schöpfer eines immateriellen Werkes, sondern an der medialen Produktionslogik. Sie bezieht sich einerseits auf „Editorial Production", also die Komposition eines Mischsortiments, das nachfrageschwache Medienangebote mit nachfragestarken kombiniert und andererseits auf „Flow Production", also die Produktion von anhaltenden Publikumskontakten, besser greifbar als Formatierung (vgl. Kiefer 2001, S. 179–182).

Zugleich könnte man die gehandelten Güter Zusatzangebote und Mehrwertdienste sowie Rechtverkauf und Lizenzierung auch als Diversifikationen der originalen Programmleistung bezeichnen, weil sie neue Produkte und neue Märkte kombinieren. Da jedoch für diese Entwicklung nur einzelne Glieder der Wertschöpfungskette in der Kontrolle der Medienunternehmen bleiben, kann auch von „Business Migration" (vgl. Schäfer 1998) gesprochen werden.

Das Absatzmanagement soll im Folgenden in einem ersten Schritt für die einzelnen Märkte erläutert werden, bevor abschließend auf die wechselseitigen Verschränkungen eingegangen wird.

3 Absatzmanagement in einzelnen Medienmärkten

Die Optimierung des Absatzes folgt in allen Märkten den wechselseitig aufeinander bezogenen Zielen, das heißt:
- einmalige Positionierung und Profilierung des Angebotes,
- Abgrenzung zur und Differenzierung von der Konkurrenz,
- Monopolstellung im Entscheidungsbereich der Nachfrager und
- Erhöhung der Vermarktungschancen.

Die Darstellung des Absatzmanagements in den einzelnen Märkten behandelt jeweils das gehandelte Gut, die entsprechende Preispolitik sowie die grundlegenden Orientierungen für die Preis, Produkt- und Programmpolitik, ihre Auswirkungen auf Produktentwicklungs- und Produktdifferenzierungsstrategien und ihre Verknüpfung mit der Kommunikationspolitik.

3.1 Markt für Inhalte

3.1.1 Angebot und Preis

Medienunternehmen bieten in diesem Markt Inhalte, das heißt Artikel, Beiträge oder Sendungen, an. Die Kernkompetenz der klassischen Medien liegt dabei in Abhängigkeit von der Positionierung nur bedingt auf der Produktion der Inhalte, vielmehr verlagert sich die Wertschöpfung der Medienorganisationen zunehmend auf die Programmzusammenstellung. Denn die Inhalte werden weder einzeln noch wahllos zusammengewürfelt angeboten, sondern zu einem medialen Sortiment, das heißt einem Programm oder redaktionellen Konzept, zusammengestellt, aus dem die Nachfrager, das heißt die Rezipienten, einzelne Bestandteile oder komplette Programmteile auswählen können. Da die inhaltlichen Angebote im Rahmen des gesamten Sortiments, also als ganze Tageszeitung, als komplette Zeitschrift oder als Sendung innerhalb eines Programms, vermarktet werden, gewinnt die „Editorial Production" für das Absatzmanagement maßgebliche Bedeutung.

Die Preispolitik in diesem Markt gestaltet sich mehr als schwierig. Zum einen finden sich in nicht geringer Zahl Medienangebote, für die überhaupt kein Rezipientenpreis zu entrichten ist, wie zum Beispiel Gratiszeitungen. Zum anderen finanziert sich der Rundfunk aufgrund der Nicht-Ausschließbarkeit nicht über Rezipientenpreise, sondern über Gebühren oder über die Querfinanzierung mit Werbung. Einzig die Formen des interaktiven Fernsehens, wie Pay-TV oder Video-on-Demand müssen tatsächlich von den Rezipienten bezahlt werden. Dabei zeigt sich, dass die Verfügbarkeit der Angebote für die Konsumenten wichtiger ist als der Preis, was für die Preispolitik Gestaltungsspielräume eröffnet. Im Print-Markt findet sich eine Mischfinanzierung der Titel, sie werden sowohl über Rezipientenpreise, als auch über Werbeschaltungen finanziert. Wie groß der Beitrag der Rezipientenpreise an den Gesamteinnahmen ist, variiert je nach Titel und Untergattung.

Auch in der Medienbranche ist die dauerhafte Kundenbeziehung ein wichtiger Erfolgsfaktor und mit einem besonderen Preisvorteil für Abonnenten gekoppelt. Abonnentenpreise sind vor allem im Print-Markt mit speziellen Vertriebsarrangements verbunden: Wer eine Tageszeitung beziehungsweise eine Zeitschrift abonniert, kann nicht nur von mehr oder weniger vergünstigten Gesamtpreisen profitieren, sondern auch von der Hauszustellung.

Insgesamt zahlen die Rezipienten also nicht oder nur bedingt komplett für die Nutzung der Inhalte mit Geld, wie es ökonomische Konzeptionen des Marktes voraussetzen. Sie „zahlen" aber sehr wohl mit ihrer Zeit und Aufmerksamkeit, die sie für die Rezeption medialer Angebote aufbringen. Im Kontext von Aufmerksamkeitsökonomie mit Aufmerksamkeit als knappem Gut ist dies eine nicht zu unterschätzende Gegenleistung.

3.1.2 Basisorientierungen in der Produkt- und Programmpolitik

Für die strategische und operative Produkt- und Programmpolitik von Medieninhalten sind idealtypisch die folgenden Orientierungen bestimmend, die eine Basis für die Markt- oder Produktentwicklung beziehungsweise für Marktsegmentierungen und Produktdifferenzierungen bilden:

Mehrfachverwertung

Aus den hohen First-Copy-Costs und der Nicht-Rivalität des Konsums ergeben sich sowohl der Zwang zu als auch die Potentiale der Mehrfachverwertung, im Besonderen beim Rundfunk (vgl. Heinrich 1996; Siegert 2001, S. 171). Die einfachste Form der Mehrfachverwertung ist die Wiederholung von Programmteilen, die bei Filmen und Serien längst bekannt ist und sich zunehmend auf andere Sendungen ausweitet, aber bei Print-Medien nach wie vor selten vorkommt.

Windowing

Ältestes Beispiel einer auf Mehrfachverwertung aufbauenden Strategie ist die aus der Filmökonomie bekannte Verwertungsvariante Windowing. Sie berücksichtigt die unterschiedlich ausgeprägte Zahlungsbereitschaft der Rezipienten, indem sie weitgehend unveränderte Inhalte zeitlich gestaffelt über unterschiedliche Profit Windows (Vertriebskanäle beziehungsweise Trägermedien) verwertet. Im Sinne einer Marktentwicklung eröffnet die Verwertung eines Films zum Beispiel über Kino, DVD-Kauf, DVD-Verleih, Pay-TV, Premium Free-TV, Free-TV neue, bislang nicht bearbeitete Märkte. Die Aktualität wird zu einem preisrelevanten Kriterium und die einmal getätigten Investitionen über alle zur Verfügung stehenden Verwertungsfenster/Märkte amortisiert.

Versioning

Zwar eine Wiederholung, aber in neu zusammengestellter Struktur, insofern eine Form des Versionings, sind „Best of ..."-Sendungen. Ihre Erfolgsaussichten können als sehr gut eingeschätzt werden, weil die Inhalte publikumsgeprüft sind und das Konzept eine Fülle von Highlights verspricht. Zugleich stellen sie über den Erinnerungseffekt eine unaufdringliche Form der Eigenwerbung dar. Beim Versioning werden im Sinne von Produktdifferenzierung vorhandene Inhalte in unterscheidbare Versionen differenziert. Digitale Inhalte werden hinsichtlich vermarktungsrelevanter Dimensionen, die auf die Nutzenerwartung und die Zahlungsbereitschaft der Nachfrager rekurrieren (zum Beispiel Aktualität), verändert, womit ganze Produktlinien generiert werden können. Zudem werden digitale und nicht-digitale Inhalte und Ideen crossmedial verwertet. Gut aufgebaute und gepflegte Archive sind die strukturelle Produktionsvoraussetzung für die verschiedenen Formen der Mehrfachverwertung.

Anpassung an Rezeptionsgewohnheiten

Mediennutzung, vor allem von Hörfunk, Fernsehen und Tageszeitung, ist in den Alltag der Rezipienten eingebettet und unterliegt relativ stabilen Nutzungsroutinen, was für die Konzeption, Entwicklung und Differenzierung von Inhalten und Programmen Rahmenbedingungen vorgibt. Im Gegenzug fragen die Rezipienten nach Orientierung und Strukturierung und nutzen Medienangebote für diese Zwecke. Von Print-Medien erfordert dies eine „kluge" Aufteilung in Ressorts und Rubriken und eine lesefreundliche Anordnung dieser Rubriken in der Zeitung beziehungsweise Zeitschrift. Rundfunksender standardisieren ihre Programme und vereinfachen die Programmstrukturen in Anlehnung an die Tagesabläufe der Nutzer, was zu einer horizontalen und vertikalen Gliederung des Programmangebots führt (vgl. Meckel 1997). In Hinblick auf die „Flow Production" geht es zusätzlich darum, Strategien der Programmplanung zu entwickeln, um das Publikum möglichst dauerhaft und lange an ein Programm zu binden. Strategien wie zum Beispiel „Audience Flow" als Herstellung einer Tagesdramaturgie oder „Stripping" als Berechenbarkeit und Wiedererkennbarkeit des Programms sind dazu wesentliche Bausteine. In diese zeitliche Fixierung passen auch die Kommunikationsaktivitäten der Fernsehsender.

Bezug zu Zielgruppen

Obwohl der Begriff der Massenmedien unter anderem durch ein disperses Publikum definiert ist, versuchen immer mehr Medienangebote nur bestimmten Publika in ihren Wünschen und Bedürfnissen zu entsprechen. Dabei ist die mediale Zielgruppenbestimmung mehr oder weniger konkret, zum Teil handelt es sich lediglich um Altersgruppen, zum Teil um berufliche Positionen wie bei den „Entscheidungsträgern". Die weitere Unterteilung vorhandener Zielgruppen nach Alter, Geschlecht, Interessen oder Lebensstilen führt entsprechend zu Produktdifferenzierungs- und Marktsegmentierungsstrategien, wie sie der Ausdifferenzierung im Zeitschriftbereich zugrunde liegen, deren konkretestes Beispiel Special-Interest-Magazine sind. Bei Tageszeitungen finden wir tendenziell geografisch abgegrenzte Zielgruppen, denen in der Produktentwicklung und -differenzierung mit lokalen und regionalen Ausgaben begegnet wird. Auch im Hörfunk wird mit der Wahl der Musikfarbe implizit ein Zielgruppenbezug geschaffen. Bei Fernsehprogrammen sind beide Extreme bekannt: einerseits die Ausrichtung auf ein Massenpublikum bei Vollprogrammen, die gleichzeitig mit der Schaffung großflächiger Programmplätze auch einzelne Zielgruppen anvisieren, anderseits die Konzentration auf thematisch Interessierte bei Spartenprogrammen.

Selbstthematisierung und Eigenwerbung

Medieninhalte greifen tatsächliche oder fiktive Ereignisse, Prozesse und Akteure auf, zunehmend handelt es sich dabei um Medienereignisse oder Medienakteure. Dies ist insofern nachvollziehbar als Medien zu wichtigen Institutionen moderner Gesellschaften geworden sind (Stichwort Medien- und Informationsgesellschaft). Damit bietet sich für die Produkt- und Programmpolitik der Medienunternehmen ein interessantes und einzigartiges Marketinginstrument an, die Medien- und Selbstthematisierung. Sie kann, muss aber nicht deutlich werbenden Charakter haben. Vielmehr besteht in fast allen Formaten und Titeln die Möglichkeit zum Beispiel über redaktionelle Verweise auf eigene Programme oder Titel hinzuweisen und dies im Vorteil gegenüber Unternehmen aus anderen Branchen kostenlos. Auch kann so die Produkt- und Programmentwicklung sowie deren Produktion zum Thema der Berichterstattung werden, wie dies in den zahlreichen „Making of´s" der Fall ist. Die Programmproduktion generiert damit selbstreflexiv eigene Programme. Deutlich erhöht haben sich jedoch auch die klassischen Formen von Eigen- und Programmwerbung (vgl. Siegert/Pühringer 2001).

3.2 Markt für Werbung

3.2.1 Angebot und Preis

Über die Angebote auf dem Markt für Inhalte können Medien die Aufmerksamkeit von Zuschauer-, Zuhörer- und Leserschaften, die gleichzeitig Nachfrager nach Medieninhalten und Nachfrager nach Konsumgütern sowie anderen Produkten und Leistungen sind, gewinnen. Nachfrager dieser Werbeträgerleistung ist die Werbewirtschaft, das heißt grundsätzlich alle Unternehmen, Institutionen und Organisationen einschließlich der zwischen geschalteten Werbe- und Mediaagenturen, die für sich, ihre Angebote und/oder ihre Leistungen die Aufmerksamkeit der Masse oder spezifischer Zielgruppen erzielen wollen und bereit sind, dafür zu zahlen. Dies schließt weitere Interessierte, die zum Beispiel Stellenanzeigen oder Vermietungsanzeigen schalten wollen, ein.

Da aber das Publikum als Sozialgebilde kein marktfähiges Produkt darstellt, wird nicht das Publikum selbst, sondern es werden die Kommunikationskanäle zu ihm in Form von Werbezeit und -raum angeboten beziehungsweise nachgefragt. Das Maß für den Wert von Werbezeit und Werberaum liegt aber nicht im tatsächlichen Raum und in der tatsächlichen

Zeit, sondern in erster Linie in dem Potential an Publikum, das damit erreicht werden kann. Das Publikum wird zum „Coin of Exchange" (vgl. Webster/Phalen 1994, S. 29–33). Relevant wird dabei auch nicht irgendein Publikum, sondern nur „institutionally effective audiences that have social meaning and/or economic value within the system" (Ettema/Whitney 1994, S. 5). Deshalb müssen die Medien der Werbewirtschaft ihre Leistungen, Besonderheiten und Stärken nachweisen, wie das in den quantitativen und qualitativen Kriterien der Mediaplanung deutlich wird. Um diesen Nachweis kontinuierlich, systematisch und repräsentativ erbringen zu können, muss eine Publikums- und Medienforschung institutionalisiert werden (vgl. Siegert 1993).

Die Preispolitik unterscheidet sich in diesem Markt nicht gravierend von anderen Business-to-Business geprägten Geschäftsfeldern. Es finden sich einerseits offizielle Preise für Werberraum und Werbezeit, so zum Beispiel Preise für eine Zeile einspaltig, Anzeigenpreise für eine ganze Seite in schwarz/weis oder Sekundenpreise für Spots in bestimmten Programmumfeldern, die durch den ökonomischen Wert des so erreichten Publikums, vor allem durch dessen Kaufkraft und Konsumfreudigkeit, bestimmt sind. Andererseits liefern die Tausendkontaktpreisee (TKP) einen Maßstab für den intra- und intermedialen Vergleich von Werbeträgern. Rabatte auf die offiziellen Preise werden vor allem auf Grund umfangreicher Buchungen (Mengenrabatt) gewährt, entweder bei einem Werbeträger oder bei Buchung von Werbekombinationen, die auch zur Abdeckung von spezifischen Marktsegmenten angeboten werden. Wie groß Rabatte ausfallen, kann selten direkt nachgewiesen werden, ein Vergleich von Brutto- und Netto-Werbeinvestitionen gibt aber Einblick in eine umfangreiche Rabattpolitik. Die Schere zwischen Brutto- und Netto-Werbeinvestitionen betrug zum Beispiel bei deutschen TV-Sendern im Jahr 2003 49 Prozent (RTL), 48 Prozent (ProSieben), 45 Prozent (Sat.1), 30 Prozent (ARD) und 28 Prozent (ZDF), also für das Fernsehen insgesamt 51 Prozent (vgl. Heffler 2004, S. 242–250).

In ihrer Preispolitik sind Medienunternehmen jedoch mit einer besonderen Herausforderung konfrontiert. Da die Werbepreise durch Reichweiten und Kontaktzahlen aus der Vergangenheit fundiert sind, stellen die Angebote eigentlich Leistungsversprechen dar, nämlich die Versprechen auf x-tausend Leser, Seher, Höher, die erreicht werden sollen. Wenn im Nachhinein jedoch dokumentiert werden kann, dass diese Publikumszahlen nicht erreicht wurden, kann es vor allem im Fernsehen zu nachträglichen Rabattforderungen kommen.

3.2.2 Basisorientierungen in der Produkt- und Programmpolitik

Die strategische und operative Produkt- und Programmpolitik von Werbeträgerleistungen ist eng mit der von Medieninhalten verknüpft. Insofern sind vor allem die Orientierung an Rezeptionsgewohnheiten und der Zielgruppenbezug immer im Hinblick auf werberelevante Zielgruppen und Publika zu sehen. Gleichzeitig finden sich in dem von Business-to-Business Geschäften gekennzeichneten Markt typische Instrumente wie Verkaufsgespräche. Darüber hinaus können die folgenden Orientierungen für die Markt- oder Produktentwicklung festgehalten werden:

Zielgruppenkonkretisierung und -affinität

Die von den Medien erreichten Publika sollen möglichst konkrete werberelevante Zielgruppen abdecken, um Zielgruppenaffinität und optimale Kooperationsmöglichkeiten mit der Werbewirtschaft zu gewährleisten. In welcher Beziehung der Publikumsbegriff und der Zielgruppenbegriff zueinander stehen, zeigt Hasebrink (1997, S. 267–268): „Möglichst alle Mitglieder der Zielgruppe sollen auch Mitglieder des Publikums sein (Maximierung der Zielgruppen-Ausschöpfung), [...] möglichst kein Nicht-Mitglied der Zielgruppe soll Mitglied des Publikums sein (Minimierung der Streuverluste)." In der Medien- und Werbeforschung wurde der Zielgruppenkonkretisierung Rechnung getragen mit einer Konzentration auf die Mediennutzer in ihrem ökonomisch verwertbaren Lebensumfeld, das heißt mit der Erfassung von Mediennutzungsdaten in Kombination mit Markt-, Besitz- und Konsumdaten. Um diese ökonomische Verwertung des Kontaktpotentials weiter zu verbessern, wurden die Mediennutzer nicht nur nach soziodemographischen Kriterien segmentiert, sondern in Lifestyle-Typen eingeteilt. Dadurch wurden sie in ihren Wertvorstellungen und zum Beispiel in ihrer Einstellung zum Konsum werblich greifbar gemacht.

Sonderwerbeformen

Die klassischen Werbeangebote Spot und Anzeige müssen deutlich als Werbung markiert sein mit der Folge, dass ihre Wahrnehmung unter dieser Markierung leidet (zum Beispiel durch Zapping). Die Produktentwicklung und -differenzierung strebt infolgedessen eine Effektminimierung oder eine Aufhebung dieser Markierung an. Unzählige Sonderwerbeformen in Print (zum Beispiel Beihefter) wie Rundfunk (zum Beispiel Presentingspots/Opener) sollen einen möglichst nahtlosen Übergang von redaktionellen zu werblichen Inhalten gewährleisten und verstärkte Aufmerksamkeit auf die Werbekommunikation lenken. Die klassisch als Sonderwerbeformen eingestuften Placements werden jedoch ob ihres mittlerweile gewaltigen Einflusses auf die Inhalte besser als hybride Angebote bezeichnet.

Hybride Medienangebote

Die Hybridisierung von redaktionellen und werblichen Inhalten hat mittlerweile eine gewisse Tradition (vgl. Siegert 2001, S. 217–233). Sie tangiert die gesamte Ausrichtung medialer Angebote, die Konzeption, Formatierung und Dramaturgie, die nicht selten stark auf die einzelnen Placements abgestimmt werden, wie das häufig bei Location Placements der Fall ist (zum Beispiel Schlosshotel Orth). Die wechselseitige Vermischung wird derart gravierend, dass für die Mediennutzer nicht mehr nachvollziehbar wird, ob es sich um redaktionelle oder werbliche Inhalte handelt. Damit sollen nicht nur Aufmerksamkeitsbrüche vermeiden werden. Insbesondere soll die Glaubwürdigkeit der redaktionellen Inhalte auf die werblichen Inhalte übertragen werden. Reisesendungen in Zusammenarbeit von TV-Sendern und Reiseveranstaltern produziert, können als Beispiel genannt werden. Mit Online-Angeboten der TV-Sender können dann auch nahtlose Verknüpfungen zu eCommerce Angeboten hergestellt werden mit der Absicht, die Zeitspanne zwischen dem durch Mediennutzung geweckten Kauf- und Konsumwunsch und dem tatsächlichen Kauf zu verringern. Die Verbindung zum T-Commerce und zum Transaktionsfernsehen sind dabei offensichtlich.

3.3 Markt für Zusatzangebote und Mehrwertdienste

3.3.1 Angebot und Preis

Zunehmend gehören zum Gesamtsortiment der Medien Angebote, die nicht ohne weiteres in die klassische Einteilung der Inhalte in Information und Unterhaltung eingeordnet werden können. Es handelt sich vielmehr um Zusatzleistungen, Mehrwertdienste, Nebenprodukte beziehungsweise Merchandisingprodukte, die mehr oder weniger enge Bezüge zu Medieninhalten haben. Da Medienunternehmen immer größere Teile ihres Umsatzes in diesen Märkten generieren, müssen diese auch als Absatzmarkt angesehen werden. Sie weisen sehr deutlich auf die Entwicklung der Medienbranche in eine TIME-Branche hin, mit Elementen von Telekommunikation, Informationstechnologie, Medien und Entertainment. Die Bandbreite der Angebote reicht entsprechend von telefon- und onlinebasierten Mehrwertdiensten (vgl. Karmasin/Winter 2002) (zum Beispiel Televoting, Recherchemöglichkeiten) über die Materialisierung von Inhalten (zum Beispiel als Bücher, Kalender, CD, DVD) bis hin zur Übertragung von Medienmarken und Medienfiguren auf Produkte. Als Nachfrager werden vor allem, aber nicht nur, die Rezipienten der Medienoriginale angesprochen.

Dabei können die einzelnen Geschäftsfelder in Abhängigkeit ihrer Nähe zur programmlichen Kernkompetenz der Medien, in mediennahe und medienferne unterteilt werden. Mediennahe Zusatzleistungen sind entweder direkt in das inhaltliche Angebot integriert, wie dies bei Telefonabstimmungen der Fall ist, oder übernehmen wesentliche Teile der Story beziehungsweise die Kernbotschaft, wie bei PC-, Video- und Realspielen. Immer stehen das Informations- und Entertainment-Erlebnis und die Einbindung der Rezipienten und Konsumenten im Vordergrund. Medienferne Zusatzangebote übernehmen lediglich Medienfiguren oder Markennamen auf Mode, Produkte des täglichen Bedarfs oder Lebensmittel.

Die Preispolitik unterliegt keinen medienspezifischen Restriktionen, muss aber auf die Positionierung des Medienoriginals Rücksicht nehmen. Oftmals werden nur die Rechte an einer diesbezüglich Verwertung verkauft.

3.3.2 Basisorientierungen in der Produkt- und Programmpolitik

Auch in diesem Markt ist die strategische und operative Produkt- und Programmpolitik eng mit der von Medieninhalten verschränkt, vor allem über den Zielgruppenbezug. In Abhängigkeit von den Wünschen und Bedürfnissen der Zielgruppe des Medienoriginals sollen Zusatzleistungen und Merchandising mindestens die Abschöpfung des Vermarktungspotentials abrunden, in einigen Fällen werden sie jedoch umsatzstärker als der Kernbereich. Die Markt- oder Produktentwicklung verfolgt drei Richtungen:

- Eigenwerbung und Cross-Promotion: Bei der Ankündigung von Zusatzleistungen und Merchandisingprodukten können Medienunternehmen von ihrer Kernkompetenz, der Herstellung von Kontakten zu Aufmerksamkeitsgemeinschaften, profitieren. Zum einen weil die Bewerbung von Produkten als Eigenwerbung nicht der Markierung klassischer Werbung unterliegt und zudem wesentlich kostengünstiger ist. Zum anderen, weil mediale Thematisierung und Kaufhandlung zeitlich sehr nah sind, zum Beispiel wenn Artikel per Telefonbestellung im Anschluss an die oder während der entsprechenden Sendung gekauft werden können.
- Erhöhung des Erlebnispotentials: In Kombination mit dem Medienoriginal erweitern interaktive Kommunikationsangebote und Merchandisingartikel die sinnliche und kommunikative Erfahrungswelt der Rezipienten und

Konsumenten, sie sind Sympathie- und Werbeträger und ermöglichen Rezipientenbindung. Zugleich dient dieser erweiterte Verbund der wechselseitigen Absatzunterstützung.

- Einbindung neuer Informations- und Kommunikationstechnologien: Das mediale Absatzmanagement orientierte sich bislang an einzelnen Mediengattungen, deren technische Möglichkeiten die Präsentationsformen für Inhalte bestimmen. Der Einsatz neuer IuK-Technologien macht Interaktion mit aktiver Beteiligung der Rezipienten möglich und eröffnet neue Präsentationsformen. So kann zum Beispiel über Televoting den Mediennutzer die Vorstellung vermittelt werden, sie könnten aktiv das Geschehen beeinflussen.

3.4 Markt für Rechteverkauf und Lizenzierung

3.4.1 Angebot und Preis

Für Medienunternehmen, die eine hohe Eigenproduktionsleistung aufweisen oder über einen bekannten und geschätzten Markennamen verfügen, bietet es sich an, Lizenzen für die Nutzung der Inhalte und/oder der Marke zu vergeben. Damit öffnet sich ein weiteres Geschäftsfeld, das vor allem in der Online-Ökonomie an Relevanz gewinnt, das jedoch auch durch neue Konkurrenzkonstellationen geprägt ist. Lizenznehmer sind andere Medienunternehmen, vor allem im internationalen Kontext, Unternehmen anderer Branchen, die Inhalte nicht selbst generieren, aber auf solche angewiesen sind und Hersteller von Merchandisingprodukten. So können zum Beispiel die deutschen öffentlich-rechtlichen Rundfunkanstalten aufgrund ihrer intensiven Produktionstätigkeit mit Fernsehserien wie „Derrick" oder die „Schwarzwaldklinik" oder auch die britische BBC mit ihren bekannten Dokumentationen internationale Nutzungsrechte veräußern.

Auch für Zeitungs- und Zeitschriftenverlage wird dieses Geschäftsfeld durch die starke Nachfrage von Online-Anbietern nach Content zunehmend interessant. Darüber hinaus sind Medienunternehmen nur bedingt in der Lage Merchandisingprodukte wie Stofftiere oder Trinkbecher selbst zu produzieren. Auch hier spielt folglich die Lizenzierung eine wesentliche Rolle. In diesen Bereichen überlappen sich folglich der Markt für Zusatzangebote und Mehrwertdienste mit dem für Rechteverkauf und Lizenzierung. Dennoch geht es immer um die Kompetenz des Mediums in Bezug auf einen spezifischen Bereich. Diese Kompetenz darf aber nicht überstrapaziert werden.

Die Preispolitik ist hier gekennzeichnet durch Nutzungsrechte. Zum einen durch festgelegte Nutzungsmöglichkeiten gegen Festpreise und zum anderen durch Abonnements für Aktualisierungen.

3.4.2 Basisorientierungen in der Produkt- und Programmpolitik

Der Markt wurde bislang zu Recht als Zweitverwertungsmarkt eingestuft. Das Absatzmanagement ist einerseits begrenzt und andererseits eröffnen sich zunehmend neue Spielräume durch folgende Aspekte:

- Kulturelle Ausrichtung von Medieninhalten: Nach wie vor sind Medieninhalte auf einen kulturell begrenzten Raum ausgerichtet. Kulturbedingte Spezifika wie Kommunikationsstil, Visualisierungsintensität oder Sprache erschweren die Nutzung in anderen Ländern. Je stärker die Zentrierung von Interessen und Themen ist, desto internationaler lassen sich diese behandeln und desto größer sind letztlich die Marktchancen von Ausstrahlungslizenzen beziehungsweise von Lizenzen für die nationale Adaptionen internationaler Titel und Formate. Mit der internationalen Verwertung werden immer auch nationale Stereotype mit transportiert. Ein gelungenes Beispiel internationaler Verwertung ist „Who wants to be a millionaire?". Die nationalen Adaptionen bestehen dabei unter anderem im Austausch der Moderatoren und der Fragen. TV-Produzenten, die meist in Medienkonzerne eingebunden sind, sind wesentlich auf diesen internationalen Formathandel angewiesen.
- Content Syndication, Content Brokerage oder Content Management: Die starke Zunahme an Online-Angeboten impliziert einen hohen Bedarf an Inhalten, um für eine Seite genügend Traffic zu generieren. Vor allem Verlage können hier ihre für einen Titel produzierten Inhalte mittels Lizenzen oder entsprechenden Agenturen weiter vermarkten und zusätzliche Einkünfte erzielen. Dabei kann es sich durchaus um unterschiedliche Versionen des Originals handeln, die anhand differenzierungskräftiger Dimensionen und in Bezug auf die Zahlungsbereitschaft variiert werden. Die Nutzung von thematisch passenden Inhalten kann einzeln oder im Abonnement gekauft werden, wobei spezifische Software die Aktualisierung und die Einpassung der Inhalte in das Online-Angebot ermöglicht.

4 Vernetztes Absatzmanagement und typische Vermarktungsstrategien

Die auf den einzelnen Märkten wirksamen Preis-, Produkt- und Programmpolitiken sind vielfach miteinander vernetzt und aufeinander abgestimmt, was sich unter anderem damit begründen lässt, dass Erfolg in den beiden Kernmärkten „Inhalte" und „Werbung" Erfolg in den beiden anderen Märkten nach sich zieht. Gebündelt werden die jeweiligen Markt- oder Produktentwicklungen, Produktdifferenzierungen und Preisfestlegungen in Marketingstrategien beziehungsweise Strategien des Absatzmanagements. Die wichtigsten werden im Folgenden kurz skizziert:

Konvergente Systemangebote

Nicht einzelne Leistungen oder Produkte stehen im Vordergrund des Absatzmanagements, sondern gesamthafte Problemlösungen, die alle oder mehrere Bereiche der TIME-Branche integrieren. Systemangebote haben Gestaltungspotential bezüglich der Systembildung, -erweiterung, -einschränkung und -modifikation. Sie können zudem auf mehreren Dimensionen konfiguriert werden, so zum Beispiel hinsichtlich des Systemumfangs (quantitativ versus qualitativ), der Interdependenz (Verbund versus Kombination) oder der Struktur (zentralistisch versus dezentralistisch, offen versus geschlossen) (vgl. Brecheis 1993, S. 151). Konvergente Systemangebote können zum Beispiel als Kombination von Infrastruktur, Endgeräten, Software und Content konzipiert werden. Auch T-Commerce kann als eine Form von Systemangebot eingestuft werden, wobei TV als „Vertriebsplattform" fungiert und die Abrechnung über die Telekommunikationsplattform erfolgt. Ebenso werden beim M-Commerce System-Erträge generiert, indem Services gegen Entgelt über mobile Endgeräte angeboten werden. Hier sind nicht nur Unternehmen der Telekommunikation federführend, sondern auch Informationsanbieter.

Risikoarme, imitative Produkt- und Programmstrategien

Die unternehmerische Strategie kann grundsätzlich innovativ oder imitativ ausgerichtet sein. Da der Erfolg von Inhalten und mit ihm verbunden der Absatz in den anderen drei Märkten auch unter Einsatz von Marktforschung tendenziell unsicher ist, die hohen First-Copy-Costs aber als versunkene Kosten bei einem Misserfolg abzuschreiben sind, ist die innovative Entwicklung von Inhalten ein risikoreiches Unterfangen. Die als Basis für die ökonomische Verwertung geltenden absoluten Verfügungsrechte (Urheberrecht) und die relativen Verfügungsrechte (Vertragsrechte) können zudem oft nicht wirklich wahrgenommen werden, weil ihre Durchsetzung (zum Beispiel die Verfolgung von Raubkopien) entweder sehr aufwendig und/oder sehr kostspielig ist. Folglich können Ideen nicht wirklich geschützt werden, was das Risiko weiter erhöht. Insgesamt resultiert daraus zum einen die Dominanz von risikoärmeren Imitationsstrategien anstelle von Innovationswettbewerb und zum anderen die Dominanz von Formaten, bei denen über das Markenrecht ein minimales Schutzregime installiert werden kann (vgl. Heinrich 1996).

Medienmarken-Strategie und Markentransfer

Medienmarken-Strategien basieren – unabhängig davon, ob sich die Markenstrategie auf die Medienorganisation, auf einzelne Titel oder Programmteile/Sendungen bezieht – immer auf der eigentlichen Kernkompetenz (vgl. Siegert 2001). Grundlage sowohl der Positionierung als auch späterer Markentransfers ist mithin der Aufbau einer eigenen Markenidentität, der zugleich ein Qualitätsanspruch inhärent ist, der sich auf alle Bereiche des Marketing-Mix (Angebots-, Preis-, Distributions- und Kommunikationspolitik) beziehen muss. Die Funktionen von Medienmarken, wie unter anderem Wettbewerbsdifferenzierung, Profilierung und Schaffung von Vertrauen beziehen sich entsprechend auf alle vier Märkte. Mittels Medienmarken-Transfers wird es möglich unterschiedliche mediale und nicht-mediale Versionen des Entertainment-Marktes (Zeitung, Zeitschrift, Fernseh- und Hörfunksendung, Internet, Film, Buch und Musik, Telekommunikation, Computer- und Videospiele, Events, Themen- und Freizeitparks sowie Merchandising) miteinander zu vernetzen und eine Markenwelt zu inszenieren. Das heißt, Versioning oder Cross-Media sind Strategien, die in eine Medienmarken-Strategie eingebunden sind. Über das verbindende Element der Markenidentität soll möglichst das gesamte Markenpotential ausgeschöpft werden (Brand Milking). Dabei baut der Markentransfer auf der Bekanntheit und dem Vertrauensvorschuss etablierter Medienmarken auf und will diese auf neue Angebote übertragen. Dies kann vor allem dann gelingen, wenn nicht beliebige, unpassende oder zu viele und zu schnell aufeinander folgende Markentransfers das gesamte Transferkonzept aushöhlen und damit die Markenidentität und die Positionierung verwässern.

5 Fazit

Das Absatzmanagement von Medienunternehmen ist durch die Vernetzung mehrerer Absatzmärkte sowie durch die unklare Trennung von Produkt-/ Programmpolitik und Kommunikationspolitik als komplex und vernetzt einzustufen. Die von Heinrich (1999, S. 325) für den Rundfunk formulierte Aussage „Kurz: Komplexität und Unsicherheit ist auch für das Marketing die zentrale Herausforderung im Rundfunksystem" kann insofern auch auf andere Mediengattungen und -unternehmen übertragen werden. Und das Absatzmanagement wird durch die Entwicklung der Medienbranche hin zur TIME-Branche tendenziell noch komplexer. Insgesamt zeigen sich dabei allerdings nicht nur Risiken sondern auch einmalige Chancen für die Medienunternehmen auf.

Literaturverzeichnis

Berg, K./Kiefer, M.L. (1979) Das Verhältnis des Rundfunks zu Presse und Film, in: Aufermann, J./Scharf, W./Schlie, O. (Hrsg.) Fernsehen und Hörfunk für die Demokratie. Ein Handbuch über den Rundfunk in der Bundesrepublik Deutschland, Oplanden 1979, S. 172–188.

Brecheis, D. (1993) Marketing für Objektsysteme. Erscheinungsformen, Möglichkeiten und Grenzen von Systemgeschäften im Konsum- und Investitionsgüterbereich, Augsburg 1993.

Ettema, J.S./Whitney, D.C. (1994) The Money Arrow: An Introduction to Audiencemaking, in: Ettema, J.S./Whitney, D.C. (Hrsg.) Audiencemaking: How the Media Create the Audience, Thousand Oaks/CA – London – New Delhi 1994, S. 1–18.

Fleck, F.H. (1990) Gegensätzliche Prinzipien der Programmwirtschaft und Auswirkungen auf das Rundfunksystem, in: Eichhorn, P./Raffée, H. (Hrsg.) Management und Marketing für Rundfunkanstalten, Baden-Baden 1990, S. 39–44.

Garber, H. (1990) Auswirkungen privater Anbieter auf das Marketing der öffentlich-rechtlichen Rundfunkanstalten, in: Eichhorn, P./Raffée, H. (Hrsg.) Management und Marketing für Rundfunkanstalten, Baden – Baden 1990, S. 45–55.

Hasebrink, U. (1997) Ich bin viele Zielgruppen. Anmerkungen zur Debatte um die Fragmentierung des Publikums aus kommunikationswissenschaftlicher Sich, in: Scherer, H./Brosius, H.B. (Hrsg.) Zielgruppen, Publikumssegmente, Nut-

zergruppen. Beiträge aus der Rezeptionsforschung, München 1997, S. 262–280.
Heinrich, J. (1996) Qualitätswettbewerb und/oder Kostenwettbewerb im Mediensektor? in: Rundfunk und Fernsehen 44 (1996), S. 165–184.
Heinrich, J. (1999) Medienökonomie, Bd 2: Hörfunk und Fernsehen, Opladen – Wiesbaden 1999.
Heffler, M. (2004) Der Werbemarkt 2003, in: Media Perspektiven (6/2004), S. 242–250.
Karmasin, M./Winter, C. (Hrsg.) (2002) Mediale Mehrwertdienste und die Zukunft der Kommunikation, Wiesbaden 2002.
Kiefer, M.L. (2001) Medienökonomik. Einführung in eine ökonomische Theorie der Medien, München – Wien 2001.
Meckel, M. (1997) Die neue Übersichtlichkeit. Zur Entwicklung des Format-Fernsehens in Deutschland, in: Rundfunk und Fernsehen 45 (1997), S. 475–485.
Picard, R.G. (1989) Media Economics. Concepts and Issues, Newbury Park – London – New Delhi 1989.
Schäfer, A. (1998) Business Migration. Grenzgänger, in: manager magazin 28 (9/1998), S. 106–112.
Siegert, G. (1993) Marktmacht Medienforschung. Die Bedeutung der empirischen Medien- und Publikumsforschung im Medienwettbewerbssystem, München 1993.
Siegert, G. (2001) Medienmarken-Management. Relevanz, Spezifika und Implikationen einer medienökonomischen Profilierungsstrategie, München 2001.
Siegert, G./Pühinger, K. (2001) Programm- und Eigenwerbung: Narzismus im Fernsehen, in: Neissl, J./Siegert, G./Renger, R. (Hrsg.) Cash und Content. Populärer Journalismus und mediale Selbstthematisierung als Phänomene eines ökonomisierten Mediensystems. Eine Standortbestimmung am Beispiel ausgewählter österreichischer Medien, München 2001, S. 255–301.
Webster, J.G./Phalen, P.F. (1994) Victim, Consumer or Commodity? Audience Models in Communication Policy, in: Ettema, J.S./Whitney D.C. (Hrsg.) Audiencemaking: How the Media Create the Audience, Thousand Oaks/CA – London – New Delhi 1994, S. 19–37.
Weigand, K.H. (2003) Medienwirtschaftliche Dienstleistungen. Übertragung dienstleistungstheoretischer Ansätze auf Produktion und Absatz von Medienangeboten, in: Altmeppen, K.D./Karmasin, M. (Hrsg.) Medien und Ökonomie, Bd 1/1: Grundlagen der Medienökonomie: Kommunikations- und Medienwissenschaft, Wirtschaftswissenschaft, Wiesbaden 2003, S. 269–282.
Weigand, K.H. (1988) Aspekte einer Medienökonomie, in: Langenbucher, W.R. (Hrsg.) Publizistik- und Kommunikationswissenschaft. Ein Textbuch zur Einführung in ihre Teildisziplinen, Wien 1988, S. 164–177.
Weischenberg, S. (1992) Journalistik 1. Theorie und Praxis aktueller Medienkommunikation, Bd 1, Mediensysteme, Medienethik, Medieninstitutionen, Opladen 1992.

Vertriebsmanagement – Konzepte für Medienprodukte und die Distributionswege der Medien

Robert F. Pelzel

1 Einführung 717

2 Grundlagen des Vertriebsmanagements im Medienbereich 717
   2.1 Vertriebliche Grundgliederung innerhalb und außerhalb des Medienbereiches 717
   2.2 Konvergenzfelder im Medienvertriebsmanagement 721
   2.3 Distributionsstrategien im Wechselspiel von Churn und Durchschnittsumsatz (ARPU) 723

3 Vertriebskonzepte in der Praxis 726
   3.1 Das Beispiel Microsoft versus Apple 726
   3.2 Das Beispiel i-mode 727
   3.3 Das Beispiel telegate 730

4 Kundenwertüberlegungen in der Mediendistributionspolitik 732

5 Fazit 733

Literaturverzeichnis 734

Vorschau

Vertriebliche Grundgliederung im Rahmen der Konvergenz

In dem Beitrag lernen Sie, wie relevante Felder des Vertriebs und lukrative Verkaufskonzepte bei zunehmender Konvergenz im Medienbereich identifiziert werden können. Nur so lassen sich die drei Hauptkategorien der vertrieblichen Grundgliederung nach dem Zeitpunkt, dem Zustand und dem vertrieblichen Weg sicher und zuverlässig beantworten.

Beispiele für Vertriebskonzepte aus der Praxis

In dem Beitrag werden anhand der Beispiele „Apple versus Microsoft", „i-mode" und „telegate" Vertriebskonzepte und deren Einflussfaktoren beschrieben.

Ausgabensteuerung im Vertrieb

Der Beitrag zeigt, dass die Ausgabensteuerung im Vertrieb in Zeiten steigenden Wettbewerbsdrucks das Wissen um Kunden, die einen positiven Beitrag zum Unternehmensergebnis leisten, einen zentralen Entscheidungsfaktor darstellt. Für welchen Kunden lohnen sich entsprechende Aufwände, für welche weniger oder gar nicht? Modernes Medien Sales Management muss Antwort auf diese Frage finden.

ARPU (Average Revenue per Unit)

Im Beitrag lernen Sie die gerade für den Mobilfunkmarkt relevanten Hauptparameter für die Marktpenetrationsstrategien kennen. Das sind zum einen der reale Nettozuwachs im Kundenbestand (Churn) und zum anderen der durchschnittliche Kundenumsatz, Average Revenue per Customer/Unit (ARPU), pro Kunde und Monat.

1 Einführung

In einer Gesamtsituation mit rasant wachsender Dynamik in der Medienlandschaft bleiben auch betriebswirtschaftliche Grundfunktionen nicht unberührt: So hat sich auch das Medien-Vertriebsmanagement dem gegenwärtigen Veränderungsprozess nicht entziehen können. In der aktuellen Tagespresse wird beispielsweise immer noch intensiv über die Effizienz der Vertriebskanäle des nationalen Pay-TV-Anbieters Premiere diskutiert. Einige Analysten machen den Vertrieb für die bisher hinter den Erwartungen zurückbleibenden Abonnentenzahlen verantwortlich (vgl. Pelzel 2001). Zwar stellt sich die Frage, ob nicht Produktqualität und die Produktattraktivität die realen Parameter für den Produkterfolg beziehungsweise Misserfolg sein könnten. Auf der anderen Seite stehen jedoch die Kunden, deren Bedürfnisse und Erwartungen an den Vertrieb und das Sales-Management sich mit einer weitaus geringen Geschwindigkeit verändern als man bisher angenommen hatte. Statt lautem Hokus Pokus suchen Kunden oft einfach nur nach einer zuverlässigen Leistung des vorhandenen Vertriebs. Immer noch warten Kunden gerade im Bereich der Medienprodukte auf Unternehmen, die durch ihren freundlichen und motivierten Vertrieb begeistern können. Die folgenden Überlegungen unternehmen den Versuch des Pay-TV-Senders moderne und innovative Konzepte für das Vertriebsmanagement im Mediengeschäft vorzustellen. Dabei soll eine zeitgemäße Abgrenzung zwischen Produktkompetenz und professionellen Vertriebsaspekten definiert werden.

2 Grundlagen des Vertriebsmanagements im Medienbereich

2.1 Vertriebliche Grundgliederung innerhalb und außerhalb des Medienbereiches

Im Grundsatz lässt sich das Vertriebsmanagement von Medienprodukten in drei Konzeptkategorien einteilen:

Entscheidung über den Zeitpunkt

Im Bereich Pre- und After-Sales sind auch die Schnittstellen im Bereich des Kundenwertmanagements beziehungsweise des Kundendienstes anzusiedeln. In einem modernen Vertriebskonzept wird der Kunde zwar von einem Bid-Manager vor Vertragsabschluss und einem Projektmanager nach der Vertragunterzeichnung betreut, trotzdem bleibt über den gesamten Zyklus der Account Manager in der unmittelbaren Verantwortung und auch erstrangiger Ansprechpartner des Kunden. Nicht selten werden Folgeaufträge, also der Beginn einer neuen Pre-Sales-Phase, im Verlauf einer aktiv gemanagten After-Sales-Phase, akquiriert. Ohne in erster Linie die Preiswürdigkeit zu prüfen, ist eine etablierte Zusammenarbeit in aller Regel eine Garantie für qualitativ hochwertig abgewickelte Folgeaufträge. In der Industrie sind es daher meistens die Einkaufsabteilung und im Bereich der öffentlichen Hand die Vergabe- und Ausschreibungsrichtlinien, welche eine permanente Überprüfung der ökonomischen Richtigkeit von Lieferantenentscheidungen oftmals gegen die Fachabteilungen durchsetzen. Im B2C-Geschäft wird die Pre-Sales-Phase durch Handelspartner und die After-Sales-Phase in der Regel durch Call Center abgewickelt.

Die Entscheidung über den Zeitpunkt hat eine wichtige Bedeutung für das Systemgeschäft. Auch die Frage nach dem Zustand ist für das B2C-Geschäft nicht von erstrangiger Bedeutung. Ganz anders ist die Thematik in Bezug auf die Wahl des vertrieblichen Weges. Genau mit dieser Fragestellung sollte die Sales-Strategy von innovativen Medienprodukten beginnen. Die Wirksamkeit dieser Entscheidung lässt sich an der erzielbaren Synchronisierung zwischen existenter Vermarktungskette und dem jeweiligen Weg des Distributionskonzeptes messen.

Als Beispiel soll hier die Medienvermarktungskette von Kinofilmen dienen, insbesondere wird der grundsätzliche Ablauf der zeitlich gestaffelten Vermarktung und die jeweiligen Rückwirkungen aufeinander im Vertriebsprozess dieses Medienproduktes dienen (Abbildung 1) (vgl. Pelzel 2003).

Am Anfang werden Hollywood-Produktionen verlangsamt nach Europa exportiert. Weit über dem erforderlichen Zeitraum zur Synchronisation, beziehungsweise zur Einspielung von Untertiteln, sind die Abstände zwischen dem Start im Heimatmarkt USA und der entsprechenden Premiere in Europa künstlich gedehnt. Die dadurch erzielte längere Vorlaufzeit wird zur intensiven Bewerbung des Films genutzt. Medien, TV, Radio- und Zeitschriftenberichte wecken durch ihre Beschreibung der hohen Anfangszuschauerzahlen in den Staaten und durch das gezielte Einspielen von Trailern das Interesse des potentiellen Publikums in Europa.

Ausgehend von dem Erfolg und den Zuschauerzahlen bei der weltweiten Erstvermarktung wird der „Weitergabeprozess" designed. Der Start des Video-/DVD-Verkaufs wird auch im Free-TV beworben und durch geeignete Platzierungen in der Großfläche forciert (unter der Großfläche versteht man zum Beispiel Retailketten). Ob es sich dabei aus Sicht der Medien selbst um Video-Kassetten oder DVDs handelt ist für die Grundauslegung der Vermarktungskette ohne Bedeutung. Besonders erfolgreiche Filme erhalten nach jeder Wiederholung im Free-TV ergänzend noch einen Sales-Push in dem Bereich der Kaufmedien. Bei filmischen Wiederholungskonzepten wie der Star Wars Reihe, der Terminator Reihe oder auch der Matrix Trilogie erfolgen zusätzlich parallele Rücksprünge in die Vermarktungskette, wenn etwa gleichzeitig Teil 1 als Kauf-DVD beworben wird und Teil 2 des Films in Europa in die Premierekinos kommt.

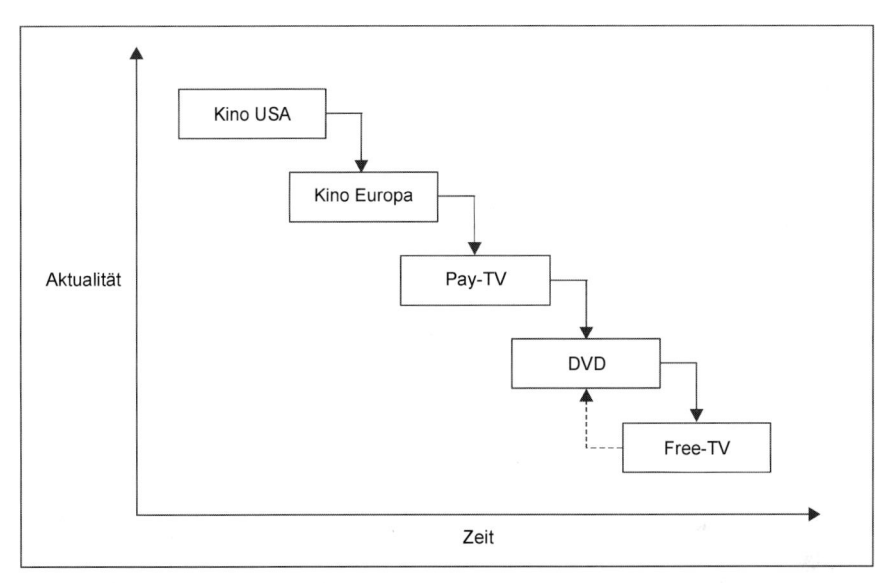

Abbildung 1: Medienvermarktungskette amerikanischer Kinofilme

Entscheidung über den Zustand

Die zentrale Zuordnung unterscheidet zwischen der Neukundengewinnung (Hunting) und der Bestandskundenpflege (Farming). Im Unterschied zu der zeitlich bedingten Pre- und After-Sales-Entscheidung geht es hier um die Frage des Kundenzustandes: „Müssen Produkte oder Dienstleistungen an Interessenten verkauft werden, die bisher noch keine Geschäftsbeziehung mit dem Lieferanten unterhalten haben?" Kann diese Frage mit Ja beantwortet werden, dann sind Verkäufer vom Typ „Hunter" gefragt. In Vertriebskreisen gilt die Jagd nach Neukunden zwar als Königsdisziplin, aber besonders Account-Manager bewegen sich häufig lieber im Betreuungsumfeld, dem klassischen Farming. Der Charme des Farming liegt in der Tatsache, dass die oft als unakademisch betrachtete Kaltakquisition – auch Cold-Call genannt – ersatzlos entfällt. Natürlich sind strategische Verkaufskonzepte (vgl. Miller/Heiman 1999) im Bereich des Farming häufiger und besser einsetzbar, aber ohne ergänzendes beziehungsweise initiales Hunting ist die Verarmung des Kundenstammes und damit eine Stagnation in der Ertragsentwicklung nicht aufzuhalten. Ergänzend muss hier natürlich erwähnt werden, dass entsprechende Kundenwertanalysen zur Feinjustierung der Farmingmethoden angewendet werden müssen. In aller Regel lassen sich für Medienunternehmen die Abschnitte Farming und Hunting nicht voneinander lösen.

In diesem Zusammenhang wird von einer Hunter/Farmer-Hysterese-Schleife gesprochen. Demnach kann erst nach einer messbaren Aufwandsüberhöhung ein Kunde gewonnen werden. Im Gegenzug wird nicht jede Vernachlässigung oder kleine Panne dazu führen, den Kunden wieder zu verlieren. Die firmenspezifischen Account-Development-Prozesse bilden diese Hysterese in eigenen Prozessdarstellungen ab. Dabei werden dann die spezifischen Gewinn- und Verlustchancen analysiert und die jeweiligen zusammengehörigen Sales-Cycle untersucht und bewertet.

Entscheidung über den vertrieblichen Weg

In den Bereichen direkter und indirekter Vertrieb geht es aus vertrieblicher Sicht um die klassische Fragestellung „Make or Buy". Beim direkten Vertrieb wird über eine eigene Struktur an Vertriebsbeauftragten beziehungsweise Account-Managern an die Endkunden vertrieben. Beim indirekten Vertrieb übernehmen Handelspartner oder auch bestehende Kunden diese Verkaufsaufgabe an die eigentlichen Endkunden. Das gilt ausdrücklich auch in der Welt der „virtuellen Organisationen", bei denen die Projektorientierung auf der einen Seite und die ganzheitliche Dynamisierung auf der anderen Seite die herkömmliche Organisation Zug um Zug ablöst (vgl. Sandhoff 2002, S. 252–254). Bei indirektem Vertrieb kommt keine Organisationsveränderung oder gar Organisationsdynamisierung zum Einsatz, beim indirekten Vertrieb wird eine zusätzliche Handelsstufe eingezogen. Man erkennt das in der Medienbranche am deutlichsten am DVD- und Handy-Markt. In beiden Fällen unterhalten die Unternehmen Warner Brothers oder Nokia zwar Global-Account-Management-Teams, diese sind aber ausschließlich für die Betreuung der Vertriebskanäle zuständig. Das tatsächliche B2C-Endkundengeschäft wird vom Absatzmittler, also zum Beispiel von

Elektronik-Ketten oder einem vergleichbaren Retailer durchgeführt. Bei dieser Geschäftsform zum Vertrieb von Medienprodukten gewinnt das Thema Werbekostenzuschuss (WKZ) eine besondere Bedeutung. Diese Zuschüsse vom Hersteller an den Retailer entscheiden über die Platzierungssituation in der Großfläche und vor allem über die Platzierung in den Werbemaßnahmen und damit über die umsetzbare Verkaufsmenge. Zur Sicherstellung einer gewissen Mindestanstrengung zur Erzielung der geplanten Verkaufsergebnisse werden die WKZ-Zahlungen in quartalsorientierter Form und in Verbindung mit Zielvereinbarungen geleistet. Zusätzlich müssen sich diese Kanäle noch auf eine stärkere Vermischung der Vertriebskanäle besonders unter dem Aspekt der parallelen eCommerce Applikationen einstellen (vgl. Hermanns/Sauter 2001).

2.2 Konvergenzfelder im Medienvertriebsmanagement

Durch den insbesondere seit Anfang der 90er Jahre beobachtbaren Konvergenzprozess der Branchen Telekommunikation, Informationstechnologie, Medien und Entertainment ändern sich auch die Anforderungen und Herangehensweisen an das Vertriebsmanagement.

Im Bereich Computer und allgemeine „Medienmaschinen" beziehungsweise Engeräte, wie CD- oder DVD-Player, passt die klassische Form der Vertriebskonvergenz, das Aufeinanderzuneigen von Produkten und gemeinsamen Anwendungen im eigentlichen Sinne. Sowohl Audio-CDs, als auch Video-DVDs können an modernen PCs problemlos und ohne Daten- beziehungsweise Qualitätsverlust kopiert werden. Deshalb ergeben sich Synergien, wenn diese Produktvarianten gemeinsam in einem Distributionskanal vertrieben werden. In Erweiterung dieser Überlegung wird der PC zur Medienmaschine mit TV-Karte, MP3-Player und einem eingebauten CD/DVD-Brenner.

Während bei Voice-over-IP die Nutzung paketorientierter Abrechnungsmodi und eine Vermeidung der zeit- und entfernungsorientierten Fernsprechtarife im Vordergrund steht, geht es bei den Nebenstellenanlagen vornehmlich um die Investitionskostensenkung. Weitere Telefongeräte, der Ausbau der Nebenstellenanlage und entsprechende Verkabelungsarbeiten erfordern Vorausinvestitionen. Wird über vorhandene Ethernetnetze und PCs innerhalb eines Unternehmens telefoniert, so können diese Investitionen gespart werden. Da es sich hier um konkurrierende Produkte handelt, ergeben sich aus einer gemeinsamen Vermarktung keine Vorteile.

Bei GSM/UMTS-Handys und Notebooks mit WLAN-Karte basierten sämtliche Break-Even-Analysen im Umfeld der hohen Kaufpreissummen für die UMTS-Lizenzen auf der Annahme, dass nur so eine flächendeckende, mobile Breitbandversorgung für die Bevölkerung zu erreichen sei. Der bisher hinter den Erwartungen zurückbleibende Vertriebserfolg der PDAs und digital Assistenten zeigt aber, dass besonders die einfachen und kostengünstigen WLAN-Konzepte eine gefährliche Alternative sind. WLAN erlauben auch nicht im Vertragsverhältnis befindlichen Notebookbenutzern die mobile und breitbandige Einwahl in das Internet. Trotz der nicht unerheblichen Substitutionsgefahr sind deutliche Synergien in den Vertriebskanälen erkennbar. In Ergänzung zu den bereits aufgebauten 800 Hotspots wird die WLAN-Technologie, die auch von allen UMTS-Diskussionen unbelastet geblieben ist, für die Zwecke der Telefonie und der Substitution von DECT herangezogen.

Die Betrachtung des Festnetztelefons und Mobilfunksystems mit Fixed-Mobile-Integration (FMI) ergibt, dass FMI bisher nicht wirklich eingetreten ist. In Deutschland hat das eine ganze Reihe von Gründen, die am Ende auch mit der attraktiven Preisgestaltung von ISDN durch den Ex-Monopolisten, die Deutsche Telekom AG (DTAG), zu erklären sind. Aber auch das in einigen Gegenden sehr lückenhafte O2-Netz, das Netz des einzigen FMI-Anbieters, ist für die Situation verantwortlich. Eine gemeinsame Nutzung der Absatzkanäle führt weder zu Vor- noch zu Nachteilen.

Handnavigationsgeräte und modifizierte PDAs mit GPS-Komponenten sind grundsätzlich mehr als additive Komponenten zu sehen. Reine Handnavigationsgeräte werden zurzeit ausschließlich im Outdoor-Bereich, also beim Wandern und Segeln eingesetzt. Deshalb generiert eine gemeinsame Vermarktung keine nennenswerten Vorteile.

Personalcomputer und Mainframe-Terminals haben den Entwicklungsprozess der Konvergenz weitgehend absolviert. Bei sämtlichen Neuinstallationen laufen die Mainframe-Emulationen innerhalb einer Windowsumgebung auf einen vollwertigen PC. Werden zusätzlich die Serverapplikationen mit einbezogen, entstehen hier erhebliche Synergien.

FAX/Drucker/Kopier-Kombinationsgeräte und eMail haben nur minimale Überschneidungen, deshalb ist eine Parallelvermarktung nicht zu empfehlen.

Digital-Kameras und Picture-Handys können als anwendungsähnliche Produkte zusammen im selben Kanal vertrieben werden.

Langwellenfunkgeräte und Satellitentelefone befinden sich zunehmend in einem Ergänzungsmarkt. Ursprünglich waren die Langwellenfunkgeräte nur für die Seefahrt bestimmt. Der von dem Konsortium Iridium geplante Konvergenzmarkt GSM und Satellitentelefone ist nicht entstanden. Die mögliche gemeinsame Vermarktung generiert keine wesentlichen Vorteile.

Für Digital- und Polaroidkameras gilt, dass nur ein Prozent der angemeldeten Patente den Break-Even erreichen. Das Polaroid-Sofortbildverfahren gehört eindeutig dazu. Gegenwärtig gibt es innerhalb der Applikation der sofortigen Bildentwicklung einen sehr starken Trend zur Digitalkamera, die eine Übertragung der Bilder auf den PC mühelos erlaubt. Hier handelt es sich mehr oder weniger um einen Generationenwechsel und nicht um ein Konvergenzfeld.

Bildtelefone und Internet eMails mit MiniCam-Applikationen befinden sich noch in der unmittelbaren Auseinandersetzungsphase. Dabei hat das schon mehrfach angepriesene, aber nicht in den Volumenmarkt eingetretene Bildtelefon derzeit etwas das Nachsehen. So genannte mobile Bildtelefone, die Picture-Handys könnten die Marktregeln hier neu aufrollen. Trotzdem scheint eine gemeinsame Vermarktung vorteilhaft.

2.3 Distributionsstrategien im Wechselspiel von Churn und Durchschnittsumsatz (ARPU)

Im Jahr 2002 waren bereits 33 Prozent der bundesweiten TK-Umsätze im Mobilfunkbereich erwirtschaftet worden (im Vergleich dazu sind 35 Prozent der gesamten TK-Umsätze im Festnetzbereich erzielt worden, vgl. REGTP 2002). Im Mobilfunksegment lassen sich die Marktpenetrationsstrategien im Wesentlichen auf zwei Hauptparameter festlegen. Das ist zum einen der reale Nettozuwachs im Kundenbestand und zum anderen der durchschnittliche Kundenumsatz, Average Revenue per Customer/Unit (ARPU), pro Kunde und Monat. Angesichts der zunehmenden Marktsättigung – die Marktpenetration Mobilfunk liegt in Deutschland bei 68 Prozent im Jahr 2001 sowie bei 72 Prozent im Jahr 2002 (vgl. REGTP 2003) – und einer unverändert hohen Wechselbereitschaft der Kunden liegt die Zauberformel weiterhin in der Gleichung:

Erforderlicher Nettozuwachs = Bruttozuwachs - Churn

Der Bruttozuwachs ergibt sich aus der kumulierten Gesamtverkaufsleistung aller Vertriebslinien eines Netz-Anbieters beziehungsweise Service-Providers. Der Churn, ein „Kunstwort" aus den Begriffen „Change" und „Turn", als bestandsreduzierendes Element reflektiert das beobachtete Verhalten der Konsumenten, nach Erreichung der ein- oder zweijährigen Vertragslaufzeit den Anbieter zu wechseln. Ein typischer Netzanbieter im europäischen Markt verliert etwa halb so viele Kunden, wie er im gleichen Berichtszeitraum neu generiert. Dadurch begründet weichen Netto- und Bruttozuwachs teilweise erheblich voneinander ab. Die gewünschte Verringerung des Churn scheitert nach den derzeitigen Regeln im Markt meist an folgenden Punkten: Zum einen verursacht durch die Kosten des Netzbetreibers für die Vertragsverlängerung in Relation zum Kundenertrag. Besonders die fallenden Grundgebühren führen zu einer rückläufigen Entwicklung der ARPUs. Aus diesen, abzüglich der direkt zuzuordnenden Kosten muss aber die vom Kunden erwartete Endgerätesubventionierung finanziert werden. Der durchschnittliche Kundenumsatz bleibt die Zauberformel für die Bedeutung des jeweiligen Vertriebkanals durch den Verhaltenskodex der Kunden, die aus unterschiedlichen Gründen ihren Anbieter wechseln möchten. Typische Gründe finden sich in der erlebten Netzqualität, aber auch in der Entwicklung des Images und Preisniveaus eines Netzanbieters. Ebenfalls hemmend wirkt das Prämienverhalten der Handelsketten, das bis vor kurzem den Neuverkauf höher prämiert hat als die Vertragsverlängerung. Unter Berücksichtigung der Quersubventionierung der mobilen Endgeräte, deren Einkaufspreis oft bis zu 160 Euro über dem Abgabepreis liegt, hat die Steuerung der Vertriebskanäle in Bezug auf Prämien eine erhebliche Bedeutung. In der finalen Definition muss neben dem Churn noch die bestandswirksame Kündigung berücksichtigt werden. Solche Kündigungen werden vom Netzbetreiber beispielsweise ausgesprochen, wenn Rechnungsbeiträge nicht beglichen oder unzulässige Netznutzungen vorgenommen wurden. Jetzt lautet die erweiterte Gleichung also folglich:

$$\text{Realer Nettozuwachs} =$$
$$\text{Bruttozuwachs} - (\text{Churn} + \text{bestandswirksame Kündigungen})$$

Das zweite kritische Element ist die durchschnittliche Umsatzerwartung pro Kunde. Im europäischen Gesamtsegment liegt dieser ARPU bei derzeit 35 Euro pro Kunde und Monat. Ein relativ geringer Wert, der momentan auch weiter sinkt. Zum Leidwesen der Netzanbieter hat das folgende Gründe: Es werden als Folge der Marktsättigung mehr ertragsschwächere Kundensegmente akquiriert. Da zahlreiche Handelsketten und Vertriebsorgane immer noch nach Stückzahlenvorgaben entlohnt werden, sind die Anreize in umsatzstärkeren, aber auch beratungsintensiveren Kundensegmenten zu verkaufen, gering. Die hohe Zahl der Prepaid-Angebote, also jene Handys, bei denen kein Vertrag geschlossen wird, sondern ein vorher bezahltes Kartenguthaben abtelefoniert wird, nimmt zu. Beim Netzanbieter O2 Deutschland (früher VIAG Interkom) sind etwa die Hälfte der 3,8 Millionen Kunden mit dem Prepaidpaket „Loop" ausgestattet.

Die Zunahme der Mobilfunkgeräte allgemein führt zu vermehrten Gesprächen von Mobilfunkanschluss zu Mobilfunkanschluss. Bei der Annahme von äquivalenten Gesprächsdauern reduziert sich der monatliche Umsatz, da die „On-Net-Gespräche" nur etwa 40 Prozent der Gebühren erzeugen, die bei Gespräche vom Mobilfunknetz in das Festnetz anfallen.

Einen weiteren Senkungseffekt stellen die monatlichen Grundgebühren dar, der Monatsgrundpreis (MGP). Während die „Starttarife" im Jahr 1998 noch für im Durchschnitt 30 Euro verkauft wurden, liegt der erzielbare Preis beim häufig verkauften Starttarif im Jahr 2003 bei fünf Euro, also einem Sechstel des bisherigen Wertes. Vereinzelt haben sich im Markt weitere Angebote entwickelt, bei denen bis zu 24 Monaten eine Grundgebührbefreiung angeboten werden.

Außerdem sollte festgehalten werden, dass die optimistisch erwartete Zunahme von Datendiensten wie SMS, MMS, WAP oder GPRS die Erwartungen nicht erfüllte. Der Anteil am ARPU solcher Dienste stagniert derzeit bei zwei Euro im Monat.

Nach dem Einbruch auf den Aktienmärkten, hat sich auf Nachfragerseite eine ausgeprägte Kaufzurückhaltung gezeigt. Als unmittelbare Folge dieser Entwicklung hat in Deutschland das Unternehmen Quam den Markt verlassen und auch der einstige Vorzeigekandidat Mobilcom mußte große Einbuße hinnehmen. Quam hatte als reiner UMTS Anbieter in einer Art Vorvermarktungsstufe in Kooperation mit E-Plus GSM-Netzdienste angeboten und zur CeBIT 2002 noch knapp eine Million Teilnehmer für das Jahresende 2002 angekündigt. Als der operative Vertrieb im August 2002 eingestellt wurde, waren es knapp 200.000 Pre- und Postpaidkunden, die sich für Quam entschieden hatten. Für den Shareholder Telefonica war die erhebliche Untererfüllung der Vertriebsziele in Verbindung mit den nach unten korrigierten Absatzprognosen wohl Anlaß genug, die Geschäftsaktivitäten in Deutschland einzustellen. Als direkte Folge wurde auch das jüngst aufgebaute deutschlandweite eigene Shopkonzept eingestellt.

3 Vertriebskonzepte in der Praxis

3.1 Das Beispiel Microsoft versus Apple

Als 1976 Steve Jobs und Steve Wozniak begannen, den Apple I zu verkaufen und als 1984 der Macintosh-Computer mit der ersten serienmäßigen grafischen Benutzerschnittstelle einen neuen Standard etablierte, steckten die Verkaufsgesetze der Medienbranche noch in den Kinderschuhen. Einige Jahre später brachte Adam Osborne den ersten portablen Computer für 1.795 US-Dollar auf den Markt. Diese Rechner hatten im Jahre 1981 ihren maximalen Markterfolg und verschwanden 1983 wieder vom Markt. Der Osborne-Computer hatte, genau wie der Homecomputer-Wettbewerber Comodore, auf das nicht erfolgreiche Betriebssystem CP/M gesetzt. Im Fall des Unternehmens Comodore hat auch das Nachfolgeprodukt des VC 20, der Amiga, trotz seiner leistungsfähigen Motorola CPU und seinen Multimedieneigenschaften keine Wende für Comodore erzwingen können.

Obwohl der Erzrivale IBM seinen PC in der Version XT (1983) und AT (1984) schon 1981, also etwa zur Produktionszeit des legendären Apple IIe, in den Markt eingeführt hatte, konnte erst im Jahr 1995 das nunmehr grafische Betriebssystem Windows 95 von Microsoft den Spitzenplatz unter den Graphical User Interface (GUI) erobern. Parallel wurde die 32-bit-Plattform Windows NT mit der Version 3.1 im Jahre 1993, nach über fünfjähriger Entwicklungszeit, und 1996 die Version 4.1 in den Markt eingeführt. Zuvor waren die Nutzer von IBM-kompatiblen Personalcomputer auf grafische Oberflächen von Drittanbieter wie GEM oder auf die einfachen grafischen Frames der einzelnen Anwenderprogramme wie Lotus 1-2-3, dBase oder WordStar angewiesen. Im gleichen Atemzug hat sich Microsoft in einer bis dahin beispiellosen Kampagne die Ebene der Programme für den Endanwender mit Excel, Word, MS-Project, Access und Outlook erobert. Die zentrale taktische Waffe zur Umsetzung dieser Expansionsstrategie waren zum einen die zahlreichen neuen Betriebssystem-Releases, welche immer wieder neue Programmschnittstellen und Aufrufroutinen enthalten haben, über deren exakte Beschaffenheit die Hersteller von fremder Applikationssoftware oft nur unzureichend, zumindest aber zu spät etwas Verwertbares erfahren hatten.

So konnte Microsoft immer vor dem Wettbewerb mit eigenen fehlerfreien Applikationssoftwareprogrammen auf dem Markt sein und dadurch Alleinstellungsmerkmale herausarbeiten. Auf der anderen Seite haben die MS-Applikationsprogramme deutlich vor dem zersplitterten Wettbewerb die

Standardisierung der Nutzerschnittstelle, der „Pull-Down" und „Pop-Ups" vorangetrieben. Anwender, welche die Bedienung von Word einmal verstanden hatten, konnten so schnell und intuitiv auch Access oder Excel bedienen. „Microsoft Corporation is an exciting example of applying expansion strategy for growth into new markets" (vgl. McGrath 2000). Das Gespann Apple in Verbindung mit den Motorola-CPU-Chips konnte trotz wiederholter First-Mover-Advantages im Wettbewerb gegen Intel und IBM nicht bestehen. Für Apple galt der Wahlspruch: „Es war schon immer etwas treurer einen besonderen Geschmack zu haben." Nicht die Überlegenheit des Händlernetzes, sondern die Offenheit der Plattform und damit die Frage nach der realisierbaren Ergonomie bei der Softwarebeschaffung hat hier das Rennen entschieden.

In der aktuellen PC-Landschaft hat die Fragestellung des Beschaffungsweges und des daraus resultierenden Preises die Fragestellung nach dem Betriebssystem deutlich überholt. Das aktuelle auf UNIX basierende Mac OS X lässt sich zumindest theoretisch, zum ersten Mal in der Applehistorie, auch auf andere als die Motorola-Plattform portieren. Die Microsoft-Erfolgsgeschichte zeigt, dass die Parameter für den Verkaufs- und Markterfolg im PC-Geschäft nicht nur in der Distributionspolitik liegen. Im PC-Geschäft war es die kundenorientierte Plattformstrategie (Betriebssysteme, Hardware, Programme), welche die entscheidenden Parameter des Erfolgs determiniert hat.

3.2 Das Beispiel i-mode

Der Telekommunikationsmarkt hat sich in den letzten zehn Jahren grundlegend verändert. Die beiden treibenden Kräfte dieser Veränderung sind die technische Innovation einerseits und die veränderten regulatorischen Rahmenbedingungen andererseits. Die technische Innovation bezieht sich dabei sowohl auf die Netzmerkmale einer erheblich verbesserten Erreichbarkeit, einer erhöhten Sprachqualität als auch auf weiteren Dienstmerkmalen wie MMS, GPRS oder UMTS. Die veränderten regulatorischen Rahmenbedingungen haben ehemalige Monopolmärkte, wie die Sprachvermittlung im Festnetz oder Auskunftsdienste für Wettbewerber geöffnet.

Die Zahl der in Betrieb befindlichen Telefonendgeräte hat sich dabei seit 1991 von 0,6 Milliarden auf 2,1 Milliarden Stück mehr als verdreifacht (vgl. ITU 2001). Davon entfallen 1,1 Milliarden Endgeräte auf das Festnetz und rund eine Milliarde Geräte auf die Mobilfunksparte. Obwohl der relative Zuwachs der Verkaufsmenge der mobilen Endgeräte in diesem Jahr unter den Vorjahreswerten liegt, wird für das Jahr 2002 erwartet, dass erstmals die Zahl der Mobilfunkgeräte die Zahl der Festnetzgeräte übertrifft. Ausgehend von einer Teilnehmerzahl im Mobilfunk von 16 Millionen Menschen weltweit im Jahr 1991 hat sich diese Teilnehmerzahl bis heute verdreiundsechzigfacht und sie wächst trotz einer erkennbaren Sättigungsgrenze stetig weiter. Im europäischen mobilen Endgerätemarkt konzentriert sich der Absatz besonders auf die Hersteller Nokia, Siemens, Motorola, Sony Ericsson und Samsung. Im Gegensatz zum übrigen Bereich der Konsumerelektronik haben die japanischen Hersteller nur einen verschwindenden Anteil am europäischen Mobilfunkendgerätemarkt.

Dabei unterhalten mittlerweile 90 Prozent aller Staaten ein eigenes Mobilfunknetz. Hierbei konkurrieren der japanische, der nordamerikanische und der europäische GSM-Standard um die Gunst der Konsumenten. Während es seit einiger Zeit Tri-Band-Handys gibt, die den europäischen 900 und 1.800 MHz-Standard sowie den nordamerikanischen 1.900 MHz-Standard vereinen, sind die japanischen Mobilfunknetze für Fremdgeräte weitestgehend abgeschottet. (vgl. Pelzel 2001; Booz/Allen/Hamilton 1995). Radikal geändert hat sich das erst im Frühjahr 2002, und zwar auf der Applikationsebene durch i-mode. Auf der CeBIT 2002 und auch 2003 hat der deutsche Mobilfunkanbieter E-Plus (etwa 7,5 Millionen Pre- und Postpaid-Kunden auf der lizenzierten Frequenz von 1.800 MHz) das japanische Applikationskonzept i-mode erstmals in Europa einem breiten Publikum vorgestellt. Dabei überraschte dieses Konzept gleich in unterschiedlicher Hinsicht:

i-mode basiert auf dem General-Paket-Radio-Service (GPRS); dadurch wird im Unterschied zum herkömmlichen Wireless Application Protocol auf leitungsvermittelter Basis (WAP) nicht nach den gesamten Verbindungsminuten (leitungsvermittelter Dienst), sondern nach den tatsächlichen übermittelten Datenpaketen abgerechnet (vgl. Marcé 2001). Damit wurde durch diesen Dienst erstmals ein „paketorientierter Datendienst" mit einem realen Applikationsnutzen angeboten. Bei dem i-mode Umsatzbeteiligungsmodell überlässt der Netzanbieter 85 Prozent des zusätzlichen Umsatzes (erwartet wurden 15 Euro pro Monat zuzüglich etwa 3 Euro Monatsgrundpreis) dem Content-Anbieter, dessen Interesse an der Nutzung und der weiteren Intensivierung dadurch steigt.

In der auf Personal-Handyphone-System (PHS) basierenden japanischen Variante von i-mode werden bereits 30 Millionen Kunden von DoCoMo mit innovativen Diensten versorgt. Allerdings gibt es im Unterschied zu Deutschland nicht nur einzelne Endgeräte zur Auswahl. Im japanischen Heimatmarkt werden Endgeräte der Hersteller Sharp, Toshiba, Mitsubishi, Sanyo, Kenwood, Nokia, Panasonic und Pioneer angeboten. In der Summe sind über 50 verschiedene Endgeräte mit unterschiedlichen Leistungsmerkmalen im Markt. Dadurch wird i-mode zu einer Marktzugangs-Plattform für japanische Handyhersteller.

i-mode adressiert dabei die aktuellen Bedürfnisse der Kunden nach:

- Mobile Banking,
- Mobile Internet,
- Mobile Camera,
- Content Search,
- Shopping,
- Polyphonic Sounds,
- Picture Messaging,
- Games,
- Lifestyle
- Info,
- Fortune Telling sowie
- Actual Information.

Die Marktanteilsentwicklung der i-mode Produktlinie, die E-Plus auch mit einer eigenen Farben- und Markenwelt verbunden hat, erfüllte bis Dezember 2002 die in sie gestellte Erwartungen nicht. Anstelle der geplanten 600.000 Kunden wurden nur 100.000 Kunden generiert. Eine Ursache für diese enttäuschende Entwicklung ist in der Endgerätesituation zu finden. i-mode wird in Japan auf einer Vielzahl von Endgeräten angeboten, die überwiegend auch der Kategorie der Klappgeräte mit Farbdisplay zuzuordnen sind (zum Beispiel Folded Phones der Hersteller Sharp, Toshiba, NEC, Nokia, Pioneer, Kenwood oder Mitsubishi). Diese Handy-Technologie hatte zu Beginn des Jahres 2002 einen sehr geringen Marktanteil in Deutschland. Da die Geräte in Japan nach dem japanischen Mobilfunkstandard ausgerüstet waren, konnten die unmodifizierten Geräte nicht ohne weiteres in Europa eingesetzt werden. Zur Markteinführung der deutschen i-mode Applikation war nur der Hersteller NEC bereit, das japanische Gerät auf den europäischen GSM Standard umzurüsten. Das hat zu zwei negativen Effekten geführt. Auf der einen Seite haben die Konsumenten die mangelnde Auswahl mit Kaufzurückhaltung quittiert, zum anderen haben technische Probleme im Batteriemanagement des NEC-Gerätes die Abverkäufe enorm behindert. Ein Gerät das alle drei Stunden neu am Netz aufgeladen werden muss, erfüllt im derzeitigen Mobilfunkmarkt die Kundenansprüche nicht mehr. Grundsätzlich muss aber auch beachtet werden, dass im April 2003 ungefähr 57 Prozent der japanischen Kunden mobiles Internet genutzt hatten, in West-Europa war diese Penetration nur neun Prozent und in den USA nur acht Prozent. (vgl. Pringle 2003) Daraus folgt, dass die lang herbei gesehnte

Konvergenz zwischen Festnetz und Mobilfunk nicht in der gewünschten Art und Weise eingetreten ist. Im Festnetz liegen die Nordamerikaner weit vor den japanischen Kunden. Hier sind eher Substitutionseffekte zu spüren. Wer das Internet mobil häufig nutzt, hat mit einer hohen Wahrscheinlichkeit eine dann unter dem Durchschnitt liegende Festnetz-Internet-Affinität und umgekehrt.

Die vodafone Werbeaktion zum Weihnachtsgeschäft 2002, in der die Applikation Picture Messaging im Vordergrund stand, hat nicht nur eine neue Werbedimension für Applikationswerbung im Mobilgeschäft eröffnet, sondern auch indirekt dem i-mode Konzept unter die Arme gegriffen. Da auch die vodafone life Aktion vornehmlich mit koreanischen und japanischen Mobilfunkgeräteherstellern anläuft, unterstützt diese Werbemaßnahme gleichzeitig jeden anderen Anbieter, der ebenfalls auf solche Hardwarelieferanten setzt. Das hoffentlich ausgeglichene Wechselspiel der Innovationsgeschwindigkeit auf dem Hardwaremarkt und der gleichzeitigen Weiterentwicklung der Tarifoptionen wird zeigen, in welcher Form die Bildübertragung in den Mobilfunkmarkt Einzug halten können wird. Tabelle 1 gibt einen Überblick, in welcher Form die Kommunikationsprofile von mobilen Anwendungen wie Smartphone, PDA und mobilen Mini-PCs die Anforderungen die Übertragungsverfahren beeinflussen können.

	Desktop	Wired Notebook	Wireless Notebook	Wireless PDA	Handy, Smartphones
Erreichbarkeit	Lokal	Lokal	Überall	Überall	Überall
Portabilität	Gering	Medium	Medium	Hoch	Hoch
Einfachheit	Gering	Gering	Gering	Hoch	Hoch
Identifikation	Geräte-Level	Geräte-Level	Geräte-Level	Geräte-Level	Individual-Level
Lokalisierung	Netzwerk-Level	Netzwerk-Level	Zell-Level	Zell-Level	Zell-Level

Tabelle 1: Eigenschaften mobiler Anwendungen im Vergleich (vgl. Teichmann/ Lehner 2002)

3.3 Das Beispiel telegate

Die Auskunftsdienste sind unter zwei Gesichtspunkten maßgebend für die Beantwortung der Frage, wie effizient und wirksam die Marktöffnung im

Telekommunikationssektor umgesetzt werden konnte. Zum einen sind bei den Auskunftsdiensten die Investitionen überschaubar. Im Wesentlichen handelt es sich um einen Dienst, der in der 118-Gasse abgewickelt wird und bei dem die „Magic Numbers of Success" in drei Punkten spezifiziert werden können:

- Optimierung der Werbung für den Bekanntheitsgrad einer Nummer wie zum Beispiel der 11 88 0 der telegate AG.
- Auslegung der Systeme und Ablauforganisation der Operatorplätze des Call Centers.
- Umfang der Verbindung der Auskunftsnummer in voreingestellte Standarddienste der Mobilfunkanbieter.

Zum anderen hat auch hier der Ex-Monopolist einen erheblichen Hebel, um auf die Markterfolge seiner Konkurrenten einzuwirken. Jeder Zugriff der Wettbewerber auf das (amtliche) Teilnehmerverzeichnis der DTAG, auch NDIS genannt, verursacht ein Gebührenaufkommen der Newcomer, wobei man von ungefähr 0,05 Euro pro Datenbankabfrage ausgehen kann. Auf der anderen Seite kann die Telekom, falls die Gespräche aus ihrem Netz abgehen, einen unmittelbaren Einfluss auf die Endkundenpreise und damit auf die erzielbare Absatzmenge geltend machen. Außerdem hat die, inzwischen durch die DTAG erfolgte, kostenfreie Veröffentlichung der Auskunftsinformation im Internet (www.telefonbuch.de) die gebührenpflichtige Auskunft in einen verstärkten Preiskampf geführt.

Obwohl das Marktsegment der Auskunftsdienste auf den ersten Blick nur geringe Markteintrittsbarrieren aufweist und unmittelbar nach der Marktöffnung auch zahlreiche Unternehmen in Deutschland diese Marktnische besetzen wollten, ist derzeit nur ein alternativer Anbieter, die telegate AG, zu einem wahrnehmbaren Marktanteil gekommen. Dadurch zeigt sich, dass auch in diesem Medienbereich ein Konvergenzkonflikt auftritt, bei dem die Suchmaschinen und deren relativ hohe Akzeptanz (vgl. Graf/Gründer 2003) eine massive Substitutionsgefahr für die voicegebundenen Auskunftsdienste darstellen.

4 Kundenwertüberlegungen in der Mediendistributionspolitik

In Zeiten steigenden Wettbewerbsdrucks ist das Wissen um Kunden, die einen positiven Beitrag zum Unternehmensergebnis leisten, ein zentraler Entscheidungsfaktor für die aktive Ausgabensteuerung im Vertrieb. Für welchen Kunden lohnen sich entsprechende Aufwände, für welche weniger oder gar nicht? Modernes Medien Sales Management muss Antwort auf diese Frage finden.

Das führt unweigerlich zu der resultierenden Fragestellung, ob es überhaupt Kunden ohne Wert gibt, beziehungsweise geben darf? Unternehmen, die keine Antwort wissen, haben einen entscheidenden Wettbewerbsnachteil. Da sich letztendlich der Wert eines Unternehmens nach dem Wert seiner Kunden bestimmt, liegt es auf der Hand, nach der Wertigkeit seiner eigenen Kunden zu fragen. Längst hat es sich herausgestellt, dass die Einteilung der Kunden nach der Höhe des Umsatzes ein nicht ausreichender Schritt ist. Außerdem kann die völlige Orientierungslosigkeit zur Fragestellung des Kundenwertes eine ansonsten brauchbare Vertriebssteuerung völlig vernichten.

Gefragt ist eine Kenngröße, die Kosten und Erträge eines Kunden über den Kundenlebenszyklus abbildet und damit Entscheidungsgrundlagen für die Gestaltung der Kundenbeziehung liefert. Einen Sonderstatus nehmen Kunden ein, die zwar mehr kosten als sie erwirtschaften, aber als Referenzkunden den Gesamtabsatz stützen. Abbildung 2 stellt die einzelnen Elemente der Kundenwertberechung grafisch dar.

```
┌─────────────────────────────────────┐  ┌─────────────────────────────────────┐
│         Monetäre Größen             │  │       Nicht-monetäre Größen         │
├─────────────────────────────────────┤  ├─────────────────────────────────────┤
│       zugeordnete Fixkosten         │  │     Weiterempfehlungspotential      │
│  Deckungsbeitrag auf Kundenebene    │  │       Referenzkundenpotential       │
│         Akquisitionskosten          │  │   Up-Selling/Cross-Selling-Potential│
│ Prozesskosten der Kundengewinnung/  │  │      Kundenzufriedenheitsindex      │
│            -bindung                 │  │                                     │
└─────────────────────────────────────┘  └─────────────────────────────────────┘
```

Kundenwert (als Kapitalwert der Kundenbeziehung)

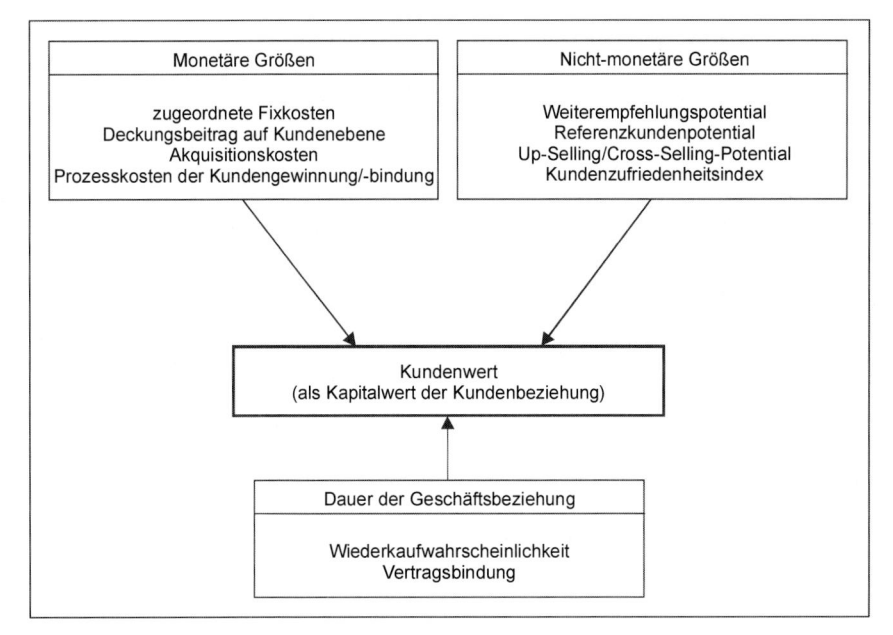

Dauer der Geschäftsbeziehung
Wiederkaufwahrscheinlichkeit
Vertragsbindung

Abbildung 2: Die drei Elemente der Kundenwertberechnung

5 Fazit

Die Medienbranche ist eine Welt konstanter und erheblicher Veränderungen. Deshalb sind langfristige Vertriebsstrategien zur Stabilisierung der gesamten Ausrichtung unverzichtbar. Die deutliche B2C Ausrichtung, besonders im Umfeld der medialen Vermarktungsketten, führt zwangsläufig zu einer Ausrichtungsverdichtung in den Bereich der Wahl der vertrieblichen Wege. Diese Fragestellung übertrifft in ihrer Bedeutung die Farming/Hunting und auch die Pre- und After-Sales-Überlegung. Unter Berücksichtigung der einzelnen Konvergenzfelder sind deutliche Parallelen zwischen dem Computer- und Telekommunikationsmarkt zu identifizieren. Besonders durch die Integration von Kundenwertüberlegungen lässt sich das Vertriebsmanagement optimieren.

Literaturverzeichnis

Booz Allen & Hamilton (1995) Mobilfunk: Vom Statussymbol zum Wirtschaftsfaktor, Frankfurt 1995.
Graf, N./Gründer, T. (2003) eBusiness, München 2003.
Hermanns, A./Sauter, M. (2001) Management-Handbuch Electronic Commerce. Grundlagen, Strategien, Praxisbeispiele, München 2001.
International Telecommunication Union (2001) Weltkommunikationsbericht, Genf 2001.
Miller, R.B./Heiman, S.E./Tuleja, T. (2001) Strategisches Verkaufen, Landsberg/Lech 2001.
Marcé, S.G. (2001) WAP – Techniken, Services und WAP-Design, Kilchberg 2001.
McGrath, M.E. (2000) Product Strategy for High-Technology Companies, New York 2000.
Pelzel, R. (2001) Deregulierte TK-Märkte. Internationalisierungstendenzen, Newcomer-Dynamik, Mobilfunk- und Internetdienste, Heidelberg 2001.
Pelzel, R. (2003), Innovatives Produktmanagement in der IT-Branche, Ingolstadt 2003.
Pringle, U (2003) Internet Use via Mobile Phone Stays Flat, in: The Wall Street Journal Europe 03.06.2003, S. 11.
Regulierungsbehörde für Telekommunikation und Post (2003) Jahresbericht der Regulierungsbehörde des Jahres 2002, Bonn 2003.
Sandhoff, G. (2002) Virtuelle Organisation. Ein neues Organisationskonzept, in: Scholz, C. (Hrsg.) Systemdenken und Virtualisierung. Unternehmensstrategien zur Vitalisierung und Virtualisierung auf der Grundlage von Systemtheorie und Kybernetik, Berlin 2002, S. 252–254.
Teichmann, R./Lehner, F. (2002) Mobile Commerce. Strategien, Geschäftsmodelle, Fallstudien, Heidelberg – Berlin.

Mediaplanung – Voraussetzungen, Auswahlkriterien und Entscheidungslogik

Fritz Unger

1 Einführung 737

2 Ziele und Aufgaben der Mediaplanung 738

3 Voraussetzungen effizienter Mediaplanung............................... 739
   3.1 Marketing- und Kommunikationsziele 739
   3.2 Zielgruppenbestimmung 741
   3.3 Budgetierung 742
   3.4 Mediaziele 744
      3.4.1 Reichweite 744
      3.4.2 Durchschnittskontakte pro erreichter Zielperson
           (Werbedruck) 745
   3.5 Nutzungsdaten 745

4 Kriterien zur Auswahl der Medien 747
   4.1 Entscheidungskriterien für die Auswahl von Mediagattungen 747
      4.1.1 Zeitschriften... 748
      4.1.2 Fernsehen.. 748
      4.1.3 Hörfunk.. 749
      4.1.4 Plakatwerbung 750
      4.1.5 Zeitungen... 751
   4.2 Allgemeine Auswahlkriterien einzelner Werbeträger 752
   4.3 Vorabauswahl: Rangreihen 754

5 Mediaentscheidung: Bewertung von Mediaplänen 756

6 Fazit 759

Literaturverzeichnis 760

Vorschau

Budgetierung

Es wird eine Heuristik vorgeschlagen, wonach sich das Budget aus Kommunikationszielen ergibt. Aus den Kommunikationszielen ergeben sich Hinweise auf die notwendige Gestaltung der Werbung und die erforderliche Reichweite. In Verbindung mit der Entscheidung über die Mediagattung, den erforderlichen Werbedruck und die Werbeformate (Spotlänge, Anzeigenformat, Farbigkeit) lässt sich das erforderliche Budget abschätzen.

Mediaziele

Es gibt zwei zentrale Mediaziele; die angestrebte Reichweite und den Werbedruck (Bruttoreichweite). Diese meint die Anzahl der Kontaktchancen pro Person der Zielgruppe im Durchschnitt. Da Durchschnittszahlen täuschen können, werden in der Regel Häufigkeitsverteilungen gebildet (Kontaktklassen). Die Reichweite wird häufig auch als „wirksame Reichweite" ausgedrückt, wobei sich diese auf die Personen der Zielgruppe bezieht, bei denen eine Mindestzahl an Werbekontaktchancen erreicht oder überschritten wird.

Auswahlkriterien (für Werbeträger)

Werbeträger werden nach Leistung und Kosten ausgewählt. Die Leistung bezieht sich auf die Reichweite eines Werbeträgers innerhalb der Zielgruppe, die Kosten werden als Tausendkontaktpreis ausgedrückt. Dieser beschreibt die Kosten, 1.000 Personen der Zielgruppe mit einer Schaltung des betreffenden Werbeträgers zu erreichen.

Bewertung von Mediaplänen

Ganze Mediapläne (beinhalten die belegten Werbeträger und die Häufigkeit der jeweiligen Belegung) werden insbesondere anhand der erzielten Nettoreichweite (Anzahl der mit dem Mediaplan erreichten Personen der Zielgruppe) und anhand des Werbedrucks (Bruttoreichweite oder OTS-Wert) beurteilt. Die Reichweite wird (siehe oben) oft als „wirksame Reichweite" ausgedrückt. Es geht also darum, welcher Mediaplan die oben dargestellten Mediaziele am besten erreicht.

Kontaktchancen

In der Mediaplanung sprechen wir von Kontaktchancen, weil die Mediaforschung lediglich sagen kann, welche Personen welche möglichen Werbeträger nutzen. Die Mediaforschung kann selten Aussagen über den Kontakt zu einzelnen Werbemitteln (Anzeigen, TV- oder Funk-Spots) machen. Dies drückt einen der großen Unsicherheitsfaktoren in der Mediaplanung aus.

1 Einführung

Die Mediaplanung betrifft die verschiedenen Instrumente in der Marketing-Kommunikation in unterschiedlichem Maße. Es geht um die Auswahl der Werbeträgergattungen einerseits und innerhalb der Werbeträgergattungen um die Auswahl einzelner Werbeträger andererseits. Werbeträger sind einzelne Zeitschriften (zum Beispiel Hörzu), TV-Sender (beispielsweise ZDF) et cetera. Werbeträgergattungen beschreiben gleichartige Werbeträger, also zum Beispiel Publikumszeitschriften oder TV-Sendeanstalten. Die Auswahl der Werbeträger kann auf der Grundlage durchgeführter Mediaforschung erfolgen. Hier wird untersucht, welche Personen zu welchen Zeitpunkten welche Werbeträger nutzen. Auf dieser Grundlage kann ermittelt werden, welche Personen der Zielgruppen mit welchen Werbeträgern von den marketing-treibenden Organisationen erreicht werden; das ist deren „Medialeistung". Dem stehen die Kosten der jeweiligen Buchung gegenüber. Auf der Grundlage dieser Daten ist eine ökonomisch begründbare Auswahl von Werbeträgern möglich. Es ist sogar möglich, das ökonomische Prinzip in reiner Form umzusetzen. Das Ziel kann lauten: Eine bestimmte Zielgruppe von Personen ist zu einem definierten Prozentsatz (Reichweite) in festgelegter Häufigkeit (Werbedruck) zu möglichst geringen Kosten zu erreichen. Vorab sind jedoch die Werbeträgergattung und das jeweilige Werbeformat (zum Beispiel Länge von Werbefilmen oder Format von Anzeigen) zu bestimmen. Die Mediaplanung ist nicht für die gesamte Marketing-Kommunikation relevant. Sie betrifft die klassische Werbung und Bereiche der Öffentlichkeitsarbeit oder bestimmter Teile des Sponsoring (Programmsponsoring) und der Publicity.

Im Rahmen der Mediaplanung soll entschieden werden, welche Medien wann, in welcher Art und wie oft gebucht werden sollen. Dies geschieht in der Praxis oft im Rahmen des vorgegebenen Budgets. Rational ist es, das Budget aus den notwendigen Werbemaßnahmen abzuleiten. Die Frage, welche Medien gebucht werden sollen, betrifft die klassische Frage der Mediaselektion. Die Frage, wie oft gebucht werden soll, betrifft die Frage des Werbedrucks. Die Frage, in welcher Art Medien gebucht werden sollen wird in der us-amerikanischen Marketing-Sprache als „Format" bezeichnet. Gemeint sind zum Beispiel Länge von Funk- oder TV-Spots oder Größe und Farbigkeit von Anzeigen und Plakaten. Durch die Format-Entscheidung bekommt die Mediaplanung eine qualitative Komponente.

2 Ziele und Aufgaben der Mediaplanung

Mediaplanung ist immer dann relevant, wenn Sendezeiten (in TV, Hörfunk oder Kino) oder Flächen (in allen Druckmedien und auf Internetseiten) gegen Bezahlung gebucht werden, um dort Botschaften zu platzieren. Dies trifft in erster Linie auf Werbung zu, auf die sich dieser Artikel ausschließlich bezieht. Einen Überblick über die Anwendung der Mediaplanung im Marketing gibt Abbildung 1.

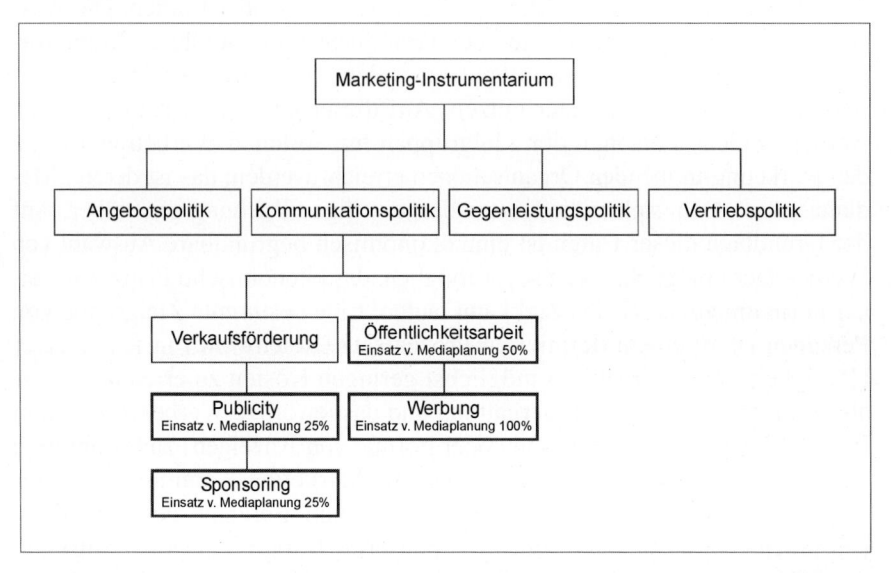

```
                    Marketing-Instrumentarium
                              │
        ┌─────────────┬───────┴───────┬─────────────┐
 Angebotspolitik  Kommunikations-  Gegenleistungs-  Vertriebspolitik
                    politik          politik
                       │
           ┌───────────┴───────────┐
     Verkaufsförderung       Öffentlichkeitsarbeit
                             Einsatz v. Mediaplanung 50%
           │
       Publicity                Werbung
 Einsatz v. Mediaplanung 25%   Einsatz v. Mediaplanung 100%
           │
       Sponsoring
 Einsatz v. Mediaplanung 25%
```

Abbildung 1: Einordnung und Anwendungstiefe der Mediaplanung im Marketing-Mix

Entscheidungen der Mediaplanung können aus zwei Perspektiven betrachtet werden:

Die erste Sicht ist die der Werbung platzierenden Unternehmen. Diese suchen durch die möglichst effiziente Auswahl der einzelnen Werbeträger ihre Kommunikationsziele kostenminimal zu realisieren.

Die zweite Sicht ist die der Medienunternehmen. Private TV-Anstalten erzielen über die Einnahmen aus dem Verkauf von Werbezeiten praktisch ihre gesamten Einnahmen. Diese Unternehmen bieten ein TV-Programm an, um daraus Werbeeinnamen zu erzielen. Öffentlich-rechtliche TV- und Hörfunk-Sendeanstalten sehen in Werbeeinnahmen Zusatzeinnahmen (neben Gebühren als Haupteinnahmequelle). Zeitschriften- und Zeitungsverlage weisen die zwei Haupteinnahmequellen Verkaufserlöse und Werbeeinnahmen auf, deren Gewichtung aber unterschiedlich ist. Es gibt Zeitschriften, die im Verkauf Verlust erwirtschaften, diesen jedoch über Werbeeinnahmen kompensieren. Das Prinzip beruht auf geringen Preisen im Verkauf, die hohe Verkaufsauflagen und somit hohe Werbeeinnahmen auslösen sollen. Es gibt jedoch Verlage, in denen Verkaufserlöse größere Bedeutung erfahren als Werbeeinnahmen. Auf jeden Fall gibt es für diese Medienunternehmen zwei Märkte: den Markt für das redaktionelle Angebot (in elektronischen und Print-Medien gleichermaßen) und den Markt für Angebot und Nachfrage von Werbezeiten und -flächen.

Die Mediaplanung der Werbezeiten und -flächen nachfragenden Unternehmen ist das Kaufverhalten der Kunden von Medienunternehmen auf diesem Markt. Im Konsumgüter-Marketing wird das Produktbeurteilungsverhalten der Verbraucher beobachtet. Im Medien-Marketing können wir das Beurteilungsverhalten der werbetreibenden Unternehmen beobachten, das hier als Mediaplanung bezeichnet wird. Diese Unternehmen sehen in der Mediaplanung die Aufgabe, den unter Beachtung von Kosten und Leistung effizientesten Weg für ihre Werbung zur eigenen Zielgruppe zu finden. Das gelingt um so eher, je stärker die eigene Zielgruppe in der Nutzerschaft beispielsweise eines Senders oder einer Zeitschrift – den Werbeträgern – vertreten ist.

3 Voraussetzungen effizienter Mediaplanung

3.1 Marketing- und Kommunikationsziele

Marketingziele sind in der Regel an Verhaltensweisen ausgerichtet, im kommerziellen Marketing am Kaufverhalten. Alle Ziele, die Marktanteile, Marktanteilsteigerungen, Umsatz oder Umsatzsteigerungen zum Gegenstand haben, sind Marketingziele, die durch den Marketing-Mix realisiert werden sollen.

Kommunikative Ziele beziehen sich auf psychologische Größen. Diese beinhalten die Wahrnehmung von Botschaften, ihre gedankliche Verarbeitung, die Speicherung des Wahrgenommenen im Gedächtnis sowie die Veränderung, Stabilisierung, Intensivierung oder Schaffung von Einstellungen, Motiven und Werten, die das Kaufverhalten beeinflussen können. Dabei ist die Wahrnehmung von Botschaften an ausreichende Aufmerksamkeit gebunden. Sie ist Voraussetzung dafür, dass überhaupt weitere kommunikative Wirkungen erzielt werden können. Ohne ausreichende Aufmerksamkeit und Wahrnehmung ist eine Kommunikationswirkung ausgeschlossen. Die gedankliche Verarbeitung wird durch entsprechende Bild- und Textelemente beeinflusst und soll letztendlich zur Beeinflussung von Einstellungen, Motiven, Werten et cetera führen. Letztere sind die eigentlichen Kommunikationsziele. Die Beeinflussung von Gedächtnisinhalten kann ein wesentliches Kommunikationsziel sein. Letztendlich kommt es aber darauf an, dass Gedächtnisinhalte ebenfalls Einstellungen, Motive, Werte et cetera beeinflussen sollen.

Beispielhaft sind folgende Zielgrößen als Kommunikationsziele denkbar:

- Markenbekanntheit,
- Markensympathie,
- Produkt- und/oder Markenwissen,
- Produkt- und/oder Markenbeurteilung,
- Abbau psychologischer Kaufhemmnisse,
- Steigerung der sozialen Akzeptanz bestimmter Produkte,
- Weckung von Produktinteresse,
- Stabilisierung von Markenbewusstsein,
- Veränderung oder Stabilisierung der psychologischen Bedeutung, von Qualitätseigenschaften,
- Profilierung der eigenen Produkte gegenüber Wettbewerbern,
- Beeinflussung von Nutzenerwartungen,
- Beeinflussung von Präferenzen,
- Schaffung von Produkt- oder Markenüberzeugungen und
- Positionierung (wird oft als das wichtigste Ziel bezeichnet).

Mediaziele sind diesen Kommunikationszielen untergeordnet. Sie sagen aus, wie viele Personen der Zielgruppe Kontakt mit der Werbung erhalten sollen (Reichweite) und wie oft (Werbedruck).

Es gehört zu den Marketingzielen der Medien-Unternehmen, für die werbetreibenden Unternehmen möglichst interessante Nutzerschaften innerhalb der eigenen Werbeträger aufzuweisen, die möglichst den Zielgruppen werbeintensiver Branchen entsprechen, und das in der eigenen Marketing-Kommunikation gegenüber dem Marketing-Management dieser Unternehmen darzustellen.

Gleichzeitig versuchen Medien-Unternehmen darzustellen, dass die Nutzerschaft die eigenen Medien sehr intensiv nutzt, was sich günstig auf Wahrnehmung und gedankliche Verarbeitung auswirken soll. So wird beispielsweise ausgesagt, dass in „Special-Interest-Zeitschriften" (Zeitschriften für spezielle Themen wie Wohnen, Urlaub, Computer oder Erziehung) die Wahrnehmung der hierzu passenden Werbung überdurchschnittlich intensiv sei, um auf diesem Wege höhere Anzeigenpreise auf dem Markt durchsetzen zu können. Derartige Aussagen werden gerne durch eigene Studien untermauert, denen gerne auch wissenschaftliches Niveau zugeschrieben wird. Es handelt sich dabei um eine Form von Verkaufsförderung der Medienunternehmen. In wirklich wissenschaftlicher Medienforschung finden sich solche Aussagen allerdings nicht.

3.2 Zielgruppenbestimmung

Neben der Entscheidung über die Kommunikationsziele sind bei den werbetreibenden Unternehmen Entscheidungen über die Definition der Zielgruppen und Marktsegmente erforderlich. Zur Zielgruppenbestimmung können demographische Merkmale wie Alter, Geschlecht, Einkommen, Beruf, Haushaltsgröße oder Wohnortsgröße herangezogen werden. Daraus ergibt sich eine Aufteilung der Bevölkerung in soziale Schichten. Eine ausschließlich auf Soziodemographie beruhende Zielgruppenbeschreibung ist nicht ausreichend. Diese wird durch psychographische Merkmale wie Lebensstil, Werte und geschmackliche Präferenzen ergänzt. Dazu kommt zunehmend die Beschreibung vorhandenen Kaufverhaltens als Merkmal von Zielgruppen. Anhand dieser Kriterien lassen sich Typologien entwickeln, mit deren Hilfe unterschiedliches Verhalten erklärt und prognostiziert werden kann.

Die Beschreibung von Zielgruppen ist besonders wichtig, weil sich dadurch kostengünstige Webeträger finden lassen. Die Media-Analysen erfassen, welche Personentypen über welche Medien erreichbar sind. Markt-Media-Analysen erfassen neben dem Mediennutzungsverhalten auch das Kaufverhalten der Personen oder Haushalte, sind also informativer als reine Media-Analysen. In Zukunft werden die Markt-Media-Analysen, auch als „Single-Source-Studien" bezeichnet, trotz größeren Erhebungsaufwandes weiter an Bedeutung gewinnen. Es ist die Aufgabe des Marketing, die eigene Zielgruppe anhand der Merkmale der Media-Analysen oder Markt-Media-Analysen zu beschreiben, um dann zu sehen, welche Medien die eigene Zielgruppe kostengünstig erreichen. Ohne eine tiefgehende Zielgruppenbeschreibung in Verbindung mit Marktsegmentierung ist eine Mediaplanung nicht sinnvoll. Sie kann ihr eigentliches Ziel, den kostengünstigen Transport der Kommunikation oder der Botschaft zur Zielgruppe, nicht realisieren.

Als Beispiel für Personenmerkmale, die in der Mediaforschung verwendet werden, sei die Allensbacher Werbeträgeranalyse (AWA) vorgestellt. Über die rein soziodemographischen Merkmale hinaus ermöglicht es die AWA, Zielgruppen in unterschiedlichsten Facetten des Lebens und der Lebensumstände, der wirtschaftlichen und sozialen Gegebenheiten, darzustellen. In der Berichterstattung zur Allensbacher Markt- und Werbeträgeranalyse werden alle Informationen zu bestimmten Themen- oder Produktbereichen in den nachfolgenden Abschnitten zusammengefasst:

- Soziodemographie (zum Beispiel Alter, Einkommen oder Familienstand),
- Politik und Gesellschaft (Interessen),
- Einstellungen und Konsumverhalten,
- Sport, Freizeit/Hobby, Kultur/Kunst (Freizeitverhalten),
- Bücher, Fremdsprachen,
- Urlaub und Reisen,
- Geld- und Kapitalanlagen, Versicherungen,
- Haus und Wohnen,
- Unterhaltungselektronik, Fotografie (Besitzmerkmale und Hobbies),
- Computer, Internet und Telekommunikation (ebenfalls),
- Kraftfahrzeuge (Besitz und Art des Besitzes sowie Verwendungsintensität),
- Mode, Körperpflege und Kosmetik (Konsummerkmale durch die auf Persönlichkeit geschlossen werden kann/soll),
- Haushalt (gemeint ist, wer den Haushalt führt),
- Nahrungsmittel und Getränke, Tabakwaren (Konsummerkmale als Indikator für Persönlichkeit),
- Gesundheit (Kaufverhalten und Lebensgewohnheiten),
- Beruf (in Ausbildung, berufstätig und Art des Berufs, arbeitslos, nicht erwerbstätig) und
- Medien, Werbung (Kauf und Nutzungsverhalten).

Mit der Berücksichtigung solcher Analysen soll und kann die Mediaplanung auf eine breitere als lediglich soziodemographische Basis gestellt werden. Ausschließlich soziodemographisch begründete Mediaplanung kann die realen Zielgruppen nicht immer angemessen berücksichtigen.

3.3 Budgetierung

Das erforderliche Werbebudget lässt sich aus gegebener Zielgruppe und definierten Kommunikationszielen unter Heranziehung der Media-Analysen und den Belegungskosten ableiten. Budgetentscheidungen gelten als eine der zentralen strategischen Entscheidungen im Marketing und gehören gleichzeitig zu den umstrittensten Problemen der Praxis.

Das Kommunikationsbudget wird im wesentlichen von vier Größen bestimmt: erstens nach der Art und der Anzahl der zu erreichenden Personen der Zielgruppe, also der angestrebten Reichweite, zweitens nach der für diese Ansprache geeignete Art der Werbeträger und drittens nach der als notwendig angesehenen Häufigkeit, mit der die zu erreichende Zielgruppe durch die ausgewählten Medien angesprochen werden soll, das heißt dem notwendigen Werbedruck. Dabei gilt der Werbedruck als kritische Größe, da deren Senkung eine überproportionale Reduzierung der Werbewirkung zur Folge haben kann. Ferner lässt sich viertens aus den Kommunikationszielen auch das Format der jeweiligen Belegungen ableiten (Länge von TV- oder Hörfunkspots, Anzeigenformate und deren Farbigkeit).

In der Literatur werden einige Methoden zur Budgetbestimmung behandelt, die hier nicht ausführlich dargestellt werden können (vgl. Busch/Dögl/Unger 2001, S. 430–434). Es wird oft ein Prozentsatz vom Umsatz des Planungsjahrs oder vorangegangenen Jahrs oder erwirtschafteten Finanzüberschuss gewählt. Oft orientiert man sich auch am Wettbewerb. Systematische, das heißt zielorientierte Methoden sind nicht soweit verbreitet, wie ihre offensichtliche Überlegenheit gegenüber allen anderen Verfahren vermuten lässt. Abbildung 2 zeigt, wie sich das Budget aus dem Marketing-Ziel ableiten lässt.

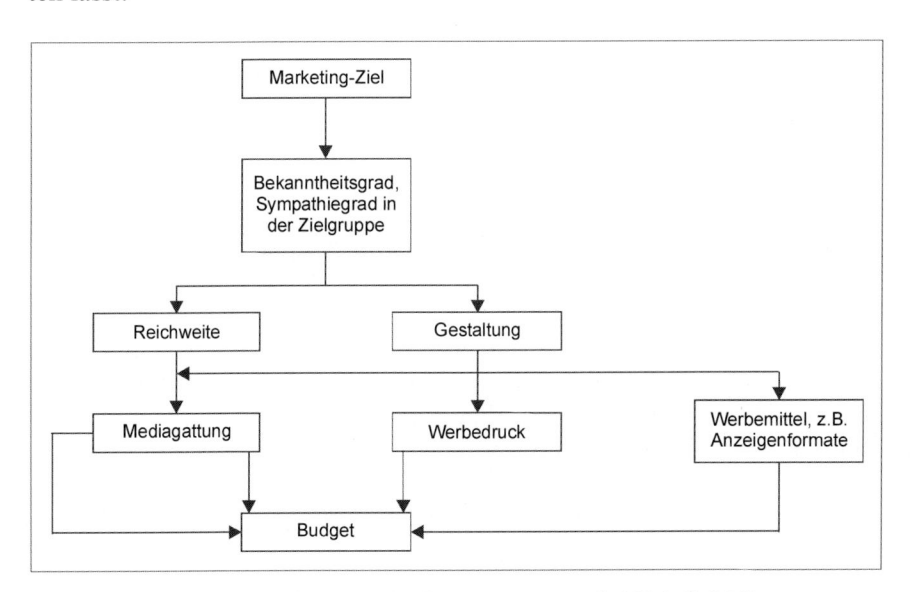

Abbildung 2: Budgetbestimmung (vgl. Krugmann et al. 1994, S. 258)

3.4 Mediaziele

3.4.1 Reichweite

Der Reichweitenbegriff (vgl. Unger et al. 2003, S. 77–78) wird unterschiedlich verwendet: Wenn ein Werbeträger, also ein TV-, Radiosender oder eine Zeitschrift, beschrieben wird, dann meint der Begriff „Reichweite" immer die Gesamtnutzerschaft dieses Werbeträgers in der Gesamtbevölkerung. Wenn der Begriff aus Sicht des Marketing-Managements eines werbenden Unternehmens verwendet wird, dann ist damit immer der Anteil der erreichten Personen innerhalb der definierten Zielgruppe gemeint.

Es wird zwischen Netto- und Bruttoreichweite unterschieden: Zur Nettoreichweite zählen alle diejenigen Personen, die von einem Werbeträger oder einer Werbeträgerkombination mindestens einmal erreicht wurden. Die Summe der einzelnen Reichweiten eines Mediums oder mehrerer Medien einschließlich der Überschneidungen bildet die Bruttoreichweite. Als Überschneidungen werden Personen mehrmals erreicht, wenn ein Werbeträger mehrmals oder mehrere Werbeträger belegt werden.

So ergibt sich die Bruttoreichweite, einer größeren Programmzeitschrift, als Addition der einzelnen Kontakte der jeweiligen Ausgaben. 6,21 Millionen Kontakte der ersten Ausgabe zuzüglich 6,21 Millionen Kontakte der zweiten Ausgabe zuzüglich 6,21 Millionen Kontakte der dritten Ausgabe ergeben eine Bruttowertschöpfung von 18,63 Millionen Gesamtkontakten.

Eine Person, die mehrfach erreicht wird, fließt auch mehrfach in die Bruttoreichweite ein. Gerade bei Programmzeitschriften, die von der Nutzerschaft regelmäßig gelesen werden und oft abonniert sind, werden die meisten Personen bei Mehrfachbelegung wiederholt erreicht (Überschneidung).

Bereinigt man die Bruttoreichweite um alle internen und externen Überschneidungen, so gelangt man zur Nettoreichweite. Die interne Überschneidung bezieht sich auf das wiederholte Erreichen der gleichen Person durch Mehrfachbelegung eines Werbeträgers. Die externe Überschneidung meint die Mehrfachansprache einer Person, die mehrere Werbeträger nutzt, in denen Werbung gebucht wurde. Zum Beispiel nutzt die Person zwei Zeitschriften, in denen geworben wird). Während die Bruttoreichweite auch die aufgrund von Überschneidungen mehrfach erfassten Personen enthält, erfasst die Nettoreichweite jede Person nur einmal. Die Nettoreichweite drückt also aus, wie viele Personen insgesamt erreicht werden. Wird, wie in Rangreihen üblich, nur eine einzelne Belegung als Beurteilungskriterium herangezogen, so sind Netto- und Bruttoreichweite identisch (vgl. Busch/Dögl/ Unger 2001, S. 459).

3.4.2 Durchschnittskontakte pro erreichter Zielperson (Werbedruck)

Dividiert man die Bruttoreichweite durch die Nettoreichweite, so erhält man die Anzahl der Kontaktchancen, die innerhalb eines Mediaplanes im Durchschnitt auf die erreichten Personen entfallen:

$$\varnothing \text{-OTS/OTC} = \frac{\text{Bruttoreichweite}}{\text{Nettoreichweite}}$$

Diese werden als OTS (Opportunity to See) oder OTH (Opportunity to Hear) bezeichnet, insgesamt als OTC (Opportunity to Contact). Allerdings sagt dieser Durchschnittswert nichts über die Verteilung der Kontaktchancen auf die einzelne Personen innerhalb der Zielgruppe aus. Wenn für eine gesamte Werbekampagne ein durchschnittlicher Kontaktwert von X erreicht wird, dann ist das lediglich ein Mittelwert, für dessen Beurteilung Streumaße erforderlich sind. Hierbei werden Häufigkeitsverteilungen verwendet.

3.5 Nutzungsdaten

Für die Mediaplanung sind Informationen darüber erforderlich, welche Personen, beschrieben nach soziodemographischen und psychologischen Merkmalen, welche Medien wann und in welcher Intensität nutzen. Diese Daten liefern eine Vielzahl von Media-Analysen. Ein wichtiges Problem ist, dass ein großer Teil dieser Analysen von den Medienunternehmen selbst veranlasst und insbesondere finanziert wird. Die Media-Analysen sind damit im Prinzip ein Marketing-Instrument der Medienunternehmen.

Zu unterscheiden sind, wie oben in den Zielgruppenbeschreibungen ausgeführt, die reinen Media-Analysen, welche die Mediennutzung der Bevölkerung untersuchen, und die Markt-Media-Analysen, die zusätzlich auch das Konsumverhalten untersuchen („Single-Source-Analyse").

Die traditionelle Vorgehensweise in der Mediaplanung setzt zunächst voraus, dass Informationen darüber vorliegen, welche Haushalte welche Produkte kaufen. Diese werden durch Haushaltspanels ermittelt. Zusätzlich wird über Media-Untersuchungen ermittelt welche Konsumenten welche

Medien nutzen. Werden in beiden Untersuchungen die Haushalte beziehungsweise Konsumenten nach den gleichen Merkmalen erfasst, lässt sich durch ein Zusammenfügen beider Studien (Fusion) ersehen welche Haushalte welche Produkte kaufen und gleichzeitig welche Medien diese nutzen.

Es gibt diverse Media-Analysen, die regelmäßig die Nutzung der verschiedenen Werbeträger durch die Bevölkerung untersuchen. So zum Beispiel die Media-Analyse (MA), die im Auftrag der Arbeitsgemeinschaft Media-Analysen e.V. (AG.MA) von mehreren Instituten durchgeführt wird sowie die Allensbacher Werbeträgeranalyse (AWA), die Mediennutzer zusätzlich neben soziodemographischen Merkmalen anhand einiger psychographischer Merkmale, wie zum Beispiel Lebensstil-Orientierung, beschreibt. Diese beiden Studien zählen zu den bedeutendsten Trägern der Media-Analysen.

Im Auftrag der Arbeitsgemeinschaft Media-Analyse e.V. wird jährlich die in der Bundesrepublik größte Analyse durchgeführt. Zu den Mitgliedern der AG.MA zählen sowohl öffentlich-rechtliche als auch private Programmanstalten, Print-Medien, einige werbungtreibende Unternehmen, Werbeagenturen sowie Verbände. Die Media-Analyse umfasst folgende Medien: Publikumszeitschriften, Supplements, Tageszeitungen, Kongress, Lesezirkel, Kino, Hörfunk und Fernsehen. Zur Grundgesamtheit zählt die Bevölkerung in Privathaushalten am Ort der Hauptwohnung in der Bundesrepublik Deutschland, ab 14 Jahre. Die Media-Analyse gibt Auskunft darüber wer welche Medien nutzt. Die Zielgruppenbeschreibung erfolgt anhand soziodemographischer Merkmale wie zum Beispiel Alter, Geschlecht, Beruf, Einkommen oder Religion. Außer den soziodemographischen Merkmalen liefert die MA Daten über Besitz- und Konsumdaten bestimmter Besitzgüter. Verhaltensmerkmale werden bis auf wenige Ausnahmen nicht erfasst.

Die Verbraucher-Analyse (VA) ist eine weitere Studie, die in den letzten Jahren an Bedeutung gewonnen hat. Sie zeichnet sich dadurch aus, dass sie gleichzeitig Verbraucher- und Mediennutzungsgewohnheiten erfasst. Zusätzlich gibt es eine Reihe von Spezialuntersuchungen, die sich nur auf bestimmte Zielgruppen und deren Mediennutzung beschränken. Auftraggeber solcher Spezialuntersuchungen sind in der Regel Verlage, deren Zeitschriften genau auf diese Zielgruppen, wie beispielsweise Personen aus der Medizin oder Entscheidungsträger der Wirtschaft, zugeschnitten sind. Derartige Studien können auch interessengeleitet sein. Sie sind eine besondere Art der Verkaufsförderung durch Medienunternehmen.

Dazu kommt die GfK-Fernsehforschung, die im Auftrag der Arbeitsgemeinschaft Fernsehen (AGF) in einer Stichprobe von rund 5.600 Haushalten mit insgesamt rund 11.500 Personen sekundengenau sämtliche Fernsehaktivitäten elektronisch aufzeichnet. Mit Hilfe eines GfK-Meters, der an die TV-Geräte der betreffenden Haushalte angeschlossen wird, können sämtliche Bildschirmaktivitäten, einschließlich Videotext, Tele-Spiele, BTX-Nutzung, Videoaufzeichnung und -abspielung von TV-Sendungen erfasst werden. Durch Bedienung des People-Meter, einer Infrarot-Fernbedienung, können sich die Haushaltsmitglieder an- und abmelden. Dadurch werden nicht nur sämtliche Fernsehaktivitäten, sondern auch die Anwesenheit einzelner Personen sekundengenau erfasst. Es gibt jedoch nicht unberechtigte Zweifel an der korrekten Handhabung der People-Meter durch die beteiligten Personen. Insbesondere sind Zweifel angebracht, ob bei kurzfristigem Verlassen des Raumes, was gerade für Werbezeiten typisch ist, tatsächlich die Abmeldung erfolgt. Das würde bedeuten, dass die, auf dieser, Basis erhobenen TV-Reichweiten überschätzt werden.

4 Kriterien zur Auswahl der Medien

4.1 Entscheidungskriterien für die Auswahl von Mediagattungen

Werbeträger werden auf der Basis vorhandener Gemeinsamkeiten zu Werbeträgergattungen, synonym zu Mediagattungen, zusammengefasst. Wichtige Mediagattungen sind: Fernsehen, Zeitschriften, Zeitungen, Hörfunk, Kino und Außenwerbung.

Die Frage nach der Wahl der Werbeträgergattungen ist ein wesentliches Problem innerhalb der Werbestrategie. Die vergleichende Beurteilung möglicher Werbeträgergattungen wird als Intermedia-Vergleich bezeichnet. Im Mittelpunkt der Betrachtung steht dabei nicht immer, das beste Medium, sondern die in einer bestimmten Situation beste Kombination von Mediagattungen zu finden. Um den Intermedia-Vergleich durchführen zu können, sind Kriterien festzulegen, anhand derer die verschiedenen Werbeträgergattungen beurteilt werden sollen (vgl. Busch/Dögl/Unger 2001, S. 435). Folgende Kriterien werden im Marketing-Management herangezogen:

- die Botschaft an sich, also die Frage, welche Informationen und Überzeugungen vermittelt werden sollen,
- die Zielgruppenerreichung,

- die Art der Wahrnehmung,
- das vorhandene Budget,
- die mediatechnische Verfügbarkeit,
- die mediatechnische Steuerbarkeit und damit die Planbarkeit sowie
- das Werbeumfeld, redaktionelle Bestandteile, andere Werbung oder ablenkende Faktoren als Kriterien herangezogen.

Die Wahl der Werbeträgergattung lässt sich weit weniger präzise bestimmen als die Auswahl der einzelnen Werbeträger innerhalb einer Werbeträgergattung. Andererseits determiniert diese erste Entscheidung (Wahl der Werbeträgergattung) den Erfolg der späteren Mediaplanung im Detail.

4.1.1 Zeitschriften

Diesem Werbeträger wird als wesentlicher Vorteil zugeschrieben, dass je nach Auswahl der Titel sowohl zielgruppenspezifische Werbung, aber auch eine nahezu alle Bevölkerungsgruppen ansprechende Media-Strategie realisierbar ist. Die Möglichkeit einer Segmentierung anhand soziodemographischer Kriterien ist schon lange üblich. Dazu kommt nunmehr in stärkerem Maße auch die Möglichkeit einer Segmentierung nach psychographischen Merkmalen.

Die Nutzung von Zeitschriften liegt vollständig im Ermessen des Lesers. Ort, Zeitpunkt und Dauer der Zeitschriftennutzung sind vom Leser frei wählbar. Wiederholte Nutzung ist bei vielen Zeitschriften die Regel. Die Anzeigenbetrachtung ist äußerst kurz. Es kann von wenigen Sekunden ausgegangen werden. (vgl. Kroeber-Riel/Weinberg 2003, S. 76). Da Menschen pro Sekunde nur vier bis fünf Informationseinheiten verarbeiten können, kann über Anzeigen auch nur eine geringe Menge von Informationen transportiert werden. Das spricht für eine sehr stark bildbetonte Gestaltung. Andererseits wird von aktiver und intensiver Informationsaufnahme ausgegangen.

4.1.2 Fernsehen

Insgesamt ist die Nutzerschaft des Fernsehens im Durchschnitt älter als die Gesamtbevölkerung. Insbesondere Personen über 60 Jahren nutzen das Fernsehen weit überdurchschnittlich. Personengruppen zwischen 20 und 49 Jahren werden stark unterdurchschnittlich erreicht. Haushalte mit einem relativ niedrigen Haushalts-Netto-Einkommen nutzen Fernsehen überdurchschnittlich. Schließlich sind „Nicht-Berufstätige", Rentner und Pensionäre über das Fernsehen deutlich häufiger anzusprechen als Berufstätige, Schüler, Auszubildende und Studenten. Zu bestimmten Sendezeiten gibt es aber erhebliche Unterschiede.

Besonders die Nutzung des Fernsehens während der Werbedarbietungen ist nicht unproblematisch. Es ist noch viel zuwenig darüber bekannt, was Zuschauer während des Werbefernsehens wirklich tun. Wie viel Prozent setzen sich tatsächlich der Werbung aus, welchen Nebenbeschäftigungen wird nachgegangen, wird der Raum verlassen, und welche Bedeutung hat das „Zapping"? TV ist ein Medium mit eher passiver Informationsaufnahme. Das führt zu einer relativ oberflächlichen Beeinflussung. Eine derartige Beeinflussung bedarf häufiger Wiederholung. Da oberflächliches Lernen zudem mit relativ schnellem Vergessen einhergeht, sind Werbepausen im Fernsehen äußerst problematisch. Bestimmte Zielgruppen können durch die Auswahl von Programminseln erreicht werden. Das gilt insbesondere für Produkte des täglichen Bedarfs, denen Konsumenten wenig Interesse entgegenbringen. Das bedeutet, dass für TV-Werbung immer ein vergleichsweise hohes Budget erforderlich ist.

4.1.3 Hörfunk

Hörfunk ist eine Mediagattung, die besonders oberflächlich wahrgenommen wird. Im Gegensatz zu TV ist bei Hörfunkwerbung durch Belegung bestimmter Sendergruppierungen und Einfluss auf die Zeiten der Ausstrahlung die Zielgruppenselektion möglich. Das Problem der Ablenkung durch Nebenbeschäftigung während des Hörens ist allerdings bei Hörfunk noch größer als beim Werbefernsehen. Hörfunk ist ein Medium, das in starkem Maße „nebenbei" genutzt wird. Aufgrund des besonders oberflächlichen Kontaktes führt die Beeinflussung durch Hörfunk nur zu kurzfristiger Wirkung und unterliegt einem besonders schnellen Vergessen. Insgesamt ist die Beeinflussung nur sehr oberflächlicher Natur. Diese Tatbestände erfordern eine möglichst häufige Ansprache. Was oberflächlich gelernt wird, bedarf entsprechend häufiger Wiederholung. Zudem ist Hörfunk nicht in der Lage selbst innere Bilder zu produzieren. Bekanntlich ist das Entstehen gedanklicher Vorstellungsbilder, auch als Imagery bezeichnet, ein wesentlicher Faktor für erfolgreiche Werbung (vgl. Kroeber-Riel/Weinberg 2003, S. 241–243, S. 350–359).

Hörfunkwerbung ist nur dazu geeignet, innere Bilder, die durch bildbetonte Werbung in TV oder Publikumszeitschriften produziert worden sind, zu reproduzieren. Hörfunk ist besonders zu schneller Reaktivierung bereits gelernter Botschaften geeignet. Botschaften, die vorher durch andere Medien, in allererster Linie durch Fernsehen und Print, gelernt wurden, können durch Hörfunkwerbung schnell „wieder in das Gedächtnis zurückgerufen werden". Durch Hörfunkwerbung ist eine relativ schnelle Durchdringung der gewünschten Zielgruppe möglich. Bei entsprechend hoher Schalthäufigkeit führt die Hörfunkwerbung dann auch zu recht schneller Bekanntmachung von Marken, Ideen, Produkten oder Herstellern und ermöglicht gleichermaßen eine gegebenenfalls, schnelle Reaktivierung vormals gelernter Botschaften. Hörfunk wird in der Praxis selten als Basismedium im Media-Mix eingesetzt, sondern meist als Ergänzung zu anderen Werbeträgergattungen.

Aufgrund der schnellen Wirksamkeit der Hörfunkwerbung und der Möglichkeit einer starken Konzentration auf relativ kurze Zeiträume ist Hörfunk auch besonders geeignet, kurzfristig durchzuführende Maßnahmen im Rahmen der Verkaufsförderung zu begleiten. Das setzt voraus, dass innerhalb des Sendegebietes eines Senders genügend Verkaufsstellen an der Verkaufsförderungsaktion beteiligt werden oder auch wenige besonders bedeutsame Verkaufspunkte, beispielsweise große Verbrauchermärkte, die dann innerhalb der Werbung auch direkt genannt werden können. Möglich ist auch der Einsatz von Werbung kombiniert mit Ladendurchsagen in den jeweiligen Geschäften. Der diesbezüglich flexible Einsatz der Hörfunkwerbung wird möglicherweise in Zukunft bei weiterer Verbreitung privater Sender noch erweitert.

4.1.4 Plakatwerbung

Plakatierung eignet sich besonders für die Ansprache jüngerer Zielgruppen. Personengruppen zwischen 14 und 39 Jahren werden deutlich überdurchschnittlich stark erreicht, Personengruppen ab 40 Jahren unterdurchschnittlich. Die Unterschiede werden um so gravierender, je jünger beziehungsweise älter die Zielgruppe ist. Berufstätige werden besser erreicht als Nichtberufstätige. Und schließlich werden Personen in Städten über 50.000 Einwohner deutlich überdurchschnittlich und in Orten unter 5.000 Einwohnern deutlich unterdurchschnittlich gut erreicht. Hinsichtlich der Einkommen gibt es keine nennenswerten Unterschiede. Plakatwerbung eignet sich in besonderem Maße für einfache und klare Botschaften. Am besten sind prägnante Bildinformationen zu vermitteln. Die Aufnahme der Botschaft erfolgt normalerweise ohne direkte Hinwendung, sondern eher zufällig. Andererseits ist der Kontakt mit dem Medium für die Personen praktisch nicht vermeidbar. Allerdings wäre es verfehlt, aus kurzer und oberflächlicher Informationsverarbeitung zu schließen, Plakatwerbung wäre nur für „Low-Involvement-Produkte" geeignet. Es kommt lediglich auf eine leicht verarbeitbare, attraktive Gestaltung an. Die Botschaft muss auf sehr wenige, am besten bildlich darstellbare Elemente reduziert werden. Dann kann das Plakat als Ergänzungsmedium zu allen anderen Werbeträgergattungen eingesetzt werden, insbesondere zu Medien, die gleichfalls durch Bilder werben, also Zeitschriften und Fernsehen. Es kann aber ebenso als einziges, als Basismedium eingesetzt werden.

Aufgrund spezifischer Wirkungskriterien ist Plakatwerbung besonders zur Unterstützung verkaufsbezogener Maßnahmen geeignet. Infolge der oberflächlichen Wahrnehmung ist die Gedächtnisleistung lediglich kurzfristig. Das Plakat eignet sich als Ansprache kurz vor dem möglichen Kauf, also in der Nähe der großen Verbrauchermärkte. Dieser Mechanismus funktioniert jedoch nur dann, wenn die Plakatwerbung auf bereits gelernte Aussagen trifft, die lediglich eine latente Kaufbereitschaft reaktivieren. Diese muss durch vorherige Werbemaßnahmen geschaffen worden sein. Im Markt selber können dann charakteristische Gestaltungselemente noch einmal in der Verkaufsförderung aufgegriffen werden.

Im September 2003 wurde in Berlin erstmals eine akustische Plakatwerbung vorgestellt. An Wartehäuschen der öffentlichen Verkehrsmittel wurden Plakate angebracht, die mit Bewegungsmeldern versehen sind und, dadurch ausgelöst, akustische Botschaften verbreiten können. Es bleibt abzuwarten, ob durch eine solche Werbung Kommunikationsziele erreicht werden können, oder ob sich Passanten dadurch eher belästigt fühlen.

4.1.5 Zeitungen

Werbung in Zeitungen ist zeitlich sehr gut differenziert einsetzbar und eignet sich damit hervorragend zur Unterstützung kurzfristiger Verkaufsaktivitäten. Dazu kommt die sehr gute regionale Differenzierungsmöglichkeit (Ausnahme überregionale Zeitungen, die jedoch, bezogen auf größere Regionen, gleichfalls Teilbelegungen ermöglichen). Farbdruck ist in Zeitungen zwischenzeitlich unproblematisch. Die Wirkung der Werbung in Tageszeitungen ist äußerst kurzfristig. Tageszeitungen haben, im Gegensatz zu Publikumszeitschriften, eine äußerst kurze Nutzungsdauer, die in der Regel auf einen Tag beschränkt ist. Bei Wochenzeitungen, diese sind in der Mediaplanung ähnlich wie Zeitschriften zu beurteilen, ist die Nutzung und damit auch die Werbewirkung etwas längerfristig. Die Durchsetzung der Werbewirkung erfolgt bei Tageszeitungen äußerst schnell, über 80 Prozent der Nutzer werden am Tage des Erscheinens erreicht. Der Zeitpunkt der Nutzung ist unterschiedlich über den Tag verteilt. Insbesondere Hausfrauen nutzen die regionale Tageszeitung vormittags vor dem Einkauf und hier auch den Anzeigenteil durchaus als konkrete Einkaufshilfe. Wenn sich durch erweiterte Ladenöffnungszeiten das Einkaufsverhalten weiter verschiebt, wird dieser Effekt entsprechend abnehmen.

4.2 Allgemeine Auswahlkriterien einzelner Werbeträger

Wie bei allen Entscheidungen im Bereich der Ökonomie geht es bei der Auswahl einzelner Werbeträger um Nutzen und Kosten. Der Nutzen eines Werbeträgers ist dabei seine Leistung für ein Werbekonzept.

Die Leistung besteht in der Reichweite, wie oben besprochen. Die Kosten werden in Tausendnutzerpreisen und Tausendkontaktpreisen ausgedrückt. Die Definition des Tausendnutzerpreises bei einmaliger Belegung eines Werbeträgers lautet:

$$\text{Tausendnutzerpreis} = \frac{\text{Kosten einer Buchung} \times 1.000}{\text{Nettoreichweite}}$$

Der Tausendnutzerpreis sagt aus, was es kostet, 1.000 Personen der Zielgruppe mit einer Belegung des entsprechenden Werbeträgers zu erreichen. Die Definition des Tausendnutzerpreises für eine gesamte Werbekampagne, also die Buchung mehrerer Werbeträger zu unterschiedlichen Zeitpunkten beziehungsweise -räumen (Mediaplan), lautet:

$$\text{Tausendnutzerpreis} = \frac{\text{Gesamtwerbebudget} \times 1.000}{\text{Nettoreichweite}}$$

Beide Tausendnutzerpreise beziehen sich auf die Kosten für die erzielte Reichweite. Die Kosten des erzielbaren Werbedrucks werden durch den Tausendkontaktpreis ausgedrückt.

Dieser Tausendkontaktpreis bezeichnet den Preis pro 1.000 erreichte Kontakte in der Zielgruppe. Unter einem Kontakt wird in der Mediaplanung immer der Kontakt einer Person mit den Werbeträgern (Zeitung, Zeitschrift, Kino, Hörfunk) verstanden. Das liegt daran, dass die gesamte Mediaforschung nur untersuchen kann, wer wann und wie oft welche Medien nutzt. Darüber liegen recht verlässliche Informationen vor, nicht aber darüber, ob es wirklich zu einem Werbekontakt kommt. Das ist mehr oder weniger wahrscheinlich, niemals sicher. Daher wird auch der Werbedruck über die Anzahl von Kontaktchancen definiert, also über „Opportunity to See" (OTS), „Opportunity to Hear" (OTH) und (zusammengeführt) „Opportunity to Contact" (OTC). Der OTC-Wert drückt aus, wie oft die durch eine Werbekampagne (Mediaplan) erreichten Personen im Durchschnitt eine Kontaktchance haben. Der Tausendkontaktpreis wiederum besagt was es kostet, mit diesem Mediaplan 1.000 Kontakte, genau gesagt „Kontaktchancen", in der eigenen Zielgruppe zu erzielen.

$$\text{Tausendkontaktpreis} = \frac{\text{Gesamtwerbebudget} \times 1.000}{\text{Nettoreichweite} \times \text{OTC}}$$

Für die verschiedenen Mediagattungen werden unterschiedliche Kontaktdefinitionen verwendet:

- Bei Zeitungen und Zeitschriften wird überprüft, ob die Zeitung in die Hand genommen wird, um darin zu blättern oder etwa zu lesen. Es wird abgefragt, ob sie ein- oder mehrmals, ganz- oder teilweise genutzt wird. Die Methode hat sich offensichtlich bewährt, sie ist vermutlich sehr genau.
- Um Plakatkontakte zu messen, werden gelegentlich Passantenströme erfasst, diese Methode ist aber extrem ungenau.
- Beim Hörfunk wird viertelstündig erfasst, welche Sender genutzt werden. Auch dies Verfahren ist recht ungenau. Es gibt Versuche, das Nutzungsverhalten bei Radio elektronisch zu erfassen (wie unter TV erklärt). Das Verfahren ist aber sehr teuer und für Hörfunkwerbung möglicherweise nicht wirtschaftlich.
- Im Bereich Kino werden die Kinobesucher gezählt. Da die meisten Personen schon im Kino sind, während Werbung läuft, ist das Verfahren sehr genau.
- Im TV-Bereich wird elektronisch erfasst, wer wann welches Programm schaut. Dabei erfasst ein im TV-Gerät eingebautes Messgerät in 6.000 Haushalten sekundengenau, wann welche Sender eingeschaltet sind und sendet die Daten täglich auf einen Großrechner. Gemessen wird in Zwei-Sekunden-Intervallen, die Daten werden auf Minuten umgerechnet. Das Verfahren ist extrem genau.

Ein Mediaplan besteht aus einer Reihe ausgewählter Werbeträger und der Häufigkeit ihrer Buchung, den Schaltfrequenzen. Ein solcher Mediaplan wird insgesamt ebenfalls anhand von Leistungs- und Kostenwerten bewertet.

Leistungswerte für einen Mediaplan sind ebenfalls die Nettoreichweite und dazu kommend die Kontakthäufigkeit bei den erreichten Personen. In der Marketing-Praxis üblich, obwohl nicht unproblematisch sind die „Gross-Rating-Points" (GRP-Wert) als Kennziffer für die Leistung eines Mediaplanes. Der GRP-Wert wird ermittelt, indem die Nettoreichweite in absoluten Personenzahlen mit den Durchschnittskontakten pro erreichter Person multipliziert wird. Er sagt also nichts anderes aus, als die insgesamt innerhalb der Zielgruppe erzielten Werbekontakte (als Kontaktchancen). Nach einer anderen Berechnung des GRP-Wertes wird die Nettoreichweite in Prozent von der Gesamtzielgruppe mit den Durchschnittskontakten multipliziert. Das Resultat sagt aus, wie viele Werbekontakte bei durchschnittlich 100 Personen der Zielgruppe erzielt werden. Insgesamt ist der GRP-Wert also ein Maß für den Werbedruck eines Mediaplanes. Problematisch ist der Wert, weil der gleiche GRP-Wert sowohl aus geringer Reichweite, aber hohen Kontaktwerten pro Person, als auch aus hoher Reichweite mit geringen Kontaktwerten pro Person erreicht werden kann. Der GRP-Wert liefert, isoliert betrachtet, nur unzureichende Informationen. Die Kostenwerte sind ebenfalls Tausendnutzerpreise und Tausendkontaktpreise.

4.3 Vorabauswahl: Rangreihen

Die für vollständige Mediapläne auszuwählenden einzelnen Werbeträger werden auf der Basis „Rangreihen" ausgewählt. Dabei werden Werbeträger nach bestimmten Leistungs- oder Kostenmerkmalen aufgelistet. Um Rangreihen erstellen zu können, müssen Entscheidungen getroffen werden bezüglich:

- der Zielgruppe,
- des Werbeformat (Spotzeit oder Anzeigenformat) sowie
- der Häufigkeit der gewünschten Belegung.

Anschließend lassen sich mittels Computereinsatz folgende Daten ermitteln:

- Fallzahl der Zielgruppe (Anzahl der Personen der Zielgruppe, die in der zugrunde gelegten Stichprobe enthalten waren),
- Größe der Zielgruppe insgesamt, hochgerechnet auf der Basis der jeweiligen Analyse, und
- Kosten- und Leistungswerte der abgefragten Medien.

Übersicht 1 zeigt ein derartige Rangreihe. In diesem Fall erreicht die Zeitschrift L eine Netto-Reichweite von 19,41 Prozent beziehungsweise 2,004 Millionen Personen der Zielgruppe. Die Belegung dieser Zeitschrift kostet zum Berechnungszeitpunkt 35.170 Euro. Wir können also den Tausendnutzerpreis von 17,55 Euro nach der bekannten Formel errechnen. Zeitschrift R erzielt einen Tausendnutzerpreis von 19,19 Euro, ist also weniger kostengünstig. Die Buchung ist billiger, sie kostet nur 21.013 Euro, da aber nur 1.095.000 Personen der Zielgruppe erreicht werden, erklärt sich der Kosten-/Leistungs-Nachteil. Dass im Vergleich zu ähnlich teuren Zeitschriften eine relativ hohe Reichweite innerhalb der Zielgruppe erzielt wird, liegt vermutlich daran, dass insgesamt sehr viele Personen mit dieser Zeitschrift erreicht werden, die jedoch nicht zur Zielgruppe gehören. Dafür spricht die geringe Affinität. Die Affinität wird in Übersicht 1 in Prozent ausgedrückt, das sagt einfach aus, wie viele Personen der Gesamtnutzerschaft der Zeitschrift zur Zielgruppe gehören.

Die diesen Ausführungen zugrunde liegenden Berechnungen lassen sich manuell nicht nachvollziehen. In Computerprogramme wie MDS (Media-Dialog-System) gehen die empirischen Daten aus der Mediaforschung ein. Wenn in dieses (einem Expertensystem vergleichbares) Programm Informationen eingegeben werden, welche a) die Zielgruppe nach den Kriterien beschreiben, welche im Programm enthalten sind und ferner b) Buchungswünsche – wie beispielsweise Publikumszeitschriften, 1/1 Seite, vierfarbig –, dann berechnet das Programm die Daten und liefert die Rangreihen.

Format:	1/1 Seite vierfarbig				
Zielgruppe:	10,32 Mio. Frauen mit besonderem Interesse an Mode und dekorativem Aussehen				
Titel	Tausend-Nutzer-Preis	Netto-Reichweite		Affinität	
	in Euro	in %	in Mio.	in %	Index
1.A	8,82	20,38	1,995	46,64	218
2.B	11,56	5,84	0,488	31,95	149
3.C	14,81	16,84	1,601	33,01	154
4.D	15,25	12,65	1,125	41,77	195
5.E	16,19	13,59	1,136	34,13	159
6.F	16,56	8,88	0,743	35,05	164
7.G	16,65	5,54	0,463	27,53	129
8.H	16,75	12,18	1,019	42,45	198
9.K	16,88	8,99	0,796	35,06	159
10.L	17,55	19,41	2,004	26,33	123
11.M	17,65	11,19	0,936	42,61	199
12.N	17,93	16,16	1,351	42,97	205
13.O	18,88	4,57	0,382	33,43	156
14.R	19,19	10,61	1,095	24,02	122
15.S	19,56	4,79	0,401	27,69	129
16.T	19,65	5,86	0,492	33,41	155
17.U	20,01	3,41	0,284	27,05	127
18.Z	20,22	3,31	0,276	27,71	129

Übersicht 1: Rangreihenbeispiel

5 Mediaentscheidung: Bewertung von Mediaplänen

Ausgehend von Rangreihen werden alternative Media- oder Streupläne erstellt und anschließend wiederum computergestützt bewertet. Danach können gegebenenfalls noch Korrekturen erfolgen, die dann wiederum einer Bewertung unterzogen werden. Der diesbezügliche Aufwand ist in der Praxis relativ gering. Es bedarf lediglich der Eingabe der Daten des oder der betreffenden Mediapläne in eine Datei der heranzuziehenden Media-Analyse. In Übersicht 2 wird eine solche mögliche Bewertung dreier alternativer Streupläne dargestellt.

Auftrag:	2003, Werbeagentur „Stark"; Datum: 12.12.2003		
Datei:	Verbraucheranalyse 2003		
Format:	1/1 Seite, vierfarbig, angeschnitten		
Zielgruppe:	Frauen mit besonderem Interesse an der Neuesten Mode und dekorativem Aussehen		
Zielgruppenpotential:	1.889 Fälle = 8,36 Mio. (Zielgruppe korrigiert) 2.009 Fälle = 8,90 Mio. (Durchgeführte Interviews)		

Werbeträger (Zeitschriftentitel)	Plan 1	Plan 2	Plan 3
Br	9	9	11
Fr	9	10	11
FS	9	10	11
JM	9	10	6
Md	6	5	6
P	5	5	6
BM	6	5	6
Ca	6	5	6
NM	6	5	6
Ma	6	5	6
Pr	5	5	6
Ti	12	12	0
B	12	12	0
Budget in Euro	1.157.865	1.150.109	1.125.979
Reichweite in %	75,15	75,16	70,25
Reichweite in Mio.	6,28	6,29	5,87
OTS	7,68	7,73	7,19
GRP in %	48,23	48,62	42,21
GRP in Mio.	577	581	505
Tausendkontaktpreis	23,98	23,65	25,42
Tausendleserpreis	184,37	182,85	191,82
Verkaufte Aufl. in Mio.	44,76	44,25	32,6
Kontaktverteilung in %			
1 - 5 Kontakte	37	36	43
> 6 Kontakte	63	64	57

Übersicht 2: Ausdruck alternativer Mediapläne

Aus dem Kopf des Ausdruckes gehen Auftragsnummer, Auftraggeber, Datum und die, der folgenden Berechnung zugrunde gelegte Datei, in diesem Fall die Verbraucheranalyse 2003, hervor.

Es folgt der Ausdruck der eingegebenen Zielgruppe und die daraus berechnete absolute Größe der Zielgruppe. Die der Analyse zugrunde liegende Stichprobe soll repräsentativ für die Bevölkerung der Bundesrepublik Deutschland ab 14 Jahre sein. Dennoch finden sich immer wieder leichte Verzerrungen hinsichtlich der Repräsentativität, die teilweise aus der Erreichbarkeit der unterschiedlichen Personengruppen resultieren. In diesem Fall sind 2.009 Personen befragt worden, die der eingegebenen Zielgruppe entsprechen. Das entspricht hochgerechnet 8,90 Millionen Personen. Tatsächlich ist die Zielgruppe jedoch etwas kleiner. Sie wird daher entsprechend korrigiert. Die Untersuchung wäre hinsichtlich dieser Zielgruppe genau repräsentativ gewesen, wenn ihr 1.889 Interviews zugrunde gelegen hätten.

Immer dann, wenn die korrigierte Zielgruppengröße erheblich nach oben von der erhobenen Zielgruppengröße abweicht, sind Zweifel an der Eignung der herangezogenen Daten angebracht. Daher sind die Korrekturfaktoren wichtige Informationen für die Mediaplanung.

Es folgt der eigentliche Media- oder Streuplan, in diesem Fall, in drei Alternativen. Die jeweiligen Kosten sind der ersten Zeile zu entnehmen. Die unterschiedlichen Belegungskosten erlauben es nicht immer, das vorgegebene Budget genau einzuhalten; es dürfte in diesem Fall bei etwa 1,15 Millionen Euro gelegen haben. Der Mediaplan weist die einzelnen in Betracht kommenden Titel oder Sender und die Häufigkeit ihrer Belegung aus. Im unteren Teil finden sich die üblichen Leistung- und Kostenwerte anhand derer die vorliegenden Media-Alternativen zu beurteilen sind.

Ausgewiesen wird zuerst die Nettoreichweite als prozentualer Anteil der Personen der oben definierten Zielgruppe, die durch den jeweiligen Mediaplan erreicht werden. Plan 2 erreicht knapp den besten Wert, nämlich 75,16 Prozent, das entspricht in absoluten Zahlen 6,29 Millionen Personen.

Außerdem werden die Kontaktleistungen ausgewiesen. Die Zeile OTS, also „Kontakte pro Leser/Nutzer" sagt aus, wie oft die erreichten Personen der Zielgruppe im Durchschnitt mit einem Werbeträger Kontakt haben, der die Werbebotschaft enthält. Problematisch ist dabei die Tatsache, dass nicht gesagt werden kann, wie oft es dabei tatsächlich zu einem Werbemittel- Kontakt kommen kann. Ein Kontaktwert steht für „Kontakt mit der Zeitschrift XYZ", damit ist nicht genau gesagt, wie oft die Zeitschrift genutzt wurde. In der Mediaforschung wird die Nutzungsintensität von Zeitschriften ansatzweise erhoben. Dieser OTS-Wert ist daher eigentlich nur bei Mediaplänen vergleichbar, die vergleichbare Werbeträger beinhalten, was hier der Fall ist. Es kann davon ausgegangen werden, dass verschiedene Zeitschriften ähnlich genutzt werden. Die Zusammenführung der Daten unterschiedlich genutzter Mediagattungen ist nicht sinnvoll. Auch diesbezüglich liegt Plan 2 mit dem Wert 7,73 leicht vor Plan 1.

Der GRP-Wert beziffert von einem Mediaplan erwirkten Werbedruck aus, indem die OTS-Werte (Durchschnittskontakt-Chance pro Leser/Nutzer) mit der Nettoreichweite multipliziert werden. So ergeben sich die Gesamtkontakte in Millionen innerhalb der Zielgruppe. Der GRP-Wert in Prozent (GRP Prozent) besagt, wie viele Kontakte bei 100 Personen der Zielgruppe realisiert werden. Hier liegt Plan 2 mit Werten von 48,62 und 581 Millionen auf dem ersten Platz. In absoluten Zahlen ist der GRP-Wert (GRP absolut) die Summe aller Kontaktchancen eines Mediaplans. Naturgemäß erzielt der gleiche Mediaplan die besten Werte. 6,29 Millionen Personen wurden im Durchschnitt 7,73 mal erreicht (7,73 Kontaktchancen), das ergibt 48,62 Millionen Kontaktchancen.

Diesen Leistungswerten stehen die Kosten gegenüber. Um verschiedene Pläne vergleichbar zu machen, wird danach gefragt, wie hoch die Kosten eines bestimmten Plans sind, 1.000 Personen der Zielgruppe zu erreichen. Wir benötigen also den Tausendleser-/Tausendnutzerpreis und den Tausendkontaktpreis, die sich aus den folgenden Zeilen im Mediaplan ergeben.

Wir kommen zur endgültigen Mediaentscheidung: In dem vorliegenden Fall ist Plan 3 gegenüber Plan 2 und Plan 1 in beiden Leistungswerten im Nachteil, er weist zudem leicht ungünstigere Kostenwerte auf, damit scheidet diese Alternative aus. Plan 2 weist gegenüber Plan 1 eine fast gleiche Reichweite auf, ist aber im OTS-Wert leicht im Vorteil. Insgesamt ist der Werbedruck von Plan 2 höher als der von Plan 1 (aus den GRP-Werten ersichtlich). Zudem weist Plan 2 bessere Kostenwerte auf, er ist auch hinsichtlich der Kontaktverteilung im Vorteil, ist also auf jeden Fall vorzuziehen.

Die Berechnungen wird nochmals am Beispiel von Plan 2 dargestellt: Die Reichweite und der Werbedruck (OTS) ergeben sich aus den Mediaprogrammen (zum Beispiel Media-Dialog-System), wie oben am Beispiel zur Rangreihenermittlung dargelegt wurde. Die weiteren Werte ergeben sich wie folgt: Der GRP (in Millionen) errechnet sich aus der Reichweite (6,29 Millionen) multipliziert mit dem Werbedruck (7,73) zu 48,62 (Prozent). Der Tausendleserpreis (TLP) ergibt sich aus dem 1.000fachen Budget dividiert durch die Nettoreichweite (in Millionen):

$$\text{TLP} = \frac{\text{Budget} \times 1.000}{\text{Nettoreichweite}} = \frac{1.150.109 \, \text{Euro} \times 1000}{6,29 \, \text{Millionen}} = 182,85 \, \text{Euro}$$

Das entspricht der Berechnung des Tausendnutzerpreises und wird hier Tausendleserpreis (TLP) bezeichnet, weil der Plan sich auf Zeitschriften bezieht.

Der Tausendkontaktpreis (TKP) errechnet sich aus dem 1.000fachen Budget dividiert durch den GRP (wobei dieser sich wiederum aus Nettoreichweite multipliziert mit OTS zusammensetzt):

$$TKP = \frac{Budget \times 1000}{GRP} = \frac{1.150.109 \times 1000}{48{,}62} = 23{,}65 \text{ Euro}$$

Man gelangt zu dem gleichen Wert, indem einfach der Tausendleserpreis durch den OTS-Wert dividiert wird:

$$TKP = \frac{Tausendleserpreis}{OTS} = \frac{182{,}85 \text{ Euro}}{7{,}73} = 23{,}65 \text{ Euro}$$

Für die anderen Mediapläne erfolgen die Berechnungen analog. Übersicht 2 entspricht einem vollständigen Ausdruck der Mediaplanung.

6 Fazit

Wir halten folgende These für gerechtfertigt: Die Mediaplanung wird an Bedeutung zunehmen und komplexer werden. Die zunehmende Bedeutung lässt sich aus der Entwicklung zu einem europäisch orientierten Marketing ableiten, was größere Einzelpläne zur Folge haben könnte. Für die Zukunft ist zu erwarten, dass nicht mehr länderspezifische Pläne erstellt werden, sondern dass länderübergreifende Pläne realisiert werden, welche dem europäischen Marketing Rechnung tragen. Das muss nicht zwangsläufig zu einer, vermutlich nicht immer angemessenen, Standardisierung europäischer Marketing-Konzeptionen führen. Die Planung aber, nicht die lokale Umsetzung, kann zentral gesteuert und somit weiter optimiert werden. Das kann dazu führen, dass länderübergreifende Reichweiten von Medien stärker berücksichtigt werden. ZDF erreicht beispielsweise automatisch einen Teil der Bevölkerung in Österreich, was dazu führen könnte, für Österreich selber ein entsprechend reduziertes TV-Budget zu realisieren. Diese Entwicklungen wiederum werden eine europaweit ausgerichtete Mediaforschung weiter vorantreiben. Da das Medienangebot in Europa gleichzeitig weit komplexer ist, als in den einzelnen Ländern, wird damit automatisch auch die Komplexität weiter zunehmen.

Es ist ferner auffällig, dass die Mediaforschung, jedenfalls in Deutschland, derzeit überwiegend von den Medienunternehmungen selber finanziert und in deren Auftrag realisiert wird. Es ist vollkommen klar, dass damit den wirtschaftlichen Interessen der Medien als Auftraggeber stärker entsprochen wird, als in einer interessen-unabhängigen Forschung. Gleichzeitig gründen sich die Entscheidung von großer finanzieller Tragweite der werbungbetreibenden Unternehmungen im wesentlichen auf genau diese Untersuchungen. Die daraus ableitbare Abhängigkeit scheint nicht in starkem Maße thematisiert zu werden. Pointiert formuliert ist die Mediaforschung ein bedeutendes Instrument der Verkaufsförderung von Medienunternehmungen, dem die werbungtreibende Wirtschaft wenig entgegen zu setzen hat. Das ist angesichts der zunehmenden finanziellen Tragweite diesbezüglicher Entscheidungen erstaunlich.

Literaturverzeichnis

Busch, R./Dögl, R./Unger, F. (2001) Integriertes Marketing, 3. Aufl., Wiesbaden 2001.
Kroeber-Riel, W./Weinberg, P. (2003) Konsumentenverhalten, 8. Aufl., München 2003.
Krugman, D.M. et al. (1994) Advertising – its role in modern Marketing, 8. Aufl., Fort Worth, Philadelphia San Diego 1994.
Unger, F. et al. (2003) Mediaplanung, 4. Aufl., Heidelberg 2003.

Marktforschung – Reichweite, Zielgruppe und Image

Michael Schenk/Thomas Döbler

1 Einführung 763

2 Grundlagen, Ziele und Methoden 764
   2.1 Begriff und Aufgaben der Marktforschung 764
   2.2 Methoden der Markforschung 766
      2.2.1 Formen der Marktforschung 766
      2.2.2 Stichproben 768

3 Mediaforschung 771
   3.1 Entwicklung 771
   3.2 Grundbegriffe und Methoden der Leser- Hörer- und
      Zuschauerforschung 772
      3.2.1 Leserschaftsforschung 774
      3.2.2 Hörer- und Zuschauerforschung 775
      3.2.3 Internetforschung 777
   3.3 Zielgruppen 778

4 Image 781

5 Fazit 785

Literaturverzeichnis 786

Vorschau

Markt- und Mediaforschung

Im Beitrag lernen Sie die grundlegenden Begriffe und Aufgaben sowie Methoden der Markt- und Mediaforschung kennen.

Reichweitenmessung

Der Beitrag stellt die Verfahren der Reichweitenmessung in den Print- und Rundfunkmedien sowie im Internet vor.

Zielgruppensegmentierung

In dem Beitrag werden Instrumente und Methoden der mittlerweile zum Standardrepertoire der Mediaforschung zählenden Segmentierung zur Bestimmung von Zielgruppen aufgezeigt.

Imagemessung

Mit der Zunahme des Medienangebots treten Medienunternehmen in einen Wettbewerb um das Image ihres Gesamtprodukts und von Teilangeboten. Der Beitrag macht deutlich, dass neben quantitativen Verfahren und Methoden der Imagemessung zunehmend auch qualitative an Bedeutung gewinnen.

Markt-Media-Studien

Der Beitrag liefert eine Übersicht über die Markt-Media-Studien (durchführende Organisation, Fallzahl, Methode, Medium, Grundgesamtheit) in Deutschland.

Leser-, Hörer- und Zuschauerforschung

Der Beitrag diskutiert zwei relevante Fragen der Leser-, Hörer- und Zuschauerforschung: Wie viele Personen werden von einem Medium erreicht? Aus welcher Art von Personen setzen sich die Nutzer eines Mediums zusammen?

1 Einführung

Mit der Zunahme des Wettbewerbs auf gesättigten Märkten steigt die Bedeutung von Informationen über Marktgegebenheiten und -teilnehmer. Damit kommt der Marktforschung eine entscheidende Rolle zu.

Eine Besonderheit stellt hierbei der Medienmarkt dar. Für Medienunternehmen ist kennzeichnend, dass sie bis auf wenige Ausnahmen auf einem „doppelten Markt" operieren. Medienprodukte sind in der Regel Verbundprodukte, die zum einen eine Informations- und/oder Unterhaltungsleistung bieten und zum anderen als Träger von Werbung dienen. Medienunternehmen agieren somit nicht nur mehrheitlich auf zwei Märkten, der Wettbewerb auf diesen hat in den vergangenen Jahren auch erheblich zugenommen. So ist die Vielfalt an Medienangeboten nicht nur durch Deregulierung und technischen Fortschritt im Bereich der elektronischen Medien (Stichworte privater Rundfunk, digitales Fernsehen, Internet), sondern auch im Print-Bereich kontinuierlich gewachsen. Gleichzeitig zeigen sich sowohl auf dem Rezipienten- als auch auf dem Werbemarkt gewisse Sättigungstendenzen. Beide Märkte sind miteinander verknüpft, die Erreichbarkeit eines großen Publikums oder spezifischer Zielgruppen mittels geeigneter Medienprodukte schlägt sich im Volumen der Werbeerlöse nieder.

Marktforschung in Medienunternehmen hat daher die grundsätzliche Aufgabe, sowohl Informationen über die Einsatz- und Wirkungsmöglichkeiten des absatzpolitischen Instrumentariums zu gewinnen als auch Informationen über das Verhalten der Rezipienten beziehungsweise Nutzer von Medienprodukten für gegenwärtige und künftige Werbekunden (Agenturen, Unternehmen, öffentliche Institutionen) bereitzustellen. Wegen der großen Bedeutung, die den Werbeerlösen in den meisten Medienunternehmen zukommt, ist der Aufwand, der in der Marktforschung der Medienunternehmen bei der Gewinnung von Daten und Erkenntnissen über das Rezipientenverhalten betrieben wird, beträchtlich. Die großen Unternehmen, die im Sektor der Print-Medien oder der elektronischen Medien agieren, verfügen zumeist über spezielle Marktforschungsabteilungen, die gezielt auf den Informationsbedarf der Werbekunden ausgerichtet sind.

Der vorliegende Beitrag verfolgt das Ziel, grundlegende Kenntnisse über Marktforschung allgemein zu vermitteln und die konkrete Ausgestaltung der Marktforschung als Mediaforschung darzustellen. Hierzu werden im Folgenden zunächst Grundlagen, Ziele und Methoden der Marktforschung vorgestellt, bevor näher auf Grundbegriffe und Methoden der Mediaforschung eingegangen wird. Hierbei bildet die unterschiedliche

Ausgestaltung der Reichweitenmessung bei verschiedenen Medien einen Schwerpunkt. Anschließend wird auf die entscheidende Rolle eingegangen, die einer erfolgreichen Segmentierung von Zielgruppen in der Mediaforschung zukommt. Aufgrund der zunehmenden Bedeutung des Image für Medienunternehmen schließt dieser Beitrag mit einer Darstellung von Methoden und Studien zur Image-Messung.

2 Grundlagen, Ziele und Methoden

2.1 Begriff und Aufgaben der Marktforschung

Marktforschung umfasst die Sammlung, Aufbereitung, Analyse und Interpretation von Informationen über Marktgegebenheiten zum Zweck der Fundierung von Marketing-Entscheidungen in Medienunternehmungen. Hierbei sind sämtliche Informationen von Bedeutung, die die derzeitige Stellung des Unternehmens im Absatzmarkt sowie seine zukünftige Entwicklung betreffen (vgl. Bruhn 1999, S. 89).

Allgemein ist Marktforschung an den Entscheidungen im Marketing orientiert, wobei folgende vier Elemente hervorzuheben sind (vgl. Herrmann/Homburg 2000, S.15):

- die Festlegung der Marketingziele,
- die Gestaltung der Marketing-Maßnahmen,
- die Analyse der Umweltsituation sowie
- die Dokumentation der erwarteten Ergebnisse vor dem Hintergrund der jeweiligen Marktsituation.

Marktforschung ermöglicht zunächst die Festlegung von Marketingzielen auf Basis von Marktgegebenheiten. So führt zunächst die Information, dass mit einem Rückgang der Vertriebs- oder Werbeerlöse zu rechnen ist, zur Reduzierung des Absatz- oder Umsatzzieles. Des Weiteren liefert die Marktforschung Hinweise für die Gestaltung von Marketing-Maßnahmen. Hierzu gehören alle Informationen, die Entscheidungen im Bereich der Produkt-, Preis-, Kommunikations- und Distributionspolitik unterstützen. In Medienunternehmen spielen dabei Informationen für Maßnahmen der Produktpolitik eine besondere Rolle, da der wirtschaftliche Erfolg eines Medienunternehmens von den produktpolitischen Entscheidungen stark abhängig ist. Ferner sind Informationen über die Umweltsituation erforderlich. Hierzu gehören sowohl die Analyse und Prognose der Entwicklung auf den Absatzmärkten, wobei Vertriebs- und Werbemärkte gleichermaßen zu berücksichtigen sind, als auch die Analyse der weiteren Umwelt (über die Marktumwelt hinaus), nämlich Entwicklungen im Bereich von Gesellschaft, Technologie, Ökonomie, Politik und Recht. Schließlich ist Aufgabe der Marktforschung, Informationen über die erwarteten Ergebnisse von Marketing-Maßnahmen zu liefern; sie trägt dadurch auch zur Auswahl von Alternativen bei. So geschieht zum Beispiel bei großen Verlagen die Einführung neuer Produktvarianten beziehungsweise Titel nicht, ohne zuvor deren Erfolgschancen am Markt via Marktforschung auszuloten.

Um Wettbewerbsvorteile zu generieren, bedarf es subtiler Kenntnisse der „Kunden" beziehungsweise Rezipienten; diese müssen mittels Kunden- beziehungsweise Rezipientenanalyse beschafft werden, die sich unter anderem auf folgende Bereiche erstreckt:

- Identifizierung der Rezipienten (Reichweite, Zielgruppenbeschreibung),
- kontinuierliche Erfassung des Rezipientenverhaltens,
- Ermittlung der Bedürfnisse und Interessen der Rezipienten,
- redaktionelle Untersuchungen (zum Beispiel Leserbefragung oder Copy-Tests),
- Ermittlung der Bekanntheit von Medienmarken, Präferenzen, Zufriedenheit der Rezipienten,
- Positionierungs- und Segmentierungsanalysen,
- Imageanalysen,
- Marktpotentialanalysen sowie
- Prognose der Marktentwicklung.

Die Marktforschung hat allgemein ein umfangreiches Arsenal von Instrumenten entwickelt (vgl. Herrmann/Homburg 2000; Hammann/Erichson 2000; Berekoven/Eckert/Ellenrieder 2001). Aufgrund der spezifischen Bedingungen, unter denen Medienunternehmen agieren, hat sich darüber hinaus ein separater Bereich der Marktforschung etabliert, der als Mediaforschung umschrieben werden kann. Hier wird mit ausgefeilten Instrumenten und Methoden Rezipientenforschung betrieben. Da Wettbewerbsvorteile stets nur in Relation zur Konkurrenz existieren, bildet die Konkurrenzanalyse ein zweites Standbein der Marktforschung. Sie bezieht sich unter anderem auf:

- die Aktivitäten der Konkurrenz (zum Beispiel Medienangebote beziehungsweise Produkte, Preise, Leistungen oder Werbung),
- die Strategien der Konkurrenz (Unternehmensstrategie, Wettbewerbstrategie),
- die Erfolge der Konkurrenz (Marktanteile, Umsätze, Gewinne) sowie

- die Stärken-/Schwächen-Analyse (bezüglich Ressourcen, Potentialen, Marktposition).

Schließlich können auch die unterschiedlichen Distributionswege und Vertriebskanäle (zum Beispiel Handel, Absatzmittler und Kabelnetzbetreiber) Gegenstand der Marktforschung sein.

2.2 Methoden der Markforschung

2.2.1 Formen der Marktforschung

Je nach Untersuchungsgegenstand und Forschungsproblem sind verschiedene Formen der Marktforschung zu nennen, die auszugsweise in Tabelle 1 dargestellt sind und im Folgenden kurz erläutert werden (vgl. Bruhn 1999, S. 93).

Unterscheidungskriterium	Ausprägungsform
Bezugszeitraum	Einmalige Erhebung Permanente Erhebung
Art des Untersuchungs-Objektes	Ökoskopische Marktforschung Demoskopische Marktforschung
Form der Informationsgewinnung	Primärforschung Sekundärforschung
Erhebungsmethode	Befragung Beobachtung Experiment
Art der Messung	Quantitative Markforschung Qualitative Marktforschung
Träger der Marktforschung	Institutsmarktforschung Betriebliche Marktforschung
Ort der Messung	Felduntersuchung Laboruntersuchung

Tabelle 1: Formen der Marktforschung

Bezugszeitraum

Einmalige Erhebungen sind Sondererhebungen, die zur Lösung eines bestimmten Informationsbedarfes eingesetzt werden, zum Beispiel Studien, die im Zusammenhang mit dem Relaunch eines Medienproduktes durchgeführt werden. Permanente Erhebungen versuchen, marktrelevante Faktoren, wie zum Beispiel Marktanteile und Reichweiten, kontinuierlich zu erfassen. Sie haben im Mediensektor große Bedeutung, da sie Daten für den Werbemarkt beziehungsweise die Mediaplanung liefern.

Art des Untersuchungsobjektes

Die ökoskopische Marktforschung befasst sich mit objektiv beobachtbaren Sachverhalten von Vertriebs- und Werbemärkten. Im Medienbereich zählen dazu zum Beispiel die Daten zur Verbreitung der Werbeträger, die von der IVW (Informationsgemeinschaft zur Feststellung der Verbreitung von Werbeträgern) seit 1949 ermittelt werden oder auch Daten zu den Bruttowerbeaufwendungen.

Die demoskopische Marktforschung befasst sich mit subjektiven Sachverhalten, beispielsweise den Bedürfnissen und Interessen der Rezipienten, die sie den Medien gegenüber besitzen oder auch der subjektiven Wahrnehmung bestimmter Medienangebote beziehungsweise dem Image von Medienmarken.

Form der Informationsgewinnung

Im Rahmen der Sekundärforschung werden schon verfügbare Daten genutzt, um bestimmte Fragestellungen zu beantworten. Beispielsweise können vorhandene Reichweitenuntersuchungen von den einzelnen Medienunternehmen für Zwecke der Zielgruppenanalyse verwendet werden. In der Primärforschung werden dagegen eigenständig Daten erhoben; mit ihnen kann beispielsweise die Akzeptanz einer produktpolitischen Entscheidung im Publikum ermittelt werden.

Erhebungsmethode

Die Befragung, die als mündliche, schriftliche und telefonische Variante vorkommt, ist im Medienbereich das klassische Instrument der Marktforschung. Hierbei sind zunehmend computergestützte mündliche Interviews (CAPI) und Telefonbefragungen (CATI) zu beobachten. Weniger häufig eingesetzt werden die Beobachtung und das Experiment; Letzteres spielt zum Beispiel in der wissenschaftlichen Medienwirkungsforschung eine ungleich größere Rolle (vgl. Schenk 2002).

Art der Messung

Die quantitative Marktforschung beruht auf zahlenmäßig erfassbaren Sachverhalten und verwendet mathematisch-statistische Verfahren bei der Datenanalyse. Beispielsweise werden die Reichweiten einzelner Medienangebote nach soziodemographischen Merkmalen zur Zielgruppenanalyse aufgegliedert. Die qualitative Marktforschung basiert auf qualitativen Untersuchungen, wie zum Beispiel Explorationen, Tiefeninterviews, Fokusgruppen, oder Gruppendiskussionen. So kann etwa ein neues Produktkonzept im Rahmen einer Gruppendiskussion bewertet und auf seinen späteren Erfolg hin untersucht werden.

Träger der Marktforschung

Die betriebliche Marktforschung ist für sämtliche Marktforschungsaktivitäten eines Medienunternehmens verantwortlich. Sie betreibt neben Primärforschung auch Sekundärforschung, wobei extern erhobene Daten ausgewertet werden. Die Primärforschung wird überwiegend in Zusammenarbeit mit Markt- und Meinungsforschungsinstituten durchgeführt. Großuntersuchungen wie die Media Analyse werden dabei von einer Vielzahl von Medienunternehmen gemeinsam bei Instituten in Auftrag gegeben.

Ort der Messung

Bei den meisten Marktforschungsstudien von Medienunternehmen handelt es sich um Felduntersuchungen, die unter realen Bedingungen durchgeführt werden. Demgegenüber kommen Laboruntersuchungen, in denen keine realistischen Marktbedingungen gegeben sind, in der betrieblichen Marktforschung von Medienunternehmen vergleichsweise selten vor.

Die eingesetzten Formen und Methoden sind unter dem Gesichtspunkt von Kosten und Nutzen zu beurteilen. Es ist eine Abwägung zwischen dem Ressourceneinsatz und den Anforderungen an die Marktforschungsinformationen unter anderem hinsichtlich Relevanz, Zuverlässigkeit (Reliabilität) und Gültigkeit (Validität) vorzunehmen.

2.2.2 Stichproben

Die Gesamtheit von Elementen, über die bestimmte Aufschlüsse erzielt werden sollen, wird als Grundgesamtheit bezeichnet. Werden Daten bei allen Einheiten/Elementen erhoben, spricht man von Vollerhebung. Vollerhebungen sind nur praktikabel, wenn die interessierende Gesamtheit relativ klein und eindeutig zu identifizieren ist. Beispielsweise können durchaus alle Abonnenten einer Zeitung im Rahmen einer Vollerhebung befragt werden. Meist aber muss sich eine Erhebung aus zeitlichen, finanziellen und organisatorischen Erwägungen heraus auf eine Auswahl aus der Gesamtheit beschränken, so dass eine Stichprobe für eine solche Teilerhebung notwendig ist. Die Auswahl bei der Stichprobe hat so zu erfolgen, dass aus dem Ergebnis der Teilerhebung exakt und sicher auf die Verhältnisse in der Grundgesamtheit geschlossen werden kann. Eine Stichprobe ist repräsentativ, wenn die Verteilung der interessierenden Merkmale der Untersuchungselemente der Verteilung in der Grundgesamtheit entspricht.

Dem Marktforscher stehen hierzu verschiedene Stichproben- und Auswahlverfahren zur Verfügung, die sich in die Gruppen

– Verfahren der bewussten Auswahl und
– Verfahren der Zufallsauswahl

einteilen lassen.

Verfahren der bewussten Auswahl

Die Auswahl der Erhebungseinheiten erfolgt gezielt und logisch überlegt nach relevanten Kriterien. Allerdings kommt es auch hier darauf an, die Auswahl so vorzunehmen, dass die Stichprobe hinsichtlich der Verteilung wesentlicher Merkmale die Grundgesamtheit möglichst genau widerspiegelt. Von den verschiedenen Verfahren, auf die hier im Detail nicht näher eingegangen werden kann (vgl. Berekoven/Eckert/Ellenrieder 2001, S. 54–58), ist das Quotaverfahren hervorzuheben. Die Erhebungseinheiten werden analog der Verteilung einiger Merkmale in der Grundgesamtheit, wie zum Beispiel Alter, Geschlecht oder Region, gezielt ausgewählt. Mit der Quota-Stichprobe wird versucht, die Grundgesamtheit in ihren wesentlichen (vor allem soziodemographischen) Merkmalen widerzuspiegeln. Da dieses Verfahren in der Regel schneller und kostengünstiger ist als die Zufallsauswahl, hat es sich in der Praxis der Marktforschung durchaus etabliert. Die Allensbacher Werbeträgeranalyse, auf die noch einzugehen ist, bedient sich zum Beispiel dieser Auswahlmethode und hat dadurch immer wieder Kritik auf sich gezogen.

Verfahren der Zufallswahl

Die Auswahl der Erhebungseinheiten erfolgt durch einen Zufallsmechanismus; jede Einheit der Grundgesamtheit hat eine berechenbare Chance, in die Stichprobe zu gelangen. Mit wachsendem Stichprobenumfang steigt die Wahrscheinlichkeit, dass die Stichprobe in ihrer Zusammensetzung der Grundgesamtheit entspricht. Ein eventueller Stichprobenfehler lässt sich mathematisch berechnen, was beim Quotaverfahren nicht möglich ist. Auch sind Rückschlüsse von den in der Stichprobe geschätzten Parametern auf die Grundgesamtheit möglich.

Bei der reinen Zufallswahl wird aus einer Grundgesamtheit mit N Einheiten eine Stichprobe vom Umfang n gezogen. Jede Einheit hat die gleiche Auswahlchance. Hierzu ist es erforderlich, dass die Grundgesamtheit in physischer Form vorliegt (zum Beispiel Abonnentendatei, Festnetzanschlüsse, aus denen für eine Telefonbefragung eine Stichprobe gezogen wird).

Die geschichtete Zufallswahl zeichnet sich dadurch aus, dass die Grundgesamtheit in mehrere, sich gegenseitig ausschließende Untergruppen aufgeteilt wird. Die Untergruppen sollen im Hinblick auf ihre Merkmale in sich möglichst homogen und untereinander heterogen sein. Aus jeder Gruppe wird sodann mittels eines reinen Zufallsverfahrens eine Auswahl von Untersuchungseinheiten vorgenommen. Die Schichtung kann zum einen proportional nach dem jeweiligen Anteil der Schichten an der Grundgesamtheit, zum anderen auch disproportional nach der Bedeutung der Schichten für das Untersuchungsziel erfolgen.

In der Praxis der Mediaforschung werden häufig mehrstufig geschichtete Auswahlverfahren („Musterstichprobenpläne") eingesetzt, die der Arbeitskreis Deutscher Marktforschungsinstitute (ADM) gemeinsam mit führenden Instituten entwickelt hat (vgl. Berekoven/Eckert/Ellenrieder 2001, S.59–60). Diese Stichprobenpläne sehen drei hintereinander geschaltete Auswahlstufen vor:

- Eine erste Auswahlstufe bildet die Auswahl von Stimmbezirken (Sampling Points). Alle Stimmbezirke der Bundesrepublik Deutschland werden nach bestimmten Merkmalen geschichtet. In jeder Schicht erfolgt eine uneingeschränkte Zufallsauswahl von Stimmbezirken.
- Eine zweite Stufe beinhaltet die Auswahl der Haushalte in den Stimmbezirken. Die Adressen aller in einen Stimmbezirk fallenden Haushalte werden aufgelistet und daraus eine Zufallsauswahl getroffen (Address Random). Alternativ werden den Interviewern fest vorgegebene Straßen für ein Interview an die Hand gegeben, um zufällig Haushalte anzusteuern (Random Route/Walk).
- Eine dritte Stufe betrifft die Auswahl der Zielpersonen in den Haushalten. Meist erfolgt die Auswahl der Zielpersonen im Haushalt zufällig. Dies setzt voraus, dass alle Hauhaltsmitglieder vom Interviewer aufgelistet werden, um dann per Zufallswahl (zum Beispiel Schwedenschlüssel oder nächster Geburtstag) eine Person für ein Interview auszuwählen. Das ADM-Rahmenschema wird generell in der Markt- und Mei-

nungsforschung für mündliche Repräsentativbefragungen verwendet. Durch die vermehrt eingesetzten Telefonbefragungen verliert es etwas an Bedeutung, da bei Telefonumfragen Verfahren der reinen Zufallswahl oder kombinierte Verfahren zum Einsatz gelangen.

3 Mediaforschung

3.1 Entwicklung

Aufgrund der großen Bedeutung der Werbeerlöse hat sich unter dem Baum der Marktforschung in Medienunternehmen der spezielle Zweig der Mediaforschung etabliert. Meist ist der Bereich der Abteilung zugeordnet, die mit dem Verkauf der Anzeigen oder Werbespots befasst ist. Die Untersuchungen werden überwiegend durch externe Institute durchgeführt. Die Entwicklung der Mediaforschung in der Bundesrepublik setzte – im Vergleich zu den USA mit beträchtlichem Time Lag – Ende der 40er Jahre ein und ist eng mit der Institutsforschung verknüpft, wobei das Allensbacher Institut für Demoskopie und Infratest die ersten Beiträge leisteten (vgl. Meyen 2002, S. 67–73). Die Zahl der Medienunternehmen, die sich Umfragen unter ihren Lesern oder Hörern leisten konnten, war zunächst begrenzt.

1954 gründeten mehrere Verlage und Werbeagenturen die Arbeitsgemeinschaft Leseranalyse e.V. (AG.LA) in Frankfurt. Das Institut für Demoskopie führte zusammen mit DIVO die erste Untersuchung über die „Zeitschriftenleser 1954" durch. Forthin wurden kontinuierlich Reichweitenanalysen betrieben, erst zweijährlich, seit 1960 jährlich und seit 1996 halbjährlich. 1971 wurde die Arbeitsgemeinschaft für die Funkmedien geöffnet und in Arbeitsgemeinschaft Media-Analyse (ag.ma) umbenannt. Die MA umfasst seit 1987 eine Pressemedientranche und eine Radiotranche (Tabelle 2). In der Pressemedientranche von 2005/I wurden 38.904 Personen über ihre Nutzung von Tageszeitungen, Zeitschriften und Kino mündlich befragt. In der Radiotranche, die seit dem Jahre 2000 als CATI-Telefonumfrage durchgeführt wird, wurden im selben Zeitraum 59.698 Interviews geführt. Aufgrund der hohen Fallzahlen sind an den Erhebungen jeweils mehrere Institute beteiligt. Jeweils im Herbst wird das Ergebnis des fusionierten Datensatzes beider Tranchen als Intermedia MA vorgestellt.

Dieser Datensatz enthält auch Ergebnisse zur TV-Nutzung aus dem AGF/GfK-Panel, die durch Fusion zugeführt werden.

Unvereinbare Auffassungen über methodische Fragen führten 1958 zur Trennung des Instituts für Demoskopie Allensbach von der AG.LA. Das Institut bringt seither eine eigene Werbeträger-Analyse (AWA) heraus, die das Mediennutzungsverhalten der Bevölkerung in Bezug auf 300 Print-Titel, zwölf Fernsehsender, Werbefunk, Kino, Plakat und Internet erhebt. Ferner werden Konsum- und Verbraucherdaten erfasst, heute für mehrere hundert Märkte und marktpsychologische Zielgruppen. Die AWA ist als Single-Source-Erhebung ausgelegt, kommt daher ohne Fusionen aus. Im Jahre 2004 wurden zum Beispiel 21.257 mündliche Interviews geführt (Tabelle 2).

Breit angelegte Markt-Media-Studien stellen darüber hinaus die Großverlage ihren Werbekunden zur Verfügung (Tabelle 2). Erwähnenswert sind unter anderem die Verbraucher-Analyse (VA) des Heinrich Bauer und des Springer-Verlags und die Typologie der Wünsche (TdWI) des Burda-Verlages; daneben gibt es Untersuchungen spezieller Zielgruppen, wie zum Beispiel die Leseranalyse Entscheidungsträger (LAE), oder käufertypologische Studien, wie zum Beispiel „Soll und Haben" oder „Outfit" (Spiegel-Verlag).

3.2 Grundbegriffe und Methoden der Leser-, Hörer- und Zuschauerforschung

Zwei Fragen leiten die Leser-, Hörer- und Zuschauerforschung: Wie viele Personen werden von einem Medium erreicht? Aus welcher Art von Personen setzen sich die Nutzer eines Mediums zusammen?

Organisation	Fallzahl	Methode	Medien	Grundgesamtheit
ag.ma Media-analyse 2005/I Presse	38.904	Zufallsstichprobe, mündl. Interviews und Computer-Assisted Self-administrated Interviews (CASI)	166 Zeitschriften/ Wochenzeitungen, 3 Programm-Supplements, 1 konfessioneller Titel, 2 Stadtillustrierte, Lesezirkel	Deutsche Bevölkerung in Privathaushalten am Ort der Hauptwohnung in der BRD ab 14 Jahre (64,72 Mio.)
ag.ma Media-analyse 2005/I Radio	59.698	Zufallsstichprobe, telefonische Interviews (CATI)	93 Radiosender, 105 Kombinationen	Deutsche Bevölkerung in Privathaushalten am Ort der Hauptwohnung in der BRD ab 14 Jahre (64,72 Mio.)
AGF/GFK Fernsehpanel	ca.13.000	Panelbefragung, elektronische Messung, Zufallsstichprobe	in Deutschland empfangbare Fernsehsender	Deutsche und EU-Bürger in Haushalten in der BRD (34,54 Mio. Haushalte)
Allensbacher Werbeträger Analyse AWA 2004	21.257	Quoten-Stichprobe, mündliche Interviews	Mehr als 250 Print-Titel, Fernsehnutzung von 13 Sendern, Hörfunk, Kinobesuch, Plakatnutzung, Internet	Bevölkerung in Privathaushalten am Ort der Hauptwohnung in der BRD ab 14 Jahre (63,43 Mio.)
Leseranalyse Entscheidungsträger LAE 2003	9.162	Quotenstichprobe, mündliche Interviews	6 überregionale Tageszeitungen, 23 Zeitschriften/Wochenzeitungen, 6 Tarifkombinationen	Entscheidungsträger aus Wirtschaft und Verwaltung in der BRD (2,24 Mio.)
Verbraucheranalyse VA 2004	31.783	Zufallsstichprobe, Kombination aus mündlicher und schriftl. Befragung	Publikumszeitschriften, Wochenzeitungen, Supplements, Tageszeitungen, Lesezirkel, Internet, Videotext, Plakate	Deutsche Bevölkerung in Privathaushalten am Ort der Hauptwohnung in der BRD ab 14 Jahre (64,72 Mio.)
TDWI 2004/2005	20.258	Zufallsstichprobe, Kombination aus mündlicher und schriftl. Befragung	Publikumszeitschriften, Tageszeitungen, Radio, Kino, Fernsehen, Internet	Deutsche Bevölkerung in Privathaushalten am Ort der Hauptwohnung in der BRD ab 14 Jahre (64,72 Mio.)

Tabelle 2: Markt-Media-Studien in Deutschland

Die erste Frage bezieht sich auf die Reichweite eines Mediums, die zweite auf die Struktur der Nutzer. Allgemein gibt die Reichweite eines Mediums an, wie viele Personen von diesem Medium erreicht werden. Die Reichweite wird absolut (in Millionen) oder relativ (in Prozent) angegeben. Sie bezieht sich auf die Gesamtbevölkerung, kann aber auch auf einzelne Zielgruppen hin ermittelt werden (zum Beispiel Reichweite des Mediums in bestimmten Altersgruppen). Die Reichweite wird auch benötigt, um den für die Werbewirtschaft relevanten Tausendkontaktpreis zu berechnen; dieser ist der Preis eines Werbemittels, bezogen auf 1.000 damit erreichbare Kontakte (die Kosten für das Werbemittel werden durch dessen Reichweite geteilt und mit 1.000 multipliziert).

Die zweite Frage bezüglich der Struktur der Nutzerschaft eines Mediums wird überwiegend mittels soziodemographischer Merkmale bestimmt. In den letzten Jahren haben sich darüber hinaus marktpsychologische Zielgruppenbestimmungen durchgesetzt, wie zum Beispiel das Konzept der sozialen Milieus (siehe unten).

Die Reichweite der Print-Medien und elektronischen Medien wird mit jeweils unterschiedlichen Methoden ermittelt (vgl. Schulz/Schneller 2002). Hierbei sind auch Konventionen hinsichtlich der Messmethoden und -kriterien zwischen Medienunternehmen und der werbetreibenden Wirtschaft vereinbart worden.

3.2.1 Leserschaftsforschung

Die Leserschaftsforschung gilt als Vorläufer jeglicher Reichweitenmessung. Unter einem Leser wird allgemein eine Person verstanden, die eine Ausgabe einer Zeitung oder Zeitschrift gelesen oder durchgeblättert hat (vgl. Hess 1996). Gründliches Lesen ist nicht erforderlich, sondern es reicht aus, um sich als Leser zu qualifizieren, wenn man einige Seiten einer Ausgabe durchgeblättert hat. Als Leser pro Ausgabe (LpA) gelten alle Personen, die mit einer durchschnittlichen Ausgabe eines Werbeträgers erreicht werden. Das Lesen ganz bestimmter Ausgaben eines Titels zu erheben, wäre ungleich aufwendiger. Deshalb reicht es in Umfragen aus, für die einzelnen Titel je nach Erscheinungsperiodik nach den Lesern einer durchschnittlichen Ausgabe im jeweiligen Erscheinungsintervall (zum Beispiel täglich, wöchentlich, 14-tägig oder monatlich) zu fragen.

Während noch bis 1965 in der Bundesrepublik Deutschland direkt nach den Lesern im Erscheinungsintervall gefragt wurde (zum Beispiel bei einer Wochenzeitung „Haben Sie in den letzten sieben Tagen den/die … (Titel) gelesen?"), erhebt man in der MA von heute den Leser im Erscheinungsintervall – pro Nummer (LpN) – detaillierter.

Nach dem MA-Modell muss ein Befragter mindestens im zwölffachen Erscheinungsintervall einen Titel durchgeblättert oder gelesen haben. Nach der MA-Konvention gilt das zwölffache Erscheinungsintervall als Zeitrahmen für die Bestimmung des „weitesten Leserkreises" (WLK) eines Blattes. Bei einer Wochenzeitschrift zum Beispiel beträgt dieser Zeitrahmen drei Monate. Erst dann folgt die für den LpN und die Reichweite relevante Frage „Wann wurde dieser Titel zuletzt durchgeblättert oder gelesen?". Einen Wochentitel muss der Befragte zum Beispiel in den letzten sieben Tagen durchgeblättert oder gelesen haben, um sich als LpN zu qualifizieren. Titelkarten dienen im Interview dazu, die Erinnerung der Befragten zu unterstützen. Aus den in den Repräsentativerhebungen wie der MA für die verschiedenen Titel ermittelten Werten des LpN kann mittels Hochrechnung die absolute oder relative Reichweite der einzelnen Zeitungen und Zeitschriften bestimmt werden.

Das eingesetzte Abfragemodell beeinflusst dabei die Reichweitenmessung und -ergebnisse. So verwendet etwa die Allensbacher Werbeträgeranalyse (AWA) einen Modus, der auch gelegentliche Leser eines Titels in den weitesten Leserkreis mit einbezieht; diese müssen den Titel nicht im zwölffachen Erscheinungsintervall gelesen haben, wie in der restriktiveren MA. Insofern verwundert nicht, dass die AWA im Vergleich zur MA ein durchschnittlich höheres Reichweitenniveau hervorbringt. Die Zahl der untersuchten Titel hat ebenfalls einen Einfluss auf die ermittelten Reichweiten. Mit einer wachsenden Zahl der Titel, die in die Untersuchung einbezogen werden, sinken die Reichweitenwerte, da von den Befragten hohe Gedächtnisleistungen abverlangt werden.

3.2.2 Hörer- und Zuschauerforschung

Die Hörfunknutzung wird in der Tranche Radio der MA (Tabelle 2) mittels einer Tagesablaufuntersuchung erhoben. Dazu werden alle Viertelstundenabschnitte des Vortages („Stichtag") von fünf Uhr morgens bis Mitternacht mit den Befragten durchgegangen. Neben anderen Tätigkeiten wird die Hörfunknutzung bezogen auf die verschiedenen Radiosender im jeweiligen Viertelstundenabschnitt ermittelt. Wurden noch bis 1999 mündliche Interviews durchgeführt, so erfolgte mit der MA von 2000 die Umstellung auf CATI-Telefoninterviews. In der MA Radio wurden 2005 knapp 60.000 Telefoninterviews in über 100 regionalen Gebieten (Verbreitungsgebiete der Radiosender) durchgeführt. Alle ortsüblichen Sender gehen dabei in die

Befragung der betreffenden Rezipienten ein. Für die Ermittlung der Reichweite der einzelnen Radiosender gilt folgende Konvention: Als Hörer der einzelnen Radiosender zählen alle Personen, die mindestens in einem Viertelstundenabschnitt einen bestimmten Sender gehört haben. Ähnlich wie in der Leserschaftsforschung können durch Hochrechnung die absolute und relative Reichweite der einzelnen Radiosender bestimmt werden.

Die Stichtagsbefragung ist nicht die einzige Methode, mit der die Hörfunknutzung ermittelt wird. Als weitere Methode ist das Tagebuchverfahren (Diary) zu erwähnen, welches erfordert, dass die Befragungsteilnehmer zuverlässig ihre Radionutzung eintragen. Des Weiteren sind technische Meter-Panels im Kommen, wie zum Beispiel das Schweizer Messsystem Radiocontrol, welches mittels der Radiouhr die Radionutzung bei einem Panel von Radiohörern elektronisch erfasst (die Uhr zeichnet jede Minute die ersten vier Sekunden auf). Die Messergebnisse bei den Panelteilnehmern werden dazu mittels eines Korrelationsverfahrens mit den Originalfiles der Audiodaten der verschiedenen Sender abgeglichen. Dieses System ist in der Schweiz bereits eingeführt, die Einführung in weiteren Ländern steht unmittelbar bevor.

Die Fernsehnutzung wird in der Bundesrepublik Deutschland telemetrisch erfasst. Waren von 1963 bis 1974 Infratest mit den Tammeter-Geräten und von 1974 bis 1983 Infas und IfD Allensbach mit dem Teleskopie-System tätig, entschied sich die Medienkommission ARD/ZDF ab 1984 für das in der Schweiz entwickelte Messgerät Telecontrol und beauftragte die GfK-Fernsehforschung mit der kontinuierlichen Fernsehforschung. Derzeit wird das Telecontrol TCXL verwendet, welches alle Ein-, Um- und Ausschaltvorgänge in den jeweiligen Panelhaushalten vollautomatisch speichert. Ebenfalls erfasst wird die Nutzung von Videotext und Videospielen. Die Messung erfolgt sekundengenau. Seit 1988 umfasst die federführende Arbeitsgemeinschaft Fernsehforschung (AGF) nicht nur die öffentlich-rechtlichen Sender, sondern auch die privaten Senderfamilien. Im Jahr 2005 besteht das Fernsehpanel aus 5.640 Haushalten mit fast 13.000 Personen ab drei Jahren (Tabelle 2). Die Personen der Panelhaushalte müssen sich bei ihrer Fernsehnutzung bei Telecontrol anmelden. Die genutzten Fernsehsender werden am Tuner im Messgerät digital erfasst und identifiziert. Das jeweils gesehene Programm wird mit dem Signal des Referenztuners abgeglichen, so dass eine fehlerfreie Zuordnung möglich ist. Die Messdaten werden nachts vollautomatisch mittels eines Modems von der GfK abgerufen, so dass am Folgetag die Ergebnisse der Reichweitenforschung vorliegen. Das Telecontrol-System, das in einer Vielzahl von Ländern eingesetzt wird, liefert täglich Daten über Reichweiten der einzelnen Sendungen und Programme. Für die Ermittlung der Reichweite der Fernsehprogramme gilt die Minutenkonvention: Ein Programm muss mindestens eine Minute konsekutiv während eines durchschnittlichen Halbstundenabschnitts mit Werbung gesehen werden, um in die Reichweitenberechnung einzugehen. Darüber hinaus gibt es noch weitere Kennwerte, wie zum Beispiel Sehbeteiligung, bezogen auf bestimmte Fernsehsendungen, oder Marktanteil. Die Daten der Fernsehforschung werden schließlich durch Fusion auch in die MA und andere Spezialuntersuchungen integriert.

3.2.3 Internetforschung

Im Zuge der zunehmenden Etablierung des Internets in den deutschen Haushalten werden kontinuierlich Umfragen durchgeführt, um die Internetpenetration zu ermitteln und das Nutzerverhalten zu beschreiben. Beispiele sind Onlinestudien von ARD/ZDF, der GfK-Online-Monitor, die Allensbacher Computer- und Telekommunikationsanalyse (ACTA) sowie Communication Networks von Burda. Ab 2005 wird zudem die Arbeitsgemeinschaft Online-Forschung e.V. (AGOF) regelmäßige Erhebungen durchführen. In ihr haben sich die Mitglieder der AGIREV (Arbeitsgemeinschaft Internet Research, Auftraggeber des Online-Reichweiten-Monitors ORM) und die Träger und Lizenznehmer der ehemaligen Arbeitsgemeinschaft @facts mit dem Ziel zusammengeschlossen, eine einheitliche „Online-Währung" zu gewährleisten.

Bisher jedoch hat sich für die Ermittlung der Reichweiten von Onlineangeboten beziehungsweise Websites noch keine allgemein akzeptierte Messgröße durchgesetzt. Die Internetforschung unterscheidet zwischen angebots- und nutzerorientierten Messungen. Angebotsorientierte Erhebungen (Site-Centric) führt die IVW für angemeldete Online-Medien durch, die dazu auf ihren Websites ein Pixel installieren müssen, um vom Proxy-Server der IVW aus Nutzungsvorgänge registrieren zu können. Für die Zählung der Nutzungsvorgänge hat sich die Registrierung der Besuche (Visits) von Onlineangeboten und der Aufruf einzelner Seiten innerhalb eines solchen Angebots (Page Impression) durchgesetzt. Hierbei können allerdings keine Informationen über die Nutzer und ihre soziodemographische Struktur gewonnen werden.

Bei nutzerorientierten Erhebungen (User-Centric) wird ähnlich wie bei der Fernsehforschung ein Panel von Internetnutzern aufgebaut. Die Panelmitglieder installieren eine Software auf ihrem PC, welche die Nutzungsvorgänge vollautomatisch aufzeichnet. Solche Panel-Messungen werden beispielsweise vom Institut Nielsen NetRatings in mehreren Ländern durchgeführt. Eine Person wird dann als Besucher einer Site gezählt, wenn sie mindestens eine Seite innerhalb einer Domain, digitalen Media Applikation, Global Domain oder Kategorie besucht hat. Als relative Rechweite gilt der Anteil der Personen in Prozent, welche eine bestimmte Domain et cetera besucht haben. Die absolute Reichweite bemisst sich an der Zahl von Personen (in Tausend), die eine Domain et cetera aufgesucht haben. Des Weiteren lassen sich eine Reihe von Kennwerten bestimmen, wie zum Beispiel die Nutzungsminuten pro Tag beziehungsweise Monat, oder die durchschnittliche Anzahl von Minuten, die bei verschiedenen Seiten im Verlauf eines Tages beziehungsweise Monats verbracht werden. Diese Messungen erfolgen derzeit überwiegend in den privaten Haushalten, wohingegen die berufliche Internetnutzung wegen Zugangsproblemen meist nicht erfasst wird. Auch sind die Panelstichproben oft nicht groß genug, um kleine, weniger reichweitenstarke Angebote berücksichtigen zu können.

3.3 Zielgruppen

In der Mediaforschung werden nicht nur die Reichweiten der verschiedenen Medien und ihrer Angebote ermittelt, sondern auch die jeweiligen Zielgruppen mittels Segmentierung bestimmt. Der Segmentation kommt in der Medienbranche große Bedeutung zu, da sich viele Angebote nicht an einem breiten Massenpublikum orientieren, sondern sich auf ganz bestimmte Zielgruppen ausrichten (zum Beispiel ein Radiosender, der durch Formatierung die Zielgruppe 50plus anspricht oder Special-Interest-Zeitschriften).

Allgemein bedeutet Segmentation die Unterteilung einer vorab definierten Gesamtmenge in Teilmengen (Segmente) nach bestimmten Teilungskriterien. Dabei sollte jedes Segment in sich möglichst gleich beziehungsweise homogen sein, alle Segmente sich hingegen deutlich voneinander unterscheiden, also heterogen sein. Die Marktsegmentation dient auch dazu, Zielgruppen zu finden, also mögliche Rezipienten aufzuspüren, die für eine Marktbearbeitung (zielgruppenorientiertes redaktionelles Marketing) in Frage kommen, und diese Zielgruppen näher zu beschreiben. Die möglichen Kriterien für eine Einteilung sind zahlreich.

In der Marktforschung untergliedert man nach den Kriterien (vgl. Berekoven/Eckert/Ellenrieder 2001, S. 251):

– demografische Merkmale (Alter, Geschlecht, Haushaltsgröße, Region),

- sozioökonomische Merkmale (Einkommen, Beruf),
- Besitzmerkmale (Verfügung über bestimmte Güter, Verwendung),
- Verhaltensmerkmale (Mediennutzung, Art des Einkaufens),
- psychographische Merkmale (Interessen, Neigungen, Ansichten, Einstellungen) und
- Lebensstil-Merkmale (Wertvorstellungen, Lebensauffassungen, Grundsätze, Alltagsästhetik, Freizeitverhalten).

Die Segmentierung nach demografischen, sozioökonomischen und Verhaltensmerkmalen gehört zum Standardrepertoire in der Mediaforschung. Ein Beispiel für eine sozioökonomische Segmentierung ist die bereits erwähnte LAE (Leseranalyse Entscheidungsträger). Kaufverhalten und Kaufabsichten stehen zum Beispiel im Vordergrund der VA (Verbraucheranalyse). Neben dem Kaufverhalten wird hierbei auch die Mediennutzung detailliert erhoben. Ziel ist, Daten aus einer Quelle („Single Source") zu gewinnen, die Auskunft über Käuferverhalten und Mediennutzungsverhalten geben. Die Verzahnung der Daten ist insbesondere für die Mediaplanung wichtig. Neben der VA stehen „Single-Source-Daten" auch aus mehreren anderen ebenfalls regelmäßig durchgeführten Studien zur Verfügung (zum Beispiel AWA oder TdWI).

Psychographische Merkmale werden bereits seit den 60er Jahren dazu benutzt, Verwender oder Rezipienten nach qualitativen Merkmalen zu segmentieren. Zusammengefasst werden Personen, die sich jeweils in ihren typischen Interessen und Einstellungen gleichen. Mit aufwendigen Erhebungen und nachfolgender multivariater Datenverdichtung können Cluster mit unterschiedlicher Charakteristik herausgearbeitet werden. Ein frühes Beispiel sind die „Brigitte-Typologien", die die Marktforschungsabteilung von Gruner + Jahr entwickelte. Sie zeigen unter anderem unterschiedliche Frauentypen auf, die sich in ihren Einstellungen zu Mode, Kosmetik und Verwenderverhalten unterscheiden. Eine Vielzahl von Interessen und Einstellungen werden zum Beispiel auch in der TDWI ermittelt, um sie für die Typenbildung zu nutzen.

Eine Fortentwicklung der Typologien bieten Life-Style-Ansätze. Bereits 1967 fanden die Life-Style-Untersuchungen der Werbeagentur Leo Burnett Beachtung. Die Euro-Socio-Styles, die in mehreren europäischen Ländern Niederschlag fanden, folgten. Heute haben sich die „Sinus-Milieus" in der Markt- und Mediaforschung fest etabliert. Sie werden in zahlreichen Untersuchungen eingesetzt. Die Zielgruppenbestimmung von Sinus Sociovision (Heidelberg) bezieht sich auf den ganzen Menschen, das gesamte Bezugssystem seiner Lebenswelt: „Die Morphologie des Sinus-Modells berücksichtigt sowohl die Dimension der sozialen Lage, als auch die der Wertorientierungen, Lebensstile und ästhetischen Präferenzen" (TdWI 2000, S. 12). Mit dem Modell wird versucht, wichtige Zielgruppen über die herkömmlichen soziodemographischen Merkmale hinaus zu klassifizieren. Die Einführung des Milieukonzeptes begründet sich mit der begrenzten Aussagekraft von Klassen- und Schichtmodellen zur Erklärung des Käufer- und Rezipientenverhaltens. Soziale Milieus versuchen Menschen mit jeweils charakteristischen Einstellungen und Lebensorientierungen zu beschreiben. Sie fassen, allgemein gesprochen, soziale Gruppen zusammen, deren Wertorientierungen, Lebensziele und -stile und damit auch Konsum- und Mediennutzungsmuster ähnlich sind (vgl. Hartmann 1999, S. 70–71).

Ohne an dieser Stelle detailliert auf die einzelnen Milieus einzugehen, die durch eine umfangreiche Fragebatterie in repräsentativen Umfragen und durch nachfolgende Datenverdichtung ermittelt werden, so lässt sich verkürzt sagen, dass sie zwei Dimensionen, nämlich grundsätzliche Orientierungen und soziale Lage, verknüpfen. Die möglichen Grundorientierungen (horizontale Dimension) bewegen sich zwischen traditionellen Werten (Pflichterfüllung, Ordnung) und postmodernen Orientierungen, die als „Modernisierung" (Individualisierung, Selbstverwirklichung, Genuss) und „Neuorientierung" (Multioptionalität, Experimentierfreude, Leben in Paradoxien) bezeichnet werden. Die soziale Lage (vertikale Dimension) ist durch ein Kontinuum zwischen Unterschicht und Oberschicht, determiniert durch Einkommen, Beruf und Bildung gekennzeichnet. In den verschiedenen sozialen Schichten sind jeweils deutlich erkennbare Unterschiede in den Orientierungen vorhanden. Die einzelnen Milieutypen (die sich zum Teil überlappen) teilen sich auf in gesellschaftliche Leitmilieus (Etablierte, Postmaterielle, Moderne Performer), traditionelle Milieus (Konservative, Traditionsverwurzelte, DDR-Nostalgische), Mainstream-Milieus (Bürgerliche Mitte, Konsum-Materialisten) und hedonistische Milieus (Experimentalisten, Hedonisten).

Die Nutzung der Medien und ihrer Angebote ist in den einzelnen Milieus unterschiedlich. So verzeichnen wir zum Beispiel eine überdurchschnittlich hohe Fernsehnutzung in den Milieus der DDR-Nostalgischen und der Traditionsverwurzelten sowie den Mainstream-Milieus, während diese in den Milieus der modernen Performer, Postmateriellen und Experimentalisten unterdurchschnittlich ist (vgl. SevenOne Media 2004). Hierbei bestehen auch unterschiedliche Genrepräferenzen. Bei der Internetnutzung hingegen ist es nahezu umgekehrt: Hier rangieren die Milieus der modernen Performer, der Postmateriellen und Experimentalisten vorn, während die traditionellen und Mainstream-Milieus eine unterdurchschnittliche Nutzung aufweisen (vgl. Schenk/Wolf 2005).

4 Image

Die Marktforschung in Medienunternehmen befasst sich zunehmend mit Fragen der Positionierung. In Folge der Zunahme des Medienangebots treten Medienunternehmen in einen Wettbewerb um das Image ihres Gesamtprodukts oder auch von Teilangeboten. Medienunternehmen haben ein Image, ein Image das verändert, bewahrt oder ausgebaut werden will. Image kann, relativ offen, umschrieben werden als „die Gesamtheit von Gefühlen, Einstellungen, Erfahrungen und Meinungen bewusster und unbewusster Art, die sich eine Person beziehungsweise eine Personengruppe von einem „Meinungsgegenstand" (zum Beispiel einem Produkt, einer Marke, einem Unternehmen) macht" (Essig/Soulas de Russel/Semanakova 2003, S. 21). Das Image ist das mentale Bild, das eine Person von einem Bezugsobjekt hat; dazu gehört alles, was eine Person über das Objekt weiß, dazu glaubt, sich darunter vorstellt und damit verbindet.

Das Image-Konzept wurde erstmals von Gardner und Levy (1955) in die marktpsychologische Betrachtung eingeführt. Fast gleichzeitig brachte Boulding (1956) den Begriff unter dem Aspekt der sozialen Wahrnehmung (Social Perception) in die Sozialpsychologie ein. Anfang der 60er Jahre unternahm Bergler eine der ersten systematischen und theoretischen Grundlegungen in der deutschen Fachliteratur. Mittlerweile hat sich der Terminus Image zu einem zentralen Begriff innerhalb der Marktforschung entwickelt und sogar Eingang in die Alltagssprache gefunden. Ungeachtet dieser Karriere des Imagebegriffs besteht nach wie vor keine Einigkeit darüber, was unter Image zu verstehen ist. Eine Vielzahl von mehr oder minder differierenden Imagedefinitionen (vgl. Essig/Soulas de Russel/Semanakova 2003, S. 20–21) macht die begriffliche Vielfalt sehr deutlich.

Manche Autoren schlagen denn auch vor, auf den Begriff des Image ganz zu verzichten und diesen durch den der sozialen Einstellung (Attitüde) zu ersetzen (vgl. Hoffmann 1981; Kroeber-Riel/Weinberg 2003). Versucht man die vielfältigen Definitionen und Konzeptionen verallgemeinernd zusammenzufassen, scheint ein gewisser Konsens dahingehend erkennbar, dass Image sich immer auf einen Meinungsgegenstand bezieht und dabei sowohl eine affektive als auch eine kognitive Komponente aufweist (vgl. Trommsdorff 1998, S. 143).

Ein Image kann und soll dazu dienen, Marken, Produkte und Unternehmen zu individualisieren, in spezifischer Weise zu emotionalisieren und damit von der Konkurrenz abzuheben. Dem Produkt beziehungsweise der Marke wird durch das Image eine Art Persönlichkeit verliehen, die helfen soll, beim unpersönlichen Kaufakt zwischen Unternehmen und Konsumenten die Anonymität zu beseitigen und das Vertrauen des Konsumenten zu gewinnen (vgl. Johannsen 1971). Darüber hinaus gelingt es durch Aufladung eines Produkts oder einer Marke mit einem positiv bewerteten emotionalen Charakter dem Konsumenten eine emotionale Bedürfnisbefriedigung zu vermitteln. Zudem kann vom Einzelnen dann der Kauf, die Verwendung, der Besitz eines Produkts oder einer Marke zur Profilierung gegenüber anderen Menschen verwendet werden. Derartige Profilierung über Images gelingt vor allem bei nach außen sichtbaren Produkten, wie zum Beispiel Autos oder Kleidung und ist insbesondere bei Jugendlichen und Heranwachsenden in gesteigertem Maße verbreitet, da damit sowohl Individualisierung als auch eine bewusst geschaffene Konformität mit Anderen (Zugehörigkeit zu einer Gruppe und damit Akzeptanz im sozialen Umfeld) demonstriert werden kann (vgl. Salcher 1995, S. 130–132).

Die Verfahren und Methoden zur Messung eines Images sind in den letzten Jahren deutlich ausdifferenziert und verfeinert worden (vgl. Herzig 1991). Dabei ist insbesondere das Polaritätenprofil (vgl. Hofstätter 1973, S. 258–266) im Rahmen der Imagemessung sehr verbreitet. Abgeleitet aus dem Semantischen Differential handelt es sich beim Polaritätenprofil um ein multidimensionales Verfahren, das, im Unterschied zum Semantischen Differential, unabhängig vom zu beurteilenden Objekt mit einem feststehenden Satz von 24 bipolar angeordneten Eigenschaftspaaren arbeitet und damit das Image(profil) unterschiedlichster Meinungsgegenstände vergleichbar macht. Lassen sich die Dimensionen der Eigenschaften im Semantischen Differential durch die drei Faktoren „Bewertung" (gut-schlecht), „Potenz" (stark versus schwach) und „Aktivität" (aktiv versus passiv) beschreiben, hat Hofstätter im Wesentlichen vier Faktoren gefunden, von den die beiden wichtigsten Männlichkeit (hart, stark, kühl, robust) und Weiblichkeit (weich, schwach, gefühlvoll, zart) sind (vgl. Friedrichs 1985, S. 187–188).

Anders, aber auch affektive und kognitive Aspekte erfassend, sind die multiattributiven Präferenzmodelle aufgebaut; hier werden Wissen über und Bewertung von relevanten Merkmalen eines Meinungsgegenstandes verknüpft. Unter den verschiedenen Modellen ist dasjenige von Fishbein am bekanntesten (vgl. Fishbein 1967; Ajzen/Fishbein 1980). Fishbein geht davon aus, dass zwischen einem ausgewählten Objekt (Produkt, Marke) und der kognitiven beziehungsweise affektiven Beurteilung durch eine Person ein funktionaler Zusammenhang besteht. Die subjektive Wahrscheinlichkeit, mit der eine Beurteilungsperson relevante Eigenschaften bei einem Beurteilungsobjekt für vorhanden hält, misst dabei in diesem Modell das kognitive Wissen (zum Beispiel über Produkteigenschaften).

Die affektive Bewertung dieser Eigenschaften wird unter Rückgriff auf eine Notenskala erfasst. Kognitive und affektive Bewertung werden in einem zweiten Schritt multiplikativ miteinander verknüpft und über die Anzahl der in beiden Dimensionen enthaltenen Variablen (Merkmale) summiert. Der solchermaßen errechnete Gesamtwert gibt Aufschluss über die mehrdimensionale Einstellung einer Person gegenüber einem Objekt (=Image).

Ein weiterer bekannter Ansatz zur mehrdimensionalen Messung von Einstellungen, der ebenfalls in der Imageanalyse eingesetzt wird, ist die aus einer Kritik am Fishbein-Modell entwickelte Konzeption von Trommsdorff (1975). Bei diesem Modell wird davon ausgegangen, dass sich der Konsument an einem produktart-typischen Idealbild orientiert. Im Gegensatz zur multiplikativen Verknüpfung bei Fishbein werden Distanzen zwischen Real- und Idealeindruck von Objekteigenschaften ermittelt und über alle Variablen (Merkmale) summiert. Je kleiner die Distanz zwischen Real- und Idealeindruck ist, desto positiver ist die Einstellung des Konsumenten gegenüber dem Einstellungsobjekt. Das Modell wird vor allem genutzt, um ein vorhandenes Image in bestimmten Komponenten zu verändern.

Neben diesen quantitativen Verfahren gewinnen vermehrt auch psychologisch beeinflusste Methoden der Befragung, zum Beispiel das Tiefeninterview, die Gruppenexploration oder assoziative und projektive Verfahren an Bedeutung; in jüngerer Zeit wird zudem auch zunehmend mit nonverbaler Imagemessung (mittels Bilder) experimentiert, was unmittelbar damit zusammenhängt, dass mehr und mehr versucht wird, Images über Bilder zu erzeugen, zu transportieren oder zu verändern. Da gerade im Medienbereich die „Bildkommunikation" einen entscheidenden Einfluss auf die Entstehung und Entwicklung von Images hat (vgl. Kroeber-Riel 1993), dürften derartige Erhebungsverfahren künftig für die Ermittlung von Medienimages verstärkt eingesetzt werden.

Im Vordergrund vieler Imagestudien im Medienbereich steht das Image ausgewählter Werbeträger, so auch bei einer der ersten, schon 1970 vom Verlag Kindler & Schiermeyer (München) vorgelegten Studie. Sieben verbal gefasste Imagedimensionen wurden auf Basis einer repräsentativen Befragung mit sieben Funktionsbereichen von Zeitschriften und drei Anzeigenfaktoren in Beziehung gesetzt. Eine 1975 veröffentlichte Studie der Programmzeitschriften Hörzu und Funk Uhr des Axel Springer Verlags (Hamburg) untersuchte das Image von Zeitschriften als Werbeträger (vgl. Hörzu/Funk Uhr 1975). Ausgehend von den zwei Imagefaktoren „Zuverlässigkeit, Seriosität" und „Spannung, Härte" wurde ein Imageraum aufgespannt, in dem die Zeitschriften durch ihre Faktorenwerte positioniert wurden. Titel, die als zuverlässig, solide und kompetent (Faktor 1) und in einer Atmosphäre der Entspannung und Ruhe (Faktor 2) gelesen werden, etwa Frauen- oder Programmzeitschriften, erleichtern den Sprung vom Lesen des redaktionellen Teiles hin zur Beachtung der Anzeigen und sind somit als Werbeträger positiv zu bewerten. Eine 1987 im Auftrag des Österreichischen Rundfunks (ORF) repräsentativ durchgeführte Befragung konzentrierte sich dagegen auf einen Vergleich über die drei tagesaktuellen Medien Fernsehen, Hörfunk und Tageszeitung entlang von vier verbal unterschiedenen Imagefacetten.

Mittlerweile ist die Imageanalyse von Medien – mit unterschiedlicher Gewichtung – fester Bestandteil vieler Markt-Media-Studien. Auch Werbevermarkter (zum Beispiel Ipa plus) oder die Medien selbst (im Print- und im Rundfunkbereich) führen Studien zum Image von Medien mit zunehmender inhaltlicher und methodischer Differenzierung durch. In der bislang letzten Welle der ARD/ZDF-Langzeitstudie Massenkommunikation (vgl. Massenkommunikation 2000) wurden beispielsweise eine Reihe neuer Fragebatterien über die Images der Medien aufgenommen, um diese detaillierter und präziser erfassen zu können. Im Ergebnis zeigt der Vergleich der unterschiedlichen Medien für das Fernsehen – erneut – ein breites Imageprofil. Bei allen Vorgaben kam es auf Platz 1 oder 2. Der Hörfunk positionierte sich bei den Dimensionen „unterhaltend/unterhaltsam", „locker und ungezwungen", „sympathisch" und „aktuell" auf den vorderen Rängen, die Tageszeitung rangierte bei den Statements „kritisch", „sachlich", „informativ", „glaubwürdig", „anspruchsvoll" und „kompetent" auf Rang 1 oder 2. Das Internet belegte vordere Plätze bei „zukunftsorientiert", „modern" und „vielseitig", landet aber kein einziges Mal auf Platz 1 (vgl. Berg/Ridder 2002, S. 77–91).

Wie die Massenkommunikationsstudie bieten auch eine Reihe weiterer Studien Imagevergleiche über Mediengattungen und Einzelmedien an: Eine von der Verlagsgruppe Milchstraße bereits zum dritten Mal präsentierte Image-Studie, FAME 2000/2001, die als Ergänzung zu gängigen Markt-Media-Studien (MA, AWA, VA, TdWI) positioniert werden soll, kombiniert etwa das Image von mehr als 70 Medien mit rund 130 Marken. Eine 1999 von der Zeitungs Marketing Gesellschaft durchgeführte Intermediastudie (vgl. Zeitungs Marketing Gesellschaft 1999) entwickelt „Medienpersönlichkeiten" – eigentlich handelt es sich um Mediengattungspersönlichkeiten – die aus einer Kombination von Image (Wie ist das Medium?) und Funktionen (Was kann das Medium?) abgeleitet werden (vgl. Zeitungs Marketing Gesellschaft 1999).

Ohne diese und weitere Studien hier ausführen zu können, ist festzuhalten, dass trotz der Zunahme an Imagestudien im Medienbereich das Wissen um das Image von Medien und ganzen Mediengattungen nicht hinreichend ist, vor allem aber ist das Wissen um die Bedeutung des Images von Medien für Werbetreibende, für Nutzer und Konsumenten noch begrenzt. Neben theoretischen Defiziten liegt dies auch an teils widersprüchlichen empirischen Ergebnissen, was unter anderem durch die Verwendung unterschiedlicher Imagedimensionen, mitunter auch durch eine gewisse Trennschwäche zwischen Image- und Funktionsdimensionen verursacht ist. Ungeachtet dessen ist zu beobachten, wie die Medien sich verstärkt bemühen, ihr Image aktiv zu beeinflussen und zu verändern, sich etwa durch betont jugendzentrierte Sendungen ein stärker jugendliches Image zu geben und damit auch als Werbeträger interessanter zu werden.

5 Fazit

Die heutige und noch weiter steigende Bedeutung der Marktforschung kann kaum überschätzt werden. Eine besondere Rolle nimmt sie dabei in Medienunternehmen ein, da hier aufgrund der Verbundenheit von Rezipienten- und Werbemarkt erheblicher Aufwand betrieben werden muss, um relevante Daten über ihre Leser, Hörer oder Seher zu gewinnen.

Zwar kann insbesondere im Medienbereich auf ein festes Set an etablierten Methoden zur Reichweitenmessung und Zielgruppensegmentierung zurückgegriffen werden, gleichwohl scheint die Dynamik innerhalb der Markt- und Mediaforschung ungebremst: Die gesellschaftlichen oder technischen Veränderungen erfordern kontinuierliche Anpassungen und Modifikationen, so wie sie sich etwa bei den sozialen Milieus exemplarisch widerspiegeln. Auch die stetig wachsende Wichtigkeit von Untersuchungen im Bereich der Imageforschung und die immer konsequentere Ausrichtung von Medienangeboten an Zielgruppen stellen immer wieder neue und sich wandelnde Anforderungen an die Markt- und Medienforschung. Nicht zuletzt führen auch neue wissenschaftliche Erkenntnisse zu grundlegenden Entwicklungen nonverbaler, elektronisch basierter Messmethoden.

Geht man mit einiger Begründung davon aus, dass diese Entwicklung sich auch in der absehbaren Zukunft fortsetzen wird, also gesellschaftliche und technische Trends in der Marktforschung ihren Niederschlag finden werden, bleibt doch die Frage nach der Richtung noch weitgehend offen. Weitgehend unstrittig scheint derzeit, dass zentrale Herausforderungen für die Markt- und Mediaforschung unter anderem in der zunehmenden Globalisierung und zugleich Individualisierung sowie der Alterung der Gesellschaft bei gleichzeitiger Multioptionalität von Lebensentwürfen liegen; darüber hinaus sind auch für die Entwicklung, den Ausbau und die Anwendung der Methoden im und für den digitalen Bereich noch große Anstrengungen aufzuwenden.

Die Zukunft der Markt- und Mediaforschung bleibt jedenfalls spannend – auch wenn von einer Kontinuität im Wandel auszugehen ist: Denn letztlich bleiben die Ziele der Marktforschung in Medienunternehmen bei allen Veränderungen die gleichen. Im Kern geht es um die Optimierung des eigenen Angebots und seiner Verbreitung sowie um den Beweis der Attraktivität des Angebots für Rezipienten – und damit um den Nachweis der Attraktivität als Werbeträger.

Literaturverzeichnis

Ajzen, I./Fishbein, M. (1980) Understanding Attitudes and Predicting Social Behavior, Englewood Cliffs/N.J. 1980.
Berekoven, L./Eckert, W./Ellenrieder, P. (2001) Marktforschung. Methodische Grundlagen und praktische Anwendung, Wiesbaden 2001.
Berg, K./Ridder, C.-M. (Hrsg.) (2002) Massenkommunikation VI, Baden-Baden 2002.
Bergler, R. (1963) Psychologie des Marken- und Firmenbildes, Göttingen 1963.
Boulding, K. (1956) The Image – Knowledge in Life and Society, Ann Arbor 1956.
Bruhn, M. (1999) Marketing. Grundlagen für Studium und Praxis, Wiesbaden 1999.
Essig, C./Soulas de Russel, D./Semanakova, M. (2003) Das Image von Produkten, Marken und Unternehmen, Sternenfels 2003.
Fishbein, M. (1967) Readings in Attitude Theory and Measurement, New York 1967.
Friedrichs, J. (1985) Methoden empirischer Sozialforschung, 13.Aufl., Opladen 1985.
Gardner, B./Levy, S. (1955) The Product and the Brand, in: Harvard Business Review 33 (1955), S. 33–39.
Hammann, P./Erichson, B. (2000) Marktforschung, Stuttgart 2000.

Hartmann, P. (1999) Lebensstilforschung – Darstellung, Kritik und Weiterentwicklung, Opladen 1999.
Herrmann, A./Homburg, C. (Hrsg.) (2000) Marktforschung. Methoden. Anwendung. Praxisbeispiele, Wiesbaden 2000.
Herzig, O.A. (1991) Markenbilder, Markenwelten – Neue Wege in der Imageforschung, Wien 1991.
Hess, E.M. (1996) Die Leser. Konzepte und Methoden der Printforschung, München – Offenburg 1996.
Hoffmann, H.-J. (1981) Psychologie der Werbekommunikation, 2.Aufl., Berlin 1981.
Hofstätter, P. (1973) Einführung in die Sozialpsychologie, 5.Aufl., Stuttgart 1973.
Hörzu/Funk Uhr (1975) Zeitschriften-Profile. Die Positionierung von Zeitschriften im Imageraum, Hamburg 1975.
Johannsen, U. (1971) Das Marken- und Firmen-Image, Berlin 1971.
Kroeber-Riel, W. (1993) Bildkommunikation – Imagerystrategien für die Werbung, München 1993.
Kroeber-Riel, W./Weinberg, P. (2003) Konsumentenverhalten, 8.Aufl., München 2003.
Meyen, M. (2002) Die Anfänge der empirischen Medien- und Meinungsforschung in Deutschland, in: ZA-Information 50 (5/2002), S. 59–80.
Salcher, E. (1995) Psychologische Marktforschung. 2.Aufl., Berlin – New York 1995.
Schenk, M. (2002) Medienwirkungsforschung, 2.Aufl., Tübingen 2002.
Schenk, M./Wolf, M. (2005) Die digitale Spaltung der Gesellschaft: Zur politikorientierten Nutzung des Internet und der traditionellen Medien in den sozialen Milieus, in: Blum, R./Bonfadelli, H./Imhof, K./Jarren, O. (Hrsg.) Demokratie in der Mediengesellschaft, Reihe Mediensymposium, Luzern – Wiesbaden 2005.
Schulz, R./Schneller, J. (2002) Mediaforschung, in: Noelle-Neumann, E./Wilke, J./Schulz, W. (Hrsg.) Fischer Lexikon Publizistik, Massenkommunikation, Frankfurt 2002, S. 183–213.
SevenOne Media GmbH (2004) Die Sinus-Milieus 2003/04 – Lebensstil und TV-Nutzung, Unterföhring 2004.
TdW Intermedia (Hrsg.) (2000) Typologie der Wünsche, Offenburg 2000.
Trommsdorff, V. (1975) Die Messung von Produktimages für das Marketing, Saarbrücken 1975.
Trommsdorff, V. (1998) Konsumentenverhalten, 3.Aufl., Stuttgart – Berlin – Köln.
Zeitungs Marketing Gesellschaft mbH & Co KG (Hrsg.) (1999) KONTUREN-Media, im Internet: http://www.konturen-interaktiv.de/index.php, 12.11.2003.

Markenmanagement – Markenbildung in der Medienbranche

Bernhard Swoboda/Judith Giersch/Thomas Foscht

1 Einführung 791

2 Spezifika von Marken und Markenpolitik in der Medienbranche 791

3 Kernkomponenten der Markenbildung 794
   3.1 Perspektiven von Markenbildung und -entwicklung 794
   3.2 Bezugsrahmen der Medienmarkenbildung 796
   3.3 Markenidentität als Basisansatz 798
      3.3.1 Markenkern: Kernidentität oder Markenphilosophie 798
      3.3.2 Anwendung und Konkretisierung einer erweiterten Markenidentität 799
      3.3.3 Externe und interne Markenidentität 801
   3.4 Identitätsumsetzung und Wirkung 802
      3.4.1 Ableitung der Markenpositionierung 802
      3.4.2 Ansätze und Instrumente zur Umsetzung der Markenpositionierung 805
      3.4.3 Markenimage als Wirkungskonzept 806
   3.5 Strategien zur Markenbildung und -entwicklung 807

4 Zusammenfassung und Ausblick 810

Literaturverzeichnis 811

Vorschau

Nutzendimensionen von (Medien-)Marken

Sie lernen in diesem Beitrag den Nutzen von (Medien-)Marken für die Nachfrager und für die Anbieter kennen. Insbesondere sind Medien gleichzeitig Produzent und Mittler der Marke, die sich zudem vor allem durch ihre Immaterialität auszeichnet.

Bezugsrahmen für Markenbildung

Sie erkennen in dem Beitrag die Zusammenhänge, die das Bezugssystem einer Medienmarkenbildung ausmachen. Diese umfassen vor allem die Identität, die Positionierung sowie das Image von Medienmarken und sind insgesamt in die Struktur der Anspruchs- und Bezugsgruppen eingebunden.

Markenidentität und Positionierung

Ihnen erschließt sich aus dem Beitrag, dass die Markenidentität sich aus verschiedenen Identitätsschichten zusammensetzt, die ihrerseits um eine Kernidentität herum angelegt sind. Die Positionierung der Markenidentität zielt sowohl auf das interne Selbstbild als auch auf das externe Fremdbild und beinhaltet ein strategisches Vorgehen, das sich auf Erkenntnisse des Marketings stützt.

Markenarchitekturen

Sie erhalten in dem Beitrag einen Eindruck davon, wie eine Abstimmung und Integration mehrerer (Medien-)Marken innerhalb eines Medienunternehmens erfolgen kann. Vor allem lernen Sie die generischen Markenstrategien (Einzelmarkenstrategie, Dachmarkenstrategie und Markenfamilienstrategie) kennen.

1 Einführung

Während noch Mast (1988, S. 173) enorme Defizite bezüglich des Medienmarketing formuliert, sieht Siegert (2001, S. 10) es als Bestandteil der Unternehmenspolitik von Medienorganisationen, bei gleichzeitigen Mängeln bezüglich eines professionellen Markenmanagements. Demgegenüber bilden Marken in vielen Konsumgüterbranchen oftmals einen Schwerpunkt der Marketingaktivitäten. Vor diesem Hintergrund könnte das Ziel des Beitrags darin liegen, die Übertragbarkeit der enormen Breite an Erkenntnissen zur Markenpolitik auf die Medienbranche (vgl. Siegert 2001; Wirtz 2001) zu prüfen. Freilich sind damit zumindest zwei Implikationen verbunden, dass ein Markenmanagement Vorteile für die Unternehmen birgt und dass die Erkenntnisse auf die Medienbranche zu übertragen sind. Grundsätzlich werden Medienmarken beispielsweise von Silberer (2001, S. 237) als Instrumente der Differenzierung und Profilierung sowie als Vertrauensanker charakterisiert – gerade in der durch einen enormen sozio-ökonomischen, politisch-rechtlichen und technologischen Wandel geprägten Medienbranche, und zwar für privatwirtschaftlich sowie öffentlich-rechtlich organisierte Medien. Angesichts der Vielfalt der Medien (Zeitung, Zeitschrift, Hörfunk und Fernsehen, aber auch Film, Buch, Internet) ist die Aussage zwangsläufig nur pauschal zu werten. Sie bildet dennoch den Grundgedanken der Auseinandersetzung mit der Markenbildung, die nachfolgend an den Besonderheiten der Marke und Markenpolitik ansetzt, um die konzeptionell einfach wirkenden, in der Umsetzung jedoch schwierigen Entscheidungen (Aufbau des Medienmarkenkerns, Nutzung eines Mediendachs sowie dauerhafte Konzeption) zu betrachten. Als Ausdruck des marktorientierten Denkens werden nachfolgend die Termini Konsumenten beziehungsweise Kunden genutzt, und nicht Rezipienten, zumal letztere, wenig zweckmäßig, aber häufig neben Werbekunden gestellt werden.

2 Spezifika von Marken und Markenpolitik in der Medienbranche

Marken sind schon von Domizlaff (1939; 1992) anhand objektiver Merkmale charakterisiert worden, als markierte Produkte (Markenartikel), die eine über einen längeren Zeitraum gleich bleibende Qualität in größeren Markträumen anbieten (vgl. Zentes/Swoboda 2001, S. 342–344).

Modernen Begriffsfassungen zufolge stehen Marken für das Image und damit das Bild, das sich die Anspruchs- und/oder Kundengruppen von einem Anbieter oder einer Angebotsleitung machen (vgl. Esch 2003, S. 23; Silberer 2001, S. 238). Entsprechend sind Medienmarken ein in der Psyche, im Gedächtnis, verankertes, unverwechselbares, subjektives Vorstellungsbild von Unternehmen oder Produkten (Medienobjekten, Titeln, Medieninhalten). Es geht somit nicht um die Waren- beziehungsweise Leistungswelt, sondern um die Welt der Vorstellungen, der inneren Bilder. Nicht die objektive Gesamtheit des Leistungsprogramms, sondern die situativ und subjektiv wahrgenommenen Teile des Leistungsprogramms sind entscheidend. Da also letztlich die Kunden darüber entscheiden, was eine (erfolgreiche) Marke ist, verwundert es nicht, dass sich die Forschung zur Markenführung nicht nur mit einer wettbewerbsstrategischen Sicht begnügen kann (vgl. Siegert 2001), sondern die verhaltenswissenschaftlichen Ansätze des Käuferverhaltens (vgl. Foscht/Swoboda 2004) zu berücksichtigen hat. Letztlich führt nicht das, was dem Angler schmeckt zum Erfolg, sondern das was dem Fisch schmeckt (vgl. Esch 2003, S. 124). Da aber die Möglichkeiten der Angler beziehungsweise Unternehmen eingeschränkt sind, wird in neueren Arbeiten auch die ressourcenorientierte Sicht akzentuiert (vgl. Meffert/Burmann 2002). Eine umfassende Erklärung der Medienmarkenbildung hat diese aus verschiedenen Forschungsrichtungen und -traditionen stammenden Ansätze zu berücksichtigen.

Gelingt es, eine Marke als Summe der inneren und positiven Bilder aufzubauen, handelt es sich um ein Wahrnehmungs-, Identifikations- und Vertrauenspotential, kurz: um einen Erfolgsfaktor, der sich in Geldwerten abschätzen und ausdrücken lässt, aber auch als wirtschaftliches Potential genutzt werden kann. Eine „gute Marke" kann beispielsweise als Markendach genutzt werden, das den unterstellten Marken, Produkten oder Leistungen zugute kommt und umgekehrt, allerdings nur bei einer sorgsamen, gezielten Pflege der einzelnen Marken, Produkte oder Leistungen und dem Achten auf die entsprechenden Transfer- und Synergieeffekte (vgl. Silberer 2001).

Der Nutzen von (Medien-) Marken wurde aus vielen Perspektiven analysiert und herausgestellt (Tabelle 1). Ein Paradebeispiel für „die Macht der Marke" ist der Vergleich der Blindverkostung von Coca-Cola und der dabei präferierten Pepsi Cola sowie der anschließenden Verkostung mit Darbietung des Markennamens, bei dem Coca-Cola überdeutliche Präferenzvorteile realisierte (vgl. DeChernatony/MacDonald 1998, S. 11).

Nutzen aus Nachfragersicht	Nutzen aus Anbietersicht
- Orientierungshilfe/ Identifizierungsfunktion - (kognitive) Entlastungsfunktion - Qualitätssicherungsfunktion - Identifikationsfunktion - Prestigefunktion - Vertrauensfunktion	- Differenzierung gegenüber der Konkurrenz - Segmentspezifische Marktbearbeitung - Präferenz- und Kundenbindung - Plattform für neue Produkte - Wertsteigerung des Unternehmens - Preispolitischer Spielraum

Tabelle 1: Nutzendimensionen von Marken (vgl. auch Meffert/Burmann 2002, S. 10–11)

Auf Grund der Komplexität vieler Medienprodukte sind für die Medienmarkenpolitik einige Besonderheiten hervorzuheben. Bekanntlich werden Marken durch die Medien zu den Konsumenten transportiert und durch diese geprägt. Das heißt, ein Medium ist Produzent und Mittler zugleich, was beim Markenaufbau und der Markenführung sowie zunehmend bei Cross-Channel-Marken von Bedeutung ist (vgl. Caspar 2002), die auf unterschiedlichen Märkten präsent sind.

Ferner sind die Anspruchsgruppen im Medienbereich weiter zu fassen, etwa bei öffentlich-rechtlichen Unternehmen, die nicht nur den Kundeninteressen folgen, was zwangsläufig zu Kompromissen führt (vgl. Gundlach 1998). Fokussiert auf die Absatzmärkte sind im Medienbereich Endkunden- und Werbemärkte relevant, sodass sie in der Praxis oft „zusammengedacht" werden. Dennoch verfolgen Medienorganisationen im Werbemarkt überwiegend ökonomische Ziele, während es im Endkundenmarkt Positionierungsziele sind, die auf psychische Dimensionen wie Emotionen, Einstellungen und Wissen abstellen. Es handelt sich um zwei Perspektiven, wobei in der Markenpolitik die Business-to-Consumer-Perspektive (im Sinne eines „Consumer- beziehungsweise Market-Pull") eine Vorsteuerungsgröße für die Business-to-Business-Perspektive bildet.

Darüber hinaus weisen Medienmarken durch ihre Immaterialität (Ausnahme: Print) Merkmale von Dienstleistungen auf. Dies hat nicht nur zu Konsequenzen für das Marketing (vgl. Meffert/Bruhn 2003), sondern auch zu Konsequenzen für das Markenmanagement geführt. Vor allem auf Grund der Intangibilität ist die Qualitätsbeurteilung vieler Medienprodukte durch Konsumenten nur eingeschränkt und ex-ante nicht möglich. Da also manche Eigenschaften nicht, erst während oder nach dem Konsum/Kauf beurteilt werden können, verlagert sich die Wahrnehmung auf emotionale Empfindungen, Schlüsselinformationen oder einfache Beurteilungsprogramme (Denkschablonen) (vgl. Foscht/Swoboda 2004). Gerade hier greifen Marken;

sie schaffen Sicherheit und Vertrauen, was aber auf Grund der subjektiven Psycho-Logik der menschlichen Informationsverarbeitung dazu führt, dass sie eine langfristige (Gedächtnis-) Verankerung benötigen. Obwohl die Charakteristika je nach Intensität der Dienstleistung variieren, weichen Zielsetzungen und Funktionen von Marken bei Dienstleistungen nur bedingt von denen für Produkte ab (vgl. Stauss 1998, S. 14–18). So gelten „individuelle Nutzenvorteile bieten" und „Kundenloyalität erhalten" als Ziele beziehungsweise Funktionen bei Marken generell. Hinzu kommen für Dienstleistungen die Serviceeinstellung der Mitarbeiter et cetera. (vgl. Meffert/Bruhn 2003, S. 394–410; Siegert 2001, S. 121).

Insgesamt bleibt für die Markenbildung im Medienbereich festzuhalten: Wie in anderen Branchen müssen Medienmarken idealtypisch ihre Identität durch Kombination wesentlicher Leistungselemente in einer ubiquitären Weise im Wettbewerb aufbauen und vor allem auf die Präferenzen der Kunden abstimmen. Im Mittelpunkt der Markenkonzeption stehen über funktional-objektiv hinausgehende psychisch-subjektive Nutzenaspekte.

3 Kernkomponenten der Markenbildung

3.1 Perspektiven von Markenbildung und -entwicklung

Die heute in der Medienbranche vorzufindenden Marken sind mehrheitlich eher organisch oder durch Akquisitionen „gewachsen", während eine geplante, strategische und zielgerichtete Markenbildung erhebliche Erfolgspotentiale birgt (vgl. Burmann/Nitschke 2003, S. 78). Damit verbunden ist ein spezifisches Begriffsverständnis der Markenbildung, worunter weniger ein „Developing New Brands" (vgl. King 1973), sondern ein „Building Strong Brands" (vgl. Aaker 1996) zu subsumieren ist.

Die Bildung einer starken Marke ist der in Forschung und Praxis relevantere und in der neueren Literatur zum Markenmanagement im Fokus stehende Bereich. Zugunsten der Annahme, dass eine starke Marke langfristig aus einer vorhandenen Marke aus- beziehungsweise aufgebaut wird, steht in der neueren Forschung die Entwicklung neuer Marken eher nicht im Vordergrund. Dies ist praktisch nachvollziehbar, denn die wenigsten Entwicklungen sind Neumarken, sondern Markenerweiterungen (bei vielen Konsumgütern des täglichen Bedarfs aber auch bei Medienmarken, so der

Geo- oder Spiegel-Familie) oder bauen auf einer historisch entstandenen (globalen) Unternehmensmarke auf (zum Beispiel CNN). Dies gilt freilich nicht für die unter der Marke angebotenen Produkte (vgl. Bleis 1996).

Die Forschung setzt bei der Betrachtung des Markenbildungsprozesses meist erst an der Stelle an, wenn ein Produkt bereits vorhanden und markiert ist. In diesem Fall steht der Bildungsprozess einer Markenidentität im Vordergrund, was auch die folgende Vorgehensweise kennzeichnet.

Wird aber die erste Stufe des Markenbildungsprozesses im Sinne einer Markenneueinführung verstanden, dann entspricht der Prozess zunächst der Situation, wenn kein Produkt beziehungsweise keine Produktidee oder keine Marke vorhanden ist. Dies ist der Fall, wenn zum Beispiel auf Grund von technologischen Innovationen, neuen Trends, stärker segmentierten Zielmärkten beziehungsweise stärker differenzierten Kundenbedürfnissen, die Schaffung einer Innovation, im Sinne eines neuen Produkts, unter einer vorhandenen Marke oder (seltener) einer neuen Marke erforderlich wird (vgl. Esch/Wicke 2001, S. 13). Zwar könnte gerade im dynamischen Medienbereich beispielsweise an das Internet gedacht werden, doch auch hier setzen sich heute eher Traditionsmarken durch. Dennoch kann an diesem Beispiel verdeutlicht werden, dass es zunächst gilt, ein geeignetes Produkt zu finden, das vorhandene Marktlücken/-nischen „füllt", aufkommenden Trends nachkommt beziehungsweise die Kundenbedürfnisse noch spezifischer befriedigt. Hierzu sind – begreift man den Innovationsprozess als strategisch planbaren und gestaltbaren Prozess – aus dem Innovationsmanagement „grundlegendere" Schritte bekannt.

Zugänge zu dem vom Kunden ausgehenden systematischen Entscheidungsprozess im Markenmanagement – so Planung, Entwicklung, Evaluation – beschreiben King (1973, S. 54–57), Hart und Murphy (1998, S. 24–33) oder Hague und Jackson (1994, S. vii), letztere mit Überlegungen zu Markenwert, -name und -logo sowie zu Promotion. Auf der instrumentellen Ebene sind auch hier die aus der Innovations- und Marketingforschung bekannten Instrumente bedeutend, so unternehmensinterne Forschungs- und Entwicklungsaktivitäten und vor allem marktorientierte Analysen, wie:

- Suchfeldanalysen zur Bestimmung der strategischen Suchrichtung, Ideenfindung bis hin zu Markterprobung im Innovationsprozess (vgl. Müller-Stewens 1990),
- Trendanalysen zur Identifikation von synthetischen Entwicklungen auf Basis einer Vielzahl von Streams, Moden et cetera auf systematischer Basis durch beispielsweise Markt- und Szenemonitoring oder Trendscouting sowie qualitativer Markt- und Szenechecks (vgl. Liebl 1996),

- Szenarios zur Entwicklungseinschätzung von Geschäftsfeldern (vgl. Phelps et al. 2001) und
- die Beobachtung von (Auslands-) Märkten sowie die permanenten Analysen in der Markenführung als Früherkennungsbasis.

Ein spezifischer Aspekt im Rahmen der Entwicklung von neuen Marken liegt im Bereich des Branding, das heißt unter anderem der Entwicklung eines wirksamen Markennamens, -zeichens und -logos sowie der Designelemente. In diesem Forschungsfeld liegen Arbeiten jüngeren Datums vor, die sich vor allem mit Bezug zur konsumentengerichteten Gedächtnisforschung mit den Assoziationen zwischen Worten und Bildern beschäftigen (vgl. Carter 1999; Kohli/LaBahn 1997; Langner 2002; Jones/Slater 2003). Seltener sind entsprechende, multisensuale Analysen, beispielsweise Analysen von Audiovisualisierungen (zum Beispiel Jingles und Imagespots).

3.2 Bezugsrahmen der Medienmarkenbildung

Die Markenbildung wird in vielen Ansätzen behandelt beispielsweise bei DeChernatony und McDonald (1998, S. 14, S. 366–395), Aaker (1996, S. 67–106), Kapferer (2001, S. 90–119), Macrae (1991, S. 31–41, S. 140–153), letzterer mit der Bestimmung von Kernkompetenzen, Markenkern, -vision, -strategie, Positionierung, Umsetzung und Monitoring. Synoptisch zeigt Abbildung 1 die wesentlichen „Schritte" eines Markenbildungsprozesses, der gedanklich nicht wesentlich von anderen strategischen Entscheidungsprozessen abweicht.

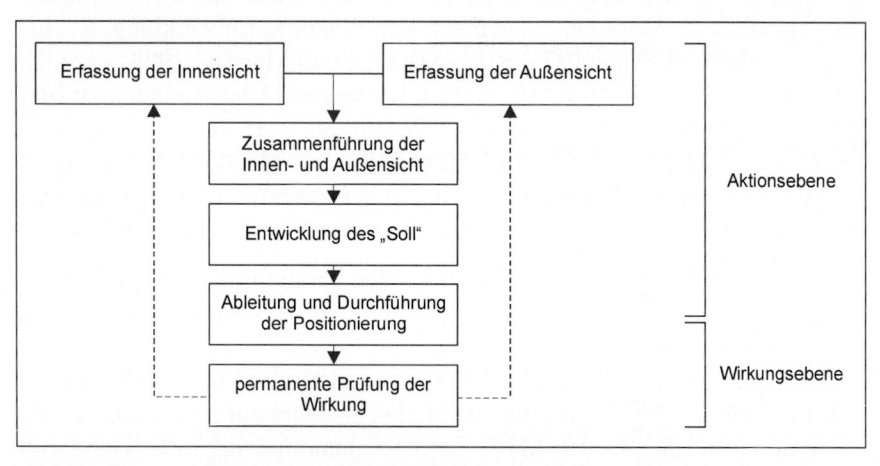

Abbildung 1: Synoptischer Prozess der Markenbildung

Generell wird die hohe Kaufverhaltensrelevanz von Marken vor allem auf die Identität von Marken zurückgeführt, woraus identitätsorientierte Markenführungsansätze entwickelt wurden. Deren zentrale Idee ist die reziproke Beziehung zwischen innengerichtetem Selbstbild und außengerichtetem Fremdbild einer Marke bei den relevanten Anspruchsgruppen. Entsprechend spiegeln Arbeiten von Kapferer (1992; 2001), Aaker (1996), Meffert und Burmann (2002) oder Esch (2003) den Status Quo der Diskussion zur Markenbildung wider, in der im Wesentlichen zwischen der Aktions- und Wirkungsebene sowie zwischen der Markenidentität, -positionierung und dem Markenimage differenziert wird; eine Konzeption, die im Medienkontext von Siegert (2001, S. 133) adaptiert, aber nicht mit zur betriebswirtschaftlichen Markenliteratur konformen Begriffscharakterisierungen verbunden wird.

Abbildung 2 skizziert den Bezugsrahmen zur Analyse der Markenbildung als Essenz der vor allem in der deutschsprachigen Literatur markt-, ressourcen- und kaufverhaltensfundierten Ansätze. Dabei bringt die Medienmarkenidentität zum Ausdruck, wofür eine Marke stehen soll und umfasst die wesensprägenden und charakteristischen Merkmale einer Marke. Die im Markenmanagement zentrale Positionierung umfasst alle Maßnahmen, mit denen die Markenidentität umgesetzt und kommuniziert wird, um diese in den Köpfen der Verbraucher zu verankern. Dahinter steht die Vorstellung, dass die Eigenschaften konkurrierender Marken gegeneinander abgegrenzt und gegenüber der Nachfrage herausgestellt werden. Das Medienmarkenimage repräsentiert die Markenwahrnehmung aus Kundensicht; es beeinflusst die Markenpositionierungsmaßnahmen und ist zugleich Feedbackgröße für die Identität der Medienmarke.

Die Medienmarkenidentität und -positionierung reflektieren aus Unternehmenssicht die Aktionsebene; das Medienmarkenimage steht hingegen für die Wirkungsebene. Aus Kundensicht reflektieren Markenposition und -image die Wahrnehmungs- beziehungsweise Akzeptanzebene. Diese kernkonzeptionellen Inhalte werden nachfolgend betrachtet.

Der Bezugsrahmen deutet darüber hinaus unter anderem die Anspruchsgruppen auf der Wirkungsebene, aber auch auf der Ebene des Medienunternehmens sowie die auftretenden Gaps (vgl. Meffert/Burmann 2002, S. 67) und die anzustrebenden Fits an. Schließlich wird oben in der Abbildung die determinierende Perspektive (beispielsweise Ressourcen) der Medienunternehmen und letztlich ein Wettbewerbsprozess angedeutet, demzufolge Marktstruktur und -verhalten als Bedingungen für Marktergebnisse zu sehen sind, und letztere zirkulär wieder zu Ursachen für veränderte oder gleich bleibende Marktstrukturen beziehungsweise Marktverhaltensweisen werden.

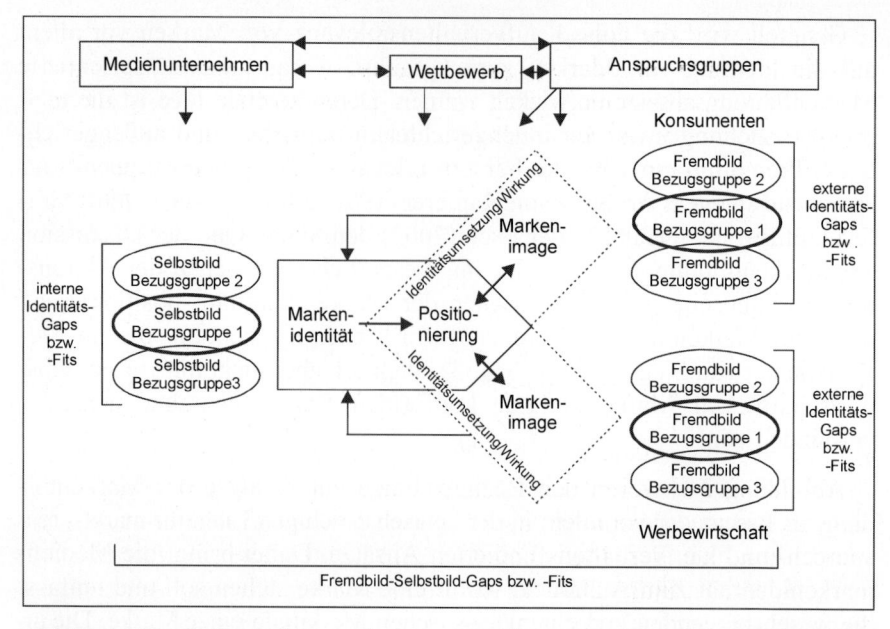

Abbildung 2: Bezugsrahmen als Zusammenhang von Medienmarkenidentität, -positionierung und -image sowie die Anspruchs- beziehungsweise Bezugsgruppen

3.3 Markenidentität als Basisansatz

Die Markenidentität bringt zum Ausdruck, wofür eine Marke stehen soll, wobei die Ausprägungen einzelner Markenelemente kombiniert werden, das heißt in ihr werden Inhalt, Idee und die Eigendarstellung der Marke spezifiziert. Da keine kausalen Erkenntnisse über feste beziehungsweise allgemeingültige Elemente einer Medienmarkenidentität in allen Medien zugänglich sind, ist prinzipiell der Rückgriff auf Konzepte der Identitätsbildung notwendig. Nachfolgend wird zunächst auf die unternehmerische Perspektive – das heißt das Selbstkonzept – rekurriert.

3.3.1 Markenkern: Kernidentität oder Markenphilosophie

Im Zentrum der Markenidentität steht der Markenkern, je nach Identitätsansatz unterschiedlich konkretisiert:

- als langüberdauernde Kernidentität (die die wesentlichsten, in der Regel maximal vier Markenkerneigenschaften umfasst) beziehungsweise enger

als Markenessenz (beispielsweise in Form eines griffigen Satzes) (vgl. Aaker 1996, S. 90) oder
- als Markenphilosophie, welche die Idee, den Inhalt und die zentralen Eigenschaften einer Marke in Form eines plastischen Markenbildes (vgl. Meffert/Burmann 2002, S. 94) festlegt beziehungsweise eine gedankliche Konzeption im Sinne eines genetischen Programms der Marke umfasst (vgl. Kapferer 1992, S. 111).

Vor allem die Markenphilosophie erscheint – nicht zuletzt auf Grund ihrer Analogie zum strategischen Management und der dort verankerten Unternehmensphilosophie – geeignet, um eine exemplarische Konkretisierung des Medienmarkenkerns vorzunehmen. Analog zum strategischen Management können hiermit die spezifische Kompetenz der Marke, die Visionen, die grundlegenden Wertvorstellungen und Ziele sowie das Verhältnis der Marke zu den wesentlichen internen und externen Bezugsgruppen subsumiert werden. Beispielsweise analysiert Ludwig (1996) die Unternehmensphilosophie des Nachrichtenmagazins „Der Spiegel" (vgl. Klatten 1997, S. 211 ff.; Sjurts 2002, S. 156–165). Silberer (2001, S. 239–245) unternimmt den Versuch, den Markenkern zu charakterisieren:

- Der Spiegel umfasst als erster deutscher Vertreter des investigativen Journalismus im Kern einen Mix aus Titelthemen, selbst recherchierten Geschichten, Autorenstücken sowie Diskussions- und Gesprächsplattform.
- Demgegenüber wird der Markenkern des Fokus in der Ansprache der Menschen mit hohem Informationsbedarf, aber geringem Zeitbudget, neuen Stilmitteln, klarer Sprache, Grafiken und Fotos zur anschaulichen Darstellung komplexer Sachverhalte und der Farbe gesehen.

Die Beispiele erscheinen zwar plastisch. Sie verdeutlichen aber auch, dass eine allgemeingültige Beschreibung des Markenkerns nur schwer möglich ist; im Zweifel ist die Markenessenz lediglich „eingeweihten" Entscheidungsträgern des Unternehmens zugänglich.

3.3.2 Anwendung und Konkretisierung einer erweiterten Markenidentität

Konzeptionell sind die einzelnen Komponenten einer erweiterten Markenidentität zu betrachten, die beispielsweise Meffert und Burmann (2002) in Anlehnung an Aaker (1996) und damit vergleichbar in vier Kategorien unterteilen (vier Kategorien umfassen auch die Ansätze von Kapferer 1992 Esch 2003). Demnach wird die erweiterte Markenidentität geprägt von der Art der Produkte beziehungsweise Dienstleistungen, den spezifischen Persönlichkeitsmerkmalen, bestimmten Symbolen oder der Markenorganisation (Abbildung 3). Aus ihr heraus können mit Aaker (1996) die „Value Propositions", im Einzelnen „Functional, Emotional und Self-Expressive Benefits" sowie die Schnittstelle zu Marken-Kunden-Beziehungen und zur Implementierung der Markenidentität abgeleitet werden.

Beispielsweise steht das ZDF für Genre-Kompetenz und einen hohen, jugendlicheren Sympathiewert. Hinter der Genre-Kompetenz stehen einerseits einzelne Programm-Sparten (wie beispielsweise der anspruchsvolle Krimi, die stärker als die ARD ausgeprägten Unterhaltungsshows oder die Rubrik Wirtschaft und Soziales) und andererseits die Verdeutlichung der Attraktivität und Pflege der einzelnen Sparten als Marken. Stolte (2001) nannte dies „einen Schritt vom Markt zur Marke". Der Sympathiewert – als attraktive, sympathische Markenpersönlichkeit zu beschreiben – soll die affektive, emotionale Bindung symbolisieren und rekurriert auf die Persönlichkeitsdimension und Schlüsselsymbole, gemäß dem Slogan „Mit dem Zweiten sieht man besser". Letzteres kann auch als Umsetzungskonzept gesehen werden.

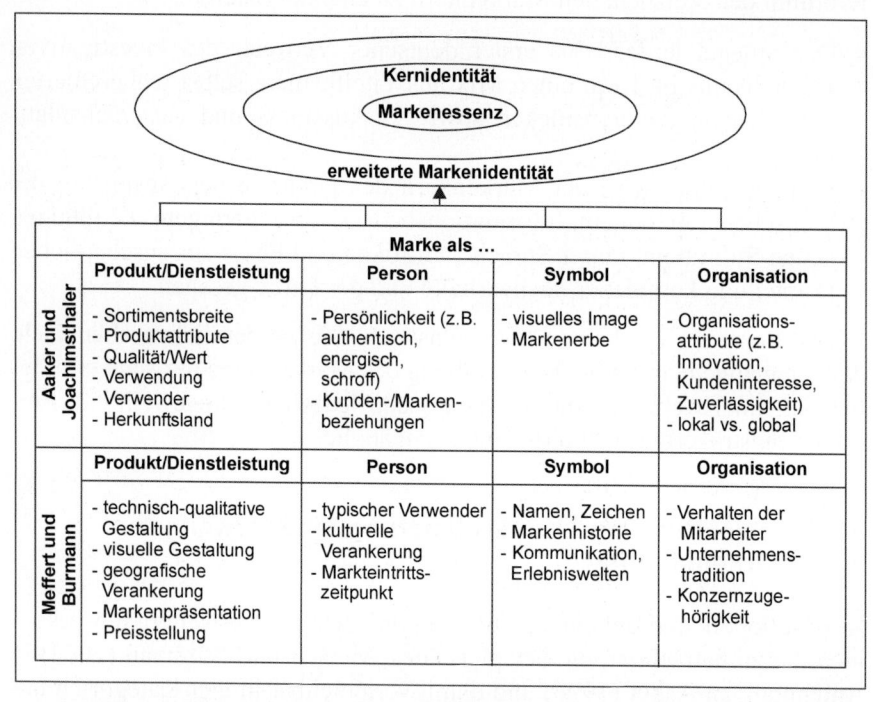

		Marke als ...			
		Produkt/Dienstleistung	Person	Symbol	Organisation
Aaker und Joachimsthaler		- Sortimentsbreite - Produktattribute - Qualität/Wert - Verwendung - Verwender - Herkunftsland	- Persönlichkeit (z.B. authentisch, energisch, schroff) - Kunden-/Markenbeziehungen	- visuelles Image - Markenerbe	- Organisationsattribute (z.B. Innovation, Kundeninteresse, Zuverlässigkeit) - lokal vs. global
		Produkt/Dienstleistung	Person	Symbol	Organisation
Meffert und Burmann		- technisch-qualitative Gestaltung - visuelle Gestaltung - geografische Verankerung - Markenpräsentation - Preisstellung	- typischer Verwender - kulturelle Verankerung - Markteintrittszeitpunkt	- Namen, Zeichen - Markenhistorie - Kommunikation, Erlebniswelten	- Verhalten der Mitarbeiter - Unternehmenstradition - Konzernzugehörigkeit

Oberhalb der Tabelle: Kernidentität / Markenessenz / erweiterte Markenidentität

Abbildung 3: Dimensionen der Markenidentitätskreise von Aaker und Joachimsthaler und des Selbstbilds der Markenidentität von Meffert und Burmann (vgl. Aaker/Joachimsthaler 2000, S. 44; Meffert/Burmann 2002, S. 51)

Generell sehen Keller et al. (1994, S. 277) bei Medienunternehmen im Aufbau einer eigenen Markenidentität ein wesentliches Erfolgskriterium. Von Burmann und Nitschke (2003, S. 77) wird die Markenidentität sogar auf Grund der Intensität und Art der Beziehung zwischen Konsumenten und ihren Medien für den Erfolg von höherer Bedeutung eingeschätzt als in vielen anderen Branchen, besonders bei häufig genutzten Medien (zum Beispiel Tageszeitungen) und stark individualisierten Medien (zum Beispiel internetbasierte Medienprodukte). Über die Medienbranche hinweg kann die Markenidentität als Unternehmens-, Programm- oder Titelphilosophie gesehen werden, im Sinne von „...a brand is who you are and what you stand for" (Mei-Pochtler 1998, S. 667). Ähnlich argumentiert Upshaw (1995, S. 214), wenn sie Disney als eine starke Marke mit klarer Markenidentität bezeichnet. Für die Zeitungen und Zeitschriften ist die Titelphilosophie insofern als Markenidentität einzuordnen, als darunter eine bestimmte Idee verstanden wird, die die grundsätzlichen Zielsetzungen des Titels umreißt, sich als roter Faden durch jede neue Ausgabe zieht und deshalb klare Positionierung ermöglicht (vgl. Schroeder 1994, S. 26–27).

3.3.3 Externe und interne Markenidentität

Die meisten Markenidentitätsansätze gehen von einer interdependenten Beziehung zwischen der Markenidentität und dem Image aus (im Sinne der Ergebnisse der Umsetzung der Identität auf Märkten und deren Rückkopplung durch Konsumenten). Meffert und Burmann (2002) differenzieren zwischen einem Selbstbild der Markenidentität (in dessen Zentrum die Markenphilosophie steht) und einem Fremdbild der Markenidentität (in dessen Zentrum das Markenimage steht). Kapferer (1992; 2001, S. 99–106) oder Esch (2003, S. 112–113) integrieren die Innen- und Außensicht unmittelbar in die Markenidentitätsbetrachtung. Unzweifelhaft besteht hierbei eine Wechselbeziehung, wobei vor allem die Prägung der Innensicht durch die Außensicht interessant erscheint.

Die empirisch gesicherten Erkenntnisse zur Integration sind eher unklar. In der Praxis erscheint eine konzeptionelle Verbindung zielführend, denn auf einer empirisch-großzahligen Messebene wären die auf Managementbefragungen basierende Evaluation des Selbstbildes und des auf Kundenevaluationen basierenden Fremdbildes zu verbinden. Es ist wahrscheinlich, dass in die Managementurteile die Außensicht hineinwirkt. Im weitesten Sinne ist bei der Markenidentität also von einer Managemententscheidung auszugehen, die stark auf der Außensicht basiert. In dem durch Esch (2003, S. 101–112) präferierten Markensteuerrad wird den Markenmanagern abverlangt, die Marke in den Identitätsdimensionen der Kunden zu „denken", und zwar unter Berücksichtigung deren verbaler sowie bildlicher Gedächtnisinhalte; im Einzelnen in den Dimensionen der Kompetenz der Marke (Wer bin ich?), der „Benefits and Reasons Why" (Was biete ich an?), der Tonalität (Wie bin ich?) und dem Markenbild (Wie trete ich auf?).

Klammert man im Folgenden diese nur angedeuteten Herausforderungen aus, dann deutet die synoptische Prozessdarstellung in Abbildung 1 an, dass aus der Zusammenführung von Innen- und Außensicht eine Soll-Identität zu entwickeln ist; unter Umständen ist das bisherige „Soll" zu hinterfragen. Die anschließende Ableitung und Durchführung der Positionierung bildet den Kern der Implementierungsaktivitäten. Offensichtlich ist, dass im Unternehmen divergierende Selbstbilder existieren können, die entsprechend in Übereinstimmung gebracht werden müssen. Hierzu wären strukturelle, prozessuale und kulturelle Organisationslösungen zu betrachten.

3.4 Identitätsumsetzung und Wirkung

Das Selbstbild der Markenidentität wird für den Konsumenten erst erfassbar, wenn es zum Beispiel in reale Produkte beziehungsweise Dienstleistungen oder Symbole umgesetzt worden ist (vgl. Meffert/Burmann 2002). Esch (2003, S. 84) sieht in der Positionierung der Marken in den Köpfen der Konsumenten eine generelle, zentrale Herausforderung der Markenführung. Wie angedeutet, besteht hier die Aufgabe in der Ableitung der Markenpositionierung sowie deren Umsetzung in sichtbare Maßnahmen aber auch der Wirkungsprüfung im Sinne der Überprüfung des Markenimages und seiner Veränderung. Aaker (1996) behandelt hier „Brand Position", „Execution" und „Tracking".

3.4.1 Ableitung der Markenpositionierung

Die Positionierung ist als aktiver Vorgang zu sehen, bei dem unter Berücksichtigung des Wettbewerbs und der Zielgruppe der vorher als relevant identifizierte Teil der Markenidentität kommuniziert wird. Idealtypisch schafft eine zielgruppenspezifisch erfolgreiche Positionierung eine weitgehende Übereinstimmung von Medienmarkenidentität und -image.

Hinweise für den Ansatzpunkt des Vorgehens geben die von Karstens und Schütte (1999, S. 105) angeführten Misserfolgskriterien von Fernsehsendungen, unter anderem eine fehlende Zielgruppenansprache sowie Diskrepanzen zwischen gesuchten und gelieferten Leistungen (vgl. Goldhammer

1995, S. 142 bei Hörfunksendern). Insofern wäre beispielsweise die Bestimmung des relevanten Marktes zu betrachten (vgl. Zentes/Swoboda 2001, S. 361). Darüber hinaus sind hier zwei Perspektiven hervorzuheben:

- Bekanntlich kann die Markenpositionierung analog zur Produkt- oder Unternehmenspositionierung als Strategie betrachtet werden, mit den Optionen – folgt man hier etwa Porter (1999) – der Besetzung des Gesamtmarktes oder einer Nische, und zwar mit dem Fokus auf Qualitäts- oder Kostenführerschaft. Erscheint dies, wie in vielen Analysen gezeigt, als zu undifferenziert, dann könnten hier andere Ansätze der strategischen Wettbewerbsforschung, so der „Positioning School", bis hin zu hybriden beziehungsweise dynamischen Wettbewerbsstrategien angeführt werden.
- Für die Markenführung relevant ist die im Marketing verbreitete, weitere Perspektive. Hiernach lässt sich Positionierung als eine Segmententscheidung, als eine Objektbesonderheit, als imagebezogene Fragestellung oder als Resümee dieser Begriffe auffassen. Dahinter steht die Vorstellung, dass die Eigenschaften konkurrierender Positionierungsobjekte gegeneinander abgegrenzt und gegenüber der Nachfrage herausgestellt werden, um Wettbewerbsvorteile zu realisieren.

Nach Trommsdorff (1995, Sp. 2057) hat die Markenpositionierung zwei Bedeutungen:

– die für das Management notwendige Abbildung des im Wettbewerb verbundenen Markensystems mit den kaufrelevanten Eigenschaften der konkurrierenden Marken und
– die Strategien und Maßnahmen des (Marken-) Managements, die auf der Basis dieser Informationen zu gezielten Veränderungen führen.

Dieses Begriffsverständnis stellt im traditionellen Sinne auf Marken und ihre Position im Wettbewerbsgefüge des Absatzmarktes ab, wird aber auch auf Angebotssysteme übertragen. In diesem Sinne kann die Positionierung eines neuen, beziehungsweise die Umpositionierung einer bestehenden Marke als zentrale strategische Herausforderung gesehen werden (vgl. Esch 2003). Entsprechend umfassend ist sie konzeptionell wie methodisch in der Marketingforschung verankert. Deshalb soll hier eine Beschränkung auf wesentlichste Punkte (vgl. Zentes/Swoboda 2001 und die dort zitierte Literatur) erfolgen:

- Die Position einer Marke kennzeichnet ihre Stellung im relevanten Markt, insbesondere gegenüber den Konkurrenzmarken. Hierbei geht man nicht von objektiven Qualitätsgrößen aus, sondern von der subjektiven

Einschätzung durch die potentiellen Kunden. Ausgangspunkt sind die Einstellungen, welche die Kunden zu den Marken haben.
- Die Positionierung kann sich auch am alten feldtheoretischen Konzept des psychologischen Marktmodells von Spiegel orientieren, nach dem die Objekte in einem sozialen Feld eingruppiert werden. Dadurch lassen sich Marktnischen und Marktlücken ermitteln, die durch neue Produkte besetzt werden können. Auch diese Möglichkeit wurde jedoch erst durch die operationalen Methoden der Einstellungsmessung für die praktische Anwendung erschlossen (vgl. Hammann/Erichson 2000, S. 334–372).
- Ein Ziel ist es, den Abstand (Distanz) zwischen den von den potentiellen Kunden wahrgenommenen Eigenschaften einer Marke und den von ihnen für ideal betrachteten Ausprägungen der Markeneigenschaften zu minimieren. Soll eine Marke eingeführt werden, so besteht ein Ziel darin, sie so zu gestalten, dass sie möglichst den Idealvorstellungen der Kunden entspricht. Zur Messung der Position des Idealobjektes und der Distanzen der Realobjekte können beispielsweise die Einstellungsmessung nach dem Trommsdorff-Modell, die Verfahren der multidimensionalen Skalierung oder des Conjoint Measurements herangezogen werden.

Insgesamt zeigt die Positionierung die aus Sicht der Zielgruppe relevanten Eigenschaften, die Distanzen der real existierenden Marken zum „Ideal", Marktnischen und -lücken sowie mögliche Marktsegmente. Die Ableitung der Medienmarkenpositionierung aus der Markenidentität basiert vor diesem Hintergrund auf mehreren Aspekten:

- Bestimmung der relevanten Faktoren beziehungsweise Eigenschaften der Profilierung, wobei hier konzeptionell die Dimensionen, des Markensteuerrades oder des Fremdbilds von Meffert und Burmann (2002, S. 51), so der Abstraktionsgrad der Assoziationen (Markeneigenschaften (konkret), allgemeine Markeneinstellungen (abstrakt) und Art des Markennutzens), Stärke, Einzigartigkeit und „Favourability" der Assoziationen herangezogen werden können. Zur Konkretisierung in der Praxis sind für einzelne (Medien-) Marken sicherlich originäre empirische Analysen nötig.
- Zur Präferenzevaluation sind Erwartungs-Bewertungs-Strukturen zu berücksichtigen, ganz im Sinne von Karmasin (1998), die einen umso stärkeren Markencharakter bei Fernsehsendungen sieht, je deutlicher diese an einen zu Grunde liegenden Nutzen appellieren, je themenzentrierter sie organisiert sind, je mehr sie feste Erwartungshaltungen aufbauen und immer wieder einlösen und je mehr es gelingt, eine einzigartige, differenzierende Audiovisualisierung zu schaffen.

- Ferner sind psychografische Determinanten/Moderatoren bei den konsumentenbasierten Urteilen zur Position einer Marke relevant, so individuelle Prädispositionen und hier besonders das Involvement der Zielgruppe (vgl. Foscht/Swoboda 2004). In Abhängigkeit davon, ob beispielsweise ein hohes oder niedriges Involvement (vgl. Neverla 1992) der Zielgruppe vorliegt, ist eine Akzentuierung kognitiver oder emotionaler Markenpositionierungselemente von Bedeutung.

Für eine zukunftsträchtige Positionierungsentscheidung liegt freilich die besondere Herausforderung in der prognostischen Interpretation der Urteile. Periodische Evaluationen sind mit einem „Time-Lag", nämlich der Dauer der Auswertung und Interpretation der Marktforschungsdaten belastet.

3.4.2 Ansätze und Instrumente zur Umsetzung der Markenpositionierung

Zur Umsetzung der Markenposition stehen verschiedene Markenstrategien und Marketinginstrumente bereit. Die Strategien werden im folgenden Abschnitt aufgegriffen, während die Instrumente in diesem Kapitel des Sammelbandes in Einzelbeiträgen dezidiert behandelt werden.

Festzuhalten ist, dass im Kern die Produkt- und Servicepolitik steht. Analogerweise könnte man sagen: Der Produktkern und der Service bilden die Seele der Marke, denn wenn hier Defizite bestehen, kann keine starke Marke entstehen und auch kein nennenswerter Erfolg erzielt werden (vgl. Silberer 2001, S. 251; Swoboda/Schwarz 2003b). An zweiter Stelle kommt die Kommunikation, denn sie entscheidet selbst bei einem tragfähigen Produktkern über das Markenbild, die inneren Prozesse und Niederschläge in den Köpfen und Herzen der Mediennutzer. Der Wille der Macher ist kein Garant für die Vorstellungen der Kunden, das heißt wer die Kommunikation in den Dienst der Marke und damit der Imagery stellt, tut gut daran, einen langen Atem zu haben und auf Konstanz und Konsequenz zu setzen; ein seltenes Verfahren, das ausnahmsweise der Kreativität und Innovation widerspricht, aber eine kreative Anlehnung an aktuelle Ausdrucksformen zumindest nicht verbietet. Eng mit der Kommunikation ist die Distribution als drittes Instrument der Medienmarkenpolitik verbunden – Distribution als Präsenz der Leistungen, als Zugänglichkeit, als Verfügbarkeit und nicht selten auch als Sichtbarkeit im Alltag oder zu bestimmten Events („Visibility") (vgl. Swoboda/Schwarz 2003a; Swoboda/Giersch 2004). Hier haben interaktive Medien ihre offenkundigen Vorteile. Doch auch bei traditionellen Medien ist die Frage situationsspezifisch zu beantworten, inwiefern ein Markenaufbau ohne Massenkommunikation (vgl. Joachimsthaler/Aaker 1997), mit klassischer Kommunikation (vgl. Rossiter/Percy 2001) oder mit integrierter Kommunikation (vgl. Esch 2001) zielführend ist. An vierter Stelle ist die Preispolitik zu sehen, da diese für die Medienmarke weniger Bedeutung hat.

3.4.3 Markenimage als Wirkungskonzept

Image kann als das Bild, das sich eine Person von einem beliebigen Meinungsgegenstand macht, verstanden werden. Es beruht auf objektiven und subjektiven, eventuell auch falschen und stark emotional gefärbten Vorstellungen, Ideen, Gefühlen, Erfahrungen, Kenntnissen bezüglich eines Meinungsgegenstandes. Insofern wären die relevanten Faktoren, Indikatoren oder Dimensionen erneut mit dem Markensteuerrad oder dem Fremdbildkonzept erfassbar. Kennzeichnend für das Image ist dabei die Stabilisierung und Verfestigung im Zeitablauf. Je nach Objekt können drei Imagearten unterschieden werden:

- Brand-Image, das heißt Image einer bestimmten Marke,
- Corporate-Image, das heißt Image eines Medienunternehmens und
- Generetic-Image, das heißt Image einer ganzen Mediengattung.

Analog können Medienmarken, -inhalte, -objekte und -titel, die dahinter stehenden Organisationen (vgl. Brack 2003, S. 173–191) oder Medien im intermedialen Wettbewerb sein. Das Image eines Objektes und die Einstellungen von Individuen zu diesen Objekten stehen in einem engen Bedeutungszusammenhang. Grundsätzlich gilt, dass ein Image Objekten eigen ist, während Einstellungen sich auf ein Objekt beziehen und Individuen zu Eigen sind. Das Image eines Objektes kann damit als ein mehrdimensionales Einstellungskonstrukt definiert und mit multiattributiven Methoden der Einstellungsmessung analysiert werden (vgl. Foscht/Swoboda 2004).

Lediglich ein Verweis soll an dieser Stelle auf den, den Markenerfolg widerspiegelnden Markenwert erfolgen (vgl. Keller 2003, S. 41–43, S. 58–75; Sattler 2001, S. 134–144), denn die Medienforschung ist hier nicht so weit (vgl. Siegert 2001) wie die allgemeine Markenforschung. Ebenso verfahren wird hier mit der simultanen Berücksichtigung von Anspruchsgruppen und den latent divergierenden Fremdbildern. Zugleich ist ein Spagat in der Markenführung schwierig (vgl. Mohaupt 1998, S. 1781), wo vor allem die qualitative Markengestaltung als solches steht.

3.5 Strategien zur Markenbildung und -entwicklung

Für die Markenbildung und -entwicklung sind bisher ausgeklammerte Strategien auf der Ebene von Unternehmens-, Programm- oder Titelmarken bedeutend. Mit der Markenarchitektur als Basis können die in einem Unternehmen zu verwendenden Marken beziehungsweise eine Kombination von Markenstrategien bestimmt werden und zwar unter Berücksichtigung der jeweiligen Vor- und Nachteile (vgl. Aaker/Joachimsthaler 2000, S. 139–171). Als Unterscheidungskriterium der Gestaltungsoptionen kann der Grad der Integration der Unternehmensdachmarke mit den anderen Marken eines Unternehmens auf der Geschäftsfeld- und/oder Produktebene herangezogen werden (Abbildung 4). Mehrere, unabhängige Einzelmarken spiegeln einen nur geringen Integrationsgrad wider („House of Brands"), wohingegen im Fall von mehreren Produkten unter einer Dachmarke eine maximale Integration vorliegt („Branded House") und dazwischen abgestufte Formen beziehungsweise Kombinationsvarianten möglich sind (vgl. Aaker 1996, S. 243–257). Von den üblichen Markenstrategien sind für die Medienbranche generische (horizontale) Markenstrategien und Markenentwicklungsstrategien zu betrachten, während andere, so internationale Markenstrategien (vgl. Hankinson/Cowkin 1996; Feldmann 2001) hier ausgeklammert bleiben.

Integrationsgrad		
niedrig		hoch
„House of Brands"	Kombinationsmarken	„Branded House"
Portfolio unabhängiger, eigenständiger Einzelmarken ohne Hinweis auf die Zugehörigkeit zu einem Unternehmen	Simultane Verwendung von zwei Markenkomponenten mit unterschiedlicher Priorisierung: - Dach- oder Familienmarke - Submarke	Eine geschäftsübergreifende Dachmarke ohne oder mit lediglich deskriptiven Namenszusätzen

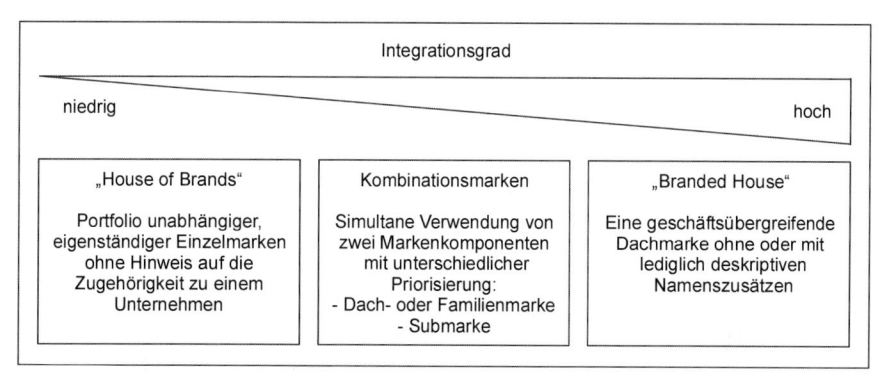

Abbildung 4: Integrationsgrad von Markenarchitekturen (in Anlehnung an Laforet/Saunders 1999; Burmann/Nitschke 2003, S. 78)

Die generischen Markenstrategien lassen sich unter anderem wie folgt charakterisieren:
- Die Einzelmarkenstrategie ist dann empfehlenswert, wenn verschiedene Kundengruppen und -segmente angesprochen werden sollen und ein Unternehmen heterogene Marken mit unterschiedlicher Positionierung hat, wie bei den Print-Marken der Verlagsgruppe Milchstrasse (zum Bei-

spiel Max, Tomorrow, Cinema, TV-Spielfilm oder Amica). Voraussetzung der Umsetzung ist unter anderem ein ausreichend großes Marktsegment.
- Die Dachmarkenstrategie (im Sinne eines Branded House) fasst alle Produkte eines Unternehmens unter einer Marke zusammen, wodurch etwa bei Radio- und Fernsehsendern die Zugehörigkeit von Angebotsteilen zum Sender deutlich und Synergien realisiert werden. Das Markendach übt idealtypisch positive Ausstrahlungseffekte auf die untergeordneten Produktmarken aus, wobei die Interdependenzen wechselseitig sind.
- Bei der Markenfamilienstrategie im engeren Sinne werden unter einer Marke mehrere verwandte, aus einer Gruppe stammende Produkte zusammengefasst. Hierbei können mehrere Familien nebeneinander bestehen, so bei der Spiegel- oder GEO-Markenfamilie (wobei hier der Verlag selbst von der GEO-Familie spricht und Anzeigenkunden „Familienrabatt" für Kombi-Schaltungen anbietet).

Häufig sind Medienmarkenarchitekturen über einen längeren Zeitraum entstanden, was auch die Basis für ihre Weiterentwicklung sein kann. Strategievarianten der Restrukturierung beziehungsweise -entwicklung sind (vgl. Burmann/Nitschke 2003, S. 78–79; Caspar 2002; Laforet/Saunders 1999):

- Eine Konsolidierung geht hierbei mit einer Portfoliobereinigung im Sinne einer Fokussierung auf starke Marken einher.
- Eine Expansion kann sich durch Akquisition externer beziehungsweise bestehender Marken, die Bildung neuer Marken, die Ausdehnung vorhandener Marken oder auch durch die Kooperation ausdrücken (Abbildung 5).

Generisch (horizontale) Markenstrategien	Restrukturierungs-/Entwicklungsstrategien	
	Konsolidierungsstrategien	Expansions- und Kooperationsstrategien
Einzelmarkenstrategie Mehrmarkenstrategie Markenfamilienstrategie Dachmarkenstrategie	Fokussierung auf starke Marken Rückzug/De-Investition	Erwerb/ Aufbau neuer Marken / Markendehnung - Line Extension - Brand Extension (Markentransfer) / Kooperation - extramediales und inter-/intramediales Co-Branding etc. - weitere Allianzen

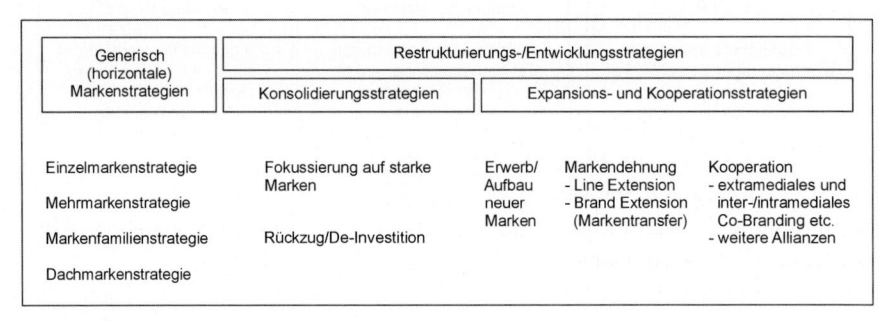

Abbildung 5: Strategische Optionen von generischen Strategien und Restrukturierungs- beziehungsweise Entwicklungsstrategien

Vor allem die Markenausdehnungsstrategie ist für Medienunternehmen im Rahmen des intra- und intermedialen Cross-Marketing von Bedeutung. Markenfamilien, die aus einer Einzelmarke heraus entstehen, basieren auf Markenausdehnungen, worunter das Verwenden vorhandener Marken oder deren Bestandteilen für neue Produkte verstanden wird (vgl. Hätty 1994, S. 563). End- und Werbekunden sollen durch die neuen Medienangebote auch für das Kernmedium interessiert werden (vgl. Wirth 2000, S. 174). Markentransfers sind mit Risiken verbunden, wenn dadurch die Bedeutung der Kernmarke verwischt, der Kompetenzanspruch verwässert beziehungsweise die Kannibalisierung zu groß werden. Voraussetzung für eine erfolgreiche Markendehnung ist die imagemäßige Ähnlichkeit zwischen Haupt- und Transfermarke, die durch eine Übereinstimmung sachbezogener (Denotationen) und emotionaler (Konnotationen) Assoziationen erreicht werden kann. Eine Ausdehnung in bestehenden Mediengattungen im Sinne von Produkt-/Leistungsgruppen, bei denen aber neue Marktsegmente bearbeitet werden sollen, wird als Line-Extension bezeichnet (zum Beispiel Auto Bild). Im Fall einer Einführung der Marke in neue Produktkategorien (zum Beispiel Bravo TV) wird von einer Brand-Extension (Markentransfer) gesprochen. Hier werden oft Submarken (untergeordnete Produktmarken) verwendet.

Line- und Brand-Extensions können auch im Wege einer Lizenzierung implementiert werden, so vor allem im internationalen Bereich, für den oft knappe Ressourcenausstattungen vorliegen, da viele Medienunternehmen ihre Ressourcen auf die Sicherung der publizistischen Qualität (überwiegend im Inland) konzentrieren (vgl. Burmann/Nitschke 2003, S. 79).

Die Kombination zweier bestehender Marken, die von einem oder von unterschiedlichen Unternehmen stammen, wird als Markenallianz (vgl. Swoboda 2003) beziehungsweise Co-Branding verstanden (vgl. Keller 2003, S. 360–370; Washburn/Till/Priluck 2000), die bereits Raffée (1990, S. 32) auch für das Marketing der öffentlich-rechtlichen Rundfunkanstalten empfiehlt. In einer weiten Sicht existieren unterschiedliche Spielformen der Markenallianz (vgl. Blackett/Russell 1999), wobei die Co-Promotions, so die gemeinsamen kommunikativen Aktionen zweier Marken, etwa die gemeinsame Promotion von McDonald's und Disney, eher operative Züge aufweisen. Strategisch relevanter sind im Medienbereich vor allem die Formen des Co-Branding (im engeren Sinne), wobei auch hier die Verbindung mehrerer (Medien-) Marken zur gegenseitigen Verstärkung im Vordergrund steht. Zumindest drei Arten können unterschieden werden:

- Beim extramedialen Co-Branding kooperieren Medienmarken und Marken anderer Branchen. In der Marketingliteratur wird von Ingredient Branding gesprochen, wenn ein vertikaler Zusammenschluss vorliegt (vgl. Havenstein 2004). Dabei geht es nicht um die Werbeschaltungen von Markenartikeln in Medien, sondern um Kooperationsformen, die deutlich den

wechselseitigen Bezug der beteiligten Marken aufweisen (beispielsweise Coca-Cola und RTL bei einer Coca-Cola Weihnachtstour).
- Als inter- beziehungsweise intramediales Co-Branding lassen sich Kooperationen von Medienmarken unterschiedlicher oder gleicher Mediengattungen bezeichnen. Beispiele sind die weitergehende Co-Branding-Aktion von VIVA und Bravo, die gemeinsam die Zeitschrift COMET entwickelten und zweitens die Kombination von Online-Markenangeboten und Portalen, wie sie im Fall der Verknüpfung von Yahoo Deutschland und n-tv, das die Schlagzeilen für Yahoo beisteuert, stattfindet.
- Ein Spezialfall des intramedialen Co-Branding ist die Verknüpfung von Character-Brands mit Sendern (vgl. Siegert 2001).

Neben den dargestellten Formen könnten Allianzen im Sinne von Mega Brands (im Sinne einer Star-Alliance) oder Joint Ventures betrachtet werden.

4 Zusammenfassung und Ausblick

Der Blick auf den Mediensektor und auf einzelne Medien macht deutlich, dass der intensivierte Wettbewerb mehr zur Profilierung zwingt und das einige Medien die Herausforderungen erkannt und reagiert haben (vgl. Silberer 2001, S. 250). In dem Beitrag wurden dabei neuere konzeptionelle Aspekte der Markenbildung behandelt, um die Übertragbarkeit der enormen Breite an aktuellen Erkenntnissen zur Markenpolitik auf die Medienbranche zu reflektieren. Der Fokus lag auf der Markenbildung, im Sinne von „Building Strong Brands" und weniger auf der Markenentwicklung, im Sinne von „Developing New Brands". Zur Verbindung beider in einer dynamischen Perspektive wäre der selten betrachtete Markenlebenszyklus empfehlenswert, wohl wissend, dass die Bestimmung der Phasenposition hier genauso schwierig wie im Produktlebenszyklus ist, externe Faktoren hier unberücksichtig bleiben et cetera. Da aber das Ziel besteht, der Marke eine möglichst unbegrenzte Lebensdauer zu sichern, kann hieran die langfristige Bildung von Marken betrachtet werden (vgl. DeChernatony/McDonald 1998, S. 378–386; Jones/Slater 2003, S. 45–104; Brockhoff 1999, S. 126). Insgesamt verdeutlich ein Markenlebenszyklus nämlich, dass eine einmal eingeführte Marke – länger als ein einzelnes Produkt – durch konsequentes Management und permanente Aktualisierungen am Markt bestehen kann.

Literaturverzeichnis

Aaker, D.A. (1996) Building Strong Brands, New York etc. 1996.
Aaker, D.A./Joachimsthaler, E. (2000) Brand Leadership, New York etc. 2000.
Blackett, T./Russell, N. (1999) What is Co-Branding? in: Blackett, T./Boad, B. (Hrsg.) Co-Branding – The Science of Alliance, Basingstoke 1999.
Bleis, T. (1996) Erfolgsfaktoren neuer Zeitschriften, München 1996.
Brack, A. (2003) Das strategische Management von Medieninhalten, Wiesbaden 2003.
Brockhoff, K. (1999) Produktpolitik, 4. Aufl., Stuttgart 1999.
Burmann, C./Nitschke, A. (2003) Strategisches Marketing bei Medienunternehmen, in: Wirtz, B.W. (Hrsg.) Handbuch Medien- und Multimedia-Management, Wiesbaden 2003, S. 65–89.
Carter, D.E. (1999) Branding, New York 1999.
Caspar, M. (2002) Cross-Channel-Medienmarke, Frankfurt/Main 2002.
DeChernatony, L./McDonald, M. (1998) Creating powerful brands in consumer, service and industrial markets, 2. Aufl., Oxford etc. 1998.
Domizlaff, H. (1939, 1992) Die Gewinnung des öffentlichen Vertrauens: Ein Lehrbuch der Markentechnik, Hamburg 1939 (Nachdruck 1992, Marketing Journal, Hamburg 1992).
Esch, F.R. (2001) Aufbau starker Marken durch integrierte Kommunikation, in: Esch, F.R. (Hrsg.) Moderne Markenführung, 3. Aufl., Wiesbaden 2001, S. 599–638.
Esch, F.R. (2003) Strategie und Technik der Markenführung, München 2003.
Esch, F.R./Wicke, A. (2001) Herausforderungen und Aufgaben des Markenmanagements, in: Esch, F.R. (Hrsg.) Moderne Markenführung, 3. Aufl., Wiesbaden 2001, S. 3–55.
Feldmann, V. (2001) Markenstrategien von TV-Sendern dargestellt an ausgewählten Beispielen, Berlin 2001.
Foscht, T./Swoboda, B. (2004) Käuferverhalten – Grundlagen, Perspektiven, Anwendungen, Wiesbaden 2004.
Goldhammer, K. (1995) Formatradios in Deutschland. Konzepte, Techniken und Hintergründe der Programmgestaltung von Hörfunkstationen, Berlin 1995.
Gundlach, H. (1998) Die öffentlich-rechtlichen Rundfunkunternehmen zwischen öffentlichem Auftrag und marktwirtschaftlichem Wettbewerb, Berlin 1998.
Hague, P./Jackson, P. (1994) The Power of Industrial Brands, London etc. 1994.
Hammann, P./Erichson, B. (2000) Marktforschung, 4. Aufl., Stuttgart 2000.
Hankinson, G./Cowking, P. (1996) The Reality of Global Brands, London etc. 1996.
Hart, S./Murphy, J. (1998) Brands, the New Wealth Creators, Basingstoke 1998.
Hätty, H. (1994) Markentransferstrategie, in: Bruhn, M. (Hrsg.) Handbuch Markenartikel, Stuttgart 1994, S. 561–582.
Havenstein, M. (2004) Ingredient Branding, Dissertation Universität des Saarlandes, Saarbrücken 2004.

Joachimsthaler, E./Aaker, D.A. (1997) Building Brands without Mass Media, in: Harvard Business Review 75 (1/1997), S. 39–47.

Jones, J.P./Slater, J.S. (2003) What's in a Name? Advertising and the Concept of Brands, 2. Aufl., Armonk/NY – London 2003.

Kapferer, J.-N. (1992) Die Marke, Landsberg/Lech 1992.

Kapferer, J.-N. (2001) Strategic Brand Management, Creating and Sustaining Brand Equity Long Term, 2. Aufl., London 2001.

Karmasin, H. (1998) Produkte als Botschaften, 2. Aufl., Wien.

Karmasin, M./Winter, C. (Hrsg.) (2000) Grundlagen des Medienmanagements, München 2000.

Karstens, E./Schütte, J. (1999) Firma Fernsehen. Wie TV-Sender arbeiten, Reinbek bei Hamburg 1999.

Keller, E. von/Pfänder, G./Wunderle, G. (1994) Erfolgreiche Medienmacher in Europa. Das Geheimnis exzellenter Geschäfte, Wien 1994.

Keller, K.L. (2003) Strategic Brand Management, 2. Aufl., New Jersey 2003.

King, S. (1973) Developing New Brands, New York etc. 1973.

Klatten, W.E. (1997) Der Spiegel als Medienmarke, in: Wippermann, P. (Hrsg.) Der Spiegel. Anzeigentrends, Mainz 1997, S. 210–227.

Kohli, C./LaBahn, D.W. (1997) Observations: Creating Effective Brand Names: A Study of Naming Process, in: Journal of Advertising Research 37 (1/1997), S. 67–75.

Laforet, S./Saunders, J. (1999) Managing Brand Portfolios, in: Journal of Advertising Research 39 (1/1999), S. 51–66.

Langner, T. (2002) Integriertes Branding – Baupläne zur Gestaltung erfolgreicher Marken, Wiesbaden 1999.

Liebl, F. (1996) Strategische Frühaufklärung, München 1996.

Ludwig, J. (1996) Zur Betriebswirtschaft von Medienunternehmen: Das Beispiel „Der Spiegel", in: Altmeppen, K.D. (Hrsg.) Ökonomie der Medien und des Mediensystems, Opladen 1996, S. 81–99.

Macrae, C. (1991) World Class Brands, Wokingham etc. 1991.

Mast, C. (1988) Marketing für Massenmedien. Nachholbedarf bei Medienunternehmen und –wissenschaft, in: Mahle, W. (Hrsg.) Intermediärer Wettbewerb nach Ende des öffentlich-rechtlichen Monopols. Berlin 1988, S. 173–182.

Meffert, H./Bruhn, M. (2003) Dienstleistungsmarketing: Grundlagen – Konzepte – Methoden. Mit Fallstudien, 4. Aufl. Wiesbaden 2003.

Meffert, H./Burmann, C. (2002) Theoretisches Grundkonzept der identitätsorientierten Markenführung, in: Meffert, H./Burmann, C./Koers, M. (Hrsg.) Markenmanagement, Wiesbaden 2002, S. 35–72.

Mei-Pochtler, A. (1998) Markenmanagement für Dienstleistungsanbieter, in: Meyer, A. (Hrsg.) Handbuch Dienstleistungs-Marketing, Stuttgart 1998, S. 665–678.

Mohaupt, M. (1998) Profilierung eines Fernsehsenders als Marke: Das Beispiel ProSieben, in: Meyer, A. (Hrsg.) Handbuch Dienstleistungs-Marketing, Stuttgart 1998, S. 1777–1787.

Müller-Stewens, G. (1990) Strategische Suchfeldanalyse, 2. Aufl., Wiesbaden 1990.

Neverla, I. (1992) Fernseh-Zeit. Ölschläger, München 1992.

Phelps, R./Chan, C./Kapsalis, S. (2001) Does Scenario Planning Affect Performance? in: Journal of Business Research 51 (3/2001), S. 223–232.
Porter, M.E. (1999) Wettbewerbsstrategie, 10. Aufl., Frankfurt/Main – New York 1999.
Raffée, H. (1990) Marketing als Führungskonzeption für öffentlich-rechtliche Rundfunkanstalten, in: Eichhorn, P./Raffée, H. (Hrsg.) Management und Marketing von Rundfunkanstalten, Baden-Baden 1990, S. 25–37.
Rossiter, J.R./Percy, L. (2001) Aufbau und Pflege von Marken durch klassische Kommunikation, in: Esch, F.R. (Hrsg.) Moderne Markenführung. 3. Aufl., Wiesbaden 2001, S. 523–538.
Sattler, H. (2001) Markenpolitik, Stuttgart – Berlin – Köln 2001.
Schroeder, M. (1994) Internationale Markt- und Markteintrittsstrategien für Print-Medien, München 1994.
Siegert, G. (2001) Medien, Marken, Management, München 2001.
Silberer, G. (2001) Medien als Marken, in: Köhler, R./Majer, W./Wiezorek, H. (Hrsg.) Erfolgsfaktor Marke, München 2001, S. 237–252.
Sjurts, I. (2002) Strategien in der Medienbranche, 2. Aufl., Wiesbaden 2002.
Stauss, B. (1998) Dienstleistungen als Markenartikel! – etwas Besonderes? in: Tomczak, T./Schögel, M./Ludwig, E. (Hrsg.) Markenmanagement für Dienstleistungen, St. Gallen 1998, S. 10–23.
Stolte, D. (2001) Medien als Marken, in: Köhler, R./Majer, W./Wiezorek, H. (Hrsg.) Erfolgsfaktor Marke, München 2001, S. 253–259.
Swoboda, B. (2003) Kooperation: Erklärungsperspektiven grundlegender Theorien, Ansätze und Konzepte im Überblick, in: Zentes, J./Swoboda, B./Morschett, D. (Hrsg.) Kooperationen, Allianzen und Netzwerke, Wiesbaden 2003, S. 35–64.
Swoboda, B./Schwarz, S. (2003a) Distribution und Logistik von integrierten Medienunternehmen, in: Wirtz, B.W. (Hrsg.) Handbuch Medien- und Multimediamanagement, Wiesbaden 2003, S. 761–792.
Swoboda, B./Schwarz, S. (2003b) Gestaltung von Internet-Geschäftsmodellen am Beispiel der freenet.de AG, in: Burchert, H./Hering, T./Pechtl, H. (Hrsg.) Absatzwirtschaft, Oldenburg, München 2003, S. 91–105.
Swoboda, B./Giersch, J. (2004) Markenführung und Vertriebspolitik, in: Bruhn, M. (Hrsg.) Handbuch Markenführung, Wiesbaden 2004, S. 1707–1732.
Trommsdorff, V. (1995) Positionierung, in: Tietz, B./Köhler, R./Zentes, J. (Hrsg.) Handwörterbuch des Marketing, 2. Aufl., Stuttgart 1995, Sp. 2057–2068.
Upshaw, L.B. (1995) Building brand identity. A Strategy for Success in a Hostile Marketplace, New York 1995.
Washburn, J.H./Till, B.D./Priluck, R. (2000) Co-Branding: Brand Equity and Trial Effects, in: Journal of Consumer Marketing 17 (7/2000), S. 591–604.
Wirth, W. (2000) Mal sehen, was der Spiegel hat, in: Altmeppen, K.D./Bucher, H.J./Löffelholz, M. (Hrsg.) Online Journalismus: Perspektiven für Wissenschaft und Praxis, Wiesbaden 2000, S. 179–195.
Wirtz, B.W. (2001) Medien- und Internetmanagement, 2. Aufl., Wiesbaden 2001.
Zentes, J./Swoboda, B. (2001) Grundbegriffe des Marketing – Marktorientiertes globales Management-Wissen, 5. Aufl., Stuttgart 2001.

Individualisierung und Eventisierung – Probleme und Strategien bei der Vermarktung von Medienangeboten

Helmut Scherer

1 Einführung: Warum ist es so schwierig, erfolgreiche Medien zu gestalten?	817
2 Medien als Machwerke der Konsumenten	818
3 Die Eventisierungsstrategie	823
4 Zusammenfassung	827
Literaturverzeichnis	828

Vorschau

Der Uses-and-Gratification-Approach als Basis der Individualisierung

In dem Beitrags wird der Uses-and-Gratifications-Approach als Standardmodell der Kommunikationswissenschaft zur Nutzenentscheidungen der Mediennutzer vorgestellt. Der Ansatz geht von einem aktiven Rezipienten aus, der seine Mediennutzungsentscheidungen zumindest teilweise bewusst trifft.

Selbstreferenzialität als Basis der Eventisierung

Der Beitrag beschreibt die Selbstreferenzialität der Medien: Das heißt, die Medien beziehen sich in ihrer Berichterstattung weniger auf eine außermediale Realität, sondern vor allem auf Medienberichterstattung selbst. So wird bei einem Ereignis, dem eine ausgeprägte Vorberichterstattung vorausgegangen ist, diese Vorberichterstattung zur Schablone für die folgende Nachberichterstattung.

1 Einführung: Warum ist es so schwierig, erfolgreiche Medien zu gestalten?

Eigentlich müsste es ganz einfach sein, erfolgreiche Medien zu entwickeln. Man müsste nur erheben, was die potentiellen Nutzer wünschen, was ihre medienbezogenen Bedürfnisse sind und dann versuchen, diese adäquat zu befriedigen. Und tatsächlich leisten sich die großen Medienanbieter oft leistungsstarke Forschungsabteilungen, um genau nach diesem Muster neue Angebote zu kreieren. Aber allzu oft scheint dies schief zu gehen. So produziert etwa Hollywood deutlich mehr Flops als Kassenschlager, viele Tonträger bleiben in den Abverkäufen unter den Erwartungen und nahezu täglich kann man beobachten, wie es den Fernsehschaffenden mal wieder gelungen ist, an den Bedürfnissen der Zuschauer vorbei zu produzieren. Es ist offenbar eine äußerst komplexe Aufgabe, Medienangebote zu entwickeln, die den Nerv der Zielgruppe treffen und diese Angebote adäquat zu vermarkten. Ganz offensichtlich lässt es sich schwer einschätzen, wie die Nutzer Medien bewerten, welchen Nutzen sie ihnen zusprechen.

Schon bei der Etablierung von Medientechnologien hat sich vielfach gezeigt, dass deren Verwendung erheblich von den Vorstellungen der Entwickler abwich (vgl. Scherer 2002). Die Menschen haben sich offensichtlich häufig ihren eigenen Reim auf diese Technologien gemacht. Diese Probleme, die bei der Vermarktung von Medienhardware entstehen, sind bei der Vermarktung von Mediensoftware, also inhaltlichen Medienangeboten, noch gravierender. Wir müssen uns an dieser Stelle verdeutlichen, dass Medienangebote aus Sicht der Nutzer multioptional sind, sie lassen sehr unterschiedliche Verwendungen zu. Daraus ergibt sich für den Anbieter das Problem, präzise vorherzusagen, wie die Nutzer mit dem Angebot umgehen werden. Verschiedene Nutzer werden das Angebot auch ganz unterschiedlich nutzen. Somit lassen sich die Angebote nur schwer optimieren, und sie lassen sich auch relativ schwer vermarkten.

In diesem Beitrag soll versucht werden, die besondere Vermarktungsproblematik von Medienprodukten aus kommunikationstheoretischer Sicht zu beleuchten. Betriebswirtschaftliche Überlegungen bleiben aus diesem Grund weitgehend ausgeklammert. In einem ersten Schritt wird dargestellt, warum Medienangebote von den Nutzern sehr unterschiedlich verwendet werden können. In einem zweiten Schritt soll eine Strategie dargestellt werden, welche hilft, die Nutzungsambiguitäten von Medien einzuschränken und dabei deren Gebrauchswert für die Nutzer zu erhöhen.

2 Medien als Machwerke der Konsumenten

Die Akzeptanz durch das Publikum ist für den Erfolg eines Mediums von entscheidender Bedeutung. Auch wenn sich manche Medien zu einem großen Teil oder nahezu vollständig aus Werbeeinnahmen finanzieren, so bleibt doch auch in diesen Fällen der Erfolg auf dem Publikumsmarkt die Voraussetzung dafür, dass sich diese Erträge auf dem Werbemarkt erzielen lassen. Dies bedeutet, dass man bei der Frage nach der besonderen Problematik, Medien erfolgreich zu vermarkten, die Nutzungsentscheidung der Rezipienten analysieren muss.

Mediennutzungssituationen können sehr unterschiedlich sein. Üblicherweise gilt Mediennutzung als Niedrigkostensituation, die Ein- und Austrittskosten sind gering. Der potentielle Rezipient muss also häufig nur einen geringen Aufwand betreiben, um Medien zu nutzen, auch der Ausstieg aus der Mediennutzung, beziehungsweise der Wechsel auf ein anderes Angebot ist nicht aufwendig. Dies ist sicherlich für Hörfunk, Fernsehen oder das WorldWideWeb richtig. Dies kann bedeuten, dass die Mediennutzungsentscheidung eher unreflektiert fällt und dass man eine niedrige Frustrationsschwelle hat, bei der man auf ein anderes Angebot wechselt. Aus diesem Grund orientieren sich insbesondere die Programmmacher beim Radio daran, den Hörern keinen Anlass für das Um- oder Abschalten zu liefern. Beim Kinofilm dagegen ist die Nutzung ganz anders zu bewerten, hier muss der Rezipient einen finanziellen und zeitlichen Aufwand betreiben, um das Medium nutzen zu können, demzufolge ist es für ihn mit einem hohen Verlust verbunden, wenn er die Rezeption abbricht. Bei Zeitschriften, Tonträgern oder Büchern liegt die Besonderheit darin, dass der Kauf von der Nutzung abgetrennt ist. Kaufentscheidung und Nutzungsentscheidung sind also vom Aufwand her sehr unterschiedlich zu bewerten. Es ist sicherlich eine wesentlich aufwendigere Entscheidung, eine CD zu kaufen, als diese nach dem Erwerb zu nutzen.

Auch als Niedrigkostensituation muss die Entscheidung zur Nutzung eines Medium als ein einigermaßen komplexer Vorgang aufgefasst werden, in dem eine Reihe von Faktoren wirksam werden. Diese sind insbesondere für das Fernsehen umfangreich untersucht worden. Bedeutsam sind etwa das Angebot, die Information über das Angebot oder die soziale Situation, in der die Fernsehnutzung stattfindet (vgl. Büchner 1989; Vorderer 1992). Für die Programmwahl im Fernsehen (vgl. Webster/Wakshlag 1983; Heeter 1988; Heeter/Greenberg 1988; Doll/Hasebrink 1989) oder Hörfunk (vgl. Cohen 1988; Peters 2003) sind komplexe Modelle entwickelt worden, die eine Vielzahl von Faktoren einbeziehen. Unstrittig ist aber, dass die Bedürfnisse, Erwartungen und Wertehaltungen der Rezipienten eine entscheidende Rolle spielen.

In der wissenschaftlichen Erklärung von Mediennutzung haben die Bedürfnisse der Rezipienten im Rahmen des „Uses-and-Gratifications-Approach" (vgl. Katz/Blumler/Gurevitch 1974; Rosengren 1974; Palmgreen/ Wenner/Rosengren 1985; Scherer 1997) eine entscheidende Rolle gespielt. Dieser Ansatz kann als das Standardmodell gelten, mit dem die Kommunikationswissenschaft die Nutzensentscheidungen der Mediennutzer beschreibt. Erste Untersuchungen in diesem Kontext gab es schon in den 40er Jahren etwa zu den Motiven des Lesens (vgl. Waples/Berelson/Bradshaw 1940) oder des Hörens von Seifenopern im Radio (vgl. Herzog 1944).

Der Uses-and-Gratifications-Approach geht von einem aktiven Rezipienten aus, der seine Mediennutzungsentscheidungen zumindest teilweise bewusst trifft. Ein großer Teil der Mediennutzung ist demnach zielgerichtet (vgl. Katz/Blumler/Gurevitch 1974). Der Rezipient befriedigt durch Mediennutzung bestimmte Bedürfnisse. Katz, Blumler und Gurevitch (1973) haben eine Klassifizierung von medienbezogenen Bedürfnissen vorgenommen. Sie unterscheiden zwischen Information, Wissen und Verständnis, emotionale Erfahrungen, Unterhaltung, Glaubwürdigkeit, Vertrauen, Stabilität und Kontakt. Blumler (1979) unterscheidet drei Bedürfnisdimensionen: kognitive Bedürfnisse, Zerstreuung und persönliche Identität. McQuail (1983) differenziert zwischen Informationsbedürfnis, Bedürfnis nach persönlicher Identität, Bedürfnis nach Integration und sozialer Interaktion und dem Unterhaltungsbedürfnis. Rosengren (1974) grenzt vom Begriff Bedürfnis noch einmal den Begriff Problem ab. Probleme ergeben sich aus der Interaktion von Bedürfnissen mit intra- und extraindividuellen Charakteristika und der umgebenden Gesellschafts- und Medienstruktur. Man kann Probleme beschreiben als die spezifische Ausformung und Bewusstwerdung von Bedürfnissen in Abhängigkeit von den oben genannten Faktoren. Somit wären Bedürfnisse etwas allgemein menschliches, während Probleme individuell und situativ verschiedene Ausprägungen darstellen. Probleme werden wahrgenommen, Probleme sind handlungsrelevant, Probleme gilt es zu lösen. Motive stellen die Verbindung her zwischen Problemen und ihren Lösungen. Motive sind der Antrieb zur Handlung. In sie gehen Vorstellungen ein, wie sich das Problem lösen lässt. Die Kombination von wahrgenommenen Problemen und wahrgenommenen Lösungen ergibt das Motiv (vgl. Rosengren 1974, Drabczynski 1982). Die Motiviertheit zur Nutzung eines bestimmten Medienangebotes beruht also auf der Vorstellung des Rezipienten, dieses Angebot sei besonders geeignet, bestimmte individuell empfundene Probleme zu lösen beziehungsweise vorliegende Bedürfnisse zu befriedigen. Motive können also als erwartete Befriedigung definiert werden (vgl. Waples/ Berelson/Bradshaw 1940).

Die Entscheidung darüber, für welche Zwecke welche Medienangebote besonders geeignet sind, liegt beim Rezipienten und nicht beim Medium (vgl. Katz/Blumler/Gurevitch 1974). Hat ein Mensch die Vorstellung, dass die Nutzung eines bestimmten Medienangebots ein in einer bestimmten Situation vorliegendes Bedürfnis besonders gut befriedigen kann, dann wird er, falls er Gelegenheit dazu hat, dieses Medienangebot auch wahrnehmen. Gratifikationen sind der Nutzen, der sich für den Rezipienten aus der Mediennutzung ergibt (vgl. Drabczynski 1982). Gratifikationen erhält ein Rezipient also dann, wenn durch Mediennutzung ein Bedürfnis gestillt wurde beziehungsweise ein Problem gelöst wurde.

Erwartungen spielen im Uses-and-Gratifications-Ansatz eine zentrale Rolle (vgl. Katz/Blumler/Gurevitch 1974; Palmgreen/Wenner/Rosengren 1985). Diese wird in einer Variante des Uses-and-Gratifications-Ansatzes, dem Expectancy-Value-Approach (vgl. Palmgreen/Rayburn 1985), näher beschrieben. Die potentiellen Rezipienten müssen Erwartungen darüber haben, dass bestimmte Medieninhalte bestimmte Eigenschaften besitzen und dass sich durch die Nutzung dieser Medieninhalte bestimmte Folgen für den Nutzer ergeben. Diese Erwartungen basieren auf Erfahrungen mit dem betreffenden Medium beziehungsweise werden durch andere Medien oder andere Personen vermittelt. Zuwendung zu den Medien geschieht auf Basis dieser Erwartungen, von Vorstellungen also, ob das Medium in der Lage ist, die Gratifikation zu leisten, die der Mediennutzer sucht. Er muss also antizipieren, inwieweit das Medium seine Bedürfnisse befriedigen kann. Voraussetzung dafür, dass bestimmte Gratifikationen in den Medien gesucht werden, ist zum einen die Bewertung dieser Gratifikation als wichtig und zum anderen die Vorstellung, dass ein Medium diese Gratifikation leisten kann. Beide Elemente sind notwendig. So führt es nicht zur Suche nach Gratifikation durch ein Medium, wenn man zwar die Vorstellung hat, das Medium könne dies leisten, wenn diese Gratifikation aber nicht als wichtig bewertet wird. In der Mediennutzungssituation stellt der Nutzer nun fest, welche Gratifikationen er tatsächlich erhält. Diese Erfahrung geht dann in die Vorstellungen ein, welche Gratifikation ein bestimmtes Medium leisten kann. Erfahrung und Vorstellungen sind aber nicht dasselbe. Die Vorstellungen können sich auch aus anderen Quellen speisen, und sie können auch aus anderen Vorstellungen abgeleitet sein. Der Expectancy-Value-Ansatz ist ein dynamisches Modell zur Erklärung von Mediennutzung. Bei jeder Mediennutzung macht der Nutzer Erfahrungen, die in die Vorstellungen über die Gratifikationsleistungen dieser Medien eingehen.

Der Uses-and-Gratifications-Approach sagt also, dass die Beziehung zwischen bestimmten Medienangeboten und der Befriedigung bestimmter Bedürfnisse auf einer kognitiven Leistung des Rezipienten beruht. Er entwickelt Vorstellungen darüber, welche Medienangebote zur Lösung welcher Probleme besonders geeignet sind. Diese Erfahrungen können aber von Rezipient zu Rezipient sehr unterschiedlich sein und können auch für den einzelnen Rezipienten in unterschiedlichen Situationen sehr unterschiedlich ausfallen.

Menschen haben nicht immer und überall die gleichen Bedürfnisse. Vielmehr ist es hochplausibel anzunehmen, dass diese situativ variieren. Dies sollte auch für medienbezogene Bedürfnisse gelten. Am Ende eines stressigen, womöglich erfolglosen Arbeitstages bestehen andere Bedürfnisse als an einem entspannten Wochenendnachmittag. Somit ist es durchaus vorstellbar, dass identische Medieninhalte beim gleichen Rezipienten je nach Situation unterschiedliche Bedürfnisse befriedigen können, dass der Rezipient also je nach Situation sehr unterschiedliche Erfahrungen mit sehr ähnlichen Medienangeboten machen kann (vgl. Scherer/Schlütz 2002b).

Da für die Nutzungsentscheidung des Rezipienten die Vorstellungen relevant sind, die dieser sich vom Medienangebot macht und diese Vorstellungen (neben Informationen aus Rezensionen, Programmankündigungen oder persönlichen Gesprächen) vor allem auf früheren Erfahrungen mit einem Format beruhen, ist es für die Nutzungsentscheidung hochrelevant, wie Medieninhalte wahrgenommen werden. Wenn ein Rezipient einen Medienbeitrag nutzt, dann ist dieser für ihn ohne eigene Interpretationsleistung bedeutungslos. Die Bedeutung eines Beitrags wird wesentlich von der Informationsverarbeitung der Rezipienten bestimmt (vgl. Livingstone 1993). Medieninhalte sind Wirklichkeitsangebote für den Rezipienten, sie werden von diesem so interpretiert, dass sie für seine eigenen Handlungsintentionen und Zwecke Sinn ergeben (vgl. Teichert 1973). Damit kommt aber den Medieninhalten keine objektive Bedeutung mehr zu, sie sind für den Rezipienten vielmehr „interpretationsbedürftige Objekte". Somit sind die Rezipienten die eigentlichen Produzenten von Medienbotschaften (vgl. Renckstorf 1989).

Empirische Ergebnisse machen deutlich, dass die Abbilder der Medieninhalte im Bewusstsein der Rezipienten nicht mit diesen übereinstimmen. Ruhrmann (1989) stellt fest, dass bei der Nacherzählung von Nachrichten nur knapp 40 Prozent der Inhalte wiedergegeben werden. Auf der anderen Seite kann Früh (1992) zeigen, dass bei der Nacherzählung eines Medienbeitrags nur 59 Prozent des Inhalts tatsächlich aus dem Beitrag stammen. Die Nutzer lassen also Inhalte weg und fügen etwas hinzu. Früh (1992) unterscheidet drei Prozesse bei der Verarbeitung von Medieninhalten. Die Rezipienten vergessen schlicht manche Teile des Inhalts (Selektion), die verschiedenen Informationen werden miteinander vernetzt (Integration) und sie werden ergänzt (produktive Informationsverarbeitung) (vgl. Früh 1992). Diese Ergänzungen stammen etwa aus anderen Medienbeiträgen, Zusatzwissen und/oder personalen Quellen (vgl. Früh 1992). Aber nicht nur die Informationsmenge verändert sich, die Information wird auch anders strukturiert. Die Abbilder der Rezipienten vom Medieninhalt sind relativ komplexer als dieser. Die geringere Zahl an Informationen wird deutlich stärker vernetzt (vgl. Früh 1992).

Informationen werden also nicht nur ausgewählt, sie werden auch auf der Basis von Vorstellungen und Erwartungen bearbeitet (vgl. Brosius 1991). Die Informationsverarbeitung knüpft dabei an Vorhandenes an. Der Mensch ist im Gegensatz zu den Informationen kein unbeschriebenes Blatt. Er verfügt über Erfahrungen, Wissen und Vorstellungen, und diese kognitiven Elemente haben einen Einfluss auf die Art und Weise, wie Informationen verarbeitet werden. Lodge und McGraw (1991) zeigen am Beispiel eines einfachen Zeitungsartikels, wie viel Vorwissen zu dessen Verständnis nötig ist.

Um zu erklären, wie Menschen Medieninhalte verarbeiten, indem sie Vorwissen einbeziehen, greift man in der Kommunikationswissenschaft üblicherweise auf die Schema-Theorie zurück. Diese trägt dem Sachverhalt Rechnung, dass die Menschen in Kommunikationsprozesse nicht als unbeschriebenes Blatt eintreten, sondern dass sie mit einem Vorrat an Wissen und Erfahrungen versehen an die Dinge herangehen. Schemata sind kognitive Strukturen, sie sind ein organisiertes Set von Vorstellungen, die für einen bestimmten Bereich relevant sind (vgl. Kuklinski/Luskin/Bolland 1991). Sie basieren auf Erfahrungen und dienen der Organisation der Wahrnehmung der Realität (vgl. Lau 1986). Durch die Anwendung von Schemata werden Medieninhalte für den Nutzer bedeutungstragend. Schemata bieten eine Basis, durch die fehlende Information ergänzt werden kann. Schemata beeinflussen, welche Information aus dem Gedächtnis zur Verarbeitung hinzugezogen wird (vgl. Taylor/Crocker 1981; Conover/ Feldman 1984).

Für die Erinnerungs- und Verarbeitungsleistung ist es wichtig, mit welcher Motivation die Rezipienten die Medien nutzen und ob sie die Informationen als nützlich einstufen. Aus unterschiedlichen Nutzungsmotiven folgen andere Verarbeitungs- und Erinnerungsleistungen. So zeigt etwa Gantz (1978), dass Personen, die eine starke Motivation zur Aufnahme von Informationen haben auch tatsächlich mehr Informationen aufnehmen. Zu ähnlichen Ergebnissen kommen Rubin (1984), Atkinson/Wickens (1971) und Simon (1967). Schönbach und Eichhorn (1992) zeigen, dass Interesse eine größere Bedeutung für Lerneffekte durch die Massenmedien hat als die Häufigkeit und Auffälligkeit von einschlägigen Botschaften in den Medien. Wenn also das Ziel der Mediennutzung darin besteht, Wissen über einen bestimmten Zusammenhang zu erhalten, dann ist die Wahrscheinlichkeit größer, dass sich tatsächlich Lerneffekte einstellen. Das Ergebnis des Informationsverarbeitungsprozesses ist also abhängig von den Intentionen des Rezipienten.

Diese Erläuterungen veranschaulichen, wie subjektiv sich Rezipienten Medieninhalte aneignen können. Sie müssen aus diesem Grund auch unterschiedliche Vorstellungen vom Medieninhalt gewinnen und erhalten damit für zukünftige Nutzungsprozesse eine jeweils unterschiedliche Erwartungshaltung.

3 Die Eventisierungsstrategie

Bislang haben wir die Mediennutzung ausschließlich aus individueller Perspektive gedeutet und soziale Prozesse dabei vernachlässigt. Nach Blumer ist die Bedeutungszuweisung aber ein sozialer Prozess, da „die Bedeutung solcher Dinge aus der sozialen Interaktion, die man mit seinen Mitmenschen eingeht, abgeleitet ist oder aus ihr entsteht" (Blumer 1973). Aus den Handlungen anderer in Bezug auf ein Objekt leitet der Mensch dessen Bedeutung ab. Das heißt, man tauscht sich mit anderen aus, man nutzt zusätzliche Quellen, um sich ein Bild von den Medieninhalten zu machen. Für die Medienanbieter kann es deshalb eine viel versprechende Strategie sein, dafür zu sorgen, dass ihre eigenen Produkte selbst Medienaufmerksamkeit erhalten und damit zum Tagesgespräch werden. Dies hat im Wesentlichen zwei Vorteile: zum einen werden damit die unterschiedlichen Deutungsweisen kanalisiert. Die Möglichkeit, ein bestimmtes Medienangebot mit einer bestimmten Bedeutung zu versehen und ihm damit ein klar definiertes Nutzenprofil zu geben, wird erhöht, wenn der Rezipient bei seiner Auseinandersetzung mit diesem Angebot aus verschiedenen Quellen mit ähnlichen Inhalten versorgt wird und wenn damit erreicht wird, dass bei unterschiedlichen Rezipienten ähnliche Verarbeitungsprozesse ablaufen. Zum anderen wird der Nutzwert für den einzelnen Nutzer erhöht. Nimmt er solch einen Event wahr, findet er verbesserte Möglichkeiten zum sozialen Austausch und zur sozialen Integration. Er kann sich als Teil einer großen Fangemeinde fühlen und hat mehr Anknüpfungspunkte für Gespräche. So bekommt etwa ein Film oder eine Fernsehshow den Charakter eines Medienereignisses, von dem man sagt, „das muss man gesehen haben".

Es hat sich inzwischen bei den Medienorganisationen durchgesetzt, dass in der Eventisierung eine Erfolg versprechende Strategie liegen kann. So erklärt sich, dass immer häufiger versucht wird, Medienangebote als Events zu vermarkten. Dafür bieten sich insbesondere große Fernsehereignisse oder Kinofilme an, was sich an einem aktuellen Beispiel gut beobachten lässt. Ein durchwegs harmloses Filmchen wird zum Kassenknüller des Jahres 2004 in Deutschland: „Traumschiff Surprise". Sichtbar wird an diesem Szenarium, wie zentral es für die Vermarktung von Medienprodukten heute ist, einen ganzen Kranz von Kommunikationsaktivitäten zu entfalten und sich mit anderen Medien sinnvoll zu vernetzen. Natürlich nutzt der Regisseur Bully Herbig seinen Fernseherfolg und ganz selbstverständlich bindet er den Pro-Sieben-Kollegen Stefan Raab ein. Ein wichtiges Mittel sind Auftritte in anderen Medienprodukten, vor allem in Talk-Shows. Diese bieten gerade für die Vermarktung von Medienprodukten eine hervorragende Plattform. Die Talk-Show ist an prominenten Gästen interessiert und bietet gewissermaßen im Tausch redaktionelle Sendezeit, in deren Rahmen hemmungslos Werbung für das eigene Medienprodukt gemacht werden kann („Du hast ja auch einen Ausschnitt aus deinem neuen Film mitgebracht").

Im Folgenden sollen die theoretischen Voraussetzungen von Eventisierungsstrategien kurz diskutiert werden. Der Schlüssel für den Erfolg von Medienprodukten sind die aktuellen Medien. Es kommt zentral darauf an, mit seinem Medienprodukt zu einem Medienthema zu werden. Damit dies gelingen kann, müssen die sich die Protagonisten selbst mediengerecht inszenieren und das mediale Produkt muss genügend Anknüpfungspunkte für Berichterstattung bieten; man muss Ereignisse mit Nachrichtenwert schaffen.

In der Kommunikationswissenschaft spricht man von Media Events (vgl. Dayan/Katz 1996), Pseudoereignissen (vgl. Boorstin 1987; Kepplinger 1992) oder inszenierten Ereignissen (vgl. Donsbach/Brosius/Mattenklott 1993). „Inszenierte Ereignisse [...] (sind) solche, die speziell für Medienberichterstattung beziehungsweise für bestimmte Wirkungsziele inszeniert wurden. [...] Sie haben zwar häufig ein Live-Publikum, ihr Ziel ist aber ein Medienprodukt, das durch darstellungstechnische und inszenatorische Mittel bewusst von dem abweicht, was Live-Zuschauer im Studio oder in einer Halle sehen und erleben können" (Boorstin 1987). Diese Ereignisse geschehen nicht spontan, sie werden geplant, angeregt oder arrangiert, sie sind dramatischer, sie sind besser planbar, weniger bleibt dem Zufall überlassen. Sie werden so inszeniert, dass Journalisten möglichst umfangreich und positiv darüber berichten. Einen Sonderfall bilden medieninszenierte

Pseudoereignisse. Dies sind Ereignisse, die von den Medien selbst inszeniert werden. Dies sichert dem Ereignistyp zum einen mediale Aufmerksamkeit, zum anderen bieten sie für die Medien den Vorteil, dass sie sich vollständig nach Gesichtspunkten der Mediengerechtigkeit inszenieren und planen lassen.

Der zentrale Aspekt von Media Events ist ihr hoher Nachrichtenwert. Die Idee, dass bestimmte Merkmale von Ereignissen entscheidend dafür sind, dass sie die medialen Selektionsschranken überwinden und zur Nachricht werden, geht zurück auf Lippmann (1922). Nachrichtenfaktoren sind die Kriterien, die ein Ereignis erfüllen muss, um zur Nachricht zu werden. Diese Kriterien sind Ungewöhnlichkeit (Überraschung, Sensationalismus), Etablierung, zeitliche Begrenzung und die Konsequenzen des Ereignisses. Östgard (1965) integrierte als erster Nachrichtenfaktoren in ein komplexes Modell. Er unterschied externe Nachrichtenfaktoren (Einflüsse von Regierungen, Agenturen oder Eigentümern) von internen Faktoren (Aspekte von Nachrichten). Am prominentesten ist aber sicherlich der Ansatz von Galtung und Ruge (1965) geworden. Auch sie gehen davon aus, dass die Nachrichtenauswahl der Medien im Wesentlichen dem Modell der menschlichen Wahrnehmung entspricht. Sie unterscheiden zwölf Nachrichtenfaktoren:

- Frequenz,
- Schwellenfaktor (absolute Intensität, Intensitätszunahme),
- Eindeutigkeit,
- Bedeutsamkeit (kulturelle Nähe, Betroffenheit, Relevanz),
- Konsonanz (Erwartung, Wünschbarkeit),
- Überraschung (Unvorhersehbarkeit, Seltenheit),
- Kontinuität,
- Variation,
- Bezug auf Elite-Nation,
- Bezug auf Elite-Personen,
- Personalisierung sowie
- Negativismus.

Negativismus kann als der verlässlichste Nachrichtenwert gelten. Getreu dem Motto „Only bad news are good news" präferieren Journalisten bei ihren Selektionsentscheidungen negative Nachrichten. Somit gehört der Skandal zum klassischen Repertoire um mediale Aufmerksamkeit zu erzeugen. Auch Medien nutzen dieses Mittel gerne, etwa indem sie vorgeblich Tabus brechen. So unterstellt Spiegel-Online dem Produzenten des Hitlerfilms „Der Untergang" den „kalkulierten Tabubruch" (vgl. Borcholte 2004).

Journalisten reagieren aber keineswegs automatisch auf der Basis eines einfachen Reiz-Reaktionsschemas auf den Nachrichtenwert von Ereignissen, sie gehen durchaus aktiv damit um. Schulz (1976) hat die Nachrichtenwerttheorie weiterentwickelt und sie vor allem auf eine andere erkenntnistheoretische Basis gestellt. Nach Schulz sind Nachrichtenwerte keine Eigenschaften von Ereignissen, sondern journalistische Theorien über die Realität. Damit können Nachrichtenfaktoren als kognitive Schemata der Journalisten angesehen werden, auf deren Basis sie eingehende Informationen verarbeiten.

Wie aktiv Journalisten eingehende Informationen verarbeiten, ist in der PR-Forschung zu einem Thema geworden. Es zeigt sich, dass bei unterschiedlichen Ereignissen Journalisten ganz unterschiedliche Aktivität gegenüber PR-Geschehnisse entwickeln. So machen Barth und Donsbach (1992) deutlich, dass Journalisten bei Routineangelegenheiten PR-Vorgaben relativ unverarbeitet übernehmen, dass sie ihre Eigenleistung bei Krisenereignissen aber erheblich steigern (vgl. Szyszka 1997). So lange also der Nachrichtenwert eher niedrig anzusiedeln ist, verlassen sich die Journalisten auf die PR. Ist der Nachrichtenwert aber hoch, liegt ein besonders negatives Ereignis vor, dann verlieren die PR-Akteure häufig ihre Gestaltungsmöglichkeiten gegenüber den Journalisten. Diese verarbeiten PR-Quellen intensiv und sie suchen sich zusätzliche Informationen (vgl. Mathes/ Gärtner/Czaplicki 1991).

Wenn wir davon ausgehen, dass Nachrichtenwerte die kognitiven Strukturen darstellen, welche die journalistische Weltinterpretation leiten, und wenn wir annehmen, dass PR-Profis diese Strukturen kennen und antizipieren und wir überdies davon ausgehen, dass die Journalisten dies wissen, dann entsteht ein komplexes Geflecht wechselseitiger Erwartungen, durch das sich die Entstehung der Medienrealität beschreiben lässt. Dieses Geflecht lässt sich mit Hilfe der Nachrichtenfaktoren beschreiben und analysieren. Die Nachrichtenwerttheorie kann als Leitidee verwendet werden um zu zeigen, wie der Journalismus mit seiner Umwelt interagiert (Scherer/Schlütz 2002a).

Medien sind im hohen Maße selbstreferentiell. Das heißt, sie beziehen sich in ihrer Berichterstattung weniger auf eine außermediale Realität, sondern vor allem auf Medienberichterstattung selbst. So wird bei einem Ereignis, das eine ausgeprägte Vorberichterstattung gefunden hat, diese Vorberichterstattung zur Schablone für die folgende Nachberichterstattung werden (Scherer/Schlütz 2002a). Die Untersuchung von Halloran, Elliott und Murdock (1970) zeigt solche Prozesse anschaulich auf: In diesem Beispiel hatten die Medien vor einer Vietnamdemonstration einen Erwartungsrahmen aufgebaut, sie haben das Bild von einer gewalttätigen Konfrontation zwischen Demonstranten und Sicherheitskräften vorgezeichnet. Dieser Erwartungsrahmen bestimmte nun das Verhalten der Medien am Ereignistag.

Journalistische Beobachter wurden vor allem an den Punkten eingesetzt, wo man in besonderer Weise mit Gewalttaten rechnete und die Journalisten haben vor allem auf Gewaltereignisse geachtet. Obwohl die überwiegende Mehrzahl der Demonstranten friedfertig war, wurde in der Medienberichterstattung vor allem der Gewaltaspekt betont. „The event-as-news thus became a self-fulfilling prophecy" (Halloran/Elliott/Murdock 1970). Auch die Ergebnisse von Scherer und Schlütz (2002a) zur medialen Rekonstruktion der deutschen Vorentscheidung zum European Song Contest bestätigt, dass die in der Vorberichterstattung entwickelten Erwartungen die Live-Berichterstattung und die Nachberichterstattung deutlich geprägt haben. Mehr noch, es wurde offensichtlich, dass die Veranstalter des Ereignisses dieses in seiner Gestaltung an die in der Vorberichterstattung formulierten medialen Erwartungen angepasst haben.

Die im Vorfeld formulierten Erwartungen und die Berichterstattung nach dem Event müssen sich in solchen Fällen nicht unbedingt eins-zu-eins entsprechen. Die Erwartungen etablieren aber in gewisser Weise Maßstäbe, an denen das Ereignis gemessen wird. So hätten die Medien im obigen Beispiel auf eine vollkommen friedfertige Demonstration wohl mit der Beurteilung reagiert, dass die Demonstration überraschend friedfertig gewesen sei.

Diese Überlegungen sollten deutlich gemacht haben, dass der Versuch, für Medienereignisse mediale Resonanz zu finden, für diese nicht ohne Konsequenzen bleiben kann. Die Medienereignisse müssen Merkmale aufweisen, die sie zu berichterstattenswerten Ereignissen machen. Somit werden sich immer nur bestimmte Medienangebote für diesen Prozess eignen. Prominenz, Tabubrüche und Skandale sind normalerweise die Ingredienzien, die aus einem einfachen Medienangebot ein Medienereignis mit hohem Berichterstattungswert machen.

4 Zusammenfassung

Ausgangspunkt des Beitrags war die Überlegung, dass Medienangebote vor einer besonderen Vermarktungsproblematik stehen. Zumindest ein Teil des Problems liegt darin begründet, dass Medien keinen objektiven Nutzen haben. Zwar dienen sie der Bedürfnisbefriedigung, aber die verschiedenen Bedürfnisse der Nutzer können bei gleichen Medienangeboten unter Umständen sehr unterschiedlich befriedigt werden. Dies macht es aber schwer vorherzubestimmen, wie die Nutzer auf bestimmte Angebote reagieren und es erschwert in hohem Maße eine adäquate werbliche Ansprache. Eine Möglichkeit, dieses Problem zu überwinden liegt darin, Medienangebote zum Medienevent zu stilisieren. Damit kann es gelingen, die Nutzenvorstellungen des Zielpublikums zu kanalisieren und damit ein klares Nutzenprofil zu etablieren. Außerdem kann auf diese Weise einen Mehrwert geschaffen werden. Wenn das Medienangebot zum Medienereignis wird, dann besteht ein Nutzen schon darin, dass man an einem kollektiven Ereignis teilnimmt und vielfältige Anknüpfungspunkte für soziale Interaktionen gewinnt. Ein Medienangebot kann aber nur dann zum Medienereignis werden, wenn andere Medien umfangreich darüber berichten. Dies bedeutet aber, dass das Angebot so gestaltet werden muss, dass es einen herausgehobenen Nachrichtenwert hat. Dieser kann durch Skandalisierung, Tabubrüche oder große Prominenz erreicht werden.

Literaturverzeichnis

Atkinson, RC/Wickens, TD (1971) Human Memory and the Concept of Reinforcement, in: Glaser, R. (Hrsg.) The Nature of Reinforcement, New York – London, S. 66–120.
Barth, H/Donsbach, W. (1992) Aktivität und Passivität von Journalisten gegenüber Public Relations – Fallstudie am Beispiel von Pressekonferenzen zu Umweltthemen, in: Publizistik 37 (1992), 151–165.
Blumer, H. (1973) Der methodologische Standort des symbolischen Interaktionismus, in: Arbeitsgruppe Bielefelder Soziologen (Hrsg.) Alltagswissen, Interaktion und gesellschaftliche Wirklichkeit. Bd 1: Symbolischer Interaktionismus und Ethnomethodologie, Reinbek bei Hamburg 1973, S. 80–146.
Blumler, J.G. (1979) The Role of Theory in Uses and Gratifications Studies, Communication Research (6/1979), S. 9–36.
Boorstin, D.J. (1987) Das Image: Der Amerikanische Traum, Reinbek 1987.
Borcholte, A. (2004) Der Untergang. Die unerzählbare Geschichte, im Internet: http://www.spiegel.de/kultur/kino/0,1518,318031,00.html, 15.09.2004.
Brosius, H.B. (1991) Schema-Theorie – ein brauchbarer Ansatz in der Wirkungsforschung? Publizistik 36 (1991), S. 285–297.
Büchner, B. (1989) Der Kampf um die Zuschauer, München 1989.
Cohen, E.E. (1988) A Model of Radio Listener Choice, Dissertation Michigan State University, East Lansing/MI 1988.
Conover, P.J./Feldman, S. (1984) How People Organize the Political World: A Schematic Model, in: American Journal of Political Science 28 (1984), S. 95–126.

Dayan, D./Katz, E. (1996) Media Events: The live broadcasting of history, 3. Aufl., Cambrindge/MA, 1996.

Doll, J./Hasebrink, U. (1989) Zum Einfluß von Einstellungen auf die Auswahl von Fernsehsendungen, in: Groebel, J/Winterhoff-Spurk, P. (Hrsg.) Empirische Medienpsychologie, München 1989, S. 45–63.

Donsbach, W./Brosius, H.B./Mattenklott, A. (1993) Die zweite Realität: Ein Feldexperiment zur Wahrnehmung einer Wahlkampfveranstaltung durch Teilnehmer und Fernsehzuschauer, in: Holtz-Bacha, C./Kaid, L.L. (Hrsg.) Die Massenmedien im Wahlkampf: Untersuchungen aus dem Wahljahr 1990, Opladen 1993, S. 104–143.

Drabczynski, M. (1982) Motivationale Ansätze in der Kommunikationswissenschaft. Theorien, Methoden, Ergebnisse, Berlin 1982.

Früh, W. (1992) Realitätsvermittlung durch Massenmedien. Abbild oder Konstruktion? in: Schulz, W. (Hrsg.) Medienwirkungen. Einflüsse von Presse, Radio und Fernsehen auf Individuum und Gesellschaft. Untersuchungen im Schwerpunktprogramm „Publizistische Medienwirkungen", Weinheim, S. 71–90.

Galtung, J/Ruge, M.H. (1965) The Structure of Foreign News. The Presentation of the Congo, Cuba, and Cyprus Crisis in Four Norwegian Newspapers, in: Journal of Peace Research 2 (1965), S. 64–91.

Gantz, W. (1978) How Uses and Gratifications Affect Recall of Television News. Journalism Quarterly 55 (1978), S. 664–672, 681.

Halloran, J.D./Elliott, P./Murdock, G. (1970) Demonstrations and Communication: a Case Study, Harmondsworth 1970.

Heeter, C. (1988) The Choice Process Model, in: Heeter, C./Greenberg, B. (Hrsg.) Cableviewing, Norwood/NJ 1988, S. 11–13.

Heeter, C./Greenberg, B. (1988) A Theoretical Overview of the Program Choice Process, in: Heeter, C./Greenberg, B. (Hrsg.) Cableviewing, Norwood/NJ 1988, S. 33–50.

Herzog, H. (1944) What Do We Really Know About Daytime Serial Listeners? in: Lazarsfeld, P.F./Stanton, F.N. (Hrsg.) Radio Research 1942–1943, New York 1944, S. 3–33.

Katz, E./Blumler, J.G./Gurevitch, M. (1974) Utilization of Mass Communication by the Individual, in: Blumler, J.G./Katz, E. (Hrsg.) The Uses of Mass Comminications. Current Perspectives on Gratifications Research, Beverly Hills – London, S. 19–32.

Katz, E./Gurevitch, M./Haas, H. (1973) On the Use of the Mass Media for Important Things, in: American Sociological Review 38 (1973), S. 164–181.

Kepplinger, H.M. (1992) Ereignismanagement: Wirklichkeit und Massenmedien, Zürich 1992.

Kuklinski, J.H./Luskin, R.C./Bolland, J. (1991) Where is the Schema? Going Beyond the "S" Word in Political Psychology, in: American Political Science Review 85 (1991), S. 1341–1356.

Lau, R.R. (1986) Political Schemata, Candidate Evaluations, and Voting Behavior, in: Lau, R.R./Sears, D.O. (Hrsg.) Political Cognition. The 19th Annual Carnegie Symposium on Cognition, Hillsdale 1986, S. 95–126.

Lippmann, W. (1922) Public Opinion, New York 1922.
Livingstone, S.M. (1993) The Rise and Fall of Audience Research: An Old Story With a New Ending, in: Journal of Communication 43 (1993), S. 5–12.
Lodge, M./McGraw, K.M. (1991) Where is the Schema? Critiques, in: American Political Science Review 85 (1991), S. 1357–1364.
Mathes, R./Gärtner, H.D./Czaplicki, A. (1991) Kommunikation in der Krise – Autopsie eines Medienereignisses: Das Grubenunglück von Borken, Frankfurt 1991.
McQuail, D. (1983) Mass Communication Theory. An Introduction, London 1983.
Östgard, E. (1965) Factors influencing the flow of news, in: Journal of Peace Research 2 (1965), S. 39–63.
Palmgreen, P./Rayburn, J.D. (1985) An Expectancy-Value Approach to Media Gratifications, in: Rosengren, K.E./Wenner, L.A./Palmgreen, P. (Hrsg.) Media Gratifications Research. Current Perspectives, Beverly Hills etc., S. 61–72.
Palmgreen, P/Wenner, L.A./Rosengren, K.E. (1985) Uses and Gratifications Research: The Past Ten Years, in: Rosengren, K.E./Wenner, L.A./Palmgreen, P. (Hrsg.) Media Gratifications Research. Current Perspectives, Beverly Hills etc., S. 11–37.
Peters, L. (2003) Von Welle zu Welle. Umschalten beim Radiohören. Band 16 der Schriftenreihe der Niedersächsischen Landesmedienanstalt, Berlin 2003.
Renckstorf, K. (1989) Mediennutzung als soziales Handeln. Zur Entwicklung einer handlungstheoretischen Perspektive der empirischen (Massen-) Kommunikationsforschung, in: Kaase, M./Schulz, W. (Hrsg.) Massenkommunikation. Theorien, Methoden, Befunde, Sonderheft 30 Kölner Zeitschrift für Soziologie und Sozialpsychologie, Köln 1989, S. 314–336.
Rosengren, K.E. (1974) Uses and Gratifications: A Paradigm Outlined, in: Blumler, J.G./Katz, E. (Hrsg.) The Uses of Mass Communication. Current Perspectives in Gratifications Reserach, Beverly Hills – London 1974, S. 269–286.
Rubin, A.M. (1984) Ritualised and Instrumental Television Viewing, in: Journal of Communication 34 (1984), S. 67–77
Ruhrmann, G. (1989) Rezipient und Nachricht. Struktur und Prozeß der Nachrichtenrekonstruktion, Opladen 1989.
Scherer, H. (1997) Medienrealität und Rezipientenhandeln. Zur Entstehung handlungsleitender Vorstellungen, Wiesbaden 1997.
Scherer, H./Schlütz, D. (2002a) Das inszenierte Medienereignis. Die verschiedenen Wirklichkeiten der Vorausscheidung zum Eurovision Song Contest in Hannover 2001, Köln 2002.
Scherer, H./Schlütz, D. (2002b) Gratifikation à la minute: Die zeitnahe Erfassung von Gratifikationen, in: Roessler, P./Kubisch, S./Gehrau, V. (Hrsg.) Empirische Perspektiven der Rezeptionsforschung, München 2002, S. 133–151.
Scherer, H. (2002) Die Nutzer erfinden die Medien. Ein Essay zur Entwicklung medialer Gebrauchsweisen, in: Rudel, A. (Hrsg.) Zwischen Technik und (Er)-Leben: der Faktor Mensch. Herausforderungen und Chancen im Bereich IT/Mulitmedia, Hannover 2002, S. 192–201.
Schönbach, K./Eichhorn, W. (1992) Medienwirkungen und ihre Ursachen. Wie wichtig sind Zeitungsberichte und Leseinteressen? Konstanz 1992.

Schulz, W. (1976) Die Konstruktion von Realität in den Nachrichtenmedien, Freiburg – München 1976.

Simon, H.A. (1967) Motivational and Emotional Controls of Cognition, in: Psychological Review 74 (1967), S. 29–39.

Szyszka, P. (1997) Bedarf oder Bedrohung? Zur Frage der Beziehungen des Journalismus zur Öffentlichkeitsarbeit, in: Bentele, G./Haller, M. (Hrsg.) Aktuelle Entstehungen von Öffentlichkeit. Akteure – Strukturen – Veränderungen, München 1997, S. 209–224.

Taylor, S.E./Crocker, J. (1981) Schematic Bases of Social Information Processing, in: Higgins, E.T./Herman, C.P./Zanna, M.P. (Hrsg.) Social Cognition: The Ontario Symposium 1, Hillsdale 1981, S. 89–134.

Teichert, W. (1973) „Fernsehen" als soziales Handeln (II). Entwürfe und Modelle zur dialogischen Kommunikation zwischen Publikum und Massenmedien, in: Rundfunk und Fernsehen 21 (X/1973), S. 356–382.

Vorderer, P. (1992) Fernsehen als Handlung. Fernsehfilmrezeption aus motivationspsychologischer Perspektive, Berlin 1992.

Waples, D./Berelson, B./Bradshaw, F.R. (1940) What Reading Does to People. A Summary of Evidence on the Social Effects of Reading and a Statement of Problems for Research, Chicago 1940.

Webster, J.G./Wakshlag, J.J. (1983) A Theory of Television Program Choice, in: Communication Research 10 (1983), S. 430–446.

Sechstes Kapitel: Das Rechnungswesen

Interview mit Robert G. Picard

Prof. Robert G. Picard, Jönköping International Business School, Jönköping (Schweden)

What is from your individual point of view the most important question media management in day-to-day practice has to deal with?

The biggest question is how to keep viewers, listeners, or readers loyal to the particular channel or publication. This must be central to all decisions in media companies, and managers need to take long-term rather than short-term approaches in answering the question. Finding the correct answer will involve determining how to best serve audience needs and interests, how to engage them, and how to maintain their trust.

What is the most important answer media management in theory has given in the last year?

I believe that it has helped to explain the inertia and resistance to change that is plaguing public service broadcasters and newspapers and the failures of strategic vision in those organizations. Media management analyses and theories have shown that these kinds of socially oriented organizations cannot respond to the technical, regulatory, and economic changes and pressures they are experiencing unless they reconsider their core activities and roles in society, carefully control the breadth of services they provide, and acquire strong leaders who can develop new visions and gain both internal and external support that allows them to find new avenues for serving audiences and society in the twenty-first century.

Do advertisers need to collect even more information on target groups in order to keep advertising attractive for their customers?

Advertising is one form of marketing and advertising expenditures relative to expenditures for the other types of marketing are declining because the effectiveness of mass mediated advertising is declining. This is occurring because the number of media and choices among media units are increasing, because audiences are fragmenting, and because customers are finding ways to avoid and ignore advertising messages.

The result is that many advertisers no longer consider mass media advertising as useful as before and are beginning to show preferences for advertising and marketing efforts that target specific consumers more directly. For that kind of personalized marketing or advertising to take place, greater information about the lifestyles, attitudes, and consumer behavior is necessary. This, of course, presents significant social issues involving privacy.

Will advertising survive the introduction of Digital Video Recorders (DVRs, for example TiVo) as primary funding source for U.S. television?

Yes and no. The introduction of devices to avoid advertising will lead to some portion of the audience to opt out of streamed advertising some of the time. Studies of television behavior, however, show that much viewing is habitual, somewhat irrational, and based on least effort in selection and viewing. So it is likely that some advertising channels will survive. However, some channels where viewing tends to be on a programme-selected basis will encounter greater difficulty.

The development of programme stream control devices, however, will not lead to an end of advertising and marketing. It can be expected to lead to advertising fed by the control devices and increased sponsorship, product placement, and other forms of advertising within the programmes themselves. This may lead to new types of advertising (scrolled under the programme, for example), but non-subscribed channels will find ways to maintain a commercial revenue stream.

How do you see the professionalism in the media industry and how would you measure the professionalism of a media company?

In general I rate professionalism of management below average in that many managers have very narrow views of the products and services they provide, how their products and services related to those of other media and communication firms, and how consumer markets operate. This problem is somewhat natural because the converging nature of media and the arrival of disruptive technologies bring challenges to them that they have never before experienced. Because most media executives grew from within their industries, with little formal management education or business experience, their understanding of markets, competition, and business strategy is limited.

Current pricing models comprise the mode of delivery of information, that means the concrete medium. Can this be maintained with converging media or will the relevance/importance of information determine its price?

Media pricing has always been somewhat irrational and based more on belief in its effectiveness than on clear, strong evidence that advertising itself or advertising in a particular medium or outlet was superior. Even before convergence it was clear that different media served different advertising objectives in different ways and advertisers tended to use advertising mixes to obtain results so the degree of price competition among media has been low. Prices have been traditional set more on industry norms than through demand or target return pricing methods.

The basic methods used for ad pricing will continue in the converged environment although media houses will offer single-stop purchases that involve multiple, converged media and messages. In online-only advertising (probably extending to interactive TV in the future), advertising itself will become free but a fee for transaction generated will likely become the norm.

Scandinavian countries rank among the highest newspaper readerships in the world (Norway ranks number 1). At the same time, Scandinavian newspapers are recognized worldwide for their journalistic quality and innovation, but they are also facing a growing competition. Which is the specific Scandinavian interdependence between demand, competition, and quality?

I believe the primary factor is cultural. Reading has been an important part of the culture because of the historical importance of reading in Protestantism, in democratic movements, and in labor movements. These developed a culture of belief in the written word and demands for professionalism and quality that are now deeply rooted in society and backed up by professional norms and requirements.

There is a history of strong newspaper competition in the region and, despite that competition, the quality and trust in media remained high. This goes against arguments in some nations that competition is the root of poor quality. The demands of readers, the strategies and responses of newspaper owners and journalists, and the expectations of society are all important issues when quality is involved.

Is there a difference between American and European media companies regarding the influence of external interest groups?

It has been my observation that both are influenced by external interest groups but that the sources and amount of influence differ somewhat.

The strongest influence on American media seems to be that of commercial influences, particularly advertisers and other major companies. Because the level of dependence on advertising revenue is high or total in commercial television, radio and press, advertiser's choices of where to place their advertisements lends itself to both subtle and raw use of that influence. The influence of social interests groups is far less strong in the short term but has some effect over time. Because social interest groups are fragmented and have little economic power (even media boycotts tend not to work significantly), their influence is lower unless unique circumstances exist or they are able to join with other external interests (advertisers, government, et cetera) to increase pressures on media.

The power of advertisers in Europe is growing as media are increasingly commercialized and there is a stronger tradition of external influences from employees, social and political organizations, and non-governmental organizations. In some nations these are not fully external, but such groups are represented on governance boards and in other forums.

The level of influence from government appears similar on both sides of the Atlantic. In both, American and European cases, it seems to be exercised primarily through regulatory mechanisms and through sophisticated use of public relations and propaganda opportunities presented by the professional norms of journalism and public affairs media.

Please tell us which theory is most relevant in your research of media management. Which is the most applicable theory for managers?

I don't believe that any single theory is most relevant.

What (else) should a student in the field of media management learn?

Everything. Business and management are about people, society, and behavior. One cannot be narrowly educated and become fully successful.

The behavioral sciences (psychology, sociology, anthropology, communication, et cetera) provide important understanding of people, organizations, and society that are crucial. Business studies provide knowledge about strategy and effective organizational processes. Arts and graphics provide important information about perception and communication through visual design. Economics provides needed understanding of relationships between media and their customers and forces in production and distribution. History and political science provide lessons from the past and means for dealing with contemporary issues of regulation and policy.

Learning cannot stop when the student leaves the university, but must continue for their entire lives.

Kalkulation – Kalkulationsmethodik und Modelle für Medienprojekte

Guido Leidig

1 Einführung 843

2 Ausgangssituation und Grundlagen 844
    2.1 Problemfelder 844
    2.2 Voraussetzungen 844
    2.3 Anforderungen 845
    2.4 Bausteine 845

3 Kalkulations-Systematik 847
    3.1 Strukturelemente 847
    3.2 Kalkulationsformulare 850
    3.3 DV-Umsetzung 852

4 Beispielkalkulation: Internet-Web-Banner 852

5 Zusammenfassung 856

Literaturverzeichnis 856

Vorschau

Kalkulations-Systematik für Medienprojekte

Der Beitrag stellt dar, weshalb eine Kalkulationssystematik im Multimediabereich notwendig ist, wie eine solche Systematik aufgebaut ist und wie sie im Unternehmen implementiert wird. Die vorgestellte Systematik ist generell anwendbar und betriebsindividuell anpassbar.

Platzkostenrechung (PKR)

Die Platzkostenrechung beantwortet die Frage, wo und in welcher Höhe während der Planungsperiode nicht unmittelbar den Endprodukten zurechenbare Gemeinkosten anfallen.

Personal- und Kapitalkostenberechnung

Der Beitrag zeigt beispielhaft die zur Platzkostenrechung notwendige Berechnung der Personal- und Kapitalkosten.

Prozessbasierte Kalkulation

Die prozessbasierte Kalkulations-Systematik eröffnet die Möglichkeit zu entscheiden, welche Projektteile aus Kosten- beziehungsweise Leistungsgründen intern oder extern zu erstellen sind. Sie berücksichtigt die Stärken und Schwächen des Unternehmens. Gleichzeitig trägt sie der Tatsache Rechnung, dass Medienproduktionen eine hohe Dynamik aufweisen.

Beispielkalkulation (Web-Banner)

In dem Beitrag wird eine Multimediakalkulation am Beispiel einer Kalkulation für eine Web-Banner-Erstellung exemplarisch durchgeführt.

1 Einführung

Die Kalkulation von Non-Print-Medienprojekten (Multimediaprodukten) stellt aus betriebswirtschaftlicher Sicht noch ein weitgehend unbekanntes Feld dar (vgl. Franz/Franz 1998; Leidig 1998a, S. 158; Leidig 1998b, S. 15; Leidig et al. 1999; Leidig et al. 2003). In diesem neuen, sich ständig verändernden Geschäfts- und Produktionsfeld (vgl. Leidig 2002b, S. 121; Imam 2002, S. 265; Smets 2002, S. 281) gibt es nur bedingt qualifizierte Verfahren zur Bestimmung von Kosten- und Leistungswerten. Jedoch ist der Differenzierungsgrad der Kalkulation keine Frage des persönlichen Geschmacks, sondern eine betriebswirtschaftlich gebotene Notwendigkeit. Eine Möglichkeit, um dieses Problemfeld (vgl. Breyer-Mayländer/Werner 2003; Gerpott 1996, S. 15; Imam 2002, S. 265; Smets 2002, S. 281) systematisch in den Griff zu bekommen, ist die einer prozessbasierten, mit Komplexitätsfaktoren arbeitenden Vorgehensweise.

Denn die Produktion setzt sich aus einer Vielzahl wertschöpfender Einzeldienstleistungen zusammen. Für potentielle Auftraggeber ist es daher von besonderer Wichtigkeit und somit zugleich ein zentraler Aspekt bei der Auftragsvergabe, dass der Dienstleister höchstmögliche Kostentransparenz in seinen Angeboten erzeugt.

Mit jeder Entwicklungsphase dieses Marktsegments bekommt die Frage des Kostenmanagements und der Kalkulation nicht nur einen anderen „Klang" – es verändern sich auch die Rahmenbedingungen (vgl. Leidig 2002b, S. 121). Unternehmen, die nicht in der Lage sind, sich flexibel auf die Wunschmentalität der kostensensiblen Klientel einzustellen, laufen Gefahr, sich – nach dem ohnehin mühsamen Einstieg – aus diesem Marktsegment per Kalkulation selbst zu eliminieren. Um das zu verhindern, benötigt man einerseits entsprechende Kostenrechnungssysteme sowie andererseits eine die Realität abbildende und praktikable Kalkulations-Systematik im Rahmen des Projekt-Management (vgl. Schifman/Heinrich 2000).

Die im Folgendem vorgestellte Kalkulations-Systematik trägt deshalb der Tatsache Rechnung, dass die Produktion eine überaus hohe Dynamik aufweist, sowohl hinsichtlich Technologien als auch Servicegraden.

2 Ausgangssituation und Grundlagen

2.1 Problemfelder

Die Kalkulation von Multimediaprojekten ist mit einer Vielzahl von Problemen verbunden – Problemen, die nicht isoliert, sondern im Verbund auftreten, da sie miteinander vernetzt sind (Dynaxität). Die Ermittlung von Kosten beziehungsweise Leistungen ist bei solchen Produktgattungen nicht nur von den Inhalten abhängig. Weitere Einflussfaktoren können sein (Leidig et al. 1999; Leidig et al. 2003):

- Art der technischen Umsetzung,
- Grad der Interaktivität,
- Zielmedium, welches der Kunde wünscht,
- Komplexität des Produktionsvorgangs (zum Beispiel Text, Bild, Ton oder Bewegtbilder) sowie
- Heterogenität der zu erstellenden Produkte.

Um diesen Problembereich abzumildern, wurde eine an den Prozess- beziehungsweise Wertschöpfungsschritten orientierte Vorgehensweise gewählt, die in der Lage ist, sich anzupassen. Sie zeichnet sich aus durch

- Flexibilität hinsichtlich der Veränderungen in der Multimediawelt und den daraus resultierenden Kundenbedürfnissen sowie
- Flexibilität in Bezug auf die sich wandelnden Betriebsstrukturen.

Damit ist diese Systematik generell anwendbar – unabhängig von den zu erstellenden multimedialen Produkten und der Betriebsgröße (vgl. Leidig et al. 2003).

2.2 Voraussetzungen

Vor Erstellung einer Angebotskalkulation (vgl. Gebert 2002, S. 453; Leidig et al. 1997; Leidig 2003a; Meyer-Kohlhoff 2002, S. 511; Uhlemann 2002, S. 557) ist in Abstimmung mit dem Konzeptionsteam und dem Projektplan eine Basis zu schaffen, auf die alle an der Herstellung Beteiligten Bezug nehmen. Denn: Einerseits können Kosten- beziehungsweise Leistungsunwägbarkeiten, die mit der Kalkulation verbunden sind, dazu führen, dass sich Betriebe aufgrund zu hoch angesetzter Sicherheitszuschläge aus dem Markt kalkulieren. Andererseits wurden im Rahmen der Produktkalkulation wesentliche Kostentreiber nicht beachtet, so dass erst im Zuge der Auftragsabrechnung (Nachkalkulation) sichtbar wurde, dass der Angebotspreis zu niedrig war. Das Unternehmen befindet sich in dem Dilemma, ein verbindliches Angebot kalkulieren zu müssen, ohne dass zu diesem Zeitpunkt detaillierte Leistungsmerkmale der Auftragsproduktion fixiert sind. Bislang fehlen umfassende, relevante Informationen und eine Systematik, um Auftragskalkulationen in Abhängigkeit von dem vereinbarten Leistungsbündel realisieren zu können.

Beachtet werden muss weiterhin, dass die Kalkulation nicht abgeschlossen ist, wenn die technische Phase realisiert wurde. Die exakte Nachkalkulation und deren Auswertung gibt Auskunft darüber, wo und warum es Zeit-, Kosten- und Leistungsabweichungen gab.

2.3 Anforderungen

Die konzipierte Kalkulations-Systematik orientiert sich an den genannten Kriterien Praktikabilität, Flexibilität, Transparenz, Modifizierbarkeit und Benutzerfreundlichkeit (vgl. Leidig 1998a, S. 158).

Voraussetzung für ihre Anwendbarkeit ist die Analyse und Strukturierung produktspezifischer Haupt- beziehungsweise Teilprozesse sowie diesen zuordenbare Aktivitäten (vgl. Leidig 1999, S. 53; Leidig 2001a, S. 761). Hierzu gilt es für eine Vielzahl komplexer Produkttypen, Prozesskataloge zu entwickeln, die zwar idealtypischer Natur sind, jedoch die Möglichkeit einer betriebs- beziehungsweise projektspezifischen Modifizierung bieten. Die Systematik ist generell auch für andere Produkttypen anwendbar, wenn entsprechende Prozesskataloge (vom Bundesverband Druck und Medien, Abteilung Betriebswirtschaft, Wiesbaden erarbeitet) vorliegen (vgl. Leidig et al. 1999).

2.4 Bausteine

Das Grundschema verdeutlicht Abbildung 1: Durch ein betriebsspezifisches Produkttypologiefeld (zum Beispiel Herstellung von Internet-Web-Banner, Informations-Kiosk oder Verkaufsunterstützungs-Kiosk) lassen sich Dienstleistungen, beispielsweise im eCommerce-Bereich, effizient gestalten. Nachfolgend dargestellte Kalkulations-Systematik besteht aus drei zentralen Bausteinen: Strukturelementen, Kalkulationsformularen, und DV-Umsetzung (vgl. Leidig 1998a, S. 158; Leidig et al. 2003).

Im Hinblick auf die Anwendung des in Abbildung 1 dargestellten Grundschemas ist wie folgt vorzugehen:

Für das zu kalkulierende Projekt sind die Haupt-/Teilprozesse sowie Aktivitäten festzulegen. Die Hauptprozesse sind: Akquisitionsphase, Konzeptphase, Projektmanagement, Produktion, Testphase, Rechte/Lizenzen.

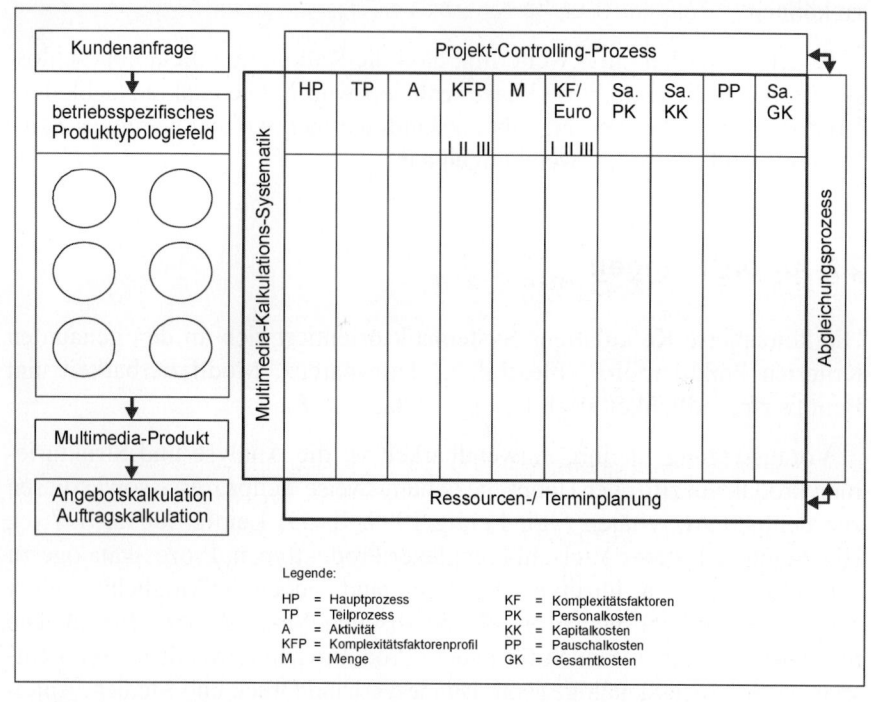

Abbildung 1: Kalkulations-Grundschema (vgl. Leidig et al. 1999)

Diesen Prozessen (vgl. Leidig 1999, S. 53; Leidig 2001a, S. 761) sind dann die entsprechenden Teilprozesse und Aktivitäten – unter Umständen abgeleitet aus dem Pflichtenheft (vgl. Leidig 2000, S. 73; Leidig 2001b, S. 152; Leidig 2002a) – zuzuordnen. Darüber hinaus ist in dieser Phase zu entscheiden, welche Leistungen in dem eigenen Unternehmen zu erbringen sind (Eigenleistungen) und welche man an externe Kooperationspartner vergibt (Fremdleistungen). Nun geht es darum, dass Komplexitätsfaktorenprofil zu erstellen. Zu differenzieren ist zwischen den drei Schwierigkeitsgraden I bis III. Dies wird nachfolgend eingehend erläutert und an einem Beispiel veranschaulicht. Hier geht es darum, das Mengengerüst festzulegen. Dies geschieht in der Regel durch das Team und in enger Abstimmung mit dem Kunden. Die Eckdaten sind im Pflichtenheft fixiert. Für die verschiedenen Komplexitätsfaktoren müssen entsprechende Werte hinterlegt sein. Hier kann es sich um Erfahrungswerte aus vorhergehenden Produktionen handeln oder aus entsprechenden Kalkulationsgrundlagen, wie sie von Verbänden (zum Beispiel dem Bundesverband Druck und Medien e.V.) angeboten werden. Nun gilt es entsprechende Platzkostenrechnungen (PKR) für Personal und Kapital zu erstellen. Wie diese aufgebaut sind, wird nachfolgend eingehend dargestellt. Die Systematik erlaubt es, diese den betriebsindividuellen Gegebenheiten anzupassen. Für bestimmte Teilprozesse oder Aktivitäten kann man nur mit Pauschalpreisen arbeiten. Auch hier besteht die Möglichkeit, auf Erfahrungswerte oder Kalkulationsgrundlagen zurückzugreifen (vgl. Leidig 2003b).

3 Kalkulations-Systematik

3.1 Strukturelemente

Die zentralen Strukturelemente der Kalkulations-Systematik lassen sich in drei Kategorien einteilen, die es noch näher zu erläutern gilt: Prozesse beziehungsweise Aktivitäten, Komplexitätsfaktoren und Platzkostenrechnungen (vgl. Leidig 1998b, S. 15; Leidig et al. 2003).

Für eine Kalkulation ist zunächst die Strukturierung von Projekten in Hauptprozesse (HP), Teilprozesse (TP) und Aktivitäten (A) vorzunehmen, welche die Ausgangsbasis jeder Kalkulation darstellt (Formular 1).

Der Fachausdruck Prozess (vgl. Leidig 2001a, S. 761) beschreibt eine auf die Erbringung einer Leistung gerichtete Kette von Aktivitäten. Aktivitäten hingegen sind Vorgänge im Rahmen eines Multimediaprojekts, die Produktionsfaktoren verbrauchen. Sie sind die kleinste erfass- und abgrenzbare Kategorieeinheit. Die Hauptprozesse sind: Akquisitionsphase, Konzeptphase, Projektphase, Projektmanagement, Produktion und Testphase. Die Teilprozesse des Hauptprozesses Produktion können sein: Grafik beziehungsweise Animation, Text beziehungsweise Daten, Programmierung. Den Teilprozess Grafik beziehungsweise Animation kann man unterteilen in die Aktivitäten Bildredaktion und Screendesign. Diese prozessbasierte Kalkulation verfügt über folgende Vorteile (vgl. Leidig et al. 1999):

- Die Identifizierung gleicher oder ähnlicher Wertschöpfungsschritte erleichtert den Aufbau eines betriebsindividuellen Kosten- und Leistungskatalogs zur Ableitung von Komplexitätsfaktoren.

- Der Betrieb hat durch die Prozesskataloge ein Entscheidungsraster, welche Möglichkeiten zur Realisierung eines Auftrags überhaupt existieren beziehungsweise welche Wertschöpfungsschritte das Dienstleistungsangebot erhöhen.
- Die künftigen Veränderungen innerhalb der Wertschöpfungskette sind auf diese Weise schnell zu erfassen und integrierbar.
- Die Kalkulationstransparenz für betriebsinterne Zwecke (Auftragsabrechnung beziehungsweise Nachkalkulation) wird verbessert.
- Informationen für das Projekt-Controlling (vgl. Leidig 2000, S. 73; Leidig 2001b, S. 152; Leidig 2002a) und die Sicherung der Wirtschaftlichkeit werden bereitgestellt.
- Ursache-Wirkungszusammenhänge entlang einer Prozesskette werden ermittelt und analysiert.

Produkttyp										
Hauptprozesse (HP)		Teilprozesse (TP)		Aktivitäten (A)		Ist-Kosten pro Komplexitätsfaktor in Euro			Ist-Leistung pro Komplexitätsfaktor in Minuten		
HP-Nr.	Bezeichnung	TP-Nr.	Bezeichnung	Nr.	Bezeichnung	I	II	III	I	II	III

Formular 1: Kosten-/Leistungswerte-Erfassungs-Schema (vgl. Leidig et al. 1999)

Komplexitätsfaktoren sind Gewichtungszahlen, die ein Kosten- beziehungsweise Leistungsverhältnis für verschiedene Aktivitäten darstellen. Sie sind in die drei Kategorien einfach (I), mittel (II) und komplex (III) unterteilt. Sie tragen der Tatsache Rechnung, dass inhaltlich gleiche Aktivitäten einen unterschiedlichen Komplexitätsgrad hinsichtlich der Realisierung aufweisen können. Im Rahmen der Kalkulationsvorbereitung ist für jede Aktivität die relevante Komplexitätsstufe festzulegen beziehungsweise zu ermitteln. Das Ergebnis dieses Procedere ist ein aktivitätsbezogenes Komplexitätsraster beziehungsweise -profil (vgl. Leidig et al. 2003).

Inhaltlich lassen sich die drei verschiedenen Komplexitätsstufen wie folgt beschreiben:

- Die standardisierte Aufgabenerfüllung (I) entspricht einer mehrmaligen Realisierung.
- Die standardisierte Aufgabenerfüllung (II) entspricht einer zwei- bis fünfmaligen Realisierung.
- Die individuelle, unstrukturierte Aufgabenerfüllung (III) entspricht einer erstmaligen Realisierung.

Die Abrechnungstechnik der PKR (vgl. Leidig et al. 1997; Gebert 2002, S. 453) umfasst die Ermittlung von Kostensätzen für Kalkulation und Verrechnung innerbetrieblicher Leistungen.

Sie beantwortet die Frage, wo und in welcher Höhe werden während der Planungsperiode nicht unmittelbar den Endprodukten zurechenbare Gemeinkosten anfallen. Nur durch eine Differenzierung nach Orten der Kostenentstehung lassen sich etwaige Unwirtschaftlichkeiten auf ihre Entstehungsorte zurückverfolgen. Zur Kalkulation sind nur die zwei PKR Personalkosten (Grundlage: Durchschnittsentlohnung 34,35 Euro pro Stunde; Beispiel Formular 2) sowie Kapitalkosten (Grundlage: Investitionskosten 56.300 Euro; Beispiel Formular 3) notwendig.

Schichtanzahl		1	
Arbeitsplatzbesetzung		1	
Durchschnittliche Entlohnung je Std.		34,35 Euro	
Zl.	Kostenarten	Kosten in Euro	
		je Jahr	je Fertigungs-Std.
1	Löhne und Gehälter	73.426	56,53
2	Gesetzliche Sozialkosten	15.787	12,15
3	Freiwillige Sozialkosten	1.322	1,02
4	Sa. Personalkosten	90.535	69,70
...			
12	Kalkulatorische Wagnisse	1.811	1,39
13	Sa. Miete und kalk. Kosten	1.811	1,39
14	Sa. Primärkosten (Zl. 4+13)	92.346	71,09
...			
16	Sa. Fertigungskosten	92.346	71,09
Beschäftigungsgrad (B°)/Plankapazität		88,0 %	1.546 Std.
Nutzungsgrad (N°)/Fertigungsstunden		84,0 %	1.299 Std.

Formular 2: Beispiel: Personalkostenberechnung (vgl. Leidig et al. 1999)

Das DV-technische Handling dieser Berechnung wird noch eingehend beschrieben. Die zentralen Kalkulationsbausteine sind die Platzkostenrechnungen (hieraus resultieren Verrechnungssätze für Personal- und Kapitalkosten) sowie die Komplexitätsfaktoren I bis III.

Raumbedarf		250 qm	
Kapitalinvestition		56.300 Euro	
Nutzungsdauer		4 Jahre	
Zl.	Kostenarten	Kosten in Euro	
		je Jahr	je Fertigungs-Std.
...			
5	Gemeinkostenmaterial	844	0,65
6	Fremdenergie (Strom,Wasser,etc)	5.844	4,50
7	Fremdinstandhaltung	7.858	6,05
8	Sa. Sachgemeinkosten	14.546	11,20
...			
9	Raummiete und Heizung	20.500	15,78
10	Kalkulatorische Abschreibung	14.075	10,84
11	Kalkulatorische Zinsen	1.830	1,41
12	Kalkulatorische Wagnisse	1.019	0,78
13	Sa. Miete und kalk. Kosten	37.424	28,81
14	Sa. Primärkosten (Zl. 4+8+13)	51.970	40,01
15	Verrechnung Fertigungshilfskostenstelle	0	0,00
16	Sa. Fertigungskosten	51.970	40,01
...			
21	Sa. Arbeitsplatzkosten	51.970	40,01
Beschäftigungsgrad (B°)/Plankapazität		88,0 %	1.546 Std.
Nutzungsgrad (N°)/Fertigungsstunden		84,0 %	1.299 Std.

Formular 3: Beispiel einer Kapitalkostenberechnung (vgl. Leidig et al. 1999)

3.2 Kalkulationsformulare

Insgesamt wurden drei modular aufgebaute Kalkulationsformularseiten entwickelt, um eine Angebotskalkulation zu erstellen. Diese werden im Rahmen der Beispielkalkulation visualisiert (vgl. Leidig 1998a, S. 158 Leidig et al. 2003).

Formularseite 1 ist in drei Abschnitte unterteilt: Grunddaten, welche wichtige Informationen für eine effiziente Projektorganisation in Verbindung mit dem notwendigen Projekt-Controlling enthalten. Prozesse/Betriebsmittel, die es zu beachten gilt, um die kalkulierte Preisvorgabe zu ermitteln. Schema, um den Deckungsbeitrag sowie das Nettoergebnis zu berechnen.

Im oberen Teil des Formulars sind die auf der Formularseite 2 ermittelten Kosten je Hauptprozess aufgelistet (Zeile 1–6). Die Kalkulationsmethodik sieht die Verrechnung der Primärkosten je Aktivität vor. Die Verwaltungskostenzuschläge sind erst nach Addition der ermittelten Prozess- und Fremdleistungskosten (Primärkosten) auf diese zu verrechnen.

Als Zuschlagsbasis für die Verrechnung der Verwaltung (40 Euro + 30 Prozent) und des Vertriebs (5 Euro + 18,5 Prozent) fungiert die Summe der Prozess- und Fremdleistungskosten (Zeile 9). Zu den Materialkosten (Zeile 11) sind die Materialgemeinkosten (10 Euro + 7 Prozent) aufzuschlagen (Zeile 12), um die Summe der Herstellkosten zu erhalten (Zeile 13).

Schon im Rahmen der Angebotskalkulation ist es aus unternehmensinternen Steuerungszwecken sinnvoll, den voraussichtlichen Deckungsbeitrag zu kennen. Um dies zu ermöglichen, gilt es zunächst den Wert der errechneten „Kalkulierten Preisvorgabe" (Zeile 25) in die Zeile „Angebotspreisvorschlag" zu übertragen. Durch das Einsetzen unterschiedlicher Preisvorstellungen in die Zeile „Bruttoverkaufspreis" können verschiedene Deckungsbeitragsvarianten simuliert werden. Die Kalkulations-Systematik lässt zu, Folgeseiten die nur kleinere Veränderungen gegenüber der ersten Seite aufweisen, auch mit einem geringeren Zeitaufwand zu bewerten. Die Kosten aller Seiten fließen dann in die jeweiligen Prozessphasen ein. Die Werte für die einzelnen Seiten sind aus der Formularseite 2 ersichtlich.

Formularseite 2 bildet das „Herzstück" der prozessbasierten Kalkulations-Systematik. Hier gilt es für jede Aktivität das Komplexitätsprofil zu erstellen, das heißt das entsprechende Feld anzukreuzen, die Menge festzulegen sowie die Werte für den jeweils bestimmten Komplexitätsfaktor den Kalkulationsgrundlagen zu entnehmen.

Bei der Anwendung der Komplexitätsfaktoren, die betriebsindividuell fortzuschreiben sind, gilt es folgendes zu beachten (vgl. Leidig et al. 2003):

- Die Gewichtung der Faktoren I bis III erfolgte aufgrund betriebsindividueller Erfahrungswerte beziehungsweise ist entsprechenden Kalkulationsgrundlagen zu entnehmen.
- Die produktspezifischen Aktivitäten sind mit dem Komplexitätsfaktor zu bewerten.
- Die Festlegung, welcher Faktor Anwendung findet, kann produktabhängig pauschal erfolgen. Die Komplexität kann aber auch von Aktivität zu Aktivität schwanken, wenn zum Beispiel einige Aktivitäten schon bei der Produktion anderer Erzeugnisse anfallen und dadurch ein Bekanntheitsgrad der Arbeit in Form von „mehrmaliger Realisierung" (Faktor I) vorliegt.
- Was für den Betrieb bei der Erstproduktion noch Faktor III bedeutet, wird nach mehrmaliger Herstellung bei gleichen Aktivitäten zur Routine.
- Die Anschaffungspreise für Hard- und Software sowie die Technologie verändern sich in sehr kurzen Zeiträumen. Deshalb ist es realistisch an-

zunehmen, dass die kalkulatorischen Abschreibungsperioden sich stark verkürzen (Abschreibungszeit in der PKR vier Jahre).

Wird die erste Seite (beispielsweise einer Web-Site) angelegt und auf nachfolgenden Seiten nur Veränderungen vorgenommen, so muss die Kalkulation getrennt durchgeführt werden. Die Folgeseiten haben einen geringeren Zeitaufwand als die Hauptseite.

Auf Formularseite 3 erfolgt die Berechnung der Fremdleistungskosten und des Materialverbrauchs. Die Kosten sind dabei zu erfragen.

3.3 DV-Umsetzung

Die für die Kalkulation erforderliche Datenmenge ist so umfangreich, dass eine manuelle Bearbeitung nicht mehr möglich ist. Daher wurden vom Bundesverband Druck und Medien die neu entwickelten Formulare mit dem Tabellenkalkulationsprogramm Excel erstellt. Alle erforderlichen Daten sind hier hinterlegt und miteinander verknüpft. Jeder Anwender kann die Aktivitäten und die dahinterstehenden Daten individuell für seinen Betrieb verändern und erhält somit die für ihn relevanten Kalkulationsunterlagen. Neben den Kalkulationsformularen ist jeweils eine PKR für die Personal- und die Kapitalkosten abgebildet. Auch diese sind selbstrechnend. Die hier errechneten Stundensätze fließen in die Kalkulation ein (vgl. Leidig et al. 1999).

4 Beispielkalkulation: Internet-Web-Banner

Das Internet-Web-Banner wird wie folgt beschrieben: Vier Banner in 468 mm mal 60 mm Größe (drei Banner animiert, ein Banner in HTML); vier Werbetexte; drei GIF-Animationen; JavaScript-Programmierung; Pretest.

Hier sind die komplexitätsabhängigen Hauptprozesse wie folgt dargestellt einzustufen (vgl. Leidig et al. 2003):

- Akquisition: Das Produkt sowie der Abnehmer sind bekannt, deshalb Faktor I.
- Konzeption: Das Storybord beziehungsweise Drehbuch muss zweimal hergestellt werden; mit Faktor II zu bewerten, da die Genauigkeit bei zwei identischen Drehbüchern penibel eingehalten werden muss.

- Projekt-Management: Projekt-Controlling beziehungsweise -Abstimmung mit Faktor I, weil dies hier Routinearbeit ist.
- Produktion: Graphik/Animation/Bildredaktion erfolgt hier zweimal, deshalb Faktor I. Bei Screendesign und Textproduktion Faktor II, da der Ablauf der Einzelbilder Gewissenhaftigkeit verlangt. HTML-Programmierung entspricht dem Faktor I.
- Test: Der Testablauf ist unproblematisch, entspricht somit Faktor I.

Fremdleistungskosten fallen im Rahmen dieser Modellkalkulation nicht an. Für das Bildmaterial sind 42 Euro anzusetzen.

Die Kalkulierte Preisvorgabe beträgt 4.881 Euro. Als Nettoergebnis des Auftrags verbleiben, wenn die Preisvorgabe am Markt durchsetzbar ist, 418 Euro. Formular 4 bis Formular 6 zeigen die Angebotskalkulation für den Internet-Web-Banner.

Angebotskalkulation				
Grunddaten			Bearbeiter:	
Besteller:			Telefon:	
			Fax:	
			Anfrage vom:	
Objekt::	Internet-Web-Banner		Angebot am:	
Stückzahl:	4 Stück á 468 x 60 mm:		Projektbeginn:	
	(3 animierte und 1 HTML-Banner)		Projektende:	
Umfang:	4 Webetexte (Slogans), 3 GIF-Animationen		Liefertermin:	
	1 Java-Script-Programmierung, Pretest			

Zl.	Prozesse/Betriebsmittel			Kosten Euro
1	Akquisitionsphase			285
2	Kozeptphase			156
3	Projektmanagement			33
4	Produktion			444
5	Testphase			1.545
6	Rechte/Lizenzen			0
7	Sa. Prozesskosten			2.463
8	Fremdleistungskosten			0
9	Sa. Prozess- und Fremdleistungskosten			2.463
10	Verwaltungskosten auf Zl. 9	40,00 Euro	30,0 %	779
11	Materialkosten			42
12	Materialgemeinkostenzuschlag	10,00 Euro	7,0 %	13
13	Sa. Herstellkosten			3.297
14	Vertriebskosten auf Zl. 9	5,oo Euro	18,5 %	461
15	Sa. Selbstkosten			3.758
16	+ Gewinn % i. H.		10,0 %	418
17	Zwischensumme			4.176
18	Provision % i. H.		2,0 %	85
19	Versandkosten			0
20	Sa. Sonstige Vertriebseinzelkosten (Zl. 18 + 19)			85
21	Zwischensumme			4.261
22	Erlösschmälerung % i. H.		3,0 %	488
23	Zwischensumme			4.393
24	Gebühren: Rechte, Lizenzen i. H.		10,0 %	488
25	Kalkulierte Preisvorgabe			4.881

Ermittlung von Deckungsbeitrag und Deckungsergebnis des Angebotes in Euro		
Auflage		4 Stück á 468 x 60 mm
Angebotspreisvorschlag		4.881
Bruttoverkaufspreis (realisierter Preis)	10,0 %	4.881
Gebühren: Rechte, Lizenzen		488
Zwischensumme		4.393
Erlösschmälerung	3,0 %	132
Zwischensumme		4.261
Provision		85
Versandkosten	2,0 %	0
Verkaufsüberschuss		4.176
Fremdleistungskosten		0
Materialeinzelkosten		42
Produktionsüberschuss		4.134
Hauptprozesskosten		2.463
Deckungsbeitrag		1.671
Sa. Gemeinkostenzuschlag		1.253
Nettoergebnis des Auftrags/Angebots		418

Formular 4: Angebotskalkulation – Formularseite 1 (vgl. Leidig et al. 2003)

Hauptprozesse	Teilprozesse	Aktivitäten	KFP I II III	Menge	KF/Euro I II III	Sa. Std.	Sa. PK	Sa. PP KK	Sa. GK
Akquisitions- phase (Pauschalpreis)	Konzeptvorschlag Grobe Kostenkalkulation Projektplan Screendesign- Scribble Prototyperstellung	Konzeptvorschlag Grobe Kostenkalkulation Projektplan Screendesign- Scribble Prototyperstellung	X X X X X	1	285 3.640 5.170			285	285
									285
Konzept- phase	Entwicklung Grobkonzept Definition Zulieferer/ Contents Medienreaktion	Beratung Manager/ Projektleiter Abgrenzung wer liefert was? Medienadäquate Contentaufbereitung			0,9 1,5 1,9 0,9 1,5 1,9 0,7 1,3 1,7	0 0 0			0 0 0
	Marktanalyse	Primärforschung (Datenerhebung) (User Convenience) Sekundärforschung (vorhandene Daten)			0,7 1,1 1,5 0,7 1,1 1,5 0,4 0,8 1,1	0 0 0			0 0 0
	Storyboard	Drehbuch (Feinkonzept) Pädagogisch-didak- tisches Konzept	X	2	0,5 1,1 1,6 0,5 1,1 1,7	2,2 0	156		156 0
	Übergeordnete Programmfunktionen Online-/Offline-Medien- integration Marketingkonzept	Leitversion erstellen Helpfunktion Responseverwaltung Umsetzungsplanung Konzeption Umsetzungsplanung			0,6 1,1 1,6 0,6 1,1 1,7 0,2 0,5 0,5 0,2 0,4 0,5 0,7 1,3 1,7 0,7 1,3 1,7	0 0 0 0 0 0	0 0 0 0		0 0 0 0 0 0
									156
Projekt- management	Projektplanung	Pflichtenhefterstellung Ablaufstrukturerstellung Zeitpläne erstellen Koordination Zulieferer Projektmeetings			0,9 1,5 1,9 0,3 0,5 0,6 0,3 0,5 0,6 0,9 1,5 1,9 0,9 1,5 1,9	0 0 0 0 0	0 0		0 0 0 0 0
	Zwischen- präsentation Projektcontrolling	Vorbereitung, Anreise, Technik Monitoring Projektkosten Monitoring Zeitplan Abstimmung	X	1	0,9 1,5 1,7 0,3 0,4 0,6 0,3 0,5 0,6 0,3 0,5 0,6	0 0 0 0,3	0 0 21	12	0 0 0 33
									33

Formular 5: Angebotskalkulation – Formularseite 2 (vgl. Leidig et al. 2003)

Ermittlung der Fremdleistungs- und Materialkosten						
Zl.	Fremdleistungskosten	Menge	Kosten je Einheit	Kosten gesamt	Komplexitätsfaktoren/Euro I II III	
1		0	0,00	0		
2		0	0,00	0		
3		0	0,00	0		
4		0	0,00	0		
5		0	0,00	0		
6		0	0,00	0		
7		0	0,00	0		
8		0	0,00	0		
9		0	0,00	0		
10		0	0,00	0		
11		0	0,00	0		
12		0	0,00	0		
13		0	0,00	0		
14		0	0,00	0		
15	Sa. Fremdleistungskosten			0		

Zl.	Materialkosten	Menge	Kosten je Einheit	Kosten gesamt		
16	Bildmaterial	1	42,00	42		
17		0	0,00	0		
18		0	0,00	0		
19		0	0,00	0		
20		0	0,00	0		
21		0	0,00	0		
22	Sa. Materialkosten			42		

Formular 6: Angebotskalkulation – Formularseite 3 (vgl. Leidig et al. 2003)

5 Zusammenfassung

Die in Grundzügen dargestellte Kalkulations-Systematik bietet zusammenfassend folgende Vorteile (vgl. Leidig et al. 2003):

- Die Identifizierung gleicher oder ähnlicher Wertschöpfungsschritte erleichtert sowohl die Ermittlung betriebsindividueller Kosten- als auch Leistungswerte.
- Der Betrieb hat durch die Prozesskataloge ein Entscheidungsraster, welche Möglichkeiten zur Realisierung eines Auftrags überhaupt existieren beziehungsweise welche Wertschöpfungsschritte das Dienstleistungsangebot erhöhen.
- Die künftigen Veränderungen innerhalb der Wertschöpfungskette sind auf diese Weise schnell zu erfassen und integrierbar.
- Die Kalkulationstransparenz sowohl im Hinblick auf den Kunden als auch für betriebsinterne Zwecke (Auftragsabrechnung beziehungsweise Nachkalkulation) erhöht sich.
- Die Systematik ist generell anwendbar.

Mittels der hier vorgestellten Systematik können multimediale Produkte effizient und effektiv kalkuliert werden.

Literaturverzeichnis

Breyer-Mayländer, T./Werner, A. (2003) Handbuch der Medienbetriebslehre, München 2003.
Franz, W.A./Franz, J.C. (1998) Handbuch der Multimedia-Produktion, München 1998.
Gebert, W. (2002) Evolution der Kostenrechnung in der Druckindustrie, in: Leidig, G./Mayer, T. (Hrsg.) Betriebswirtschaft und Mediengesellschaft im Wandel. Festschrift für Diethelm Schmidt und Lorenz Rottland, Wiesbaden 2002, S. 453–478.
Gerpott, T.J. (1996) Multimedia, in: Wirtschaftwissenschaftliches Studium, (1/1996), S. 15–20.
Imam, S. (2002) New Economy. Über den Irrglauben Internet-Unternehmen seien der Motor der Wirtschaft, in: Leidig, G./Mayer, T. (Hrsg.) Betriebswirtschaft und Mediengesellschaft im Wandel. Festschrift für Diethelm Schmidt und Lorenz Rottland, Wiesbaden 2002, S. 265–272.

Leidig, G. (1998a) Multimedia-Kalkulations-Management, in: Kostenrechnungspraxis (3/1998), S. 158–164.
Leidig, G. (1998b) Multimedia-Kalkulations-Systematik, in: Der Betriebswirt (1/1998), S. 15–18.
Leidig, G. (1999) Prozeßkosten-Information und prozeßorientierte Kalkulation in der Druckindustrie, in: Kostenrechnungspraxis, Sonderheft (2/1999), S. 53–63.
Leidig, G. (2000) Kennzahlenbasiertes Projekt-Controlling multimedialer Produkte, in: ControllerNews (3/2000), S. 73–77.
Leidig, G. (2001a) Prozessorientierte Kalkulation in der Druck- und Medienbranche, in: Betrieb und Rechnungswesen (16/2001), S. 761–772.
Leidig, G. (2001b) Projekt-Controlling komplexer Medienprodukte durch Kennzahlensysteme, in: Controller Magazin (2/2001), S. 152–160.
Leidig, G. (2002a) Projektcontrolling. in: Pawlowitz N. (Hrsg.) Praxishandbuch Internet Business, Bd. 2, Kissing 2002, Teil 6/2.2.
Leidig, G. (2002b) Komplexe Systeme und Unternehmensführung, in: Leidig, G./Mayer, T. (Hrsg.) Betriebswirtschaft und Mediengesellschaft im Wandel. Festschrift für Diethelm Schmidt und Lorenz Rottland, Wiesbaden 2002, S. 121–145.
Leidig, G. (2003a) Kalkulation, in: Steuerberater Branchenhandbuch. Druckerei, 60. Erg.-Lfg./Februar 2003, Rdnrn. 13–17.14.
Leidig, G. (2003b) Kosten- und Leistungsrechnung, in: Steuerberater Branchenhandbuch. Druckerei, 60. Erg.-Lfg./Februar 2003, Rdnrn. 18–23.
Leidig, G. et al. (1997) Kalkulations-Handbuch Druckindustrie, 2 Bd., Wiesbaden 1997.
Leidig, G. et al. (1999) Multimedia-Kalkulations-Systematik, 2. Aufl., Wiesbaden 1999.
Leidig, G. et al. (2003) Kalkulations- und Projekt-Management. Leitfaden für Digital- und Printmedien, Wiesbaden 2003.
Meyer-Kohlhoff, F. (2002) Historische Aspekte der Kalkulation, in: Leidig, G./Mayer T. (Hrsg.) Betriebswirtschaft und Mediengesellschaft im Wandel. Festschrift für Diethelm Schmidt und Lorenz Rottland, Wiesbaden 2002, S. 511–524.
Schifman, R.S./Heinrich, G. (2000) Multimedia-Projektmanagement, 2. Aufl., Berlin 2000.
Smets, U. (2002) Das Internet – unendliche Weiten: Einblicke in Anwendungsbereiche und Potenziale, in: Leidig, G./Mayer, T. (Hrsg.) Betriebswirtschaft und Mediengesellschaft im Wandel. Festschrift für Diethelm Schmidt und Lorenz Rottland, Wiesbaden 2002, S. 281–299.
Uhlemann, H. (2002) Kalkulationsmethoden im Wandel der Zeit, in: Leidig, G./Mayer, T. (Hrsg.) Betriebswirtschaft und Mediengesellschaft im Wandel. Festschrift für Diethelm Schmidt und Lorenz Rottland, Wiesbaden 2002, S. 557–603.

Finanzierung – Formen, Modelle und Perspektiven

Norbert Seidel/Uwe Schwertzel

1 Einführung 861

2 Medienfinanzierungsformen 861

3 Rahmenbedingungen der Medienfinanzierung 864
   3.1 Branchenentwicklung 864
   3.2 Unternehmens- und produktspezifische Voraussetzungen ... 865

4 Ausgewählte Finanzierungsmodelle 866
   4.1 Privatwirtschaftliche Medienunternehmen 866
   4.2 Medienthemen/-produkte 869
   4.3 Internet-Angebote 871
   4.4 Öffentlich-rechtliche Rundfunkanstalten 872

5 Ausblick 875

Literaturverzeichnis 876

Vorschau

Finanzierungsinstrumente

In dem Beitrag lernen Sie, mit welchen Instrumenten Medienunternehmen und -produkte finanziert werden können; die Finanzierungsformen werden dabei im Hinblick auf die Kriterien Nutzungsintensität sowie Form der Einbeziehung des Finanziererkreises (unmittelbar versus mittelbar/Querfinanzierung) systematisiert.

Vielschichtigkeit der Finanzierungsmöglichkeiten und -modelle

Aus dem Beitrag ersehen Sie, dass sich abhängig von angebots- und nachfragespezifischen Branchenbedingungen und produkt- und unternehmensspezifischen Voraussetzungen deutlich unterschiedliche Finanzierungsmöglichkeiten und damit auch stark unterschiedliche Finanzierungsmodelle ergeben können.

Finanzierung privatwirtschaftlicher Medien

Der Beitrag vermittelt anhand von Beispielen aus der Praxis einen Überblick über unterschiedliche Finanzierungsstrukturen privatwirtschaftlicher Medienangebote, die Bedeutung ausgewählter Finanzierungsformen für die elektronischen Medien, die Finanzierung von Medienthemen und -produkten in unterschiedlichen Vertriebsfenstern sowie Grundstrukturen der Finanzierung von Internet-Angeboten.

Finanzierung öffentlich-rechtlichen Medien im Vergleich zu privatwirtschaftlichen Medien

Der Beitrag vermittelt einen Eindruck über die im Vergleich zu den privatwirtschaftlichen Medienangeboten bestehenden Unterschiede bei der Finanzierung öffentlich-rechtlicher Rundfunkanstalten.

Finanzierungsformen für Internetangebote

Der Beitrag zeigt anhand einer 9-Felder-Matrix die für Internetangebote möglichen Finanzierungsformen.

Kommission zur Ermittlung des Finanzbedarfs

Im Rahmen der Finanzierung der öffentlich-rechtlichen Rundfunkanstalten wird in dem Beitrag das Verfahren zur Festlegung der Rundfunkgebühren erläutert. Die Kommission zur Ermittlung des Finanzbedarfs (KEF) prüft den von den Rundfunkanstalten gemeldeten Finanzbedarf und erstattet den Landesregierungen Bericht, in dem sie darlegt, ob, wann und in welcher Höhe sie eine Gebührenanpassung für notwendig erachtet.

1 Einführung

Angesichts der dynamischen Branchenentwicklung, der großen Produktbandbreite, der Vielzahl der aktiven Unternehmen und der von ihnen gewählten Finanzierungsformen erhebt der vorliegende Beitrag nicht den Anspruch, repräsentative Finanzierungsmodelle für die Medienbranche zu entwickeln oder einzelne Finanzierungsformen umfassend zu erläutern. Ausführlichere Darstellungen der Medienfinanzierung finden sich in der Literatur (vgl. Kiefer 1999; Seidel/Schwertzel 1998; Zerdick et al. 1999). Ausgehend von einer Bestandsaufnahme wesentlicher Rahmenbedingungen der Medienfinanzierung werden einige ausgewählte Finanzierungsmodelle aus der Praxis der elektronischen Medien beschrieben, wobei schwerpunktmäßig die Finanzierung von Medieninhalten betrachtet wird.

2 Medienfinanzierungsformen

Der Finanzierungsbegriff umfasst sämtliche Formen interner und externer Kapitalbeschaffung und schließt Kapitalfreisetzungseffekte mit ein. Die gängigen Systematisierungskriterien der Finanzierung sind ohne Einschränkung auf Medienunternehmen anwendbar (vgl. Seidel/Schwertzel 1998, S. 14). Tabelle 1 enthält in Erweiterung eines Schemas von Zerdick et al. (1999, S. 25) eine Systematik von Medienfinanzierungsinstrumenten: Zum einen werden die Instrumente in Abhängigkeit von der Nutzung und zum anderen hinsichtlich der Frage unterschieden, ob Finanzierungsbeiträge unmittelbar von Mediennutzern gefordert werden, mittelbar über den Vertrieb von Begleit- beziehungsweise Komplementärprodukten oder auch von dritter Seite aufgebracht werden.

Die Finanzierungsinstrumente Einzeltransaktionen, Werbung, Abonnementangebote und Rundfunkgebühren sind in Deutschland am weitesten verbreitet: Eine nutzungsabhängige Finanzierung erfolgt bei Einzeltransaktionen. Diese kann sich zum Beispiel bei einem Verkauf von Büchern, Zeitschriften oder Paid-Content (beispielsweise kostenpflichtige Downloads von Testberichten oder Vertrieb von Musiktiteln im Internet über eine Download-Plattform) (vgl. Breunig 2003, S. 386–387) auf die Leistungsmenge und bei zeitabhängigen Video-on-Demand-Angeboten (zum Beispiel Entgelte für Fußball-Spielberichte unterschiedlicher Länge) auf die Leistungsdauer beziehen. Hiervon abzugrenzen ist die nutzungsunabhängige Finanzierung über Abonnements (zum Beispiel Zeitschriften oder Pay-per-Channel-TV) beziehungsweise über (Rundfunk-)gebühren.

	Finanzierungsbeiträge		
	unmittelbar von Medienkonsumenten	mittelbar über Produkte/ Dienstleistungen	mittelbar über Werbewirtschaft/Dritte
Finanzierungsbeiträge abhängig von Mediennutzung	Einzeltransaktionen (nach Leistungsmenge/ nach Leistungsdauer)	Gewinnspiele, Begleitinfos, sonst. Transaktionen, Lizenzprodukte	Werbung, Teleshopping, Sponsoring, Kommissionen
Finanzierungsbeiträge unabhängig von Mediennutzung (einmalig)	Anschlussgebühren, Lizenzgebühren	Spezielle Empfangsgeräte (z. B. Decoder)	Data-Mining, Darlehen/Kapitalzuschüsse/ Subventionen
Finanzierungsbeiträge unabhängig von Mediennutzung (periodisch)	Abonnementangebote, Rundfunkgebühren	Mitgliedsbeiträge, spezielle Empfangsgeräte	Verlustübernahmen, Betriebskostenzuschüsse

Tabelle 1: Medienfinanzierungsinstrumente (vgl. auch Zerdick et al. 1999, S.25)

Bei Anschluss- und Lizenzgebühren kann ein unmittelbarer und eindeutiger Zusammenhang zwischen der Zahlung und Bezugsmöglichkeit eines Angebotes unterstellt werden. Bei den hier der mittelbaren Finanzierung zugeordneten gerätebezogenen Gebühren (zum Beispiel Decoder) ist diese Eindeutigkeit nicht immer gegeben. Zum einen kann ein Gerät über den Bezug des verschlüsselten Programmangebotes hinaus weitere Funktionalitäten aufweisen (zum Beispiel ermöglicht eine d-box nicht nur den Empfang von Premiere, sondern generell den Bezug von digitalem Fernsehen) und zum anderen können zumindest theoretisch über Gerätepreise auch Finanzierungsbeiträge für (Programm-)Software realisiert werden.

Umweg- oder Querfinanzierung (vgl. Ludwig 2003, S. 201) beinhaltet, dass Mediennutzer nicht selbst für ein Medienprodukt (zum Beispiel eine Fernsehsendung) zahlen, aber über den Konsum entgeltlich abgegebener Komplementärprodukte (zum Beispiel Telefongebühren für Gewinnspiele und sonstige Transaktionen, Mitgliedsbeiträge für Clubs oder Entgelte für Lizenzprodukte) wesentliche Finanzierungsbeiträge leisten. Hierbei spielen sowohl vertriebs- als auch finanzpolitische Gesichtspunkte eine Rolle. Zum

Beispiel können programmbegleitende Produkte primär unter dem Gesichtspunkt der Rezipientenbindung unentgeltlich abgegeben werden, um die aus anderen Einnahmequellen realisierbaren Umsätze zu stabilisieren. In diesem Zusammenhang ist das Licensing hervorzuheben. Hierbei handelt es sich um die kommerzielle Nutzung von Popularität auf Basis eines Lizenzvertrages mit dem Ziel, Produkte, Firmen oder Marken emotional zu positionieren und den Absatz zu erhöhen (vgl. Brem 2002, S. 2). Ein Medienunternehmen überträgt als Lizenzgeber Nutzungsrechte auf einen Lizenznehmer (zum Beispiel einen Konsumartikelhersteller) und erhält als Gegenleistung eine Lizenzgebühr. Darüber hinaus erhöht das vom Lizenznehmer vermarktete Produkt die Bindung der Zielgruppe an das Lizenzthema und erschließt so weitere Einnahmepotentiale.

Bei den mittelbaren Finanzierungsinstrumenten über Werbewirtschaft oder andere Dritte ist der Zusammenhang zwischen Finanzierungsbeitrag (zum Beispiel im Preis überwälzte Kosten einer Werbekampagne oder Verlustübernahmen von Gesellschaftern) und der Gestaltung eines Medienproduktes (zum Beispiel Tageszeitungsseite) erheblich komplexer. Die Finanzierung durch Werbung (in Form von Anzeigen-, Spot- oder Internetwerbung) (vgl. Breunig 2003, S. 389; Lilienthal 2003) ist mittelbarer Natur, da die Finanzierungsbeiträge jeweils zuerst durch werbungtreibende Unternehmen erbracht werden und erst über Transaktionen auf anderen Märkten von den Verbrauchern, zu denen auch die Mediennutzer zählen, refinanziert werden. Diese Einschätzung gilt auch für Sponsoring und Teleshopping. Hierbei handelt es sich um Finanzierungsbeiträge von Personen beziehungsweise -vereinigungen mit dem Ziel, Namen, Erscheinungsbild oder Leistungen des Sponsors zu fördern beziehungsweise um die Ausstrahlung direkter Angebote für den Absatz von Waren oder Dienstleistungen gegen Entgelt. Kommissionen umfassen Vermittlungsgebühren für eine Weiterleitung von Nutzern, etwa auf eine Homepage (zum Beispiel Entgelte für über Suchmaschinen erschlossene Klicks auf kommerzielle Internetangebote) (vgl. Breunig 2003, S. 386). Data-Mining beinhaltet Erlöse, die durch Nutzung der in einem (Internet-)Unternehmen vorhandenen Kundendaten realisiert werden können (vgl. Zerdick et al. 1999, S. 27).

Die übrigen mittelbaren Finanzierungsinstrumente haben eher ergänzenden Charakter: Die Finanzierung durch staatliche beziehungsweise öffentliche Subventionen ist im Mediensektor auf wenige spezielle Anwendungsfälle, beispielsweise der Filmförderung, beschränkt. Von externen Kapitalgebern oder Gesellschaftern der Medienunternehmen zu leistende Darlehen, (Betriebskosten-)Zuschüsse beziehungsweise Verlustübernahmen sind als unterschiedliche Varianten der Außenfinanzierung (vgl. Seidel/Schwertzel 1998, S. 19) mit temporärem Charakter einzustufen: Letztlich steht jede Kapitalzufuhr von außen unter der Prämisse, dass sich die Auszahlungen in einem angemessenen Zeitraum amortisieren beziehungsweise eine gegenüber Alternativinvestitionen günstigere Rendite bringen müssen. Diese Bedingung ist jedoch auf längere Sicht nur bei hinreichendem Umsatz aus dem Kerngeschäft zu erfüllen.

Ein Finanzierungsmodell beschreibt die Kombination der skizzierten Instrumente durch ein Medienunternehmen beziehungsweise bei der Finanzierung eines Medienproduktes. Beispielsweise erfolgt die Finanzierung von Zeitschriften sowohl über Einzelverkauf, über Abonnement als auch über Werbung. Die Zuordnung der beschriebenen Instrumente ist in der Praxis nicht in allen Fällen überschneidungsfrei möglich, zum Beispiel wenn via Teleshopping unter Regie eines Fernsehveranstalters hergestellte Lizenzprodukte vertrieben werden.

3 Rahmenbedingungen der Medienfinanzierung

3.1 Branchenentwicklung

Auf der Angebotsseite werden die Finanzierungsmöglichkeiten durch die mit der Digitalisierung erweiterten Kommunikationsmöglichkeiten beeinflusst, die unter anderem individualisierte Übermittlung von (Medien-Angeboten sowie interaktive Nutzungsformen ermöglichen: Die Digitalisierung erlaubt eine Konvergenz von Medien-, Informationstechnologie- und Telekommunikationsbranche. Medienunternehmen bietet dieser Annäherungsprozess einerseits neue Verwertungsmöglichkeiten für die von ihnen vertriebenen Medieninhalte, andererseits wächst mit steigender Wettbewerbsintensität die Bedrohung durch Konkurrenz- beziehungsweise Substitutionsprodukte (vgl. Sjurts 2002, S. A75).

Auf der Nachfrageseite ist das Verhalten der wesentlichen Finanzierer, der privaten Haushalte und der Werbebranche, zu berücksichtigen: Private Haushalte entscheiden angesichts eines erweiterten Medienangebotes und verbesserter Nutzungsmöglichkeiten, wie sie ihre Ressourcen für den Medienkonsum einsetzen. Sichtbare Trends sind eine verbesserte Geräteausstattung hinsichtlich Informations- und Kommunikationstechnologie, leicht wachsende Anteile der Medienausgaben am Budget privater Haushalte sowie eine

Verschiebung im Zeitbudget in Richtung elektronische Medien, speziell zu Gunsten der Internetnutzung.

Für werbungtreibende Unternehmen bedeuten Verschiebungen der Nachfrage- oder Angebotsstruktur Veränderungen des Preis-Leistungsverhältnisses: Wenn neue Medienangebote, etwa durch Integration redaktioneller und werblicher Inhalte bei Online-Angeboten mit Banner-Werbung (vgl. Lilienthal 2003), günstigere Werbewirkungen ermöglichen, führt dies mittelfristig zu Umdispositionen der Etats zu Lasten „konventioneller" Angebote. So werden vermehrt Cross-Media-Strategien eingesetzt, da Online-Werbung nachweislich am besten in Verbindung mit klassischer Medienwerbung wirkt (vgl. Breunig 2003, S. 389). Bei einer nur unwesentlich über der Gesamtentwicklung bei klassischen Medien liegenden Wachstumsrate der Internet-Werbung von 3,7 Prozent in 2003 und einem weiterhin geringen Anteil der Online-Werbung am Werbemarkt ist das Internet aus Sicht der Werbewirtschaft eher als Ergänzungsmedium einzustufen (vgl. Breunig 2004, S. 404).

3.2 Unternehmens- und produktspezifische Voraussetzungen

Medienunternehmen beziehen ungeachtet ihres Betätigungsschwerpunktes solchermaßen veränderte Angebots- und Nachfragebedingungen in ihre Unternehmens- und davon ausgehend in ihre Finanzierungsstrategie ein. Ausgangspunkt der Unternehmensstrategie privater Medienunternehmen sind die Unternehmensziele: Das Sachziel beschreibt den jeweiligen Unternehmenszweck. Als Formalziel wird (langfristige) Gewinnmaximierung unterstellt (vgl. Seidel/Schwertzel 1998, S. 14–15), wobei im Mediensektor auch nicht-kommerzielle und publizistische Ziele eine Rolle spielen können (vgl. Ludwig 2003, S. 195). In Abgrenzung dazu nehmen öffentlich-rechtliche Rundfunkanstalten als Sachziel einen Programmauftrag wahr: Sie müssen eine umfassende Grundversorgung mit bildenden, unterrichtenden und unterhaltenden Programmen sowie eine vielfältige Themenbehandlung gewährleisten. Als Formalziel verfolgen sie die wirtschaftliche Erfüllung dieses Auftrages (vgl. Seidel/Schwertzel 1998, S. 14–17).

Medienunternehmen sind vielfach nicht nur auf einer Wertschöpfungsstufe aktiv, sondern versuchen im Wege der Vorwärts-, Rückwärtsintegration oder Diversifikation Synergiepotentiale zwischen Produktion, Programm und Distribution sowie zu den benachbarten Branchen Telekommunikation und Informationstechnologie auszuschöpfen (vgl. Sjurts 2002, S. A75). Da erfahrungsgemäß Akzeptanz und Verbreitungsgeschwindigkeit neuer Medien entscheidend von den übermittelten Inhalten abhängen, spielt in der Finanzierungsstrategie jedoch meist die Herstellung des Content sowie die Ausschöpfung der Erlöspotentiale verschiedener Vertriebskanäle eine Schlüsselrolle.

Für Rechteinhaber ergeben sich hinsichtlich der Verwertbarkeit dieses Content jedoch einige Restriktionen. Diese betreffen beispielsweise das betrachtete Programmgenre und die Repertoirefähigkeit oder „Verfallsdauer" der Inhalte (zum Beispiel Fiction, Dokumentation oder Aktualität) sowie die Größe der anvisierten Programmzielgruppe, bestimmbar durch zum Beispiel Region, Einkommen, Geschlecht oder Bildung. Beide Faktoren beeinflussen die Zahlungsbereitschaft des Finanziererkreises. Des Weiteren sind neben dem Rechteumfang bezüglich verschiedener Einsatzformen (beispielsweise Kino, TV oder Buchrechte) und den gesetzlichen Einschränkungen (zum Beispiel bei TV-Verwertung Bestimmungen zur Unterbrecherwerbung oder Altersbeschränkungen) zunehmend auch Rechtesicherungskosten (beispielsweise Verschlüsselung) von Bedeutung.

4 Ausgewählte Finanzierungsmodelle

4.1 Privatwirtschaftliche Medienunternehmen

Tabelle 2 skizziert den Anteil der Werbung als wichtigstes Finanzierungsinstrument deutscher Medienangebote (vgl. Ludwig 2003, S. 206): Die auch innerhalb einzelner Gattungen abweichenden Finanzierungsmuster sind unter anderem in den Zielsetzungen der Herausgeber (zum Beispiel „werbefreies Angebot"), spezifischen Konsum-Ausschlussmöglichkeiten des Mediums (beispielsweise Verschlüsselung oder physischer Vertrieb) sowie der Attraktivität der vermarkteten Inhalte aus Sicht der Mediennutzer beziehungsweise der Zielgruppen aus Sicht der Werbewirtschaft begründet. Konkretere Angaben zur Finanzierungsstruktur privater Medienunternehmen lassen sich nur induktiv aus publizierten Unternehmensdaten erschließen. Verfügbar sind lediglich hochaggregierte, nach Geschäftsbereichen differenzierte Daten, die leider keine Rückschlüsse auf Anteile einzelner Erlösformen zulassen.

Medium	Umsatzerlöse aus Verkauf	Umsatzerlöse aus Werbung
Buch	100%	0%
Kinofilm	100%	0%
Pay-TV	100%	0%
taz	85%	15%
Bild-Zeitung	50%	50%
Die Zeit	50%	50%
Tageszeitungen	40%	60%
Der Spiegel	35%	65%
Yahoo	35%	65%
Anzeigenblätter	0%	100%
Free-TV	0%	100%

Tabelle 2: Finanzierungsmuster deutscher Medienangebote

Tabelle 3 verdeutlicht die Werbemarktentwicklung klassischer Medien, wobei die gewachsene Bedeutung der Fernsehwerbung auffällt. Die klassischen Medien umfassen Zeitungen, Publikums- und Fachzeitschriften als Presseerzeugnisse, Hörfunk und Fernsehen als elektronische Medien sowie die Gattung Plakat. Die Bruttoaufwendungen betrugen in 2003 rund 17,2 Milliarden Euro; hiervon entfielen 8,3 Milliarden Euro auf elektronische Medien (49 Prozent), 8,2 Milliarden Euro auf Presse (48 Prozent) und lediglich 0,5 Milliarden Euro auf den Bereich Plakat (drei Prozent). Im Rekord-Werbejahr 2000 hatten die Bruttoaufwendungen noch ein Volumen von 18,2 Milliarden Euro, die Aufwendungen für elektronische Medien hatten mit neun Milliarden Euro einen Anteil von knapp 50 Prozent (vgl. Heffler 2004, S. 242). Das Gesamtniveau des Werbemarktes liegt damit 2003 um knapp sechs Prozent unter dem des Jahres 2000, aber um 122 Prozent über dem des Jahres 1990.

	1990	1995	1998	2000	2002	2003
Fernsehen	24,8%	38,9%	42,8%	43,9%	43,6%	43,4%
Zeitschriften	25,8%	23,3%	23,0%	22,2%	25,6%	24,3%
Zeitungen	39,8%	28,4%	25,9%	25,5%	22,4%	23,9%
Hörfunk	7,5%	6,5%	5,6%	5,7%	5,4%	5,3%
Plakat	2,0%	2,8%	2,8%	2,6%	3,0%	3,1%

Tabelle 3: Entwicklung der Werbemarktanteile der klassischen Medien

Die Nettoumsätze der elektronischen Medien, das heißt die den Sendern nach Abzug von Rabatten und Vermittlungsprovisionen verbleibenden Einnahmen beliefen sich auf knapp 4,4 Milliarden Euro. Hiervon entfielen rund

3,8 Milliarden (87 Prozent) auf Fernsehwerbung und 0,6 Milliarden Euro (13 Prozent) auf Hörfunkwerbung. Private Veranstalter hatten an diesen Umsätzen in 2003 einen Anteil von 93 Prozent (Fernsehen: 3,6 Milliarden Euro) beziehungsweise 69 Prozent (Hörfunk: 0,4 Milliarden Euro) und realisierten einen Nettoumsatz von vier Milliarden Euro. Der restliche Umsatz entfiel auf öffentlich-rechtliche Veranstalter. Die Verteilung der Umsätze im Fernsehbereich zeigt Tabelle 4.

Sender	Verteilung der Umsätze
RTL	30,2%
Sat.1	20,4%
ProSieben	18,4%
VOX	6,0%
RTL II	5,9%
Kabel 1	5,1%
ARD	3,7%
ZDF	2,9%
Super RTL	2,4%
Sonstige	5,0%

Tabelle 4: Anteile der Fernsehsender am Fernseh-Nettowerbeumsatz 2003

Aus Geschäftsdaten der ProSiebenSat.1 Media AG für 2004 lässt sich beispielhaft ableiten, dass 96,5 Prozent der Umsätze von den vier Fernsehsendern Sat.1, ProSieben, Kabel 1 und N24 generiert werden. Die übrigen Umsätze entstehen im Geschäftsbereich Diversifikation (Merchandising, Dienstleistungen). In der Gesamtbetrachtung entfallen rund 93 Prozent der Umsätze der ProSiebenSat.1 Media AG auf den Verkauf von Fernseh-Werbezeiten (vgl. ProSiebenSat.1 Media AG 2004, S. 36, S. 69).

Der Pay-TV-Anbieter Premiere AG realisierte in 2004 einen Jahresumsatz von knapp einer Milliarde Euro und finanziert sein operatives Geschäft nach eigenen Angaben vorwiegend aus Abonnements (83 Prozent), Einzelentgelten aus dem Vertrieb von Pay-per-View (drei Prozent) sowie Miet- und Verkaufserlösen für digitale Receiver (acht Prozent). Die übrigen sechs Prozent des Umsatzes entfielen auf Werbung, Sublizensierung und technische Dienstleistungen. Der durchschnittliche Abonnentenbestand belief sich in 2004 auf rund 3,1 Millionen Abonnenten, der Jahresumsatz pro Abonnent betrug 286 Euro. Der Konzern realisierte in 2004 einen Jahresfehlbetrag von 80,6 Millionen Euro. Die nicht über Umsatzerlöse gedeckten operativen Verluste werden – ebenso wie die in Vorjahren aufgelaufenen Verluste – im Wege der Außenfinanzierung vornehmlich durch Kapital der Gesellschafter überbrückt. Nach einer Umstrukturierung der Premiere Fernsehen GmbH & Co

KG zu Anfang des Jahres 2003 fungierten als Hauptgesellschafter – teilweise über Zwischengesellschaften – ein Privat-Equity-Unternehmen (65,1 Prozent), drei Banken (23,5 Prozent) und das Premiere Management (11,4 Prozent) (vgl. Premiere 2003; Premiere 2005). Nach dem Börsengang im März 2005 befanden sich die Kapitalanteile zu 51,3 Prozent im Streubesitz, die übrigen Gesellschafter haben ihr Engagement anteilig entsprechend reduziert.

Insgesamt finanzieren sich private Fernseh- und Radiosender in Deutschland jedoch ganz überwiegend aus Spotwerbung beziehungsweise Sponsoring. Fernsehveranstalter wie QVC oder 9live stellen hier eher Ausnahmen dar: Der seit Anfang 2005 zur ProSiebenSat.1 Media AG gehörende Veranstalter 9live hat im Jahr 2002 den überwiegenden Teil seiner Umsätze von 61 Millionen Euro aus Anrufgebühren finanzieren können. Der Umsatz erhöhte sich in 2003 auf rund 79 Millionen Euro. Der Fernsehsender QVC beispielsweise realisierte einen Umsatz von 290 Millionen Euro im Jahr 2002 überwiegend aus dem Verkauf seiner im Fernsehen beworbenen, aber über Internet beziehungsweise Telefon vertriebenen Produkte (vgl. EPD 2003a; EPD 2003b). In 2003 erhöhte sich der Umsatz deutlich um fast 80 Prozent auf 516 Millionen Euro.

4.2 Medienthemen/-produkte

Am Beispiel der vom Fernsehveranstalter RTL Television ausgestrahlten Quizshow „Wer wird Millionär" lässt sich zeigen, wie mit Hilfe „ereignisorientierter" Vermarktungs- und Finanzierungsmodelle und unter Berücksichtigung interaktiver Anwendungsmöglichkeiten Einnahmen generiert werden können. Wer wird Millionär ist mit einem Zuschauermarktanteil von rund 25 Prozent in 2004 weiterhin eine der erfolgreichsten Sendungen im deutschen Fernsehen, die Werbeeinnahmen bewegen sich – vorsichtig geschätzt – im oberen zweistelligen Millionen-Bereich: Anhand des von RTL in der Prime-Time realisierten Tausendkontaktpreiseses 2004 in der Zielgruppe 14 bis 49 Jahre lässt sich bei 83 ausgestrahlten Sendungen mit zuzurechnender Werbezeit von rund zehn verkauften Minuten und entsprechenden Abschlägen für Zapping sowie Agenturprovisionen, Rabatten und ähnlichem überschlägig ein Nettoumsatz in einer Größenordnung um 50 Millionen Euro pro Jahr nachvollziehen.

Weitere Einnahmen werden über die kostenpflichtige Bewerberhotline realisiert: RTL erhält hierfür feste Anteile an den mit Minutenpreisen von 0,62 Euro abgerechneten Telefonkosten der Anrufer – alternativ ist eine (kostenpflichtige) Bewerbung als Kandidat über das Internet-Angebot sowie via Handy beziehungsweise SMS möglich. Ferner können Sendungen im Internet live mitgespielt und darüber hinaus jeder Zeit alte Quizsendungen nachgespielt werden. Solche interaktiven Teilnahmeoptionen ermöglichen der Betreiberfirma, RTL New Media, täglich bis zu mehreren Millionen Seitenzugriffe. Die Live-Onlinespiele werden unter anderem durch die Ausstrahlung von Full-Screen-Werbespots im Internet finanziert. Daneben können internet-übliche Werbeeinnahmen realisiert werden.

Diese Basisfinanzierung aus Werbung und Transaktionsgebühren wird ergänzt durch das Lizenzgeschäft: RTL New Media ist gemeinsam mit einer weiteren Firma Lizenzgeber der weltweiten Wer wird Millionär-Lizenzrechte für Spiele, Internetauftritte und Digital-TV-Angebote. Als Lizenznehmer fungieren beispielsweise PC-Spiele- oder Brettspielehersteller. Bei der Vermarktung des Themas wird im vorliegenden Fall viel Wert auf direkten Bezug zur Sendung gelegt – auf übliche, lediglich mit dem Sendungslogo versehene Produkte ohne Bezug zum Quiz wird weitgehend verzichtet. RTL verfolgt eine Einzellizenzstrategie und vergibt für jede Produktgattung Lizenzen an ein anderes Unternehmen.

In ähnlicher Form werden bei anderen Fernsehformaten, prominente Beispiele sind Sendungen wie „Deutschland sucht den Superstar" beziehungsweise „Big Brother", Vermarktungsmodelle rund um ein Medienthema platziert. Genauere Angaben zu den Anteilen der Finanzierungsinstrumente dieser Sendungen lassen sich aus den veröffentlichten Quellen allerdings nicht nachvollziehen. Tabelle 5 erhebt keinen Anspruch auf Vollständigkeit und bezieht sich nicht auf eine konkrete Fernsehsendung. Ein populäres Medienthema wird nicht nur über einen Vertriebsweg wie zum Beispiel Fernsehen verwertet, sondern parallel beziehungsweise sukzessive werden weitere Medienangebote geschaffen.

Vertriebsweg	Finanzierungsinstrumente
Buchvertrieb	Vertriebserlöse
Zeitungs-/Zeitschriftenvertrieb	Vertriebserlöse und Werbung
Internetangebot	Werbung und Kommission
Hotlines „Information/Gewinnspiel"	Telefongebühren
Hotlines „Televoting/Kandidatenauswahl"	Telefongebühren
Ausstrahlung der Sendung im Free-TV	Werbung/Sponsoring
Ausstrahlung „Aktueller Infos" im Free-TV	Werbung/Sponsoring
DVD-/Videovertrieb „Highlights"	Vertriebserlöse
(Komplementär-) Produkte	Licensing/Verkaufsumsatz
Internet-Vertriebsfenster	Verkaufsprovision

Tabelle 5: Beispiele möglicher Vertriebsfenster eines Medienthemas

Hierzu gehören neben zusätzlicher Sendezeit im Programm (Sendungen mit Begleitberichterstattung selbstverständlich auch die Realisierung von Finanzierungsbeiträgen über weitere Vertriebswege wie Video-, DVD-, Buch- und Zeitschriftenvertrieb.

4.3 Internet-Angebote

Die Finanzierung von Internet-Angeboten kann mit der aus Tabelle 1 bekannten Systematik beschrieben werden (Tabelle 6). Auch hier ist eine überschneidungsfreie Zuordnung einzelner Finanzierungsformen nicht durchgängig möglich, da Internet-Angebote in erheblichem Umfang als Marketing-Instrument beziehungsweise als alternativer Vertriebskanal (eCommerce) genutzt werden und der Aspekt der Querfinanzierung insbesondere bei größeren (Medien-)Unternehmen eine erhebliche Rolle spielt (vgl. Breunig 2003, S. 389). In dem unten stehenden Schema wurden auf den Konsum eines bestimmten Internet-Angebotes gerichtete Beiträge (zum Beispiel Online-Nutzung von Datenbanken im Internet, Beteiligung an Foren oder Communities) als unmittelbar eingestuft. Mittelbarer Charakter wird dagegen Instrumenten beigemessen, die nicht direkt ein Internet-Angebot, sondern die über das Internet vertriebenen Produkte beziehungsweise Dienstleistungen betreffen. Hierbei kann es sich sowohl um Medienprodukte, zum Beispiel Musiktitel, aber auch um sonstige über das Internet vertreibbare Dienstleistungen (Finanzdienstleistungen, Versicherungen) oder Waren (Versandhäuser, Auktionen) handeln.

Die Vielfalt der im Internet praktizierten Einnahmeformen lässt sich im Rahmen dieses Beitrags nicht darstellen. Ebenso wenig ist ein aussagekräftiger Überblick über das Aufkommen aus den jeweiligen Instrumenten möglich. eCommerce beziehungsweise elektronisch vermittelte Dienstleistungen erbrachten im Jahr 2003 einen annähernd doppelt so hohen Umsatz wie der Paid-Content-Bereich.

Die Bruttowerbeumsätze der Onlinewerbung bewegen sich mit rund 300 Millionen Euro im Jahr 2004 beziehungsweise rund 1,5 Prozent des Werbevolumens der Klassischen Medien absolut und relativ auf einem vergleichsweise niedrigen Niveau. Die Wachstumserwartungen für die kommenden Jahre weisen hohe Bandbreiten auf: konservative Prognosen nennen einen Werbemarktanteil der Online-Werbung von unter zwei Prozent in 2007, während optimistischere Schätzungen von einem Anteil von 4,6 Prozent in 2008 ausgehen (vgl. Breunig 2004, S. 396).

	Beispiel für Finanzierungsbeiträge von Internet-Angeboten		
	unmittelbar von Medienkonsumenten	mittelbar über Produkte/ Dienstleistungen	mittelbar über Werbewirtschaft/Dritte
Finanzierungsbeiträge abhängig von Mediennutzung	Paid-Content (bspw. Online-Datenbank-Zugriff)	Paid-Content (z. B. Übermittlung einzelner Musiktitel, Videos, Software)	Banner-Werbung, klickabhängige Kommissionen
Finanzierungsbeiträge unabhängig von Mediennutzung (einmalig)	Anmeldegebühren für Foren/ Communities	Provisionen für Versicherungsverträge/Finanzdienstleistungen	Page-Sponsoring, Data-Mining
Finanzierungsbeiträge unabhängig von Mediennutzung (periodisch)	ePaper-/ Datenbank-Abonnements	Video-Abonnements (bspw. von Sportberichten)	sonstige (Betriebskosten-) Zuschüsse

Tabelle 6: Medienfinanzierungsinstrumente für Internet-Angebot

4.4 Öffentlich-rechtliche Rundfunkanstalten

Das Finanzierungsmodell der Rundfunkanstalten unterscheidet sich grundlegend von den bisher erörterten Modellen. Rundfunkanstalten haben einen verfassungsrechtlich begründeten Anspruch auf eine funktionsgerechte Finanzierung. Ihre Hauptfinanzierungsquelle sind die Gebühren, die im Rahmen eines dreistufigen, staatsfern aufgebauten Verfahrens festgesetzt werden: Im ersten Schritt melden die Landesrundfunkanstalten der ARD, das Zweite Deutsche Fernsehen (ZDF) und die Körperschaft Deutschlandradio ihren Finanzbedarf mit einer auf vier Jahre ausgelegten mittelfristigen Finanzplanung an die Kommission zur Ermittlung des Finanzbedarfs (KEF). Diese von den Ländern berufene Kommission von 16 unabhängigen sachverständigen Personen prüft im zweiten Schritt die Meldungen der Anstalten entsprechend den Grundsätzen von Wirtschaftlichkeit und Sparsamkeit und erstattet den Landesregierungen alle zwei Jahre einen Bericht, in dem sie darlegt ob, wann und in welcher Höhe sie eine Gebührenanpassung für notwendig erachtet. Im dritten Schritt treffen Landesregierungen und Landesparlamente eine Gebührenentscheidung in Form eines Staatsvertrags der Länder. Abweichungen sind zu begründen, wobei lediglich Gesichtspunkte des Informationszugangs und der angemessenen Belastung der Rundfunkteilnehmer („soziale Adäquanz") eine Abweichung von der Empfehlung der KEF zulassen. Die Länder sind damit also weitgehend an den KEF-Vorschlag gebunden. Dieses Verfahren ist ausgehend von einer Entscheidung des Bundesverfassungsgerichts („Achtes Rundfunkurteil") im Artikel 5 des Rundfunkstaatsvertrags der Länder (Rundfunkfinanzierungsstaatsvertrag) festgelegt (vgl. Seidel/Schwertzel 1998, S. 22).

Das durch dieses Verfahren strukturierte Finanzierungsmodell ist als ein System kommunizierender Röhren ausgelegt, da sich die Gebührenempfehlung als Restgröße aus der geplanten Aufwands- und Ertragsentwicklung der Anstalten ableitet: Bei der Bemessung des Finanzbedarfs hinsichtlich der Aufwendungen und Investitionsausgaben greift die KEF auf Vergleiche mit festgelegten Steigerungsraten zurück und wendet darüber hinaus Korrekturfaktoren an. Dem von der KEF anerkannten Finanzbedarf für eine Vierjahresperiode werden die in diesem Zeitraum realisierbaren Werbeerträge und sonstigen Erträge, Eigenmittel sowie das bei unverändertem Gebührensatz erwartete Rundfunkgebührenaufkommen gegenüber gestellt. Reichen diese Einnahmen zur Deckung des Finanzbedarfs nicht aus, ergibt sich ein durch eine Gebührenerhöhung auszugleichender ungedeckter Finanzbedarf. Durch das Verfahren ist sicher gestellt, dass sämtliche Einsparungen oder Mehreinnahmen der Rundfunkanstalten über eine geringere Gebührenempfehlung den Gebührenzahlern zugute kommen können. In ihrem aktuellen 14. Bericht hat die KEF auf der Grundlage dieses Verfahrens ab dem 1. Januar 2005 eine Anpassung der Rundfunkgebühr um 1,09 Euro auf 17,24 Euro pro Monat empfohlen.

Die Ministerpräsidenten der Länder haben sich im Oktober 2004 auf den Entwurf eines Achten Rundfunkänderungsstaatsvertrag geeinigt, der eine wesentliche Abweichung von der KEF-Empfehlung enthält. Dieser durch Beschlussfassung der Länderparlamente ratifizierte Staatsvertrag beinhaltet einen um 21 Cent unter der nach nachvollziehbaren und objektivierten Maßstäben ermittelten KEF-Empfehlung liegenden Erhöhungsbetrag mit einer zeitlichen Verschiebung der Gebührenerhöhung auf den 1. April 2005. Die Korrektur durch Ministerpräsidenten und Länderparlamente stellt eine Abkehr von der bisherigen Praxis dar. Ob der von der KEF empfohlene Erhöhungsbetrag eher als der nun geltende Satz von monatlich 17,03 Euro die genannten Entscheidungskriterien (Informationszugang und soziale Angemessenheit) verletzt, erscheint auch angesichts bestehender Befreiungsmöglichkeiten etwa bei geringen Einkommen sehr zweifelhaft. Aus Sicht der Rundfunkanstalten stellt sich daher die Frage, ob ein derartiger Eingriff der Politik in eine Gebührenentscheidung mit den vom Verfassungsgericht in seinem Gebührenurteil erarbeiteten Grundsätzen vereinbar ist.

Die Landesrundfunkanstalten realisierten im Jahr 2003 Erträge von 5,9 Milliarden Euro; hiervon entfielen 4,9 Milliarden Euro (82,5 Prozent) auf Gebühren (Tabelle 7). Die Bedeutung der Finanzierungsinstrumente kann am Beispiel des Westdeutschen Rundfunks (WDR), der größten der neun Landesrundfunkanstalten der ARD, skizziert werden: Der WDR realisierte im Jahr 2003 – bei Gesamterträgen von knapp 1,3 Milliarden Euro – auf Grund einer hohen Gebührenbefreiungsquote im Sitzland Nordrhein-Westfalen – einen im ARD-Vergleich unterdurchschnittlichen Gebührenanteil (81,3 Prozent). Erträge aus der von der hundertprozentigen Tochter WDR mediagroup GmbH vertriebenen Werbung machen beim WDR 33 Millionen Euro beziehungsweise 2,6 Prozent der Erträge aus. Da die WDR mediagroup GmbH die Kosten des Werberahmenprogramms trägt (und dem WDR damit Aufwendungen erspart) ist der eigentliche Finanzierungseffekt für den WDR allerdings höher zu veranschlagen; er lag in 2003 bei über sechs Prozent.

Sparte	Verteilung der Einnahmen
Werbefernsehen/Werbefunk	2,0%
sonstige betriebliche Erträge	15,5%
Rundfunkgebühren	82,5%

Tabelle 7: Einnahmenstruktur der ARD-Landesrundfunkanstalten 2003 (vgl. ARD 2004/2005)

Die sonstigen Einnahmen des WDR beliefen sich auf rund 206 Millionen Euro (16,2 Prozent). Hiervon entfiel mehr als die Hälfte auf (Zins-)Erträge aus Finanzanlagen (insbesondere für den Deckungsstock der betrieblichen Altersversorgung). Darüber hinaus fielen unter anderem Erträge aus Programmverwertung, Senderstandortmitbenutzung, Vermietung beziehungsweise Verpachtung, Sponsoring sowie Merchandising und Licensing mit einem Anteil von knapp über drei Prozent der Gesamterträge an. Erträge aus Beteiligungen an Gesellschaften privaten Rechts haben für den WDR mit 0,1 Prozent der Gesamterträge eher nachrangige Bedeutung. Weitere Finanzierungsbeiträge von insgesamt knapp drei Prozent der Gesamterträge wurden durch Koproduktionen und -finanzierungen sowie durch Kostenerstattungen innerhalb des ARD-Verbundes erzielt.

5 Ausblick

Die Beispiele zeigen, dass – trotz der mit der Digitalisierung einhergehenden Marktdynamik – Entgelt- und Werbefinanzierung auf längere Sicht die tragenden Finanzierungssäulen für Medienunternehmen bleiben werden. Die Vielfalt der Finanzierungsformen wird allerdings zunehmen, da bewährte „traditionelle" Instrumente wie Abonnements und Spotwerbung vielfach keine ausreichende Finanzierungsbasis gewährleisten können. Das Aufkommen aus der Werbefinanzierung wird in Folge von Vermeidungsstrategien der Nutzer (Zapping) und wachsender Konkurrenz durch stärker zielgruppengerichtete und daher wirksamere Werbeformen in neuen Medien zunehmend schwerer kalkulierbar. Das Aufkommen aus Entgeltfinanzierung hängt ab von der Zahlungsbereitschaft der Mediennutzer, die wiederum durch einfach anwendbare (illegale) Umgehungsstrategien (Raubkopien, Entschlüsselungsprogramme) beziehungsweise teilweise kostenlose Verfügbarkeit attraktiver Inhalte im Internet ungünstig beeinflusst wird. Anders ausgedrückt: In beiden Fällen entstehen Finanzierungsprobleme durch Substitutionskonkurrenz neuer Medien sowie Schwierigkeiten bei der Durchsetzung des Ausschlussprinzips.

Grundlegende Voraussetzung einer erfolgreichen Finanzierungsstrategie wird daher die Verfügbarkeit publikumsattraktiver Themen und Inhalte, mit denen ein schneller Aufbau von Reputation möglich ist. Ausgehend davon können – parallel beziehungsweise sequentiell – Finanzierungsbeiträge auf verschiedensten Verwertungsstufen abgeschöpft werden. In diesem Zusammenhang ist von einer wachsenden Bedeutung der Umweg- beziehungsweise Querfinanzierung über komplementäre Produkte oder Dienstleistungen auszugehen. Die aus dem Bereich der elektronischen Medien dargestellten Beispiele zeigen, dass der angesprochene Konsumausschluss beispielsweise über kostenpflichtige Begleitprodukte (Gewinnspiele, Zusatzanwendungen) gewährleistet und auf diese Weise in nennenswertem Umfang Finanzierungsbeiträge generiert werden können. Dem Licensing kommt als diese Strategie unterstützendes Element eine wachsende Bedeutung im Hinblick auf Reputationsaufbau und Finanzierungsfunktionen zu. Auch die Bedeutung der Einzelentgeltfinanzierung (zum Beispiel in Form von Pay-per-View-Fernsehen, etwa bei Premiere Direkt) wird tendenziell, trotz der angesprochenen Probleme wirksamer Verschlüsselungstechniken und der bisher noch in Deutschland zu beobachtenden Zurückhaltung gegenüber entgeltpflichtigen Medienangeboten, zunehmen. Vergleichbare Überlegungen gelten für Print-Medien-Anbieter, die zukünftig beispielsweise Paid-Content im Internet als zusätzlichen Vertriebsweg etablieren und ihre Produktpalette um zusätzliche Angebote wie ePaper-Abonnements erweitern werden.

Im Gegensatz dazu werden öffentlich-rechtliche Rundfunkanstalten weiterhin vornehmlich auf ihre Hauptfinanzierungsquelle Rundfunkgebühren angewiesen sein. Werbefinanzierung ist nur im Rahmen gesetzlicher Grenzen, Entgeltfinanzierung ist – ebenso wie eCommerce – gemäß der neuesten Bestimmungen des Rundfunkstaatsvertrages nicht mehr zulässig. Generell hat sich die Randnutzung beziehungsweise die erwerbswirtschaftliche Nutzung des Betriebsvermögens von Rundfunkanstalten innerhalb der Grenzen ihres Unternehmenszwecks zu halten. Sie hat vorrangig den Zweck, unbenutztes Wirtschaftspotential, welches notwendig der Erfüllung des Programmauftrags dient, auszunutzen. Die Anwendbarkeit der beschriebenen Finanzierungsformen auf die Rundfunkanstalten findet damit letztlich ihre Grenzen in den gesetzlichen Bestimmungen über den Programmauftrag.

Literaturverzeichnis

ARD (Hrsg.) ARD-Jahrbuch 2004/2005. Baden-Baden.
Brem, C. (2002) Merchandising und Licensing für Rundfunkunternehmen, in: Arbeitspapiere des Instituts für Rundfunkökonomie, Band 157. Köln 2002.
Breunig, C. (2003) Internet – Auf dem Weg zu einem kommerziellen Medium? in: Media-Perspektiven (8/2003), S. 385–393.
Breunig, C. (2004) Online-Werbemarkt in Deutschland 2001–2004, in: Media Perspektiven (8/2004), S. 394–404.
Heffler, M. (2003) Der Werbemarkt 2003, in: Media Perspektiven (6/2004), S. 242–250.
Kiefer, M.L. (1999) Medienökonomik. Einführung in die ökonomische Theorie der Medien, München – Wien 1999.
Lilienthal, V. (2003) Weichspüler – Medienkrise: Mit der Werbung bricht die Basis weg, in: EPD Medien, (42/2003), S. 14–19.
Ludwig, J. (2003) Mikroökonomie der Medien, in Altmeppen, K.D./Karmasin, M. (Hrsg.) Medien und Ökonomie, Band 1/1, Opladen 2003, S. 187–214.
Evangelischer Pressedienst, Epd (2003a), 12.02.03, S. 16–17.
Evangelischer Pressedienst, Epd (2003b), 08.03.03, S. 22–23.
Premiere (2003) Nach erfolgreichem 1. Halbjahr – Premiere hebt Ergebnisprognose für 2003 an. Medienmitteilung, München 2003.
Premiere AG (2005) Konzernabschluss 2004, Unterföhring 2005.
ProSiebenSat.1 Media AG (2003) Geschäftsbericht 2002, Unterföhring 2003.

Seidel, N./Schwertzel, U. (1998) Finanzierungsmöglichkeiten für Fernsehunternehmen, in: Pethig, R./Blind, S. (Hrsg.) Fernsehfinanzierung: Ökonomische, rechtliche und ästhetische Perspektiven, Opladen – Wiesbaden 1998, S. 14–15.

Sjurts, I. (2002) Integration der Wertschöpfungsketten im globalen Medienmarkt, in: Hans-Bredow-Institut (Hrsg.) Internationales Handbuch Medien 2002/2003, Baden-Baden 2002, S. A75–A87.

Zerdick, A. et al. (1999) Die Internet – Ökonomie. Strategien für die digitale Wirtschaft, Berlin 1999.

Kosten- und Leistungsrechnung – Modelle und Vorgehensweisen in Medienunternehmen

Stefan A. Wilms/Horst Zündorf

1 Einführung 881

2 Entwicklungsstand der traditionellen Kosten- und
   Leistungsrechnung 882

3 Besonderheiten der Kosten- und Leistungsrechnung in
   Medienunternehmen 882
   3.1 Die Kostenrechnung in Medienunternehmen 884
   3.2 Die Leistungsrechnung in Medienunternehmen 885

4 Neue Anforderungen an die Kosten- und Leistungsrechnungen
   in Medienunternehmen 886
   4.1 Dynamische Veränderungen auf dem Medienmarkt 887
   4.2 Prozessorientierung 889
   4.3 Komplexitätsreduktion 893
   4.4 Internationalisierung 894

5 Konvergenz von internem und externem Rechnungswesen in
   Medienunternehmen 895

6 Fazit 897

Literaturverzeichnis 898

Vorschau

Traditionelle Methodik der Kostenrechung mit spezifischem Inhalt

In dem Beitrag erfahren Sie, wie die (Ihnen) bekannten Methoden der Kosten und Leistungsrechnung aufgrund der Besonderheiten von Medienunternehmen mit spezifischen Inhalten belegt werden.

Neue Herausforderungen und prozessorientierte Erweiterungen

Der Beitrag stellt neue Herausforderungen wie zunehmende Konzentration, zunehmende Internationalisierung, zunehmende Komplexität der Produkte, steigender Kosten- und Ertragsdruck vor, denen ein Kostenmanagement für Medienunternehmen gerecht werden muss. Als eine Handlungsalternative, diesen Herausforderungen gerecht zu werden, wird die Prozesskostenrechnung vorgestellt.

1 Einführung

Die Vielzahl der verschiedenen Verlags- und Medienprodukte bedingt, dass es das einheitliche Kosten- und Leistungsrechnungssystem für Medienunternehmen nicht gibt. Eine Besonderheit des Medienbereiches ist, dass es sich in vielen Fällen bei den Produkten um die Kombination eines Kultur- und Wirtschaftsgutes handelt und dass neben finanziellen Zielen von vielen Verlegern auch gesellschaftspolitische Ziele verfolgt werden. Das Selbstverständnis, dass es sich bei Verlagsprodukten um Kulturgüter handelt hat in vielen Fällen zur Folge, dass bewusst erkennbare oder verdeckte Quersubventionierungen von einzelnen Produkten vorgenommen werden und eine Kostentransparenz nicht gegeben ist. Eine weitere Besonderheit für das Verlagsgeschäft ist, dass für ein und dass selbe Produkt oder die selbe Leistungsbereitstellung gleichzeitig verschiedene Erlösarten wie zum Beispiel Einzelverkaufserlöse und Werbeerlöse erzielt werden können. Verbunden ist dies häufig mit komplexen Rabattsystemen, was auf der Leistungsseite häufig nur unzureichend berücksichtigt wurde.

Die Rahmenbedingungen im Medienmarkt haben sich in den letzten Jahren wie in den meisten Branchen zum Teil dramatisch verändert. Traditionelle Erlösstrukturen haben sich deutlich verschoben. Die Komplexität der Produkte, die Internationalisierung und die Konzentration auf der Verlagsseite nehmen weiter zu. Die wirtschaftlichen Schwierigkeiten vieler Unternehmen haben sich laufend verschärft, wodurch die Anforderungen an das Kostenmanagement deutlich gestiegen sind, wobei zunehmend auch der Informationswert der Rechnungswesenssysteme aufgrund deren Komplexität in Frage gestellt wird. Gefordert werden als Konsequenz zeitnahe, eindeutige, vereinfachte und dennoch zuverlässige und aussagefähige Informationen, die die Quellen des Erfolges aufzeigen.

Während auf der Kostenseite eine verbesserte verursachungs- und prozessorientierte Abrechnung gefordert wird, erwartet man auf der Erlösseite eine den Besonderheiten der Medien besser gerecht werdende Differenzierung, da viele der aktuellen Probleme auf die rückläufigen Erlöse und die veränderten Erlösstrukturen zurückgehen. Als ein Instrument zur Erhöhung der Kostentransparenz und der verbesserten Kostenzurechnung bietet sich die Prozesskostenrechnung an, die am Beispiel eines Buchauslieferungslagers vorgestellt wird. Des Weiteren soll geprüft werden, in wie weit eine Konvergenz des internen und externen Rechnungswesens den zunehmenden Anforderungen nach einem einheitlichen und aussagefähigen Rechnungswesen gerecht werden kann.

2 Entwicklungsstand der traditionellen Kosten- und Leistungsrechnung

Die Diskussion um die verschiedenen Ausprägungen der Kosten- und Leistungsrechnungssysteme hat in den letzten Jahren deutlich abgenommen, was nicht zuletzt ein Zeichen dafür sein sollte, dass die Grundfragen der Methodik weitgehend geklärt sind. Die Fragen haben sich mehr auf die Themen des Kostenmanagements und des Controlling verschoben. Dennoch bleibt die Kosten- und Leistungsrechnung eines der fundamentalen, wenn nicht das wichtigste Handwerkszeuge des Controllers. Mängel in der Ausgestaltung der Kosten- und Leistungsrechnung können zu erheblichen Fehlentwicklungen und Fehlentscheidungen führen.

Über generelle und allgemeingültige Aufgaben, Systeme und Methoden (vgl. Hungenberg/Kaufmann 1998; Coenenberg 2003; Haberstock 2002; Kloock/Sieben/Schildbach 1999) hinaus, gibt es in Medienunternehmen Besonderheiten, die im Rahmen der Kosten- und Leistungsrechnung beachtet werden müssen.

3 Besonderheiten der Kosten- und Leistungsrechnung in Medienunternehmen

Die Vielzahl der verschiedenen Verlags- und Medienprodukte bedingt, dass es das einheitliche Kosten- und Leistungsrechnungssystem für Medienunternehmen nicht gibt. Die bunte Palette von Medien und Verlagsprodukten reicht von Einprodukt-Unternehmen (zum Beispiel ein Fachmagazin) bis hin zu Kuppelprodukten mit Mehrfachverwertungen wie zum Beispiel bei Verlagen oder im Rundfunk und Fernsehbereich. Anzuführen sind hier beispielsweise Fachbeiträge, die in verschiedenen nationalen und internationalen Fachmagazinen, Handwörterbücher, auf CD-Rom sowie im gebührenpflichtigen Internet vermarktet werden. Unterschiedliche Strukturen und Inhalte bedingen unterschiedliche kritische Erfolgsfaktoren. Die installierten Kosten- und Leistungsrechnungssysteme sind abhängig von der Mediengattung und der jeweiligen Größe der Unternehmen.

Für viele Buchverlage ist das Thema Bestandsbewertungen und Bestandsveränderungen von existentieller Bedeutung, während dies zum Beispiel im

Tageszeitungsgeschäft nur eine untergeordnete Bedeutung besitzt. In der Musikbranche, bei den Belletristikverlagen und im Fernsehgeschäft ist die Rechte-Einkaufspolitik ein wesentlicher strategischer Erfolgsfaktor. Aufgrund der hohen Beträge für beispielsweise Autorenanzahlungen für vermeintliche Bestseller oder beispielsweise von Fernseh-Übertragungsrechten kann die Liquiditätskontrolle Vorrang vor einer kurzfristigen Kostenkontrolle haben, so dass eine enge Abstimmung mit der Finanzplanung und dem Treasury erforderlich ist.

Dementsprechend sind bei Medienunternehmen alle erdenklichen reinen und gemischten Formen und Detaillierungsgrade der Kosten- und Leistungsrechnungen in der Ausprägung als Ist-, Plan-, Voll- und Grenzkostenrechnungen anzutreffen. Die angewendeten Methoden der Kostenrechnungen unterscheiden sich nicht grundsätzlich von den Systemen anderer Industriezweige. In der Regel werden die üblichen Kostenarten-, Kostenstellen- und Kostenträgerrechnungen angewendet.

Speziell für den Medien- und insbesondere den Verlagsbereich ist es jedoch wichtig hervorzuheben, dass es sich in vielen Fällen um die Kombination eines Kultur- und eines Wirtschaftsgutes handelt und das neben finanziellen Zielen auch gesellschaftspolitische Ziele verfolgt werden. Dementsprechend ist die Zuordnung der Medienbranche in der Literatur nicht eindeutig. Häufig erfolgt eine Zuordnung zu den Sektoren Kunst und Kultur oder Bildung und Kultur, während in anderen Veröffentlichungen eine Zuordnung zum Informationssektor erfolgt (vgl. Mahlert/Zündorf/Kraus vom Cleff 2002, S. 1265). Neben der in anderen Branchen üblichen Maximierung der Gewinnerzielung des (Medien-)Unternehmens steht der Anspruch des Verlegers oder Produzenten auf kulturelle, unterhaltende sowie journalistisch und politisch anspruchsvolle Medienprodukte. Das Selbstverständnis, dass es sich bei Verlagsprodukten um Kulturgüter handelt hat in vielen Fällen die Folge, dass bewusst erkennbare oder auch häufig verdeckte Quersubventionierungen von einzelnen Produkten vorgenommen werden. Bei renommierten Verlagen ist es durchaus üblich, als literarisch wertvoll erachtete Bücher sowie junge Autoren nicht unter (reinen) Kostengesichtspunkten zu bewerten. Hiermit wird jedoch sehr unterschiedlich umgegangen. Während bei vielen Verlagen diese Quersubventionierungen als eine Form der Zukunftsinvestition transparent separat ausgewiesen werden, führt diese Einstellung bei anderen Verlagen dazu, dass eine Kostentransparenz gezielt vermieden wird und dass das Ausmaß der Quersubventionierung nicht erkennbar ist. Die Ausgestaltung der Kostenrechnung ist in diesen Fällen entsprechend gering.

3.1 Die Kostenrechnung in Medienunternehmen

Typisch für die Kostenstruktur von Medienunternehmen ist in Abhängigkeit der Mediengattung der hohe Anteil von Personal- und Verlagskosten sowie Kosten für Autorenrechte und Lizenzgebühren. Der Fixkostenanteil ist im Verhältnis zu anderen Industriezweigen überdurchschnittlich hoch. Viele Medienprodukte haben kreativ und aktuell zu sein. Die Kosten der redaktionellen und journalistischen Leistung sind unabhängig von der anschließenden Auflage oder erreichte Reichweite der Verbreitung (vgl. Gläser 2002, S. 8).

Die auflagenfixen Kosten im Zeitungsgeschäft werden als die First-Copy-Costs (FCC) bezeichnet, die alle Kosten beinhalten, die durch Redaktion, Anzeigenabteilung und Druckvorbereitung entstehen. Demgegenüber sind die Grenzkosten des Druckes in Form der Kosten für das benötigte Papier, die Farbe und die Energie relativ gering. Ziel des Verlages ist es nun, die hohen Fixkosten durch eine steigende Auflage beziehungsweise Verbreitung auf immer mehr Exemplare zu verteilen, so dass die Durchschnittskosten pro Einheit sinken (vgl. Stahmer 1995, S. 20).

Entsprechende Kostenstrukturen finden sich bei den Belletristikverlagen oder im Rundfunkgeschäft, wo unabhängig von den Leser-, Hörer- oder Zuschauerzahlen die selben Produktions- und Ausstrahlungskosten anfallen. Beispiele für das Verhältnis zwischen den First-Copy-Costs und den sonstigen Kosten finden sich für verschiedenen Mediengattungen in Tabelle 1.

	Produktionskosten (First-Copy-Costs)	Vervielfältigungs-/ Distributionskosten	sonstige Kosten
Privatfernsehen	68,9%	7,1%	24,0%
öffentlich-rechtliches Fernsehen	55,9%	9,2%	34,9%
Zeitschrift	29,5%	34,7%	34,8%
Abonnementzeitung	20,0%	58,5%	21,5%

Tabelle 1: Kostenstruktur der deutschen Medien 1992 im Verhältnis zu den Gesamtkosten (vgl. Wirtz 2000, S. 23)

Der Aufbau der Betriebsergebnisrechnung erfolgt in der Regel nach dem Umsatzkostenverfahren in der Form einer mehrstufigen Deckungsbeitragsrechnung, die Auskunft zum Beispiel bei den Buchverlagen nach Imprints, Reihen und Ausgaben bis hin zu den einzelnen Titeln ermöglichen. Aufgrund des hohen Fixkostenanteils bei den meisten Mediengattungen und aufgrund der damit verbundenen geringen variablen Kosten und den somit erforderlichen hohen Deckungsbeiträgen besteht im Verlagsbereich eine laufende

Gefahr der Fehlinterpretation der hohen Deckungsbeiträge. Die Deckungsbeiträge können nur in den wenigsten Fällen zur Preisfindung oder zur Bestimmung des Verlagsprogramms verwendet werden, da mittel- und langfristig auch die hohen Fixkosten gedeckt werden müssen.

3.2 Die Leistungsrechnung in Medienunternehmen

Im Medien- und Verlagsbereich treten auf der Leistungsseite einige Besonderheiten auf. Zu nennen sind hierbei staatliche Reglementierungen wie zum Beispiel die Buchpreisbindung, die einerseits eine kostengünstige Grundversorgung sicherstellen soll und andererseits aufgrund ihrer Wettbewerbsbeschränkungen einer laufenden Kritik unterliegt und von manchen Anbietern durch alternative Vertriebskonzepte, wie zum Beispiel der Vorabveröffentlichungen von vermeintlichen Bestsellern in Buchklubs, umgangen wird. Des Weiteren unterliegen die Medienmärkte einer Reihe von Marktzutrittsbeschränkungen wie beispielsweise bei der Vergabe der Sendelizenzen durch die Landesmedienanstalten, bei der Beschränkung von Werbezeiten (und somit von Erlösen) oder der Vorgabe von Mindestwortbeiträgen im Rundfunk und Fernsehen. Kartellrechtliche Auflagen verhindern zusätzlich häufig aufgrund einer engen Abgrenzung des kartellrechtlich relevanten Marktes Verlagsübernahmen oder das Bilden von Anzeigen- und Vertriebskooperationen, was erhebliche Auswirkungen auf die Erlösstrukturen hat.

Typisch für das Verlagsgeschäft ist es jedoch auch, dass für ein und das selbe Produkt oder die gleiche Leistungsbereitstellung gleichzeitig verschiedene Erlösarten erzielt werden können (Abbildung 1). Beispielsweise werden im Zeitungs- und Zeitschriftengeschäft parallel Einzelverkaufserlöse und Werbeerlöse vereinnahmt. Im Rundfunk und Fernsehen werden neben den Werbeerlösen Sponsoringerträge erzielt, zu denen bei den öffentlich-rechtlichen Rundfunkanstalten zusätzlich Rundfunkgebühren erhoben werden. Diese Produkte und Dienstleistungen werden häufig von Wettbewerbern angeboten, die sich auf eine Erlösart spezialisiert haben, wie es zum Beispiel bei einer rein werbefinanzierten Zeitschrift oder einem privaten Rundfunk- oder Fernsehsender der Fall sein kann. Den Hauptanteil des gesamten Werbemarktes vereinnahmen die Tageszeitungen, gefolgt vom Fernsehen. Für den privaten Rundfunk sowie die meisten Zeitungen und Publikumszeitschriften sind die Werbeeinnahmen von existenzieller Bedeutung. Des weiteren zeichnet sich die Medienbranche durch zum Teil ausgelagerte Vertriebswege (Agenturen) sowie durch sehr ausgeklügelte und komplexe Rabattsysteme aus. Dementsprechend ist in Medienunternehmen die Leistungsrechnung häufig viel ausgeprägter als in den meisten Industrieunternehmen.

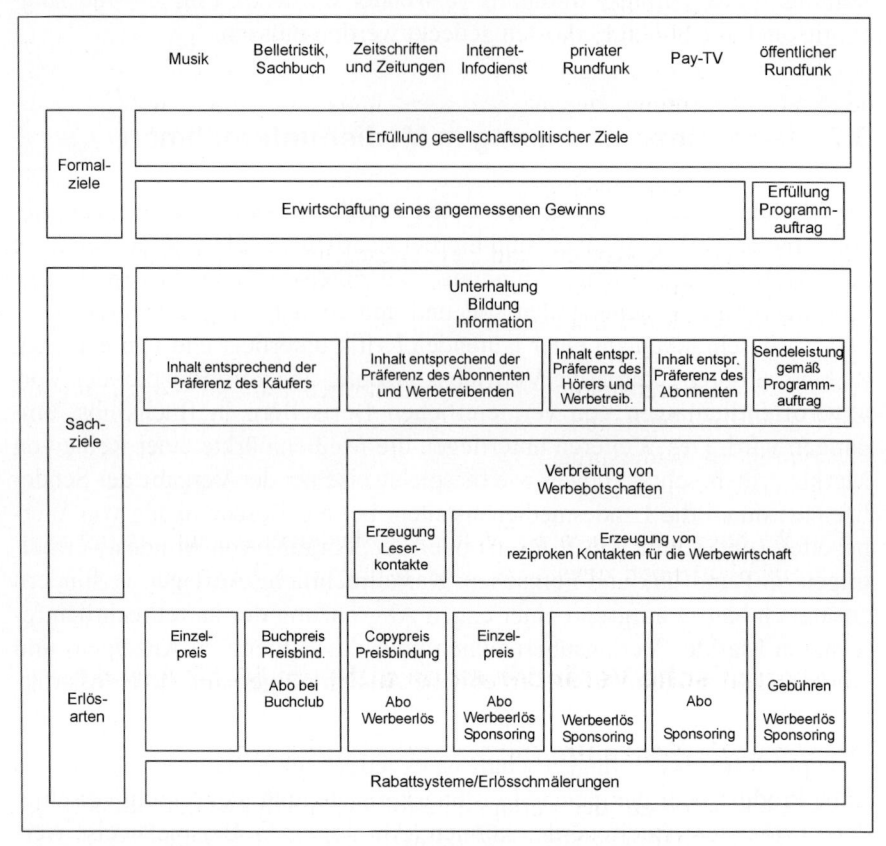

	Musik	Belletristik, Sachbuch	Zeitschriften und Zeitungen	Internet-Infodienst	privater Rundfunk	Pay-TV	öffentlicher Rundfunk
Formal-ziele		Erfüllung gesellschaftspolitischer Ziele					
		Erwirtschaftung eines angemessenen Gewinns					Erfüllung Programm-auftrag
Sach-ziele		Unterhaltung / Bildung / Information					
	Inhalt entsprechend der Präferenz des Käufers	Inhalt entsprechend der Präferenz des Abonnenten und Werbetreibenden		Inhalt entspr. Präferenz des Hörers und Werbetreib.	Inhalt entspr. Präferenz des Abonnenten		Sendeleistung gemäß Programm-auftrag
			Verbreitung von Werbebotschaften				
		Erzeugung Leserkontakte	Erzeugung von reziproken Kontakten für die Werbewirtschaft				
Erlös-arten	Einzelpreis	Buchpreis Preisbindung	Copypreis Preisbindung	Einzelpreis			
		Abo bei Buchclub	Abo Werbeerlös	Abo Werbeerlös Sponsoring	Werbeerlös Sponsoring	Abo Sponsoring	Gebühren Werbeerlös Sponsoring
	Rabattsysteme/Erlösschmälerungen						

Abbildung 1: Erlösarten von Medienunternehmen nach Mediengattungen in Abhängigkeit der Formal- und Sachziele (vgl. Köcher 2000, S. 223)

4 Neue Anforderungen an die Kosten- und Leistungsrechnungen in Medienunternehmen

Mit dem Aufstieg der New Economy verbreitete sich insbesondere bei vielen Entscheidungsträgern der (neuen) Medien die Auffassung, die Ansätze der klassischen Kosten- und Leistungsrechnung und der Investitionsrechnung hätten an Bedeutung verloren und seien der Schnelllebigkeit der Märkte nicht mehr gewachsen. Der dramatische Absturz vieler dieser jungen Unternehmen führte zu einer deutlichen Renaissance der klassischen Betriebswirtschaft einschließlich der Kosten- und Leistungsrechnung. Auch wenn der Kosten- und Leistungsrechnung und dem klassischen Controlling wieder mehr Bedeutung zugemessen wird, haben sich die Anforderungen deutlich verschoben.

Gefordert werden zunehmend klare, vereinfachte und dennoch zuverlässige, vergleichbare und einheitliche Informationen, die jederzeit kurzfristig verfügbar sind. Die Kosten- und Leistungsrechnung muss sich in andere Systeme integrieren lassen und darf keine Insellösung darstellen. Die häufig aufgeführte Kritik am Controlling ist in vielen Fällen in der Verwendung der eingesetzten Kosten- und Leistungsrechnungssysteme begründet, die zum Teil durch die Bereitstellung ihrer Informationen eher zur Verwirrung als zur Transparenz beitragen. Genannt seien hier nur beispielhaft die häufig vermeintlichen Widersprüche zwischen den Zahlen des internen und des externen Rechnungswesens.

Des Weiteren unterliegen die Wettbewerbsbedingungen auf dem Medienmarkt einer laufenden zunehmend dynamischen Veränderung.

4.1 Dynamische Veränderungen auf dem Medienmarkt

Zunehmende Konzentration auf der Verlagsseite

Die Konzentration auf der Verlagsseite nimmt laufend weiter zu und wird durch die wirtschaftlichen Schwierigkeiten vieler Unternehmen weiter verstärkt. Die absolute Anzahl der Verlage nimmt laufend ab und die Konzentration des Marktanteils der größten acht nimmt kontinuierlich zu. Während in den vergangenen Jahren dieser Effekt zum Teil durch stark wachsende Märkte überdeckt wurde, führt dies bei nun zum Teil drastisch schrumpfenden oder zumindest stagnierenden Märkten zu einem zunehmenden Konkurrenz- und Kostendruck. Die Unternehmen benötigen ein leistungsfähiges Kosten- und Leistungsrechnungssystem, um überleben zu können. Quersubventionierungen müssen transparent und neu bewertet werden.

Zunehmende Internationalisierung

Bei der Internationalisierung sind im Medienbereich auf den ersten Blick gegenläufige Prozesse zu erkennen. Im Bereich der Belletristik stammen die bedeutenden Verlagsrechte zunehmend aus dem angloamerikanischen Raum.

Die Rechte werden häufig nicht mehr für einzelne Länder sondern direkt für übergreifende Regionen oder sogar global gehandelt.

Im Bereich der Wissenschaft hat sich Englisch weitgehend als die Standardsprache durchgesetzt, was gleichzeitig eine weltweite Vermarktung der Verlagsprodukte ermöglicht. Die Möglichkeiten der Mehrfachverwertungen nehmen hierdurch erheblich zu.

Einen eher gegenläufigen Effekt kann man im Bereich der Fernsehrechte beobachten. Amerikanische Produktionen lassen sich nicht mehr so einfach in Deutschland platzieren.

Zunehmende Komplexität der Produkte

Die Entwicklung der elektronischen Medien haben die Verlagsbranche in vielen Bereichen geradezu revolutioniert. Die Möglichkeiten, Inhalte parallel über verschiedene Medien in verschiedenen Formen zu vermarkten, haben die Komplexität der Abläufe und Produkte deutlich erhöht. Die klassische Zurechnung von Kosten auf die einzelnen Produkte wird schwieriger, was zu einem deutlichen Anstieg der Gemeinkosten führt. Mit dem laufenden Ansteigen der verwendeten Zuschlagssätze stellt sich zunehmend auch die Frage nach einer angemessenen oder verursachungsgerechten Kostenverteilung.

Steigender Kosten- und Ertragsdruck bei den Medienunternehmen

Der Medienbereich ist durch die wirtschaftliche Entwicklung der letzten Jahre zum Teil hart getroffen worden. Viele Medienunternehmen hatten aufgrund der Euphorie der letzten Jahre auf eine anhaltende Expansion gesetzt und entsprechende Kapazitäten aufgebaut oder vorgehalten. Ein Großteil der Unternehmen war auf die anschließende Rezession schlecht vorbereitet. Besonders drastisch fiel der Rückgang der Anzeigenumsätze, insbesondere im Zeitungsmarkt, aus.

Die Medienformen und Produkte sind aufgrund der schnellen Entwicklung der elektronischen Medien stark im Wandel und kostenintensiv. Häufig sind die elektronischen Produkte nicht wirtschaftlich und werden subventioniert. Inhalte werden häufig als Zweitverwertung (kostenlos) ins Internet gestellt.

4.2 Prozessorientierung

Die oben beschriebene abnehmende Bedeutung der direkten Produktionskosten an den Gesamtkosten in Verbindung mit der Zunahme der Komplexität der Produktionsstrukturen von Medienprodukten und der damit verbundenen Schwierigkeiten einer verursachungsgerechten Kostenermittlung hat im Medienbereich genauso zur Suche nach alternativen beziehungsweise neuen oder veränderten Kostenrechnungssystemen geführt wie in anderen Industriezweigen. Die Ansätze der Grenzkosten- und Deckungsbeitragsrechnungen wurden zur Identifizierung der Ertrags- und Verlustbringer weiter ausgebaut. Deckungsbeitragsrechnungen auf Sparten-, Segment- oder Produktebene werden zunehmend Standard. Ziel ist die Identifizierung der kurz-, mittel- und langfristig relevanten Stückkosten.

In vielen Medienunternehmen kam es bei der verstärkten Analyse der Kostentreiber zu einer genaueren Betrachtung und Untersuchung der die Kosten verursachenden Prozesse. Als adäquates Kostenrechnungssystem wurde in vielen Fällen auf die Prozesskostenrechnung zurückgegriffen. Hierbei erfolgt die Kostenzurechnung neben dem strengen Verursachungsprinzip mittels der von den Produktionsprozessen abgeleiteten statistischen Werten oder Durchschnittswerten. Die Ziele der Prozesskostenrechnung sind die Planung, Steuerung und Kontrolle der betrieblichen Gemeinkosten und deren Behandlung im Rahmen der Kalkulation sowie die aktivitätsorientierte Optimierung des Kapazitäts- beziehungsweise Ressourceneinsatzes (vgl. Kamps 1995). Wesentliche Eckpunkte des Konzeptes der Prozesskostenrechnung (Abbildung 2) sind:

- Vollkostenorientierung,
- Verteilung der Gemeinkosten entsprechend der sie verursachenden Aktivitäten,
- Weg von der Kostenstellenbetrachtung hin zu einer Prozessbetrachtung,
- Weg von einer Kostenstellenverantwortung hin zu einer Prozessverantwortung und
- Strategieorientierung.

Die Prozesskostenrechnung will den jeweiligen Produkten über die Analyse der Teilprozesse die Kosten der Aktivitäten oder der internen Dienstleistungen zurechnen, die diese Kalkulationsobjekt erbracht beziehungsweise durch diese in Anspruch genommen worden sind.

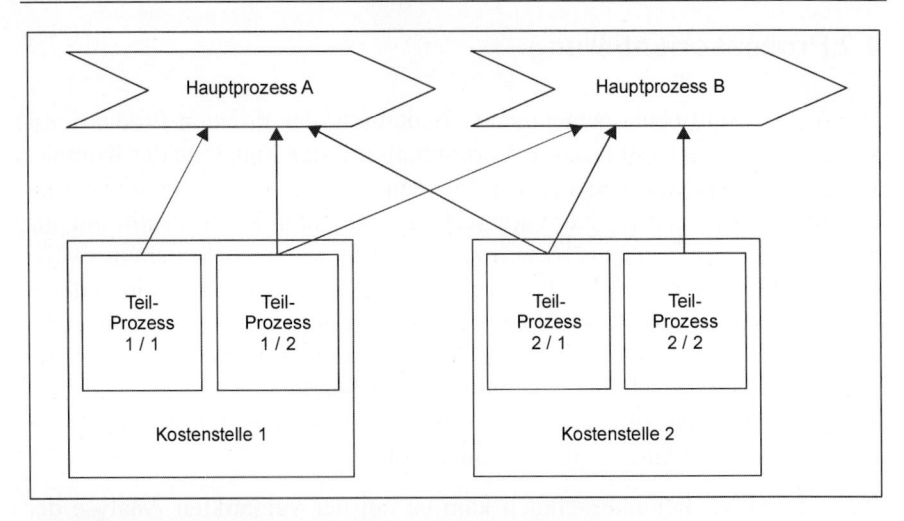

```
┌─────────────────────────────────────────────────────────────┐
│      Hauptprozess A              Hauptprozess B             │
│         ▲   ▲   ▲                  ▲   ▲   ▲                │
│  ┌──────────┬──────────┐    ┌──────────┬──────────┐         │
│  │  Teil-   │  Teil-   │    │  Teil-   │  Teil-   │         │
│  │ Prozess  │ Prozess  │    │ Prozess  │ Prozess  │         │
│  │  1 / 1   │  1 / 2   │    │  2 / 1   │  2 / 2   │         │
│  ├──────────┴──────────┤    ├──────────┴──────────┤         │
│  │   Kostenstelle 1    │    │   Kostenstelle 2    │         │
│  └─────────────────────┘    └─────────────────────┘         │
└─────────────────────────────────────────────────────────────┘
```

Abbildung 2: Das Konzept der Prozesskostenrechnung

Der Einsatz der Prozesskostenrechnung soll am folgendem Beispiel eines Buchauslieferungslagers (Abbildung 3) verdeutlicht werden:

Ausgangssituation: Die Distributionskosten eines Buchauslieferungslagers wurden pauschal als Gemeinkosten verrechnet, was zu einer bewussten Quersubventionierung führte. Es gab starke Veränderungen des Marktumfeldes. Bei den Buchhandlungen zeigt sich immer mehr der Trend zu den Megastores, zusätzlich steigen deutlich die Remissionsquoten mit der Gefährdung der Prozesssicherheit, erhöhten Durchlaufzeiten und erhöhten Lagerbeständen. Weiterhin finden immer mehr Fusionen auf der Verlagsseite statt. Somit wurden die Distributionskosten zu einem erheblichen Faktor.

Ziel: zukünftig sollte eine verursachungsgerechte Kalkulation der Distributionskosten nach Buchsegmenten durchgeführt werden. Den veränderten Umfeldsituationen sollte durch eine Optimierung der Transportkosten und -zeiten, durch eine verursachungsgerechte Bewertung von Remissionen und durch eine Bestimmung der optimalen Druckauflagen entgegen gewirkt werden. Weiterhin wird eine Erhöhung der Prozesssicherheit sowie eine Reduzierung der absoluten Distributionskosten angestrebt, um so eine Entscheidungsgrundlage für eine Make-or-Buy-Entscheidung zu schaffen.

Vorgehensweise: Um die obigen Ziel zu erreichen, müssen Hypothesen über Cost Driver abgeleitet und Maßgrößen sowie Teilprozesse festgelegt werden. Dem schließt sich eine Kapazitäts- und Kostenzuordnung, eine Verdichtung zu Hauptprozessen sowie eine Analyse der Engpässe an. Abschließend wird eine umfangreiche Tätigkeitsanalyse der Mitarbeiter durchgeführt. In den einzelnen Kostenstellen wurden die wesentlichen Teilprozess identifiziert, die zur Erfüllung der Hauptprozesse erforderlich sind. Die Teilprozesse

- Entladen der Bücher (in Form von Paletten, Paketen oder Einzellieferung),
- Erfassung und Qualitätskontrolle der Lieferungen sowie
- Remissionsbearbeitung (einzelner Bücher bis hin zu ganzen Paletten)

werden von der Kostenstelle Warenannahme für alle Hauptprozesse BIG-Books, College-Books und Belletristik erbracht.

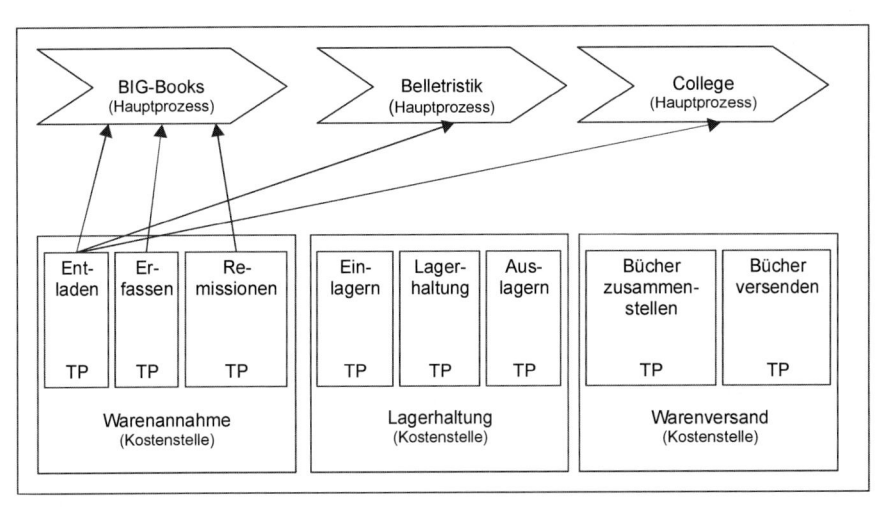

Abbildung 3: Einsatz der Prozesskostenrechnung am Beispiel eines Buch-Auslieferungslagers

Die Kosten der Kostenstelle Warenannahme der einzelnen Teilprozesse werden den Hauptprozessen zugeordnet (Abbildung 4). Die Umlage der Kosten der Kostenstellen Lagerhaltung und Warenversand kann nach einer Zuordnung auf die Teilprozesse entsprechend auf die Hauptprozesse erfolgen. Für die einzelnen Teilprozesse werden entsprechend der Arbeitsanalysen die Anteile der volumen- und der variantenabhängigen Kosten festgelegt. Unter Berücksichtigung der Inanspruchnahme der einzelnen Teilprozessmengen werden die volumenabhängigen Kosten den Hauptprozessen zugeordnet. Die variantenabhängigen Kosten werden im einfachsten Fall gleichmäßig auf alle Hauptprozesse zugerechnet und dort durch die Menge der Bücher des jeweiligen Hauptprozesses dividiert.

Warenannahme					-in Cent- BIG-Books	Belletristik	College
Teilprozess in Euro	Prozess- menge	Prozess- kostensatz	volumen- abhängig %	varianten- abhängig %	10.000.000 1	4.000.000 1	500.000 1
Entladen/ Bereitstellen	12.000	5	90	10	0,37 0,02	0,37 0,05	0,37 0,40
Erfassung/ Qualitäts- kontrolle	34.000	10	20	80	0,47 0,91	0,47 2,27	0,47 18,13
Remissions- bearbeitung	100.000	6		100	- 2,00	- 5,00	- 40,00
					3,77	8,16	59,37
Kosten pro Variante					376.805	326.322	296.874
Entladen/ Qualitäts- kontrolle	60.000 340.000						
Remissions- bearbeitung	600.000						
Zuschlagskalkulation auf Mengenbasis			Zuschlagssatz 6,90 Cent		689.655	275.862	34.483
Delta					312.851	-50.460	-262.391

Abbildung 4: Kostenverteilung in der Warenannahme mittels Prozesskostenrechnung

Im obigen Beispiel verursachen die Entladevorgänge Kosten von 60.000 Euro (Prozessmenge 12.000 x Prozesskostensatz 5 Euro). Davon sind 90 Prozent volumenabhängig (54.000 Euro) und werden 14,5 Millionen Büchern zugeordnet. 54.000 Euro geteilt durch 14,5 Millionen Bücher ergeben Durchschnittskosten von 0,37 Cent pro Buch. Die verbleibenden variantenabhängigen Kosten in Höhe von 6.000 Euro werden im Beispiel gleichmäßig auf die drei Hauptprozesse verteilt (je 2.000 Euro) und durch die jeweilige Buchmengen dividiert.

Das mittels der Prozesskostenrechnung ausgewiesene Ergebnis unterscheidet sich deutlich von dem Ergebnis einer Zuschlagskalkulation auf Mengenbasis (siehe oben). Im Ergebnis führt dies zu einer:

– verursachungsgerechteren Kalkulation der Distributionskosten,
– Bewertung von Engpassfaktoren,
– Optimierung von Transportkosten und -zeiten,
– Optimierung der Druckauflagen und Lagerbestände,
– Optimierung der Durchlaufzeiten und der Prozesssicherheit sowie

– Entscheidungsgrundlage für ein mögliches Outsourcen von Teilaktivitäten.

Durch den Einsatz der Prozesskostenrechnung lassen sich im Medienbereich in vielen prozessgetriebenen Bereichen durch das Ersetzen einer klassischen Gemeinkosten Zuschlagskalkulation erhebliche Einsparungspotentiale realisieren.

4.3 Komplexitätsreduktion

Von der Kosten- und Leistungsrechnung wird zunehmend eine geringere Komplexität und das Vermeiden von vermeintlichen Widersprüchen erwartet. Abstimmungsprobleme mit anderen Systemen sowie Doppelerfassungen und Doppelarbeiten sind zu beheben. Des Weiteren sollten sich die Systeme auf das wesentliche beschränken. Zahlenfriedhöfe und erklärungsbedürftige Informationen sind zu vermeiden. Als großer und kaum überwindbarer Nachteil bei der Verfolgung dieser Ziele erweist sich die in Deutschland im externen Rechnungswesen übliche Verwendung des Gesamtkostenverfahrens gegenüber der im internen Rechnungswesen bei der Kosten- und Leistungsrechnung zur Berechnung von Deckungsbeiträgen üblichen Verwendung des Umsatzkostenverfahrens. Brückenrechnungen und Überleitungen verursachen stets zusätzlichen Abstimmungs- und Erklärungsaufwand.

Die zunehmende Komplexität in den Medienunternehmen führte dazu, dass zur kurzfristigen Steuerung und zur Aufdeckung von Schwachstellen neben der Kosten- und Leistungsrechnung auch vermehrt Kennzahlensysteme wie zum Beispiel die Balanced Scorecard eingesetzt werden. Hierbei ist jedoch unbedingt zu achten, dass keine neuen Insellösungen geschaffen werden und dass eine sinnvolle Verknüpfung der Balanced Scorecard und der Kosten- und Leistungsrechnung beziehungsweise der Budgetierung implementiert wird (vgl. Wilms 2004, S. 512–513).

Auch wenn viele Unternehmen versuchen, die Entscheidungen mittels Kennzahlensystemen oder mittels Informationen des externen Rechnungswesens oder des Finanzmanagement zu fällen, hat sich gezeigt, dass auf ein aussagefähiges Kosten- und Leistungsrechnungssystem nicht verzichtet werden kann.

4.4 Internationalisierung

Die zunehmende Internationalisierung des Mediengeschäfts erfordert auch eine zunehmende Internationalisierung der eingesetzten Kosten- und Leistungsrechnungssysteme. Die Kosten- und Leistungsrechnung muss die Grundlage für das Controlling bilden, Sachverhalte einheitlich abbilden und bewerten, gerade auch auf internationaler Ebene. Für multinationale Medienunternehmen bedeutet dies, für alle beteiligten Unternehmen einheitlich Berichts- und Bewertungsrichtlinien vorzugeben und anzuwenden. Hierdurch kann es zu einer zunehmenden Entfernung von den nationalen Bewertungsrichtlinien der externen Rechnungslegung kommen, was die Transparenz für die Beteiligten einschränkt. Gleichzeitig kann dies zu neuen Problemen bei den konzernintern verwendeten Verrechnungspreisen führen. Die Problematik der Transferpreise zwischen den beteiligten Verlagen in den verschiedenen Ländern gewinnt durch die laufend steigenden nationalen Vorgaben von Bewertungs- und Dokumentationsanforderungen zunehmend an Bedeutung. Auslegungsprobleme der Verrechnungspreise führen unter Umständen zu langwierigen Verhandlungen mit den lokalen Steuerbehörden und haben in vielen Fällen Strafzahlungen sowie Doppelbesteuerungen zur Folge. Viele der internationalen Medienunternehmen, von denen noch relativ wenige börsennotiert sind, verwenden zunehmend IAS/IFRS oder US-GAAP als Standard ihrer externen Rechnungslegung, welche in diesen Fällen in der Regel auch als Grundlage des internen Rechnungswesens und somit der Kosten- und Leistungsrechnung dienen.

Konzernfreie Unternehmen sind auch zunehmend von der Internationalisierung betroffen. Dies ist einerseits bedingt durch den zunehmend internationalen Rechte-Handel, andererseits durch die zunehmenden internationalen Partnerschaften und Joint Ventures. Hierbei ist es häufig erforderlich, Kalkulationsschemata auszutauschen und abzugleichen. Weichen diese erheblich voneinander ab, besteht ein erheblicher Erklärungsbedarf und Konflikte sind vorprogrammiert.

5 Konvergenz von internem und externem Rechnungswesen in Medienunternehmen

In Deutschland stehen sich aufgrund der unterschiedlichen Zielsetzungen das interne und das externe Rechnungswesen ein wenig unversöhnlich gegenüber. Aufgrund der zunehmenden Globalisierung wird dies für die Medienunternehmen ein zunehmendes Problem, da hierdurch die bereitzustellende Informationsmenge erhöht und die Abstimmung und Übersichtlichkeit erschwert wird.

Das interne Rechnungswesen zielt klassischerweise auf eine entscheidungsorientierte Rechnungslegung mit dem Ziel eines periodengerechten, betriebswirtschaftlich richtigen Erfolgsausweis inklusive der Darstellung des Zustandekommens des Erfolgs. Das Externe Rechnungswesen (HGB) stellt klassischerweise eine am Gläubigerschutz orientierte Rechnungslegung dar, mit dem primären Ziel, einen vorsichtig ermittelten, besteuerungs- und ausschüttungsfähigen Gewinn auszuweisen.

Das Rechnungswesen multinationaler Medien-Unternehmen greift traditionell auf das Rechnungswesen der einzelnen Beteiligungsgesellschaften zurück. Für das externe Berichtswesen werden die nationalen Einzelabschlüsse (jährlich) in deutsches Recht (in „HB II-Abschlüsse") überführt. Da diese Informationsbasis weder vom Umfang noch von der Struktur den Ansprüchen des internen Rechnungswesen und der Kosten- und Leistungsrechnung gerecht wird, sind unterjährig laufend Informationen aus den Primärbuchhaltungssystemen der nationalen Medien-Beteiligungsgesellschaften zu gewinnen. Doppelerfassungen und Abstimmungsprobleme sind die Folge.

Durch das Kapitalaufnahmeerleichterungs-Gesetz hat 1998 die Rechnungslegung nach internationalen Standards in Deutschland Einzug genommen. Ab 2005 (in Ausnahmefällen ab 2007) müssen kapitalmarktorientierte Unternehmen in Deutschland aufgrund einer Rechtsverordnung der EU einen Konzernabschluss nach IAS/ IFRS aufstellen.

Die externe Rechnungslegung nach IAS /IFRS stellt eine an den Investoren orientierte Rechnungslegung mit dem primären Ziel der zutreffenden Darstellung der wirtschaftlichen Lage (Fair Presentation) dar. Da sich IAS/ IRFS nicht vorrangig am Gläubigerschutz orientieren und nicht die Ausschüttungsbemessungsfunktion unterstützen, entstehen innerhalb der externen Rechnungslegung neue Zielkonflikte. Konsequenz ist die Spaltung der externen Rechnungslegungsvorschriften zwischen Einzelabschluss und Konzernabschluss, beziehungsweise bei befreiendem IAS/IFRS Einzelabschluss zwischen konzernverbundenen und konzernfreien Unternehmen.

Während die Einführung von IAS/IFRS in der externen Rechnungslegung zu neuen Problemen führt, bietet sich für die Interne Rechnungslegung und somit für die Kosten- und Leistungsrechnung eine große Chance. Das Interne Rechnungswesen und IAS/IFRS zielen auf entscheidungsorientierte Informationen ab und ermitteln den periodengerechten Erfolg. Beide folgen der Managementstruktur zu Lasten einer eventuellen externen Vergleichbarkeit.

Nachteilig sind ex- und implizite Wahlrechte des IAS/IFRS, die jedoch durch interne Richtlinien eingeschränkt und dokumentiert werden können. Die Ziele des IAS/IFRS und des internen Rechnungswesens und somit der Kosten- und Leistungsrechnung sind grundsätzlich miteinander vereinbar. Bei gut abgestimmten Systemen unterscheiden sich die dem Management und den externen Kapitalgebern bereitgestellten Informationen nur hinsichtlich ihrer Detaillierung. Es ist zu erwarten, dass durch die fortschreitende Harmonisierung innerhalb der EU die entscheidungsorientierte Rechnungslegung auch für den Einzelabschluss an Bedeutung gewinnen wird und dass der IAS/IFRS Einzelabschluss eine befreiende Wirkung erhält.

Wichtig ist bei dem Aufbau eines solchen abgestimmten Rechnungswesens zur Erreichung einer möglichst hohen Effizienz und Harmonisierung, dass die Kostenrechner und Controller von Anfang an in das Projekt involviert sind. Zur Zeit wird dieses Feld sehr stark den externen Rechnungslegern überlassen. Der idealtypische Aufbau eines multinationalen betrieblichen Rechnungswesen könnte wie folgt aussehen:

- Abbildung aller Geschäftsvorfälle in den Primärbuchhaltungssystemen nach IAS/IFRS,
- Abbildung/Gliederung nach Kostenrechnungsgesichtspunkten,
- monatliche interne Ergebnis- beziehungsweise Segmentberichterstattung nach IAS/IFRS,
- Konsolidierung der IAS/IFRS-Einzelabschlüsse zu (Teil-)Konzernabschlüssen (IAS/IFRS),
- Integration der Planungs- und Strategietools in die gleiche Software sowie
- einmal jährliche Überleitung der IAS/IFRS-Einzelabschlüsse in die lokal geforderten Steuerbilanzen.

Voraussetzung für ein derart vollständig integriertes System ist, dass die EU-Staaten das vorgesehene Mitgliedstaaten-Wahlrecht in der Form ausüben, dass ein befreiender IAS/IFRS-Einzelabschluss erstellt werden kann und nicht zusätzlich noch ein Abschluss nach lokalen Vorschriften erstellt werden muss. In Deutschland sollte die in § 5 EStG Absatz 1 steuerrechtlich vorgeschriebene Maßgeblichkeit der Handelsbilanz für die Steuerbilanz ersatzlos gestrichen werden. Gegebenenfalls sind die entsprechenden handelsrechtlichen Vorschriften in die Steuerbilanz zu übernehmen.

Der Aufbau eines derartigen Rechnungswesens würde die Steuerung mittels der vereinheitlichten Kosten- und Leistungsrechnungssysteme erheblich vereinfachen und eine hohe Transparenz und Vergleichbarkeit auf internationaler Ebene ermöglichen, was insbesondere auch für die Medienbranche aufgrund der zunehmenden Internationalisierung von großem Vorteil wäre.

6 Fazit

Die Medienbranche unterliegt insbesondere in den letzten Jahren einem starken Strukturwandel. Die Internationalisierung und Konzentration auf der Verlagsseite hält an. Zunehmender Ertragsdruck aufgrund rückläufiger Erlöse und veränderter Erlösstrukturen erfordern ein verstärktes Kosten- und Erlösmanagement. Die bewusste oder unbewusste Quersubventionierung einzelner Produkte können sich viele Unternehmen – zumindest in dem Ausmaß wie früher – nicht mehr leisten. Als Konsequenz sind die Anforderungen an die Informationsbereitstellung durch die Kosten- und Leistungsrechnung deutlich gestiegen. Gefordert wird deutlich mehr Transparenz über die Quellen des Erfolges. Dies bedeutet auf der einen Seite, dass sich die Medienunternehmen verstärkt mit einer Strukturierung der Erlöse und Rabattsysteme beschäftigen müssen und das auf der anderen Seite die verursachungsgerechte Kostenzurechnung weiter entwickelt werden muss. Die Prozesskostenrechnung liefert hierzu Ansatzpunkte. Sie ermöglicht in vielen Bereichen eine genauere Kostenverrechnung und Kalkulation, was hier am Beispiel eines Buchauslieferungslagers gezeigt wurde.

Die Kosten- und Leistungsrechnung muss sich zunehmend auch den Fragen der Wirtschaftlichkeit stellen. Die in Deutschland übliche Aufteilung des internen und externen Rechnungswesens in zwei verschiedene Systeme wird sich auf Dauer unter Wirtschaftlichkeits- aber auch gerade unter Informationsgesichtspunkten nicht Aufrecht erhalten lassen. Unterschiedliche oder gar widersprüchliche Informationen paralleler Systeme sind nicht mehr zeitgemäß. Die anhaltende Internationalisierung tut ihr Übriges. Die

Harmonisierung des Internationalen Rechnungswesens nach IAS/IFRS bietet die Chance, die Kosten- und Leistungsrechnung zu integrieren und hierdurch ein widerspruchsfreies geschlossenes Rechnungswesen zu schaffen, dass langfristig auch kostengünstiger sein dürfte. Voraussetzung hierfür ist es jedoch, dass sich das Controlling rechtzeitig an der Entwicklung der entsprechenden Systeme beteiligt und dieses Feld nicht dem externen Rechnungswesens überlässt.

Literaturverzeichnis

Coenenberg, A. (2003) Kostenrechnung und Kostenanalyse, Stuttgart 2003.
Gläser, M. (2002) Kosten, Erlöse und Gewinne bei Medienprodukten, in: Zeitschrift für Medienwirtschaft und Medienmanagement, S. 8–10.
Haberstock, L. (2002) Kostenrechnung I, Berlin 2002.
Hungenberg, H./Kaufmann, L. (1998) Kostenmanagement, München – Wien 1998.
Kamps, A. (1995) Prozesskostenrechnung im WDR – Einsatzmöglichkeiten und Grenzen, dargestellt am Beispiel des Filmarchivs, in: Arbeitspapiere des Instituts für Rundfunkökonomie an der Universität zu Köln (30/1995) Köln.
Kloock, J./Sieben, G./Schildbach, T. (1999) Kosten- und Leistungsrechnung, 8. Aufl., Düsseldorf 1999.
Köcher, A. (2000) Medienmanagement als Kostenmanagement und Controlling, in: Karmasin, M./Winter, C. (Hrsg.) Grundlagen des Medienmanagements, München 2000, S. 219–225.
Mahlert, A./Zündorf, H./Kraus vom Cleff, P. (2002) Medienunternehmen, Unternehmensrechnungs, in: Küpper, H.U./Wagenhofer, A. (Hrsg.) Handwörterbuch Unternehmensrechnung und Controlling, 4. Aufl., Stuttgart 2002, S. 1265–1277.
Stahmer, F. (1995) Ökonomie des Presseverlages, München 1995.
Wilms, S. (2004) Der Einsatz der Balanced Scorecard im Beteiligungscontrolling, in: Littkemann, J./Zündorf, H. (Hrsg.) Beteiligungscontrolling in der Praxis
Wirtz, B.W. (2000) Medien- und Internetmanagement, Wiesbaden 2000.

Controlling – Funktionen, Besonderheiten und Entwicklungen in Medienunternehmen

Wolfgang Becker/Rainer Geisler

1 Einführung: Controlling als Funktion der Unternehmensführung 901
   1.1 Begriff des Controllings 901
   1.2 Funktionen, Aufgaben und Instrumente des Controllings 904
       1.2.1 Koordinationsfunktion des Controllings 904
       1.2.2 Informationsfunktion des Controllings 905
       1.2.3 Aufgaben und Instrumente des Controllings 905
   1.3 Organisation des Controllings 906

2 Controlling in Medienunternehmen als geschäftsmodell-
spezifisches Controlling 908
   2.1 Strategisches Controlling in Medienunternehmen 909
   2.2 Operatives Controlling in Medienunternehmen 910
   2.3 Liquiditäts- und Finanzcontrolling in Medienunternehmen 913

3 Entwicklungen des Mediencontrollings in Theorie und Praxis 914
   3.1 Entwicklungspfade des Mediencontrollings 915
   3.2 Zukünftige Herausforderung des Mediencontrollings 916

4 Fazit: Geschäftsmodell von Medienunternehmen als
Grundlage des Mediencontrollings 917

Literaturverzeichnis 917

Vorschau

Gemeinschaftsaufgabe Controlling

Der Beitrag erläutert, dass Controlling nicht nur die Tätigkeit der Controller ist, sondern vielmehr teils von Führungskräften, teils von Controllern übernommen wird.

Die Funktionalität im Controlling

In dem Beitrag wird ausgehend von der Lokomotionsfunktion (betriebliches Handeln im Sinne des Erreichens höherer Effektivität und Effizienz immer wieder unternehmerisch anzustoßen und auf die Wertschöpfungszwecke des Betriebs auszurichten) die Koordinations- und Informationsfunktion des Controllings beschrieben, wobei die Koordinationsfunktion insbesondere auf die Abstimmung von Plänen vor und während der Unsetzung sowie im Nachhinein zur Anpassung zukünftiger Pläne, die Informationsfunktion auf die informationelle Unterstützung des Managements abstellt.

Organisation des Controlling

Der Beitrag thematisiert, wie das Controlling in die Organisation eingebunden ist, wie ein dezentrales Controlling organisiert ist und welche Kompetenzen das Controllingpersonal aufweisen sollte.

Strategisches versus operatives Controlling

Während strategisches Controlling bei der Optimierung der Wertschöpfungstiefe, beim Zugang zu Distributionskanälen und bei Format- und Zielgruppenentscheidungen unterstützend und handlungsleitend wirkt, werden unter dem operativen Controllings unter anderem das Produktions-, Beschaffungs-, Vertriebs- und Sortiments- beziehungsweise Programmcontrolling subsummiert.

Ausdifferenzierung des Controlling

Der Beitrag identifiziert vier Dimensionen der Ausdifferenzierung des Controllings: Die situative Differenzierung (Situation des Unternehmens wird berücksichtigt), die Branchendifferenzierung (Ausrichtung an branchenspezifischen Geschäftsmodellen und Wertschöpfungszwecken), die funktionale Differenzierung (Differenzierung nach betrieblichen Kernbereichen) und die instrumentelle Differenzierung (je nach Situation Anwendung unterschiedlichster Instrumente).

1 Einführung: Controlling als Funktion der Unternehmensführung

Controlling hat sich als spezielle Funktion der Unternehmensführung und als organisatorischer Teilbereich im Unternehmen fest etabliert. Es ist international in verschiedenen Branchen, so auch in Medienunternehmen anzutreffen. In der betriebswirtschaftlichen Theorie wurde das Controlling in den letzten Jahren sowohl konzeptionell als auch empirisch intensiv erforscht. Um Grundlagen des Controllings für Medienunternehmen zu legen, wird dieser Beitrag deshalb:

- in aller Kürze eine Definition des Controllings darlegen und dann auf Funktionen, Aufgaben, Instrumente und die Organisation eingehen,
- einige Anwendungsbereiche des Mediencontrollings aufzeigen sowie
- die bisherige Entwicklung und die zukünftigen Herausforderungen des Mediencontrollings thematisieren.

Die Besonderheiten des Controllings von Medienunternehmen lassen sich dabei besonders gut an werbefinanzierten Medien wie TV, Print und Online darstellen, weshalb primär diese als Beispiele herangezogen werden.

1.1 Begriff des Controllings

Zunächst muss Controlling kurz begrifflich abgegrenzt werden. Dies ist vor allem erforderlich, um umgangssprachliche Missverständnisse auszuschließen.

Controlling bedeutet nicht nur Kontrolle: Die sprachliche Nähe des englischen Wortes „to Control" („beherrschen, steuern") zum deutschen Wort „Kontrolle" trägt oft zu diesem Missverständnis bei. Controlling geht über die bloße Kontrolle hinaus; es beschäftigt sich zu einem wesentlichen Teil mit der Planung und Steuerung unternehmerischen Handelns.

Controlling ist nicht nur die Tätigkeit der Controller: Controlling ist vielmehr in seinem Wesenskern eine Führungsfunktion, deren konkrete Einzelfunktionen teils von Führungskräften, teils von Controllern übernommen werden. Die für die Controller verbleibenden Aufgaben werden auch als „Controllership" bezeichnet. Abbildung 1 fasst die Beziehung zwischen Managern und Controllern sowie resultierende Aufgaben zusammen:

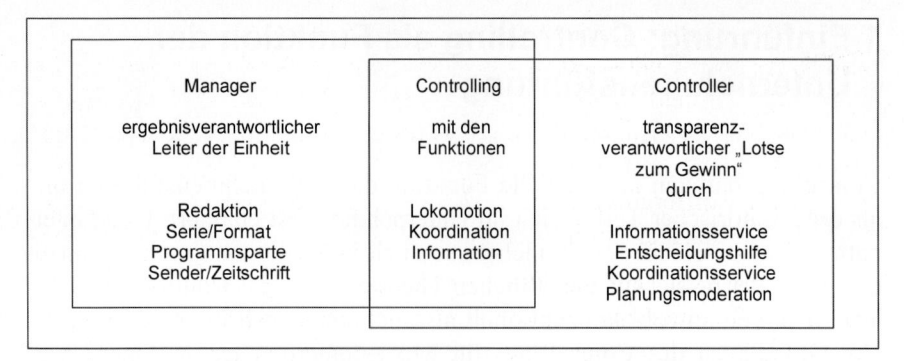

```
┌─────────────────────────────────────────────────────────────────────┐
│   Manager              ┌──Controlling──────────┐   Controller       │
│                        │                       │                    │
│   ergebnisverantwortl. │   mit den             │   transparenz-     │
│   Leiter der Einheit   │   Funktionen          │   verantwortlicher │
│                        │                       │   „Lotse           │
│                        │                       │   zum Gewinn"      │
│                        │                       │   durch            │
│   Redaktion            │   Lokomotion          │                    │
│   Serie/Format         │   Koordination        │   Informationsservice│
│   Programmsparte       │   Information         │   Entscheidungshilfe│
│   Sender/Zeitschrift   │                       │   Koordinationsservice│
│                        │                       │   Planungsmoderation│
│                        └───────────────────────┘                    │
└─────────────────────────────────────────────────────────────────────┘
```

Abbildung 1: Controlling als Gemeinschaftsaufgabe von Manager und Controller (vgl. Horváth 2002 und Deyhle et al. 1993)

Neben den oben genannten Abgrenzungen tauchen in sehr vielen Controllingdefinitionen regelmäßig drei Komponenten auf (vgl. Sjurts 1995):

- Controlling soll das „betriebswirtschaftliche Gewissen" sein, das wertbasiertes und speziell erfolgsorientiertes Handeln im gesamten Unternehmen auslöst und sicherstellt.
- Controlling soll die Managementteilfunktionen untereinander koordinieren, zum Beispiel Planung und Kontrolle, Informationswirtschaft und Planung. Weiterhin soll es die Abstimmung der Führung mit der Umwelt unterstützen.
- Controlling soll Informationsangebot, -bedarf und -nachfrage miteinander abstimmen und das Management mit zielgerichteten Informationen versorgen.

Mit den insgesamt dargelegten Kernelementen kann Controlling nun wie folgt definiert werden (vgl. Becker 1999): Controlling ist ein Führungsinstrument, das das betriebliche Handeln im Sinne des Erreichens höherer Effektivität und Effizienz immer wieder unternehmerisch anstoßen und auf die Wertschöpfungszwecke des Betriebs ausrichten soll. Diese originäre Lokomotionsfunktion, die in ihrem Aufgabenkern auf das Etablieren eines umfassenden Value Managements abzielt, wird einerseits durch die zielgerichtete Abstimmung des unternehmerischen Handelns und andererseits durch eine angemessene Informationsversorgung im Unternehmen unterstützt.

Die Wahrnehmung der Funktionen Lokomotion, Koordination und Information macht die Verwendung geeigneter Führungsgrößen erforderlich. Daher bedient sich das Controlling in erster Linie bestimmter Wertgrößen (zum Beispiel Kosten, Erlöse, Renditen, Deckungsbeiträge, Verrechnungspreise, Cash-Flow, Unternehmenswert). Daneben spielen aber zunehmend auch andere quantifizierbare Leistungsgrößen wie zum Beispiel Zeit, Qualität oder Liefertreue eine wichtige Rolle. Die Betreuung bei der Quantifizierung, Planung, Messung und Analyse solcher Größen gehört zu den Hauptaufgaben des Controllings. Prinzipiell kann sich diese Tätigkeit über die ganze Wertschöpfungskette des Unternehmens erstrecken und sich in einzelnen Teilbereichen ausdifferenzieren, zum Beispiel in Form eines Marketing- oder eines Produktionscontrollings.

Die Ausrichtung auf die Wertschöpfungszwecke des Unternehmens als originäre (Lokomotions-)Funktion des Controllings äußert sich konkret in der Aufrechterhaltung des Wertschöpfungskreislaufs, der in Abbildung 2 mit Blick auf die Anwendung in Medienunternehmen skizziert ist.

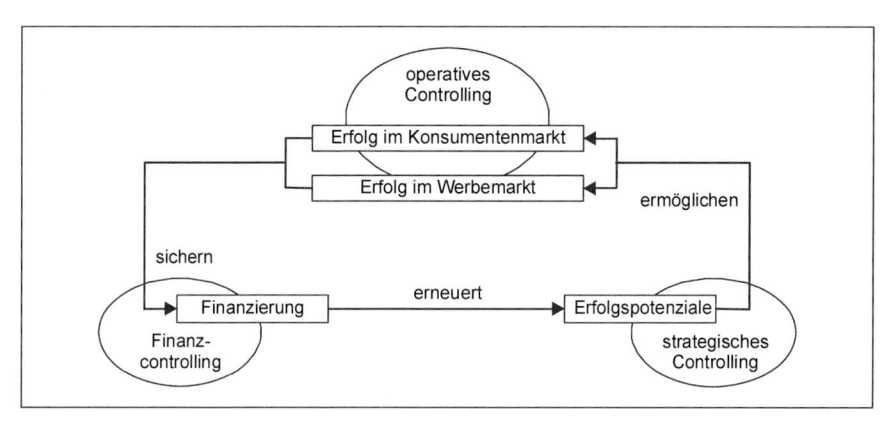

Abbildung 2: Aufrechterhaltung des Wertschöpfungskreislaufs (vgl. Frey/Geisler 1999)

Die Krise der Medienunternehmen nach der New Economy ist auch auf Unterbrechungen in diesem Wertschöpfungskreislauf (vgl. Becker 1996) zurückzuführen. In diesem Zusammenhang sind beispielsweise Fehlinvestitionen von liquiden Mitteln in nur scheinbare Erfolgspotentiale (Zukauf von unprofitablem Umsatz), Grenzen der Umwandlung von Erfolgspotentialen (zum Beispiel Filmpakete) in operativen Erfolg und Defizite in der für die Zukunftssicherung permanent erforderlichen Erneuerung der Erfolgspotentiale zu nennen.

1.2 Funktionen, Aufgaben und Instrumente des Controllings

Das Controlling muss die beiden abgeleiteten Funktionen der Abstimmung und Information wahrnehmen, um der oben skizzierten originären Lokomotionsfunktion nachzukommen.

1.2.1 Koordinationsfunktion des Controllings

In einer durch Komplexität (vgl. Becker 2001) gekennzeichneten Umwelt, die, genau wie die Medienbranche durch hohe Differenziertheit und hohe Dynamik gekennzeichnet ist, besteht für die Unternehmensführung die Gefahr uneinheitlichen Handelns. Die Notwendigkeit der daraus resultierenden Abstimmung durch das Controlling ist weithin anerkannt und kann bei genauerer Betrachtung in eine logische Abfolge dreigeteilt werden (vgl. Becker 1999):

- Präsituative Abstimmung (Integration): Sobald im Unternehmen mehrere Pläne aufgestellt werden, müssen die unterschiedlichen Pläne noch vor ihrer Umsetzung, also präsituativ, aufeinander abgestimmt werden. So ist es beispielsweise notwendig, einzelne Budgets für verschiedene Sparten oder Rubriken einer Zeitschrift so zu integrieren, dass unter Berücksichtigung der verfügbaren finanziellen und personellen Ressourcen des Verlages der maximale Leserertrag erzielt wird.
- Situative Abstimmung (Koordination im engeren Sinne): Auch die tatsächliche Durch- und Umsetzung der Pläne ist in der Realisierungsphase abzustimmen. So müssen zum Beispiel bei einer Überauslastung der Produktionskapazitäten im Rundfunk die Ressourcen deckungsbeitragsmaximierend neu zugewiesen und kurzfristig mit externen Kapazitäten abgestimmt werden.
- Postsituativ (Adaption): Laufende Kontrollen (nach oder während der Realisierungsphase) lösen Anpassungshandlungen innerhalb der Führung und Ausführung aus und sorgen bei Bedarf für eine Neuplanung. So muss beispielsweise ein Internetportal, dessen neu eingeführter Dienst vom Kunden nicht angenommen wird, diesen einstellen oder das Portal wird im Rahmen einer längerfristigen Investitionsrechnung neu bewertet und ihm eine längere Anlaufzeit zugestanden.

Innerhalb der Hierarchie eines Unternehmens hat Controlling somit zur vertikalen (zum Beispiel als Konkretisierung der strategischen Zielgruppenplanung in operative Budgets für die Programmsparten) und horizontalen (zum Beispiel zur Abstimmung verschiedener Programmsparten) Integration aller Führungsaktivitäten beizutragen und die Koordination und Adaption der Führungs- und Ausführungsaktivitäten zu unterstützen.

1.2.2 Informationsfunktion des Controllings

Informationsnachfrage und -angebot sowie Informationsbedarf, der für die Unternehmensführung erforderlich ist, driften aufgrund der Komplexität unternehmerischer Handlungssysteme zunehmend auseinander. Dadurch kann es gleichzeitig zur Informationsüberflutung als auch zu Defiziten an entscheidungsrelevanten Informationen kommen. In der TV-Branche mit der zeitnahen Ermittlung der Zuschauerquote und den online generierten Statistiken der Web-Server steht diesen Unternehmen beispielsweise ein immenses Informationsangebot zur Verfügung.

Diese Zahlen müssen jedoch vom Controlling erst zu entscheidungsorientierten Informationen verdichtet werden, um das Management für eine erfolgsorientierte Programm- beziehungsweise Leistungsgestaltung zu informieren. Es ist notwendig, Informationsbedarf, -nachfrage und -angebot im Sinne eines informationswirtschaftlichen Gleichgewichts (vgl. Becker 1990) unter Berücksichtigung von Wirtschaftlichkeitsaspekten zur Deckung zu bringen. Das Controlling hat insofern eine abgestimmte, schnelle und bedarfsgerechte Versorgung des Managements mit zuverlässigen und transparenten Informationen über die betriebliche Wertschöpfung zu gewährleisten. Aufgrund der Menge der zu verarbeitenden Informationen ist das Controlling dabei auf die Unterstützung durch EDV-Informationssysteme angewiesen. So erklärt sich auch, dass die Integration und die intensive Nutzung solcher Systeme in der Praxis oft zu den Aufgaben des Controllers gehören. Das Controlling bedient sich dabei in erster Linie Management Informationssysteme beziehungsweise Module, die auf betrieblichen ERP-Systemen aufbauen und verschiedenste Auswertungen ermöglichen.

Daneben sind jedoch auch wahrnehmungsspezifische und kognitive Anforderungen an das Informationssystem, insbesondere an das Berichtswesen zu stellen. So dient beispielsweise der gezielte Einsatz von Grafiken zur Deckungsbeitragsentwicklung einer TV-Serie der inhaltlichen Erfassung durch das Management beziehungsweise die Entscheider mehr, als die bloße Aneinanderreihung von Deckungsbeitragszahlen vergangener Monate.

1.2.3 Aufgaben und Instrumente des Controllings

Aus den Funktionen des Controllings entspringt theoretisch eine Vielzahl von konkreten Einzelaufgaben, die in der Praxis wahrgenommen werden.

Diese hängen zwar stark vom einzelnen Unternehmen und dem jeweiligen Geschäftsmodell ab, lassen sich aber prinzipiell in vier Aufgabenfeldern zusammenfassen, wobei eine eindeutige Zuordnung zu den Controllingfunktionen nicht möglich ist (vgl. Becker 1999):

- Zielbildungs- und Planungsaufgaben, zum Beispiel Mitarbeit bei der Planung einer neuen Zeitschrift hinsichtlich der zu erwartenden Werbeerlöse und der benötigten Mitarbeiter und Sachkosten sowie Erstellung eines Liquiditätsplans für die Verlagsleitung.
- Steuerungs- und Kontrollaufgaben, zum Beispiel Überwachung des Gesamtbudgets, das für die Entwicklung neuer TV-Programmformate zur Verfügung steht, sowie die differenzierte Analyse möglicher Abweichungen.
- Management-Rechnungsaufgaben, zum Beispiel Mitarbeit bei der Erstellung verschiedener Pricing-Modelle und den daraus resultierenden Umsätzen und Deckungsbeiträgen für die Nutzung eines Internet-Services.
- Berichts- und Beratungsaufgaben Management-Rechnungsaufgaben, zum Beispiel Einsatz von Performanceberichten einzelner Fachzeitschriften für den Verlag, die über die Umsatz- und Kostenentwicklung Aufschluss geben und Empfehlungen aussprechen.

Im Rahmen dieser Aufgabenerfüllung steht dem Controlling prinzipiell das gesamte betriebswirtschaftliche Instrumentarium zur Verfügung. Instrumente, die bevorzugt vom Controlling zur Aufgabenerfüllung eingesetzt werden sind beispielsweise Balanced Scorecards, Kennzahlensysteme, verschiedene Formen der Kosten-, Erlös- und Ergebnisrechnung, Abweichungsanalysen, Budgetierungssysteme sowie das gesamte Berichtswesen. Die konkrete Anwendung dieser Instrumente hängt jedoch in entscheidendem Maße vom Wertschöpfungsgefüge und dem Geschäftsmodell des Unternehmens ab.

1.3 Organisation des Controllings

Die Organisation des Controllings manifestiert sich in drei Dimensionen: Organisatorische Einbindung, Organisation des dezentralen Controllings und die gewünschten Kompetenzen des Controllingpersonals.

Die Organisatorische Einbindung des Controllings bestimmt sich durch die Position des Controllingleiters in der Unternehmenshierarchie und die Beziehung zu den benachbarten Funktionen Kostenrechnung und Finanzierung. In der Regel ist das Controlling auf der zweiten Führungsebene unter dem Geschäftsführer angesiedelt, während bei größeren Konzernen Controlling auch im Vorstand vertreten ist. Die Kostenrechnung als Informationsquelle ist dem Controlling meist untergeordnet oder wird von diesem selbst mit erledigt. Die Funktion Finanzen hingegen ist dem Controlling meist gleichgeordnet oder wird von diesem in Personalunion wahrgenommen. Meist ist das Controlling dem kaufmännischen Leiter unterstellt.

Eine weitere organisatorische Frage betrifft die Ausstattung des Controllings mit Stabs- oder Linienkompetenz. Während die beigeordnete Stabsfunktion (zum Beispiel strategischer Controller als Berater der Intendanz im öffentlich-rechtlichen Rundfunk) das Management nur unterstützt, wird mit der Einordnung als Linienfunktion Durchsetzungskompetenz als Vorgesetzter verbunden. Die beigeordnete Stabsfunktion entspricht auf den ersten Blick am ehesten einer Controllingphilosophie als „interner Berater" und Managementservice. Jedoch brauchen Controller zur Durchsetzung ihrer Aufgaben auch Weisungsbefugnis, die als Stab nicht gegeben ist. Tritt das Controlling dagegen als Linienfunktion auf, besteht die Gefahr, dass die Aufgabenteilung zwischen Management und Controlling verwässert wird. De facto befindet sich „Controller-Macht" oft auf einem Kontinuum zwischen Stab und Linie und erscheint auch in Mischformen.

Schließlich ist noch die fachliche und disziplinarische Zuordnung des dezentralen Controllings zu klären. Bei größeren Unternehmen gibt es in der Regel auch dezentrale Controller, die entweder der Zentrale (zum Beispiel dem kaufmännischer Leiter) oder dem Fachbereich (zum Beispiel Nachrichten, Unterhaltung oder Auftragsproduktionen) unterstellt sein können. Daneben findet sich als Mischform das „Dottet-Line-Prinzip", die fachliche Unterstellung unter die Zentrale (zum Beispiel Richtlinien für das Berichtswesen) und disziplinarische Zuordnung (Arbeitszeit, Gehaltsfestsetzung) unter den Bereichsleiter.

Zahlreiche empirische Untersuchungen beschäftigen sich mit den persönlichen und fachlichen Kompetenzen, die von Controllern gefordert werden (vgl. Horváth 2002). In den letzten Jahren zeichnet sich ein relativ konsistentes Bild der fachlichen und persönlichen Anforderungen ab. Dabei zählen Praxiserfahrung, Hochschulstudium, Kompetenzen in Kostenrechnung und Kalkulation sowie Kenntnisse von IT-Systemen insbesondere ERP und Managementinformationssystemen zu den Standardanforderungen in Stellenanzeigen. Das gewünschte Persönlichkeitsprofil von Controllern kann dabei als „rational geprägter Managementservice" charakterisiert werden. Analytisches Denkvermögen, Kommunikationsfähigkeit, Fingerspitzengefühl und Zuverlässigkeit werden für die Controllerarbeit als unverzichtbar angesehen. Weniger gefragt scheinen dagegen Organisationstalent, Durchsetzungsvermögen und Motivation beziehungsweise Begeisterungsfähigkeit, also Eigenschaften die dem klassischen Manager vorbehalten sind. Diese Anforderungen gelten für alle Branchen, so auch für die Medienbranche; empirisch lassen sich keine Hinweise auf wesentliche Abweichungen finden (vgl. Geisler 2000).

Abbildung 3 zeigt beispielhaft, wie das Controlling in einem größeren TV-Sender organisiert sein könnte.

```
                        Geschäftsführung
         ┌──────────────┬─────────┴────────┬──────────────┐
    Marketing        Programm         kaufmännische    technische
   und Vertrieb                          Leitung         Leitung

    Werbe-           Auftrags-          Finanzen        Sende-
  disposition       produzenten       und Bilanzen      technik

    Werbe-           Programm-         zentrales       Studio-
   verkauf            einkauf         Controlling       technik

   Off/On-Air        Programm-                            IT
   Promotion          planung          Reporting        Systeme

   Vertriebs         Programm                          Technik
  Controlling       Controlling         Kosten-       Controlling
                                       rechnung
```

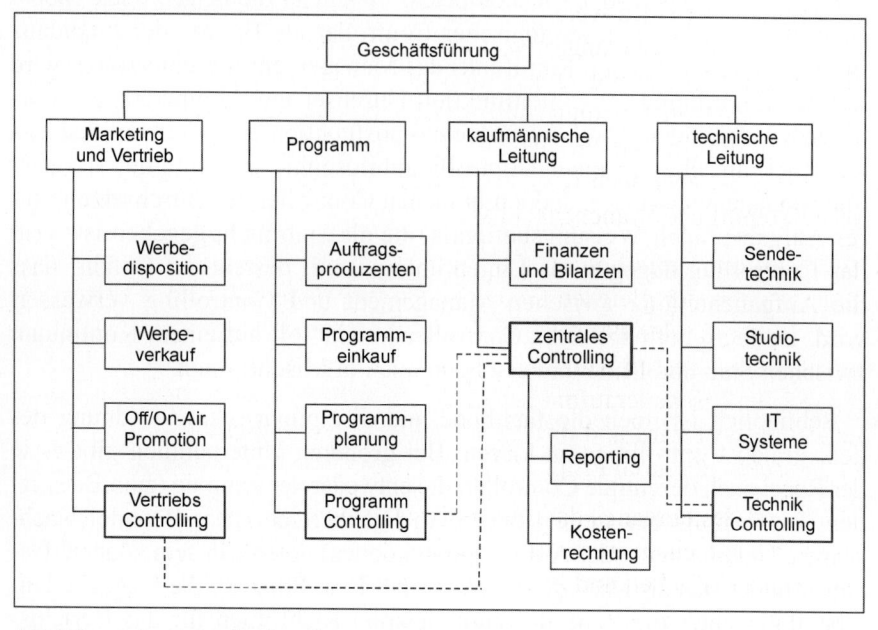

Abbildung 3: Organisation des zentralen und dezentralen Controllings in einem großen TV-Sender (Schema)

2 Controlling in Medienunternehmen als geschäftsmodellspezifisches Controlling

Controlling in dem zuvor dargelegten Verständnis als Führungsfunktion ist zunächst branchenneutral und kann prinzipiell auf jedes Unternehmen angewandt werden. Damit diese Funktion ihre spezifischen Zwecksetzungen der Effektivitäts- und Effizienzsteigerung erfüllen kann, ist es jedoch an das jeweilige Geschäftsmodell anzupassen. Der Begriff des Geschäftssystems stammt ursprünglich aus der Wirtschaftsinformatik. Ein betriebswirtschaftlicher Begriff des Geschäftssystems beziehungsweise des Geschäftsmodells lässt sich als sinnvoller Ersatz für eher unscharfe Begriffe wie Branche oder Geschäftstyp verstehen. In einem ersten Vorschlag kann das Geschäftsmodell (vgl. zu Knyphausen-Aufseß 2002) als spezifische Kombination von Produktionsfunktion (Welche kapitalisierbare Leistung erbringt das Unternehmen?), Erlösmodell (Wie wird die erzeugte Leistung am Markt kapitalisiert?) und Wertschöpfungsgefüge (Welche eigenen und fremden Ressourcen werden mit Hilfe welcher Prozesse zur Leistungserstellung und damit zur Wertschöpfung herangezogen?) definiert werden. Werden diese Dimensionen analysiert, ergibt sich eine individuelle und zudem marktbezogene Kombination von Leistungspotentialen (Ressourcen), Leistungsprozessen sowie Leistungen und Produkten, die ein Medienunternehmen individuell kennzeichnen, aber auch Klassifizierungen zulassen, die zweckmäßiger sind als herkömmliche Branchenbegriffe.

Wird diese Definition zu Grunde gelegt, zeigt sich deutlich, wie stark Unternehmen der gleichen Branche in ihrem Geschäftsmodell differieren (vgl. Becker/Geisler 1999). So stellt beispielsweise Premiere den Zugriff auf Inhalte bereit, dessen Nutzung von den Abonnenten bezahlt wird, während ProSieben Zuschaueraufmerksamkeit produziert, die an die Werbewirtschaft verkauft wird und die ARD wiederum die produzierte Aufmerksamkeit einsetzt, um ihren Programmauftrag zu erfüllen.

Anhand des eingangs dargelegten Wertschöpfungskreislaufs für das Geschäftsmodell eines werbefinanzierten Mediums können die angeführten generische Aufgaben und Instrumente weiter konkretisiert werden.

2.1 Strategisches Controlling in Medienunternehmen

Wie Abbildung 2 zeigt, richten sich strategische Aufgaben und Instrumente des Controllings auf die Erfolgspotentiale. In der Medienbranche ist es sinnvoll, strategisches Controlling primär auf der Ebene von Medienkonzernen zu betrachten. Durch kanalübergreifende Markenstrategien und die Finanzhoheit der Zentrale ist der strategische Handlungsspielraum einzelner Blätter oder Sender eingeschränkt. Beispielhaft lassen sich folgende strategische Controllingaufgaben im Medienkonzern identifizieren:

- Optimierung der Wertschöpfungstiefe: In der Medienbranche werden Unternehmensbereiche oft ausgelagert um den Kernbereich schlank zu halten. Controller können hier die Bewertung von laufenden oder neuen Beteiligungen unterstützen, zum Beispiel in Form von Analysen und Berichten.

- Zugang zu Distributionskanälen: Aufbau und Optimierung technischer Vertriebswege (Zeitschrift, Online, Rundfunk) stellen wegen der meist niedrigen Grenzkosten von medialen Inhalten (vgl. Gläser 2002) ein entscheidendes Erfolgspotential dar. Die Planung und permanente Bewertung der Effektivität von Vertriebkanälen stellen sich deshalb als strategische Aufgabe.
- Format- und Zielgruppenentscheidungen: Launch oder Relaunch eines Blattes oder eines Senders zur Verwertung von Inhalten werfen komplexe Prognoseprobleme auf. Das Controlling unterstützt das Management mit der Abschätzung der Auswirkung solcher Entscheidungen auf die Erlöspotentiale und die mögliche Veränderung der Kostenstruktur.

Prinzipiell stehen dem Controlling alle Instrumente des strategischen Managements zur Verfügung, um diese Aufgaben wahrzunehmen: Strategische Diagnosen analysieren und prognostizieren das soziokulturelle, wirtschaftliche und rechtliche Umfeld sowie die Wettbewerbssituation und bewerten die eigenen Stärken und Schwächen im Vergleich zum Wettbewerb. Die strategische Planung wird mit Portfolioinstrumenten zur Wahl von Markt- beziehungsweise Kundensegmenten durchgeführt und durch das Controlling unterstützt.

Als integratives Instrument zur Durchsetzung und zum Reporting strategischer und operativer Kenngrößen wird in den letzten Jahren verstärkt die Balanced Scorecard diskutiert (vgl. Seeliger 2001). Gerade auf der strategischen Ebene darf die Fokussierung auf konkrete Einzelaufgaben nicht den ursprünglichen Sinn des strategischen Controllings überdecken: Als Strategic Value Management soll es den Wert des Unternehmens für die Stakeholder steigern, wobei einer gleichermaßen stabilen, wie auch hohen Eigenkapitalrendite vor allem für börsennotierte Medienunternehmen entscheidende Bedeutung beizumessen ist.

2.2 Operatives Controlling in Medienunternehmen

In einer detaillierten Aufgliederung kann sich das operative Controlling auf Potentiale (Ressourcen, wie zum Beispiel Personal, Content oder Technik), Prozesse (beispielsweise Beschaffung, Produktion, Redaktion oder Vertrieb) und Produkte/Leistungen (auf Content-, Zuschauer- und Werbemarkt) beziehen. In der Praxis werden diese Controllingobjekte organisatorisch zusammengefasst, so dass in großen TV-Sendern beispielsweise Produktions-, Beschaffungs-, Programm-, und Vertriebscontrolling als eigenständige Aufgaben wahrgenommen werden.

Besonders im operativen Controlling wird die individuelle Ausprägung unterschiedlicher Geschäftsmodelle von Medienunternehmen deutlich. Nachfolgend sind deshalb exemplarisch einige besonders bedeutsame Felder des Mediencontrollings zu operationalisieren:

Produktionscontrolling

Das inhaltlich geprägte Produktionscontrolling bewegt sich je nach Geschäftsmodell zwischen standardisiertem Prozesscontrolling und Projektcontrolling. Beispielsweise sind Programmerstellung und -ausstrahlung in computergestützten Radiostationen mit industriellen Prozessen vergleichbar. Ebenso enthält die redaktionelle Arbeit einer Zeitung auch standardisierte Elemente, die mit bewährten Prozesskennzahlen bewertet werden können. Das Controlling von Filmproduktionen oder die Neugestaltung einer Web-Seite ist auf ein eher individualisiertes Projektcontrolling angewiesen. Das Controlling im redaktionellen beziehungsweise kreativen Bereich eines Medienunternehmens stellt dabei besondere Anforderungen an die soziale und kommunikative Kompetenz von Managern und Controllern.

Beschaffungscontrolling

Das operative Beschaffungscontrolling ist für Medienunternehmen von besonderer Bedeutung, da sich Qualität und Eignung beschaffter Inhalte direkt auf den operativen Erfolg und die langfristige Kundenbindung auswirken. Hier werden qualitative Bewertungsschemata wie zum Beispiel Scoring-Modelle und vor allem Deckungsbeitragsprognosen eingesetzt. Im Rundfunk ist die Content-Supply-Chain stark zergliedert, wodurch das Controlling der Lieferanten wichtiger wird als das Controlling des Beschaffungsprozesses. Abbildung 4 zeigt, wie ein solches Lieferanteninformationssystem für einen TV-Sender aussehen könnte:

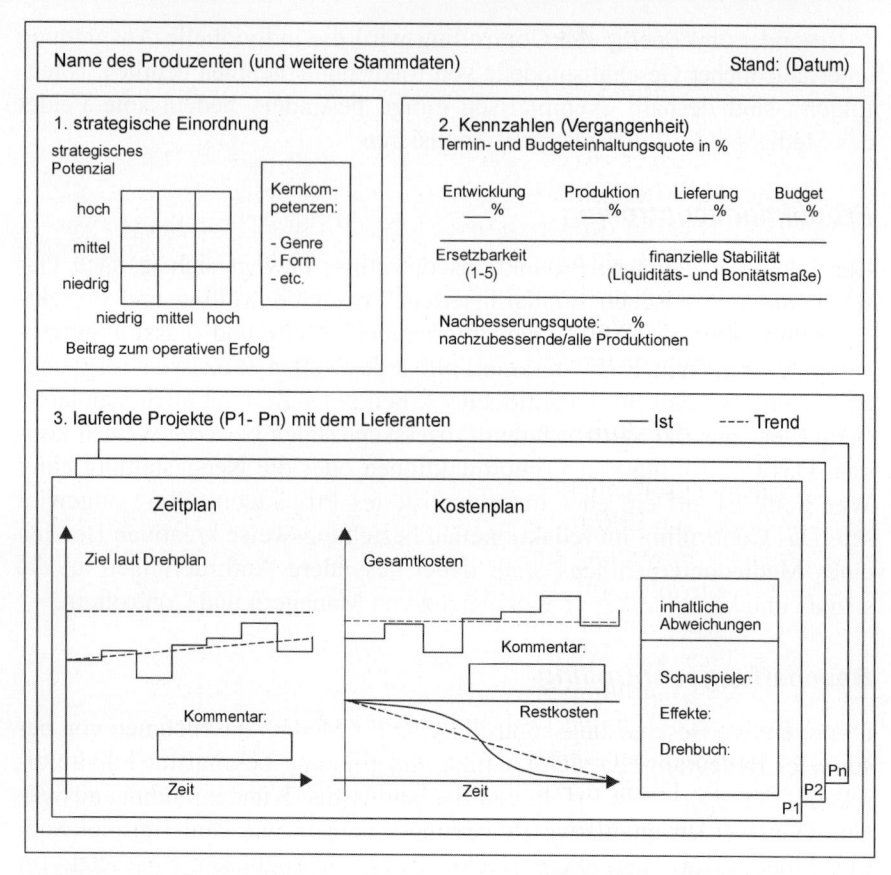

Abbildung 4: Informationssystem für das Produzentencontrolling (vgl. Geisler 2001)

Vertriebscontrolling Endkunden

Das Vertriebscontrolling bei Endkunden umfasst sowohl die Marketingmaßnahmen für Endkunden (zum Beispiel Effizienz der Eigenwerbung) als auch die Distributionslogistik. Die Preisfindung stellt dabei für gemischtfinanzierte Medien (Verkauf und Werbung) eine besondere Herausforderung dar, wie die vielfältigen Erlösmodelle vor allem bei Online-Dienstleistern zeigen. Wenn das Medium im Abonnement erhältlich ist, stellt die Akquisition von Abonnenten einen eigenständigen Prozess dar, dessen Erfolg mit Kennzahlen des Akquisitionsmanagements gesteuert werden kann.

Vertriebscontrolling Werbekunden

Anders als der Vertrieb der Medienprodukte an die Endkunden stellt die Herstellung von Werbekontakten eine Leistung dar, die nicht gelagert werden kann. Es ist daher zweckmäßig, unter dem Vertriebscontrolling Werbekunden alle akquisitorischen und dispositiven Vorgänge der Werbeleistung zusammenzufassen. In der Disposition unterstützt das Controlling beispielsweise die optimale Belegung der Werbeplätze zur Maximierung der Werbeerlöse. Neben diesen medienspezifischen Controllingaufgaben hat das Vertriebscontrolling für Werbekunden weiterhin die Preis- und Rabattstruktur der Werbeschaltungen transparent und renditeorientiert zu halten.

Sortiments- beziehungsweise Programmcontrolling

Ein entscheidungsorientiertes Sortimentscontrolling hilft bei der Auswahl und Bewertung von Erlösträgern. Auf der Makroebene des Medienkonzerns gehört dazu die Bewertung einzelner Medienkanäle beziehungsweise -objekte nach ihrem Erfolg. Auf der Inhaltsebene von Fernsehunternehmen können Potentialanalysen für einzelne Sendeplätze Bezugsobjekt eines Sortimentscontrollings sein. Werden Abweichungsanalysen für das Sortiment erstellt, kann das Controlling Instrumente der empirischen Kommunikationsforschung heranziehen und diese in die Abweichungsanalysen integrieren. Generell stellt sich bei werbefinanzierten Medien die Frage für das Controlling, wie die Daten der Medienforschung aufbereitet werden müssen, um in einer Erfolgsprognose aufzugehen.

Diese Auswahl zeigt, dass prinzipiell alle Instrumente des Controllings in den Controllingfeldern von Medienunternehmen angewandt werden können. Die Herausforderung besteht dabei in der präzisen Definition des Controllingobjektes und einer spezifischen Anpassung der Instrumente.

2.3 Liquiditäts- und Finanzcontrolling in Medienunternehmen

Ein Unternehmen kann trotz einer langfristigen Strategie- und einer mittelfristigen Erfolgskrise eine begrenzte Zeitspanne überleben und eventuell umsteuern. Unmittelbar ist die Existenz jedoch durch eine akute Liquiditätskrise bedroht, wie das Ende vieler Firmen aus den Bereichen Contenthandel und Onlineanbieter sowie ihre Versuche zeigen, neue Liquidität von außen zu erhalten. Einerseits waren diese Probleme wegen strukturell defizitärer Geschäftsmodelle prinzipiell nicht lösbar. In vielen Fällen konnte aber auch ein zu schwach ausgebildetes Liquiditätscontrolling nicht für die notwendige Planungssicherheit bei Ein- und Auszahlungen sorgen. Über eine Klassifizierung der Zahlungsgewohnheiten von Kunden, den Rhythmen der Erlösrückflüsse und die Bewertung der Ausfall- und Abweichungsrisiken kann das Controlling die interne Liquiditätssicherung unterstützen. Dies ist in der Medienbranche mit dem häufig ausgelagerten Werbevertrieb (Agenturen), komplexen Rabattstrukturen (vgl. Köcher 2002) und investitionsartigen Kostenstrukturen (zum Beispiel in der Contentbeschaffung) dringend geboten. Zentrales Informationsinstrument ist hier die Prognose verschiedener Liquiditätsgrade, die Kapitalmittel und Verpflichtungen in verschiedenen Fristigkeiten zueinander in Beziehung setzen und die Struktur des Liquiditätsrisikos abbilden.

Neben dem reinen Liquiditäts- und Zinsmanagement gewinnt die bewusste Gestaltung der Finanzstruktur des Medienunternehmens zunehmend an Bedeutung für deren Stabilitätspolitik. So trug es zur Krise der Contenthändler bei, dass sie die Finanzierung von Großinvestitionen, die ihr Erlöspotential nur langfristig abgeben, nicht über ähnlich langlaufende Kredite finanzierten. Hier hat das Controlling die Aufgabe Erfolgs- und Risikopotentiale der Finanzierungsstruktur zu erkennen, bewerten und berichten und geeignete Gegensteuerungsmaßnahmen zu empfehlen.

Als klassische Instrumente des finanzorientierten Controllings dienen verschiedene Formen der Finanzflussrechnung die auch die Tilgungskraft des Unternehmens dokumentieren können. Die Ansprüche an das Finanzcontrolling von Medienunternehmen werden jedoch in der Zukunft noch steigen. Durch eine stärkere Ausrichtung an den Interessen der Eigenkapitalgeber dient das Finanzcontrolling zudem als Lieferant für die Informationen der wertorientierten Steuerung wie zum Beispiel EVA oder Shareholder Value. Dabei müssen sich Controller gegebenenfalls verfeinerte und neue Berechnungsmethoden für Cash-Flow- und Kapitalkostenberechnung aneignen.

3 Entwicklungen des Mediencontrollings in Theorie und Praxis

Abschließend wird die bisher ausgeführte Bestandsaufnahme des Controllings zukunftsgerichtet erweitert. Zum einen werden die Dimensionen gezeigt, auf denen das Mediencontrolling in der Vergangenheit theoretisch und praktisch expandierte. Zum anderen werden exemplarisch drei aktuelle Entwicklungen aufgegriffen, die das Controlling in seiner Funktion instrumentell und organisatorisch abbilden muss, um seinen oben beschriebenen Aufgaben gerecht zu werden.

3.1 Entwicklungspfade des Mediencontrollings

In der theoretischen Entwicklung und der praktischen Controllertätigkeit ist in den letzten 20 Jahren eine Diversifikation des Controllings in Deutschland zu beobachten. Anfangs dominierte ein begrenzter Controllingfokus (vgl. Horváth 2002), der vereinfacht etwa als „Deckungsbeitragsrechnung in Industrieunternehmen" betitelt werden kann. Von diesem gedachten Ursprungspunkt lassen sich vier Dimensionen der Ausdifferenzierung identifizieren:

- Situative Differenzierung: Es wird berücksichtigt, in welcher grundsätzlichen Situation das Unternehmen operiert. So muss sich beispielsweise das Controlling eines Verlages in der Sanierungsphase von einem jungen und schnell wachsenden Online-Unternehmen unterscheiden (vgl. Achleitner 2003).
- Branchendifferenzierung: In letzter Zeit löst sich die Controllingtheorie von rein generischen Konzeptionen. Branchespezifisches Controlling bezieht sich stärker auf das typische Geschäftsmodell der Branche um das Controllership besser auf die Wertschöpfungszwecke auszurichten.
- Funktionale Differenzierung: Das ehemals monolithische Finanzcontrolling differenziert sich nach den betrieblichen Kernbereichen wie Contentbeschaffung, Produktion und Werbezeitenvertrieb auch in Servicebreichen wie IT, Personal und F&E organisatorisch aus.
- Instrumentelle Differenzierung: Während am Anfang klassische Instrumente wie zum Beispiel Kostenrechnung und Berichtswesen dominierten, steht dem Controlling mittlerweile eine Palette hochspezifischer Instrumente zur Verfügung, um seine Koordinations- und Informationsfunktion in verschiedenen Bereichen und Situationen optimal wahrzunehmen.

Diese notwendige Differenzierung birgt zwei Gefahren in sich: Erstens kann durch eine starke Ausdifferenzierung das Problem uneinheitlichen Controllinghandels verstärkt werden. Ursprünglich ist das Controlling aber angetreten, um eben das Problem uneinheitlichen Handels zu lösen. Hier gilt es auf dem Kontinuum zwischen Integration und Spezifität tragfähige

Kompromisse zu entwickeln, so zum Beispiel durch gemeinsamen Reportingrichtlinien für Programmsteuerung und Werbezeitenvertrieb.

Zweitens besteht die Gefahr einer Überdehnung des Controllingbegriffs, wenn jede beliebige quantitative Steuerung als Controlling firmiert. Controlling darf sich nicht zu weit von monetären Wertgrößen entfernen. So stellt die Medienforschung beispielsweise quantitative Informationen für das Programmcontrolling zur Verfügung; dies sollte jedoch nicht als eine umfassende Erfüllung von Controllingfunktionen angesehen werden.

3.2 Zukünftige Herausforderung des Mediencontrollings

Die Ausdifferenzierung des Controllings basiert in erster Linie auf einer Reaktion auf veränderte Umweltbedingungen in Wirtschaft und Gesellschaft sowie spezielle Branchenentwicklungen. So werden auch weiterhin laufende Entwicklungen Theorie und Praxis des Mediencontrollings beeinflussen, wie beispielsweise folgende ausgewählte Herausforderungen:

- Internationalisierung von Medienkonzernen und einzelnen Medienunternehmen: Das Controlling wird verstärkt mit der Integration unterschiedlicher Informationssysteme und differierender Rechnungslegungsstandards konfrontiert werden.
- Integration von Medienunternehmen zu Multimediakonzernen: Das Controlling wird zunehmend die gruppenübergreifende Beschaffung und Verwertung (Windowing) (vgl. Vogel 2001) von Contentressourcen durch Berechnung der Kosten- und Erlöswirkungen begleiten.
- Proliferation von Medieninhalten durch digitale Raubkopien: Das gesamte Geschäftsmodell der Zugangsbereitstellung von medialen Inhalten (zum Beispiel Musik und Filmvertrieb) ist durch die ungewollte digitale Verteilung in Internet-Tauschbörsen und ähnlichem gefährdet. Das Controlling muss hier bei der Berechnung der Auswirkungen und der Kalkulation neuer Erlösmodelle mitwirken.

Neben diesen absehbaren Auswirkungen muss der Ausbau des Controlling im Unternehmen flexibel auf weitere Entwicklungen des Kerngeschäfts eingehen. Dabei sind mögliche Komplexitätskosten der „Überflexibilität" zum Beispiel durch überdimensioniertes Reporting für alle möglichen Ad-hoc-Fragestellungen zu vermeiden.

4 Fazit: Geschäftsmodell von Medienunternehmen als Grundlage des Mediencontrollings

Abschließend kann festgestellt werden, dass die Geschäftsmodelle von Medienunternehmen für die Controllingtheorie eine Herausforderung bleiben werden. Nur mit einer sorgfältigen Definition des Geschäftsmodells kann die Controllingpraxis ihre Informations-, Koordinations- und Lokomotionsfunktion erfüllen und das jeweilige Medienunternehmen dauerhaft auf die Wertschöpfung ausrichten.

Literaturverzeichnis

Achleitner, A.K. (2003) Controlling von jungen Unternehmen, Stuttgart 2003.
Becker, W. (1990) Funktionsprinzipien des Controlling, in: Zeitung für Betriebswirtschaft 60 (3/1990), S. 295–318.
Becker, W. (1996) Stabilitätspolitik für Unternehmen. Zukunftssicherung durch integrierte Kosten- und Leistungsführerschaft, Wiesbaden 1996.
Becker, W. (1999) Begriff und Funktionen des Controlling, Bamberg 1999.
Becker, W. (2001) Komplexitätskosten, in: Bühner, R. (Hrsg.) Management-Lexikon, München –Wien, S. 420–423.
Becker, W./Geisler, R. (1999) Von der Medienökonomie zur Betriebswirtschaftslehre von Medienunternehmen, in: Die Betriebswirtschaft 59 (6/1999), S. 828–831.
Deyhle, A. et al. (1993) Controller und Controlling, Bern – Stuttgart – Wien 1993.
Frey, B./Geisler, R. (1999) Funktionen und Instrumente des Controlling, in: Schneider, B./Knobloch, S. (Hrsg.) Controlling-Praxis in Medienunternehmen, Kriftel 1999, S. 21–46.
Geisler, R. (2000) Management Control in German Television. Delivering Numbers for Management Decision, in: Journal of Media Economics 13 (2/2000), S. 123–142.
Geisler, R. (2001) Controlling deutscher TV-Sender, Wiesbaden 2001.
Gläser, M. (2002) Kosten, Erlöse und Gewinne bei Medienprodukten, in: Zeitschrift für Medienwirtschaft und Medienmanagement (1/2002), S. 8–10.
Horváth, P. (2002) Controlling, 8. Aufl., München 2002.
zu Knyphausen-Aufseß, D. (2002) Revisiting Strategy. Ein Ansatz zur Systematisierung von Geschäftsmodellen, in: Bieger, T. et al. (Hrsg.) Zukünftige Ge-

schäftsmodelle, Konzept und Anwendung in der Netzökonomie, Berlin – Heidelberg – New York 2002, S. 63–84.

Köcher, A. (2002) Controlling der werbefinanzierten Medienunternehmung, Köln 2002.

Seeliger, R. (2001) Prozessorientiertes Controlling in Medienunternehmen, Aachen 2001.

Sjurts, I. (1995) Kontrolle, Controlling und Unternehmensführung, Wiesbaden 1995.

Vogel, H. (2001) Entertainment Industry Economics. A Guide for Financial Analysis, 5. Aufl., Cambridge 2001.

Bewertung – Spezifische Probleme der Werttreiber von Film- und Medienunternehmen

Karlheinz Küting/Christian Zwirner

1 Problemstellung und Motivation 921

2 Filmrechte und Lizenzen als Werttreiber 921

3 Verwertungsmöglichkeiten von Filmrechten und Lizenzen 923

4 Grundlagen der (bilanziellen) Abbildung und Bewertung von
  Filmrechten und Lizenzen 925
   4.1 (Abbildungs- und Bewertungs-)Problematik der Immaterialität
       von Werttreibern 925
   4.2 Bilanzielle Abbildungs- und Bewertungsvorschriften 926
       4.2.1 Nationales Handelsrecht (HGB) 926
       4.2.2 US-amerikanische Regelungen (US-GAAP) 927
       4.2.3 Vorschriften der IFRS 930

5 Ansätze zur Beurteilung und Bewertung von Medienunternehmen 932

6 Zusammenfassung und Ausblick 934

Literaturverzeichnis 936

Vorschau

Wertschöpfungskette, Filmrechte und Lizenzen

Der Beitrag stellt die Wertschöpfungskette der Filmrechte und Lizenzen als zentrale Werttreiber der Unternehmensstrategie dar: Kino, Home Entertainment, Free- und Pay-TV, Internet sowie die Auswertung von Merchandising und Nebenrechten.

Bilanzierungsnormen

Der Beitrag verdeutlicht die stark voneinander abweichende Bilanzierung und Bewertung selbst geschaffener Filmrechte und Lizenzen nach nationalen und internationalen Normen: Während die nationalen Normen hier eine direkte Aufwandsverrechnung vorsehen, führt die Anwendung internationaler Normen zum Ausweis eines Vermögenswertes, der entsprechend seiner Verwertung abgeschrieben wird.

Individual Film Forecast Computation Method

Im Beitrag erfahren Sie, wie Filmrechte nach den US-Normen zu bewerten beziehungsweise abzuschreiben sind: leistungsabhängig, anteilig in der Relation der tatsächlichen, periodischen Umsatzerlöse zu den gesamten, erwarteten Verwertungserlösen (Individual Film Forecast Computation Method).

Bilanzierungsrisiko

Anhand des Beitrags erkennen Sie, worin die wesentlichen Risiken einer bilanziellen Fehlbewertung von Filmrechten und Lizenzen bestehen: sie können sowohl aus einer (un-)bewussten Fehleinschätzung als auch aus unvorhersehbaren Ereignissen resultieren.

Bewertungsproblematik

Der Beitrag verdeutlicht das zentrale Problem der Bewertung von Film- und Medienunternehmen: Eine Bewertung von Medienunternehmen muss vor allem der Tatsache Rechnung tragen, dass deren gegenwärtige wie auch zukünftige Vermögens-, Finanz- und Ertragslage speziell von der Werthaltigkeit der (aktivierten) Filmrechte und Lizenzen determiniert wird.

1 Problemstellung und Motivation

Zentrale Zielsetzung der Bewertung von Produkten oder Unternehmen ist nach wie vor die Beurteilung der zukünftigen Entwicklung des Unternehmens respektive eine möglichst objektive Bestimmung der – auf seinen Produkten oder Dienstleistungen basierenden – Ertragserwartungen. Zunehmend sind hierbei nicht nur mikroökonomische, unternehmensspezifische Faktoren zu identifizieren, sondern unternehmensexterne, gesamtwirtschaftliche Umstände zu berücksichtigen. Die individuellen Unternehmensmerkmale müssen ebenso Eingang in bewertungsspezifische Fragestellungen finden wie die produkt- oder dienstleistungsspezifischen Determinanten. Im Zuge der Bewertung einzelner Chancen und Risiken des Unternehmens ist eine umfassende Bewertung der ihm zuzurechnenden Vermögenswerte und Schulden sowie der diesen immanenten Ertragserwartungen notwendig. Aufgrund verschiedener, teilweise national variierender Abbildungsvorschriften der externen Rechnungslegung eignen sich bilanzielle Werte oftmals nicht als Grundlage einer weitergehenden Unternehmensbewertung. Gleichwohl stellen sie vielfach den Ausgangspunkt zur Bestimmung des Unternehmenswertes dar.

2 Filmrechte und Lizenzen als Werttreiber

Dies wird auch am Beispiel der Medienbranche deutlich, da bei der Bewertung eines Medienunternehmens der Bewertung der ihm zustehenden Chancen und Risiken – hier konkret also der Filmrechte, über die es beschränkt oder unbeschränkt, zeitlich wie geographisch, wirtschaftlich verfügen kann – zentrale Bedeutung zukommt. Eine faire Bewertung des Filmstocks, der Film Library, ist eine entscheidende Grundlage einer fairen prospektiven Unternehmensbewertung und setzt wiederum eine intensive Diskussion mit dem Geschäftsmodell, unternehmensspezifischen Determinanten sowie allgemeinen branchenspezifischen und volkswirtschaftlichen Faktoren voraus. Diese Einschätzung ist bereits bei zyklischen Güternachfragen und hochwertigen Produkten oftmals erheblich schwieriger als bei alltäglichen Konsumgütern. Bei nicht greifbaren und wenig typisierbaren Gütern ergeben sich darüber hinaus zusätzliche Probleme.

Im Mittelpunkt der Geschäftstätigkeit von Film- und Medienunternehmen stehen Erwerb beziehungsweise Produktion und Verwertung von einzelnen, miteinander überhaupt nicht oder nur stark eingeschränkt vergleichbaren Filmrechten und Lizenzen in unterschiedlichen geographischen Märkten (Territories) und entlang der gesamten Wertschöpfungskette (Markets). Diese – aufgrund des „Übergewichts des geistig-kreativen Elements gegenüber dem materiellen Filmmaterial" (Baetge/Fey/Weber 2003, Rn. 44) – immateriellen Werte bilden die Grundlage des Geschäftsmodells (vgl. Zwirner 2002, S. 255) und entscheiden maßgeblich über den Unternehmenserfolg. Zwar bestimmen Qualität und Quantität der Filmrechte und Lizenzen das Bilanzbild sowie den Wert des Medienunternehmens (vgl. Küting 2001, S. 301–336), aufgrund der (vermögens-)wert- und unternehmensspezifischen Verwertungs- und Ertragserwartungen scheint die Ermittlung eines auf Angebot und Nachfrage basierenden Marktpreises jedoch schwierig.

Somit müssen neben der Behandlung im internen Rechnungswesen auch an eine externe Berichterstattung spezifische Anforderungen gestellt werden, um das durch zukünftige Nutzenpotentiale und Risiken bestimmte Unternehmensgeschehen sowohl ex post nachvollziehbar als auch ex ante prognostizierbar darzustellen und so eine Unternehmensbewertung auf Grundlage extern verfügbarer Daten zu ermöglichen (vgl. Zwirner 2002, S. 248).

Insbesondere bei Medienunternehmen steht eine sachgerechte Abbildung der immateriellen Filmrechte und Lizenzen im Mittelpunkt (vgl. Baetge/Fey/Weber 2003, Rn. 44; Wriedt/Witten 1991; Wriedt/Fischer 1993). Zwar variiert deren Behandlung in Abhängigkeit der angewandten Rechnungslegungsnormen erheblich und es erscheint auf den ersten Blick befremdlich, dass ein und derselbe ökonomische Sachverhalt in den einzelnen Perioden vollkommen unterschiedlich dargestellt werden kann (vgl. Küting 2001, S. 260; Zwirner 2003, S. 278–285). Zum Ende der Verwertungsmöglichkeit eines Filmrechts offenbart sich jedoch in jedem Regelungskreis die ökonomische Sinnhaftigkeit der Investition als Saldo zwischen den ursprünglichen Anschaffungs- oder Herstellungskosten und den erzielten Verwertungserlösen beziehungsweise als Gewinne oder Verluste aus der Verwertung. Damit dieser Saldo aus den Jahresabschlüssen annähernd prognostizierbar wird, ist zu jedem Zeitpunkt die Werthaltigkeit der aktivierten Vermögenswerte kritisch zu hinterfragen (vgl. Zwirner 2002, S. 253).

Im Folgenden werden daher zunächst die Bewertung von Filmrechten und Lizenzen und auf den gewonnenen Erkenntnissen aufbauend dann die Implikationen für die Betrachtung von Medienunternehmen dargestellt.

3 Verwertungsmöglichkeiten von Filmrechten und Lizenzen

Filmrechte und Lizenzen stellen die zentralen Faktoren der verfolgten Wertschöpfungskette respektive Strategie eines Medienunternehmens dar. Bei der Wertschöpfungskette handelt es sich um eine grundsätzlich typische Abfolge bei der Verwertung eines Films beziehungsweise einer Lizenz, bei der sich allerdings in Abhängigkeit von der verfolgten Unternehmensstrategie und dem Geschäftsmodell unternehmensspezifische Besonderheiten und Abweichungen mit Blick sowohl auf die wirtschaftliche als auch auf die zeitliche Bedeutung ergeben (vgl. Küting/Zwirner 2001a, S. 11; Küting 2001, S. 272; Zwirner 2002, S. 255). Abbildung 1 stellt eine mögliche Verwertung eines Filmrechts/einer Lizenz in zeitlicher Hinsicht dar. Würde man neben den, sich regelmäßig zeitlich aneinander reihenden, Markets zudem die einzelnen Verwertungsmöglichkeiten in unterschiedlichen Territories – teilweise zeitgleich, teilweise zeitversetzt – betrachten, so stellten sich die gesamten Verwertungsmöglichkeiten als mehrdimensionale, unternehmerische Entscheidungsmatrix dar.

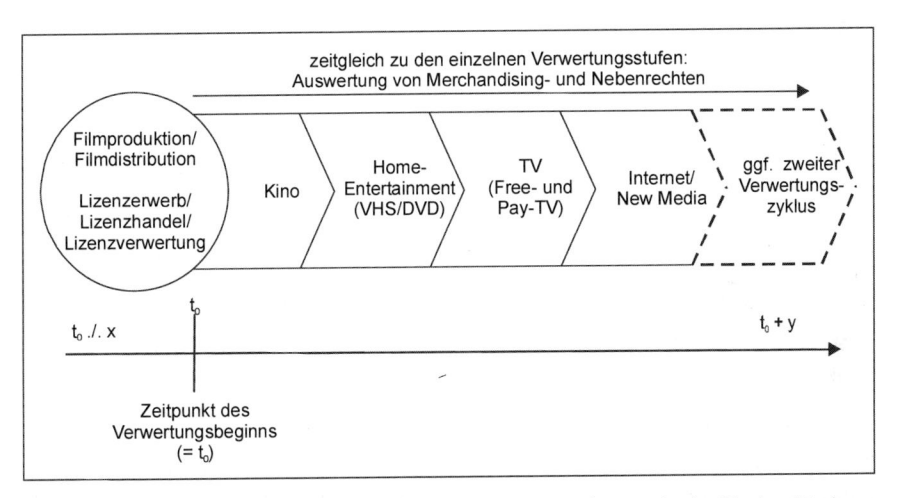

Abbildung 1: Verwertung eines Filmrechts/einer Lizenz (vgl. Küting/Zwirner 2001a, S. 11; Brösel 2002, S. 42)

An erster Stelle der Wertschöpfungskette steht die Beschaffung. Für die bilanzielle Behandlung ist beispielsweise von Bedeutung, ob der Film erworben oder selbst produziert wurde beziehungsweise ob die Lizenz gekauft wurde oder im Rahmen einer (Co-)Produktion entstanden ist – ob somit also von Anschaffungs- oder Herstellungskosten auszugehen ist.

Die erste Auswertungsstufe liegt im Kinobereich, wobei die geplante Zeitspanne erfolgsabhängig ausgedehnt oder verkürzt werden kann. Auch wenn sich keine generellen Rückschlüsse daraus ziehen lassen, ist die auf dieser Stufe zu erkennende Akzeptanz seitens des Publikums grundsätzlich ein Indiz dafür, wie ein Film auch zukünftig, das heißt auf nachgelagerten Verwertungsstufen, rezipiert werden wird. Somit ist das (zeitliche) Durchlaufen der gesamten Wertschöpfungskette respektive jeder einzelnen Verwertungsstufe, die auch als Auswertungs- oder Zeitfenster beziehungsweise Profit Windows bezeichnet werden (vgl. Brehm 2001, S. 251; Hermann 2002, S. 147; Schumann/Hess 2002, S. 74; Zerdick et al. 2001, S. 71), zu Beginn der Verwertung nicht starr festgelegt, sondern bewegt sich innerhalb bestimmter Bandbreiten, die je nach Geschäftsmodell und Erfolg des einzelnen Films variieren (vgl. Hermann 2002, S. 147; Zwirner 2003, S. 266).

Auf die Verwertungsstufe Kino folgt der Home-Entertainment-Bereich, also die Vermarktung der VHS- und DVD-Produkte. Mit gezielter Werbung sowie besonderen Zugaben (beispielsweise enthalten die Videokassetten oder DVDs Szenen, die in der Kinofassung nicht zu sehen waren, oder Interviews mit einzelnen Stars) soll das Interesse der Zuschauer über das Kino hinaus erhalten werden, um auch aus der Video- und DVD-Verwertung möglichst hohe Erlöse zu realisieren.

Einige Zeit nach der Markteinführung der Home-Entertainment-Ware, meist etwa eineinhalb Jahre nach dem Ende der Kino-Vorführungszeit, beginnt die nächste Stufe der Verwertungskette, das Fernsehen, wobei insbesondere das digitale und interaktive Fernsehen an Bedeutung gewinnt (vgl. Scholz/Stein/Eisenbeis 2001, S. 78–79). Zuerst erfolgt die Verwertung im Pay-TV-Bereich (vgl. Hermann 2002, S. 90–91; Zwirner 2003, S. 267). Regelmäßig zwei Jahre nach der Kinoverwertung beginnt die Ausstrahlung im Free-TV.

Weitere – zunehmend an Bedeutung gewinnende – Elemente der Wertschöpfung, die zeitgleich zum Durchlaufen der einzelnen Verwertungsstufen genutzt werden können, liegen vor allem in der Vermarktung der Merchandising-Produkte und der Nebenrechte. Der Verkauf der auf den einzelnen Film bezogenen Produkte, wie zum Beispiel Bücher, Soundtracks, Spielzeug oder Kleidung, beginnt regelmäßig bereits um den Zeitpunkt der Kinoauswertung (vgl. Beck 2002, S. 210; Breyer-Mayländer/Werner 2003, S. 346). Zudem stellt auch das Geschäft mit Video- und Computerspielen mittlerweile eine wichtige Erlösquelle dar (vgl. Postinett 2003).

Des Weiteren kommen bei erfolgreichen Filmen eine Generierung von Erträgen aus dem Bereich Internet/New Media oder auch ein wiederholtes Durchlaufen der Wertschöpfungskette oder einzelner Verwertungsstufen in Betracht. In speziellen Fällen können auch einzelne Stufen übersprungen oder der Wertschöpfungsprozess erst an späterer Position der Abfolge begonnen werden. Letztlich wird aber der Verwertungserfolg über alle Verwertungsstufen (Markets) und geographischen Segmente (Territories) durch die Attraktivität des Films, insbesondere der mitwirkenden Schauspieler und des zugrunde liegenden Stoffes bestimmt (vgl. Beck 2002, S. 210–211).

In der Praxis richten sich die relative Bedeutung sowie das Zusammenspiel der dargestellten Verwertungsstufen nach dem jeweils verfolgten Geschäftsmodell (vgl. Küting 2001, S. 300; Zwirner 2002, S. 253–254). In Abhängigkeit der unternehmensseitigen Planung erstreckt sich die Allokationsbandbreite der erwarteten Verwertungserlöse respektive der mit ihnen vielfach direkt korrelierten verwertungsbedingten Abschreibungen bei der Kinoverwertung meist über 10 bis 35 Prozent, während auf Video/DVD etwa 10 bis 30 Prozent entfallen und dem gesamten Bereich der TV-Auswertung planmäßig zwischen 45 und 80 Prozent zuzurechnen sind. Ebenso variiert der zeitliche Horizont der Wertschöpfungskette. Während eine Video-/DVD-Auswertung oftmals sechs Monate nach Kinostart beginnt, können bis zur Auswertung der Free-TV-Rechte 18 bis 24 Monate vergehen.

4 Grundlagen der (bilanziellen) Abbildung und Bewertung von Filmrechten und Lizenzen

4.1 (Abbildungs- und Bewertungs-)Problematik der Immaterialität von Werttreibern

Bei einem Recht beziehungsweise einer Lizenz (vgl. Herbst 1968) handelt es sich um einen Vermögenswert, der körperlich nicht greifbar und daher aus bilanzieller Sicht den immateriellen Vermögenswerten zuzuordnen ist (vgl. Baetge/Fey/Weber 2003, Rn. 44; Haller 1998; Hommel 1997; Labhardt/Volkart 2001; Ranker/Wohlgemuth/Zwirner 2001). Die Gemeinsamkeit immaterieller Werte liegt in der ihnen fehlenden physischen Substanz, über die sie eine Negativabgrenzung gegenüber den materiellen Gütern erfahren. Daraus resultiert auch die zentrale Problematik der Wertschätzung, die mit diesen

Vermögenswerten stets verbunden ist (vgl. Moxter 1978; Moxter 1979; Dawo 2003).

4.2 Bilanzielle Abbildungs- und Bewertungsvorschriften

4.2.1 Nationales Handelsrecht (HGB)

Für die handelsrechtliche Bilanzierung und Bewertung von Filmrechten beziehungsweise Lizenzen ist zunächst zu unterscheiden, ob es sich um einen selbst erstellten oder um einen käuflich erworbenen Vermögenswert handelt. Für die Zuordnung zum Anlage- oder Umlaufvermögen ist darüber hinaus von Bedeutung, ob das Filmrecht beziehungsweise die Lizenz selbst ausgewertet werden soll. Nach § 248 Absatz 2 HGB besteht ein Aktivierungsverbot für selbst erstellte immaterielle Vermögenswerte des Anlagevermögens (vgl. Keitz 1997; Küting/Zwirner 2001c, S. 176). Zwar ist die Bewertung eines Rechts beziehungsweise einer Lizenz für die Einschätzung der Unternehmensentwicklung von zentraler Bedeutung – was die Berichterstattung über eben diese Werttreiber erheblich in den Vordergrund rückt –; für die bilanzielle Abbildung ergeben sich in diesem Fall indes keine direkten Schwierigkeiten. Sind jedoch – beispielsweise aufgrund eines entgeltlichen Erwerbs – die Ansatzvoraussetzungen des immateriellen Wirtschaftsguts Filmrecht erfüllt, greifen die nachfolgend dargestellten Normen (vgl. Pellens/Fülbier 2000a, S. 123).

Als Basis für die Zugangsbewertung gelten die Vorschriften aus § 255 Absatz 1 und Absatz 2 HGB zu Anschaffungs- und Herstellungskosten, die gleichzeitig die Wertobergrenze darstellen (vgl. Ranker/Wohlgemuth/Zwirner 2001, S. 273). Zu den Anschaffungskosten zählen alle einzeln zurechenbaren Kosten, die notwendig sind, um einen Vermögenswert zu erwerben und in einen betriebsbereiten Zustand zu versetzen (vgl. Knop/Küting 2003, Rn. 7–76). Hinzu kommen gegebenenfalls Nebenkosten oder nachträgliche Anschaffungskosten; Anschaffungspreisminderungen werden abgesetzt (vgl. Küting/Zwirner 2001a, S. 17).

Die Herstellungskosten umfassen „die Aufwendungen, die durch den Verbrauch von Gütern und die Inanspruchnahme von Diensten für die Herstellung eines Vermögensgegenstands [...] entstehen" (§ 255 Absatz 2 HGB). Dabei sind die Einzelkosten zu berücksichtigen; für angemessene Teile der Gemeinkosten besteht ein Aktivierungswahlrecht (vgl. Knop/Küting 2003, Rn. 125–315). Echte Vertriebskosten nach der Erstellung des Films dürfen in keinem Fall einbezogen werden.

Die Folgebewertung orientiert sich an § 253 HGB (vgl. Küting/Zwirner 2001b, S. 576). Demnach sind jährlich planmäßige Abschreibungen vorzunehmen (vgl. Karrenbauer/Döring/Buchholz 2003, Rn. 114–124); dabei erfolgt eine Verteilung der Kosten auf die voraussichtliche Nutzungsdauer. Im Falle einer dauerhaften Wertminderung sind außerplanmäßige Abschreibungen auf den niedrigeren beizulegenden Wert notwendig (vgl. Karrenbauer/Döring/Buchholz 2003, Rn. 155–168).

Die handelsrechtlichen Normen sehen keine konkreten Regelungen zur bilanziellen Behandlung von Filmrechten und Lizenzen vor; es gelten primär die allgemeinen, im Speziellen die auf immaterielle Vermögenswerte anzuwendenden Bilanzierungs- und Bewertungsvorschriften.

Bezüglich der Abschreibungsproblematik bei Filmrechten und Lizenzen haben sich im Laufe der Zeit verschiedene Theorien herausgebildet, wie die Wertminderung nach deutschen handelsrechtlichen Normen sachgerecht abgebildet werden kann (vgl. Küting/Zwirner 2001a, S. 19–20; Küting/Zwirner 2001b, S. 576). Anfang der siebziger Jahre forderte Priester (1972, S. 581–587) eine Verteilung der Abschreibungen nach einem bestimmten Schlüssel – in Anlehnung an den Abspielverlauf (vgl. Meyer 1973). 1988 setzte sich Forster (1988, S. 321–328) für eine Abschreibung, die sich an der Anzahl der geplanten Ausstrahlungen orientiert, ein. Herzig und Söffing (1994a, S. 601–608; 1994b, S. 656–663) dagegen favorisierten 1994 eine leistungsabhängige Abschreibung. Eine vergleichbare Vorgehensweise findet sich aktuell in den US-amerikanischen Regelungen.

4.2.2 US-amerikanische Regelungen (US-GAAP)

Im Gegensatz zu den handelsrechtlichen Normen sehen die US-amerikanischen Regelungen zusätzlich zu den allgemeinen Rechnungslegungsvorschriften konkrete Regelungen zu Ansatz, Ausweis und Bewertung von Filmrechten und Lizenzen sowie hinsichtlich der Berichterstattung in diesem Bereich vor.

Bereits im März 1981 beschäftigte sich der SFAS 46, Financial Reporting and Changing Prices: Motion Picture Films, mit den besonderen Problemstellungen bei Film- und Medienunternehmen (vgl. Küting/Zwirner 2001a, S. 20). Der im Dezember 1981 verabschiedete SFAS 53, Financial Reporting by Producers and Distributors of Motion Picture Films, enthielt erstmals detailliertere Vorschriften für die Film- und Medienindustrie. Dabei berief man sich auf bereits Ende der siebziger Jahre publizierte Vorschriften des AICPA, die unter anderem in SOP 79-4 zu finden sind. Geregelt wurden vor allem die bilanzielle Behandlung unterschiedlicher Arten von

Umsatzerlösen sowie Art und Umfang der aktivierungspflichtigen Produktionskosten (vgl. Levine/Siegel 2001). Darüber hinaus wurde eine umsatzabhängige Abschreibungsmethode, die „(Individual) Film Forecast Computation Method", eingeführt, die bis heute Gültigkeit besitzt (vgl. Küting/Zwirner 2001a, S. 20–21). Dabei erfolgt die periodische Abschreibung der aktivierten Beträge in Abhängigkeit vom Verhältnis zwischen den periodischen und den insgesamt erwarteten Umsatzerlösen (vgl. Küting/Weber/Pilhofer 2002). Die folgende Formel stellt die Ermittlung des Abschreibungsprozentsatzes nach US-GAAP dar:

$$\text{Abschreibungsprozentsatz}_t = \frac{\text{Umsatzerlöse}_t}{\text{erwartete Umsatzerlöse}_{gesamt}}$$

Aus einer Überarbeitung der bis dato bestehenden branchenspezifischen Vorschriften entstand im Juni 2000 ein neuer Standard für die Producers and Distributors of Motion Picture Films. Dieser SFAS 139, Rescission of FASB Statement No. 53 and Amendments to FASB Statements No. 63, 89, and 121, verweist ebenso wie sein Vorgänger, SFAS 53, auf Publikationen des AICPA, in diesem Fall auf den SOP 00-2, Accounting by Producers or Distributors by Films (vgl. Küting/Zwirner 2001a, S. 21–24). In diesem Statement of Position hat sich die amerikanische Wirtschaftsprüfervereinigung ausführlich zur Problematik der Bilanzierung in der Film- und Medienwirtschaft geäußert. Behandelt werden auch hier vor allem Fragen der Anschaffungs- und Herstellungskosten, der Abschreibung sowie der Umsatzrealisierung, wie an anderer Stelle (vgl. Küting/Zwirner 2001a, S. 21–22) ausführlich dargestellt.

Die Anschaffungs- und Herstellungskosten setzen sich neben den gewöhnlichen aus den branchenspezifischen Kostenbestandteilen zusammen (vgl. Küting 2001, S. 280–287; Schildbach 2000, S. 109–110). Werden die Vermögenswerte jedoch selbst erstellt, so sind – entsprechend den allgemeinen Grundsätzen der US-GAAP – die produktionsbezogenen Vollkosten zu ermitteln und in die Bilanz aufzunehmen. Diese Bestimmung der einzelnen Komponenten und ihrer Höhe stellt sich in der Praxis oftmals schwierig dar. Die Aktivierung der tatsächlich angefallenen Aufwendungen ist grundsätzlich bis zum Ende des Anschaffungs- beziehungsweise Herstellungszeitraums erlaubt, der mit dem Beginn der Verwertung des Vermögenswerts im Sinne einer erstmaligen Umsatzerzielung als abgeschlossen gilt (vgl. Küting/Zwirner 2001a, S. 22).

Bezüglich der Abschreibung greift SOP 00-2 auf die Regelungen des SFAS 53, das heißt auf die (Individual) Film Forecast Computation Method, zurück. Für die Schätzung des gesamten Umsatzes müssen alle Umsätze herangezogen werden, die aus der Verwertung von Film oder Lizenz (in allen Markets und Territories) erwartet werden (vgl. SOP 00-2, par. 38). Der rechnerisch ermittelte Abschreibungsprozentsatz wird mit den ursprünglichen Anschaffungs- beziehungsweise Herstellungskosten multipliziert. Diese Abschreibungsmethodik verdeutlicht den Zusammenhang zwischen aktivierten Anschaffungs- und Herstellungskosten (Capitalized Costs), Umsatzerlösen (Revenues) und Abschreibungen (Amortization): Spätestens mit dem Zeitpunkt der erstmaligen Umsatzrealisation endet der Anschaffungs- beziehungsweise Herstellungsvorgang und es findet eine der dargestellten Abschreibungsmethodik entsprechende Verteilung der aktivierten Anschaffungs- beziehungsweise Herstellungskosten über die Zeitdauer der Verwertung statt, wie auch Abbildung 2 veranschaulicht.

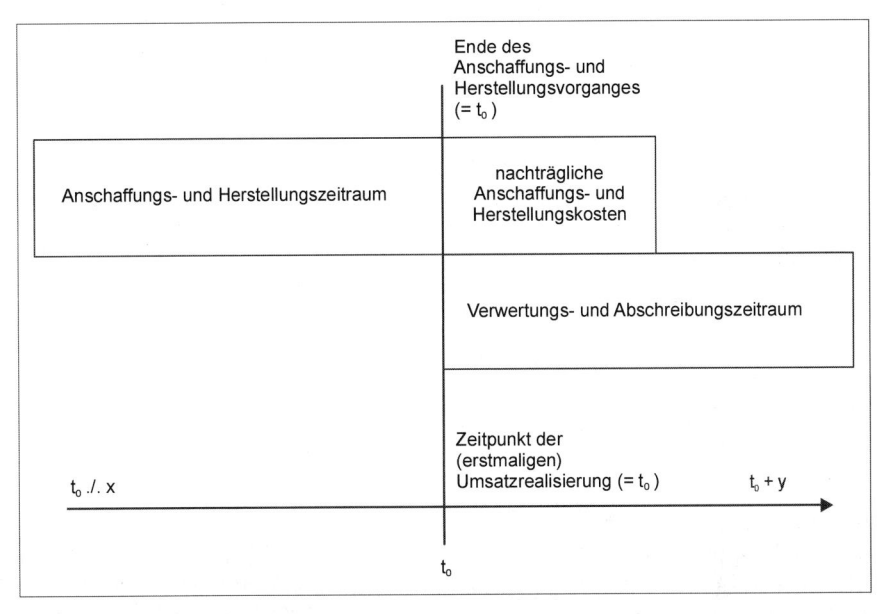

Abbildung 2: Zusammenhang von Anschaffungs- beziehungsweise Herstellungskosten, Umsatzerlösen und Abschreibungen (vgl. Küting/Zwirner 2001a, S. 23)

Die Umsatzerlöse stellen gewissermaßen das Bindeglied zwischen den Anschaffungs- beziehungsweise Herstellungskosten und den verwertungsbedingten Abschreibungen dar (vgl. Küting/Zwirner 2001a, S. 23). Die Abschreibungsermittlung beinhaltet einen sicheren Bestandteil (die tatsächlich erzielten Umsatzerlöse) und einen mit Unsicherheit behafteten (die geschätzten Gesamtumsatzerlöse). Dabei gilt: Je höher die Gesamtumsatzerlöse prognostiziert werden, desto geringer ist der periodische Abschreibungsbetrag.

Das Risiko einer unrealistischen Höhe des Abschreibungsprozentsatzes kann sowohl aus einer (un-)bewussten Fehleinschätzung als auch aus unvorhersehbaren Ereignissen resultieren. Gegebenenfalls ist hier eine Anpassung der geschätzten Umsatzerlöse und damit des angewandten Abschreibungsprozentsatzes vorzunehmen (vgl. Zwirner 2003, S. 284–285). Dem Zeitpunkt und der Höhe der zu realisierenden Umsätze kommt damit eine große Bedeutung zu (vgl. Küting/Zwirner 2001a, S. 23), da über die (Individual) Film Forecast Computation Method die Umsatzrealisierung nicht nur Auswirkungen auf die Gewinn- und Verlustrechnung, sondern über die Abschreibungen auch auf den Bilanzwert des entsprechenden Vermögenswerts hat.

Entsprechend den grundsätzlichen Vorschriften der US-GAAP ist bei Anzeichen für eine Wertminderung ein Werthaltigkeitstest (Impairmenttest) durchzuführen (vgl. Weber/Wirth 2002). Ist der Fair Value des Filmrechts beziehungsweise der Lizenz geringer als der aktuelle Buchwert, so ist zusätzlich zur planmäßigen eine außerplanmäßige Abschreibung vorzunehmen, bis der Zeitwert, also der Fair Value des Rechts beziehungsweise der Lizenz, erreicht ist.

Die US-amerikanischen Vorschriften stellen somit zahlreiche Normen für die branchenspezifischen Besonderheiten der Film- und Medienunternehmen bereit. Deren enorme praktische Bedeutung wird durch die Orientierung der IFRS-Bilanzierer an diesen Regelungen zusätzlich deutlich (vgl. Küting/Zwirner 2001a, S. 14; Küting 2001, S. 288–290).

4.2.3 Vorschriften der IFRS

Zur Abbildung der branchenspezifischen Besonderheiten von Film- und Medienunternehmen enthalten die IFRS keine speziellen Vorschriften (vgl. Ruhnke/Nerlich 2003, S. 753–755). Als Orientierungsgrundlage dienen lediglich die allgemeinen Bilanzierungs- und Bewertungsgrundsätze respektive die spezielleren Normen zur Erfassung und Abbildung immaterieller Werte (vgl. Fülbier/Honold/Klar 2000, S. 836–839). Der wesentliche Unterschied zwischen den Regelungen der IFRS und des deutschen HGB liegt in der fehlenden Unterscheidung von entgeltlich erworbenen und selbst erstellten immateriellen Vermögenswerten (vgl. Küting/Zwirner 2001a, S. 17). IAS 38 (rev. 2004) nennt vier Kriterien, die bei kumulativer Erfüllung zu einem Aktivierungsgebot für alle immateriellen Vermögenswerte führen, aber auch zwei explizite Aktivierungsverbote für einen originären Geschäfts- oder Firmenwert sowie nicht erworbene Markennamen, Schriftzüge und Publikationstitel (vgl. IAS 38.11–38.16 (rev. 2004); IAS 38.21–38.22 (rev. 2004) IAS 38.48–38.50 (rev. 2004); IAS 38.63 (rev. 2004); Keitz 1997; Wehrheim

2000). Kommt eine Aktivierung nicht in Frage, sind die mit diesen immateriellen Werten zusammenhängenden Ausgaben direkt als Aufwand der Periode zu verbuchen.

Der erstmalige Ansatz erfolgt wie auch nach HGB zu den Anschaffungsbeziehungsweise Herstellungskosten zuzüglich eventuell anfallender Anschaffungsnebenkosten und/oder nachträglicher Anschaffungskosten.

Bei der Folgebewertung gibt es gemäß der Konzeption der IFRS zwei mögliche Vorgehensweisen: Die Benchmark-Method fordert eine Bewertung zu fortgeführten Anschaffungs- beziehungsweise Herstellungskosten. Als Allowed-Alternative Treatment ist daneben auch eine Bilanzierung zu den jeweiligen Tageswerten zulässig (vgl. IAS 38.74–38.75, rev. 2004). Allerdings ist die (reine) Marktbewertung in der Praxis von vernachlässigbarer Bedeutung, da zur Bestimmung des jeweiligen Tageswerts ein aktiver Markt vorhanden sein muss. Gerade dies ist allerdings im Zusammenhang mit immateriellen Vermögenswerten meist nicht der Fall. Daher kommt in der Regel eine Bewertung nach der Benchmark-Method zur Anwendung (vgl. Küting/Zwirner 2001a, S. 18).

Die Abschreibung immaterieller Vermögenswerte mit bestimmbarer Nutzungsdauer hat nach IFRS planmäßig über die geschätzte Nutzungsdauer zu erfolgen. Grundsätzlich ist der Abschreibung stets die lineare Methode zugrunde zu legen, es sei denn, eine andere Methode stellt die tatsächliche Abnutzung beziehungsweise Wertminderung sachgerechter dar (vgl. IAS 38.97, rev. 2004). Nach IAS 38.111 (rev. 2004) i.V.m. IAS 36 (rev. 2004) ist an jedem Bilanzstichtag zusätzlich zu prüfen, ob Anzeichen für eine nicht geplante Wertminderung vorliegen. Ist der Fair Value niedriger als die fortgeführten Anschaffungs- beziehungsweise Herstellungskosten, muss eine außerplanmäßige Abschreibung auf den Fair Value erfolgen (vgl. Ruhnke/ Nerlich 2003, S. 758). Geht man bei den immateriellen Vermögenswerten von einer unbestimmten Nutzungsdauer aus, muss auch ohne Vorliegen konkreter Hinweise auf eine negative Wertveränderung der „Impairmenttest" gemäß IAS 36 (rev. 2004) mindestens jährlich vorgenommen werden (vgl. IAS 38.107–38.108, rev. 2004).

Da die IFRS für die bilanzielle Erfassung von Filmrechten und Lizenzen derzeit noch keine eigenen Branchenregelungen enthalten, stellt IAS 8.10– 8.11 (rev. 2004) eine mögliche (Interims-)Lösung dar. Diese Vorschrift erlaubt ausdrücklich, dass bei Fehlen eines IAS/IFRS und einer Interpretation des SIC seitens der Unternehmensleitung in eigenem Ermessen Bilanzierungs- und Bewertungsmethoden entwickelt werden dürfen, um die Abschlussadressaten adäquat mit den relevanten Informationen zu versorgen (vgl. Küting/Zwirner 2001a, S. 13–14; Ruhnke/Nerlich 2003, S. 753–754).

Neben anerkannten Branchenpraktiken kommen in diesem Zusammenhang vor allem auch die Erklärungen anderer Standardsetter in Frage. Im Fall der Film- und Medienunternehmen bietet sich eine Orientierung an den branchenspezifischen US-amerikanischen Vorschriften an. Eine Anlehnung ist dabei insoweit erlaubt, als kein Konflikt zu bestehenden IFRS-Normen auftritt. Wie an anderer Stelle (vgl. Küting/Zwirner 2001a, S. 13) festgestellt, ist anzumerken, dass sich „viele filmbranchenspezifische Probleme, die bei der Anwendung der allgemeinen [...] IFRS bestehen, [...] bei ergänzender Beachtung von SOP 00-2 lösen" (Ruhnke/Nerlich 2003, S. 763) lassen. Dennoch bestehende Unterschiede zwischen den Normen der IFRS und einer vollständigen Anwendung der Regelungen des SOP 00-2 lassen sich indes durch eine umfassende Berichterstattung über die konkret angewandten Regelungen heilen. Der Rückgriff der IFRS-Bilanzierer auf die relevanten US-GAAP-Vorschriften unterstreicht zudem die praktische Bedeutung dieser branchenspezifischen Regelungen (vgl. Küting 2001, S. 274–293; Zwirner 2002, S. 246–247).

5 Ansätze zur Beurteilung und Bewertung von Medienunternehmen

Eine – auch für Zwecke der externen Rechnungslegung und Berichterstattung notwendige – Beurteilung der Werthaltigkeit von Filmrechten und Lizenzen setzt eine detaillierte Zurechnung einzelner Aufwendungen und erwarteter Erträge aus der Verwertung voraus. Eine Bewertung von Medienunternehmen muss hierbei somit vor allem der Tatsache Rechnung tragen, dass deren gegenwärtige wie auch zukünftige Vermögens-, Finanz- und Ertragslage speziell von der Werthaltigkeit der (aktivierten) Filmrechte und Lizenzen determiniert wird (vgl. Küting/Zwirner 2001a, S. 28–29; Zwirner 2002, S. 247). Eindeutig ist hierbei eine Berücksichtigung zukünftiger Cashflows zu konstatieren und somit eine Schnittstelle zu einer – ebenso auf den zukünftigen Cashflows basierenden – Bewertung des ganzen Unternehmens. Sicherlich muss eine Unternehmensbewertung mehr als „nur" die Bewertung einzelner – auch noch so zentraler – Vermögenswerte und Schulden umfassen, dennoch ist sie ohne eine vorgelagerte Werthaltigkeitsanalyse einzelner (Bilanz-)Posten nicht möglich (vgl. Zwirner 2002, S. 251–258). Umgekehrt kann eine Bewertung einzelner Werttreiber nicht ohne Bezug zur zukünftigen Unternehmensentwicklung erfolgen. Den meisten Verfahren der Unternehmensbewertung ist gemein, dass sie einer möglichst zuverlässigen Prognose künftiger Erfolgsgrößen und Cashflows bedürfen. Eben diese Daten hängen bei den hier betrachteten Film- und Medienunternehmen indes wesentlich vom Wert respektive der Werthaltigkeit des Filmvermögens beziehungsweise Rechtestocks ab (vgl. Pellens/Fülbier 2000b, S. 40), was wiederum eine intensivere Auseinandersetzung mit eben diesen Werten erforderlich macht. Grundsätzlich sollte hierbei der in der externen Rechnungslegung, konkret in der Bilanz, ausgewiesene (Buch-)Wert der Filmrechte und Lizenzen dem tatsächlichen (Markt-)Wert entsprechen, zumindest diesen nicht übersteigen. Nicht zuletzt die in jedem Normenkreis vorzufindenden Regelungen zur Vornahme außerplanmäßiger Korrekturen sollten zumindest einen Ausweis gewährleisten, der nicht über einem beispielsweise auf Cashflow-Basis ermittelten Marktwert liegt. Problematisch erweist sich in diesem Zusammenhang indes die erforderliche Prognose aller in Zukunft erwarteten Verwertungserfolge und Aufwendungen, die kaum verlässlich und objektiv vorgenommen werden kann, sondern stets auf subjektiven Wertmaßstäben und Erwartungen des Unternehmens basiert.

Vor dieser aufgezeigten Interdependenz gilt es nunmehr, sich aus der bilanziellen Abbildung von Filmrechten und Lizenzen ergebende Implikationen für die Analyse von Medienunternehmen zu skizzieren.

Erschwert wird eine externe Unternehmensanalyse im Einzelfall dadurch, dass die Unternehmen im Rahmen ihrer Rechnungslegung und Berichterstattung teilweise grundlegend unterschiedliche Wege gehen. Demnach kommt einer offenen und transparenten Berichterstattung und somit dem Jahresabschluss als zentralem Informationsinstrument eine besondere Bedeutung zu (vgl. Küting/Zwirner 2003, S. 199–200). „Alleine eine investororientierte Berichterstattung kann [...] dem Mangel an brancheneinheitlichen und normensystemübergreifenden Vorschriften entgegenwirken" (Küting/Zwirner 2001a, S. 34; vgl. Benzinger/Göhner 2001, S. 2213). Darüber hinaus ist der Wirtschaftsprüfer verstärkt gefordert, eine externe „Verifikation kapitalmarktorientierter Informationen" (Fey 2000, S. 1097) herbeizuführen.

Eine Auflistung branchenspezifischer Berichts- und Offenlegungserfordernisse findet sich im Rahmen der aktuellen US-Vorschriften (vgl. SOP 00-2, par. 51–58; SOP 00-2, par. 128–131; Zwirner 2002, S. 249–251). So werden beispielsweise detaillierte Angaben zu zukünftigen Abschreibungsbeträgen sowie der Zuordnung des aktivierten Filmvermögens zu den einzelnen Verwertungsstufen gefordert.

Allen Berichtserfordernissen gemeinsam ist die Zielsetzung, eine geeignete Grundlage für zukünftige Unternehmenseinschätzungen durch externe Analysten zu schaffen. Neben Umsatzprognosen dürfte insbesondere der

Beurteilung der Entwicklung des Filmvermögens respektive dessen Werthaltigkeit zum Bilanzstichtag eine besondere Bedeutung zukommen. Da die publizierten Rechnungslegungsdaten und Zusatzinformationen eine wesentliche Datengrundlage der Bewertung darstellen, beeinflussen deren Qualität und Umfang direkt die Zuverlässigkeit des ermittelten Unternehmenswerts. Zudem sollte darauf geachtet werden, dass sich das allgemein beschriebene Geschäftsmodell des Unternehmens in der externen Rechnungslegung widerspiegelt (vgl. Heßler/Mosebach 2001, S. 1046–1049; Behr/Leibfried 2001, S. 1129). Es muss somit einem externen Betrachter möglich sein, den Zusammenhang zwischen den verfolgten Strategien sowie dem diesen zugrunde liegenden Geschäftsmodell und der Abbildung im Rahmen des externen Rechnungswesens herzustellen (vgl. Behr/Leibfried 2001, S. 1128–1129). Nicht zuletzt durch die individuellen Merkmale der einzelnen Geschäftsmodelle ergibt sich eine Vielzahl von neuen Fragen und Problemen hinsichtlich der Abbildung in den Abschlüssen (vgl. Benzinger/Göhner 2001, S. 2213). Die publizierten Unternehmensinformationen müssen den externen Analysten in die Lage versetzen, die Änderungen einzelner Parameter beziehungsweise deren Auswirkungen auf die Rechnungslegung ex post plausibilisieren und ex ante prognostizieren zu können (vgl. Fischer/Becker/Wenzel 2002, S. 17). Somit muss der Analyst die fundamentale Werthaltigkeit einzelner Geschäftsmodelle überprüfen respektive weitere kritische Erfolgsfaktoren näher betrachten, um nachhaltig zukünftige Umsatz- und Ertragsentwicklungen prognostizieren zu können, was Brösel (2002) ausführlich zur Fragestellung der Medienrechtsbewertung diskutiert.

Die Ausführungen zeigen, dass ein externer Analyst bei der Bewertung von Medienunternehmen angesichts der hohen Bedeutung sowie des Bewertungsproblems des Filmvermögens stärker von den publizierten Unternehmensdaten abhängig ist als in anderen Branchen. Die Bewertungsproblematik der einzelnen Werttreiber wirkt sich demnach direkt auf die Bewertung des gesamten Unternehmens aus.

6 Zusammenfassung und Ausblick

Die sachgerechte Bewertung eines Medienunternehmens erfordert zunächst eine intensive Auseinandersetzung mit dem verfolgten Geschäftsmodell, eine Identifizierung und Analyse der wesentlichen Werttreiber sowie des Marktumfelds. Die grundsätzliche Gemeinsamkeit in der Medienbranche besteht darin, dass – geschäftsmodellübergreifend – durch die Verwertung von selbst erstelltem oder erworbenem Filmvermögen über verschiedene (geographische) Distributionskanäle Erlöse und die mit diesen korrespondierenden Cashflows generiert werden. Filmrechte und Lizenzen stellen die zentralen Werttreiber von Film- und Medienunternehmen dar, von deren Erfolg das aktuelle und zukünftige Unternehmensgeschick abhängen. Neben der internen Steuerung und Überwachung der Werthaltigkeit ist für Medienunternehmen auch die Frage der den tatsächlichen Verhältnissen entsprechenden Abbildung von Filmrechten und Lizenzen in der externen Berichterstattung von entscheidender Bedeutung.

Mit der zunehmenden Bedeutung des Kapitalmarkts (vgl. Küting/Zwirner 2001a, S. 6–13) sowohl für Eigen- als auch Fremdfinanzierung verändern sich auch die Informationsbedürfnisse und somit die Ansprüche an die Bilanzierung, Bewertung und Berichterstattung bei Film- und Medienunternehmen. Auch das Verhältnis vom Marktwert des Eigenkapitals zu seinem Buchwert (vgl. Küting 2000, S. 679; Daum 2000, S. 476; Beckmann/Faul/Schroff 2002, S. 1215) verdeutlicht, dass Anpassungsbedarf bei der Finanzberichterstattung besteht. Ein Vergleich der aktuellen Marktkapitalisierung einzelner Unternehmen mit deren Eigenkapital lässt vielfach konstatieren, dass die Gesellschaften an der Börse unterbewertet sind. Ob diese stichtagsbezogene Unterbewertung – beispielsweise aufgrund erwarteter zukünftiger Verluste – in jedem einzelnen Fall gerechtfertigt ist, bleibt offen (vgl. Zwirner 2002, S. 258). Nicht zuletzt wenn Unternehmen aufgrund der allgemeinen Kapitalmarktlage oder branchenspezifischer Konsolidierungsprozesse (ihres Erachtens nach) unterbewertet sind, sollten sie ausführlich über die angewandten Bilanzierungs- und Bewertungsmethoden berichten sowie einer aktiven Auseinandersetzung mit den bilanziellen Problemfeldern eine entsprechende Bedeutung beimessen. Hier sind insbesondere zukunftsorientierte Informationen notwendig (vgl. Küting/Dawo/Heiden 2001, S. 616), denn alleine eine investororientierte Berichterstattung kann dem Mangel an brancheneinheitlichen und normensystemübergreifenden Vorschriften entgegenwirken (vgl. Behr/Gusinde 1999, S. 158). Darauf, dass sich mittelfristig branchenspezifische Standards (beispielsweise in Form von Best Practices) entwickeln dürften, weist auch Fey (2000, S. 1108) hin.

Es bleibt zu hoffen, dass die Bilanzierung und Bewertung sowie die Berichterstattung bei Film- und Medienunternehmen in Zukunft weiterhin einheitlicher und zukunftsorientierter werden. Die heute festzustellende Orientierung der gesamten Branche an den US-Regelungen ist hierbei begrüßenswert (vgl. Behr/Leibfried 2001, S. 1129). Die Unternehmen sind in jedem Fall dazu verpflichtet, externen Analysten und Investoren eine Beurteilung der Werthaltigkeit des Filmvermögens sowie einen Einblick in die unternehmensseitigen Prognosen und die Marktfähigkeit des Geschäftsmodells zu ermöglichen. Neben qualitativen Informationen wird der externe Analyst auch weiterhin auf quantitative Daten zurückgreifen (müssen) (vgl. Küting 2002). Die Entwicklung sachgerechter Kennzahlen und Kriterien wird hierbei im Vordergrund stehen und wesentlich durch das Informationsverhalten der Film- und Medienunternehmen geprägt werden (vgl. Zwirner 2002, S. 251–259).

Schließlich stellt die Bewertung und Abbildung der Werttreiber von Film- und Medienunternehmen nichts anderes dar als eine spiegelbildliche Reflexion der (tatsächlichen) Wertschöpfung des Unternehmens; im Idealfall stimmen hierbei die ex ante von unternehmensinterner als auch -externer Seite angenommenen Prämissen mit den ex post eingetretenen Verhältnissen überein. An dieser Stelle gilt es indes auf die in der Vergangenheit vielfach unrealistischen Ergebnisprognosen von Medienunternehmen und Beurteilungen von Erfolgspotentialen einzelner Filmrechte und Lizenzen hinzuweisen (vgl. Küting/Zwirner 2001a, S. 4–6; Zwirner 2002, S. 245). Andererseits sieht sich die Branche aufgrund der anhaltenden und fortschreitenden technologischen Entwicklung (beispielsweise der Digitalisierung von Medienprodukten) zukünftig sowohl substituierenden als auch komplementären Verwertungsmöglichkeiten sowie den diesen zuzurechnenden Chancen und Risiken gegenüber.

Literaturverzeichnis

AICPA (2000) Statement of Position 00-2. Accounting by Producers or Distributors of Films, New York 2000.
Baetge J., Fey D., Weber, C.-P. (2003) Kommentierung des § 248 HGB. In: Küting K., Weber C.-P. (Hrsg.) Handbuch der Rechnungslegung. Einzelabschluss. Kommentar zur Bilanzierung und Prüfung, Loseblatt, 5. Aufl. Schäffer-Poeschel, Stuttgart 2002.
Beck, H. (2002) Medienökonomie. Print, Fernsehen und Multimedia, Berlin – Heidelberg.
Beckmann, C./Faul, K./Schroff, J. (2002) Bewertung von Unternehmen. Strategie-Markt-Risiko, in: Studien- und Berufswahl (4/2002), S. 1213–1217.
Behr, G./Gusinde, P. (1999) Besondere Anforderungen an die Rechnungslegung von Wachstumsunternehmen, ST 73 (1999), S. 153–160.
Behr, G./Leibfried, P. (2001) Rechnungslegung in der New Economy, in: ST 75 2001), S. 1127–1132.

Benzinger, V./Göhner, F. (2001) Accounting in der New Economy, in: Der Betrieb 54 (2001), S. 2205–2213.
Brehm, W. (2001) Filmrecht. Handbuch für die Praxis, Gerlingen 2001.
Breyer-Mayländer, T./Werner, A. (2003) Handbuch der Medienbetriebslehre, München 2003.
Brösel, G. (2002) Medienrechtsbewertung. Der Wert audiovisueller Medienrechte im dualen Rundfunksystem, Wiesbaden 2002.
Daum, J. (2000) SEM-SRM Stakeholder Relationship Management, in: Küting, K./Weber, C.-P. (Hrsg.) Wertorientierte Konzernführung, Stuttgart, S. 467–516.
Dawo, S. (2003) Immaterielle Güter in der Rechnungslegung nach HGB, IAS/IFRS und US-GAAP. NWB, Berlin 2003.
FASB (1981) SFAS 53 Financial Reporting by Producers and Distributors of Motion Picture Films, Norwalk 1981.
FASB (2000) SFAS 139 Rescission of FASB Statement No. 53 and Amendments to FASB Statements No. 63, 89 and 121. Norwalk 2000.
Fey, G. (2000) Prüfung kapitalmarktorientierter Unternehmensberichte. Erweiterung der Abschlussprüfung nach nationalen und internationalen Grundsätzen, in: WPg 53 (2000), S. 1097–1108.
Fischer, T./Becker, S./Wenzel, J. (2002) Wertorientierte Berichterstattung. Ein empirischer Vergleich der Internetbasierten Geschäftsberichte von DAX 30- und Nemax 50-Unternehmen, in: Kapitalmarktorientierte Rechnungslegung (2/2002), S. 14–25.
Forster, K.H. (1988) Zu Ausweis, Ansatz und Bewertung des Programmvermögens von Rundfunkanstalten, in: WPg 41 (1988), S. 321–328.
Fülbier, R./Honold, D./Klar, A. (2000) Bilanzierung immaterieller Vermögenswerte – Möglichkeiten und Grenzen der Bilanzierung nach US-GAAP und IAS bei Biotechnologieunternehmen, in: RIW 46 (2000), S. 833–844.
Haller, A. (1998) Immaterielle Vermögenswerte. Wesentliche Herausforderungen für die Zukunft der Unternehmensrechnung, in: Möller, H.P./Schmidt, F. (Hrsg.) Rechnungswesen als Instrument für Führungsentscheidungen, Stuttgart 1998, S. 561–598.
Herbst, R. (1968) Die rechtliche Ausgestaltung der Lizenz und ihre Einordnung in das System des bürgerlichen Rechts, Dissertation Universität Göttingen, Göttingen 1968.
Hermann, M. (2002) Vom Broadcast zum Personalcast. Ökonomische Potenziale der Individualisierung audiovisueller Medienprodukte, Dissertation Universität München, Wiesbaden 2002.
Herzig, N./Söffing, A. (1994a) Bilanzierung und Abschreibung von Fernsehrechten Teil I, in: WPg 47 (1994), S. 601–608.
Herzig, N./Söffing, A. (1994b) Bilanzierung und Abschreibung von Fernsehrechten Teil II, in: WPg 47 (1994), S. 656–663.
Heßler, A./Mosebach, P. (2001) Besonderheiten und Probleme der Jahresabschlussprüfung in den Unternehmen der New Economy, in: Deutsches Steuerrecht 39 (2001), S. 1045–1052.

Hommel, M. (1997) Internationale Bilanzrechtskonzeption und immaterielle Vermögensgegenstände, in: Zeitung für betriebswirtschaftliche Forschung 49 (1997), S. 345–369.

Karrenbauer, M./Döring, U./Buchholz, R. (2003) Kommentierung des § 253 HGB, in: Küting, K./Weber, C.-P. (Hrsg.) Handbuch der Rechnungslegung. Einzelabschluss. Kommentar zur Bilanzierung und Prüfung, 5. Aufl., Stuttgart 2003.

Keitz, I. (1997) Immaterielle Güter in der internationalen Rechnungslegung. Grundsätze für den Ansatz von immateriellen Gütern in Deutschland im Vergleich zu den Grundsätzen in den USA und nach IASC, Düsseldorf 1997.

Knop, W./Küting, K. (2003) Kommentierung des § 255 HGB, in: Küting, K./Weber, C.-P. (Hrsg.) Handbuch der Rechnungslegung – Einzelabschluss. Kommentar zur Bilanzierung und Prüfung, 5. Aufl., Stuttgart 2003.

Küting, K. (2000) Möglichkeiten und Grenzen der Bilanzanalyse Teil II, in: FB 2 (2000), S. 674–683.

Küting, K. (2001) Bilanzierung und Bilanzanalyse am Neuen Markt, Stuttgart 2001.

Küting, K. (2002) Von der Bilanzanalyse zur Unternehmensanalyse – dargestellt am Beispiel der Beurteilung von Unternehmen der neuen Ökonomie, in: Deutsches Steuerrecht 40 (2002), Beihefter zu Heft 32/2002.

Küting, K./Dawo, S./Heiden, M. (2001) Rechnungslegung und Wirtschaftsprüfung im Internet-Zeitalter, in: BB 56 (2001), S. 615–620.

Küting, K./Weber, C. P./Pilhofer, J. (2002) Umsatzrealisation als modernes bilanzpolitisches Instrumentarium im Rahmen des Gewinnmanagements (Earningsmanagement), in: FB 4 (2002), S. 310-329.

Küting, K./Zwirner, C. (2001a) Bilanzierung und Bewertung bei Film- und Medienunternehmen des Neuen Marktes, in: FB 3 (2001), Beilage 3.

Küting, K./Zwirner, C. (2001b) Ausgewählte Bilanzierungs- und Bewertungsprobleme bei Film- und Medienunternehmen, in: BuW 55 (2001), S. 573–581.

Küting, K./Zwirner, C. (2001c) Besonderheiten der Bilanzierung bei Start-Up-Unternehmen. Bedeutung der immateriellen Vermögenswerte bei Unternehmen des Neuen Marktes, in: BC 25 (2001), S. 173–179.

Küting, K./Zwirner, C. (2003) Ergebnisse einer mehrjährigen empirischen Analyse der Informationsqualität deutscher Geschäftsberichte, in: Studien- und Berufswahl 5 (2003), S. 193–200.

Labhardt, P./Volkart, R. (2001) Reflektierung von immateriellen Aktiven in der Rechnungslegung, in: ST 75 (2001), S. 1155–1162.

Levine, M./Siegel, J. (2001) Accounting Changes for the Film Industry, in: CPA-Journal 10/2001, im Internet: http://www.nysscpa.org/cpajournal/2001/1000/soon.htm, 30.10.2003.

Meyer, H. (1973) Zur Bewertung von Spielfilmen in der Bilanz, Stellungnahme zum gleichnamigen Aufsatz von Dr. Hans-Joachim Priester, in: WPg 26 (1973), S. 88–91.

Moxter, A. (1978) Aktivierungsgrenzen bei immateriellen Anlagewerten, in: BB 33 (1978), S. 821–825.

Moxter, A. (1979) Immaterielle Anlagewerte im neuen Bilanzrecht, in: BB 34 (1979), S. 1102–1109.

Pellens, B./Fülbier, R. (2000a) Immaterielle Vermögensgegenstände in der internen und externen Unternehmensrechnung, in: Küting, K./Weber, C.-P. (Hrsg.) Wertorientierte Konzernführung, Stuttgart 2000, S. 119–155.

Pellens, B./Fülbier, R. (2000b) Ansätze zur Erfassung immaterieller Werte in der kapitalmarktorientierten Rechnungslegung, in: Baetge, J. (Hrsg.) Zur Rechnungslegung nach International Accounting Standards (IAS), Düsseldorf 2000, S. 35–77.

Postinett, A. (2003) Hollywood spielt auf dem Computer, in: Handelsblatt 22./23.08.2003, S. 14.

Priester, H.J. (1972) Zur Bewertung von Spielfilmen in der Bilanz, in: WPg 25 (1972), S. 581–587.

Ranker, D./Wohlgemuth, F./Zwirner, C. (2001) Die Bedeutung immaterieller Vermögenswerte bei Unternehmen des Neuen Marktes und daraus resultierende Implikationen für eine kapitalmarktorientierte Berichterstattung, in: Kapitalmarktorientierte Rechnungslegung (1/2001), S. 269–279.

Ruhnke, K./Nerlich, C. (2003) Abbildung von Filmrechten in einem IAS/IFRS-Jahresabschluss, in: WPg 56 (2003), S. 753–763.

Schildbach, T. (2000) Ansatz und Bewertung immaterieller Anlagewerte, in: Ballwieser, W. (Hrsg.) US-amerikanische Rechnungslegung. Grundlagen und Vergleiche mit deutschem Recht, 4. Aufl., Stuttgart 2000, S. 99–113.

Scholz, C./Stein, V./Eisenbeis, U. (2001) Die TIME-Branche: Konzepte – Entwicklungen – Standorte, München – Mehring 2001.

Schumann, M./Hess, T. (2002) Grundfragen der Medienwirtschaft: eine betriebswirtschaftliche Einführung, 2. Aufl., Berlin – Heidelberg 2002.

Weber, C.-P./Wirth, J. (2002) Immaterielle Vermögenswerte in der US-amerikanischen Konzernrechnungslegung nach SFAS 141/142, in: Küting, K./Weber, C.-P. (Hrsg.) Vom Financial Accounting zum Business Reporting, Stuttgart 2002, S. 43–71.

Wehrheim, M. (2000) Die Bilanzierung immaterieller Vermögensgegenstände („Intangible Assets") nach IAS 38, in: Deutsches Steuerrecht 38 (2000), S. 86–88.

Wriedt, P./Fischer, M. (1993) Zur Bilanzierung von Filmvermögen, in: DB 46 (1993), S. 1683–1687.

Wriedt, P./Witten, V. (1991) Zur bilanziellen Behandlung von Filmrechten, in: DB 44 (1991), S. 1292–1295.

Zerdick, A. et. al. (2001) Die Internet-Ökonomie. Strategien für die digitale Wirtschaft, 3. Aufl., Berlin – Heidelberg 2001.

Zwirner, C. (2002) Transparenz des Zelluloids? Branchenspezifische Ansätze einer rechnungslegungsbasierten Berichterstattung und Unternehmensanalyse bei Film- und Medienunternehmen, in: Kapitalmarktorientierte Rechnungslegung 2 (2002), S. 245–259.

Zwirner, C. (2003) Die bilanzielle Behandlung von Filmrechten und Lizenzen, in: Brösel, G./Keuper, F. (Hrsg.) Medienmanagement. Aufgaben und Lösungen, München 2003, S. 259–289.

Ausblick

Interview mit Fritz Pleitgen

Fritz Pleitgen, Intendant des Westdeutschen Rundfunks, Köln (Deutschland)

"Ticken" Medienunternehmen anders als Unternehmen anderer Branchen und müssen Medienunternehmen anders geführt werden als beispielsweise Energieunternehmen?

Wenn Sie sich auf die „klassischen", publizistisch arbeitenden Medien beziehen, so „ticken" diese meiner Einschätzung nach tatsächlich anders als andere Unternehmen. Das liegt unter anderem daran, dass sie eine besonders hohe Aufmerksamkeit genießen, alleine dadurch, dass sie beziehungsweise ihre Angebote ein fester Bestandteil im Alltag der Menschen sind. Für die öffentlich-rechtlichen Sender kommt hinzu, dass sie einen gesellschaftlichen Auftrag erfüllen. Wir sind somit keinen Aktionären oder Gesellschaftern verpflichtet, sondern den Bürgerinnen und Bürgern. Sie finanzieren uns mit ihren Gebühren. Inwieweit sich diese Unterschiede im Führungsstil niederschlagen, ist sicherlich individuell verschieden. Beim WDR pflegen wir einen kooperativen Arbeits- und Führungsstil, der maßgeblich auf Eigeninitiative und Selbstverantwortung der Mitarbeiterinnen und Mitarbeiter setzt. Aus meiner Erfahrung ist es wichtig, sich im Rahmen des Machbaren aktiv in die Entwicklung und Herstellung des Programms einzubringen. Das ist für mich als Journalist in einem Medienunternehmen sicherlich einfacher zu realisieren als es sich in einem Industrieunternehmen umsetzen lässt. Letztlich gilt dies aber für jede Form der Unternehmensführung.

Qualität gilt als Voraussetzung für Markterfolg. Was ist für Sie mediale Qualität? Was hat Qualität mit Pluralismus und Transparenz zu tun? Inwiefern ist auch die betriebsökonomische Qualitätsperspektive im öffentlich-rechtlichen Kontext angemessen?

Mediale Qualität hat zwei Facetten: zum einen die produktionstechnische, handwerkliche Seite. Zum anderen die publizistische. Diese beruht auf vielen Faktoren: gründliche Recherche, eine ausgewogene und seriöse Darstellung des Themas – die Liste ließe sich um einiges mehr fortführen. Pluralismus bedeutet letztlich die Berücksichtigung einer Vielzahl von Meinungen – das gilt für unsere Programme im Sinne einer ausgewogenen Darstellung ebenso wie für die senderinternen Prozesse bei der Planung und Umsetzung der Programme. Die Programmqualität, aber auch die programmliche Vielfalt trägt wesentlich zum Pluralismus in unserer Gesellschaft bei.

Der öffentlich-rechtliche Rundfunk muss qua seines Auftrages keine Rendite erwirtschaften. Diese relative Unabhängigkeit von Marktentwicklungen ermöglicht es uns erst, unseren Programmauftrag zu erfüllen. Aber natürlich sind wir den Gebührenzahlern verpflichtet. Sparsamkeit und Wirtschaftlichkeit sind bei uns keine Leerformeln, sondern werden in einem ständigen Prozess umgesetzt. Insofern ist eine betriebswirtschaftliche Perspektive im öffentlich-rechtlichen Kontext durchaus angemessen und sogar notwendig, wenn sie nicht auf Gewinnmaximierung, sondern auf eine ordnungsgemäße Verwendung der Mittel zielt.

Die ARD orientiert sich auf Grund ihres öffentlich-rechtlichen Charakters nur begrenzt am Markt. Durch welche Mechanismen wird hier also Qualität sichergestellt?

Zunächst möchte ich in Frage stellen, dass Qualitätssicherung alleine durch die Orientierung am Markt gewährleistet werden kann. Qualität ist erst einmal eine Frage des eigenen publizistischen Anspruchs. Darüber hinaus ist sie uns per Programmauftrag vorgeschrieben. Ein wesentliches Mittel der Qualitätssicherung ist eine solide und vielseitige journalistische Ausbildung. Die ist im öffentlich-rechtlichen Rundfunk sichergestellt. Wenn diese Qualität dann auch ihr Publikum findet – und dafür sind die öffentlich-rechtlichen Programme der beste Beweis – dann ist das natürlich optimal.

Die öffentlich-rechtlichen Rundfunkanstalten unterliegen einem umfangreichen und intensiven Kontrollsystem. Die Hauptaufgabe der gesellschaftlichen Kontrolle liegt bei den Gremien, den Rundfunk- und Verwaltungsräten. Intern unterziehen wir uns regelmäßig Prüfungen durch Revision und Wirtschaftsprüfungsgesellschaften. Auch die Landesrechnungshöfe überprüfen uns in regelmäßigen Abständen. Schließlich kommt die Prüfung unserer Kosten und Leistungen durch die Kommission zur Ermittlung des Finanzbedarfs (KEF) hinzu. Auch in Programmfragen begleiten die Gremien unsere Arbeit kritisch. Unsere strengsten Kritiker aber finden sich in unserem Publikum. Es entscheidet täglich über unsere „Performance" und ist dabei nicht gerade zimperlich.

Mit dem 7. Rundfunkänderungsstaatsvertrag wurden die öffentlich-rechtlichen Sender verpflichtet, ihren Auftrag in Form von so genannten Selbstverpflichtungserklärungen zu konkretisieren. Wir haben diese Selbstverpflichtungen Leitlinien genannt. In ihnen machen wir die Programmgestaltung der ARD für unsere Zuschauer und Hörer noch transparenter. Last but not least finden in allen Sendeanstalten der ARD regelmäßige interne Prozesse der Qualitätskontrolle statt. Für die Sicherstellung der Qualität des öffentlich-rechtlichen Rundfunks ist also mehr als ausreichend gesorgt.

Der Organisations- und Finanzierungsform der ARD wird seitens der privaten Anbieter häufig eine Übermacht zugesprochen, die den Wettbewerb verzerrt. Auf der anderen Seite sind die ARD-Anstalten jedoch durch Stakeholder-Repräsentanz im Rahmen der Rundfunkräte gezwungen, auch gegen breite Zielgruppeninteressen informationelle Grundversorgung und Qualität zu sichern. Wie werden hier die verschiedenen Ansprüche koordiniert? Sollte die ARD auf diese Vorwürfe reagieren?

Von Übermacht im Wettbewerb kann keine Rede sein. Fakt ist aber in der Tat, dass mit der Veranstaltung öffentlich-rechtlichen Rundfunks eine Beeinflussung der Medienmärkte einhergeht. Will man, dass der öffentlich-rechtliche Rundfunk seine gesellschaftliche Rolle erfüllt, muss man dies akzeptieren.

Sollte gemeint sein, dass der öffentlich-rechtlichen Rundfunk den kommerziellen Anbietern absichtlich auf der Grundlage seiner Gebührenfinanzierung das Leben schwer macht, muss ich widersprechen. Mit den kommerziellen Anbietern stehen wir zunächst und vor allem im publizistischen Wettbewerb. Hier geht es um das Produkt mit den besten Inhalten zum Wohl der Gesellschaft. Um unseren Auftrag zu erfüllen, müssen wir praktisch jedermann erreichen. Damit muss das öffentlich-rechtliche Programm massenattraktiv sein. Hinzu kommen zahllose Formate und Inhalte, die Einzelinteressen und unterschiedlichste Präferenzen ansprechen. Dieser Mix, der Mehrheiten adressiert und Minderheiten berücksichtigt, macht den Wert der öffentlich-rechtlichen Grundversorgung aus. All dies entspricht unserem Qualitätsanspruch.

Es ist nicht unsere Absicht, in fremden Gefilden zu wildern, weder programmlich noch mit Zusatzdiensten. Es ist richtig, dass es hier auch immer mal wieder Ausreißer gibt. Diese werden dann aber schnell korrigiert. Was man von uns nicht erwarten kann, ist, dass wir auf bestimmte Programmsparten grundsätzlich verzichten. Das wäre mit der Erfüllung unseres Auftrags unvereinbar. Nehmen Sie zum Beispiel den Sport. Die Tatsache, dass Sport auch gut von den kommerziellen Anbietern präsentiert wird, heißt nicht, dass er im öffentlich-rechtlichen Rundfunk nicht mehr stattfinden sollte. Im Gegenteil. Die Gebührenzahler haben Anspruch, auch beim Sport bei uns in der ersten Reihe zu sitzen. Sport ist ein wichtiger Faktor gesellschaftlicher Kommunikation. Sport ist aber auch erstklassiger Programminhalt, über den wir das Publikum auch an andere Inhalte heranführen können, etwa Information oder Kultur. Alles dies ist Teil unseres Programmauftrags.

Wie würden Sie den Professionalitätsgrad in der Medienbranche insgesamt definieren und wie würden Sie ihn in einem konkreten Unternehmen messen?

Printmedien, Radio, Fernsehen und Internetangebote werden in Deutschland durchweg auf hohem professionellen Niveau produziert – und zwar unabhängig davon, ob sie privat oder öffentlich-rechtlich organisiert sind. Kein Medienanbieter kann sich angesichts der Publikumserwartungen und des Wettbewerbsdrucks auf dem einmal erreichten Stand ausruhen.

In den elektronischen Medien ist Professionalität aufwendiger als im Print-Bereich, weil Radio und Fernsehen höchst arbeitsteilig entstehen. Journalistisches, technisches, handwerkliches, künstlerisches und organisatorisches Know-how müssen hier Hand in Hand gehen. Hinzu kommen viele programmunterstützende Funktionen. Die Medienproduktion ist von Teamarbeit geprägt.

Trotzdem werden natürlich auch in unserer Branche die professionellen Standards immer mal wieder unterschritten. Entsprechende Entwicklungen – gerade auch im Medienmanagement – zeigen, dass um Professionalität gerungen werden muss. Sie leidet jedenfalls, wenn sich Medien vor allem an Renditen orientieren müssen.

Um in hoher Professionalität Programme im Hörfunk, im Fernsehen und im Internet herstellen zu können, investiert der WDR in die Ausbildung von Fachkräften. 147 Auszubildende in 17 verschiedenen Berufen, 80 Volontariate, dazu über 950 Praktika und Hospitanzen sowie die Fort- und Weiterbildungseinrichtungen, die alle öffentlich-rechtlichen Rundfunkanstalten gemeinsam tragen, unterstreichen das Engagement.

Professionalität dokumentiert sich in ständiger Qualitätssicherung, insbesondere durch Aus- und Weiterbildung, ethische Fundierung und Orientierung an diesen Normen, durch ständige Reflexion der Berufspraxis, aber auch durch verbessertes redaktionelles Management. Zielvereinbarungen, Qualitätsmanagement und Programmcontrolling gehören seit einigen Jahren genauso zur redaktionellen Arbeit, wie das ständige Bemühen um effizienten Ressourceneinsatz.

Gerade das Fernsehen steht auf Grund des hohen Anteils am Medien-Mix der Konsumenten unter besonderer Beobachtung der Medienkritiker, die ihm immer wieder eine „Amerikanisierung" vorwerfen. Würden Sie dies auf die Art und Weise der Berichterstattung beziehen oder auf die Besitzstrukturen? Oder bestehen Wechselwirkungen?

Dass gerade das Fernsehen von den Medienkritikern besonders beobachtet wird, ist richtig. Das Fernsehen insgesamt hat einen hohen Aufmerksamkeitsgrad, allein weil es im Alltag der Menschen am stärksten präsent ist. Der Pauschalvorwurf der „Amerikanisierung" ist allerdings nicht zutreffend – aus meiner persönlichen Erfahrung als USA-Korrespondent kann ich sagen, dass sich das deutsche Rundfunksystem nach wie vor erheblich von dem amerikanischen unterscheidet. Dort ist ein öffentlich-rechtlicher Rundfunk, wie es ihn bei uns gibt, nicht existent – die wenigen öffentlichen Sender in den Vereinigten Staaten haben eine reine Nischenfunktion. Der amerikanische Rundfunk wird vom Markt regiert. Wenn Sie mit „Amerikanisierung" eine Kommerzialisierung meinen, so ist dies nur bedingt richtig. Die privaten Sender sind – das liegt in der Natur der Sache – kommerziell ausgerichtet. Natürlich ist es für sie legitim, Zuschauerinteressen gezielt zu bedienen. Allerdings ist in den vergangenen Jahren die Hemmschwelle deutlich gesunken. Da müssen sich die Programmverantwortlichen die Frage gefallen lassen, ob hier nicht die Grenzen des guten Geschmacks überschritten werden.

Was uns angeht, so kann ich den Vorwurf der Kommerzialisierung nur zurückweisen. Es ist schon lange belegt, dass wir nach wie vor durch und durch öffentlich-rechtlich sind. Unsere Informationsprogramme sind modern, umfangreich und seriös wie eh und je. In ihren Leitlinien hat sich die ARD auf einen Informationsanteil von mindestens 40 Prozent für das Erste verpflichtet. „Besitzen" tun uns die Gebührenzahler. Denen gegenüber sind wir verpflichtet. Und zwar mit dem ganzen Programm – neben der Information zählen dazu Kultur, Sport, Bildung, aber auch die Unterhaltung.

Inwiefern leidet die Qualität der Produktion von Information unter dem Aktualitätsdruck beziehungsweise der Möglichkeit, Nachrichten schnell und sogar bi- oder trimedial zu verbreiten?

Es ist richtig, dass aufgrund der modernen Kommunikations- und Verbreitungswege der Aktualitätsdruck stark zugenommen hat und weiter zunehmen wird. Aber: Die Qualität der Information muss immer im Vordergrund stehen. Natürlich ist es unser Anliegen, unsere Zuschauerinnen und Zuschauer möglichst schnell über aktuelle Ereignisse zu informieren, dabei bleiben Seriosität und Ausgewogenheit der Berichterstattung jedoch oberstes Gebot.

Zudem darf man nicht vergessen, dass durch die Bi- und Trimedialität auch Synergieeffekte entstehen.

Wie stehen die Redakteure dazu, wenn sie neben fundierten Recherche- und Darstellungs- auch noch die dazu notwendigen technischen Kenntnisse haben sollen?

Grundsätzlich gilt beim WDR die Trennung von Produktion und Redaktion. Richtig ist aber, dass durch die neuen digitalen Produktionssysteme die Arbeitsabläufe zum Teil verändert werden. In unseren Regionalstudios werden schon seit mehreren Jahren DV Camcorder von Reportern und Journalisten eingesetzt, um kurze Beiträge zu realisieren. In der Regel handelt es sich hier um Nachrichtenbeiträge oder einfache Magazinbeiträge. Der Schnitt erfolgt zur Zeit ausnahmslos durch professionelle Cutter an den entsprechenden Schnittgeräten.

Als erste Sendeanstalt in der ARD hat der WDR die so genannte Professional Disc eingeführt, ein digitales Speichermedium, das den Weg hin zu einer IT-basierten, komplett vernetzten Produktionsumgebung bereitet. Mit diesem Medium haben die Autoren und Redakteure grundsätzlich die Möglichkeit, ihre Beiträge direkt vor Ort zu bearbeiten oder das Material im Vorfeld zu sichten. Für die Kolleginnen und Kollegen bedeutet dies zunächst einmal eine massive Zeitersparnis. Dementsprechend positiv gehen sie mit den neuen Techniken um. Für eine sichere Handhabung des Professional Disc-Systems haben wir ein umfangreiches Weiterbildungskonzept erarbeitet, das ebenfalls sehr positiv aufgenommen wurde.

Empirische Untersuchungen kommen zu dem Ergebnis, dass Medienunternehmen kaum qualifizierte Personalentwicklungsmaßnahmen durchführen, beispielsweise im technischen Bereich oder in der Qualifizierung von Redakteuren zu Führungskräften. Wird sich dies in Zukunft ändern müssen?

Diese Untersuchungsergebnisse kann ich für den öffentlich-rechtlichen Rundfunk und insbesondere für den WDR nicht bestätigen. Im technischen Bereich finden regelmäßig Trainings, zum Teil in Kooperation mit ARD/ZDF Gemeinschaftseinrichtungen statt. Themen wie digitale Bildmischung oder Satellitentechnik wie auch andere zukunftsweisende Technologien finden Eingang in einer Vielzahl von Fortbildungsaktivitäten. Auch in der Führungskräfteentwicklung ist der WDR seit vielen Jahren sehr engagiert. Zahlreiche Redakteurinnen und Redakteure haben inzwischen die Möglichkeit genutzt, Kompetenzen auf diesem Gebiet zu erwerben beziehungsweise zu erweitern.

Versuch einer Prognose: Welche Möglichkeiten und Schwierigkeiten sehen Sie hinsichtlich der Programmgestaltung beziehungsweise -planung durch die flächendeckende Einführung des digitalen Fernsehens?

Die Einführung des digitalen Fernsehens ist zunächst einmal ein großer Gewinn für die Zuschauerinnen und Zuschauer. Nehmen Sie ARD Digital, das digitale Programmbouquet der ARD. Unverschlüsselt und ohne Extrakosten bietet es die gesamte Programmvielfalt der ARD – zur Zeit sind dies 17 Fernseh- und 22 Hörfunkprogramme sowie multimediale Zusatzangebote unter einem Dach. Die digitalen Programme der ARD werden über alle Verbreitungswege kostenlos und unverschlüsselt ausgestrahlt. Übertragen werden die digitalen Programme über Kabel und Satellit sowie in Norddeutschland, Nordrhein-Westfalen und dem Rhein-Main-Gebiet auch über Antenne (DVB-T). Die ARD hat bei der Durchsetzung des digitalen Antennenfernsehens entscheidend mitgewirkt – mit nachhaltigem Erfolg, denn DVB-T hat sich als ein Motor der neuen Technik erwiesen.

Für unsere Programmgestaltung bedeutet das digitale Fernsehen, dass wir unserem Publikum attraktive Zusatzangebote liefern können. So können wir etwa bei herausragenden Sportereignissen wie den Olympischen Spielen Sportarten mit ins Programm nehmen, die in unseren Hauptprogrammen keinen Platz finden, die für viele Menschen aber von großem Interesse sind. Möglich ist so eine noch größere Programmvielfalt. Auf der anderen Seite ist diese Vielfalt nicht unproblematisch. Die großen Kapazitäten des digitalen Fernsehens werden über kurz oder lang zu einer weiteren Ausdifferenzierung des Programms führen, zu noch mehr Spartenkanälen und – verstärkt durch Angebote wie Video on Demand – zu einer Individualisierung des Fernsehverhaltens. Das „kollektive" Erleben bestimmter Sendungen wird seltener. Das wiederum schafft ein Bedürfnis der Zuschauerinnen und Zuschauer nach Orientierung. Hier leisten die öffentlich-rechtlichen Sender einen unverzichtbaren Beitrag.

Wichtig wird es auch in Zukunft sein, die Zugänge zu den medialen Inhalten offen zu halten. Die Rolle der Medien als Faktor der individuellen und gesellschaftlichen Meinungsbildung verträgt sich nicht mit Zugangshindernissen. Für den öffentlich-rechtlichen Rundfunk gilt, frei empfangbar zu bleiben, als solches auf allen relevanten Übertragungsplattformen präsent zu sein und seine Unabhängigkeit von marktbeherrschenden Medienunternehmen zu sichern.

Autorenverzeichnis

Altmeppen, Klaus-Dieter, Priv.-Doz. Dr. (klaus-dieter.altmeppen@tu-ilmenau.de), Oberassistent am Institut für Medien- und Kommunikationswissenschaft der TU Ilmenau. Forschungsschwerpunkte: Kommunikationsforschung (Journalismus und Öffentlichkeitsarbeit); Medienökonomie und -management; Organisationskommunikation und Organisationsforschung.

Anding, Markus, Dipl.-Wirtsch.-Inf. (anding@bwl.uni-muenchen.de), wissenschaftlicher Mitarbeiter am Lehrstuhl für Betriebswirtschaftslehre, insb. Wirtschaftsinformatik und Neue Medien an der Ludwig-Maximilians-Universität München. Forschungsschwerpunkte: Online Content Syndication, Peer-to-Peer-Systeme.

Beck, Hanno, Dr. (hbe@faz.de), Frankfurter Allgemeine Zeitung. Forschungsschwerpunkte: Medienökonomie, Ökonomie des Internet, Sozialpolitik, Ökonomie des Alltags. Zentrale Publikation: „Medienökonomie" (2. Aufl., Heidelberg 2005).

Becker, Wolfgang, Univ.-Prof. Dr. (ufc@sowi.uni-bamberg.de), Lehrstuhl für Betriebswirtschaftslehre, insb. Unternehmensführung & Controlling an der Otto-Friedrich-Universität Bamberg. Forschungsschwerpunkte: Wertschöpfungsorientiertes Controlling, Projektcontrolling, Performance-Measurement und -Management, Kostenmanagement. Zentrale Publikationen: „Stabilitätspolitik für Unternehmen" (Wiesbaden 1996); „Kompakt-Lexikon Modernes Rechnungswesen" (zusammen mit Lutz, S., Wiesbaden 2002); „Strategische Kontrolle in der Unternehmenspraxis" (zusammen mit Piser, M., in: Controlling 2004, S. 445–450).

Benlian, Alexander, Dipl.-Kfm. M.A. (benlian@bwl.uni-muenchen.de), wissenschaftlicher Mitarbeiter am Lehrstuhl für Betriebswirtschaftslehre, insb. Wirtschaftsinformatik und Neue Medien an der Ludwig-Maximilians-Universität München. Forschungsschwerpunkte: Integrationsaspekte in der Medienindustrie.

Brösel, Gerrit, Dr. (gerrit.broesel@tu-ilmenau.de), Wissenschaftlicher Assistent und Habilitand am Fachgebiet Rechnungswesen/Controlling an der Technischen Universität Ilmenau. Forschungsschwerpunkte: Medienmanagement und -controlling, Unternehmensbewertung, Rechnungslegung, Wirtschaftsprüfung sowie betriebliche und öffentliche Finanzwirtschaft. Zentrale Publikation: „Medienrechtsbewertung" (Wiesbaden 2002); „Unternehmensbewertung" (zusammen mit Manfred Jürgen Matschke, Wiesbaden 2005).

Dal Zotto, Cinzia, Dr. (cinzia.dalzotto@ihh.hj.se), Jönköping International Business School, Media Management and Transformation Centre Research Director. Forschungsschwerpunkte: Human Resource Management, Organisationsmanagement, Entrepreneurship, Medienmanagement. Zentrale Publikation: „Die Simultaneität und Permanenz von Personal- und Organisationsentwicklung" (Frankfurt/Main 2001).

Döbler, Thomas, Dr. (doebler@mfg.de), Leiter der IT- und Medienforschung bei der Medien- und Filmgesellschaft Baden-Württemberg. Arbeitsschwerpunkte: Medienwirtschaft und Medienmanagement, Markt- und Sozialforschung, Nutzung und Akzeptanz von IKT, Technikfolgen.

Eigler, Joachim, Univ.-Prof. Dr. (eigler@bwl.wiwi.uni-siegen.de), Lehrstuhl für Betriebswirtschaftslehre, insbes. Medienwirtschaft an der Universität Siegen, Mitglied des Vorstandes des Siegener Mittelstandsinstituts (SMI). Forschungsschwerpunkte: Medienmanagement, Personalmanagement und Organisation von Medienunternehmungen, Internetökonomie und eBusiness, Gründungsmanagement. Zentrale Publikationen: „Transaktionskosten als Steuerungsinstrument für die Personalwirtschaft" (Frankfurt/Main 1996); „Dezentrale Organisation und interne Unternehmungsrechnung" (Wiesbaden 2002).

Fechner, Frank, Univ.-Prof. Dr. (frank.fechner@tu-ilmenau.de), Professor für Öffentliches Recht, insb. öffentlich-rechtliches Wirtschaftsrecht und Medienrecht, Leiter des Fachgebiets Öffentliches Recht an der Technischen Universität Ilmenau. Forschungsschwerpunkte: Öffentliches Recht, Staatsrecht, Europarecht, Medienrecht, Kulturverwaltungsrecht, Recht des geistigen Eigentums. Zentrale Publikation: Medienrecht. Lehrbuch des gesamten Medienrechts unter besonderer Berücksichtigung von Presse, Rundfunk und Multimedia (6. Aufl., Tübingen 2005).

Foscht, Thomas, Univ.-Prof. Dr. (thomas.foscht@uni-graz.at), Institut für Handel, Absatz und Marketing an der Universität Graz, Forschungsschwerpunkte: Kundenbeziehungsmanagement, Handelsmanagement, Käuferverhalten. Zentrale Publikation: „Käuferverhalten" (zusammen mit Swoboda, B., 2. Aufl., Wiesbaden 2005).

Friedrichsen, Mike, Univ.-Prof. Dr. (friedrichsen@uni-flensburg.de), Lehrstuhl für allgemeine Betriebswirtschaftslehre, insb. Medienmanagement am internationalen Institut für Management der Universität Flensburg. Forschungsschwerpunkte: Medienökonomie, Medienmanagement, Unternehmensanalysen, Marktforschung, Medien- und Werbewirkungsforschung, Unternehmenskommunikation. Zentrale Publikation: „Medienmanagement" (zusammen mit Gläser, M., München 2005).

Geisler, Rainer, Dr. (rainer.geisler@gmx.net), Unternehmensberater, insbesondere für Projektmanagement, Bereichscontrolling und Businessplanung. Forschungsschwerpunkte: Medienökonomie, Mediencontrolling, bereichsbezogenes beziehungsweise spezielles Controlling, Controlling von Geschäftssystemen. Zentrale Publikation: „Controlling deutscher TV-Sender" (Wiesbaden 2001).

Gerpott, Torsten J., Univ.-Prof. Dr. (gerpott@uni-duisburg.de), Lehrstuhl Planung & Organisation, Schwerpunkt Telekommunikationswirtschaft, Standort Duisburg an der Universität Duisburg-Essen, Gründungsgesellschafter der Dialog Consult GmbH. Forschungsschwerpunkte: Wettbewerbs- und Marketingstrategien in der Telekommunikations- und Medienwirtschaft. Zentrale Publikationen: „Wettbewerbsstrategien im Telekommunikationsmarkt" (3. Aufl., Stuttgart 1998); „Strategisches Technologie- und Innovationsmanagement" (2. Aufl., Stuttgart 2005).

Giersch, Judith, Dipl. Kff. (j.giersch@uni-trier.de), Wissenschaftliche Mitarbeiterin an der Professur für Marketing und Handel der Universität Trier. Forschungsschwerpunkte: Internationales Marketing/Management, Corporate Brand Management. Zentrale Publikation: „Markenführung und Vertriebspolitik" (zusammen mit Swoboda, B., in: Bruhn, M., „Handbuch Markenführung", 2. Aufl., Wiesbaden 2004).

Gläser, Martin, Prof. Dr. (glaeser@hdm-stuttgart.de), Hochschule der Medien Stuttgart. Forschungsschwerpunkte: Medienmanagement, Controlling, Projektmanagement, Kalkulation, Wertemanagement. Zentrale Publikation: „Medienmanagement" (zusammen mit Friedrichsen, M., München 2005).

Hans, René, Dipl.-Kfm. (renehans@aol.com), IBM Business Consulting Services. Forschungsschwerpunkte: Medien-, Telekommunikations- und Automobilbranche, Systemtheorie und Kybernetik.

Hass, Berthold H., Jun.-Prof. Dr. (hass@uni-koblenz.de), Institut für Management an der Universität Koblenz-Landau in Koblenz, Leiter der Arbeitsgruppe Neue Medien. Forschungsschwerpunkte: Geschäftsmodelle, Medienmanagement, Organisation, Telekommunikation. Zentrale Publikation: „Geschäftsmodelle von Medienunternehmen: Ökonomische Grundlagen und Veränderungen durch neue Informations- und Kommunikationstechnik" (Wiesbaden 2002).

Heinrich, Jürgen, Univ.-Prof. Dr. (juergen.heinrich@udo.edu), Professur der Journalistik am Institut für Journalistik an der Universität Dortmund. Forschungsschwerpunkte: Allgemeine Volkswirtschaft, Wirtschaftsjournalismus, Medienökonomie. Zentrale Publikationen: „Medienökonomie: Mediensystem, Zeitung, Zeitschrift, Anzeigenblatt" (2. Aufl., Opladen 2001); „Medienökonomie: Hörfunk und Fernsehen" (Opladen 2002).

Hess, Thomas, Univ.-Prof. Dr. (thess@bwl.uni-muenchen.de), Lehrstuhl für Betriebswirtschaftslehre, insb. Wirtschaftsinformatik und Neue Medien an der Ludwig-Maximilians-Universität München, Direktor des dortigen Instituts für Wirtschaftsinformatik und Neue Medien. Forschungsschwerpunkte: Neue Medien, Controlling von IT-Systemen. Zentrale Publikation: „Grundfragen der Medienwirtschaft" (zusammen mit Schumann, M., 2. Aufl., Berlin – Heidelberg 2002); „Grundzüge der Wirtschaftsinformatik" (zusammen mit Mertens, P./Bodendorf, F./ König, W./Picot, A./Schumann, M., 9. Aufl., Berlin – Heidelberg 2005).

Hungenberg, Harald, Prof. Dr. (harald.hungenberg@wiso.uni-erlangen.de), Lehrstuhl für Unternehmensführung, Wirtschafts- und Sozialwissenschaftliche Fakultät an der Universität Erlangen-Nürnberg. Forschungsschwerpunkte: Unternehmens- und Wettbewerbsstrategie, Innovation. Zentrale Publikationen: „Strategisches Management in Unternehmen" (3. Aufl., Wiesbaden 2004); „Handbuch Strategisches Management" (2. Aufl., Wiesbaden 2005).

Karmasin, Matthias, Univ.-Prof. Dr. (Matthias.Karmasin@uni-klu.ac.at), Ordinarius für Kommunikationswissenschaft an der Universität Klagenfurt. Forschungsschwerpunkte: Kommunikationstheorie, Organisationskommunikation, Kulturtheorie und Kulturwissenschaft, Medienethik, Wirtschaftsethik, Medienökonomie, Medienmanagement. Zentrale Publikation: „Medien und Ethik" (Stuttgart 2002).

Keuper, Frank, Prof. Dr. (dr.keuper@t-online.de), Lehrstuhl für Betriebswirtschaftslehre, insbesondere Konvergenz- und Medienmanagement, Steinbeis-Hochschule Berlin – Wissenschaftliche Hochschule für Unternehmensführung und Innovation, Gastprofessur an der Universität Tai´an/China, Dozent für strategische Unternehmensführung und Finanzmanagement an der Akademie Detscher Genossenschaftsbanken (ADG), Dozent für Investition und Finanzierung an der Hamburg Media School (HMS), Dozent für startegisches Management und Medienmanagement an der Wirtschaftsakademie Hamburg (WAH). Forschungsschwerpunkte: Investitions- und Finanzierungstheorie, Konvergenzmanagement, Kostenmanagement, strategisches Management, Unternehmensplanung und -steuerung, Produktion, Systemtheorie und Kybernetik, Neue Medien, eBusiness, M-Business und T-Business. Zentrale Publikationen: „Fuzzy-PPS-Systeme" (Wiesbaden 1999); „Kybernetische Simultanitätsstrategie" (Berlin 2004).

Klimsa, Paul, Univ.-Prof. Dr. (paul.klimsa@tu-ilmenau.de), Lehrstuhl für Kommunikationswissenschaft, Leiter des Fachgebietes Kommunikationswissenschaft am Institut für Medien- und Kommunikationswissenschaft der Technischen Universität Ilmenau. Forschungsschwerpunkte: Multimediale Informations- und Kommunikationssysteme, Kommunikationsprozesse mit digitalen Medien, Medienproduktion, multimediale Lernsysteme. Zentrale Publikation: „Handbuch Medienproduktion. Produktion von Film, TV, Hörfunk, Print, Web, Musik" (zusammen mit Krömker, H. (Hrsg.) Wiesbaden 2005).

Küting, Karlheinz, Univ.-Prof. Dr. (k.kueting@iwp.uni-sb.de), Professur für Betriebswirtschaftslehre, insb. Wirtschaftsprüfung an der Universität des Saarlandes, Direktor des Instituts für Wirtschaftsprüfung an der Universität des Saarlandes. Forschungsschwerpunkte: Externe Rechnungslegung, insbes. Konzernrechnungslegung, Internationale Rechnungslegung, Wirtschaftsprüfung, Bilanzanalyse, Unternehmenszusammenschlüsse & Unternehmensbewertung. Zentrale Publikationen: „Die Bilanzanalyse" (zusammen mit Weber, C.-P., 7. Aufl., Stuttgart 2004); „Saarbrücker Handbuch der betriebswirtschaftlichen Beratung" (3. Aufl., Herne – Berlin 2004); „Der Konzernabschluss" (zusammen mit Weber, C.-P., 9. Auflage, Stuttgart 2005).

Leidig, Guido, Dr. (gl@bvdm-online.de), Leiter Abteilung Betriebswirtschaft Bundesverband Druck und Medien e.V., Wiesbaden, Mitglied des Verwaltungsrates der Faculté Européenne des Sciences du Foncier, Strasbourg. Forschungsschwerpunkte: Personal-Management, Unternehmensführung, Finanzierung im Mittelstand, Neue Medien/Multimedia, Umweltökonomie/-recht, Wissenschaftstheorie, Interdisziplinforschung. Zentrale Publikationen: „Multimedia-Kalkulations-Systematik" (2. Aufl., Wiesbaden 1999); „Handbuch Prozesskostenrechnung Druckindustrie" (Wiesbaden 1998); „Balanced-Scorecard-Handbuch" (Wuppertal 2003).

Loebbecke, Claudia, Prof. Dr. (claudia.loebbecke@uni-koeln.de), Seminar für Allg. Betriebswirtschaftslehre und Medienmanagement an der Universität zu Köln, Direktorin des Seminars für Allg. Betriebswirtschaftslehre und Medienmanagement. Forschungsschwerpunkte: Medienmanagement, Neue Medien, Informationssysteme, Unternehmensstrategie, Knowledge Management. Zentrale Publikationen: „Global Media Management Research" – IDoCoM 2003 – Department of Media Management, (zusammen mit Kaplan, A. (Hrsg.), Köln 2003); „Interdisziplinäre Managementforschung und -lehre – Chancen und Herausforderungen" (zusammen mit Klein, S. (Hrsg.) Wiesbaden 2001); „Evolution innovativer IT-Infrastrukturen: Dynamische Simulation des deutschen Mobilfunkmarktes" (Stuttgart 1996).

Neuburger, Rahild, Dr. (neuburger@bwl.uni-muenchen.de), Institut für Information, Organisation und Management, Department für Betriebswirtschaft, Ludwig-Maximilians-Universität München. Forschungsschwerpunkte: Informations- und Kommunikationstechniken und Organisationsstrukturen; Electronic Business. Zentrale Publikation: „E-Business Entwicklung für kleine und mittelständische Unternehmen" (Berlin 2003).

Pelz, Richard, Dipl.-Kfm. (richard.pelz@uni-wh.de), Forschungsinstitut für Strategisches Management an der Universität Witten/Herdecke. Forschungsschwerpunkte: Marketing, Medienmanagement, Unternehmensführung, Digitale Ökonomie.

Pelzel, Robert F., Prof. Dr. (robert@rpelzel.de), Lehrtätigkeit an der FH Ingolstadt für die Fächer Produktmanagement, Projektierung und Qualitätsmanagement, ebenso an der Universität Augsburg im Bereich Telekommunikation und Automobilentwicklung, Leiter des Instituts für strategisches Management (ISM) in Ingolstadt. Forschungsschwerpunkte: Projektierungsmethoden und Vertriebstechniken im Mittelstand sowie die Stage/Gate Prozesse im Produktmanagement. Zentrale Publikationen: „Innovationen im Vertriebsmanagement im Mittelstand", (Nürnberg, Juni 2004), „Mythos Unternehmensberatung – Theorie und Realität" (Augsburg, Januar 2005), „Konzept Mobile Virtual Network Operatur (MVNO)" (Ingolstadt, Juni 2005).

Picot, Arnold, Univ.-Prof. Dr. (picot@bwl.uni-muenchen.de), Institut für Information, Organisation und Management, Department für Betriebswirtschaft, Ludwig-Maximilians-Universität München. Forschungsschwerpunkte: Telekommunikation, Informations- und Kommunikationstechniken und Unternehmens- und Marktstrukturen. Zentrale Publikationen: „Die grenzenlose Unternehmung – Information, Organisation und Management"

(5. Aufl., Wiesbaden 2003); „Die Internet-Ökonomie – Strategien für die digitale Wirtschaft" (3. Aufl., Berlin 2001); „E-Merging Media – Kommunikation und Medienwirtschaft der Zukunft" (Berlin, 2005).

Rager, Günther, Prof. Dr. (guenther.rager@udo.edu), Professor für Journalistik und Prorektor an der Universität Dortmund, Gesellschafter des mct media consulting teams Dortmund. Forschungsprojekte und Veröffentlichungen zur Medienstruktur, zur journalistischen Qualität, zu Leserschaftsforschung, zu Jugend und Medien.

Sarcinelli, Ulrich, Univ.-Prof. Dr. (sarcinelli@t-online.de), Lehrstuhl für Politikwissenschaft am Institut für Sozialwissenschaften, Abt. Politikwissenschaft der Universität Koblenz-Landau am Campus Landau, Leiter des Frank-Loeb-Instituts an der Universität Landau. Forschungsschwerpunkte: Politikvermittlung und politische Kommunikationsforschung, politisches System Deutschland, politische Soziologie und Demokratietheorie. Zentrale Publikation: „Politische Kommunikation in Deutschland" (Wiesbaden 2005).

Schenk, Michael, Univ.-Prof. Dr. (schenk@uni-hohenheim.de), Geschäftsführender Leiter der Forschungsstelle für Medienwirtschaft und Kommunikationsforschung an der Universität Hohenheim (Stuttgart). Forschungsschwerpunkte: Medienforschung, Medienwirtschaft und neue Informations- und Kommunikationstechnologien.

Scherer, Helmut, Univ.-Prof. Dr. (helmut.scherer@hmt-hannover.de), Professur für Kommunikationswissenschaft-Medienwissenschaft an der Hochschule für Musik und Theater Hannover, Direktor des dortigen Instituts für Journalistik & Kommunikationsforschung. Forschungsschwerpunkte: Mediennutzungsforschung, Medienwirkungsforschung, Öffentliche Meinung, Politische Kommunikation. Zentrale Publikation: „Das inszenierte Medienereignis. Die verschiedenen Wirklichkeiten der Vorausscheidung zum Eurovision Song Contest in Hannover 2001" (zusammen mit Schlütz, D., Köln 2003).

Scholz, Christian, Univ.-Prof. Dr. (scholz@orga.uni-sb.de), Lehrstuhl für Betriebswirtschaftslehre, insb. Organisation, Personal- und Informationsmanagement an der Universität des Saarlandes in Saarbrücken, iniziierte dort 1998 das betriebswirtschaftliche Vertiefungsfach „Medien- und Kommunikationsmanagement". Gründungsdirektor des MBA-Programms sowie des Instituts für Managementkompetenz (*imk*), Mitglied des Vorstands der Deutschen Gesellschaft für Personalführung (DGFP e.V.), Autor diverser Bücher: „Die TIME-Branche: Konzepte – Entwicklungen – Standorte" (zusammen mit: Stein, V./Eisenbeis, U., München – Mering 2001), „Spieler ohne Stammplatzgarantie" (Weinheim 2003), „Human Capital Management" (zusammen mit: Stein, V./Bechtel, R., München, 2004).

Schwab, Frank, Dr. (schwab@mx.uni-saarland.de), Fachrichtung Psychologie, Arbeitseinheit Medien- und Organisationspsychologie an der Universität des Saarlandes. Forschungsschwerpunkte: Evolutionspsychologische Aspekte der Medien (emotionale Medienwirkungen) und Organisationen, Entertainment, Kino. Zentrale Publikationen: „Evolution und Emotion" (Stuttgart 2004), „Telemetrische Verfahren" (zusammen mit: Unz, D.C., in: Mangold, R./Vorderer, P./Bente, G. (Hrsg.) „Lehrbuch der Medienpsychologie"), „Unterhaltung. Eine evolutionspsychologische Perspektive" (in: Früh, W./Stiehler, H.-J. (Hrsg.) „Theorie der Unterhaltung. Ein interdisziplinärer Diskurs", Köln 2003, S. 258–324).

Schwertzel, Uwe, Dr. (Uwe.Schwertzel@wdr.de), Leiter Beteiligungscontrolling, Interne Leistungsverrechnung, Kostenverrechnungen, Westdeutscher Rundfunk, Köln. Zentrale Publikation: „Benchmarking für Rundfunkveranstalter" (Berlin 1997).

Seidel, Norbert, Prof. Dr. (Norbert.Seidel@wdr.de), Honorarprofessor an der wirtschafts- und sozialwissenschaftlichen Fakultät der Universität zu Köln, Verwaltungsdirektor und stellvertretender Intendant des Westdeutschen Rundfunks, Köln. Zentrale Publikation: „Rundfunkökonomie" (zusammen mit Libertus, M., Wiesbaden 1993).

Siegert, Gabriele, Univ.-Prof. Dr. (g.siegert@ipmz.unizh.ch), Institut für Publizistikwissenschaft und Medienforschung, Universität Zürich, Forschungsschwerpunkte: Medienökonomie, Medienmanagement, Werbung. Zentrale Publikationen: „Medienmarken Management. Relevanz, Spezifika und Implikationen einer medienökonomischen Profilierungsstrategie" (2. Aufl., München 2003); „Werbung in der Medien- und Informationsgesellschaft. Eine kommunikationswissenschaftliche Einführung" (zusammen mit Brecheis, D., Wiesbaden 2005).

Spree, Ulrike, Prof. Dr. (ulrike.spree@bui.haw-hamburg.de), Hochschule für Angewandte Wissenschaften in Hamburg, Fachbereich Bibliothek und Information. Forschungsschwerpunkte: Wissensorganisation und Informationsdienstleistungen.

Stein, Friedrich A., Priv.-Doz. Dr. (stein.f.a@freenet.de), Fachbereich Rechts- und Wirtschaftswissenschaften der Johannes Gutenberg-Universität Mainz, Lehrstuhl für Betriebswirtschaftslehre, insb. Organisation und Führung, Medienmanagement, öffentliche Wirtschaft, empirische Forschung. Zentrale Publikationen: „Realtypologie der Management-Leistung öffentlicher Unternehmen" (Baden-Baden 1998); „Bewertung der Management-Leistung von Rundfunkanstalten" in: Matiaske, W./Mellewigt, T./ Stein, F. A. (Hrsg.) „Empirische Organisations- und Entscheidungsforschung", S. 136-160 (Heidelberg 2000).

Swoboda, Bernhard, Univ.-Prof. Dr. (b.swoboda@uni-trier.de), Professur für Marketing und Handel der Universität Trier. Forschungsschwerpunkte: Konsumgütermarketing, insbesondere Handelsmanagement und Internationales Marketing/Management. Zentrale Publikationen: „Internationales Wertschöpfungsmanagement" (zusammen mit Zentes, J./Morschett, D., München 2004), „Internationales Marketing" (zusammen mit Zentes, J./ Schramm-Klein, H., München 2006), „Kooperationen, Allianzen und Netzwerke" (hrsg. mit Zentes, J./Morschett, D., Wiesbaden 2005), „Arbeitsbuch Marketing-Management" (Stuttgart 2002).

Unger, Fritz, Prof. Dr. (unger@fh-lu.de), Lehrstuhl für Betriebswirtschaftslehre, insbes. Marketing und Organisation an der Fachhochschule Ludwigshafen, Leiter des berufsintegrierenden Studiengangs (BIS) Betriebswirtschaft. Forschungsschwerpunkte: Organisationen als soziale Systeme, Macht und Entscheidung, Social Marketing. Zentrale Publikationen: „Integriertes Marketing" (zusammen mit Busch, R./Dögl, R., 3. Aufl., Wiesbaden 2001); „Marktpsychologie" (zusammen mit Raab, G., 2. Aufl., Wiesbaden 2005); „Mediaplanung" (zusammen mit Durante et al., 4. Aufl., Berlin – Heidelberg 2004).

Unz, Dagmar C., Dr. (d.unz@mx.uni-saarland.de), Fachrichtung Psychologie, Arbeitseinheit Medien- und Organisationspsychologie an der Universität des Saarlandes. Forschungsschwerpunkte: Emotionale Medienwirkungen, Selektion und Informationssuche in Hypertexten (WWW). Zentrale Publikationen: „Nachrichten" (zusammen mit Schwab/F., in: Mangold, R./Vorderer, P./Bente, G. (Hrsg.) „Lehrbuch der Medienpsychologie", Göttingen 2004, S. 493–525), „Lernen mit Hypertext: Informationssuche und Navigation" (Münster 1998), „Didaktisches Design computergestützter, multimedialer Lernumgebungen" (in: Scheuermann, F./Schwab, F./Augenstein, H. (Hrsg.), „Studieren und weiterbilden mit Multimedia – Perspektiven der Fernlehre in der wissenschaftlichen Aus- und Weiterbildung", Nürnberg 1998).

Weber, Bernd, Diplom-Journalist (weber@mediaconsultingteam.de), Vorstand der Janosch film & medien AG, Gesellschafter des mct media consulting teams Dortmund. Forschungsschwerpunkte: Management und Marketing in Medienunternehmen sowie Public Relations. Zentrale Publikationen: „Fit für die Jugend. Tipps für Zeitungsmacher" (zusammen mit Rager, G.; Berlin 2001); „Chancen und Risiken von Dialogkommunikation" in: Röttger, U. (Hrsg.), „PR-Kampagnen" S. 319–326 (2. Aufl., Opladen 2002); „Forschung unterstützt den Riecher der Redaktion" in: Rinsdorf, L. (Hrsg.) „Journalismus mit Bodenhaftung. Annäherungen an das Publikum" S. 115–132 (Münster – Hamburg 2003).

Weischenberg, Siegfried, Univ.-Prof. Dr. (siegfried.weischenberg@uni-hamburg.de), Lehrstuhl für Journalistik und Kommunikationswissenschaft an der Universität Hamburg, Direktor des Instituts für Journalistik und des Zentrums für Medienkommunikation. Forschungsschwerpunkte: Journalismus (im internationalen Vergleich), Politische Kommunikation, Medienethik/Medienqualität, Kommunikationstechnologien, Nachrichtenproduktion. Zentrale Publikationen: „Journalistik: Bd. 1: Mediensysteme, Medienethik, Medieninstutionen" (3. Aufl. Wiesbaden 2004); „Journalistik:

Bd. 2: Medientechnik, Medienfunktionen, Medienakteure" (Wiesbaden 2002); „Journalistik: Bd. 3: Medienkommunikation: Quiz und Forum" (Wiesbaden 1998); „Handbuch Journalismus und Medien" (zusammen mit Kleinsteuber, H.J., Pörksen, B., Konstanz 2005).

Wilms, Stefan A., Prof. Dr. (wilms@arcor.de), Studiengang Verkehrsbetriebswirtschaft und Logistik an der Hochschule für Technik und Wirtschaft Heilbronn, Bereich betriebliches Rechnungswesen. Forschungsschwerpunkte: Supply Chain Controlling multinationaler Unternehmensverbunde, Logistikcontrolling, Internationale Rechnungslegung von Medienunternehmen.

Wirtz, Bernd W., Univ.-Prof. Dr. (bernd.wirtz@uni-wh.de), Lehrstuhl für Informations- und Kommunikationsmanagement an der DHV Speyer. Forschungsschwerpunkte: Marketing, Medien- und Informations-/Kommunikationsmanagement. Zentrale Publikation: „Medien- und Internetmanagement" (4. Aufl., Wiesbaden 2004).

Ziemann, Andreas, Jun.-Prof. Dr. (andreas.ziemann@medien.uni-weimar.de), Lehrstuhl für Mediensoziologie an der Bauhaus-Universität Weimar. Forschungsschwerpunkte: Theorie moderner Gesellschaft, Kommunikation und Medien, Soziologie der Aufmerksamkeit. Zentrale Publikationen: „Grundkurs Kommunikationswissenschaft" (zusammen mit Krallmann, D., München 2001); „Der Raum der Interaktion – eine systemtheoretische Beschreibung"; in: Krämer-Badoni, T./Kuhm, K. (Hrsg.) „Die Gesellschaft und ihr Raum. Raum als Gegenstand der Soziologie", S. 131-153 (Opladen 2003).

Zündorf, Horst, Univ.-Prof. Dr. (zuendorfH@hwp-hamburg.de), Lehrstuhl für betriebswirtschaftliche Steuerlehre und externes Rechnungswesen. Forschungsschwerpunkte Bilanzierung, Konzernbilanzierung, Internationale Rechnungslegung, Controlling, Medienwirtschaft.

Zwirner, Christian, Dipl.-Kfm. (c.zwirner@iwp.uni-sb.de), Wissenschaftlicher Mitarbeiter an der Professur für Betriebswirtschaftslehre, insbesondere Wirtschaftsprüfung und des Instituts für Wirtschaftsprüfung an der Universität des Saarlandes. Forschungsschwerpunkte: Latente Steuern, Nationale und internationale Rechnungslegung, Rechnungslegung bei Film- und Medienunternehmen. Zentrale Publikationen: „Bilanzierung und Bewertung bei Film- und Medienunternehmen des Neuen Marktes", (zusammen mit Küting, K., in: Beilage 3 zu Finanzbetrieb (FB) 04/2001); „Umstellung der Rechnungslegung von HGB auf IFRS – Theoretischer Überblick und Veranschaulichung in Form eines Fallbeispiels" (zusammen mit Boecker, C./Reuter, M., in: Kapitalmarktorientierte Rechnungslegung (KoR), Heft 06/2004, S. 217-234); „Latente Steuern in der Unternehmenspraxis: Bedeutung für Bilanzpolitik und Unternehmensanalyse – Grundlagen sowie empirischer Befund in 300 Konzernabschlüssen von in Deutschland börsennotierten Unternehmen" (zusammen mit Küting, K., in: Die Wirtschaftsprüfung (WPg), Heft 07/2003, S. 301-316).

Stichwortverzeichnis

118-Gasse 731
3M 658
4Conntent AG 645
9live 139, 869

A

A.R.C.U.S 464
ABC 435
Ablauforganisation 554–576, 560
Abonnementzeitung 124
Abrechnungstechnik 849
Absatzmanagement 694–712, 699
Absatzmärkte 697, 793
Abschreibung 927
Abstimmung 904
Account Manager 718
ADAC 127
Adapter-Unternehmen 426
Address Random 770
Adhocracy 591
Adverse Selektion 235
Agence France-Presse 129
Agenda-Setting 27, **187**
Akzeptanz 818
Akzeptanzrisiko 328
Aldi Süd 48
Allensbacher Computer- und Telekommunikationsanalyse 777
Allensbacher Institut für Demoskopie 771
Allensbacher Werbeträgeranalyse 742, 746, 772, 775
Allianz 421, 422, 423, 565
Amazon 473, 654
Anbieterverantwortlichkeit 253
Angebotskalkulation 844
Anpassungskosten 384
Anschaffungskosten 926, 928
Anspruchsgruppe 286
Antena 3 436

Anzeigen-Auflagen-Spirale 233, 404
Anzeigenblätter 128
AOL 130, 132, 136, 351, 408, 435, 436, 456, 527, 538, 645
AOL Time Warner 132, 276, 443
Apple 21, 52, 726, 727
Approximative Dekomposition 627
  Schritte 631–634
  Voraussetzungen 628–631
Arbeitsgemeinschaft Leseranalyse 771
Arbeitsgemeinschaft Media-Analyse 746, 771
Arbeitsgemeinschaft Online-Forschung 777
Arbeitsprogramm 562, 569
ARD 91, 92, 121, 132, 135, 437, 452, 454, 466, 469, 556, 666, 704, 800, 868, 872, 874, 876, 909
ARPU 723
Arvato 529
Asset 380
Associated Press 129
ASV-Infopool 475
Audience Flow 702
Aufbauorganisation 520–537, 560
Aufgabenanforderung 546
Aufgabeninhalt 543
Aufgabenkontext 541
Auflagen-Anzeigen-Spirale 126
Aufmerksamkeitsträgheit 182
Aufnahmeleiter 597
Auftragsproduktion 274, 593
Auftragsproduzent 593
Ausgabemedien 654–659
Außenfinanzierung 403
Autorensysteme 102

Axel Springer 16, 123, 125, 127, 132, 134, 135, 323, 449, 469, 527, 772, 783

B

Balanced Scorecard 893, 906
Bauer Verlag 127, 405, 464, 772
Bavaria Film GmbH 593
BBC 477, 708
Bearbeitungsprogramm 562
Bedürfnisse
 medienbezogene 819
Befragung 767
Beobachtung 767
Berliner Verlag 464
Bertelsmann 18, 20, 65, 123, 132, 134, 435, 436, 437, 524, 525, 529
Bertelsmann Music Group 411
Berufsrolle 564
Beschaffung 923
Beschaffungscontrolling 911
Beschaffungsmodell 402, 409
Bestandskundenpflege 719
Beteiligung 434–444
 extramediäre 437
 horizontale 436
 laterale 437
 vertikale 437
Bewertung 920–936
Bibliothekswissenschaft 448
Bild 125, 555, 556, 558, 572
Blaupausen-Produktion 403
BMG 18, 134
Book-on-Demand 344
Börsenverein des Deutschen Buchhandels 130
Bottom Up Wahrnehmung 181
Branded House 807
Brand-Image 806
Branding 796
Bravo 809, 810
Breitbandtechnologie 104
Bruttoreichweite 744

Buchbranche 129
Buchpreisbindung 885
Buchverlage 344
Buena Vista 133
Bund Deutscher Zeitungsverleger 123
Bundesfilmarchiv 457
Bundesrecht 244
Burda 127, 134, 777
Bürgerliches Recht 242
Business Webs 425
Business-to-Business 231, 366, 582, 654
Business-to-Consumer 231, 366, 654, 718, 720

C

Capital Cities 435
CBS 32
Churn 723
Clipping Service 458
CLT-UFA 435
CNN 42, 795
Co-Branding 809–810
Coca-Cola 792, 810
Cocomore AG 645
Co-Konstruktionsprozess 167
Cold-Call 720
Columbia TriStar 133
Communication Effects Gap 186
Communication Networks 777
Community 612
Comodore 726
Competitive Strategies 314
Computerbild 47
Conceptioner 456
Constantin 351
Consumer Magazine 85
Content 50, **378**, 379, 480, 605, 644, 709
 derivativer 383
Content Arten 382
Content Broker 645

Content Integration 648
Content Lebenszyklus 385, 646
Content Management 376–389, **377**, 380, 381, 615, 642, 644
Content Management System 102, 108, 320, 366, 386, **646**
Content Marketing 140
Content Nutzer 653
Content Orientierung 645, 651
Content Owner 653
Content Provider 645
Content Providing 140
Content Repository 386
Content Reseller 645
Content Subscriber 645
Content Syndication 461, 528, **645**
Controller 882, 896, 901, 907
Controlling 604, 900–917, 901, 902, 905
  dezentrales 907
  Informationsfunktion 905
  operatives 910
  prozessorientiertes 604
  strategisches 909
Controllingaufgaben 909
Controllingfunktion 906
Controllingorganisation 906
Coopetition 409, 426
Corporate-Image 806
Cross-Channel-Marken 793
Crossmedial 615
Cross-Media-Management 381
Cross-Media-Publishing 641, 647
Cross-Media-Strategien 327, 865
Cross-Selling-Strategien 327, 328
Cultivation of Beliefs 30, 188
Cultivation of Mental Skills 188
Cybermediär 653

D

Dachmarkenstrategie 808
Darstellungsprogramm 563
Darwiportunismus 46, **55**, 61

Database-Publishing 649
Data-Warehouse 649
Dateiformate
  proprietäre 102
Datenbank 449
  multimediale 103
Datenbankmanagementsystem 103
Datenintegration 107
Deckungsbeitragsrechnung 889
Der Spiegel 47, 85, 136, 448, 464, 556, 799, 812
Der Stern 16, 85
Deregulierung 275
Deutsche Post 272
Deutsche Presse-Agentur 129
Deutsche Welle 134
Deutscher Depeschendienst 129
Deutsches Rundfunkarchiv 454
Deutschlandfunk 134
DeutschlandRadio 134
Development 592
Dezentralisation 533
DIALOG 453
Die Rheinpfalz 125
Die Zeit 85, 127, 136
Differenzierungsstrategie 316
Diffusion 339
Diffusionspotential 334
Digital Rights Management 21, 472
Digitalindustrie 359
Digitalisierung 27, 94, 99, 103, 120, 139, 231, 275, 358–371, **360**, 442, 452, 463, 527, 642, 864
Director 595
Disclaimer 253
Disney 132, 435, 436, 437, 801, 809
Distributionsmedien 179
Distributionsmodell 402, 411
Diversifikation 362
DIVO 771
Document Type Definition 652
Document-Management-System 649

Domain-Grabbing 256
Domainrecht 242, 256
Dominant Design 333
Doubleday 435
Dow Jones 468
Dream Works 351
Drehplan 607
Drei-Ebenen-Modell 55
Druckstufe 610
Druckvorstufe 610
DSF 92, 132
Dualorganisation **534**, 536
Dual-Proceeds-Charakter 122
DuMont 125
Durchschnittskosten
  sinkende **227**, 696, 884
Dynaxität 844

E

Ebay 232, 473
Economies of Scale 424
Economies of Scope 424
Editorial System 386
Effektivität 545
Effizienz 545
Eigenproduktion 274
Einkaufsfernsehen 231
Einlinienorganisation 560
Einliniensystem 560
Einstellung
  soziale 781
Einzelmarkenstrategie 807
Einzeltransaktion 861
Elektronische Media-Analyse 89
Elektronische Signatur 255
EM.TV 42, 66
EMI 134
Engineering-Modell 613
Entscheidungsfeld 623
Entscheidungshandeln 558
Entscheidungsprozess 625
E-Plus 725
Erfassung 460

Erhebungsmethode 767
Erlösmodell 229, 403, 909
  Mischmodell 229
  Rezipientenmodell 229
  Spendenmodell 229
  Werbemodell 229
Erregungstransfer 184
Erschließung 453, 455, 463
  automatische 464, 465
  Konventionen 455
Erwartung 820
Essence 379
Ethik 14, 32, 33, 282
Europarecht 244, 259
Eurosport 132
Evangelischer Pressedienst 129
Eventisierung 824
Excitation-Transfer-Effect 184
Exkludierbarkeit 330
Exklusivrechte 252
Expectancy-Value-Approach 820
Experiment 767

F

Fachgruppe7 448
Fachkompetenz 590
Fachzeitschrift 85, 127
Fahrenheit 9/11 31
Fair Presentation 895
Farming 719
Felduntersuchung 768
Fernsehen 90, 132, 748
  Nutzerverhalten 776
  Nutzung 92
  Werbeträger 91
  Werbung 748
Fernsehprogramm 91, 132, 621
Fernsehprogrammveranstalter 345
Fernsehunternehmen
  Einnahmen 132
Festnetz 104
File-Sharing 330
Film Library 921

Filmbranche 133
Filmherstellung 592
Filmproduzenten 231
Filmrechte 404
Final Cut 607
Finalität
 utilitaristische 41
Financial Times Deutschland 14, 125, 136, 141, 142, 342, 410, 412
Finanzen 907
Finanzierung 860–876, **861**, 863
Finanzierungsinstrumente 861
Finanzierungsmodell 403, **864**, 866, 871, 872
Finanzierungsstruktur 866
First-Copy-Costs **224**, 226, 319, 696, 884
Fishbein-Modell 782
Fixkostendegression 227
Fixkostenintensität 403
Fixkostensenkung 320
Focus 85, 136
Folgebewertung 927
Formalziel 622, 865
Formatjournalismus 567
FOX 42
Fraktalisierung 289
Framing 185
Frankfurter Allgemeine Zeitung 136, 464, 468
Freenet 351, 408
Freiheit 283
Fremdbild 797
Führung 591
 personenorientierte 499
 sachorientierte 499
Führungskräfte
 Aufgabe 543
 Verhaltensanforderungen 546
Führungsmanagement 540–551
Führungsmethode 671
Führungsrolle
 Typologie 548

Funk Uhr 783
Funknetz 104
Funktionalstrategie 397
Funktionsintegration 107

G

Gegendarstellung 256
Gegendarstellungsanspruch 254
GEM 726
Gemeinfreies Werk 257
General Interest Portale 351
Generetic-Image 806
GENIOS 464
Gesamtkostenverfahren 893
Geschäftsfeldstrategie 397
Geschäftsmodell 231, 394–413, **398**, 400, 909, 934
Geschäftssystem 908
Gesellschaft für betriebswirtschaftliche Information 453
Gesetz der erforderlichen Vielfalt 585
Gesetz gegen den unlauteren Wettbewerb 242, 258
Gesetz gegen Wettbewerbsbeschränkungen 26, 234
Gesetz über die digitale Signatur 26
Gesetz über die elektronische Signatur 242
GfK-Fernsehforschung 746
GfK-Online-Monitor 777
Gliederung
 funktionale 529
Gratifikation 820
Grenzkosten des Konsums 76
Grenzobjekt 629
Gross-Rating-Points 753
Grundgesamtheit 768
Grundrechte 244
Grundversorgung 250
Gruner + Jahr 127, 405, 411, 448, 452, 453, 463, 464, 465, 527, 529, 779

Gruppenexploration 783
Gut
    digitales 360
    meritorisches 335–338
    öffentliches 225, 233
    quasi-öffentliches 292

H

Handelsblatt 136, 323, 453, 468
Handelsrecht 926
Handlungskompetenz 590
Hauptprozess 847
HDTV 334
Herstellungskosten 926, 928
Herstellungsleitung 596
Hewlett-Packard 659
Hierarchisierung 628
Holtzbrinck 135, 527
Hörer 776
Hörfunk 134, 749
    Werbung 749
Hörfunkmarkt 134
Hörfunknutzung 775
Hörfunkprogrammveranstalter 347
Hörzu 737, 783
Hot Spots 105
House of Brands 807
Human Capital 60
Hunter/Farmer-Hysterese-Schleife 720
Hunting 719
Hybridstrategie 316

I

IAS/IFRS 894
IBM 726, 727
Idiosynkrasiekredit 591
IFRS 930
Image **781**, 783
Imageanalyse
    Medien 784
Imagearten 806
Imagekonzept 781

Imagemessung 782, 783
i-mode 426, 727–730, 728
Impairmenttest 930
Impressumpflicht 248
Individual Film Forecast
    Computation Method 928
Individualkompetenz 590
Industrieökonomik 361
Information 75–78, **76**, 226, 379, 822
    Distribution 76
    Produktion 75
Information Lifecycle Management 459–462, 468
Information-, Communication- and Media Technologies 360
Informations- und Kommunikationsdienste-Gesetz 26
Informationsarchitekt 456
Informationsarchitektur 462
Informationskompetenz 475
Informationspflicht 254
Informationsprodukte
    Dokumentation 474
Informationsverarbeitung 181, 822
Infratest 771
Inhaltequalität 320
Inhaltsmodul 528
Innenfinanzierung 403
Innovation 494
Insourcing 609
Integration 107
Integrationsansatz 108
Integrationsrecht 259
Integrationsstrategie 527
Intel 426, 727
Intentionale Produktion 41
Interaktion
    parasoziale 184
Interaktivität 184, 512
Intermedia-Vergleich 747
Internationalisierung 887, 894

Internet 93, 94, 135, 255, **310**, 451, 642, 655, 871
Internet-Archive 476
Internetforschung 777
Internetnutzung 777
Internetzugang
    Diffusion 331
Investitionsrechnung 632
Involvement 335
IP Deutschland 411
iPod 52
iTunes 21, 52, 350

J

Journalismus 555
    Ebenen 556
Journalistische Organisationen 557
Journalistische Programme 559
Jugendmedienschutz-Staatsvertrag 258
Jugendschutz 258
Jugendschutzgesetz 258

K

Kabel
    Digitalisierung 367
Kabel 1 92, 132, 323, 868
Kabel New Media 42
Kalkulation 842–856, 843
    Anforderungen 845
    Bausteine 845
    Problemfelder 844
    Voraussetzungen 844
Kalkulationsformulare 850
Kalkulationsmethodik 850
Kalkulations-Systematik 843, 847–852
Kaltakquisition 720
Kanalqualität 265
Kapitalaufnahmeerleichterungs-Gesetz 895
Kapitalmodell 402, 411
Kapitalwertbandbreite 633
Kapitalwertmethode
    korrigierte 630
Kartellrecht 26
Karussell 168
Katholische Nachrichten-Agentur *129*
Kernidentität 798
Kernkompetenz
    dokumentarische 450
KiKa 168
Kiosk 168
Kirch-Gruppe 323
Klassifikation
    automatische 464
Knowledge-Gap 186
Kommission zur Ermittlung des Finanzbedarfs 250, 872
Kommunikation 201, 543
Kommunikationsbudget 743
Kommunikationsfreiheit 212
Kommunikationspolitik 198
Kommunikationswissenschaft 156
Kommunikationsziel 739
Komplexität 585
Komplexitätsfaktoren 846, 848
    Anwendung 851
Komplexitätsprofil 851
Kompressionstechnik 361
Konfiguration 560
Konkurrenzanalyse 765
Konstruktivismus 40, 160
Konsumentenzeitschrift 85
Kontaktchance 745
Kontaktdefinition 753
Kontaktintensität 86
Kontextmodell 669
Kontrollsystem 604
Konvergenz 246, **275**, 406, 454, 526, 613, 642, 721
Konzentration 203, 234, 887
Kooperation 328, 420, 421, 422, 531
Koordination 439, **559**, 640–661, 904

Koordinationszentrum 558
Kosten- und Leistungsrechnung 880–898
Kostenführerstrategie 316, 399
Kostenmanagement 843
Kostenrechnung 907
Kostenvorteile der Mehrfachnutzung 384
Kultivierung 187
Kultur
  pathologische 55
Kulturgut 337
Kundenbestand
  Nettozuwachs 723
Kundenprofildaten 109
Kundenschnittstelle 137
Kundenumsatz
  durchschnittlicher 723
Kundenwert 732
Kundenzeitschrift 127
Kundenzustand 719
Kurzberichterstattungsrecht 252

L

Laboruntersuchung 768
Ladenfunk 89
Landesrecht 244
Landesrundfunkgesetze 251
Langzeitspeicherung 461
Lasswell-Formel 178
Lausitzer Rundschau 125
Leistungsangebotsmodell 402, 410
Leistungsbündelung 441
Leistungserstellung 410
Leistungserstellungsmodell 402, 410
Leistungsinnovation 329
Leistungsmessung 605
Leistungsschutzrechte 257
Leistungswert 753
Lenkpreis 627
Lenkpreisbandbreiten 632
Leo Burnett 779

Leser 774
Leserschaftsforschung 774
Letzte Meile 104
LexisNexis 453
Line-Extension 809
Liquiditätscontrolling 913
Lizenz 404
Lizenzierungspflicht 251
Lizenznehmer 708
Lock-in inferiorer Technologien 229
Low-Interest-Produkt 90
Lufthansa 48

M

MagazineContent AG 645
Management 290, 478, 493, 541
  Mythen 547
Management Informationssystem 905
Managementleistung
  realtypisches Modell 544
Managerrollen-Konzept 546–549
Marke 791
Markenallianz 809
Markenarchitektur 323
Markenausdehnungsstrategie 808
Markenbildung 794, 796, 807
Markenentwicklung 807
Markenfamilienstrategie 808
Markenführung 803
Markenidentität 797, 798, 801
Markenimage 806
Markenkapital 322
Markenkern 798
Markenmanagement 322, 790–810, 797
Markenphilosophie 799
Markenpositionierung 802, 805
  Bedeutung 803
Markensteuerrad 804
Markenstrategie
  generische 807

Market Webs 426
Market-based View 402
Marketingforschung 795
Marketing-Maßnahme 764
Marketingziele **739**, 740, 764
Markierungsmittel 322
Marks & Spencer 605
Markt
  dualer 122
Marktentwicklung 362
Marktforschung 761–786, 763, **764**
  betriebliche 768
  demoskopische 767
  Formen 766
  Kriterien 778
  ökoskopische 767
  qualitative 768
  quantitative 768
Marktforschungsanbieter 314
Markt-Media-Analyse 741
Marktmodell 401, 408
Marktpenetrationsstrategie 723
Marktzutrittsbeschränkung 885
Mass Customization 326
Massenmarktorientierung 329
Massenmedien 78, 95, 161, 242, 493
  Fernsehen 90–93
  Hauptfunktion 162
  Internet 93–95
  Nutzung 78
  Radio 88–90
  Zeitschrift 85–87
  Zeitung 82–84
Massenproduktion
  kundenindividuelle 326
Matrixorganisation 561
Media Analyse 741, 746
Media Asset 460, 647
Media Control 16
Media Economics 34
Media Events 824

Media Governance Modell 212
Media Value Management 57
MediaDefender 50
Mediaforschung 737, 765
Mediagattung 747
Medialeistung 737
Mediaplanung 25, 736–760, 737, 738, 745
  Perspektiven 738
Media-Richness-Modell 180
Media-Warehouse 649
Mediaziel 740
Medien 120, 121, 179, 282
  elektronische 130, 584
  ethische Relevanz 283
  Funktionen 223
Medien schaffen Märkte 49
Medien schaffen Werte 54
Medien schaffen Wirklichkeit 40
Medienangebote 696
Medienberufe 17
Medienbetriebslehre 36
Medienbranche 120
Mediencontrolling 915
Mediendienste 252
Mediendienste-Staatsvertrag 26, 252
Mediendokumentation 446–480, 448, 450
Medienethik 32, 281–295, 282
  Teilbereiche 32
Mediengattung 526
Mediengeschichte 25
Mediengesellschaft **15**, 170, 200
  Chancen 18
  Risiken 18
Mediengüter 318–338
Medienhandeln 168
Medieninhalte 605
  digitale 106
  Individualisierung 109
Medienkanzler 16
Medienkritik 214, 666

Medienkultur 57
Medienmacht 282
Medienmanagement 12–63, 13, 14, 23, 36, 49, 62, 359, 365, 523, 525, 526, 541
Medienmarke 322, 792
   Integrationsgrad 323
Medienmarkenstrategie 322–323
Medienmärkte 29, 230, 494, 697, 885
Mediennetzwerk 531
Mediennutzer 166
Mediennutzung 106, 181, 819
Medienökonomie 33, **34**, 156, 222–237
Medienpolitik 27, 196–215, 198, 199, 205, 206
Medienprodukte 74–95, 366, 377, **420**, 582
Medienproduktion 614, 696
   Kontrolle 608
Medienprojekte 584
Medienpsychologie 29, 156, **176**
   Entwicklung 177–178
   Geschichte 30
Medienqualität 666, 671
Medienrecht 26, 242
Medienrechte 404
Mediensoziologie 152–170, **155**, 169
Medienspartenorganisation 530
Mediensystem 605, 669, 674
Medientechnik 28
Medientechnologie 98–114
   Nutzeffekte 112
   Nutzung 109, 110–111
Medientheorie 31
Medientypologie 158
Medienunternehmen 118–140, 119, 122, 419
   Anforderungen 266
   Gegenstand 527
   Kernkompetenz 409

   Kostenstruktur 884
   Wert 922
Medienverbundsystem 168
Medienvermarktungskette 718
Medienwirkung 183
Medienwirtschaft 262–277, **308**, 311, 312, 313
Medienwirtschaftslehre 521
Medienwissenschaft 24, 156
Medium 157
Mehrfachverwendung 456, 642
Mehrfachverwertung 701
Mehrfachverwertungsstrategie 323–328, **323**
Meinungsbildung 202, 250
Meinungsmonokultur 233
Meinungspluralität 249
Merchandising 138
Meritorik 19, 236
Metadaten 379, 467
Metadatenmanagement 462
Methodenkompetenz 590
MGM 351
Microsoft 426, 726, 727
Milchstraße 784
Milieu
   soziales 780
Minutenkonvention 777
Modell
   partialanalytisches 627
Modell der drei Medienwirkungen 39
Modell des sozialen Einflusses 180
Monopol
   natürliches 227, 233
Mood-Management 181
Moore´s Law 360
Moralischer Akteur 284
Morgue 447
Motiv 819
Motivation 495, 503, 590, 822
Motorola 727

MPEG 334, 361
MSN 130, 136, 351
MTV 132, 167
Multi-Channeling 381
Multimedia 406, 409, 585
Multimediarecht 246, 252–256
Musikbranche 133
Musikverlag 133

N

N24 132, 323
Nachfragermodell 401
Nachkalkulation 845
Nachrichten
　mediensoziologische Funktion 163
Nachrichtenagentur 129
Nachrichtenfaktor 825
Nachrichtennetz 163
Nachrichtenproduktion 163
Nachrichtenwerttheorie 825, 826
Napsterisierung 20
NDR 453, 469
Nettoreichweite 744
Netzeffekte 332–335, **332**, 335
Netzwerk
　strategisches 421
Netzwerkeffekte 228
Netzwerkexternalitäten 228, 233, 332
Netzwerkstrukturen 531
Neue Medien 246, 377, 512
Neukundengewinnung 719
News Corp. 276, 436
Nicht-Ausschließbarkeit 225, 330–331, 696
Nicht-Rivalität im Konsum **225**, 321, 382, 696
Nokia 720
Normativitätsproblematik 14
Normen 228, 243, 288, 665
Normenpyramide 243
n-tv 92, 132, 136

Nutzeffekte 113
Nutzergemeinschaft 612
Nutzerpräferenz 275
Nutzerschaft
　Struktur 774
Nutzungsdaten 745
Nutzungsentscheidung 821

O

O2 350, 724
Objektproblematik 13
Objektzentralisierung 530
Öffentliche Meinung 161
Öffentliches Recht 243
Öffentlichkeit 200, 283, 288, 556, 677
Offline-Medien 611
Ökonomie 293
　digitale 363
Online-Medien 611
Online-Portale 351
Ontologie 471
Open Archives Initiative 477
Open-Source-System 20
Oracle 16
ORB 469
ORF 784
Organisation 529, 567, 720
　divisionale 561
　funktionale 561
　hybride 531
　journalistische 557
　modulare 605
Organisationsbereich 533
Organisationskultur 55
Organisationsstruktur 522, 532
Organisationsziel 556
Outside-In-Perspektive 361
Outsourcing 609
Overpeer 50

P

Packaging 592, 606

Paid Content 473
Partialmodell 400
Peer-to-Peer-Technologie 330, 348, 349
Performance Measurement 605
Personalbedarfsplanung 497
Personalbereitstellung 496
Personalbeschaffung 498
Personalbeschaffungsplanung 498
Personalentwicklung 498
Personalfreisetzungsplanung 497
Personalführung 495, 499
Personalmanagement 492–515
Personalplanung 496, 499
Persönlichkeitsrechte 256–257
Plakatwerbung 750
Planungshorizont 631
Planungssystem
    Rundfunkanbieter 628
Platzkostenrechnung 847
PMG GmbH 470
Polaritätenprofil 782
Policy Netzwerke 204
Politik 197
Portal 351
Positionierung 802
Postproduktion 592, 606, 607
Präferenzmodell 782
Präferenzstrategie 316
Preisführerstrategie 316
Preismengenstrategie 316
Preispolitik 695
Preisvorgabe 851
Premiere 122, 132, 404, 862, 868, 875, 876, 909
Preproduction 592, 606
Presse 202, 245
PresseArchivNetzwerk 469
Pressedatenbank 453, 468
Pressedokumentation 451
Pressefreiheit 26, 203, **248**, 266, 336

Pressegesetze 247
Presserecht 245, 247–249
Primäraktivität 57, 268
Primärforschung 767
Print 124
Prinzip Don Alphonso 43
Prinzip Doris Day 45
Prinzip Home-Shopping 47
Privatrecht 243
Privatsender 246, 250, 274
Problem 819
Produktentwicklung 362
Produktion 592, **603**, 606, 607, 609
    journalistische 76
    Modelle der technischen 608
Produktionsarchiv 453
Produktionscontrolling 911
Produktionsdatenbank 649
Produktionsfunktion 909
Produktionsleiter 596
Produktionsphasen
    Fernsehen 607
    Film 606
    Offline-Medien 612
    Online-Medien 612
    Print 610
    Radio 609
Produktionsprozess 606
Produktionssteuerung 602–616, 603, 612
Produktionstechnologie 101
Produktionsunternehmen 130
Produkt-Markt-Felder 315
Produkttypologiefeld 845
Produzent 593, 594
Profilierung 782
Profit Windows 924
Programmauftrag 250, 623, 626, 865
Programmausstrahlung 626
Programm-Controlling 679
Programme

journalistische 559
Programmgestaltung 626
Programmplanung 620–637, **624**, 626, 627
  Modell 623
  Prozess 631
Programmpolitik 695
Programmschema 625
Projekt 581
Projektarbeit 588
Projektauftrag 582
Projektentwicklung 592
Projektleiter 588
  Kompetenzprofil 590
  Rollen 589
Projektleitung 580–598, 587, 588
Projektmanagement 587
Projektnetzwerk 532
Projektorganisation 535
Projektphasen 588
Projektteam 587
Propaganda Model 31
ProSieben 92, 132, 323, 527, 704, 868, 909
ProSiebenSat.1 Media AG 132, 527, 530, 868, 869, 876
Prozess 847
Prozesskostenrechnung 889, 893
Prozessorientierung 615
PR-Zeitschrift 85
Public Relations Magazine 85
Publikumszeitschrift 85, 127
Publishing System 387
Publizistik 156
Publizität 309

Q
Qualität 33, 665, 668
Qualitätsbewusstsein 675
Qualitätsforschung 666
Qualitätskontrolle 604
Qualitätsmanagement 666
Qualitätsmaßstäbe 672

Qualitätsnormen 669
Qualitätssicherung 664–680, 671, 678
Qualitätsstandard 676
Qualitätsstrategie 316
Qualitätsunsicherheit 321
Quam 725
Querfinanzierung 862
Querschnittsmaterie 242
Querschnittstechnologie 93
Quersubventionierung 883
Quersubventionierungseffekt 230
Quick-and-Dirty-Verfahren 458
Quota-Stichprobe 769
QVC 869

R
Radio
  Werbeträger 88
Radiocontrol 776
Radiotheorie 31
Random House 435, 529
Rangreihe 754
Rationalität
  betriebswirtschaftliche 542
RB 469
Real Networks 16
Realisationsphase 588
Realität 41, 43, 160, 282, 293
Realitätskonstruktion 160
Rebundling 276
Rechnungslegungsnorm 922
Rechnungswesen 895
Recht zur wirtschaftlichen Verwertung 26
Rechteverwaltung 472
Rechtsbereiche
  mediendokumentarisch involvierte 472
Rechtsgebiet 242
Rechtsordnung 242
Redaktion 607, 609
Redaktionsorganisation 566

Redaktionssystem 381, 610, 648
Regisseur 595
  Aufgaben 595
Regulierungsintensität 336
Reichweite 266, 737, 744, 774
  absolute 778
Reichweitenanalyse 771
Repräsentativbefragung 771
Reputationseffekt 82
Resource Center 447
Resource Description Framework 471
Ressourcenpotential 334
Retrievaltechnik 465
Reuters 129, 468
Rezeptionsforschung 166–169
Rezipientenanalyse 765
Rezipientenaufmerksamkeit 313, 329
Rheinische Post 136
Rohdaten 651
Rolle 548, 589
  journalistische 564
RTL 18, 92, 131, 132, 136, 137, 273, 274, 278, 404, 410, 436, 453, 466, 529, 556, 704, 810, 868, 869, 870
RTL Group 132
RTL II 92, 132, 868
Rückwärtsintegration 437
Rundfunkarchiv 453
Rundfunkgebühren 62, 132, 211, 230, 250, 404, 862, 872
Rundfunkordnung
  duale 246, 250, 666
Rundfunkrecht 249–252
Rundfunkstaatsvertrag 26, 251
Rundfunkveranstalter 345
RWE 123

S

Saban-Gruppe 132
Sachziel 865

Sampling Points 770
SAP 16
Sat.1 92, 132, 323, 404, 527, 704, 868
Schadenersatz 257
Schema-Theorie 822
Schleichwerbung 258
Schmalbandtechnologie 104
Schmerzensgeld 257
Seagram 435
SEGA 54
Segmentierung 326, 778
Sekundäraktivität 57
Sekundärforschung 767
Sekundärmarkt 230
Selbstbild 797
Selective-Exposure-Ansatz 181
Selektionsprogramm 562
Semantic Web 470
Semantisches Differential 782
Sendeanstalten
  öffentlich-rechtliche 132
Sendekonzept 610
Sendezeitbeschränkung 258
Sendung 607
Sentencing Guidelines 679
SFB 469
Shaper-Unternehmen 426
Simultanmodell 627
Single-Source-Studie 741
Sinus Sociovision 779
Sonderrealität 164
Sonntagszeitung 125
Sony 412
Sony BMG 134
Sorgfaltspflicht
  journalistische 247
Sortimentscontrolling 913
Soziale Kompetenz 590
Soziologie 154
Spartenorganisation 529
Special-Interest-Zeitschrift 741

Speichermedien 461
Spezifizierungsproblematik 13
Sport-Informationsdienst 129
SR 469
Stab-Linien-Organisation 561
Stakeholder 286
Stakeholder Allianz 294
Stakeholder Ansatz 286
Stakeholder Management 286, 287, 289–295
Standard 107, 228
   journalistischer 557
Standardisierung 470
Status 591
Steuerung
   medienpolitische 208
Steuerungsmedien 155
Steuerungstheorie 208
Stichprobe 769
Stiftung Warentest 122
Stimmbezirk 770
Stoffentwicklung 592
Strafgesetzbuch 243
Strategieimplementierung 362
Strategische Allianz 418–430, **422**
   Risiken 429
   Voraussetzungen 428
Stripping 702
Struktur
   divisionale 529
Strukturmuster 565
Stückkosten 889
Stuttgarter Zeitung 125
Stylesheet 652
Substitutionseffekt 310
Subvention 404
Suchfeldanalyse 795
Süddeutsche Zeitung 28, 48, 70, 125, 136, 556
Südwest Presse 125
Sun Microsystems 16
Sunk-Costs 319, 710

Super RTL 92, 132, 868
SWR 463, 469
Sympathiewert 800
Synergie **438**, 440
Synergieebenen 442
Synergieeffekte 439
   Medienbranche 440–442
Systems Design 605
Systemtheorie 157, 160

T

Tagebuchverfahren 776
Tagesablaufuntersuchung 775
Tageszeitung 125, 126
Tammeter 776
Tanto AG 645
Tätigkeiten
   journalistische 559
Tausendkontaktpreis 266, 752, 774
Tausendnutzerpreis 752
Team
   virtuelles 585
Technologie 100
   digitale 360
   Erstellung 101
   Nutzung 106–107
   Übertragung 103–105
Technology Webs 426
Telecontrol 776
Teledienste 252
Teledienstegesetz 26, 252
Telefonbefragung 771
Telefonica 725
Telegate 730
Telekom 47
Telekommunikationsgesetz 26, 254
Telepräsenz 183
Tendenzschutz 248
Themenprogramm 563
Theorieproblematik 13
Thesaurus 452
Tiefeninterview 783
Time Warner 435, 527, 538

TIME-Branche 140, 189, 395, 408, 541, 706
Tiscali 351
T-Online 121, 130, 136, 351, 408, 527
Top Down Wahrnehmung 182
Total Quality Management 671
Totalmodell 627
Trade Magazine 85
Trägermedien 119, 140
Transaktionskosten 76, 81, 442, 497
Transaktionskostentheorie 496
Transferpreis 894
Transportmedien 179
Trendanalyse 795
Trennungsgebot 248
Trommsdorff-Modell 783, 804
Twentieth Century Fox 133

U

Umsatzerlös 929
Umsatzerwartung 724
Umsatzkostenverfahren 884
UMTS 28, 335, 339, 341, 349, 350, 658, 722
Umwegfinanzierung 862
Unbundling 276
Unified Communications Systems 615
United International Pictures 133
Universal 351
Universal Music 134
Universalität 309
Unterhaltung 188
    mediensoziologische Funktion 164
Unterlassungsanspruch 256
Unternehmen 121
Unternehmensgesamtstrategie 396
Unternehmensmarke 795
Unternehmensphilosophie 400
Unternehmensstrategie 361
Unternehmensziel 263, 865

Unternehmung 284
Unternehmungsnetzwerk 531
Urheberpersönlichkeitsrecht 26, 257
Urheberrecht 257, 470, 697
Urheberrechtsgesetz 242
Usability 456
Uses-and-Gratifications-Approach 180, **819**, 821
US-GAAP 894, 927

V

Venterisierung 21, 67
Verbraucher-Analyse 746
Verbreitungsmedien 155, 158
Verbundvorteile 320, 383
Vereinigte Wirtschaftsdienste 129
Verfahren der bewussten Auswahl 769
Verfahren der Zufallswahl 769–771
Vergütung 500
Verlagsgewerbe 124
Verlagsrecht 26
Vermögenswert
    immaterieller 925
Vernetzung 120, 139, 531, 712
Versioning 326, 701
Verstehensmedien 158
Vertrieb 720
Vertriebscontrolling
    Endkunden 912
    Werbekunden 913
Vertriebskonvergenz 721
Vertriebskonzept 718, 726–731
Vertriebsmanagement 716–733
    Konzeptkategorien 717–721
Verwertung 593
Verwertungsmöglichkeit 607, 923
Verwertungsrechte 257, 472
Verwertungsstufe 924
Viacom 132, 436
VIAG Interkom 725

Video Preview Management System 466
Vision 396
VIVA 54, 92, 132, 137, 810
Vivendi 435, 436
Vividness 184
Voice-over-IP 721
Völkerrecht 259
Vollerhebung 768
Vollversorgung 626
Vorbereitungsphase 588
Vorproduktion 606, 607
Vorselektion 631
Vorwärtsintegration 437
VOX 18, 92, 132, 137, 868

W

Wag the Dog 42
Wahrnehmung
 soziale 781
Wahrnehmungsmedien 158
WAP 334, 657, 728
Warner Brothers 133, 720
Warner Music 134
WAZ 124, 134, 135, 139
WDR 469, 874
Web Content Management 381
Web Content Management-System 647
Weitergabe 461
Welt 125, 132, 136, 141
Welt kompakt 125
Werbebranche 230
Werbebudget 742
Werbedruck 743
Werbekonzepte
 crossmediale 411
Werbeträger 80, 737
 Gattungen 737
Werbewirtschaft 703
Werbung
 mediensoziologische Funktion 165

Werte 54
Wertgröße 902
Werthaltigkeit 932
Wertkettenanalyse 268
Wertschöpfung **57**, 268, 699, 936
Wertschöpfungsarchitektur 526
Wertschöpfungsgefüge 909
Wertschöpfungskette 57, 100, **268**, 523, 653, 923
 medienspezifische 269
 Print 270
 TV 272
Wertschöpfungsorganisation 523
Wertschöpfungsstrukturen 275
Wertschöpfungstiefe 320
Wettbewerb 50, 51, 233
 stakeholdertheoretischer 292
Wettbewerbsmodell 401
Wettbewerbspolitik 234
Wettbewerbsrecht 258
Wettbewerbsstrategie 305–352, 312, **314**, 331, 397
 Entwicklung 318
 Systematisierung 316–317
Wettbewerbsvorteil 494
 strategischer 397
Windowing **276**, 324, 701
Wirklichkeitskonstruktion 40, 160
 mimetische 44
Wirtschaftswoche 45, 47, 66, 68
Wissenskluft 186
Wissensmanagement 450
Wissensorganisation 450
WLAN 29, 339, 341, 722
Wochenzeitung 125
Workflow
 digitaler 466

X

Xerox 658
xipolis.net GmbH 645
XML 386, 470

X-Modell für die Medienindustrie 527

Y

Yahoo 425, 426, 452, 473

Z

Zahlungsbereitschaft 326
ZDF *92, 132, 466, 666, 704, 737, 759, 800, 868, 872*
Zeitfenster 324
Zeitschrift 85, 126, 748
   Erlösstruktur 128
   Informationsträger 85
   Kostenstruktur 128
   ökonomische Funktion 85
   Werbeträger 86
   Werbung 748
Zeitschriftenverlag 343
Zeitung 82, 751
   Auflage 125
   Einnahmen 126
   Informationsträger 82

Werbeträger 83
Werbung 751
Zeitungsarchiv 447, 448
Zeitungsmantel 272
Zeitungsverlag 124, 341, 342
Zensurverbot 249
Ziel **263**, 582
   ökonomisches 265
   strategisches 265
Zielformulierung 264
Zielgruppe 705, 741, 778
Zielgruppenbestimmung 741
Zielgruppenbezug 702
Zielkomplementarität 264
Zielkonkurrenz 264
Zielneutralität 264
Zielplan 623
Zielsetzung
   Rundfunkanbieter 622
Zielsystem 264, 276, **622**
Zufallswahl 770

Springer   springer.de

Standardwerk zur Mediaplanung

Mediaplanung
Methodische Grundlagen und praktische Anwendungen

F. Unger, Hemsbach; **N.-V. Durante**, Wiesloch; **E. Gabrys**, Mannheim; **R. Koch**, Bockenheim a.d.W.; **R. Wailersbacher**, Neustadt

Die gesamte aktuelle Thematik der Mediaplanung zeigt, wie ein gegebenes quantitatives Kommunikationsziel durch geeignete Auswahl der Werbeträger möglichst kostengünstig realisiert werden kann. Es wird aufgezeigt, wie Mediaplanung in die gesamte Marketingkommunikation integriert wird. Die Mediaplanung selbst wird als Entscheidungsprozess behandelt, ausgehend von der Mediaselektion, der Marktsegmentierung, der Zielbestimmung, dem Einfluss der Kommunikationsinhalte auf die Mediaentscheidung und der Budgetierung. Einen Hauptteil stellt die Mediaforschung als Informationsbasis für die Mediaplanung dar sowie die Behandlung der verschiedenen Mediagattungen: Fernsehen, Zeitschriften, Zeitungen, Außenwerbung, Hörfunk, Kino und das Internet. Diese verschiedenen Mediagattungen werden abschließend einem umfassenden Intermediavergleich unterzogen.

Ursprünglich erschienen beim Physica-Verlag, Heidelberg, 2001
4., aktualisierte Aufl. 2004. XII, 378 S. 78 Abb. Geb.
ISBN 3-540-20012-6 ▶ **€ 49,95** | sFr 85,00

Bei Fragen oder Bestellung wenden Sie sich bitte an ▶   Springer Distribution Center, Haberstr. 7, 69126 Heidelberg, Tel.: (0 62 21) 345 - 0, Fax: (0 62 21) 345 - 4229, e-mail: SDC-bookorder@springer.com
Die €-Preise für Bücher sind gültig in Deutschland und enthalten 7% MwSt.
Preisänderungen und Irrtümer vorbehalten. d&p · 011702x

Druck und Bindung: Strauss GmbH, Mörlenbach